社会主义市场经济法律新释新解丛书

刑法[分则]及配套规定新释新解[下]

根据全国人大常委会刑法修正案
和“两高”最新司法解释编写［第5版］

主　编　刘家琛
副主编　丁天球　高金洪　别传峰　卢志康

人民法院出版社

总 目 录

目　录（下）

第六节 瞧坏环境资源保护罪

* 本条经《中华人民共和国刑法修正案（四）》（2002年12月28日）修正。

* 本条经《中华人民共和国刑法修正案》（二）（2001年8月31日）修正。
** 本条经《中华人民共和国刑法修正案（四）》（2002年12月28日）修正。

* 本条经《中华人民共和国刑法修正案（四）》（2002年12月28日）修正。

第八节　组织、强迫、引诱、容留、介绍卖淫罪

第九节 制造、贩卖、传播淫秽物品罪

第七章　危害国防利益罪

* 本条经《中华人民共和国刑法修正案（五）》（2005年2月28日）修正。

第八章　贪污贿赂罪

第九章　渎职罪

* 本条经《中华人民共和国刑法修正案（四）》（2002年12月28日）修正。

* 本条是《中华人民共和国刑法修正案（六）》（2006 年 6 月 29 日）新增。

第十章 军人违反职责罪

附 则

第三百二十二条　（偷越国（边）境罪）

违反国（边）境管理法规，偷越国（边）境，情节严重的，处一年以下有期徒刑、拘役或者管制，并处罚金。

［相关规定］　**《最高人民法院关于审理组织、运送他人偷越国（边）境等刑事案件适用法律若干问题的解释》**　（2002 年 2 月 6 日起施行　法释〔2002〕3 号）（节录）

第五条　偷越国（边）境，具有下列情形之一的，属于刑法第三百二十二条规定的“情节严重”：

（一）在境外实施损害国家利益的行为的；

（二）偷越国（边）境三次以上的；

（三）拉拢、引诱他人一起偷越国（边）境的；

（四）因偷越国（边）境被行政处罚后一年内又偷越国（边）境的；

（五）有其他严重情节的。

［相关规定］　**《公安部关于妨害国（边）境管理犯罪案件立案标准及有关问题的通知》**　（2000 年 3 月 31 日　公通字〔2000〕30 号）（节录）

（六）偷越国（边）境案

1. 偷越国（边）境，具有下列情形之一的，应当立案侦查：

（1）偷越国（边）境 3 次以上、屡教不改的；

（2）实施违法行为后偷越国（边）境的；

（3）在偷越国（边）境时对执法人员施以暴力、威胁手段的；

（4）造成重大涉外事件和恶劣影响的；

（5）有其他严重情节的。

2. 偷越国（边）境，具有下列情形之一的，应当立为重大案件：

（1）为逃避刑罚偷越国（边）境的；

（2）以走私、贩毒等犯罪为目的偷越国（边）境的；

（3）有其他特别严重情节的。

【释解】

本条是关于偷越国（边）境罪的规定。

一、概念及其构成

偷越国（边）境罪，是指违反出入国（边）境管理法规，偷越国（边）境，情节严重的行为。

（一）客体要件

本罪侵犯的客体是国家对出入国（边）境的管理制度。所谓国境，是指我国与邻国的交界。所谓边境，是指大陆与香港、澳门、台湾等地区的分界。国（边）境是出入国家的门户。为了维护国家主权、安全和社会管理秩序，我国政府采取了许多措施来加强对出入国（边）境的管理。1986年2月1日，我国开始实施《中华人民共和国公民出境入境管理法》和《中华人民共和国外国人入境出境管理法》，按照这两个法律有关规定，一切中国公民或外国人出入境时，都应向有关主管部门提出出境或入境的申请，并办理一切有关手续。违反上述法律规定，非法出入国（边）境者，都是对我国出入国（边）境管理秩序的侵犯，这是法律所不允许的。

（二）客观要件

本罪在客观方面表现为偷越国（边）境，情节严重的行为。所谓“偷越国（边）境”，是指违反国（边）境管理法规，非法出入国（边）境的行为。其偷越国（边）境的手段和方法可以是多种多样的，一般表现为在不准通过的地点秘密出入境，有用船偷渡的，也有靠车马或步行偷越的；有的虽然是在指定的地点通过，但伪造、涂改、冒用出入境证件或用其他蒙骗手段蒙混过关的，例如有人藏在进出国（边）境的飞机、船只、汽车里，也有人藏在出入境装货的集装箱或行李箱中。无论采取什么方法，只要是实施了非法出入境等行为的，都是偷越国（边）境行为。在这里，需要注意的是，行为人仅只是涂改、伪造了出入境证件，还没有进一步实施偷越国（边）境行为的，就不能构成本罪，而可能触犯其他罪名，如伪造公文、证件、印章罪。对外国人入境后在我国非法居留、停留的，或者到不对外国人开放地区旅行的，都不能视为偷越国（边）境的行为，不能以本罪论处。

根据《最高人民法院关于审理组织、运送他人偷越国（边）境等刑事案件适用法律若干问题的解释》第5条的规定，偷越国（边）境，具有下列情形之一的，属于本条规定的“情节严重”：（1）在境外实施损害国家利益的行为的；（2）偷越国（边）境3次以上的；（3）拉拢、引诱他人一起偷越国（边）境的；（4）因偷越国（边）境被行政处罚后1年内又偷越国（边）境的；（5）有其他严重情节的。

（三）主体要件

本罪主体是一般主体，中国公民和外国人均可构成本罪。

（四）主观要件

本罪在主观方面是故意。过失不能构成本罪。即明知是国（边）境线却仍决意偷越的。如果行为人不明确或不知道是国（边）境界，而误出或误入的，不能构成本罪。实施本罪的动机是多种多样的，有的是违反了纪律，为了逃避处分；有的是犯了罪，为逃避刑事处罚；有的是为了走私贩毒等。不同的动机可以作为处罚情节考虑，但不影响犯罪的成立。但对一般居民为了探亲访友、赶集、过境耕种或出国谋生，一般不宜以犯罪论处，可按我国出入境管理法规，给予一定的行政处罚。

二、认定

（一）本罪与叛逃罪的界限

1. 犯罪主体不同

偷越国（边）境罪的犯罪主体是一般主体；而叛逃罪的犯罪主体则是特殊主体，即国家机关工作人员，不仅包括在国家机关依法从事公务的人员，还包括国家机关内的非从事公务的人员。

2. 犯罪主观故意的内容不同

偷越国（边）境罪在主观方面表现为，行为人明知偷越国（边）境的行为是违法行为，会给国家对国（边）境的正常管理秩序造成破坏，而仍然希望这一危害社会的结果的发生；而叛逃罪直接故意的内容是，行为人明知自己是国家机关工作人员不应叛逃，而仍然故意为之。

3. 犯罪客观方面的表现形式不同

偷越国（边）境罪在客观上表现为，违反国（边）境管理法规，偷越国（边）境的行为；叛逃罪在客观方面则表现为，国家机关工作人员在履行公务期间，擅离岗位，叛逃境外或者在境外叛逃，危害中华人民共和国国家安全的行为。

4. 犯罪客体不同

偷越国（边）境罪侵犯的直接客体是国家对国（边）境的正常管理秩序；而叛逃罪侵犯的客体则是中华人民共和国的国家安全。

（二）偷越国（边）境罪与军人叛逃罪的界限

1. 犯罪主体不同

偷越国（边）境罪的犯罪主体是一般主体，无论中国公民、外国人还是无国籍人均可成为偷越国（边）境罪的犯罪主体；而军人叛逃罪的犯罪主体则只能是现役军人。

2. 犯罪客观方面的具体表现形式不同

偷越国（边）境罪在客观方面表现为，违反国（边）境管理法规，偷越国（边）境，情节严重的行为；而军人叛逃罪在客观方面则表现为，在履行公务期间，擅离岗位，叛逃境外或者在境外叛逃的行为。

3. 犯罪侵犯的客体不同

偷越国（边）境罪侵犯的同类客体和直接客体都是国家对国

（边）境的正常管理秩序；而军人叛逃罪侵犯的同类客体是我国的军事利益，直接客体是国家的国防安全和军人永不叛国的职责。

三、处罚

犯本条罪的，处一年以下有期徒刑、拘役或者管制，并处罚金。

第三百二十三条　（破坏界碑、界桩罪、破坏永久性测量标志罪）

故意破坏国家边境的界碑、界桩或者永久性测量标志的，处三年以下有期徒刑或者拘役。

［相关规定］　**《中华人民共和国测量标志保护条例》**　（1996年9月4日国务院发布）（节录）

第三条　测量标志属于国家所有，是国家经济建设和科学研究的基础设施。

第四条　本条例所称测量标志，是指：

（一）建设在地上、地下或者建筑物上的各种等级的三角点、基线点、导线点、军用控制点、重力点、天文点、水准点的木质觇标、钢质觇标和标石标志，全球卫星定位控制点，以及用于地形测图、工程测量和形变测量的固定标志和海底大地点设施等永久性测量标志；

（二）测量中正在使用的临时性测量标志。

第二十二条　测量标志受国家保护，禁止下列有损测量标志安全和使测量标志失去使用效能的行为：

（一）损毁或者擅自移动地下或者地上的永久性测量标志以及使用中的临时性测量标志的；

（二）在测量标志占地范围内烧荒、耕作、取土、挖沙或者侵占永久性测量标志用地的；

（三）在距永久性测量标志50米范围内采石、爆破、射击、架设高压电线的；

（四）在测量标志的占地范围内，建设影响测量标志使用效能的建筑物的；

（五）在测量标志上架设通讯设施、设置观望台、搭帐篷、拴牲畜或者设置其他有可能损毁测量标志的附着物的；

（六）擅自拆除设有测量标志的建筑物或者拆除建筑物上的测量标志的；

（七）其他有损测量标志安全和使用效能的。

第二十三条 有本条例第二十二条禁止的行为之一，或者有下列行为之一的，由县级以上人民政府管理测绘工作的部门责令限期改正，给予警告，并可以根据情节处以5万元以下的罚款；对负有直接责任的主管人员和其他直接责任人员，依法给予行政处分；造成损失的，应当依法承担赔偿责任：

（一）干扰或者阻挠测量标志建设单位依法使用土地或者在建筑物上建设永久性测量标志的；

（二）工程建设单位未经批准擅自拆迁永久性测量标志或者使永久性测量标志失去使用效能的，或者拒绝按照国家有关规定支付迁建费用的；

（三）违反测绘操作规程进行测绘，使永久性测量标志受到损坏的；

（四）无证使用永久性测量标志并且拒绝县级以上人民政府管理测绘工作的部门监督和负责保管测量标志的单位和人员查询的。

第二十五条 违反本条例规定，应当给予治安管理处罚的，依照治安管理处罚条例的有关规定给予处罚；构成犯罪的，依法追究刑事责任。

【释解】

本条是关于破坏界碑、界桩罪、破坏永久性测量标志罪的规定。

一、破坏界桩、界碑罪

（一）概念及其构成

破坏界桩、界碑罪，是指故意破坏国家边境的界桩、界碑的行为。

1. 客体要件

本罪侵犯的客体是国家边境的正常管理秩序。犯罪的对象仅限于国家边境的界碑、界桩。界碑、界桩是在我国与邻国接壤地区设置的用以划分两国疆界线的标志物。它涉及到两国领土范围的问题，任何人不得擅自移动和破坏，否则，就有可能引起两国间的领土纠纷，给国家和人民在政治上造成重大损失。这一点是本罪与一般破坏公私财物罪的主要区别。

2. 客观要件

本罪在客观方面表现为破坏国家边境界碑、界桩的行为。这里，所谓“破坏行为”，主要是指捣毁、盗窃、拆除、损坏、掩埋、移动位置，等等。不论采取什么方法，只要使国家边境的界碑、界桩失去了原有的作用，都应视作破坏行为。本罪的行为对象必须是国家边境的界碑、界桩。国家边境上的界碑、界桩，是标志国家领土范围的标记，它既可以是永久性的，也可以是根据条约规定埋设的，还可以是按照历史形成的管辖范围埋设的。至于界碑、界桩的具体形式如木桩、铁桩、石碑，等等，均在所不问。

3. 主体要件

本罪主体是一般主体。可以是中国人，也可以是外国人。

4. 主观要件

本罪在主观方面表现为故意。即明知是界碑、界桩而故意加以破坏。至于犯罪动机则可能是多种多样的，如有的是为了贪财，有的是为了泄愤，有的是为了报复私仇进行栽赃陷害等，不同的动机对成立本罪不发生影响，但是可以作为量刑情节考虑。过失破坏国家边境界桩、界碑的，不能构成本罪。

（二）处罚

犯本罪的，处三年以下有期徒刑或者拘役。

二、破坏永久性测量标志罪

（一）概念及其构成

破坏永久性测量标志罪，是指故意破坏国家边境的永久性测量标志的行为。

1．客体要件

本罪侵犯的客体是国家对永久性测量标志的正常管理活动。测量是从事工农业生产、国防建设和某些科学研究工作的必不可少的手段。在测量工作中，常常需要设置一定的测量标志。擅自移动或者破坏这些测量标志，就会使有关数据资料失去准确性，影响国家的经济建设、国防建设和有关的科学研究工作。所以，有必要加强对测量标志的保护，维护国家对测量标志的正常管理。为此，本法规定了破坏永久性测量标志罪，具有重要意义。

本罪侵犯的对象必须是永久性测量标志。所谓永久性测量标志，是指国家和军队在全国各地进行测量过程中所设置的永久性标志。包括各种等级的天文点、重力点、水准点、三角点、导线点、海控点、炮控点等，有木质的、钢质的、铜质的、石质的等。也包括地形测图的固定标志。近年来设立的人造卫星观测点，也属于永久性测量标志。本罪的破坏对象只限于永久性测量标志，这就与一般的毁坏公私财物罪有明显的不同，也同破坏一般的临时性的测量标志的行为有明显的区别，如果行为人所破坏的是为开挖河道、修建道路而临时埋设的测量标志，就不能构成本罪。

2．客观要件

本罪在客观方面表现为破坏永久性测量标志的行为。所谓破坏，是指拆毁、损坏、改变、移动、掩盖等。其手段可以是多种多样的，只要其行为足以使上述永久性测量标志丧失其原有作用的，就应视为破坏，构成犯罪。按照国务院、中央军委《关于长期保护测量标志的通告》的规定精神，拆迁永久性测量标志，“必须持有省、市、自治区测绘主管部门或军区测绘主管部门的证明函件，经保管单位和保管人验证后，”方可进行。凡违背《通告》的上述精神，非法拆迁永久性测量标志的，均构成本罪。

3. 主体要件

本罪的主体是一般主体。凡达到刑事责任年龄、具备刑事责任能力的自然人均可成为本罪的主体。无论是住在永久性测量标志附近地区的人，还是临时经过的过路人，都可以成为本罪的主体。

4. 主观要件

本罪在主观方面是故意，即明知是永久性测量标志而故意加以破坏的，才构成犯罪。如果因不知是永久性测量标志而过失加以破坏的，就不能视作故意破坏，也就不构成本罪。例如，某乙不知路边的钢质觇标为永久性测量标志，而把它拆下拿回家使用，这就属于过失行为，不应以本罪论处。当然这种行为也是错误的，应进行批评教育，有的也可予以行政处分，如果原物能够复原的，可令其恢复原状。值得注意的是，有些过失破坏永久性测量标志的行为，虽不构成本罪，却可构成其他犯罪。例如上面提到的某乙窃回的钢质觇标如果价值很大，就可以构成盗窃罪。因为他窃回路边树立的钢质觇标是出于故意，是明知为他人之物而故意窃回，占为己有。有的也可视情节构成故意毁坏公私财物罪。

本罪的犯罪动机是多种多样的，不同的动机对构成本罪并无影响。

（二）处罚

犯本罪的，处三年以下有期徒刑或者拘役。

第四节 妨害文物管理罪

【本节概要】

本节从第324条至329条，共6条，规定妨害文物管理罪。

妨害文物管理罪是指以毁损、盗掘、非法出售、非法买卖等方式妨害文物管理秩序的行为。

我国具有几千年文明史，拥有众多的珍贵历史文物和名胜古迹。它们不仅是我国的宝贵财富，也是世界人类文明发展的珍贵遗产。保护这些珍贵文物、名胜古迹的完整、无缺，是我国社会管理秩序的重要内容之一。

我国历来十分重视对珍贵文物的保护，建国以来先后发布了一系列关于保护文物古迹的法律、法规。1979年刑法第173条规定了盗运珍贵文物出口罪，1982年全国人大常委会颁布了文物保护法，1991年、2002年又对文物保护法作了修改。

1982年3月8日第五届全国人大常委会第二十二次会议通过的《关于严惩严重破坏经济的罪犯的决定》，对1979年刑法第173条所规定的盗运珍贵文物出口罪作了补充和修改，提高了法定刑，规定情节特别严重的，处十年以上有期徒刑、无期徒刑或者死刑，可以并处没收财产。同时还规定，国家工作人员利用职务犯盗运珍贵文物出口罪，情节特别严重的，按上述规定从重处罚。此外，1991年6月29日第七届全国人大常委会第二十次会议通过的《关于修改〈中华人民共和国文物保护法〉第三十条第三十一条的决定》，将“盗运珍贵文物”应依法追究刑事责任，“将私人收藏的珍贵文物私自卖给外国人的，以盗运珍贵文物出口论处”修改为：“任何组织或者个人将收藏的国家禁止出口的珍贵文物私自出售或者私自赠送给外国人的，以走私论处”。

本条即根据上述规定整合、修改而成。

本节规定了以下各罪：

1. 故意损毁文物罪，是指故意损毁国家的珍贵文物或者被确定为全国重点文物保护单位、省级文物保护单位的文物的行为（第324条第1款）。客观方面表现为损毁国家保护的珍贵文物和国家级、省级文物保护单位的文物的行为。损毁的对象分两类：一类是可移动的国家保护的珍贵文物。根据文物保护法第2条及其实施细则的规定，珍贵文物包括具有重大历史、科学、艺术价值的纪念物、艺术品、工艺美术品、革命文献资料、手稿、古旧图书资料以及代表性实物等文物。珍贵文物依法分为一、二、三级。是否属于珍贵文物由有关部门鉴定确认。此外具有科学价值的古脊椎动物化石和古人类化石同文物一样受国家保护。另一类是不可移动的珍贵文物，即全国重点文物保护单位和省级文物保护单位的文物。主观方面是故意，即明知是国家保护的珍贵文物等，而故意损毁。犯故意损毁文物罪的，处三年以下有期徒刑或者拘役，并处或者单处罚金；情节严重的，处三年以上十年以下有期徒刑，并处罚金。

2. 故意损毁名胜古迹罪，是指故意损毁国家保护的名胜古迹，情节严重的行为（第324条第2款）。故意损毁名胜古迹罪的，处五年以下有期徒刑或者拘役，并处或者单处罚金。

3. 过失损毁文物罪，是指过失损毁国家保护的珍贵文物或者被确定为全国重点文物保护单位、省级文物保护单位的文物，造成严重后果的行为（第324条第3款）。犯过失损毁文物罪的，处三年以下有期徒刑或者拘役。

4. 非法向外国人出售、赠送珍贵文物罪，是指违反文物保护法规，将收藏的国家禁止出口的珍贵文物私自出售或者私自赠送给外国人的行为（第325条）。犯非法向外国人出售、赠送珍贵文物罪的，处五年以下有期徒刑或者拘役，可以并处罚金；单位犯本罪的，对单位判处罚金，并对其直接负责的主管人员和其他直接责任人员依照上述规定处罚。

5. 倒卖文物罪，是指以牟利为目的，倒卖国家禁止经营的文物，情节严重的行为（第 326 条）。主体是自然人和单位。客观方面表现为倒卖国家禁止经营的文物的行为。倒卖是指为赚取买入卖出之间的差价而买进卖出的行为。是否实际赚取了其中的差价，不影响本罪的成立。买进收藏或者卖出藏品的，不属于倒卖。倒卖的对象"是国家禁止经营的文物"。在审判实践中，国家禁止经营的文物，是指一、二、三级珍贵文物及其他国家保护的具有重大历史、文化、科学价值的文物，未经许可不得经营。其具体范围由国家文物主管部门核定公布。倒卖不属于国家禁止经营的文物的，不构成本罪。倒卖文物，必须情节严重才能构成犯罪，所谓情节严重，一般指：非法倒卖国家 3 级以上珍贵文物的；多次或者经常倒卖国家禁止经营的文物的；倒卖国家禁止经营的文物数量较大或者非法牟利数额较大的；等等。主观方面是故意，并且具有牟利的目的。犯倒卖文物罪的，处五年以下有期徒刑或者拘役，并处罚金；情节特别严重的，处五年以上十年以下有期徒刑，并处罚金。单位犯本罪的，对单位判处罚金，并对其直接负责的主管人员和其他直接责任人员依照上述规定处罚。

6. 非法出售、私赠文物藏品罪，是指国有博物馆、图书馆等单位，违反文物保护法规，将国家保护的文物藏品出售或者私自赠送给非国有单位或者个人的行为（第 327 条）。主体只能是国有博物馆、图书馆等单位。犯非法出售、私赠文物藏品罪的，对单位判处罚金，并对其直接负责的主管人员和其他直接责任人员，处三年以下有期徒刑或者拘役。

7. 盗掘古文化遗址、古墓葬罪，是指盗掘具有历史、艺术、科学价值的古文化遗址、古墓葬的行为（第 328 条第 1 款）。客观方面表现为盗掘古文化遗址、古墓葬的行为。所谓盗掘，是指未经国家文物主管部门批准，私自开挖、掘取。盗掘不限于秘密挖掘，也包括公然哄挖。盗掘的对象为古文化遗址、古墓葬，这是指受国家保护的清代和清代以前的具有历史、艺术、科学价值的文化遗址、墓葬。包括地面或地下埋藏的建筑、壁画、石刻、雕刻群、遗墟、坟墓等。1911 年辛亥革命以后，与著名历史事件有关的名人墓葬、遗址和纪念地，也视同古文化遗址、古墓葬。盗掘其他墓葬、遗址、物品的，不构成本罪。主观方面是故意。犯盗掘古文化遗址、古墓葬罪的，处三年以上十年以下有期徒刑，并处罚金；情节较轻的，处三年以下有期徒刑、拘役或者管制，并处罚金；有下列情形之一的，处十年以上有期徒刑、无期徒刑或者死刑，并处罚金或者没收财产：(1) 盗掘确定为全国重点文物保护单位和省级文物保护单位的古文化遗址、古墓葬的；(2) 盗掘古文化遗址、古墓葬集团的首要分子；(3) 多次盗掘古文化遗址、古墓葬的；(4) 盗掘古文化遗址、古墓葬，并盗窃珍贵文物或者造成珍贵文物严重破坏的。

8. 盗掘古人类化石、古脊椎动物化石罪，是指盗掘国家保护的具有科学价值的古人类化石和古脊椎动物化石的行为（第 328 条第 2 款）。犯盗掘古人类化石、古脊椎动物化石罪的，依照盗掘古文化遗址、古墓葬罪的法定刑处罚。

9. 抢夺、窃取国有档案罪，是指以非法占有为目的抢夺、窃取国家所有的档案的行为（第 329 条第 1 款）。犯抢夺、窃取国有档案罪的，处五年以下有期徒刑或者拘役。

10. 擅自出卖、转让国有档案罪，是指违反档案法的规定，擅自出卖、转让国家所有的档案，情节严重的行为（第 329 条第 2 款）。犯擅自出卖、转让国有档案罪的，处三年以下有期徒刑或者拘役。

第三百二十四条　（故意损毁文物罪、故意损毁名胜古迹罪、过失损毁文物罪）

故意损毁国家保护的珍贵文物或者被确定为全国重点文物保护单位、省级文物保护单位的文物的，处三年以下有期徒刑或者拘役，

并处或者单处罚金；情节严重的，处三年以上十年以下有期徒刑，并处罚金。

故意损毁国家保护的名胜古迹，情节严重的，处五年以下有期徒刑或者拘役，并处或者单处罚金。

过失损毁国家保护的珍贵文物或者被确定为全国重点文物保护单位、省级文物保护单位的文物，造成严重后果的，处三年以下有期徒刑或者拘役。

［相关规定］　**《中华人民共和国文物保护法》**（2002年10月28日第九届全国人民代表大会常务委员会第三十次会议通过）（节录）

第二条　在中华人民共和国境内，下列文物受国家保护：

（一）具有历史、艺术、科学价值的古文化遗址、古墓葬、古建筑、石窟寺和石刻、壁画；

（二）与重大历史事件、革命运动或者著名人物有关的以及具有重要纪念意义、教育意义或者史料价值的近代现代重要史迹、实物、代表性建筑；

（三）历史上各时代珍贵的艺术品、工艺美术品；

（四）历史上各时代重要的文献资料以及具有历史、艺术、科学价值的手稿和图书资料等；

（五）反映历史上各时代、各民族社会制度、社会生产、社会生活的代表性实物。

文物认定的标准和办法由国务院文物行政部门制定，并报国务院批准。

具有科学价值的古脊椎动物化石和古人类化石同文物一样受国家保护。

第六十四条　违反本法规定，有下列行为之一，构成犯罪的，依法追究刑事责任：

（一）盗掘古文化遗址、古墓葬的；

（二）故意或者过失损毁国家保护的珍贵文物的；

（三）擅自将国有馆藏文物出售或者私自送给非国有单位或者个人的；

（四）将国家禁止出境的珍贵文物私自出售或者送给外国人的；

（五）以牟利为目的倒卖国家禁止经营的文物的；

（六）走私文物的；

（七）盗窃、哄抢、私分或者非法侵占国有文物的；

（八）应当追究刑事责任的其他妨害文物管理行为。

第六十五条　违反本法规定，造成文物灭失、损毁的，依法承担民事责任。

违反本法规定，构成违反治安管理行为的，由公安机关依法给予治安管理处罚。

违反本法规定，构成走私行为，尚不构成犯罪的，由海关依照有关法律、行政法规的规定给予处罚。

［相关规定］　**《全国人民代表大会常务委员会关于〈中华人民共和国刑法〉有关文物的规定适用于具有科学价值的古脊椎动物化石、古人类化石的解释》**　（2005年12月29日第十届全国人民代表大会常务委员会第十九次会议通过）

全国人民代表大会常务委员会根据司法实践中遇到的情况，讨论了关于走私、盗窃、损毁、倒卖或者非法转让具有科学价值的古脊椎动物化石、古人类化石的行为适用刑法有关规定的问题，解释如下：

刑法有关文物的规定，适用于具有科学价值的古脊椎动物化石、古人类化石。

现予公告。

[相关规定]　**《中华人民共和国水下文物保护管理条例》**（1989年10月20日国务院发布）（节录）

第十条　保护水下文物有突出贡献，符合《中华人民共和国文物保护法》第二十九条各项规定情形的，给予表彰、奖励。

违反本条例第五条、第六条、第七条的规定，破坏水下文物，私自勘探、发掘、打捞水下文物，或者隐匿、私分、贩运、非法出售、非法出口水下文物，具有《中华人民共和国文物保护法》第三十条、第三十一条各项规定情形的，依法给予行政处罚或者追究刑事责任。

违反本条例第八条、第九条的规定，造成严重后果的，由文物行政管理部门会同有关部门责令停止作业限期改进或者给予撤销批准的行政处罚，可以并处一千元至一万元的罚款。

[相关规定]　**《文物藏品定级标准》**　（1987年2月3日文化部颁发）（略）

[相关规定]　**《最高人民法院、最高人民检察院关于办理盗窃、盗掘、非法经营和走私文物的案件具体应用法律的若干问题的解释》**（1987年11月27日　法（研）发〔1987〕32号）

近几年来，盗窃、盗掘、非法经营和走私文物的犯罪活动很猖獗，不少文物被盗运出境或者流失、毁坏，使我国历史文化遗产遭到无法估量的损失。文物不能再生产。它的历史、艺术、科学价值，是不能以一般财物的“数额较大”、“数额巨大”来计算的。为了保护历史文化遗产，严厉、准确地打击犯罪，当前办理盗窃、盗掘、非法经营和走私文物的案件，应当以文物的等级为标准，并结合考虑文物的数量、可评定的价格以及其他情节等，对具体案件进行具体分析，依照刑法、文物保护法和《全国人民代表大会常务委员会关于严惩严重破坏经济的罪犯的决定》（以下简称《决定》）的有关规定定罪量刑。

一、盗窃馆藏文物

（一）博物馆、文物机构和其他文物收藏单位的文物藏品，均属于馆藏文物。按照国家文物主管部门的规定，馆藏一、二级文物均为珍贵文物，三级文物一般也以珍贵文物看待。社会上流散的文物应依照文物主管部门规定的标准定级。

（二）盗窃馆藏文物的，以盗窃罪论处，适用刑法第一百五十一条、第一百五十二条和全国人大常委会《决定》第一条第（一）项的规定。盗窃三级文物的，处五年以下有期徒刑、拘役或者管制；盗窃二级文物的，处五年以上十年以下有期徒刑；盗窃一级文物的，属于"情节特别严重"，处十年以上有期徒刑，其中盗窃多件或者盗窃稀世国宝的，可处无期徒刑或者死刑。

（三）一案中盗窃三级以上各级文物的，可以按照盗窃高级别文物的量刑幅度处罚；一案中盗窃同级文物数量较多，情节严重的，可以按盗窃高一级文物的量刑幅度处罚；情节特别严重的，按照刑法和全国人大常委会《决定》规定的"情节特别严重"的量刑幅度处罚。

（四）盗窃馆藏三级以上文物，其中可以由文物主管部门估价的，所评定的价格可供量刑时参考。

（五）盗窃不属于馆藏三级以上文物的一般文物，可以参照发案当地文物商店的一般零售价格评定其所盗价格，或者由文物主管部门评定其价格。

（六）盗窃私人收藏的文物，可以参照以上有关规定的精神处罚。

二、盗掘古墓葬、古文化遗址

（一）按照国家文物主管部门的规定，清代和清代以前的古墓葬、古遗址，受国家保护；辛亥革命以后，与著名历史事件有关的名人墓葬、遗址和纪念地，也视同古墓葬、古遗址，受国家保护。

（二）依照文物保护法第三十一条的规定，私自挖掘古墓葬、古文化遗址的，以盗窃罪论处。处理这类案件，不以被盗掘的古墓葬、古遗址是否已确定为重点文物保护单位为限，但对于盗掘已被确定为重点文物保护单位的古墓葬、古遗址（包括国家级、省级和县级）的，应从重处罚。

（三）对盗掘中窃取文物和破坏文物的，均应以盗窃罪论处，根据被盗、被毁文物所应评定的级别等情节予以处罚。

（四）盗掘古墓葬、古遗址，以盗窃罪论处的案件，在量刑幅度上，可以参照盗窃馆藏文物的量刑标准，予以处罚。

（五）盗掘古墓葬、古遗址，虽未窃取到文物，但情节严重的，也应以盗窃罪处罚；如在盗掘古墓葬、古遗址时，破坏了经鉴定属于不能移动的珍贵文物，应依法从重处罚。

（六）对于群众性的盗掘古墓葬、古遗址案件，要实行惩办少数、教育多数的原则，区别对待。惩处的重点应当是盗掘集团或者聚众盗掘的首要分子，共同犯罪的主犯，教唆犯，惯犯，累犯，与投机倒把、走私、盗运珍贵文物出口的罪犯有勾结的主要犯罪分子。

（七）任何单位或者个人，对施工、生产中出土的文物进行哄抢或者私分、私留的，对参与人员分别以抢夺罪或者盗窃罪论处；情节显著轻微的，由主管部门予以行政处罚。但文物必须追缴，送文物主管部门。

三、破坏珍贵文物、名胜古迹

（一）故意破坏珍贵文物、名胜古迹的，依照刑法第一百七十四条规定的破坏珍贵文物、名胜古迹罪，处七年以下有期徒刑或者拘役。

（二）破坏珍贵文物、名胜古迹的犯罪行为，同时又触犯其他罪的，应按其中的重罪从重追究刑事责任。

（三）处理破坏珍贵文物、名胜古迹的案件，对于不能移动的珍贵文物、名胜古迹（如古墓葬、古遗址、古建筑、古石刻、革命遗址、革命纪念建筑物、风景名胜区等），不以是否已确定为重点文物保护单位为限；尚未确定的，可由文物主管部门或者其他主管部门根据实际情况评定。

（四）任何单位在进行基本建设或者生产中发现珍贵文物，不听文物主管部门或者其他部门的劝阻，以致破坏珍贵文物，情节严重的，应依照刑法第一百七十四条追究主管人员和直接责任人员的刑事责任。

四、非法经营文物

（一）非法经营（含收购、贩运、转手倒卖）文物，情节严重，构成犯罪的，以投机倒把罪论处，适用刑法第一百一十七条、第一百一十八条和全国人大常委会《决定》第一条第（一）项的规定。非法经营三级文物的，处三年以下有期徒刑或者拘役，可以并处、单处罚金或者没收财产；非法经营二级文物的，处三年以上十年以下有期徒刑，可以并处没收财产；非法经营一级文物的，处十年以上有期徒刑，可以并处没收财产，其中非法经营多件或者非法经营稀世国宝的，属于“情节特别严重”，可处无期徒刑或者死刑，可以并处没收财产。对一案中非法经营三级以上各级文物或者非法经营同级文物多件的，量刑时可参照本《解释》第一条第（三）项的有关规定。

（二）非法经营三级以上文物，其中可以由文物主管部门估价的，所评定的价格以及犯罪分子的非法获利数额，可供量刑时参考。

（三）单位非法经营三级以上文物的，可以参照上述规定，追究主管人员和直接责任人员的刑事责任。

（四）个人非法经营不属于三级以上文物的一般文物，其非法经营数额在5千元以上，或者非法获利数额在1千元以上的，应以投机倒把罪追究刑事责任。

单位非法经营一般文物，其非法经营数额在10万元以上，或者非法获利数额在5万元以上的，应以投机倒把罪追究主管人员和直接责任人员的刑事责任；其非法经营数额不足10万元，或者非法获利数额不足5万元，情节严重的，也应以投机倒把罪追究主管人员和直接责任人员的刑事责任。

五、走私文物

（一）走私珍贵文物（含一、二、三级）出口，以盗运珍贵文物出口罪论处，适用刑法第一百七十三条；走私不属于珍贵文物的一般文物出口，以走私罪论处，适用刑法第一百一十六条、第一百一十八条。两罪中情节特别严重的，均适用全国人大常委会《决定》第一条第（一）项。

（二）具有下列行为之一的，属于盗运珍贵文物出口罪：

1. 逃避海关监督，运输、携带、邮寄珍贵文物出口的；

2. 以走私出口为目的而收购珍贵文物的；

3. 明知他人走私珍贵文物出口，而向其出卖珍贵文物的，或者为其介绍收购珍贵文物的，或者为其偷运、偷带、偷寄珍贵文物的，或者为其提供中转场所的；

4. 将珍贵文物私自卖给外国人或者境外居民的。

（三）关于盗运珍贵文物出口罪的量刑：盗运三级珍贵文物的，处三年以上五年以下有期徒刑，可以并处罚金；盗运二级珍贵文物的，处五年以上十年以下有期徒刑，可以并处罚金；盗运一级珍贵文物的，属于"情节特别严重"，处十年以上有期徒刑，可以并处没收财产，其中盗运多件或者盗运稀世国宝的，可处无期徒刑或者死刑，可以并处没收财产。对一案中盗运各级珍贵文物或者盗运同级珍贵文物多件的，量刑时可参照本《解释》第一条第（三）项的有关规定。

（四）盗运珍贵文物出口，其珍贵文物可以由文物主管部门估价的，所评定的价格以及犯罪分子非法获利的数额，可供量刑时参考。

（五）单位盗运珍贵文物出口的，可以参照有关规定追究主管人员和直接责任人员的刑事责任。

（六）个人走私不属于珍贵文物的一般文物，其走私数额在5千元以上，或者非法获利数额在1千元以上的，应以走私罪追究刑事责任。

单位走私一般文物，其走私数额在10万元以上，或者非法获利数额在5万元以上的，应以走私罪追究主管人员和直接责任人员的刑事责任，对该单位判处罚金，判处没收走私文物、走私运输工具和违法所得；其走私数额不足10万元，或者非法获利不足5万元，情节严重的，也应以走私罪追究主管人员和直接责任人员的刑事责任，对该单位判处罚金，判处没收走私文物、走私运输工具和违法所得。

（七）对与境外犯罪分子相勾结，盗运珍贵文物出口或者走私一般文物的，应依法从重惩处。

六、对国家工作人员的犯罪的处罚

（一）国家工作人员利用职务上的便利或者内外勾结犯本《解释》上述各条所列举之罪，或者贪污、受贿文物构成犯罪的，依法从重处罚。

（二）国家工作人员玩忽职守，致使文物被盗、被毁、流失，造成重大损失的，以玩忽职守罪论处。

七、文物的鉴定

（一）办理上述各类案件，需要进行文物鉴定时，由省、自治区、直辖市文物主管部门或者经其指定的有条件鉴定的地区、省辖市文物主管部门组织有专门知识的人参加；需要评定文物价格的，也照此处理。

办理上述文物的鉴定或者文物价格的评定，必须有三名以上经文物主管部门指派、经司法机关聘请的文物鉴定人参加，鉴定人应写出鉴定书或者评定书。

（二）在办案中，对文物的鉴定或者文物价格的评定发生争议时，应提请省、自治区、直辖市文物主管部门组织专人复核。如再有争议，应提请国家文物主管部门组织专人复核。

（三）对被告人判处死刑案件的文物鉴定书，应经国家文物主管部门组织专人复核。

【释解】

本条是关于故意损毁文物罪、故意损毁名胜古迹罪、过失损毁文物罪的规定。

一、故意损毁文物罪

（一）概念及其构成

故意损毁文物罪，是指违反文物保护法规，明知是国家保护的珍贵文物或者被确定为全国重点文物保护单位、省级文物保护单位的文物而予以故意损毁的行为。

1. 客体要件

本罪侵犯的客体是国家文物管理秩序。本罪的对象是国家保护的珍贵文物和被确定为全国重点文物保护单位、省级文物保护单位的文物。所谓国家保护的珍贵文物，是指具有重大历史、科学、艺术价值的文物。根据文物保护法第2条及其实施细则的规定，珍贵文物包括具有重大历史、科学、艺术价值的纪念物、艺术品、工艺美术品、革命文献资料、手稿、古旧图书资料以及代表性实物等文物。珍贵文物分为一、二、三级。是否属于珍贵文物由有关部门依法鉴定确认。此外具有科学价值的古脊椎动物化石和古人类化石同文物一样受国家保护。所谓全国重点文物保护单位、省级文物保护单位的文物，是指由国务院、省、自治区、直辖市人民政府根据文物的历史、艺术、科学价值，核定公布并予以重点保护的革命遗址、纪念建筑物、古文化遗址、古墓葬、古建筑、石窟寺、石刻等文物。所谓全国重点文物保护单位，是指国家行政管理部门在各级文物保护单位中，选择出来的具有重大历史、艺术、科学价值并报国务院核定公布的单位以及国家文化行政管理部门在各级文物保护单位中，直接指定出来并报国务院核定公布的单位；所谓省级文物保护单位，是指由省、自治区、直辖市人民政府核定并报国务院备案的文物单位。

应当注意的是，根据《全国人民代表大会常务委员会关于〈中华人民共和国刑法〉有关文物的规定适用于具有科学价值的古脊椎动物化石、古人类化石的解释》的规定，本法有关文物的规定，适用于具有科学价值的古脊椎动物化石、古人类化石。

2. 客观要件

本罪在客观方面表现为故意损毁国家保护的珍贵文物或者被确定为全国重点文物保护单位、省级文物保护单位的文物的行为。所谓损毁，是指使珍贵文物或者被确定为全国重点文物保护单位、省级文物保护单位的文物部分破损或者完全毁灭。损毁文物的情况比较复杂，造成的后果各有不同，破坏的程度有轻有重，社会影响也有差异，处理时要作具体分析，认真区分违法和犯罪的界限。应鉴别遭到损毁的是否是其主要的、关键的部分，对其外观的破坏程度等，从经济价值、社会影响、危害后果等各种因素进行综合考虑。对某些损坏很轻、影响不大，或者被损坏后易于修复，情节显著轻微的，亦可以不认为是犯罪，但可依照治安管理处罚法第 63 条第 1 项的规定，对故意损坏国家保护的文物、名胜古迹，尚不够刑事处分的行为，处警告或者 200 元以下罚款；情节严重的，处 5 日以上 10 日以下拘留，并处 200 元以上 500 元以下罚款。

本罪是举动犯，只要实施故意损毁行为，均构成本罪。

3. 主体要件

本罪主体是一般主体。即凡是达到刑事责任年龄、具有刑事责任能力的自然人均可成为本罪的主体。

4. 主观要件

本罪在主观方面只能是故意，即明知是文物而故意加以损毁。至于行为人实施损毁行为的动机可能不尽相同，动机如何，不影响本罪构成。但是，如果行为人不知是文物将其损坏，或者虽然知道，但由于过失将其损毁，不构成本罪。所谓情节严重，一般指：多次损毁、屡教不改的；损毁国宝级文物的；损毁大量珍贵文物或致使国家重点文物保护单位的文物毁损严重的；损毁文物动机极其恶劣的等。

（二）处罚

犯本罪的，处三年以下有期徒刑或者拘役，并处或者单处罚金；情节严重的，处三年以上十年以下有期徒刑，并处罚金。

二、故意损毁名胜古迹罪

（一）概念及其构成

故意损毁名胜名迹罪，是指违反文物保护法规，明知是国家保护的名胜古迹而予以损毁，情节严重的行为。

1. 客体要件

本罪所侵害的客体是国家有关名胜古迹的管理秩序，对象则为国家保护的名胜古迹。所谓名胜古迹，包括风景名胜及文物古迹。其中，风景名胜，是指具有观赏、文化或科学价值，自然景物、人文景物比较集中，环境优雅，具有一定规模和范围，可供人们游览、休息或进行科学文化活动的地区。根据其观赏、文化或科学价值的大小，环境质量的高低，规模大小，游览条件的优劣等，可分为国家重点、省级和市县级3级风景名胜区。所谓文物古迹，是指与名人事迹、历史大事有关而值得后人登临凭吊的胜地、建筑物以及文物保护单位。文物保护单位，根据其历史、艺术、科学价值，可分为国家重点文物保护单位，省、自治区、直辖市级文物保护单位及县、自治区、市级文物保护单位。属于本罪对象的名胜古迹，应是国家保护的名胜古迹，其范围宜控制在全国重点与省级两级内，县、市级的名胜古迹，一般不能构成本罪的对象。

应当注意的是，根据《全国人民代表大会常务委员会关于〈中华人民共和国刑法〉有关文物的规定适用于具有科学价值的古脊椎动物化石、古人类化石的解释》的规定，本法有关文物的规定，适用于具有科学价值的古脊椎动物化石、古人类化石。

2. 客观要件

本罪在客观方面表现为故意损毁国家保护的名胜古迹，情节严重的行为。所谓损毁，是指损坏和毁灭。具体方式多种多样，如捣毁、砸碎、拆除、污损、挖掘、刻画、焚烧、炸毁等。一般表现为积极的作为方式，如损毁景物、建筑物；破坏园林植物；在名胜古迹区盖违章建筑，拒绝拆除等，但也不排除可以由消极的不作为方式构成。

损毁国家保护的名胜古迹的行为必须达到情节严重。情节不属严重即使有损毁行为，也不能构成本罪。所谓情节严重，主要是指多次损毁国家保护的名胜古迹的；因其行为造成国家保护的名胜古迹严重损坏的；造成名胜古迹大面积损毁的；造成恶劣影响的；出于卑鄙动机损毁的；抗拒他人制止的；等等。

3．主体要件

本罪主体是一般主体。凡年满16周岁且具备刑事责任能力的自然人均能构成本罪。

4．主观要件

本罪在主观方面表现为直接故意，即明知是国家保护的名胜古迹而加以损毁。间接故意和过失不构成本罪。

（二）处罚

犯本罪的，处五年以下有期徒刑或者拘役，并处或者单处罚金。

三、过失损毁文物罪

（一）概念及其构成

过失损毁文物罪，是指违反文物保护法规，过失损毁国家保护的珍贵文物或者被确定为全国重点文物保护单位、省级文物保护单位的文物，造成严重后果的行为。

1．客体要件

本罪所侵害的客体是国家有关珍贵文物的管理秩序。对象是国家保护的珍贵文物及被确定为全国重点文物保护单位、省级文物保护单位的文物，具体可参见故意损毁文物罪的释解，这里不再赘述。

2．客观要件

本罪在客观方面表现为损毁国家保护的珍贵文物，或者被确定为全国重点文物保护单位、省级文物保护单位的文物，造成严重后果的行为。所谓损毁，在这里是指由自己的过失行为如失火、过失引起爆炸、过失污损、过失摔破等致使珍贵文物损坏和毁灭。所谓造成严重后果，则是指造成国家特别珍贵的文物损毁或者损毁珍贵文物数量较多以及国家重点文物保护单位的文物损毁或者省级文物保护单位的文物数量较大的等情况。虽有过失损毁的行为，但所造成的后果不属严重的，则仍不能构成本罪。

3．主体要件

本罪的主体为一般主体。即年满16周岁具有刑事责任能力的自然人，均可构成本罪。

4．主观要件

本罪在主观方面必须出于过失，即应当预见自己的行为可能损毁珍贵文物却因疏忽大意而没有预见或者虽然预见自己的行为可能损毁珍贵文物但却轻信能够避免，以致造成珍贵文物损毁，并造成严重后果。行为人如果出于故意，则不构成本罪，构成犯罪的，应是故意损毁文物罪。

（二）处罚

犯本罪的，处三年以下有期徒刑或者拘役。

第三百二十五条 （非法向外国人出售、赠送珍贵文物罪）

违反文物保护法规，将收藏的国家禁止出口的珍贵文物私自出售或者私自赠送给外国人的，处五年以下有期徒刑或者拘役，可以并处罚金。

单位犯前款罪的，对单位判处罚金，并对其直接负责的主管人员和其他直接责任人员，依照前款的规定处罚。

［相关规定］ 《**中华人民共和国文物保护法**》（2002年10月28日第九届全国人民代表大会常务委员会第三十次会议通过）（节录）

第六十四条　违反本法规定，有下列行为之一，构成犯罪的，依法追究刑事责任：

（一）盗掘古文化遗址、古墓葬的；

（二）故意或者过失损毁国家保护的珍贵文物的；

（三）擅自将国有馆藏文物出售或者私自送给非国有单位或者个人的；

（四）将国家禁止出境的珍贵文物私自出售或者送给外国人的；

（五）以牟利为目的倒卖国家禁止经营的文物的；

（六）走私文物的；

（七）盗窃、哄抢、私分或者非法侵占国有文物的；

（八）应当追究刑事责任的其他妨害文物管理行为。

第六十五条　违反本法规定，造成文物灭失、损毁的，依法承担民事责任。

违反本法规定，构成违反治安管理行为的，由公安机关依法给予治安管理处罚。

违反本法规定，构成走私行为，尚不构成犯罪的，由海关依照有关法律、行政法规的规定给予处罚。

【释解】

本条是关于非法向外国人出售、赠送珍贵文物罪的规定。

一、概念及其构成

非法向外国人出售、赠送珍贵文物罪，是指违反文物保护法规，将收藏的国家禁止出口的珍贵文物私自出售或者私自赠送给 外国人的行为。

（一）客体要件

本罪侵犯的客体是国家对珍贵文物的管理活动，犯罪对象是珍贵文物。国家对珍贵文物的管理活动，是指国家根据《中华人民共和国文物保护法》，对各项珍贵文物的保护、管理活动。根据文物保护法的规定，珍贵文物具体包括：具有历史、艺术、科学价值的古文化遗址、古墓葬、古建筑、石窟寺和石刻、艺术品、工艺美术品、文献资料与实物等等。在具体案件中，行为人所出售或赠送的文物是否属于珍贵文物，价值如何，必要时，应当请有关专家根据国家法律及有关规定进行科学鉴定。出售或赠送一般历史文物出口的，应按走私行为或走私犯罪处理，不构成本罪。

根据我国文物保护法以及《文物出境鉴定管理办法》的规定，凡1949年中华人民共和国成立以前中国和外国制作、生产或出版的陶瓷器、金银器、铜器及其他金属器、玉石器、漆器、玻璃器皿、各种质料的雕刻品、雕塑品、家具、书画、碑帖、拓片、图书、文献资料、织绣、文化用品、邮票、货币、器具、工艺美术品等；1949年以后，我国已故近现代著名书画家、工艺美术家的作品等；古脊椎动物与古人类化石，都必须进行文物出境鉴定。文物出境鉴定，是对申报出境的文物，依据文物保护法的规定及国家规定的文物出口界限和鉴定标准，进行鉴定、查验，决定其是否能出境。对于禁止出境的珍贵文物，或者由国家予以征购，或者由私人收藏，私人也可以将收藏的珍贵文物捐献国家，但不能私自出售或者私自赠送给外国人，这将造成珍贵文物的流失，对于国家的文物发展是不可弥补的损失，也严重侵犯了我国的文物管理制度。

应当注意的是，根据《全国人民代表大会常务委员会关于〈中华人民共和国刑法〉有关文物的规定适用于具有科学价值的古脊椎动物化石、古人类化石的解释》的规定，本法有关文物的规定，适用于具有科学价值的古脊椎动物化石、古人类化石。

（二）客观要件

本罪在客观方面表现为违反文物保护法规，将收藏的国家禁止出口的珍贵文物私自出售或者私自赠送给外国人的行为。根据文物保护法的规定，个人收藏的文物可以由文化行政管理部门指定的单位收购，其他任何单位或者个人不得经营文物收购业务。私人收藏的文物，严禁倒卖牟利，严禁私自卖给外国人。所谓私自出售，是指将禁止出口的珍贵文物有偿出卖给外国人。而私自赠送，则是无价地将珍贵文物的所有权转移给外国人。至于行为人是否已出售、赠送成功，并不影响本罪成立。例如，在出售过程中即被抓获的，也仍应按本罪处理。珍贵文物的来源，应是私人收藏的。

根据文物保护法原第31条第4款的规定，行为人将私人收藏的国家禁止出口的珍贵文物私自出售或者私自赠送给外国人的，以走私论处。本法将私自出售或私自赠送禁止出口的珍贵文物给外国人的行为，单列一条，独立成罪。本罪为选择性罪名。如行为人仅触犯了其中一个罪名，则以其中的一罪定罪处刑。如行为人同时具有两个行为的，则可以定两个罪名，但不能实行数罪并罚。

（三）主体要件

本罪的主体为一般主体。即凡达到刑事责任年龄、具备刑事责任能力的自然人均可成为本罪主体。依本条第2款的规定，单位亦可成为本罪主体。

（四）主观要件

本罪在主观方面表现为故意。即行为人明知是禁止出口的珍贵文物而私自出售、赠送给外国人。如果行为人主观上确实不知是珍贵文物或者被他人欺骗利用，因其主观上没有犯罪的故意，不应按本罪处罚。至于行为人私自出售、赠送给外国人珍贵文物的动机性质是什么，例如是为了出售营利、转赠他人或是自己收藏，对于成立犯罪并无影响，但可以作为量刑时的情节予以考虑。

二、处罚

犯本条罪的，处五年以下有期徒刑或者拘役，可以并处罚金。

单位犯本罪的，对单位判处罚金，并对其直接负责的主管人员和其他直接责任人员，依照上述的规定处罚。

第三百二十六条　（倒卖文物罪）

以牟利为目的，倒卖国家禁止经营的文物，情节严重的，处五

年以下有期徒刑或者拘役，并处罚金；情节特别严重的，处五年以上十年以下有期徒刑，并处罚金。

单位犯前款罪的，对单位判处罚金，并对其直接负责的主管人员和其他直接责任人员，依照前款的规定处罚。

［相关规定］ **《中华人民共和国文物保护法》**（2002 年 10 月 28 日第九届全国人民代表大会常务委员会第三十次会议通过）（节录）

第六十四条 违反本法规定，有下列行为之一，构成犯罪的，依法追究刑事责任：

（一）盗掘古文化遗址、古墓葬的；

（二）故意或者过失损毁国家保护的珍贵文物的；

（三）擅自将国有馆藏文物出售或者私自送给非国有单位或者个人的；

（四）将国家禁止出境的珍贵文物私自出售或者送给外国人的；

（五）以牟利为目的倒卖国家禁止经营的文物的；

（六）走私文物的；

（七）盗窃、哄抢、私分或者非法侵占国有文物的；

（八）应当追究刑事责任的其他妨害文物管理行为。

第六十五条 违反本法规定，造成文物灭失、损毁的，依法承担民事责任。

违反本法规定，构成违反治安管理行为的，由公安机关依法给予治安管理处罚。

违反本法规定，构成走私行为，尚不构成犯罪的，由海关依照有关法律、行政法规的规定给予处罚。

［相关规定］ **《最高人民法院、最高人民检察院关于办理盗窃、盗掘、非法经营和走私文物的案件具体应用法律的若干问题的解释》**（1987 年 11 月 27 日 法（研）发〔1987〕32 号）（节录）

四、非法经营文物

（一）非法经营（含收购、贩运、转手倒卖）文物，情节严重，构成犯罪的，以投机倒把罪论处，适用刑法第一百一十七条、第一百一十八条和全国人大常委会《决定》第一条第（一）项的规定。非法经营三级文物的，处三年以下有期徒刑或者拘役，可以并处、单处罚金或者没收财产；非法经营二级文物的，处三年以上十年以下有期徒刑，可以并处没收财产；非法经营一级文物的，处十年以上有期徒刑，可以并处没收财产，其中非法经营多件或者非法经营稀世国宝的，属于“情节特别严重”，可处无期徒刑或者死刑，可以并处没收财产。对一案中非法经营三级以上各级文物或者非法经营同级文物多件的，量刑时可参照本《解释》第一条第（三）项的有关规定。

（二）非法经营三级以上文物，其中可以由文物主管部门估价的，所评定的价格以及犯罪分子的非法获利数额，可供量刑时参考。

（三）单位非法经营三级以上文物的，可以参照上述规定，追究主管人员和直接责任人员的刑事责任。

（四）个人非法经营不属于三级以上文物的一般文物，其非法经营数额在5千元以上，或者非法获利数额在1千元以上的，应以投机倒把罪追究刑事责任。

单位非法经营一般文物，其非法经营数额在10万元以上，或者非法获利数额在5万元以上的，应以投机倒把罪追究主管人员和直接责任人员的刑事责任；其非法经营数额不足10万元，或者非法获利数额不足5万元，情节严重的，也应以投机倒把罪追究主管人员和直接责任人员的刑事责任。

【释解】

本条是关于倒卖文物罪的规定。

一、概念及其构成

倒卖文物罪，是指以牟利为目的，倒卖国家禁止经营的文物，情节严重的行为。

（一）客体要件

本罪侵犯的客体是国家的文物管理制度。国家的文物管理制度，主要是以文物保护法为核心的一系列有关文物保护的法规。根据法律、法规的规定，中华人民共和国境内地下、内水和海中遗存的一切文物，属于国家所有。古文化遗址、古墓葬、石窟寺属于国家所有。国家机关、部队、全民所有制企业、事业组织收藏的文物，属于国家所有。文物只能由文化行政主管部门指定的单位收购，其他任何单位或者个人不得经营文物收购业务。对于那些以牟利为目的，倒卖国家禁止买卖的文物，势必影响国家对于文物的管理，损害我国文化行政部门的声誉，扰乱文物市场和正常的文物收购秩序，因此，本法将倒卖文物规定为犯罪予以惩治。

本罪的对象是国家禁止经营的文物。所谓“国家禁止经营的文物”，是指受国家保护的并由国家有关主管部门核定公布的属于禁止经营的文物。1992年国家文物局等部门就曾下发《关于加强文物市场管理的通知》，规定了部分禁止经营的文物的具体范围，是指未经许可不得经营的一、二、三级珍贵文物以及其他受国家保护的具有重大历史、文化、科学价值的文物。应当注意的是，根据《全国人民代表大会常务委员会关于〈中华人民共和国刑法〉有关文物的规定适用于具有科学价值的古脊椎动物化石、古人类化石的解释》的规定，本法有关文物的规定，适用于具有科学价值的古脊椎动物化石、古人类化石。

（二）客观要件

本罪在客观方面表现为倒卖国家禁止买卖的文物，情节严重的行为。所谓倒卖，是指以牟利为目的出售、购买国家禁止经营的文物的行为。行为人倒卖的对象只能是国家禁止经营的文物。如果倒卖的不是国家禁止经营的文物，就不构成本罪。构成本罪，还要求必须具备情节严重的要素。根据司法实践，所谓情节严重，是指倒卖三级文物的；非法获利数额较大的；非法经营数额较大的；或者多次倒卖三级以下文物、倒卖三级以下文物多件的等情节。而倒卖二级文物的；倒卖一级文物的；非法获利数额巨大的；非法经营数额巨大的；或者倒卖稀世国宝的等等，则属于情节特别严重。

（三）主体要件

本罪的主体为一般主体。凡达到刑事责任年龄、具有刑事责任能力的自然人均可成为本罪主体。依本条第 2 款之规定，单位也可成为本罪的主体。

（四）主观要件

本罪在主观方面表现为故意，且以牟利为目的。行为人不具有故意的心理不构成本罪，还必须同时具有牟利的目的，才能构成本罪。对于那些确实既无牟利目的，也无行使目的，而纯粹因为个人兴趣的，不以犯罪论。此外，对于不知是禁止买卖的文物而买卖的，也不以犯罪论处。

二、处罚

犯本条罪的，处五年以下有期徒刑或者拘役，并处罚金；情节特别严重的，处五年以上十年以下有期徒刑，并处罚金。

单位犯本罪的，对单位判处罚金，并对其直接负责的主管人员和其他直接责任人员，依照上述的规定处罚。

第三百二十七条　（非法出售、私赠文物藏品罪）

违反文物保护法规，国有博物馆、图书馆等单位将国家保护的文物藏品出售或者私自送给非国有单位或者个人的，对单位判处罚金，并对其直接负责的主管人员和其他直接责任人员，处三年以下有期徒刑或者拘役。

[相关规定]　**《中华人民共和国文物保护法》**（2002 年 10 月 28 日第九届全国人民代表大会常务委员会第三十次会议通过）（节录）

第六十四条　违反本法规定，有下列行为之一，构成犯罪的，依法追究刑事责任：

（一）盗掘古文化遗址、古墓葬的；

（二）故意或者过失损毁国家保护的珍贵文物的；

（三）擅自将国有馆藏文物出售或者私自送给非国有单位或者个人的；

（四）将国家禁止出境的珍贵文物私自出售或者送给外国人的；

（五）以牟利为目的倒卖国家禁止经营的文物的；

（六）走私文物的；

（七）盗窃、哄抢、私分或者非法侵占国有文物的；

（八）应当追究刑事责任的其他妨害文物管理行为。

第六十五条 违反本法规定，造成文物灭失、损毁的，依法承担民事责任。

违反本法规定，构成违反治安管理行为的，由公安机关依法给予治安管理处罚。

违反本法规定，构成走私行为，尚不构成犯罪的，由海关依照有关法律、行政法规的规定给予处罚。

[相关规定] **《最高人民法院、最高人民检察院关于办理盗窃、盗掘、非法经营和走私文物的案件具体应用法律的若干问题的解释》**（1987年11月27日 法（研）发〔1987〕32号）（节录）

二、盗掘古墓葬、古文化遗址

（一）按照国家文物主管部门的规定，清代和清代以前的古墓葬、古遗址，受国家保护；辛亥革命以后，与著名历史事件有关的名人墓葬、遗址和纪念地，也视同古墓葬、古遗址，受国家保护。

（二）依照文物保护法第三十一条的规定，私自挖掘古墓葬、古文化遗址的，以盗窃罪论处。处理这类案件，不以被盗掘的古墓葬、古遗址是否已确定为重点文物保护单位为限，但对于盗掘已被确定为重点文物保护单位的古墓葬、古遗址（包括国家级、省级和县级）的，应从重处罚。

（三）对盗掘中窃取文物和破坏文物的，均应以盗窃罪论处，根据被盗、被毁文物所应评定的级别等情节予以处罚。

（四）盗掘古墓葬、古遗址，以盗窃罪论处的案件，在量刑幅度上，可以参照盗窃馆藏文物的量刑标准，予以处罚。

（五）盗掘古墓葬、古遗址，虽未窃取到文物，但情节严重的，也应以盗窃罪处罚；如在盗掘古墓葬、古遗址时，破坏了经鉴定属于不能移动的珍贵文物，应依法从重处罚。

（六）对于群众性的盗掘古墓葬、古遗址案件，要实行惩办少数、教育多数的原则，区别对待。惩处的重点应当是盗掘集团或者聚众盗掘的首要分子，共同犯罪的主犯，教唆犯，惯犯，累犯，与投机倒把、走私、盗运珍贵文物出口的罪犯有勾结的主要犯罪分子。

（七）任何单位或者个人，对施工、生产中出土的文物进行哄抢或者私分、私留的，对参与人员分别以抢夺罪或者盗窃罪论处；情节显著轻微的，由主管部门予以行政处罚。但文物必须追缴，送文物主管部门。

【释解】

本条是关于非法出售、私赠文物藏品罪的规定。

一、概念及其构成

非法出售、私赠文物藏品罪，是指国有博物馆、图书馆等单位违反文物保护法规，非法出售或者私自赠送国家保护的文物藏品给非国有单位或者个人的行为。

（一）客体要件

本罪侵犯的客体是国家的文物管理制度、国家的文物所有权。文物保护法第23条规定“全民所有制的博物馆、图书馆和其他单位的文物藏品禁止出卖……”。全民所有制博物馆、图书馆和其他单位收藏的文物属国家所有，禁止出卖，更勿论是赠送给非国有单位或个人。

本罪的犯罪对象是国有博物馆、图书馆等单位收藏的文物。属于哪一级文物，并不影响本罪的成立，只是一个量刑时考虑的情节因素。出售或者私自赠送文物的对方只能是中国国内的非国有单位或者中国公民，如是国有单位，则不构成本罪，亦不能是外国组织或者个人，依本节第325条规定，将收藏的国家禁止出口的珍贵文物私自出售或者私自赠送给外国人的，构成非法出售、赠送珍贵文物罪。

（二）客观要件

本罪在客观方面表现为违反文物保护法规，将国家保护的文物藏品出售或者私自赠送给非国有单位或者个人的行为。所谓出售，即为有偿让与，是指将馆藏文物出卖给他人。既包括以其换取金钱的典型出卖行为，亦包括以其换取其他财物或者其他财产性利益及报酬的非典型出卖行为。本罪中的出售或赠送的行为必须是违反法律规定的行为才能构成犯罪。如果依照法律规定进行转让、出售或赠送，则不构成本罪。此外，只有将馆藏文物出售或私赠给了非国有单位或个人，才能构成本罪。如将馆藏文物出售或私赠给了国有单位，就不能以本罪论处。非国有单位，是指国有以外的所有单位，如私营单位、集体所有制单位、中外合作经营单位、中外合资单位、外资单位以及之间联营单位等等。这里的个人，只能是中国公民，包括共有的中国公民。如果是将所收藏的国家禁止出口的珍贵文物私自出售或赠送给外国人（包括单位）的，应以非法向外国人出售、赠送珍贵文物罪论处。

本罪为选择性罪名，只要有“非法出售”或者“非法私自赠送”行为之一的，即可构成“非法出售文物藏品罪”或“非法私赠文物藏品罪”，如果具有两个行为的，则构成“非法出售、赠送文物藏品罪”。

（三）主体要件

本罪主体为特殊主体，是国有博物馆、图书馆等单位，包括国家机关、部队、国有企业、事业组织。本罪的主体不能是个人，也不包括集体所有制企业、事业组织。

（四）主观要件

本罪的主观方面是故意。即明知是国家保护的文物藏品而违反规定出售或赠送给他人。实际上动机可能是不同的，如拉关系、慷国家之慨、送人情等等，但动机不是犯罪的必要构成要件，不影响本罪的成立。

二、认定

认定本罪的关键是这种行为是否经过批准。如果经过文化行政管理部门的批准，就是合法行为；反之构成犯罪。文物保护法规定，全民所有制的博物馆、图书馆等单位收藏的文物的调拨、交换，必须经文化行政管理部门备案；一级文物藏品的调拨、交换，须经国家文化行政管理部门批准，未经批准，任何单位或者个人不得调取文物。

三、处罚

犯本条罪的，对单位判处罚金，并对其直接负责的主管人员和其他直接责任人员，处三年以下有期徒刑或者拘役。

第三百二十八条　（盗掘古文化遗址、古墓葬罪、盗掘古人类化石、古脊椎动物化石罪）

盗掘具有历史、艺术、科学价值的古文化遗址、古墓葬的，处三年以上十年以下有期徒刑，并处罚金；情节较轻的，处三年以下有期徒刑、拘役或者管制，并处罚金；有下列情形之一的，处十年以上有期徒刑、无期徒刑或者死刑，并处罚金或者没收财产：

（一）盗掘确定为全国重点文物保护单位和省级文物保护单位的古文化遗址、古墓葬的；

（二）盗掘古文化遗址、古墓葬集团的首要分子；

（三）多次盗掘古文化遗址、古墓葬的；

（四）盗掘古文化遗址、古墓葬，并盗窃珍贵文物或者造成珍贵文物严重破坏的。

盗掘国家保护的具有科学价值的古人类化石和古脊椎动物化石的，依照前款的规定处罚。

【释解】

本条是关于盗掘古文化遗址、古墓葬罪、盗掘古人类化石、古脊椎动物化石罪的规定。

一、盗掘古文化遗址、古墓葬罪

（一）概念及其构成

盗掘古文化遗址、古墓葬罪，是指盗掘具有历史、艺术、科学价值的古文化遗址、古墓葬以及具有科学价值的古人类化石和古脊椎动物化石的行为。

1. 客体要件

本罪侵犯的客体是国家对古文化遗址、古墓葬的管理制度。我国具有丰富的文物，其中相当部分是举世公认的珍宝。盗掘古文化遗址、古墓葬的行为不但造成文物的严重流失，而且使许多文物因失去保护而丧失其历史、艺术、科学价值，有的甚至造成文物的直接毁坏，因而这种行为具有严重的社会危害性。

盗掘古文化遗址、古墓葬罪的犯罪对象限于具有历史、艺术、科学价值的古文化遗址、古墓葬，而不包括所有的文物。所谓“文物”，是指一切具有历史、艺术、科学价值的文献和实物，根据文物保护法的规定，我国的文物具体包括：具有历史、艺术、科学价值的古文化遗址、古墓葬、古建筑、石窟寺和石刻；与重大历史事件、革命运动和著名人物有关的，具有重要教育意义和史料价值的建筑物遗址、纪念物；历史上各时代珍贵的艺术品、工艺美术品；重要革命文献资料以及具有历史、艺术、科学价值的手稿、古旧图书资料等；反映历史上各时代、各民族社会制度、社会生产、社会生活的代表性实物等。所谓“古文化遗址、古墓葬”，根据《最高人民法院、最高人民检察院关于办理盗窃、盗掘、非法经营和走私文物的案件具体应用法律的若干问题的解释》的规定，具体指清代和清代以前的具有历史、艺术、科学价值的古文化遗址、古墓葬及辛亥革命以后与著名历史事件有关的名人墓葬遗址和纪念地。其中古文化遗址包括石窟、地下城、古建筑等，古墓葬包括皇帝陵墓、革命烈士墓等。如果行为侵犯的不是上述古文化遗址、古墓葬，而是其他有关文物的，不构成本罪。

2. 客观要件

本罪在客观方面表现为盗掘古文化遗址、古墓葬的行为。所谓盗掘，既不同于单纯的盗窃行为，也不同于对文物的破坏行为，它是指未经国家文化主管部门批准的私自掘取行为，其行为方式有的是秘密的，有的是明火执仗公开进行掘取；有的是单个人实施，有的则多人合伙甚至聚众实施。

本罪属于行为犯而不是结果犯，只要行为人实施了盗掘古文化遗址、古墓葬的行为就已构成本罪，至于是否造成使古文化遗址、古墓葬受到严重破坏的结果，只对确定本罪适用的法定刑有意义。在实践中，虽然盗掘古文化遗址、古墓葬行为一般都会对古文化遗址、古墓葬造成严重破坏，但也有些行为确未使古文化遗址、古墓葬受到严重破坏，对此不能认为不构成犯罪或只构成犯罪预备或犯罪未遂。

3. 主体要件

本罪的主体是一般主体。单位能否构成本罪主体，法律无明明文规定，我们认为，根据其他有关对单位犯罪的法律规定来理解，如果本罪是在单位名义组织策划下实施的，可以对单位主管人员和其他直接责任人员追究刑事责任，而不宜对单位直接追究刑事责任。

4. 主观要件

本罪在主观方面表现为故意，而且一般具有非法占有古文化遗址、古墓葬中文物的目的。本罪能否由间接故意构成，理论上有肯定与否定两种截然对立的观点。我们认为只要行为人的盗掘行为出于故意，其对盗窃的对象是否属于古文化遗址、古墓葬的文物即使是不确定的，也可以构成本罪。因而本罪可以由间接故意构成。

（二）认定

1. 本罪与非罪的界限

可以从两个方面对其加以区分：（1）看其掘取古文化遗址、古墓葬行为是故意实施的还是过失实施的，如果属于过失行为则不构成犯罪。（2）看其掘取古文化遗址、古墓葬行为是否经过了国家文化主管部门的批准，如果属于经过批准的行为，即使在掘取过程中造成古文化遗址、古墓葬毁坏的，一般也不构成犯罪，如果情节严重的可以按玩忽职守罪等其他罪论处。

2. 本罪与盗窃罪的界限

(1)侵犯的客体不同。盗掘古文化遗址、古墓葬罪侵犯的客体是复杂客体,即国家对古文化遗址、古墓葬的管理制度和国家的财产所有权；而盗窃罪侵犯的是单一客体,即公私财产所有权。前者侵犯的对象是古文化遗址、古墓葬,是不可再生物,一般是不能以金额计算的,一旦遭到破坏,损失无法挽回;后者侵犯的对象是一般的公私财物。

(2) 客观表现不同。前者表现为违反文物保护法规，未经国家文化主管部门批准，私自挖掘古文化遗址、古墓葬的行为，其行为方式可以是秘密的，也可以是公开的，而且不论是否窃得文物，只要实施了盗掘行为，就构成本罪。后者则表现为秘密窃取公私财物，构成犯罪必须以盗窃数额较大为前提，如果未窃取到财物，就是盗窃未遂。

3. 本罪与故意损毁文物、名胜古迹罪的界限

(1) 犯罪对象不同。盗掘古文化遗址、古墓葬罪限于古文化遗址、古墓葬；故意损毁文物、名胜古迹罪对象则限于珍贵文物、名胜古迹。

(2) 在客观方面，盗窃古文化遗址、古墓葬罪表现为私自掘取的行为，其行为方式多为秘密的；故意损毁文物、名胜古迹罪则表现为损毁行为，其具体表现形式多种多样，包括捣毁、损坏、污损、拆除、挖掘、焚烧等行为。

(3) 在主观方面，盗掘古文化遗址、古墓葬罪一般具有非法占有古文化遗址、古墓葬中文物的目的，故意损毁珍贵文物、名胜古迹罪则只是出于损毁的故意，其动机可能多种多样，但并无对文物非法占有的目的。

(三) 处罚

犯本罪的,处三年以上十年以下有期徒刑,并处罚金；情节较轻的,处三年以下有期徒刑、拘役或者管制，并处罚金；有下列情形之一的，处十年以上有期徒刑、无期徒刑或者死刑，并处罚金或者没收财产：

1. 盗掘确定为全国重点文物保护单位和省级文物保护单位的

古文化遗址、古墓葬的；

上述“古文化遗址、古墓葬”一般是指十九世纪中叶以前的城垣的残迹，埋没的古代建筑的废墟，古代的地上地下建筑如寺庙、宫殿、雕塑等和坟墓及其附属的建筑。“全国重点文物保护单位”是指国家行政管理部门在各级文物保护单位中，选择出来的具有重大历史、艺术、科学价值并报国务院核定公布的单位以及国家文化行政管理部门在各级文物保护单位中，直接指定出来并报国务院核定公布的单位。“省级文物保护单位”是指由省、自治区、直辖市人民政府核定并报国务院备案的文物单位。

2．盗掘古文化遗址、古墓葬集团的首要分子；

3．多次盗掘古文化遗址、古墓葬的；

4．盗掘古文化遗址、古墓葬，并盗窃珍贵文物或者造成珍贵文物严重破坏的。

二、盗掘古人类化石、古脊椎动物化石罪

（一）概念及其构成

盗掘古人类化石、古脊椎动物化石罪，是指盗掘国家保护的具有科学价值的古人类化石和古脊椎动物化石的行为。本罪属选择性罪名，具体包括盗掘古人类化石罪和盗掘古脊椎动物化石罪。

1．客体要件

本罪所侵害的客体是国家有关文物的保护制度。对象为古人类化石和古脊椎动物化石。所谓古人类化石、古脊椎动物化石，是指古代人类、古代脊椎动物的遗体、遗物或者遗迹埋藏地下因年代久远而变成的跟石头一样的物品。古人类化石、古脊椎动物化石，对研究古人类、古生物的起源和进化，古人类、古生物生存环境的变迁和演变，以及人类文明发展和进步的历史，地层年代的确定等具有重要的科学研究价值，其数量极其有限。根据我国文物保护法规定，应视为文物加以保护。至于脊椎动物，则是指有脊椎骨的动物，属于脊索动物的一个亚门。此类动物体形左右一般对称，具有头、躯干、尾3个部分。其中躯干部分又被横膈膜分成胸部及腹部，有比

较完善的感觉器官、运动器官和高度分化的神经系统，包括鱼类、两栖动物、爬行动物、鸟类和哺乳动物5大类。

2. 客观要件

本罪在客观方面表现为盗掘古人类化石、古脊椎动物化石的行为。所谓盗掘，是指违反文物保护法规，不经主管部门批准，非法私自挖掘。其具体的行为方式可多种多样，有的表现为秘密的，有的则是明火执仗地公开进行掘取；有的是单个人进行，有的则是共同掘取；等等。至于是否在盗掘中使得古人类化石、古脊椎动物化石受到严重破坏，则并不影响本罪成立。行为人在客观上只要实施了盗掘的行为，就可构成本罪。

3. 主体要件

本罪的主体为一般主体。即年满16周岁具有刑事责任能力的自然人。

4. 主观要件

本罪在主观方面必须出于故意，即明知是古人类化石或者古脊椎动物化石而仍决意盗掘。所谓明知，既包括确知即确实知道是古人类化石或者古脊椎动物化石，又包括可能知，即知道所盗掘的可能是古人类化石或古脊椎动物化石。至于行为人盗掘的目的，一般则是为了非法占有古人类化石、古脊椎动物化石。当然亦不能排除行为人还可以有其他目的，如为了侵占古人类化石或者古脊椎动物化石所在的土地，为毁损、破坏古人类化石、古脊椎动物化石等等。

（二）处罚

犯本罪的，处三年以上十年以下有期徒刑，并处罚金；情节较轻的，处三年以下有期徒刑、拘役或者管制，并处罚金；具有下列情形之一的，处十年以上有期徒刑、无期徒刑或者死刑，并处罚金或者没收财产：（1）盗掘确定为全国重点文物保护单位和省级文物保护单位的古人类化石、古脊椎动物化石的；（2）多次盗掘古人类化石、古脊椎动物化石的；（3）盗掘古人类化石、古脊椎动物化石，并盗窃珍贵文物或者造成珍贵文物严重破坏的。

第三百二十九条　（抢夺、窃取国有档案罪、擅自出卖、转让国有档案罪）

抢夺、窃取国家所有的档案的，处五年以下有期徒刑或者拘役。

违反档案法的规定，擅自出卖、转让国家所有的档案，情节严重的，处三年以下有期徒刑或者拘役。

有前两款行为，同时又构成本法规定的其他犯罪的，依照处罚较重的规定定罪处罚。

［相关规定］　**《中华人民共和国档案法》**　（1996年7月5日第八届全国人民代表大会常务委员会第二十次会议修正）（节录）

第二条　本法所称的档案，是指过去和现在的国家机构、社会组织以及个人从事政治、军事、经济、科学、技术、文化、宗教等活动直接形成的对国家和社会有保存价值的各种文字、图表、声像等不同形式的历史记录。

第二十四条　有下列行为之一的，由县级以上人民政府档案行政管理部门、有关主管部门对直接负责的主管人员或者其他直接责任人员依法给予行政处分；构成犯罪的，依法追究刑事责任：

（一）损毁、丢失属于国家所有的档案的；

（二）擅自提供、抄录、公布、销毁属于国家所有的档案的；

（三）涂改、伪造档案的；

（四）违反本法第十六条、第十七条规定，擅自出卖或者转让档案的；

（五）倒卖档案牟利或者将档案卖给、赠送给外国人的；

（六）违反本法第十条、第十一条规定，不按规定归档或者不按期移交档案的；

（七）明知所保存的档案面临危险而不采取措施，造成档案损失的；

（八）档案工作人员玩忽职守，造成档案损失的。

在利用档案馆的档案中，有前款第一项、第二项、第三项违法行为的，由县级以上人民政府档案行政管理部门给予警告，可以并处罚款；造成损失的，责令赔偿损失。

企业事业组织或者个人有第一款第四项、第五项违法行为的，由县级以上人民政府档案行政管理部门给予警告，可以并处罚款；有违法所得的，没收违法所得；并可以依照本法第十六条的规定征购所出卖或者赠送的档案。

【释解】

本条是关于抢夺、窃取国有档案罪、擅自出卖、转让国有档案罪的规定。

一、抢夺、窃取国有档案罪

（一）概念及其构成

抢夺、窃取国有档案罪，是指乘人不备公然夺取或者采取秘密手段获取国家所有的档案的行为。

1. 客体要件

本罪侵犯的客体是国家对档案的管理制度。档案在社会主义现代化建设事业中具有重要的作用，档案的灭失、毁损往往会给国家和人民造成不可弥补的损失。因此，为了加强对国有档案的保管、利用，惩治严重妨害国有档案的犯罪十分必要。

本罪的犯罪对象是国家所有的档案。档案是指过去和现在的国家机构、社会组织以及个人从事政治、经济、军事、科学、技术、文化、宗教等活动直接形成的对国家和社会有保存价值的各种文字、图表、声像等不同形式的历史记录。所谓国家所有的档案，是指国家档案馆保管且所有权属于国家的档案。归集体、个人所有的档案不是本罪的对象。

根据我国档案法第3条的规定，一切国家机关、武装力量、政党、社会团体、企事业单位、公民都有保护档案的义务。各级人民政府应当加强对档案工作的领导，把档案事业纳入国民经济和社会发展计划。我国的档案工作实行统一领导、分级管理的原则，维护档案的完整与安全，便于社会各方面的利用。任何抢夺、窃取国家所有的档案的行为，都严重侵犯了国家的档案管理秩序。

2. 客观要件

本罪在客观方面表现为抢夺、窃取国家所有的档案的行为。所谓抢夺，是指在国有档案的保管者、持有人在场的情况下，公然当面夺走或抢取国有档案的行为。一般是乘管理人员或持有人不备而夺取，但也不排除在管理人、持有人有备时而强行夺取的情况。所谓窃取，是指采取自以为不为国有档案管理人、持有人发觉的方法，而秘密取走国家所有档案的行为。既可以当其面窃取，也可以在档案保管者、使用人不在场时而潜入档案存放地窃取等。

本罪为选择性罪名，只要行为人实施了其中之一行为，即构成本罪。即若只实施抢夺档案的行为，构成抢夺档案罪；只实施窃取档案行为的，构成窃取档案罪。

3. 主体要件

本罪的主体为一般主体。凡达到刑事责任年龄、具备刑事责任能力的自然人均可成为本罪主体。

4. 主观要件

本罪在主观方面表现为故意。即明知是国家所有的档案而进行抢夺或窃取，如果行为人不知抢夺或窃取的是国家档案的，不构成本罪。

（二）处罚

犯本罪的，处三年以下有期徒刑或者拘役。

二、擅自出卖、转让国有档案罪

（一）概念及其构成

擅自出卖、转让国有档案罪，是指行为人违反档案法的规定，擅自出卖、转让国家所有的档案，情节严重的行为。

1. 客体要件

本罪侵犯的客体是国家对档案的管理制度。档案在社会主义现代化建设事业中具有重要的作用，档案的灭失、毁损往往会给国家和人民造成不可弥补的损失。因此，为了加强对国有档案的保管、利用，惩治严重妨害国有档案的犯罪十分必要。

本罪的犯罪对象是国家所有的档案。档案是指过去和现在的国家机构、社会组织以及个人从事政治、经济、军事、科学、技术、文化、宗教等活动直接形成的对国家和社会有保存价值的各种文字、图表、声像等不同形式的历史记录。

我国档案法第7条规定，禁止出卖属于国家所有的档案，档案法实施办法第18条规定，属于国家所有的档案，任何机关团体、企业事业单位和其他组织及个人都不得出卖。

2. 客观要件

本罪在客观方面表现为违反档案法的规定，擅自出卖、转让国家所有的档案的行为。档案法是指1987年9月5日第六届全国人大常委会第十二次会议通过的档案法，及1990年11月19日国务院批准、国家档案局发布的档案法实施办法及有关法规。所谓出卖，是指以牟利为目的，将档案出售给他人的行为。所谓转让，是指将档案的所有权转给他人的行为。

擅自出卖、转让国家档案的行为只有在情节严重时才构成犯罪。所谓情节严重，一般是指出卖、转让有关国家政治、军事、经济、科学、技术、文化、宗教等活动的重要档案的；多次出卖、转让国有档案的；出卖、转让国有档案牟利较大的；出卖、转让国有档案造成恶劣社会或者政治影响的；因出卖、转让国有档案受过行政处分不思悔改又实施这种行为的；将国有档案出卖、转让给境外机构或人员的；等等。

依本条第3款的规定，犯本罪，同时又触犯本法构成其他犯罪的，如刺探、窃取、收买、非法提供国家机密罪、间谍罪、泄露国家机密罪等，应择一重罪定罪处罚。

3. 主体要件

本罪的主体为一般主体。即凡达到刑事责任年龄、具备刑事责任能力的自然人均可构成本罪主体。

4. 主观要件

本罪在主观方面表现为故意，即明知是国家所有的档案而擅自出卖或转让，如果行为人不知出卖或转让的是国家档案的，不构成本罪。

（二）处罚

犯本罪的，处三年以下有期徒刑或者拘役。

第五节　危害公共卫生罪

【本节概要】

本节从第330条至第337条，共8条，规定危害公共卫生罪。

危害公共卫生罪，是指违反传染病防治法、检疫法、血液制品法及其他医疗卫生法规，引起传染病传播或者损害他人身体健康的行为。

随着改革开放的深入进行和社会主义市场经济的建立与发展，受某些诱发犯罪因素的影响，滋生出一些新的危害公共卫生秩序的犯罪分子，有些犯罪活动比较猖獗，而且一些新的犯罪形式不断涌现，有些早已绝迹的犯罪活动又沉渣泛起，死灰复燃，严重影响了正常的社会秩序和良好的社会风气。因此，全国人大常委会先后立法，对原刑法分则中的有关规定，作了大量的重要的修改、补充。此外，一些单行法也规定了危害公共卫生的犯罪。如：传染病防治法第37条、进出境动植物检疫法第42条分别规定引起甲类传染病传播或者有传播危险的，引起重大动植物疫情的，比照刑法第178条违反国境卫生检疫规定罪的规定追究刑事责任。本节即在上述规定的基础上修改、补充、整合而成。

危害公共卫生罪应具备下列构成要件：

本类罪侵犯的客体，是国家机关对公共卫生实行管理所形成的正常秩序，即公共卫生。

本类罪在客观方面表现为违反各种公共卫生法规，妨害国家机关的管理活动，破坏管理秩序的行为。这种行为的表现形式多种多样。

本类罪的主体要件多数为一般主体，少数是特殊主体。例如，医疗事故罪的主体只能是医务人员。

本类罪在主观方面，大多只能由故意构成，犯罪目的或以牟利为目的，或以玩弄妇女为目的，也有的以传播为目的。有个别犯罪只能由过失构成，如引起重大动植物疫情罪。

本节规定了以下各罪：

1. 妨害传染病防治罪，是指违反传染病防治法的规定，引起甲类传染病传播或者有传播严重危险的行为（第 330 条）。主体是自然人和单位。所谓甲类传染病，目前指鼠疫、霍乱。犯妨害传染病防治罪的，处三年以下有期徒刑或者拘役；后果特别严重的，处三年以上七年以下有期徒刑。单位犯本罪的，对单位判处罚金，对其直接负责的主管人员和其他直接责任人员，依照上述规定处罚。

2. 传染病菌种、毒种扩散罪，是指从事实验、保藏、携带、运输传染病菌种、毒种的人员，违反国务院行政部门的有关规定，过失造成传染病菌种、毒种扩散，后果严重的行为（第 331 条）。犯传染病菌种、毒种扩散罪的，处三年以下有期徒刑或者拘役；后果特别严重的，处三年以上七年以下有期徒刑。

3. 妨害国境卫生检疫罪，是指违反国境卫生检疫规定，引起检疫传染病传播或者有传播危险的行为（第 332 条）。主体是自然人和单位。所谓检疫传染病，是指鼠疫、霍乱、黄热病以及国务院规定和公布的其他传染病。犯妨害国境卫生检疫罪的，处三年以下有期徒刑或者拘役，并处或者单处罚金；单位犯本罪的，对单位判处罚金，对其直接负责的主管人员和其他直接责任人员，依照上述规定处罚。

4. 非法组织卖血罪，是指违反血液制品管理法规，擅自组织他人采集体内血浆出售的行为（第333条）。客观方面表现为非法组织他人出卖血液的行为。即违反血液制品法的规定，擅自策划、动员、拉拢、联络、控制多名供血者抽取体内血液出卖的行为。既包括组织多名供血者向用血单位或者个人出卖；也包括擅自设立血浆采集点，组织多名供血者接受血浆采集。主观方面为故意，一般具有营利的目的。犯非法组织卖血罪的，处五年以下有期徒刑。

5. 强迫卖血罪，是指以暴力、威胁方法强迫他人出卖血液的行为（第333条）。客观方面表现为违背他人的意志，以暴力、威胁方法迫使他人出卖血液的行为。主观方面是故意，一般都具有获取非法利益的目的。犯强迫卖血罪的，处五年以上十年以下有期徒刑。

6. 非法采集、供应血液、制作、供应血液制品罪，是指违反血液制品管理法规，未经有关机构许可，擅自采集、供应血液或者擅自制作、供应血液制品，不符合国家规定的标准，足以危害人体健康的行为（第334条）。犯非法采集、供应血液、制作、供应血液制品罪的，处五年以下有期徒刑或者拘役，并处罚金；对人体健康造成严重危害的，处五年以上十年以下有期徒刑；并处罚金；造成特别严重后果的，处十年以上有期徒刑或者无期徒刑，并处罚金或者没收财产。

7. 采集、供应血液、制作、供应血液制品事故罪，是指经国家主管部门批准采集、供应血液或者制作、供应血液制品的部门，不依照规定进行检测或者违背其他操作规定，严重危害他人身体健康的行为（第334条）。犯采集、供应血液、制作、供应血液制品事故罪的，对单位判处罚金，并对其直接负责的主管人员和其他直接责任人员，处五年以下有期徒刑或者拘役。

8. 医疗事故罪，是指医务人员由于严重不负责任，造成就诊人死亡或者严重损害就诊人身体健康的行为（第335条）。主体只能是医务人员，即指从事诊疗、护理事务的人员，包括国家、集体医疗单位的医生、护士、药剂人员，以及经主管部门批准开业的个体行医人员。客观方面表现为严重不负责任、致使就诊人死亡或者健康受到严重损害。所谓严重不负责任，就其客观方面而言，是指在诊疗、护理工作中违反规章制度和诊疗、护理常规。所谓严重损害就诊人身体健康，主要是指造成就诊人残疾、组织器官损伤、丧失劳动能力等严重后果。主观方面是过失。这种业务上的过失，往往通过严重违反医疗规章制度和诊疗、护理常规表现出来。犯医疗事故罪的，处三年以下有期徒刑或者拘役。

9. 非法行医罪，是指未取得医生执业资格的人非法行医，情节严重的行为（第336条第1款）。主体只能是未取得医生执业资格的自然人。具有医生执业资格的人不能构成本罪。客观方面表现为非法行医的行为，即无医生执业资格而从事营利性的诊疗活动，包括在医疗机构中从事诊疗活动和擅自开业从事诊疗活动。主观方面是故意，即明知无医生执业资格而非法行医。本罪的故意，只需认识到无执业资格的事实，不问行为人是否明知无执业资格行医的非法性质。非法行医必须情节严重的才构成犯罪。情节严重一般指：多次被取缔后仍然非法行医的；从事危险性较大的诊疗活动的；非法行医获利巨大的；损害就诊人健康的；采取愚昧、野蛮的方法的；等等。犯非法行医罪的，处三年以下有期徒刑、拘役或者管制，并处或者单处罚金；严重损害就诊人身体健康的，处三年以上十年以下有期徒刑，并处罚金；造成就诊人死亡的，处十年以上有期徒刑，并处罚金。

10. 非法进行节育手术罪，是指无医生执业资格的人擅自为他人进行节育复通手术、假节育手术、终止妊娠手术或者摘取宫内节育器，情节严重的行为（第336条第2款）。主体只能是无医生执业资格和无助产士资格的人。有医生、助产士资格的人私自为他人做节育复通或终止妊娠等手术的，属于违反职业规范的行为，不构成犯罪。客观方面表现为擅自为他人施行生育或者堕胎等手术。具体包括：(1) 进行节育复通手术，是指对做了计划生育绝育手术的人，重新接通输精管或输卵管，使其恢复生育能力。(2) 假节育手术，包括虚假的绝育手术以及在子宫内上节育器等虚假的节育手术，使其表面上看来不能生育而实际上仍保持生育的能力。(3) 终止妊娠手术，是指进行药物或者人工流产手术。(4) 摘取宫内节育器。无医生执业资格的人无权做上述手术，因此他们施行上述手术均属擅自施行。主观方面是故意。非法施行节育手术，情节严重的才构成犯罪。所谓情节严重，主要指多次或经常施行上述手术致他人怀孕或者流产的；使用野蛮的方法施行上述手术的；使他人生命、健康遭受重大危险，因抢救及时才未发生严重后果的；等等。犯非法进行节育手术罪的，处三年以下有期徒刑、拘役或者管制，并处或者单处罚金；严重损害就诊人身体健康的，处三年以上十年以下有期徒刑，并处罚金；造成就诊人死亡的，处十年以上有期徒刑，并处罚金。

11. 逃避动植物检疫罪，是指违反进出境动植物检疫法规定，逃避动植物检疫，引起重大动植物疫情的行为（第 337 条）。犯逃避动植物检疫罪的，处三年以下有期徒刑或者拘役，并处或者单处罚金；单位犯本罪的，对单位判处罚金，对其直接负责的主管人员和其他直接责任人员，依照上述规定处罚。

第三百三十条　（妨害传染病防治罪）

违反传染病防治法的规定，有下列情形之一，引起甲类传染病传播或者有传播严重危险的，处三年以下有期徒刑或者拘役；后果特别严重的，处三年以上七年以下有期徒刑：

（一）供水单位供应的饮用水不符合国家规定的卫生标准的；

（二）拒绝按照卫生防疫机构提出的卫生要求，对传染病病原体污染的污水、污物、粪便进行消毒处理的；

（三）准许或者纵容传染病病人、病原携带者和疑似传染病病人从事国务院卫生行政部门规定禁止从事的易使该传染病扩散的工作的；

（四）拒绝执行卫生防疫机构依照传染病防治法提出的预防、控制措施的。

单位犯前款罪的，对单位判处罚金，并对其直接负责的主管人

员和其他直接责任人员，依照前款的规定处罚。

甲类传染病的范围，依照《中华人民共和国传染病防治法》和国务院有关规定确定。

［相关规定］ **《中华人民共和国传染病防治法》** （1989年2月21日第七届全国人民代表大会常务委员会第六次会议通过）（节录）

第三条 本法规定管理的传染病分为甲类、乙类和丙类。

甲类传染病是指：鼠疫、霍乱。

乙类传染病是指：病毒性肝炎、细菌性和阿米巴性痢疾、伤寒和副伤寒、艾滋病、淋病、梅毒、脊髓灰质炎、麻疹、百日咳、白喉、流行性脑脊髓膜炎、猩红热、流行性出血热、狂犬病、钩端螺旋体病、布鲁氏菌病、炭疽、流行性和地方性斑疹伤寒、流行性乙型脑炎、黑热病、疟疾、登革热。

丙类传染病是指：肺结核、血吸虫病、丝虫病、包虫病、麻风病、流行性感冒、流行性腮腺炎、风疹、新生儿破伤风、急性出血性结膜炎、除霍乱、痢疾、伤寒和副伤寒以外的感染性腹泻病。

国务院可以根据情况，增加或者减少甲类传染病病种，并予公布；国务院卫生行政部门可以根据情况，增加或者减少乙类、丙类传染病病种，并予公布。

第三十五条 违反本法规定，有下列行为之一的，由县级以上政府卫生行政部门责令限期改正，可以处以罚款；有造成传染病流行危险的，由卫生行政部门报请同级政府采取强制措施：

（一）供水单位供应的饮用水不符合国家规定的卫生标准的；

（二）拒绝按照卫生防疫机构提出的卫生要求，对传染病病原体污染的污水、污物、粪便进行消毒处理的；

（三）准许或者纵容传染病病人、病原携带者和疑似传染病病人从事国务院卫生行政部门规定禁止从事的易使该传染病扩散的工作的；

（四）拒绝执行卫生防疫机构依照本法提出的其他预防、控制措施的。

第三十七条　有本法第三十五条所列行为之一，引起甲类传染病传播或者有传播严重危险的，比照刑法第一百七十八条的规定追究刑事责任。①

［相关规定］　**《国内交通卫生检疫条例》**　（1998年11月28日国务院发布）（节录）

第十三条　检疫传染病病人、病原携带者、疑似检疫传染病病人和与其密切接触者隐瞒真实情况、逃避交通卫生检疫的，由县级以上地方人民政府卫生行政部门或者铁路、交通、民用航空行政主管部门的卫生主管机构，根据各自的职责分工，责令限期改正，给予警告，可以并处1000元以下的罚款；拒绝接受查验和卫生处理的，给予警告，并处1000元以上5000元以下的罚款；情节严重，引起检疫传染病传播或者有传播严重危险，构成犯罪的，依法追究刑事责任。

第十四条　在非检疫传染病疫区的交通工具上发现检疫传染病病人、病原携带者、疑似检疫传染病病人时，交通工具负责人未依照本条例规定采取措施的，由县级以上地方人民政府卫生行政部门或者铁路、交通、民用航空行政主管部门的卫生主管机构，根据各自的职责，责令改正，给予警告，并处1000元以上5000元以下的罚款；情节严重，引起检疫传染病传播或者有传播严重危险，构成犯罪的，依法追究刑事责任。

第十五条　县级以上地方人民政府卫生行政部门或者铁路、交通、民用航空行政主管部门的卫生主管机构，对发现的检疫传染病病人、病原携带者、疑似检疫传染病病人和与其密切接触者，未依法实施临时隔离、医学检查和其他应急医学措施的，以及对被检疫传染病病原体污染或者可能被污染的物品、交通工具及其停靠场所未依法进行必要的控制和卫生处理的，由其上级行政主管部门责令

① 本条所称刑法条文是指原刑法条文。

限期改正，对直接负责的主管人员和其他直接责任人员依法给予行政处分；情节严重，引起检疫传染病传播或者有传播严重危险，构成犯罪的，依法追究刑事责任。

【释解】

本条是关于妨害传染病防治罪的规定。

一、概念及其构成

妨害传染病防治罪，是指违反传染病防治法规定，引起甲类传染病传播或者有传播严重危险的行为。

（一）客体要件

本罪侵害的客体是国家关于传染病防治的管理制度。传染病是由病原性细菌、病毒立克次体和原虫引起的，能在人间、动物间或者人与动物间相互传播的一种疾病，是一种流行性危害比较严重的疾病，其种类繁多，传染病防治法规定管理的传染病有甲、乙、丙三类。各类传染病不同程度地侵害人们的身体健康，影响传染病流行地区人们的生产和生活，因此，世界上许多国家都已将传染病防治管理法律化。我国于1955年7月经国务院批准、卫生部发布了传染病管理办法，并于1956年和1957年先后加以补充。1989年通过的传染病防治法，总结了多年来传染病防治的经验，标志着我国关于传染病的防治工作已纳入法律轨道。它对预防、控制和消除传染病的发生与流行，保障人民身体健康，都有重要意义。违反传染病防治规定的行为，不仅侵犯了传染病防治的管理制度，同时也可引起各类传染病的传播，造成传染病流行的严重危险。因此，依法打击违反传染病防治规定的行为很有必要。

（二）客观要件

本罪在客观方面表现为违反国家传染病防治法规定，引起甲类传染病传播或者有传播严重危险的行为。本罪在具体行为方式上表现为下述四种情形：

1. 供水单位供应的饮用水不符合国家规定的卫生标准的

饮用水是人民日常生活不可或缺的物质资料之一。饮用水水质直接关系到人民的身体健康。饮用水一旦受到致病性微生物的污染，就可能引起范围不同的传染病暴发、流行。因此，供水单位加强对取水、净化、蓄水、配水和输水等设备的管理，建立行之有效的放水、消毒、清洗、排污和检修等制度和操作规程，确保饮用水的质量，提高饮用水的卫生指标，对于预防和控制传染病将至关重要。供水单位，主要是指城乡自来水厂的集中式供水单位以及厂（场）矿、企业、学校、部队等自备水源的集中式供水单位。非集中式供水单位供应的饮用水，如村民自掘自用的水井中供应的饮用水或者湖泊、河流等天然水源蓄集的未经消毒处理而直接引取饮用的饮用水不符合国家规定的卫生标准的，不属本项规定之情形。

不符合国家规定的卫生标准，具体包括下列两种情形：其一，集中式供水单位供应的饮用水不符合国家《生活饮用水卫生标准》的；其二，单位自备水源未经批准与城镇集中式供水系统相连结的。传染病防治法实施办法第 9 条第 2 款对单位自备水源与城镇集中式供水系统的连结作了限制性规定，即各单位自备水源，未经城市建设部门和卫生行政部门批准，一般不得与城镇集中式供水系统连结。因此，凡单位自备水源未经批准与城镇集中式供水系统相连结的，亦应视为本项规定的情形。

2. 拒绝按照卫生防疫机构提出的卫生要求，对传染病病原体污染的污水、污物、粪便进行消毒处理的

为预防和控制甲类传染病的发生和流行，切断其传播途径，有关单位或个人必须无条件地按照卫生防疫机构提出的卫生要求，对传染病病原体污染的污水、污物和粪便进行消毒处理。根据传染病防治法实施办法第 73 条的有关规定，卫生防疫机构是指卫生防疫站、鼠疫防治站（所）、乡镇预防保健站（所）以及与上述机构专业相同的单位。卫生防疫机构依法享有对传染病防治工作进行监督管理的权能，任何单位和人员都必须无条件地按照其所提出的卫生标

准，对传染病病原体污染的污水、污物、粪便进行消毒处理。消毒，是指用化学、物理、生物的方法杀灭或者消除环境中的致病性微生物，达到无害化。消毒的对象包括一切传染病病原体污染的污水、污物、粪便。如被鼠疫病原体污染的室内空气、地面、四壁、物品以及鼠疫疫区内的鼠类、蚤类、啮齿类动物的皮毛等；被霍乱病原体污染的饮用水、污物、食物、粪便、物品等。本项所称之"拒绝"应从广义理解，即不仅包括对传染病病原体污染的污水、污物、粪便未进行任何消毒处理的情形，也包括形式上虽进行"消毒"处理，但敷衍了事、不负责任，未达到卫生防疫机构所提出的要求和有关法律、法规所规定的消毒标准的情形。

3. 准许或者纵容传染病病人、病原携带者和疑似传染病病人从事国务院卫生行政部门规定禁止从事的易使该传染病扩散的工作的

传染病病人、疑似传染病病人，是指根据国务院卫生行政部门发布的《中华人民共和国传染病防治法规定管理的传染病诊断标准(试行)》的有关规定，符合传染病病人和疑似传染病病人诊断标准的人。病原携带者，是指感染病原体无临床症状但能排出病原体的人。传染病病人、病原携带者和疑似传染病病人是传染病的重要传染源，他们随时随地都能通过各种途径向外界环境排出和扩散传染病的致病性微生物，造成该传染病的暴发、流行。因此，《传染病防治法实施办法》第18条明文规定，对患有鼠疫、霍乱等传染病的病人或病原携带者应予以必要的隔离治疗，直到医疗保健机构证明其不具有传染性时，方可恢复工作。此外，疑似鼠疫、霍乱的病人，在排除鼠疫、霍乱嫌疑前，亦不得从事某些易使该传染病扩散的工作。有关单位或个人若违反上述规定，即属本项规定之情形。

所谓准许，是指明知是甲类传染病病人、病原携带者或者疑似甲类传染病病人，而雇用、聘用、任用其从事国务院卫生行政部门规定禁止从事的易使该传染病扩散的工作，或者未对其采取调离工作等措施，默许其继续从事国务院卫生行政部门规定禁止从事的易使该传染病扩散的工作。对于不知道该人为患病者、病原携带者或疑似传染病

病人的，不能视为“准许”。所谓纵容，是指甲类传染病病人、病原携带者或者疑似甲类传染病病人所在单位或者雇用人，明知前者违反规定从事易使该传染病扩散的工作，不仅不采取措施，而且为其提供方便条件，或听之任之放纵其继续从事这一工作。准许或者纵容属本项规定选择性的行为方式，二者居其一，即属本项规定之情形，可构成本罪；二者同时具备，仍以一罪论处，不实行并罚。

4．拒绝执行卫生防疫机构依照传染病防治法提出的预防、控制措施的

此项规定是为了弥补前3项具体规定之不足而作出的概括性规定，其外延较广，包括上述3项未涉及的、拒绝执行卫生防疫机构依照传染病防治法提出的其他一切预防、控制措施的行为。根据有关法律的规定，这一情形具体表现有以下诸种：(1) 生产、经营、使用消毒药剂和消毒器械、卫生用品、卫生材料、一次性医疗器材、隐形眼镜、人体器官等不符合国家卫生标准的；(2) 甲类传染病病人、病原携带者或者疑似甲类传染病病人在治愈或者排除传染病嫌疑前，从事国务院卫生行政部门规定禁止从事的易使该传染病扩散的工作的；(3) 甲类传染病病人、病原携带者或者疑似甲类传染病病人拒绝进行隔离治疗的；(4) 招用流动人员的用工单位，未向卫生防疫机构报告并未采取卫生措施的；(5) 违章养犬或者拒绝、阻挠捕杀违章犬的；(6) 在自然疫源地和可能是自然疫源地的地区兴建大型建设项目未经卫生调查即进行施工的；(7) 单位或者个人非法经营、出售用于预防传染病菌苗、疫苗等生物制品的；(8) 从事饮水、饮食、整容、保育等易使传染病扩散工作的从业人员，未按国家有关规定取得健康合格证后即上岗就业的；(9) 出售、运输被传染病病原体污染或者来自疫区可能被传染病病原体污染的皮毛、旧衣物及生活用品等，未按卫生防疫机构的要求进行必要的卫生处理的；(10) 从事可能导致经血液传播的美容、整容的单位或个人，未执行国务院卫生行政部门的有关规定的；(11) 使用国务院卫生行政部门禁止进口的血液作血液制品的；(12) 未经畜牧兽医部门检疫，

擅自将传染病流行区的家禽家畜外运的；(13) 进入鼠疫自然疫源地捕猎未遵守国家有关规定的；(14) 未按传染病防治法规定的方式对因患鼠疫、霍乱等甲类传染病死亡的病人尸体进行处理的。

本罪属结果犯，必须以发生法定的危害结果，即引起甲类传染病传播或者有传播严重危险的为必备构成要件。甲类传染病，就目前而言，包括鼠疫和霍乱两种。

引起甲类传染病传播和引起甲类传染病传播的严重危险是本罪危害结果的选择性构成要件。其中引起甲类传染病传播属刑法理论中的实害结果，其对应的犯罪形态是实害犯；引起甲类传染病传播的严重危险属刑法理论中的危险结果（具体危险结果），其对应的犯罪形态是危险犯（具体危险犯）。在司法实践中，具备上述二种危害结果之一种，并同时符合本罪的其他构成特征的，即可构成本罪。

（三）主体要件

本罪的主体是一般主体。根据司法实践，一般是指供水单位及有关机关、企事业单位、人民团体等单位的直接责任人员，只有他们才能直接涉及到供水、对病原体污染物的消毒处理等各项极易使传染病传播的具体工作。

（四）主观要件

本罪在主观方面表现为过失，即行为人对引起甲类传染病传播或传播严重危险这一结果是不明知的。但行为人违反传染病防治法规定的行为则是故意的。如果行为人明知会引起甲类传染病传播或传播严重危险而仍实施违反传染病防治法规定的行为的，则不能以本罪论处，而应以危害公共安全罪论处。

二、认定

（一）本罪与非罪的界限

构成本罪，必须是引起甲类传染病传播或者有传播的严重危险的行为。因此，认定本罪应当与一般违法行为区别开来。一般违法行为没有造成甲类传染病传播的结果，也不可能有甲类传染病传播的严重危险。对有违反传染病防治规定的一般行为，应由县级以上政府卫生行政部门责令限期改正，可以处以罚款；有造成传染病流行危险的，由卫生行政部门报请同级政府采取强制措施。

（二）本罪与妨害国境卫生检疫罪的界限

妨害国境卫生检疫罪是指违反国境卫生检疫规定，引起检疫传染病的传播，或者有引起检疫传染病传播的严重危险的行为。两罪存在一些相同之处，如都妨害了社会管理秩序，都可能引起某种严重危险，主体要件相同，在主观方面都表现为故意。但两者毕竟是不同的犯罪，主要区别在于：(1) 犯罪的直接客体不同。前者侵害的是国家关于传染病防治的管理秩序；而后者侵害的是国家国境卫生检疫的管理制度。(2) 客观要件不同。前者是违反了传染病防治法的有关规定的行为；而后者是违反了国境卫生检疫法的有关规定的行为。(3) 法律规定的具体对象不同。前者的行为引起危险的对象是甲类传染病即指鼠疫、霍乱等；而后者行为引起的危险的对象是检疫传染病，包括鼠疫、霍乱、黄热病、天花、艾滋病等传染病，范围比甲类传染病广。

（三）本罪与传播性病罪的区分

传播性病罪，是指明知自己患有梅毒、淋病等严重性病而进行卖淫嫖娼的行为。妨害传染病防治罪与传播性病罪的主要区别在于：(1) 犯罪的主要客体不同。前者侵犯的主要客体是国家关于传染病防治的管理制度；后者侵犯的主要客体是社会的善良风尚。(2) 客观要件不同。首先，行为的违法性内容不同。前者违反的是传染病防治法的规定，后者则不仅违反了传染病防治法的规定，而且更主要地违反了《治安管理处罚条例》关于不得卖淫、嫖娼的规定。其次，是否需要以一定的危害结果为犯罪的必备构成要件不同。前者是结果犯，必须以引起甲类传染病传播或者引起其传播的严重危害的危害结果为必备构成要件；后者是行为犯，只要是明知自己患有严重性病而卖淫、嫖娼的，不管是否已引起性病传播或具有传播的危险均可构成该罪。(3) 主观要件不同。前者是出自过失，即行为人对引起甲类传染病的传播或者有传播的严重危险这一危害结果持过失的心理态度；后者是故意，严重性病患者卖淫、嫖娼的直接目的虽常常不是要将性病传染给他人，但其对于造成性病的传播或者传播的严重危险这一危害结果显然是明知并且希望或放任的。(4)主体要件不同。前者是一般主体，既可以由自然人构成，也可由单位构成；后者是特殊主体，即只有患有梅毒、淋病等患严重性病的自然人方能成为其主体，单位不能构成该罪。(5) 两者传播的对象不同。前者传播的是鼠疫、霍乱等甲类传染病；后者则是梅毒、淋病等严重性病。

三、处罚

犯本罪的，处三年以下有期徒刑或者拘役；后果特别严重的，处三年以上七年以下有期徒刑。

第三百三十一条 （传染病菌种、毒种扩散罪）

从事实验、保藏、携带、运输传染病菌种、毒种的人员，违反国务院卫生行政部门的有关规定，造成传染病菌种、毒种扩散，后果严重的，处三年以下有期徒刑或者拘役；后果特别严重的，处三年以上七年以下有期徒刑。

[相关规定] **《中华人民共和国传染病防治法》** (1989 年 2 月 21 日第七届全国人民代表大会常务委员会第六次会议通过)(节录)

第三十八条 从事实验、保藏、携带、运输传染病菌种、毒种的人员，违反国务院卫生行政部门的有关规定，造成传染病菌种、毒种扩散，后果严重的，依照刑法第一百一十五条的规定追究刑事责任；情节轻微的，给予行政处分。①

① 本条所称刑法条文是指原刑法条文。

【释解】

本条是关于传染病菌种、毒种扩散罪的规定。

一、概念及其构成

传染病菌种、毒种扩散罪，是指从事实验、保藏、携带、运输传染病菌种、毒种的人员，违反国务院卫生行政部门的有关规定，造成传染病菌种、毒种扩散，后果严重的行为。

（一）客体要件

本罪侵犯的客体是国家关于传染病防治的管理制度，具体是国家的传染病菌种、毒种管理制度。

在整个传染病防治工作中，传染病菌种、毒种的分离、引进、培养、试验以及传染病菌苗、疫苗的生物制品研制开发、生产使用占据着重要一环。如果疏于对传染病菌种、毒种实验、保藏、携带、运输工作进行规范严格科学细致的管理，一旦造成传染病菌种、毒种扩散失控，则不但无法实现从事这项工作以防治传染病的善良愿望，反而会变成传染病发生、传播乃至流行的肇因，酿成严重危害或威胁公众生命健康安全以及公私财产安全的恶果，并导致整个传染病防治工作的失败。国家对传染病菌种、毒种的引进、供应、保藏、携带、运输、实验以及菌苗、疫苗等生物制品的生产、储存、运输、销售、供应、使用等制定了一系列严格的管理制度。一方面，国家在《传染病防治法》及其实施办法中对传染病菌种、毒种的实验、保藏、携带、运输以及用于预防传染病的菌苗、疫苗等生物制品的生产、经营作了一般性管理规定；另一方面，国家又制定了防止传染病毒种、菌种扩散的专门性管理办法，如《建立健全医院内感染管理组织的暂行办法》、《中国医学微生物菌种保藏管理办法》，等等。这些规定是防止传染病菌种、毒种扩散的制度保障，必须严格遵守。而传染病菌种、毒种扩散罪直接违反了上述规定，首先干扰和破坏了国家关于传染病防治的管理制度，并进而严重危害或威胁广大人民群众的生命健康安全和公私财产安全，应予严惩。

本罪的对象是传染病菌种、毒种。所谓传染病菌种、毒种，根据《传染病防治法》第16条的规定，分为下列三类：一类：鼠疫耶尔森氏菌、霍乱弧菌；天花病毒、艾滋病病毒；二类：希氏菌、炭疽菌、麻风杆菌、肝炎病毒、狂犬病毒、出血热病毒、登革热病毒；斑疹伤寒立克次体；三类：脑膜炎双球菌、链球菌、淋病双球菌、结核杆菌、百日咳嗜血杆菌、白喉棒状杆菌、沙门氏菌、志贺氏菌、破伤风梭状杆菌；钩端螺旋体、梅毒螺旋体；乙型脑炎病毒、脊髓灰质炎病毒、流感病毒、流行性肋腺炎病毒、麻疹病毒、风疹病毒。

（二）客观要件

本罪在客观方面表现为行为人违反国务院卫生行政部门的有关规定，造成传染病菌种、毒种扩散，后果严重的行为。

1．行为人必须是违反国务院卫生行政部门的规定，造成传染病菌种、毒种扩散的才能构成本罪

这里，国务院卫生行政部门的有关规定，主要是指：违反传染病防治法及其实施办法等有关规定。传染病菌种、毒种的保藏、携带、运输，必须按照国务院卫生行政部门的规定严格管理。具体包括：菌（毒）种的保藏由国务院卫生行政部门指定的单位负责；一、二类菌（毒）种的供应由国务院卫生行政部门指定的保藏管理单位供应；三类菌（毒）种由设有专业实验室的单位或者国务院卫生行政部门指定的保藏管理单位供应；使用一类菌（毒）种的单位，必须经国务院卫生行政部门批准；使用二类菌（毒）种的单位，必须经省级政府卫生行政部门批准；使用三类菌（毒）种的单位，应当经县级政府卫生行政部门批准；一、二类菌（毒）种，应派专人向供应单位领取，不得邮寄；三类菌（毒）种的邮寄必须持有邮寄单位的证明，并按照菌（毒）种邮寄与包装的有关规定办理。

2．必须是造成传染病菌种、毒种扩散，且后果严重

所谓传染病菌种、毒种扩散，应是指造成储存传染病菌种、毒

种的密器破损、丢失、被盗，或被传染病菌种、毒种所污染的物品未经消毒、灭菌处理而被带入公共场所。所谓后果严重，是指引起甲类传染病、艾滋病、肺炭疽传播或有传播严重危险的；造成艾滋病、肺炭疽之外的乙类、两类传染病大面积传播的；造成大量传染病菌种、毒种扩散的；因传染病菌种、毒种扩散造成国家关于传染病防治管理秩序严重混乱的；致使公私财产遭受直接、间接的损失巨大的，等等。

（三）主体要件

本罪的主体为特殊主体，只限于从事实验、保藏、携带、运输传染病菌种、毒种的人员，而且只能是依照国家有关规定享有从事传染病菌种、毒种实验、保藏、携带、运输工作资格的单位中的直接负责的主管人员和其他直接责任人员。不具有从事传染病菌种、毒种实验、保藏、携带、运输的资格，而擅自从事上述事务，因而引起菌种、毒种扩散的，不能以本罪论。单位不能成为本罪主体。

（四）主观要件

本罪在主观方面表现为过失。即行为人对其违反国务院卫生行政部门的有关规定造成的后果是出于过失的心理态度。至于行为人违反规定的行为本身当然是故意的，但由于行为人对损害结果的发生出于过失，所以本罪仍然属于过失犯罪。

二、认定

（一）本罪与一般违法行为的界限

传染病菌种、毒种扩散罪与违反国务院卫生行政部门作出的有关传染病菌种、毒种的实验、保藏、携带、运输的规定的一般违法行为有某些相似之处，如二者都是违反了有关规定，主观上对可能发生或已经发生的危害结果所表现出的心理态度均为过失，等等。二者的主要界限应从危害结果上把握：前者必须造成了传染病菌种、毒种扩散，并且引发了严重后果；后者则可能是并未引起菌种、毒种的扩散，或者是虽已造成传染病菌种、毒种的扩散，但带来的后果并不严重。

（二）本罪与危险物品肇事罪的区分

危险物品肇事罪，是指违反爆炸性、易燃性、放射性、毒害性、腐蚀性物品的管理规定，在生产、储存、运输、使用中发生重大事故，造成严重后果的行为。二者的区别表现在：第一，二者侵害的主要客体不同。本罪侵害的主要客体是国家关于传染病防治的管理制度；而后者侵害的主要客体则是公共安全。第二，犯罪对象的性质不同。作为危险物品肇事罪的犯罪对象之一的毒害性物品应是指敌敌畏、敌百虫、砒霜、氰化钾、氰化钠、氧化乐甲等无机物，强调的是其剧毒性；而传染病菌种、毒种属有机物，其主要特点是传染性，两者存在显著差异。第三，犯罪主体不同。前者的犯罪主体是特殊主体，即只限于从事实验、保藏、携带、运输传染病菌种、毒种的人员；后者的犯罪主体是一般主体，任何达到刑事责任年龄，具备刑事责任能力的自然人均可构成该罪。

（三）本罪与过失扩散传染病菌种、毒种危害公共安全罪的区分

二者都是过失犯罪，在客观上都有造成传染病菌种、毒种扩散等严重后果，易生混淆。其区别主要在于：第一，犯罪主体不同。前者的犯罪主体是特殊主体，只限于从事实验、保藏、携带、运输传染病菌种、毒种的人员，不具有这一特殊身份的人不能成为其犯罪主体；后者的犯罪主体是一般主体，任何达到刑事责任年龄，具有刑事责任能力的自然人均可成为该罪主体。

三、处罚

犯本罪的，处三年以下有期徒刑、拘役或者管制；后果特别严重的，处三年以上七年以下有期徒刑。

第三百三十二条　（妨害国境卫生检疫罪）

违反国境卫生检疫规定，引起检疫传染病传播或者有传播严重危险的，处三年以下有期徒刑或者拘役，并处或者单处罚金。

单位犯前款罪的，对单位判处罚金，并对其直接负责的主管人员和其他直接责任人员，依照前款的规定处罚。

［相关规定］　**《中华人民共和国国境卫生检疫法》**　（1986年12月2日第六届全国人民代表大会常务委员会第十八次会议通过）（节录）

第七条　入境的交通工具和人员，必须在最先到达的国境口岸的指定地点接受检疫。除引航员外，未经国境卫生检疫机关许可，任何人不准上下交通工具，不准装卸行李、货物、邮包等物品。具体办法由本法实施细则规定。

第八条　出境的交通工具和人员，必须在最后离开的国境口岸接受检疫。

第九条　来自国外的船舶、航空器因故停泊、降落在中国境内非口岸地点的时候，船舶、航空器的负责人应当立即向就近的国境卫生检疫机关或者当地卫生行政部门报告。除紧急情况外，未经国境卫生检疫机关或者当地卫生行政部门许可，任何人不准上下船舶、航空器，不准装卸行李、货物、邮包等物品。

第十条　在国境口岸发现检疫传染病、疑似检疫传染病，或者有人非因意外伤害而死亡并死因不明的，国境口岸有关单位和交通工具的负责人，应当立即向国境卫生检疫机关报告，并申请临时检疫。

第十一条　国境卫生检疫机关依据检疫医师提供的检疫结果，对未染有检疫传染病或者已实施卫生处理的交通工具，签发入境检疫证或者出境检疫证。

第十二条　国境卫生检疫机关对检疫传染病染疫人必须立即将其隔离，隔离期限根据医学检查结果确定；对检疫传染病染疫嫌疑人应当将其留验，留验期限根据该传染病的潜伏期确定。

因患检疫传染病而死亡的尸体，必须就近火化。

第十三条　接受入境检疫的交通工具有下列情形之一的，应当实施消毒、除鼠、除虫或者其他卫生处理：

（一）来自检疫传染病疫区的；

（二）被检疫传染病污染的；

（三）发现有与人类健康有关的啮齿动物或者病媒昆虫的。

如果外国交通工具的负责人拒绝接受卫生处理，除有特殊情况外，准许该交通工具在国境卫生检疫机关的监督下，立即离开中华人民共和国国境。

第十四条　国境卫生检疫机关对来自疫区的、被检疫传染病污染的或者可能成为检疫传染病传播媒介的行李、货物、邮包等物品，应当进行卫生检查，实施消毒、除鼠、除虫或者其他卫生处理。

入境、出境的尸体、骸骨的托运人或者其代理人，必须向国境卫生检疫机关申报，经卫生检查合格后发给入境、出境许可证，方准运进或者运出。

第二十二条　违反本法规定，引起检疫传染病传播或者有引起检疫传染病传播严重危险的，依照《中华人民共和国刑法》第一百七十八条的规定追究刑事责任。①

【释解】

本条是关于妨害国境卫生检疫罪的规定。

一、概念及其构成

妨害国境卫生检疫罪，是指违反国境卫生检疫规定，引起检疫传染病传播，或者有传播严重危险的行为。

---

① 本条所称刑法条文是指原刑法条文。

（一）客体要件

本罪侵犯的客体是国家对国境卫生检疫的正常管理活动。我国于 1986 年 12 月公布了国境卫生检疫法，规定在我国的国际通航的海港和机场所在地，以及陆地边境和国界江河的进出口岸，设立国境卫生检疫机关，对进出国境的人员和交通工具、行李、货物实施医学检查、卫生检查和必要的卫生处理，以保护我国人民的生命财产安全。而违反国境卫生检疫规定，足以引起检疫传染病传播的行为，就是对我国国境卫生检疫管理活动的破坏。

（二）客观要件

本罪在客观方面表现为实施了违反国境卫生检疫规定，引起检疫传染病的传播，或者有传播严重危险的行为。

违反国境卫生检疫规定，是指入境、出境时采取逃避、蒙混或者其他手段，不接受国境卫生检疫机关对人身或者物品的医学检查、卫生检查和必要的卫生处理，以及其他违反应当接受国境卫生检疫义务的行为。根据国境卫生检疫法及其实施细则的有关规定，违反国境卫生检疫规定的行为包括下列几种情形：（1）入境、出境的交通工具和人员逃避查验或者卫生处理的。（2）入境、出境的交通工具，在入境检疫以及必要的卫生处理完毕之后，擅自上下人员，装卸行李、货物、邮包等物品的。（3）入境、出境的集装箱、货物、废旧物等物品的承运人、代理人或者货主，入境、出境的微生物、人体组织、生物制品、血液及其制品等特殊物品的携带人、托运人或者邮递人未向卫生检疫机关申报检疫，逃避检疫的；入境、出境的旅客、员工个人携带或托运的可能传播传染病的行李或物品未经查验而擅自携带、托运入境、出境的；邮电部门在卫生检疫机关对应当实施卫生检疫的邮包进行卫生检查和必要的卫生处理前，擅自运递邮包的；入境、出境的尸体、骸骨托运人或者代理人未申请卫生检疫或者逃避、拒绝卫生检疫机关所实施的必要的卫生处理的，或者擅自移运因患检疫传染病而死亡的病人尸体，未将其就近火化的。（4）未经卫生检疫机关实施卫生处理，擅自排放压舱水，移下垃圾、污物等控制物品的。（5）未经检疫的入境、出境交通工具和人员，擅自离开查验场所的。(6) 染疫人在隔离期间、染疫嫌疑人在就地诊验或者留验期间，擅自离开隔离场所或者诊验、留验场所的。(7) 拒绝接受检疫或者抵制卫生监督，拒不接受卫生处理的。(8) 其他违反国境卫生检疫义务，可能引起检疫传染病传播或者有传播严重危险的。

引起检疫传染病传播或者有传播严重危险是构成本罪的结果条件。检疫传染病，是指鼠疫、霍乱、黄热病、艾滋病以及国务院确定和公布的其他传染病。引起检疫传染病传播，是指实际造成了传播的后果，也就是说使他人感染上了检疫传染病，但感染的人数没有要求，也不要求被传播的人发生死亡等严重后果。所谓有传播严重危险，是指虽然尚未实际造成检疫传染病的传播，但具有造成检疫传染病传播的极大的现实可能性，一般表现为散播了大量检疫传染病病菌或者病毒，对公共卫生构成严重威胁的情况。

(三) 主体要件

本罪的主体是一般主体。但一般必须是出入国（边）境的人才可能构成本罪。不出入国（边）境的人，不会直接成为本罪的主体。单位也可以成为本罪主体。根据国境卫生检疫法及其实施细则的有关规定，本罪主体具体包括下列几类人员和单位：

1. 入境、出境的旅客

无论乘坐船舶、飞机、列车等交通工具入境、出境的旅客，还是徒步入境、出境的旅客都可以成为本罪的主体。

2. 入境、出境的交通工具上的员工

这类人员在入境、出境时与普通旅客一样负有接受国境卫生检疫的义务。

3. 入境、出境的集装箱、货物、废旧物品的承运人、代理人或者货主

这类人员在其所承运、代理、所有的上述物品入境、出境时，应当向国境卫生检疫机关申报并接受卫生检疫。

4. 入境、出境的微生物、人体组织、生物制品、血液及其制品

或者其他可能引起传染病传播的动物等特殊物品的携带人、托运人或者邮递人

5．入境、出境的尸体、骸骨的托运人或者代理人

上述人员在尸体、骸骨入境、出境时，没有申请卫生检疫的，或者逃避、拒绝接受卫生检疫机关对不符合卫生要求的尸体、骸骨实施的卫生处理的，或者未经卫生检疫机关签发尸体、骸骨入境、出境许可证而擅自将其运进、运出的，或者擅自移运经查验系因患检疫传染病而死亡的病人尸体的，都有可能成为本罪主体。

6．邮政部门或者邮政工作人员

未经卫生检疫机关许可，邮政部门不得运递邮包进出境。若邮政部门或者其工作人员违反该规定，引起检疫传染病传播或者有传播严重危险的，则可成为本罪主体。

7．入境、出境的交通工具的负责人

入境、出境的交通工具的负责人，主要是指运送旅客、货物或者其他物品入境、出境的船舶、飞机、列车等交通工具的负责人。此外，还包括来自国外的因故停泊、降落在中国境内非口岸地点的船舶、航空器的负责人。

8．国境口岸的有关单位或其直接负责的主管人员和其他直接责任人员以及国境口岸交通工具的负责人

9．引航员和其他人员

对染疫船舶、染疫嫌疑船舶上的引航员和经卫生检疫机关许可上船的人员应当视同员工接受有关卫生处理。此外，在入境检疫以及必要的卫生处理完毕之前或者出境检疫以及必要的卫生处理完毕之后，上下交通工具的其他人员也有义务接受或者再次接受卫生检疫机关的检疫。

（四）主观要件

本罪在主观方面表现为故意，即行为人明知应当接受卫生检疫检查而故意逃避或拒绝。有一种观点认为，行为人在主观上必须明知自己是检疫传染病患者或带菌者，明知自己是染疫人或染疫嫌疑人，而故意逃避国境卫生检查或必要的卫生处理的，才能构成本罪，否则便

不能以本罪论处。一般认为，这种观点不妥。行为人只要明知自己应当接受国境卫生检疫检查或必要的卫生处理就足以构成故意，而并不要求行为人必须明知自己是染疫人或染疫嫌疑人。因此，行为人不知自己是检疫传染病的带菌者，但只要明知进入我国时应当接受卫生检查却故意逃避，从而引起检疫传染病的传播或有传播严重危险的，就应构成本罪。实施本罪的动机是多种多样的，不管出于什么动机，只要是故意违反国境卫生的检疫规定，就符合本罪的主观要件。

二、认定

（一）本罪与妨害传染病防治罪的界限

两者存在诸多相同之处，如都妨害了社会管理秩序，都以违反有关行政法规的规定为前提，都有引起传染病传播或有传播严重危险的后果，犯罪主体均为一般主体，主观方面皆出自过失，等等。两罪的主要区别在于：

1. 犯罪的直接客体不同

前者侵犯的主要是国境卫生检疫的管理制度；而后者侵犯的是国家关于传染病防治的管理制度。

2. 违反的行政法规不同

前者违反的是国境卫生检疫法的有关规定；后者违反的是传染病防治法的有关规定。

3. 危害结果不同

前者引起了鼠疫、霍乱、黄热病、艾滋病等检疫传染病传播或者有传播严重危险；后者则是引起了鼠疫、霍乱等甲类传染病的传播或者有传播严重危险。

（二）妨害国境卫生检疫罪与传染病防治失职罪的界限

二者存在某些相似之处，比如，二者都违反了国境卫生检疫法的有关规定；都可能造成了检疫传染病的传播；都危害了公共安全；都是出自过失。两者的主要区别在于：

1. 犯罪的主要客体不同

前者侵犯的主要客体是国境卫生检疫管理制度，后者侵害的主要客体是国家对传染病防治工作进行监管的正常活动。

2. 行为的非法性不同

前者的非法性在于行为人违反了应当接受国境卫生检疫的义务；后者的非法性则在于行为人违背了对传染病防治进行监督管理的职责，既可能是国境卫生检疫职责，也可能是其他传染病防治监管职责。

3. 犯罪的危害结果不同

就危害结果的形态而言，前者既包括实害结果（引起检疫传染病传播），也包括危险结果（引起检疫传染病传播的严重危险）；而后者只包括实害结果一种，即必须发生导致传染病传播或者流行且情节严重的事实情况。就造成传播的传染病的种类而言，前者只包括鼠疫、霍乱、艾滋病等检疫传染病，范围较窄；后者则包括所有法定管理的 3 类 35 种传染病，种类繁多。

4. 犯罪主体不同

前者是一般主体，自然人和单位均可成其主体；后者是特殊主体，仅限于从事传染病防治的政府卫生行政部门工作人员，其他自然人或者单位不能成为该罪主体。

三、处罚

犯本罪的，处三年以下有期徒刑或者拘役，并处或者单处罚金；单位犯本罪的，对单位判处罚金，并对其直接负责的主管人员和其他直接责任人员，依上述规定处罚。

第三百三十三条　（非法组织卖血罪、强迫卖血罪）

非法组织他人出卖血液的，处五年以下有期徒刑，并处罚金；以暴力、威胁方法强迫他人出卖血液的，处五年以上十年以下有期徒刑，并处罚金。

有前款行为，对他人造成伤害的，依照本法第二百三十四条的规定定罪处罚。

［相关规定］ 《中华人民共和国献血法》 （1997 年 12 月 29 日第八届全国人民代表大会常务委员会第二十九次会议通过）（节录）

第十八条 有下列行为之一的，由县级以上地方人民政府卫生行政部门予以取缔，没收违法所得，可以并处十万元以下的罚款；构成犯罪的，依法追究刑事责任：

（一）非法采集血液的；

（二）血站、医疗机构出售无偿献血的血液的；

（三）非法组织他人出卖血液的。

【释解】

本条是关于非法组织卖血罪、强迫卖血罪的规定。

一、非法组织卖血罪

（一）概念及其构成

非法组织卖血罪是指违反国家有关规定，非法组织他人出卖血液的行为。

1. 客体要件

本罪侵犯的客体是国家血液管理制度，同时也对公共卫生造成妨害。为加强采供血机构和血源管理，保证血液质量，维护社会公共卫生安全，我国颁布了一系列的法律、法规、规章来建立我国的血液管理制度。其中最主要的是献血法、血液制品管理条例、《采供血机构和血液管理办法》。依该管理办法，开展采供血业务，只能由取得采供血许可的单位和个人进行。所谓采血是指采集、储存血液，并向临床或血液制品生产单位供血的行为，所谓血液，是指用于临床的全血、成分血和用于血液制品生产的原料血浆。设区的市级以上政府献血办公室负责辖区内的血源管理。凡参加献血的公民，应当依照规定到当地献血办公室进行登记，其他向采供血机构提供血液的公民，必须持本人居民身份证，按规定向当地献血办公室，申请供血证。由此可见，只有献血办公室和采供血机构才有资格在其被许可的项目范围内组织他人出卖血液，开展采供血业务。除献血办公室或设区的市级以上卫生行政部门指定的血站以外的任何单位和个人，都不得组织血源供血。否则，即违反了血源和采供血管理的有关规定，侵犯了国家血液管理制度。同时该非法采集的血液流向社会后，即对公共卫生造成严重的妨害。

2. 客观要件

本罪在客观方面表现为非法组织他人出卖血液的行为。本罪客观特征集中表现为行为人将血液视为“商品”而组织他人加以出卖。“非法”是指违反我国献血法规定的无偿献血制度。无偿献血是一种纯属无私奉献的献血。第八届全国人民代表大会常务委员会第二十九次会议通过了献血法，在第2条明确规定：“国家实行无偿献血制度。”这是第一次以法律的形式规定无偿献血制度，意味着对卖血行为及组织卖血行为的坚决取缔。因此，组织他人卖血的行为是非法的。

非法组织他人出卖血液的行为，具体说来，是行为人在组织他人卖血过程中实施了策划、指挥、领导的行为。在实践中，这种行为一般表现为动员、拉拢、联络、串联、制定计划、下达命令、分配任务、出谋划策等形式。

3. 主体要件

本罪的主体要件是一般主体，任何达到刑事责任年龄且具备刑事责任能力的自然人均能构成本罪。单位亦能成为本罪主体。单位犯本罪的，实行双罚制，即对单位判处罚金，对其直接负责的主管人员和其他直接责任人员依本条规定判处相应刑罚。

4. 主观要件

本罪在主观方面只能由故意构成，过失不构成本罪。至于本罪是否以牟利为目的，本条未作规定，一般而言，非法组织他人出卖血液的行为多以牟利为目的，但并不以此目的为构成要件。

（二）认定

1. 罪与非罪的区分

本条第1款规定，非法组织卖血罪是行为犯。但献血法第18条又规定：“有下列行为之一的，由县级以上地方人民政府卫生行政部门予以取缔，没收违法所得，可以并处十万元以下的罚款；构成犯罪的，依法追究刑事责任：（一）非法采集血液的；（二）血站、医疗机构出售无偿献血的血液的；（三）非法组织他人出卖血液的。”那么，如何理解两种法律规定之间的关系，对于区分罪与非罪至关重要。

2. 本罪与强迫卖血罪的界限

两罪在主体上都是一般主体，必须是年满16周岁的人才能构成；主观上都是出于故意，即明知自己行为的性质而仍然实施这种行为；客体上都直接侵犯了国家对献血工作的管理制度。但它们又有明显的不同：

（1）客体不完全相同。非法组织卖血罪没有侵犯卖血者的人身权利，而强迫卖血罪则侵犯了卖血者的人身权利。

（2）客观方面不同。非法组织卖血罪中的被组织者是自愿卖血的，而强迫卖血罪中的卖血者则是被迫的；本罪表现为组织行为，而后者表现为以暴力、威胁方法强迫的行为。

3. 本罪与非法采集、供应血液、制作、供应血液制品罪的界限

两罪都是血液方面的危害公共卫生罪，主观上都出于故意，客观方面也表现出一定的相似之处，主体都是一般主体，客体也基本相同，但二者是有明显区别的：

（1）犯罪对象不完全相同。本罪的对象只能是血液，不包括血液制品；后者的对象不仅包括血液，还包括血液制品。

（2）行为方式不同。本罪表现为将血液作为商品加以出卖而破坏无偿献血制度，后罪表现为没有采供血液资格或制作、供应血液制品的资格而非法进行采供或制作、供应而破坏采供血以及血液制品管理制度。

（3）本罪是行为犯；后者是危险犯，必须足以危害人体健康的

才能构成犯罪。

(4) 本罪的主体在理论上属于组织犯，后者的主体在理论上属于实行犯。

(三) 处罚

犯本罪的，处五年以下有期徒刑，并处罚金。

二、强迫卖血罪

(一) 概念及其构成

强迫卖血罪，是指以暴力、威胁方法强迫他人出卖血液的行为。

1. 客体要件

本罪侵犯的是复杂客体，其主要客体是国家对血液的管理制度，次要客体是公共卫生以及被强迫人的人身权利。

本罪首先直接侵犯了国家对血液的管理制度。输血工作是社会主义卫生事业的重要组成部分，必须坚持以社会效益为准则，绝不允许把血液作为商品进行倒买倒卖，从中谋利。献血法明确规定我国实行无偿献血制度，以暴力、威胁方法强迫他人出卖血液，即是对上述制度的直接违反和破坏。本罪还直接侵犯公共卫生。血液是国家一种特殊的宝贵资源。对这种直接进入人体的特殊物质，质量标准必须统一，没有地区或级别差异。以暴力、威胁方法强迫他人出卖血液，由于把血液视作商品进行买卖，必然降低血液的质量标准，甚至想方设法逃避血液管理与监督，从而危及不特定或多数用血者的健康、生命安全。本罪还直接侵犯了被强迫人的人身权利。以暴力、威胁方法强迫他人出卖血液，必然会侵犯他人的健康权利、人身自由权利以及其他人身权利。

2. 客观要件

本罪在客观方面表现为以暴力、威胁方法强迫他人出卖血液的行为。暴力是指对他人人身进行打击或实施强制，如殴打、捆绑等。威胁是指以杀害、伤害、毁坏财产、破坏名誉等手段进行要挟，迫使他人接受自己的意志，从而实施卖血行为。他人既可以是除行为人外的特定的他人，也可以是除行为人外的不特定的他人。

强迫卖血罪同非法组织卖血罪一样，由于受到非法牟利动机的支配，必然会无视上述规定，致公共卫生以及卖血者健康于不顾，因此对这些血液犯罪要予以严惩。应注意的是，本罪是行为犯，故犯罪的成立不以发生实害后果为条件。

3. 主体要件

本罪的主体要件为一般主体。任何达到刑事责任年龄且具备刑事责任能力的自然人均能构成本罪。单位亦能成为本罪主体。单位犯本罪的，实行双罚制，即对单位判处罚金，对其直接负责的主管人员和其他直接责任人员依本条规定判处相应刑罚。

4. 主观要件

本罪在主观方面表现为直接故意，间接故意和过失不构成本罪。虽本罪多以牟利为犯罪目的，但不以此为构成要件。

（二）认定

1. 罪与非罪的区分

首先，构成本罪必须有以暴力、威胁方法强迫他人卖血的行为。暴力、威胁是本罪的手段行为或方法行为，如果不是用暴力、威胁而是教唆、帮助他人卖血，则不构成犯罪。用暴力、威胁方法以外的其他强制方法，如麻醉方法，也不构成本罪。构成其他犯罪的，应按相应的犯罪处罚。

其次，构成本罪必须是行为人强迫他人卖血，如果不是以卖血为强迫内容，则不构成本罪。如果是强迫他人献血，一般不构成犯罪，构成其他犯罪时按相应犯罪处罚，如滥用职权罪、非法拘禁罪等等。

2. 本罪与非法组织卖血罪的界限

两罪在使人卖血上完全相同，也往往具有谋利的非法目的，犯罪对象都可以是不特定的他人，但它们的区别是明显的：（1）行为方式不同。本罪的构成要件行为是强迫行为，即以暴力、威胁方法迫使他人卖血的行为；而非法组织卖血罪的客观行为是组织行为，被组织者是自愿卖血而不是被迫卖血。（2）本罪的犯罪对象既可以是

1 人，也可以是多人；非法组织卖血罪的对象则原则上为多人，通常是 3 人以上，但如果组织行为是出于概括的故意而反复多次实施，则每次行为的被组织者也可以是 1 人。(3) 处罚也不同。本罪之所以重于非法组织卖血罪，是因为本罪侵犯了 3 种直接客体，而后者侵犯了两种直接客体。

3. 本罪与非法采集、供应血液、制作、供应血液制品罪的界限

两罪都是故意犯罪，都是血液犯罪，但两罪在犯罪构成上有严格的区别：(1) 侵犯的客体不尽相同。本罪侵犯的是 3 种直接客体，而后者则仅侵犯了两种直接客体，没有侵犯他人的人身自由等权利。(2) 行为方式不同。本罪是强迫的行为，而后者则是非法采集、供应血液或者制作、供应血液制品的行为，即前者是将血液非法地作为商品加以出卖，而后者则没有作为商品出卖血液，而是未经国家主管部门批准设立血站，擅自采供血液。(3) 犯罪形态不同。本罪是行为犯，后者是危险犯。(4) 犯罪故意的具体内容也不同。(5) 处罚的严厉程度不同。本罪由于在立法上与非法组织卖血罪一样，采用了转化犯的立法技术，故最高刑为十年有期徒刑。后者没有这一立法特点，故最高刑为无期徒刑。

(三) 处罚

犯本罪的，处五年以上十年以下有期徒刑，并处罚金。

三、非法组织出卖血液和强迫出卖血液的行为适用故意伤害罪之情形

非法组织他人出卖血液和强迫他人出卖血液，对他人造成伤害的，构成故意伤害罪，处三年以下有期徒刑、拘役或者管制；致人重伤的，处三年以上十年以下有期徒刑；致人死亡或者以特别残忍手段致人重伤造成严重残疾的，处十年以上有期徒刑、无期徒刑或者死刑。

第三百三十四条 （非法采集、供应血液、制作、供应血液制品罪、采集、供应血液、制作、供应血液制品事故罪）

非法采集、供应血液或者制作、供应血液制品，不符合国家规定的标准，足以危害人体健康的，处五年以下有期徒刑或者拘役，并处罚金；对人体健康造成严重危害的，处五年以上十年以下有期徒刑，并处罚金；造成特别严重后果的，处十年以上有期徒刑或者无期徒刑，并处罚金或者没收财产。

经国家主管部门批准采集、供应血液或者制作、供应血液制品的部门，不依照规定进行检测或者违背其他操作规定，造成危害他人身体健康后果的，对单位判处罚金，并对其直接负责的主管人员和其他直接责任人员，处五年以下有期徒刑或者拘役。

[相关规定] **《中华人民共和国献血法》** （1997年12月29日第八届全国人民代表大会常务委员会第二十九次会议通过）（节录）

第十八条 有下列行为之一的，由县级以上地方人民政府卫生行政部门予以取缔，没收违法所得，可以并处十万元以下的罚款；构成犯罪的，依法追究刑事责任：

（一）非法采集血液的；

（二）血站、医疗机构出售无偿献血的血液的；

（三）非法组织他人出卖血液的。

第十九条 血站违反有关操作规程和制度采集血液，由县级以上地方人民政府卫生行政部门责令改正；给献血者健康造成损害的，应当依法赔偿，对直接负责的主管人员和其他直接责任人员，依法给予行政处分；构成犯罪的，依法追究刑事责任。

第二十一条 血站违反本法的规定，向医疗机构提供不符合国家规定标准的血液的，由县级以上人民政府卫生行政部门责令改正；

情节严重，造成经血液途径传播的疾病传播或者有传播严重危险的，限期整顿，对直接负责的主管人员和其他直接责任人员，依法给予行政处分；构成犯罪的，依法追究刑事责任。

[相关规定]　**《血液制品管理条例》**　(1996年12月30日国务院发布)（节录）

第三十四条　违反本条例规定，未取得省、自治区、直辖市人民政府卫生行政部门核发的《单采血浆许可证》，非法从事组织、采集、供应、倒卖原料血浆活动的，由县级以上地方人民政府卫生行政部门予以取缔，没收违法所得和从事违法活动的器材、设备，并处违法所得5倍以上10倍以下的罚款，没有违法所得的，并处5万元以上10万元以下的罚款；造成经血液途径传播的疾病传播、人身伤害等危害，构成犯罪的，依法追究刑事责任。

第三十五条　单采血浆站有下列行为之一的，由县级以上地方人民政府卫生行政部门责令限期改正，处5万元以上10万元以下的罚款；有第八项所列行为的，或者有下列其他行为并且情节严重的，由省、自治区、直辖市人民政府卫生行政部门吊销《单采血浆许可证》；构成犯罪的，对负有直接责任的主管人员和其他直接责任人员依法追究刑事责任：

（一）采集血浆前，未按照国务院卫生行政部门颁布的健康检查标准对供血浆者进行健康检查和血液化验的；

（二）采集非划定区域内的供血浆者或者其他人员的血浆的，或者不对供血浆者进行身份识别，采集冒名顶替者、健康检查不合格者或者无《供血浆证》者的血浆的；

（三）违反国务院卫生行政部门制定的血浆采集技术操作标准和程序，过频过量采集血浆的；

（四）向医疗机构直接供应原料血浆或者擅自采集血液的；

（五）未使用单采血浆机械进行血浆采集的；

（六）未使用有产品批准文号并经国家药品生物制品检定机构逐批检定合格的体外诊断试剂以及合格的一次性采血浆器材的；

（七）未按照国家规定的卫生标准和要求包装、储存、运输原料血浆的；

（八）对国家规定检测项目检测结果呈阳性的血浆不清除、不及时上报的；

（九）对污染的注射器、采血浆器材及不合格血浆等不经消毒处理，擅自倾倒，污染环境，造成社会危害的；

（十）重复使用一次性采血浆器材的；

（十一）向与其签订质量责任书的血液制品生产单位以外的其他单位供应原料血浆的。

第三十六条 单采血浆站已知其采集的血浆检测结果呈阳性，仍向血液制品生产单位供应的，由省、自治区、直辖市人民政府卫生行政部门吊销《单采血浆许可证》，由县级以上地方人民政府卫生行政部门没收违法所得，并处10万元以上30万元以下的罚款；造成经血液途径传播的疾病传播、人身伤害等危害，构成犯罪的，对负有直接责任的主管人员和其他直接责任人员依法追究刑事责任。

第三十七条 涂改、伪造、转让《供血浆证》的，由县级人民政府卫生行政部门收缴《供血浆证》，没收违法所得，并处违法所得3倍以上5倍以下的罚款，没有违法所得的，并处1万元以下的罚款；构成犯罪的，依法追究刑事责任。

第三十八条 血液制品生产单位有下列行为之一的，由省级以上人民政府卫生行政部门依照药品管理法及其实施办法等有关规定，按照生产假药、劣药予以处罚；构成犯罪的，对负有直接责任的主管人员和其他直接责任人员依法追究刑事责任：

（一）使用无《单采血浆许可证》的单采血浆站或者未与其签订质量责任书的单采血浆站及其他任何单位供应的原料血浆的，或者非法采集原料血浆的；

（二）投料生产前未对原料血浆进行复检的，或者使用没有产品批准文号或者未经国家药品生物制品检定机构逐批检定合格的体外诊断试剂进行复检的，或者将检测不合格的原料血浆投入生产的；

（三）擅自更改生产工艺和质量标准的，或者将检验不合格的产品出厂的；

（四）与他人共用产品批准文号的。

第四十五条　本条例下列用语的含义：

血液制品，是特指各种人血浆蛋白制品。

原料血浆，是指由单采血浆站采集的专用于血液制品生产原料的血浆。

供血浆者，是指提供血液制品生产用原料血浆的人员。

单采血浆站，是指根据地区血源资源，按照有关标准和要求并经严格审批设立，采集供应血液制品生产用原料血浆的单位。

【释解】

本条是关于非法采集、供应血液、制作、供应血液制品罪、采集、供应血液、制作、供应血液制品事故罪的规定。

一、非法采集、供应血液、制作、供应血液制品罪

（一）概念及其构成

非法采集、供应血液、制作、供应血液制品罪，是指非法采集、供应血液或者制作、供应血液制品，不符合国家规定的标准，足以危害人体健康的行为。

1. 客体要件

非法采集、供应血液、制作、供应血液制品罪侵犯的客体是复杂客体，其主要客体是国家对血液和血液制品的管理制度，次要客体是公共卫生。

本罪侵犯的对象，是血液和血液制品。所谓血液，是指用于临床的全血、成分血和用于血液制品生产的原料血浆。其中原料血浆是指由单采血浆站采集的专用于血液制品生产原料的血浆。所谓血液制品，则是特指各种人血浆蛋白制品，具体而言它是指将人的血液自供者采出后，用适当方法将其不同成分单个分离制成的各种制剂，从而能按不同需要输送给病人或作其他用途。血液制品主要包括人血丙种蛋球白、人胎盘血蛋白、人胎血丙种球蛋白、冻干健康血浆等。

2. 客观要件

本罪在客观方面表现为非法采集、供应血液或制作、供应血液制品，不符合国家规定的标准，足以危害人体健康的行为。具体包括以下几层含义：

（1）必须有非法采集、供应血液或者制作、供应血液制品的行为。所谓非法，不仅指违反操作规定，而且指未经国家主管部门批准，不具有采集、供应血液或者制作、供应血液制品的资格。非法采集、供应血液或者制作、供应血液制品的行为，包括非法采集、供应血液的行为和非法制作、供应血液制品的行为。非法采集、供应血液的行为，既可以由不具备采集、供应血液资格的单位和个人为之，也可以由依法成立的血站、单采血浆站工作人员为之。具体而言包括：（1）采集血液、血浆前未按照国务院卫生行政部门颁布的健康检查标准对供血者、供血浆者进行健康检查和血液化验的；（2）采集非划定区域内的供血者、供血浆者或其他人员的血液、血浆的，或者不对供血者、供血浆者进行身份识别，采集冒名顶替者、健康检查不合格者或者无《供血证》、《供血浆证》者的血液、血浆的；（3）违反有关血液采集的技术操作标准和程序，过频过量采集血液、血浆的；（4）向医疗机构直接供应原料血浆或者擅自采集血液的；（5）未使用单采血浆机械进行血浆采集的；（6）未使用有产品批准文号并经国家药品生物制品检定机构逐批检定合格的体外诊断试剂以及合格的一次性采血器材的；（7）未按国家规定的卫生标准和要求包装、储存、运输血液、血浆的；（8）对国家规定检测项目检测结果呈阳性的血液、血浆不清除、不及时上报的；（9）对污染的注射器、采血器材及不合格血液等不经消毒处理，擅自倾倒、污染环境，造成社会危害的；（10）重复使用一次性采血器材的；（11）其他非法采集、供应血液的行为。

不符合国家规定的标准，主要是相对于非法采集、供应的血液和非法制作、供应的血液制品的质量而言的。血液、血液制品质量的好坏，集中表现在有效性和安全性两方面，这是由其本身的性质和纯度而定的。有效性是发挥治疗效果的基本条件，安全性是保证其充分发挥作用而又减少损伤和不良影响的必要条件。

（2）行为人实施非法采集、供应血液或者制作、供应血液制品的行为，客观上还必须是足以危害人体健康。易言之，行为人非法采集、供应血液或者制作、供应血液制品的行为只有与他人人体健康足以受到侵害的危险状态之间具有刑法上的因果关系，才能构成本罪。

3．主体要件

本罪的主体为一般主体，即达到刑事责任年龄并具有刑事责任能力的自然人，而单位不能构成本罪。非法采集、供应血液或者制作、供应血液制品的行为，既可以由依法成立的血站、单采血浆站和血液制品生产单位的工作人员所为，也可以由不具备采集、供应血液或者制作、供应血液制品资格的单位和个人所为。但是，由于本罪只能由自然人构成，而不能由单位构成，因而对于不具有采集、供应血液或者制作、供应血液制品资格的单位所从事的采集、供应血液或者制作、供应血液制品，不符合国家规定的标准，足以危害人体健康的行为，只追究有关直接责任人员的刑事责任。

4．主观要件

本罪在主观方面只能是出于故意，即行为人明知自己违反有关操作规定，或者明知自己没有资格从事采集、供应血液或者制作、供应血液制品活动仍决意为之。

（二）认定

1．罪与非罪的区分

区分非法采集、供应血液、制作、供应血液制品罪与非罪界限时，采集、供应血液或者制作、供应血液制品的行为必须系非法。非法包括两层含义：一是指违反国家的操作规程；二是指不具备采集、供应血液或者制作、供应血液制品的资格。如果系合法而为之则不构成犯罪。其次非法采集、供应血液或者制作、供应血液制品的行为必须足以危害人体健康。事实上，非法采集、供应的血液或者非法制作、供应的血液制品，是否符合国家规定的标准，可以作为判断是否“足以危害人体健康”的依据之一。当然，具体判断时还应综合考虑其他因素。如果行为人非法采集、供应血液或者制作、供应血液制品的行为不足以危害人体健康的，一般亦不构成犯罪；但情节较重的，则可以本罪未遂处理。

2. 本罪与生产、销售假药罪的界限

虽然两罪都可能侵犯不特定或多数人的生命健康安全，但两罪仍存在较大区别，主要表现在：

(1) 主要客体不同。本罪主要侵犯的是国家对血液、血液制品的管理制度，危害了公共卫生秩序；而生产、销售假药罪则主要侵犯了国家的药品管理制度，破坏了社会主义市场经济秩序。

(2) 危害结果不同。本罪是“足以危害人体健康”，而生产、销售假药罪则是“足以严重危害人体健康”。

3. 本罪与妨害传染病防治罪的界限

本罪与妨害传染病防治罪，虽然都属于危害公共卫生的犯罪，存在一些相似性，但一般说来区别亦是明显的。不过，在如下情况下区分两罪则并不太容易：行为人染有甲类传染病却仍从事采集、供应血液或者制作、供应血液制品工作，使传染病传播或者有传播严重危险的。具体区分两罪时应从以下方面考虑：

(1) 客体要件不同。本罪主要侵犯的是国家对血液、血液制品的管理制度；而妨害传染病防治罪主要侵犯的是国家对传染病防治的管理制度。

(2) 犯罪的后果不同。本罪是足以危害人体健康或对人体健康造成实际损害，其中可能包括引起传染病传播或有传播危险之情形，但不仅限于此。

（3）主体不同。本罪只能由自然人构成，不能由单位构成；而妨害传染病防治罪则既可由自然人构成，也可由单位构成。

4. 本罪与非法组织卖血罪的界限

两罪均属于违反国家血液、血液制品管理的犯罪行为，主要区别表现在如下方面：

（1）从客观要件看，本罪表现为非法采集、供应血液或者制作、供应血液制品，不符合国家规定的标准，足以危害人体健康的行为，属于危险犯，其行为主体为实行者；而非法组织卖血罪则表现为非法组织他人出卖血液的行为，属于行为犯，其行为主体为组织者。

（2）就犯罪对象而言，本罪是血液和血液制品，而非法组织卖血罪的对象只有血液。

（3）从主观的内容上看，本罪是明知自己违反操作规程，或者不具有采集、供应血液或者制作、供应血液制品资格；而非法组织卖血罪则是明知组织他人出卖血液之行为非法。

（三）处罚

犯本罪的，处五年以下有期徒刑或者拘役，并处罚金；对人体健康造成严重危害的，处五年以上十年以下有期徒刑，并处罚金；造成严重后果的，处十年以上有期徒刑或者无期徒刑，并处罚金或者没收财产。

二、采集、供应血液、制作、供应血液制品事故罪

（一）概念及其构成

采集、供应血液、制作、供应血液制品事故罪，是指经国家主管部门批准采集、供应血液或者制作、供应血液制品的部门，不依照规定进行检测或者违背其他操作规定，造成危害他人身体健康后果的行为。

1. 客体要件

本罪侵犯的客体是复杂客体，其主要客体是国家对血液、血液制品的管理制度，次要客体是公共卫生。

国家有关行政主管部门对于采集、供应血液或者制作、供应血液制品工作，制定了一系列的检测、操作规定。比如《血液制品管理条例》、《采供血机构和血液管理办法》、《供血者健康检查标准》、《供血浆者健康检查标准》等等，从而为血液、血液制品的采集、制作、供应工作建立了一整套的管理制度。然而，实践中有些单位仍违反检测、操作规定，不仅侵犯了国家对血液、血液制品的管理制度，而且往往会产生危害他人身体健康的严重后果。具有严重的社会危害性。因此，本法增设了本罪，有利于抑制这类单位犯罪活动。

本罪侵犯的对象是血液和血液制品。血液是指用于临床的全血、成分血和用于血液制品生产的原料血浆。血液制品，则是特指各种人血浆蛋白制品。

2. 客观要件

本罪在客观方面表现为采集、供应血液或者制作、供应血液制品时，不依照规定进行检测或者违背其他操作规定，造成危害他人身体健康的后果。

首先经国家主管部门批准采集、供应血液或者制作、供应血液制品的血站（库）、单采血浆站及血液制品生产单位，不依照有关规定进行检测。主要表现为以下行为：

（1）血站、单采血浆站采集血液、血浆前，未按照国务院卫生行政部门颁布的健康检查标准对供血者、供血浆者进行健康检查和血液化验。

（2）血站、单采血浆站未使用有产品批准文号并经国家药品生物制品检定机构逐批检定合格的体外诊断试剂进行检测的。

（3）血液制品生产单位投料生产前未对原料血浆进行复检，或者使用没有产品批准文号或者未经国家药品生物制品检定机构逐批检定合格的体外诊断试剂进行复检的，或者将检测不合格的原料血浆投入生产的。

（4）对国家规定检测项目检测结果呈阳性的血液、血浆不清除、不及时上报的，或者将检测不合格的血液、血浆向有关单位供应的，或者将经检测不合格的产品出厂的。

(5) 没有对其工作人员每年进行一次健康检查，或者让患有传染病、精神病、严重皮肤病、HBsAg 阳性、HCV 抗体阳性和体表有伤口者从事采供血、成分血制备、血液制品制作、供应等岗位的工作。

其次经国家主管部门批准采集、供应血液的血站（库）、单采血浆站，违背其他操作规定的行为，主要表现在如下方面：

(1) 血站（库）、单采血浆站采集非划定区域内的供血者、供血浆者或者其他人员血液、血浆的，或者不对供血者、供血浆者进行身份识别，采集冒名顶替者、健康检查不合格或者无《供血证》、《供血浆证》者的血液、血浆的。

(2) 违反国务院卫生行政部门制定的血液、血浆采集技术操作标准和程序、过频过量采集血液、血浆的。

(3) 单采血浆站向医疗机构直接供应原料血浆或者擅自采集血液的。

(4) 单采血浆站未使用单采血浆机械进行血浆采集的。

(5) 血站、单采血浆站未使用合格的一次性采血器材的，或者重复使用一次性采血器材的。

(6) 未按照国家规定的卫生标准和要求包装、储存、运输血液、血浆的。

(7) 单采血浆站向与其签订质量责任书的血液制品生产单位以外的其他单位供应原料血浆的。

再次经国家主管部门批准制作、供应血液制品的血液制品生产单位，违背其他操作规定的行为，主要表现为以下几种：

(1) 使用无《单采血浆许可证》的单采血浆站或者未与其签订质量责任书的单采血浆站及其他任何单位供应的原料血浆的，或者擅自采集原料血浆的。

(2) 擅自更改生产工艺和质量标准的。

(3) 与他人共用产品批准文号的。

（4）其他违背操作规定的行为。

本罪属于实害犯。只有实际上造成了危害人民群众的身体健康的后果，才能构成本罪。至于何谓“造成危害他人身体健康后果”，法律没有明文规定，通常是指由于血液或血液制品的质量问题而致使不特定受血者、使用者正常的生理机能遭受严重损害，或者由于采血器材、医疗器械材料的卫生清洁问题，或采血制血的具体技术、手法问题而导致供血者、受血者等正常的生理机能遭受严重损害。

3. 主体要件

本罪的主体是特殊主体，即必须是经国家主管部门批准的有权从事采集、供应血液或者制作、供应血液制品活动的单位，包括采供血机构和血液制品生产单位。采供血机构，是指采集、储存血液，并向临床或血液制品生产单位供血的医疗卫生机构，分为血站、单采血浆站和血库。血站、单采血浆站是由卫生行政部门设置的卫生事业单位。血液制品生产单位，是经国家主管部门批准而从事制作、供应血液制品的单位。

4. 主观要件

本罪在主观方面只能表现为过失，即依法从事血液采集、供应或血液制品制作、供应的单位，应当预见到本单位不依照规定进行检测或者违背其他操作规定的行为，可能造成危害他人身体健康的后果，但因为疏忽大意而没有预见，或者已经预见但轻信能够避免，以致发生他人身体健康遭受损害的后果。

（二）认定

1. 本罪与非法采集、供应血液、制作、供应血液制品罪的界限

它们之间的区别主要表现为：

（1）犯罪主体不同。本罪的犯罪主体为特殊主体，只能由经国家主管部门批准而依法从事采集、供应血液或者制作、供应血液制品活动的血站（库）、单采血浆站和血液制品生产单位构成，自然人不能成为本罪主体；而非法采集、供应血液、制作、供应血液制品罪的犯罪主体则为一般主体，即凡是达到刑事责任年龄，具有刑事

责任能力的自然人均可构成，单位则不能成为此罪主体。

（2）主观要件不同。本罪在主观方面表现为过失；而非法采集、供应血液、制作、供应血液制品罪在主观方面则表现为故意。

（3）犯罪形态不同。本罪是实害犯，只有造成危害他人身体健康之后果，才能构成犯罪；而非法采集、供应血液、制作、供应血液制品罪则是危险犯，行为人只要实施了非法采集、供应血液或者制作、供应血液制品，足以危害人体健康的行为，即构成犯罪既遂，而不论该行为是否在实际上对人体健康造成严重危害。

（4）犯罪客观方面不同。本罪中实施采集、供应血液或者制作、供应血液制品的一系列行为均是合法而为之，只是没有依照规定对血液、血液制品进行检测或者在采集、制作、供应活动中违反其他操作规定；而非法采集、供应血液、制作、供应血液制品罪则以行为的非法性为前提。

2. 本罪与重大责任事故罪的界限

重大责任事故罪，是指工厂、矿山、林场、建筑企业或者其他企业、事业单位的职工，由于不服管理、违反规章制度，或者强令工人违章冒险作业，因而发生重大伤亡事故或者造成其他严重后果的行为。它与本罪在犯罪主观方面、犯罪的后果等方面，均有相同之处。两罪的主要区别如下：

（1）主体要件不同。本罪只限于经国家主管部门批准采集、供应血液或者制作、供应血液制品的部门；而重大责任事故罪则为工厂、矿山、林场、建筑企业或其他企业、事业单位的职工。

（2）犯罪客观方面不同。本罪表现为采集、供应血液或者制作、供应血液制品的过程中未依照规定进行检测或违背了其他操作规定，并造成危害人民群众身体健康的后果；而重大责任事故罪则表现为生产、作业活动中不服管理、违反规章制度，或者强令工人违章冒险作业，因而发生重大伤亡事故，造成严重后果。显然，后罪涉及的领域更为广泛。

（3）客体要件不同。本罪主要侵犯国家对血液、血液制品的采集、供应、制作的管理制度；而重大责任事故罪则主要侵犯国家对工厂、矿山、林场、建筑企业或其他企业、事业单位的生产、作业的管理规定。可见，后罪涉及的客体范围亦更为广泛。

（三）处罚

犯本罪的，对单位判处罚金，并对其直接负责的主管人员和其他直接责任人员，处五年以下有期徒刑或者拘役。

第三百三十五条 （医疗事故罪）

医务人员由于严重不负责任，造成就诊人死亡或者严重损害就诊人身体健康的，处三年以下有期徒刑或者拘役。

［相关规定］ **《中华人民共和国执业医师法》** （1998年6月26日第九届全国人民代表大会常务委员会第三次会议通过）（节录）

第三十七条 医师在执业活动中，违反本法规定，有下列行为之一的，由县级以上人民政府卫生行政部门给予警告或者责令暂停6个月以上1年以下执业活动；情节严重的，吊销其执业证书；构成犯罪的，依法追究刑事责任：

（一）违反卫生行政规章制度或者技术操作规范，造成严重后果的；

（二）由于不负责任延误危急患者的抢救和诊治，造成严重后果的；

（三）造成医疗责任事故的；

……

［相关规定］ **《医疗事故处理条例》** （2002年4月4日国务院发布）（节录）

第二条 本条例所称医疗事故，是指医疗机构及其医务人员在医疗活动中，违反医疗卫生管理法律、行政法规、部门规章和诊疗护理规范、常规，过失造成患者人身损害的事故。

第四条　根据对患者人身造成的损害程度，医疗事故分为四级：

一级医疗事故：造成患者死亡、重度残疾的；

二级医疗事故：造成患者中度残疾、器官组织损伤导致严重功能障碍的；

三级医疗事故：造成患者轻度残疾、器官组织损伤导致一般功能障碍的；

四级医疗事故：造成患者明显人身损害的其他后果的。

具体分级标准由国务院卫生行政部门制定。

第五条　医疗机构及其医务人员在医疗活动中，必须严格遵守医疗卫生管理法律、行政法规、部门规章和诊疗护理规范、常规，恪守医疗服务职业道德。

第九条　严禁涂改、伪造、隐匿、销毁或者抢夺病历资料。

第十条　患者有权复印或者复制其门诊病历、住院志、体温单、医嘱单、化验单（检验报告）、医学影像检查资料、特殊检查同意书、手术同意书、手术及麻醉记录单、病理资料、护理记录以及国务院卫生行政部门规定的其他病历资料。

患者依照前款规定要求复印或者复制病历资料的，医疗机构应当提供复印或者复制服务并在复印或者复制的病历资料上加盖证明印记。复印或者复制病历资料时，应当有患者在场。

医疗机构应患者的要求，为其复印或者复制病历资料，可以按照规定收取工本费。具体收费标准由省、自治区、直辖市人民政府价格主管部门会同同级卫生行政部门规定。

第十三条　医务人员在医疗活动中发生或者发现医疗事故、可能引起医疗事故的医疗过失行为或者发生医疗事故争议的，应当立即向所在科室负责人报告，科室负责人应当及时向本医疗机构负责医疗服务质量监控的部门或者专（兼）职人员报告；负责医疗服务质量监控的部门或者专（兼）职人员接到报告后，应当立即进行调查、核实，将有关情况如实向本医疗机构的负责人报告，并向患者通报、解释。

第十五条 发生或者发现医疗过失行为，医疗机构及其医务人员应当立即采取有效措施，避免或者减轻对患者身体健康的损害，防止损害扩大。

第十六条 发生医疗事故争议时，死亡病例讨论记录、疑难病例讨论记录、上级医师查房记录、会诊意见、病程记录应当在医患双方在场的情况下封存和启封。封存的病历资料可以是复印件，由医疗机构保管。

第十七条 疑似输液、输血、注射、药物等引起不良后果的，医患双方应当共同对现场实物进行封存和启封，封存的现场实物由医疗机构保管；需要检验的，应当由双方共同指定的、依法具有检验资格的检验机构进行检验；双方无法共同指定时，由卫生行政部门指定。

疑似输血引起不良后果，需要对血液进行封存保留的，医疗机构应当通知提供该血液的采供血机构派员到场。

第三十三条 有下列情形之一的，不属于医疗事故：

(一)在紧急情况下为抢救垂危患者生命而采取紧急医学措施造成不良后果的；

(二)在医疗活动中由于患者病情异常或者患者体质特殊而发生医疗意外的；

(三)在现有医学科学技术条件下，发生无法预料或者不能防范的不良后果的；

(四)无过错输血感染造成不良后果的；

(五)因患方原因延误诊疗导致不良后果的；

(六)因不可抗力造成不良后果的。

第五十五条 医疗机构发生医疗事故的，由卫生行政部门根据医疗事故等级和情节，给予警告；情节严重的，责令限期停业整顿直至由原发证部门吊销执业许可证，对负有责任的医务人员依照刑法关于医疗事故罪的规定，依法追究刑事责任；尚不够刑事处罚的，依法给予行政处分或者纪律处分。

对发生医疗事故的有关医务人员，除依照前款处罚外，卫生行政部门并可以责令暂停6个月以上1年以下执业活动；情节严重的，吊销其执业证书。

第五十六条　医疗机构违反本条例的规定，有下列情形之一的，由卫生行政部门责令改正；情节严重的，对负有责任的主管人员和其他直接责任人员依法给予行政处分或者纪律处分：

（一）未如实告知患者病情、医疗措施和医疗风险的；

（二）没有正当理由，拒绝为患者提供复印或者复制病历资料服务的；

（三）未按照国务院卫生行政部门规定的要求书写和妥善保管病历资料的；

（四）未在规定时间内补记抢救工作病历内容的；

（五）未按照本条例的规定封存、保管和启封病历资料和实物的；

（六）未设置医疗服务质量监控部门或者配备专（兼）职人员的；

（七）未制定有关医疗事故防范和处理预案的；

（八）未在规定时间内向卫生行政部门报告重大医疗过失行为的；

（九）未按照本条例的规定向卫生行政部门报告医疗事故的；

（十）未按照规定进行尸检和保存、处理尸体的。

【释解】

本条是关于医疗事故罪的规定。

一、概念及其构成

医疗事故罪，是指医务人员由于严重不负责任，造成就诊人死亡或者严重损害就诊人身体健康的行为。

（一）客体要件

本罪侵犯的客体是医疗单位的工作秩序，以及公民的生命健康权利。犯罪对象是生命健康安全正遭受病魔侵害的病人。所以，倘若救治措施不能客观上起到控制病情发展的作用，则必然由于病情发展而引起人体健康的更大损害，直至导致伤残、功能障碍和死亡结果。

（二）客观要件

本罪在客观方面表现为严重不负责任，造成就诊人死亡或者严重损害就诊人身体健康的行为。具体而言，包括以下几个方面：

1. 医务人员在诊疗护理工作中有严重不负责任的行为

严重不负责任，是指在诊疗护理工作中违反规章制度和诊疗护理常规。这里的规章制度，是指与保障就诊人的生命、健康安全有关的诊疗护理方面的规章制度，包括诊断、处方、麻醉、手术、输血、护理、化验、消毒、医嘱、查房等各个环节的规程、规则、守则、制度、职责要求，等等。医疗事故案件中常见的违反规章制度的情况有：错用药物、错治病人、错报输血、错报病情、擅离职守、交接班草率、当班失职等。诊疗护理常规，是指长期以来在诊疗护理实践中被公认的行之有效的操作习惯与惯例。各项诊疗操作和护理，均有一定的操作规程的要求，这些规程是为了保障操作稳准、避免失误而制定的，在诊疗操作和护理工作中必须遵照执行，否则就有可能导致医疗事故的发生。

2. 因严重不负责任行为导致病人严重损害身体健康或死亡的结果

危害结果的大小是衡量违法行为社会危害性的大小和区分罪与非罪的客观标准，构成本罪在客观上必须要求发生了病人重伤或死亡的结果。

3. 严重不负责任行为与病人重伤、死亡之间必须存在刑法上的因果关系

医疗伤亡结果的形成不同于一般加害事件之处在于，后者是加害行为本身直接引起人体机体损伤，而前者则多是由于医疗措施未能有效阻止病情发展而导致病情恶化而引起伤残或死亡，或者是医

疗措施对人体侵害直接引起病人伤亡，或者由于医疗措施客观上加重了病情，促使病人伤亡，可见医疗伤亡结果的出现既同原患疾病有关，又同医疗行为有关。违章医疗行为对病情的实际作用可以是四种，即有效、无效、反效、直接破坏人体。据此，可以把医疗伤亡形成机制分为四种：（1）违章医疗行为虽然对阻止病情有效，但是效用不足而最终因病情发展引起病人伤残或死亡，如抢救农药中毒病人时使用的解毒剂数量不足致使病人死亡；（2）违章医疗行为对病情没起到任何作用而由于病情发展引起伤残、死亡，这包括医方违章不作为和无效作为两种情形；（3）违章医疗行为同治疗需要背道而驰从而加剧病情引起病人伤亡，如用反药等是之；（4）违章医疗行为本身直接破坏人体而直接引起伤亡或同原患伤病相互叠加共同导致病人伤亡，如手术时操作粗心误伤大血管等等。这四种情形中，违章医疗行为均与病人伤亡结果之间存在因果关系。依社会一般观念观察，上述后两种情形中违章医疗行为与病人伤亡间的联系容易为人们注意，而在上述前两种情形中，由于医疗措施客观上起到一定治疗作用或者至少没有起反作用，因而违章医疗行为与病人伤亡间的关系易被忽视。这是特别值得引起注意的。医疗伤亡结果的出现大多数同违章医疗行为有关，又与病情本身有关，那么，应如何认定违章医疗行为对伤亡结果的原因力大小？这应看医疗行为的违章程度即违法性程度如何。只有医疗行为严重违反医疗规章制度，才能由行为人对病人伤亡结果承担刑事责任，这是基于对医务工作特殊性及危险性的照顾而得出的结论。

（三）主体要件

本罪主体为特殊主体，是达到刑事责任年龄并具有刑事责任能力的实施了违章医疗行为的医务人员。医务人员是指具有一定医学知识和医疗技能，取得行医资格，直接从事医疗护理工作的人员，包括医院医务人员及经批准的个体行医者。由于医务工作有极强的专业性、技术性和导致人身伤亡的危险性，所以，国家卫生行政管理机关向来十分重视对行医者任职资格的考核，事实上只有具备一定医疗知识和技能，才能避免行医的特殊危险性，从而达到救死扶伤的目的。目前社会上存在一些既无医疗技能又未取得行医许可证的非法行医者，这些人不属于医疗事故罪的主体。

（四）主观要件

本罪在主观方面表现为过失，即行为人主观上对病人伤亡存在重大业务过失。在这里，本罪要求行为人主观上存在重大过失而不是一般过失，即从主观上过失程度的轻重来说，行为人主观上存在严重过失。临床医疗活动本身有特殊的导致人身伤亡的危险性，医务人员稍有不慎即会发生不幸后果，如果把一般过失行为确定为犯罪，于情理上有失公平，于法律上则有失于严苛。此外，本罪主观方面是指存在业务过失而不是普通过失。医务人员依照法律承担救死扶伤的职责，有义务对自己的医疗业务行为负责，即对病人的生命健康安全负责，而医务人员的业务能力实际是指其业务技术水平。

二、认定

（一）罪与非罪的界限

在司法实践中处理医疗事故案件时，关键在于区分罪与非罪的界限。主要应注意区分以下界限：

1. 医疗事故罪与医疗差错的界限

医疗差错，是指在诊疗护理工作中，医务人员虽有违反规章制度、诊疗护理常规的失职行为或技术过失，但未给就诊人造成死亡、残废、组织器官损伤导致功能障碍的不良后果的行为。医疗差错，从产生的原因区分，可以分为医疗责任差错和医疗技术差错。其中，医疗责任差错与医疗事故罪容易混淆，二者都表现为医务人员在诊疗护理工作中不负责任，违反规章制度或诊疗护理常规的行为。区别在于所造成的后果不同。前者未造成就诊人死亡、残废、组织器官损伤导致功能障碍的不良后果；后者则造成了就诊人死亡或身体健康严重损害的后果。对于医务人员由于严重不负责任，造成医疗差错的，不能以医疗事故罪论处。

2. 医疗事故罪与医疗意外的界限

医疗意外，是指由于病情或者病人体质特殊而发生难以预料和防范的不良后果。它与医疗事故罪都可能发生就诊人死亡或身体健康严重损害的后果，二者区别的关键在于主观上有无过失。如果就诊人死亡或身体健康严重损害，是因医务人员责任心不强，违反规章制度或诊疗常规造成的，则构成医疗事故罪，如上述后果是因医务人员难以预料或难以防范的因素所引起，则属于医疗意外，不能以犯罪论处。医疗意外与医疗事故罪中的疏忽大意过失颇为相似，二者不但都发生了严重后果，而且对严重后果的发生都没有预见。二者的区别在于，疏忽大意过失对严重后果的发生是应当预见而没有预见，医疗意外对严重后果的发生是难以预见而没有预见。

（二）医疗事故罪与重大责任事故罪的界限

重大责任事故罪，是指工厂、矿山、林场、建筑企业或者其他企业、事业单位的职工，由于不服从管理、违反规章制度，或者强令工人违章冒险作业，因而发生重大伤亡事故或者造成其他严重后果的行为。二罪的相似之处在于：（1）二罪在主观方面均属过失犯罪。（2）二罪在客观上都造成了人员伤亡的后果。区别在于：

1. 主体不同

前罪的主体是生产单位直接从事生产或指挥生产的人员；本罪的主体是医务人员，二者的业务性质不同。

2. 客体不同

前罪侵犯的客体是工矿企业的生产安全和社会公共安全，危及的是不特定或多数人的人身安全和公私财产安全。本罪侵犯的主要客体是医疗机构的管理秩序。

3. 过失行为发生的场合不同

前罪发生于生产作业中，而本罪发生于诊疗护理过程中。

（三）医疗事故罪与玩忽职守罪的界限

玩忽职守罪，是指国家机关工作人员严重不负责任，不履行或不正确履行职责，致使公共财产、国家和人民利益遭受重大损失的行为，它与医疗事故罪都表现为严重不负责任，都可能出现造成人员伤亡的严重后果。二罪的区别在于：

1. 主体不同

前罪的主体是国家机关工作人员，本罪的主体则是医务人员。

2. 客体不同

前罪侵害的客体是国家机关的正常管理活动，而本罪侵害的主要客体是医疗机构的管理秩序。

3. 过失的内容不同

前罪是在行政管理过程中出现的过失，而本罪则是在诊疗护理工作中出现的过失。

4. 客观表现不同

前罪表现为在行政管理工作中严重不负责任，不履行或不正确履行自己的职责，而本罪则表现为在诊疗护理工作中违反规章制度或诊疗操作常规。

5. 危害后果不同

本罪的危害后果仅限于就诊人死亡或身体健康严重受损，而前罪的后果既可以是人员伤亡，也可以是财产损失，还可以是恶劣的政治影响。

（四）医疗事故罪与过失致人死亡罪、过失致人重伤罪的界限

它们在危害结果上基本相同。其区别在于：

1. 主体不同

本罪的主体是特殊主体，即医务人员；后二罪的主体则为一般主体。

2. 主观过失的性质不同

本罪的过失属于业务过失，而后二罪的过失属日常生活中的过失。

3. 客观方面不同

本罪的客观方面表现为在诊疗护理工作中，严重不负责任，违反规章制度或诊疗护理操作常规，而后二罪分别表现为通过某种方式致人死亡或造成他人重伤。

4. 客体不同

后二罪侵害的客体是人的生命健康权利，而本罪侵害的客体主要是医疗机构的管理秩序。

三、处罚

犯本罪的，处三年以下有期徒刑或者拘役。

第三百三十六条　（非法行医罪、非法进行节育手术罪）

未取得医生执业资格的人非法行医，情节严重的，处三年以下有期徒刑、拘役或者管制，并处或者单处罚金；严重损害就诊人身体健康的，处三年以上十年以下有期徒刑，并处罚金；造成就诊人死亡的，处十年以上有期徒刑，并处罚金。

未取得医生执业资格的人擅自为他人进行节育复通手术、假节育手术、终止妊娠手术或者摘取宫内节育器，情节严重的，处三年以下有期徒刑、拘役或者管制，并处或者单处罚金；严重损害就诊人身体健康的，处三年以上十年以下有期徒刑，并处罚金；造成就诊人死亡的，处十年以上有期徒刑，并处罚金。

［相关规定］　**《中华人民共和国执业医师法》**　（1998年6月26日第九届全国人民代表大会常务委员会第三次会议通过）（节录）

第十四条　医师经注册后，可以在医疗、预防、保健机构中按照注册的执业地点、执业类别、执业范围执业，从事相应的医疗、预防、保健业务。

未经医师注册取得执业证书，不得从事医师执业活动。

第三十九条　未经批准擅自开办医疗机构行医或者非医师行医的，由县级以上人民政府卫生行政部门予以取缔，没收其违法所得及其药品、器械，并处10万元以下的罚款；对医师吊销其执业证书；给患者造成损害的，依法承担赔偿责任；构成犯罪的，依法追究刑事责任。

［相关规定］ **《中华人民共和国母婴保健法》** （1994年10月27日第八届全国人民代表大会常务委员会第十次会议通过）（节录）

第三十六条 未取得国家颁发的有关合格证书，施行终止妊娠手术或者采取其他方法终止妊娠，致人死亡、残疾、丧失或者基本丧失劳动能力的，依照刑法第一百三十四条，第一百三十五条的规定追究刑事责任。

［相关规定］ **《乡村医生从业管理条例》** （2003年8月5日）（节录）

第二条 本条例适用于尚未取得执业医师资格或者执业助理医师资格，经注册在村医疗卫生机构从事预防、保健和一般医疗服务的乡村医生。

村医疗卫生机构中的执业医师或者执业助理医师，依照执业医师法的规定管理，不适用本条例。

第九条 国家实行乡村医生执业注册制度。

县级人民政府卫生行政主管部门负责乡村医生执业注册工作。

第十条 本条例公布前的乡村医生，取得县级以上地方人民政府卫生行政主管部门颁发的乡村医生证书，并符合下列条件之一的，可以向县级人民政府卫生行政主管部门申请乡村医生执业注册，取得乡村医生执业证书后，继续在村医疗卫生机构执业：

（一）已经取得中等以上医学专业学历的；

（二）在村医疗卫生机构连续工作20年以上的；

（三）按照省、自治区、直辖市人民政府卫生行政主管部门制定的培训规划，接受培训取得合格证书的。

第十一条 对具有县级以上地方人民政府卫生行政主管部门颁发的乡村医生证书，但不符合本条例第十条规定条件的乡村医生，县级人民政府卫生行政主管部门应当进行有关预防、保健和一般医疗服务基本知识的培训，并根据省、自治区、直辖市人民政府卫生行政主管部门确定的考试内容、考试范围进行考试。

前款所指的乡村医生经培训并考试合格的，可以申请乡村医生执业注册；经培训但考试不合格的，县级人民政府卫生行政主管部门应当组织对其再次培训和考试。不参加再次培训或者再次考试仍不合格的，不得申请乡村医生执业注册。

本条所指的培训、考试，应当在本条例施行后6个月内完成。

第十二条 本条例公布之日起进入村医疗卫生机构从事预防、保健和医疗服务的人员，应当具备执业医师资格或者执业助理医师资格。

不具备前款规定条件的地区，根据实际需要，可以允许具有中等医学专业学历的人员，或者经培训达到中等医学专业水平的其他人员申请执业注册，进入村医疗卫生机构执业。具体办法由省、自治区、直辖市人民政府制定。

第十三条 符合本条例规定申请在村医疗卫生机构执业的人员，应当持村医疗卫生机构出具的拟聘用证明和相关学历证明、证书，向村医疗卫生机构所在地的县级人民政府卫生行政主管部门申请执业注册。

县级人民政府卫生行政主管部门应当自受理申请之日起15日内完成审核工作，对符合本条例规定条件的，准予执业注册，发给乡村医生执业证书；对不符合本条例规定条件的，不予注册，并书面说明理由。

第十四条 乡村医生有下列情形之一的，不予注册：

（一）不具有完全民事行为能力的；

（二）受刑事处罚，自刑罚执行完毕之日起至申请执业注册之日止不满2年的；

（三）受吊销乡村医生执业证书行政处罚，自处罚决定之日起至申请执业注册之日止不满2年的。

第十五条 乡村医生经注册取得执业证书后，方可在聘用其执业的村医疗卫生机构从事预防、保健和一般医疗服务。

未经注册取得乡村医生执业证书的，不得执业。（来源：新华网）

第十六条 乡村医生执业证书有效期为5年。

乡村医生执业证书有效期满需要继续执业的，应当在有效期满前3个月申请再注册。

县级人民政府卫生行政主管部门应当自受理申请之日起15日内进行审核，对符合省、自治区、直辖市人民政府卫生行政主管部门规定条件的，准予再注册，换发乡村医生执业证书；对不符合条件的，不予再注册，由发证部门收回原乡村医生执业证书。

第十七条 乡村医生应当在聘用其执业的村医疗卫生机构执业；变更执业的村医疗卫生机构的，应当依照本条例第十三条规定的程序办理变更注册手续。

第十八条 乡村医生有下列情形之一的，由原注册的卫生行政主管部门注销执业注册，收回乡村医生执业证书：

（一）死亡或者被宣告失踪的；

（二）受刑事处罚的；

（三）中止执业活动满2年的；

（四）考核不合格，逾期未提出再次考核申请或者经再次考核仍不合格的。

第十九条 县级人民政府卫生行政主管部门应当将准予执业注册、再注册和注销注册的人员名单向其执业的村医疗卫生机构所在地的村民公告，并由设区的市级人民政府卫生行政主管部门汇总，报省、自治区、直辖市人民政府卫生行政主管部门备案。

第二十条 县级人民政府卫生行政主管部门办理乡村医生执业注册、再注册、注销注册，应当依据法定权限、条件和程序，遵循便民原则，提高办事效率。

第二十一条 村民和乡村医生发现违法办理乡村医生执业注

册、再注册、注销注册的，可以向有关人民政府卫生行政主管部门反映；有关人民政府卫生行政主管部门对反映的情况应当及时核实，调查处理，并将调查处理结果予以公布。

第二十二条　上级人民政府卫生行政主管部门应当加强对下级人民政府卫生行政主管部门办理乡村医生执业注册、再注册、注销注册的监督检查，及时纠正违法行为。

第二十四条　乡村医生在执业活动中应当履行下列义务：

（一）遵守法律、法规、规章和诊疗护理技术规范、常规；

（二）树立敬业精神，遵守职业道德，履行乡村医生职责，为村民健康服务；

（三）关心、爱护、尊重患者，保护患者的隐私；

（四）努力钻研业务，更新知识，提高专业技术水平；

（五）向村民宣传卫生保健知识，对患者进行健康教育。

第二十五条　乡村医生应当协助有关部门做好初级卫生保健服务工作；按照规定及时报告传染病疫情和中毒事件，如实填写并上报有关卫生统计报表，妥善保管有关资料。

第二十六条　乡村医生在执业活动中，不得重复使用一次性医疗器械和卫生材料。对使用过的一次性医疗器械和卫生材料，应当按照规定处置。

第二十七条　乡村医生应当如实向患者或者其家属介绍病情，对超出一般医疗服务范围或者限于医疗条件和技术水平不能诊治的病人，应当及时转诊；情况紧急不能转诊的，应当先行抢救并及时向有抢救条件的医疗卫生机构求助。

第二十八条　乡村医生不得出具与执业范围无关或者与执业范围不相符的医学证明，不得进行实验性临床医疗活动。

第二十九条　省、自治区、直辖市人民政府卫生行政主管部门应当按照乡村医生一般医疗服务范围，制定乡村医生基本用药目录。乡村医生应当在乡村医生基本用药目录规定的范围内用药。

第三十条　县级人民政府对乡村医生开展国家规定的预防、保健等公共卫生服务，应当按照有关规定予以补助。

第三十八条 乡村医生在执业活动中，违反本条例规定，有下列行为之一的，由县级人民政府卫生行政主管部门责令限期改正，给予警告；逾期不改正的，责令暂停3个月以上6个月以下执业活动；情节严重的，由原发证部门暂扣乡村医生执业证书：

（一）执业活动超出规定的执业范围，或者未按照规定进行转诊的；

（二）违反规定使用乡村医生基本用药目录以外的处方药品的；

（三）违反规定出具医学证明，或者伪造卫生统计资料的；

（四）发现传染病疫情、中毒事件不按规定报告的。

第三十九条 乡村医生在执业活动中，违反规定进行实验性临床医疗活动，或者重复使用一次性医疗器械和卫生材料的，由县级人民政府卫生行政主管部门责令停止违法行为，给予警告，可以并处1000元以下的罚款；情节严重的，由原发证部门暂扣或者吊销乡村医生执业证书。

第四十条 乡村医生变更执业的村医疗卫生机构，未办理变更执业注册手续的，由县级人民政府卫生行政主管部门给予警告，责令限期办理变更注册手续。

第四十一条 以不正当手段取得乡村医生执业证书的，由发证部门收缴乡村医生执业证书；造成患者人身损害的，依法承担民事赔偿责任；构成犯罪的，依法追究刑事责任。

第四十二条 未经注册在村医疗卫生机构从事医疗活动的，由县级以上地方人民政府卫生行政主管部门予以取缔，没收其违法所得以及药品、医疗器械，违法所得5000元以上的，并处违法所得1倍以上3倍以下的罚款；没有违法所得或者违法所得不足5000元的，并处1000元以上3000元以下的罚款；造成患者人身损害的，依法承担民事赔偿责任；构成犯罪的，依法追究刑事责任。

第四十三条 县级人民政府卫生行政主管部门未按照乡村医生培训规划、计划组织乡村医生培训的，由本级人民政府或者上一级人民政府卫生行政主管部门责令改正；情节严重的，对直接负责的主管人员和其他直接责任人员依法给予行政处分。

第四十四条　县级人民政府卫生行政主管部门，对不符合本条例规定条件的人员发给乡村医生执业证书，或者对符合条件的人员不发给乡村医生执业证书的，由本级人民政府或者上一级人民政府卫生行政主管部门责令改正，收回或者补发乡村医生执业证书，并对直接负责的主管人员和其他直接责任人员依法给予行政处分。

第四十五条　县级人民政府卫生行政主管部门对乡村医生执业注册或者再注册申请，未在规定时间内完成审核工作的，或者未按照规定将准予执业注册、再注册和注销注册的人员名单向村民予以公告的，由本级人民政府或者上一级人民政府卫生行政主管部门责令限期改正；逾期不改正的，对直接负责的主管人员和其他直接责任人员依法给予行政处分。

第四十六条　卫生行政主管部门对村民和乡村医生反映的办理乡村医生执业注册、再注册、注销注册的违法活动未及时核实、调查处理或者未公布调查处理结果的，由本级人民政府或者上一级人民政府卫生行政主管部门责令限期改正；逾期不改正的，对直接负责的主管人员和其他直接责任人员依法给予行政处分。

第四十七条　寻衅滋事、阻碍乡村医生依法执业，侮辱、诽谤、威胁、殴打乡村医生，构成违反治安管理行为的，由公安机关依法予以处罚；构成犯罪的，依法追究刑事责任。

［相关规定］　**《中华人民共和国人口与计划生育法》**　（2001年12月29日第九届全国人民代表大会常务委员会第二十五次会议通过）（节录）

第二条　我国是人口众多的国家，实行计划生育是国家的基本国策。

国家采取综合措施，控制人口数量，提高人口素质。

国家依靠宣传教育、科学技术进步、综合服务、建立健全奖励和社会保障制度，开展人口与计划生育工作。

第十七条　公民有生育的权利，也有依法实行计划生育的义务，夫妻双方在实行计划生育中负有共同的责任。

第十九条　实行计划生育，以避孕为主。

国家创造条件，保障公民知情选择安全、有效、适宜的避孕节育措施。实施避孕节育手术，应当保证受术者的安全。

第二十条　育龄夫妻应当自觉落实计划生育避孕节育措施，接受计划生育技术服务指导。

预防和减少非意愿妊娠。

第三十三条　计划生育技术服务机构和从事计划生育技术服务的医疗、保健机构应当在各自的职责范围内，针对育龄人群开展人口与计划生育基础知识宣传教育，对已婚育龄妇女开展孕情检查、随访服务工作，承担计划生育、生殖保健的咨询、指导和技术服务。

第三十四条　计划生育技术服务人员应当指导实行计划生育的公民选择安全、有效、适宜的避孕措施。

对已生育子女的夫妻，提倡选择长效避孕措施。

国家鼓励计划生育新技术、新药具的研究、应用和推广。

第三十五条　严禁利用超声技术和其他技术手段进行非医学需要的胎儿性别鉴定；严禁非医学需要的选择性别的人工终止妊娠。

第三十六条　违反本法规定，有下列行为之一的，由计划生育行政部门或者卫生行政部门依据职权责令改正，给予警告，没收违法所得；违法所得一万元以上的，处违法所得二倍以上六倍以下的罚款；没有违法所得或者违法所得不足一万元的，处一万元以上三万元以下的罚款；情节严重的，由原发证机关吊销执业证书；构成犯罪的，依法追究刑事责任：

（一）非法为他人施行计划生育手术的；

（二）利用超声技术和其他技术手段为他人进行非医学需要的胎儿性别鉴定或者选择性别的人工终止妊娠的；

（三）实施假节育手术、进行假医学鉴定、出具假计划生育证明的。

第三十七条　伪造、变造、买卖计划生育证明，由计划生育行政部门没收违法所得，违法所得五千元以上的，处违法所得二倍以上十倍以下的罚款；没有违法所得或者违法所得不足五千元的，处五千元以上二万元以下的罚款；构成犯罪的，依法追究刑事责任。

以不正当手段取得计划生育证明的，由计划生育行政部门取消其计划生育证明；出具证明的单位有过错的，对直接负责的主管人员和其他直接责任人员依法给予行政处分。

第三十九条　国家机关工作人员在计划生育工作中，有下列行为之一，构成犯罪的，依法追究刑事责任；尚不构成犯罪的，依法给予行政处分；有违法所得的，没收违法所得：

（一）侵犯公民人身权、财产权和其他合法权益的；

（二）滥用职权、玩忽职守、徇私舞弊的；

（三）索取、收受贿赂的；

（四）截留、克扣、挪用、贪污计划生育经费或者社会抚养费的；

（五）虚报、瞒报、伪造、篡改或者拒报人口与计划生育统计数据的。

［相关规定］　**《计划生育技术服务管理条例》**　（2001年7月9日国务院发布）（节录）

第二条　在中华人民共和国境内从事计划生育技术服务活动的机构及其人员应当遵守本条例。

第三条　计划生育技术服务实行国家指导和个人自愿相结合的原则。

公民享有避孕方法的知情选择权。国家保障公民获得适宜的计划生育技术服务的权利。

国家向农村实行计划生育的育龄夫妻免费提供避孕、节育技术服务，所需经费由地方财政予以保障，中央财政对西部困难地区给予适当补助。

第六条 计划生育技术服务包括计划生育技术指导、咨询以及与计划生育有关的临床医疗服务。

第七条 计划生育技术指导、咨询包括下列内容：

（一）生殖健康科普宣传、教育、咨询；

（二）提供避孕药具及相关的指导、咨询、随访；

（三）对已经施行避孕、节育手术和输卵（精）管复通手术的，提供相关的咨询、随访。

第八条 县级以上城市从事计划生育技术服务的机构可以在批准的范围内开展下列与计划生育有关的临床医疗服务：

（一）避孕和节育的医学检查；

（二）计划生育手术并发症和计划生育药具不良反应的诊断、治疗；

（三）施行避孕、节育手术和输卵（精）管复通手术；

（四）开展围绕生育、节育、不育的其他生殖保健项目。具体项目由国务院计划生育行政部门、卫生行政部门共同规定。

第九条 因生育病残儿要求再生育的，应当向县级人民政府计划生育行政部门申请医学鉴定，经县级人民政府计划生育行政部门初审同意后，由设区的市级人民政府计划生育行政部门组织医学专家进行医学鉴定；当事人对医学鉴定有异议的，可以向省、自治区、直辖市人民政府计划生育行政部门申请再鉴定。省、自治区、直辖市人民政府计划生育行政部门组织的医学鉴定为终局鉴定。具体办法由国务院计划生育行政部门会同国务院卫生行政部门制定。

第十条 向公民提供的计划生育技术服务和药具应当安全、有效，符合国家规定的质量技术标准。

第十一条 国务院计划生育行政部门定期编制并发布计划生育技术、药具目录，指导列入目录的计划生育技术、药具的推广和应用。

第十二条　开展计划生育科技项目和计划生育国际合作项目，应当经国务院计划生育行政部门审核批准，并接受项目实施地县级以上地方人民政府计划生育行政部门的监督管理。

第十三条　涉及计划生育技术的广告，其内容应当经省、自治区、直辖市人民政府计划生育行政部门审查同意。

第十四条　从事计划生育技术服务的机构施行避孕、节育手术、特殊检查或者特殊治疗时，应当征得受术者本人同意，并保证受术者的安全。

第十五条　任何机构和个人不得进行非医学需要的胎儿性别鉴定或者选择性别的人工终止妊娠。

第十六条　从事计划生育技术服务的机构包括计划生育技术服务机构和从事计划生育技术服务的医疗、保健机构。

第十七条　从事计划生育技术服务的机构，必须符合国务院计划生育行政部门规定的设置标准。

第十八条　设立计划生育技术服务机构，由设区的市级以上地方人民政府计划生育行政部门批准，发给《计划生育技术服务机构执业许可证》，并在《计划生育技术服务机构执业许可证》上注明获准开展的计划生育技术服务项目。

第十九条　从事计划生育技术服务的医疗、保健机构，由县级以上地方人民政府卫生行政部门审查批准，在其《医疗机构执业许可证》上注明获准开展的计划生育技术服务项目，并向同级计划生育行政部门通报。

第二十条　乡、镇已有医疗机构的，不再新设立计划生育技术服务机构；但是，医疗机构内必须设有计划生育技术服务科（室），专门从事计划生育技术服务工作。乡、镇既有医疗机构，又有计划生育技术服务机构的，各自在批准的范围内开展计划生育技术服务工作。乡、镇没有医疗机构，需要设立计划生育技术服务机构的，应当依照本条例第十八条的规定从严审批。

第二十一条　计划生育技术服务机构从事产前诊断的，应当经省、自治区、直辖市人民政府计划生育行政部门同意后，由同级卫生行政部门审查批准，并报国务院计划生育行政部门和国务院卫生行政部门备案。

从事计划生育技术服务的机构使用辅助生育技术治疗不育症的，由省级以上人民政府卫生行政部门审查批准，并向同级计划生育行政部门通报。使用辅助生育技术治疗不育症的具体管理办法，由国务院卫生行政部门会同国务院计划生育行政部门制定。使用辅助生育技术治疗不育症的技术规范，由国务院卫生行政部门征求国务院计划生育行政部门意见后制定。

第二十二条 从事计划生育技术服务的机构的执业许可证明文件每三年由原批准机关校验一次。

从事计划生育技术服务的机构的执业许可证明文件不得买卖、出借、出租，不得涂改、伪造。

从事计划生育技术服务的机构的执业许可证明文件遗失的，应当自发现执业许可证明文件遗失之日起30日内向原发证机关申请补发。

第二十三条 从事计划生育技术服务的机构应当按照批准的业务范围和服务项目执业，并遵守有关法律、行政法规和国务院卫生行政部门制定的医疗技术常规和抢救与转诊制度。

第二十四条 县级以上地方人民政府计划生育行政部门应当对本行政区域内的计划生育技术服务工作进行定期检查。

第二十五条 国家建立避孕药具流通管理制度。具体办法由国务院药品监督管理部门会同国务院计划生育行政部门及其他有关主管部门制定。

第二十六条 计划生育技术服务人员中依据本条例的规定从事与计划生育有关的临床服务人员，应当依照执业医师法和国家有关护士管理的规定，分别取得执业医师、执业助理医师、乡村医生或者护士的资格，并在依照本条例设立的机构中执业。在计划生育技术服务机构执业的执业医师和执业助理医师应当依照执业医师法的规定向所在地县级以上地方人民政府卫生行政部门申请注册。具体办法由国务院计划生育行政部门、卫生行政部门共同制定。

个体医疗机构不得从事计划生育手术。

第二十七条 计划生育技术服务人员必须按照批准的服务范围、服务项目、手术术种从事计划生育技术服务，遵守与执业有关的法律、法规、规章、技术常规、职业道德规范和管理制度。

第三十一条 计划生育技术服务机构或者医疗、保健机构以外的机构或者人员违反本条例的规定，擅自从事计划生育技术服务的，由县级以上地方人民政府计划生育行政部门依据职权，责令改正，给予警告，没收违法所得和有关药品、医疗器械；违法所得5000元以上的，并处违法所得2倍以上5倍以下的罚款；没有违法所得或者违法所得不足5000元的，并处5000元以上2万元以下的罚款；造成严重后果，构成犯罪的，依法追究刑事责任。

第三十二条 计划生育技术服务机构违反本条例的规定，未经批准擅自从事产前诊断和使用辅助生育技术治疗不育症的，由县级以上地方人民政府卫生行政部门会同计划生育行政部门依据职权，责令改正，给予警告，没收违法所得和有关药品、医疗器械；违法所得5000元以上的，并处违法所得2倍以上5倍以下的罚款；没有违法所得或者违法所得不足5000元的，并处5000元以上2万元以下的罚款；情节严重的，并由原发证部门吊销计划生育技术服务的执业资格。

第三十三条 违反本条例的规定，逾期不校验计划生育技术服务执业许可证明文件，继续从事计划生育技术服务的，由原发证部门责令限期补办校验手续；拒不校验的，由原发证部门吊销计划生育技术服务的执业资格。

第三十四条 违反本条例的规定，买卖、出借、出租或者涂改、伪造计划生育技术服务执业许可证明文件的，由原发证部门责令改正，没收违法所得；违法所得3000元以上的，并处违法所得2倍以上5倍以下的罚款；没有违法所得或者违法所得不足3000元的，并处3000元以上5000元以下的罚款；情节严重的，并由原发证部门吊销相关的执业资格。

第三十五条 从事计划生育技术服务的机构违反本条例第三条第三款的规定，向农村实行计划生育的育龄夫妻提供避孕、节育技术服务，收取费用的，由县级地方人民政府计划生育行政部门责令退还所收费用，给予警告，并处所收费用2倍以上5倍以下的罚款；情节严重的，并对该机构的正职负责人、直接负责的主管人员和其他直接责任人员给予降级或者撤职的行政处分。

第三十六条 从事计划生育技术服务的机构违反本条例的规定，未经批准擅自扩大计划生育技术服务项目的，由原发证部门责令改正，给予警告，没收违法所得；违法所得5000元以上的，并处违法所得2倍以上5倍以下的罚款；没有违法所得或者违法所得不足5000元的，并处5000元以上2万元以下的罚款；情节严重的，并由原发证部门吊销计划生育技术服务的执业资格。

第三十七条 从事计划生育技术服务的机构违反本条例的规定，使用没有依法取得相应的医师资格的人员从事与计划生育技术服务有关的临床医疗服务的，由县级以上人民政府卫生行政部门依据职权，责令改正，没收违法所得；违法所得3000元以上的，并处违法所得1倍以上3倍以下的罚款；没有违法所得或者违法所得不足3000元的，并处3000元以上5000元以下的罚款；情节严重的，并由原发证部门吊销计划生育技术服务的执业资格。

第三十八条 从事计划生育技术服务的机构出具虚假证明文件，构成犯罪的，依法追究刑事责任；尚不构成犯罪的，由原发证部门责令改正，给予警告，没收违法所得；违法所得5000元以上的，并处违法所得2倍以上5倍以下的罚款；没有违法所得或者违法所得不足5000元的，并处5000元以上2万元以下的罚款；情节严重的，并由原发证部门吊销计划生育技术服务的执业资格。

第三十九条 计划生育行政部门、卫生行政部门违反规定，批准不具备规定条件的计划生育技术服务机构或者医疗、保健机构开展与计划生育有关的临床医疗服务项目，或者不履行监督职责，或者发现违法行为不予查处，导致计划生育技术服务重大事故发生的，对该部门的正职负责人、直接负责的主管人员和其他直接责任人员给予降级或者撤职的行政处分；构成犯罪的，依法追究刑事责任。

第四十一条　在乡村计划生育技术服务机构或者乡村医疗、保健机构中从事计划生育技术服务的人员，符合本条例规定的，可以经认定取得执业资格；不具备本条例规定条件的，按照国务院的有关规定执行。

［相关规定］　**《最高人民法院、最高人民检察院、公安部关于依法惩处利用摘除节育环进行违法犯罪活动的分子的联合通知》**

（1983年12月10日　（83）法研字第25号）

各省、市、自治区高级人民法院、人民检察院、公安厅（局）：

近几年来，有些地方不断发生私自为育龄妇女摘除节育环、影响推行计划生育的事件。特别严重的是，有的利用摘除节育环，骗取大量财物，有的用自制工具和粗野方法伤害妇女身体，还有调戏、侮辱和奸污妇女。这些违法犯罪行为，不仅破坏计划生育，而且侵犯妇女人身权利，危害妇女健康，扰乱社会秩序，危害很大。必须坚决制止，严加惩处。

实行计划生育是我国的基本国策，宪法和法律都有明确规定。推行计划生育主要依靠对群众进行普及的宣传和教育，使群众自愿地采取节育措施，控制人口的盲目增长。因此，对于群众中私自为育龄妇女摘除节育环，影响推行计划生育，但没有进行违法犯罪活动的，应着重进行批评教育，促使他们停止和改正，对于利用为育龄妇女摘除节育环，进行各种违法犯罪活动的，应根据不同情况，分别依法惩处。

一、以牟利为目的，私自为育龄妇女摘除节育环，或者借摘除节育环对妇女进行调戏、侮辱的，可以参照治安管理处理罚条例和国务院有关劳动教养的规定，酌情予以行政拘留、罚款或者收容劳动教养，并没收其非法所得的财物及违法活动用具；

二、以牟利为目的，私自为育龄妇女摘除节育环，方法粗野，伤害妇女身体的，依照刑法规定的伤害罪惩处；

三、对于借摘除节育环，强行奸淫妇女的，依照刑法规定的强奸罪惩处；

四、数人合伙私自为多名育龄妇女摘除节育环，扰乱社会秩序，情节严重，妨害计划生育工作的，对首要分子依照刑法规定的扰乱社会秩序罪惩处；

五、以造谣、欺骗手段私自为育龄妇女摘除节育环，骗取大量财物的，依照刑法规定的诈骗罪惩处。

六、借摘除节育环调戏、侮辱妇女，或者进行其他流氓活动，破坏公共秩序，情节严重的，依照刑法规定的流氓罪惩处。

以上通知，希各级公安机关、人民检察院和人民法院严格遵照执行。

［相关规定］ **《最高人民法院、最高人民检察院关于依法严惩破坏计划生育犯罪活动的通知》** （1993年11月12日 法发〔1993〕36号）

各省、自治区、直辖市高级人民法院、人民检察院，解放军军事法院、军事检察院：

实行计划生育是我国的一项基本国策。它关系到民族的昌盛、子孙后代的幸福。对少数人以各种手段破坏计划生育工作的行为，除进行必要的教育外，对那些伪造计划生育证明出售牟利，多次为他人做假节育手术，或者非法出具计划生育证明，并索取大量钱财，甚至趁机进行强奸、流氓、诈骗等犯罪活动的，要坚决依法惩处。为此，通知如下：

一、继续执行1983年12月10日最高人民法院、最高人民检察院、公安部《关于依法惩处利用摘除节育环进行违法犯罪活动的分子的联合通知》,对利用摘除节育环侮辱妇女、诈骗钱财构成犯罪的,私自为育龄妇女摘除节育环,不顾妇女身体健康,造成伤害构成犯罪的,以及借摘除节育环强奸妇女的,应分别依法以流氓罪、诈骗罪、故意伤害罪或者强奸罪追究刑事责任。

二、伪造或变造节育证、生育证、婴儿死亡证、病残儿鉴定证明等计划生育证明出售牟利,情节较重,构成犯罪的,依照刑法第一百六十七条伪造证件罪的规定追究刑事责任。

三、国家计划生育工作人员、医疗单位医务人员,利用职务上的便利,收受或者索取财物,构成犯罪,并具有下列情形之一的,依照《全国人民代表大会常务委员会关于惩治贪污罪贿赂罪的补充规定》第五条的规定从重处罚:

(一)非法批准生育指标造成超生的;

(二)非法出具计划生育证明造成超生的;

(三)为育龄妇女摘除节育器,为他人做假节育、绝育手术,或者为他人进行输卵(精)管复通手术,造成计划外怀孕、生育的;

(四)擅自为他人进行非医学需要的胎儿性别鉴定,导致胎儿引产的。

上列人员出售计划生育指标、计划生育证明数量大,危害严重的,依照刑法第一百八十七条玩忽职守罪的规定追究刑事责任。

四、无业人员、个体行医人员等结伙为多名育龄妇女摘除节育器,为多人做假节育、绝育手术,或者为多人进行输卵(精)管复通手术,造成计划外怀孕、生育,或者擅自为他人进行非医学需要的胎儿性别鉴定,导致多个胎儿引产,破坏计划生育工作,扰乱社会秩序情节严重的,对首要分子依照刑法第一百五十八条扰乱社会秩序罪的规定追究刑事责任。

五、以暴力、威胁方法阻碍国家计划生育工作人员依法执行职务的,依照刑法第一百五十七条妨害公务罪的规定追究刑事责任。

六、破坏计划生育违法所得和用于破坏计划生育违法活动的个人医疗器械、用具一律没收。

［相关规定］ **《最高人民法院、最高人民检察院关于办理妨害预防、控制突发传染病疫情等灾害的刑事案件具体应用法律若干问题的解释》** （2003年5月15日起施行 法释〔2003〕8号）（节录）

第十二条 未取得医师执业资格非法行医，具有造成突发传染病病人、病原携带者、疑似突发传染病病人贻误诊治或者造成交叉感染等严重情节的，依照刑法第三百三十六条第一款的规定，以非法行医罪定罪，依法从重处罚。

【释解】

本条是关于非法行医罪、非法进行节育手术罪的规定。

一、非法行医罪

（一）概念及其构成

非法行医罪，是指未取得医生执业资格的人非法行医，为人治病，情节严重的行为。

1. 客体要件

本罪的客体是复杂客体，其主要客体是国家对医疗卫生工作的管理制度，次要客体是公共卫生。

行医是关系到人民生命健康的特殊职业，因此，国家对这一行业的管理极为严格。不仅对行医者的资格加以严格限制，要求行医者除要有良好的政治思想条件外，还要具备一定的技术资格，以保证医疗质量，保障人民的生命健康安全。而且还对行医活动，制定了一整套管理工作规范及制度，以促进我国医疗卫生事业的健康发展。非法行医，不仅扰乱了业已建立的良好的医疗卫生工作管理秩序，而且往往由于非法行医者不具备执业的资格和条件，医疗服务质量差，同时也侵犯了就诊人的身体健康和生命安全，因就诊人是不特定或多数的，故本罪侵犯了公共卫生。

2. 客观要件

本罪在客观方面表现为非法行医情节严重的行为。

非法行医，是指无医生执业资格从事诊疗活动，包括在医疗机构中从事诊疗活动和擅自开业从事诊疗活动。有医生执业资格而未取得开业执照行医的，不属本条所称非法行医。

情节严重，一般指非法行医，屡教不改的；骗取大量钱财的；损害就诊人身体健康的等等。“严重损害就诊人身体健康的”，是指1987年国务院发布的《医疗事故处理办法》第六条所称的二级医疗事故和三级医疗事故。二级医疗事故指造成就诊人严重残废或者严重功能障碍的。三级医疗事故是指造成就诊人残废或者功能障碍的。

严重损害就诊人身体健康、造成就诊人死亡是适用较重法定刑的情节。

3. 主体要件

本罪的主体为一般主体，但一般是未取得医生执业资格的人。即未取得《医疗机构执业许可证》的人。1994年2月26日国务院发布的《医疗机构管理条例》第24条规定：“任何单位或者个人，未取得医疗执业许可证，不得展开诊疗活动。”未取得《医疗机构执业许可证》的人开展诊疗活动，就是非法行医的行为。

4. 主观要件

本罪在主观方面表现为故意。行为人对病人伤亡结果存在间接故意的罪过而不是业务过失的罪过。因为，在认识因素上，行为人既对自己缺乏行医技能和控制病情发展的能力是明知的，又对病人在得不到有效及时治疗时会伤残直至死亡是明知的，所以不是疏忽大意的过失；在意志因素上，对病人的伤残、死亡采取了漠然视之、听之任之的放纵态度。

（二）认定

1. 本罪与医疗事故罪的界限

二者在客观上都可能造成就诊人死亡或严重损害就诊人身体健

康的后果，它们的区别主要在于：

（1）主体不同。本罪的主体是不具有医师执业资格的人，而后罪的主体是医务人员。

（2）主观方面不同。本罪行为人对造成就诊人死亡或严重损害就诊人身体健康后果所持的心理态度，既可以是过失，也可以是间接故意，而前罪行为人对造成严重不良后果所持心理态度只能是过失。

（3）客观方面不同。本罪造成就诊人死亡或身体健康严重后果的原因既可以表现为责任过失，也可以是技术过失，而后罪则仅限于责任过失，技术过失不构成犯罪。

2. 非法行医致人死亡或严重损害就诊人身体健康与故意杀人罪、故意伤害罪的界限

上述行为均造成了人员伤亡的后果，区别在于：

(1)本罪的主体是特殊主体，限于未取得医生执业资格的人，而后二罪的主体是一般主体。

（2）主观方面不同。本罪行为人对严重不良后果的心理态度是过失和间接故意，而后二罪的主观方面为直接故意或间接故意，不包括过失。

（3）发生场合不同。本罪发生于擅自从事医疗活动过程中，而后二罪发生的场合不限于此。

（4）客体不同。本罪侵害的客体是国家对医疗卫生工作的管理制度和公共卫生，而后二罪仅侵犯特定公民的生命健康权利，并不侵害国家对医疗卫生工作的管理制度。

3. 非法行医致人死亡或严重损害就诊人身体健康与过失致人死亡、过失致人重伤罪的界限

三者均造成了人员伤亡的后果，区别在于：

（1）主体不同。本罪的主体是特殊主体，即未取得医生执业资格的人，而后二罪的主体是一般主体。

（2）主观方面不同。本罪行为人对严重不良后果所持的心理态

度是过失和间接故意，而后二罪的主观方面是过失，不包括间接故意。

（3）发生场合不同。

（4）客体不同。

（三）处罚

犯本罪的，处三年以下有期徒刑、拘役或者管制，并处或者单处罚金；严重损害就诊人身体健康的，处三年以上十年以下有期徒刑，并处罚金；造成就诊人死亡的，处十年以上有期徒刑，并处罚金。

二、非法进行节育手术罪

（一）概念及其构成

非法进行节育手术罪，是指未取得医生执业资格的人擅自为他人进行节育复通手术、假节育手术、终止妊娠手术或者摘取宫内节育器，情节严重的行为。

1．客体要件

本罪直接侵犯的是复杂客体，其主要客体是国家的计划生育政策和制度，次要客体是公共卫生。

在我国经济和社会发展中，人口问题始终是极为重要的问题。实行计划生育是我国的一项基本国策。人口政策是一个国家的统治阶级，为了维护本阶级的利益，对本国人口再生产过程施加影响和干预的具体规定与措施。我国现阶段的人口政策即“控制人口数量，提高人口素质”的提出，不仅具有充分的理论依据即马克思主义人口理论，而且还具有充分的客观依据即社会主义社会人口发展规律和我国的人口现状。我国的人口规律是：在社会主义生产不断发展和社会成员物质、文化水平不断提高的基础上，人口的增长与社会主义现代化生产相适应，劳动力得到充分而合理地利用，全体人民在德、智、体等方面都得到全面发展。

切实掌握落实节育措施，不仅可以控制人口增长，同时也有利于保护人体健康，提高人口素质，促进民族繁荣。为了搞好计划生育技术指导工作，2001年12月29日第九届全国人民代表大会常务委员会第二十五次会议通过了人口与计划生育法，2001年7月9日国务院发布、2004年12月10日国务院修正发布了《计划生育技术服务管理条例》，卫生部于1987年修订了《节育手术常规》，国务院计划生育领导小组、卫生部联合颁布了《关于提高节育手术质量的通知》，1983年12月卫生部颁发了《计划生育技术管理工作条例（试行）》，和《男性节育手术并发症的诊断标准（试行）》，1986年颁布了《妇幼卫生工作条例》。以上文件对我国计划生育技术指导工作尤其是节育技术质量管理作了规定。擅自为他人进行节育复通手术、假节育手术、终止妊娠手术或者摘取宫内节育器，就是在没有经过审查批准，没有取得生育证的情况下实施的，是对计划生育制度的违反和破坏。由于其行为对象针对的是不特定的人，因而必然对公众的健康、生命安全造成现实的威胁。

2. 客观要件

本罪在客观方面表现为擅自为他人进行节育复通手术、假节育手术、终止妊娠手术或者摘取宫内节育器，情节严重的行为。

擅自为他人进行节育复通手术，是指没有医师资格的人，违反计划生育政策和制度，为他人进行输卵（精）管复通手术的行为。擅自为他人进行假节育手术，是指没有医师资格的人，违反计划生育政策和制度，为他人进行假结扎输卵（精）管手术的行为。

情节严重，一般是指多次为他人进行节育复通等手术，致使多人超计划生育的；使用不合卫生标准或医疗标准的方法，致使就诊人遭受重大痛苦或者损害就诊人健康的；以营利为目的，鼓动他人接受节育复通等手术，妨害计划生育的，等等。“情节严重”是构成本罪的必备要件。

3. 主体要件

本罪主体为一般主体，但必须是未取得医生执业的人。未取得医生执业资格的人，是指根据《医疗机构管理条例》的规定，未依法取得《医疗机构执业许可证》的人。如果已经取得医生执业资格的人实施破坏计划生育的行为，不构成本罪。不过，本法对本罪的主体的限定过于狭窄，不利于有效地打击破坏计划生育的行为。全国人大常委会正在审议的刑法修正案（六）有望从此方面有所突破。

4. 主观要件

本罪在主观方面表现为故意，即行为人明知自己无权为他人实施计划生育手术，但为了牟取不法利益或者基于其他考虑所实施的行为。

（二）处罚

犯本罪的，处三年以下有期徒刑、拘役或者管制，并处或者单处罚金；严重损害就诊人身体健康的，处三年以上十年以下有期徒刑，并处罚金；造成就诊人死亡的，处十年以上有期徒刑，并处罚金。

第三百三十七条　（逃避动植物检疫罪）

违反进出境动植物检疫法的规定，逃避动植物检疫，引起重大动植物疫情的，处三年以下有期徒刑或者拘役，并处或者单处罚金。

单位犯前款罪的，对单位判处罚金，并对其直接负责的主管人员和其他直接责任人员，依照前款的规定处罚。

［相关规定］　**《中华人民共和国进出境动植物检疫法》**　（1991年10月30日第七届全国人民代表大会常务委员会第二十二次会议通过）（节录）

第五条　国家禁止下列各物进境：

（一）动植物病原体（包括菌种、毒种等）、害虫及其他有害生物；

（二）动植物疫情流行的国家和地区的有关动植物、动植物产品和其他检疫物；

（三）动物尸体；

（四）土壤。

口岸动植物检疫机关发现有前款规定的禁止进境物的，作退回或者销毁处理。

因科学研究等特殊需要引进本条第一款规定的禁止进境物的，必须事先提出申请，经国家动植物检疫机关批准。

本条第一款第二项规定的禁止进境物的名录，由国务院农业行政主管部门制定并公布。

第三十九条 违反本法规定，有下列行为之一的，由口岸动植物检疫机关处以罚款：

（一）未报检或者未依法办理检疫审批手续的；

（二）未经口岸动植物检疫机关许可擅自将进境动植物、动植物产品或者其他检疫物卸离运输工具或者运递的；

（三）擅自调离或者处理在口岸动植物检疫机关指定的隔离场所中隔离检疫的动植物的。

第四十条 报检的动植物、动植物产品或者其他检疫物与实际不符的，由口岸动植物检疫机关处以罚款；已取得检疫单证的，予以吊销。

第四十一条 违反本法规定，擅自开拆过境动植物、动植物产品或者其他检疫物的包装的，擅自将过境动植物、动植物产品或者其他检疫物卸离运输工具的，擅自抛弃过境动物的尸体、排泄物、铺垫材料或者其他废弃物的，由动植物检疫机关处以罚款。

第四十二条 违反本法规定，引起重大动植物疫情的，比照刑法第一百七十八条的规定追究刑事责任。①

［相关规定］**《中华人民共和国进出境动植物检疫法实施条例》**（1996年12月2日国务院发布）（节录）

第六十二条 有下列违法行为之一的，依法追究刑事责任；尚

① 本条所称刑法条文是指原刑法条文。

不构成犯罪或者犯罪情节显著轻微依法不需要判处刑罚的，由口岸动植物检疫机关处2万元以上5万元以下的罚款：

（一）引起重大动植物疫情的；

（二）伪造、变造动植物检疫单证、印章、标志、封识的。

［相关规定］　**《中华人民共和国动物防疫法》**　（2007年8月30日第十届全国人民代表大会常务委员会第二十九次会议修订）（节录）

第八十四条　违反本法规定，构成犯罪的，依法追究刑事责任。

违反本法规定，导致动物疫病传播、流行等，给他人人身、财产造成损害的，依法承担民事责任。

【释解】

本条是关于逃避动植物检疫罪的规定。

一、概念及其构成

逃避动植物检疫罪，是指违反进出境动植物检疫法的规定，逃避动植物检疫，引起重大动植物疫情的行为。

（一）客体要件

本罪侵犯的客体是复杂客体，它不仅侵犯了我国进出境动植物检疫制度，严重威胁人民群众的身体健康，同时也破坏了农林牧渔业的正常生产。

我国是农业国，农业是国民经济的基础，随着改革开放、对外贸易经济的迅猛发展，为发展和扩大农业生产，进出境的动植物、动植物产品和其他检疫物的数量、品种也随之增多。但是，由于进境检疫工作没做好，部分进境动植物及其产品以及其他检疫物带来的病虫害在我国传播蔓延，给我国农业生产和人民群众的身体健康带来严重的危害。因此，进出境动植物检疫法规定，进出境的动植物、动植物产品和其他检疫物应依法实施检疫；同时又规定，禁运动植物病原体（包括菌种、毒种）、害虫及其他有害生物；动植物疫情流行的国家或地区的有关动植物、动植物产品和其他检疫物；动物尸体；土壤诸物禁止进境，发现此类禁止进境物的，作退回或者销毁处理，等等。这些规定，对加强国家国境卫生检疫制度，防止动物传染病、寄生虫病和植物危险性病、虫、杂草以及其他有害生物等病虫害传入、传出国境，保护农业发展，发展对外贸易，都是必要的。

（二）客观要件

本罪在客观方面表现为违反进出境动植物检疫法的规定，逃避动植物检疫，引起重大动植物疫情的行为。具体表现在：

1. 违反进出境动植物检疫法规定的行为，这是构成本罪的前提条件

进出境动植物检疫法对动植物及其产品和其他检疫物的进境、出境、过境、携带和邮寄、运输及工具的具体检疫都做了详细的规定。1991 年 10 月 30 日全国人大常委会通过的进出境动植物检疫法第 2 条规定："进出境的动植物、动植物产品和其他检疫物，装载动植物、动植物产品和其他检疫物的装载容器、包装物，以及来自动植物疫区的运输工具，依照本法规定实施检疫。"作为检疫的具体对象包括动植物、动植物产品和其他检疫物，装载动植物、动植物产品和其他检疫物的装载容器、包装物，以及来自动植物疫区的运输工具。所谓"动物"，是指饲养、野生的活动物，如禽、畜等。"动物产品"是来源于动物未经加工或者虽经加工但仍有可能传播疫病的产品，如生皮张、毛类、肉类等。所谓"植物"是指栽培物、野生植物及其种子、种苗及其他繁殖材料等。"植物产品"，是指来源于植物未经加工或者虽经加工但仍有可能传播病虫害的产品。所谓"其他检疫物"是指动物疫苗、血清、诊断液、动植物性废弃液等。对这些物品的进出境必须经报检或者依法办理检疫审批手续，否则，就是违反进出境动植物检疫法规定的行为。

逃避动植物检疫，就是未经口岸动植物检疫机关的许可擅自进

出境动植物。

2. 必须是引起了重大动植物疫情的行为才构成犯罪，这是构成本罪的实质要件

重大动植物疫情，法律没有明确规定，通常认为是指如下几种情况：（1）引起的动植物疫情，难于治理，对农林牧渔业生产危害很大。（2）引起的动植物疫情，过去没有发生过，对农林牧渔业生产危害很大。（3）引起动植物疫情造成的实际经济损失巨大。

至于司法实践中具体定罪时如何把握重大动植物疫情，有关司法机关应尽快作出司法解释。据此可知，逃避动植物检疫罪属于实害犯，也即只有引起了重大动植物疫情，才能构成逃避动植物检疫罪。需要指出的是，重大动植物疫情必须是违反进出境动植物检疫规定，逃避动植物检疫的行为所引起的。也就是说，逃避动植物检疫的行为与重大动植物疫情之间，具有刑法上的因果关系，若欠缺此种因果关系，则不能构成逃避动植物检疫罪。

（三）主体要件

本罪的主体为一般主体。既可以是中国人，也可以是外国人。但主要是要求动植物、动植物产品及其他检疫物进出境、过境的货主或者其代理人、承运人或者押运人。动植物检疫机关工作人员严重不负责任，不执行或者不认真执行动植物检疫制度，导致重大动植物疫情发生的，以玩忽职守罪论处。

（四）主观要件

本罪在主观方面表现为过失，即行为人对其逃避或拒绝接受国境卫生检疫检查而引起重大动植物疫情这一结果是出于过失，但行为人逃避或拒绝接受检查则是故意的，如果行为人对引起重大动植物疫情的结果是明知的，则应是危害公共安全的犯罪，而不再以本罪论处。

二、处罚

犯本罪的，处三年以下有期徒刑或者拘役，并处或者单处罚金。

单位犯本罪的，对单位判处罚金，并对其直接负责的主管人员

和其他直接责任人员，依上述规定处罚。

第六节 破坏环境资源保护罪

【本节概要】

本节从第338条至第346条，共9条，规定破坏环境资源保护罪。

破坏环境资源保护罪，是指违反环境保护法规，污染环境、破坏矿产、森林、珍贵动植物资源的行为。

我国1979年刑法第128条、第129条和第130条分别规定了盗伐、滥伐林木罪、非法捕捞水产品罪和非法狩猎罪三种破坏环境资源的犯罪。为了进一步加强对国家环境资源的保护，运用法律武器保护环境资源，处罚破坏环境资源的行为，1984年9月20日第六届全国人大常委会第七次会议通过了《中华人民共和国森林法》；1986年1月20日第六届全国人大常委会第十四次会议通过了《中华人民共和国渔业法》（2000年10月31日修正）；1988年11月8日第七届全国人大常委会第四次会议通过了《中华人民共和国野生动物保护法》和《关于惩治捕杀国家重点保护的珍贵、濒危野生动物犯罪的补充规定》。该《补充规定》对1979年刑法作了重要的补充，增设了一种新的罪名，即非法捕杀珍贵、濒危野生动物罪。

新刑法针对司法实践中出现的问题，就自然环境和自然资源保护专设一节，本节共规定以下各罪：

1. 重大环境污染事故罪，是指违反国家规定，向土地、水体、大气排放、倾倒或者处置有放射性的废物、含传染病病原体的废物、有毒物质或者其他危险废物，造成重大环境污染事故，致使公共财产遭受重大损失或者人身伤亡的严重后果的行为（第338条）。犯重大环境污染事故罪的，处三年以下有期徒刑或者拘役，并处或者单处罚金；后果特别严重的，处三年以上七年以下有期徒刑，并处罚金。单位犯本罪的，对单位判处罚金，并对其直接负责的主管人员和其他直接责任人员，依照上述规定处罚。

2. 非法处置进口的固体废物罪，是指违反国家规定，将境外的固体废物进境倾倒、堆放、处置的行为（第339条第1款）。犯非法处置进口的固体废物罪的，处五年以下有期徒刑或者拘役，并处罚金；造成重大环境污染事故，致使公私财产遭受重大损失或者严重危害人体健康的，处五年以上十年以下有期徒刑，并处罚金；后果特别严重的，处十年以上有期徒刑，并处罚金。单位犯本罪的，对单位判处罚金，并对其直接负责的主管人员和其他直接责任人员依照上述规定处罚。

3. 擅自进口固体废物罪，是指未经国务院有关主管部门许可，擅自进口固体废物用作原料，造成重大环境污染事故，致使公私财产遭受重大损失或者严重危害人体健康的行为（第339条第2款）。犯擅自进口固体废物罪的，处五年以下有期徒刑或者拘役，并处罚金；后果特别严重的，处五年以上十年以下有期徒刑，并处罚金。单位犯本罪的，对单位判处罚金，并对其直接负责的主管人员和其他直接责任人员，依照上述规定处罚。

4. 非法捕捞水产品罪，是指违反水产资源保护法规，在禁渔区、禁渔期或者使用禁用的工具、方法捕捞水产品，情节严重的行为（第340条）。犯非法捕捞水产品罪的，处三年以下有期徒刑、拘役、管制或者罚金。

5. 非法猎捕、杀害珍贵、濒危野生动物罪，是指违反野生动物保护法规，未经有关部门批准，非法猎捕、杀害、国家重点保护的珍贵、濒危野生动物的行为（第341条第1款）。犯非法猎捕、杀害珍贵、濒危野生动物罪的，处五年以下有期徒刑或者拘役，并处罚金；情节严重的，处五年以上十年以下有期徒刑，并处罚金；情节特别严重的，处十年以上有期徒刑，并处罚金或者没收财产。单位犯本罪的，对单位判处罚金，并对其直接负责的主管人员和其他直接责任人员，依照上述规定处罚。

6. 非法收购、运输、出售珍贵、濒危野生动物、珍贵、濒危野生动物制品罪，是指违反野生动物保护法规，未经有关部门批准，非法收购、运输、出售国家重点保护的珍贵、濒危野生动物、珍贵、濒危野生动物制品的行为（第341条第1款）。犯非法收购、运输、出售珍贵、濒危野生动物、珍贵、濒危野生动物制品罪的，处五年以下有期徒刑或者拘役，并处罚金；情节严重的，处五年以上十年以下有期徒刑，并处罚金；情节特别严重的，处十年以上有期徒刑，并处罚金或者没收财产。单位犯本罪的，对单位判处罚金，并对其直接负责的主管人员和其他直接责任人员，依照上述规定处罚。

7. 非法狩猎罪，是指违反狩猎法规，在禁猎区、禁猎期或者使用禁用的工具、方法进行狩猎，破坏野生动物资源，情节严重的行为（第341条第2款）。犯非法狩猎罪的，处三年以下有期徒刑、拘役、管制或者罚金。单位犯本罪的，对单位判处罚金，并对其直接负责的主管人员和其他直接责任人员，依照上述规定处罚。

8. 非法占用农用地罪，是指违反土地管理法规，非法占用耕地、林地等农用地，数量较大，造成耕地大量毁坏的行为（第342条）。犯非法占用耕地罪的，处五年以下有期徒刑或者拘役，并处或者单处罚金。单位犯本罪的，对单位判处罚金，并对其直接负责的主管人员和其他直接责任人员依照上述规定处罚。

9. 非法采矿罪，是指违反矿产资源法的规定，未取得采矿许可证擅自采矿的，擅自进入国家规划矿区，对国民经济具有重要价值的矿区和他人矿区范围采矿的，擅自开采国家规定实行保护性开采的特定矿种，经责令停止开采后拒不停止开采，造成矿产资源破坏的行为（第343条第1款）。犯非法采矿罪的，处三年以下有期徒刑、拘役或者管制，并处或者单处罚金；造成矿产资源严重破坏的，处三年以上七年以下有期徒刑，并处罚金。单位犯本罪的，对单位判处罚金，并对其直接负责的主管人员和其他直接责任人员，依照上述规定处罚。

10. 破坏性采矿罪，是指违反矿产资源法的规定，采取破坏性的开采方法开采矿产资源，造成矿产资源严重破坏的行为（第 343 条第 2 款）。犯破坏性采矿罪的，处五年以下有期徒刑或者拘役，并处罚金。单位犯本罪的，对单位判处罚金，并对其直接负责的主管人员和其他直接责任人员依照上述规定处罚。

11. 非法采伐、毁坏国家重点保护植物罪，是指违反森林法等的有关规定，非法采伐、毁坏珍贵树木或者国家重点保护的其他植物的行为（第 344 条）。犯非法采伐、毁坏国家重点保护植物罪的，处三年以下有期徒刑、拘役或者管制，并处罚金；情节严重的，处三年以上七年以下有期徒刑，并处罚金。单位犯本罪的，对单位判处罚金，并对其直接负责的主管人员和其他直接责任人员，依照上述规定处罚。

12. 非法收购、运输、加工、出售国家重点保护植物、国家重点保护植物制品罪，是指非法收购、运输、加工、出售珍贵树木或者国家重点保护的其他植物及其制品的行为（第 344 条）。犯本罪的，处三年以下有期徒刑、拘役或者管制，并处罚金；情节严重的，处三年以上七年以下有期徒刑，并处罚金。

13. 盗伐林木罪，是指以非法占有为目的，盗伐国家、集体所有的森林或者其他林木，以及盗伐他人自留山上成片林木，数量较大，破坏森林资源的行为（第 345 条第 1 款）。犯主体是自然人和单位。客观方面表现为违反森林法规，盗伐国家、集体或他人所有的森林或其他林木数量较大的行为。盗伐的基本含意是未经许可擅自采伐不属于本人或本单位所有的林木，因此个人擅自砍伐国家、集体、他人所有的林木的；个人擅自砍伐承包经营管理的国家、集体所有的林木的；集体单位擅自砍伐国家、其他集体组织或个人所有的林木的；国有事业企业单位擅自砍伐其他单位经营的国有林木、集体组织或个人所有林木的，均属盗伐。另外，根据司法经验，国营企业事业单位为本单位谋取不正当的利益而无证采伐本单位管理的林木，也属于盗伐。盗伐的对象是不属于本人或本单位所有的森林或者其他林木，包括国有的森林或者其他林木，其他集体组织或个人所有的成片林木。盗伐林木必须数量较大才能构成犯罪。所谓林区，是指森林资源的生产木材比较多的地区。所谓材积，是指原木材积除以该树种的生材率所得之立木材积。所谓幼树，是指生长在幼龄阶段的树木，树木胸径在5厘米以下的视为幼树。对于1年之内连续盗伐的数量，未经处理的，可以累计计算。主观方面是故意，即以非法占有为目的，而盗伐国家、集体或他人所有的森林或其他林木。犯盗伐林木罪的，处三年以下有期徒刑、拘役或者管制，并处或者单处罚金；数量巨大的，处三年以上七年以下有期徒刑，并处罚金；数量特别巨大的，处七年以上有期徒刑，并处罚金。盗伐国家级自然保护区的森森或者其他林木的，从重处罚。单位犯本罪的，对单位判处罚金，并对其直接负责的主管人员和其他直接责任人员依照上述规定处罚。

14. 滥伐林木罪，是指违反森林法及其他保护森林法规，未经林业行政主管部门及法律规定的其他主管部门批准并核发采伐许可证，或者虽持有采伐许可证，但违背采伐证所规定的地点、数量、树种、方式而任意采伐本单位所有或管理的林木，以及本人自留山上的森林或者其他林木，数量较大的行为（第345条第2款）。犯滥伐林木罪的，处三年以下有期徒刑、拘役或者管制，并处或者单处罚金；数量巨大的，处三年以上七年以下有期徒刑，并处罚金。滥伐国家的自然保护区内的森林或者其他林木的，从重处罚。单位犯本罪的，对单位判处罚金，并对其直接负责的主管人员和其他直接责任人员依照上述规定处罚。

15. 非法收购、运输盗伐、滥伐的林木罪，是指以牟利为目的，非法收购、运输明知是盗伐、滥伐的林木，情节严重的行为（第345条第3款）。犯非法收购、运输盗伐、滥伐的林木罪的，处三年以下有期徒刑、拘役或者管制，并处或者单处罚金；情节特别严重的，处三年以上七年以下有期徒刑，并处罚金。单位犯本罪的，对单位判处罚金，并对其直接负责的主管人员和其他直接责任人员依照上述规定处罚。

第三百三十八条　（重大环境污染事故罪）

违反国家规定，向土地、水体、大气排放、倾倒或者处置有放射性的废物、含传染病病原体的废物、有毒物质或者其他危险废物，造成重大环境污染事故，致使公私财产遭受重大损失或者人身伤亡的严重后果的，处三年以下有期徒刑或者拘役，并处或者单处罚金；后果特别严重的，处三年以上七年以下有期徒刑，并处罚金。

［相关规定］　**《中华人民共和国环境保护法》**　（1989 年 12 月 26 日第七届全国人民代表大会常务委员会第十一次会议通过）（节录）

第二条　本法所称环境，是指影响人类生存和发展的各种天然的和经过人工改造的自然因素的总体，包括大气、水、海洋、土地、矿藏、森林、草原、野生生物、自然遗迹、人文遗迹、自然保护区、风景名胜区、城市和乡村等。

第四十三条　违反本法规定，造成重大环境污染事故，导致公私财产重大损失或者人身伤亡的严重后果的，对直接责任人员依法追究刑事责任。

［相关规定］　**《中华人民共和国海洋环境保护法》**　（1999 年 12 月 25 日第九届全国人民代表大会常务委员会第十三次会议通过修订）（节录）

第九十一条　对违反本法规定，造成海洋环境污染事故的单位，由依照本法规定行使海洋环境监督管理权的部门根据所造成的危害和损失处以罚款；负有直接责任的主管人员和其他直接责任人员属于国家工作人员的，依法给予行政处分。

前款规定的罚款数额按照直接损失的百分之三十计算，但最高不得超过三十万元。

对造成重大海洋环境污染事故，致使公私财产遭受重大损失或者人身伤亡严重后果的，依法追究刑事责任。

第九十二条 完全属于下列情形之一，经过及时采取合理措施，仍然不能避免对海洋环境造成污染损害的，造成污染损害的有关责任者免予承担责任：

（一）战争；

（二）不可抗拒的自然灾害；

（三）负责灯塔或者其他助航设备的主管部门，在执行职责时的疏忽，或者其他过失行为。

［相关规定］ **《中华人民共和国固体废物污染环境防治法》**（1995年10月30日第八届全国人民代表大会常务委员会第十六次会议通过）（节录）

第七十二条 违反本法规定，收集、贮存、处置危险废物，造成重大环境污染事故，导致公私财产重大损失或者人身伤亡的严重后果的，比照刑法第一百一十五条或者第一百八十七条的规定追究刑事责任。

单位犯本条罪的，处以罚金，并对直接负责的主管人员和其他直接责任人员依照前款规定追究刑事责任。①

［相关规定］ **《中华人民共和国水污染防治法》** （1996年5月15日第八届全国人民代表大会常务委员会第十九次会议修正）（节录）

① 本条所称刑法条文是指原刑法条文。

第五十六条　完全由于不可抗拒的自然灾害，并经及时采取合理措施，仍然不能避免造成水污染损失的，免予承担责任。

第五十七条　违反本法规定，造成重大水污染事故，导致公私财产重大损失或者人身伤亡的严重后果的，对有关责任人员可以比照刑法第一百一十五条或者第一百八十七条的规定，追究刑事责任。①

[相关规定]　**《中华人民共和国大气污染防治法》**（2000年4月29日第九届全国人民代表大会常务委员会第十五次会议修正）（节录）

第六十一条　对违反本法规定，造成大气污染事故的企业事业单位，由所在地县级以上地方人民政府环境保护行政主管部门根据所造成的危害后果处直接经济损失百分之五十以下罚款，但最高不超过五十万元；情节较重的，对直接负责的主管人员和其他直接责任人员，由所在单位或者上级主管机关依法给予行政处分或者纪律处分；造成重大大气污染事故，导致公私财产重大损失或者人身伤亡的严重后果，构成犯罪的，依法追究刑事责任。

[相关规定]　**《中华人民共和国放射性污染防治法》**（2003年6月28日第十届全国人民代表大会常务委员会第三次会议通过）（节录）

第五十二条　违反本法规定，未经许可或者批准，核设施营运单位擅自进行核设施的建造、装料、运行、退役等活动的，由国务院环境保护行政主管部门责令停止违法行为，限期改正，并处二十万元以上五十万元以下罚款；构成犯罪的，依法追究刑事责任。

第五十三条　违反本法规定，生产、销售、使用、转让、进口、

① 本条所称刑法条文是指原刑法条文。

贮存放射性同位素和射线装置以及装备有放射性同位素的仪表的，由县级以上人民政府环境保护行政主管部门或者其他有关部门依据职权责令停止违法行为，限期改正；逾期不改正的，责令停产停业或者吊销许可证；有违法所得的，没收违法所得；违法所得十万元以上的，并处违法所得一倍以上五倍以下罚款；没有违法所得或者违法所得不足十万元的，并处一万元以上十万元以下罚款；构成犯罪的，依法追究刑事责任。

第五十四条 违反本法规定，有下列行为之一的，由县级以上人民政府环境保护行政主管部门责令停止违法行为，限期改正，处以罚款；构成犯罪的，依法追究刑事责任：

（一）未建造尾矿库或者不按照放射性污染防治的要求建造尾矿库，贮存、处置铀（钍）矿和伴生放射性矿的尾矿的；

（二）向环境排放不得排放的放射性废气、废液的；

（三）不按照规定的方式排放放射性废液，利用渗井、渗坑、天然裂隙、溶洞或者国家禁止的其他方式排放放射性废液的；

（四）不按照规定处理或者贮存不得向环境排放的放射性废液的；

（五）将放射性固体废物提供或者委托给无许可证的单位贮存和处置的。

有前款第（一）项、第（二）项、第（三）项、第（五）项行为之一的，处十万元以上二十万元以下罚款；有前款第（四）项行为的，处一万元以上十万元以下罚款。

［相关规定］ **《使用有毒物品作业场所劳动保护条例》**（2002年5月12日）（节录）

第六十五条 从事使用有毒物品作业的用人单位违反本条例的规定，在转产、停产、停业或者解散、破产时未采取有效措施，妥善处理留存或者残留高毒物品的设备、包装物和容器的，由卫生行政部门责令改正，处2万元以上10万元以下的罚款；触犯刑律的，对负有责任的主管人员和其他直接责任人员依照刑法关于重大环境污染事故罪、危险物品肇事罪或者其他罪的规定，依法追究刑事责任。

［相关规定］　**《最高人民法院、最高人民检察院关于办理妨害预防、控制突发传染病疫情等灾害的刑事案件具体应用法律若干问题的解释》**　（2003年5月15日起施行　法释〔2003〕8号）（节录）

第十三条　违反传染病防治法等国家有关规定，向土地、水体、大气排放、倾倒或者处置含传染病病原体的废物、有毒物质或者其他危险废物，造成突发传染病传播等重大环境污染事故，致使公私财产遭受重大损失或者人身伤亡的严重后果的，依照刑法第三百三十八条的规定，以重大环境污染事故罪定罪处罚。

［相关规定］　**《最高人民法院关于审理环境污染刑事案件具体应用法律若干问题的解释》**　（2006年6月26日最高人民法院审判委员会第1391次会议通过　2006年7月21日最高人民法院公告公布　自2006年7月28日起施行　法释〔2006〕4号）

为依法惩治有关环境污染犯罪行为，根据刑法有关规定，现就审理这类刑事案件具体应用法律的若干问题解释如下：

第一条　具有下列情形之一的，属于刑法第三百三十八条、第三百三十九条和第四百零八条规定的“公私财产遭受重大损失”：

（一）致使公私财产损失三十万元以上的；

（二）致使基本农田、防护林地、特种用途林地五亩以上，其他农用地十亩以上，其他土地二十亩以上基本功能丧失或者遭受永久性破坏的；

（三）致使森林或者其他林木死亡五十立方米以上，或者幼树死亡二千五百株以上的。

第二条 具有下列情形之一的，属于刑法第三百三十八条、第三百三十九条和第四百零八条规定的“人身伤亡的严重后果”或者“严重危害人体健康”：

（一）致使一人以上死亡、三人以上重伤、十人以上轻伤，或者一人以上重伤并且五人以上轻伤的；

（二）致使传染病发生、流行或者人员中毒达到《国家突发公共卫生事件应急预案》中突发公共卫生事件分级Ⅲ级情形，严重危害人体健康的；

（三）其他致使“人身伤亡的严重后果”或者“严重危害人体健康”的情形。

第三条 具有下列情形之一的，属于刑法第三百三十八条、第三百三十九条规定的“后果特别严重”：

（一）致使公私财产损失一百万元以上的；

（二）致使水源污染、人员疏散转移达到《国家突发环境事件应急预案》中突发环境事件分级Ⅱ级以上情形的；

（三）致使基本农田、防护林地、特种用途林地十五亩以上，其他农用地三十亩以上，其他土地六十亩以上基本功能丧失或者遭受永久性破坏的；

（四）致使森林或者其他林木死亡一百五十立方米以上，或者幼树死亡七千五百株以上的；

（五）致使三人以上死亡、十人以上重伤、三十人以上轻伤，或者三人以上重伤并十人以上轻伤的；

（六）致使传染病发生、流行达到《国家突发公共卫生事件应急预案》中突发公共卫生事件分级Ⅱ级以上情形的；

（七）其他后果特别严重的情形。

第四条 本解释所称“公私财产损失”，包括污染环境行为直接造成的财产损毁、减少的实际价值，为防止污染扩大以及消除污染而采取的必要的、合理的措施而发生的费用。

第五条　单位犯刑法第三百三十八条、第三百三十九条规定之罪的，定罪量刑标准依照刑法和本解释的有关规定执行。

【释解】

本条是关于重大环境污染事故罪的规定。

一、概念及其构成

重大环境污染事故罪，是指违反国家规定，向土地、水体、大气排放、倾倒或者处置有放射性的废物、含传染病病原体的废物、有毒物质或者其他危险废物，造成重大环境污染事故，导致公私财产遭受重大损失或者人身伤亡的严重后果的行为。

（一）客体要件

本罪侵犯的客体是国家防治环境污染的管理制度。

环境是人类生存和发展的物质基础，是指各种天然和人工改造的自然因素的总和，包括人类周围的一切事物，如生活环境、生态环境等等。保护赖以生存的环境，是维护人类和其他一切生物生存、发展的基本要求，环境的和谐和生态的平衡亦是经济发展和社会进步的紧要问题。世界各国无不注重加强对环境的保护及污染的治理与防治，我国更把保护环境作为国策。为了防治环境污染、保护和改善生活、生态环境，国家先后制定了环境保护法、大气污染防治法、水污染防治法、海洋环境保护法、固体废物污染环境防治法、放射性污染防治法等法律以及《工业"三废"排放试行标准》、《农药安全使用条例》等一系列专门法规。违反这些法律、法规的规定，构成犯罪的行为，就是侵犯国家对自然环境的保护和管理制度。

本罪的对象为危险废物，所谓危险废物，是指列入国家危险废物名录或者根据国家规定的危险废物鉴别标准和鉴别方法认定的具有危险特性的废物。危险废物具体包括放射性废物、含传染病病原体的废物、有毒物质或者其他危险废物。放射性废物是指放射性核素超过国家规定限值的固体、液体和气体废弃物；含传染病病原体的废物是指含有传染病病菌的污水、粪便等废物；有毒物质是指对人体有毒害，可能对人体健康和环境造成严重危害的固体、泥状及液体废物；其他危险废物则是指上述列举之外的，列入国家危险废物名录或根据国家规定的危险废物鉴别标准和鉴别方法认定的具有危险特性的废物。

放射性废物主要包括放射性废水、废气和固体废物。放射性废水是指放射性核素含超过国家规定限值的液体废弃物。主要包括核燃料前处理（如铀矿开采、水冶、精炼，核燃料制造等过程中）产生的废水，核燃料后处理第一循环产生的废液，原子能发电站，应用放射性同位素的研究机构、医院、工厂等排出的废水。放射性废气是指放射性核素含量超过国家规定限值的气体废弃物。由于在原子能工业的生产中或核设施运行中，随着不同的工艺过程均有不同性质的含有核素的排气产生。诸如，铀矿山和铀水冶厂会产生来自矿井的含有氡、钍、锕射气及其子体的气溶胶；核反应堆中产生的气体在后处理厂进行处理时释放的废气中含有氩、氪、氙等的放射性核素、射碘蒸汽、氚以及以二氧化碳形式存在的碳—14 等；此外，还有大量的放射性气溶胶；核企业的各生产车间、设备室、热室及手套箱等地，均有放射性气体排出。放射性固体废物是指放射性核素含量超过国家规定限值的固体废弃物。主要包括从含铀矿石提取铀的过程中产生的废矿渣；铀精制厂、燃料元件加工厂、反应堆、核燃料后处理厂以及使用放射性同位素研究、医疗等单位排出的沾有人工或天然放射性物质的各种器物，放射性废液经浓缩、固化处理形成的固体废弃物。

含传染病病原体的废物（亦称为传染性废物）是指带有病菌、病毒等病原体的废物。其中传染病是指由致病性的各种病原体引起的可在适宜传播途径下对人群有传播可能的感染。传染病防治法第 3 条规定："本法规定传染病分为甲类、乙类和丙类。甲类传染病是指：鼠疫、霍乱。乙类传染病是指：病毒性肝类、细菌性和阿米巴性痢疾、伤寒和副伤寒、艾滋病、淋病、梅毒、脊髓灰质炎、麻疹、百日咳、白喉、流行性脑脊髓膜炎、猩红热、流行性出血热、狂犬病、钩端螺旋体病、布鲁氏菌病、炭疽、流行性和地方性斑疹伤寒、流行性乙型脑炎。疟疾、登革热。丙类传染病是指：肺结核、血吸虫病、丝虫病、包虫病、麻风病、流行性感冒、流行性腮腺炎、风疹、新生儿破伤风、急性出血性结膜炎、除霍乱、痢疾、伤寒和副伤寒以外的感染性腹泻病。国务院可以根据情况，增加或者减少甲类传染病病种，并予公布；国务院卫生行政部门可以根据情况，增加或者减少乙类、丙类传染病病种，并予公布。”

所谓病原体亦称病原物或病原生物，是指能引起病的微生物和寄生虫的统称。主要包括病菌、寄生虫和病毒三类。由上述传染病病原体而产生的废物，如污水、污物、粪便等皆属于含传染病病原体的废物。

有毒物质是对机体发生化学或物理化学的作用,因而损害机体,引起功能障碍、疾病，甚至死亡的物质。有毒物质可分为无机毒物和有机毒物两大类。如汞、铅、砷、镉、铬、氟等属无机毒物，其中有许多能在生物体中富集积累。有机毒物如酚、氰、有机氯、有机磷、有机汞、乙烯等。

其他危险废物则是指上述列举之外的、列入国家危险废物名录或根据国家规定的危险废物鉴别标准和鉴别方法认定的具有危险特性的废物。根据我国加入的《巴塞尔公约》，其他危险废物主要是指从住家搜集的废物和焚化住家废物产生的残余物。

（二）客观要件

本罪在客观方面表现为违反国家规定，向土地、水体、大气排放、倾倒或者处置有放射性的废物、含传染病病原体的废物、有毒物质或其他危险废物，造成重大环境污染事故，致使公私财产遭受重大损失或者人身伤亡的严重后果的行为。

1. 实施本罪必须违反国家规定

这里的违反国家规定，是指违反全国人大及其常委会制定的有关环境保护方面的法律，以及国务院制定的相关行政法规、行政措施、发布的决定或命令。这些法律、法规主要包括环境保护法、大气污染防治法、水污染防治法、海洋环境保护法、固体废物污染环境防治法等法律，以及《工业“三废”排放试行标准》等一系列专门法规。

2. 实施排放、倾倒和处置行为

其中排放是指把各种危险废物排入土地、水体、大气的行为，包括泵出、溢出、泄出、喷出、倒出等。倾倒是指通过船舶、航空器、平台或者其他载运工具，向土地、水体、大气倾卸危险废物的情况。处置是指以焚烧、填埋或其他改变危险废物属性的方式处理危险废物或者将其置于特定场所或者设施并不再取回的行为。

排放、倾倒、处置危险废物的行为，诸如，在生活饮用水源地、风景名胜区水体、重要渔业水体和其他有特殊经济文化价值的水体的保护区内，新建排污口，而不能保证水体不受污染；肆意向水体排放油类、酸液、碱液或者剧毒废液；在水体清洗装贮过油类或有毒污染物的车辆和容器；将含有汞、镉、砷、铬、铅、氰化物、黄磷等可溶性剧毒废渣向水体排放、倾倒或处置；向水体排放、倾倒工业废渣、城市垃圾和其他废弃物；向水体排放、倾倒有放射性固体废物或含高放射性和中放射性物质的废水；未经消毒处理向水体排放含病原体的污水；不按规定存贮农药；不符合船舶污染排放标准，向水体排入残油、废油；不采取防燃措施，在人口集中地区存放煤炭、煤矿石、煤渣等；未经净化处理，向大气排放含有毒物质的废气粉尘；向大气超标准排放含放射性物质的气体和气溶胶；在人口集中地区焚烧沥青、油毡、橡胶、塑料、皮革以及其他产生有毒有害烟雾和恶臭气体的物质；等等。这些行为都是属于违反国家规定的行为，司法实践中如何认定这些行为是否为超标准或不按标准处置废物，还应参照有关环境保护的标准加以确定，如《大气环境质量标准》、《海水水质标准》、《地面水环境质量标准》、《农药安全使用标准》、《工业三废排放试行标准》，等等。

3. 必须造成了重大环境污染事故、致使公私财产遭受重大损失

或者人身伤亡的严重后果

本罪属于结果犯，行为人非法排放、倾倒、处置危险废物的行为是否构成犯罪，应对其行为所造成的实际后果加以认定，如该行为造成重大环境污染事故，致使公私财产遭受重大损失或者人身伤亡的严重后果，则以本罪论，否则不能以犯罪论处。

（1）公私财产损失的范围

从理论上讲，环境污染造成的公私财产损失应当包括四部分：一是环境污染造成的现有财产损毁、减少的实际价值，即直接经济损失；二是为防止污染扩大、减少污染造成的损害而采取的必要的、合理的措施发生的费用，即紧急措施费用；三是为消除污染，采取的措施而发生的费用，即消除污染费用；四是为恢复生态而采取的措施发生的费用，即恢复生态费用。这四部分内容的结合，反映了环境污染行为及其造成的财产损失的特征。

对于公私财产损失的范围应当具体分析。第一部分是环境污染行为直接造成的经济损失，自然属于财产损失的范围。第四部分费用，虽然理论上也是由环境污染行为造成的，但在实践中难以操作，正如一个地方的生态形成是自然界多种因素在很长时间内综合作用的结果一样，一个地方的生态恢复也需要相当长的时间，而且有些生态环境一旦被破坏，将永远不可能恢复，其损失难以估量。因此，该部分费用在审判实践中不宜计算在财产损失的范围之内。

那么，第二部分、第三部分费用能否纳入公私财产损失的范围？在征求意见过程中，有人提出，紧急措施费用和消除污染费用没有统一的计算标准，实践中差别太大，事故发生后，政府部门、有关单位采取的措施多样，费用不好计算，各地掌握起来差距悬殊，因此，不宜纳入公私财产损失的范围。

对此，《最高人民法院关于审理环境污染刑事案件具体应用法律若干问题的解释》第4条作了肯定性回答："本解释所称'公私财产损失'，包括污染环境行为直接造成的财产损毁、减少的实际价值，为防止污染扩大以及消除污染而采取的必要的、合理的措施而发生的费用。”即紧急措施费用和消除污染费用应当属于公私财产损失的范围。我们理解，环境污染犯罪有其自身的特殊性，与一般侵犯财产的犯罪或者侵犯人身的犯罪不同，其造成的结果具有明显的持续性和环境影响性，持续影响着环境和人类生存的质量状况。《最高人民法院关于审理环境污染刑事案件具体应用法律若干问题的解释》主要是考虑到紧急措施费用和消除污染费用是在环境污染行为发生后，有关单位和个人采取的必要的、合理的措施而发生的，是实实在在的损失，因此，应当计算在财产损失的范围之内。考虑到为防止污染扩大以及消除污染而采取的措施是各种各样、纷繁复杂的，《最高人民法院关于审理环境污染刑事案件具体应用法律若干问题的解释》无法进一步更详细地规定哪些措施是必要的、合理的，只能规定一个原则范围。至于哪些是必要的、合理的措施而发生的费用，应当属于审判人员自由裁量的范围，由审判人员根据个案情况综合判断。例如，排放到河里的危险废物，可以利用自然力让河流冲洗净化，而排放到湖泊、水库里的危险废物，则一般需要采取人工措施消除污染。在审判实践中，不能因为这些费用判断起来复杂，就不计算在公私财产损失的范围之内。

有人提出，环境污染造成人身损害时的医疗费用，包括治疗费用、护理费、误工费、住宿费、交通费、残疾用具费、残疾赔偿金、死亡赔偿金等，是环境污染行为必然引起的，应当计算在财产损失的范围。我们认为，既然刑法将环境污染行为造成的财产损失和人身伤亡作为不同的犯罪结果分别进行了规定，在关于财产损失的解释中，就不宜将人身损害的医疗费用囊括进来。

（2）公私财产损失的具体种类

《最高人民法院关于审理环境污染刑事案件具体应用法律若干问题的解释》第 1 条第（1）项规定，造成环境污染事故，致使公私财产损失 30 万元以上的，无论是个人财产、单位财产还是国有财产遭受损失，除犯罪人自己的财产损失之外，均属于公私财产遭受重大损失。第 3 条第（1）项规定，造成环境污染事故，致使公私财产损失100万元以上的，属于后果特别严重。这是关于本法第338条、第339条和第408条中财产损失的基本规定。

除此之外，《最高人民法院关于审理环境污染刑事案件具体应用法律若干问题的解释》还规定了其他种类的财产损失，包括土地、林木、水域污染、人员疏散转移等情形。

《最高人民法院关于审理环境污染刑事案件具体应用法律若干问题的解释》第1条规定，造成重大环境污染事故，致使基本农田、防护林地、特种用途林地5亩以上，其他农用地10亩以上，其他土地20亩以上基本功能丧失或者遭受永久性破坏的；致使森林或者其他林木死亡50立方米以上，或者幼树死亡2500株以上的，均属于公私财产遭受重大损失。至于后果特别严重的情形，则以其数量是上述的三倍掌握。这里关于土地遭受破坏的数量标准，与《最高人民法院关于审理破坏土地资源刑事案件具体应用法律若干问题的解释》和《最高人民法院关于审理破坏林地资源刑事案件具体应用法律若干问题的解释》中关于非法占用农用地犯罪致使土地遭受破坏的数量标准相一致。这里关于林木遭受破坏的数量标准，与《最高人民法院关于审理破坏森林资源刑事案件具体应用法律若干问题的解释》中关于滥伐林木犯罪致使林木遭受破坏的数量巨大的标准相一致。

在征求意见过程中，有人提出将造成环境污染事故致使国家重点保护的珍贵、濒危野生动物遭受损失的数量或者价值作为致使公私财产遭受重大损失的标准之一。《最高人民法院关于审理环境污染刑事案件具体应用法律若干问题的解释》最终没有采纳这一建议，主要是考虑到珍贵、濒危野生动物的种类多，珍贵、濒危程度不一，笼统地规定一个数量标准不太准确，而且，珍贵、濒危野生动物的价值可以通过该种野生动物的资源保护费的一定倍数计算出来，其价值可以适用《最高人民法院关于审理环境污染刑事案件具体应用法律若干问题的解释》关于公私财产遭受重大损失以及后果特别严重的基本规定。

我国目前从国务院至地方各级政府，经过充分调研和科学论证，发布了种类繁多的应急预案，对于有效应对各种突发事件、保障人民群众生命财产安全发挥了很好的作用。但是，这些预案之间的协调性不太好，例如各种突发事件应急预案中关于死亡规定的数量标准差别就较大。作为针对环境污染犯罪的司法解释，只能借鉴和吸收这些预案中的合理成份。例如，《最高人民法院关于审理环境污染刑事案件具体应用法律若干问题的解释》在“后果特别严重”的规定中，就吸纳了《国家突发环境事件应急预案》对突发环境事件分级Ⅱ级中造成水源污染达到“重要河流、湖泊、水库及沿海水域大面积污染，或县级以上城镇水源地取水中断”，或者事件分级Ⅰ级中“重要城市主要水源地取水中断”的情形，而没有吸纳该预案中关于人员死亡数量的情形，也没有吸纳该预案中关于放射源丢失、被盗、失控的情形。这里的重要河流、湖泊、水库，由审判人员自行判断，一般指具有饮用水源地功能的河流、湖泊或者水库。重要城市，一般指设区的地级市。关于人员疏散转移的数量标准，《最高人民法院关于审理环境污染刑事案件具体应用法律若干问题的解释》仅仅在“后果特别严重”中进行了规定。虽然该预案事件分级Ⅱ级中规定的是疏散转移1万人以上、5万人以下，事件分级Ⅱ级中规定的是疏散转移5万人以上，但《最高人民法院关于审理环境污染刑事案件具体应用法律若干问题的解释》规定的是达到该预案事件分级11级以上的情形，包括Ⅱ级和Ⅰ级。也就是说，造成环境污染事故，致使人员疏散转移1万人以上，就属于后果特别严重，应处三年以上七年以下有期徒刑。

（3）人身伤害的情形

与一般侵犯人身权利的犯罪如故意杀人、故意伤害等经常造成物理性的、器质性的伤害不同，环境污染犯罪造成人身伤害的情形，经常造成化学性、生物性、放射性的损害，主要表现为功能性损害。这就要求采用不同的标准来衡量环境污染犯罪造成人身伤害的情形。

关于人身伤害问题,《最高人民法院关于审理环境污染刑事案件具体应用法律若干问题的解释》规定了两种具体的判断标准，一是死亡、重伤、轻伤标准，如致使 1 人以上死亡、3 人以上重伤、10 人以上轻伤、1 人以上重伤并 5 人以上轻伤，属于人身伤亡的严重后果或者严重危害人体健康；致使 3 人以上死亡、10 人以上重伤、30 人以上轻伤，或者 3 人以上重伤并 10 人以上轻伤，属于后果特别严重。该标准目前可以参考《人体重伤鉴定标准》、《人体轻伤鉴定标准》的规定执行。据悉，国家有关部门正在对这两种鉴定标准进行修订，可能在重伤、轻伤之外规定其他标明伤情轻重的用语，也可能对于轻伤、重伤进行更详细的划分。但是，只要刑法没有修改重伤、轻伤的标准性用语，我们就应该坚持使用重伤、轻伤用语。

关于人身伤害的另一种判断标准是《国家突发公共卫生事件应急预案》分级情形中规定的传染病发生流行或者人员中毒数量标准。该预案是国家为应对突发公共卫生事件而编制的，但其事件分级中传染病发生流行或者人员中毒数量的情形，比较明确、具体，用来判断环境污染造成的人身伤害比较适合。如该预案Ⅲ级情形中规定一次食物中毒人数超过 100 人，或者一次发生急性职业中毒 10～49 人，属于人身伤亡的严重后果或者严重危害人体健康。对此,《最高人民法院关于审理环境污染刑事案件具体应用法律若干问题的解释》在第 2 条第（2）项进行了规定。需要说明的是，该预案事件分级Ⅱ级中规定的人员中毒数量不太合理，是将人员中毒与人员死亡数量相结合的规定，事件分级Ⅰ级没有规定人员中毒数量的标准，因此,《最高人民法院关于审理环境污染刑事案件具体应用法律若干问题的解释》关于“后果特别严重”的规定中，没有也无法采纳该预案中关于人员中毒数量的标准，而仅仅采纳了其中的传染病发生、流行的标准。

考虑到环境污染造成的人身伤害的情形比较复杂，上述两种标准难以全部涵盖，因此,《最高人民法院关于审理环境污染刑事案件具体应用法律若干问题的解释》在第 2 条第（3）项和第 3 条第（7）项规定了兜底性条款。例如，关于非法处置放射性废物造成人员死、伤的数量没有达到上述两种标准的规定，但是造成相当多的人员遭受放射伤害，出现明显症状，行为具有严重的社会危害性的，就可以适用兜底性条款加以惩治。

在征求意见过程中，有人提出采用致患污染性疾病的人数作为判断严重危害人体健康的标准。但是，考虑到“污染性疾病”只是一个学理概念，现有法律、法规、部门规章没有使用这一概念，更没有划定其范围，即使在学理研究领域，也没有进一步的深入研究，而是停留在提出概念的阶段。现实生活中，可能小到头痛恶心、感冒发烧，大到罹患白血病、新生儿先天性器官缺陷等，都属于污染造成的疾病的范围。因此，《最高人民法院关于审理环境污染刑事案件具体应用法律若干问题的解释》没有采纳这种提法。还有人提出采用《职工工伤与职业病致残程度鉴定》作为判断人身伤害的标准，理由是该标准比较全面、科学，比较适合环境污染造成人身伤害的情形。我们认为，该标准的适用对象主要是单位内部职工，适用条件是发生工伤和职业病，主要服务于职工残疾程度评定，带有较强的劳动保护色彩，而不宜适用于环境污染造成的人身伤害的判断。《最高人民法院关于审理环境污染刑事案件具体应用法律若干问题的解释》最终没有采用这种标准。①

（三）主体要件

本罪主体为一般主体。凡达到刑事责任年龄、具有刑事责任能力的人均可以构成本罪。根据本法第 346 条的规定，单位也可以构成本罪。

（四）主观要件

本罪在主观方面表现为过失。这种过失是指行为人对造成重大环境污染事故、致公私财产遭受重大损失或者人身伤亡严重后果的心理态度而言，行为人对这种事故及严重后果本应预见，但是由于疏忽大意而没有预见，或者虽已预见但轻信能够避免。至于行为人

① 参见祝二军：“《关于审理环境污染刑事案件具体应用法律若干问题的解释》的理解适用”，载《人民司法》2006 年第 10 期。

对违反国家规定排放、倾倒或者处置危险废物这一行为本身有时则常常是有意为之，但这并不影响本罪的过失犯罪性质。

二、认定

（一）本罪与重大责任事故罪的界限

本罪与重大责任事故罪在主观上均有过失的因素，客观上亦都造成了重大事故和严重后果。两罪的区别则主要在：

1. 客体要件不同

本罪所侵犯的客体为国家对环境保护和污染防治的管理活动，主要是由于造成了重大环境污染事故，不仅使本单位还包括社会中其他单位或个人的公私财产遭受重大损失或者人身伤亡的严重后果；而重大责任事故罪所侵犯的客体为公共安全，主要是指企业、事业单位中不特定人员的人身安全和公私财产的安全。

2. 客观要件不同

本罪在客观上表现为，违反国家规定向土地、水体、大气排放、倾倒、或者处置有放射性的废物、含传染病病原体的废物、有毒物质或其他危险废物，造成重大环境污染事故，致使公私财产遭受重大损失或者人身伤亡的严重后果的行为；而重大责任事故罪在客观上则表现为，在生产作业过程中，不服管理、违反规章制度，或者强令工人违章冒险作业，因而发生重大责任事故，造成严重后果的行为。

3. 主体要件不同

本罪的主体，既可以是符合一般主体条件的自然人，也可以是单位；而重大责任事故罪的主体则只能是自然人，一般而言仅限于厂矿企业、事业单位的职工。

（二）区分本罪与危险物品肇事罪的界限

危险物品肇事罪与本罪在主观方面都具有过失心理态度的因素，客观上都存在由于某些特定物品而可能发生重大事故的结果。两罪的主要区别为：

1. 客体要件不同

本罪侵犯的是国家环境保护和环境污染防治的管理制度，本罪的犯罪对象是危险废物；而危险物品肇事罪所侵犯的客体是公共安全，该罪的犯罪对象是危险物品，主要包括爆炸性、易燃性、毒害性、腐蚀性物品。作为两罪犯罪对象的危险废物与危险物品，不仅范围不同，其概念的内涵和外延也是不同的。

2. 犯罪客观要件不同

本罪表现为违反国家规定向土地、水体、大气排放、倾倒、处置废物而造成重大环境污染事故的行为；后者则表现为违反危险物品的管理规定，在生产、储存、运输、使用过程中发生事故的行为。

3. 主体要件不同

前者的主体既可以是自然人，也可以是单位；而后者则为一般主体，且只能是自然人而不能是单位，实践中主要是由生产、储存、运输、使用危险物品单位中的人构成，其他公民也可能构成本罪。

（三）本罪与环境监管失职罪的界限

环境监管失职罪与重大环境污染事故罪同属结果犯的范畴，都是由于其行为造成了重大环境污染事故，致使公私财产遭受重大损失或者人身伤亡的严重后果的发生，且主观上亦都含有过失的罪过形式，个别情况下也存在着故意形态，但主要是间接故意。两罪的主要区别为：

1. 客体不同

重大环境污染事故罪所侵犯的客体是国家环境保护和环境污染防治的管理制度，属于破坏环境资源的犯罪；而环境监管失职罪所侵犯的客体则为国家对环境保护工作的正常管理活动，属于渎职犯罪。

2. 客观方面不同

重大环境污染事故罪在行为方式上表现为违反国家规定向土地、水体、大气排放、倾倒、处置废物而造成重大环境污染事故的行为；而环境监管失职罪的行为方式则为环境保护部门的国家机关工作人员的严重不负责任，从而造成重大环境污染事故，这种严重不负责任主要体现为滥用职权和玩忽职守，不尽职责的行为。

3．主体不同

重大环境污染事故罪的主体是一般主体，既可以是自然人，也可以是单位，对自然人作为本罪的主体没有限制条件，而环境监管失职罪的主体是特殊主体，即负责环境保护监管职责的国家机关工作人员，单位不构成本罪的主体。

三、处罚

犯本罪的，处三年以下有期徒刑或者拘役，并处或者单处罚金；后果特别严重的，处三年以上七年以下有期徒刑，并处罚金。

第三百三十九条　（非法处置进口的固体废物罪、擅自进口固体废物罪）

违反国家规定，将境外的固体废物进境倾倒、堆放、处置的，处五年以下有期徒刑或者拘役，并处罚金；造成重大环境污染事故，致使公私财产遭受重大损失或者严重危害人体健康的，处五年以上十年以下有期徒刑，并处罚金；后果特别严重的，处十年以上有期徒刑，并处罚金。

未经国务院有关主管部门许可，擅自进口固体废物用作原料，造成重大环境污染事故，致使公私财产遭受重大损失或者严重危害人体健康的，处五年以下有期徒刑或者拘役，并处罚金；后果特别严重的，处五年以上十年以下有期徒刑，并处罚金。

以原料利用为名，进口不能用作原料的固体废物、液态废物、气态废物的，依照本法第一百五十二条第二款、第三款的规定定罪处

罚。①

［相关规定］ **《中华人民共和国固体废物污染环境防治法》**（1995年10月30日第八届全国人民代表大会常务委员会第十六次会议通过）（节录）

第二条 本法适用于中华人民共和国境内固体废物污染环境的防治。

固体废物污染海洋环境的防治和放射性固体废物污染环境的防治不适用本法。

第二十四条 禁止中国境外的固体废物进境倾倒、堆放、处置。

第二十五条 国家禁止进口不能用作原料的固体废物；限制进口可以用作原料的固体废物。

国务院环境保护行政主管部门会同国务院对外经济贸易主管部门制定、调整并公布可以用作原料进口的固体废物的目录，未列入该目录的固体废物禁止进口。

确有必要进口列入前款规定目录中的固体废物用作原料的，必须经国务院环境保护行政主管部门会同国务院对外经济贸易主管部门审查许可，方可进口。

具体办法，由国务院规定。

第五十八条 禁止经中华人民共和国过境转移危险废物。

第六十九条 违反本法规定，造成固体废物污染环境事故的，由县级以上人民政府环境保护行政主管部门处十万元以下的罚款；造

① 本条经《中华人民共和国刑法修正案（四）》（2002年12月28日）修正。原条文是："违反国家规定，将境外的固体废物进境倾倒、堆放、处置的，处五年以下有期徒刑或者拘役，并处罚金；造成重大环境污染事故，致使公私财产遭受重大损失或者严重危害人体健康的，处五年以上十年以下有期徒刑，并处罚金；后果特别严重的，处十年以上有期徒刑，并处罚金。

未经国务院有关主管部门许可，擅自进口固体废物用作原料，造成重大环境污染事故，致使公私财产遭受重大损失或者严重危害人体健康的，处五年以下有期徒刑或者拘役，并处罚金；后果特别严重的，处五年以上十年以下有期徒刑，并处罚金。

以原料利用为名，进口不能用作原料的固体废物的，依照本法第一百五十五条的规定定罪处罚。"

成重大损失的，按照直接损失的百分之三十计算罚款，但是最高不超过五十万元；对负有直接责任的主管人员和其他直接责任人员，由其所在单位或者政府主管机关给予行政处分。

第七十二条　违反本法规定，收集、贮存、处置危险废物，造成重大环境污染事故，导致公私财产重大损失或者人身伤亡的严重后果的，比照刑法第一百一十五条或者第一百八十七条的规定追究刑事责任。

单位犯本条罪的，处以罚金，并对直接负责的主管人员和其他直接责任人员依照前款规定追究刑事责任。

[相关规定]　**《中华人民共和国放射性污染防治法》**(2003 年 6 月 28 日第十届全国人民代表大会常务委员会第三次会议通过)(节录)

第五十八条　向中华人民共和国境内输入放射性废物和被放射性污染的物品，或者经中华人民共和国境内转移放射性废物和被放射性污染的物品的，由海关责令退运该放射性废物和被放射性污染的物品，并处五十万元以上一百万元以下罚款；构成犯罪的，依法追究刑事责任。

[相关规定]　**《最高人民法院关于审理非法进口废物刑事案件适用法律若干问题的解释》**　(见第 152 条相关规定)

[相关规定]　**《最高人民法院关于审理环境污染刑事案件具体应用法律若干问题的解释 》**　(见第 338 条相关规定)

【释解】

本条是关于非法处置进口的固体废物罪、擅自进口固体废物罪的规定。

一、非法处置进口的固体废物罪

(一) 概念及其构成

非法处置进口的固体废物罪，是指违反国家规定，将境外的固体废物进境倾倒、堆放、处置的行为。

1. 客体要件

本罪侵犯的客体是国家防治固体废物污染环境的管理制度。我国先后颁布了系列法规，如1991年国家环保局、海关总署发布的《关于严格控制境外有害废物转移到我国的通知》、1995年10月30日第八届全国人民代表大会常务委员会第十六次会议通过的《固体废物污染环境防治法》、1996年3月1日国家环境保护局、对外经济贸易部、海关总署 、国家工商行政管理局、国家商检局联合发布的《废物进口环境保护管理暂行规定》、1996年7月26日国家环境保护局、对外贸易经济合作部、海关总署 、国家工商行政管理局、国家商检局联合发布的《关于废物进口环境保护管理暂行规定的补充规定》、1996年7月31日《最高人民法院关于审理非法进口废物刑事案件适用法律若干问题的解释》，以及其他一些环境保护法规，如环境保护法、海洋环境保护法、水污染防治法和大气污染防治法等法规中有关固体废物污染防治管理制度的规定。违反规定，即侵犯上述管理制度。

作为本罪的犯罪对象是境外的各种固体废物。根据1996年3月1日国家环境保护局、对外贸易经济合作部、海关总署、国家工商局、国家商检局联合发布的《废物进口环境保护管理暂行规定》的规定，禁止进口境外废物在境内倾倒、堆放、处置。固体废物是指在生产建设、日常生活和其他活动中产生的污染环境的固态半固态废弃物质。工业固体废物是指在工业、交通等生产活动中产生的固体废物。城市生活垃圾，是指在城市日常生活中或者为城市日常生活提供服务的活动中产生的固体废物以及法律、行政法规规定视为城市生活垃圾的固定废物。危险废物，是指列入国家危险废物名录或者根据国家规定的危险废物鉴别标准和鉴别方法认定的具有危险特性的废物。

无论是哪一种固体废物，都可成为本罪的对象。

2. 客观要件

本罪在客观方面表现为违反国家规定，将境外的固体废物进境倾倒、堆放、处置的行为。

(1) 必须是违反国家规定的行为。根据本法第 96 条的规定，违反国家规定，是指违反全国人大及其常委会制定的法律和决定，国务院制定的行政法规、规定的行政措施、发布的决定和命令。在本条，主要是违反了环境保护法、固体废物污染环境防治法以及《废物进口环境保护管理暂行规定》等法律、法规。如固体废物污染防治法第 24 条规定："禁止中国境外的固体废物进境倾倒、堆放、处置。"《废物进口环境保护管理暂行规定》第 3 条亦规定，禁止进口境外废物在境内倾倒、堆放、处置；限制进口可以用作原料的废物，确有必要进口的，必须按本规定执行。

(2) 实施了将境外的固体废物进境 倾倒、堆放、处置的行为。所谓"倾倒固体废物"，是指通过船舶、汽车等运载工具向我国境内任何地方倾卸固体废物的行为；"堆放境外固体废物"，是指将境外的固体废物任意堆存在我国境内的任何地方；"处置境外固体废物"，是指在中国境内将中国境外的固体废物进行焚烧和用其他方法改变固体废物的物理、化学、生物特性的方法，达到减少已产生的固体废物数量，缩小固体废物体积，减少或者消除其危险成分的活动，或者将固体废物最终置于符合环境保护规定要求的场所或者设施不再回取的活动。

本罪属行为犯，只要实施了进境倾倒、堆放、处置固体废物的行为，即构成犯罪。

3. 主体要件

本罪的主体为一般主体。即凡达到刑事责任年龄、具备刑事责任能力的自然人均可构成本罪，单位也可成为本罪的主体。实践中，本罪的主体大多为废物进口单位或废物利用单位。废物进口单位是指从事废物进口的对外贸易经营单位。废物利用单位是指实际从事进口废物加工利用的单位。其他单位和个人亦可成为本罪的主体，但相对的比率较小。因为，根据固体废物污染环境防治法第 49 条的规定："从事收集、贮存、处置危险废物经营活动的单位，必须向县级以上人民政府环境保护行政主管部门申请取得经营许可证，具体管理办法由国务院规定。禁止无经营许可证或者不按照经营许可证规定从事危险废物收集、贮存、处置的经营活动。禁止将危险废物提供或者委托给无经营许可证的单位从事收集、贮存、处置的经营活动。”所以，一般的单位和个人无权从事危险废物的经营活动，但不排除一般单位和个人成为本罪共犯主体的情况和个人假借其他单位的名义或通过其他途径获得经营许可证的情况下实施非法处置进口的固体废物的行为。但实际上，个人单独构成本罪的情况极为罕见。

4. 主观要件

本罪在主观方面上表现为故意。即行为人对于其进境的物体明知是固体废物而予以倾倒、堆放、处置的，其在主观上为故意的心理状态，过失不构成本罪。

对于不知道是固体废物而予以进境倾倒、堆放、处置的，不构成本罪。

（二）认定

1. 本罪与重大环境污染事故罪的界限

重大环境污染事故罪与本罪在犯罪主体和犯罪的同类客体上都是相同的。两者的主要区别为：

（1）犯罪直接客体不同。本罪所侵犯的客体为国家有关固体废物污染防治的管理制度；而重大环境污染事故罪所侵犯的客体为国家对环境保护和污染防治的管理制度。

(2)犯罪客观要件不同。本罪在客观上表现为违反国家规定，将中国境外的固体废物进境倾倒、堆放、处置的行为，犯罪对象仅限于进口的固体废物；而重大环境污染事故罪在客观上则表现为违反国家规定向土地、水体、大气排放、倾倒或者处置危险废物的行为，犯罪对象为危险废物，包含了本罪对象的内容。

（3）犯罪主观要件不同。非法进口固体废物罪在主观方面表现为故意，即行为人明知将境外的固体废物进境倾倒、堆放、处置违反国家规定，并有可能污染环境而故意为之；而重大环境污染事故罪主观方面既可以是故意，也可以是过失。

2．本罪与走私固体废物罪的界限

走私固体废物罪，是指逃避海关监管将境外固体废物运输进境的行为。两者的主体是相同的，均包括自然人和单位。二者的区别在于：

（1）主观要件均为故意，只是故意的内容不同：本罪的主观方面的故意表现为，行为人明知将境外的固体废物进境倾倒、堆放、处置的行为违反国家对环境保护和污染防治的管理活动和管理制度，并有可能污染环境而为之；而走私固体废物罪的主观故意的内容表现为，明知运输进境的固体废物是国家禁止进口的，仍逃避海关的监管将其运输进境。

（2）客体要件不同。本罪侵犯的客体是国家有关固体废物污染防治的管理活动和管理制度，属于妨害社会管理秩序的犯罪；走私固体废物罪侵犯的客体是国家的对外贸易管制，属于破坏社会主义市场经济秩序的犯罪。

（3）犯罪客观要件不同。本罪在客观上表现为违反国家规定，将中国境外的固体废物进境倾倒、堆放、处置的行为，其犯罪对象为国家允许进口的，主要是限制进口的固体废物；走私固体废物罪的客观特征为违反海关法规，逃避海关监管、检查将境外固体废物运输进境的行为，该罪的犯罪对象为境外固体废物，不受是否是禁止的或限制进口的固体废物的制约。

3．行为人非法处置进口的固体废物，其倾倒、堆放、处置行为已构成犯罪的，同时又触及其他罪名的认定

如行为人已经构成本罪，但其进口的固体废物是通过伪造、变造国家环境保护局《进口废物批准证书》获得的，这种为达到进口废物目的的行为，已经构成本法第 280 条第 1 款之伪造、变造、买卖国家机关公文、证件、印章罪，应当对行为人实行数罪并罚。如果行为人非法处置进口的固体废物的行为不构成本罪，其伪造、变造国家机关公文的行为，应以本法第 280 条第 1 款论处。如行为人

非法处置进口的废物属于国家禁止进口的固体废物的，行为人同时触犯了非法处置进口的固体废物罪和走私固体废物罪。对于禁止进口的固体废物，行为人将其非法入境，已构成走私固体废物罪。至于行为人是否将其非法处置，以及非法处置造成什么严重后果，应属于走私固体废物罪的量刑情节，不再单独认定构成非法处置进口的固体废物罪。如果行为人非法处置进口的是危险废物，则同时触犯多个罪名，应以行为的具体对象来确定行为人所触及的罪名：危险废物中之固体危险废物属国家允许进口或限制进口之列的，则以本罪论；属于国家禁止进口的，则以走私固体废物罪论；非经合法途径将危险废物移至境内，且非法处置的，应以走私罪和本罪实行并罚。

（三）处罚

犯本罪的，处五年以下有期徒刑或者拘役，并处罚金；造成重大环境污染事故，致使公私财产遭受重大损失或者严重危害人体健康的，处五年以上十年以下有期徒刑，并处罚金；后果特别严重的，处十年以上有期徒刑，并处罚金。关于“公私财产遭受重大损失”、“严重危害人体健康”、“后果特别严重”的认定，《最高人民法院关于审理环境污染刑事案件具体应用法律若干问题的解释》中已作规定，参见上条释解。

二、擅自进口固体废物罪

（一）概念及其构成

擅自进口固体废物罪，是指未经国务院有关主管部门许可，擅自进口固体废物用作原料，造成重大环境污染事故，致使公私财产遭受重大损失或者严重危害人体健康的行为。

1. 客体要件

本罪侵犯的客体是国家对固体废物污染环境的防治制度。根据固体废物污染环境防治法的规定，国家禁止进口不能用作原料的废物；限制进口可以用作原料的固体废物。国务院环境保护主管部门会同国务院对外经济贸易主管部门制定、调整并公布可以用作原料进口的固体废物的目录，未列入该目录的固体废物禁止进口。确有必要进口列入上述规定目录中的固定废物用作原料的，必须经国务院环境保护行政主管部门会同国务院对外经济贸易主管部门审查许可，方可进口。

2. 客观要件

本罪在客观方面表现为未经国务院有关主管部门许可，擅自进口固体废物用作原料，造成重大环境污染事故，致使公私财产遭受重大损失或者严重危害人体健康的行为。

申请进口废物必须符合以下条件：(1) 申请进口废物用作原料利用的单位必须是依法成立的企业法人，并具有利用进口废物的能力和相应的污染防治设备；(2) 申请进口的废物已列入《国家限制进口的可用作原料的废物目录》；申请进口废物的单位，必须提交如下材料：(1)《进口废物申请书》：(2)《进口废物作原料利用环境风险报告书》或者《进口废物作原料利用环境风险报告表》。受理进口废物申请的环境保护行政主管部门可作出批准或不予批准的决定。

所谓“擅自进口固体废物”，是指行为人未经有关部门许可超越自身职权，独自决定进口固体废物的行为。未经许可主要是指未经国务院有关主管部门许可，一般是指不符合申请进口废物的条件，或者已符合申请进口废物的条件，没有国家环境保护主管部门批准的情形；伪造、变造国家环境保护局《进口废物批准书》的情形；逾期未向国家环境保护局补办进口废物经营审批手续，并继续从事进口废物经营活动的情形。具备了未经国务院有关主管部门许可这一前提条件，行为人擅自进口固体废物的行为才告成立，否则行为人以合法方式进口固体废物的行为是不构成犯罪的，只有在其使用中造成重大环境污染事故的，才构成犯罪。另外，行为人擅自进口固体废物是用作原料，即用于从事进口废物加工利用或专门从事对外贸易经营，为从事废物加工利用的单位提供固体废物。总之，其用途应限于用作原料，对于非用作原料，而以原料利用为名，擅自进口固体废物用于他途或是以此牟利，进行倒买倒卖的，则不构成本罪。

擅自进口固体废物用作原料的行为必须是已经造成重大环境污染事故，致使公私财产遭受重大损失或者危害人体健康的后果才构成犯罪。这是本罪的结果特征，也是区分构成本罪与不构成犯罪的标准。

这里所说的环境，是指影响人类生存和发展的各种天然的和经过人工改造的自然因素的总体。包括大气、水、海洋、土地、矿藏、森林、草原、野生生物、自然遗迹、人文遗迹、自然保护区、风景名胜区、城市和乡村等。重大环境污染事故的后果表现为公私财产的重大损失或者危害人体健康的后果。所谓公私财产的重大损失一般是指直接的经济损失，具体地是指与重大环境污染行为有直接因果关系而造成的公私财产毁损、减少的实际价值，其数额一般掌握在五万元以上，直接经济损失虽不足上述数额，但情节严重致使工农业生产停滞，人民生活失序的也应追究其直接责任人员的刑事责任。严重危害人体健康，根据有关规定，一般应指死亡一人以上或者重伤三人以上。实践中的情况比较复杂，一般是既有财产的损失，也有人身伤亡，要考虑到当时当地的实际情况具体把握。

3. 主体要件

本罪的主体为一般主体，凡达到刑事责任年龄、具有刑事责任能力的自然人，均可构成本罪。单位也可构成本罪。

4. 主观要件

本罪在主观方面表现为过失。也就是行为人对重大环境污染事故造成的社会危害结果，即导致公私财产重大损失和严重危害人体健康的后果，在主观上并不是出于希望或者放任的结果，而是由过失造成的。也就是说行为人对于发生这种危害结果本来是应当预见到的，但是由于他疏忽大意而没有预见，或者虽然预见到却轻信自己能够避免，以致发生了造成重大损失或者危害人体健康的结果。但是，对于未经国务院有关主管部门许可，擅自进口固体废物用作原料是法律禁止的，行为人则是明知的。即行为人违反固体废物污染环境防治法的规定，未经国务院主管部门许可，擅自进口固体废物用作原料只能出于故意，对造成严重损失的结果则是出于过失。

（二）处罚

犯本罪的，处五年以下有期徒刑或者拘役，并处罚金；后果特别严重的，处五年以上十年以下有期徒刑，并处罚金。关于“后果特别严重”的认定，《最高人民法院关于审理环境污染刑事案件具体应用法律若干问题的解释》中已作规定，参见上条释解。

第三百四十条　（非法捕捞水产品罪）

违反保护水产资源法规，在禁渔区、禁渔期或者使用禁用的工具、方法捕捞水产品，情节严重的，处三年以下有期徒刑、拘役、管制或者罚金。

［相关规定］　**《中华人民共和国渔业法》**　（2000年10月31日第九届全国人民代表大会常务委员会第十八次会议修正）（节录）

第三十条　禁止使用炸鱼、毒鱼、电鱼等破坏渔业资源的方法进行捕捞。禁止制造、销售、使用禁用的渔具。禁止在禁渔区、禁渔期进行捕捞。禁止使用小于最小网目尺寸的网具进行捕捞。捕捞的渔获物中幼鱼不得超过规定的比例。在禁渔区或者禁渔期内禁止销售非法捕捞的渔获物。

重点保护的渔业资源品种及其可捕捞标准，禁渔区和禁渔期，禁止使用或者限制使用的渔具和捕捞方法，最小网目尺寸以及其他保护渔业资源的措施，由国务院渔业行政主管部门或者省、自治区、直辖市人民政府渔业行政主管部门规定。

第三十一条　禁止捕捞有重要经济价值的水生动物苗种。因养殖或者其他特殊需要，捕捞有重要经济价值的苗种或者禁捕的怀卵亲体的，必须经国务院渔业行政主管部门或者省、自治区、直辖市人民政府渔业行政主管部门批准，在指定的区域和时间内，按照限额捕捞。

在水生动物苗种重点产区引水用水时，应当采取措施，保护苗种。

第三十八条 使用炸鱼、毒鱼、电鱼等破坏渔业资源方法进行捕捞的，违反关于禁渔区、禁渔期的规定进行捕捞的，或者使用禁用的渔具、捕捞方法和小于最小网目尺寸的网具进行捕捞或者渔获物中幼鱼超过规定比例的，没收渔获物和违法所得，处五万元以下的罚款；情节严重的，没收渔具，吊销捕捞许可证；情节特别严重的，可以没收渔船；构成犯罪的，依法追究刑事责任。

在禁渔区或者禁渔期内销售非法捕捞的渔获物的，县级以上地方人民政府渔业行政主管部门应当及时进行调查处理。

制造、销售禁用的渔具的，没收非法制造、销售的渔具和违法所得，并处一万元以下的罚款。

第三十九条 偷捕、抢夺他人养殖的水产品的，或者破坏他人养殖水体、养殖设施的，责令改正，可以处二万元以下的罚款；造成他人损失的，依法承担赔偿责任；构成犯罪的，依法追究刑事责任。

【释解】

本条是关于非法捕捞水产品罪的规定。

一、概念及其构成

非法捕捞水产品罪，是指违反保护水产资源法规，在禁渔区、禁渔期或者使用禁用的工具、方法捕捞水产品，情节严重的行为。

（一）客体要件

本罪侵犯的客体是国家保护水产资源的管理制度。水产资源，包括具有经济价值的水生动物和水生植物，是国家的一项宝贵财富。为了加强对水产资源的保护，国家通过立法对水产资源繁殖、养殖和捕捞等方面作了具体的规定。国家鼓励、扶持外海和远洋捕捞业的发展，合理安排内水和近海捕捞。在内水、近海从事捕捞业的单位和个人，必须按照捕捞许可证关于作业类型、场所、时限和渔具数量的规定进行作业。不得在禁渔区和禁渔期进行捕捞，不得使用禁用的渔具、捕捞方法和小于规定的最小网目尺寸的网具进行捕捞。急功近利，竭泽而渔，非法捕捞水产品，破坏国家对水产资源的管理制度，危害水产资源的存留和发展，因此，必须依法对非法捕捞水产品的犯罪予以惩罚。

（二）客观要件

本罪在客观方面表现为违反保护水产资源法规，在禁渔区、禁渔期或者使用禁用的工具、方法捕捞水产品的行为。为了保护水产资源，1979 年 2 月 10 日国务院公布了《水产资源繁殖保护条例》，明确规定了保护的对象，对捕捞的时间、水域、工具、方法等提出了具体要求，并作了一系列禁止性规定。1979 年 9 月 13 日全国人大常委会通过并试行的《中华人民共和国环境保护法（试行）》第 11 条第 2 款规定："保护、发展和合理利用水生生物，禁止灭绝性的捕捞和破坏。"1986 年 1 月 20 日全国人大常委会通过并公布了《中华人民共和国渔业法》(2000 年 10 月 31 日修正)，对渔业生产的领导、管理、监督，养殖业和捕捞业的管理，渔业资源的增殖和保护以及法律责任等方面，都作了明确的规定。1987 年 10 月 14 日国务院批准发布的渔业法实施细则进一步具体划分了近海渔场与外海渔场，强调了国家对捕捞业实行捕捞许可证制度，规定了对非法捕捞水产品的具体处罚办法。

所谓禁渔区，是指由国家法令或者地方政府规定，对某些重要鱼、虾、蟹、贝、藻等，以及其他重要水生生物的产卵场、索饵场、越冬场和洄游通道，划定一定的范围，禁止所有渔业生产作业的区域，或者禁止某种渔业生产作业的区域。例如，渔业法实施细则第 15 条第 2 款规定："从事外海生产的渔船，必须按照批准的海域和渔期作业，不得擅自进入近海捕捞。"该细则第 14 条对近海渔场与外海渔场作了严格的划分。近海属于限制作业的禁渔区。

所谓禁渔期，是指对某些重要水生生物的产卵场、索饵场、越冬场和洄游通道，规定禁止渔业生产作业或者限制作业的一定期限。

所谓禁用的工具，是指禁止使用的超过国家对不同捕捞对象所分别规定的最小网目尺寸的渔具。《水产资源繁殖保护条例》第9条规定："各种主要渔具，应当按不同捕捞对象，分别规定最小网眼（箔眼）尺寸。其中机轮拖网、围网和机帆船拖网的最小网眼尺寸，由国家水产局规定。"所谓禁用的方法，是指禁止采用的损害水产资源正常繁殖、生长的方法，如炸鱼、毒鱼、电鱼等。在实践中，犯罪分子往往使用禁用的工具和方法，在禁渔区、禁渔期非法捕捞水产品，严重地破坏我国的水产资源。

故意非法捕捞水产品的行为必须达到情节严重的程度，才构成犯罪。所谓情节严重，主要是指非法捕捞水产品数量较大的；一贯或多次非法捕捞水产品的；为首组织或聚众非法捕捞水产品的；采用炸鱼、毒鱼、滥用电力等方法滥捕水产品，严重破坏水产资源的；非法捕捞、抗拒渔政管理的；等等。

（三）主体要件

本罪的主体是一般主体。无论是国家工作人员、从事渔业生产的专业人员还是普通公民，只要达到刑事责任年龄、具备刑事责任能力的，都可以构成本罪。单位也可以成为非法捕捞水产品罪的主体。

（四）主观要件

本罪在主观方面是故意。至于是为了营利或者其他目的，均不影响本罪的构成。过失不能构成本罪。

二、认定

（一）本罪与非罪的界限

1. 区分合法行为与犯罪的界限

根据渔业法实施细则第19条的规定，因科学研究等特殊需要，在禁渔区、禁渔期捕捞或者使用禁用的渔具、捕捞方法，或者捕捞重点保护的渔业资源品种，只要经过省级以上人民政府渔业行政主管部门批准，即为合法，不构成非法捕捞水产品罪。

2. 区分一般违法行为与犯罪的界限

不具备情节严重的非法捕捞水产品的行为，如未按渔业法规定取得捕捞许可证而擅自进行捕捞，数量不大的；使用禁用的渔具和方法捕捞水产品但未造成严重危害后果的；偶尔违反捕捞许可证关于作业类型、场所、时限等方面的规定进行捕捞的，属于一般违法行为，尚未构成犯罪，由渔业行政主管部门或公安机关予以行政处罚。情节是否严重，是区分两者的标准。

（二）本罪与盗窃罪的界限

盗窃罪，是以非法占有为目的，秘密窃取数额较大的公私财物或者多次秘密窃取公私财物的行为。从两罪的概念中，我们可以直接看到，两罪在主观故意的形态上是相同的，只是故意的内容不同。非法捕捞水产品罪故意的内容是，明知非法捕捞的行为违反保护水产资源法规，仍故意为之；盗窃罪故意的内容是以非法占有公私财产为目的而为的秘密窃取的行为。因而说明了非法捕捞水产品罪与盗窃罪是性质不同的犯罪，有着明显的区别：

1. 客体不同

非法捕捞水产品罪侵害的客体为国家对水产资源的管理制度，属于破坏环境资源保护的犯罪；盗窃罪侵害的客体为公私财物的所有权，属于侵犯财产的犯罪。

2. 客观方面不同

非法捕捞水产品罪表现为违反国家保护水产资源法规非法捕捞水产品的行为；而盗窃罪表现为以秘密方法非法占有公私财物的行为。因而在实践中，以非法占有为目的，在水面或他人承包的鱼塘中，毒死或炸死较大数量的鱼并将其偷走，未引起其他严重后果的，因其侵犯的客体主要是公私财产所有权，客观上表现为秘密窃取的特征，所以，应以盗窃罪论处。

3. 主体不同

非法捕捞水产品罪的主体既包括自然人也包括单位；而盗窃罪的主体仅为一般主体，不包括单位。

4．犯罪对象不同

非法捕捞水产品罪的对象是除了珍贵水生动物以外的所有水产品资源，具有特定性；盗窃罪的对象则范围广泛，包括所有的公私财物。

（三）区分非法捕捞水产品罪与破坏生产经营罪、故意毁坏公私财物罪的界限

在天然渔场中进行非法捕捞活动，自然会影响甚至破坏集体渔业生产，但由于天然渔场中水产品的不确定性，有时很难评估破坏渔业生产的程度。国家为保护水产资源而规定了"四条禁规"，只要具备其一则是对水产资源的危害。所以，在天然渔场中采取种种非法方法捕捞水产品，情节严重的，构成非法捕捞水产品罪。如果在集体或个人承包的孵化池或鱼塘中投毒、爆炸或者使用电力，以致大量水产品及其幼苗死亡，渔业生产遭受严重破坏的，应当以破坏生产经营罪论处。如果遭受破坏的属于公民个人所有的孵化池中有经济价值的水生动物和植物的亲体、幼体、卵子、孢子等，则构成故意毁坏公私财物罪。

三、处罚

犯本罪的，处三年以下有期徒刑、拘役、管制或者罚金。

单位犯本罪的，对单位判处罚金，并对其直接负责的主管人员和其他直接责任人员依上述规定处罚。

第三百四十一条 （非法猎捕、杀害珍贵、濒危野生动物罪、非法收购、运输、出售珍贵、濒危野生动物、珍贵、濒危野生动物制品罪、非法狩猎罪）

非法猎捕、杀害国家重点保护的珍贵、濒危野生动物的，或者非法收购、运输、出售国家重点保护的珍贵、濒危野生动物及其制

品的，处五年以下有期徒刑或者拘役，并处罚金；情节严重的，处五年以上十年以下有期徒刑，并处罚金；情节特别严重的，处十年以上有期徒刑，并处罚金或者没收财产。

违反狩猎法规，在禁猎区、禁猎期或者使用禁用的工具、方法进行狩猎，破坏野生动物资源，情节严重的，处三年以下有期徒刑、拘役、管制或者罚金。

[相关规定]　**《中华人民共和国野生动物保护法》**　(1988年11月8日第七届全国人民代表大会常务委员会第四次会议通过)(节录)

第二条　在中华人民共和国境内从事野生动物的保护、驯养繁殖、开发利用活动，必须遵守本法。

本法规定保护的野生动物，是指珍贵、濒危的陆生、水生野生动物和有益的或者有重要经济、科学研究价值的陆生野生动物。

本法各条款所提野生动物，均系指前款规定的受保护的野生动物。

珍贵、濒危的水生野生动物以外的其他水生野生动物的保护，适用渔业法的规定。

第三条　野生动物资源属于国家所有。

国家保护依法开发利用野生动物资源的单位和个人的合法权益。

第八条　国家保护野生动物及其生存环境，禁止任何单位和个人非法猎捕或者破坏。

第十六条　禁止猎捕、杀害国家重点保护野生动物。因科学研究、驯养繁殖、展览或者其他特殊情况，需要捕捉、捕捞国家一级保护野生动物的，必须向国务院野生动物行政主管部门申请特许猎捕证；猎捕国家二级保护野生动物的，必须向省、自治区、直辖市政府野生动物行政主管部门申请特许猎捕证。

第十八条　猎捕非国家重点保护野生动物的，必须取得狩猎证，并且服从猎捕量限额管理。

持枪猎捕的，必须取得县、市公安机关核发的持枪证。

第十九条 猎捕者应当按照特许猎捕证、狩猎证规定的种类、数量、地点和期限进行猎捕。

第二十条 在自然保护区、禁猎区和禁猎期内，禁止猎捕和其他妨碍野生动物生息繁衍的活动。

禁猎区和禁猎期以及禁止使用的猎捕工具和方法，由县级以上政府或者其野生动物行政主管部门规定。

第二十一条 禁止使用军用武器、毒药、炸药进行猎捕。

猎枪及弹具的生产、销售和使用管理办法，由国务院林业行政主管部门会同公安部门制定，报国务院批准施行。

第二十二条 禁止出售、收购国家重点保护野生动物或者其产品。因科学研究、驯养繁殖、展览等特殊情况，需要出售、收购、利用国家一级保护野生动物或者其产品的，必须经国务院野生动物行政主管部门或者其授权的单位批准；需要出售、收购、利用国家二级保护野生动物或者其产品的，必须经省、自治区、直辖市政府野生动物行政主管部门或者其授权的单位批准。

驯养繁殖国家重点保护野生动物的单位和个人可以凭驯养繁殖许可证向政府指定的收购单位，按照规定出售国家重点保护野生动物或者其产品。

工商行政管理部门对进入市场的野生动物或者其产品，应当进行监督管理。

第二十三条 运输、携带国家重点保护野生动物或者其产品出县境的，必须经省、自治区、直辖市政府野生动物行政主管部门或者其授权的单位批准。

第二十四条 出口国家重点保护野生动物或者其产品的，进出口中国参加的国际公约所限制进出口的野生动物或者其产品的，必须经国务院野生动物行政主管部门或者国务院批准，并取得国家濒危物种进出口管理机构核发的允许进出口证明书。海关凭允许进出口证明书查验放行。

涉及科学技术保密的野生动物物种的出口，按照国务院有关规定办理。

第二十五条　禁止伪造、倒卖、转让特许猎捕证、狩猎证、驯养繁殖许可证和允许进出口证明书。

第三十一条　非法捕杀国家重点保护野生动物的，依照关于惩治捕杀国家重点保护的珍贵、濒危野生动物犯罪的补充规定追究刑事责任。

第三十二条　违反本法规定，在禁猎区、禁猎期或者使用禁用的工具、方法猎捕野生动物的，由野生动物行政主管部门没收猎获物、猎捕工具和违法所得，处以罚款；情节严重、构成犯罪的，依照刑法第一百三十条的规定追究刑事责任。①

[相关规定]　**《中华人民共和国陆生野生动物保护实施条例》**（1992年3月1日林业部发布）（节录）

第二条　本条例所称陆生野生动物，是指依法受保护的珍贵、濒危、有益的和有重要经济、科学研究价值的陆生野生动物（以下简称野生动物）；所称野生动物产品，是指陆生野生动物的任何部分及其衍生物。

第八条　县级以上各级人民政府野生动物行政主管部门，应当组织社会各方面力量，采取生物技术措施和工程技术措施，维护和改善野生动物生存环境，保护和发展野生动物资源。

禁止任何单位和个人破坏国家和地方重点保护野生动物的生息繁衍场所和生存条件。

第十一条　禁止猎捕、杀害国家重点保护野生动物。

有下列情形之一，需要猎捕国家重点保护野生动物的，必须申请特许猎捕证：

（一）为进行野生动物科学考察、资源调查，必须猎捕的；

---

①　本条所称刑法条文是指原刑法条文。

（二）为驯养繁殖国家重点保护野生动物，必须从野外获取种源的；

（三）为承担省级以上科学研究项目或者国家医药生产任务，必须从野外获取国家重点保护野生动物的；

（四）为宣传、普及野生动物知识或者教学、展览的需要，必须从野外获取国家重点保护野生动物的；

（五）因国事活动的需要，必须从野外获取国家重点保护野生动物的；

（六）为调控国家重点保护野生动物种群数量和结构，经科学论证必须猎捕的；

（七）因其他特殊情况，必须捕捉、猎捕国家重点保护野生动物的。

第十四条 取得特许猎捕证的单位和个人，必须按照特许猎捕证规定的种类、数量、地点、期限、工具和方法进行猎捕，防止误伤野生动物或者破坏其生存环境。猎捕作业完成后，应当在十日内向猎捕地的县级人民政府野生动物行政主管部门申请查验。

县级人民政府野生动物行政主管部门对在本行政区域内猎捕国家重点保护野生动物的活动，应当进行监督检查，并及时向批准猎捕的机关报告监督检查结果。

第十八条 禁止使用军用武器、气枪、毒药、炸药、地枪、排铳、非人为直接操作并危害人畜安全的狩猎装置、夜间照明行猎、歼灭性围猎、火攻、烟熏以及县级以上各级人民政府或者其野生动物行政主管部门规定禁止使用的其他狩猎工具和方法狩猎。

第二十七条 禁止在集贸市场出售、收购国家重点保护野生动物或者其产品。

持有狩猎证的单位和个人需要出售依法获得的非国家重点保护野生动物或者其产品的，应当按照狩猎证规定的种类、数量向经核准登记的单位出售，或者在当地人民政府有关部门指定的集贸市场出售。

第二十九条 运输、携带国家重点保护野生动物或者其产品出县境的，应当凭特许猎捕证、驯养繁殖许可证，向县级人民政府野生动物行政主管部门提出申请，报省、自治区、直辖市人民政府林业行政主管部门或者其授权的单位批准。动物园之间因繁殖动物，需要运输国家重点保护野生动物的，可以由省、自治区、直辖市人民政府林业行政主管部门授权同级建设行政主管部门审批。

第三十条　出口国家重点保护野生动物或者其产品的，以及进出口中国参加的国际公约所限制进出口的野生动物或者其产品的，必须经进出口单位或者个人所在地的省、自治区、直辖市人民政府林业行政主管部门审核，报国务院林业行政主管部门或者国务院批准；属于贸易性进出口活动的，必须由具有有关商品进出口权的单位承担。

动物园因交换动物需要进出口前款所称野生动物的，国务院林业行政主管部门批准前或者国务院林业行政主管部门报请国务院批准前，应当经国务院建设行政主管部门审核同意。

第三十三条　非法捕杀国家重点保护野生动物的，依照全国人民代表大会常务委员会关于惩治捕杀国家重点保护的珍贵、濒危野生动物犯罪的补充规定追究刑事责任；情节显著轻微危害不大的，或者犯罪情节轻微不需要判处刑罚的，由野生动物行政主管部门没收猎获物、猎捕工具和违法所得，吊销特许猎捕证，并处以相当于猎获物价值十倍以下的罚款，没有猎获物的处一万元以下罚款。

第四十三条　违反野生动物保护法规，构成犯罪的，依法追究刑事责任。

[相关规定]　**《中华人民共和国水生野生动物保护实施条例》**（1993 年 10 月 5 日国务院发布）（节录）

第二条　本条例所称水生野生动物，是指珍贵、濒危的水生野生动物；所称水生野生动物产品，是指珍贵、濒危的水生野生动物的任何部分及其衍生物。

第十二条　禁止捕捉、杀害国家重点保护的水生野生动物。

有下列情形之一，确需捕捉国家重点保护的水生野生动物的，必须申请特许捕捉证：

（一）为进行水生野生动物科学考察、资源调查，必须捕捉的；

（二）为驯养繁殖国家重点保护的水生野生动物，必须从自然水域或者场所获取种源的；

（三）为承担省级以上科学研究项目或者国家医药生产任务，必须从自然水域或者场所获取国家重点保护的水生野生动物的；

（四）为宣传、普及水生野生动物知识或者教学、展览的需要，必须从自然水域或者场所获取国家重点保护的水生野生动物的；

（五）因其他特殊情况，必须捕捉的。

第十五条 取得特许捕捉证的单位和个人，必须按照特许捕捉证规定的种类、数量、地点、期限、工具和方法进行捕捉，防止误伤水生野生动物或者破坏其生存环境。捕捉作业完成后，应当及时向捕捉地的县级人民政府渔业行政主管部门或者其所属的渔政监督管理机构申请查验。

县级人民政府渔业行政主管部门或者其所属的渔政监督管理机构对在本行政区域内捕捉国家重点保护的水生野生动物的活动，应当进行监督检查，并及时向批准捕捉的部门报告监督检查结果。

第十八条 禁止出售、收购国家重点保护的水生野生动物或者其产品。因科学研究、驯养繁殖、展览等特殊情况，需要出售、收购、利用国家一级保护水生野生动物或者其产品的，必须向省、自治区、直辖市人民政府渔业行政主管部门提出申请，经其签署意见后，报国务院渔业行政主管部门批准；需要出售、收购、利用国家二级保护水生野生动物或者其产品的，必须向省、自治区、直辖市人民政府渔业行政主管部门提出申请，并经其批准。

第二十三条 出口国家重点保护的水生野生动物或者其产品的，进出口中国参加的国际公约所限制进出口的水生野生动物或者其产品的，必须经进出口单位或者个人所在地的省、自治区、直辖市人民政府渔业行政主管部门审核，报国务院渔业行政主管部门批准；属于贸易性进出口活动的，必须由具有有关商品进出口权的单位承担。

动物园因交换动物需要进出口前款所称水生野生动物的，在国务院渔业行政主管部门批准前，应当经国务院建设行政主管部门审核同意。

第二十六条　非法捕杀国家重点保护的水生野生动物的，依照全国人民代表大会常务委员会关于惩治捕杀国家重点保护的珍贵、濒危野生动物犯罪的补充规定追究刑事责任；情节显著轻微危害不大的，或者犯罪情节轻微不需要判处刑罚的，由渔业行政主管部门没收捕获物、捕捉工具和违法所得，吊销特许捕捉证，并处以相当于捕获物价值十倍以下的罚款，没有捕获物的处以一万元以下的罚款。

［相关规定］　**《林业部关于对办理非法猎捕昆虫和向国外寄运昆虫标本案件中有关问题请示的答复》**　（1992年12月26日　林函策字〔1992〕307号）

辽宁省林业厅：

你厅辽林字〔1992〕128号文收悉。现根据《中华人民共和国野生动物保护法》和《中华人民共和国陆生野生动物保护实施条例》第四十五条的规定答复如下：

一、关于国家重点保护野生动物和未定名物种问题。凡经野生动物行政主管部门委托或者确定的野生动物科学研究机构以及国家级野生动物科学研究机构鉴定的野生动物种类，其鉴定结果具有法律效力。符合《国家重点保护野生动物名录》规定的，应当按国家重点保护野生动物进行管理；《国家重点保护野生动物名录》没有规定的，但属于未定名物种，同样受国家法律保护，根据国家科学技术保密的有关规定，未经国务院有关主管部门批准，不得出口。

二、关于没有狩猎证或者特许猎捕证猎捕野生动物并制成标本出口问题。根据《中华人民共和国野生动物保护法》及有关规定，没有狩猎证、特许猎捕证而猎捕野生动物（含国家保护的昆虫，如绢蝶等）以及应当履行批准手续而未履行批准手续出口野生动物或者其产品（含标本）的，都属违法行为，应当依法追究法律责任。

三、关于扣留、封存的野生动物标本处理问题。根据《中华人民共和国陆生野生动物保护实施条例》第四十四条的规定，凡依照野生动物保护法规没收的实物（包括扣留、封存的野生动物标本经法定程序没收的），均应交野生动物行政主管部门按我部林护通字〔1992〕118号《关于妥善处理非正常来源的陆生野生动物及其产品的通知》的规定办理。

四、关于禁猎问题。根据《中华人民共和国野生动物保护法》第二十条的规定，禁猎区和禁猎期由县级以上人民政府或者其野生动物行政主管部门规定。辽宁省人民政府于1991年作出的在全省范围内禁猎三年的规定是符合《中华人民共和国野生动物保护法》的，应当执行。

［相关规定］ **《最高人民法院关于审理破坏野生动物资源刑事案件具体应用法律若干问题的解释》** （2000年12月11日起施行 法释〔2000〕37号）

为依法惩处破坏野生动物资源的犯罪活动，根据刑法的有关规定，现就审理这类案件具体应用法律的若干问题解释如下：

第一条 刑法第三百四十一条第一款规定的“珍贵、濒危野生动物”，包括列入国家重点保护野生动物名录的国家一、二级保护野生动物、列入《濒危野生动植物种国际贸易公约》附录一、附录二的野生动物以及驯养繁殖的上述物种。

第二条 刑法第三百四十一条第一款规定的“收购”，包括以营利、自用等为目的的购买行为；“运输”，包括采用携带、邮寄、利用他人、使用交通工具等方法进行运送的行为；“出售”，包括出卖和以营利为目的的加工利用行为。

第三条 非法猎捕、杀害、收购、运输、出售珍贵、濒危野生动物具有下列情形之一的，属于“情节严重”：

（一）达到本解释附表所列相应数量标准的；

（二）非法猎捕、杀害、收购、运输、出售不同种类的珍贵、濒危野生动物，其中两种以上分别达到附表所列“情节严重”数量标准一半以上的。

非法猎捕、杀害、收购、运输、出售珍贵、濒危野生动物具有下列情形之一的，属于“情节特别严重”：

（一）达到本解释附表所列相应数量标准的；

（二）非法猎捕、杀害、收购、运输、出售不同种类的珍贵、濒危野生动物，其中两种以上分别达到附表所列“情节特别严重”数量标准一半以上的。

第四条　非法猎捕、杀害、收购、运输、出售珍贵、濒危野生动物构成犯罪，具有下列情形之一的，可以认定为“情节严重”；非法猎捕、杀害、收购、运输、出售珍贵、濒危野生动物符合本解释第三条第一款的规定，并具有下列情形之一的，可以认定为“情节特别严重”：

（一）犯罪集团的首要分子；

（二）严重影响对野生动物的科研、养殖等工作顺利进行的；

（三）以武装掩护方法实施犯罪的；

（四）使用特种车、军用车等交通工具实施犯罪的；

（五）造成其他重大损失的。

第五条　非法收购、运输、出售珍贵、濒危野生动物制品具有下列情形之一的，属于“情节严重”：

（一）价值在十万元以上的；

（二）非法获利五万元以上的；

（三）具有其他严重情节的。

非法收购、运输、出售珍贵、濒危野生动物制品具有下列情形之一的，属于“情节特别严重”：

（一）价值在二十万元以上的；

（二）非法获利十万元以上的；

（三）具有其他特别严重情节的。

第六条 违反狩猎法规，在禁猎区、禁猎期或者使用禁用的工具、方法狩猎，具有下列情形之一的，属于非法狩猎“情节严重”：

（一）非法狩猎野生动物二十只以上的；

（二）违反狩猎法规，在禁猎区或者禁猎期使用禁用的工具、方法狩猎的；

（三）具有其他严重情节的。

第七条 使用爆炸、投毒、设置电网等危险方法破坏野生动物资源，构成非法猎捕、杀害珍贵、濒危野生动物罪或者非法狩猎罪，同时构成刑法第一百一十四条或者第一百一十五条规定之罪的，依照处罚较重的规定定罪处罚。

第八条 实施刑法第三百四十一条规定的犯罪，又以暴力、威胁方法抗拒查处，构成其他犯罪的，依照数罪并罚的规定处罚。

第九条 伪造、变造、买卖国家机关颁发的野生动物允许进出口证明书、特许猎捕证、狩猎证、驯养繁殖许可证等公文、证件构成犯罪的，依照刑法第二百八十条第一款的规定以伪造、变造、买卖国家机关公文、证件罪定罪处罚。

实施上述行为构成犯罪，同时构成刑法第二百二十五条第二项规定的非法经营罪的，依照处罚较重的规定定罪处罚。

第十条 非法猎捕、杀害、收购、运输、出售《濒危野生动植物种国际贸易公约》附录一、附录二所列的非原产于我国的野生动物“情节严重”、“情节特别严重”的认定标准，参照本解释第三条、第四条以及附表所列与其同属的国家一、二级保护野生动物的认定标准执行；没有与其同属的国家一、二级保护野生动物的，参照与其同科的国家一、二级保护野生动物的认定标准执行。

第十一条 珍贵、濒危野生动物制品的价值，依照国家野生动物保护主管部门的规定核定；核定价值低于实际交易价格的，以实际交易价格认定。

第十二条 单位犯刑法第三百四十一条规定之罪，定罪量刑标准依照本解释的有关规定执行。

附：非法猎捕、杀害、收购、运输、出售珍贵、濒危野生动物刑事案件“情节严重”、“情节特别严重”数量认定标准

中文名	拉丁文名	级别	情节严重	情节特别严重
蜂猴	*Nycticebus spp.*	I	3	4
熊猴	*Macaca assamensis*	I	2	3
台湾猴	*Macaca cyclopis*	I	1	2
豚尾猴	*Macaca nemestrina*	I	2	3
叶猴(所有种)	*Presbytis spp.*	I	1	2
金丝猴(所有种)	*Rhinopithecus spp.*	I		1
长臂猿(所有种)	*Hylobates spp.*	I	1	2
马来熊	*Helarctos malayanus*	I	2	3
大熊猫	*Ailuropoda melanoleuca*	I		1
紫貂	*Martes zibellina*	I	3	4
貂熊	*Gulo gulo*	I	2	3
熊狸	*Arctictis binturong*	I	1	2
云豹	*Neofelis nebulosa*	I		1
豹	*Panthera pardus*	I		1
雪豹	*Panthera uncia*	I		1
虎	*Panthera tigris*	I		1
亚洲象	*Elephas maximus*	I		1
蒙古野驴	*Equus hemionus*	I	2	3
西藏野驴	*Equus kiang*	I	3	5
野马	*Equus przewalskii*	I		1
野骆驼	*Camelus ferus* (=*bactrianus*)	I	1	2
鼷鹿	*Tragulus javanicus*	I	2	3

中文名	拉丁文名	级别	情节严重	情节特别严重
黑麂	*Muntiacus crinifrons*	I	1	2
白唇鹿	*Cervus albirostris*	I	1	2
坡鹿	*Cervus eldi*	I	1	2
梅花鹿	*Cervus nippon*	I	2	3
豚鹿	*cervus porcinus*	I	2	3
麋鹿	*Elaphurus davidianus*	I	1	2
野牛	*Bos gaurus*	I	1	2
野牦牛	*Bos mutus*(=*grunniens*)	I	2	3
普氏原羚	*Procapra przewalskii*	I	1	2
藏羚	*Pantholops hodgsoni*	I	2	3
高鼻羚羊	*Saiga tatarica*	I		1
扭角羚	*Budorcas taxicolor*	I	1	2
台湾鬣羚	*Capricornis crispus*	I	2	3
赤斑羚	*Naemorhedus cranbrooki*	I	2	4
塔尔羊	*Hemitragus jemlahicus*	I	2	4
北山羊	*Capra ibex*	I	2	4
河狸	*Castor fiber*	I	1	2
短尾信天翁	*Diomedea albatrus*	I	2	4
白腹军舰鸟	*Fregata andrewsi*	I	2	4
白鹳	*Ciconia ciconia*	I	2	4
黑鹳	*Ciconia nigra*	I	2	4
朱鹮	*Nipponia nippon*	I		1
中华沙秋鸭	*Mergus squamatus*	I	2	3
金雕	*Aquila chrysaetos*	I	2	4
白肩雕	*Aquila heliaca*	I	2	4
玉带海雕	*Haliaeetus leucoryphus*	I	2	4
白尾海雕	*Haliaeetus albcilla*	I	2	3
虎头海雕	*Haliaeetus pelagicus*	I	2	4

中文名	拉丁文名	级别	情节严重	情节特别严重
拟兀鹫	*Pseudogyps bengalensis*	I	2	4
胡兀鹫	*Gypaetus barbatus*	I	2	4
细嘴松鸡	*Tetrao parvirostris*	I	3	5
斑尾榛鸡	*Tetrastes sewerzowi*	I	3	5
雉鹑	*Tetraophasis obscurus*	I	3	5
四川山鹧鸪	*Arborophila rufipectus*	I	3	5
海南山鹧鸪	*Arborophila ardens*	I	3	5
黑头角雉	*Tragopan melanocephalus*	I	2	3
红胸角雉	*Tragopan satyra*	I	2	4
灰腹角雉	*Tragopan blythii*	I	2	3
黄腹角雉	*Tragopan caboti*	I	2	3
虹雉（所有种）	*Lophophorus spp.*	I	2	4
褐马鸡	*Crossoptilon mantchuricum*	I	2	3
蓝鹇	*Lophura swinhoii*	I	2	3
黑颈长尾雉	*Syrmaticus humiae*	I	2	4
白颈长尾雉	*Syrmaticus ewllioti*	I	2	4
黑长尾雉	*Syrmaticus mikado*	I	2	4
孔雀雉	*Polyplectron bicalcaratum*	I	2	3
绿孔雀	*Pavo muticus*	I	2	3
黑颈鹤	*Grus nigricollis*	I	2	3
白头鹤	*Grus monacha*	I	2	3
丹顶鹤	*Grus japonensis*	I	2	3
白鹤	*Grus leucogeranus*	I	2	3
赤颈鹤	*Grus antigone*	I	1	2
鸨（所有种）	*Otis spp.*	I	4	6
遗鸥	*Larus relictus*	I	2	4
四爪陆龟	*Testudo horsfieldi*	I	4	8
蜥鳄	*Shinisaurus crocodilurus*	I	2	4

中文名	拉丁文名	级别	情节严重	情节特别严重
巨蜥	*Varanus salvator*	Ⅰ	2	4
蟒	*Python molurus*	Ⅰ	2	4
扬子鳄	*Alligator sinensis*	Ⅰ	1	2
中华蛩蠊	*Galloisiana sinensis*	Ⅰ	3	6
金斑喙凤蝶	*Teinopalpus aureus*	Ⅰ	3	6
短尾猴	*Macaca arctoides*	Ⅱ	6	10
猕猴	*Macaca mulatta*	Ⅱ	6	10
藏酋猴	*Macaca thibetana*	Ⅱ	6	10
穿山甲	*Manis pentadactyla*	Ⅱ	8	16
豺	*Cuon alpinus*	Ⅱ	4	6
黑熊	*Selenarctos thibetanus*	Ⅱ	3	5
棕熊(包括马熊)	*Ursus arctos(U. a. pruinosus)*	Ⅱ	3	5
小熊猫	*Ailurus fulgens*	Ⅱ	3	5
石貂	*Martes foina*	Ⅱ	4	10
黄喉貂	*Martes flavigula*	Ⅱ	4	10
斑林狸	*Prionodon pardicolor*	Ⅱ	4	8
大灵猫	*Viverra zibetha*	Ⅱ	3	5
小灵猫	*Viverricula indica*	Ⅱ	4	8
草原斑猫	*Felis lybica(=silvestris)*	Ⅱ	4	8
荒漠猫	*Felis bieti*	Ⅱ	4	10
丛林猫	*Felis chaus*	Ⅱ	4	8
猞猁	*Felis lynx*	Ⅱ	2	3
兔狲	*Felis manul*	Ⅱ	3	5
金猫	*Felis temmincki*	Ⅱ	4	8
渔猫	*Felis viverrinus*	Ⅱ	4	8
麝(所有种)	*Moschus spp.*	Ⅱ	3	5
河麂	*Hydropotes inermis*	Ⅱ	4	8
马鹿(含白臀鹿)	*Cervus elaphus(C. e. macneilli)*	Ⅱ	4	6

中文名	拉丁文名	级别	情节严重	情节特别严重
水鹿	*Cervus unicolor*	Ⅱ	3	5
驼鹿	*Alces alces*	Ⅱ	3	5
黄羊	*Procapra gutturosa*	Ⅱ	8	15
藏原羚	*Procapra picticaudata*	Ⅱ	4	8
鹅喉羚	*Gazella subgutturosa*	Ⅱ	4	8
鬣羚	*Capricornis sumatraensis*	Ⅱ	3	4
斑羚	*Naemorhedus goral*	Ⅱ	4	8
岩羊	*Pseudois nayaur*	Ⅱ	4	8
盘羊	*Ovis ammon*	Ⅱ	3	5
海南兔	Lepus peguensis hainanus	Ⅱ	6	10
雪兔	*Lepus timidus*	Ⅱ	6	10
塔里木兔	*Lepus yarkandensis*	Ⅱ	20	40
巨松鼠	*Ratufa bicolor*	Ⅱ	6	10
角䴙䴘	*Podiceps auritus*	Ⅱ	6	10
赤颈䴙䴘	*Podiceps grisegena*	Ⅱ	6	8
鹈鹕(所有种)	*Pelecanus spp.*	Ⅱ	4	8
鲣鸟(所有种)	*Sula spp.*	Ⅱ	6	10
海鸬鹚	*Phalacrocorax pelagicus*	Ⅱ	4	8
黑颈鸬鹚	*Phalacrocorax niger*	Ⅱ	4	8
黄嘴白鹭	*Egretta eulophotes*	Ⅱ	6	10
岩鹭	*Egretta sacra*	Ⅱ	6	20
海南虎斑	*Gorsachius magnificus*	Ⅱ	6	10
小苇鳽	*Ixbrychus minutus*	Ⅱ	6	10
彩鹳	*Ibis leucocephalus*	Ⅱ	3	4
白鹮	*Threskiornis aethiopicus*	Ⅱ	4	8
黑鹮	*Pseudibis papillosa*	Ⅱ	4	8
彩鹮	*Plegadis falcinellus*	Ⅱ	4	8
白琵鹭	*Platalea leucorodia*	Ⅱ	4	8

中文名	拉丁文名	级别	情节严重	情节特别严重
黑脸琵鹭	*Platalea ninor*	Ⅱ	4	8
红胸黑雁	*Branta ruficollis*	Ⅱ	4	8
白额雁	*Anser albifrons*	Ⅱ	6	10
天鹅(所有种)	*Cygnus spp.*	Ⅱ	6	10
鸳鸯	*Aix galericulata*	Ⅱ	6	10
其他鹰类	(*Accipitridae*)	Ⅱ	4	8
隼科(所有种)	*Falconidae*	Ⅱ	6	10
黑琴鸡	*Lyrurus tetrix*	Ⅱ	4	8
柳雷鸟	*Lagopus lagopus*	Ⅱ	4	8
岩雷鸟	*Lagopus mutus*	Ⅱ	6	10
镰翅鸡	*Falcipennis falcipennis*	Ⅱ	3	4
花尾榛鸡	*Tetrastes bonasia*	Ⅱ	10	20
雪鸡(所有种)	*Tetraogallus spp.*	Ⅱ	10	20
血雉	*Ithaginis cruentus*	Ⅱ	4	6
红腹角雉	*Tragopan temminckii*	Ⅱ	4	6
藏马鸡	*Crossoptilon crossoptilon*	Ⅱ	4	6
蓝马鸡	*Crossoptilon aurtum*	Ⅱ	4	10
黑鹇	*Lophura leucomelana*	Ⅱ	6	8
白鹇	*Lophura nycthemera*	Ⅱ	6	10
原鸡	*Gallus gallus*	Ⅱ	6	8
勺鸡	*Pucrasia macrolopha*	Ⅱ	6	8
白冠长尾雉	*Syrmaticus reevesii*	Ⅱ	4	6
锦鸡(所有种)	*Chrysolophus spp.*	Ⅱ	4	8
灰鹤	*Grus grus*	Ⅱ	4	8
沙丘鹤	*Grus canadensis*	Ⅱ	4	8
白枕鹤	*Grus vipio*	Ⅱ	4	8
蓑羽鹤	*Anthropoides virgo*	Ⅱ	6	10
长脚秧鸡	*Crex crex*	Ⅱ	6	10

中文名	拉丁文名	级别	情节严重	情节特别严重
姬田鸡	*Porzana parva*	Ⅱ	6	10
棕背田鸡	*Porzana bicolor*	Ⅱ	6	10
花田鸡	*Coturnicops noveboracensis*	Ⅱ	6	10
铜翅水雉	*Metopidius indicus*	Ⅱ	6	10
小杓鹬	*Numenius borealis*	Ⅱ	8	15
小青脚鹬	*Tringa guttifer*	Ⅱ	6	10
灰燕鸻	*Glareola lactea*	Ⅱ	6	10
小鸥	*Larus minutus*	Ⅱ	6	10
黑浮鸥	*Chidonias niger*	Ⅱ	6	10
黄嘴河燕鸥	*Sterna aurantia*	Ⅱ	6	10
黑嘴端凤头燕鸥	*Thalasseus zimmermanni*	Ⅱ	4	8
黑腹沙鸡	*Pterocles orientalis*	Ⅱ	4	8
绿鸠(所有种)	*Treron spp.*	Ⅱ	6	8
黑颏果鸠	*Ptilinopus leclancheri*	Ⅱ	6	10
皇鸠(所有种)	*Ducula spp.*	Ⅱ	6	10
斑尾林鸽	*Columba palumbus*	Ⅱ	6	10
鹃鸠(所有种)	*Macropygia spp.*	Ⅱ	6	10
鹦鹉科(所有种)	*Psittacidae.*	Ⅱ	6	10
鸦鹃(所有种)	*Centropus spp.*	Ⅱ	6	10
鸮形目(所有种)	*STRIGIFORMES*	Ⅱ	6	10
灰喉针尾雨燕	*Hirundapus cochinchinensis*	Ⅱ	6	10
凤头雨燕	*Hemiprocne longipennis*	Ⅱ	6	10
橙胸咬鹃	*Harpactes oreskios*	Ⅱ	6	10
蓝耳翠鸟	*Alcedo meninting*	Ⅱ	6	10
鹳嘴翠鸟	*Pelargopsis capensis*	Ⅱ	6	10
黑胸蜂虎	*Merops leschenaulti*	Ⅱ	6	10
绿喉蜂虎	*Merops orientalis*	Ⅱ	6	10
犀鸟科(所有种)	*Bucertidae*	Ⅱ	4	8

中文名	拉丁文名	级别	情节严重	情节特别严重
白腹黑啄木鸟	*Dryocopus javensis*	Ⅱ	6	10
阔嘴鸟科(所有种)	*Eurylaimidae*	Ⅱ	6	10
八色鸫科(所有种)	*Pittidae*	Ⅱ	6	10
凹甲陆龟	*Manouria impressa*	Ⅱ	6	10
大壁虎	*Gekko gecko*	Ⅱ	10	20
虎纹蛙	*Rana tigrina*	Ⅱ	100	200
伟铗虮	*Atlasjapyx atlas*	Ⅱ	6	10
尖板曦箭蜓	*Heliogomphus retroflexus*	Ⅱ	6	10
宽纹北箭蜓	*Ophiogomphus spinicorne*	Ⅱ	6	10
中华缺翅虫	*Zorotypus sinensis*	Ⅱ	6	10
墨脱缺翅虫	*Zorotypus medoensis*	Ⅱ	6	10
拉步甲	*Carabus(Coptolabrus) lafossei*	Ⅱ	6	10
硕步甲	*Carabus(Apotopterus) davidi*	Ⅱ	6	10
彩臂金龟(所有种)	*Cheirotonus spp.*	Ⅱ	6	10
叉犀金龟	*Allomyrina davidis*	Ⅱ	6	10
双尾褐凤蝶	*Bhutanitis mansfieldi*	Ⅱ	6	10
三尾褐凤蝶	*Bhutanitis thaidina dongchuanensis*	Ⅱ	6	10
中华虎凤蝶	*Luehdorfia chinensis huashanensis*	Ⅱ	6	10
阿波罗绢蝶	*Parnassius apollo*	Ⅱ	6	10

［相关规定］ **《国家林业局、公安部关于森林和陆生野生动物刑事案件管辖及立案标准》** （2001年5月9日）

根据《中华人民共和国刑法》《中华人民共和国刑事诉讼法》《公安机关办理刑事案件程序规定》及其他有关规定，现将森林和陆生野生动物刑事案件管辖及立案标准规定如下：

一、森林公安机关管辖在其辖区内发生的刑法规定的下列森林和陆生野生动物刑事案件

（一）盗伐林木案件（第三百四十五条第一款）；

（二）滥伐林木案件（第三百四十五条第二款）；

（三）非法收购盗伐、滥伐的林木案件（第三百四十五条第三款）；

（四）非法采伐、毁坏珍贵树木案件（第三百四十四条）；

（五）走私珍稀植物、珍稀植物制品案件（第一百五十一条第三款）；

（六）放火案件中，故意放火烧毁森林或者其他林木的案件（第一百一十四条、第一百一十五条第一款）；

（七）失火案件中，过失烧毁森林或者其他林木的案件（第一百一十五条第二款）；

（八）聚众哄抢案件中，哄抢林木的案件（第二百六十八条）；

（九）破坏生产经营案件中，故意毁坏用于造林、育林、护林和木材生产的机械设备或者以其他方法破坏林业生产经营的案件（第二百七十六条）；

（十）非法猎捕、杀害珍贵、濒危陆生野生动物案件（第三百四十一条第一款）；

（十一）非法收购、运输、出售珍贵、濒危陆生野生动物、珍贵、濒危陆生野生动物制品案件（第三百四十一条第一款）；

（十二）非法狩猎案件（第三百四十一条第二款）；

（十三）走私珍贵陆生野生动物、珍贵陆生野生动物制品案件（第一百五十一条第二款）；

（十四）非法经营案件中，买卖《允许进口证明书》《允许出口证明书》《允许再出口证明书》、进出口原产地证明及国家机关批准的其他关于林业和陆生野生动物的经营许可证明文件的案件（第二百二十五条第二项）；

（十五）伪造、变造、买卖国家机关公文、证件案件中，伪造、变造、买卖林木和陆生野生动物允许进出口证明书、进出口原产地证明、狩猎证、特许猎捕证、驯养繁殖许可证、林木采伐许可证、木材运输证明、森林、林木、林地权属证书、征用或者占用林地审核同意书、育林基金等缴费收据以及由国家机关批准的其他关于林业和陆生野生动物公文、证件的案件（第二百八十条第一、二款）；

（十六）盗窃案件中，盗窃国家、集体、他人所有并已经伐倒的树木、偷砍他人房前屋后、自留地种植的零星树木、以谋取经济利益为目的的非法实施采种、采脂、挖笋、掘根、剥树皮等以及盗窃国家重点保护陆生野生动物或其制品的案件（第二百六十四条）；

（十七）抢劫案件中，抢劫国家重点保护陆生野生动物或其制品的案件（第二百六十三条）；

（十八）抢夺案件中，抢夺国家重点保护陆生野生动物或其制品的案件（第二百六十七条）；

（十九）窝藏、转移、收购、销售赃物案件中，涉及被盗伐滥伐的木材、国家重点保护陆生野生动物或其制品的案件（第三百一十二条）；

未建立森林公安机关的地方，上述案件由地方公安机关负责查处。

二、森林和陆生野生动物刑事案件的立案标准

（一）盗伐林木案

盗伐森林或者其他林木，立案起点为2立方米至5立方米或者幼树100至200株；盗伐林木20立方米至50立方米或者幼树1000株至2000株，为重大案件立案起点；盗伐林木100立方米至200立方米或者幼树5000株至10000株，为特别重大案件立案起点。

（二）滥伐林木案

滥伐森林或者其他林木，立案起点为10立方米至20立方米或者幼树500至1000株；滥伐林木50立方米以上或者幼树2500株以上，为重大案件；滥伐林木100立方米以上或者幼树5000株以上，为特别重大案件。

（三）非法收购盗伐、滥伐的林木案

以牟利为目的，在林区非法收购明知是盗伐、滥伐的林木在20

立方米或者幼树1000株以上的，以及非法收购盗伐、滥伐的珍贵树木2立方米以上或者5株以上的应当立案；非法收购林木100立方米或者幼树5000株以上的，以及非法收购盗伐、滥伐的珍贵树木5立方米以上或者10株以上的为重大案件；非法收购林木200立方米或者幼树1000株以上的，以及非法收购盗伐、滥伐的珍贵树木10立方米以上或者20株以上的为特别重大案件。

（四）非法采伐、毁坏珍贵树木案

非法采伐、毁坏珍贵树木的应当立案；采伐珍贵树木2株、2立方米以上或者毁坏珍贵树木致死3株以上的，为重大案件；采伐珍贵树木10株、10立方米以上或者毁坏珍贵树木致死15株以上的，为特别重大案件。

（五）走私珍稀植物、珍稀植物制品案

走私国家禁止进出口的珍稀植物、珍稀植物制品的应当立案；走私珍稀植物2株以上、珍稀植物制品价值在2万元以上的，为重大案件；走私珍稀植物10株以上、珍稀植物制品价值在10万元以上的，为特别重大案件。

（六）放火案

凡故意放火造成森林或者其他林木火灾的都应当立案；过火有林地面积2公顷以上为重大案件；过火有林地面积10公顷以上，或者致人重伤、死亡的，为特别重大案件。

（七）失火案

失火造成森林火灾，过火有林地面积2公顷以上，或者致人重伤、死亡的应当立案；过火有林地面积为10公顷以上，或者致人死亡、重伤5人以上的为重大案件；过火有林地面积为50公顷以上，或者死亡2人以上的，为特别重大案件。

（八）非法猎捕、杀害国家重点保护珍贵、濒危陆生野生动物案

凡非法猎捕、杀害国家重点保护的珍贵、濒危陆生野生动物的应当立案，重大案件、特别重大案件的立案标准详见附表。

（九）非法收购、运输、出售珍贵、濒危陆生野生动物、珍贵、

濒危陆生野生动物制品案

非法收购、运输、出售国家重点保护的珍贵、濒危陆生野生动物的应当立案，重大案件、特别重大案件的立案标准见附表。

非法收购、运输、出售国家重点保护的珍贵、濒危陆生野生动物制品的，应当立案；制品价值在10万元以上或者非法获利5万元以上的，为重大案件；制品价值在20万元以上或非法获利10万元以上的，为特别重大案件。

（十）非法狩猎案

违反狩猎法规，在禁猎区、禁猎期或者使用禁用的工具、方法狩猎，具有下列情形之一的，应予立案：

1. 非法狩猎陆生野生动物20只以上的；

2. 在禁猎区或者禁猎期使用禁用的工具、方法狩猎的；

3. 具有其他严重破坏野生动物资源情节的。

违反狩猎法规，在禁猎区、禁猎期或者使用禁用的工具、方法狩猎，非法狩猎陆生野生动物50只以上的，为重大案件；非法狩猎陆生野生动物100只以上或者具有其他恶劣情节的，为特别重大案件。

（十一）走私珍贵动物、珍贵动物制品案

走私国家重点保护和《濒危野生动植物种国际贸易公约》附录一、附录二的陆生野生动物及其制品的应当立案；走私国家重点保护的陆生野生动物重大案件和特别重大案件按附表的标准执行。

走私国家重点保护和《濒危野生动植物种国际贸易公约》附录一、附录二的陆生野生动物制品价值10万元以上的，应当立为重大案件；走私国家重点保护和《濒危野生动植物种国际贸易公约》附录一、附录二的陆生野生动物制品价值20万元以上的，应当立为特别重大案件。

（十二）盗窃、抢夺、抢劫案、窝藏、转移、收购、销售赃物案、破坏生产经营案、聚众哄抢案、非法经营案、伪造变造买卖国家机关公文、证件案，执行相应的立案标准。

三、其他规定

（一）林区与非林区的划分，执行各省、自治区、直辖市人民政府的规定。

（二）林木的数量，以立木蓄积计算。

（三）对于一年内多次盗伐、滥伐少量林木未经处罚的，累计其盗伐林木、滥伐林木的数量。

（四）被盗伐、滥伐林木的价值，有国家规定价格的，按国家规定价格计算；没有国家规定价格的，按主管部门规定的价格计算；没有国家或者主管部门规定价格的，按市场价格计算；进入流通领域的，按实际销售价格计算；实际销售价格低于国家或者主管部门规定价格的，按国家或者主管部门规定的价格计算；实际销售价格低于市场价格，又没有国家或者主管部门规定价格的，按市场价格计算，不能按低价销赃的价格计算。

（五）非法猎捕、杀害、收购、运输、出售、走私《濒危野生动植物种国际贸易公约》附录一、附录二所列陆生野生动物的，其立案标准参照附表中同属或者同科的国家一、二级保护野生动物的立案标准执行。

（六）珍贵、濒危陆生野生动物制品的价值，依照国家野生动物行政主管部门的规定核定；核定价值低于实际交易价格的，以实际交易价格认定。

（七）单位作案的，执行本规定的立案标准。

（八）本规定中所指的“以上”，均包括本数在内。

（九）各省、自治区、直辖市公安厅、局和林业主管部门可根据本地的实际情况，在本规定的幅度内确定本地区盗伐林木案、滥伐林木案和非法狩猎案的立案起点及重大、特别重大案件的起点。

（十）盗伐、滥伐竹林或者其他竹子的立案标准，由各省、自治区、直辖市公安厅、局和林业主管部门根据竹子的经济价值参照盗伐、滥伐林木案的立案标准确定。

（十一）本规定自发布之日起执行。1986 年 8 月 20 日发布的

《林业部、公安部关于森林案件管辖范围及森林刑事案件立案标准的暂行规定》和1994年5月25日发布的《林业部、公安部关于陆生野生动物刑事案件的管辖及其立案标准的规定》同时废止。

【释解】

本条是关于非法猎捕、杀害珍贵、濒危野生动物罪、非法收购、运输、出售珍贵、濒危野生动物、珍贵、濒危野生动物制品罪、非法狩猎罪的规定。

一、非法猎捕、杀害珍贵、濒危野生动物罪

（一）概念及其构成

非法猎捕、杀害珍贵、濒危野生动物罪，是指违反野生动物保护法规，猎捕、杀害国家重点保护的珍贵、濒危野生动物的行为。

1. 客体要件

本罪侵犯的客体是国家重点保护的珍贵、濒危野生动物的管理制度。珍贵、濒危野生动物是国家的一项宝贵自然资源，它不仅具有重要的经济价值，而且具有重要的文化价值、社会价值乃至政治价值，因此，国家通过制定一系列保护野生动物的法律法规，对珍贵、濒危野生动物资源予以重点保护，维护对珍贵、濒危野生动物资源保护的正常管理活动。如野生动物保护法规定，野生动物资源属于国家所有，国家保护野生动物及其生存环境，禁止任何单位和个人非法狩猎或者破坏。《陆生野生动物保护实施条例》规定，县级以上人民政府野生动物行政主管部门，应当组织社会各方面力量，采取生物技术措施和工程技术措施，维护和改善野生动物生存环境，保护和发展野生动物资源。禁止任何单位和个人破坏国家和地方重点保护野生动物的生息繁衍场所和生存条件。《水生野生动物保护实施条例》亦作了同样的规定。非法捕杀珍贵、濒危野生动物，致使国家重点保护的珍贵、濒危野生动物濒临灭绝的危险，显然严重侵犯了国家对野生动物资源的保护和管理制度，应当依法予以惩处。

非法捕杀珍贵、濒危野生动物罪的犯罪对象，是国家重点保护的珍贵、濒危野生动物。1988年11月8日全国人大常委会通过的《中华人民共和国野生动物保护法》第9条规定："国家对珍贵、濒危的野生动物实行重点保护。国家重点保护的野生动物分为一级保护野生动物和二级保护野生动物。"一级保护野生动物是指中国特产稀有或者濒于灭绝的野生动物，如大熊猫等。二级保护野生动物是指数量稀少或者分布地域狭窄，若不采取保护措施将有灭绝危险的野生动物，如猕猴等。包括陆生野生动物和水生野生动物。其中珍贵野生动物，是指在生态、科学研究、经济、文化等方面具有重要价值的野生动物；濒危野生动物，是指濒于灭绝的野生动物。非珍贵、濒危野生动物不能成为本罪的行为对象。珍贵、濒危野生动物，乃珍贵、濒危陆生野生动物和水生野生动物的总称，其中陆生野生动物，是指依法受保护的珍贵、濒危、有益的和有重要经济、科学研究价值的陆生野生动物；水生野生动物，是指珍贵、濒危的水生野生动物。1988年12月10日国务院批准并由林业部和农业部联合发布的《国家重点保护野生动物名录》中，共计258种国家重点保护的野生动物。其中一级保护野生动物共96种，如大熊猫、马来熊、紫貂、貂熊、熊狸、云豹、豹、虎、雪豹、金丝猴、叶猴、豚尾猴、台湾猴、熊猴、蜂猴、长臂猿、儒艮、中华白海豚、亚洲象、西藏野驴、白唇鹿、梅花鹿、河狸、短尾信天翁、白腹军舰鸟、白鹳、中华秋沙鸭、玉带海雕、新疆大头鱼、白鲟、黄岛长吻虫等。二级保护野生动物共162种，如小熊猪、猕猴、麝、鹅喉羚、塔里木兔、巨松鼠、黑颈鸬鹚、海南虎斑、天鹅、鸳鸯、四川山鹧鸪、灰燕鸻、唐鱼、花鳗鲡、川陕哲罗鲑、文昌鱼、宽纹北箭蜓、中华虎凤蝶等。

捕杀上述国家重点保护野生动物名录所列对象之外的其他野生动物的，一般不构成本罪。如在禁猎区或禁猎期，以及使用禁用工具或方法捕杀其他野生动物，情节严重的，应以非法狩猎罪认定。国家重点保护的野生动物名录如有调整，应以国务院批准公布的为准。

根据《最高人民法院关于审理破坏野生动物资源刑事案件具体

应用法律若干问题的解释》第1条的规定，“珍贵、濒危野生动物”，包括列入国家重点保护野生动物名录的国家一、二级保护野生动物、列入《濒危野生动植物种国际贸易公约》附录一、附录二的野生动物以及驯养繁殖的上述物种。

2. 客观要件

本罪在客观方面表现为非法猎捕、杀害国家重点保护的珍贵、濒危野生动物的行为。野生动物保护法第16条规定：“禁止猎捕、杀害国家重点保护野生动物。因科学研究、驯养繁殖、展览或者其他特殊情况，需要捕捉、捕捞国家一级保护野生动物的，必须向国务院野生动物行政主管部门申请特许猎捕证；猎捕国家二级保护野生动物的，必须向省、自治区、直辖市政府野生动物行政主管部门申请特许猎捕证。”猎捕者应当按照特许猎捕证规定的种类、数量、地点和期限进行猎捕。如果没有取得特许猎捕证而进行猎捕，或者虽有特许猎捕证，但不按照特许猎捕证规定的种类、数量、地点和期限进行猎捕的，均属于非法猎捕，构成非法猎捕、杀害珍贵、濒危野生动物罪。

非法捕杀珍贵、濒危野生动物的行为方式多种多样，但可以归纳为3类：猎取珍贵、濒危的陆生野生动物，捕捞珍贵、濒危的水生野生动物，杀害珍贵、濒危的陆生或水生野生动物。

至于其捕杀行为是在何时、何地、用何种工具、采用何种方法都不影响本罪的成立。实践中具备非法猎捕和杀害两种方式之一的，即可构成本罪，同时具备两种方式的，也只构成一罪，不能按数罪并罚。

本罪属行为犯。只要行为人实施了非法捕杀珍贵、濒危野生动物的行为，就构成犯罪。因为破坏珍贵、濒危野生动物资源的行为本身，具有很大的社会危害性，应当受到刑罚惩罚，所以，在认定犯罪时，不以是否具备“情节严重”作为划分罪与非罪的界限。

根据《最高人民法院关于审理破坏野生动物资源刑事案件具体应用法律若干问题的解释》的规定，非法猎捕、杀害珍贵、濒危野生动物具有下列情形之一的，属于“情节严重”：（1）达到该解释附表所列相应数量标准的；（2）非法猎捕、杀害不同种类的珍贵、濒危野生动物，其中两种以上分别达到附表所列“情节严重”数量标准一半以上的。非法猎捕、杀害珍贵、濒危野生动物具有下列情形之一的，属于“情节特别严重”：（1）达到该解释附表所列相应数量标准的；（2）非法猎捕、杀害不同种类的珍贵、濒危野生动物，其中两种以上分别达到附表所列“情节特别严重”数量标准一半以上的。

非法猎捕、杀害珍贵、濒危野生动物构成犯罪，具有下列情形之一的，可以认定为“情节严重”；非法猎捕、杀害珍贵、濒危野生动物符合上述规定，并具有下列情形之一的，可以认定为“情节特别严重”：（1）犯罪集团的首要分子；（2）严重影响对野生动物的科研、养殖等工作顺利进行的；（3）以武装掩护方法实施犯罪的；（4）使用特种车、军用车等交通工具实施犯罪的；（5）造成其他重大损失的。

非法猎捕、杀害珍贵、濒危野生动物罪的既遂，以符合本罪的构成要件为标准。只要完成猎取、捕捞、杀害行为之一的，构成本罪的既遂，是否杀害珍贵、濒危野生动物并非本罪既遂的惟一标志。

3．主体要件

本罪主体是一般主体。无论是国家工作人员还是其他公民，只要达到法定刑事责任年龄，具备刑事责任能力的，都可以构成本罪。野生动物保护法第8条规定：“国家保护野生动物及其生存环境，禁止任何单位和个人非法猎捕或者破坏。”

4．主观要件

本罪在主观方面表现为故意，即明知是国家重点保护的珍贵、濒危野生动物而捕杀的。行为人无论为了出卖牟利、自食自用、馈赠亲友或者出于取乐的目的，都可以构成本罪。过失行为不构成本罪。

（二）认定

1．本罪与非法捕捞水产品罪、非法狩猎罪的界限其区别主要是：

（1）犯罪所侵犯的对象不同。本罪的对象，只能是受国家重点保护的珍贵、濒危陆生和水生野生动物。非法捕捞水产品罪、非法狩猎罪的对象，是除受国家重点保护的野生动物之外的其他有益的或者有重要经济、科学研究价值的水生、陆生野生动物。

（2）客观要件不同。构成本罪，不受捕杀的时间、地点、工具、方法的影响，只要有故意非法捕杀的行为，即构成犯罪。构成非法捕捞水产品罪、非法狩猎罪，客观上受时间、地点、工具、方法的限制，行为人在禁渔（猎）区、禁渔（猎）期或者使用禁用的工具、方法进行非法猎捕的，才可能构成犯罪。

（3）对情节的要求不同。非法捕杀珍贵、濒危的野生动物的，不要求情节严重即构成犯罪。构成非法捕捞水产品罪、非法狩猎罪，除具备构成要件外，必须达到“情节严重”的，才以犯罪论处，否则，按一般违法行为处罚。

2．本罪与走私珍贵动物、珍贵动物制品罪的界限

走私珍贵动物、珍贵动物制品罪，是指违反海关法规，逃避海关监管，非法运输、携带、邮寄国家禁止进出口的珍贵动物及其制品进出境的行为。两罪的主体和主观方面的特征是相同的，都属于故意犯罪。在犯罪对象方面，都涉及到对珍贵动物的侵害，走私珍贵动物、珍贵动物制品罪的犯罪对象既可以是珍贵野生动物及其制品，也可以是珍贵的非野生动物及其制品。两罪的不同之处在于：

（1）客体要件不同。非法猎捕、杀害珍贵、濒危野生动物罪所侵犯的客体为国家对珍贵、濒危野生动物资源的重点保护制度；而走私珍贵动物、珍贵动物制品罪所侵犯的客体为国家对外贸易管制中对特定物品的禁止出境制度。

（2）犯罪客观方面不同。非法猎捕、杀害珍贵、濒危野生动物罪在客观上表现为非法猎捕、杀害珍贵、濒危野生动物的行为；而走私珍贵动物、珍贵动物制品罪则表现为非法运输、携带、邮寄国家禁止进出口的珍贵动物及其制品进出境的行为。

3. 伪造特许猎捕证后非法捕杀珍贵、濒危野生动物的定罪

一般情况下，持有特许猎捕证捕杀珍贵、濒危野生动物的行为属于合法行为，行为人如果不具有合法猎捕资格，而采用仿造、变造等手段获取特许猎捕证的行为，已经构成本法第280条第1款伪造、变造、买卖国家机关公文、证件、印章罪，如行为人非法捕杀珍贵、濒危野生动物构成犯罪的，应与伪造、变造、买卖国家公文、证件、印章罪实行数罪并罚；如行为人非法捕杀珍贵、濒危野生动物不构成犯罪的，对行为人应按本法第280条第1款单独定罪处罚。

（三）处罚

犯本罪的，处五年以下有期徒刑或者拘役，并处罚金；情节严重的，处五年以上十年以下有期徒刑，并处罚金；情节特别严重的，处十年以上有期徒刑，并处罚金或者没收财产。

二、非法收购、运输、出售珍贵、濒危野生动物、珍贵濒危野生动物制品罪

（一）概念及其构成

非法收购、运输、出售珍贵、濒危野生动物制品罪，是指违反野生动物保护法规，收购、运输、出售国家重点保护的珍贵、濒危野生动物及其制品的行为。

1. 客体要件

本罪侵犯的客体是国家重点保护的珍贵、濒危野生动物的管理制度。本罪的对象只能是国家重点保护的珍贵、濒危野生动物及其制品，包括陆生野生动物及其制品和水生野生动物及其制品。珍贵野生动物，是指在生态、科学研究、经济、文化等方面具有重要价值的野生动物，濒危野生动物是指濒于灭绝的野生动物。野生动物保护法第9条规定：“国家对珍贵、濒危的野生动物实行重点保护。国家重点保护的野生动物分为一级保护野生动物和二级野生动物。”一级保护野生动物是指中国特产稀有或濒于灭绝的野生动物，二级保护野生动物是指数量稀少或者分布地域狭窄，若不采取保护措施将有灭绝危险的野生动物。1988年12月10日国务院批准并由林业

部、农业部联合发布的《国家重点保护野生动物名录》，将258种野生动物列为国家重点保护的野生动物。凡名录所列野生动物以及由这些野生动物所产生的制品皆属本罪的对象，侵犯名录以外的其他野生动物及其制品的，不能构成本罪。濒危野生动物制品，是指对捕获或得到的珍贵、濒危野生动物通过某种加工手段而获得的成品与半成品，如标本、皮张和其他有极高经济价值的动物部位、肉食等。

本罪侵犯的对象仅指名录中所载之野生动物及其制品，名录以外的其他野生动物及其制品，则非本罪的行为对象。对于收购、运输、出售上述国家重点保护野生动物名录所列对象以外的其他野生动物及其制品的，不能构成本罪。

2. 客观要件

本罪在客观方面表现为违反野生动物保护法规，收购、运输、出售珍贵、濒危野生动物及其制品的行为。

违反野生动物保护法规，主要是指1988年11月8日全国人大常委会通过的野生动物保护法。

根据野生动物保护法的规定，因科学研究、驯养、繁殖、展览等特殊情况，需要出售、收购、利用国家一级保护野生动物或者其产品的，必须经国务院野生动物行政主管部门或者其授权单位批准，需要出售、收购、利用国家二级保护野生动物或者其产品的，必须经省、自治区、直辖市政府野生动物行政主管部门或其授权的单位批准；运输、携带国家重点保护野生动物或者其产品出境的，必须经省、自治区、直辖市政府野生动物行政主管部门或者其授权的单位批准，等等。没有经国务院及有关单位批准收购、运输、出售国家一、二级野生动物及其产品的，均属非法行为。《陆生野生动物保护实施条例》规定，收购驯养繁殖的国家重点保护野生动物或者其产品的单位，由省、自治区、直辖市人民政府林业行政主管部门向有关部门提出，经同级人民政府或者其授权的单位批准，凭批准文件向工商行政管理部门申请登记注册；依照前述规定经核准登记的单位，不得收购未经批准出售的国家重点保护野生动物或者其产品。禁止在集贸市场出售、收购国家重点保护野生动物或者其产品。运输、携带国家重点保护野生动物或者其产品出入境的，应当凭特许猎捕证、驯养繁殖许可证，向县级人民政府野生动物行政主管部门提出申请，报省、自治区、直辖市人民政府林业行政主管部门或者其授权单位批准。出口国家重点保护野生动物或者其产品的，以及进出口中国参加的国际公约所限制进出口的野生动物或者其产品的，必须经进出口单位或者个人所在地的省、自治区、直辖市人民政府林业行政主管部门审核，报国务院林业行政主管部门或者国务院批准。

本罪行为的具体方式表现为收购、运输和出售野生动物及其制品的行为。《最高人民法院关于审理破坏野生动物资源刑事案件具体应用法律若干问题的解释》第2条规定："刑法第三百四十一条第一款规定的'收购'，包括以营利、自用等为目的的购买行为；'运输'，包括采用携带、邮寄、利用他人、使用交通工具等方法进行运送的行为；'出售'，包括出卖和以营利为目的的加工利用行为。"

本罪在客观上包括以上三种行为方式，无论行为人实施的是其中一种行为，还是同时实施数种行为，均可构成本罪。

根据《最高人民法院关于审理破坏野生动物资源刑事案件具体应用法律若干问题的解释》的规定，非法收购、运输、出售珍贵、濒危野生动物具有下列情形之一的，属于"情节严重"：(1) 达到该解释附表所列相应数量标准的；(2) 非法收购、运输、出售不同种类的珍贵、濒危野生动物，其中两种以上分别达到附表所列"情节严重"数量标准一半以上的。非法收购、运输、出售珍贵、濒危野生动物具有下列情形之一的，属于"情节特别严重"：(1) 达到该解释附表所列相应数量标准的；(2) 非法收购、运输、出售不同种类的珍贵、濒危野生动物，其中两种以上分别达到附表所列"情节特别严重"数量标准一半以上的。

非法收购、运输、出售珍贵、濒危野生动物构成犯罪，具有下列情形之一的，可以认定为“情节严重”；非法收购、运输、出售珍贵、濒危野生动物符合上述规定，并具有下列情形之一的，可以认定为“情节特别严重”：（1）犯罪集团的首要分子；（2）严重影响对野生动物的科研、养殖等工作顺利进行的；（3）以武装掩护方法实施犯罪的；（4）使用特种车、军用车等交通工具实施犯罪的；（5）造成其他重大损失的。非法收购、运输、出售珍贵、濒危野生动物制品具有下列情形之一的，属于“情节严重”：（1）价值在10万元以上的；（2）非法获利5万元以上的；（3）具有其他严重情节的。非法收购、运输、出售珍贵、濒危野生动物制品具有下列情形之一的，属于“情节特别严重”：（1）价值在20万元以上的；（2）非法获利10万元以上的；（3）具有其他特别严重情节的。

3. 主体要件

本罪主体为一般主体。凡达到刑事责任年龄、具有刑事责任能力的自然人均可构成。单位亦可成为本罪主体。

4. 主观要件

本罪在主观方面表现为故意，即明知是国家重点保护的珍贵、濒危野生动物及其制品，仍然予以收购、运输和出售。过失不构成本罪。如果行为人确实不知道是国家重点保护的野生动物或出于过失而非法收购、运输的，则不构成本罪。至于行为人的动机可能是多种多样的，有的是为了牟利，有的是为了食用或驯养等。不论其动机如何，均不影响本罪的成立。在对象不能的情况下是否构成故意犯罪，由于一些非专业人员对野生动物领域知识面的欠缺，因而通常对何种动物为野生动物的认识不够，也因此对该种动物制品缺乏认识，在这种情况下实施了非法收购、运输、出售自己认为是珍贵、濒危野生动物及其制品的，一般不以本罪论处；如果行为人实施了非法收购、运输、出售自己认为不是珍贵、濒危野生动物及其制品的，而事实上确实是珍贵、濒危野生动物及其制品的，亦不宜以本罪论处。

（二）认定

1. 本罪与非法猎捕、杀害珍贵、濒危野生动物罪的界限

两罪均属故意犯罪，同列于一个法条之中，说明了两罪在侵犯的客体、主体的构成和主观方面的特征上具有一致性。但是，两罪仍然存有不同：

（1）犯罪客观行为方式上的不同。本罪在客观方面表现为非法收购、运输、出售珍贵、濒危野生动物及其制品的行为；而非法猎捕、杀害珍贵、濒危野生动物罪则表现为非法猎捕、杀害珍贵、濒危野生动物的行为。

（2）犯罪对象不同。本罪的犯罪对象不仅包括珍贵、濒危野生动物，还包括珍贵、濒危野生动物制品；而非法猎捕、杀害珍贵、濒危野生动物罪的犯罪对象则仅指珍贵、濒危野生动物。

2. 本罪与非法经营罪的界限

非法经营罪，是指违反国家有关法规，实施非法经营行为，扰乱市场秩序，情节严重的行为。二者的区别在于：

（1）客体要件不同。本罪所侵犯的客体是国家对环境资源的管理活动，其直接客体是国家对珍贵、濒危野生动物资源的保护制度，其犯罪的对象为珍贵、濒危野生动物及其制品；而非法经营罪侵犯的客体是市场管理秩序，其对象的范围较本罪的范围要广泛得多。

（2）客观行为不同。本罪的客观行为方式表现为收购、运输、出售三种形式。行为人实施其中的任意一种，或是兼施两种，甚至同时兼施三种行为均可构成本罪；而非法经营罪的行为则表现为专营、专卖或其他限制买卖的物品，和买卖进出口配额许可证或进出口原产地证明等等一系列违法经营行为，由于非法经营的内涵较为丰富，非法经营行为的方式也因此而多种多样。

3. 本罪与走私珍贵动物、珍贵动物制品罪的区别

走私珍贵动物、珍贵动物制品罪，是指违反海关法规，逃避海关监管，非法运输、携带、邮寄国家禁止进出口的珍贵动物及其制品进出境的行为。在犯罪对象方面，二者都涉及到对珍贵动物的侵害，但作为走私珍贵动物、珍贵动物制品罪的犯罪对象既可以是珍

贵野生动物及其制品，也可以是珍贵的非野生动物及其制品。两罪的主要区别是：

(1) 侵犯客体不同。本罪所侵犯的客体是国家对环境资源的管理活动，其直接客体是国家对珍贵、濒危野生动物资源的保护制度，其犯罪的对象为珍贵、濒危野生动物及其制品；而走私珍贵动物、珍贵动物制品罪所侵犯的客体为我国对外贸易管理制度，其直接客体反映为国家对珍贵动物及其制品禁止出口的制度。

(2) 犯罪客观方面不同。本罪表现为非法收购、运输、出售珍贵、濒危野生动物及其制品的行为；而走私珍贵动物、珍贵动物制品罪的行为特征则表现为非法运输、携带、邮寄国家禁止进出口的珍贵动物及其制品进出境的行为。

(三) 处罚

犯本罪的，处五年以下有期徒刑或者拘役，并处罚金；情节严重的，处五年以上十年以下有期徒刑，并处罚金；情节特别严重的，处十年以上有期徒刑，并处罚金或者没收财产。

三、非法狩猎罪

(一) 概念及其构成

非法狩猎罪，是指违反狩猎法规，在禁猎区、禁猎期或者使用禁用的工具、方法进行狩猎，破坏野生动物资源，情节严重的行为。非法狩猎罪，是一种对野生动物资源具有严重破坏性的犯罪。

1. 客体要件

本罪侵犯的客体，是国家保护野生动物资源的管理制度。野生动物资源是一种宝贵的自然资源。它不仅具有重要的经济价值，为开展科学研究和加强国际文化交流提供重要资源，而且对维护生态平衡具有非常重大的意义。野生动物保护法第3条规定：“野生动物资源属于国家所有。国家保护依法开发和利用野生动物资源的单位和个人的合法权益。”第8条规定：“国家保护野生动物及其生存环境，禁止任何单位和个人非法猎捕或者破坏。”

野生动物的范围非常广泛，包括脊索动物、半索动物、棘皮动物、节肢动物、软体动物等。从自然资源保护的角度，又可以分为国家重点保护的珍贵、濒危的野生动物以及地方重点保护的野生动物。非法狩猎罪的对象，是指除珍贵、濒危的陆生野生动物和水生野生动物以外，有益的或者有重要经济、科学研究价值的陆生野生动物。行为人非法狩猎的对象如果涉及到属于国家重点保护的珍贵、濒危野生动物，应按非法猎捕、杀害珍贵、濒危野生动物罪论处。可见，本罪的对象仅指一般陆生动物，即未列入《国家重点保护野生动物名录》的其他所有陆生野生动物。

2. 客观要件

本罪在客观方面表现为违反狩猎法规，在禁猎区、禁猎期或者使用禁用的工具、方法进行狩猎，破坏野生动物资源，情节严重的行为。

违反狩猎法规，主要是指野生动物保护法、《陆生野生动物保护实施条例》等等。违反这些法律、法规是成立非法狩猎行为的前提。如野生动物保护法第18条规定："猎捕非国家重点保护野生动物的，必须取得狩猎许可证，并且服从猎捕量限额管理。持枪猎捕的，必须取得县、市公安机关核发持枪证。"第19条规定："猎捕者应当按照特许猎捕证、狩猎证规定的种类、数量、地点和期限进行猎捕。"

本罪客观行为的具体表现是在禁猎区、禁猎期，或者以禁用的工具、方法进行狩猎，所谓"禁猎区"，是指国家对适宜野生动物栖息繁殖或者野生动物资源贫乏和破坏比较严重的地区，如国家自然保护区、风景区、城镇、工矿区、革命圣地、名胜古迹等区域为保护野生动物而划定的禁止狩猎区域。根据野生动物保护法第10条规定："国务院野生动物行政主管部门和省、自治区、直辖市政府，应当在国家和地方重点保护野生动物的主要生息繁衍的地区、水域，划定自然保护区，加强对国家和地方重点保护野生动物及其生存环境的保护管理。"其中所规定的禁猎区，具体包括一、二、三类保护动物的主要栖息、繁衍地区，如《自然保护区名录》所列自然保护区、风景区，等等。在此区域内，任何人任何时候都不得进行狩猎。所谓“禁猎期”，是指按法定程序规定，禁止进行狩猎活动的一定时间期限。禁猎期一般是根据不同野生动物的繁殖及生长期（如肉食、皮毛成熟），而分别划定的禁止狩猎的期间。规定禁猎期的目的在于保证野生动物能够拥有良好的繁衍环境，使其正常发展，保持并增加种群数量，供人们永续利用。禁猎期由县级以上人民政府或其野生动物行政主管部门按照自然规律规定。所谓“禁用的工具”，是指足以破坏野生动物资源，危害人畜安全以及破坏森林的工具。野生动物保护法第21条明确规定：“禁止使用军用武器、毒药、炸药进行猎捕。”《陆生野生动物保护实施条例》第11条亦规定：“禁止使用军用武器、气枪、毒药、炸药、地枪、排铳、非人为直接操作并危害人畜安全的狩猎装置……”禁用工具还包括地弓、大铁夹、大挑杆子，等等。所谓“禁用的方法”，是指足以破坏、妨害野生动物正常繁殖和生长的方法。如投毒、爆炸、火攻、烟熏、掏窝、拣蛋、夜间照明行猎、歼灭性围攻，等等。

根据本条的规定，违反狩猎法规的行为主要表现在违反上述四项禁止性规定上，存在其中任何一种形式或是数种形式非法狩猎野生动物行为，且情节严重的，即可构成本罪。

非法狩猎行为必须是情节严重的行为，才能构成犯罪。根据《最高人民法院关于审理破坏野生动物资源刑事案件具体应用法律若干问题的解释》的规定，违反狩猎法规，在禁猎区、禁猎期或者使用禁用的工具、方法狩猎，具有下列情形之一的，属于非法狩猎“情节严重”：(1) 非法狩猎野生动物20只以上的；(2) 违反狩猎法规，在禁猎区或者禁猎期使用禁用的工具、方法狩猎的；(3) 具有其他严重情节的。

3. 主体要件

本罪主体是一般主体。无论是专门从事狩猎的人员还是其他公民，只要达到刑事责任年龄、具备刑事责任能力的，都可以构成本罪。单位亦可构成本罪主体。

4. 主观要件

本罪在主观方面表现为故意，即明知是在禁猎区、禁猎期或者使用禁止的工具、方法进行狩猎而故意为之。至于是为了营利或者其他目的，均不影响本罪的成立。过失不能构成本罪。

（二）认定

1. 区分本罪与非法猎捕、杀害珍贵、濒危野生动物罪的界限

两罪的犯罪主体、主观方面都相同，皆属故意犯罪。两罪侵犯的客体不尽相同，其同类客体都是对环境资源保护和管理制度的侵犯，只是犯罪所侵犯的直接客体有所不同，非法狩猎罪所侵犯的客体为国家保护野生动物资源的管理制度；而非法猎捕、杀害珍贵、濒危野生动物罪所侵犯的客体为国家对珍贵、濒危野生动物资源的重点保护制度。两罪的主要区别是：

（1）犯罪客观方面不同。非法狩猎罪主要表现为在禁猎区、禁猎期或使用禁用工具、方法实施的狩猎行为，且情节严重的才构成犯罪；而非法猎捕、杀害珍贵、濒危野生动物罪则表现为非法猎捕、杀害珍贵、濒危野生动物的行为，行为人只要客观上对国家重点保护的珍贵、濒危野生动物实施了非法捕杀行为，即可构成犯罪，不受任何“禁止性”条件和情节是否严重的限制。

（2）犯罪对象不同。非法狩猎罪的犯罪对象主要是指珍贵、濒危野生动物以外的一般陆生野生动物；而非法猎捕、杀害珍贵、濒危野生动物罪的犯罪对象为列入《国家重点保护野生动物名录》的珍贵、濒危野生动物，既包括陆生的野生动物，也包括水生的野生动物。

2. 区分本罪与非法捕捞水产品罪的界限

非法捕捞水产品罪，是指违反保护水产资源法规，在禁渔区、禁渔期或者使用禁用的工具、方法捕捞水产品，情节严重的行为。两罪在犯罪主体、主观方面较为一致，都属于故意犯罪的范畴。区别在于：

（1）客体不尽相同，其同类客体都是对环境资源保护和管理制度的侵犯，只是犯罪所侵犯的直接客体有所不同，非法狩猎罪所侵

犯的直接客体为国家保护野生动物资源的管理制度；而非法捕捞水产品罪所侵犯的客体为国家保护水产资源的管理制度。

(2) 犯罪对象不同。非法狩猎罪的对象是除国家重点保护的珍贵、濒危野生动物资源、水生野生动物资源以外的陆生野生动物资源；而非法捕捞水产品罪的犯罪对象则为除国家重点保护的珍贵、濒危陆生和水生野生动物资源以外的其他水产品资源，这些水产品资源不仅包括水生野生动物，还包括海藻类、淡水食用水生植物类等水产品。

(3) 行为内容不同。非法狩猎罪在违反"四个禁止性规定"的前提下，突出了与危害陆生动物相关的"狩猎"行为；而非法捕捞水产品罪则在"四个禁止性规定"的前提下，强调的是危及水产资源的"捕捞"行为。故两者所违反的"四个禁止性规定"实为形式相同而内容各异的限制性规定。

3. 非法狩猎过程中殴打管理人员致人伤残、死亡的处理

由于实施非法狩猎罪的行为人所持有和使用的工具通常都具有一定的杀伤力，因此，实践中，非法狩猎者在其实施非法狩猎过程中，如果抗拒管理，不服管理，行凶殴打管理人员，一般都会对管理人员造成不同程度的伤害。如果非法狩猎者殴打管理人员的行为尚未构成犯罪的，则应将殴打行为视为非法狩猎罪的"情节严重"的情形之一，按非法狩猎罪论处。如果殴打行为致管理人员伤残、死亡，应定为故意伤害罪或杀人罪，按照数罪并罚的原则，与非法狩猎罪实行并罚。因为，非法狩猎罪所必须的"情节严重"要件，只包括行凶殴打致人轻伤在内，而故意殴打致人重伤或死亡的，或故意杀人的，则已超出了"情节严重"的范围，如果仍按非法狩猎罪一罪论处，则不符合罪刑相适应的原则，所以，应当实行数罪并罚。

（三）处罚

犯本罪的，处三年以下有期徒刑、拘役、管制或者罚金。单位犯本罪的，对单位判处罚金，并对其主要责任人员和主管人员依上述规定处罚。

第三百四十二条[①]　（非法占用农用地罪）

违反土地管理法规，非法占用耕地、林地等农用地，改变被占用土地用途，数量较大，造成耕地、林地等农用地大量毁坏的，处五年以下有期徒刑或者拘役，并处或者单处罚金。

[相关规定]　**《中华人民共和国土地管理法》**　（1998 年 8 月 29 日第九届全国人民代表大会常务委员会第四次会议修正）（节录）

第七十四条　违反本法规定，占用耕地建窑、建坟或者擅自在耕地上建房、挖砂、采石、采矿、取土等，破坏种植条件的，或者因开发土地造成土地荒漠化、盐渍化的，由县级以上人民政府土地行政主管部门责令限期改正或者治理，可以并处罚款；构成犯罪的，依法追究刑事责任。

第七十六条　未经批准或者采取欺骗手段骗取批准，非法占用土地的，由县级以上人民政府土地行政主管部门责令退还非法占用的土地，对违反土地利用总体规划擅自将农用地改为建设用地的，限期拆除在非法占用的土地上新建的建筑物和其他设施，恢复土地原状，对符合土地利用总体规划的，没收在非法占用的土地上新建的建筑物和其他设施，可以并处罚款；对非法占用土地单位的直接负责的主管人员和其他直接责任人员，依法给予行政处分；构成犯罪的，依法追究刑事责任。

超过批准的数量占用土地，多占的土地以非法占用土地论处。

---

① 本条经《中华人民共和国刑法修正案（二）》（2001 年 8 月 31 日）修正。原条文是："违反土地管理法规，非法占用耕地改作他用，数量较大，造成耕地大量毁坏的，处五年以下有期徒刑或者拘役，并处或者单处罚金。"

［相关规定］ **《基本农田保护条例》** （1998 年 12 月 27 日国务院发布）（节录）

第二条 国家实行基本农田保护制度。

本条例所称基本农田，是指按照一定时期人口和社会经济发展对农产品的需求，依据土地利用总体规划确定的不得占用的耕地。

本条例所称基本农田保护区，是指为对基本农田实行特殊保护而依据土地利用总体规划和依照法定程序确定的特定保护区域。

第十七条 禁止任何单位和个人在基本农田保护区内建窑、建房、建坟、挖砂、采石、采矿、取土、堆放固体废弃物或者进行其他破坏基本农田的活动。

禁止任何单位和个人占用基本农田发展林果业和挖塘养鱼。

第三十三条 违反本条例规定，占用基本农田建窑、建房、建坟、挖砂、采石、采矿、取土、堆放固体废弃物或者从事其他活动破坏基本农田，毁坏种植条件的，由县级以上人民政府土地行政主管部门责令改正或者治理，恢复原种植条件，处占用基本农田的耕地开垦费 1 倍以上 2 倍以下的罚款；构成犯罪的，依法追究刑事责任。

第三十四条 侵占、挪用基本农田的耕地开垦费，构成犯罪的，依法追究刑事责任；尚不构成犯罪的，依法给予行政处分或者纪律处分。

［相关规定］ **《退耕还林条例》** （2002 年 12 月 14 日 2003 年 1 月 20 日起施行）（节录）

第六十二条 退耕还林者擅自复耕，或者林粮间作、在退耕还林项目实施范围内从事滥采、乱挖等破坏地表植被的活动的，依照刑法关于非法占用农用地罪、滥伐林木罪或者其他罪的规定，依法追究刑事责任；尚不够刑事处罚的，由县级以上人民政府林业、农业、水利行政主管部门依照森林法、草原法、水土保持法的规定处罚。

［相关规定］　**《最高人民法院关于审理破坏土地资源刑事案件具体应用法律若干问题的解释》**　（2000年6月22日起施行　法释〔2000〕14号）（节录）

第三条　违反土地管理法规，非法占用耕地改作他用，数量较大，造成耕地大量毁坏的，依照刑法第三百四十二条的规定，以非法占用耕地罪定罪处罚：

（一）非法占用耕地“数量较大”，是指非法占用基本农田五亩以上或者非法占用基本农田以外的耕地十亩以上。

（二）非法占用耕地“造成耕地大量毁坏”，是指行为人非法占用耕地建窑、建坟、建房、挖沙、采石、采矿、取土、堆放固体废弃物或者进行其他非农业建设，造成基本农田五亩以上或者基本农田以外的耕地十亩以上种植条件严重毁坏或者严重污染。

第八条　单位犯非法转让、倒卖土地使用权罪、非法占有耕地罪的定罪量刑标准，依照本解释第一条、第二条、第三条的规定执行。

第九条　多次实施本解释规定的行为依法应当追诉的，或者一年内多次实施本解释规定的行为未经处理的，按照累计的数量、数额处罚。

［相关规定］　**《全国人民代表大会常务委员会关于〈中华人民共和国刑法〉第二百二十八条、第三百四十二条、第四百一十条的解释》**　（2001年8月31日第九届全国人民代表大会常务委员会第二十三次会议通过）（节录）

全国人民代表大会常务委员会讨论了刑法第二百二十八条、第三百四十二条、第四百一十条规定的“违反土地管理法规”和第四百一十条规定的“非法批准征用、占用土地”的含义问题，解释如下：

刑法第二百二十八条、第三百四十二条、第四百一十条规定的“违反土地管理法规”，是指违反土地管理法、森林法、草原法等法律以及有关行政法规中关于土地管理的规定。

[相关规定] **《最高人民法院关于审理破坏林地资源刑事案件具体应用法律若干问题的解释》** （2005年12月19日最高人民法院审判委员会第1374次会议通过 2005年12月26日最高人民法院公告公布 自2005年12月30日起施行 法释〔2005〕15号）

为依法惩治破坏林地资源犯罪活动，根据《中华人民共和国刑法》、《中华人民共和国刑法修正案（二）》及全国人民代表大会常务委员会《关于〈中华人民共和国刑法〉第二百二十八条、第三百四十二条、第四百一十条的解释》的有关规定，现就人民法院审理这类刑事案件具体应用法律的若干问题解释如下：

第一条 违反土地管理法规，非法占用林地，改变被占用林地用途，在非法占用的林地上实施建窑、建坟、建房、挖沙、采石、采矿、取土、种植农作物、堆放或排泄废弃物等行为或者进行其他非林业生产、建设，造成林地的原有植被或林业种植条件严重毁坏或者严重污染，并具有下列情形之一的，属于《中华人民共和国刑法修正案（二）》规定的“数量较大，造成林地大量毁坏”，应当以非法占用农用地罪判处五年以下有期徒刑或者拘役，并处或者单处罚金：

（一）非法占用并毁坏防护林地、特种用途林地数量分别或者合计达到五亩以上；

（二）非法占用并毁坏其他林地数量达到十亩以上；

（三）非法占用并毁坏本条第（一）项、第（二）项规定的林地，数量分别达到相应规定的数量标准的百分之五十以上；

（四）非法占用并毁坏本条第（一）项、第（二）项规定的林地，其中一项数量达到相应规定的数量标准的百分之五十以上，且两项数量合计达到该项规定的数量标准。

第二条　国家机关工作人员徇私舞弊，违反土地管理法规，滥用职权，非法批准征用、占用林地，具有下列情形之一的，属于刑法第四百一十条规定的"情节严重"，应当以非法批准征用、占用土地罪判处三年以下有期徒刑或者拘役：

（一）非法批准征用、占用防护林地、特种用途林地数量分别或者合计达到十亩以上；

（二）非法批准征用、占用其他林地数量达到二十亩以上；

（三）非法批准征用、占用林地造成直接经济损失数额达到三十万元以上，或者造成本条第（一）项规定的林地数量分别或者合计达到五亩以上或者本条第（二）项规定的林地数量达到十亩以上毁坏。

第三条　实施本解释第二条规定的行为，具有下列情形之一的，属于刑法第四百一十条规定的"致使国家或者集体利益遭受特别重大损失"，应当以非法批准征用、占用土地罪判处三年以上七年以下有期徒刑：

（一）非法批准征用、占用防护林地、特种用途林地数量分别或者合计达到二十亩以上；

（二）非法批准征用、占用其他林地数量达到四十亩以上；

（三）非法批准征用、占用林地造成直接经济损失数额达到六十万元以上，或者造成本条第（一）项规定的林地数量分别或者合计达到十亩以上或者本条第（二）项规定的林地数量达到二十亩以上毁坏。

第四条　国家机关工作人员徇私舞弊，违反土地管理法规，非法低价出让国有林地使用权，具有下列情形之一的，属于刑法第四百一十条规定的"情节严重"，应当以非法低价出让国有土地使用权罪判处三年以下有期徒刑或者拘役：

（一）林地数量合计达到三十亩以上，并且出让价额低于国家规定的最低价额标准的百分之六十；

（二）造成国有资产流失价额达到三十万元以上。

第五条 实施本解释第四条规定的行为，造成国有资产流失价额达到六十万元以上的，属于刑法第四百一十条规定的“致使国家和集体利益遭受特别重大损失”，应当以非法低价出让国有土地使用权罪判处三年以上七年以下有期徒刑。

第六条 单位实施破坏林地资源犯罪的，依照本解释规定的相关定罪量刑标准执行。

第七条 多次实施本解释规定的行为依法应当追诉且未经处理的，应当按照累计的数量、数额处罚。

【释解】

本条是关于非法占用农用地罪的规定。

一、概念及其构成

非法占用农用地罪，是指违反土地管理法规，非法占用耕地、林地等农用地，改变被占用土地用途，数额较大，造成耕地、林地等农用地大量毁坏的行为。

（一）客体要件

本罪侵犯的客体是国家的耕地、林地等农用地管理制度。

作为一个古老的农业大国，耕地是我国最重要的自然资源。然而我国人均只有耕地约1.3亩，仅相当于世界人均耕地4.1亩的1/3。耕地的贫乏已成为制约我国经济发展的重要因素之一，严加保护耕地是摆在全国人民面前的重要任务，也是每个公民的重要职责。我国宪法第10条规定：“城市的土地属于国家所有。农村和城市郊区的土地，除由法律规定属于国家所有的以外，属于集体所有；宅基地和自留区、自留山，也属于集体所有。国家为了公共利益的需要，可以依照法律规定对土地实行征用。任何组织和个人不得侵占、买卖、出租或者以其他形式非法转让土地。一切使用土地的组织和个人必须合理地利用土地。”我国土地管理法第3条规定：“十分珍惜、合理利用土地和切实保护耕地是我国的基本国策。各级人民政府应当采取措施，全面规划，严格管理，保护、开发土地资源，制止非法占用土地的行为。”由于宪法和土地管理法明确规定了土地（含耕地在内）的所有权属于国家或集体，禁止任何单位或个人非法占用耕地。但是，任何单位或个人可在不违反有关耕地保护管理制度和通过正常的审批程序的前提下，依法占有耕地，享受对耕地的使用权，并接受国家的统一管理和监督。所谓耕地的保护制度，则是指我国宪法、土地管理法及其实施条例等一系列有关耕地的行政性管理法规的总称。

本法对盗伐、滥伐森林或者其他林木等破坏森林资源的犯罪行为作了明确规定，但近几年又出现了新的情况和问题，突出的表现是：一些地方、单位和个人以各种名义毁林开垦、非法占用林地并改作他用，对森林资源的林地造成了极大的破坏。目前，对这种违法行为，刑法没有设定相应的罪名，又取消了类推原则，无法比照其他罪名追究刑事责任。因此，2001年8月31日第九届全国人民代表大会常务委员会第二十三次会议通过了《中华人民共和国刑法修正案》（二），对本条作了重大修改，将耕地修改为耕地、林地等农用地。

本罪的对象是耕地、林地等农用地资源。耕地资源分为已开垦的已耕地和尚未开发利用的后备耕地。已开垦的耕地包括熟地、当年新开荒地、连续撂荒未满3年的耕地、当年的休闲地、以种植农作物为主并附带种其他作物的土地和沿海沿湖地区围垦利用的海涂湖田等。根据1998年12月27日《基本农田保护条例》第10条规定，属于基本农田所包含的耕地范围分别是：国务院有关主管部门和县级以上地方人民政府批准确定的粮、棉、油生产基地内的耕地；有良好的水利与水土保持设施的耕地，正在实施改造计划以及可以改造的中、低产田；蔬菜生产基地；农业科研、教学实验田。

（二）客观要件

本罪在客观方面表现为违反土地管理法规，非法占用耕地、林地等农用地，改变被占用土地用途，数额较大，造成耕地、林地等农用地大量毁坏的行为。

《全国人民代表大会常务委员会关于〈中华人民共和国刑法〉第二百二十八条、第三百四十二条、第四百一十条的解释》的规定，"违反土地管理法规"，是指违反土地管理法、森林法、草原法等法律以及有关行政法规中关于土地管理的规定。具体违反了土地管理法、全国人大常委会《关于修改〈中华人民共和国土地管理法〉的决定》、土地管理法实施条例、《土地复垦规定》、《关于制止农村建房用地的紧急通知》和《基本农田保护条例》、《国家建设征用土地条例》、《中华人民共和国水土保持法》、《中华人民共和国农业法》、《中华人民共和国森林法》、《中华人民共和国森林法实施细则》、《中华人民共和国草原法》等等与土地管理相关的法规。土地管理法第20条规定，各级人民政府应当采取措施，保护耕地，维护排灌工程设施，改良土壤，提高地力，防治土地沙化、盐渍化、水土流失，制止荒废和破坏耕地的行为。乡（镇）村建设必须节约使用土地，可以利用荒地的，不得占用耕地；可以利用劣地的，不得占用好地。

非法占用耕地、林地等农用地，是指未经法定程序审批、登记、核发证书、确认土地使用权、林地使用权，而占用耕地、林地等农用地的行为。非法占有耕地、林地等农用地行为通常表现为：其一，未经批准占用耕地、林地等农用地，即未经国家土地管理机关审批，并报经人民政府批准，擅自占用耕地、林地等农用地的；其二，少批多占耕地、林地等农用地的，即部分耕地、林地等农用地的占用是经过合法批准的，但超过批准的数量且多占耕地、林地等农用地的数量较大的；其三，骗取批准而占用耕地、林地等农用地的，主要是以提供虚假文件、谎报用途或借用、盗用他人的名义申请等欺骗手段取得批准手续而占用耕地、林地等农用地，且数量较大的。

改作他用是指改变耕地、林地等农用地的用途而作其他方面使用，诸如开办企业、建造住宅、筑路、采石、采矿、采土、采沙、倾倒废物等。

非法占用耕地、林地等农用地数量较大且造成耕地、林地等农用地大量毁坏结果的，是非法占用农用地罪的必备要件。至于数量较大的具体标准，法律没有明文规定。根据土地管理法对土地的征用或使用所作的详细规定：征用基本农田、基本农田以外的耕地超过35公顷、其他土地超过70公顷的，由国务院批准；征用上述规定以外的土地，由省、自治区、直辖市人民政府批准，并报国务院备案。如果违反上述有关土地管理的审批程序或所规定的数量而多征用、使用耕地的行为，就是违反土地管理法的非法占用耕地的行为。司法实践中也可根据当时当地耕地面积的大小、质量优劣的状况等情况综合衡量非法占用耕地的数量是否较大。“造成耕地大量毁坏”，是指非法占用耕地导致耕地种植功能基本丧失，如造成土地板结、沙化、盐渍化、水土严重流失、土壤肥力消失等。

《最高人民法院关于审理破坏土地资源刑事案件具体应用法律若干问题的解释》第3条规定：“违反土地管理法规，非法占用耕地改作他用，数量较大，造成耕地大量毁坏的，依照刑法第三百四十二条的规定，以非法占用耕地罪定罪处罚：（一）非法占用耕地‘数量较大’，是指非法占用基本农田五亩以上或者非法占用基本农田以外的耕地十亩以上。（二）非法占用耕地‘造成耕地大量毁坏’，是指行为人非法占用耕地建窑、建坟、建房、挖沙、采石、采矿、取土、堆放固体废弃物或者进行其他非农业建设，造成基本农田五亩以上或者基本农田以外的耕地十亩以上种植条件严重毁坏或者严重污染。”

《最高人民法院关于审理破坏林地资源刑事案件具体应用法律若干问题的解释》第1条规定：“违反土地管理法规，非法占用林地，改变被占用林地用途，在非法占用的林地上实施建窑、建坟、建房、挖沙、采石、采矿、取土、种植农作物、堆放或排泄废弃物等行为或者进行其他非林业生产、建设，造成林地的原有植被或林业种植条件严重毁坏或者严重污染，并具有下列情形之一的，属于《中华人民共和国刑法修正案（二）》规定的‘数量较大，造成林地大量毁坏’，应当以非法占用农用地罪判处五年以下有期徒刑或者拘役，并处或者单处罚金：（一）非法占用并毁坏防护林地、特种用途林地数量分别或者合计达到五亩以上；（二）非法占用并毁坏其他林地数量达到十亩以上；（三）非法占用并毁坏本条第（一）项、第（二）项规定的林地，数量分别达到相应规定的数量标准的百分之五十以上；（四）非法占用并毁坏本条第（一）项、第（二）项规定的林地，其中一项数量达到相应规定的数量标准的百分之五十以上，且两项数量合计达到该项规定的数量标准。”在具体适用时需要注意把握三个方面：

第一，为什么对破坏防护林地、特种用途林地与其他林地的犯罪规定不同的定罪量刑标准。这主要是考虑到，防护林对于改善生态环境，减少自然灾害，减轻自然灾害所造成的危害，促进经济、社会的可持续发展具有十分重要的意义。特种用途林或者对国防建设具有重要意义；或者具有重要的历史纪念意义和科研价值；或者在维护生物多样性、维护生态平衡方面具有特殊的功能和作用。由于防护林和特种用途林是以发挥生态效益和社会效益为主的林种，在林业分类经营中被纳入生态公益范畴进行管护，实行与商品林不同的管理措施。特别是在占用林地需由国务院主管部门审核的数量标准上，防护林地和特种用途林地比其他林地具有更高的标准。据有关统计，全国防护林地占林地总面积的8.32％；特种用途林地占林地总面积的1.54％。由于防护林地和特种用途林地不仅具有有别于其他林地的特殊意义和功能，而且在我国林地总面积中所占比例也非常小，应当给予特别的保护，实行相对比较低的定罪量刑标准。因此，《最高人民法院关于审理破坏林地资源刑事案件具体应用法律若干问题的解释》第1条第（1）、（2）项分别规定，非法占用并毁坏防护林地、特种用途林地的定罪数量标准为5亩，其他林地的定罪数量标准为10亩。

第二，如何把握破坏不同种类林地的数量达到不同比例的定罪量刑标准。在司法实践中，行为人同时非法占用不同种类的林地（如防护林地和其他林地）并毁坏的情形时有出现。由于对不同种类的林地规定了不同的定罪量刑数量标准，因此，就产生了行为人破坏不同种类的林地，但每一种林地的数量均未达到相应规定的定罪量刑数量标准应如何处理的问题。对此，考虑到这种情形同样对林地资源具有严重的破坏性，必须给予惩治；而司法实践中，行为人往往采取这类犯罪手法以规避刑事责任的追究，因此，有必要在《最高人民法院关于审理破坏林地资源刑事案件具体应用法律若干问题的解释》中区分不同情形加以规定。

《最高人民法院关于审理破坏林地资源刑事案件具体应用法律若干问题的解释》第1条第（3）项明确规定，行为人同时非法占用并毁坏两种不同种类的林地（如防护林地和其他林地），其数量只要分别达到了相应规定的定罪量刑数量标准（如5亩和10亩）的50%以上（即2.5亩和5亩）的，即构成犯罪，应当追究行为人的刑事责任。第（4）项明确规定，行为人同时破坏两种不同种类的林地，只有其中一种林地的数量超过了50%以上（如防护林地4亩或者其他林地8亩），但两种不同种类的林地数量合计已经达到50%以上的该种林地的定罪数量标准（如防护林地4亩和其他林地1亩，合计5亩林地，达到了防护林地5亩的定罪数量标准；防护林地2亩和其他林地8亩，合计10亩林地，达到了其他林地10亩的定罪数量标准）的，即构成犯罪，应当追究行为人的刑事责任。

第三，关于如何界定造成林地大量毁坏的问题。就林地和土地在受到毁坏这方面而言，两者之间虽然具有较大的相同性，但林地又有其特殊性，必须加以区别。保护林地，其根本目的不是仅仅取得经济利益，而是维护人类赖以生存的自然环境的生态平衡，以及发挥生态效益和促进经济、社会的可持续性发展。考虑到林地上的植被一旦被破坏，其在涵养水源、保持水土、净化大气等维护生态平衡方面的功能就会减弱甚至彻底丧失，而且难以恢复或者根本无法恢复，即使恢复起来也要付出高昂代价。即使是在林地上开垦种植农作物，虽然可能没有破坏林地的种植条件，但同样会使林地上的原有植被遭受严重破坏，进而引发上述自然灾害和社会危害的发生。所以，林地的保护有别于耕地的保护，不能把“种植条件是否被严重毁坏”作为是否造成林地毁坏的惟一标准。因此，《最高人民法院关于审理破坏林地资源刑事案件具体应用法律若干问题的解释》把林地上的植被和种植条件是否被严重破坏，作为是否造成林地大量毁坏的界定标准。①

（三）主体要件

本罪的主体既可以是自然人，也可以是单位。

自然人非法占用耕地、林地等农用地，主要是指凡年满 16 周岁，具备刑事责任能力的实施了非法占用耕地、林地等农用地行为的自然人。根据土地管理法第 62 条的规定，农村村民住宅用地，经乡（镇）人民政府审核，由县级人民政府批准；其中，涉及占用农用地的，由省、自治区、直辖市人民政府批准。凡违反该程序私自占用数量较大耕地的居民均可构成本罪的主体。

单位非法占用耕地、林地等农用地，主要是指单位在国家建设用地、本单位发展建设和乡（镇）村建设用地过程中，违反土地管理法规，非法占用耕地、林地等农用地改作他用，数量较大，造成耕地、林地等农用地大量毁坏的行为。这里的单位，既包括国有的公司、企业、事业单位，也包括集体所有的公司、企业、事业单位以及合资或独资、私人所有的公司、企业；以及国家各级权力机关、行政机关、审判机关、检察机关和人民团体和社会团体。至于土地管理机关侵权或越权审批占用耕地、林地等农用地的，无权审批或无权发放使用证的机关批准占用耕地、林地等农用地或有权审批机关超越权限、职权批准占用耕地、林地等农用地且数量较大的，通常视为单位构成非法批准征用、占用土地罪，而不以本罪论。

① 马东：“《最高人民法院关于审理破坏林地资源刑事案件具体应用法律若干问题的解释》”，载《人民司法》2006 年第 2 期。

（四）主观要件

本罪在主观方面表现为故意。即明知占用耕地、林地等农用地改作他用的行为是违反土地管理法规的，而且对于占用耕地、林地等农用地改作他用会造成大量耕地、林地等农用地被毁坏的结果也是明知的。明知自己的行为会发生危害社会的结果，仍然希望或者放任结果的发生，在主观上为故意。行为人非法占用耕地、林地等农用地的动机多种多样，但不影响本罪的成立。

二、认定

（一）本罪与非法转让、倒卖土地使用权罪的界限

本罪与非法转让、倒卖土地使用权罪都是与土地管理有关的犯罪。二者的不同在于：

1．犯罪客体不同

本罪侵害的是国家对土地特别是耕地、林地等农用地进行保护的管理制度；而非法转让、倒卖土地使用权罪侵害的则是国家对土地使用权合法转让的管理制度。

2．犯罪客观方面不同

非法占用农用地罪是结果犯，表现为违反土地管理法规，非法侵占耕地、林地等农用地，数量较大，造成大量耕地、林地等农用地毁坏的行为。非法转让、倒卖土地使用权罪则是情节犯，表现为违反土地管理法规，实施了非法转让、倒卖土地使用权，情节严重的行为。其中非法转让土地使用权，是指以买卖以外的其他形式非法转移土地使用权的行为，也即未按国家法律规定程序办理征用或者划拨手续的行为，或者未按规定权限办理审批手续的土地转让的行为。倒卖土地使用权，包括毫不掩饰和明码标价地将土地卖给他人，从而收取价款和以某种形式掩盖其土地买卖的实质而将土地卖给他人的两种行为方式。

3．处罚不同

对二者的处罚虽都采取了判处有期徒刑和罚金的刑罚方法，但前者没有明确确定的罚金标准；而后者则采取的是倍比罚金制的方

式以确定罚金的标准。

（二）本罪与非法批准征用、占用土地罪和非法低价出让国有土地使用权罪的界限

此三罪相同之处都是与土地资源有关，并且在主观方面均表现为故意。不同之处表现为：

1. 侵害的客体不同

非法占用农用地罪的客体是对耕地、林地等农用地的法律保护制度；而非法批准征用、占用土地罪和非法低价出让国有土地使用权罪所侵害的客体均为国家机关工作人员职务行为的廉洁性和正当性。

2. 客观方面不同

非法占用农用地罪在客观上表现为违反土地管理法规，非法占用耕地、林地等农用地改作他用，数量较大，造成耕地、林地等农用地大量毁坏的行为；而非法批准征用、占用土地罪和非法低价出让国有土地使用权罪在客观上都表现为徇私舞弊，违反土地管理法规，滥用职权，通常表现为弄虚作假，欺上瞒下，掩盖事实真相；或违反土地管理法等有关土地管理法规中关于批准征用、占用土地以及出让土地使用权的规定，不正确地行使批准征用、占用土地或者出让国有土地使用权的职权。

3. 主体不同

非法占用农用地罪的主体是一般主体，而非法批准征用、占用土地罪和非法低价出让国有土地使用权罪的主体是特殊主体，即国家机关工作人员。

三、处罚

犯本罪的，处五年以下有期徒刑或者拘役，并处或者单处罚金。

第三百四十三条 （非法采矿罪、破坏性采矿罪）

违反矿产资源法的规定，未取得采矿许可证擅自采矿的，擅自

进入国家规划矿区、对国民经济具有重要价值的矿区和他人矿区范围采矿的，擅自开采国家规定实行保护性开采的特定矿种，经责令停止开采后拒不停止开采，造成矿产资源破坏的，处三年以下有期徒刑、拘役或者管制，并处或者单处罚金；造成矿产资源严重破坏的，处三年以上七年以下有期徒刑，并处罚金。

违反矿产资源法的规定，采取破坏性的开采方法开采矿产资源，造成矿产资源严重破坏的，处五年以下有期徒刑或者拘役，并处罚金。

［相关规定］　**《中华人民共和国矿产资源法》**　（1996年8月29日第八届全国人民代表大会常务委员会第二十一次会议修正）（节录）

第三十九条　违反本法规定，未取得采矿许可证擅自采矿的，擅自进入国家规划矿区、对国民经济具有重要价值的矿区范围采矿的，擅自开采国家规定实行保护性开采的特定矿种的，责令停止开采、赔偿损失，没收采出的矿产品和违法所得，可以并处罚款；拒不停止开采，造成矿产资源破坏的，依照刑法第一百五十六条的规定对直接责任人员追究刑事责任。

单位和个人进入他人依法设立的国有矿山企业和其他矿山企业矿区范围内采矿的，依照前款规定处罚。①

第四十条　超越批准的矿区范围采矿的，责令退回本矿区范围内开采、赔偿损失，没收越界开采的矿产品和违法所得，可以并处罚款；拒不退回本矿区范围内开采，造成矿产资源破坏的，吊销采矿许可证，依照刑法第一百五十六条的规定对直接责任人员追究刑事责任。②

第四十四条　违反本法规定，采取破坏性的开采方法开采矿产

① 本条所称刑法条文是指原刑法条文。
② 本条所称刑法条文是指原刑法条文。

资源的，处以罚款，可以吊销采矿许可证；造成矿产资源严重破坏的，依照刑法第一百五十六条的规定对直接责任人员追究刑事责任。①

［相关规定］ **《国务院关于对黄金矿产实行保护性开采的通知》**（1988年10月30日）

黄金矿产是国家极其宝贵的资源，对国民经济具有重要价值。但是，当前大量的个体采矿者涌入黄金矿山和勘查矿区乱采滥挖，严重影响、干扰了金矿企业的生产和勘查矿区的正常工作，不仅污染环境、破坏资源和生态平衡，而且扰乱社会秩序，助长走私和倒卖黄金等非法行为，有的酿成了重大人身伤亡事故，使国家和人民的利益受到侵害。为了加强对开采黄金矿产的管理，保护国家的宝贵资源，特通知如下：

一、根据《中华人民共和国矿产资源法》第十五条规定，国务院决定将黄金矿产列为实施保护性开采的特定矿种，实行有计划的开采，未经国家黄金管理局批准，任何单位和个人不得开采；自本通知发出之日起，停止审批个体采金，不得再向个体发放黄金矿产采矿许可证。

二、对现在从事黄金矿产开采的个体采矿者，应当停采清理：对无证开采的，要依法处罚；对持有黄金矿产采矿许可证的，由原发证机关负责限期收回。

三、取缔个体选冶、加工黄金及倒卖黄金矿石等非法活动，查封所有浪费资源、污染环境的小氰化池、小汞板和溜槽等黄金选冶点，对疏于管理、秩序混乱的矿区也要进行清理整顿。

四、各级人民政府和有关部门要对以上各条立即制定实施办法，认真贯彻执行。

本通知自发出之日起施行。

---

① 本条所称刑法条文是指原刑法条文。

［相关规定］　**《中华人民共和国煤炭法》**　（1996年8月29日第八届全国人民代表大会常务委员会第二十一次会议通过）（节录）

第三十一条　煤炭生产应当依法在批准的开采范围内进行，不得超越批准的开采范围越界、越层开采。

采矿作业不得擅自开采保安煤柱，不得采用可能危及相邻煤矿生产安全的决水、爆破、贯通巷道等危险方法。

第七十条　违反本法第三十一条的规定，擅自开采保安煤柱或者采用危及相邻煤矿生产安全的危险方法进行采矿作业的，由劳动行政主管部门会同煤炭管理部门责令停止作业；由煤炭管理部门没收违法所得，并处违法所得一倍以上五倍以下的罚款，吊销其煤炭生产许可证；构成犯罪的，由司法机关依法追究刑事责任；造成损失的，依法承担赔偿责任。

［相关规定］　**《最高人民法院关于审理非法采矿、破坏性采矿刑事案件具体应用法律若干问题的解释》**　（2003年5月16日最高人民法院审判委员会第1270次会议通过　2003年5月29日最高人民法院公告公布自2003年6月3日起施行　法释〔2003〕9号）

为依法惩处非法采矿、破坏性采矿犯罪活动，根据刑法有关规定，现就审理这类刑事案件具体应用法律的若干问题解释如下：

第一条　违反矿产资源法的规定非法采矿，具有下列情形之一，经责令停止开采后拒不停止开采，造成矿产资源破坏的，依照刑法第三百四十三条第一款的规定，以非法采矿罪定罪处罚：

（一）未取得采矿许可证擅自采矿；

（二）擅自进入国家规划矿区、对国民经济具有重要价值的矿区和他人矿区范围采矿；

（三）擅自开采国家规定实行保护性开采的特定矿种。

第二条　具有下列情形之一的，属于本解释第一条第（一）项规定的“未取得采矿许可证擅自采矿”：

（一）无采矿许可证开采矿产资源的；

（二）采矿许可证被注销、吊销后继续开采矿产资源的；

（三）超越采矿许可证规定的矿区范围开采矿产资源的；

（四）未按采矿许可证规定的矿种开采矿产资源的（共生、伴生矿种除外）；

（五）其他未取得采矿许可证开采矿产资源的情形。

第三条 非法采矿造成矿产资源破坏的价值，数额在5万元以上的，属于刑法第三百四十三条第一款规定的“造成矿产资源破坏”；数额在30万元以上的，属于刑法第三百四十三条第一款规定的“造成矿产资源严重破坏”。

第四条 刑法第三百四十三条第二款规定的破坏性采矿罪中“采取破坏性的开采方法开采矿产资源”，是指行为人违反地质矿产主管部门审查批准的矿产资源开发利用方案开采矿产资源，并造成矿产资源严重破坏的行为。

第五条 破坏性采矿造成矿产资源破坏的价值，数额在30万元以上的，属于刑法第三百四十三条第二款规定的“造成矿产资源严重破坏”。

第六条 破坏性的开采方法以及造成矿产资源破坏或者严重破坏的数额，由省级以上地质矿产主管部门出具鉴定结论，经查证属实后予以认定。

第七条 多次非法采矿或者破坏性采矿构成犯罪，依法应当追诉的，或者一年内多次非法采矿或破坏性采矿未经处理的，造成矿产资源破坏的数额累计计算。

第八条 单位犯非法采矿罪和破坏性采矿罪的定罪量刑标准，按照本解释的有关规定执行。

第九条 各省、自治区、直辖市高级人民法院，可以根据本地区的实际情况，在5万元至10万元、30万元至50万元的幅度内，确定执行本解释第三条、第五条的起点数额标准，并报最高人民法院备案。

［相关规定］　**《最高人民法院、最高人民检察院关于办理盗窃油气、破坏油气设备等刑事案件具体应用法律若干问题的解释》**（2006年11月20日最高人民法院审判委员会第1406次会议、2006年12月11日最高人民检察院第十届检察委员会第66次会议通过　2007年1月15日最高人民法院、最高人民检察院公告公布　自2007年1月19日起施行　法释〔2007〕3号）（节录）

第六条　违反矿产资源法的规定，非法开采或者破坏性开采石油、天然气资源的，依照刑法第三百四十三条以及《最高人民法院关于审理非法采矿、破坏性采矿刑事案件具体应用法律若干问题的解释》的规定追究刑事责任。

［相关规定］　**《最高人民法院、最高人民检察院关于办理危害矿山生产安全刑事案件具体应用法律若干问题的解释》**　（2007年2月26日最高人民法院审判委员会第1419次会议、2007年2月27日最高人民检察院第十届检察委员会第72次会议通过　2007年2月28日最高人民法院、最高人民检察院公告公布　自2007年3月1日起施行　法释〔2007〕5号）（节录）

第八条　在采矿许可证被依法暂扣期间擅自开采的，视为刑法第三百四十三条第一款规定的“未取得采矿许可证擅自采矿”。

违反矿产资源法的规定，非法采矿或者采取破坏性的开采方法开采矿产资源，造成重大伤亡事故或者其他严重后果，同时构成刑法第三百四十三条规定的犯罪和刑法第一百三十四条或者第一百三十五条规定的犯罪的，依照数罪并罚的规定处罚。

【释解】

本条是关于非法采矿罪、破坏性采矿罪的规定。

一、非法采矿罪

（一）概念及其构成

非法采矿罪，是指违反矿产资源保护法的规定，未取得采矿许可证擅自采矿的，擅自进入国家规划矿区、对国民经济具有重要价值的矿区和他人矿区范围采矿的，擅自开采国家规定实行保护性开采的特定矿种，经责令停止开采后拒不停止开采，造成矿产资源破坏的行为。

1. 客体要件

本罪侵犯的客体是国家对矿产资源和矿业生产的管理制度以及国家对矿产资源的所有权。根据我国宪法和矿产资源管理法的规定，矿产资源属于国家所有，国家保障矿产资源的合理开发利用，禁止任何组织或个人用任何手段破坏矿产资源。但是，国家可在不改变对矿产资源的所有权性质的前提下，按照所有权和采矿权适当分离的原则，将矿产资源的开采权依法授予特定的组织或个人，并有权对任何组织或者个人的采矿活动实施监督管理。因而，所谓国家对矿产资源的管理制度，主要是指国家依法对采矿单位或者个人所制订的一系列行政管理制度的总称。国家对矿产资源的开发实行严格的管理，禁止无证开采和超越批准的矿区范围采矿。近几年来，非法采矿活动十分严重，因此必须将其规定为犯罪行为，予以严厉打击。

本罪的对象是矿产资源，是指在地质运动过程中形成的，蕴藏于地壳之中的，能为人们用于生产和生活和各种矿物质的总称。其中包括各种呈固态、液态或气态的金属、非金属矿产、燃料矿产和地下热能等。

2. 客观要件

本罪在客观上表现为违反矿产资源保护法的规定，非法采矿，造成矿产资源破坏的行为。

非法采矿，即无证开采，是指未取得采矿许可证擅自采矿的，擅自进入国家规划矿区、对国民经济具有重要价值的矿区和他人矿区范围采矿的，擅自开采国家规定实行保护性开采的特定矿种，或者虽有采矿许可证，但不按采矿许可证上采矿范围等要求，经责令停止开采后拒不停止开采，造成矿产资源破坏的行为。

根据本条规定，非法采矿包括四种情形：

（1）无证采矿的行为，即没有经过法定程序取得采矿许可证而擅自采矿的。根据矿产资源保护法的规定，不论是国有矿山企业，还是乡镇集体矿山企业和个体采矿，都必须经审查批准和颁发采矿许可证。根据矿产资源法第16条的规定："开采下列矿产资源的，由国务院地质矿产主管部门审批，并颁发采矿许可证：（一）国家规划矿区和对国民经济具有重要价值的矿区内的矿产资源；（二）前项规定矿区以外可供开采的矿产储量在大型以上的矿产资源；（三）国家规定实行保护性开采的特定矿种；（四）领海及中国管辖的其他海域的矿产资源；（五）国务院规定的其他矿产资源。开采石油、天然气、放射性矿产等特定矿种的，可以由国务院授权的有关主管部门审批，并颁发采矿许可证。开采第一、二款规定以外的矿产资源，其可供开采的矿产储量规划为中型的，由省、自治区、直辖市人民政府地质矿产主管部门审批和颁发采矿许可证。开采第一、二、三款规定以外的矿产资源的管理办法，由省、自治区、直辖市人民代表大会常务委员会依法制定。依照第三、四款的规定审批和颁发采矿许可证的，由省、自治区、直辖市人民政府地质矿产主管部门汇总向国务院地质矿产主管部门备案。矿产储量规模的大型、中型的划分标准，由国务院矿产储量审批机构规定。"同时，矿产资源法规定，国家鼓励集体矿山企业开采国家指定范围内的矿产资源，允许个人采挖零星分散资源和只能用作普通建筑材料的砂、石、粘土以及生活自用采挖少量矿产。对开办乡镇集体矿山企业的审查批准、颁发采矿许可证的办法，个体采矿的管理办法，由省级权力机关制定。凡未经过上述合法程序取得采矿许可证的，均视为无证采矿行为。根据《最高人民法院关于审理非法采矿、破坏性采矿刑事案件具体应用法律若干问题的解释》的规定，具有下列情形之一的，属于"未取得采矿许可证擅自采矿"：①无采矿许可证开采矿产资源的；②采矿许可证被注销、吊销后继续开采矿产资源的；③超越采矿许可证规定的矿区范围开采矿产资源的；④未按采矿许可证规定的矿种开采矿产资源的（共生、伴生矿种除外）；⑤其他未取得采矿许可证开采矿产资源的情形。

实践中，一些矿山企业在被责令停产停业期间擅自开采的情况较为普遍，是矿难频发的重大隐患。据统计，2005 年 7 月至 8 月，全国煤矿发生的 51 起重、特大事故中，有 31 起发生在已被责令关闭或者停产整顿、但仍然违法生产的小煤矿。从预防的角度看，对在被责令停产停业期间擅自开采的行为，即使没有造成人员伤亡，也应作为刑事治理的重点。但对该种非法采矿行为如何处理存在较大分歧，焦点在于该种情形是否属于本条第 1 款规定的“未取得采矿许可证擅自采矿”。有关部门提出，“在被责令停产停业期间擅自开采的”，情况比较复杂，有的是未取得采矿许可证擅自开采，造成矿产资源破坏的，可以按照本条追究刑事责任；有的是已经取得了采矿许可证，由于违反有关安全管理的规定被主管部门责令停产停业，期间又擅自开采，对这种情况按《刑法》第 343 条定罪处罚妥否，建议再研究。

经研究，认为《国务院关于预防煤矿生产安全事故的特别规定》第 11 条规定：“对被责令停产整顿的煤矿，颁发证照的部门应当暂扣采矿许可证、安全生产许可证、煤炭生产许可证、营业执照和矿长资格证、矿长安全资格证。”在实际执法过程中，有的被责令停产整顿期间没有被暂扣采矿许可证，将该种情形认定为未取得采矿许可证存在分歧，故修改为“在采矿许可证被依法暂扣期间擅自开采的，视为本条第 1 款规定的未取得采矿许可证擅自采矿”。

（2）擅自进入国家规划区、对国民经济具有重要价值的矿区和他人矿区采矿的行为。根据法律规定，国家对国有规划区、对国民经济具有重要价值的矿区，实行有计划开采，未经国务院有关主管部门批准，任何单位和个人不得开采；任何单位和个人不得进入他人已取得采矿权的矿山、企业矿区内采矿。如矿产资源法第20条规定："非经国务院授权的有关主管部门的同意，不得在下列地区开采矿产资源：(一) 港口、机场、国防工程设施圈定地区以内；(二) 重要工业区、大型水利工程设施、城镇市政工程设施附近一定距离以内；(三) 铁路、重要公路两侧一定距离以内；(四) 重要河流、堤坝两侧一定距离以内；(五) 国家划定的自然保护区、重要风景区，国家重点保护的不能移动的历史文物和名胜古迹所在地；(六) 国家规定不得开采矿产资源的其他地区。"凡违反上述规定擅自采矿的，即为非法采矿。所谓"国家规划区"，是指在一定时期内，根据国民经济建设长期的需要和资源分布情况，经国务院或国务院有关主管部门依法定程序审查、批准，确定列入国家矿产资源开发长期或中期规划的矿区以及作为老矿区后备资源基地的矿区。所谓"对国民经济具有重要价值的矿区"，是指以国民经济来说，经济价值重大或经济效益很高，对国家经济建设的全局性、战略性有重要影响的矿区。所谓"矿区范围"，是指矿井（露天采场）设计部门确定并依照法律程序批准的矿井四周边界的范围。

(3) 擅自开采国家规定实行保护性开采的特定矿种，经责令停止开采后拒不停止开采的行为。根据法律规定，国家对保护性开采的特定矿种实行有计划的开采，未经国务院有关部门批准，任何单位和个人不得开采。所谓"保护性开采的特定矿种"，是指对国民经济建设、高科技发展具有特殊重要价值，资源严重稀缺，矿产品贵重或者在国际市场上占有明显优势等，在一定时期内由国家依法定程序确定的矿种，如1988年《国务院关于对黄金矿产实行保护性开采的通知》中指出，国务院决定将黄金矿产列为实施保护性开采的特定矿种，实行有计划的开采，未经国家黄金管理局批准，任何单位和个人不得开采。除黄金之外，我国还将钨、锡、锑、离子型稀土矿等等矿种列为保护性开采的特定矿种。

(4) "越界采矿"的行为。所谓"越界采矿"，是指虽持有采矿许可证，但违反采矿许可证上所规定的采矿地点、范围和其他要求，擅自进入他人矿区，进行非法采矿的行为。根据矿产资源法规定，任何单位和个人不得进入他人依法设立的国有矿山企业和其他矿山企业矿区范围采矿。超越批准的矿区范围采矿的，责令退回本矿区范围内开采、赔偿损失，没收越界开采的矿产品和违法所得，可以并处罚款；拒不退回本矿区范围内开采，造成矿产资源严重破坏的，吊销采矿许可证，依照刑法（1979年）第156条的规定对直接责任人员追究刑事责任。

非法采矿构成犯罪的，除实施了上述非法采矿的行为外，还需具备经责令停止开采后拒不停止开采，造成矿产资源破坏。所谓“经责令停止开采后拒不停止开采”，是指经有关矿产管理部门三令五申或作出行政处罚后，仍然开采的。所谓“造成矿产资源破坏”，是指在矿区乱采滥挖，使整个矿床及依据矿床设计的采矿方法受到破坏，造成矿产不能充分开采；在储存有共生、伴生有矿产的矿区采取采主矿弃副矿的采矿方法，对应综合开采、综合利用的矿产不采，使矿产不能充分合理利用；对暂不能综合开采或必须同时采出而暂时还不能综合利用的矿产以及含有有用成分的尾矿，不采取有效的保护措施，造成损失破坏；不按合理的顺序采矿，采富矿弃贫矿、采厚层矿弃薄层矿、采易采矿弃难采矿、采大矿体弃小矿体而失去大量矿产资源；不按合理的开采方法采矿，造成开采回采率低、采矿贫化率高，与设计指标相差甚多，造成资源浪费；不按合理的选矿工艺，造成选矿回收率低，与设计指标相差甚多，造成资源浪费；对一些特殊矿产，不按有关部门颁发的技术规范中规定的方法采矿，造成资源破坏、浪费等等情况。根据《最高人民法院关于审理非法采矿、破坏性采矿刑事案件具体应用法律若干问题的解释》的规定，非法采矿造成矿产资源破坏的价值，数额在5万元以上的，属于“造成矿产资源破坏”。

3. 主体要件

本罪的主体为一般主体，但一般限于直接责任人员，具体包括国有、集体或乡镇矿山企业中作出非法采矿决策的领导人员和主要执行人员以及聚众非法采矿的煽动、组织、指挥人员和个体采矿人员。

4. 主观要件

本罪主观上出于故意，其主观目的是为获取矿产品以牟利。

（二）认定

1. 本罪与破坏性采矿罪的界限

两罪的不同主要表现在客观特征上，非法采矿罪是违反矿产资源法，在无证的情况下所实施的非法采矿，或者进入国家规划矿区、对国民经济具有重要价值的矿区和他人矿区范围采矿，或者开采国家规定实行保护性开采的特定矿种，经责令停止开采后拒不停止开采的行为；而破坏性采矿罪，则是在持有采矿许可证的前提下，违反矿产资源法的规定，采取破坏性的开采方法开采矿产资源的行为。

2. 本罪与重大责任事故罪和重大劳动安全责任事故罪的界限

非法采矿行为，是由于采矿单位或个人不符合国家规定的采矿条件而在未予以颁发许可证的情况下擅自进行矿产资源开采的，通常缺乏一定的技术设备和科学管理，因而，在非法采矿过程时常伴有重大责任事故和重大安全责任事故的发生。非法采矿罪与二罪的不同之处在于：

（1）客体不同。非法采矿罪所侵犯的客体是国家保护矿产资源的管理制度；而重大责任事故罪所侵犯的客体则是社会的公共安全，主要是指企业、事业单位中不特定人员的人身安全和公私财产的安全；重大劳动安全责任事故罪侵犯的客体是劳动者的生命健康以及公私财产安全，也即公共安全。

（2）客观方面不同。非法采矿罪在客观上表现为未取得采矿许可证擅自采矿，擅自进入国家规划矿区、对国民经济具有重要价值的矿区和他人矿区范围采矿，擅自开采国家规定实行保护性开采的特定矿种，或者虽有采矿许可证，但不按采矿许可证上采矿范围等要求，经责令停止开采后拒不停止开采，造成矿产资源破坏的行为；而重大责任事故罪在客观上则表现为在生产过程中，不服从管理、违反规章制度，或者强令工人违章冒险作业，因而发生重大伤亡事故，造成严重后果的行为；重大劳动安全责任事故罪则是工厂、矿山、林场、建筑企业或者其他企业、事业单位主管或负责劳动安全的人员对有关部门或单位职工提出的关于劳动安全设施的事故隐患不采取措施，从而造成严重后果的行为。

（3）主体要件不同。非法采矿罪的主体是一般主体，既可以是单位，也可以是自然人；而重大责任事故罪的主体是特殊主体，既包括国有和集体的工厂、矿山、林场、建筑企业或者其他企业、事业单位的职工，还包括群众合作经营组织或者个体经营户的从业人员；重大劳动安全责任事故罪的主体是工厂、矿山、林场、建筑企业或者其他企业、事业单位主管或负责劳动安全的人员。

（4）主观要件不同。非法采矿罪主观上表现为故意，过失不能构成本罪；而重大责任事故罪和重大劳动安全责任事故罪的罪过形式是过失，个别情况下重大劳动安全责任事故罪在主观上不排除放任的、间接故意的罪过形式存在。

（三）处罚

犯本罪的，处三年以下有期徒刑、拘役或者管制，并处或者单处罚金；造成矿产资源严重破坏的，处三年以上七年以下有期徒刑，并处罚金。

二、破坏性采矿罪

（一）概念及构成

破坏性采矿罪，是指违反矿产资源法的规定，采取破坏性的开采方法开采矿产资源，造成矿产资源严重破坏的行为。

1. 客体要件

本罪侵犯的客体是国家对矿产资源的管理制度。矿产资源属于不可再生的资源，采取破坏性开采的办法，使矿产资源遭受毁灭，是对国家矿产资源管理制度的侵犯。

国家对矿产资源的管理活动主要包括：（1）对全国的矿产资源进行统一规划、合理布局；（2）对采矿权主体进行资格审查，授予采矿权、颁发采矿许可证，依法保护正当的采矿权；(3) 对采矿单位或者个人进行全面的技术监督，保证采矿活动的科学性和计划性，防止破坏矿产资源。凡违反上述及其他有关矿产资源保护的法律制度以及管理活动，均视为对矿产资源管理制度的侵犯。

本罪的对象是矿产资源，是指在地质活动过程中形成的、蕴藏于地壳之中的、能为人们用于生产和生活的各种矿物质的总称。其中包括各种呈固态、液态或气态的金属、非金属矿产、燃料矿产和地下热能等。

2. 客观要件

本罪在客观方面表现为违反矿产资源法的规定，采取破坏性的开采方法开采矿产资源，造成矿产资源严重破坏的行为。采取破坏性的开采方法开采矿产资源，是指行为人违反地质矿产主管部门审查批准的矿产资源开发利用方案开采矿产资源，并造成矿产资源严重破坏的行为。

所谓违反矿产资源法的规定，是指违反矿产资源法、《矿业暂行条例》、《矿产资源保护试行条例》、《群众报矿奖励办法》、《矿山安全条例》、《矿山安全监察条例》、《矿产资源勘查登记管理暂行办法》、《全民所有制矿山企业采矿登记管理暂行办法》、《矿产资源监督管理暂行办法》、《放射性矿产资源勘查登记管理暂行办法》、《放射性矿山企业采矿登记发证实施细则》、《石油及天然气勘查、开采登记管理暂行办法》、《中华人民共和国煤炭法》和《国务院关于对黄金矿产实行保护性开采的通知》等等这些有关矿产资源保护的法律规定。采取破坏性的开采方法开采矿产资源，是指违反矿产资源法的规定，使用不合理的开采顺序、开采方法和选矿工艺，致使矿产资源的开采回采率、采矿贫化率和选矿回收率达不到设计要求。根据矿产资源法第29条规定："开采矿产资源，必须采取合理的开采顺序、开采方法和选矿工艺。矿山企业的开采回采率、采矿贫化率和选矿回收率应当达到设计要求。"第30条规定："在开采主要矿产的同时，对具有工业价值的共生和伴生矿产应当统一规划，综合开采，综合利用，防止浪费；对暂时不能综合开采或者必须同时采出而暂时还不能综合利用的矿主以及含有有用组分的尾矿，应当采取有效的保护措施，防止损失破坏。”

综合开采，综合利用，防止浪费，是要求在地质工作和采矿过程等各个环节中，避免“单打一”和只顾眼前利益、局部利益的现象。只顺眼前利益和局部利益，采富矿弃贫矿，采大矿弃小矿，采厚矿弃薄矿，采易采矿丢难采矿，会对矿产资源造成严重浪费和破坏。

所谓“合理的开采顺序”，是指保证回采作业安全，资源合理回收和采矿效益好的开采顺序。“合理的开采方法”，是指生产安全、采矿强度高、矿产损失和贫化率低，矿产资源利用率好及经济效益高的开采方法。“选矿工艺”，是指用物理或化学方法，将矿物原料中的有用成分、无用矿物或有害矿物分开，或将多种有用成分分离开的工艺过程。如果开采顺序、开采方法和选矿工艺不当，将造成矿产资源的浪费和损失。

单一的、欠综合的和不符合开采程序的开采方法不仅给矿产资源造成了浪费，也对矿产资源造成了严重的破坏。如果未按上述操作规程和保护性采矿的规定精神开采矿物质的，则视为破坏性采矿行为。但该行为构成犯罪，还需要具有造成矿产资源严重破坏的结果。根据《最高人民法院关于审理非法采矿、破坏性采矿刑事案件具体应用法律若干问题的解释》第5条的规定，破坏性采矿造成矿产资源破坏的价值，数额在30万元以上的，属于“造成矿产资源严重破坏”。

3. 主体要件

本罪主体为一般主体。凡达到刑事责任年龄、具备刑事责任能力的人均可成为本罪主体。单位亦可成为本罪主体。

4. 主观要件

本罪在主观方面表现为故意，过失不能构成本罪。这种故意具体是指行为人明知其行为会造成矿产资源严重破坏的结果而仍然实施，最终导致该种结果发生的心理态度。

（二）认定

认定本罪时应注意区分破坏性采矿罪与故意毁坏财物罪的界限。

故意毁坏财物罪，是指故意毁坏或损坏公私财物，数额较大或者有其他严重情节的行为。根据《中华人民共和国矿产资源法》第39条至第41条的规定，对于未经许可擅自采矿的；超越批准的矿区范围采矿等行为，又拒不停止开采，造成矿产资源破坏的；以及破坏采矿、勘查设施的，依照《刑法》第156条的规定故意毁坏财物罪，对直接责任人员或者破坏采矿、勘查设施的人追究刑事责任。即按故意毁坏财物罪定罪。破坏性采矿罪与故意毁坏财物罪的相似之处在于它们在客体上都侵犯了财物的所有权，主观上都出于故意。但两罪之间却存在着本质的差别：

1. 客体要件不同。破坏性采矿罪主要侵犯的国家保护矿产资源的管理制度；而故意毁坏财物罪侵犯的则是公私财物的所有权。

2. 客观要件不同。破坏性采矿罪在客观上表现为违反矿产资源保护法的规定，实施采矿行为，从而造成矿产资源破坏，但这种行为并没有改变矿产资源的性质，只是在某种程度上造成巨大浪费现象，降低或减少其利用率和回收率，从而造成对整体矿产资源的破坏，但矿产资源本身仍具有其原有价值和使用价值；而故意毁坏财物罪在客观上则表现为毁坏行为，即毁灭、损坏，其结果是使公私财物的使用价值或价值部分或全部丧失。

3. 主体要件不同。破坏性采矿罪的主体既可以是自然人，也可以是单位；而故意毁坏财物罪的犯罪主体只能由自然人构成。

（三）处罚

犯本罪的，处五年以下有期徒刑或者拘役，并处罚金。

第三百四十四条　（非法采伐、毁坏国家重点保护植物罪、非法收购、运输、加工、出售国家重点保护植物、国家重点保护植物制品罪）

违反国家规定，非法采伐、毁坏珍贵树木或者国家重点保护的其他植物的，或者非法收购、运输、加工、出售珍贵树木或者国家重点保护的其他植物及其制品的，处三年以下有期徒刑、拘役或者管制，并处罚金；情节严重的，处三年以上七年以下有期徒刑，并处罚金。①

［相关规定］　**《中华人民共和国森林法》**　（1998年4月29日第九届全国人民代表大会常务委员会第二次会议修正）（节录）

第三十一条　采伐森林和林木必须遵守下列规定：

（一）成熟的用材林应当根据不同情况，分别采取择伐、皆伐和渐伐方式，皆伐应当严格控制，并在采伐的当年或者次年内完成更新造林；

（二）防护林和特种用途林中的国防林、母树林、环境保护林、风景林，只准进行抚育和更新性质的采伐；

（三）特种用途林中的名胜古迹和革命纪念地的林木、自然保护区的森林，严禁采伐。

第四十条　违反本法规定，非法采伐、毁坏珍贵树木的，依法追究刑事责任。

---

①　本条经《中华人民共和国刑法修正案（四）》（2002年12月28日）修正。原条文是："违反森林法的规定，非法采伐、毁坏珍贵树木的，处三年以下有期徒刑、拘役或者管制，并处罚金；情节严重的，处三年以上七年以下有期徒刑，并处罚金。"

［相关规定］　**《中华人民共和国野生植物保护条例》**　（1996年9月30日国务院发布）（节录）

第二条　在中华人民共和国境内从事野生植物的保护、发展和利用活动，必须遵守本条例。

本条例所保护的野生植物，是指原生地天然生长的珍贵植物和原生地天然生长并具有重要经济、科学研究、文化价值的濒危、稀有植物。

药用野生植物和城市园林、自然保护区、风景名胜区内的野生植物的保护，同时适用有关法律、行政法规。

第十六条　禁止采集国家一级保护野生植物。因科学研究、人工培育、文化交流等特殊需要，采集国家一级保护野生植物的，必须经采集地的省、自治区、直辖市人民政府野生植物行政主管部门签署意见后，向国务院野生植物行政主管部门或者其授权的机构申请采集证。

采集国家二级保护野生植物的，必须经采集地的县级人民政府野生植物行政主管部门签署意见后，向省、自治区、直辖市人民政府野生植物行政主管部门或者其授权的机构申请采集证。

采集城市园林或者风景名胜区内的国家一级或者二级保护野生植物的，须先征得城市园林或者风景名胜区管理机构同意，分别依照前两款的规定申请采集证。

采集珍贵野生树木或者林区内、草原上的野生植物的，依照森林法、草原法的规定办理。

野生植物行政主管部门发放采集证后，应当抄送环境保护部门备案。

采集证的格式由国务院野生植物行政主管部门制定。

第十七条　采集国家重点保护野生植物的单位和个人，必须按照采集证规定的种类、数量、地点、期限和方法进行采集。

县级人民政府野生植物行政主管部门对在本行政区域内采集国家重点保护野生植物的活动，应当进行监督检查，并及时报告批准采集的野生植物行政主管部门或者其授权的机构。

第二十八条 违反本条例规定，构成犯罪的，依法追究刑事责任。

［相关规定］ **《最高人民法院关于审理破坏森林资源刑事案件具体应用法律若干问题的解释》** （2000 年 12 月 11 日施行 法释〔2000〕36 号）

为依法惩处破坏森林资源的犯罪活动，根据刑法的有关规定，现就审理这类案件具体应用法律的若干问题解释如下：

第一条 刑法第三百四十四条规定的“珍贵树木”，包括由省级以上林业主管部门或者其他部门确定的具有重大历史纪念意义、科学研究价值或者年代久远的古树名木，国家禁止、限制出口的珍贵树木以及列入国家重点保护野生植物名录的树木。

第二条 具有下列情形之一的，属于非法采伐、毁坏珍贵树木行为“情节严重”：

（一）非法采伐珍贵树木二株以上或者毁坏珍贵树木致使珍贵树木死亡三株以上的；

（二）非法采伐珍贵树木二立方米以上的；

（三）为首组织、策划、指挥非法采伐或者毁坏珍贵树木的；

（四）其他情节严重的情形。

第三条 以非法占有为目的，具有下列情形之一，数量较大的，依照刑法第三百四十五条第一款的规定，以盗伐林木罪定罪处罚：

（一）擅自砍伐国家、集体、他人所有或者他人承包经营管理的森林或者其他林木的；

（二）擅自砍伐本单位或者本人承包经营管理的森林或者其他林木的；

（三）在林木采伐许可证规定的地点以外采伐国家、集体、他人所有或者他人承包经营管理的森林或者其他林木的。

第四条　盗伐林木"数量较大"，以二至五立方米或者幼树一百至二百株为起点；盗伐林木"数量巨大"，以二十至五十立方米或者幼树一千至二千株为起点；盗伐林木"数量特别巨大"，以一百至二百立方米或者幼树五千至一万株为起点。

第五条　违反森林法的规定，具有下列情形之一，数量较大的，依照刑法第三百四十五条第二款的规定，以滥伐林木罪定罪处罚：

（一）未经林业行政主管部门及法律规定的其他主管部门批准并核发林木采伐许可证，或者虽持有林木采伐许可证，但违反林木采伐许可证规定的时间、数量、树种或者方式，任意采伐本单位所有或者本人所有的森林或者其他林木的；

（二）超过林木采伐许可证规定的数量采伐他人所有的森林或者其他林木的。

林木权属争议一方在林木权属确权之前，擅自砍伐森林或者其他林木，数量较大的，以滥伐林木罪论处。

第六条　滥伐林木"数量较大"，以十至二十立方米或者幼树五百至一千株为起点；滥伐林木"数量巨大"，以五十至一百立方米或者幼树二千五百至五千株为起点。

第七条　对于一年内多次盗伐、滥伐少量林木未经处罚的，累计其盗伐、滥伐林木的数量，构成犯罪的，依法追究刑事责任。

第八条　盗伐、滥伐珍贵树木，同时触犯刑法第三百四十四条、第三百四十五条规定的，依照处罚较重的规定定罪处罚。

第九条　将国家、集体、他人所有并已经伐倒的树木窃为己有，以及偷砍他人房前屋后、自留地种植的零星树木，数额较大的，依照刑法第二百六十四条的规定，以盗窃罪定罪处罚。

第十条　刑法第三百四十五条规定的"非法收购明知是盗伐、滥伐的林木"中的"明知"，是指知道或者应当知道。具有下列情形之一的，可以视为应当知道，但是有证据证明确属被蒙骗的除外：

（一）在非法的木材交易场所或者销售单位收购木材的；

（二）收购以明显低于市场价格出售的木材的；

（三）收购违反规定出售的木材的。

第十一条　具有下列情形之一的，属于在林区非法收购盗伐、滥伐的林木"情节严重"：

（一）非法收购盗伐、滥伐的林木二十立方米以上或者幼树一千株以上的；

（二）非法收购盗伐、滥伐的珍贵树木二立方米以上或者五株以上的；

（三）其他情节严重的情形。

具有下列情形之一的，属于在林区非法收购盗伐、滥伐的林木"情节特别严重"：

（一）非法收购盗伐、滥伐的林木一百立方米以上或者幼树五千株以上的；

（二）非法收购盗伐、滥伐的珍贵树木五立方米以上或者十株以上的；

（三）其他情节特别严重的情形。

第十二条　林业主管部门的工作人员违反森林法的规定，超过批准的年采伐限额发放林木采伐许可证或者违反规定滥发林木采伐许可证，具有下列情形之一的，属于刑法第四百零七条规定的"情节严重，致使森林遭受严重破坏"，以违法发放林木采伐许可证罪定罪处罚：

（一）发放林木采伐许可证允许采伐数量累计超过批准的年采伐限额，导致林木被采伐数量在十立方米以上的；

（二）滥发林木采伐许可证，导致林木被滥伐二十立方米以上的；

（三）滥发林木采伐许可证，导致珍贵树木被滥伐的；

（四）批准采伐国家禁止采伐的林木，情节恶劣的；

（五）其他情节严重的情形。

第十三条　对于伪造、变造、买卖林木采伐许可证、木材运输证件，森林、林木、林地权属证书，占用或者征用林地审核同意书、育林基金等缴费收据以及其他国家机关批准的林业证件构成犯罪的，依照刑法第二百八十条第一款的规定，以伪造、变造、买卖国家机关公文、证件罪定罪处罚。

对于买卖允许进出口证明书等经营许可证明，同时触犯刑法第二百二十五条、第二百八十条规定之罪的，依照处罚较重的规定定罪处罚。

第十四条 聚众哄抢林木五立方米以上的，属于聚众哄抢“数额较大”；聚众哄抢林木二十立方米以上的，属于聚众哄抢“数额巨大”，对首要分子和积极参加的，依照刑法第二百六十八条的规定，以聚众哄抢罪定罪处罚。

第十五条 非法实施采种、采脂、挖笋、掘根、剥树皮等行为，牟取经济利益数额较大的，依照刑法第二百六十四条的规定，以盗窃罪定罪处罚。同时构成其他犯罪的，依照处罚较重的规定定罪处罚。

第十六条 单位犯刑法第三百四十四条、第三百四十五条规定之罪，定罪量刑标准按照本解释的规定执行。

第十七条 本解释规定的林木数量以立木蓄积计算，计算方法为：原木材积除以该树种的出材率。

本解释所称“幼树”，是指胸径五厘米以下的树木。

滥伐林木的数量，应在伐区调查设计允许的误差额以上计算。

第十八条 盗伐、滥伐以生产竹材为主要目的的竹林的定罪量刑问题，有关省、自治区、直辖市高级人民法院可以参照上述规定的精神，规定本地区的具体标准，并报最高人民法院备案。

第十九条 各省、自治区、直辖市高级人民法院可以根据本地区的实际情况，在本解释第四条、第六条规定的数量幅度内，确定本地区执行的具体数量标准，并报最高人民法院备案。

［相关规定］ **《国家林业局、公安部关于森林和陆生野生动物刑事案件管辖及立案标准》** （2001年5月9日）（节录）

（四）非法采伐、毁坏珍贵树木案

非法采伐、毁坏珍贵树木的应当立案；采伐珍贵树木2株、2立方米以上或者毁坏珍贵树木致死3株以上的，为重大案件；采伐珍贵树木10株、10立方米以上或者毁坏珍贵树木致死15株以上的，为特别重大案件。

【释解】

本条是关于非法采伐、毁坏国家重点保护植物罪、非法收购、运输、加工、出售国家重点保护植物、国家重点保护植物制品罪的规定。

一、非法采伐、毁坏国家重点保护植物罪

（一）概念及其构成

非法采伐、毁坏国家重点保护植物罪，是指违反国家规定，非法采伐、毁坏珍贵树木或者国家重点保护的其他植物的行为。

1. 客体要件

本罪侵犯的客体，是国家有关植物资源保护的管理制度，包括林木区域、分布、林木种植、林木树种规划、林木采伐等各项林业管理制度以及国家对重点植物的保护制度。这些制度以森林法为代表，包括其他国家森林保护法规以及地方森林保护法规。

国家对珍贵植物实行加强保护、积极发展、合理利用的方针。同时，国家还保护一切依法利用和经营管理珍贵植物资源的单位和个人的合法权益。任何单位和个人都有保护珍贵植物的义务。禁止采伐、毁坏珍贵植物，对于因科学研究、人工培育、文化交流等特殊需要采伐珍贵植物的，必须向国务院有关主管部门申请采伐证。采伐珍贵植物的单位和个人，必须按照采伐证规定的种类、数量、地点、期限和方法进行采集。对于未申请采伐证或虽申请未获批准，或者未按规定的种类、数量、地点、期限方法采伐珍贵植物的，都严重侵犯了国家的植物资源管理制度，破坏了自然环境。

本罪的对象只能是珍贵植物。根据野生植物保护条例第 2 条规定："本条例所保护的野生植物，是指原生地天然生长的珍贵植物和原生地天然生长并具有重要经济、科学研究、文化价值的濒危、稀有植物。药用野生植物和城市园林、自然保护区、风景名胜区内的野生植物的保护，同时适用有关法律、行政法规。"第 10 条规定："野生植物分为国家重点保护野生植物和地方重点保护野生植物。国家重点保护野生植物分为国家一级保护野生植物和国家二级保护野生植物。"该条例附录所载《国家重点保护的野生植物名录》共罗列了一类保护植物 8 种；二类保护植物 143 种；三类保护植物 222 种。其中的珍贵树木皆属本罪对象。1992 年 10 月林业部发布了《关于保护珍贵树种的通知》并重新修订了《国家珍贵树种名录》，将珍贵树种分为二级：一级 37 种；二级 95 种。凡载入林业部 1992 年颁布的《国家珍贵树种名录》，以及《野生植物保护条例》附件《国家重点保护的野生植物名录》所列的树木皆为珍贵植物。未列入这两个名录的树木，不能成为本罪的对象，行为人非法采伐、毁坏的亦不构成本罪。

本罪的犯罪对象是珍贵树木和国家重点保护的其他植物，包括由省级以上林业主管部门或者其他部门确定的具有重大历史纪念意义、科学研究价值或者年代久远的古树名木，国家禁止、限制出口的珍贵树木以及列入国家重点保护野生植物名录的树木。

2. 客观要件

本罪在客观方面表现为违反国家规定，非法采伐、毁坏珍贵树木或者国家重点保护的其他植物的行为。行为人非法采伐、毁坏珍贵植物的行为，违反有关植物资源保护的法律、法规，主要是指违反森林法及其他法规中有关采伐、毁坏珍贵植物的规定。森林法第 23 条规定："禁止毁林开垦和毁林采石、采砂、采土以及其他毁林行为。禁止在幼林地和特种用途林内砍柴、放牧。”第24条规定：“国务院林业主管部门和省、自治区、直辖市人民政府，应当在不同自然地带的森林生态地区、珍贵动物和植物生长繁殖的林区、天然热带雨林的具有特殊保护价值的其他天然林区，划定自然保护区，加强保护管理。对自然保护区以外的珍贵树木和林区内具有特殊价值的植物资源，应当认真保护；未经省、自治区、直辖市林业主管部门批准，不得采伐和采集。”第40条规定：“违反本法规定，非法采伐、毁坏珍贵树木的，依法追究刑事责任。”森林法实施细则第25条规定：“违反森林法规定，致使防护林、经济林、特种用途林、珍贵树木和自然保护区的森林资源遭受破坏的，除应当依法追究刑事责任的以外，按本细则第22条的规定从重处罚。”《野生植物保护条例》第16条规定：“禁止采集国家一级保护野生植物。因科学研究、人工培育、文化交流等特殊需要，采集国家一级保护野生植物的，必须经采集地的省、自治区、直辖市人民政府野生植物行政主管部门签署意见后，向国务院野生植物行政主管部门或者其授权的机构申请采集证；采集国家二级保护野生植物的，必须经采集地的县级人民政府野生植物行政主管部门签署意见后，向省、自治区、直辖市人民政府野生植物行政主管部门或者其授权的机构申请采集证；采集城市园林或者风景名胜区内的国家一级或者二级保护野生植物的，须先征得城市园林或风景名胜区管理机构同意，分别依照前两款的规定申请采集证；采集珍贵野生树木或者林区内、草原上的野生植物时，依照森林法、草原法的规定办理。”违反上述法律、法规规定，非法采伐、毁坏珍贵树木的行为，即构成本罪。

构成本罪行为的表现形式为非法采伐和毁坏。所谓“非法采伐”，是指违反植物资源保护的法律、法规的规定，未经允许擅自砍伐珍贵植物的行为。所谓“毁坏”，是指毁灭和损坏，亦即使珍贵植物的价值或使用价值部分丧失或者全部丧失的行为，如造成珍贵植物数量减少、濒于灭绝或者已经绝种等。这两种行为方式可以单独实施，也可以兼并实施，只要有行为中任意一种的，即可构成本罪。

毁坏的方法是多种多样的，如果行为人采用放火、爆炸等方法破坏珍贵植物的，由于已危害到不特定公私财产的安全，应以危害公共安全罪中的具体犯罪论处。

根据《最高人民法院关于审理破坏森林资源刑事案件具体应用法律若干问题的解释》的规定，具有下列情形之一的，属于非法采伐、毁坏珍贵树木行为“情节严重”：（1）非法采伐珍贵树木 2 株以上或者毁坏珍贵树木致使珍贵树木死亡 3 株以上的；（2）非法采伐珍贵树木 2 立方米以上的；（3）为首组织、策划、指挥非法采伐或者毁坏珍贵树木的；（4）其他情节严重的情形。

3．主体要件

本罪的主体为一般主体。凡达到刑事责任年龄、具备刑事责任能力的自然人均可以构成。

4．主观要件

本罪在主观方面只能由故意构成，过失不构成本罪。关于非法采伐、毁坏珍贵植物以何为目的，在所不问。非法采伐、毁坏珍贵植物，有的是以营利为目的，有的仅仅是为了搭建住宅而用，有的是为了采集标本科学研究而用，但无论何种目的，只要行为人明知是珍贵植物，而予以采伐、毁坏的，主观上即存有故意。至于不知道树木是珍贵植物而采伐、毁坏的，不构成本罪。

（二）认定

1．区分本罪与盗伐林木罪、滥伐林木罪的界限

非法采伐、毁坏珍贵植物罪与盗伐林木罪、滥伐林木罪都属于侵害林木资源的犯罪，侵犯的客体是国家对森林资源保护管理制度，犯罪主体均包括自然人和单位，且主观罪过形式都是故意，但非法采伐、毁坏珍贵植物罪与盗伐林木罪、滥伐林木罪之间仍是有区别的，主要表现在：

（1）犯罪的客观要件不同。非法采伐、毁坏珍贵植物罪表现为违反国家规定，非法采伐和毁坏珍贵植物的行为，其中不仅包括非法采伐的行为，还包括故意毁坏的行为，即使珍贵植物的价值或使用价值部分丧失或者全部丧失的行为，如放火、爆炸等方法行为，行为人只要实施了

非法采伐、毁坏即可构成本罪，不要求情节是否严重；而盗伐林木罪、滥伐林木罪则分别表现为未经林业行政主管部门批准，私自采伐国有集体或个人承包经营管理的林木的行为（此为盗伐林木的行为），和未经林业行政主管部门批准并核发采伐许可证，或虽有许可证，但不按照该许可证的要求而任意采伐的行为（此为滥伐林木的行为），其中，构成此两罪的要求是具有“数量较大”的非法采伐行为。

（2）犯罪对象不同。非法采伐、毁坏珍贵植物罪的对象只能是珍贵植物，即《国家重点保护的野生植物名录》和《国家珍贵树种名录》所列的珍贵植物；盗伐林木罪和滥伐林木罪的对象则指珍贵树木以外的其他各种树木。

2. 区分本罪与故意毁坏财物罪的界限

由于珍贵植物的所有权属于国家，所以，非法采伐、毁坏珍贵植物的行为同时也侵犯了国家对珍贵植物的所有权，因而与故意毁坏财物罪所侵犯的国家、集体与个人财物的所有权有近似之处的区别，主要表现为：

（1）犯罪客体不同。非法采伐、毁坏珍贵植物罪侵犯的是国家对植物资源保护的管理制度，属于破坏环境资源的犯罪；故意毁坏财物罪侵犯的则是公私财物的所有权，属于侵犯财产的犯罪。

（2）客观要件不同。非法采伐、毁坏珍贵植物罪的行为人只要实施了非法采伐、毁坏珍贵植物的行为，就可构成犯罪；而故意毁坏财物罪的行为人除要求实施毁坏公私财物的行为外，还必须达到一定数额和情节，达到数额较大或者情节严重的行为，才构成犯罪。

（3）犯罪对象不同。非法采伐、毁坏珍贵植物罪的对象仅为珍贵植物；而故意毁坏财物罪的对象，可以是任何公私财物。

（4）主体要件不同。非法采伐、毁坏珍贵植物罪的主体既可以是自然人，也可以是单位；而故意毁坏财物罪主体只能是自然人，单位不是该罪主体。

（三）处罚

犯本罪的，处三年以下有期徒刑、拘役或者管制，并处罚金；情节严重的，处三年以上七年以下有期徒刑，并处罚金。

二、非法收购、加工、出售国家重点保护植物、国家重点保护植物制品罪

（一）概念及其构成

本罪是《中华人民共和国刑法修正案（四）》新增的罪名。所谓非法收购、运输、加工、出售国家重点保护植物、国家重点保护植物制品罪，是指非法收购、运输、加工、出售珍贵树木或者国家重点保护的其他植物及其制品的行为。

1. 客体要件

本罪所侵害的客体是国家有关珍贵野生植物资源的保护制度，犯罪对象是珍贵树木或者国家重点保护的其他植物及其制品。

2. 客观要件

本罪在客观方面表现为非法收购、运输、加工或出售珍贵树木或者国家重点保护的其他植物及其制品的行为。

所谓收购，是指以金钱作价购买珍贵树木或者国家重点保护的其他植物及其制品，包括以营利、自用等为目的的购买行为。所谓运输，是指在中国境内将珍贵树木或者国家重点保护的其他植物及其制品从一个地方运送到另一个地方，包括采用携带、邮寄、利用他人、使用交通工具等方法进行运送的行为。所谓加工，主要是指将珍贵树木或国家重点保护的其他植物作为原料采取雕刻等各种方法制作成工艺品等各种成品，或者将珍贵树木或国家重点保护的其他植物的半成品制成某种成品，或者将珍贵树木或国家重点保护的其他植物的成品进行进一步的处理使之成为更完美、更精致的成品的行为。所谓出售，是指以牟利为目的作价销售珍贵树木或国家重点保护的其他植物及其制品的行为。

本罪属行为犯，只要具有非法收购、运输、加工、出售行为之一的，即以本罪论处。

3. 主体要件

本罪的主体为一般主体，即达到刑事责任年龄且具有刑事责任能力的自然人。单位亦可构成本罪。

4. 主观要件

本罪在主观方面表现为故意，即明知是珍贵树木或者国家重点保护的其他植物及其制品仍决意非法收购、运输、加工或者出售。过失不能构成本罪。

（二）处罚

根据本条的规定，犯本罪的，处三年以下有期徒刑、拘役或者管制，并处罚金；情节严重的，处三年以上七年以下有期徒刑，并处罚金。

第三百四十五条 （盗伐林木罪、滥伐林木罪、非法收购、运输盗伐、滥伐的林木罪）

盗伐森林或者其他林木，数量较大的，处三年以下有期徒刑、拘役或者管制，并处或者单处罚金；数量巨大的，处三年以上七年以下有期徒刑，并处罚金；数量特别巨大的，处七年以上有期徒刑，并处罚金。

违反森林法的规定，滥伐森林或者其他林木，数量较大的，处三年以下有期徒刑、拘役或者管制，并处或者单处罚金；数量巨大的，处三年以上七年以下有期徒刑，并处罚金。

非法收购、运输明知是盗伐、滥伐的林木，情节严重的，处三年以下有期徒刑、拘役或者管制，并处或者单处罚金；情节特别严重的，处三年以上七年以下有期徒刑，并处罚金。

盗伐、滥伐国家级自然保护区内的森林或者其他林木的，从重

处罚。①

［相关规定］　**《中华人民共和国森林法》**　（1998年4月29日第九届全国人民代表大会常务委员会第二次会议修正）（节录）

第三十一条　采伐森林和林木必须遵守下列规定：

（一）成熟的用材林应当根据不同情况，分别采取择伐、皆伐和渐伐方式，皆伐应当严格控制，并在采伐的当年或者次年内完成更新造林；

（二）防护林和特种用途林中的国防林、母树林、环境保护林、风景林，只准进行抚育和更新性质的采伐；

（三）特种用途林中的名胜古迹和革命纪念地的林木、自然保护区的森林，严禁采伐。

第三十二条　采伐林木必须申请采伐许可证，按许可证的规定进行采伐；农村居民采伐自留地和房前屋后个人所有的零星林木除外。

国有林业企业事业单位、机关、团体、部队、学校和其他国有企业事业单位采伐林木，由所在地县级以上林业主管部门依照有关规定审核发放采伐许可证。

铁路、公路的护路林和城镇林木的更新采伐，由有关主管部门依照有关规定审核发放采伐许可证。

农村集体经济组织采伐林木，由县级林业主管部门依照有关规定审核发放采伐许可证。

---

①　本条经《中华人民共和国刑法修正案（四）》（2002年12月28日）修正。原条文是："盗伐森林或者其他林木，数量较大的，处三年以下有期徒刑、拘役或者管制，并处或者单处罚金；数量巨大的，处三年以上七年以下有期徒刑，并处罚金；数量特别巨大的，处七年以上有期徒刑，并处罚金。

违反森林法的规定，滥伐森林或者其他林木，数量较大的，处三年以下有期徒刑、拘役或者管制，并处或者单处罚金；数量巨大的，处三年以上七年以下有期徒刑，并处罚金。

以牟利为目的，在林区非法收购明知是盗伐、滥伐的林木，情节严重的，处三年以下有期徒刑、拘役或者管制，并处或者单处罚金；情节特别严重的，处三年以上七年以下有期徒刑，并处罚金。

盗伐、滥伐国家级自然保护区内的森林或者其他林木的，从重处罚。"

农村居民采伐自留山和个人承包集体的林木，由县级林业主管部门或者其委托的乡、镇人民政府依照有关规定审核发放采伐许可证。

采伐以生产竹材为主要目的的竹林，适用以上各款规定。

第三十五条　采伐林木的单位或者个人，必须按照采伐许可证规定的面积、株数、树种、期限完成更新造林任务，更新造林的面积和株数不得少于采伐的面积和株数。

第三十九条　盗伐森林或者其他林木的，依法赔偿损失；由林业主管部门责令补种盗伐株数十倍的树木，没收盗伐的林木或者变卖所得，并处盗伐林木价值三倍以上十倍以下的罚款。

滥伐森林或者其他林木，由林业主管部门责令补种滥伐株数五倍的树木，并处滥伐林木价值二倍以上五倍以下的罚款。

拒不补种树木或者补种不符合国家有关规定的，由林业主管部门代为补种，所需费用由违法者支付。

盗伐、滥伐森林或者其他林木，构成犯罪的，依法追究刑事责任。

[相关规定]　**《中华人民共和国森林法实施细则》**　（2000 年 1 月 29 日　国务院发布）（节录）

第三十八条　盗伐森林或者其他林木，以立木材积计算不足 0.5 立方米或者幼树不足 20 株的，由县级以上人民政府林业主管部门责令补种盗伐株数 10 倍的树木，没收盗伐的林木或者变卖所得，并处盗伐林木价值 3 倍至 5 倍的罚款。

盗伐森林或者其他林木，以立木材积计算 0.5 立方米以上或者幼树 20 株以上的，由县级以上人民政府林业主管部门责令补种盗伐株数 10 倍的树木，没收盗伐的林木或者变卖所得，并处盗伐林木价值 5 倍至 10 倍的罚款。

第三十九条　滥伐森林或者其他林木，以立木材积计算不足 2

立方米或者幼树不足50株的，由县级以上人民政府林业主管部门责令补种滥伐株数5倍的树木，并处滥伐林木价值2倍至3倍的罚款。

滥伐森林或者其他林木，以立木材积计算2立方米以上或者幼树50株以上的，由县级以上人民政府林业主管部门责令补种滥伐株数5倍的树木，并处滥伐林木价值3倍至5倍的罚款。

超过木材生产计划采伐森林或者其他林木的，依照前两款规定处罚。

［相关规定］　**《国家林业局、公安部关于森林和陆生野生动物刑事案件管辖及立案标准》**　（2001年5月9日）（节录）

（一）盗伐林木案

盗伐森林或者其他林木，立案起点为2立方米至5立方米或者幼树100至200株；盗伐林木20立方米至50立方米或者幼树1000株至2000株，为重大案件立案起点；盗伐林木100立方米至200立方米或者幼树5000株至10000株，为特别重大案件立案起点。

（二）滥伐林木案

滥伐森林或者其他林木，立案起点为10立方米至20立方米或者幼树500至1000株；滥伐林木50立方米以上或者幼树2500株以上，为重大案件；滥伐林木100立方米以上或者幼树5000株以上，为特别重大案件。

（三）非法收购盗伐、滥伐的林木案

以牟利为目的，在林区非法收购明知是盗伐、滥伐的林木在20立方米或者幼树1000株以上的，以及非法收购盗伐、滥伐的珍贵树木2立方米以上或者5株以上的应当立案；非法收购林木100立方米或者幼树5000株以上的，以及非法收购盗伐、滥伐的珍贵树木5立方米以上或者10株以上的为重大案件；非法收购林木200立方米或者幼树1000株以上的，以及非法收购盗伐、滥伐的珍贵树木10立方米以上或者20株以上的为特别重大案件。

［相关规定］　**《最高人民法院关于审理破坏森林资源刑事案件具体应用法律若干问题的解释》**　（2000年12月11日施行　法释〔2000〕36号）（节录）

第三条　以非法占有为目的，具有下列情形之一，数量较大的，依照刑法第三百四十五条第一款的规定，以盗伐林木罪定罪处罚：

（一）擅自砍伐国家、集体、他人所有或者他人承包经营管理的森林或者其他林木的；

（二）擅自砍伐本单位或者本人承包经营管理的森林或者其他林木的；

（三）在林木采伐许可证规定的地点以外采伐国家、集体、他人所有或者他人承包经营管理的森林或者其他林木的。

第四条　盗伐林木“数量较大”，以二至五立方米或者幼树一百至二百株为起点；盗伐林木“数量巨大”，以二十至五十立方米或者幼树一千至二千株为起点；盗伐林木“数量特别巨大”，以一百至二百立方米或者幼树五千至一万株为起点。

第五条　违反森林法的规定，具有下列情形之一，数量较大的，依照刑法第三百四十五条第二款的规定，以滥伐林木罪定罪处罚：

（一）未经林业行政主管部门及法律规定的其他主管部门批准并核发林木采伐许可证，或者虽持有林木采伐许可证，但违反林木采伐许可证规定的时间、数量、树种或者方式，任意采伐本单位所有或者本人所有的森林或者其他林木的；

（二）超过林木采伐许可证规定的数量采伐他人所有的森林或者其他林木的。

林木权属争议一方在林木权属确权之前，擅自砍伐森林或者其他林木，数量较大的，以滥伐林木罪论处。

第六条　滥伐林木“数量较大”，以十至二十立方米或者幼树五百至一千株为起点；滥伐林木“数量巨大”，以五十至一百立方米或者幼树二千五百至五千株为起点。

第七条　对于一年内多次盗伐、滥伐少量林木未经处罚的，累计其盗伐、滥伐林木的数量，构成犯罪的，依法追究刑事责任。

第八条　盗伐、滥伐珍贵树木，同时触犯刑法第三百四十四条、第三百四十五条规定的，依照处罚较重的规定定罪处罚。

第十条　刑法第三百四十五条规定的"非法收购明知是盗伐、滥伐的林木"中的"明知"，是指知道或者应当知道。具有下列情形之一的，可以视为应当知道，但是有证据证明确属被蒙骗的除外：

（一）在非法的木材交易场所或者销售单位收购木材的；

（二）收购以明显低于市场价格出售的木材的；

（三）收购违反规定出售的木材的。

第十一条　具有下列情形之一的，属于在林区非法收购盗伐、滥伐的林木"情节严重"：

（一）非法收购盗伐、滥伐的林木二十立方米以上或者幼树一千株以上的；

（二）非法收购盗伐、滥伐的珍贵树木二立方米以上或者五株以上的；

（三）其他情节严重的情形。

具有下列情形之一的，属于在林区非法收购盗伐、滥伐的林木"情节特别严重"：

（一）非法收购盗伐、滥伐的林木一百立方米以上或者幼树五千株以上的；

（二）非法收购盗伐、滥伐的珍贵树木五立方米以上或者十株以上的；

（三）其他情节特别严重的情形。

第十六条　单位犯刑法第三百四十四条、第三百四十五条规定之罪，定罪量刑标准按照本解释的规定执行。

第十七条　本解释规定的林木数量以立木蓄积计算，计算方法为：原木材积除以该树种的出材率。

本解释所称“幼树”，是指胸径五厘米以下的树木。

滥伐林木的数量，应在伐区调查设计允许的误差额以上计算。

［相关规定］ **《最高人民法院关于在林木采伐许可证规定的地点以外采伐本单位或者本人所有的森林或者其他林木的行为如何适用法律问题的批复》** （2004年3月23日最高人民法院审判委员会第1312次会议通过　2004年3月26日最高人民法院公告公布　2004年4月1日起施行　法释〔2004〕3号）

各省、自治区、直辖市高级人民法院，解放军军事法院，新疆维吾尔自治区高级人民法院生产建设兵团分院：

最近，有的法院反映，关于在林木采伐许可证规定的地点以外采伐本单位或者本人所有的森林或者其他林木的行为适用法律问题不明确。经研究，批复如下：

违反森林法的规定，在林木采伐许可证规定的地点以外，采伐本单位或者本人所有的森林或者其他林木的，除农村居民采伐自留地和房前屋后个人所有的零星林木以外，属于《最高人民法院关于审理破坏森林资源刑事案件具体应用法律若干问题的解释》第五条第一款第（一）项“未经林业行政主管部门及法律规定的其他主管部门批准并核发林木采伐许可证”规定的情形，数量较大的，应当依照刑法第三百四十五条第二款的规定，以滥伐林木罪定罪处罚。

此复

【释解】

本条是关于盗伐林木罪、滥伐林木罪、非法收购、运输盗伐、滥伐的林木罪的规定。

一、盗伐林木罪

（一）概念及其构成

盗伐林木罪，是指违反国家保护森林法规，以非法占有为目的，擅自砍伐国家、集体所有或者个人所有的森林或者其他林木，数量较大的行为。

1. 客体要件

本罪侵犯的客体是国家对森林资源的管理活动和林木的所有权。犯罪的对象，是《中华人民共和国森林法》规定的森林及其他林木，包括防护林、用材林、经济林、薪炭林、特种用途林等。不属于森林法调整范围的个人房前屋后种植的零星树木，不属于本罪的犯罪对象。个人承包全民所有和集体所有的宜林荒山荒地造林，承包后种植的树木归承包个人所有，但这些林木已构成国家林业资源的组成部分，这些林木同样可作为盗伐林木罪的犯罪对象。此外，被盗伐的林木，必须是正在生长着，如果将他人已经砍伐下来的树木偷走，应定盗窃罪。

2. 客观要件

本罪在客观方面表现为违反保护森林法规，盗伐国家、集体和个人所有的森林及其他林木，数量较大的行为。具体表现为：以非法占有为目的，擅自砍伐国家、集体所有的林木的；擅自砍伐他人依法承包经营管理的国家、集体所有的林木的；擅自砍伐本人承包经营管理的国家或集体所有的林木的；违反林业行政主管部门及法律规定的其他主管部门核发的采伐许可证的规定，采伐国家、集体及他人自留山上的或他人经营管理的森林或其他林木的；国有企事业单位擅自采伐其他单位管理或所有的林木的；集体组织擅自采伐国家或其他集体组织所有的林木，数额巨大的。根据司法解释，以非法占有为目的，哄抢国家、集体或他人所有的上述林木，情节严重的，也应以盗伐林木罪惩处。决定盗伐的性质，不仅在于非经合法批准而秘密砍伐，而且还在于，行为人以非法占有为目的，侵犯了国家、集体或个人对林木的所有权。明知林木权属不清，在争议未解决前擅自砍伐林木，情节严重的，应确定林木权属，分别根据具体情况，按盗伐林木罪或滥伐林木罪追究刑事责任；林木权属难以确定的，按滥伐林木罪惩处。

只有被盗伐的林木数量较大的，才能构成犯罪。根据《最高人民法院关于审理破坏森林资源刑事案件具体应用法律若干问题的解释》的规定，以非法占有为目的，具有下列情形之一，数量较大的，依照本条第1款的规定，以盗伐林木罪定罪处罚：(1) 擅自砍伐国家、集体、他人所有或者他人承包经营管理的森林或者其他林木的；(2)擅自砍伐本单位或者本人承包经营管理的森林或者其他林木的；(3) 在森木采伐许可证规定的地点以外采伐国家、集体、他人所有或者他人承包经营管理的森林或者其他林木的。

盗伐林木“数量较大”，以2至5立方米或者幼树1百至200株为起点；盗伐林木“数量巨大”，以20至50立方米或者幼树1000至2000株为起点；盗伐林木“数量特别巨大”，以100至200立方米或者幼树5000至10000株为起点。对于1年内多次盗伐少量林木未经处罚的，累计其盗伐林木的数量，构成犯罪的，依法追究刑事责任。林木数量以立木蓄积计算，计算方法为：原木材积除以该树种的出材率。幼树，是指胸径五厘米以下的树木。

将国家、集体、他人所有并已经伐倒的树木窃为已有，以及偷砍他人房前屋后、自留地种植的零星树木，数额较大的，依照本法第264条的规定，以盗窃罪定罪处罚。

3. 主体要件

本罪主体是一般主体，既可以是普通公民，也可以是国家工作人员。凡年满16周岁、具备刑事责任能力的人均可成为本罪的主体。根据本法第346条之规定，单位可成为本罪主体。

4. 主观要件

本罪在主观方面表现为故意。即明知林木不归本人或者本单位所有，而以非法占有为目的，故意盗伐。

(二) 处罚

犯本罪的，处三年以下有期徒刑、拘役或者管制，并处或者单处罚金；数量巨大的，处三年以上七年以下有期徒刑，并处罚金。

根据《最高人民法院关于审理破坏森林资源刑事案件具体应用

法律若干问题的解释》的规定，"数量巨大"，以 20～50 立方米或幼树 1000～2000 株为起点；"数量特别巨大"，以 100～200 立方米或幼树 5000～10000 株为起点。

二、滥伐林木罪

（一）概念及其构成

滥伐林木罪，是指违反森林法的规定，未经有关部门批准并核发采伐许可证，或者虽持有采伐许可证，但违背采伐证所规定的地点、数量、树种、方式而任意采伐本单位所有或管理的，以及本人自留山上的森林或者其他林木，数量较大的行为。这是破坏国家林业资源的一种犯罪行为，对国民经济的发展及自然生态平衡，具有严重的危害性。

1. 客体要件

本罪侵犯的客体是国家保护林业资源的管理制度。林业资源是一项极其宝贵的资源，对改善人类生存环境具有十分重要的意义，因此，国家制定了成套的法规，对林业资源予以保护，任何单位与个人不得非法采伐林木。

本罪的犯罪对象与盗伐林木罪的对象相同，包括防护林、用材林、经济林、薪炭林、特种用途林等。《中华人民共和国森林法》调整范围之外的个人房前屋后种植零星树木不属于本罪的犯罪对象。

2. 客观要件

本罪在客观方面表现为违反国家保护森林法规，未经林业行政主管部门及法律规定的其他主管部门批准并核发采伐许可证，或者虽持有采伐许可证，但违背采伐证所规定的地点、数量、树种、方式而任意采伐本单位所有或管理的，以及本人自留山上的森林或者其他林木的行为。

滥伐林木数量较大是构成滥伐林木罪的要件。根据《最高人民法院关于审理破坏森林资源刑事案件具体应用法律若干问题的解释》的规定，违反森林法的规定，具有下列情形之一，数量较大的，依照本条第 2 款的规定，以滥伐林木罪定罪处罚：（1）未经林业行政主管部门及法律规定的其他主管部门批准并核发林木采伐许可证，或者虽持有林木采伐许可证，但违反林木采伐许可证规定的时间、数量、树种或者方式，任意采伐本单位所有或者本人所有的森林或者其他林木的；（2）超过林木采伐许可证规定的数量采伐他人所有的森林或者其他林木的。林木权属争议一方在林木权属确权之前，擅自砍伐森林或者其他林木，数量较大的，以滥伐林木罪论处。

根据《最高人民法院关于在林木采伐许可证规定的地点以外采伐本单位或者本人所有的森林或者其他林木的行为如何适用法律问题的批复》的规定，违反森林法的规定，在林木采伐许可证规定的地点以外，采伐本单位或者本人所有的森林或者其他林木的，除农村居民采伐自留地和房前屋后个人所有的零星林木以外，属于《最高人民法院关于审理破坏森林资源刑事案件具体应用法律若干问题的解释》第5条第1款第（1）项“未经林业行政主管部门及法律规定的其他主管部门批准并核发林木采伐许可证”规定的情形，数量较大的，应当依照刑法第345条第2款的规定，以滥伐林木罪定罪处罚。

滥伐林木“数量较大”，以10至20立方米或者幼树500至1000株为起点；滥伐林木“数量巨大”，以50至100立方米或者幼树2500至5000株为起点。对于1年内多次滥伐少量林木未经处罚的，累计其滥伐林木的数量，构成犯罪的，依法追究刑事责任。林木数量以立木蓄积计算，计算方法为：原木材积除以该树种的出材率。幼树，是指胸径五厘米以下的树木。滥伐林木的数量，应在伐区调查设计允许的误差额以上计算。

3．主体要件

本罪的主体是一般主体。无论国家工作人员，还是普通公民，只要达到刑事责任年龄、具备刑事责任能力的人，都可以构成本罪。单位也可构成本罪。

4．主观要件

本罪在主观方面表现为故意，即明知不该滥伐，滥伐林木的行为会产生危害结果而有意实施滥伐行为。

（二）认定

认定本罪时应注意区分本罪与盗伐林木罪的界限。由于两者都侵犯国家保护林业资源的管理制度,而且两种犯罪往往交织在一起,因此在认定犯罪时应当参照有关保护森林的法规。但是，这两种犯罪的性质不同。过去理论上一般认为，区分滥伐和盗伐的界限，以是否经过主管部门的批准并取得采伐证为标准。滥伐是指经主管部门同意，但未按采伐证规定任意采伐的行为；盗伐是未经主管部门同意，秘密采伐的行为。但是，由于森林法施行之后，集体或者个人承包全民所有和集体所有的宜林荒山荒地造林的，承包种植的林木归承包的集体或者个人所有。因此，不经主管部门批准而采伐本单位或者本人所有的林木的，显然不宜再以盗伐林木罪论处。所以，现在以林木的归属为区分滥伐和盗伐界限的标准成为通说。滥伐林木罪采伐的是归本单位所有或管理的以及本人所有的林木；盗伐林木罪采伐的是归国家、集体或他人所有的林木。根据有关司法解释,明知林木权属不清，在争议未解决前，擅自砍伐林木，情节严重的，应确定林木权属，分别根据具体情况，按盗伐林木罪或滥伐林木罪追究刑事责任；林木权属难以确定的，按滥伐林木罪惩处。

（三）处罚

犯滥伐林木罪的，处三年以下有期徒刑、拘役或者管制，并处或者单处罚金；数量巨大的，处三年以上七年以下有期徒刑，并处罚金。

盗伐、滥伐国家级自然保护区内的森林或者其他林木的，从重处罚。

三、非法收购、运输盗伐、滥伐的林木罪

（一）概念及其构成

非法收购、运输盗伐、滥伐的林木罪，是指非法收购、运输明知是盗伐、滥伐的林木，情节严重的行为。

1. 客体要件

本罪侵犯的客体是国家对森林资源的管理活动。犯罪对象，是盗伐、滥伐的林木。行为人在林区收购盗伐、滥伐的林木的行为，极大地助长了盗伐、滥伐林木犯罪活动的蔓延、发展，对这种行为必须严厉打击。

2. 客观要件

本罪在客观方面表现为非法收购、运输盗伐、滥伐的林木，情节严重的行为。收购是指以营利为目的，予以购买。如果行为人收购的是合法采伐的林木，则不构成本罪。运输是指将盗伐、滥伐的林木在国内从一地移动到另一地的行为。应当注意的是，盗伐者、滥伐者或收购者运输自己盗伐、滥伐、收购的林木的行为属于盗伐、滥伐、收购行为的自然延续，应为后者所吸收，不再成为独立的运输行为。"情节严重"，是构成本罪的必要要件。根据《最高人民法院关于审理破坏森林资源刑事案件具体应用法律若干问题的解释》的规定，具有下列情形之一的，属于在林区非法收购盗伐、滥伐的林木"情节严重"：(1) 非法收购盗伐、滥伐的林木 20 立方米以上或者幼树 1000 株以上的；(2) 非法收购盗伐、滥伐的珍贵树木 2 立方米以上或者 5 株以上的；(3) 其他情节严重的情形。

3. 主体要件

本罪主体为一般主体，即凡年满 16 周岁、具备刑事责任能力的人均可成为本罪主体，根据本法第 346 条之规定，单位亦可成为本罪主体。

4. 主观要件

本罪在主观方面表现为故意。要求行为人在主观上对其收购的对象是盗伐、滥伐林木，是明知的，不知道收购的是盗伐、滥伐来的林木，不构成本罪。根据《最高人民法院关于审理破坏森林资源刑事案件具体应用法律若干问题的解释》的规定，"非法收购明知是盗伐、滥伐的林木"中的"明知"，是指知道或者应当知道。具有下列情形之一的，可以视为应当知道，但是有证据证明确属被蒙骗的除外：(1) 在非法的木材交易场所或者销售单位收购木材的；(2) 收购以明显低于市场价格出售的木材的；(3) 收购违反规定出售的木材的。

（二）处罚

犯本罪的，处三年以下有期徒刑、拘役或者管制，并处或者单处罚金；情节特别严重的，处三年以上七年以下有期徒刑，并处罚金。

根据《最高人民法院关于审理破坏森林资源刑事案件具体应用法律若干问题的解释》的规定，具有下列情形之一的，属于在林区非法收购盗伐、滥伐的林木"情节特别严重"：(1)非法收购盗伐、滥伐的林木100立方米以上或者幼树5000株以上的；(2)非法收购盗伐、滥伐的珍贵树木5立方米以上或者10株以上的；(3)其他情节特别严重的情形。

第三百四十六条　（单位犯本节各罪的处罚）

单位犯本节第三百三十八条至第三百四十五条规定之罪的，对单位判处罚金，并对其直接负责的主管人员和其他直接责任人员，依照本节各该条的规定处罚。

【释解】

本条是关于单位犯本节各罪的处罚的规定。

一、单位犯重大环境污染事故罪的处罚

违反国家规定，向土地、水体、大气排放、倾倒或者处置有放射性的废物、含传染病病原体的废物、有毒物质或者其他危险废物，造成重大环境污染事故，致使公私财产遭受重大损失或者人身伤亡的严重后果的，构成重大环境污染事故罪，对单位判处罚金，并对其直接负责的主管人员和其他直接责任人员，处三年以下有期徒刑或者拘役，并处或者单处罚金；后果特别严重的，处三年以上七年以下有期徒刑，并处罚金。

二、单位犯非法处置进口的固体废物罪的处罚

违反国家规定，将境外的固体废物进境倾倒、堆放、处置的，处五年以下有期徒刑或者拘役，并处罚金；造成重大环境污染事故，致使公私财产遭受重大损失或者严重危害人体健康的，构成非法处置进口的固体废物罪，对单位判处罚金，并对其直接负责的主管人员和其他直接责任人员，处五年以上十年以下有期徒刑，并处罚金；后果特别严重的，处十年以上有期徒刑，并处罚金。

三、单位犯擅自进口固体废物罪的处罚

未经国务院有关主管部门许可，擅自进口固体废物用作原料，造成重大环境污染事故，致使公私财产遭受重大损失或者严重危害人体健康的，构成擅自进口固体废物罪，对单位判处罚金，并对其直接负责的主管人员和其他直接责任人员，处五年以下有期徒刑或者拘役，并处罚金；后果特别严重的，处五年以上十年以下有期徒刑，并处罚金。

四、单位犯非法捕捞水产品罪的处罚

违反保护水产资源法规，在禁渔区、禁渔期或者使用禁用的工具、方法捕捞水产品，情节严重的，构成非法捕捞水产品罪，对单位判处罚金，并对其直接负责的主管人员和其他直接责任人员，处三年以下有期徒刑、拘役、管制或者罚金。

五、单位犯非法猎捕、杀害珍贵、濒危野生动物罪的处罚

非法猎捕、杀害国家重点保护的珍贵、濒危野生动物的，构成非法猎捕、杀害珍贵、濒危野生动物罪，对单位判处罚金，并对其直接负责的主管人员和其他直接责任人员，处五年以下有期徒刑或者拘役，并处罚金；情节严重的，处五年以上十年以下有期徒刑，并处罚金；情节特别严重的，处十年以上有期徒刑，并处罚金或者没收财产。

六、单位犯非法收购、运输、出售珍贵、濒危野生动物、珍贵、濒危野生动物制品罪的处罚

非法收购、运输、出售国家重点保护的珍贵、濒危野生动物及其制品的，构成非法收购、运输、出售珍贵、濒危野生动物、珍贵、濒危野生动物制品罪，对单位判处罚金，对其直接负责的主管人员和其他直接责任人员，处五年以下有期徒刑或者拘役，并处罚金；情节严重的，处五年以上十年以下有期徒刑，并处罚金；情节特别严重的，处十年以上有期徒刑，并处罚金或者没收财产。

七、单位犯非法狩猎罪的处罚

违反狩猎法规，在禁猎区、禁猎期或者使用禁用的工具、方法进行狩猎，破坏野生动物资源，情节严重的，构成非法狩猎罪，对单位判处罚金，并对其直接负责的主管人员和其他直接责任人员，处三年以下有期徒刑、拘役、管制或者罚金。

八、单位犯非法占用农用地罪的处罚

违反土地管理法规，非法占用耕地、林地等农用地，改变被占用土地用途，数量较大，造成耕地大量毁坏的，构成非法占用农用地罪，对单位判处罚金，并对其直接负责的主管人员和其他直接责任人员，处五年以下有期徒刑或者拘役，并处或者单处罚金。

九、单位犯非法采矿罪的处罚

违反矿产资源法的规定，未取得采矿许可证擅自采矿的，擅自进入国家规划矿区、对国民经济具有重要价值的矿区和他人矿区范围采矿的，擅自开采国家规定实行保护性开采的特定矿种，经责令停止开采后拒不停止开采，造成矿产资源破坏的，构成非法采矿罪，对单位判处罚金，并对其直接负责的主管人员和其他直接责任人员，处三年以下有期徒刑、拘役或者管制，并处或者单处罚金；造成矿产资源严重破坏的，处三年以上七年以下有期徒刑，并处罚金。

十、单位犯破坏性采矿罪的处罚

违反矿产资源法的规定，采取破坏性的开采方法开采矿产资源，造成矿产资源严重破坏的，构成破坏性采矿罪，对单位判处罚金，并对其直接负责的主管人员和其他直接责任人员，处五年以下有期徒刑或者拘役，并处罚金。

十一、单位犯非法采伐、毁坏重点保护植物罪的处罚

违反国家规定，非法采伐、毁坏珍贵植物的，构成非法采伐、毁坏珍贵植物罪，对单位判处罚金，并对其直接负责的主管人员和直接责任人员，处三年以下有期徒刑、拘役或者管制，并处罚金；情节严重的，处三年以上七年以下有期徒刑，并处罚金。

十二、单位犯盗伐林木罪的处罚

盗伐森林或者其他林木，数量较大的，构成盗伐林木罪，对单位判处罚金，并对其直接负责的主管人员和其他直接责任人员，处三年以下有期徒刑、拘役或者管制，并处或者单处罚金；数量巨大的，处三年以上七年以下有期徒刑，并处罚金；数量特别巨大的，处七年以上有期徒刑，并处罚金。

盗伐国家级自然保护区内的森林或者其他林木的，从重处罚。

十三、单位犯滥伐林木罪的处罚

违反森林法的规定，滥伐森林或者其他林木，数量较大的，构成滥伐林木罪，对单位判处罚金，并对其直接负责的主管人员和其他直接责任人员，处三年以下有期徒刑、拘役或者管制，并处或者单处罚金；数量巨大的，处三年以上七年以下有期徒刑，并处罚金。

滥伐国家级自然保护区内的森林或者其他林木的，从重处罚。

十四、单位犯非法收购、运输盗伐、滥伐的林木罪的处罚

非法收购、运输明知是盗伐、滥伐的林木，情节严重的，构成非法收购、运输盗伐、滥伐的林木罪，对单位判处罚金，并对其直接负责的主管人员和其他直接责任人员，处三年以下有期徒刑、拘役或者管制，并处或者单处罚金；情节特别严重的，处三年以上七年以下有期徒刑，并处罚金。

第七节　走私、贩卖、运输、制造毒品罪

【本节概要】

本节从第 347 条至第 357 条，共 11 条，规定毒品犯罪。

一、毒品犯罪概念及其构成

（一）客体要件

毒品犯罪的客体是国家对毒品的管制。国家对毒品的管制，主要表现在有关毒品的管理法规上。例如，国务院 1987 年发布的《精神药品管理办法》中规定了国家对精神药品的生产、供应、运输、使用和进出口实行管制。各种毒品犯罪行为就是违反国家对毒品的管制法规，因而侵害了国家对毒品的管制。至于某些具体毒品犯罪，可能侵害的是复杂客体，例如，走私毒品既侵害了国家对毒品的管制，又侵犯了国家对海关的管制。

毒品犯罪的对象根据法律的规定大致可以分为两大类：一类是毒品；另一类是与毒品有关的人或物。以毒品为对象的毒品犯罪有：走私、贩卖、运输、制造毒品罪、非法持有毒品罪、窝藏、转移隐瞒毒品罪。以与毒品有关的人或物为对象的毒品犯罪有：非法种植毒品原植物罪、走私制毒物品罪、包庇毒品犯罪分子罪、窝藏、转移、隐瞒、引诱、教唆、欺骗他人吸毒罪、强迫他人吸毒罪、非法买卖制毒物品罪、非法买卖、运输、携带、持有毒品原植物种子、幼苗罪等等。这些犯罪虽然不是直接以毒品为对象，但是其对象或者是毒品原植物或者是用以制造毒品的物品，或者是毒品犯罪所得，或者是以毒品为工具将他人作为犯罪对象。由此可见，毒品犯罪的犯罪对象绝不仅仅是毒品，而是以毒品为中心，呈现出多样性。

（二）客观要件

毒品犯罪的客观方面是指行为人违反毒品管理法规，从事各种具体的毒品犯罪活动。毒品犯罪活动可以分为以下几个方面：

1. 毒品的种植活动

2. 毒品的生产活动

所谓制造就是将毒品原材料加工制成毒品，如用罂粟汁制成鸦片烟土等。但是将制造毒品仅仅理解为用原材料配制毒品还不够，还应包括行为人为提高毒品的吸食效果，将一种毒品变为另一种毒品，如将吗啡加工成海洛因，以及将粗制毒品变成精制毒品。制造毒品也是毒品犯罪活动中的一个很重要的环节。

3. 毒品的流通活动

毒品的流通活动又称为毒品的交易活动。毒品生产出来以后，如果不经过各种非法流通渠道，就不会到达毒品消费者手中。因此，严禁毒品流通，打击毒品交易活动是十分重要的。在外国毒品的非法交易包括非法提供、出售、转让、分销和非法进口、出口、运输、发送毒品等行为。本法第347条规定的走私毒品罪、贩卖毒品罪、运输毒品罪，第350条规定的走私制毒物品罪，第355条规定的非法提供麻醉药品、精神药品罪等，都属于毒品的流通活动。

4. 毒品的消费活动

毒品的消费活动，主要是指毒品的吸食行为，即未经医生允许，非医疗、科研目的吸、食、嗅或注射麻醉药品或精神药品。

5. 毒品犯罪的连累犯

连累犯是指事前没有与他人通谋，在他人犯罪以后，明知他人的犯罪情况，而故意地以各种形式予以帮助，依法应受处罚的行为。在刑法中规定的包庇毒品犯罪分子罪、窝藏、转移、隐瞒毒品、毒赃罪，都是毒品犯罪的连累犯，这些犯罪妨害司法机关对毒品犯罪的刑事追究，因而应当以犯罪论处。

（三）主体要件

毒品犯罪的主体包括自然人和法人。

毒品犯罪的主体，多是一般主体，即凡达到刑事责任年龄具有刑事责任能力的人均可构成。有个别毒品犯罪的主体是特殊主体。如非法提供麻醉药品、精神药品罪，只能由依法从事生产、运输、管理、使用国家管制的麻醉药品和精神药品的人实行，其他的人仅可以成为该罪的教唆犯或帮助犯。

有些毒品犯罪既可以由自然人构成，也可以由单位构成。所谓单位毒品犯罪，是指单位主管人员和其他直接责任人员，在执行职务中，以单位的名义，为单位的利益实施的依法应受刑法处罚的毒品犯罪行为。这样的犯罪有：走私、贩卖、运输、制造、非法买卖制毒物品罪、走私制毒物品罪、非法提供麻醉药品、精神药品，等等。其中非法提供麻醉药品、精神药品的单位只能是依法从事生产、运输、管理、使用国家管制的麻醉药品、精神药品的单位，其他的单位不能成为非法提供毒品罪的主体。

（四）主观要件

毒品犯罪的主观方面只能是故意，过失不能构成毒品犯罪，并且通常是直接故意，即行为人明知自己违反国家毒品管制的行为会导致危害社会的结果发生，并且希望这种结果发生。毒品犯罪的主观罪过内容之一是对于毒品这种犯罪对象的认识，只有在认识到是毒品的情况下，其行为才能构成毒品犯罪。如果没有这种认识，就不可能构成毒品犯罪。

二、毒品犯罪的种类

本节规定了以下各罪：

1．走私、贩卖、运输、制造毒品罪，是指明知是毒品而故意实施走私、贩卖、运输、制造的行为（第 347 条）。走私、贩卖、运输、制造毒品，无论数量多少，都应当追究刑事责任，予以刑罚处罚。走私、贩卖、运输、制造毒品罪，有下列情形之一的，处 15 年有期徒刑、无期徒刑或者死刑，并处没收财产：（1）走私、贩卖、运输、制造鸦片 1000 克以上、海洛因或者甲基苯丙胺 50 克以上或者其他毒品数量大的；（2）走私、贩卖、运输、制造毒品集团的首要分子；（3）武装掩护走私、贩卖、运输、制造毒品的；（4）暴力抗拒检查、拘留、逮捕，情节严重的；(5)参与有组织的国际贩毒活动的。走私、贩卖、运输、制造鸦片200克以上不满1000克、海洛因或者甲基苯丙胺10克以上不满50克或者其他毒品数量较大的，处7年以上有期徒刑，并处罚金。走私、贩卖、运输、制造鸦片不满200克、海洛因或者甲基苯丙胺不满10克或者其他少量毒品，处三年以下有期徒刑、拘役或者管制，并处罚金；情节严重的，处三年以上七年以下有期徒刑，并处罚金。单位犯上述走私、贩卖、运输、制造毒品罪的，对单位判处罚金，并对其直接负责的主管人员和其他直接责任人员依照上述有关规定处罚。利用、教唆未成年人走私、贩卖、运输、制造毒品，或者向未成年人出售毒品的，从重处罚。多次走私、贩卖、运输、制造毒品，未经处理的，毒品数量累计计算。

2. 非法持有毒品罪，是指非法持有鸦片、海洛因或者甲基苯丙胺或者其他毒品数量较大的行为（第348条）。本罪客观方面表现为非法持有毒品数量较大的行为。所谓数量较大，是指非法持有鸦片200克以上、海洛因或者甲基苯丙胺10克以上或者其他毒品数量较大的。毒品的数量以查证属实的数量计算，不以纯度折算。主观方面是故意，即明知是毒品而非法持有。非法持有鸦片1000克以上、海洛因或者甲基苯丙胺50克以上或者其他毒品数量大的，处7年以上有期徒刑或者无期徒刑，并处罚金；非法持有鸦片200克以上不满1000克、海洛因或者甲基苯丙胺10克以上不满50克或者其他毒品数量较大的；处三年以下有期徒刑、拘役或者管制，并处罚金；情节严重的，处三年以上七年以下有期徒刑，并处罚金。

3. 包庇毒品犯罪分子罪，是指明知是走私、贩卖、运输、制造毒品的犯罪分子，而向司法机关作虚假证明掩盖其罪行，或者帮助其湮灭罪证，以使其逃避法律制裁的行为（第349条）。犯包庇毒品犯罪分子罪的，处三年以下有期徒刑、拘役或者管制；情节严重的，处三年以上十年以下有期徒刑。缉毒人员或者其他国家机关工作人员掩护、包庇走私、贩卖、运输、制造毒品的犯罪分子的，从重处罚。

4. 窝藏、转移、隐瞒毒品、毒赃罪，是指明知是毒品或者毒品犯罪所得的财物而为犯罪分子窝藏、转移、隐瞒的行为（第349条）。犯窝藏、转移、隐瞒毒品、毒赃罪的，处三年以下有期徒刑、拘役或者管制；情节严重的，处三年以上十年以下有期徒刑。缉毒人员或者其他国家机关工作人员掩护、包庇走私、贩卖、运输、制造毒品的犯罪分子的，从重处罚。

5. 走私制毒物品罪，是指违反国家规定，非法运输、携带醋酸酐、乙醚、三氯甲烷或者其他用于制造毒品的原料或者配剂进出境的行为（第350条）。犯走私制毒物品罪的，处三年以下有期徒刑、拘役或者管制，并处罚金；数量较大的，处三年以上十年以下有期徒刑，并处罚金。单位犯本罪的，对单位判处罚金，并对其直接负责的主管人员和其他直接责任人员依照上述有关规定处罚。

6. 非法买卖制毒物品罪，是指违反国家规定，在境内非法买卖醋酸酐、乙醚、三氯甲烷或者其他用于制造毒品的原料或者配剂的行为（第350条）。犯非法买卖制毒物品罪的，处三年以下有期徒刑、拘役或者管制，并处罚金；数量较大的，处三年以上十年以下有期徒刑，并处罚金。单位犯本罪的，对单位判处罚金，并对其直接负责的主管人员和其他直接责任人员依照上述规定处罚。

7. 非法种植毒品原植物罪，是指明知是罂粟、大麻等毒品原植物而非法种植且数量较大，或者经公安机关处理后又种植，或者抗拒铲除的行为（第351条）。非法种植毒品原植物有下列情形之一的，处五年以下有期徒刑、拘役或者管制，并处罚金：(1) 种植罂粟500株以上不满3000株或者其他毒品原植物数量较大的；(2) 经公安机关处理后又种植的；(3) 抗拒铲除的。非法种植罂粟3000株以上或者其他毒品原植物数量大的，处五年以上有期徒刑，并处罚金或者没收财产。非法种植毒品原植物，在收获前自动铲除的，可以免除处罚。

8. 非法买卖、运输、携带、持有毒品原植物种子、幼苗罪，是指非法买卖、运输、携带、持有未经灭活的罂粟等毒品原植物种子或者幼苗，数量较大的行为（第352条）。犯非法买卖、运输、携带、持有毒品原植物种子、幼苗罪的，处三年以下有期徒刑、拘役或者管制，并处或者单处罚金。

9. 引诱、教唆、欺骗他人吸毒罪，是指通过引诱、教唆、欺骗的方法使他人吸食、注射毒品的行为（第353条第1款）。犯引诱、教唆、欺骗他人吸毒罪的，处三年以下有期徒刑、拘役或者管制，并处罚金；情节严重的，处三年以上七年以下有期徒刑，并处罚金。引诱、教唆、欺骗未成年人吸毒的，从重处罚。

10. 强迫他人吸毒罪，是指违背他人意志，迫使他人吸食、注射毒品的行为（第353条第2款）。犯强迫他人吸毒罪的，处三年以上十年以下有期徒刑。强迫未成年人吸毒的，从重处罚。

11. 容留他人吸毒罪，是指为他人吸食、注射毒品提供场所的行为（第354条）。犯容留他人吸毒罪的，处三年以下有期徒刑、拘役或者管制，并处罚金。

12. 非法提供麻醉药品、精神药品罪，是指依法从事生产、运输、管理、使用国家管制的麻醉药品、精神药品的单位和人员，违反国家规定，明知他人是吸食、注射毒品的人，而向其提供国家规定管制的能够使人形成瘾癖的麻醉药品、精神药品的行为（第355条）。犯非法提供麻醉药品、精神药品罪的，处三年以下有期徒刑或者拘役，并处罚金；情节严重的，处三年以上七年以下有期徒刑，并处罚金。单位犯本罪的，对单位判处罚金，并对其直接负责的主管人员和其他直接责任人员依照上述规定处罚。

根据本法第356条规定，因走私、贩卖、运输、制造、非法持有毒品罪被判过刑，又犯本节规定之罪的，从重处罚。注意这里规定的从重处罚情节，不以构成累犯为必要。

第三百四十七条 （走私、贩卖、运输、制造毒品罪）

走私、贩卖、运输、制造毒品，无论数量多少，都应当追究刑

事责任，予以刑事处罚。

走私、贩卖、运输、制造毒品，有下列情形之一的，处十五年有期徒刑、无期徒刑或者死刑，并处没收财产：

（一）走私、贩卖、运输、制造鸦片一千克以上、海洛因或者甲基苯丙胺五十克以上或者其他毒品数量大的；

（二）走私、贩卖、运输、制造毒品集团的首要分子；

（三）武装掩护走私、贩卖、运输、制造毒品的；

（四）以暴力抗拒检查、拘留、逮捕，情节严重的；

（五）参与有组织的国际贩毒活动的。

走私、贩卖、运输、制造鸦片二百克以上不满一千克、海洛因或者甲基苯丙胺十克以上不满五十克或者其他毒品数量较大的，处七年以上有期徒刑，并处罚金。

走私、贩卖、运输、制造鸦片不满二百克、海洛因或者甲基苯丙胺不满十克或者其他少量毒品的，处三年以下有期徒刑、拘役或者管制，并处罚金；情节严重的，处三年以上七年以下有期徒刑，并处罚金。

单位犯第二款、第三款、第四款罪的，对单位判处罚金，并对其直接负责的主管人员和其他直接责任人员，依照各该款的规定处罚。

利用、教唆未成年人走私、贩卖、运输、制造毒品的，或者向未成年人出售毒品的，从重处罚。

对多次走私、贩卖、运输、制造毒品，未经处理的，毒品数量累计计算。

［相关规定］　《全国人民代表大会常务委员会关于禁毒的决定》（1990年12月28日第七届全国人民代表大会常务委员会第十七次会议通过）

为了严惩走私、贩卖、运输、制造毒品和非法种植毒品原植物等犯罪活动，严禁吸食、注射毒品，保护公民身心健康，维护社会治安秩序，保障社会主义现代化建设的顺利进行，特作如下决定：

一、本决定所称的毒品是指鸦片、海洛因、吗啡、大麻、可卡因以及国务院规定管制的其他能够使人形成瘾癖的麻醉药品和精神药品。

二、走私、贩卖、运输、制造毒品，有下列情形之一的，处十五年有期徒刑、无期徒刑或者死刑，并处没收财产：

（一）走私、贩卖、运输、制造鸦片一千克以上、海洛因五十克以上或者其他毒品数量大的；

（二）走私、贩卖、运输、制造毒品集团的首要分子；

（三）武装掩护走私、贩卖、运输、制造毒品的；

（四）以暴力抗拒检查、拘留、逮捕，情节严重的；

（五）参与有组织的国际贩毒活动的。

走私、贩卖、运输、制造鸦片二百克以上不满一千克、海洛因十克以上不满五十克或者其他毒品数量较大的，处七年以上有期徒刑，并处罚金。

走私、贩卖、运输、制造鸦片不满二百克、海洛因不满十克或者其他少量毒品的，处七年以下有期徒刑、拘役或者管制，并处罚金。

利用、教唆未成年人走私、贩卖、运输、制造毒品的，从重处罚。

对多次走私、贩卖、运输、制造毒品，未经处理的，毒品数量累计计算。

三、禁止任何人非法持有毒品，非法持有鸦片一千克以上、海洛因五十克以上或者其他毒品数量大的，处七年以上有期徒刑或者无期徒刑，并处罚金；非法持有鸦片二百克以上不满一千克、海洛因十克以上不满五十克或者其他毒品数量较大的，处七年以下有期徒刑、拘役或者管制，可以并处罚金；非法持有鸦片不满二百克、海洛因不满十克或者其他少量毒品的，依照第八条第一款的规定处罚。

四、包庇走私、贩卖、运输、制造毒品的犯罪分子的，为犯罪分子窝藏、转移、隐瞒毒品或者犯罪所得的财物的，掩饰、隐瞒出售毒品获得财物的非法性质和来源的，处七年以下有期徒刑、拘役或者管制，可以并处罚金。

犯前款罪事先通谋的，以走私、贩卖、运输、制造毒品罪的共犯论处。

五、对醋酸酐、乙醚、三氯甲烷或者其他经常用于制造麻醉药品和精神药品的物品，应当依照国家有关规定严格管理，严禁非法运输、携带进出境。非法运输、携带上述物品进出境的，处三年以下有期徒刑、拘役或者管制，并处罚金；数量大的，处三年以上十年以下有期徒刑，并处罚金；数量较小的，依照海关法的有关规定处罚。

明知他人制造毒品而为其提供前款规定的物品的，以制造毒品罪的共犯论处。

单位有前两款规定的违法犯罪行为的，对其直接负责的主管人员和其他直接责任人员，依照前两款的规定处罚，并对单位判处罚金或者予以罚款。

六、非法种植罂粟、大麻等毒品原植物的，一律强制铲除。有下列情形之一的，处五年以下有期徒刑、拘役或者管制，并处罚金：

(一)种植罂粟五百株以上不满三千株或者其他毒品原植物数量较大的；

(二) 经公安机关处理后又种植的；

(三) 抗拒铲除的。

非法种植罂粟三千株以上或者其他毒品原植物数量大的，处五年以上有期徒刑，并处罚金或者没收财产。

非法种植罂粟不满五百株或者其他毒品原植物数量较小的，由公安机关处十五日以下拘留，可以并处三千元以下罚款。

非法种植罂粟或者其他毒品原植物，在收获前自动铲除的，可以免除处罚。

七、引诱、教唆、欺骗他人吸食、注射毒品的，处七年以下有期徒刑、拘役或者管制，并处罚金。

强迫他人吸食、注射毒品的，处三年以上十年以下有期徒刑，并处罚金。

引诱、教唆、欺骗或者强迫未成年人吸食、注射毒品的，从重处罚。

八、吸食、注射毒品的，由公安机关处十五日以下拘留，可以单处或者并处二千元以下罚款，并没收毒品和吸食、注射器具。

吸食、注射毒品成瘾的，除依照前款规定处罚外，予以强制戒除，进行治疗、教育。强制戒除后又吸食、注射毒品的，可以实行劳动教养，并在劳动教养中强制戒除。

九、容留他人吸食、注射毒品并出售毒品的，依照第二条的规定处罚。

十、根据医疗、教学、科研的需要，国家卫生行政主管部门依照法律、行政法规的规定，可以指定特定的地方和制药厂，种植、生产限定数量的毒品原植物和麻醉药品、精神药品。依法从事生产、运输、管理、使用国家管制的麻醉药品、精神药品的单位和人员，必须严格遵守国家关于麻醉药品、精神药品的管理规定。

依法从事生产、运输、管理、使用国家管制的麻醉药品、精神药品的人员违反国家规定，向吸食、注射毒品的人提供国家管制的麻醉药品、精神药品的，处七年以下有期徒刑或者拘役，可以并处罚金。向走私、贩卖毒品的犯罪分子或者以牟利为目的，向吸食、注射毒品的人提供国家管制的麻醉药品、精神药品的，依照第二条的规定处罚。

单位有第二款规定的违法犯罪行为的，对其直接负责的主管人员和其他直接责任人员，依照第二款的规定处罚，并对单位判处罚金。

十一、国家工作人员犯本决定规定之罪的，从重处罚。

因走私、贩卖、运输、制造、非法持有毒品罪被判过刑，又犯本决定规定之罪的，从重处罚。

十二、对查获的毒品、毒品犯罪的非法所得以及由非法所得所获得的收益、供犯罪使用的财物，一律没收。没收的毒品和吸食、注射毒品的器具，依照国家规定销毁或者作其他处理。罚没收入一律上缴国库。

十三、中华人民共和国公民在中华人民共和国领域外犯走私、贩卖、运输、制造毒品罪的，适用本决定。

外国人在中华人民共和国领域外犯前款罪进入我国领域的，我国司法机关有管辖权，除依照我国参加、缔结的国际公约或者双边条约实行引渡的以外，适用本决定。

十四、犯本决定规定之罪，有检举、揭发其他毒品犯罪立功表现的，可以从轻、减轻处罚或者免除处罚。

十五、公民对本决定所规定的违法犯罪行为有检举、揭发的义务。国家对检举、揭发走私、贩卖、运输、制造毒品等犯罪活动的人员以及在禁毒工作中有功的人员，给予奖励。

十六、本决定自公布之日起施行。

［相关规定］ **《娱乐场所管理条例》** （1999 年 3 月 26 日国务院发布）（节录）

第二条 本条例所称娱乐场所，是指向公众开放的、消费者自娱自乐的营业性歌舞、游艺等场所。

第二十五条 严禁娱乐场所经营单位及其人员组织、强迫、引诱、容留、介绍他人卖淫，开设赌场、赌局，引诱、教唆、欺骗、强迫他人吸食、注射毒品，进行封建迷信活动，贩卖、传播淫秽书刊、影片、录像带、录音带、图片及其他淫秽物品，提供以营利为目的的陪侍，或者为进入娱乐场所的人员从事上述活动提供方便和条件。

严禁进入娱乐场所的人员在娱乐场所卖淫、嫖娼、赌博、吸毒，贩卖、传播淫秽书刊、影片、录像带、录音带、图片及其他淫秽物品，从事淫秽、色情或者违背社会公德的活动和封建迷信活动，或者从事以营利为目的的陪侍。

娱乐场所经营单位发现进入娱乐场所的人员有前款所列行为的，必须予以制止，并立即向当地公安机关报告。

第四十二条 有下列情形之一的，依照治安管理处罚条例的有关规定给予处罚；构成犯罪的，依法追究刑事责任：

（一）非法携带枪支、弹药、管制刀具或者爆炸性、易燃性、放射性、毒害性、腐蚀性物品进入娱乐场所的；

（二）在娱乐场所内从事卖淫、嫖娼、赌博、吸毒或者封建迷信活动的，贩卖、传播淫秽物品的，或者从事淫秽、色情活动的；

（三）在娱乐场所内打架斗殴、酗酒、滋事，调戏、侮辱妇女或者进行扰乱娱乐场所正常经营秩序活动的。

［相关规定］ **《麻醉药品和精神药品管理条例》** （2005年8月3日国务院发布）（节录）

第三条 本条例所称麻醉药品和精神药品，是指列入麻醉药品目录、精神药品目录（以下称目录）的药品和其他物质。精神药品分为第一类精神药品和第二类精神药品。

目录由国务院药品监督管理部门会同国务院公安部门、国务院卫生主管部门制定、调整并公布。

上市销售但尚未列入目录的药品和其他物质或者第二类精神药品发生滥用，已经造成或者可能造成严重社会危害的，国务院药品监督管理部门会同国务院公安部门、国务院卫生主管部门应当及时将该药品和该物质列入目录或者将该第二类精神药品调整为第一类精神药品。

第四条 国家对麻醉药品药用原植物以及麻醉药品和精神药品实行管制。除本条例另有规定的外，任何单位、个人不得进行麻醉药品药用原植物的种植以及麻醉药品和精神药品的实验研究、生产、经营、使用、储存、运输等活动。

第七条　国家根据麻醉药品和精神药品的医疗、国家储备和企业生产所需原料的需要确定需求总量，对麻醉药品药用原植物的种植、麻醉药品和精神药品的生产实行总量控制。

国务院药品监督管理部门根据麻醉药品和精神药品的需求总量制定年度生产计划。

国务院药品监督管理部门和国务院农业主管部门根据麻醉药品年度生产计划，制定麻醉药品药用原植物年度种植计划。

第八条　麻醉药品药用原植物种植企业应当根据年度种植计划，种植麻醉药品药用原植物。

麻醉药品药用原植物种植企业应当向国务院药品监督管理部门和国务院农业主管部门定期报告种植情况。

第九条　麻醉药品药用原植物种植企业由国务院药品监督管理部门和国务院农业主管部门共同确定，其他单位和个人不得种植麻醉药品药用原植物。

第十条　开展麻醉药品和精神药品实验研究活动应当具备下列条件，并经国务院药品监督管理部门批准：

（一）以医疗、科学研究或者教学为目的；

（二）有保证实验所需麻醉药品和精神药品安全的措施和管理制度；

（三）单位及其工作人员2年内没有违反有关禁毒的法律、行政法规规定的行为。

第十一条　麻醉药品和精神药品的实验研究单位申请相关药品批准证明文件，应当依照药品管理法的规定办理；需要转让研究成果的，应当经国务院药品监督管理部门批准。

第十二条　药品研究单位在普通药品的实验研究过程中，产生本条例规定的管制品种的，应当立即停止实验研究活动，并向国务院药品监督管理部门报告。国务院药品监督管理部门应当根据情况，及时作出是否同意其继续实验研究的决定。

第十三条 麻醉药品和第一类精神药品的临床试验，不得以健康人为受试对象。

第十四条 国家对麻醉药品和精神药品实行定点生产制度。

国务院药品监督管理部门应当根据麻醉药品和精神药品的需求总量，确定麻醉药品和精神药品定点生产企业的数量和布局，并根据年度需求总量对数量和布局进行调整、公布。

第十五条 麻醉药品和精神药品的定点生产企业应当具备下列条件：

（一）有药品生产许可证；

（二）有麻醉药品和精神药品实验研究批准文件；

（三）有符合规定的麻醉药品和精神药品生产设施、储存条件和相应的安全管理设施；

（四）有通过网络实施企业安全生产管理和向药品监督管理部门报告生产信息的能力；

（五）有保证麻醉药品和精神药品安全生产的管理制度；

（六）有与麻醉药品和精神药品安全生产要求相适应的管理水平和经营规模；

（七）麻醉药品和精神药品生产管理、质量管理部门的人员应当熟悉麻醉药品和精神药品管理以及有关禁毒的法律、行政法规；

（八）没有生产、销售假药、劣药或者违反有关禁毒的法律、行政法规规定的行为；

（九）符合国务院药品监督管理部门公布的麻醉药品和精神药品定点生产企业数量和布局的要求。

第十六条 从事麻醉药品、第一类精神药品生产以及第二类精神药品原料药生产的企业，应当经所在地省、自治区、直辖市人民政府药品监督管理部门初步审查，由国务院药品监督管理部门批准；从事第二类精神药品制剂生产的企业，应当经所在地省、自治区、直辖市人民政府药品监督管理部门批准。

第十七条 定点生产企业生产麻醉药品和精神药品，应当依照药品管理法的规定取得药品批准文号。

国务院药品监督管理部门应当组织医学、药学、社会学、伦理学和禁毒等方面的专家成立专家组，由专家组对申请首次上市的麻醉药品和精神药品的社会危害性和被滥用的可能性进行评价，并提出是否批准的建议。

未取得药品批准文号的，不得生产麻醉药品和精神药品。

第十八条　发生重大突发事件，定点生产企业无法正常生产或者不能保证供应麻醉药品和精神药品时，国务院药品监督管理部门可以决定其他药品生产企业生产麻醉药品和精神药品。

重大突发事件结束后，国务院药品监督管理部门应当及时决定前款规定的企业停止麻醉药品和精神药品的生产。

第十九条　定点生产企业应当严格按照麻醉药品和精神药品年度生产计划安排生产，并依照规定向所在地省、自治区、直辖市人民政府药品监督管理部门报告生产情况。

第二十条　定点生产企业应当依照本条例的规定，将麻醉药品和精神药品销售给具有麻醉药品和精神药品经营资格的企业或者依照本条例规定批准的其他单位。

第二十一条　麻醉药品和精神药品的标签应当印有国务院药品监督管理部门规定的标志。

第二十二条　国家对麻醉药品和精神药品实行定点经营制度。

国务院药品监督管理部门应当根据麻醉药品和第一类精神药品的需求总量，确定麻醉药品和第一类精神药品的定点批发企业布局，并应当根据年度需求总量对布局进行调整、公布。

药品经营企业不得经营麻醉药品原料药和第一类精神药品原料药。但是，供医疗、科学研究、教学使用的小包装的上述药品可以由国务院药品监督管理部门规定的药品批发企业经营。

第二十三条　麻醉药品和精神药品定点批发企业除应当具备药品管理法第十五条规定的药品经营企业的开办条件外，还应当具备下列条件：

（一）有符合本条例规定的麻醉药品和精神药品储存条件；

（二）有通过网络实施企业安全管理和向药品监督管理部门报告经营信息的能力；

（三）单位及其工作人员2年内没有违反有关禁毒的法律、行政法规规定的行为；

（四）符合国务院药品监督管理部门公布的定点批发企业布局。

麻醉药品和第一类精神药品的定点批发企业，还应当具有保证供应责任区域内医疗机构所需麻醉药品和第一类精神药品的能力，并具有保证麻醉药品和第一类精神药品安全经营的管理制度。

第二十四条 跨省、自治区、直辖市从事麻醉药品和第一类精神药品批发业务的企业(以下称全国性批发企业)，应当经国务院药品监督管理部门批准；在本省、自治区、直辖市行政区域内从事麻醉药品和第一类精神药品批发业务的企业（以下称区域性批发企业)，应当经所在地省、自治区、直辖市人民政府药品监督管理部门批准。

专门从事第二类精神药品批发业务的企业，应当经所在地省、自治区、直辖市人民政府药品监督管理部门批准。

全国性批发企业和区域性批发企业可以从事第二类精神药品批发业务。

第二十五条 全国性批发企业可以向区域性批发企业，或者经批准可以向取得麻醉药品和第一类精神药品使用资格的医疗机构以及依照本条例规定批准的其他单位销售麻醉药品和第一类精神药品。

全国性批发企业向取得麻醉药品和第一类精神药品使用资格的医疗机构销售麻醉药品和第一类精神药品，应当经医疗机构所在地省、自治区、直辖市人民政府药品监督管理部门批准。

国务院药品监督管理部门在批准全国性批发企业时，应当明确其所承担供药责任的区域。

第二十六条 区域性批发企业可以向本省、自治区、直辖市行政区域内取得麻醉药品和第一类精神药品使用资格的医疗机构销售麻醉药品和第一类精神药品；由于特殊地理位置的原因，需要就近向其他省、自治区、直辖市行政区域内取得麻醉药品和第一类精神药品使用资格的医疗机构销售的，应当经国务院药品监督管理部门批准。

省、自治区、直辖市人民政府药品监督管理部门在批准区域性批发企业时，应当明确其所承担供药责任的区域。

区域性批发企业之间因医疗急需、运输困难等特殊情况需要调剂麻醉药品和第一类精神药品的，应当在调剂后2日内将调剂情况分别报所在地省、自治区、直辖市人民政府药品监督管理部门备案。

第二十七条　全国性批发企业应当从定点生产企业购进麻醉药品和第一类精神药品。

区域性批发企业可以从全国性批发企业购进麻醉药品和第一类精神药品；经所在地省、自治区、直辖市人民政府药品监督管理部门批准，也可以从定点生产企业购进麻醉药品和第一类精神药品。

第二十八条　全国性批发企业和区域性批发企业向医疗机构销售麻醉药品和第一类精神药品，应当将药品送至医疗机构。医疗机构不得自行提货。

第二十九条　第二类精神药品定点批发企业可以向医疗机构、定点批发企业和符合本条例第三十一条规定的药品零售企业以及依照本条例规定批准的其他单位销售第二类精神药品。

第三十条　麻醉药品和第一类精神药品不得零售。

禁止使用现金进行麻醉药品和精神药品交易，但是个人合法购买麻醉药品和精神药品的除外。

第三十一条　经所在地设区的市级药品监督管理部门批准，实行统一进货、统一配送、统一管理的药品零售连锁企业可以从事第二类精神药品零售业务。

第三十二条　第二类精神药品零售企业应当凭执业医师出具的处方，按规定剂量销售第二类精神药品，并将处方保存2年备查；禁止超剂量或者无处方销售第二类精神药品；不得向未成年人销售第二类精神药品。

第三十三条 麻醉药品和精神药品实行政府定价，在制定出厂和批发价格的基础上，逐步实行全国统一零售价格。具体办法由国务院价格主管部门制定。

第三十四条 药品生产企业需要以麻醉药品和第一类精神药品为原料生产普通药品的，应当向所在地省、自治区、直辖市人民政府药品监督管理部门报送年度需求计划，由省、自治区、直辖市人民政府药品监督管理部门汇总报国务院药品监督管理部门批准后，向定点生产企业购买。

药品生产企业需要以第二类精神药品为原料生产普通药品的，应当将年度需求计划报所在地省、自治区、直辖市人民政府药品监督管理部门，并向定点批发企业或者定点生产企业购买。

第三十五条 食品、食品添加剂、化妆品、油漆等非药品生产企业需要使用咖啡因作为原料的，应当经所在地省、自治区、直辖市人民政府药品监督管理部门批准，向定点批发企业或者定点生产企业购买。

科学研究、教学单位需要使用麻醉药品和精神药品开展实验、教学活动的，应当经所在地省、自治区、直辖市人民政府药品监督管理部门批准，向定点批发企业或者定点生产企业购买。

需要使用麻醉药品和精神药品的标准品、对照品的，应当经所在地省、自治区、直辖市人民政府药品监督管理部门批准，向国务院药品监督管理部门批准的单位购买。

第三十六条 医疗机构需要使用麻醉药品和第一类精神药品的，应当经所在地设区的市级人民政府卫生主管部门批准，取得麻醉药品、第一类精神药品购用印鉴卡（以下称印鉴卡）。医疗机构应当凭印鉴卡向本省、自治区、直辖市行政区域内的定点批发企业购买麻醉药品和第一类精神药品。

设区的市级人民政府卫生主管部门发给医疗机构印鉴卡时，应当将取得印鉴卡的医疗机构情况抄送所在地设区的市级药品监督管理部门，并报省、自治区、直辖市人民政府卫生主管部门备案。省、自治区、直辖市人民政府卫生主管部门应当将取得印鉴卡的医疗机构名单向本行政区域内的定点批发企业通报。

第三十七条 医疗机构取得印鉴卡应当具备下列条件：

（一）有专职的麻醉药品和第一类精神药品管理人员；

（二）有获得麻醉药品和第一类精神药品处方资格的执业医师；

（三）有保证麻醉药品和第一类精神药品安全储存的设施和管理制度。

第三十八条 医疗机构应当按照国务院卫生主管部门的规定，对本单位执业医师进行有关麻醉药品和精神药品使用知识的培训、考核，经考核合格的，授予麻醉药品和第一类精神药品处方资格。执业医师取得麻醉药品和第一类精神药品的处方资格后，方可在本医疗机构开具麻醉药品和第一类精神药品处方，但不得为自己开具该种处方。

医疗机构应当将具有麻醉药品和第一类精神药品处方资格的执业医师名单及其变更情况，定期报送所在地设区的市级人民政府卫生主管部门，并抄送同级药品监督管理部门。

医务人员应当根据国务院卫生主管部门制定的临床应用指导原则，使用麻醉药品和精神药品。

第三十九条 具有麻醉药品和第一类精神药品处方资格的执业医师，根据临床应用指导原则，对确需使用麻醉药品或者第一类精神药品的患者，应当满足其合理用药需求。在医疗机构就诊的癌症疼痛患者和其他危重患者得不到麻醉药品或者第一类精神药品时，患者或者其亲属可以向执业医师提出申请。具有麻醉药品和第一类精神药品处方资格的执业医师认为要求合理的，应当及时为患者提供所需麻醉药品或者第一类精神药品。

第四十条 执业医师应当使用专用处方开具麻醉药品和精神药品，单张处方的最大用量应当符合国务院卫生主管部门的规定。

对麻醉药品和第一类精神药品处方，处方的调配人、核对人应当仔细核对，签署姓名，并予以登记；对不符合本条例规定的，处方的调配人、核对人应当拒绝发药。

麻醉药品和精神药品专用处方的格式由国务院卫生主管部门规定。

第四十一条 医疗机构应当对麻醉药品和精神药品处方进行专册登记，加强管理。麻醉药品处方至少保存3年，精神药品处方至少保存2年。

第四十二条 医疗机构抢救病人急需麻醉药品和第一类精神药品而本医疗机构无法提供时，可以从其他医疗机构或者定点批发企业紧急借用；抢救工作结束后，应当及时将借用情况报所在地设区的市级药品监督管理部门和卫生主管部门备案。

第四十三条 对临床需要而市场无供应的麻醉药品和精神药品，持有医疗机构制剂许可证和印鉴卡的医疗机构需要配制制剂的，应当经所在地省、自治区、直辖市人民政府药品监督管理部门批准。医疗机构配制的麻醉药品和精神药品制剂只能在本医疗机构使用，不得对外销售。

第四十四条 因治疗疾病需要，个人凭医疗机构出具的医疗诊断书、本人身份证明，可以携带单张处方最大用量以内的麻醉药品和第一类精神药品；携带麻醉药品和第一类精神药品出入境的，由海关根据自用、合理的原则放行。

医务人员为了医疗需要携带少量麻醉药品和精神药品出入境的，应当持有省级以上人民政府药品监督管理部门发放的携带麻醉药品和精神药品证明。海关凭携带麻醉药品和精神药品证明放行。

第四十五条 医疗机构、戒毒机构以开展戒毒治疗为目的，可以使用美沙酮或者国家确定的其他用于戒毒治疗的麻醉药品和精神药品。具体管理办法由国务院药品监督管理部门、国务院公安部门和国务院卫生主管部门制定。

第四十六条 麻醉药品药用原植物种植企业、定点生产企业、全国性批发企业和区域性批发企业以及国家设立的麻醉药品储存单位，应当设置储存麻醉药品和第一类精神药品的专库。该专库应当符合下列要求：

（一）安装专用防盗门，实行双人双锁管理；

（二）具有相应的防火设施；

（三）具有监控设施和报警装置，报警装置应当与公安机关报警系统联网。

全国性批发企业经国务院药品监督管理部门批准设立的药品储存点应当符合前款的规定。

麻醉药品定点生产企业应当将麻醉药品原料药和制剂分别存放。

第四十七条　麻醉药品和第一类精神药品的使用单位应当设立专库或者专柜储存麻醉药品和第一类精神药品。专库应当设有防盗设施并安装报警装置；专柜应当使用保险柜。专库和专柜应当实行双人双锁管理。

第四十八条　麻醉药品药用原植物种植企业、定点生产企业、全国性批发企业和区域性批发企业、国家设立的麻醉药品储存单位以及麻醉药品和第一类精神药品的使用单位，应当配备专人负责管理工作，并建立储存麻醉药品和第一类精神药品的专用账册。药品入库双人验收，出库双人复核，做到账物相符。专用账册的保存期限应当自药品有效期期满之日起不少于5年。

第四十九条　第二类精神药品经营企业应当在药品库房中设立独立的专库或者专柜储存第二类精神药品，并建立专用账册，实行专人管理。专用账册的保存期限应当自药品有效期期满之日起不少于5年。

第五十条　托运、承运和自行运输麻醉药品和精神药品的，应当采取安全保障措施，防止麻醉药品和精神药品在运输过程中被盗、被抢、丢失。

第五十一条　通过铁路运输麻醉药品和第一类精神药品的，应当使用集装箱或者铁路行李车运输，具体办法由国务院药品监督管理部门会同国务院铁路主管部门制定。

没有铁路需要通过公路或者水路运输麻醉药品和第一类精神药品的，应当由专人负责押运。

第五十二条 托运或者自行运输麻醉药品和第一类精神药品的单位，应当向所在地省、自治区、直辖市人民政府药品监督管理部门申请领取运输证明。运输证明有效期为1年。

运输证明应当由专人保管，不得涂改、转让、转借。

第五十三条 托运人办理麻醉药品和第一类精神药品运输手续，应当将运输证明副本交付承运人。承运人应当查验、收存运输证明副本，并检查货物包装。没有运输证明或者货物包装不符合规定的，承运人不得承运。

承运人在运输过程中应当携带运输证明副本，以备查验。

第五十四条 邮寄麻醉药品和精神药品，寄件人应当提交所在地省、自治区、直辖市人民政府药品监督管理部门出具的准予邮寄证明。邮政营业机构应当查验、收存准予邮寄证明；没有准予邮寄证明的，邮政营业机构不得收寄。

省、自治区、直辖市邮政主管部门指定符合安全保障条件的邮政营业机构负责收寄麻醉药品和精神药品。邮政营业机构收寄麻醉药品和精神药品，应当依法对收寄的麻醉药品和精神药品予以查验。

邮寄麻醉药品和精神药品的具体管理办法，由国务院药品监督管理部门会同国务院邮政主管部门制定。

第五十五条 定点生产企业、全国性批发企业和区域性批发企业之间运输麻醉药品、第一类精神药品，发货人在发货前应当向所在地省、自治区、直辖市人民政府药品监督管理部门报送本次运输的相关信息。属于跨省、自治区、直辖市运输的，收到信息的药品监督管理部门应当向收货人所在地的同级药品监督管理部门通报；属于在本省、自治区、直辖市行政区域内运输的，收到信息的药品监督管理部门应当向收货人所在地设区的市级药品监督管理部门通报。

第五十六条　申请人提出本条例规定的审批事项申请，应当提交能够证明其符合本条例规定条件的相关资料。审批部门应当自收到申请之日起40日内作出是否批准的决定；作出批准决定的，发给许可证明文件或者在相关许可证明文件上加注许可事项；作出不予批准决定的，应当书面说明理由。

确定定点生产企业和定点批发企业，审批部门应当在经审查符合条件的企业中，根据布局的要求，通过公平竞争的方式初步确定定点生产企业和定点批发企业，并予公布。其他符合条件的企业可以自公布之日起10日内向审批部门提出异议。审批部门应当自收到异议之日起20日内对异议进行审查，并作出是否调整的决定。

第五十七条　药品监督管理部门应当根据规定的职责权限，对麻醉药品药用原植物的种植以及麻醉药品和精神药品的实验研究、生产、经营、使用、储存、运输活动进行监督检查。

第五十八条　省级以上人民政府药品监督管理部门根据实际情况建立监控信息网络，对定点生产企业、定点批发企业和使用单位的麻醉药品和精神药品生产、进货、销售、库存、使用的数量以及流向实行实时监控，并与同级公安机关做到信息共享。

第五十九条　尚未连接监控信息网络的麻醉药品和精神药品定点生产企业、定点批发企业和使用单位，应当每月通过电子信息、传真、书面等方式，将本单位麻醉药品和精神药品生产、进货、销售、库存、使用的数量以及流向，报所在地设区的市级药品监督管理部门和公安机关；医疗机构还应当报所在地设区的市级人民政府卫生主管部门。

设区的市级药品监督管理部门应当每3个月向上一级药品监督管理部门报告本地区麻醉药品和精神药品的相关情况。

第六十条　对已经发生滥用，造成严重社会危害的麻醉药品和精神药品品种，国务院药品监督管理部门应当采取在一定期限内中止生产、经营、使用或者限定其使用范围和用途等措施。对不再作为药品使用的麻醉药品和精神药品，国务院药品监督管理部门应当撤销其药品批准文号和药品标准，并予以公布。

药品监督管理部门、卫生主管部门发现生产、经营企业和使用单位的麻醉药品和精神药品管理存在安全隐患时，应当责令其立即排除或者限期排除；对有证据证明可能流入非法渠道的，应当及时采取查封、扣押的行政强制措施，在7日内作出行政处理决定，并通报同级公安机关。

药品监督管理部门发现取得印鉴卡的医疗机构未依照规定购买麻醉药品和第一类精神药品时，应当及时通报同级卫生主管部门。接到通报的卫生主管部门应当立即调查处理。必要时，药品监督管理部门可以责令定点批发企业中止向该医疗机构销售麻醉药品和第一类精神药品。

第六十一条 麻醉药品和精神药品的生产、经营企业和使用单位对过期、损坏的麻醉药品和精神药品应当登记造册，并向所在地县级药品监督管理部门申请销毁。药品监督管理部门应当自接到申请之日起5日内到场监督销毁。医疗机构对存放在本单位的过期、损坏麻醉药品和精神药品，应当按照本条规定的程序向卫生主管部门提出申请，由卫生主管部门负责监督销毁。

对依法收缴的麻醉药品和精神药品，除经国务院药品监督管理部门或者国务院公安部门批准用于科学研究外，应当依照国家有关规定予以销毁。

第六十二条 县级以上人民政府卫生主管部门应当对执业医师开具麻醉药品和精神药品处方的情况进行监督检查。

第六十三条 药品监督管理部门、卫生主管部门和公安机关应当互相通报麻醉药品和精神药品生产、经营企业和使用单位的名单以及其他管理信息。

各级药品监督管理部门应当将在麻醉药品药用原植物的种植以及麻醉药品和精神药品的实验研究、生产、经营、使用、储存、运输等各环节的管理中的审批、撤销等事项通报同级公安机关。

麻醉药品和精神药品的经营企业、使用单位报送各级药品监督管理部门的备案事项，应当同时报送同级公安机关。

第六十四条　发生麻醉药品和精神药品被盗、被抢、丢失或者其他流入非法渠道的情形的，案发单位应当立即采取必要的控制措施，同时报告所在地县级公安机关和药品监督管理部门。医疗机构发生上述情形的，还应当报告其主管部门。

公安机关接到报告、举报，或者有证据证明麻醉药品和精神药品可能流入非法渠道时，应当及时开展调查，并可以对相关单位采取必要的控制措施。

药品监督管理部门、卫生主管部门以及其他有关部门应当配合公安机关开展工作。

第六十五条　药品监督管理部门、卫生主管部门违反本条例的规定，有下列情形之一的，由其上级行政机关或者监察机关责令改正；情节严重的，对直接负责的主管人员和其他直接责任人员依法给予行政处分；构成犯罪的，依法追究刑事责任：

（一）对不符合条件的申请人准予行政许可或者超越法定职权作出准予行政许可决定的；

（二）未到场监督销毁过期、损坏的麻醉药品和精神药品的；

（三）未依法履行监督检查职责，应当发现而未发现违法行为、发现违法行为不及时查处，或者未依照本条例规定的程序实施监督检查的；

（四）违反本条例规定的其他失职、渎职行为。

第六十六条　麻醉药品药用原植物种植企业违反本条例的规定，有下列情形之一的，由药品监督管理部门责令限期改正，给予警告；逾期不改正的，处5万元以上10万元以下的罚款；情节严重的，取消其种植资格：

（一）未依照麻醉药品药用原植物年度种植计划进行种植的；

（二）未依照规定报告种植情况的；

（三）未依照规定储存麻醉药品的。

第六十七条 定点生产企业违反本条例的规定，有下列情形之一的，由药品监督管理部门责令限期改正，给予警告，并没收违法所得和违法销售的药品；逾期不改正的，责令停产，并处5万元以上10万元以下的罚款；情节严重的，取消其定点生产资格：

（一）未按照麻醉药品和精神药品年度生产计划安排生产的；

（二）未依照规定向药品监督管理部门报告生产情况的；

（三）未依照规定储存麻醉药品和精神药品，或者未依照规定建立、保存专用账册的；

（四）未依照规定销售麻醉药品和精神药品的；

（五）未依照规定销毁麻醉药品和精神药品的。

第六十八条 定点批发企业违反本条例的规定销售麻醉药品和精神药品，或者违反本条例的规定经营麻醉药品原料药和第一类精神药品原料药的，由药品监督管理部门责令限期改正，给予警告，并没收违法所得和违法销售的药品；逾期不改正的，责令停业，并处违法销售药品货值金额2倍以上5倍以下的罚款；情节严重的，取消其定点批发资格。

第六十九条 定点批发企业违反本条例的规定，有下列情形之一的，由药品监督管理部门责令限期改正，给予警告；逾期不改正的，责令停业，并处2万元以上5万元以下的罚款；情节严重的，取消其定点批发资格：

（一）未依照规定购进麻醉药品和第一类精神药品的；

（二）未保证供药责任区域内的麻醉药品和第一类精神药品的供应的；

（三）未对医疗机构履行送货义务的；

（四）未依照规定报告麻醉药品和精神药品的进货、销售、库存数量以及流向的；

（五）未依照规定储存麻醉药品和精神药品，或者未依照规定建立、保存专用账册的；

（六）未依照规定销毁麻醉药品和精神药品的；

（七）区域性批发企业之间违反本条例的规定调剂麻醉药品和第一类精神药品，或者因特殊情况调剂麻醉药品和第一类精神药品后未依照规定备案的。

第七十条　第二类精神药品零售企业违反本条例的规定储存、销售或者销毁第二类精神药品的，由药品监督管理部门责令限期改正，给予警告，并没收违法所得和违法销售的药品；逾期不改正的，责令停业，并处5000元以上2万元以下的罚款；情节严重的，取消其第二类精神药品零售资格。

第七十一条　本条例第三十四条、第三十五条规定的单位违反本条例的规定，购买麻醉药品和精神药品的，由药品监督管理部门没收违法购买的麻醉药品和精神药品，责令限期改正，给予警告；逾期不改正的，责令停产或者停止相关活动，并处2万元以上5万元以下的罚款。

第七十二条　取得印鉴卡的医疗机构违反本条例的规定，有下列情形之一的，由设区的市级人民政府卫生主管部门责令限期改正，给予警告；逾期不改正的，处5000元以上1万元以下的罚款；情节严重的，吊销其印鉴卡；对直接负责的主管人员和其他直接责任人员，依法给予降级、撤职、开除的处分：

（一）未依照规定购买、储存麻醉药品和第一类精神药品的；

（二）未依照规定保存麻醉药品和精神药品专用处方，或者未依照规定进行处方专册登记的；

（三）未依照规定报告麻醉药品和精神药品的进货、库存、使用数量的；

（四）紧急借用麻醉药品和第一类精神药品后未备案的；

（五）未依照规定销毁麻醉药品和精神药品的。

第七十三条　具有麻醉药品和第一类精神药品处方资格的执业医师，违反本条例的规定开具麻醉药品和第一类精神药品处方，或者未按照临床应用指导原则的要求使用麻醉药品和第一类精神药品的，由其所在医疗机构取消其麻醉药品和第一类精神药品处方资格；

造成严重后果的，由原发证部门吊销其执业证书。执业医师未按照临床应用指导原则的要求使用第二类精神药品或者未使用专用处方开具第二类精神药品，造成严重后果的，由原发证部门吊销其执业证书。

未取得麻醉药品和第一类精神药品处方资格的执业医师擅自开具麻醉药品和第一类精神药品处方，由县级以上人民政府卫生主管部门给予警告，暂停其执业活动；造成严重后果的，吊销其执业证书；构成犯罪的，依法追究刑事责任。

处方的调配人、核对人违反本条例的规定未对麻醉药品和第一类精神药品处方进行核对，造成严重后果的，由原发证部门吊销其执业证书。

第七十四条 违反本条例的规定运输麻醉药品和精神药品的，由药品监督管理部门和运输管理部门依照各自职责，责令改正，给予警告，处2万元以上5万元以下的罚款。

收寄麻醉药品、精神药品的邮政营业机构未依照本条例的规定办理邮寄手续的，由邮政主管部门责令改正，给予警告；造成麻醉药品、精神药品邮件丢失的，依照邮政法律、行政法规的规定处理。

第七十五条 提供虚假材料、隐瞒有关情况，或者采取其他欺骗手段取得麻醉药品和精神药品的实验研究、生产、经营、使用资格的，由原审批部门撤销其已取得的资格，5年内不得提出有关麻醉药品和精神药品的申请；情节严重的，处1万元以上3万元以下的罚款，有药品生产许可证、药品经营许可证、医疗机构执业许可证的，依法吊销其许可证明文件。

第七十六条 药品研究单位在普通药品的实验研究和研制过程中，产生本条例规定管制的麻醉药品和精神药品，未依照本条例的规定报告的，由药品监督管理部门责令改正，给予警告，没收违法药品；拒不改正的，责令停止实验研究和研制活动。

第七十七条 药物临床试验机构以健康人为麻醉药品和第一类精神药品临床试验的受试对象的，由药品监督管理部门责令停止违法行为，给予警告；情节严重的，取消其药物临床试验机构的资格；构成犯罪的，依法追究刑事责任。对受试对象造成损害的，药物临床试验机构依法承担治疗和赔偿责任。

第七十八条　定点生产企业、定点批发企业和第二类精神药品零售企业生产、销售假劣麻醉药品和精神药品的，由药品监督管理部门取消其定点生产资格、定点批发资格或者第二类精神药品零售资格，并依照药品管理法的有关规定予以处罚。

第七十九条　定点生产企业、定点批发企业和其他单位使用现金进行麻醉药品和精神药品交易的，由药品监督管理部门责令改正，给予警告，没收违法交易的药品，并处5万元以上10万元以下的罚款。

第八十条　发生麻醉药品和精神药品被盗、被抢、丢失案件的单位，违反本条例的规定未采取必要的控制措施或者未依照本条例的规定报告的，由药品监督管理部门和卫生主管部门依照各自职责，责令改正，给予警告；情节严重的，处5000元以上1万元以下的罚款；有上级主管部门的，由其上级主管部门对直接负责的主管人员和其他直接责任人员，依法给予降级、撤职的处分。

第八十一条　依法取得麻醉药品药用原植物种植或者麻醉药品和精神药品实验研究、生产、经营、使用、运输等资格的单位，倒卖、转让、出租、出借、涂改其麻醉药品和精神药品许可证明文件的，由原审批部门吊销相应许可证明文件，没收违法所得；情节严重的，处违法所得2倍以上5倍以下的罚款；没有违法所得的，处2万元以上5万元以下的罚款；构成犯罪的，依法追究刑事责任。

第八十二条　违反本条例的规定，致使麻醉药品和精神药品流入非法渠道造成危害，构成犯罪的，依法追究刑事责任；尚不构成犯罪的，由县级以上公安机关处5万元以上10万元以下的罚款；有违法所得的，没收违法所得；情节严重的，处违法所得2倍以上5倍以下的罚款；由原发证部门吊销其药品生产、经营和使用许可证明文件。

药品监督管理部门、卫生主管部门在监督管理工作中发现前款规定情形的，应当立即通报所在地同级公安机关，并依照国家有关规定，将案件以及相关材料移送公安机关。

第八十三条 本章规定由药品监督管理部门作出的行政处罚，由县级以上药品监督管理部门按照国务院药品监督管理部门规定的职责分工决定。

第八十四条 本条例所称实验研究是指以医疗、科学研究或者教学为目的的临床前药物研究。

经批准可以开展与计划生育有关的临床医疗服务的计划生育技术服务机构需要使用麻醉药品和精神药品的，依照本条例有关医疗机构使用麻醉药品和精神药品的规定执行。

第八十五条 麻醉药品目录中的罂粟壳只能用于中药饮片和中成药的生产以及医疗配方使用。具体管理办法由国务院药品监督管理部门另行制定。

第八十六条 生产含麻醉药品的复方制剂，需要购进、储存、使用麻醉药品原料药的，应当遵守本条例有关麻醉药品管理的规定。

第八十七条 军队医疗机构麻醉药品和精神药品的供应、使用，由国务院药品监督管理部门会同中国人民解放军总后勤部依据本条例制定具体管理办法。

第八十八条 对动物用麻醉药品和精神药品的管理，由国务院兽医主管部门会同国务院药品监督管理部门依据本条例制定具体管理办法。

第八十九条 本条例自2005年11月1日起施行。1987年11月28日国务院发布的《麻醉药品管理办法》和1988年12月27日国务院发布的《精神药品管理办法》同时废止。

［相关规定］ **《国家食品药品监督管理局、公安部、卫生部关于公布麻醉药品和精神药品品种目录的通知》**（2005年9月27日国食药监安〔2005〕481号）（略）

［相关规定］ **《最高人民检察院关于向他人出卖父辈、祖辈遗留下来的鸦片以及其他毒品如何适用法律的批复》** （1988年8月12日 高检研发字〔1988〕第8号）（略）

四川省人民检察院：

你院《关于违反政府规定卖自己父辈、祖辈遗留下来的鸦片烟应否构成贩卖毒品罪的请示》收悉。经研究，现作如下答复：

向他人出卖父辈、祖辈遗留下来的鸦片以及其他毒品，构成犯罪的，可直接适用刑法第一百七十一条的规定以贩卖毒品罪论处，帮助出卖的中介人，应以共犯论处。鉴于向他人出卖父辈、祖辈遗留下来的毒品，不同于又买又卖的贩毒行为，可酌情从轻处理。

［相关规定］ **《最高人民检察院关于盐酸二氢埃托啡是否属毒品及适用法律问题的批复》** （1996年11月28日 高检发研字〔1996〕6号）

云南省人民检察院：

你院云检研字〔1996〕第12号文《关于盐酸二氢埃托啡片是否属毒品范畴的有关问题的请示》收悉。经研究，并征求有关部门的意见，批复如下：

一、根据国务院发布的《麻醉药品管理办法》第三条的规定，盐酸二氢埃托啡是国务院主管部门规定管制的能够使人形成瘾癖的麻醉药品，属《关于禁毒的决定》规定的“其他毒品”的范围。

二、检察机关审查公安机关提请批捕、移送起诉的非法走私、贩卖、制造盐酸二氢埃托啡的案件，不论数量大小，依照《关于禁毒的决定》第二条的规定作出批准逮捕的提起公诉的决定；对于医院、药店等单位的工作人员违反国家规定，向吸毒人员提供盐酸二氢埃托啡的案件，依照《关于禁毒的决定》第十条的规定办理，并作出批准逮捕和提起公诉的决定；对非法持有盐酸二氢埃托啡的案件，依照《关于禁毒的决定》第三条的规定办理，并作出批准逮捕和提起公诉的决定。

［相关规定］《**最高人民法院关于印发全国法院审理毒品犯罪案件工作座谈会纪要的通知**》（2000年4月4日 法〔2000〕42号）

各省、自治区、直辖市高级人民法院，解放军军事法院，新疆维吾尔自治区高级人民法院生产建设兵团分院；全国地方各中级人民法院，各大单位军事法院，新疆生产建设兵团各中级法院：

现将全国法院审理毒品犯罪案件工作座谈会纪要印发，望认真贯彻执行。

附：全国法院审理毒品犯罪案件工作座谈会纪要

为了贯彻落实全国禁毒工作会议精神，总结交流毒品犯罪案件审判工作经验，最高人民法院于2000年1月5日至7日在广西壮族自治区南宁市召开了全国法院审理毒品犯罪案件工作座谈会。出席会议的有各省、自治区、直辖市高级人民法院主管刑事审判工作的副院长、刑事审判庭庭长，解放军军事法院和新疆维吾尔自治区高级人民法院生产建设兵团分院也派代表参加了会议。最高人民法院副院长刘家琛在座谈会上作了重要讲话。

会议总结交流了近年来各地法院审理毒品犯罪案件的经验，分析了当前我国毒品犯罪的严峻形势，研究探讨了审理毒品犯罪案件中遇到的问题，对人民法院依法严厉打击毒品犯罪活动，正确适用法律审理毒品犯罪案件提出了具体意见。现纪要如下：

一

近年来，人民法院始终把打击毒品犯罪作为刑事审判工作的一项重要任务，坚持“严打”方针，依法从重从严惩处了一大批毒品犯罪分子，为国家禁毒事业作出了重要贡献。但是，由于日趋严重的国际毒品犯罪对我国的渗透，加之国内贩毒分子在暴利驱动下疯狂实施毒品犯罪，使得我国由前些年的毒品过境国成为当前的毒品过境与消费并存的受害国。因此，当前和今后一个时期内我国的禁毒形势十分严峻。会议认为，人民法院作为审判机关，在禁毒斗争中担负着非常重要的任务，一定要从中华民族的兴衰存亡和国家长治久安的高度,深刻认识依法严厉打击毒品犯罪的必要性和紧迫性。要认真贯彻落实1999年国家禁毒委员会在包头市召开的全国禁毒工作会议精神，充分运用刑法武器严厉打击毒品犯罪。对毒枭、职业毒犯、累犯、惯犯、再犯等主观恶性大、危害严重以及那些具有将毒品走私入境，多次、大量贩出，向多人贩出，诱使多人吸毒，武装押运毒品，暴力拒捕等情节的毒品犯罪分子，要重点打击。对依法应当判处死刑的，必须坚决判处死刑，狠狠打击毒品犯罪分子的嚣张气焰，始终保持对毒品犯罪严打的高压态势，以有效遏制毒品犯罪发展蔓延的势头。

为有效打击毒品犯罪，强化对毒品犯罪的综合治理，在坚持从严惩处毒品犯罪的同时，处理具体毒品犯罪案件，还应注意以下几个方面的问题：一是要严格依法办案。无论实体上还是程序上，无论从重处罚还是从轻处罚，都要严格遵守法律的规定。特别是对可能判处死刑的案件，必须严格执行法律的规定和党的死刑政策，一定要把死刑案件办成铁案。二是要坚持惩办与宽大相结合的刑事政策。对于具有法定从轻、减轻处罚情节的犯罪，应当依法从宽处理，以达到分化瓦解犯罪分子和更加有效地遏制毒品犯罪的目的。三是要积极参与禁毒综合治理工作。禁毒是一项复杂的系统工程，人民法院要通过专项斗争、公开审判、法制宣传教育等多种有效的方式，积极参加禁毒的综合治理工作。

二

会议认为，八十年代以来，人民法院审理了大批毒品犯罪案件，积累了宝贵的审判经验，对进一步做好今后的毒品犯罪案件的审判工作具有重要意义。与会代表通过认真的讨论和研究，对近年来在毒品犯罪案件审判工作中遇到的一些适用法律问题取得了共识。

（一）关于毒品犯罪案件的定罪问题

刑法第三百四十七条规定的“走私、贩卖、运输、制造毒品罪”是选择性罪名，虽然司法解释曾对如何适用这一罪名有过规定，但各地执行上仍有较大差异。在新的司法解释出台前，认定以上犯罪，原则上仍应按照最高人民法院《关于适用〈全国人民代表大会常务委员会关于禁毒的决定〉的若干问题的解释》确定罪名。对行为人同一宗毒品实施了两种以上犯罪行为并有相应确凿证据的，应当按照所实施的犯罪行为的性质并列确定罪名。罪名不以行为实施的先后、危害后果的大小排列，一律以刑法条文规定的顺序表述，如对同一宗毒品，既制造又走私的则以“走私、制造毒品罪”定罪，但不实行并罚。如一审法院根据主要犯罪行为确定罪名的，二审法院可不再变动。对不同宗毒品分别实施了不同种犯罪行为的，应对不同行为并列确定罪名，累计计算毒品数量，也不实行数罪并罚。

非法持有毒品达到刑法第三百四十八条规定的构成犯罪的数量标准，没有证据证明实施了走私、贩卖、运输、制造毒品等犯罪行为的，以非法持有毒品罪定罪。

对于吸毒者实施的毒品犯罪，在认定犯罪事实和确定罪名上一定要慎重。吸毒者在购买、运输、存储毒品过程中被抓获的，如没有证据证明被告人实施了其他毒品犯罪行为的，一般不应定罪处罚，但查获的毒品数量大的，应当以非法持有毒品罪定罪；毒品数量未超过刑法第三百四十八条规定数量最低标准的，不定罪处罚。对于以贩养吸的被告人，被查获的毒品数量应认定为其犯罪的数量，但量刑时应考虑被告人吸食毒品的情节。

有证据证明行为人不是以营利为目的，为他人代买仅用于吸食的毒品，毒品数量超过刑法第三百四十八条规定数量最低标准，构成犯罪的，托购者、代购者均构成非法持有毒品罪。

（二）关于毒品案件的共同犯罪问题

毒品共同犯罪是指二人以上共同故意实施走私、贩卖、运输、制造毒品等犯罪行为。共同犯罪不应以案发后其他共同犯罪人是否到案为条件。仅在客观上相互关联的毒品犯罪行为，如买卖毒品的双方，不一定构成共犯，但为了诉讼便利可并案审理。审理毒品共同犯罪案件应当注意以下几个方面的问题：

一是要正确区分主犯和从犯。在共同犯罪中起意贩毒、为主出资、毒品所有者以及其他起主要作用的是主犯；在共同犯罪中起次要或者辅助作用的是从犯。对于确有证据证明在共同犯罪中起次要或者辅助作用的，不能因为其他共同犯罪人未归案而不认定为从犯，甚至将其认定为主犯或按主犯处罚。只要认定了从犯，无论主犯是否到案，均应依照并援引刑法关于从犯的规定从轻、减轻或者免除处罚。

二是要正确认定共同犯罪案件中主犯和从犯的毒品犯罪数量。对于毒品犯罪集团的首要分子，应按集团毒品犯罪的总数量处罚；对一般共同犯罪的主犯，应当按其组织、指挥的毒品犯罪数量处罚；对于从犯，应当按其个人直接参与实施的毒品犯罪数量处罚。

三是要根据行为人在共同犯罪中作用和罪责的大小确定刑罚。不同案件不能简单地类比，这一案件的从犯参与毒品犯罪的数量可能比另一案件的主犯参与毒品犯罪的数量大，但对这一案件从犯的处罚不是必然重于另一案件的主犯。共同犯罪中能分清主从犯的，不能因为涉案的毒品数量特别巨大，就一律将被告人认定为主犯并判处重刑甚至死刑。受雇于他人实施毒品犯罪的，应根据其在犯罪中的作用具体认定为主犯或从犯。受他人指使实施毒品犯罪并在犯罪中起次要作用的，一般应认定为从犯。

（三）关于毒品案件中特情引诱犯罪问题

运用特情侦破案件是有效打击毒品犯罪的手段。在审判实践中应当注意的是，有时存在被使用的特情未严格遵守有关规定，在介入侦破案件中有对他人进行实施毒品犯罪的犯意引诱和数量引诱的情况。“犯意引诱”是指行为人本没有实施毒品犯罪的主观意图，而是在特情诱惑和促成下形成犯意，进而实施毒品犯罪。对具有这种情况的被告人，应当从轻处罚，无论毒品犯罪数量多大，都不应判处死刑立即执行。“数量引诱”是指行为人本来只有实施数量较小的毒品犯罪的故意，在特情引诱下实施了数量较大甚至达到可判处死刑数量的毒品犯罪。对具有此种情况的被告人，应当从轻处罚，即使超过判处死刑的毒品数量标准，一般也不应判处死刑立即执行。

对于特情在使用中是否严格遵守有关规定情况不明的案件，应主动同公安缉毒部门联系，了解有关情况。对无法查清是否存在犯意引诱和数量引诱的案件，在考虑是否对被告人判处死刑立即执行时，要留有余地。

被告人受特情间接引诱而实施毒品犯罪的，参照上述规定处理。

对于特情提供的情况，必须经过查证属实，符合刑事诉讼法和司法解释规定的证据条件的，才能作为证据使用。

因特情介入，其犯罪行为一般都在公安机关的控制之下，毒品一般也不易流入社会，其社会危害程度大大减轻，这在量刑时，应当加以考虑。

（四）关于审理毒品案件与量刑有关的几个具体问题

关于毒品犯罪的数量。毒品犯罪数量对毒品犯罪的定罪，特别是量刑具有重要作用。但毒品数量只是依法惩处毒品犯罪的一个重要情节而不是全部情节。因此，执行量刑的数量标准不能简单化。特别是对被告人可能判处死刑的案件，确定刑罚必须综合考虑被告人的犯罪情节、危害后果、主观恶性等多种因素。对于毒品数量刚刚达到实际掌握判处死刑的标准，但纵观全案，危害后果不是特别严重，或者被告人的主观恶性不是特别大，或者具有可酌情从轻处罚等情节的，可不判处死刑立即执行。对于被告人被公安机关查获的毒品数量不够判处死刑的标准，但加上坦白交待的毒品数量，超过了判处死刑的数量标准的，一般应予从轻处罚，可不判处死刑立即执行。

关于毒品含量。根据刑法的规定，对于毒品的数量不以纯度折算。但对于查获的毒品有证据证明大量掺假，经鉴定查明毒品含量极少，确有大量掺假成分的，在处刑时应酌情考虑。特别是掺假之后毒品的数量才达到判处死刑的标准的，对被告人可不判处死刑立即执行。为掩护运输而将毒品融入其他物品中，不应将其他物品计入毒品的数量。

关于国家管制的刑法未明确规定数量标准的精神药品和麻醉药品的量刑数量标准，在有关司法解释出台前，审理这类案件时，应由有关专业部门确定涉案毒品的毒效、有毒成分的大小和多少、吸毒者对该毒品的依赖程度。因条件限制不能确定的，可以参考相关毒品非法交易的价格等因素，决定对被告人适用的刑罚，判处死刑的应当慎重掌握。

关于同时构成再犯和累犯的被告人适用法律和量刑的问题。对依法同时构成再犯和累犯的被告人，今后一律适用刑法第三百五十六条规定的再犯条款从重处罚，不再援引刑法关于累犯的条款。

关于正确适用没收财产和罚金刑问题。刑法对多数毒品犯罪都规定了财产刑。司法实践中，应当严格依照法律的规定，注重从经济上制裁犯罪分子。除对被告人的违法所得应当依法予以追缴外，还要严格依法判处被告人罚金刑和没收财产刑。不能因为被告人没有财产，或者其财产难以查清、难以分割或难以执行，就不判处财产刑。

关于认定被告人协助公安机关抓获同案犯构成立功的问题。认定被告人是否构成该项立功，应当根据被告人在公安机关抓获同案犯中是否确实起到了协助作用。如经被告人当场指认、辨认抓获了同案犯；带领公安人员抓获了同案犯；被告人提供了不为有关机关掌握或者有关机关按照正常工作程序无法掌握的同案犯藏匿的线索，抓获了同案犯等情况，均属于协助司法机关抓获同案犯，应认定为立功。

（五）关于毒品犯罪案件中有关证据的认定问题

有些毒品犯罪案件，往往由于毒品、毒资等证据已不存在，或者被告人翻供，导致审查证据和认定事实困难。在处理这类案件时，仅凭被告人口供依法不能定案。只有当被告人的口供与同案其他被告人供述吻合，并且完全排除诱供、逼供、串供等情形，被告人的口供与同案被告人的供述才可以作为定案的证据。对仅有口供作为定案证据的，对其判处死刑立即执行要特别慎重。

（六）关于盗窃、抢劫毒品犯罪的定性问题

盗窃、抢劫毒品的，应当分别以盗窃罪或者抢劫罪定罪。认定盗窃犯罪数额，可以参考当地毒品非法交易的价格。认定抢劫罪的数额，即是抢劫毒品的实际数量。盗窃、抢劫毒品后又实施其他毒品犯罪的，则以盗窃罪、抢劫罪与实施的具体毒品犯罪，依法实行数罪并罚。

［相关规定］ **《最高人民法院关于审理毒品案件定罪量刑标准有关问题的解释》** （2000 年 6 月 10 日起施行 法释〔2000〕13 号）

为依法严惩毒品犯罪，根据刑法分则第六章第七节的规定，现就审理毒品案件定罪量刑标准有关问题解释如下：

第一条 走私、贩卖、运输、制造、非法持有下列毒品，应当认定为刑法第三百四十七条第二款第（一）项、第三百四十八条规定的“其他毒品数量大”：

（一）苯丙胺类毒品（甲基苯丙胺除外）一百克以上；

（二）大麻油五千克、大麻脂十千克、大麻叶及大麻烟一百五十千克以上；

（三）可卡因五十克以上；

（四）吗啡一百克以上；

（五）度冷丁（杜冷丁）二百五十克以上（针剂 100mg/支规格的二千五百支以上，50mg/支规格的五千支以上；片剂 25mg/片规格的一万片以上，50mg/片规格的五千片以上）；

（六）盐酸二氢埃托啡十毫克以上（针剂或者片剂 20μg/支、片规格的五百支、片以上)；

(七) 咖啡因二百千克以上；

(八) 罂粟壳二百千克以上；

(九) 上述毒品以外的其他毒品数量大的。

第二条 走私、贩卖、运输、制造、非法持有下列毒品，应当认定为刑法第三百四十七条第三款、第三百四十八条规定的“其他毒品数量较大”：

(一) 苯丙胺类毒品(甲基苯丙胺除外)二十克以上不满一百克；

(二) 大麻油一千克以上不满五千克，大麻脂二千克以上不满十千克，大麻叶及大麻烟三十千克以上不满一百五十千克；

(三) 可卡因十克以上不满五十克；

(四) 吗啡二十克以上不满一百克；

(五) 度冷丁(杜冷丁)五十克以上不满二百五十克(针剂100mg/支规格的五百支以上不满二千五百支，50mg/支规格的一千支以上不满五千支；片剂25mg/片规格的二千片以上不满一万片，50mg/片规格的一千片以上不满五千片)；

(六) 盐酸二氢埃托啡二毫克以上不满十毫克(针剂或者片剂20μg/支、片规格的一百支、片以上不满五百支、片)；

(七) 咖啡因五十千克以上不满二百千克；

(八) 罂粟壳五十千克以上不满二百千克；

(九) 上述毒品以外的其他毒品数量较大的。

第三条 具有下列情形之一的，可以认定为刑法第三百四十七条第四款规定的“情节严重”：

(一) 走私、贩卖、运输、制造鸦片一百四十克以上不满二百克、海洛因或者甲基苯丙胺七克以上不满十克或者其他数量相当毒品的；

(二) 国家工作人员走私、制造、运输、贩卖毒品；

(三) 在戒毒监管场所贩卖毒品的；

(四) 向多人贩毒或者多次贩毒的；

（五）其他情节严重的行为。

第四条 违反国家规定，非法运输、携带进出境或在境内非法买卖醋酸酐、乙醚、三氯甲烷或者其他用于制造毒品的原料或者配剂达到下列数量标准的，依照刑法第三百五十条第一款的规定定罪处罚：

（一）麻黄碱、伪麻黄碱及其盐类和单方制剂五千克以上不满五十千克；麻黄浸膏、麻黄浸膏粉一百千克以上不满一千千克；

（二）醋酸酐、三氯甲烷二百千克以上不满二千千克；

（三）乙醚四百千克以上不满三千千克；

（四）上述原料或者配剂以外其他相当数量的用于制造毒品的原料或者配剂。

违反国家规定，非法运输、携带进出境或者在境内非法买卖用于制造毒品的原料或者配剂，超过前款所列数量标准的，应当认定为刑法第三百五十条第一款规定的“数量大”。

第五条 非法种植大麻五千株以上不满三万株，应当认定为刑法第三百五十一条第一款第（一）项规定的非法种植大麻“数量较大”；非法种植大麻三万株以上，应当认定为刑法第三百五十一条第二款规定的非法种植大麻“数量大”。

【释解】

本条是关于走私、贩卖、运输、制造毒品罪的规定。

一、概念及其构成

走私、贩卖、运输、制造毒品罪，是指明知是毒品而故意实施走私、贩卖、运输、制造的行为。

（一）客体要件

本罪侵犯的客体是国家对毒品的管理制度和人民的生命健康。由于鸦片、海洛因、甲基苯丙胺等麻醉药品和精神药物既有医用价值，又能使人形成瘾癖，使人体产生依赖性，因而，被犯罪分子利用来牟取非法利润。近几年来，国际上制毒、贩毒、走私毒品活动不断向我国渗透或假道我国向第三国运输。国内一些不法分子也大肆地进行制造毒品、贩卖毒品的犯罪活动，使大量毒品流入社会，严重地损害了他人的身体健康。为此国家陆续颁布了一系列的法律、法规，严格控制麻醉药品、精神药物的进出口、供应、运输、生产等活动，严禁非法走私、制造、贩卖、运输毒品活动。如《中华人民共和国药品管理法》、《麻醉药品和精神药品管理条例》、《麻醉药品和精神药品生产管理办法》、《麻醉药品和精神药品经营管理办法(试行)》等法律、法规、规章都对麻醉药品和精神药品的供应、运输、生产等作了具体而严格的规定，任何单位和个人违反上述法律法规，走私、贩卖、运输、制造毒品的行为，都直接侵犯了有关毒品的管制法规。

本罪的对象是毒品。根据本法第357条规定："本法所称的毒品是指鸦片、海洛因、甲基苯丙胺（冰毒)、吗啡、大麻、可卡因以及国务院规定管制的其他能够使人形成瘾癖的麻醉药品和精神药品。"我国于1985年、1989年先后加入了联合国经修正的《1961年麻醉药品单一公约》、《1971年精神药物公约》和《禁止非法贩运麻醉药品和精神药物公约》。公约中阐述了麻醉药品、精神药品的概念并附表规定了麻醉药品、精神药品的具体种类。关于毒品的概念和范围是参照联合国公约的规定和我国近些年打击毒品犯罪的实际情况规定的。目前，联合国关于麻醉药品种类中规定了128种麻醉药品。精神药品种类表中共规定了99种精神药品。在我国的麻醉药品、精神药品种类表中，不仅规定了联合国规定的麻醉药品、精神药品，而且根据我国的情况，增加规定了一些公约中未规定的药品种类。除以上所列的六种常见的毒品外，同时还明确将"国务院规定管制的其他能够使人形成瘾癖的麻醉药品和精神药品"列为毒品。1987年11月和1988年11月国务院发布的对麻醉药品和精神药品的管理办法中规定，麻醉药品是指连续使用后易产生身体依赖性、能形成瘾癖的药品。包括阿片类、可卡因类、大麻类、合成麻醉药类及卫生部指定的其他易成瘾癖的药品、药用原植物及其制剂，如鸦片、海洛因、吗啡、可卡因、杜冷丁等。精神药品是指直接作用于中枢神经系统，使之兴奋抑制，连续使用能产生依赖的药品。如甲基苯丙胺（去氧麻黄素）、安纳咖、安眠酮等。2005年8月3日国务院在前述两个办法的基础上修正发布了《麻醉药品和精神药品管理条例》，国家食品监督管理局、公安部、卫生部根据该条例，联合制定并发布了《麻醉药品和精神药品品种目录》。

（二）客观要件

本罪在客观方面表现为行为人进行走私、贩卖、运输、制造毒品的行为。

1. 走私毒品

走私毒品是指非法运输、携带、邮寄毒品进出国（边）境的行为。行为方式主要是输入毒品与输出毒品，此外对在领海、内海运输、收购、贩卖国家禁止进出口的毒品，以及直接向走私毒品的犯罪人购买毒品的，应视为走私毒品。根据本法的规定，影响走私毒品行为的危害性的因素，主要是走私毒品的数量、主体的情况（是否首要分子、是否参与国际贩毒组织）、方式（是否武装掩护）等，这些因素无疑影响走私毒品行为的危害性。输入毒品行为，将直接危害我国公民的身心健康，危害我国的社会管理秩序；而输出毒品行为，则并不直接危害我国公民的身心健康。换言之，输入毒品行为的直接危害结果发生在我国领域内，而输出毒品行为的直接后果发生在我国领域外。前者行为的危害显然重于后者，从国外的规定来看，许多国家（如德国、日本）都是将输入毒品与输出毒品分别规定为独立的犯罪，或者将输出毒品的行为纳入运输毒品罪中，而前者的法定刑则明显重于后者，其立法宗旨也主要在于保护本国及本国公民的利益。本法虽然没有分别规定输入毒品与输出毒品的法定刑，但司法机关在量刑时，对输入与输出这两种行为应当区别对待。

2. 贩卖毒品

贩卖毒品是指有偿转让毒品或者以贩卖为目的而非法收购毒品。有偿转让毒品，即行为人将毒品交付给对方，并从对方获取物质利益。贩卖方式既可能是公开的，也可能是秘密的；既可以是行为人请求对方购买，也可能是对方请求行为人转让；既可能是直接交付给对方，也可能是间接交付给对方。在间接交付的场合，如果中间人认识到是毒品而帮助转交给买方的，则该中间人的行为也是贩卖毒品；如果中间人没有认识到是毒品，则不构成贩卖毒品罪。贩卖是有偿转让，但行为人交付毒品既可能是获取金钱，也可能是获取其他物质利益；既可能在交付毒品的同时获取物质利益，也可能先交付毒品后获取利益或者先获取物质利益后交付毒品。如果是无偿转让毒品，如赠与等，则不属于贩卖毒品。毒品的来源既可能是自己制造的毒品，也可能是自己购买的毒品，还可能是通过其他方法取得的毒品。贩卖的对方没有限制，即不问对方是否达到法定年龄、是否具有辨认控制能力、是否与贩卖人具有某种关系。出于贩卖目的而非法收买毒品的，也应认定为贩卖毒品。

3．运输毒品

运输毒品是指采用携带、邮寄、利用他人或者使用交通工具等方法在我国领域内将毒品从此地转移到彼地。运输毒品必须限制在国内，而且不是在领海、内海运输国家禁止进出口的毒品，否则便是走私毒品。运输毒品具体表现为转移毒品的所在地，如将毒品从甲地运往乙地。但应注意，从结局上看没有变更毒品所在地却使毒品的所在地曾经发生了变化的行为，也是运输毒品。例如，行为人先将毒品从甲地运往乙地，由于某种原因，又将毒品运回甲地的，属于运输毒品。

4．制造毒品

制造通常是指使用原材料而制作成原材料以外的物。制造毒品一般是指使用毒品原植物而制作成毒品。它包括以下几种情况：一是将毒品以外的物作为原料，提取或制作成毒品。如将罂粟制成鸦片。二是毒品的精制，即去掉毒品中的不纯物，使之成为纯毒品或纯度更高的毒品。如去除海洛因中所含的不纯物。三是用化学方法使一种毒品变为另一种毒品。如使用化学方法将吗啡制作成海洛因。四是使用化学方法以外的方法使一种毒品变为另一种毒品。如将盐酸吗啡加入蒸馏水，使之成为注射液。五是非法按照一定的处理方针对特定人的特定情况调制毒品。上述五种行为都属于制造毒品。

本罪是选择性罪名。凡实施了走私、贩卖、运输、制造毒品行为之一的，即以该行为确定罪名。凡实施了其中两种以上行为的，如运输、贩卖海洛因，则定为运输、贩卖毒品罪，不实行数罪并罚。运输、贩卖同一宗毒品的，毒品数量不重复计算；不是同一宗毒品的，毒品数量累计计算。居间介绍买卖毒品的，无论是否获利，均以贩卖毒品罪的共犯论处。走私毒品，又走私其他物品构成犯罪的，按走私毒品和构成的其他走私罪分别定罪，实行数罪并罚。

对多次走私、贩卖、运输、制造毒品，未经处理的，毒品数量累计计算。所谓“未经处理”，既包括未经刑罚处理，也包括未作行政处理。但对于犯罪已过追诉时效 的，则毒品数额不再累计计算，已作过处理的，应视为已经结案。

（三）主体要件

本罪的主体为一般主体，即达到刑事责任年龄且具有刑事责任能力的自然人均可成为本罪主体。不论是中国人，还是外国人、无国籍人、港澳台同胞均可构成。根据本法第 17 条第 2 款的规定，已满 14 周岁未满 16 周岁的未成年人贩卖毒品的，应当负刑事责任。因此，对于走私、运输、制造毒品犯罪，只有达到 16 周岁才负刑事责任。对于被利用、教唆、胁迫参加贩卖毒品犯罪活动的已满 14 周岁不满 16 周岁的人，一般可以不追究其刑事责任。

（四）主观要件

本罪在主观方面表现为故意，且是直接故意，即明知是毒品而走私、贩卖、运输、制造，过失不构成本罪。如果行为人主观上根本不知道是毒品，而是被人利用而实施了走私、运输、贩卖、制造的行为，就不构成犯罪。走私、贩卖、运输、制造毒品的行为一般是以营利为目的，但也不能排除其他目的，法律没有要求构成本罪必须以营利为目的作为主观上的必要要件。

二、认定

（一）本罪与其他犯罪的界限

对于走私其他货物、物品的，以实际走私的货物、物品的性质认定犯罪，不能认定为走私毒品罪。行为人在一次走私活动中，既走私毒品又走私其他货物、物品的，一般应按走私毒品罪和构成的其他走私罪，实际数罪并罚。行为人故意以非毒品冒充真毒品或者明知是假毒品而贩卖牟利的，应认定为诈骗罪，而非贩卖毒品罪；但行为人不明知是毒品而贩卖，事实上具有贩卖毒品的可能性的，应认定为贩卖毒品罪（未遂）。行为人在生产、销售的食品中掺入微量毒品的，应认定为生产、销售有毒、有害食品罪，不宜认定为贩卖毒品罪。

（二）本罪的既遂与未遂

走私、贩卖、运输、制造毒品罪有四种行为方式，其既遂与未遂的标准因行为方式而异。

1．走私毒品罪的既遂与未遂

走私毒品主要分为输入毒品与输出毒品，输入毒品分为陆路输入与海路、空路输入。陆路输入应当以越国境线、使毒品进入国内领域内的时刻为既遂标准。海路、空路输入毒品，以装载毒品的船舶到达本国港口或航空器到达本国领土内时为既遂，否则为未遂。

2．贩卖毒品罪的既遂与未遂

贩卖以毒品实际上转移给买方为既遂，转移毒品后行为人是否已经获取了利益，则并不影响既遂的成立。毒品实际上没有转移时，即使已经达成转移的协议，或者行为人已经获得了利益，也不能认为是既遂。

3．运输毒品罪的既遂与未遂

行为人以将毒品从甲地运往乙地为目的，开始运输毒品时，是运输毒品罪的着手，由于行为人意志以外的原因没有到达目的地时，属于犯罪未遂；毒品到达目的地时是犯罪既遂，到达目的地后，即使由于其种原因而将毒品运回原地或者其他地方的，也是犯罪既遂。

4. 制造毒品罪的既遂与未遂

制造毒品罪应以实际上制造出毒品为既遂标准，至于所制造出来的毒品数量多少、纯度高低等，都不影响既遂的成立。着手制造毒品后，没有实际上制造出毒品的，则是制造毒品未遂。

三、处罚

本条对本罪规定了以下几个处刑幅度：

1. 走私、贩卖、运输、制造鸦片1千克以上、海洛因或者甲基苯丙胺50克以上或者其他毒品数量大的；走私、贩卖、运输、制造毒品集团的首要分子；武装掩护走私、贩卖、运输、制造毒品的；以暴力抗拒检查、拘留、逮捕，情节严重的；参与有组织的国际贩毒活动的，处十五年有期徒刑、无期徒刑或者死刑，并处没收财产。

根据《最高人民法院关于审理毒品案件定罪量刑标准有关问题的解释》的规定，走私、贩卖、运输、制造下列毒品，应当认定本条第2款第1项的“其他毒品数量大”：①苯丙胺类毒品（甲基苯丙胺除外）100克以上；②大麻油5千克、大麻脂10千克、大麻叶及大麻烟150千克以上；③可卡因50克以上；④吗啡100克以上；⑤度冷丁（杜冷丁）250克以上（针剂100mg/支规格的2500支以上，50mg/支规格的5000支以上；片剂25mg/片规格的1万片以上，50mg/片规格的5000片以上）；⑥盐酸二氢埃托啡10毫克以上（针剂或者片剂20μg/支、片规格的500支、片以上）；⑦咖啡因200千克以上；⑧罂粟壳200千克以上；⑨上述毒品以外的其他毒品数量大的。

2. 走私、贩卖、运输、制造鸦片200克以上不满1千克、海洛因或者甲基苯丙胺10克以上不满50克或者其他毒品数量较大的，处七年以上有期徒刑，并处罚金。

根据《最高人民法院关于审理毒品案件定罪量刑标准有关问题的解释》的规定，走私、贩卖、运输、制造下列毒品，应当认定为本条第3款规定的“其他毒品数量较大”：①苯丙胺类毒品（甲基苯丙胺除外）20克以上不满100克；②大麻油1千克以上不满5千克，大麻脂2千克以上不满10千克，大麻叶及大麻烟30千克以上不满150千克；③可卡因10克以上不满50克；④吗啡20克以上不满100克；⑤度冷丁（杜冷丁）50克以上不满250克（针剂100mg/支规格的500支以上不满2500支，50mg/支规格的1000支以上不满5000支；片剂25mg/片规格的2000片以上不满1万片，50mg/片规格的1000片以上不满5000片）；⑥盐酸二氢埃托啡2毫克以上不满10毫克（针剂或者片剂20μg/支、片规格的100支、片以上不满500支、片）；⑦咖啡因50千克以上不满200千克；⑧罂粟壳50千克以上不满200千克；⑨上述毒品以外的其他毒品数量较大的。

3. 走私、贩卖、运输、制造鸦片不满200克、海洛因或者甲基苯丙胺不满10克或者其他少量毒品的，处三年以下有期徒刑、拘役或者管制，并处罚金；情节严重的，处三年以上七年以下有期徒刑，并处罚金。

根据《最高人民法院关于审理毒品案件定罪量刑标准有关问题的解释》的规定，具有下列情形之一的，可以认定为本条第4款规定的“情节严重”：①走私、贩卖、运输、制造鸦片140克以上不满200克、海洛因或者甲基苯丙胺7克以上不满10克或者其他数量相当毒品的；②国家工作人员走私、制造、运输、贩卖毒品；③在戒毒监管场所贩卖毒品的；④向多人贩毒或者多次贩毒的；⑤其他情节严重的行为。

4. 单位犯本条第2款、第3款、第4款罪的，对单位判处罚金，并对其直接负责的主管人员和其他直接责任人员，依照各该款的规定处罚。

5. 利用、教唆未成年人走私、贩卖、运输、制造毒品的，或者向未成年人出售毒品的，从重处罚。

6. 对多次走私、贩卖、运输、制造毒品，未经处理的，毒品数量累计计算。

第三百四十八条 （非法持有毒品罪）

非法持有鸦片一千克以上、海洛因或者甲基苯丙胺五十克以上或者其他毒品数量大的，处七年以上有期徒刑或者无期徒刑，并处罚金；非法持有鸦片二百克以上不满一千克、海洛因或者甲基苯丙胺十克以上不满五十克或者其他毒品数量较大的，处三年以下有期徒刑、拘役或者管制，并处罚金；情节严重的，处三年以上七年以下有期徒刑，并处罚金。

［相关规定］ **《最高人民法院关于审理毒品案件定罪量刑标准有关问题的解释》** （2000年6月10日起施行 法释〔2000〕13号）（节录）

第一条 走私、贩卖、运输、制造、非法持有下列毒品，应当认定为刑法第三百四十七条第二款第（一）项、第三百四十八条规定的“其他毒品数量大”：

（一）苯丙胺类毒品（甲基苯丙胺除外）一百克以上；

（二）大麻油五千克、大麻脂十千克、大麻叶及大麻烟一百五十千克以上；

（三）可卡因五十克以上；

（四）吗啡一百克以上；

（五）度冷丁（杜冷丁）二百五十克以上（针剂100mg/支规格的二千五百支以上，50mg/支规格的五千支以上；片剂25mg/片规格的一万片以上，50mg/片规格的五千片以上）；

（六）盐酸二氢埃托啡十毫克以上（针剂或者片剂20μg/支、片规格的五百支、片以上）；

（七）咖啡因二百千克以上；

（八）罂粟壳二百千克以上；

（九）上述毒品以外的其他毒品数量大的。

第二条　走私、贩卖、运输、制造、非法持有下列毒品，应当认定为刑法第三百四十七条第三款、第三百四十八条规定的“其他毒品数量较大”：

（一）苯丙胺类毒品（甲基苯丙胺除外）二十克以上不满一百克；

（二）大麻油一千克以上不满五千克，大麻脂二千克以上不满十千克，大麻叶及大麻烟三十千克以上不满一百五十千克；

（三）可卡因十克以上不满五十克；

（四）吗啡二十克以上不满一百克；

（五）度冷丁（杜冷丁）五十克以上不满二百五十克（针剂100mg/支规格的五百支以上不满二千五百支，50mg/支规格的一千支以上不满五千支；片剂25mg/片规格的二千片以上不满一万片，50mg/片规格的一千片以上不满五千片）；

（六）盐酸二氢埃托啡二毫克以上不满十毫克（针剂或者片剂20μg/支、片规格的一百支、片以上不满五百支、片）；

（七）咖啡因五十千克以上不满二百千克；

（八）罂粟壳五十千克以上不满二百千克；

（九）上述毒品以外的其他毒品数量较大的。

【释解】

本条是关于非法持有毒品罪的规定。

一、概念及其构成

非法持有毒品罪，是指明知是鸦片、海洛因、甲基苯丙胺或者其他毒品，而非法持有且数量较大的行为。

（一）客体要件

本罪侵犯的客体，是国家对毒品的管制和他人的身体健康。国家禁止任何人非法持有毒品，为此颁布了一系列的法律、法规。我国先后颁布了《中华人民共和国药品管理法》、《麻醉药品和精神药品管理条例》，这几个法规对毒品种植、制造、运输、使用、管理都作了明确的、严格的规定，禁止任何人非法持有使用，任何单位和个人未经主管部门批准或许可，持有、保存毒品的行为均违反了国家对毒品管理的规定，而且行为人非法持有的毒品，随时可能流入社会，危害他人的健康。为此，为了维护国家对毒品的管制，保护人民群众的身体健康，对非法持有毒品的行为，必须予以惩处。

本罪的对象为毒品，即本法第357条所列的鸦片、海洛因、甲基苯丙胺（冰毒)、吗啡、大麻、可卡因以及国务院规定管制的其他能够使人形成瘾癖的麻醉药品和精神药品。国务院发布的《麻醉药品和精神药品管理条例》中对麻醉药品、精神药品作了具体规定。

行为人将假毒品误认为是真毒品而加以收藏、保存，行为人主观上明知是毒品，而故意违反国家毒品管制，实施非法持有的行为，这属于刑法理论上的对象认识错误。对象认识错误，不影响定罪，仍构成非法持有毒品罪。

（二）客观要件

本罪在客观方面表现为非法持有数量较大的毒品。

所谓持有毒品，是指行为人持有毒品时，没有合法的根据；或者说，行为人持有毒品，不是基于法律、法令、法规的规定或允许。如果行为人合法持有毒品，则不构成犯罪。即依法生产、使用、研究毒品的人持有毒品时，是正当行为，不构成犯罪。如医生因病人病情的需要，为使用毒品而持有毒品的，经过有权机关批准从事毒品管理职业的，经过有权机关批准制造毒品后持有毒品或依法运输毒品的，都是合法行为，不构成非法持有毒品罪。

所谓持有毒品，也就是行为人对毒品的事实上的支配。持有具体表现为占有、携有、藏有或者以其他方法持有支配毒品。持有不要求物理上的握有，不要求行为人时时刻刻将毒品握在手中、放在身上和装在口袋里，只要行为人认识到它的存在，能够对之进行管理或者支配，就是持有。持有时并不要求行为人对毒品具有所有权，所有权虽属他人，但事实上置于行为人支配之下时，行为人即持有毒品；行为人是否知道自己具有所有权、所有权人是谁，都不影响持有的成立。此外，持有并不要求直接持有，即介入第三者时，也不影响持有的成立。如行为人认为自己管理毒品不安全，将毒品委托给第三者保管时，行为人与第三者均持有该毒品。持有是一种持续行为，只有当毒品在一定时间内由行为人支配时，才构成持有；至于时间的长短，则并不影响持有的成立，只是一种量刑情节，但如果时间过短，不足以说明行为人事实上支配着毒品时，则不能认为是持有。

非法持有毒品达到一定数量才构成犯罪，即非法持有鸦片200克以上、海洛因或者甲基苯丙胺10克以上或者其他物品数量大的。

（三）主体要件

本罪的主体是一般主体，即任何达到刑事责任年龄、具有刑事责任能力的自然人均可成为非法持有毒品罪的主体。

（四）主观要件

本罪在主观方面表现为故意，即行为人明知是国家禁止非法持有的毒品而故意持有。如果行为人确实不知道自己持有的是毒品，则不构成本罪。非法持有毒品行为人的动机、目的多种多样，因此故意的具体内容不限。有人认为非法持有毒品罪的行为人主观上必须具有走私、贩卖、运输、制造毒品的意图才构成犯罪。我们认为非法持有毒品罪是针对那些当场查获非法持有数量较大的毒品，行为人拒不说明持有毒品的目的、来源，又没有足够证据证明其犯有走私、贩卖、运输、制造毒品的行为或窝藏毒品的行为，而以非法持有毒品罪定罪量刑。如果司法机关能够查明行为人具有走私、贩卖、运输、制造毒品的目的，则其构成走私、贩卖、运输、制造毒品罪。

二、认定

（一）本罪与非罪的界限

根据本条规定，非法持有鸦片200克以上，海洛因或者甲基苯丙胺10克以上或者其他毒品数量较大的，即构成非法持有毒品罪。区分罪与非罪的界限，是以非法持有毒品的数量多少作为划分的标准，行为人非法持有毒品的数量达到一定数量便构成犯罪，如果数量少，情节显著轻微，危害不大的，不认为是犯罪。所谓“其他毒品数量较大的”是指除鸦片、海洛因或者甲基苯丙胺以外的毒品，其含量已达到了鸦片、海洛因或者甲基苯丙胺的定罪数量标准。对非法持有毒品的数量未达上述标准的，不以犯罪论处。

如果行为人为吸食而持有鸦片不足200克、海洛因或者甲基苯丙胺不足10克，应不予追究刑事责任，如果非法持有鸦片超过200克、海洛因或甲基苯丙胺超过10克，则以本罪论处。

在司法实践中，在一些边远地区，交通不便，卫生条件十分落后的地方，一些边民家庭还储存或留有祖辈遗留下来的一些鸦片，对这类持有毒品的行为一般不宜追究行为人的刑事责任，应对其进行教育、讲清国家法律，责令其交出毒品，予以收缴，如果国家明令通知之后，又经教育，仍拒不交出的，应追究其刑事责任。

（二）本罪与走私、贩卖、运输、制造毒品罪及窝藏毒品罪的界限

行为人实施走私、贩卖、运输、制造、窝藏毒品的行为都是以非法持有毒品为前提的。在司法实践中，有证据能够确认已构成走私、贩卖、运输、制造、窝藏毒品罪中的任何一种罪，即以该罪论处，而不应再认定非法持有毒品罪。在犯罪分子拒不供认，又无证据认定构成走私、贩卖、运输、制造、窝藏毒品罪中任何一种罪的情况下，才能认定其构成非法持有毒品罪。另外，还须注意的是，构成非法持有毒品罪有法定的数量标准，达不到法定标准的只能按违法处理。然而构成走私、贩卖、运输、制造、窝藏、包庇毒品罪只要有行为即构成犯罪，无需毒品数量达到较大。

（三）本罪与盗窃、抢夺、抢劫罪的界限

行为人在实施盗窃、抢夺、抢劫他人财物时附带获取毒品时，如果在来不及清理赃物或不知犯罪所得中有毒品的，应按盗窃罪或抢夺罪或抢劫罪定罪处罚；如果明知获取的赃物中有毒品而非法持有的，应按盗窃罪或抢夺罪或抢劫罪和非法持有毒品罪实行数罪并罚。

如果事先明知他人有毒品，而实施盗窃或抢夺或抢劫行为得手后又非法持有的，应以非法持有毒品罪认定。总之，根据其法律特征划清一罪与数罪的界限。

三、处罚

非法持有鸦片1千克以上、海洛因或者甲基苯丙胺50克以上或者其他毒品数量大的，处七年以上有期徒刑或者无期徒刑，并处罚金；非法持有鸦片200克以上不满1千克、海洛因或者甲基苯丙胺10克以上不满50克或者其他毒品数量较大的，处三年以下有期徒刑、拘役或者管制，并处罚金；情节严重的，处三年以上七年以下有期徒刑，并处罚金。

根据《最高人民法院关于审理毒品案件定罪量刑标准有关问题的解释》的规定，非法持有下列毒品，应当认定本条规定的"其他毒品数量大"：（1）苯丙胺类毒品（甲基苯丙胺除外）100克以上；（2）大麻油5千克、大麻脂10千克、大麻叶及大麻烟150千克以上；（3）可卡因50克以上；（4）吗啡100克以上；（5）度冷丁（杜冷丁）250克以上（针剂100mg/支规格的2500支以上，50mg/支规格的5000支以上；片剂25mg/片规格的1万片以上，50mg/片规格的5000片以上）；（6）盐酸二氢埃托啡10毫克以上（针剂或者片剂20μg/支、片规格的500支、片以上）；（7）咖啡因200千克以上；（8）罂粟壳200千克以上；（9）上述毒品以外的其他毒品数量大的。

非法持有下列毒品，应当认定为本条规定的"其他毒品数量较大"：（1）苯丙胺类毒品（甲基苯丙胺除外）20克以上不满100克；（2）大麻油1000克以上不满5千克，大麻脂2千克以上不满10千克，大麻叶及大麻烟30千克以上不满150千克；（3）可卡因10克以上不满50克；（4）吗啡20克以上不满100克；（5）度冷丁（杜冷丁）50克以上不满250克（针剂100mg/支规格的500支以上不满2500支，50mg/支规格的1000支以上不满5000支；片剂25mg/片规格的2000片以上不满1万片，50mg/片规格的1000片以上不满5000片）；（6）盐酸二氢埃托啡2毫克以上不满10毫克（针剂或者片剂 20μg/支、片规格的 100 支、片以上不满 500 支、片）；（7）咖啡因 50 千克以上不满 200 千克；（8）罂粟壳 50 千克以上不满 200 千克；（9）上述毒品以外的其他毒品数量较大的。

第三百四十九条 （包庇毒品犯罪分子罪、窝藏、转移、隐瞒毒品、毒赃罪）

包庇走私、贩卖、运输、制造毒品的犯罪分子的，为犯罪分子窝藏、转移、隐瞒毒品或者犯罪所得的财物的，处三年以下有期徒刑、拘役或者管制；情节严重的，处三年以上十年以下有期徒刑。

缉毒人员或者其他国家机关工作人员掩护、包庇走私、贩卖、运输、制造毒品的犯罪分子的，依照前款的规定从重处罚。

犯前两款罪，事先通谋的，以走私、贩卖、运输、制造毒品罪的共犯论处。

【释解】

本条是关于包庇毒品犯罪分子罪、窝藏、转移、隐瞒毒品、毒赃罪的规定。

一、包庇毒品犯罪分子罪

（一）概念及其构成

包庇毒品犯罪分子罪，是指明知是走私、贩卖、运输、制造毒品的犯罪分子，而向司法机关作假证明掩盖其罪行，或者帮助其毁灭罪证，以使其逃避法律制裁的行为。

1. 客体要件

本罪侵犯的客体是司法机关同毒品犯罪分子作斗争的正常活动。包庇毒品犯罪分子的社会危害性就在于不仅妨碍了司法机关对毒品犯罪分子的及时惩办，而且这种行为帮助毒品犯罪分子逍遥法外，逃避法律的制裁、继续作恶，危害社会，因此，对包庇毒品犯罪分子的犯罪予以惩处是十分必要的。

本罪的犯罪对象，必须是走私、贩卖、运输、制造毒品的犯罪分子，无论判处何种刑罚，都不影响包庇毒品犯罪分子罪的成立。如果行为人包庇的是除走私、贩卖、运输、制造毒品的犯罪分子之外的其他毒品犯罪分子或者其他普通刑事犯罪，均不构成本罪，而是构成本法第310条规定的包庇罪。

2．客观要件

本罪在客观方面表现为行为人必须具有对走私、贩卖、运输、制造毒品罪的犯罪分子给予包庇，使其逃避法律制裁的行为。这些犯罪分子既包括尚未被抓获而潜逃在外的犯罪分子，也包括已被抓获的已决犯和未决犯，所谓“包庇”，是指向司法机关作假证明掩盖走私、贩卖、运输、制造毒品的犯罪分子罪行，或者帮助其毁灭罪证，以使其逃避法律制裁的行为，实践中，如果明知某人是公安机关正在追捕的走私、贩卖、运输、制造毒品的案犯，而仍向其提供资助或者交通工具，帮助该案犯潜逃的，或者帮助毒品犯罪分子毁灭罪迹，隐匿、转移、销毁罪证等，也都是包庇毒品犯罪分子的行为。尽管包庇毒品犯罪分子的手段多种多样，但目的只有一个，是帮助毒品犯罪分子逃避法律的制裁。另外包庇毒品犯罪分子的行为，只能发生在被包庇者实施犯罪之后，并且事先没有通谋，如果事前与毒品犯罪分子有通谋的，事后又包庇的，则属于帮助犯，以共同犯罪论处。事中通谋也属于事先通谋，也应以共同犯罪论处。

窝藏走私、贩卖、运输、制造毒品犯罪分子的，也应当按照本罪处罚。

3．主体要件

本罪的主体为一般主体，即凡达到刑事责任年龄并具有刑事责任能力，实施了包庇毒品犯罪分子的人，均可构成本罪，未满16周岁的人包庇毒品犯罪分子不构成犯罪。国家机关工作人员包庇毒品犯罪分子应从重处罚。

4．主观要件

本罪在主观方面表现为故意，过失不构成本罪。行为人的动机多种多样，有的是出于亲友之情，有的出于哥们义气，有的出于贪图钱物等，但无论出于何种动机，只要明知是走私、贩卖、运输、制造毒品的犯罪分子而予以包庇的，均构成本罪。如果行为人不知道对方是毒品犯罪分子，而提供了帮助，如住所、钱财、交通便利等，不构成犯罪。

（二）认定

1．本罪与非罪的界限

根据本法第13条的规定，如果情节显著轻微，危害不大的，不认为是犯罪，对包庇毒品犯罪分子的犯罪应综合全案各种情况，如果被包庇的毒品犯罪分子所进行的毒品犯罪情节轻微，毒品数量很小，受刑罚处罚较轻，或不需要追究刑事责任，而且包庇毒品犯罪分子的主观恶性也比较小，那么包庇行为本身社会危害性就小，一般不作为犯罪处罚。在实践中要注意正确区分本罪与知情不举行为的界限。“知情不举”是指明知是毒品犯罪分子，而不向司法机关检举揭发，也没有向司法机关作虚假证明，对犯罪分子也不提供积极帮助，表现为消极不作为。这种消极不作为，由于我国法律没有规定知情不举罪，因此，不构成包庇毒品犯罪分子罪。

2．本罪与包庇罪的界限

二者的主要区别在于包庇的对象不同，前者所包庇的对象，必须是走私、贩卖、运输、制造毒品的犯罪分子，而后者所包庇的对象，则是除上述走私、贩卖、运输、制造毒品犯罪以外的刑事犯罪分子。

3．本罪与伪证罪的界限

本法第305条规定，伪证罪是指在刑事诉讼中，证人、鉴定人、记录人、翻译人对与案件有重要关系的情节，故意作虚假证明、鉴定、记录、翻译，意图陷害他人或者隐匿罪证的行为。从定义中可以看出伪证罪中的故意作虚假证明，为犯罪分子隐匿罪证的行为与包庇毒品犯罪分子罪的行为相似，但是二者具有本质的区别。二者的区别主要有：

（1）主体要件不同。包庇毒品犯罪分子罪是一般主体，而伪证罪的主体为特殊主体，它只限于证人、鉴定人、记录人、翻译人；

（2）实施犯罪行为的时间和条件不同。包庇毒品犯罪分子的行为人实施的犯罪行为，可以在毒品犯罪分子被逮捕、关押之前，也可以在被逮捕、关押判刑之后，而伪证罪的行为人实施的犯罪行为，则只能在侦查、审判阶段。

（3）实施犯罪行为的内容和对象不同。包庇毒品犯罪分子的行为人，掩盖的是犯罪分子的全部罪行或重要犯罪事实，包庇毒品犯罪分子罪的对象，可以是未经逮捕或者判刑的，也可以是已经判决的犯罪分子。而伪证罪的行为人则必须是在侦查、起诉、审判中对与案件有重要关系的情节作虚假的陈述或隐匿罪证。伪证罪的对象只能是正在侦查或审判中的未决犯。

4．本罪与徇私枉法罪的界限

徇私枉法罪，是指国家司法工作人员利用司法职权徇私舞弊，对明知是无罪的人而故意使受追诉或者对明知是有罪的人而故意包庇使他不受追诉，或者故意违背事实和法律做枉法裁判的行为。这两罪都是对明知有罪的人而故意包庇的行为，但二者又是性质不同的犯罪。其区别主要是：

（1）犯罪的主体不同。包庇毒品犯罪分子罪是一般主体，而后罪的主体为司法工作人员。

（2）犯罪的手段不同。包庇毒品犯罪分子行为手段形式可以是多种多样的，目的是为其掩盖罪行，而后罪的行为人只能是利用司法职务上的便利，对明知是有罪的人而故意包庇使他不受追诉。

（3）实施的时间要求不同。包庇毒品犯罪分子罪，包庇行为可以在任何时候发生，而后罪的实施一般只能在被包庇的犯罪分子被判决之前，最晚到判决为止。

（4）对象不同。包庇毒品犯罪分子罪的对象仅限于走私、贩卖、运输、制造毒品的犯罪分子，而后罪的对象没有限制。对于司法工作人员，没有利用职权，实施了包庇走私、贩卖、运输、制造毒品的犯罪分子的行为，只能定包庇毒品犯罪分子罪，对于利用职权，包庇以上犯罪分子的行为，只能按本法第399条徇私枉法罪定罪量刑。

二、窝藏、转移、隐瞒毒品、毒赃罪

（一）概念及其构成

窝藏、转移、隐瞒毒品、毒赃罪，是指明知是毒品或者毒品犯罪所得的财物而为犯罪分子窝藏、转移、隐瞒的行为。

1. 客体要件

本罪侵犯的客体是国家对毒品的管制和国家司法机关的正常活动。窝藏毒品、毒赃的行为，不仅帮助犯罪分子隐匿罪证，妨碍司法机关的调查取证，使犯罪分子逃避法律的制裁，而且为毒品犯罪分子继续犯罪提供物质条件，这些毒品可以随时流入社会，危害他人的身心健康。因此，窝藏毒品、毒赃的犯罪行为具有严重的社会危害性，应依法予以惩处。

本罪的犯罪对象是犯罪分子用作犯罪的毒品、毒赃。所谓毒品是指鸦片、海洛因、甲基苯丙胺（冰毒）、吗啡、大麻、可卡因以及国务院规定管制的其他能够使人形成瘾癖的麻醉药品和精神药品。所谓毒赃，是指犯罪分子进行毒品犯罪所得财物，以及由非法所得获取的收益。非法所得获取的收益，是指利用毒品违法犯罪所得的财物及孳息或者经营活动所获取的财物，以及有关财产方面的利益，包括金钱、物品、股票、利息、股息、红利、用毒品犯罪所得购置的房地产、经营的工厂、公司等。这些财物必须是毒品犯罪分子进行毒品犯罪所得，如果是其他犯罪所得，可构成窝赃罪。

2. 客观要件

本罪在客观方面表现为行为人为走私、贩卖、运输、制造毒品的犯罪分子窝藏、转移、隐瞒毒品、毒赃的行为。窝藏是指将犯罪分子的毒品、毒赃窝藏在自己的住所或者其他隐蔽的场所，以逃避司法机关的追查。所谓“转移”主要是指将犯罪分子的毒品、毒赃从一地转移到另一地，以抗拒司法机关对毒品、毒赃的追缴，帮助犯罪分子逃避法律的制裁，或者便于犯罪分子进行毒品交易等犯罪活动。所谓“隐瞒”是指在司法机关询问调查有关犯罪分子的情况时，自己明知犯罪分子的毒品、毒赃藏在何处，而有意对司法机关进行隐瞒。只要行为人实施了其中任一行为，就构成本罪。窝藏的毒品、毒赃，必须是走私、贩卖、运输、制造毒品的犯罪分子的毒品、毒赃。

3．主体要件

本罪的主体是一般主体，即任何具有刑事责任能力、达到刑事责任年龄、实施了窝藏毒品、毒赃行为的自然人，都有可能构成本罪。

4．主观要件

本罪在主观方面表现为故意，即行为人明知是用于走私、贩卖、运输、制造的毒品、毒赃而故意予以窝藏，这是区分罪与非罪的标志之一。如果行为人不知是毒品、毒赃而代为保管、收藏的，不构成本罪。如果窝藏毒品、毒赃的行为人事前与走私、贩卖、运输、制造毒品的犯罪分子有通谋的，属于共同犯罪中的帮助犯，应以共犯论处。

（二）认定

1．本罪与非罪的界限

本条对本罪没有“数额”和“情节严重”的具体规定，从原则上说，窝藏、转移、隐瞒毒品、毒赃的行为都可构成犯罪，但根据本法的规定，如果数额较小，情节显著轻微，危害不大的，不认为是犯罪。司法实践中，要综合全案情况，具体分析，不能把一切窝藏、转移、隐瞒毒品、毒赃的行为认定为犯罪，如果被窝藏、转移、隐瞒的毒品、毒赃数量很小，又是初犯、偶犯等，主观恶性比较小，一般不作为犯罪处罚。

2．本罪与包庇毒品犯罪分子罪的界限

（1）犯罪对象不同。前罪窝藏、转移、隐瞒的是毒品、毒赃，而后者的对象是人，即包庇的是走私、贩卖、运输、制造毒品的犯罪分子。

（2）客观行为方式不同。前罪表现为对毒品、毒赃的窝藏行为，后罪则表现为对走私、贩卖、运输、制造毒品犯罪分子的窝藏，提供假证明，帮助犯罪分子潜逃等行为。

3．本罪与窝赃罪的界限

窝赃罪是指明知是犯罪所得的赃物而予以窝藏的行为。本罪保留了窝赃罪的基本性质，所不同的是，本罪的对象是特定的，仅限于毒品或毒赃。而窝赃罪的对象的范围广泛，包括除毒品犯罪以外的所有的刑事犯罪所得的赃款、赃物。其次，本罪的法定刑要比窝赃罪的法定刑高，体现了从严打击毒品犯罪的目的。

4．本罪与非法持有毒品罪的界限

（1）犯罪动机不同。非法持有毒品罪的主观故意是明知是鸦片、海洛因、甲基苯丙胺（冰毒）或者其他毒品，而非法持有。窝藏、转移、隐瞒毒品、毒赃罪的主观故意是故意为毒品犯罪分子窝藏、转移、隐瞒毒品、毒赃，达到逃避司法机关法律制裁的目的。

（2）窝藏、转移、隐瞒毒品、毒赃罪没有数额规定。而非法持有毒品罪规定了必须非法持有鸦片达到200克以上、海洛因、甲基苯丙胺（冰毒）10克以上或者其他毒品数量较大的，才构成非法持有毒品罪。

窝藏、转移、隐瞒毒品的犯罪分子主要为毒品罪犯窝藏、转移、隐瞒毒品，当然必须先有非法持有毒品的行为，对此，我们认为：如窝藏、转移、隐瞒毒品犯罪人持有的毒品达到追究非法持有毒品罪数量的，应以非法持有毒品罪处罚。持有毒品未达到该数量的，可认定为本罪。在这种情况下，非法持有毒品的行为只能视为犯罪分子实施窝藏、转移、隐瞒毒品行为的一部分，不能定两个罪。

三、处罚

犯本条所定之罪的，处三年以下有期徒刑、拘役或者管制；情节严重的，处三年以上十年以下有期徒刑。

缉毒人员或者其他国家机关工作人员掩护、包庇走私、贩卖、运输、制造毒品的犯罪分子的，依照上述规定从重处罚。

犯本条所定之罪，事先通谋的，以走私、贩卖、运输、制造毒品罪的共犯论处。

第三百五十条　（走私制毒物品罪、非法买卖制毒物品罪）

违反国家规定，非法运输、携带醋酸酐、乙醚、三氯甲烷或者其他用于制造毒品的原料或者配剂进出境的，或者违反国家规定，在境内非法买卖上述物品的，处三年以下有期徒刑、拘役或者管制，并处罚金；数量大的，处三年以上十年以下有期徒刑，并处罚金。

明知他人制造毒品而为其提供前款规定的物品的，以制造毒品罪的共犯论处。

单位犯前两款罪的，对单位判处罚金，并对其直接负责的主管人员和其他直接责任人员，依照前两款的规定处罚。

[相关规定]　**《最高人民法院关于审理毒品案件定罪量刑标准有关问题的解释》**　（2000 年 6 月 10 日起施行　法释〔2000〕13 号）（节录）

第四条　违反国家规定，非法运输、携带进出境或在境内非法买卖醋酸酐、乙醚、三氯甲烷或者其他用于制造毒品的原料或者配剂达到下列数量标准的，依照刑法第三百五十条第一款的规定定罪处罚：

（一）麻黄碱、伪麻黄碱及其盐类和单方制剂五千克以上不满五十千克；麻黄浸膏、麻黄浸膏粉一百千克以上不满一千千克；

（二）醋酸酐、三氯甲烷二百千克以上不满二千千克；

（三）乙醚四百千克以上不满三千千克；

（四）上述原料或者配剂以外其他相当数量的用于制造毒品的原料或者配剂。

违反国家规定，非法运输、携带进出境或者在境内非法买卖用于制造毒品的原料或者配剂，超过前款所列数量标准的，应当认定为刑法第三百五十条第一款规定的“数量大”。

【释解】

本条是关于走私制毒物品罪、非法买卖制毒物品罪的规定。

一、走私制毒物品罪

（一）概念及其构成

走私制毒物品罪，是指违反国家规定，非法运输、携带醋酸酐、乙醚、三氯甲烷或者其他用于制造毒品的原料或者配剂进出境的行为。

1. 客体要件

本罪侵犯的客体是国家对醋酸酐、乙醚、三氯甲烷或其他用于制造毒品的原料或者配剂进出口的管制和国家对外贸易管制，是复杂客体。用于制造毒品的原料或者配剂，既是医药和工农业生产的原料，又是制造毒品不可缺少的物品。我国政府十分重视对制造毒品的原料或者配剂的进出口管理工作，实行由国家统一归口管理制度，严禁任何单位和个人非法运输、携带制毒化学物品进出国（边）境。鉴于近年来，由于泰国、缅甸等国家对有关化学物品的生产、进口、运输、使用等环节进行了严格的管理和控制，境外的制毒犯罪分子有时从我国走私上述物品。为了消除境外生产制造毒品所需要的化学物品的来源，配合国际禁毒斗争，1988 年由卫生部、经贸部、公安部、海关总署联合发布了《关于对三种特殊化学品实行出口准许证管理的通知》，规定对醋酸酐、乙醚、三氯甲烷三种化学物品的出口，需持卫生部批准的《特殊化学物品准许证》才能出境。根据这一规定，上述三种化学物品就属于国家限制出口的物品，如果不经批准，擅自出口上述物品，就是走私行为。根据《海关法》的规定，运输、携带货物、货币、金银及其他物品，不经过海关地方进出国（边）境，或经过设关的地方而逃避监管、检查的，均属违法。我国 1989 年加入的《联合国禁止非法贩运麻醉药品和精神药物公约》中第三条第一款规定，明知其用途或目的是生产或制造麻醉药品或精神药品而制造、运输、分销设备、材料或表一和表二所列的化学品，各缔约国应采取可能必要的措施将其故意行为确定为国内法中的刑事犯罪。我国是该公约的缔约国，所以本法明文将其规定为独立的犯罪，以利于打击非法运输、携带制毒化学物品进出国（边）境的犯罪分子。

本罪的犯罪对象是国家统一管制的醋酸酐、乙醚、三氯甲烷或者其他用于制造毒品的原料或配剂。至于“其他用于制造毒品的原料或配剂”，法律没有具体规定，需要国务院有关主管部门参照联合国公约作出具体规定。目前，可以参照《联合国禁止非法贩运麻醉药品和精神药物公约》中附表所列的几种可用于制造毒品的化学物品，这些物品是麻黄碱、麦角新碱、麦角胺、麦角酸、1－苯基－2－丙酮、伪麻黄碱、醋酸酐、丙酮、邻氨基苯甲酸、乙醚、苯乙酸、哌啶，并规定这些物质可能存在的盐类包括在内。

2. 客观要件

本罪在客观方面表现为违反国家制毒物品管理法规和海关法规，逃避海关监管，非法运输、携带数量较大的制毒物品进出国（边）境的行为。具体分析起来，它包括以下三层含义：

违反国家规定，是指行为违反了国家制毒物品管理法规和海关法规。如果没有违反上述法规，而是经国家有关部门审核批准，在国家严格限制的范围内，运输、携带制造麻醉药品、精神物品的原料或者配剂进出境的，属于合法行为，不构成犯罪。此外，行为者的行为还必须是逃避海关监管。如果行为是非法的，行为者往往采用伪装、隐瞒、欺骗等手段运输、携带制毒物品通过海关（即通常所说的“蒙混过关”）；或者不经过海关而绕过海关运输、携带制毒物品进入国（边）境、偷越国（边）境。这两种行为的表现方式虽然不同，但在逃避海关监管这一点上是完全相同的。而任何合法运输、携带上列物品进出境的行为，则根本不具有这一特点。

所谓运输制毒物品进出境，是指利用飞机、火车、汽车、船只等交通工具，将制毒物品从境外运入境内或者由境内运往境外；所谓携带制毒物品进出境，是指过境人员将制毒物品随身带入境内或者由境内带至境外。运输、携带这两种行为，对于构成本罪来说，并不要求同时具备，行为者只要具备其一，即可构成犯罪。

非法运输、携带进出境的制毒物品，须数量较大才构成犯罪，如果数量较小，属于一般违法行为，不构成犯罪。

根据《最高人民法院关于审理毒品案件定罪量刑标准有关问题的解释》的规定，违反国家规定，非法运输、携带进出境醋酸酐、乙醚、三氯甲烷或者其他用于制造毒品的原料或者配剂达到下列数量标准的，依照本条第1款的规定定罪处罚：（1）麻黄碱、伪麻黄碱及其盐类和单方制剂5千克以上不满50千克；麻黄浸膏、麻黄浸膏粉100千克以上不满1000千克；（2）醋酸酐、三氯甲烷200千克以上不满2000千克；（3）乙醚400千克以上不满3000千克；（4）上述原料或者配剂以外其他相当数量的用于制造毒品的原料或者配剂。违反国家规定，非法运输、携带进出境用于制造毒品的原料或者配剂，超过上述数量标准的，应当认定为本条第1款规定的“数量大”。

3. 主体要件

本罪的主体是一般主体，即任何具有刑事责任能力、达到刑事责任年龄、实施了非法运输、携带制毒物品进出境行为的自然人，都可能构成本罪。

单位也可以成为本罪的主体。本条第3款规定：“单位犯前两款罪的，对单位判处罚金，并对其直接负责的主管人员和其他直接责任人员，依照前两款的规定处罚。”这里“直接负责的主管人员”，是指对以单位名义进行上述违法犯罪活动，直接起决定、策划、组织或指挥作用的人员，主要是单位的领导或业务主管人员。“其他直接责任人员”是指上述人员以外的在违法犯罪活动中起主要、骨干作用的人员。

4．主观要件

本罪在主观方面表现为故意。即行为人明知是国家管制的用于制造毒品的原料或配剂，而携带、运输进出国（边）境的行为。如果确实不知道携带、运输的是制毒原料或配剂而进出国（边）境的行为，不构成犯罪。无论被告人的动机如何以及作何用途，只要有非法运输、携带这些管制的物品进出国（边）境的，就构成本罪。如果明知他人制造毒品，而故意为其运输、携带制毒物品进出境的，则应以制造毒品罪的共犯处罚。明知他人收买上述物品是为了非法运输、携带进出境，仍向其提供或者出售的，以非法运输、携带制毒物品进出境罪的共犯论处。

（二）认定

1．本罪与走私罪的界限

二者有许多共同之处，在主体要件、犯罪的故意、犯罪的行为表现形式方面都有相似之处，二者的主要区别是侵犯的客体和犯罪对象不同。

（1）前者所侵犯的直接客体是国家对醋酸酐、乙醚、三氯甲烷或者其他用于制造毒品的原料或者配剂的进出口管制，而走私罪侵犯的客体是国家对外贸易管制。

（2）前罪的对象是国家实行统一管制的醋酸酐、乙醚、三氯甲烷或者其他用于制造毒品的原料或者配剂，而走私罪的对象，则是除毒品和制毒物品之外的国家禁止或限制进出口的其他货物、物品，如武器、弹药、伪造国家的货币、黄金、白银及其他贵重金属、小车、彩电等等。

2．本罪与走私毒品罪的界限

两罪在犯罪故意、主体要件以及行为方式方面有许多相同之处，但二者有以下区别：

（1）侵犯的客体不完全相同。前者侵害了国家对制毒所需要的化学物品的进出口管制，走私毒品罪则直接侵害了国家对毒品进出口的管制。

（2）二者犯罪对象不同。前者的走私对象是醋酸酐、乙醚、三氯甲烷或其他用于制造毒品的原料或者配剂物品，而后者的犯罪对象是鸦片、海洛因、甲基苯丙胺（冰毒）、吗啡、大麻、可卡因以及国务院规定管制的其他能够使人形成瘾癖的麻醉药品和精神药品。

（3）主体要件不完全相同。前者既可以由自然人，也可以由单位构成，而后者没有规定单位可成为主体要件。

二、非法买卖制毒物品罪

（一）概念及其构成

非法买卖制毒物品罪，是指违反国家规定，在境内非法买卖醋酸酐、乙醚、三氯甲烷或者其他用于制造毒品的原料或者配剂的行为。

1．客体要件

本罪侵犯的客体是国家对醋酸酐、乙醚、三氯甲烷或其他用于制造毒品的原料或者配剂的管制。用于制造麻醉药品和精神药品的化学药品，既是医药和工农业生产的原料，又是制造毒品不可缺少的物品。我国政府对制毒化学物品实行由国家统一归口管理制度。我国1989年加入的《联合国禁止非法贩运麻醉药品和精神药物公约》中第三条第一款规定，明知其用途或目的是生产或制造麻醉药品或精神药品而制造、运输、分销设备、材料或表一和表二所列的化学品，各缔约国应采取可能必要的措施将其故意行为确定为国内法中的刑事犯罪。本罪的犯罪对象是国家统一管制的醋酸酐、乙醚、三氯甲烷或者其他用于制造毒品的原料或者配剂。至于“其他用于制造毒品的原料或者配剂”，法律没有具体规定，需要国务院有关主管部门参照联合国公约作出具体规定。目前，可以参照《联合国禁止非法贩运麻醉药品和精神药物公约》中附表所列的几种可用于制造毒品的化学物品，这些物品是麻黄碱、麦角新碱、麦角胺、麦角酸、1—苯基—2—丙酮、伪麻黄碱、醋酸酐、丙酮、邻氨基苯甲酸、乙醚、苯乙酸、哌啶，并规定这些物质可能存在的盐类包括在内。

2. 客观要件

本罪在客观方面表现为违反国家有关规定，在境内非法实施了买卖醋酸酐、乙醚、三氯甲烷或其他用于制造毒品的原料或者配剂的行为。

所谓违反"国家有关规定"，主要是指 1988 年我国卫生部、外贸部、公安部、海关总署《关于对三种特殊化学品实行出口准许证管理的通知》、我国于 1988 年参加的《联合国禁止非法贩运麻醉药品和精神药物公约》的有关规定、以及《中华人民共和国海关法》的有关规定。非法买卖的行为，目的是违反国家法律及有关规定，逃避毒品监管制度。

根据《最高人民法院关于审理毒品案件定罪量刑标准有关问题的解释》的规定，违反国家规定，在境内非法买卖醋酸酐、乙醚、三氯甲烷或者其他用于制造毒品的原料或者配剂达到下列数量标准的，依照本条第 1 款的规定定罪处罚：(1) 麻黄碱、伪麻黄碱及其盐类和单方制剂 5 千克以上不满 50 千克；麻黄浸膏、麻黄浸膏粉 100 千克以上不满 1000 千克；(2) 醋酸酐、三氯甲烷 200 千克以上不满 2000 千克；(3) 乙醚 400 千克以上不满 3000 千克；(4) 上述原料或者配剂以外其他相当数量的用于制造毒品的原料或者配剂。违反国家规定，在境内非法买卖用于制造毒品的原料或者配剂，超过上述数量标准的，应当认定为本条第 1 款规定的"数量大"。

3. 主体要件

本罪的主体是一般主体，即任何具有刑事责任能力、达到刑事责任年龄、实施了非法买卖制毒物品行为的自然人，都可能构成本罪。

单位也可以成为本罪的主体。本条第 3 款规定："单位犯前两款罪的，对单位判处罚金，并对其直接负责的主管人员和其他直接责任人员，依照前两款的规定处罚。"这里"直接负责的主管人员"，是指对以单位名义进行上述违法犯罪活动，直接起决定、策划、组织或指挥作用的人员，主要是单位的领导或业务主管人员。"其他直接责任人员”是指上述人员以外的在违法犯罪活动中起主要、骨干作用的人员。

4. 主观要件

本罪在主观方面表现为故意，即行为人明知是国家管制的用于制造毒品的原料或者配剂，而非法买卖的行为。无论被告人的动机如何以及作何用途，只要有非法买卖这些管制物品的行为，就构成本罪。如果明知他人制造毒品，而故意为其买卖制毒物品的，则应以制造毒品罪的共犯处罚。明知他人收买上述物品是为了非法运输、携带进出境，仍向其提供或者出售的，以走私制毒物品罪的共犯论处。

三、处罚

犯本条所定两款罪的，处三年以下有期徒刑、拘役或者管制，并处罚金；数量大的，处三年以上十年以下有期徒刑，并处罚金。

第三百五十一条 （非法种植毒品原植物罪）

非法种植罂粟、大麻等毒品原植物的，一律强制铲除。有下列情形之一的，处五年以下有期徒刑、拘役或者管制，并处罚金：

（一）种植罂粟五百株以上不满三千株或者其他毒品原植物数量较大的；

（二）经公安机关处理后又种植的；

（三）抗拒铲除的。

非法种植罂粟三千株以上或者其他毒品原植物数量大的，处五年以上有期徒刑，并处罚金或者没收财产。

非法种植罂粟或者其他毒品原植物，在收获前自动铲除的，可以免除处罚。

[相关规定] 《最高人民法院关于审理毒品案件定罪量刑标准有关问题的解释》 （2000年6月10日起施行 法释〔2000〕13号）（节录）

第五条　非法种植大麻五千株以上不满三万株，应当认定为刑法第三百五十一条第一款第（一）项规定的非法种植大麻“数量较大”；非法种植大麻三万株以上，应当认定为刑法第三百五十一条第二款规定的非法种植大麻“数量大”。

【释解】

本条是关于非法种植毒品原植物罪的规定。

一、概念及其构成

非法种植毒品原植物罪，是指明知是罂粟、大麻等毒品原植物而非法种植且数量较大，或者经公安机关处理后又种植，或者抗拒铲除的行为。

（一）客体要件

本罪侵犯的客体是国家对毒品原植物种植的管制。国家历来对非法种植罂粟、大麻等毒品原植物严厉禁止，并先后发布了一系列的法规、法令和通知。如1978年9月13日国务院颁布施行的《麻醉药品管理条例》规定：“如果发现私自种植罂粟等违法犯罪行为，要严肃处理。”1981年7月国务院发出《关于重申严禁鸦片烟毒的通知》，1982年7月中共中央、国务院发出《关于禁绝鸦片烟毒问题的紧急通知》，1988年公安部、卫生部又发布《关于查禁非法私种罂粟的通知》。国务院颁布的《麻醉药品和精神药品管理条例》规定：“麻醉药品药用原植物种植企业应当根据年度种植计划，种植麻醉药品药用原植物。麻醉药品药用原植物种植企业应当向国务院药品监督管理部门和国务院农业主管部门定期报告种植情况。”“麻醉药品药用原植物种植企业违反本条例的规定，有下列情形之一的，由药品监督管理部门责令限期改正，给予警告；逾期不改正的，处5万元以上10万元以下的罚款；情节严重的，取消其种植资格：（一）未依照麻醉药品药用原植物年度种植计划进行种植的；（二）未依照规定报告种植情况的；（三）未依照规定储存麻醉药品的。”原《中华人民共和国治安管理处罚条例》第31条规定："严厉禁止违反政府规定种植罂粟等毒品原植物……"非法种植毒品原植物的行为正是侵害了国家对毒品原植物的严格管制。

本罪的对象是毒品原植物，即用来提炼、加工成鸦片、海洛因、甲基苯丙胺、吗啡、可卡因等麻醉药品和精神药品的原植物。我国非法种植的毒品原植物，主要是罂粟，少数地区也种植大麻。

（二）客观要件

本罪在客观方面表现为行为人实施了违反国家有关法规，非法种植毒品原植物数量较大，或经公安机关处理后又种植以及抗拒铲除的行为。行为人违反上述国家有关法规、法令、通知等，未经主管部门批准，非法种植毒品原植物的行为是非法行为。如果经有关主管部门审批，按国家下达的年度计划 种植毒品原植物的行为，是合法的种植行为。所谓种植，是指播种、施肥、灌溉、割取津液、收取种子等。不论行为人实施了上述全部行为，还是只实施了一种行为，都可视为种植。只要有证据证明行为人确实有种植的行为，即使没有成苗，从面积上估算，达到法条所规定数量的，也构成此罪。有下列行为之一的，即符合本罪的客观要件：

1. 种植毒品原植物数量较大

按照本条规定，种植罂粟500株以上不满3000株即为数量较大，其他毒品原植物数量较大，按照一定比例来认定。

2. 经公安机关处理后又种植

所谓经公安机关处理后又种植，是指行为人在公安机关予以治安处罚或强制铲除后，又非法种植毒品原植物的，原则上都应以犯罪论处。在认定此种情况下的犯罪，既要考虑行为人的主观恶性，同时也应考虑行为人再次种植的数量，如再次种植数量很小，也可以不作为犯罪论述，在构成犯罪的情况下，对以前已作过行政处理的、种植罂粟等毒品原植物的株数不再累计计算。

3. 抗拒铲除

所谓抗拒铲除，是指非法种植毒品原植物的行为人，采用暴力、暴力相威胁、胁迫或者其他强制手段足以妨碍主管机关铲除毒品的行为，如果采用轻微的抗拒行为、软磨硬泡、言语谩骂等方式不足以妨碍主管机关铲除的，应采用行政处罚的方式，而不应以本罪论处。采用暴力抗拒铲除的行为实质上是妨害公务的行为，对此如何处理，我们认为采用暴力、胁迫等其他抗拒方法抗拒铲除，既触犯妨害公务罪，又触犯非法种植毒品原植物罪，属于刑法理论上的牵连犯，从一重罪而断，应按非法种植毒品原植物罪处罚，而不适用数罪并罚，如果使用暴力杀人、重伤的应数罪并罚。

（三）主体要件

本罪的主体是一般主体，即任何具有刑事责任能力、达到刑事责任年龄、实施了非法种植毒品原植物行为的自然人，都可能构成本罪。

（四）主观要件

本罪在主观方面表现为故意，过失不构成本罪。即行为人明知是制造毒品的原植物而非法种植，不论其目的是营利还是满足个人享用，均构成本罪，如果行为人确实不知道是毒品原植物而予以种植的，则不构成本罪。

二、认定

（一）本罪与非罪的界限

根据本条规定，非法种植毒品原植物的行为具有下列三种情形之一的，则应以犯罪论处：（1）非法种植罂粟500株以上不满3000株或其他毒品原植物数量较大的；（2）经公安机关处理后又种植的；（3）抗拒铲除的。对于后两种情形，不受数量上的限制。凡是没有达到500株这一法定数量标准或不具备上述其他法定情节的，就不构成犯罪。

为了医药上需要，国家指定国营农场种植罂粟，这是合法的种植行为。

此外，少量种植罂粟类植物作为花卉观赏的，也不构成犯罪。

（二）本罪与制造毒品罪的界限

制造毒品罪是指违反国家的法律法规，非法制造鸦片、海洛因、甲基苯丙胺、吗啡或者其他能够使人形成瘾癖的麻醉药品和精神药品的行为。可以看出非法种植毒品原植物罪与制造毒品罪有着显著的区别，其主要区别是：

1. 侵犯的客体不同

前者侵犯的客体是违反国家对种植毒品原植物的管制。后者侵犯的客体是违反国家对制造毒品的管制和人们的身体健康。

2. 两罪的犯罪对象不同

前者的对象指种植用于提炼、加工毒品的原植物，而后者的对象则是指鸦片、吗啡、海洛因等麻醉性药品。

3. 客观要件不同

前者在客观上表现为种植，是指违反法律规定，私自非法种植数量较大的毒品原植物的行为。后者在客观上表现为制造，也就是用一定的原料进行加工和配制，如将罂粟制成鸦片；以鸦片作原料，再以一定比例乙醚、醋酸酐等化学制品作配料制成海洛因。

非法种植毒品原植物数量较大，又以其为原料制造毒品的，应当以制造毒品罪从重处罚。非法种植毒品原植物数量较大，又实施制造其他毒品行为的，应当分别定非法种植毒品原植物罪和制造毒品罪，数罪并罚。

三、处罚

犯本罪的，处五年以下有期徒刑、拘役或者管制，并处罚金。

非法种植罂粟3000株以上或者其他毒品原植物数量大的，处五年以上有期徒刑，并处罚金或者没收财产。

非法种植罂粟或者其他毒品原植物，在收获前自动铲除的，可以免除处罚。

第三百五十二条　（非法买卖、运输、携带、持有毒品原植物种子、幼苗罪）

非法买卖、运输、携带、持有未经灭活的罂粟等毒品原植物种子或者幼苗，数量较大的，处三年以下有期徒刑、拘役或者管制，并处或者单处罚金。

【释解】

本条是关于非法买卖、运输、携带、持有毒品原植物种子、幼苗罪的规定。

一、概念及其构成

非法买卖、运输、携带、持有毒品原植物种子、幼苗罪，是指违反国家规定，非法买卖、运输、携带、持有未经灭活的罂粟等毒品原植物种子或者幼苗，数量较大的行为。

（一）客体要件

本罪侵害的客体是国家对毒品原植物的管理制度和人民的生命健康。国家历来对非法买卖、运输、携带、持有鸦片、罂粟等毒品原植物严厉禁止，并先后发布了一系列的法规、法令和通知。如国务院颁布施行的《麻醉药品和精神药品管理条例》规定："国家对麻醉药品和精神药品实行定点经营制度。国务院药品监督管理部门应当根据麻醉药品和第一类精神药品的需求总量，确定麻醉药品和第一类精神药品的定点批发企业布局，并应当根据年度需求总量对布局进行调整、公布。药品经营企业不得经营麻醉药品原料药和第一类精神药品原料药。但是，供医疗、科学研究、教学使用的小包装的上述药品可以由国务院药品监督管理部门规定的药品批发企业经营。"第67条规定："定点生产企业违反本条例的规定，有下列情形之一的，由药品监督管理部门责令限期改正，给予警告，并没收违法所得和违法销售的药品；逾期不改正的，责令停产，并处5万元以上10万元以下的罚款；情节严重的，取消其定点生产资格：(一)未按照麻醉药品和精神药品年度生产计划安排生产的；(二)未依照规定向药品监督管理部门报告生产情况的；(三)未依照规定储存麻醉药品和精神药品，或者未依照规定建立、保存专用账册的；(四)未依照规定销售麻醉药品和精神药品的；(五)未依照规定销毁麻醉药品和精神药品的。"第68条规定："定点批发企业违反本条例的规定销售麻醉药品和精神药品，或者违反本条例的规定经营麻醉药品原料药和第一类精神药品原料药的，由药品监督管理部门责令限期改正，给予警告，并没收违法所得和违法销售的药品；逾期不改正的，责令停业，并处违法销售药品货值金额2倍以上5倍以下的罚款；情节严重的，取消其定点批发资格。"1981年7月国务院发出《关于重申严禁鸦片烟毒的通知》，1982年7月中共中央、国务院发出《关于禁绝鸦片烟毒问题的紧急通知》，1988年公安部、卫生部又发布《关于查禁非法私种罂粟的通知》。原《中华人民共和国治安管理处罚条例》第31条规定："严厉禁止违反政府规定种植罂粟等毒品原植物……"非法买卖、运输、携带、持有毒品原植物种子、幼苗的行为正是侵害了国家对毒品原植物的严格管制。

本罪的对象是未经灭活的毒品原植物种子或者幼苗，毒品原植物是用来提炼、加工成鸦片、海洛因、甲基苯丙胺（冰毒）、吗啡、可卡因等麻醉药品和精神药品的原植物。毒品原植物的种子或幼苗，必须是未经灭活的，也就是能存活的，买卖、运输、携带、持有已经灭活的毒品原植物种子或者幼苗的，不构成本罪。

（二）客观要件

本罪在客观方面表现为行为人实施了违反国家有关法规，非法买卖、运输、携带、持有毒品原植物种子或者幼苗，数量较大的行为。所谓非法买卖，是指以金钱或者实物作价非法购买或者出售未经灭活的毒品原植物种子或者幼苗的行为。所谓"非法运输"，是指未经国家有关部门批准，私自从事未经灭活的罂粟等毒品原植物种子或者幼苗运输的行为，包括国内运输和在国境、边境非法输入输出。所谓非法携带、持有，是指违反国家规定，没有合法的携带权、持有权而占有、携有、藏有或者其他方式或携带、持有未经灭活的罂粟等毒品原植物种子或者幼苗的行为。在这里，应当注意的是，构成本罪除实施上述行为外，还必须具备数量较大这一要素，这里的数量较大，将由司法解释根据实际情况予以确定。

（三）主体要件

本罪的主体是一般主体，凡达到法定刑事责任年龄、具有刑事责任能力的自然人均能构成本罪，单位不能成为本罪主体。

（四）主观要件

本罪在主观方面上表现为故意，过失不构成本罪。即行为人明知是毒品的原植物种子、幼苗而非法买卖、运输、携带、持有，不论其目的是营利还是满足个人享用，均构成本罪，如果行为人确实不知道是毒品原植物种子、幼苗而予以买卖、运输、携带、持有的，则不构成本罪。

二、处罚

犯本罪的，处三年以下有期徒刑、拘役或者管制，并处或者单处罚金。

第三百五十三条　（引诱、教唆、欺骗他人吸毒罪、强迫他人吸毒罪）

引诱、教唆、欺骗他人吸食、注射毒品的，处三年以下有期徒刑、拘役或者管制，并处罚金；情节严重的，处三年以上七年以下有期徒刑，并处罚金。

强迫他人吸食、注射毒品的，处三年以上十年以下有期徒刑，并处罚金。

引诱、教唆、欺骗或者强迫未成年人吸食、注射毒品的，从重处罚。

【释解】

本条是关于引诱、教唆、欺骗他人吸毒罪、强迫他人吸毒罪的规定。

一、引诱、教唆、欺骗他人吸毒罪

（一）概念及其构成

引诱、教唆、欺骗他人吸毒罪，是指通过向他人宣扬吸食、注射毒品后的感受等方法，诱使、唆使他人吸食、注射毒品的行为或者用隐瞒事实真相或者用制造假象等方法使他人吸食、注射毒品的行为。

1. 客体要件

本罪侵犯的客体为复杂客体，不仅侵犯社会治安管理秩序，而且还侵犯了他人的身心健康。吸食、注射毒品对人的健康所造成的危害众所周知，这些人吸食、注射毒品成瘾后，变得好吃懒做，逐渐丧失了劳动能力，身体衰弱以至死亡，给本人和家庭带来痛苦和灾难。也有的吸食、注射毒品的人在毒瘾发作时，丧失理智，引发了许多社会问题，如有的通过卖淫来获取购买毒品的钱财，有的流氓斗殴、坑蒙欺骗别人的钱财来购毒；以至由吸毒产生偷窃、抢劫、杀人等其他违法活动或刑事犯罪，严重危害社会治安。引诱、教唆、欺骗他人吸毒罪所侵害的对象是未染上吸毒恶习或虽染上吸毒恶习但已经戒除的人，致使他人健康受损以至丧失生命。

2. 客观要件

本罪在客观方面表现为行为人通过向他人宣扬吸食、注射毒品后的感受等方法，非法实施引诱、教唆、欺骗他人吸食、注射毒品的行为。所谓“引诱”，是指以金钱、物质及其他利益诱导、拉拢原本没有意愿吸毒的人吸食毒品、注射毒品的行为。所谓“教唆”，是指以劝说、授意、怂恿等手段，鼓动、唆使原本没有意愿吸毒的人吸食毒品、注射毒品的行为。所谓“欺骗”，是指用隐瞒事实真相或者制造假象等方法，使原本没有意愿吸毒的人上当吸食毒品或注射毒品。如暗地里在香烟中掺入毒品，或在药品中掺入毒品，供人吸食和使用，使他人不知不觉中染上毒瘾。吸食、注射毒品，是指用口吸、鼻吸、吞服、饮用、皮下注射或静脉注射等方法使用毒品。引诱、教唆、欺骗他人吸食、注射毒品的手段多种多样，但无论采取什么手段，只要实施了引诱、教唆、欺骗他人吸食、注射毒品的行为，就构成此罪。至于被引诱、教唆、欺骗者是否因此成瘾，不是构成本罪的必要条件，但可以作为量刑情节考虑。对引诱、教唆、欺骗未成年人吸食、注射毒品的，从重处罚。

引诱、教唆、欺骗这三种行为，并不要求同时具备，只要行为人实施其中之一行为的，即可构成本罪。本罪是选择性罪名。实施了引诱、教唆、欺骗他人吸食、注射毒品行为之一的，即以该行为确定罪名。实施了其中两种行为的，将所实施行为并列为一个罪名，不实行并罚。

3. 主体要件

本罪的主体是一般主体，即任何具有刑事责任能力、达到刑事责任年龄、实施了引诱、教唆、欺骗他人吸毒行为的自然人，都可能构成本罪。

4. 主观要件

本罪在主观方面表现为故意，即行为人明知是毒品而故意引诱、教唆、欺骗他人吸食、注射。如果行为人是出于过失，则不构成本罪。行为人的目的和动机多种多样，有的是出于牟利，即为了贩卖推销毒品而鼓动他人吸毒；有的为了报复或逃避法律制裁的目的，诱使一些干部及子弟吸毒；有的出于控制他人的目的，如犯罪团伙中，吸毒者一旦上瘾，便心甘情愿地受人指使、摆布成为违法犯罪活动的帮凶；有的是为了长期奸污妇女，而诱使其吸毒，达到长期控制的目的，等等。不管行为人出于何种动机和目的，只要故意引诱、教唆、欺骗他人吸食、注射毒品的，即可构成本罪。

（二）认定

1．本罪与非罪的界限

本条对本罪没有规定“情节严重”作为必要要件，也就是说只要有引诱、教唆、欺骗他人吸食、注射毒品的行为，即使被引诱、教唆、欺骗者没有吸毒成瘾，或没有吸毒，均可构成本罪，这只是作为量刑情节考虑。但在司法实践中，并不是对任何具有引诱、教唆、欺骗他人吸毒的行为都认定为犯罪，应综合全案各种情况，如果情节轻微，危害不大的，可不认为是犯罪，但可以给予行政治安处罚。

2．本罪与一般教唆犯罪的界限

二者的某些行为方式相同，但他们之间有本质区别。这二者之间的本质区别是：

（1）侵犯的客体不同。前者侵害的客体是复杂客体，既侵害了社会治安管理秩序，又侵害了他人的身体健康。而后者侵犯的客体，则取决于所教唆犯罪的客体，如教唆杀人罪侵犯的客体是他人的生命权利。

（2）罪名不同。前者是一个独立罪名，吸毒行为法律上没有规定为独罪，而教唆他人吸毒的行为，法律上规定为独立犯罪。而后者则不是独立罪名，对于教唆犯，要按照他所教唆的罪来确定罪名，教唆犯属于共同犯罪。

3．犯本罪致人重伤、死亡的处理

由于海洛因等危险性极大的毒品，一旦用量过大，很快就会引起他人死亡和严重伤残，实施中此类案件屡有发生，对此类案件如何定性认识不一。有人认为构成引诱、教唆、欺骗他人吸毒罪与杀人罪和伤害罪数罪。我们认为，如果具有故意杀人和故意伤害的故意，那么就是故意杀人罪和故意伤害罪，而引诱、教唆、欺骗他人吸食、注射毒品的行为仅是杀人和伤害的手段而已。如果引诱、教唆、欺骗他人吸食、注射毒品致人死亡和伤残的，实践中能够查明没有故意伤害和故意杀人的心理，而对死亡和重伤仅有过失的，即主观上应当预见到被害人吸食、注射毒品会产生重伤、死亡的结果，却没有预见，或虽有预见，却轻信能够避免，以至于造成重伤、死亡的结果，应构成过失重伤罪、过失致人死亡罪和引诱、教唆、欺骗他人吸毒罪的数罪，应择一重罪处罚。

（三）处罚

犯本罪的，处三年以下有期徒刑、拘役或者管制，并处罚金；情节严重的，处三年以上七年以下有期徒刑，并处罚金。

二、强迫他人吸毒罪

（一）概念及其构成

强迫他人吸毒罪，是指违背他人意志，使用暴力、胁迫或者其他强制手段迫使他人吸食、注射毒品的行为。

1. 犯罪的客体

本罪侵犯的客体是社会治安管理秩序和他人的身体健康，属复杂客体。强迫他人吸食、注射毒品，往往使人染上毒瘾，成为吸毒者，而吸毒成瘾严重损害身心健康，使吸毒者身体虚弱、智能减退、人格扭曲，而且吸食、注射毒品还是艾滋病传播的途径之一。同时，吸毒会诱发盗窃、抢劫、赌博、卖淫等其他犯罪活动。因此，对强迫他人吸食、注射毒品的犯罪分子予以惩处是十分必要的。

2. 客观要件

本罪在客观方面表现为行为违背他人的意志，使用暴力、胁迫或者其他强制手段迫使他人吸食、注射毒品的行为。所谓“暴力”是指犯罪分子对被害人身体实施强制，排除被害人的抵抗，迫使其违背自己的意志吸食、注射毒品。所谓“胁迫”是指犯罪分子以实施暴力相威胁，实行精神强制，使被害人产生恐惧不敢抗拒而吸食、注射毒品的行为。所谓“其他强制方法”是指除了暴力或胁迫方法之外，与暴力、胁迫方法相当的，如酒醉、麻醉药麻醉等方法，使被害人不知抗拒而吸食和注射毒品的行为。强迫他人吸食、注射毒品的手段多种多样，但无论采取什么手段，客观上行为人只要实施了强迫他人吸食、注射毒品的行为，就构成本罪，至于被强迫者是否因此成瘾，不是构成本罪的必要条件。对于强迫未成年人吸食、注射毒品的，从重处罚。

如果行为人以单纯故意杀人或伤害为目的而强迫他人吸食、注射毒品，构成故意杀人罪和故意伤害罪，这种情况下，强迫他人吸食、注射毒品仅仅是杀人和伤害的手段。

如果行为人在强迫他人吸食、注射毒品之后，为灭口而杀人，这样行为人有了两个犯罪故意、两个犯罪行为，符合两个犯罪构成，应以故意杀人罪（故意伤害罪）与强迫他人吸毒罪两个罪，实行数罪并罚。

行为人强迫他人吸食、注射毒品，采用暴力手段，如果致人轻伤的，按强迫他人吸毒罪从重处罚。如果使用暴力行为致人重伤或死亡，行为人对重伤或死亡采取的是一种故意放任的心理态度，应按故意杀人罪（故意伤害罪）从重处罚。

如果行为人强迫他人吸食、注射毒品后，由于毒量过大，致使被害人重伤和死亡，对被害人重伤和死亡，行为人是一种过失的心理态度，应构成过失致人死亡罪（过失重伤罪）与强迫他人吸食、注射毒品罪的想像数罪，应择一重罪处罚。

3．主体要件

本罪的主体为一般主体，即任何具有刑事责任能力、达到刑事责任年龄、实施了强迫他人吸食、注射毒品行为的自然人，都可能构成本罪。

4．主观要件

本罪在主观方面表现为故意，过失不构成本罪。即行为人明知是毒品，而故意强迫他人吸食、注射。如果行为人不具有强迫他人吸食、注射毒品的故意，或不明知是毒品，就不能构成本罪。强迫他人吸毒的动机多种多样，有的是为了牟利而强迫他人吸食、注射，有的出于报复而强迫他人吸食、注射，使他人染上毒瘾等，不论行为人的动机如何，只要故意实施了强迫他人吸食、注射毒品的行为，就可构成犯罪。

（二）认定

1．本罪与非罪的界限

本条对本罪没有规定“情节严重”作为必要要件，也就是说只要实施了强迫他人吸食、注射毒品的行为，原则上就构成本罪，而不论被害人是否吸食、注射了毒品或吸食、注射成瘾。但实践中，并不是任何强迫他人吸食、注射毒品的行为都构成犯罪，应综合全案的各种情况，根据本法的规定，如果情节显著轻微，危害不大的，不认为是犯罪，可给予行政治安处罚。

2. 本罪与引诱、教唆、欺骗他人吸毒罪的界限

强迫他人吸毒罪与引诱、教唆、欺骗他人吸毒罪有许多相同之处，其主体、客体、主观方面相同，明显的区别在于客观表现上的不同，前者为采取暴力、胁迫等强制性的手段迫使他人吸食、注射毒品；后者则是用引诱、教唆、欺骗的手段促使他人吸食、注射毒品。此外，从犯罪对象上看，前者在暴力、胁迫下违心地吸食、注射毒品，后者在引诱、教唆、欺骗的手段下，由不愿到情愿去吸食、注射毒品。要注意强迫他人吸毒罪与引诱、教唆、欺骗他人吸毒罪在法定刑上是不同的，应严格加以区分，不能造成重罪轻判或轻罪重判的问题。

如果行为人对同一个人同时实施了强迫、引诱、教唆、欺骗的手段，造成他人吸食、注射毒品的后果，我们认为，应择一重罪处罚，定强迫他人吸毒罪，按强迫他人吸毒罪的法定刑处罚。如果行为人对不同的人分别采取强迫、引诱、教唆、欺骗的手段，促使他人吸毒、注射毒品的行为，则分别构成两个罪名，应予数罪并罚。

（三）处罚

犯本罪的，处三年以上十年以下有期徒刑，并处罚金。

强迫未成年人吸食、注射毒品的，从重处罚。

第三百五十四条　（容留他人吸毒罪）

容留他人吸食、注射毒品的，处三年以下有期徒刑、拘役或者管制，并处罚金。

【释解】

本条是关于容留他人吸毒罪的规定。

一、概念及其构成

容留他人吸毒罪，是指为他人吸食、注射毒品提供场所的行为。

（一）客体要件

本罪侵犯的客体是社会的正常管理秩序和人们的身体健康。容留他人吸食、注射毒品，主要指的是人们通常所说的开设地下烟馆或变相烟馆的行为。地下烟馆是旧社会存在的一种社会丑恶现象，在我国建国初期，经过政府采取坚决措施予以取缔后，已经绝迹。但近几年来，由于国际毒品犯罪活动向我国渗透，开设地下烟馆的社会丑恶现象又死灰复燃，成为容留他人吸食、注射毒品的黑窝，某些宾馆、饭店、舞厅也成为吸食、注射毒品场所，导致吸毒人数上升。吸毒现象的蔓延，严重地损害了他人健康，同时诱发其他犯罪。要禁绝烟毒，除采取其他有力措施外，还必须对为他人吸食、注射毒品提供场所的行为予以严惩。

（二）客观要件

本罪在客观方面表现为行为人实施了容留他人吸食、注射毒品的行为。所谓容留他人吸食、注射毒品，是指给吸毒者提供吸食、注射毒品的场所。既可以是行为人主动提供，也可以是在吸食、注射毒品者的要求或主动前来时被动提供。既可以是有偿提供，也可以是无偿提供。提供的地点，既可以是自己的住所，也可以是其亲戚朋友或由其指定的其他隐蔽的场所，一般则是行为人专门为吸毒者准备的某种比较固定的场所，如利用住宅、居所或租赁他人房屋让他人吸食、注射毒品；饭店、旅馆、咖啡馆、酒吧、舞厅等营业性场所的经营、服务人员利用经营性场所容留他人吸毒；航空器、轮船、火车、汽车的司机管理人员利用交通工具让他人吸食、注射毒品；等等。至于为他人提供吸食、注射毒品场所的次数、人数以及提供时间的长短，均对本罪构成毫无影响，即不论容留几人，也不论容留了几次，以及多长时间，都可构成本罪。

（三）主体要件

本罪的主体为一般主体，即达到刑事责任年龄、具有刑事责任能力、实施了容留他人吸食、注射毒品行为的自然人均可构成。

（四）主观要件

本罪在主观方面表现为故意，过失不构成本罪。即行为人明知容留他人吸食、注射毒品的行为是危害社会的而故意实施这种行为。构成本罪，一般应以牟利为目的作为主观上的必要要件。

二、处罚

犯本罪的，处三年以下有期徒刑、拘役或者管制，并处罚金。

第三百五十五条　（非法提供麻醉药品、精神药品罪）

依法从事生产、运输、管理、使用国家管制的麻醉药品、精神药品的人员，违反国家规定，向吸食、注射毒品的人提供国家规定管制的能够使人形成瘾癖的麻醉药品、精神药品的，处三年以下有期徒刑或者拘役，并处罚金；情节严重的，处三年以上七年以下有期徒刑，并处罚金。向走私、贩卖毒品的犯罪分子或者以牟利为目的，向吸食、注射毒品的人提供国家规定管制的能够使人形成瘾癖的麻醉药品、精神药品的，依照本法第三百四十七条的规定定罪处罚。

单位犯前款罪的，对单位判处罚金，并对其直接负责的主管人员和其他直接责任人员，依照前款的规定处罚。

［相关规定］　**《国家食品药品监督管理局、公安部、卫生部关于公布麻醉药品和精神药品品种目录的通知》**　（2005 年 9 月 27 日国食药监安〔2005〕481 号）（见第 347 条相关规定）

［相关规定］ **《最高人民检察院法律政策研究室关于安定注射液是否属于刑法第三百五十五条规定的精神药品问题的答复》**（2002年10月24日 〔2002〕高检研发第23号）

福建省人民检察院研究室：

你院《关于安定注射液是否属于〈刑法〉第三百五十五条规定的精神药品的请示》（闽检〔2001〕6号）收悉。经研究并征求有关部门意见，答复如下：

根据《精神药品管理办法》等国家有关规定，“能够使人形成瘾癖”的精神药品，是指使用后能使人的中枢神经系统兴奋或者抑制连续使用能使入产生依赖性的药品。安定注射液属于刑法第三百五十五条第一款规定的“国家规定管制的能够使人形成瘾癖的”精神药品。鉴于安定注射液属于《精神药品管理办法》规定的第二类精神药品，医疗实践中使用较多，在处理此类案件时，应当慎重掌握罪与非罪的界限。对于明知他人是吸毒人员而多次向其出售安定注射液，或者贩卖安定注射液数量较大的，可以依法追究行为人的刑事责任。

【释解】

本条是关于非法提供麻醉药品、精神药品罪的规定。

一、概念及其构成

非法提供麻醉药品、精神药品罪，是指依法从事生产、运输、管理、使用国家管制的麻醉药品、精神药品的单位和个人，明知他人是吸食、注射毒品的人，而向其提供国家管制的能够使人形成瘾癖的麻醉药品、精神药品的行为。

（一）客体要件

本罪侵犯的客体是国家对麻醉药品、精神药品的管理制度。麻醉药品和精神药品有医疗、教学、科研作用，但对麻醉药品、精神药品使用不当，或管理不严，就会使其流入社会，成为吸毒、贩毒的毒源，因此，对这部分麻醉药品和精神药品必须实行严格的管制，也就是对麻醉药品、精神药品的生产、运输、管理、使用各个环节都实行严格的管理。联合国《麻醉药品单一公约》、《精神药物公约》和《禁止非法贩运麻醉药品和精神药物公约》，都对精神药物和麻醉药品的生产、使用、输出、输入等等，作了详细规定。如《精神药物公约》中规定，精神药物的制造、输出、输入、分配、贮存、贸易、使用及持有，限定其专供医学与科学用途。我国对麻醉药品和精神药物的管制是根据我国的实际情况以及参照联合国公约所制定的，对麻醉药品、精神药品的生产、运输、管理、使用等各个环节都有法律规定。国务院颁布的原《麻醉药品管理办法》中规定，国家严格管制麻醉药品原植物的种植和麻醉药品的生产、供应、进出口，非医疗、教学、科研需要，一律不得使用麻醉药品。麻醉药品的生产单位，必须经卫生部会同国家医药管理局审查批准，未经批准的任何单位和个人，一律不得从事麻醉药品的生产活动，麻醉药品的供应必须根据医疗、教学和科研的需要，有计划地进行，……麻醉药品的经营单位只能按规定限量供应，经卫生行政部门批准使用单位，不得向其他单位和个人供应。原《精神药品管理办法》中规定第一类精神药品只限供应县以上卫生行政部门指定的医疗单位使用，不得在医药门市部零售，第二类精神药品可供各医疗单位使用，医药门市部应当凭盖有医疗单位公章的医生处方零售。科研和教学机构科研教学需要的精神药品，需经县以上卫生行政部门批准后，由指定医药经营单位供应。近几年来，个别从事生产、运输、使用、管理麻醉药品和精神药物的人员和单位违反上述有关国家法律、法令，非法向吸食者提供毒品，严重地违反了国家对毒品的管制。

（二）客观要件

本罪在客观方面表现为违反国家规定，向吸食、注射毒品的人，提供国家规定管制的能够使人形成瘾癖的麻醉药品、精神药品。所谓“违反国家规定”是指违反包括《麻醉药品和精神药品管理条例》、《麻醉药品和精神药品邮寄管理办法试行》、《麻醉药品和精神药品生产管理办法试行》、《麻醉药品和精神药品运输管理办法》、《麻醉药品、精神药品处分管理规定》等有关规定。如果擅自提供给用于医疗、科研、教学的人以及需要使用麻醉药品、精神药品的病人，尽管违反了法律规定，亦不构成本罪。如果行为人出于故意向走私、贩卖毒品等的毒品犯罪分子提供毒品，也不构成本罪，而应以走私、贩卖毒品罪或者其他有关的毒品犯罪共犯论处。至于吸食、注射毒品之人是否已经吸食或注射了行为人所提供的毒品，以及吸食、注射后是否成瘾，则均不影响本罪成立。行为人提供毒品的行为必须利用了职务或工作上的便利，即利用了自己从事生产、运输、管理、使用上述药品的职务或工作便利，如医生、药剂师利用职务之便，违反规定向吸食、注射毒品的人提供麻醉药品或精神药品。如果行为人没有利用职务之便，如医生利用自己熟悉药品库房的机会，深夜从库房盗取药品后或者将自己非法持有如祖传的、受赠的或者通过其他非法手段获得的毒品提供给注射、吸食者，则不构成本罪，构成犯罪的，应以他罪如非法持有毒品罪等论处。行为人利用职务之便提供，既可发生在依法从事生产、运输、管理、使用上述药品的过程中，也可以是在从事上述工作中事先截留在结束之后提供。行为人提供给吸食、注射毒品者以麻醉药品或精神药品，必须是无偿的，有偿的提供，包括货币交易、以物易物或以毒品换取其他劳务、抵偿债务的，不属于本罪的非法提供行为，其性质实为一种贩卖毒品的行为。

（三）主体要件

本罪的主体是特殊主体。即依法从事生产、运输、管理、使用国家管制的麻醉药品、精神药品的人员和单位。单位也可以成为本罪主体，单位包括生产厂家以及销售、运输、管理、教学科研、医疗等部门。

其中“生产”主要是指依照国家卫生管理部门的指定，种植用于提炼加工麻醉药品的原植物，制造或者试制麻醉药品、精神药品的成品、半成品、制剂。“运输”是指将国家管制的麻醉药品、精神药品的原植物、成品、半成品、制剂从一地方到另一地方的陆路、水路、空中运输，包括进出口过程中的运输。“管理”主要是指国家管制的麻醉药品、精神药品存放时的保管以及批发、调拨、供应等。“使用”是指有关单位和人员依照国家法律、行政法规规定将国家管制的麻醉药品和精神药品用于医疗、科研、教学工作。在生产、运输、管理、使用麻醉药品和精神药品的几个环节的单位和个人都可成为本罪主体。非依法从事生产、运输、管理、使用国家管制的麻醉药品、精神药品的人员和单位向吸食、注射毒品人员非法提供毒品的，其行为不构成本罪，应依照法律其他有关规定处罚。

（四）主观要件

本罪在主观方面只能是故意，即明知他人吸食、注射毒品，而故意向其提供国家管制的麻醉药品或精神药品。其故意内容要求行为人有下列三个方面的明知：第一，明知提供毒品的对象是吸食、注射毒品之人，如果不知道对方是吸食、注射毒品的人，例如，误认为是需要麻醉药品以镇痛的病人，即使非法提供，亦不构成本罪；第二，明知对方是用于吸食或注射，如果知道对方不是用于吸食或注射，而是用于走私或贩卖而仍提供的，则构成走私、贩卖毒品罪，而不是构成非法提供麻醉药品、精神药品罪；第三，明知自己所提供的是毒品。如果不知是毒品而非法提供给他人，亦不构成本罪。但如果出于提供给他人毒品的故意把不是毒品的药品误认为是毒品而提供给吸食、注射者，属于主观上的认识错误，其行为已构成本罪的未遂。至于犯罪的目的则多种多样，有的为了照顾关系，有的碍于情面，有的是迷恋女色等等。但不能出于牟利，如果为了牟利而向吸食、注射者提供毒品的，应以贩卖毒品罪论处。如果行为人因过失而将毒品提供给他人，造成严重后果的，可以医疗事故罪等追究刑事责任。

二、认定

本条对非法提供麻醉药品、精神药品罪的处刑没有规定具体数量标准，这是由于本罪情况复杂，难以具体规定数额标准，而本罪具有的社会危害性大，需要严惩，也就是说从原则上只要向吸食、注射毒品者非法提供毒品，就可构成本罪。但在实践中，并不是对所有非法提供毒品的行为都定罪，而要综合全案各种情况，如偶犯、初犯等情况，根据本法的规定，如果数额较小，情节显著轻微、危害不大的，不认为是犯罪。非法提供麻醉药品、精神药品罪的行为人，只要实施了向吸食、注射毒品者非法提供毒品的行为，就可构成本罪，并不要求吸食、注射者已实际控制、支配了毒品。

在实践中，从事生产、运输、管理、使用国家管制的麻醉药品和精神药品的人员或单位违反规定，向他人提供麻醉药品和精神药品没有合法的审批手续，但是确实用于医疗、教学、科研的，不属于犯罪行为，但对于其违法行为，应当给予批评教育或给予行政处理。

向走私、贩卖毒品的犯罪分子或者以牟利为目的，向吸食、注射毒品的人提供国家规定管制的能够使人形成瘾癖的麻醉药品、精神药品的，依照本法第347条的规定定罪处罚。

三、处罚

1. 自然人犯本罪的，处三年以下有期徒刑或者拘役，并处罚金；情节严重的，处三年以上十年以下有期徒刑，并处罚金。

2. 单位犯本罪的，对单位判处罚金，并对其直接负责的主管人员和其他直接责任人员，依照上述规定处罚。

第三百五十六条 （犯本节规定之罪应从重处罚的情节）

因走私、贩卖、运输、制造、非法持有毒品罪被判过刑，又犯本节规定之罪的，从重处罚。

【释解】

本条是关于犯本节规定之罪应从重处罚的情节的规定。

依照本条规定，以前因违反本法第 347 条、第 348 条的规定被追究刑事责任的犯罪分子，现在又重新犯本节第 347 条至第 457 条规定的犯罪的，从重处罚。本条规定应从重处罚的，是原犯走私、贩卖、运输、制造、非法持有毒品罪被判过刑、刑罚执行完毕或者赦免后，又犯本节规定的任何一种毒品犯罪。这一从重情节具有 4 个条件：1. 前罪为走私、贩卖、运输、制造或非法持有毒品的行为。2. 前罪判过刑。3. 前罪刑罚已执行完毕或被赦免。4. 后罪为任一毒品犯罪。符合这 4 个条件，对后罪量刑从重。这一从重情节，不属累犯，前后罪之间无时间间隔条件，前罪犯走私、贩卖、运输、制造、非法持有毒品罪被判过刑，任何时候再实施任何毒品犯罪，对所犯的罪均应从重处罚。

第三百五十七条　（毒品的范围及数量标准）

本法所称的毒品，是指鸦片、海洛因、甲基苯丙胺（冰毒）、吗啡、大麻、可卡因以及国家规定管制的其他能够使人形成瘾癖的麻醉药品和精神药品。

毒品的数量以查证属实的走私、贩卖、运输、制造、非法持有毒品的数量计算，不以纯度折算。

【释解】

本条是关于毒品的范围及数量标准的规定。

本条第 1 款规定："本法所称的毒品是指鸦片、海洛因、甲基苯丙胺（冰毒）、吗啡、大麻、可卡因以及国家规定管制的其他能够使人形成瘾癖的麻醉药品和精神药品。"那么其他毒品指的是那些呢？

根据《国家食品药品监督管理局、公安部、卫生部关于公布麻醉药品和精神药品品种目录的通知》统计，共有麻醉药品121种，精神药品130种。当然毒品的种类和范围也不是一成不变，而是不断发现、扩大。目前，在司法实践中常见的麻醉药品和精神药品有鸦片、海洛因、黄皮（粗制吗啡）、罂粟壳吗啡、可卡因、度冷丁、大麻、咖啡、冰毒（化学名称：甲基苯丙胺、又名脱氧麻黄素、去氧麻黄素）、安钠咖等。这里要注意的是，某些能够直接致人死亡的剧毒品，诸如砒霜、氰化物、剧毒农药等，不属本法所列罪名的侵害对象。

司法实践中要做到准确定罪量刑，必须对毒品进行定性、定量分析。所谓毒品的定性分析，是指对于查获的毒品的真假和毒品的种类进行的检验、鉴定。所谓毒品的定量分析，是指对查获的毒品成分含量的分析鉴定。对于毒品的定性鉴定大家意见一致，但对于毒品的定量分析，在司法实践中存在较大问题。本条第二款规定毒品的数量以查证属实的走私、贩卖、运输、制造、非法持有毒品的数量计算，不以纯度折算。目前，世界各国对毒品犯罪均不以纯度折算。毒品的种类繁多，其纯度的标准无从确定，而毒品纯度的折算必须经过科学实验才能得出正确结论，一方面需要花费大量时间，无形中拖延了办案周期，另一方面科学实验需要一笔不小的开支，增加财政负担，不利于对犯罪分子的迅速有效的打击。基于此，本法规定，毒品犯罪以数量计算，不以纯度折算。

第八节　组织、强迫、引诱、容留、介绍卖淫罪

【本节概要】

本节从第358条至第362条，共5条，规定组织、强迫、引诱、容留、介绍卖淫罪。

卖淫嫖娼是一种最古老、最原始的罪恶，它以出卖女性的肉体(男妓是一种极个别的现象)来满足男性的淫欲,考证它出现的历史，恐怕要上溯数千年。

卖淫嫖娼的存在，使为数众多的女性沦为娼妓，变为玩物而遭人蹂躏，成为泄欲的工具和奴役的对象；它糜烂人生，使社会变得腐朽，民族难以兴旺发达；它诱发犯罪，使盗窃、吸毒、抢劫、强奸以及黑社会势力的形成由此而变得更为猖獗;同样由于它的存在，使性病长期困扰人类，其中有些已成为威胁人们生命的大敌。

新中国成立后，我国政府明令取缔娼妓并采取断然措施，几乎在一夜之间就彻底禁绝了卖淫活动和娼妓业，同时镇压了一批罪孽沉重的老鸨，把旧社会遗留下来的一大批娼妓通过教育和劳动改造成了自食其力的新人。在从此以后的二十多年里，卖淫嫖娼在我国销声匿迹，不得为害。

不幸的是，娼妓活动在我国绝迹数十年后，又死灰复燃，并在不长的时间内席卷全国。从八十年代开始，许多大中城市、工矿地区和流动人口较多的城镇都出现了卖淫活动，其中尤以一些经济发展较快的沿海城市为甚，有的地方还相当严重，而且有日益发展的趋势。娼妓活动卷土重来，其声势之凶猛出乎我们的预料。据调查，不少城镇中星罗棋布的发廊成为卖淫妇女栖身和活动的场所；有的电影院、卡拉OK厅色情活动猖獗；一些宾馆、酒店卖淫嫖娼肆无忌惮；个别经营管理或服务人员甚至与卖淫妇女相互勾结，狼狈为奸。卖淫活动的出现和增多，严重败坏了社会道德。

1979年刑法典只规定了引诱、容留、强迫妇女卖淫罪，这对于打击卖淫嫖娼活动应当说是远远不够的。有鉴于此，为了严禁娼妓的泛滥，严惩组织、强迫、引诱、容留、介绍他人卖淫的犯罪分子，打击助长卖淫的犯罪活动，维护社会治安秩序和良好的社会风气，1991年9月4日全国人大常委会通过了《关于严禁卖淫嫖娼的决定》,对刑法的有关规定作了重要的修改和补充，扩大了对与卖淫嫖娼活动有关的犯罪的追诉范围。

《关于严禁卖淫嫖娼的决定》规定了四个新罪名，即：组织他人卖淫罪；协助组织他人卖淫罪；介绍他人卖淫罪；传播性病罪。1992年12月11日，最高人民法院、最高人民检察院又公布了《关于执行〈全国人民代表大会常务委员会关于严禁卖淫嫖娼的决定〉的若干问题的解答》，对上述四个新罪名作了司法解释。

新刑法吸收借鉴实践中摸索的立法经验，于本章专设一节规定组织、强迫、引诱、容留、介绍卖淫罪。本节共规定了以下各罪：

1. 组织卖淫罪，是指以招募、雇佣、纠集、强迫、引诱、容留等手段，控制多人从事卖淫的行为（第358条第1款）。主体只能是卖淫的组织者。客观上表现为组织多人卖淫的行为。所谓“组织”，是指通过招募、雇佣、纠集、强迫、引诱、容留等手段，控制、管理多人从事卖淫活动。所谓多人，是指3人以上，主要是女人，也包括男人。主观方面是故意。

2. 强迫卖淫罪，是指违背他人的意志，迫使他人卖淫的行为（第358条第1款）。

犯组织卖淫罪或者强迫卖淫罪的，处五年以上十年以下有期徒刑，并处罚金；有下列情形之一的，处十年以上有期徒刑或者无期徒刑，并处罚金或者没收财产：（1）组织他人卖淫，情节严重的；（2）强迫不满14周岁的幼女卖淫的；（3）强迫多人卖淫或者多次强迫他人卖淫的；（4）强奸后迫使卖淫的；（5）造成被强迫卖淫的人重伤、死亡或者其他严重后果的。有上列情形之一，情节严重的，处无期徒刑或者死刑，并处没收财产。

3. 协助组织卖淫罪，是指帮助组织者组织他人卖淫的行为（第358条第3款）。犯协助组织卖淫罪的，处五年以下有期徒刑，并处罚金；情节严重的，处五年以上十年以下有期徒刑，并处罚金。

4. 引诱、容留、介绍卖淫罪，是指利用金钱、物质等诱使他人卖淫，或者提供场所给他人卖淫使用，或者使卖淫人员与嫖客发生联系，得以实现卖淫嫖娼的行为（第359条第1款）。犯引诱、容留、介绍卖淫罪的，处五年以下有期徒刑、拘役或者管制，并处罚金；情节严重的，处五年以上有期徒刑，并处罚金。

5. 引诱幼女卖淫罪，是指引诱不满 14 周岁的幼女从事卖淫的行为（第 359 条第 2 款）。犯引诱幼女卖淫罪的，处五年以上有期徒刑，并处罚金。

6. 传播性病罪，是指明知自己患有梅毒、淋病等严重性病而进行卖淫嫖娼的行为（第 360 条第 1 款）。特殊主体，即患有梅毒、淋病等严重性病的人。客观方面表现为卖淫嫖娼的行为。如果没有实施卖淫嫖娼行为，而是通过其他性行为（如通奸）传播性病的，不构成本罪。主观方面是故意。即明知自己患有梅毒，淋病等严重性病而卖淫或嫖娼。有证据证明行为人曾到医院就医，被诊断为有严重性病的；或者根据本人的知识和经验，能够知道自己患有严重性病的，就能认定行为人是“明知”。犯传播性病罪的，处五年以下有期徒刑、拘役或者管制，并处罚金。

7. 嫖宿幼女罪，是指在嫖娼时，与不满 14 周岁的卖淫幼女发生性交的行为（第 360 条第 2 款）。犯嫖宿幼女罪的，处五年以下有期徒刑，并处罚金。

第三百五十八条　（组织卖淫罪、强迫卖淫罪、协助组织卖淫罪）

组织他人卖淫或者强迫他人卖淫的，处五年以上十年以下有期徒刑，并处罚金；有下列情形之一的，处十年以上有期徒刑或者无期徒刑，并处罚金或者没收财产：

（一）组织他人卖淫，情节严重的；

（二）强迫不满十四周岁的幼女卖淫的；

（三）强迫多人卖淫或者多次强迫他人卖淫的；

（四）强奸后迫使卖淫的；

（五）造成被强迫卖淫的人重伤、死亡或者其他严重后果的。

有前款所列情形之一，情节特别严重的，处无期徒刑或者死刑，

并处没收财产。

协助组织他人卖淫的，处五年以下有期徒刑，并处罚金；情节严重的，处五年以上十年以下有期徒刑，并处罚金。

［相关规定］　**《全国人民代表大会常务委员会关于严禁卖淫嫖娼的决定》**　（1991年9月4日第七届全国人民代表大会常务委员会第二十一次会议通过）（略）

［相关规定］　**《公安部关于对以营利为目的的手淫、口淫等行为定性处理问题的批复》**　（1995年8月10日　公复字〔1995〕6号）

河北省公安厅：

你厅《关于对以营利为目的的手淫、口淫等色情活动应如何定性处理请示》（冀公明发〔1995〕1013号）收悉，经研究，现批复如下：

卖淫嫖娼是指不特定的男女之间以金钱、财物为媒介发生不正当性关系的行为。卖淫嫖娼行为指的是一个过程，在这一过程中卖淫妇女与嫖客之间的相互勾引、结识、讲价、支付、发生手淫、口淫、性交行为及与此有关的行为都是卖淫嫖娼行为的组成部分，应按卖淫嫖娼查处，处罚轻重可根据情节不同而有所区别。对在歌舞等娱乐场所、桑拿按摩等服务场所查获的，以营利为目的发生手淫、口淫行为，应按卖淫嫖娼对行为人双方予以处罚。

［相关规定］　**《最高人民法院、最高人民检察院关于执行〈全国人民代表大会常务委员会关于严禁卖淫嫖娼的决定〉的若干问题的解答》**　（1992年12月11日　法发〔1992〕42号　高检会〔1992〕36号）

一、《全国人民代表大会常务委员会关于严禁卖淫嫖娼的决定》规定了几个新罪名？

《全国人民代表大会常务委员会关于严禁卖淫嫖娼的决定》(以下简称《决定》)规定了4个新罪名，即：组织他人卖淫罪（第一条第一款）；协助组织他人卖淫罪（第一条第二款）；介绍他人卖淫罪（第三条第一款）；传播性病罪（第五条第一款）。

二、怎样认定组织他人卖淫罪？

根据《决定》第一条第一款的规定，组织他人卖淫罪，是指以招募、雇佣、强迫、引诱、容留等手段，控制多人从事卖淫的行为。

本罪的主体必须是卖淫的组织者，可以是几个人，也可以是一个人，关键要看其在卖淫活动中是否起组织者的作用。

在组织他人卖淫的犯罪活动中，对被组织卖淫的人有强迫、引诱、容留、介绍卖淫行为的，应当作为组织他人卖淫罪的量刑情节予以考虑，不实行数罪并罚。如果这些行为是对被组织者以外的其他人实施的，仍应当分别定罪，实行数罪并罚。

三、怎样认定协助组织他人卖淫罪？

根据《决定》第一条第二款的规定，协助组织他人卖淫罪，是指在组织他人卖淫的共同犯罪中起帮助作用的行为。如充当保镖、打手、管账人等。

依照《决定》第一条第二款的规定，协助组织他人卖淫的行为，有具体的罪状和单独的法定刑，应当确定为独立的罪名，适用单独的法定刑处罚，不适用刑法总则第二十四条关于从犯的处罚原则。

四、怎样理解《决定》第二条第（三）项关于“强奸后迫使卖淫”的规定？

《决定》第二条第（三）项规定的“强奸后迫使卖淫”，是指强奸行为与强迫他人卖淫的行为有联系，是强迫他人卖淫的法定从重情节。因此，只定强迫他人卖淫罪即可。如果强奸行为与强迫他人卖淫的行为之间没有联系，则应当分别定罪，实行并罚。

五、哪些是组织他人卖淫罪、强迫他人卖淫罪中“情节特别严重”的行为？

《决定》第一条第一款规定的组织他人卖淫罪中的“情节特别严重”，主要是指组织他人卖淫的首要分子情节特别严重的；组织他人卖淫手段特别恶劣的；对被组织卖淫者造成特别严重后果的；组织多人多次卖淫具有极大的社会危害性的，等等。

《决定》第二条规定的强迫他人卖淫罪中的“情节特别严重”，是指《决定》第二条所列四项情形中特别严重的情节。在具体执行中，不应在这四项情形之外扩大范围。

六、怎样认定引诱、容留、介绍他人卖淫罪？

引诱、容留、介绍他人卖淫罪是一个选择性罪名。引诱、容留、介绍他人卖淫这三种行为，不论是同时实施还是只实施其中一种行为，均构成本罪。如：介绍他人卖淫的，定介绍他人卖淫罪；兼有引诱、容留、介绍他人卖淫三种行为的，定引诱、容留、介绍他人卖淫罪，不实行数罪并罚。

引诱、容留、介绍他人卖淫是否以营利为目的，不影响本罪的成立。

根据《决定》第三条第二款的规定，引诱不满十四岁的幼女卖淫的，依照《决定》第二条第（一）项关于强迫不满十四岁的幼女卖淫的规定处罚，定强迫他人卖淫罪。

七、哪些是引诱、容留、介绍他人卖淫罪中“情节严重”的行为？

引诱、容留、介绍他人卖淫，情节严重的，一般有以下几种情形：

（一）多次引诱、容留、介绍他人卖淫的；

（二）引诱、容留、介绍多人卖淫的；

（三）引诱、容留、介绍明知是有严重性病的人卖淫的；

（四）容留、介绍不满十四岁的幼女卖淫的；

（五）引诱、容留、介绍他人卖淫具有其他严重情节的。

八、怎样认定传播性病罪？

根据《决定》第五条第一款的规定，传播性病罪，是指明知自己患有梅毒、淋病等严重性病而进行卖淫嫖娼的行为。

（一）本罪属特殊主体，即已满十六岁，具有刑事责任能力，且患有梅毒、淋病等严重性病的人。中国公民和外国人均可成为本罪的主体。

（二）必须实施了卖淫、嫖娼的行为。至于实际是否已造成他人染上性病的结果，不影响本罪的成立。行为人通过其他方式（如通奸等）将性病传播给他人的，不构成本罪。

（三）具备以下情形之一的，可以认定为“明知”：

1. 有证据证明曾到医院就医，被诊断为患有严重性病的；

2. 根据本人的知识和经验，能够知道自己患有严重性病的；

3. 通过其他方法能够证明被告人是“明知”的。

九、对《决定》中提到的“他人”、“多人”、“多次”应当怎样理解？

（一）组织、协助组织、强迫、引诱、容留、介绍他人卖淫中的“他人”，主要是指女人，也包括男人。

（二）《决定》和本解答中的“多人”、“多次”的“多”，是指“三”以上的数（含本数）。

十、如何理解《决定》的时效问题？

（一）对在《决定》公布施行后发生的案件，依照《决定》的规定办理。对在《决定》公布施行前发生、公布施行后尚未处理或者正在处理的案件，依照刑法第九条规定的原则办理。

（二）本解答发布后，对应当按照《决定》处理的案件，适用本解答。《决定》公布施行前已处理的案件和本解答发布前已按《决定》处理的案件，不再适用本解答。

（三）鉴于《决定》对刑法第一百四十条和第一百六十九条以及《全国人民代表大会常务委员会关于严惩严重危害社会治安的犯罪分子的决定》第一条第6项的规定已进行修改、补充，对《决定》公布施行后依照《决定》处理的案件，在诉讼文书中不再引用上述有关条文。

【释解】

本条是关于组织卖淫罪、强迫卖淫罪、协助组织卖淫罪的规定。

一、组织卖淫罪

（一）概念及其构成

组织卖淫罪，是指以招募、雇佣、引诱、容留等手段，纠集、控制多人从事卖淫的行为。

1. 客体要件

本罪侵犯的客体是社会治安管理秩序。卖淫、嫖娼是旧社会遗留下来的丑恶现象，我国法律一贯予以禁止，我国原治安管理处罚条例第30条规定："严厉禁止卖淫、嫖娼以及介绍或者容留卖淫、嫖宿暗娼，违者处十五日以下拘留、警告、责令具结悔过或者依照规定实行劳动教养，可以并处五千元以下的罚款；构成犯罪的，依法追究刑事责任。"1979年刑法第169条规定："以营利为目的，引诱、容留妇女卖淫的，处五年以下有期徒刑、拘役或者管制；情节严重的，处五年以上有期徒刑，可以并处罚金或者没收财产。"1983年全国人民代表大会常务委员会通过的《关于严惩严重危害社会治安的犯罪分子的决定》规定，引诱、容留、强迫妇女卖淫，情节特别严重的，可以在刑法规定的最高刑以上处刑，直至判处死刑。组织他人卖淫的犯罪行为比一般的犯罪行为具有更为严重的社会危害性，它直接促使卖淫、嫖娼活动的蔓延，严重损害或威胁人们的身心健康，败坏社会风气，严重破坏社会主义精神文明建设，危害社会治安管理秩序。

组织卖淫罪的犯罪对象是"他人"，这里所说的"他人"不是指一个人，而是指多人。根据我国有关法律的规定，"他人"主要指妇女，但同时还包括不满十四周岁的幼女以及男性。有人认为组织他人卖淫罪的犯罪对象不包括男性，这显然不符合立法原意，而且在实践中一些地方已出现了一些男子卖淫的现象，国外多数立法也不排斥男性可以成为卖淫者。

2. 客观要件

本罪在客观方面表现为行为人实施了组织、策划、指挥他人卖淫的行为。组织，是指发起、建立卖淫集团或卖淫窝点，将分散的卖淫行为进行集中和控制，并在其中起组织作用的行为。例如，将分散的卖淫人员串联组合成一个比较固定的卖淫集团，将咖啡厅、歌舞厅、饭店、旅店、出租汽车等组织成为卖淫或者变相卖淫的场所，等等，即属于较常见的组织卖淫行为。

策划，是指为组织卖淫活动进行谋划布置、制定计划的行为，如为组织卖淫集团制定计划、拟订具体方案、物色卖淫妇女的行为，以及为建立卖淫窝点而进行的选择时间、地点、设计伪装现场等行为。策划行为是组织犯的重要参谋决策行为，对于完成特定的犯罪具有重要的作用，因而是一种重要的广义的组织行为。

指挥，是指行为人在实施组织他人卖淫活动中起领导、指挥作用，如实际指挥、命令、调度卖淫活动的具体实施等。指挥是直接实施策划方案、执行组织者意图的实行行为，对于具体施行组织卖淫活动往往具有直接的决定作用。

上述组织、策划、指挥三种行为，都是组织卖淫的行为，都具有明显的组织性，行为人只要具备其中一种或者数种行为，就可认定其实施了组织卖淫行为。

组织他人卖淫的具体手段，主要是招募、雇佣、强迫、引诱、容留等手段。招募，是指将自愿卖淫者招集或者募集到卖淫集团或者其他卖淫组织之内进行卖淫活动的行为。雇佣，是指以出资为条件雇佣自愿卖淫者参加卖淫集团或者其他有组织的卖淫活动。强迫，是指以暴力、胁迫或者其他方法，强制或者迫使不愿卖淫者或者不愿参加卖淫组织者而使其参加卖淫集团以及其他卖淫组织，强迫不愿卖淫者进行有组织的卖淫活动。引诱，是指以金钱、财物、色相等为诱饵，诱使他人参加卖淫集团及其他卖淫组织，或者诱使他人参加其他有组织的卖淫活动。容留，是指容纳、收留自愿卖淫者参加卖淫集团或者其他卖淫组织，或者参加有组织的卖淫活动。

必须指出，上述招募、雇佣、强迫、引诱、容留五种具体的组织他人卖淫的手段，可以是同时交叉使用，也可以是只使用其中一种或者数种，但无论是使用其中一种或者数种，都不影响组织他人卖淫行为的成立。

3. 主体要件

本罪的主体为一般主体，即凡是达到刑事责任年龄、具有刑事责任能力的自然人均可以成为本罪的主体，但构成本罪，必须是卖淫的组织者，即俗称的“老鸨”、“窝主”。卖淫的组织者可以是一个人，也可以是一个团伙，是否是组织者，关键是看其在卖淫活动中是否起组织者的作用。有些被组织的卖淫者，同时又积极参与组织他人卖淫，对此，应按组织卖淫罪的共犯处理。

4. 主观要件

本罪在主观方面表现为具有组织他人卖淫的“组织故意”。即行为人明知自己是在实践组织他人进行卖淫活动的行为，并且明知这种组织行为会造成危害社会的结果，而希望或者放任这种结果的发生。至于行为人组织他人卖淫的目的，在实践中，多数是为了通过组织他人卖淫从中牟取暴利，也有的人不是为了牟利，而是出于别的目的，如有些饭店或宾馆等单位为了招揽生意，有些企业组织妇女卖淫以达到推销产品、兜揽业务的目的，也有的是出于玩弄妇女以满足其精神空虚的心理要求和追求腐朽、糜烂生活方式的精神需要。行为人出于何种动机或目的，不影响本罪的构成。

（二）认定

1. 本罪与非罪的界限

（1）是否有组织他人卖淫的故意；

（2）是否实施了组织他人卖淫的行为。如果没有组织他人卖淫的故意或者没有实施组织他人卖淫的行为，不构成犯罪。如有些饭馆、酒店等服务人员卖淫，其负责人虽有放松管理的行为，但只要不具有组织他人卖淫的故意，也没有组织他人卖淫的行为，不能认为其构成本罪。

2. 本罪与犯罪集团的界限

在组织他人卖淫的犯罪活动中，组织者与被组织者合在一起，通常组成一个相对稳定的团体，这一点与犯罪集团比较相似，但两者是有着本质区别的：（1）犯罪集团是共同犯罪的一种形式，不是罪名，只是量刑的一个情节；组织卖淫罪是一个独立的罪名，不是犯罪情节。（2）在组织他人卖淫的活动中，只有组织者、协助组织者构成犯罪，被组织者不构成本罪；而犯罪集团的成员，无论组织犯、实行犯、帮助犯、教唆犯，只要实施共同犯罪的行为，都构成犯罪。（3）犯罪集团一般有固定的组织形式，并长期或多次进行一种或多种犯罪活动；而组织卖淫罪不以是否具有固定的组织形式及犯罪活动的时间、次数为构成要件。

3. 本罪与强迫卖淫罪的界限

组织他人卖淫与强迫他人卖淫在外在形式上有时十分相似，实践中应主要从以下三方面把握二者的区别：

（1）侵犯的客体不同。组织卖淫罪侵犯的是社会治安管理秩序；强迫卖淫罪侵犯的是他人性的权利和身体健康。

（2）客观方面的手段不同。在组织卖淫罪中，行为人主要采用平和手段把愿意卖淫的人组织起来；在强迫卖淫罪中，行为人主要采用暴力、胁迫等手段，迫使不愿意卖淫的人员实施卖淫行为。

（3）主观方面不同。组织卖淫罪中行为人主观上是组织他人卖淫的故意；强迫卖淫罪中行为人主观上是强迫他人卖淫的故意。

（三）处罚

犯本罪的，处五年以上十年以下有期徒刑，并处罚金；组织他人卖淫，情节严重的；处十年以上有期徒刑或者无期徒刑，并处罚金或者没收财产；情节特别严重的，处无期徒刑或者死刑，并处没收财产。

二、强迫卖淫罪

（一）概念及其构成

强迫卖淫罪，是指以暴力、胁迫或者其他手段，迫使他人卖淫的行为。

1．客体要件

本罪侵犯的客体是他人的人身权利和性的不可侵犯的权利。犯罪的对象是“他人”，这里的“他人”主要是指妇女，但也包括不满14周岁的幼女和男性。

2．客观要件

本罪在客观方面表现为违背他人意志，用暴力、胁迫或其他方法迫使他人卖淫。关于用何种方法强迫他人卖淫，法律上没有限制，实践中主要用暴力、胁迫的方法，如采用对他人殴打、虐待、捆绑或以实施杀害伤害、揭发隐私、断绝生活来源相威胁，或利用他人人地两生走投无路的情况下采用挟持的方法迫使他人卖淫。如果仅仅是采用物质引诱、暗示、鼓动他人卖淫，没有违背他人意志的，不能构成本罪。

3．主体要件

本罪的主体为一般主体，即任何达到刑事责任年龄、具有刑事责任能力的自然人均可构成本罪。

4．主观要件

本罪在主观方面表现为故意，且为直接故意。法律上没有要求行为人主观上必须具有营利的目的，只要故意强迫他人卖淫就可构成本罪。

（二）处罚

犯本罪的，处五年以上十年以下有期徒刑，并处罚金；有下列情形之一的，处十年以上有期徒刑或者无期徒刑，并处罚金或者没收财产：

1．强迫不满14周岁的幼女卖淫的；

2．强迫多人卖淫或者多次强迫他人卖淫的；

3．强奸后迫使卖淫的；

4．造成被强迫卖淫的人重伤、死亡或者其他严重后果的。

有前述所列情形之一，情节特别严重的，处无期徒刑或者死刑，并处没收财产。

三、协助组织卖淫罪

（一）概念及其构成

协助组织卖淫罪，是指协助他人组织妇女包括男性卖淫，即为他人实施组织卖淫的犯罪活动提供方便、创造条件、排除障碍的行为。

1. 客体要件

本罪侵犯的客体是社会治安管理秩序。组织卖淫罪是一种严重侵犯社会治安管理秩序的犯罪行为，它通过串联、纠合、策划等方式使分散的个人卖淫活动有序而顺利地进行，而协助组织卖淫罪是对组织他人卖淫活动的组织者予以帮助、辅助的行为，这种行为虽然不是组织他人卖淫，但却在组织他人卖淫的犯罪活动中起了重要作用。特别是有些协助者的行为手段恶劣，造成的后果特别严重。因而对协助组织他人卖淫的行为予以惩处，有利于震慑这类犯罪分子，维护社会治安。

协助组织他人卖淫实质上是组织卖淫罪是一种帮助行为，协助者通过各种有形或无形的协助行为，使组织他人卖淫活动得以顺利实施，因而这种行为同组织他人卖淫罪一样，具有严重的社会危害性，不但败坏社会风尚，而且危害社会治安管理秩序。

2. 客观要件

本罪在客观方面表现为实施了对组织他人卖淫犯罪活动起协助作用的犯罪行为。

首先，行为人是在协助他人实施组织卖淫犯罪。被协助的人是实施犯罪行为的人，如果被协助人的行为不构成犯罪，则为其提供帮助的人也不应构成犯罪。协助行为从属于犯罪实行行为；同理，协助组织卖淫行为从属于组织卖淫行为。同时，行为人协助他人实施的是组织卖淫罪。组织卖淫罪是指以招募、雇佣、强迫、引诱、容留等手段，控制多人从事卖淫活动的行为；协助组织卖淫罪是行为人为他人实施上述犯罪行为提供帮助的行为。如果行为人帮助他人实施的是其他犯罪，则不构成协助组织卖淫罪，而可能构成其他犯罪的共犯。比如协助他人实施强迫、引诱、容留、介绍卖淫罪的，如果行为人的行为符合本法总则关于共犯的规定，行为的危害性达到犯罪程度的，应分别依照强迫、引诱、容留、介绍卖淫罪定罪处刑，这是协助行为的从属性所决定的。

其次，协助组织卖淫罪的行为人实施的是组织卖淫罪的帮助行为。所谓组织卖淫罪的帮助行为是指在多人共同实施组织卖淫犯罪活动中，为实行犯顺利地实行犯罪创造条件的行为，比如为组织卖淫犯罪行为人充当打手、保镖、管账人等等。司法实践中认定协助组织卖淫的犯罪分子即组织卖淫罪的帮助犯时，一定要注意将其与在共同犯罪中起次要作用的从犯相区别。起帮助作用的从犯和起次要作用的从犯在共同犯罪中的地位与主犯相比都处于次要、从属的地位。但是，起次要作用的从犯是具体参与实施了本法分则规定的构成要件客观方面的实行行为的人员，只是参与程度、对犯罪完成所起的作用、直接造成的危害等比主犯轻；而帮助犯是没有具体参与实施本法分则规定的构成要件客观方面的实行行为的人员。在组织卖淫犯罪中，构成要件的实行行为是指以招募、雇佣、强迫、引诱、容留等手段，控制多人从事卖淫的行为。组织卖淫罪中的帮助犯即协助组织卖淫的人员是指没有具体参与实施上述行为而只是为他人实施上述行为提供物质上的、体力上的或者精神上帮助的行为的人员，如充当爪牙，望风放哨等行为就是典型的协助组织卖淫行为。与之不同的是，组织卖淫罪共犯中起次要作用的从犯是指那些遵照首要分子或其他主犯的组织、策划、指挥，在一定程度上参与了实行行为但危害相对较轻的人员，比如组织卖淫集团中实施“拉皮条”、网罗卖淫人员等行为，但次数较少，危害较轻的人员就属于从犯。对于组织卖淫犯罪中的从犯，由于法律并没有将之单独规定为一罪，因此应根据本法总则的规定，以组织卖淫罪定罪处刑，但应当从轻、减轻处罚或者免除处罚。

3. 主体要件

本罪的主体是一般主体。在组织他人卖淫的犯罪群体中，协助组织他人卖淫者可以是一个人，也可以是多少人。本罪的主体，必须是年满十六周岁以上、具有刑事责任能力的人，多数是那些“皮条客”、打手、保镖之类。

4. 主观要件

本罪在主观方面表现为具有协助组织他人卖淫的“协助故意”。即行为人明知自己是在进行协助组织他人卖淫的犯罪活动，而希望或放任其行为，为组织他人卖淫犯罪提供帮助，创造便利条件，并希望或放任组织他人卖淫犯罪行为造成的危害结果的发生。因此，协助组织卖淫罪主观上具有双重的心理状态，一方面行为人认识到组织他人卖淫行为的性质和这种行为将会造成的后果，而希望或放任通过自己的协助行为造成这种危害后果；另一方面，行为人认识到自己所实行的是协助行为，为组织他人卖淫犯罪提供帮助，创造便利条件，使组织他人卖淫行为得以顺利实施。如果行为人在主观上缺乏故意，仅仅在客观上为组织他人卖淫提供了方便，则不能构成本罪，但行为人协助组织他人卖淫的动机、目的如何，不影响本罪构成。

（二）认定

1. 本罪与非罪的界限

在组织他人卖淫的犯罪中，除组织者以外，其他成员非常复杂，他们的行为是否构成协助组织他人卖淫罪，有时很难掌握。我们认为，实践中可以从以下两个方面把握协助组织卖淫罪与非罪的界限：

（1）行为人主观上是否明知自己是在实施协助组织他人卖淫的行为。本罪是故意犯罪，如果行为人受他人蒙骗，根本上不知自己的行为是在协助组织他人卖淫，则不能构成犯罪。

（2）行为人客观上是否实施了协助他人组织卖淫的行为。如果行为人实施了协助组织他人卖淫的行为，如充当打手、保镖等，则其行为构成协助组织卖淫罪。如果行为人所实施的行为不是协助组织他人卖淫的行为，例如，为组织卖淫者充当杂役，提供个人生活服务，危害不大，不应视为协助组织卖淫的行为，不认为是犯罪。

2. 本罪与组织卖淫罪的界限

两者在客体要件、主观方面等都有相同或相似的地方，其不同之处在于：

（1）在客观方面，组织卖淫罪表现为直接实施了组织他人卖淫的犯罪行为；而协助组织卖淫罪表现为协助组织他人卖淫的行为，这种协助行为并非直接实施完成组织他人卖淫的行为，其实质上是为第三者实施组织他人卖淫犯罪行为创造有利条件的帮助行为。

（2）在主观故意内容上，组织卖淫罪表现为具有组织他人卖淫的组织故意，这种故意具体指行为人认识到自己组织他人卖淫行为的性质及会造成他人卖淫的结果，而希望或者放任这种结果发生的心理态度；而协助组织卖淫罪则表现为双重的心理态度，即行为人既认识到自己协助组织他人卖淫行为的性质及危害结果，又认识到组织卖淫行为的性质及危害结果，而对这两种危害结果持希望或放任的心理态度。

（三）处罚

协助组织他人卖淫的，处五年以下有期徒刑，并处罚金；情节严重的，处五年以上十年以下有期徒刑，并处罚金。

第三百五十九条 （引诱、容留、介绍卖淫罪、引诱幼女卖淫罪）

引诱、容留、介绍他人卖淫的，处五年以下有期徒刑、拘役或者管制，并处罚金；情节严重的，处五年以上有期徒刑，并处罚金。

引诱不满十四周岁的幼女卖淫的，处五年以上有期徒刑，并处罚金。

【释解】

本条是关于引诱、容留、介绍卖淫罪、引诱幼女卖淫罪的规定。

一、引诱、容留、介绍卖淫罪

（一）概念及其构成

引诱、容留、介绍卖淫罪，是指利用金钱、物质等手段诱使他人卖淫，为他人卖淫提供场所，以及在卖淫者和嫖客之间牵线搭桥的行为。

1. 客体要件

本罪侵犯的客体是社会治安管理秩序。引诱、容留、介绍卖淫罪促使了卖淫嫖娼活动的泛滥，因而具有严重的社会危害性，不但破坏社会风尚，而且严重破坏了社会治安管理秩序，对此必须进行严厉惩处。

本罪的犯罪对象是“他人”，这里的“他人”主要指妇女，但也包括男子。“他人”可以是单个人，也可以是多人，介绍对象的数量和介绍次数不影响本罪构成。

2. 客观要件

本罪在客观方面表现为引诱、容留、介绍他人卖淫的行为。

引诱，是指行为人利用金钱、物质利益或非物质利益作诱饵，或者采取其他手段，拉拢、勾引、劝导、怂恿、诱惑、唆使他人从事卖淫活动。这里的物质利益，是指除金钱以外的具有财产价值的物品，如金银首饰、珠宝古玩、家电房产等。这里的非物质利益，是指金钱、物质利益以外的其他利益，如提供招工指标、安排城市户口、调换优越工作、给予出国机会等等。这里的其他手段，是指向他人宣扬腐朽生活方式，灌输“性解放”、“卖淫光荣”等腐败思想，或者允诺向他人提供毒品，等等。至于行为人的引诱行为是以言语、文字、举动、图画或者其他方式实施，与本罪的成立无关；引诱者允诺的内容有无实践，由谁实践，也不影响本罪的成立。

容留，是指行为人为他人卖淫提供场所或者其他便利条件的行为。这里所说的提供场所，是指行为人安排专供他人卖淫的处所或者其他指定的地方。比如在行为人的长期居住地、暂时租住的房屋或者采取欺骗手段借得的亲朋好友的住居以及其他地点和处所。需要特别注意的是，这里的场所，不只仅仅限于房屋，其他诸如汽车、船舶等交通工具亦可作为提供的场所。将自己所有或者经营、使用的交通工具，尤其是出租汽车提供给他人作卖淫场所之用，是当前这方面犯罪的一个新的特点。这种手段更为隐蔽，更为狡猾。这里的提供其他便利，是指行为人为他人卖淫提供需要的物品、用具及其他一些条件，如为他人卖淫把风望哨等等。为他人卖淫提供场所以外的其他便利条件，也是促成他人卖淫活动得以实现，容留他人卖淫的一种表现形式，因而不能仅仅将本罪的容留狭窄地理解为是指为他人卖淫提供场所。至于行为人的容留行为是主动实施，还是应卖淫者或嫖客之请实施，不影响本罪的成立；容留的期限长短，有无获利，也非所问。

介绍，是指在卖淫者和嫖客之间牵线搭桥、沟通撮合，使他人卖淫活动得以实现的行为，俗称“拉皮条”。由此不难看出，介绍行为有其自身质的规定性，既不同于引诱，又与容留有异。在实践中，介绍的方式多表现为双向介绍，如将卖淫者引见给嫖客，或将嫖客领到卖淫者住处当面进行撮合，但也不排斥单向介绍，如单纯地向卖淫者提供信息，由卖淫者自行去勾搭嫖客。

引诱、容留、介绍卖淫罪是一个选择性罪名。引诱、容留、介绍他人卖淫这三种行为，不论是同时实施还是只实施其中一种行为，均构成本罪。如：介绍他人卖淫的，定介绍卖淫罪；兼有引诱、容留、介绍他人卖淫三种行为的，定引诱、容留、介绍卖淫罪，不实行数罪并罚。

3. 主体要件

本罪的主体为一般主体，即任何达到刑事责任年龄、具有刑事责任能力的自然人实施了引诱、容留、介绍他人卖淫行为的，均可构成本罪。

4．主观要件

本罪在主观方面表现为故意，过失不构成本罪。即行为人明知自己是在实施引诱、容留、介绍他人卖淫的行为，并且明知这种行为会造成危害社会的结果，而希望或追求这种结果的发生。引诱、容留、介绍他人卖淫的行为人，一般是以营利为目的，但也不排除不以营利为目的的存在。是否具有营利目的，不影响本罪构成。

（二）认定

1．本罪与自愿卖淫行为的界限

引诱、容留、介绍卖淫罪的主体是在嫖客与卖淫者之间进行引诱、容留、牵线搭桥的第三人，如果是卖淫者或嫖客以各种手段自己招徕他人嫖宿或者卖淫，或者卖淫者互相之间互有介绍或容留的情况，则不构成本罪。

2．介绍卖淫罪与组织卖淫罪的界限

司法实践中，两者有时很难区分，因为介绍卖淫往往是组织卖淫罪中的方法、手段行为。实践中，主要从以下两个方面把握二者的区别：

（1）犯罪的主观故意不同。介绍卖淫罪中行为人的主观故意是为卖淫人员寻找卖淫对象，即嫖客；组织卖淫罪中行为人的主观故意是组织多名卖淫者从事卖淫活动。

（2）犯罪的客观表现不同。介绍卖淫罪在客观上表现为在卖淫人员与嫖客之间进行引见、撮合，促成卖淫、嫖娼的实现；组织卖淫罪中行为人的主观故意是组织多名卖淫者从事卖淫活动。

3．介绍卖淫罪与强迫卖淫罪的界限

介绍卖淫和强迫卖淫从形式上看都是使他人卖淫，但两者有着本质区别：

（1）犯罪的对象不同。介绍卖淫罪的犯罪对象，是那些愿意卖淫的人员；强迫卖淫的犯罪对象，是那些不愿出卖肉体供人淫乱的人员。

（2）犯罪的主观故意不同。介绍卖淫罪的主观故意是为卖淫者联系卖淫对象；强迫卖淫罪的主观故意是意图迫使他人出卖肉体从事卖淫活动。

（3）犯罪的客观表现不同。介绍卖淫罪在客观上表现为在卖淫人员和嫖客之间进行引见、撮合等介绍行为；强迫卖淫罪在客观上表现为采取暴力、胁迫、虐待等强制性手段，使被害人被迫卖淫。

（三）处罚

犯本罪的，处五年以下有期徒刑或者拘役，并处罚金；情节严重的，处五年以上有期徒刑，并处罚金。

二、引诱幼女卖淫罪

（一）概念及其构成

引诱幼女卖淫罪，是指利用金钱、物质等手段诱使不满14周岁的幼女卖淫的行为。

1. 客体要件

本罪侵犯的客体是社会治安管理秩序。引诱幼女卖淫罪促使了卖淫嫖娼活动的泛滥，因而具有严重的社会危害性，不但破坏社会风尚，而且严重破坏了社会治安管理秩序，同时也严重摧残幼女的身心健康。

本罪的犯罪对象是幼女。幼女是指不满14周岁的少女。

2. 客观要件

本罪在客观方面表现为引诱幼女卖淫的行为。所谓引诱，是指行为人利用金钱或其他物质或非物质利益作诱饵，或者采取灌输腐朽思想等其他手段、勾引、诱惑、劝导、怂恿幼女从事卖淫活动。所谓卖淫，是指为谋利，与不特定的他人进行性交或者其他性行为。行为人须系引诱幼女向他人卖淫，方得构成本罪；若是引诱幼女与自己发生性关系，则应依具体案情以奸淫幼女罪或嫖宿幼女罪论处。行为人的行为方式仅限于引诱，若是组织、强迫、容留、介绍幼女卖淫的，则应分别以组织卖淫罪、强迫卖淫罪和容留、介绍卖淫罪论处。

3. 主体要件

本罪的主体为一般主体，即任何达到刑事责任年龄、具有刑事责任能力的自然人实施了引诱幼女卖淫的行为均可构成本罪。

4. 主观要件

本罪在主观方面表现为故意，过失不构成本罪。即行为人明知自己是在实施引诱幼女卖淫的行为，并且明知这种行为会造成危害社会的结果，而希望或追求这种结果的发生。引诱幼女卖淫的行为人，一般是以营利为目的，但也不排除不以营利为目的的存在，是否具有营利目的，不影响本罪构成。

（二）处罚

犯本罪的，处五年以上有期徒刑，并处罚金。

第三百六十条　（传播性病罪、嫖宿幼女罪）

明知自己患有梅毒、淋病等严重性病卖淫、嫖娼的，处五年以下有期徒刑、拘役或者管制，并处罚金。

嫖宿不满十四周岁的幼女的，处五年以上有期徒刑，并处罚金。

［相关规定］　**《最高人民法院关于构成嫖宿幼女罪主观上是否需要具备明知要件的解释》**（2001年6月11日起施行　高检发释字〔2001〕3号）

为依法办理嫖宿幼女犯罪案件，对嫖宿幼女行为如何适用法律问题解释如下：

行为人知道被害人是或者可能是不满十四周岁幼女而嫖宿的，适用刑法第三百六十条第二款的规定，以嫖宿幼女罪追究刑事责任。

［相关规定］　**《艾滋病防治条例》**（2006年1月29日国务院令第457号）（节录）

第三十八条 艾滋病病毒感染者和艾滋病病人应当履行下列义务：

（一）接受疾病预防控制机构或者出入境检验检疫机构的流行病学调查和指导；

（二）将感染或者发病的事实及时告知与其有性关系者；

（三）就医时，将感染或者发病的事实如实告知接诊医生；

（四）采取必要的防护措施，防止感染他人。

艾滋病病毒感染者和艾滋病病人不得以任何方式故意传播艾滋病。

第六十二条 艾滋病病毒感染者或者艾滋病病人故意传播艾滋病的，依法承担民事赔偿责任；构成犯罪的，依法追究刑事责任。

第六十三条 本条例下列用语的含义：

艾滋病，是指人类免疫缺陷病毒（艾滋病病毒）引起的获得性免疫缺陷综合征。

对吸毒成瘾者的药物维持治疗，是指在批准开办戒毒治疗业务的医疗卫生机构中，选用合适的药物，对吸毒成瘾者进行维持治疗，以减轻对毒品的依赖，减少注射吸毒引起艾滋病病毒的感染和扩散，减少毒品成瘾引起的疾病、死亡和引发的犯罪。

标准防护原则，是指医务人员将所有病人的血液、其他体液以及被血液、其他体液污染的物品均视为具有传染性的病原物质，医务人员在接触这些物质时，必须采取防护措施。

有易感染艾滋病病毒危险行为的人群，是指有卖淫、嫖娼、多性伴、男性同性性行为、注射吸毒等危险行为的人群。

艾滋病监测，是指连续、系统地收集各类人群中艾滋病（或者艾滋病病毒感染）及其相关因素的分布资料，对这些资料综合分析，为有关部门制定预防控制策略和措施提供及时可靠的信息和依据，并对预防控制措施进行效果评价。

艾滋病检测，是指采用实验室方法对人体血液、其他体液、组织器官、血液衍生物等进行艾滋病病毒、艾滋病病毒抗体及相关免疫指标检测，包括监测、检验检疫、自愿咨询检测、临床诊断、血液及血液制品筛查工作中的艾滋病检测。

行为干预措施，是指能够有效减少艾滋病传播的各种措施，包括：针对经注射吸毒传播艾滋病的美沙酮维持治疗等措施；针对经性传播艾滋病的安全套推广使用措施，以及规范、方便的性病诊疗措施；针对母婴传播艾滋病的抗病毒药物预防和人工代乳品喂养等措施；早期发现感染者和有助于危险行为改变的自愿咨询检测措施；健康教育措施；提高个人规范意识以及减少危险行为的针对性同伴教育措施。

【释解】

本条是关于传播性病罪、嫖宿幼女罪的规定。

一、传播性病罪

（一）概念及其构成

传播性病罪，是指 明知自己患有梅毒、淋病等严重性病而进行卖淫、嫖娼的行为。

1. 客体要件

本罪侵犯的客体是双重客体，即他人的身体健康和社会治安管理秩序。卖淫、嫖娼是国家法律严厉禁止的行为。行为人为了赚取钱财，满足自己非法的性欲，或者为了报复社会，置国家法律于不顾，仍然进行卖淫、嫖娼活动，严重扰乱社会秩序。行为人在明知自己患有梅毒、淋病等严重性病的情况下，仍然进行卖淫、嫖娼活动，其行为将直接传播性病，对他人的身体健康造成危害。有人认为，明知自己患有梅毒、淋病等严重性病而卖淫、嫖娼，其行为所直接指向的对象仍然是那些卖淫、嫖娼的违法犯罪分子，把性病传染给了这些违法犯罪分子是其自作自受，罪有应得，因此，其行为谈不上危害他人的身体健康。我们认为，这种认识是错误的。卖淫、嫖娼者的卖淫、嫖娼行为虽然是违法的，但自有国家法律对其行为施加处罚、制裁，卖淫、嫖娼违法犯罪分子的合法权益不因其违法犯罪行为而受到非法侵害，其健康权利同样应当受到国家法律的保护。卖淫、嫖娼人员是性病发病的高危人群，身患严重性病仍然进行卖淫、嫖娼，性病就会由此得到迅速的传播和蔓延，对他人身体健康危害之巨是不言而喻的。为了维护善良的社会风气和良好的社会治安秩序，保护人们的身体健康，对明知自己患有梅毒、淋病等严重性病仍为卖淫、嫖娼的犯罪行为，必须依法严厉打击。

2. 客观要件

本罪在客观方面表现为严重性病患者卖淫嫖娼的行为。卖淫、嫖娼是相对应的行为，卖淫是指以营利为动机，与不特定的异性发生性交或从事其他淫乱活动，嫖娼则是指以交付金钱或其他财物为代价与卖淫者发生性交或从事其他淫乱活动。即性病患者与他人从事性交以外的淫乱活动时，也容易将性病传染给对方，因此，其他淫乱活动与以性交为内容的卖淫、嫖娼具有相同的社会危害性。既然刑法规定性病患者卖淫、嫖娼罪的意图之一是防止性病的传播，就应禁止这种行为，否则，不利于实现刑事立法的意图。

本罪是行为犯，只要行为人在明知自己患有严重性病的情况下，故意实施了卖淫、嫖娼行为，即构成犯罪。至于实际上是否已造成将性病传染给他人的结果，不影响本罪的成立。当然，如果行为人的卖淫嫖娼行为确已引起他人染上性病的后果，可以作为量刑的情节予以考虑。

3. 主体要件

本罪的主体为特殊主体，即已满16周岁、具有刑事责任能力，且患有梅毒、淋病等严重性病的人。中国公民和外国人均可成为本罪的主体。构成传播性病罪，行为人必须已满16周岁，未满16周岁的未成年人认识能力有限，即使他们实施了传播性病的行为，也不应追究刑事责任。

根据我国法律，所谓性病，俗称“花柳病”，是主要通过性接触和可能通过性接触而传播、传染的疾病的总称。目前我国所说的性病主要是指梅毒、淋病、非淋菌性尿道炎、软下疳、腹股沟肉芽肿、艾滋病、尖锐湿疣等传染性强、发病率高、对人体健康危害较大的性病。梅毒，俗称“杨柳疮”，是指由通过螺旋体（也叫苍白螺旋体）所引起的一种慢性传播疾病，其传染源是梅毒患者，传播途径一是通过性交传染，二是通过母体胎盘传给下一代。梅毒根据有无传染性可分为早期梅毒（有传染性）和晚期梅毒，根据梅毒螺旋体侵入体后的时间长短和侵入部位发生炎症的反应，可分为一期梅毒、二期梅毒、三期梅毒。其中三期梅毒危害性最为严重。淋病，是指由淋病双球菌（简称淋菌）引起的泌尿生殖系统化脓性感染，主要发生于尿道和生殖系统。男性急性淋病主要症状有排尿疼痛，尿道流脓等，在女性可引起盆腔炎。慢性淋病一般无明显症状，但也有传染可能，有时也转化为急性淋病。“等严重性病”是指其他与梅毒、淋病危害性相当的性病，具体应包括哪些性病，可由卫生主管部门确定。在实践中，艾滋病、尖锐湿疣是发病率高、传染性强、对身体健康危害较大的性病，如经过有关部门认可，可以视为严重性病。

4．主观要件

本罪在主观方面表现为故意，过失不构成本罪。即行为人明知自己患有严重性病，而出于某种动机或为达到某种目的，仍然向他人卖淫或嫖娼。行为人的“明知”可以是确切知道自己患有某种严重性病，也可以是其知道可能患有某种严重性病。如果行为人未被确诊为患有严重性病，但根据其知识、阅历能证明其明知可能患有严重性病的，也应视为“明知”，行为人对可能发生的将性病传染给他人的危害结果是持希望或放任态度，不影响本罪成立。具体来说，以下情况可以作为判断行为人是否具有“明知”的标准：（1）有证据证明曾到医院就医，被诊断为患有严重性病的；（2）通过其他方法能够证明被告是“明知”的。如果行为人确实不知自己患有严重性病而卖淫、嫖娼的，则不认为构成犯罪。

（二）认定

1．本罪与非罪的界限

根据本条规定，司法实践中应主要从以下几个方面区分：

（1）行为人是否患有严重性病。现在，国际公认的性传播疾病有二十多种，我国卫生部门提供的材料中认定为性病的有十多种。其中属于严重性质的性病有艾滋病、梅毒、淋病等。卖淫、嫖娼者只有患有严重性病，才有可能构成传播性病罪；患有性病，若不属于严重性病，也不能构成本罪。

（2）行为人客观上是否实施了卖淫、嫖娼的行为。如果行为人实施了将自己的肉体提供给他人淫乐以换取钱财，或交付钱财换取他人肉体供自己淫乱的行为，则有可能构成传播性病罪；如果行为人是在夫妻性生活或通奸、恋爱等非法性关系中将性病传染给他人，由于客观上不存在卖淫、嫖娼行为，不能构成传播性病罪。

（3）行为人主观上是否明知自己患有严重性病。如果行为人不明知自己患有严重性病，即使实施卖淫、嫖娼行为，也不构成传播性病罪。

（4）行为人是否自愿实施了卖淫、嫖娼行为。行为人虽患有严重性病，也实施了卖淫、嫖娼行为，但不是出于自愿，而是被强迫的，由于主观上没有犯罪故意，也不构成传播性病罪。

2. 本罪与故意伤害罪的界限

（1）侵害的客体不同。传播性病罪侵害的是双重客体，即社会治安管理秩序和他人的身体健康；故意伤害罪侵害的客体只是他人的身体健康。

（2）行为表现不同。传播性病罪必须采取卖淫、嫖娼的行为形式；故意伤害罪则一般采取暴力等行为形式和特定情况下的不作为形式。

（3）主观故意的内容不同。传播性病罪的故意内容，有的是为了赚取钱财，有的是为了满足淫欲，有的也可能是以卖淫、嫖娼传播性病方式伤害他人身体健康的故意；故意伤害罪在主观方面则只是意图给他人身体健康造成伤害。

（三）处罚

犯本罪的，处五年以下有期徒刑、拘役或者管制，并处罚金。

二、嫖宿幼女罪

（一）概念及其构成

嫖宿幼女罪，是指嫖宿不满14周岁的幼女的行为。

1. 客体要件

本罪侵犯的客体是幼女的身心健康和社会风化管理秩序。这是因为幼女尚处于身体发育成长时期，从生理上讲，其各种器官尚未发育成熟，根本不适宜性交；从心理上说，幼女的智能正处于增长时期，其认识、思维能力和控制自己行为的能力都很低下，因而极易被社会上不法分子所引诱或直接受到社会不良现象及观念的影响而走上卖淫违法之路，出于对幼女的特殊保护，从法律上视幼女不具有性行为的能力，即使是幼女自愿的性行为，也属无效的法律行为。嫖宿者严重侵害了幼女的身心健康，同时亦因其嫖宿行为而违反了治安管理处罚条例，其犯罪行为侵犯了社会治安管理秩序，但主要应是幼女的身心健康。

本罪的犯罪对象为特殊对象，不仅特殊在其是不满14周岁的幼女，而且特殊在其为卖淫的幼女，如果行为人以欺骗手段对非卖淫的幼女实施奸淫行为的，则构成奸淫幼女罪。需指出的是，这里的卖淫的幼女，如果是幼女自愿或主动卖淫的，则一般地说明了幼女认识到其行为的卖淫性质，如果幼女是被他人（而非嫖宿者）引诱或强迫卖淫，则不要求其认识到行为的卖淫性，只要求客观上是在卖淫即可。所谓不满14周岁的幼女是指幼女的实际年龄未到14周岁，不包括14周岁本身。满14周岁的计算方法是自幼女过完14周岁生日的第二日起算。过14周岁的生日亦视为不满14周岁，如果行为人对幼女于过完14周岁生日的第二日加以嫖宿的，则不构成嫖宿幼女罪。

2. 客观要件

本罪在客观方面表现为嫖宿不满14周岁幼女的行为。

嫖宿是指以交付金钱或者其他财物为代价，与卖淫幼女发生性交或者从事其他性淫乱活动的行为。这里的性淫乱活动包括幼女以生殖器、乳房、腹股沟、口等接触刺激男性生殖器官的各种行为。同时，这里的嫖宿行为应视为一个包括与卖淫幼女结识、谈价、支付、发生手淫、口淫、性交、肛交等与此相关行为的整体过程，行为人在嫖宿主观犯意的支配下，从事了上述过程中任一环节的，都应视为嫖宿，只是在认定嫖宿的既遂还是预备、未遂、中止形态上有所不同。

3. 主体要件

本罪的主体为一般主体，即凡年满16周岁具有刑事责任能力的自然人均可构成本罪。一般情况下，本罪主体多为男子，但也并不排除同性间发生卖淫嫖娼行为，因此，女子也可以成为嫖宿幼女罪的主体，只是在生活中比较少见而已。

4. 主观要件

本罪在主观方面表现为故意。根据《最高人民检察院关于构成嫖宿幼女罪主观上是否需要具备明知要件的解释》的规定，行为人知道被害人是或者可能是不满14周岁幼女而嫖宿的，适用本条第2款的规定，以嫖宿幼女罪追究刑事责任。

（二）认定

1. 本罪与奸淫幼女的强奸罪的界限

两罪比较容易混淆，一般而言，其区别主要体现在下列几个方面：

（1）侵犯客体不同。本罪侵犯的是复杂客体，即幼女的身心健康和社会风化管理秩序；后罪侵犯的是单一客体，即幼女的身心健康。

（2）犯罪对象不同。二罪的犯罪对象虽同为幼女，但本罪的犯罪对象同时必须是卖淫的幼女。如果幼女根本不是处于卖淫者的地位，则无论行为人以暴力手段还是用非暴力、平和的手段比如以金钱利诱、欺骗幼女与之发生性行为的，均构成强奸罪。

（3）犯罪客观方面不同。这主要表现在：首先，在行为手段上，奸淫幼女既可以暴力手段，也可以是非暴力手段，而本罪只能是平和的、在幼女一方承诺的前提下进行的性行为。如果行为人对幼女使用暴力及精神强制等手段强行与幼女发生性关系，即使幼女是卖淫者，行为人也构成奸淫幼女罪。其次，处于卖淫地位的幼女虽然对嫖客进行形式上的承诺可能是违背其真实意愿的，但导致其作出形式上承诺的起因只能是他人的行为，比如老鸨强迫幼女卖淫，而不能是行为人（即嫖客）自己的行为引起。若由行为人自己的行为引起如直接对幼女施以毒打，幼女在不堪忍受下被迫向其卖淫，则构成奸淫幼女罪而不是嫖宿幼女罪，也不是强迫卖淫罪。再次，从行为内容上，奸淫幼女的强奸罪是以行为人的生殖器官同幼女生殖器官的结合或至少是接触为内容的，而本罪的行为内容不限于性交，还包括诸如肛交、口交等。最后，从行为性质上，本罪具有肉体同金钱财物相交换的“平等”性质，而奸淫幼女的强奸罪不具有此性质。

（4）犯罪既遂的认定不同。奸淫幼女的强奸罪的既遂标准，理论界的通说和实务界通行的做法是采取“接触说”，即只要两性生殖器官相接触即可构成。而本罪在犯罪既遂的认定上，尚需因行为人嫖宿内容、方式之不同而有不同的认定标准。

（5）犯罪主观方面有不同之处。本罪不仅要求行为人对犯罪对象是幼女出于“明知”，而且对其处在卖淫地位，即是一个卖淫者也要“明知”。而奸淫幼女的强奸罪只要求对犯罪对象为幼女是“明知”即可。

（6）犯罪主体有不同之处。已满 14 周岁未满 16 周岁的未成年人有嫖宿行为的，不构成本罪，即已满 14 周岁未满 16 周岁的未成年人不能成为本罪的主体。而对于奸淫幼女的强奸罪，按法律规定，则可以成为犯罪的主体。

2. 引诱幼女卖淫而后加以嫖宿行为的定性

实践中，经常发生行为人引诱幼女卖淫，嗣后又加以嫖宿的现象，对之如何定性，不可一概而论。如果行为人引诱幼女卖淫与其嫖宿行为之间并无直接的手段与目的的关系，一般应对其引诱行为和嫖宿行为分别定性，即以引诱幼女卖淫罪和嫖宿幼女罪定罪，实行并罚。

（三）处罚

犯本罪的，处五年以上有期徒刑，并处罚金。

第三百六十一条 （特种行业的人员利用本单位条件组织、强迫、引诱、容留、介绍他人卖淫行为的定罪处罚）

旅馆业、饮食服务业、文化娱乐业、出租汽车业等单位的人员，利用本单位的条件，组织、强迫、引诱、容留、介绍他人卖淫的，依照本法第三百五十八条、第三百五十九条的规定定罪处罚。

前款所列单位的主要负责人，犯前款罪的，从重处罚。

【释解】

本条是关于特种行业的人员利用本单位条件组织、强迫、引诱、容留、介绍他人卖淫行为的定罪处罚的规定。

本条主要规定的是特种行业的人员利用本单位的条件，组织、强迫、引诱、容留、介绍他人卖淫的，应当分别依法本法第358条、第359条的规定，按照组织卖淫罪、强迫卖淫罪、协助组织卖淫罪、引诱、容留、介绍卖淫罪定罪处罚。

一些特种行业的单位为卖淫嫖娼提供了各种客观上的方便条件，有的利用本单位条件，公开地进行组织、容留卖淫、嫖娼的犯罪活动；有的为了招揽生意，招聘暗娼充当服务人员，为客人提供色情服务，甚至明示或者暗示服务人员卖淫；有的则与卖淫、嫖娼串通一气，为他们穿针引线，提供方便；等等。这种行为严重危害社会治安、败坏社会风气，对这种行为必须予以刑罚处罚。

本条所称的“旅馆业”是指经营接待旅客住宿的旅馆、饭店、宾馆、酒店、招待所、客货栈、路边店、车马店、浴池等等，至于其所有制形式、经营时间长短均在所不问。所谓“饮食服务业”，一般包括饭馆、餐厅、咖啡厅、酒吧、饮食店等等。所谓“文化娱乐业”，是指提供场所、设施、服务，供公众娱乐的行业，包括歌厅、舞厅、卡拉OK厅、音乐茶座、康乐宫、游乐场、夜总会、影剧院等等。所谓“出租汽车业”是指经营出租汽车服务的行业，包括专门提供出租汽车服务的出租汽车公司以及宾馆、饭店等单位兼营的出租汽车行业。本条规定的“组织、强迫、容留、介绍他人卖淫”与本节其他条规定的含义相同。所谓“主要负责人”，是指旅馆业、饮食服务业、文化娱乐业、出租汽车业等单位的主要领导人，如经理、副经理等等。

根据本条规定，旅馆业、饮食服务业、文化娱乐业、出租汽车业等单位的人员或者主要负责人，利用本单位的条件，实施组织、强迫、引诱、容留、介绍他人卖淫的，依照本法第358条、第359条规定的组织、强迫、引诱、容留、介绍卖淫罪定罪处罚。对单位的主要负责人，则应当从重处罚。

“利用本单位的条件”是指利用本单位的一切设施、设备以及其他便利条件，包括房屋、房内各项设备以及电话、传呼机、汽车等工具。也包括一些单位的服务人员利用工作之便，将客人住宿情况提供给卖淫、嫖娼人员，为卖淫、嫖娼人员提供便利；或者对发现的卖淫嫖娼活动不但不制止，反而利用职务和工作之便索要钱财，放任不管甚至提供庇护，这些行为实际上是变相介绍、容留卖淫的行为。

第三百六十二条 （特种行业的人员犯包庇罪的定罪处罚）

旅馆业、饮食服务业、文化娱乐业、出租汽车业等单位的人员，在公安机关查处卖淫、嫖娼活动时，为违法犯罪分子通风报信，情节严重的，依照本法第三百一十条的规定定罪处罚。

【释解】

本条是关于特种行业的人员犯包庇罪的定罪处罚的规定。

本条规定特种行业的人员在公安机关查处卖淫、嫖娼活动时，为违法犯罪分子通风报信，情节严重的，按照本法第310条规定的包庇罪定罪处刑。

近几年来，旅馆业、饮食服务业、文化娱乐业、出租汽车业等单位只顾赚钱，注重经济效益，在公安机关查处卖淫、嫖娼活动时，为卖淫、嫖娼等等违法犯罪人员通风报信，致使卖淫、嫖娼违法犯罪分子得以隐蔽、躲藏，逃避处罚。为卖淫、嫖娼违法犯罪分子通风报信的人，既有上述单位的普通工作人员如服务员、保安人员，又有某部门的负责人，还有的是该单位的主要负责人。他们对发生在本单位的卖淫、嫖娼违法犯罪活动不仅放任不管，不采取措施制止，甚至为卖淫、嫖娼人员提供保护，充当“耳目”，在公安人员查处卖淫、嫖娼活动时，通过打电话等等方式通知正在卖淫、嫖娼活动的违法犯罪人员，为其逃避法律惩罚制造方便条件。

本条所规定的特种行业，主要是旅馆业、饮食服务业、文化娱乐业、出租汽车业等单位。

本条所称单位的“人员”，是指这些单位的主要负责人及其部门负责人以及其他工作人员，包括国家工作人员、正式职工和临时工。

所谓“在公安机关查处卖淫、嫖娼活动时”，是指在公安机关查处卖淫、嫖娼活动的全过程中，而不是仅指某一具体时刻。只要在公安机关查处卖淫、嫖娼活动过程中，不论在何阶段向违法犯罪分子通风报信的，就应按照本条的规定予以处罚。

“为违法犯罪分子通风报信”是指在公安机关依法查处卖淫、嫖娼活动时，将公安机关的布置行动地点、时间、对象以及其他有关消息告知违法犯罪分子，或者为违法犯罪分子放哨、望风；在发现前来查处的公安人员时，立即向“违法犯罪分子”通报情况，使其躲避。这里所说的违法犯罪分子指卖淫嫖娼的违法人员。

“情节严重”，一般指多次通风报信的；致使大量违法犯罪分子躲避查处的；致使公安机关重大查处活动失败的；造成恶劣社会影响的。情节严重是构成犯罪的必要条件。

本条对旅馆业、饮食服务业、文化娱乐业、出租汽车业等单位的负责人和职工，在公安机关查处卖淫、嫖娼活动时，为违法犯罪分子通风报信，情节严重的，规定依照本法第310条包庇罪的规定定罪处罚，即情节一般的，处三年以下有期徒刑、拘役或者管制；情节严重的，处三年以上十年以下有期徒刑。

第九节　制造、贩卖、传播淫秽物品罪

【本节概要】

本节从第363条至第367条，共5条。规定制造、贩卖、传播淫秽物品罪。

被称为“黄毒”的淫秽物品，是指具体描写性行为或者露骨宣扬色情的书刊、影片、录像带、录音带、图片等物品。

旧中国，淫秽物品与卖淫嫖娼、吸毒等一样，曾有过大肆泛滥的历史。新中国成立后，党和人民政府顺应民意，采取积极措施和严厉手段，在短时间内即迅速治理了“黄毒”的危害，形成了健康向上的社会风气，在此后相当长的一段时间内，由于刑事的、行政的、舆论的等许多手段的综合控制，有效地禁止了淫秽物品的滋生，使其销声匿迹，难以为害。

值得注意的是，近年来，传播淫秽物品的违法犯罪活动愈演愈烈，在一些城乡蔓延成灾。它腐蚀人们的思想，败坏社会风气，毒害青少年心灵，破坏社会主义精神文明建设，并已成为诱发犯罪、危

害社会治安的突出问题。从执法部门传来的大量信息表明，很多犯罪都与淫秽物品的诱使和中介作用有关，在这当中，青少年的性犯罪更占有相当大的比例。很显然，传播淫秽物品违法犯罪活动的出现并日趋严重，是当前刑事犯罪的一个新特点，其影响之广、危害之重、发展之快都足以引起我们的高度重视。我们的目标，是既要建设高度的物质文明，又要建设高度的精神文明，当然不能容忍让淫秽物品来污染社会环境，危害人民群众。因此，我们必须运用法律武器，同传播淫秽物品的违法犯罪活动进行坚决的斗争。

运用刑事法律惩治传播淫秽物品的犯罪，是减少这类犯罪的重要方法。然而，我们以往以《刑法》为代表的刑事法律在惩治这类犯罪方面很不完善，远远不能适应实际的需要。这主要表现在罪名覆盖较窄，只有“制作、贩卖淫书淫画罪”，远未穷尽与之相关的犯罪，这使我们对相当多的传播淫秽物品的犯罪分子无以治罪，而引用其他罪名又显牵强，造成实际上的打击不力。此外，原刑法只规定了自然人犯罪，而对单位的有关犯罪尚无惩罚规定，形成了一个很大的犯罪死角。有鉴于此，全国人大常委会《关于惩治走私、制作、贩卖、传播淫秽物品的犯罪分子的决定》，增设了包括传播淫秽物品罪在内的几个有关新罪名，增加了法人犯罪的规定，从而使这方面的刑事立法更臻完善。这对于我们打击犯罪，深入“扫黄”斗争，进而有效地遏制淫秽物品的传播扩散，无疑是非常重要的。本法吸收采纳上述规定，专设本节规定制造、贩卖、传播淫秽物品罪。本节共规定了以下各罪：

1. 制作、复制、出版、贩卖、传播淫秽物品牟利罪，是指以牟利为目的，制作、复制、出版、贩卖、传播淫秽物品的行为（第363条第1款）。客观方面表现为制作、复制、出版、贩卖、传播淫秽物品的行为。所谓传播，是指通过播放、出租、出借、承运、邮寄、携带等方法致使淫秽物品流传的行为。行为对象是淫秽物品。包含有色情内容的有艺术价值的文学、艺术作品不视为淫秽物品。淫秽物品的种类和目录，由国务院有关主管部门规定。主观方面是故意，并且具有牟利的目的。犯制作、复制、出版、贩卖、传播淫秽物品牟利罪的，处三年以下有期徒刑、拘役或者管制，并处罚金；情节严重的，处三年以上十年以下有期徒刑，并处罚金；情节特别严重的，处十年以上有期徒刑或者无期徒刑，并处罚金或者没收财产。单位犯本罪的，对单位判处罚金，并对其直接负责的主管人员和其他直接责任人员依照上述有关规定处罚。

2. 为他人提供书号出版淫秽书刊罪，是指违反国家关于书号管理的规定，向其他单位或者个人提供书号，致使淫秽书刊得以出版的行为（第 363 条第 2 款）。客观方面表现为违反国家关于书号管理的规定，向他人提供书号致使他人得以出版淫秽书刊的行为。未发生淫秽书刊出版的严重后果的，不构成犯罪。主观方面是过失。即在不知他人用于出版淫秽书刊的情况下而提供书号。犯为他人提供书号出版淫秽书刊罪的，处三年以下有期徒刑、拘役或者管制，并处或者单处罚金。单位犯本罪的，对单位判处罚金，并对其直接负责的主管人员和其他直接责任人员依照上述规定处罚。

3. 传播淫秽物品罪，是指传播淫秽的书刊、影片、音像、图片或者其他淫秽物品，情节严重的行为（第 364 条第 1 款）。犯传播淫秽物品罪的，处二年以下有期徒刑、拘役或者管制。单位犯本罪的，对单位判处罚金，并对其直接负责的主管人员和其他直接责任人员依照上述规定处罚。向未成年人传播淫秽物品的，从重处罚。

4. 组织播放淫秽音像制品罪，是指召集多人播放淫秽电影、录像等音像制品的行为（第 364 条第 2 款）。犯组织播放淫秽音像制品罪的，处三年以下有期徒刑、拘役或者管制，并处罚金；情节严重的，处三年以上十年以下有期徒刑，并处罚金。单位犯本罪的，对单位判处罚金，并对其直接负责的主管人员和其他直接责任人员依照上述规定处罚。制作、复制淫秽音像制品组织播放的，从重处罚。

5. 组织淫秽表演罪，是指以招募、雇佣、强迫、引诱等手段控制、管理他人进行淫秽表演的行为（第 365 条）。犯组织淫秽表演罪的，处三年以下有期徒刑、拘役或者管制，并处罚金；情节严重的，处三年以上十年以下有期徒刑，并处罚金。单位犯本罪的，对单位判处罚金，并对其直接负责的主管人员和其他直接责任人员依照上述规定处罚。

第三百六十三条 （制作、复制、出版、贩卖、传播淫秽物品牟利罪、为他人提供书号出版淫秽书刊罪）

以牟利为目的，制作、复制、出版、贩卖、传播淫秽物品的，处三年以下有期徒刑、拘役或者管制，并处罚金；情节严重的，处三年以上十年以下有期徒刑，并处罚金；情节特别严重的，处十年以上有期徒刑或者无期徒刑，并处罚金或者没收财产。

为他人提供书号，出版淫秽书刊的，处三年以下有期徒刑、拘役或者管制，并处或者单处罚金；明知他人用于出版淫秽书刊而提供书号的，依照前款的规定处罚。

［相关规定］ 《全国人民代表大会常务委员会关于惩治走私、制作、贩卖、传播淫秽物品的犯罪分子的决定》 （1990年12月28日第七届全国人民代表大会常务委员会第十七次会议通过）（略）

［相关规定］ 《营业性演出管理条例》 （1997年8月11日国务院发布）（节录）

第二十二条 国家禁止举办含有下列内容的演出活动：

（一）危害国家安全、荣誉和社会稳定的；

（二）煽动民族分裂，侵害少数民族风俗习惯，破坏民族团结的；

（三）宣扬淫秽、色情、迷信或者渲染暴力的；

（四）表演方式恐怖、残忍，摧残演员健康的；

（五）利用人体缺陷或者以展示人体变异等招徕观众的；

（六）法律、行政法规规定禁止的其他内容。

第四十一条　违反本条例规定，演出含有本条例第二十二条禁止的内容的，由文化行政部门责令停止演出活动，没收违法所得；情节严重的，由原发证机关责令停业整顿或者吊销《营业性演出许可证》；违反治安管理规定的，由公安机关依法给予治安管理处罚；构成犯罪的，依法追究刑事责任。

[相关规定]　**《出版管理条例》**　（2001 年 12 月 25 日　国务院修正发布）（节录）

第二十六条　任何出版物不得含有下列内容：

（一）反对宪法确定的基本原则的；

（二）危害国家统一、主权和领土完整的；

（三）泄露国家秘密、危害国家安全或者损害国家荣誉和利益的；

（四）煽动民族仇恨、民族歧视，破坏民族团结，或者侵害少数民族风俗、习惯的；

（五）宣扬邪教、迷信的；

（六）扰乱社会秩序、破坏社会稳定的；

（七）宣扬淫秽、赌博、暴力或者教唆犯罪的；

（八）侮辱或者诽谤他人，侵害他人合法权益的；

（九）危害社会公德或者民族优秀文化传统的；

（十）法律、行政法规和国家规定禁止的其他内容的。

第五十六条　有下列行为之一，触犯刑律的，依照刑法有关规定，依法追究刑事责任……：

（一）出版、进口含有本条例第二十六条、第二十七条禁止内容的出版物的；

（二）明知或者应知出版物含有本条例第二十六条、第二十七条禁止内容而印制或者复制、发行的；

（三）明知或者应知他人出版含有本条例第二十六条、第二十七和禁止内容的出版物而向其出售或者以其他形式转让本出版单位的名称、书号、刊号、版号、版面，或者出租本单位的名称、刊号的。

［相关规定］ **《最高人民法院关于审理非法出版物刑事案件具体应用法律若干问题的解释》** （1998年12月23日起施行 法释〔1998〕30号）（节录）

第八条 以牟利为目的，实施刑法第三百六十三条第一款规定的行为，具有下列情形之一的，以制作、复制、出版、贩卖、传播淫秽物品牟利罪定罪处罚：

（一）制作、复制、出版淫秽影碟、软件、录像带五十至一百张（盒）以上，淫秽音碟、录音带一百至二百张（盒）以上，淫秽扑克、书刊、画册一百至二百副（册）以上，淫秽照片、画片五百至一千张以上的；

（二）贩卖淫秽影碟、软件、录像带一百至二百张（盒）以上，淫秽音碟、录音带二百至四百张（盒）以上，淫秽扑克、书刊、画册二百至四百副（册）以上，淫秽照片、画片一千至二千张以上的；

（三）向他人传播淫秽物品达二百至五百人次以上，或者组织播放淫秽影、像达十至二十场次以上的；

（四）制作、复制、出版、贩卖、传播淫秽物品，获利五千至一万元以上的。

以牟利为目的，实施刑法第三百六十三条第一款规定的行为，具有下列情形之一的，应当认定为制作、复制、出版、贩卖、传播淫秽物品牟利罪"情节严重"：

（一）制作、复制、出版淫秽影碟、软件、录像带二百五十至五百张（盒）以上，淫秽音碟、录音带五百至一千张（盒）以上，淫秽扑克、书刊、画册五百至一千副（册）以上，淫秽照片、画片二千五百至五千张以上的；

（二）贩卖淫秽影碟、软件、录像带五百至一千张（盒）以上，淫秽音碟、录音带一千至二千张（盒）以上，淫秽扑克、书刊、画册一千至二千副（册）以上，淫秽照片、画片五千至一万张以上的；

（三）向他人传播淫秽物品达一千至二千人次以上，或者组织播放淫秽影、像达五十至一百场次以上的；

（四）制作、复制、出版、贩卖、传播淫秽物品，获利三万至五万元以上的。

以牟利为目的，实施刑法第三百六十三条第一款规定的行为，其数量（数额）达到前款规定的数量（数额）五倍以上的，应当认定为制作、复制、出版、贩卖、传播淫秽物品牟利罪“情节特别严重”。

第九条 为他人提供书号、刊号、出版淫秽书刊的，依照刑法第三百六十三条第二款的规定，以为他人提供书号出版淫秽书刊罪定罪处罚。

为他人提供版号，出版淫秽音像制品的，依照前款规定定罪处罚。

明知他人用于出版淫秽书刊而提供书号、刊号的，依照刑法第三百六十三条第一款的规定，以出版淫秽物品牟利罪定罪处罚。

第十六条 出版单位与他人事前通谋，向其出售、出租或者以其他形式转让该出版单位的名称、书号、刊号、版号，他人实施本解释第二条、第四条、第八条、第九条、第十条、第十一条规定的行为，构成犯罪的，对该出版单位应当以共犯论处。

第十七条 本解释所称“经营数额”，是指以非法出版物的定价数额乘以行为人经营的非法出版物数量所得的数额。

本解释所称“违法所得数额”，是指获利数额。

非法出版物没有定价或者以境外货币定价的，其单价数额应当按照行为人实际出售的价格认定。

第十八条 各省、自治区、直辖市高级人民法院可以根据本地的情况和社会治安状况，在本解释第八条、第十条、第十二条、第十三条规定的有关数额、数量标准的幅度内，确定本地执行的具体标准，并报最高人民法院备案。

［相关规定］ **《最高人民法院、最高人民检察院关于办理利用互联网、移动通讯终端、声讯台制作、复制、出版、贩卖、传播淫秽电子信息刑事案件具体应用法律若干问题的解释》** （2004年9月6日起施行 法释〔2004〕11号）

为依法惩治利用互联网、移动通讯终端制作、复制、出版、贩卖、传播淫秽电子信息、通过声讯台传播淫秽语音信息等犯罪活动，维护公共网络、通讯的正常秩序，保障公众的合法权益，根据《中华人民共和国刑法》、《全国人民代表大会常务委员会关于维护互联网安全的决定》的规定，现对办理该类刑事案件具体应用法律的若干问题解释如下：

第一条 以牟利为目的，利用互联网、移动通讯终端制作、复制、出版、贩卖、传播淫秽电子信息，具有下列情形之一的，依照刑法第三百六十三条第一款的规定，以制作、复制、出版、贩卖、传播淫秽物品牟利罪定罪处罚：

（一）制作、复制、出版、贩卖、传播淫秽电影、表演、动画等视频文件二十个以上的；

（二）制作、复制、出版、贩卖、传播淫秽音频文件一百个以上的；

（三）制作、复制、出版、贩卖、传播淫秽电子刊物、图片、文章、短信息等二百件以上的；

（四）制作、复制、出版、贩卖、传播的淫秽电子信息，实际被点击数达到一万次以上的；

（五）以会员制方式出版、贩卖、传播淫秽电子信息，注册会员达二百人以上的；

（六）利用淫秽电子信息收取广告费、会员注册费或者其他费用，违法所得一万元以上的；

（七）数量或者数额虽未达到第（一）项至第（六）项规定标准，

但分别达到其中两项以上标准一半以上的；

（八）造成严重后果的。

利用聊天室、论坛、即时通信软件、电子邮件等方式，实施第一款规定行为的，依照刑法第三百六十三条第一款的规定，以制作、复制、出版、贩卖、传播淫秽物品牟利罪定罪处罚。

第二条 实施第一条规定的行为，数量或者数额达到第一条第一款第（一）项至第（六）项规定标准五倍以上的，应当认定为刑法第三百六十三条第一款规定的“情节严重”；达到规定标准二十五倍以上的，应当认定为“情节特别严重”。

第三条 不以牟利为目的，利用互联网或者移动通讯终端传播淫秽电子信息，具有下列情形之一的，依照刑法第三百六十四条第一款的规定，以传播淫秽物品罪定罪处罚：

（一）数量达到第一条第一款第（一）项至第（五）项规定标准二倍以上的；

（二）数量分别达到第一条第一款第（一）项至第（五）项两项以上标准的；

（三）造成严重后果的。

利用聊天室、论坛、即时通信软件、电子邮件等方式，实施第一款规定行为的，依照刑法第三百六十四条第一款的规定，以传播淫秽物品罪定罪处罚。

第四条 明知是淫秽电子信息而在自己所有、管理或者使用的网站或者网页上提供直接链接的，其数量标准根据所链接的淫秽电子信息的种类计算。

第五条 以牟利为目的，通过声讯台传播淫秽语音信息，具有下列情形之一的，依照刑法第三百六十三条第一款的规定，对直接负责的主管人员和其他直接责任人员以传播淫秽物品牟利罪定罪处罚：

（一）向一百人次以上传播的；

（二）违法所得一万元以上的；

（三）造成严重后果的。

实施前款规定行为，数量或者数额达到前款第（一）项至第（二）项规定标准五倍以上的，应当认定为刑法第三百六十三条第一款规定的“情节严重”；达到规定标准二十五倍以上的，应当认定为“情节特别严重”。

第六条　实施本解释前五条规定的犯罪，具有下列情形之一的，依照刑法第三百六十三条第一款、第三百六十四条第一款的规定从重处罚：

（一）制作、复制、出版、贩卖、传播具体描绘不满十八周岁未成年人性行为的淫秽电子信息的；

（二）明知是具体描绘不满十八周岁的未成年人性行为的淫秽电子信息而在自己所有、管理或者使用的网站或者网页上提供直接链接的；

（三）向不满十八周岁的未成年人贩卖、传播淫秽电子信息和语音信息的；

（四）通过使用破坏性程序、恶意代码修改用户计算机设置等方法，强制用户访问、下载淫秽电子信息的。

第七条　明知他人实施制作、复制、出版、贩卖、传播淫秽电子信息犯罪，为其提供互联网接入、服务器托管、网络存储空间、通讯传输通道、费用结算等帮助的，对直接负责的主管人员和其他直接责任人员，以共同犯罪论处。

第八条　利用互联网、移动通讯终端、声讯台贩卖、传播淫秽书刊、影片、录像带、录音带等以实物为载体的淫秽物品的，依照《最高人民法院关于审理非法出版物刑事案件具体应用法律若干问题的解释》的有关规定定罪处罚。

第九条　刑法第三百六十七条第一款规定的“其他淫秽物品”，包括具体描绘性行为或者露骨宣扬色情的诲淫性的视频文件、音频文件、电子刊物、图片、文章、短信息等互联网、移动通讯终端电子信息和声讯台语音信息。

有关人体生理、医学知识的电子信息和声讯台语音信息不是淫秽物品。包含色情内容的有艺术价值的电子文学、艺术作品不视为淫秽物品。

【释解】

本条是关于制作、复制、出版、贩卖、传播淫秽物品牟利罪、为他人提供书号出版淫秽书刊罪的规定。

一、制作、复制、出版、贩卖、传播淫秽物品牟利罪

（一）概念及其构成

制作、复制、出版、贩卖、传播淫秽物品牟利罪，是指以牟利为目的，制作、复制、出版、贩卖、传播色情的诲淫性的书刊、影片、录像带、录音带、图片及其他淫秽物品的行为。

1. 客体要件

本罪侵犯的客体是国家对文化娱乐制品的管理，其犯罪对象是淫秽物品。一个时期以来，由于各种原因，一些地方淫秽物品泛滥，制作、复制、出版、贩卖、传播淫秽物品的违法犯罪现象相当严重。这些违法犯罪活动，严重败坏社会风气，腐蚀人们的思想，诱发其他犯罪，危害社会治安，干扰社会主义精神文明和物质文明建设。

本罪的犯罪对象是淫秽物品。所谓淫秽物品主要是指具体描绘性行为或者露骨宣扬色情的诲淫性的书刊、影片、录像带、录音带、图片及其他淫秽物品。有关人体生理、医学知识的科学著作不是淫秽物品。包含有色情内容的有艺术价值的文学、艺术作品也不能视为淫秽物品。

2. 客观要件

本罪在客观方面表现为行为人实施了制作、复制、出版、贩卖、传播淫秽物品的行为。

（1）制作淫秽物品的行为

制作，即制造。制作淫秽物品，是指通过某种方式利用某种有形形式带有创作性的导致淫秽物品产生乃至可见之于世的行为。制作淫秽物品的行为有四个要素：一是行为带有创作性或原创性。淫秽物品可以看做是行为人的作品，行为人将一定的想法、观念或情感通过构思、取舍、选择、安排、设计或组合在淫秽物品中表现出来。因而淫秽物品所具有的特征“诲淫性”，即是行为人在制作中的主观见之于客观的过程，是一种严重违背社会道德、破坏社会管理秩序的创作行为。二是通过某种方式，利用某种手段如编写、摄制、绘制、雕刻、研制、设计等手段，制作不同的淫秽物品。会因其载体不同或物质形式不同而有其特殊的手段。如制作淫具，就可能有设计、研制、试验、组装、生产等一系列行为方式；制作淫药，就可能有采集原料、配制、实验、生产等一系列行为方式。三是利用某种有形形式，即要有一定的载体或某种淫秽物品是一种实物。有形形式包括：文字形式，如书刊、报纸，以及剧本等；绘画形式，如图片；音像形式，如电影；摄影形式，如照片、电视、录像、录音，国际互联网也可看作是这一形式；实物形式，如雕塑、淫具、淫药等。淫秽物品具有有形形式，使之与非有形形式的淫秽行为（如表演），宣扬淫秽内容的口头作品区分开来，这也有利于正确界定罪与非罪，以及和其他罪的界限。四是制作行为能够产生一定的结果，即淫秽物品可能的或现实的被产生出来，见之于世。这也是行为人制作行为所追求的，因而也就与单纯的停留在意识活动范畴的构思、揣摩区分开来，对于后者是不能认为是犯罪的。

（2）复制淫秽物品的行为

所谓复制，指以印刷、复印、临摹、拓印、录像、翻录、翻拍等方式将某一物品制作多份的行为。复制淫秽物品，指对已有的淫秽物品进行仿造或重复制作，使之再现。其特征表现为：一是复制行为没有原创性或创作性。即行为人是对已有的淫秽物品进行仿造，而该淫秽物品可能是别人创作出来的或行为人已经创作出来的淫秽物品。例如翻录淫秽录像，就是利用一定的设备将已有的淫秽内容转录下来。行为没有原创性或创作性是复制行为的最显著的特征，从而将其与本罪中的制作淫秽物品的行为区分开来。二是复制行为往往具有重复性。即行为人利用同一的方式（有时可能运用几种方式）将已有的淫秽物品仿造为多个。这也是复制行为危险性的集中表现，行为人利用某种复制手段将淫秽物品的数量增多，为其广泛散播创造了可能。

（3）出版淫秽物品的行为

出版，指将作品编辑加工后，经过复制向公众发行。出版淫秽物品的行为，是指出版单位以合法名义编辑、印刷、发行淫秽书刊、图片和音像制品。其特征主要表现三个方面：一是行为主体是出版单位。即经国家出版管理部门审批登记，经所在地工商行政管理机关注册并领取了营业执照的出版单位，如各类出版社、杂志社、报社、音像出版社等。在我国，除国家批准的出版单位外，任何单位和个人不得出版在社会上公开发行的图书、报刊、音像出版物。因此，如果不是出版单位的其他单位、个人制作、发行淫秽书刊和音像制品，则应区分不同情形视为制作行为或复制行为。二是出版淫秽物品须以合法名义。出版单位在社会上公开发行出版物，是国家正式批准的，即享有合法的行政许可，因而其出版淫秽物品形式上是合法的，如具有国家统一的书号，其发行、流传也是公开的。当然，并不能因为其出版行为具有合法名义而否认其实质的违法，因而以合法名义出版的淫秽书刊、音像制品也是非法出版物，这与非出版单位和某些个人印制、发行淫秽出版物的行为没有什么本质上的不同，即都是为国家法律所禁止的。三是出版的淫秽物品限于出版物，即限于文字型、绘画型、摄影型、音像型淫秽物品，而对实物型淫秽物品则无所谓“出版”的。例如，淫秽的雕塑可能由制作工艺美术品的单位制作、复制，但其将之推向社会则不能认为是出版。

（4）贩卖淫秽物品的行为

贩卖淫秽物品的行为，指向特定的人或不特定的人有偿转让淫秽物品的行为，主要包括出售和交换两种方式。其特征有二：一是贩卖淫秽物品行为的对象是特定的或不特定的人。对特定人的贩卖行为，表现为行为人与该特定人具有较为固定的或长期的交易关系，如批发淫秽物品；对不特定人的贩卖行为，表现为行为人非固定性地向他人有偿转让淫秽物品，如零售淫秽物品。显然后者较前者具有更强的直接性和扩散性。二是贩卖淫秽物品的行为，直接以获得现实的对价为目的。

（5）传播淫秽物品的行为

传播，即广泛散布。传播淫秽物品的行为，是指以公开的或半公开的方式在一定范围内广泛散布淫秽物品的行为。其特征有：一是相对公开性。即在一定范围内不加隐蔽地向多数人散布。二是扩散性。即行为人利用同一个或同一种淫秽物品反复地、多次地向多数人散布。三是广泛性。即传播行为作用的范围是很广泛的，尤其本罪中行为人是以牟利为目的，其为牟利必然尽可能扩大传播面以赚取高额利润。四是方式的多样性。具体方式包括播放、出租、出借、承运、邮寄、携带等等。播放，一般指对音像型淫秽物品的传播，例如播放淫秽录像；出租，指收取一定的租金，让别人暂时使用淫秽物品，例如出租淫秽书刊，出租淫秽录像带或激光视盘；出借，指将淫秽物品借出以换取相应的对价，例如出借淫具；承运，即代为运输；邮寄指通过邮电部门传递；携带，指随身持有淫秽物品。近年来随着国际互联网的普及，一些不法分子利用互联网传播淫秽物品，其社会危害性更大且犯罪手段隐蔽，是一种新的传播方式。《全国人民代表大会常务委员会关于维护互联网安全的决定》第3条规定："为了维护社会主义市场经济秩序和社会管理秩序，对有下列行为之一，构成犯罪的，依照刑法有关规定追究刑事责任：（一）利用互联网销售伪劣产品或者对商品、服务作虚假宣传；（二）利用互联网损害他人商业信誉和商品声誉；（三）利用互联网侵犯他人知识产权；（四）利用互联网编造并传播影响证券、期货交易或者其他扰乱金融秩序的虚假信息；（五）在互联网上建立淫秽网站、网页，提供淫秽站点链接服务，或者传播淫秽书刊、影片、音像、图片。”

(6) 根据《最高人民法院关于审理非法出版物刑事案件具体应用法律若干问题的解释》的规定，以牟利为目的，实施本条第1款规定的行为，具有下列情形之一的，以制作、复制、出版、贩卖、传播淫秽物品牟利罪定罪处罚：(1) 制作、复制、出版淫秽影碟、软件、录像带50至100张（盒）以上，淫秽音碟、录音带100至200张（盒）以上，淫秽扑克、书刊、画册100至200副（册）以上，淫秽照片、画片500至1000张以上的；(2) 贩卖淫秽影碟、软件、录像带100至200张（盒）以上，淫秽音碟、录音带200至400张（盒）以上，淫秽扑克、书刊、画册200至400副（册）以上，淫秽照片、画片1000至2000张以上的；(3) 向他人传播淫秽物品达200至500人次以上，或者组织播放淫秽影、像达10至20场次以上的；(4) 制作、复制、出版、贩卖、传播淫秽物品，获利5000至1万元以上的。

(7) 根据《最高人民法院、最高人民检察院关于办理利用互联网、移动通讯终端、声讯台制作、复制、出版、贩卖、传播淫秽电子信息刑事案件具体应用法律若干问题的解释》的规定，以牟利为目的，利用互联网、移动通讯终端制作、复制、出版、贩卖、传播淫秽电子信息，具有下列情形之一的，依照刑法第363条第1款的规定，以制作、复制、出版、贩卖、传播淫秽物品牟利罪定罪处罚：(1) 制作、复制、出版、贩卖、传播淫秽电影、表演、动画等视频文件二十个以上的；(2) 制作、复制、出版、贩卖、传播淫秽音频文件一百个以上的；(3) 制作、复制、出版、贩卖、传播淫秽电子刊物、图片、文章、短信息等二百件以上的；(4) 制作、复制、出版、贩卖、传播的淫秽电子信息，实际被点击数达到一万次以上的；(5) 以会员制方式出版、贩卖、传播淫秽电子信息，注册会员达二百人以上的；(6) 利用淫秽电子信息收取广告费、会员注册费或者其他费用，违法所得一万元以上的；(7) 数量或者数额虽未达到第(1)项至第(5)项规定标准，但分别达到其中两项以上标准一半以上的；(8) 造成严重后果的。利用聊天室、论坛、即时通信软件、电子邮件等方式，实施第1款规定行为的，依照刑法第363条第1款的规定，以制作、复制、出版、贩卖、传播淫秽物品牟利罪定罪处罚。

利用互联网、移动通讯终端实施的淫秽电子信息犯罪的行为方式比较特殊，主要表现为对淫秽电子信息的合成、分拆、压缩、下载、上传、张贴、发送、发布等。但是，为了体现淫秽电子信息犯罪行为方式的非法性特征，《最高人民法院、最高人民检察院关于办理利用互联网、移动通讯终端、声讯台制作、复制、出版、贩卖、传播淫秽电子信息刑事案件具体应用法律若干问题的解释》仍然采用了《刑法》第363条第1款规定的制作、复制、出版、贩卖、传播等五种方式。其中，“制作”，主要是指对淫秽电子信息进行加工、改编、分拆、压缩等操作，使其在内容和形式上与原有的淫秽电子信息有所不同。例如，将多部片断合成为一部电影，将一部电影分拆成多个部分，将若干淫秽图片加工成一部动画，等等。“复制”，主要是指将原有的淫秽电子信息在不改变原有形式和内容的情况下使其在数量上有所增加。例如，将淫秽电影、图片下载到自己的计算机或者其他存储空间等。“出版”，主要是指将自己创作或他人创作的作品经过选择和编辑加工，登载在互联网上或者通过互联网发送到用户端，供公众浏览、阅读、使用或者下载的在线传播行为。例如，淫秽期刊每月向订户电子信箱发送淫秽期刊的行为等。“贩卖”，主要是指通过互联网出卖淫秽电子信息，以获取物质利益。例如，淫秽网站让用户交纳会员费，以便用户在线观看或者下载淫秽电子信息等。“传播”，主要是指将淫秽电子信息发送、张贴给他人或者公众，以扩大淫秽电子信息的影响范围。例如，将淫秽视频链接到互联网页面，将淫秽图片发送到论坛，在聊天室张贴淫秽文章，等等。实践中，绝大多数淫秽电子信息犯罪行为，都采用了传播方式，而且，同样的淫秽电子信息可以采用制作、复制、出版、贩卖、传播等不同的行为方式。

《最高人民法院、最高人民检察院关于办理利用互联网、移动通讯终端、声讯台制作、复制、出版、贩卖、传播淫秽电子信息刑事案件具体应用法律若干问题的解释》规定的淫秽电子信息犯罪，主要通过三个途径或者说三个平台实施。一是互联网；二是移动通讯终端，主要是手机和个人数字助理（PDA）；三是声讯台。利用互联网，犯罪分子可以贩卖、张贴、发送淫秽的电影、表演、动画、声音、照片、文章、短信息等各种电子信息。利用聊天室、论坛、即时通信软件、电子邮件等方式实施的淫秽电子信息犯罪行为，也属于利用互联网实施的犯罪。利用移动通讯终端实施的淫秽物品犯罪，主要是发送淫秽短信。随着彩屏、彩铃、照相、录像手机的出现，现在又出现了利用手机发送淫秽彩信，即带有图像、声音、文字的多媒体信息的现象。利用声讯台，犯罪分子主要是传播淫秽的语音信息。《最高人民法院、最高人民检察院关于办理利用互联网、移动通讯终端、声讯台制作、复制、出版、贩卖、传播淫秽电子信息刑事案件具体应用法律若干问题的解释》覆盖了通过三个途径实施的淫秽电子信息犯罪。

淫秽电子信息犯罪不同于传统的以实物为载体的淫秽物品犯罪，其行为方式和造成的社会危害都更为严重，因此，不宜适用原有关于淫秽物品犯罪的标准追究刑事责任，而应该适用符合淫秽电子信息犯罪特点的标准来追究刑事责任。基于此种考虑，《最高人民法院、最高人民检察院关于办理利用互联网、移动通讯终端、声讯台制作、复制、出版、贩卖、传播淫秽电子信息刑事案件具体应用法律若干问题的解释》第 8 条规定："利用互联网、移动通讯终端、声讯台贩卖、传播淫秽书刊、影片、录像带、录音带等以实物为载体的淫秽物品的，依照最高人民法院《关于审理非法出版物刑事案件具体应用法律若干问题的解释》的有关规定定罪处罚。"至于符合淫秽电子信息犯罪特点的以牟利为目的的淫秽电子信息犯罪的定罪量刑标准，《最高人民法院、最高人民检察院关于办理利用互联网、移动通讯终端、声讯台制作、复制、出版、贩卖、传播淫秽电子信息刑事案件具体应用法律若干问题的解释》在第 1 条、第 2 条进行了具体规定。

关于淫秽电子信息的数量标准。《最高人民法院、最高人民检察院关于办理利用互联网、移动通讯终端、声讯台制作、复制、出版、贩卖、传播淫秽电子信息刑事案件具体应用法律若干问题的解释》第1条第1款第（1）至第（3）项分别规定了制作、复制、出版、贩卖、传播淫秽电影、表演、动画等视频文件，淫秽音频文件，淫秽电子刊物、图片、文章、短信息等的定罪量刑标准。其中，第（1）项规定的淫秽电影、表演、动画等视频文件之间属于并列关系，三者均具有综合画面、声音、文字等多种表现形式的特点；第（3）项规定的淫秽电子刊物、图片、文章、短信息之间也属于并列关系，它们均具有通过静态的形式反映淫秽电子信息内容的特点。因此，《最高人民法院、最高人民检察院关于办理利用互联网、移动通讯终端、声讯台制作、复制、出版、贩卖、传播淫秽电子信息刑事案件具体应用法律若干问题的解释》将这些淫秽电子信息分别规定了统一的数量标准。即淫秽电影、表演、动画等视频文件20个以上，淫秽音频文件100个以上，淫秽电子刊物、图片、文章、短信息等200件以上。无论淫秽电影、表演、动画等视频文件的持续时间长短，是1个小时也好，是十几分钟也好，只要属于这类视频文件，就共同计算数量。1件淫秽期刊可能包括许多淫秽图片、文章，仍然按照1件计算。按件计算的淫秽期刊，与单独成张的淫秽照片、单独成篇的淫秽文章共同计算数量。

需要注意的是，制作、复制、出版、贩卖、传播五种行为方式之间属于并列关系，上述第（1）项列举的几类淫秽视频文件之间、第（3）项列举的几类淫秽电子信息之间也属于并列关系，在计算淫秽电子信息的数量时，要综合考虑这些并列关系，具体分析，不能一概而论。例如，行为人制作了20个动画视频文件，又将其传播的，视频文件的数量不能重复计算，只计算20个即可。再如，行为人复制了100张淫秽图片，又传播了150篇淫秽文章的，该类淫秽电子信息的数量应该累计计算，行为人共计复制、传播了250件淫秽电子信息。

关于淫秽电子信息的被点击数。根据《最高人民法院、最高人民检察院关于办理利用互联网、移动通讯终端、声讯台制作、复制、出版、贩卖、传播淫秽电子信息刑事案件具体应用法律若干问题的解释》第1条第1款第（4）项的规定，制作、复制、出版、贩卖、传播的淫秽电子信息，实际被点击数达到1万次以上，是追究行为人制作、复制、出版、贩卖、传播牟利罪刑事责任的情形之一。有一种观点认为，被点击数不能作为定罪量刑的标准，理由是：点击淫秽电子信息是他人的行为，不能以他人行为的结果作为影响自己行为性质及量刑幅度的标准，否则有客观归罪之嫌。另一种观点认为，被点击数可以作为标准，理由是：行为人制作、复制、出版、贩卖、传播淫秽电子信息，其目的就是希望更多的人来点击，以扩大影响，赚取更多的非法利益，无论他人点击次数多少，均没有超出行为人的主观意志以外。《最高人民法院、最高人民检察院关于办理利用互联网、移动通讯终端、声讯台制作、复制、出版、贩卖、传播淫秽电子信息刑事案件具体应用法律若干问题的解释》采纳了第二种观点。需要注意的是，《最高人民法院、最高人民检察院关于办理利用互联网、移动通讯终端、声讯台制作、复制、出版、贩卖、传播淫秽电子信息刑事案件具体应用法律若干问题的解释》采用了"实际被点击数"的提法。有些网站为了造势，将计数器设置为从某一个数字如10万次或者1万次开始；有些网页将计数器计数办法设置为别人点击一次计数器计数10次或者5次。还有人出于恶意，在短时间内疯狂计算点击他人的淫秽电子信息，甚至可以在几小时内点击数千次。在计算点击数时，这些虚增的、不正常的数量应该从被点击总数中减去。

关于两项以上半数标准。根据《最高人民法院、最高人民检察院关于办理利用互联网、移动通讯终端、声讯台制作、复制、出版、贩卖、传播淫秽电子信息刑事案件具体应用法律若干问题的解释》第1条第1款第（7）项的规定，"数量或者数额虽未达到第（1）项至第（6）项规定标准，但分别达到其中两项以上标准一半以上的"，也是追究行为人相应刑事责任的情形之一。例如，行为人以牟利为目的，制作了5个淫秽电影文件，传播了6个淫秽动画文件，同时吸收了100人成为注册会员，其数量虽未达到《最高人民法院、最高人民检察院关于办理利用互联网、移动通讯终端、声讯台制作、复制、出版、贩卖、传播淫秽电子信息刑事案件具体应用法律若干问题的解释》第1条第1款第（1）项规定的标准，也没有达到第（5）项规定的标准，但是分别达到了该两项标准的一半以上，就符合了第（7）项的要求，应该追究其刑事责任。

有些同志提出，互联网淫秽电子信息之所以泛滥成灾，很重要的一个原因就是指向淫秽电子信息的链接太多，任何人只要点击有关链接，就可以浏览、下载相应的淫秽电子信息，因此，提供淫秽电子信息的链接，与提供淫秽电子信息没有本质的不同，应该采用同样的定罪量刑标准。而有些同志提出，互联网之所以发展速度惊人，日新月异，很重要的一个原因就是网站、网页之间的相互链接。如果没有链接，网站就要成为孤岛，互联网也会失去现有的特性和功能。同时，网站和网页的所有人或者管理人，无法做到随时确保与其链接的网站和页面的内容完全合法，链接者可以任意改动自己网站和页面的内容。再者，一般网站上都有搜索引擎，虽然采取了过滤措施，可以将明显的淫秽内容过滤掉，但仍然难以确保搜索出来的内容完全合法，现有的技术水平根本做不到这一点。《最高人民法院、最高人民检察院关于办理利用互联网、移动通讯终端、声讯台制作、复制、出版、贩卖、传播淫秽电子信息刑事案件具体应用法律若干问题的解释》综合考虑了两个方面的因素，在第四条对此进行了规定，主要是加入了明知的主观要件，即"明知是淫秽电子信息而在自己所有、管理或者使用的网站或者网页上提供直接链接的，其数量标准根据所链接的淫秽电子信息的种类计算"。这样做，既可以有力打击提供直接指向淫秽电子信息的链接的犯罪行为，又尽可能地缩小打击面，避免打击扩大化。

至于淫秽链接的计算标准，要根据链接直接指向的淫秽电子信息的种类，分别按照《最高人民法院、最高人民检察院关于办理利用互联网、移动通讯终端、声讯台制作、复制、出版、贩卖、传播淫秽电子信息刑事案件具体应用法律若干问题的解释》第1条、第3条的有关标准执行。例如，行为人以牟利为目的，在自己的网页上添加了直接指向淫秽动画的链接20个，按照《最高人民法院、最高人民检察院关于办理利用互联网、移动通讯终端、声讯台制作、复制、出版、贩卖、传播淫秽电子信息刑事案件具体应用法律若干问题的解释》第1条第1款的规定，达到了其中第（1）项规定的淫秽动画的数量标准，就应该以传播淫秽物品牟利罪追究刑事责任。再如，行为人为了与他人交流，在某论坛里张贴了400个直接指向淫秽图片的链接，按照《最高人民法院、最高人民检察院关于办理利用互联网、移动通讯终端、声讯台制作、复制、出版、贩卖、传播淫秽电子信息刑事案件具体应用法律若干问题的解释》第3条第1款的规定，达到了第1条第1款第（3）项规定的淫秽电影数量标准两倍以上，就构成了传播淫秽物品罪。这里强调了“直接链接”，如果不是直接指向淫秽电子信息的链接，则不能按照这个标准掌握。

手机属于移动通讯终端的一种。亲友之间经常利用手机发送短信，有可能包括淫秽短信。构成犯罪时，定罪量刑的标准怎么掌握呢？根据《最高人民法院、最高人民检察院关于办理利用互联网、移动通讯终端、声讯台制作、复制、出版、贩卖、传播淫秽电子信息刑事案件具体应用法律若干问题的解释》的规定，以牟利为目的，利用手机发送淫秽短信200条以上，即构成传播淫秽物品牟利罪，可以处3年以下有期徒刑、拘役或者管制，并处罚金；发送1000条以上可以处3年以上10年以下有期徒刑；发送5000条以上，可以处10年以上有期徒刑直至无期徒刑。不以牟利为目的，利用手机发送淫秽短信400条以上，即构成传播淫秽物品罪。本罪只有一个量刑幅度，即2年以下有期徒刑、拘役或者管制。当然，利用手机实施的淫秽电子信息犯罪中比较常见的是淫秽短信，除此之外，发送淫秽电影、动画、语音、图片、文章等，符合《最高人民法院、最高人民检察院关于办理利用互联网、移动通讯终端、声讯台制作、复制、出版、贩卖、传播淫秽电子信息刑事案件具体应用法律若干问题的解释》规定的标准的，也构成犯罪。

与声讯台有关的犯罪行为，主要是通过声讯台传播淫秽的语音信息。实践中，一些声讯台为了牟取暴利，以“两性学堂”、“虚拟洞房”、“夫妻夜话”等名义，使用淫秽语言引诱他人拨打声讯电话，攫取高额话费。这种行为对拨打声讯电话者特别是未成年人的身心健康造成了严重危害，必须依法惩治。考虑到这种行为的牟利目的以及传播语音信息的特点，比较符合《刑法》第 363 条第 1 款的规定，应该以传播淫秽物品牟利罪追究刑事责任。据此，《最高人民法院、最高人民检察院关于办理利用互联网、移动通讯终端、声讯台制作、复制、出版、贩卖、传播淫秽电子信息刑事案件具体应用法律若干问题的解释》第 5 条第 1 款规定：“以牟利为目的，通过声讯台传播淫秽语言信息，具有下列情形之一的，依照《刑法》第 363 条第 1 款的规定，对直接负责的主管人员和其他直接责任人员以传播淫秽物品牟利罪定罪处罚：（一）向一百人次以上传播的；（二）违法所得 1 万元以上的；（三）造成严重后果的。”

实践中，有些声讯台经常传播淫秽语言信息，偶尔传播正当内容；反之，有些声讯台经常传播的是正当内容，偶尔也传播淫秽语音信息。我们认为，只有传播淫秽语音信息的行为，才是对社会有害的行为，才属于本罪惩罚的对象。因此，《最高人民法院、最高人民检察院关于办理利用互联网、移动通讯终端、声讯台制作、复制、出版、贩卖、传播淫秽电子信息刑事案件具体应用法律若干问题的解释》中规定的“向一百人次以上传播”，应当理解为向 100 人次以上传播了淫秽语音信息；“违法所得一万元以上”，应当理解为传播淫秽语音信息违法所得 1 万元以上。声讯台传播正当语音信息的次数以及由此获得的利益，不应当计算进来。①

3. 主体要件

本罪主体为一般主体。凡年满16周岁、具有刑事责任能力的自然人只要实施了制作、复制、出版、贩卖、传播淫秽物品的行为，都构成本罪的主体。企业、事业单位、国家机关、社会团体如果实施了制作、复制、出版、贩卖、传播淫秽物品的行为，亦构成本罪的主体。对单位犯本罪的，对其直接负责的主管人员和其他直接责任人员，依照本条的规定处罚，并对单位判处罚金。

4. 主观要件

本罪在主观方面表现为直接故意，即行为人（包括单位）知道或者应当知道是淫秽物品而进行制作、复制、出版、贩卖和传播。同时行为人在实施本罪的犯罪行为时还必须具有以牟利为目的，这是本罪不可缺少的主观因素。只要有此目的，无论是否获利、获利多少均不影响构成本罪。

（二）处罚

犯本罪的，处三年以下有期徒刑、拘役或者管制，并处罚金；情节严重的，处三年以上十年以下有期徒刑，并处罚金；情节特别严重的，处十年以上有期徒刑或者无期徒刑，并处罚金或者没收财产。

根据《最高人民法院关于审理非法出版物刑事案件具体应用法律若干问题的解释》的规定，以牟利为目的，实施本条第1款规定的行为，具有下列情形之一的，应当认定为制作、复制、出版、贩卖、传播淫秽物品牟利罪“情节严重”：(1) 制作、复制、出版淫秽影碟、软件、录像带250至500张（盒）以上，淫秽音碟、录音带500至1000张（盒）以上，淫秽扑克、书刊、画册500至1000副（册）以上，淫秽照片、画片2500至5000张以上的；(2) 贩卖淫秽影碟、软件、录像带500至1000张（盒）以上，淫秽音碟、录音带1000至2000张（盒）以上，淫秽扑克、书刊、画册1000至2000副

① 参见张军主编：《解读最高人民法院司法解释（新编本）刑事卷》，人民法院出版社2006年版，第478～483页。

（册）以上，淫秽照片、画片5000至1万张以上的；（3）向他人传播淫秽物品达1000至2000人次以上，或者组织播放淫秽影、像达50至100场次以上的；（4）制作、复制、出版、贩卖、传播淫秽物品，获利3万至5万元以上的。

以牟利为目的，实施本条第1款规定的行为，其数量（数额）达到前款规定的数量（数额）5倍以上的，应当认定为制作、复制、出版、贩卖、传播淫秽物品牟利罪“情节特别严重”。

二、为他人提供书号出版淫秽书刊罪

（一）概念及其构成

为他人提供书号出版淫秽书刊罪，是指违反国家规定，为他人提供书号、刊号，造成淫秽书刊出版的行为。

1. 客体要件

本罪所侵犯的客体是双重客体，首先，行为人违反国家对书号管理的规定，出卖或者向他人提供了国家标准书号，侵犯国家对书刊出版的管理活动。其次，当被出卖的书号用于出版淫秽书刊时，客观上又造成了淫秽物品的广泛传播，从而又进一步侵犯了社会管理秩序。

近年来，一些出版单位为了牟取暴利，不按国家规定，对书号申请人的身份、目的、书号的使用范围以及书稿的内容不进行认真审查，随意向他人提供书号，甚至公开出卖书号，致使大量淫秽书刊出版，在社会上蔓延，危害极大。所以，全国人大常委会《关于惩治走私、制作、贩卖、传播淫秽物品的犯罪分子的决定》第2条第2款将为他人提供书号、出版淫秽书刊的行为规定为犯罪，本法作本条规定，对于与这种犯罪作斗争，对于保证出版书刊的质量，维护正常的出版秩序，具有重要意义。

本罪的对象为淫秽书刊。（1）淫秽书刊与色情出版物不同。根据国家新闻出版署的规定，色情出版物是指在整体上不是淫秽的，但其中一部分内容有淫秽的成分，对人特别是未成年人的身心健康有影响，并且缺乏艺术价值和科学价值的出版物。提供书号出版色情出版物的，只是违法行为，不构成本罪。（2）正确划分淫秽书刊与“夹杂淫秽内容的出版物”。所谓“夹杂淫秽内容的出版物”是指在出版物中夹杂着低级庸俗，妨害社会公德，缺乏艺术或科学价值，会对青少年身心健康产生危害的内容，但尚不能定性为淫秽、色情的出版物，如描写性心理、性行为，宣传性自由、性开放的观念；具体描写腐化堕落行为，足以导致青少年仿效的；具体描写诱奸、通奸、淫乱、卖淫细节的；具体描写与性行为有关的梅毒、淋病、艾滋病等疾病，令普通人厌恶的等等。提供书号出版此类书刊，同样也只属于违法行为，不构成本罪。淫秽书刊与含淫秽、色情内容而具有艺术价值的文艺作品、表现人体美的美术作品、有关人体的解剖生理知识、生育知识、疾病预防和其他有关性知识、性道德自然科学和社会科学作品不同。对于后者根据1988年国家新闻出版署《关于认定淫秽及色情出版物的暂行规定》的规定，不属于淫秽、色情出版物。

2. 客观要件

本罪在客观方面表现为违反国家关于书号管理的各种规定，向单位或个人提供书号，造成淫秽书刊出版的后果。

所谓书号，是指中国标准书号，它是由一个国际标准书号（ISBN）和一个图书分类号两部分组成。其中，国际标准书号（ISBN）是中国标准书号的主体，可以独立使用。国际标准书号（ISBN）由组号（代表出版者的国家、地理区域、语种或其他分组特征，如中国的组号为7）、出版者（代表组区内的具体出版者，如人民出版社为01）、书名号（代表某出版者出版的具体出版物）和校验位（用以检查ISBN编号转录过程中的错误）组成。图书分类号由图书所属学校的分类号和该类号下的种次号两段组成。书号，是图书出版上市的通行证，任何书刊必须有统一的编号，才可以印刷、出版发行。

我国对书号的管理是非常严格的。依照国家规定，书号在一般情况下，只能由出版机构自己使用，只有在协作出版的情况下，才允许出版机构将书号提供给他人。国家对协作出版的目的、范围、对象和条件等都有一系列的严格规定。根据1988年5月新闻出版署与中宣部联合发出的《关于当前出版社改革的若干意见》、1989年1月新闻出版署发出的《关于协作出版、代印代发的补充规定》、1989年7月新闻出版署《关于在全国出版社整顿协作出版、代印代发的通知》以及1989年8月新闻出版署《关于出版社整顿协作出版、代印代发若干问题的补充说明》的规定，协作出版的目的是利用社会力量，扩大资金来源，以解决学术著作、自然科学和工程技术方面图书出版难的问题；其协作对象，限于国家科研、教学单位、机关和国有企业的事业单位，不能是集体和个人；协作出版的一个重要条件是书稿要经过出版社终审、终校。违反上述规定，无论是以协作出版的名义，还是以其他名义向他人提供书号都是违法的。

本罪在客观方面不仅要求违法向他人提供书号，还要求所提供的书号必须用于出版淫秽书刊。如果出版的不是淫秽书刊，则不构成本罪，如为自己的亲友、师长提供书号出版其著作（非淫秽书刊），虽然违反了有关书号的管理规定，但不构成犯罪。

根据《最高人民法院关于审理非法出版物刑事案件具体应用法律若干问题的解释》的规定，为他人提供书号、刊号、出版淫秽书刊的，依照本条第2款的规定，以为他人提供书号出版淫秽书刊罪定罪处罚。为他人提供版号，出版淫秽音像制品的，依照上述规定定罪处罚。明知他人用于出版淫秽书刊而提供书号、刊号的，依照本条第1款的规定，以出版淫秽物品牟利罪定罪处罚。

3. 主体要件

本罪的主体是一般主体，达到法定刑事责任年龄并具有刑事责任能力的自然人，以及单位均能成为本罪的主体。由于书号不被一般人或单位掌握，所以能够提供书号进而构成本罪的，主要为国家新闻出版单位及其工作人员。

此外，还有两种情况：（1）出版社主管部门的领导指令或变相指令将书号提供给他人；（2）接受出版社提供书号的人，又将书号提供给他人用以出版淫秽书刊。

4. 主观要件

本罪在主观方面表现为过失，即行为人对于其提供的书号被用于出版淫秽书刊是不明知的。如果行为人明知他人是用于出版淫秽书刊而为其提供书号，则行为人的行为构成出版淫秽书刊罪。但是，行为人对引起淫秽书刊出版的后果出于过失，而其提供书号的行为则是出于故意的。

（二）处罚

犯本罪的，处三年以下有期徒刑、拘役或者管制，并处或者单处罚金。

第三百六十四条　（传播淫秽物品罪、组织播放淫秽音像制品罪）

传播淫秽的书刊、影片、音像、图片或者其他淫秽物品，情节严重的，处二年以下有期徒刑、拘役或者管制。

组织播放淫秽的电影、录像等音像制品的，处三年以下有期徒刑、拘役或者管制，并处罚金；情节严重的，处三年以上十年以下有期徒刑，并处罚金。

制作、复制淫秽的电影、录像等音像制品组织播放的，依照第二款的规定从重处罚。

向不满十八周岁的未成年人传播淫秽物品的，从重处罚。

[相关规定]　**《最高人民法院关于审理非法出版物刑事案件具体应用法律若干问题的解释》**　（1998 年 12 月 23 日起施行　法释〔1998〕30 号）（节录）

第十条　向他人传播淫秽的书刊、影片、音像、图片等出版物达三百至六百人次以上或者造成恶劣社会影响的，属于“情节严重”，依照刑法第三百六十四条第一款的规定，以传播淫秽物品罪定罪处罚。

组织播放淫秽的电影、录像等音像制品达十五至三十场次以上或者造成恶劣社会影响的，依照刑法第三百六十四条第二款的规定，以组织播放淫秽音像制品罪定罪处罚。

［相关规定］　**《最高人民法院、最高人民检察院关于办理利用互联网、移动通讯终端、声讯台制作、复制、出版、贩卖、传播淫秽电子信息刑事案件具体应用法律若干问题的解释》**　（2004 年 9 月 6 日起施行　法释〔2004〕11 号）（节录）

第三条　不以牟利为目的，利用互联网或者移动通讯终端传播淫秽电子信息，具有下列情形之一的，依照刑法第三百六十四条第一款的规定，以传播淫秽物品罪定罪处罚：

（一）数量达到第一条第一款第（一）项至第（五）项规定标准二倍以上的；

（二）数量分别达到第一条第一款第（一）项至第（五）项两项以上标准的；

（三）造成严重后果的。

利用聊天室、论坛、即时通信软件、电子邮件等方式，实施第一款规定行为的，依照刑法第三百六十四条第一款的规定，以传播淫秽物品罪定罪处罚。

第六条　实施本解释前五条规定的犯罪，具有下列情形之一的，依照刑法第三百六十三条第一款、第三百六十四条第一款的规定从重处罚：

（一）制作、复制、出版、贩卖、传播具体描绘不满十八周岁未成年人性行为的淫秽电子信息的；

（二）明知是具体描绘不满十八周岁的未成年人性行为的淫秽电子信息而在自己所有、管理或者使用的网站或者网页上提供直接链接的；

（三）向不满十八周岁的未成年人贩卖、传播淫秽电子信息和语音信息的；

（四）通过使用破坏性程序、恶意代码修改用户计算机设置等方法，强制用户访问、下载淫秽电子信息的。

【释解】

本条是关于传播淫秽物品罪、组织播放淫秽音像制品罪的规定。

一、传播淫秽物品罪

（一）概念及其构成

传播淫秽物品罪，是指不以牟利为目的，在社会上传播淫秽的书刊、影片、录像带、录音带、图片或者其他淫秽物品，情节严重的行为。

1. 客体要件

本罪侵犯的客体是国家对淫秽物品的管理秩序。在社会上传播淫秽物品对于人民特别是青少年的身心健康会造成危害，也极易诱发违法犯罪活动。依法打击在社会上传播淫秽物品的犯罪行为，对于维护社会治安，净化社会空气，保护人民的身心健康，促进精神文明，无疑具有重要意义。

本罪的对象包括各种淫秽物品，如各种淫秽的书刊、报纸、画片、影片、录像带、录音带、淫秽玩具、娱乐用品以及印刷、雕刻有淫秽文字、图案的生活用品等等。传播方式既可以是直接传播赤裸裸的淫秽物品，也可以改头换面，在艺术品中故意加入淫秽情节，或者在小说中故意加入淫秽描写等。

2. 客观要件

本罪在客观方面表现为，传播淫秽的书刊、影片、音像、图片或者其他淫秽物品，情节严重的行为。

传播，即广泛散布。本罪中所指的“传播”具有以下几层含义：

（1）传播的内容既可以是淫秽物品的淫秽内容，也可以是包含有淫秽内容的淫秽物品（载体）。当然淫秽内容是不能脱离载体存在的，但在传播时可以表现为直接使被传播人接受淫秽物品记载或体现的内容，例如直接向观众播放淫秽影片、音像等的情形。（2）传播是在一定范围内进行的。传播行为通常表现为跨越一定的空间（如运输行为），被传播的内容往往从一点向多方向放射性的扩散，从而由一人或少数人所知而转为更大范围的人群所知悉。（3）传播对象通常为不特定或特定的多数人。向一人提供淫秽物品虽也可称之为“传播”，但除非造成严重的后果，一般不作犯罪处理。

应该注意本罪的“传播”与传播淫秽物品牟利罪的“传播”在具体方式上有所不同。例如，出租、有偿放映等以换取一定对价为目的的使用行为是不为本罪的“传播”所涵盖的。本罪的传播方式包括播放、出借、运输、携带、展览、发表等等。

（1）播放行为。播放行为一般指对音像型淫秽物品的传播。由于本条第2款将组织播放淫秽音像制品的行为独立成罪，因而这里所指的“播放”限于非组织性的播放行为。

（2）出借行为。即指出租人转移淫秽物品的占有，由借用人在一定时期内使用该淫秽物品的行为。在出借行为中，出借人即是传播人。本罪的出借行为，必须是不以牟利为目的的，行为人也不具有获取对价的目的。这里所称的“对价”，必须是财物和其他可消费性的有偿行为。

（3）运输行为。即指用交通工具将淫秽物品从一个地方运到另一个地方。对运输淫秽物品的行为，不能一概以传播淫秽物品论，而要分别情形对待：①行为人制造、复制、购买淫秽物品自己运输至某地，其目的在于传播的，则为传播淫秽物品；其目的在于贩卖的，则为贩卖淫秽物品；其目的在于自用的，则运输行为不能视为犯罪。②运输人是走私、制作、复制、出版、贩卖、传播淫秽物品并以牟利为目的的犯罪集团或一般共犯的成员，则其行为与集团犯罪或一般共犯形成一体，应以共同犯罪的性质确定其罪名。③运输人接受他人委托承运淫秽物品的，如果行为人明知是淫秽物品的，应视为与他人共同犯罪，按照行为目的不同，分别以传播淫秽物品牟利论或以传播淫秽物品论。④运输人不知也不可能知道其承运的是淫秽物品的，则不能以犯罪论处。

(4) 携带行为。即指行为人随身带有一定数量的淫秽物品。确认行为人携带淫秽物品是否构成犯罪，必须查明行为人的目的。如果行为人携带淫秽物品是以牟利为目的进而予以制造、复制、出版、贩卖、传播的，则根据目的行为的性质确定其触犯的犯罪即以制作、复制、出版、贩卖、传播淫秽物品牟利罪论处；如果行为人是以传播为目的而携带的，则以传播淫秽物品论；如果行为人携带淫秽物品是为自用的，则不能认为是犯罪。

(5) 展览行为。展览，即陈列以供他人观看。供展览的淫秽物品，通常为载有淫秽内容的绘画、摄影、雕塑等。展览行为，是一种静态的展示，这与播放不同，播放是一种动态的展示。通常展览行为是行为人将淫秽物品较为固定地置于一定的空间内，招揽或引诱不特定的或特定的多数人前来观看。展览行为按其是否以牟利为目的，可分为牟利的展览和非牟利的展览，由于行为目的不同，其可能触犯的犯罪性质也不同，前者可能构成传播淫秽物品牟利罪，而后者可能触犯传播淫秽物品罪。

(6) 发表行为。发表，即公之于众，公之于不特定的多数人。根据我国著作权法第10条规定，发表权是著作权人享有的一项重要的人身权利，即决定作品是否公之于众的权利。由于淫秽物品是为法律所禁止的，自然淫秽物品的创作人是不能享有著作权，因而发表权也无从谈起。但对淫秽物品的发表行为，作为一种事实行为是存在的，即行为人在创作完成淫秽物品后，通过一定方式向不特定的多数人传播，以使他人获知其传播的淫秽内容的行为。可以利用的发表方式，包括出版、张贴、发送等等，利用因特网传播自己创作的淫秽物品也可视为一种发表行为。对于行为人是以牟利为目的，如利用出版形式的发表行为，因其既是创作人，又是出版人或传播人，则应视为制作、出版、传播淫秽物品牟利的行为，如果行为人制作后并不牟利，而是出于腐化他人道德情操或满足自己的某种欲望，则只能视为传播淫秽物品的行为。例如，甲创作出一幅带有淫秽内容的绘画，甲认为其作品极富刺激性，于是复印多份予以广泛张贴，此即为发表淫秽物品的行为，但因不具牟利目的，应以传播淫秽物品罪论。

（7）邮寄行为。即指通过邮电部门传递淫秽物品，如利用信件夹带，邮递包裹等。邮寄作为传播淫秽物品的方式在实践中也比较多见，其也根据行为人主观上是否牟利分为牟利的邮寄行为和不牟利的邮寄行为，前者可构成传播淫秽物品牟利罪，后者可构成传播淫秽物品罪。

（8）利用计算机网络技术的传播行为。《计算机信息网络国际联网安全保护管理办法》第 5 条的规定，任何单位和个人不得利用国际联网制作、复制、查阅和传播淫秽的信息。根据该办法第 20 条规定，如果行为人有这种行为，情节较轻的给予行政处罚；构成犯罪的，依法追究刑事责任。《全国人民代表大会常务委员会关于维护互联网安全的决定》第 3 条规定："为了维护社会主义市场经济秩序和社会管理秩序，对有下列行为之一，构成犯罪的，依照刑法有关规定追究刑事责任：（一）利用互联网销售伪劣产品或者对商品、服务作虚假宣传；（二）利用互联网损害他人商业信誉和商品声誉；（三）利用互联网侵犯他人知识产权；（四）利用互联网编造并传播影响证券、期货交易或者其他扰乱金融秩序的虚假信息；（五）在互联网上建立淫秽网站、网页，提供淫秽站点链接服务，或者传播淫秽书刊、影片、音像、图片。"利用网络技术传播淫秽物品，也可分牟利的和非牟利的。牟利的以网络技术传播淫秽物品，通常是行为人利用一定网址，并通过网址向外传播，而收看人在收看前必须交纳一定的费用，用电话记费和电子拨付的方式转到传播人的账户上；非牟利的以网络技术传播淫秽物品，行为人则不以收取费用为目的，例如向他人发送电子邮件即属此种情形。

根据《最高人民法院、最高人民检察院关于办理利用互联网、移动通讯终端、声讯台制作、复制、出版、贩卖、传播淫秽电子信息刑事案件具体应用法律若干问题的解释》的规定，不以牟利为目的，利用互联网或者移动通讯终端传播淫秽电子信息，具有下列情形之一的，依照刑法第364条第1款的规定，以传播淫秽物品罪定罪处罚：(1)数量达到第1条第1款第(1)项至第(5)项规定标准二倍以上的；(2)数量分别达到第1条第1款第(1)项至第(5)项两项以上标准的；(3)造成严重后果的。利用聊天室、论坛、即时通信软件、电子邮件等方式，实施第一款规定行为的，依照刑法第364条第1款的规定，以传播淫秽物品罪定罪处罚。

此外，必须是“情节严重”的才构成此罪。根据《最高人民法院关于审理非法出版物刑事案件具体应用法律若干问题的解释》第10条第1款规定：“向他人传播淫秽的书刊、影片、音像、图片等出版物达三百至六百人次以上或者造成恶劣社会影响的，属于‘情节严重’，依照刑法第三百六十四条第一款的规定，以传播淫秽物品罪定罪处罚。”

3. 主体要件

本罪的主体为一般主体，即达到法定刑事责任年龄并具有刑事责任能力的自然人。具体地讲，本罪的自然人主体，应当是年满16周岁、具有刑事责任能力的人。单位传播淫秽物品的，其承担刑事责任的主体除单位外，还有其直接负责的主管人员以及其他的直接责任人员。

4. 主观要件

本罪在主观方面表现为故意，但行为人不必出于牟利目的。所谓故意，即明知传播的对象是国家法律明令禁止传播的淫秽物品，仍然在社会上传播。一定情况下，间接故意也可以构成，比如行为人自己观看淫秽物品，对于他人围观不闻不问，因而造成恶劣影响的，即可按本罪论处。行为人的动机可能是多种多样的，如为了使他人分享刺激，或者以此讨好他人或引诱他人堕落等。过失不构成本罪，如果行为人因为工作责任心不强，粗心大意误将有淫秽内容的书刊、图片等传播出去的，不能以犯罪论处。

（二）认定

1. 本罪与非罪的界限

第一，严格认定淫秽物品的范围。根据本法第 367 条的规定精神，淫秽物品是指具体描绘性行为或者露骨宣扬色情的诲淫性的书刊、影片、录像带、录音带、图片及其他淫秽物品。有关人体生理、医学知识的科学著作不是淫秽物品；包含有色情内容的有艺术价值的文学、艺术作品不视为淫秽物品。

第二，严格掌握传播的概念。所谓传播，主要是指播放、出借、出租、运输、携带行为。对于个人收藏淫书淫画或者在亲友之间传播淫秽书刊、录像带的，应予以批评教育并收缴其淫秽物品，但不属于传播淫秽物品，不构成本罪。

第三，严格把握“情节严重”这一要件。本条规定，只有情节严重才构成犯罪。根据《最高人民法院关于审理非法出版物刑事案件具体应用法律若干问题的解释》第 10 条第 1 款规定：“向他人传播淫秽的书刊、影片、音像、图片等出版物达三百至六百人次以上或者造成恶劣社会影响的，属于‘情节严重’，依照刑法第三百六十四条第一款的规定，以传播淫秽物品罪定罪处罚。”对于没有社会上传播，只是在家庭成员之间、亲友之间传看淫秽物品，涉及范围较窄，后果较轻的；以及偶尔在社会上传播、传播的范围较窄、人数较少，没有造成严重后果的，一般不以犯罪论处，可进行批评教育或者给予治安管理处罚。

2. 本罪与制作、复制、出版、贩卖、传播淫秽物品牟利罪的界限

虽然本法第 363 条规定的制作、复制、出版、贩卖、传播淫秽物品牟利罪，与传播淫秽物品罪都有着相同的传播淫秽物品的内容，但两罪之间也有着明显的区别。这主要表现在：传播淫秽物品罪在主观上没有以牟利为目的，而制作、复制、出版、贩卖、传播淫秽

物品牟利罪必须有以牟利为目的。前罪作为一个新罪名而独立存在，其实际意义在于弥补后一罪在主观上限制过于严格的不足，使传播淫秽物品犯罪不论主观是否存在以牟利为目的都将受到刑罚的处罚。

（三）处罚

犯本罪的，处二年以下有期徒刑、拘役或者管制。向不满18周岁的未成年人传播淫秽物品的，从重处罚。

二、组织播放淫秽音像制品罪

（一）概念及其构成

组织播放淫秽音像制品罪，是指组织召集多人观看、收听并播映淫秽的电影、录像等音像制品的行为。

1. 客体要件

本罪侵犯的客体是社会管理秩序和社会风尚。组织、播放淫秽电影、录像等淫秽音像制品罪同其他有关淫秽物品犯罪一样，都不同程度地侵害了社会的管理秩序，腐蚀人们的心灵，毒化了社会良好的道德风尚，但本罪以其音像结合的特性，使淫秽内容的传播更加直观、更具刺激性，因而社会危害性也就更大，对社会管理秩序这一客体的侵害也就更为严重。

2. 客观要件

本罪在客观方面表现为组织播放淫秽电影、音像等淫秽音像制品的行为 。所谓“组织播放”，是指召集多人或多次播放淫秽电影、录像等音像制品的行为。这种行为可以在家庭中实施，也可以在社会上或单位里实施。具体地讲，所谓播放，就是以放映机、放（录）相机、录音机等机器来进行传播。但是，播放的方式并非组织播放淫秽音像制品罪所独有，在一定条件下，播放淫秽制品也可以构成传播淫秽物品罪。另外，由于本条对于本罪已明确限定是组织播放行为，因此，只向个别人播放或仅仅是参与观看等行为均不构成本罪。所谓“淫秽音像制品”，主要包括淫秽的电影、录像、幻灯片、录音带、激光唱片等。

根据《最高人民法院关于审理非法出版物刑事案件具体应用法律若干问题的解释》第 10 条第 2 款规定："组织播放淫秽的电影、录像等音像制品达十五至三十场次以上或者造成恶劣社会影响的，依照刑法第三百六十四条第二款的规定，以组织播放淫秽音像制品罪定罪处罚。"

3. 主体要件

本罪的主体是一般主体，即达到法定刑事责任年龄并具有刑事责任能力的自然人，亦即凡年满 16 周岁、具有刑事责任能力的自然人组织、播放淫秽电影、录像等淫秽音像制品的，都可能构成本罪。单位如果组织播放淫秽电影、录像等淫秽音像制品的，也可以构成本罪，应由单位及其主管人员和其他直接责任人员承担刑事责任。

4. 主观要件

本罪在主观方面表现为故意，过失不构成本罪，即明知是淫秽的电影、录像等淫秽音像制品而故意予以组织播放的。本罪不能含有以牟利为目的，如果组织播放淫秽电影、录像等淫秽音像制品是以营利为目的，则构成本法第 363 条所规定的制作、复制、出版、贩卖、传播淫秽物品牟利罪，而不是本罪。

（二）认定

1. 本罪与传播淫秽物品罪的界限

（1）两罪所规定的淫秽物品的范围不同。本罪规定的淫秽物品的范围只是淫秽电影、录像等音像制品，而传播淫秽物品罪所规定的范围不仅包括音像制品，而且还包括淫秽书刊、照片、扑克等其他淫秽物品。

（2）两罪的犯罪行为方式不同。本罪的犯罪行为方式要求具有组织播放的行为，即要有召集众人观看的行为，而传播淫秽物品罪的犯罪行为方式较前者多，它包括出借、出租、购买、传阅淫秽物品等多种传播行为方式。

（3）两罪的犯罪标准不同。本罪是行为犯，只要行为人组织实施了播放淫秽音像制品的行为，原则上就构成本罪，而传播淫秽物品罪则根据第363条的规定，只有在情节严重的情况下，才构成犯罪，即“情节严重”是构成此罪的条件之一。

2. 本罪与制作、复制、出版、贩卖、传播淫秽物品牟利罪的界限

两罪之间最大的区别在于主观上是否以牟利为目的，本罪不以牟利作为构成要件，而后者必须是以牟利为目的。

（三）处罚

犯本罪的，处三年以下有期徒刑、拘役或者管制，并处罚金；情节严重的，处三年以上十年以下有期徒刑，并处罚金。

制作、复制淫秽的电影、录像等音像制品组织播放的，从重处罚。

第三百六十五条　（组织淫秽表演罪）

组织进行淫秽表演的，处三年以下有期徒刑、拘役或者管制，并处罚金；情节严重的，处三年以上十年以下有期徒刑，并处罚金。

【释解】

本条是关于组织淫秽表演罪的规定。

一、概念及其构成

组织淫秽表演罪，是指组织进行淫秽表演的行为。

（一）客体要件

本罪侵犯的客体是社会道德风尚和社会治安秩序。在社会上组织淫秽表演对于人民的身心健康会造成危害，也极易诱发违法犯罪活动。依法打击组织淫秽表演的犯罪行为，对于维护社会治安，净化社会空气，保护人民的身心健康，促进精神文明，无疑具有重要意义。

淫秽表演者，既可以是男人，也可以是女人。

（二）客观要件

本罪在客观方面表现为组织他人当众进行色情淫荡、挑动人们性欲的形体或者动作表演。组织他人，表现为招揽安排表演人员、时间、场次、地点、编排动作节目等。当众进行，一般是指3人以上。淫秽表演，是指进行色情淫荡、挑动人们性欲的形体、动作表演，如裸体展露、裸体表现性情欲、性欲的各种形态、动作、模拟性动作等。

“情节严重”主要是指，多次地、经常地组织淫秽表演；虽然次数不多，但被传播的对象人数众多，造成的后果严重；在未成年人中传播，造成严重后果的等。

（三）主体要件

本罪的主体为一般主体，即达到法定刑事责任年龄并具有刑事责任能力的自然人。具体地讲，本罪的自然人主体，应当是年满16周岁、具有刑事责任能力的人。单位组织淫秽表演的，其承担刑事责任的主体除单位外，还有其直接负责的主管人员以及其他的直接责任人员。本罪的主体是淫秽表演的组织者，而非表演者，在实践中一般是文化娱乐场所、饮食服务行业的经营者，如歌厅、舞厅、夜总会的老板。

（四）主观要件

本罪在主观方面表现为故意，但行为人不必出于牟利目的。所谓故意，即明知淫秽表演是国家法律明令禁止的，仍然在社会上传播。实践中多为招揽顾客，进行盈利活动。不论是否以营利为目的，只要实施了组织淫秽表演的行为，即构成本罪。

二、认定

（一）本罪与组织播放淫秽音像制品罪的界限

两罪的犯罪客体、犯罪主体具有一致之处，主观上都表现为直接故意，在客观上都有组织行为，二罪具有很大的相似性。但两罪的区别亦是明显的，主要区别是组织内容的不同性。本罪组织的内容是淫秽表演，属于现场表演；而后罪组织的内容是播放淫秽音像制品，具体是指安排、策划、指挥他人播放或收看淫秽音像制品，行为人扮演的是“播放”的组织者的角色，而且，在本罪中，若没有组织行为，仅淫秽表演行为本身不构成犯罪；而在后罪中，若没有组织行为，播放淫秽音像制品的行为仍可构成传播淫秽物品牟利罪或传播淫秽物品罪。

在司法实践中，行为人在组织进行淫秽表演的同时，往往为了增强演出效果，配之以音乐、灯光或画面，而这些画面、音乐往往属于淫秽音像制品，因此，行为人在构成组织淫秽表演的同时，又构成了组织播放淫秽音像制品罪，由于二行为之间具有目的行为与手段行为的牵连关系，构成牵连犯，依牵连犯处断原则，应从一重罪从重处断，但二罪的法定刑幅度完全相同，这种情况下宜以目的行为构成的犯罪，即以组织淫秽表演罪定罪并从重处断，并可考虑适用组织淫秽表演罪“情节严重”情形的法定刑幅度。

（二）本罪与聚众淫乱罪的界限

聚众淫乱罪，是指行为人聚集男女多人进行集体淫乱的行为。由于聚众淫乱也可以出现于公开场合，而本罪在客观形式上也可以表现为男女多人公然在一起进行性交展示等淫乱活动，且两罪都具有组织性质，因而具有形式上的相似性。区分二罪的关键是：

1. 本罪中被组织者进行淫秽活动的目的在于表演，或者更确切地说，行为人将这些表演者组织起来，意在让他们进行淫秽表演，并由此决定了这种行为的公开性，即为组织内部以外的其他人能够看到、听到，且行为人主观上一般具有牟利的目的。而聚众淫乱罪尽管可以发生于公开场合，但聚众淫乱的行为并不在于进行表演供他人欣赏，而在于行为人以及参加淫乱活动的人自己的某种精神上的满足，以填补其精神空虚，不具有牟利的目的。

2. 在行为表现方式上，本罪中除进行性淫乱行为以外，常见的方式多为脱衣舞、裸体舞表演；而聚众淫乱罪中淫乱行为虽常伴有脱衣、裸体行为，但这种行为主要在于为淫乱服务，行为内容主要是男女性交以及其他有关淫秽下流的行为。

3. 在犯罪主体上，本罪只处罚淫秽表演的组织者，对淫秽表演者不予定罪处刑。而聚众淫乱罪处罚的则是首要分子或多次参加者。另外，本罪中组织者往往并不直接参与淫秽表演；而在聚众淫乱罪中，首要分子一般直接参与淫乱活动。

司法实践中，行为人在组织他人进行淫乱活动的同时又组织他人进行观看的，此种情况下，行为人虽有两个犯意，但只充足地构成一个组织淫秽表演罪，因为，若将聚众淫乱的行为单独抽出，组织淫秽表演罪中，仅有组织观众的行为无以成立犯罪，而即使没有组织观众观看的行为，则行为人已单独地构成聚众淫乱罪，结合两方面考虑，宜以组织淫秽表演罪定罪。

三、处罚

犯本罪的，处三年以下有期徒刑、拘役或者管制，并处罚金；情节严重的，处三年以上十年以下有期徒刑，并处罚金。

第三百六十六条　（单位犯本节各罪的处罚）

单位犯本法第三百六十三条、第三百六十四条、第三百六十五条规定之罪的，对单位判处罚金，并对其直接负责的主管人员和其他直接责任人员，依照各该条的规定处罚。

【释解】

本条是关于单位犯本节各罪的处罚的规定。

一、单位犯制作、复制、出版、贩卖、传播淫秽物品牟利罪的处罚

以牟利为目的，制作、复制、出版、贩卖、传播淫秽物品的，构成制作、复制、出版、贩卖、传播淫秽物品牟利罪，对单位判处罚金，并对其直接负责的主管人员和其他直接责任人员，处三年以下有期徒刑、拘役或者管制，并处罚金；情节严重的，处三年以上十年以下有期徒刑，并处罚金；情节特别严重的，处十年以上有期徒刑或者无期徒刑，并处罚金或者没收 财产。

二、单位犯为他人提供书号出版淫秽书刊罪的处罚

为他人提供书号，出版淫秽书刊的，构成为他人提供书号出版淫秽书刊罪，对单位判处罚金，并对其直接负责的主管人员和其他直接责任人员，处三年以下有期徒刑、拘役或者管制，并处或者单处罚金。

三、单位犯传播淫秽物品罪的处罚

传播淫秽的书刊、影片、音像、图片或者其他淫秽物品，情节严重的，构成传播淫秽物品罪，对单位判处罚金，并对其直接负责的主管人员和其他直接责任人员，处二年以下有期徒刑、拘役或者管制。

四、单位犯组织播放淫秽音像制品罪的处罚

组织播放淫秽的电影、录像等音像制品的，构成组织播放淫秽音像制品罪，对单位判处罚金，并对其直接负责的主管人员和其他直接责任人员，处三年以下有期徒刑、拘役或者管制，并处罚金；情节严重的，处三年以上十年以下有期徒刑，并处罚金。

制作、复制淫秽的电影、录像等音像制品组织播放的，从重处罚。

向不满十八周岁的未成年人传播淫秽物品的，从重处罚。

五、单位犯组织淫秽表演罪的处罚

组织进行淫秽表演的，构成组织淫秽表演罪，对单位判处罚金，并对其直接负责的主管人员和其他直接责任人员，处三年以下有期徒刑、拘役或者管制，并处罚金；情节严重的，处三年以上十年以下有期徒刑，并处罚金。

通过互联网、移动通讯终端、声讯台实施的淫秽电子信息犯罪行为，一般都是小规模的网站或者个人所为，其离不开大的互联网站、电讯经营机构、金融机构的参与。大的互联网站、电讯经营机构提供开办淫秽网站所需要的互联网接入服务、网络存储空间、服务器托管、通讯传输通道、手机代收费等帮助条件，金融机构提供银行转账、网上费用结算等帮助条件。一旦离开大的互联网站、电讯经营机构、金融机构的帮助，淫秽网站几乎不可能收取费用，甚至不可能开办下去。大的互联网站、电讯经营机构、金融机构明知淫秽网站实施淫秽电子信息犯罪行为，仍然提供上述帮助条件的，其帮助行为就成为淫秽电子信息犯罪行为的组成部分，就应该按照共同犯罪的规定来追究直接责任人员的刑事责任。

一般来说，构成共同犯罪的是大的互联网站、电讯经营机构、金融机构的个别人员，例如，为淫秽网站提供技术维护的大的互联网站的技术人员，移动运营商的具体经营人员，银行的网上业务部主管，等等。但是，《最高人民法院、最高人民检察院关于办理利用互联网、移动通讯终端、声讯台制作、复制、出版、贩卖、传播淫秽电子信息刑事案件具体应用法律若干问题的解释》并不仅仅限于这些直接负责的主管人员和其他直接责任人员。如果这些大的互联网站、电讯经营机构、金融机构明知他人实施淫秽电子信息犯罪行为，仍然提供上述帮助条件的，根据《刑法》第366条的规定，应该对单位按照共同犯罪论处，按照单位在共同犯罪中所起作用的大小，对单位判处罚金，并对其直接负责的主管人员和其他直接责任人员追究刑事责任。

第三百六十七条 （淫秽物品的界定）

本节所称淫秽物品，是指具体描绘性行为或者露骨宣扬色情的诲淫性的书刊、影片、录像带、录音带、图片及其他淫秽物品。

有关人体生理、医学知识的科学著作不是淫秽物品。

包含有色情内容的有艺术价值的文学、艺术作品不视为淫秽物品。

［相关规定］　**《国务院关于严禁淫秽物品的规定》**（1985年4月17日）

淫秽物品，毒害人们的思想，诱发犯罪，危害极大。为了保护广大人民特别是青少年的身心健康，维护社会治安，保证社会主义现代化建设的顺利进行，对各种淫秽物品必须严格查禁。为此，作如下规定：

一、对各种淫秽物品，不论是否以营利为目的，都必须严格禁止进口、制作（包括复制）、贩卖和传播。

二、查禁淫秽物品的范围是：具体描写性行为或露骨宣扬色情淫荡形象的录像带、录音带、影片、电视片、幻灯片、照片、图画、书籍、报刊、抄本，印有这类图照的玩具、用品，以及淫药、淫具。

三、查禁淫秽物品的工作，既要坚决、认真，又不要扩大范围。夹杂淫秽内容的有艺术价值的文艺作品，表现人体美的美术作品，有关人体的生理、医学知识和其他自然科学作品，不属于淫秽物品的范围，不在查禁之列。

四、海关要加强进出口环节的查禁工作。凡携带、邮寄或走私入境的淫秽物品，由海关一律予以没收，并可对当事人处以罚款。对情节严重的，由公安、司法机关依法惩处。

五、各地查禁淫秽物品的工作，在当地人民政府统一领导下，由公安、文化、教育、广播电视和工商行政管理等部门按照各自的分工，负责组织实施，并加强协作配合。

六、因工作需要进口的资料中，夹杂有淫秽内容的，如需要保留，应规定严格的借阅、使用制度，不许向无关人员扩散；如不需要保留，应上交公安部门处理。

七、涉外接待单位以及有关交通运输单位，如果发现外来人员遗留淫秽物品，应集中上交公安部门，单位和个人一律不准保存，更不准向其他单位或个人扩散。

八、查获的淫秽物品，除海关依法没收的由海关按规定销毁外，统交公安部门集中处理。

九、对于走私、制作、贩卖、组织传播淫秽物品，构成犯罪的，由司法机关依法惩处；未构成犯罪的，由主管部门根据情节轻重给予行政处分。

对向不满十八岁未成年人传播淫秽物品的，利用工作职务便利将没收的淫秽物品传播的，以及利用职权和所管理的设备复制或传播淫秽物品的，应依法从严惩处。

十、对观看淫秽录像、电影、电视的，应给予批评教育。对传看、传抄淫书、淫画的，应予以批评教育，有实物的应交出实物；对屡教屡犯的，由主管部门给予行政处分。

十一、本规定的实施办法，分别由公安部、文化部、教育部、广播电视部、工商行政管理局、海关总署制定。

十二、本规定自发布之日起施行。

［相关规定］ **《最高人民法院、最高人民检察院关于办理利用互联网、移动通讯终端、声讯台制作、复制、出版、贩卖、传播淫秽电子信息刑事案件具体应用法律若干问题的解释》** （2004年9月1日最高人民法院审判委员会第1323次会议 2004年9月2日最高人民检察院第十届检察委员会第26次会议通过 2004年9月3日最高人民法院公告公布 自2004年9月6日起施行 法释〔2004〕11号）（节录）

第九条 刑法第三百六十七条第一款规定的“其他淫秽物品”，包括具体描绘性行为或者露骨宣扬色情的诲淫性的视频文件、音频文件、电子刊物、图片、文章、短信息等互联网、移动通讯终端电子信息和声讯台语音信息。

有关人体生理、医学知识的电子信息和声讯台语音信息不是淫秽物品。包含色情内容的有艺术价值的电子文学、艺术作品不视为淫秽物品。

【释解】

本条是关于淫秽物品的界定的规定。

一、淫秽物品的概念和特征

淫秽物品是指具体描绘性行为或者露骨宣扬色情的诲淫性的书刊、影片、录像带、录音带、图片及其他淫秽物品。包含有色情内容的有艺术价值的文学、艺术作品不视为淫秽物品；有关人体生理、医学知识的科学著作不是淫秽物品。淫秽物品具有以下特征：

1. 整体淫秽性

淫秽性是淫秽物品的本质特征。淫秽物品必须是具体描绘性行为和露骨宣扬色情的物品。在程度上，淫秽物品表现为整体性淫秽，亦即物品从其基本内容、基本格调来看是淫秽的。基本内容是指淫秽物品以具体描写性行为和露骨宣扬色情为具体内容，且这种描写是整体的而不是局部的；基本格调是指淫秽物品格调低下，充满庸俗糜烂思想。在诲淫效果上，淫秽物品能“挑动人们的性欲，足以导致普通人腐化堕落”。应予说明的是，一些淫秽物品如淫药、淫具，并非具体描写性行为和露骨宣扬色情，但同样具有诲淫作用，因此也宜列入淫秽物品。

2. 违法性

违法性是指淫秽物品违反了国家有关法律法规。淫秽物品严重背离社会主义道德风尚，污染社会风气，毒害青少年身心健康，诱发其他犯罪，因此有关法律法规把它列为违法物品而禁止制作、贩卖、传播。具体而言，可从以下三方面来考察淫秽物品的违法性：第一，只要具有具体描绘性行为和露骨宣扬色情的，即为违法。这是从法律上对淫秽物品“质”的界定。第二，列举淫秽物品的具体表现形式。包括淫秽印刷制品，如淫秽书籍、报纸、杂志、画册、印刷宣传品、商标纸、扑克牌、图片、照片以及印刷有淫秽图画、文字的产品等；包括淫秽音像制品，如淫秽影片、录像带、录音带、唱片、唱盘、影碟等；还包括其他淫秽物品，如淫秽电脑磁盘和淫秽实物。第三，区分淫秽物品与一些正当合法性物品的界限。亦即把淫秽物品同描写男女正当爱情生活的书刊、图画、音像制品，宣传有关人体生理医学知识的书刊、图画、音像制品以及因工作需要制作裸体画、裸体塑像区分开来。

3. 具备一定的表现形式

淫秽物品之所以称作“物品”，缘于其具有一定的物质载体。有直接作用于人体方能发挥效能的，如淫药、淫具；有直接可视、可读的，如书刊、图片、照片、画册等；有间接可视、可读、可听即须借助必要装置设备工具方能可读可视可听的，如唱片、激光唱盘、录音带等。至于淫秽歌曲、淫秽表演，不具备实物形式，它们以特有的方式传播色情文化，虽然其能量不在淫秽物品之下，也完全符合“具体描绘性行为，露骨宣扬色情”等淫秽物品的基本特征，但因不具备物质载体，因此不宜将其列入淫秽物品。对此，本法第365条另作了专门规定。

二、淫秽物品的范围与种类

（一）淫秽物品的具体范围

1988年12月27日，新闻出版署发布《关于认定淫秽及色情出版物的暂行规定》，其中规定：

淫秽出版物是指在整体上宣扬淫秽行为，具有下列内容之一，挑动人们的性欲，足以导致普通人腐化堕落，而又没有艺术价值或者科学价值的出版物：

1. 淫亵性地具体描写性行为、性交及其心理感受；

2. 公然宣扬色情淫荡形象；

3. 淫亵性地描述或者传授性技巧；

4. 具体描写乱伦、强奸或者其他性犯罪的手段、过程或者细节，足以诱发犯罪的；

5. 具体描写少年儿童的性行为；

6. 淫亵性地具体描写同性恋的性行为或者其他性变态行为，或者具体描写与性变态有关的暴力、虐待、侮辱行为；

7. 其他令普通人不能容忍的对性行为的淫亵性描写。

（二）我国淫秽物品的具体种类

其一，淫秽出版物，包括淫秽印刷制品、淫秽音像制品、淫秽游戏软件。淫秽印刷制品指淫秽读物和淫秽图照。淫秽读物具体包括原版的境外淫秽书刊画报、境内出版社出版的外国、港澳淫秽色情小说、境内不法分子翻印制作的港澳小册子和中国古代淫秽书籍、淫秽宣传品、淫秽抄本等。淫秽图照指淫秽的裸体男女或男女性交、变态性行为的图片，包括平面的、立体的和可变形态的图片，以及附着于文娱、日常用品上的图片。淫秽音像制品具体包括诉诸听觉的淫秽录音带、唱片、激光唱盘和诉诸视觉和听觉的电影胶片、电视片、录像带、幻灯片、激光视盘等。淫秽游戏软件是以计算机和游戏机作为演示和传播媒介的新型淫秽物品，具有扩散迅速、传播隐蔽等特点。

其二，淫秽实物。淫秽实物是指实物本身即是淫秽物品，而非印有图画的实物。例如，展示男女生殖器或表现性交行为的造型，演示模拟性交的玩具等，即是淫秽实物。

其三，淫药、淫具。淫药指用于刺激人体性欲，增强性功能，提高性快感的各种药物。淫具指专门用于男女自慰或变态性行为的胶塑仿真男女生殖器，各种电动按摩器、振荡仪，或者用于增强性能力、增加性快感的淫具及其他为满足性欲用的特殊装置。

其四，淫秽电子信息。根据《刑法》第367条第1款的规定，具体描绘性行为或者露骨宣扬色情，并具有诲淫性，是判断淫秽物品的法定标准。该标准不以淫秽物品的载体形式如何而有所区别。无论载体形式是实物化的，还是电子化的，只要符合该法定标准，就应该属于淫秽物品。因此，《最高人民法院、最高人民检察院关于办理利用互联网、移动通讯终端、声讯台制作、复制、出版、贩卖、传播淫秽电子信息刑事案件具体应用法律若干问题的解释》第9条第

1 款规定："刑法第 367 条第 1 款规定的'其他淫秽物品'，包括具体描绘性行为或者露骨宣扬色情的诲淫性的视频文件、音频文件、电子刊物、图片、文章、短信息等互联网、移动通讯终端电子信息和声讯台语音信息。"第 2 款规定："有关人体生理、医学知识的电子信息和声讯台语音信息不是淫秽物品。包含色情内容的有艺术价值的电子文学、艺术作品不视为淫秽物品。"从理论上讲，语音信息也属于电子信息的一种，但是，为了突出淫秽电子信息犯罪的实施途径，《最高人民法院、最高人民检察院关于办理利用互联网、移动通讯终端、声讯台制作、复制、出版、贩卖、传播淫秽电子信息刑事案件具体应用法律若干问题的解释》在上述两款的定义中，将电子信息区分为互联网、移动通讯终端电子信息和声讯台语音信息。

在起草过程中，有人提出，这种表述还是有点模糊，对于什么是"露骨宣扬色情"，什么是"诲淫"，仍有进一步界定的需要。例如，可以将"露骨宣扬色情"界定为"是指以暴露、展示性器官、女性乳房，描绘性心理、性感受及其他动作等方式挑逗、刺激、诱导他人性欲方面的情绪"；将"诲淫"界定为"是指教唆、诱导他人进行淫秽色情活动"。但是，这些定义仍然相对模糊，很难说准确反映了对象的本质特征，而且其他法律、行政法规、规章也没有进一步规定，因此《最高人民法院、最高人民检察院关于办理利用互联网、移动通讯终端、声讯台制作、复制、出版、贩卖、传播淫秽电子信息刑事案件具体应用法律若干问题的解释》没有采纳这种观点。可以看出，《最高人民法院、最高人民检察院关于办理利用互联网、移动通讯终端、声讯台制作、复制、出版、贩卖、传播淫秽电子信息刑事案件具体应用法律若干问题的解释》对"其他淫秽物品"的定义，没有超出《刑法》的规定，只是表述得更符合非实物化的淫秽电子信息的特点而已。

有人说，黄色信息就是色情信息、淫秽信息，《最高人民法院、最高人民检察院关于办理利用互联网、移动通讯终端、声讯台制作、复制、出版、贩卖、传播淫秽电子信息刑事案件具体应用法律若干问题的解释》的打击面是否太大？我们认为，这种说法不太准确。《刑法》关于淫秽物品的规定，没有使用“色情物品”或者“黄色物品”的提法，只是使用了“淫秽物品”的提法。从法条和词义上理解，黄色的东西不一定就是色情的，其中还有非色情的内容；色情的东西也不一定就是淫秽的，只有露骨宣扬色情并具有诲淫性，才可以说达到了淫秽的层次。根据《最高人民法院、最高人民检察院关于办理利用互联网、移动通讯终端、声讯台制作、复制、出版、贩卖、传播淫秽电子信息刑事案件具体应用法律若干问题的解释》第9条第1款的规定，只有具体描绘性行为或者露骨宣扬色情的诲淫性的电子信息，才属于《刑法》第367条第1款规定的“其他淫秽物品”。虽然电子信息的表现形式很多，包括视频文件、音频文件、电子刊物、图片、文章、短信息等，但是，必须符合上述条件，才称得上淫秽电子信息。《最高人民法院、最高人民检察院关于办理利用互联网、移动通讯终端、声讯台制作、复制、出版、贩卖、传播淫秽电子信息刑事案件具体应用法律若干问题的解释》的适用对象，只是淫秽电子信息，而不是黄色电子信息。这样来看，《最高人民法院、最高人民检察院关于办理利用互联网、移动通讯终端、声讯台制作、复制、出版、贩卖、传播淫秽电子信息刑事案件具体应用法律若干问题的解释》的打击面不是太大，而是做到了不枉不纵，宽严适度。

（三）淫秽物品与非淫秽物品辨析

1. 区分淫秽物品与含有色情内容的具有艺术价值的文学艺术作品

对那些有少部分对性行为描写、色情内容或裸体镜头，但整体上格调高雅，具备文学艺术、科学研究价值的作品，不能将它们与淫秽物品等量齐观。这些作品，有的本身就是珍贵语言文化遗产，如《金瓶梅》、《三言二拍》、《查泰莱夫人的情人》等世界文学名著，其文学价值、艺术价值不可低估。又如一些表现人体美的美术作品如绘画、雕刻、摄影等，能给人们带来艺术享受，一定范围内传播无社会危害性。

2. 区分淫秽物品与有关人体生理、医学知识的科学著作

本条第 2 款明确规定："有关人体生理、医学知识的科学著作不是淫秽物品"。这类科学著作是生物科学、医学知识普及的必不可少的工具，其制作、销售和传播对提高医学水平、医药卫生知识具有积极的推动作用。因此，应受到法律的保护。

3. 区分淫药淫具与性药性具

淫药指用于刺激人体性欲，增加性功能，提高性快感的各种药物。淫具指专门用于男女自慰或变态性行为或增强性能力、性快感的特殊装置。其性质、目的、药性存在差异。应引起注意的是，性药性具与淫药淫具二者并无截然的界限，性药性具的不正当使用可能演化为淫药淫具。

4. 区分淫秽物品与色情物品

色情物品，按新闻出版署的解释，是指在整体上不是淫秽物品，但其中存在部分淫秽内容，对普通人特别是青少年身心健康有毒害作用，缺乏科学价值或艺术价值的物品。从广义上而言，淫秽物品包括色情物品。但鉴于有关法律法规已明确界定二者界限，因此，色情物品不属于淫秽物品。

第七章　危害国防利益罪

【本章概要】

本章从第368条至381条，共14条，规定危害国防利益罪。

一、概述及其构成

危害国防利益罪是指公民或者单位危害国防利益，依法应当受刑罚处罚的行为。国防利益，指国家为了防备和抵御侵略与颠覆，捍卫国家主权、领土完整和安全，而进行的军事及与军事有关的建设和斗争所拥有的特殊利益，具体包括国防自身安全、武装力量建设、国防物质基础、军事斗争、国防秩序等方面的利益。国防利益是为国家安全服务的，执行着特殊的使命，对国防利益进行侵害必然危及国家的安全。成立危害国防利益罪，须具备以下要件：

1. 本章犯罪所侵犯的客体是国防利益

2. 本章犯罪的客观方面表现为实施了危害国防利益的行为，可以是作为，也可以是不作为

例如阻碍军人执行职务罪就只能是以作为的方式实施，而战时拒绝、逃避服役罪则只能是以不作为的方式实施。另外，本章所规定的绝大多数犯罪是情节犯，只有具备“情节严重”的情形才构成犯罪；部分犯罪是结果犯；但也有部分犯罪是行为犯，一旦实施行为即构成犯罪，例如冒充军人招摇撞骗罪。应当注意的是本章所规定的某些犯罪在时间上有特殊要求，即只能发生于战时，例如战时拒绝军事征用罪，战时拒绝、故意延误军事订货罪等。

3. 本章犯罪的主体大部分是一般主体

但也有某些犯罪只能由特殊主体构成，例如战时拒绝、逃避征召或

军事训练罪的主体就只能是预备役人员。在犯罪主体为一般主体的犯罪中，某些犯罪的主体实际还是受到限制而不能是任意的一般主体，例如战时造谣扰乱军心罪，拒绝、逃避服役罪等罪的主体就只能是除军人以外的一般主体，而不能是军人，因为军人犯上述罪的，应当以军人违反职责罪一章中的战时造谣惑众罪、逃离部队罪等犯罪论处。另外，对于本章某些犯罪，本法规定只处罚首要分子和积极参加者而不是处罚所有危害行为实施者，例如聚众冲击军事禁区罪、聚众扰乱军事管理区秩序罪。单位也可以构成本章某些犯罪，如故意提供不合格武器装备、军事设施罪，非法生产、买卖军用标志罪等。

4. 本章犯罪的主观方面绝大部分只能由故意构成

但某些犯罪只能由过失构成，例如过失提供不合格武器装备、军事设施罪。

二、危害国防利益罪的种类

本章共规定了以下各罪：

1. 阻碍军人执行职务罪，是指以暴力、威胁方法阻碍军人依法执行职务的行为（第368条第1款）。犯阻碍军人执行职务罪的，处三年以下有期徒刑、拘役、管制或者罚金。

2. 阻碍军事行动罪，是指故意阻碍武装部队的军事行动，造成严重后果的行为（第368条第2款）。犯阻碍军事行动罪的，处五年以下有期徒刑或者拘役。

3. 破坏武器装备、军事设施、军事通信罪，是指行为人出于泄愤报复或者其他个人目的，破坏武器装备、军事设施、军事通信的行为（第369条第1款）。犯破坏武器装备、军事设施、军事通信罪的，处三年以下有期徒刑、拘役或者管制；破坏重要武器装备的，处三年以上十年以下有期徒刑；情节特别严重的，处十年以上有期徒刑、无期徒刑或者死刑。战时从重处罚。

4. 过失损坏武器装备、军事设施、军事通信罪，是指过失损坏武器装备、军事设施、军事通信的，处三年以下有期徒刑、拘役或者管制；（第369条第2款）。犯过失破坏重要武器装备、军事设施、军事通信的，处三年以上下有期徒刑或者拘役；造成特别严重后果的，处三年以上七年以下有期徒刑。

5. 故意提供不合格武器装备、军事设施罪，是指明知是不合格的武器装备、军事设施而提供给武装部队的行为（第 370 条第 1 款）。犯故意提供不合格武器装备、军事设施罪的，处五年以下有期徒刑或者拘役；情节严重的，处五年以上十年以下有期徒刑；情节特别严重的，处十年以上有期徒刑、无期徒刑或者死刑。单位犯本罪的，对单位判处罚金，并对其直接负责的主管人员和其他直接责任人员依照上述规定处罚。

6. 过失提供不合格武器装备、军事设施罪，是指违反武器装备、军事设施的质量管理规定，因为过失将不合格的武器装备、军事设施提供给武装部队，造成严重后果的行为（第 370 条第 2 款）。犯过失提供不合格武器装备、军事设施罪的，处三年以下有期徒刑或者拘役；造成特别严重后果的，处三年以上七年以下有期徒刑。

7. 聚众冲击军事禁区罪，是指聚众冲击军事禁区，严重扰乱军事禁区秩序的行为（第 371 条第 1 款）。犯聚众冲击军事禁区罪的，对首要分子，处五年以上十年以下有期徒刑；对其他积极参加的，处五年以下有期徒刑、拘役、管制或者剥夺政治权利。

8. 聚众扰乱军事管理区秩序罪，是指聚众扰乱军事管理区秩序，情节严重，致使军事管理区工作无法进行，造成严重损失的行为（第 371 条第 2 款）。犯聚众扰乱军事管理区秩序罪的，对首要分子，处三年以上七年以下有期徒刑；对于其他积极参加的，处三年以下有期徒刑、拘役、管制或者剥夺政治权利。

9. 冒充军人招摇撞骗罪，是指以谋取非法利益为目的，冒充军人招摇撞骗的行为（第 372 条）。犯冒充军人招摇撞骗罪的，处三年以下有期徒刑、拘役、管制或者剥夺政治权利；情节严重的，处三年以上十年以下有期徒刑。

10. 煽动军人逃离部队罪，是指煽动军人逃离部队，情节严重的行为（第 373 条）。本罪客观方面表现为煽动军人逃离部队的行为。所谓煽动，应当是指对不特定多人实施的宣传、鼓动的行为。仅仅唆使个别军人逃离部队的，不属于煽动，例如军人的亲友因故劝说特定军人逃离部队的。主观方面是故意，并有使军人脱离所在部队，不履行服兵役义务的目的。煽动军人逃离部队必须情节严重才构成犯罪。犯煽动军人逃离部队罪的，处三年以下有期徒刑、拘役或者管制。

11. 雇用逃离部队军人罪，是指明知是逃离部队的军人而雇用，情节严重的行为（第373条）。犯雇用逃离部队军人罪的，处三年以下有期徒刑、拘役或者管制。

12. 接送不合格兵员罪，是指在征兵工作中徇私舞弊，接送不合格兵员，情节严重的行为（第374条）。特殊主体，主要是负责征兵工作的人员，既包括地方武装部负责征兵工作的人员也包括部队派出的征兵工作人员。客观方面表现为在征兵工作中徇私舞弊，接送不合格兵员的行为。主观方面是故意，行为人明知所接送的兵员不合格，接送不合格兵员必须情节严重才构成犯罪。犯接送不合格兵员罪的，处三年以下有期徒刑或者拘役；造成特别严重后果的，处三年以上七年以下有期徒刑。

13. 伪造、变造、买卖武装部队公文、证件、印章罪，是指伪造、变造、买卖武装部队公文、证件、印章的行为（第375条第1款）。犯伪造、变造、买卖武装部队公文、证件、印章罪的，处三年以下有期徒刑、拘役、管制或者剥夺政治权利；情节严重的，处三年以上十年以下有期徒刑。

14. 盗窃、抢夺武装部队公文、证件、印章罪，是指以秘密手段窃取或者乘人不备，公然夺取武装部队公文、证件、印章的行为（第375条第1款）。犯盗窃、抢夺武装部队公文、证件、印章罪的，处三年以下有期徒刑、拘役、管制或者剥夺政治权利；情节严重的，处三年以上十年以下有期徒刑。

15. 非法生产、买卖军用标志罪，是指非法生产、买卖武装部队制式服装、车辆号牌等专用标志，情节严重的行为（第375条第2款）。犯非法生产、买卖军用标志罪的，处三年以下有期徒刑、拘役或者管制，并处或者单处罚金；单位犯本罪的，对单位判处罚金，并对其直接负责的主管人员和其他直接责任人员依照上述规定处罚。

16. 战时拒绝、逃避征召、军事训练罪，是指预备役人员在战时拒绝、逃避征召、军事训练，情节严重的行为（第376条第1款）。特殊主体，即预备役人员。客观方面表现为在战时拒绝、逃避征召、军事训练的行为。行为实施的时间必须是战时，否则不构成犯罪。主观方面是故意。战时拒绝、逃避征召、军事训练必须情节严重才构成犯罪。犯战时拒绝、逃避征召、军事训练罪的，处三年以下有期徒刑或者拘役。

17. 战时拒绝、逃避服兵役罪，是指公民战时拒绝、逃避服兵役，情节严重的行为（第376条第2款）。犯战时拒绝、逃避服兵役罪的，处二年以下有期徒刑或者拘役。

18. 战时故意提供虚假敌情罪，是指战时故意向武装部队提供虚假敌情，造成严重后果的行为（第377条）。犯战时故意提供虚假敌情罪的，处三年以上十年以下有期徒刑；造成特别严重后果的，处十年以上有期徒刑或者无期徒刑。

19. 战时造谣扰乱军心罪，是指战时造谣惑众，扰乱军心的行为（第378条）。犯战时造谣扰乱军心罪的，处三年以下有期徒刑、拘役或者管制；情节严重的，处三年以上十年以下有期徒刑。

20. 战时窝藏逃离部队军人罪，是指战时明知是逃离部队的军人而为其提供隐蔽住所、财物，情节严重的行为（第379条）。犯战时窝藏逃离部队军人罪的，处三年以下有期徒刑或者拘役。

21. 战时拒绝、故意延误军事订货罪，是指在战时无正当理由而拒绝或者故意延误军事订货，情节严重的行为（第380条）。犯战时拒绝、故意延误军事订货罪的，对单位判处罚金，并对其直接负责的主管人员和其他直接责任人员，处五年以下有期徒刑或者拘役；造成严重后果的，处五年以上有期徒刑。

22. 战时拒绝军事征用罪，是指战时拒绝军事征用，情节严重的行为（第381条）。犯战时拒绝军事征用罪的，处三年以下有期徒刑或者拘役。

第三百六十八条 （阻碍军人执行职务罪、阻碍军事行动罪）

以暴力、威胁方法阻碍军人依法执行职务的，处三年以下有期徒刑、拘役、管制或者罚金。

故意阻碍武装部队军事行动，造成严重后果的，处五年以下有期徒刑或者拘役。

[相关规定] 《**中华人民共和国国防法**》（1997 年 3 月 14 日第八届全国人民代表大会第五次会议通过）（节录）

第五十九条 军人应当受到全社会的尊重。

国家采取有效措施保护现役军人的荣誉、人格尊严，对现役军人的婚姻实行特别保护。

现役军人依法履行职责的行为受法律保护。

第九条 国家和社会对在国防活动中作出贡献的组织和个人，采取各种形式给予表彰和奖励。

违反本法和有关法律，拒绝履行国防义务或者危害国防利益的，依法追究法律责任。

【释解】

本条是关于阻碍军人执行职务罪、阻碍军事行动罪的规定。

一、阻碍军人执行职务罪

（一）概念及其构成

阻碍军人执行职务罪，是指非军职人员以暴力、威胁方法，妨碍阻挠军人依法执行职务的行为。

1. 客体要件

本罪侵害的客体是军职人员的正常执行职务活动。根据 1997 年 3 月 14 日通过的《中华人民共和国国防法》规定：“公民和组织应当支持国防建设，为武装力量的军事训练、战备勤务、防卫作战等活动提供便利条件或者其他协助。”“现役军人依法履行职责的行为受法律保护”。阻碍军人依法执行职务的行为，违反国防法规定的公民国防义务，直接危害国防利益。

本罪的犯罪对象是正在执行职务的军人，包括中国人民解放军的现役军官、文职干部、士兵及具有军籍的学员和中国人民武装警察部队的现役警官、文职干部、士兵及具有军籍的学员；执行军事任务的预备役人员和其他人员，以军人论。“预备役人员”，是指编入民兵组织或者经过登记服预备役的公民。“其他人员”，是指在军队和武警部队的机关、部队、院校、医院、基地、仓库等队列单位和事业单位工作的正式职员、工人，以及临时征用或者受委托执行军事任务的地方人员。这些人员执行的职务，是指军队条令、条例、规章制度以及上级决议、指示、命令所赋予军人的各项任务的活动，与军事利益以及国家利益、人民利益息息相关。他们在执行任务期间，被人民群众以暴力、威胁方法加以阻挠，就是妨害了军队各项任务的完成，破坏了有关军职人员正常执行活动，损害了国家的军事利益。

2. 客观要件

本罪在客观方面表现为行为人采用暴力或者威胁手段，阻碍军人依法执行职务。

所谓“暴力”，是指行为人对依法执行职务的军人的身体实施打击或者强制，例如拳打脚踢、或者用枪械、匕首、铁器、棍棒殴打，或者用绳索、铁丝、皮带捆绑等。实施暴力的结果，不仅使军人无法履行职务，而且有的还造成军人伤亡的后果。

所谓“威胁”，是指行为人以暴力相挟，实行精神强制、心理压制，使军人产生心理恐惧，不能或者无法履行职责、执行任务。威胁既可以当其面进行，也可以通过电话、书信、传真或第三人转告等方式进行，其企图加害的对象，既可以是军人本人，亦可以是军人亲属。

总之，暴力、威胁方法是本罪的重要特征。虽有阻碍执行职务的行为，但如果没有使用暴力、威胁方法，而只是对其进行顶撞、谩骂、不服从命令和指挥，则不能构成本罪。

行为人必须阻碍了军人依法执行职务。倘若没有阻碍其执行职务，如先企图阻碍但经做工作后能及时让其执行职务，则不构成本罪。所谓阻碍，是指行为人通过各种方法使军人不能正常地行使自己的职权，履行自己的职责，既可以表现为军人被迫停止、放弃自己所正在或需要执行的职务，亦可以表现为其被迫变更依法应当执行或者从事职务的内容。

阻碍军人依法执行职务，是指对军人依法执行职务造成障碍，使其不能顺利地执行职务，如推翻或者烧毁军车，从而使执行职务的军人受阻等等。依法执行职务，是指军人依照上级合法军事命令而执行职务。职务行为的“合法”是一个十分重要前提，因此，如果阻碍军人不合法的行为，则不能构成本罪。

3．主体要件

本罪主体为一般主体。凡达到刑事责任年龄、具备刑事责任能力的自然人均可成为本罪的主体。如果是军人阻碍执行军事职务，由于本法第426条作了特别规定，与本条形成法条竞合关系，对之应当依照特别法条即阻碍执行军事职务罪治罪科刑，而不按本罪定罪论处。

4．主观要件

本罪在主观方面表现为故意，即行为人明知对方系正在执行任务的军人，却故意以暴力、威胁方法加以阻挠，以致对方停止、放弃、变更执行职务，或者无法正常执行职务。过失不构成本罪，行为人阻碍军人执行职务的动机是多种多样的，有的是不服从管理，有的是逞能，有的是无端滋事，有的是为了报复，还有的是为了发泄私愤等。如果行为人不知对方是正在执行职务的，因其他原因以暴力殴打或以言语威胁的，则不构成本罪。

（二）认定

1. 区分阻碍军人执行职务罪与非罪的界限

判定一种阻碍军务的行为是否构成犯罪，一是要看行为人主观上有无故意阻挠军人执行职务的目的。如果属于对军人发牢骚、讲怪话、态度生硬，或者仅有一般嘲讽、辱骂，甚至轻微的顶撞行为，行为人并不希望对方停止、变更、放弃执行职务结果发生的，不应以犯罪论处；二是看客观上行为人是否实施了暴力、威胁手段，是否因此发生了军人停止、放弃、变更执行职务或无法执行职务的后果。如果行为人虽然实施了某种阻挠行为，但只是军人正常执行职务，或者对方虽然出现了停止、放弃、变更执行职务或者无法执行职务的结果，但与行为人的行为并无必然的因果关系，也不应以犯罪论处。

2. 因使用暴力方法犯本罪，致使军人重伤、死亡的，或者犯本罪时抢夺、抢劫军人枪支及其他武器装备的，应当按想象竞合犯处罚原则处理，即对行为人从一重罪处断。

走私人员以暴力、威胁方法阻碍边防军人依法缉私的，应对行为人按走私罪与阻碍军人执行职务罪数罪处罚。

3. 区分本罪与妨害公务罪的界限

两罪在主观心理状态方面是相同的，都是基于故意；在客观方面都是以暴力和威胁方法为犯罪手段，实施了阻碍执行职务的行为；二者主体相同，都是一般主体，即可以是任何达到法定刑事责任年龄、具有刑事责任能力的人。其区别主要在于侵害的客体不同。阻碍军人执行职务罪侵害的客体是军职任务的正常执行活动，侵害的对象是军人；妨害公务罪侵害的客体是社会管理秩序，侵害的对象是国家工作人员。

4. 区分本罪与扰乱社会秩序罪的界限

阻碍军人执行职务罪与扰乱社会秩序罪除在主体、主观心态、客观表现方式方面有相似之外，有明显的区别：

(1) 侵害的客体不同。前者侵害的客体是军人的正常执行职务活动，是国防利益，后者则是社会秩序。

（2）侵害的对象不同。前者侵害的对象，必须是军人，后者则是针对特定的机关、单位等。

（3）犯罪手段不尽相同。前者是使用暴力、威胁方法，后者的犯罪手段则是多种多样的，如暴力袭击、强行侵占、冲击、哄闹等。

（4）犯罪结果不同。前者不一定造成具体的危害结果，而后者必须是情节严重，使国家、军队、社会遭受严重损失的，才构成犯罪。

5．区分阻碍军人执行职务罪与阻碍执行军事职务罪的界限

阻碍执行军事职务罪，是指以暴力、威胁方法阻碍指挥人员或者值班、值勤人员执行职务的行为。两罪侵犯的直接客体相近，为国防利益、军事利益，犯罪行为、主观方面相同。其主要区别是犯罪对象不同。前者的犯罪对象是所有依法执行职务的军人，而后者的犯罪对象仅指依法执行职务中的指挥人员和值班、值勤人员。

（三）处罚

犯本罪的，处三年以下有期徒刑、拘役、管制或者罚金。

二、阻碍军事行动罪

（一）概念及其构成

阻碍军事行动罪，是指非军职人员采用各种非法手段，阻挠武装部队的军事行动，造成严重后果的行为。

1．客体要件

本罪侵犯的客体是武装部队的军事行动。1997 年 3 月 14 日公布的国防法第 22 条规定：中华人民共和国的武装力量，由中国人民解放军现役部队和预备役部队、中国人民武装警察部队、民兵组成。由此，武装部队包括解放军部队、武装警察部队或民兵组织。

本罪侵犯的对象是军事行动。军事行动，是指为达到一定政治目的而有组织地使用武装力量的活动。武装部队的军事行动，是为防备和抵抗武装侵略，防备和粉碎颠覆政府、分裂国家的阴谋，保卫国家主权、统一、领土完整和安全所进行的具体活动。在和平时期，表现为实施兵力的部署和调动，进行军事训练和演习，执行戒

严任务和处置突发性暴力事件等；在战争时期，表现为进行反侵略战争，参加战斗、战役。根据国防法的规定，公民应当为武装力量的军事训练、战备勤务、防卫作战等活动提供便利条件或者其他协助。阻碍武装部队军事行动造成严重后果的行为，违反了国防法规定的公民国防义务，严重妨碍了国防和军队建设。

2. 客观要件

本罪在客观方面表现为阻碍军事行动，造成严重后果的行为。

首先，要有阻碍军事行动的行为。所谓阻碍，既可以采取暴力、威胁的方法，如围攻、殴打、掷石块、抢夺枪支、砸毁车辆，以揭露隐私、毁坏财产、加害人身等相要挟等等，又可以采取非暴力、威胁方法，如设置路障、静坐躺卧等，既可以采取积极的作为方式，如设置路障，煽动群众围堵，在军事行动区域包括陆地、空中、水域构筑违法建筑或障碍物，在净空区设置影响飞行或观察的障碍物，在军事行动区域饮用水中投入有害的物质，停水、停电、停气，用电波干扰军事通讯或军用计算机工作，阻止部队通过等，又可以采取消极的不作为方式，如负责排除障碍的有关人员明知有障碍而不加排除造成军事行动阻碍。不论其采取何种方法，只要行为人的行为实质会造成军事行动的阻碍并且产生严重后果的，即可构成本罪。所谓军事行动，是指为达到一定政治目的而有组织地使用武装力量，即为军队 3 人以上战斗组织的军事活动，既包括和平时期的战争准备活动如兵力、兵器的部署和调配，预定战场如军事设施、工地的建设活动，军事训练及演习，平定叛乱、暴乱，实施戒严等，又包括战争时期的战争、战役及战斗等。如果所阻碍的不是上述军事行动，则不能构成本罪，构成犯罪，也应以他罪如阻碍军人执行职务罪等论处。

其次，必须因阻碍军事行动的行为造成了严重的后果才能构成本罪。虽有阻碍军事行动的行为，但没有造成实质损害或虽有实质损害或但不是严重损害，都不能以本罪论处。所谓严重后果，主要是指因其行为造成军事演习不能按期完成而造成重大影响或者重大经济损失的；贻误战机的；造成战役、战斗失利的；造成人员伤亡或非战斗减员的；造成武器装备严重损坏或大量损坏而无法形成战斗力的，等等。

3. 主体要件

本罪主体为一般主体。凡达到刑事责任年龄、具备刑事责任能力的自然人均可成为本罪的主体。

4. 主观要件

本罪在主观方面表现为故意，即明知是军事行动而仍决意阻碍。过失不能构成本罪。如果不知是在进行军事行动，则不能以本罪论处。当然，误认为是军人在依法执行职务而阻碍的，应构成阻碍军人执行职务罪。先不知道是军事行动但后来知道仍加以阻碍的，则应视为有本罪故意而可构成本罪。至于其动机，有的是出于某种政治目的，有的是为了维护个人自己的利益，有的是对军队不满，等等，但无论动机如何，均不会影响本罪成立。

（二）认定

1. 本罪与非罪的界限

行为人实施阻碍军事行动的方法，可以采用放火、决水、爆炸、投毒，破坏交通工具，破坏交通设施，破坏通讯设备，侵入国防建设领域的计算机信息系统，冲击军事机关，抢夺、抢劫枪支、弹药、爆炸物，杀人、伤害、绑架、非法剥夺人身自由等等，此时又会触犯其他罪名，对之应当以本罪与他罪中的一重罪处罚，而不实行数罪并罚。

本罪以故意阻碍武装部队军事行动，并造成严重后果作为犯罪构成要件。因此，过失阻碍武装部队军事行动不构成犯罪；虽然是故意阻碍武装部队军事行动，但未造成严重后果的，也不构成犯罪。从司法实践看，阻碍武装部队军事行动，往往由少数人煽动、蒙骗一些不明真相的人参与。对那些受蒙骗参与一般活动的人员，也不能按犯罪处理。

2. 本罪与阻碍军人执行职务罪的界限

两罪在犯罪主体、主观方面相同。其主要区别在于：

（1）犯罪对象不同，前者的犯罪对象是武装部队，后者的犯罪对象是军人，是武装部队中执行某一项任务的少数人。

（2）侵犯的客体不同。前者侵犯的直接客体是武装部队的军事行动，后者侵犯的直接客体是军人依法执行职务的活动。

（3）犯罪的客观方面不同。前者的犯罪手段可以多种多样，但采取什么手段并不是犯罪构成的要件，后者以采用暴力、威胁方法作为犯罪构成要件；前者以造成严重后果作为犯罪构成要件，后者则没有把行为造成的后果作为犯罪构成要件。

3. 以武装叛乱、暴乱方式阻碍军事行动的行为的性质的认定

以武装叛乱、暴乱方式阻碍军事行动，属于牵连犯，应按照处理牵连犯的原则，从一重罪处罚，即以武装叛乱、暴乱罪定罪处罚。如果在阻碍军事行动过程中，策动、勾引、收买武装部队人员进行叛乱，则应分别以阻碍军事行动罪和武装叛乱罪定罪处刑，并实行数罪并罚。

（三）处罚

犯本罪的，处五年以下有期徒刑或者拘役。

第三百六十九条[①]　（破坏武器装备、军事设施、军事通信罪、过失损坏武器装备、军事设施、军事通信罪）

破坏武器装备、军事设施、军事通信的，处三年以下有期徒刑、拘役或者管制；破坏重要武器装备、军事设施、军事通信的，处三年以上十年以下有期徒刑；情节特别严重的，处十年以上有期徒刑、无期徒刑或者死刑。

---

① 本条经《中华人民共和国刑法修正案（五）》（2005年2月28日）修正。原条文是："破坏武器装备、军事设施、军事通信的，处三年以下有期徒刑、拘役或者管制；破坏重要武器装备、军事设施、军事通信的，处三年以上十年以下有期徒刑；情节特别严重的，处十年以上有期徒刑、无期徒刑或者死刑。战时从重处罚。"

过失犯前款罪，造成严重后果的，处三年以下有期徒刑或者拘役；造成特别严重后果的，处三年以上七年以下有期徒刑。

战时犯前两款罪的，从重处罚。

[相关规定]　**《中华人民共和国军事设施保护法》**　(1990年2月23日第八届全国人民代表大会常务委员会第十二次会议通过）（节录）

第二条　本法所称军事设施，是指国家直接用于军事目的的下列建筑、场地和设备：

（一）指挥机关、地面和地下的指挥工程、作战工程；

（二）军用机场、港口、码头；

（三）营区、训练场、试验场；

（四）军用洞库、仓库；

（五）军用通信、侦察、导航、观测台站和测量、导航、助航标志；

（六）军用公路、铁路专用线，军用通信、输电线路，军用输油、输水管道；

（七）国务院和中央军事委员会规定的其他军事设施。

第四条　中华人民共和国的所有组织和公民都有保护军事设施的义务。

禁止任何组织或者个人破坏、危害军事设施。

任何组织或者个人对破坏、危害军事设施的行为，都有权检举、控告。

第三十一条　有下列行为之一的，依照刑法有关规定追究刑事责任：

（一）破坏军事设施的；

（二）盗窃、抢夺、抢劫军事设施的装备、物资、器材的；

（三）泄露军事设施秘密的，或者为境外的机构、组织、人员窃取、刺探、收买、非法提供军事设施秘密的。

［相关规定］　**《中华人民共和国人民防空法》**　（1996年10月29日第八届全国人民代表大会常务委员会第二十二次会议通过）（节录）

第九条　国家保护人民防空设施不受侵害。禁止任何组织或者个人破坏、侵占人民防空设施。

第二十七条　任何组织或者个人不得进行影响人民防空工程使用或者降低人民防空工程防护能力的作业，不得向人民防空工程内排入废水、废气和倾倒废弃物，不得在人民防空工程内生产、储存爆炸、剧毒、易燃、放射性和腐蚀性物品。

第五十一条　人民防空主管部门的工作人员玩忽职守、滥用职权、徇私舞弊或者有其他违法、失职行为构成犯罪的，依法追究刑事责任；尚不构成犯罪的，依法给予行政处分。

［相关规定］　**《中华人民共和国国防法》**　（1997年3月14日第八届全国人民代表大会第五次会议通过）（节录）

第五十二条　公民应当接受国防教育。

公民和组织应当保护国防设施，不得破坏、危害国防设施。

公民和组织应当遵守保密规定，不得泄露国防方面的国家秘密，不得非法持有国防方面的秘密文件、资料和其他秘密物品。

第九条　国家和社会对在国防活动中作出贡献的组织和个人，采取各种形式给予表彰和奖励。

违反本法和有关法律，拒绝履行国防义务或者危害国防利益的，依法追究法律责任。

[相关规定] **《国防交通条例》** （1995 年 2 月 24 日国务院、中央军事委员会发布）（节录）

第五十一条 有下列行为之一的，依照《中华人民共和国治安管理处罚条例》的有关规定给予处罚；构成犯罪的，依法追究刑事责任：

（一）扰乱、妨碍军事运输和国防交通保障的；

（二）扰乱、妨碍国防交通工程设施建设的；

（三）破坏国防交通工程设施的；

（四）盗窃、哄抢国防交通物资的。

[相关规定] **《最高人民法院关于审理危害军事通信刑事案件具体应用法律若干问题的解释》** （2007 年 6 月 18 日最高人民法院审判委员会第 1430 次会议通过 2007 年 6 月 26 日最高人民法院公告公布 自 2007 年 6 月 29 日起施行 法释〔2007〕13 号）

为依法惩治危害军事通信的犯罪活动，维护国防利益和军事通信安全，根据刑法有关规定，现就审理这类刑事案件具体应用法律的若干问题解释如下：

第一条 故意实施损毁军事通信线路、设备，破坏军事通信计算机信息系统，干扰、侵占军事通信电磁频谱等行为的，依照刑法第三百六十九条第一款的规定，以破坏军事通信罪定罪，处三年以下有期徒刑、拘役或者管制；破坏重要军事通信的，处三年以上十年以下有期徒刑。

第二条 实施破坏军事通信行为，具有下列情形之一的，属于刑法第三百六十九条第一款规定的“情节特别严重”，以破坏军事通信罪定罪，处十年以上有期徒刑、无期徒刑或者死刑：

（一）造成重要军事通信中断或者严重障碍，严重影响部队完成作战任务或者致使部队在作战中遭受损失的；

（二）造成部队执行抢险救灾、军事演习或者处置突发性事件等任务的通信中断或者严重障碍，并因此贻误部队行动，致使死亡3人以上、重伤10人以上或者财产损失100万元以上的；

（三）破坏重要军事通信三次以上的；

（四）其他情节特别严重的情形。

第三条　过失损坏军事通信，造成重要军事通信中断或者严重障碍的，属于刑法第三百六十九条第二款规定的“造成严重后果”，以过失损坏军事通信罪定罪，处三年以下有期徒刑或者拘役。

第四条　过失损坏军事通信，具有下列情形之一的，属于刑法第三百六十九条第二款规定的“造成特别严重后果”，以过失损坏军事通信罪定罪，处三年以上七年以下有期徒刑：

（一）造成重要军事通信中断或者严重障碍，严重影响部队完成作战任务或者致使部队在作战中遭受损失的；

（二）造成部队执行抢险救灾、军事演习或者处置突发性事件等任务的通信中断或者严重障碍，并因此贻误部队行动，致使死亡3人以上、重伤10人以上或者财产损失100万元以上的；

（三）其他后果特别严重的情形。

第五条　建设、施工单位直接负责的主管人员、施工管理人员，明知是军事通信线路、设备而指使、强令、纵容他人予以损毁的，或者不听管护人员劝阻，指使、强令、纵容他人违章作业，造成军事通信线路、设备损毁的，以破坏军事通信罪定罪处罚。

建设、施工单位直接负责的主管人员、施工管理人员，忽视军事通信线路、设备保护标志，指使、纵容他人违章作业，致使军事通信线路、设备损毁，构成犯罪的，以过失损坏军事通信罪定罪处罚。

第六条　破坏、过失损坏军事通信，并造成公用电信设施损毁，危害公共安全，同时构成刑法第一百二十四条和第三百六十九条规定的犯罪的，依照处罚较重的规定定罪处罚。

盗窃军事通信线路、设备，不构成盗窃罪，但破坏军事通信的，依照刑法第三百六十九条第一款的规定定罪处罚；同时构成刑法第一百二十四条、第二百六十四条和第三百六十九条第一款规定的犯罪的，依照处罚较重的规定定罪处罚。

违反国家规定，侵入国防建设、尖端科学技术领域的军事通信计算机信息系统，尚未对军事通信造成破坏的，依照刑法第二百八十五条的规定定罪处罚；对军事通信造成破坏，同时构成刑法第二百八十五条、第二百八十六条、第三百六十九条第一款规定的犯罪的，依照处罚较重的规定定罪处罚。

违反国家规定，擅自设置、使用无线电台、站，或者擅自占用频率，经责令停止使用后拒不停止使用，干扰无线电通讯正常进行，构成犯罪的，依照刑法第二百八十八条的规定定罪处罚；造成军事通信中断或者严重障碍，同时构成刑法第二百八十八条、第三百六十九条第一款规定的犯罪的，依照处罚较重的规定定罪处罚。

第七条 本解释所称“重要军事通信”，是指军事首脑机关及重要指挥中心的通信，部队作战中的通信，等级战备通信，飞行航行训练、抢险救灾、军事演习或者处置突发性事件中的通信，以及执行试飞试航、武器装备科研试验或者远洋航行等重要军事任务中的通信。

本解释所称军事通信的具体范围、通信中断和严重障碍的标准，参照中国人民解放军通信主管部门的有关规定确定。

【释解】

本条是关于破坏武器装备、军事设施、军事通信罪、过失损坏武器装备、军事设施、军事通信罪的规定。

一、破坏武器装备、军事设施、军事通信罪

（一）概念及其构成

破坏武器装备、军事设施、军事通信罪，是指以贪利、泄愤报复或者其他个人目的，故意破坏武器装备、军事设施、军事通信的行为。

1. 客体要件

本罪侵犯的客体是国防建设秩序。武器装备、军事设施、军事通信设备和器材是重要的国防资产，是部队战斗力的重要组成部分，是国防建设的重要内容。我国国防法规定："禁止任何组织或者个人破坏、损害和侵占国防资产。"我国军事设施保护法也明确规定："中华人民共和国的所有组织和公民，都有保护军事设施的义务，禁止任何组织或者个人破坏、危害军事设施。"故意破坏武器装备、军事设施、军事通信的行为，违反国防法律规定的公民国防义务，损害部队战斗力，削弱国防能力，危害国防安全。

本罪的犯罪对象，一是武器装备，它是武装部队直接用于实施和保障作战行动的武器、武器系统和军事技术器材的统称。包括冷兵器、枪械、火炮、火箭、导弹、弹药、爆破器材、坦克及其他装甲战斗车辆、作战飞机、战斗舰艇、鱼雷、水雷、生物武器、化学武器、核武器、通信指挥器材、侦察探测器材、军用测绘器材、气象保障器材、雷达、电子对抗装备、情报处理设备、军用电子计算机、野战工程机械、渡河器材、伪装器材"三防"装备、辅助飞机、勤务舰船、军用车辆等。二是军事设施，即国家直接用于军事目的的建筑、场地和设备，包括：指挥机关、地面和地下的指挥工程、作战工程；军用机场、港口、码头；营区、训练场、试验场；军用洞库、仓库；军用通信、侦察、导航、观测台站和测量、导航、助航标志；军用公路、铁路专用线、军用通信、输电线路、军用输油、输水管道；国务院和中央军委规定的其他军事设施。三是军用通信，即军队为实施指挥、运用通信工具或其他方法进行的信息传递，它是保障军队指挥的基本手段，如无线电通信、有线电通信、光通信、运动通信、简易信号通信等。

2. 客观要件

本罪在客观方面表现为破坏武器装备、军事设施或军事通信的行为。破坏，即毁灭和损坏，是指使武器装备、军事设施、军事通信全部或部分地丧失其正常功能。就方法而言多种多样，既可以采用诸如放火、决水、爆炸、投毒、散撒放射性物质等危险方法，又可以采用诸如发射信号干扰，盗用军用无线频率，故意违反操作规程，拆卸、安装某种能引起武器装备、军事设施、军事通信失去效能的器材等技术手段，还可以采取诸如摧毁、砸击、挖掘、碰撞等暴力以及盗窃正在使用中的通信设备、电缆电线等其他手段。既可以表现为作为，又可以表现为不作为，如故意不履行保管、维修义务而使其遭受破坏。只要属于本质上的破坏，无论其方式如何，均对构成本罪没有影响。

3．主体要件

本罪的主体为一般主体。凡达到刑事责任年龄、具备刑事责任能力的自然人均能成为本罪的主体。

4．主观要件

本罪的主观方面表现为故意，即明知是武器装备、军事设施、军事通信，但出于贪利图财、泄愤报复或者敌意，仍然进行破坏，对其危害国防建设的后果持希望或者放任的态度。过失不构成本罪。

（二）认定

1．区分本罪与破坏交通设备罪、破坏易燃易爆设备罪、破坏广播电视、公用电信设施罪的界限

他们在犯罪的主体、对象、犯罪的手段、犯罪的故意等方面有相同之处。其主要区别在于：

（1）本罪属于危害军事利益的犯罪，而后几种罪是危害公共安全的犯罪。

（2）本罪破坏的对象只限于军事设施，而后几种罪破坏的对象不限于军事设施。因此，凡是行为人故意破坏军事设施，即使客观上也危害公共安全，仍应以破坏军事设施罪论处。

2．本罪与故意毁坏财物罪的界限

本罪是一种比故意毁坏公私财物罪的危害大得多的犯罪。它的

严重性不仅仅在于被破坏的武器装备、军事设施、军事通信的财产价值,而是在于这种破坏行为能够使武器装备丧失其应有的效能,从而严重影响我军的战备和战斗能力。其主要区别是:

(1) 侵犯的客体不同。本罪侵犯的客体是与武器装备的使用能力相联系的军事利益;而后者侵犯的客体是公私财物的所有权。

(2) 本罪破坏的是特定对象,即武器装备、军事设施、军事通信;后者破坏的对象,是各种公私财物。据此,非军职人员破坏武器装备、军事设施、军事通信以外的一般财物,如生活用品、办公设备等,或者破坏武器装备、军事设施、军事通信的局部,并不影响其使用的,应依故意毁坏财物论处。

3. 因盗窃而引起破坏武器装备、军事设施、军事通信的行为的定性

当前,因盗窃财物造成武器装备、军事设施、军事通信被破坏的现象比较普遍,这类犯罪属于牵连犯。在认定时,首先要根据因盗窃所破坏的武器装备、军事设施、军事通信的重要程度、犯罪情节、所盗物品的价值,分别确定破坏武器装备、军事设施、军事通信罪与盗窃罪应当适用的法定刑,然后按照重罪吸收轻罪的原则定罪处罚。

4. 用放火、爆炸等危险方法破坏武器装备、军事设施、军事通信的行为的定性

用放火、爆炸等危险方法破坏武器装备、军事设施、军事通信,属于牵连犯,应按照重罪吸收轻罪的原则,以放火罪、爆炸罪定罪处罚。

(三) 处罚

依照本条的规定,犯破坏武器装备、军事设施、军事通信罪的,处三年以下有期徒刑、拘役或者管制;破坏重要武器装备、军事设施、军事通信的,处三年以上十年以下有期徒刑;情节特别严重的,处十年以上有期徒刑、无期徒刑或者死刑。战时从重处罚。

在适用本条规定处罚时,应当注意以下几点:

1. 武器装备、军事设施、军事通信设施和设备价值相差悬殊。量

刑时，主要应考虑犯罪行为对国防利益危害的大小，结合犯罪动机、手段和给国家财产造成的经济损失，正确适用刑罚。

2. 重要武器装备，是指部队的主要武器装备和其他在作战中急需或者必不可少的武器装备，包括各种导弹、飞机、作战舰艇、登陆舰、1000 吨以上辅助船、坦克装甲车辆、85 毫米以上口径地面火炮、岸炮、高炮、雷达、声纳、指挥仪、15 瓦以上电台、电子对抗装备、舟桥、60 千瓦以上的工程机械、汽车、陆军船艇等。重要军事设施，是指指挥中心、大型作战工程，各类通信、导航、观测枢纽，机场、港口、码头，大型仓库、输油管道、军用铁路线等对作战具有重要作用的设施。重要军事通信，是指军事首脑机关及重要指挥中心的通信，部队作战中的通信，等级战备通信，飞行航行训练、抢险救灾、军事演习或者处置突发性事件中的通信，以及执行试飞试航、武器装备科研试验或者远洋航行等重要军事任务中的通信。根据本条的规定，破坏重要武器装备、军事设施、军事通信的，量刑时，除情节特别严重外，应在三年以上十年以下有期徒刑幅度内确定。

3. 破坏武器装备、军事设施、军事通信“情节特别严重”，是指致使重要武器装备报废的；造成重要军事设施丧失使用效能的；战时破坏重要武器装备、军事设施、军事通信的；因破坏武器装备、军事设施、军事通信致使战斗、战役遭受重大损失的；造成伤亡多人或者重大经济损失的等。

4. 对战时破坏武器装备、军事设施、军事通信的行为必须从重处罚。本条规定本罪“战时从重处罚”。因此，在对具体案件量刑时，首先要考虑在法定刑幅度内从重判处。

二、过失损坏武器装备、军事设施、军事通信罪

（一）概念及其构成

过失损坏武器装备、军事设施、军事通信罪，是指过失破坏武器装备、军事设备、军事通信的行为。

1. 客体要件

本罪侵犯的客体是国防建设秩序。

我国目前的军事通信手段主要分为无线通信、有线通信和运动通信三大类。有线通信又分为电缆通信和光缆通信。国防通信光缆建设从20世纪80年代开始，经90年代以来的快速发展，已基本替代电缆通信。目前破坏军事通信设施的活动，主要是针对有线通信设施。在我国有线军事通信设施发展的不同阶段，破坏活动也呈现出不同特点。在60年代，有线通信线路以架空明线为主，盗割电线获取金属的犯罪活动比较突出；后来改为电缆后，李挖电缆获取金属的犯罪活动又变得比较猖獗。在光缆替代电缆以后，由于光缆的材质是玻璃纤维丝，基本无利可图，因此盗割、盗挖光缆的犯罪活动并不多见。但是．过失破坏军事通信设施日趋严重，并呈现出以下特点：

第一，因工程建设等原因造成军事通信阻断的现象频繁，影响面广

据统计，最近几年全军一级光缆干线因人破坏遭受阻断平均每月就达7次左右，全军干线级以下光缆遭受破坏的数量则更大。全军各个战区、通信部队、集团军、航空兵、总装备部所属科研部队、教学单位等，都存在通信设施主要是通信光缆频繁遭受破坏的情况。

第二，损害后果严重

光纤通信有容量大、中继长的优点，一条光缆可以联通几万、几十万线路。但存在易遭到破坏的缺点。国防通信光缆是我军保障作战指挥、军事训练、抢险救灾的基础通信设施，一旦遭到破坏，其损害后果往往非常严重。

第三，对过失破坏军事通信设施案件在法律适用上遇到困难

本条原来对故意破坏军事通信设施犯罪作了明显规定，但对过失破坏军事通信设施行为没有追究刑事责任的规定。根据军事设施保护法、建筑法和国务院、中央军委关于保护通信线路的规定的规定，各种施工作业如有可能危及通信安全的，应当事先取得通信部门的同意，采取技术防范措施后方可动工。但是实践中这些国家规

定没有很好执行。国防通信光缆敷设，每50～100米都设有明显的路由标石，在一些重点地段，路由标石的设置更密集；光缆沿线还设有保护国防通信的宣传牌；路由标石和宣传牌上一般留有电话号码等联系方式，与部队通信部门联系并不困难。但一些单位在施工前不仅不主动取得通信部门同意，也不采取技术防范措施，甚至在军队线路维护人员发现违法施工进行提醒、阻止时，施工单位和人员仍置之不理，强行施工，将通信光缆挖断，给国家造成重大损失。从这些破坏光缆的责任人主观方面来看，虽然其中有些人不排除具有放任危害结果发生的间接故意，但大都属于过失。由于刑法对过失破坏军事通信设施行为没作规定，一旦对军事通信设施造成破坏，导致严重后果发生，施工单位声称不知道地下有光缆，施工人员说自己是受上级指令施工，主管人员则以自己并不在现场、不了解情况为由，推卸法律责任。司法机关一般也以肇事者主观方面是否出于故意难以认定，过失行为又不构成犯罪为由，不积极追究这些人员的法律责任。在工程建设过程中野蛮施工、违章作业，致使军事通信光缆等通信设施遭到破坏的行为，严重危及到国家的军事设施和军事通信的安全。针对这种情况，一些全国人大代表提出议案，建议在删法秒中增加过失破坏军事通信罪的规定，以打击此类犯罪，维护国防利益。立法机关采纳了这个建议。刑法修正案（五）第3条将本条作了规定，增设了本条规定。①

2．客观要件

本罪的客观要件同于上罪。

3．主体要件

本罪的主体要件同于上罪。

4．主观要件

本罪在主观方面表现为过失。

（二）处罚

① 参见张军主编：《解读最高人民法院司法解释（新编本）刑事卷》，人民法院出版社2006年版，第42～43页。

根据本条规定，犯本罪的，处三年以下有期徒刑或者拘役；造成特别严重后果的，处三年以上七年以下有期徒刑。战时犯本罪的，从重处罚。

根据《最高人民法院关于审理危害军事通信刑事案件具体应用法律若干问题的解释》的规定，过失损坏军事通信，造成重要军事通信中断或者严重障碍的，属于本条第2款规定的"造成严重后果"，以过失损坏军事通信罪定罪，处3年以下有期徒刑或者拘役。

过失损坏军事通信，具有下列情形之一的，属于本条第2款规定的"造成特别严重后果"，以过失损坏军事通信罪定罪，处3年以上7年以下有期徒刑：(1)造成重要军事通信中断或者严重障碍，严重影响部队完成作战任务或者致使部队在作战中遭受损失的；(2)造成部队执行抢险救灾、军事演习或者处置突发性事件等任务的通信中断或者严重障碍，并因此贻误部队行动，致使死亡3人以上、重伤10人以上或者财产损失100万元以上的；(3)其他后果特别严重的情形。破坏武器装备、军事设施、军事通信的，处3年以下有期徒刑、拘役或者管制；破坏重要武器装备、军事设施、军事通信的，处3年以上10年以下有期徒刑；情节特别严重的，处10年以上有期徒刑、无期徒刑或者死刑。过失犯前款罪，造成严重后果的，处3年以下有期徒刑或者拘役；造成特别严重后果的，处3年以上7年以下有期徒刑。战时犯前两款罪的，从重处罚。

三、危害军事通信犯罪的特别规定①

（一）破坏军事通信罪的行为表现

2007年6月29日，最高人民法院发布了《关于审理危害军事通信刑事案件具体应用法律若干问题的解释》。该解释的发布，对于依法惩治危害军事通信的犯罪活动，有效维护军事通信和国防利益安全，具有十分重要的意义。

① 参见祝二军："解读关于审理危害军事通信犯罪的司法解释"，载《人民法院报》2007年7月10日。

故意破坏军事通信罪属于行为犯，一经实施就构成犯罪，而不论是否造成危害后果或者危害后果是否严重。因此，《最高人民法院关于审理危害军事通信刑事案件具体应用法律若干问题的解释》列举了实践中常见多发的几种破坏军事通信行为，即“损毁军事通信线路、设备，破坏军事通信计算机信息系统，干扰、侵占军事通信电磁频谱等行为”。其中，“损毁军事通信线路、设备”，是最常用的手段，包括截断军事通信线路、损毁军事通信设备等。随着现代科技发展，军事通信领域运用计算机信息系统的规模和程度都日益增长，与此同时，“破坏军事通信计算机信息系统”，已经成为破坏军事通信的行为之一。“干扰、侵占军事通信电磁频谱”，主要表现在对空中、无线状态下的军事通信包括军用卫星通信进行破坏，对导弹部队、空军、海军的军事行动有可能造成严重危害。

（二）重要军事通信的认定

破坏重要军事通信的难点在“重要军事通信”的范围。军事通信是否重要，主要是看通信的内容和承载的军事任务的重要程度，而不仅仅看使用军事通信的机关的级别。有些情况下，旅、团、营、连级的通信也属于重要军事通信，如军委主要首长到连队视察时所用的通信等。但是，现有军事法律、法规、规章均没有对重要军事通信进行界定，司法机关在适用本条时颇感困惑。为便于司法实践操作，根据军委法制局、总参通信部、解放军军事法院等部门的意见，《最高人民法院关于审理危害军事通信刑事案件具体应用法律若干问题的解释》第7条第1款对“重要军事通信”进行了明确规范，即“是指军事首脑机关及重要指挥中心的通信，部队作战中的通信，等级战备通信，飞行航行训练、抢险救灾、军事演习或者处置突发性事件中的通信，以及执行试飞试航、武器装备科研试验或者远洋航行等重要军事任务中的通信”。

（三）加重情节的认定

破坏军事通信，“情节特别严重”时，将被判处十年以上有期徒刑、无期徒刑甚至死刑。对此，《最高人民法院关于审理危害军事通信刑事案件具体应用法律若干问题的解释》在第 2 条列举了 4 种情形：

1. 破坏军事通信行为严重影响部队完成作战任务或者致使部队在作战中遭受损失，属于最严重的危害。

2. 破坏部队执行紧急任务的军事通信，并因此贻误部队行动，出现了致人死亡、重伤、财产重大损失等结果，应当说也是特别严重。

3. 破坏重要军事通信三次以上，即使没有造成实际危害后果，也属于情节特别严重。

4. 其他情节特别严重的情形。这属于兜底性条款，主要考虑到破坏军事通信的实际情况比较复杂，上述三种情形难以概括全面，列举上以备万一。例如，在军事通信的核心计算机信息系统放置足以使重要军事通信大面积瘫痪的逻辑炸弹，即便没有造成实际的危害后果，也应当属于情节特别严重。类似情形在国家电网监管方面已经发生。2001 年秋，我国电网遭遇了建网以来规模最大的一次录波器大面积失灵、死机事故，华东、华北、华中等地的 147 个变电站电网录波器功能瘫痪，就是犯罪嫌疑人置放逻辑炸弹的结果。

有人提出，一般破坏军事通信的行为与破坏重要军事通信的行为之间，仅仅在破坏行为的对象上有递进关系，而在破坏行为的程度上没有递进关系。那么，一般破坏军事通信的行为能否出现“情节特别严重”的情形呢？我们认为，如果理解为一般破坏军事通信的行为存在出现“情节特别严重”的情形，那么，对于一般破坏军事通信的行为，要么在三年以下有期徒刑、拘役或者管制的法定刑幅度内量刑，要么在十年以上有期徒刑、无期徒刑或者死刑的法定刑幅度内量刑，而不可能存在三年以上十年以下有期徒刑的量刑幅度，这样理解显然不通。因此，在现有法律规定条件下，只能理解为只有破坏重要军事通信的行为，才能存在情节特别严重的情形。

（四）关于建设、施工单位人员实施的危害军事通信犯罪

实践中，军事通信被阻断的绝大多数情形，是单位直接负责的

主管人员和施工管理人员不听管护人员劝阻，或者忽视军事通信线路、设备保护标志，为赶工期而指使、强令、纵容施工人员违章作业造成的，而单纯由直接施工人员的原因造成军事通信被阻断的情形则相对较少。因此，为了避免只处罚直接施工人员而不处罚负有责任的主管、管理人员，解释专门对此进行了规定。

《最高人民法院关于审理危害军事通信刑事案件具体应用法律若干问题的解释》第5条将“建设、施工单位直接负责的主管人员和施工管理人员”确定为犯罪主体，主要是考虑到，虽然刑法在表述单位责任人员时使用的是“单位直接负责的主管人员和其他直接责任人员”，但是，“其他直接责任人员”在危害军事通信犯罪的实践中通常被理解为直接施工的人员，而直接施工人员的犯罪在前四条中已经明确，该解释将单位主管人员和施工管理人员确定为本罪的主体，就是要突出对这类人员的责任追究，最大限度地遏制此类犯罪的发生。

按照该解释第5条的规定，主管、管理人员实施的犯罪包括故意和过失两种犯罪。故意犯罪又包括两种：一是明知是军事通信线路、设备而指使、强令、纵容他人损毁的，属于直接故意犯罪。二是不听管护人员劝阻而指使、强令、纵容违章施工，造成破坏的，属于间接故意犯罪。管护人员，既包括部队的护线官兵，也包括地方代维护的人员，如地方通信公司的人员、雇用的村民等。如果主管、管理人员不听管护人员劝阻，指使、强令、纵容他人直接破坏军事通信线路、设备本身，则属于直接故意犯罪。这两种故意犯罪统称破坏军事通信罪。过失犯罪的前提一般是忽视军事通信线路、设备保护标志，如标语、线桩等。如果没有军事通信线路、设备保护标志，主管、管理人员根本不可能知道军事通信线路、设备的存在，即便施工造成了军事通信中断或者严重障碍，也不构成犯罪。但是，是否存在军事通信线路、设备保护标志，不是判断主管、管理人员构成过失犯罪的唯一前提。在某些情况下，即便施工地域没有军事通信线路、设备的保护标志，但主管、管理人员根据已经掌握的客观情况，如有施工地域的军事通信线路布图等，应当预见施工可能对军事通信造成危害，或者已经预见到可能对军事通信造成危害，但不采取任何防范措施，仍然指使、纵容他人施工，结果造成军事通信线路、设备毁损的，也应当构成过失损害军事通信罪。

（五）危害军事通信犯罪与其他犯罪的界限

实践中经常发生危害军事通信犯罪与危害公用电信设施犯罪、盗窃罪、破坏计算机信息系统罪、扰乱无线电通讯管理秩序罪等犯罪之间存在交叉的情形。这种情形属于竞合犯罪，即行为人实施了一个行为，但触犯了刑法规定的多种犯罪。在具体认定罪与非罪、此罪与彼罪时很容易引起争议，需要对此进行解释。按照《最高人民法院关于审理危害军事通信刑事案件具体应用法律若干问题的解释》第6条的规定，在处理时应遵循“从一重处罚”的刑法适用原则，即按照刑法规定较重的规定定罪处罚。

该解释第6条第1款规定：“破坏、过失损坏军事通信，并造成公用电信设施损毁，危害公共安全，同时构成刑法第一百二十四条和第三百六十九条规定的犯罪的，依照处罚较重的规定定罪处罚。”这解决了破坏、过失损坏公用电信设施犯罪与破坏、过失损坏军事通信犯罪之间竞合时的刑法适用问题。实践中，军事通信线路与公用电信线路之间在一些情况下，存在同沟不同缆、同缆不同芯的状况，而且，军、地之间维护线路的方式也不同，大多数情况下是各自维护自己的线路，但也存在军、地分段代维护的状况，即军队代地方维护某一段同沟或者同缆的公用电信线路，地方代军队维护某一段同沟或者同缆的军事通信线路。这就造成军、地之间线路的相互交叉，很容易发生犯罪之间的竞合。本法第124条规定了破坏、过失损坏公用电信设施犯罪，第369规定了破坏、过失损坏军事通信犯罪，这两类、共四种犯罪的刑罚轻重程度差别很大，相当复杂，因此，在认定构成具体犯罪时，只能“依照处罚较重的规定定罪处罚”。例如，同样是故意犯罪，破坏军事通信犯罪有三个量刑幅度，法定最高刑幅度是十年以上有期徒刑、无期徒刑或者死刑，但法定最低刑幅度是三年以下有期徒刑、拘役或者管制；而破坏公用电信设施犯罪有两个量刑幅度，法定最高刑幅度是七年以上有期徒刑，明显比破坏军事通信罪的低，但法定最低刑幅度是三年以上七年以下有期徒刑，明显比破坏军事通信的高。两罪竞合时，如果危害特别严重时，就应当适用破坏军事通信罪；如果危害一般时，则应当适用破坏公用电信设施罪。

该解释第6条第2款规定："盗窃军事通信线路、设备，不构成盗窃罪，但破坏军事通信的，依照刑法第三百六十九条第一款的规定定罪处罚；同时构成刑法第一百二十四条、第二百六十四条和第三百六十九条第一款规定的犯罪的，依照处罚较重的规定定罪处罚。"这就解决了盗窃罪与破坏、过失损坏军事通信犯罪，以及与破坏、过失损坏公用电信设施犯罪之间的竞合时的法律适用问题。这种情形在实践中比较常见，处理起来也是"依照处罚较重的规定定罪处罚"，一般不会引起歧义。

该解释第6条第3款规定："违反国家规定，侵入国防建设、尖端科学技术领域的军事通信计算机信息系统，尚未对军事通信造成破坏的，依照刑法第二百八十五条的规定定罪处罚；对军事通信造成破坏，同时构成刑法第二百八十五条、第二百八十六条、第三百六十九条第一款规定的犯罪的，依照处罚较重的规定定罪处罚。"这解释的是本法第285条非法侵入计算机信息系统犯罪，第286条破坏计算机信息系统犯罪，第369条破坏、过失损坏军事通信犯罪之间发生竞合关系的情形。实践中，违反国家规定，侵入国防建设、尖端科学技术领域的军事通信计算机信息系统后，如果不实施进一步的行为，就不一定会对军事通信造成破坏。这种情形符合本法第285条的规定，应当以非法侵入计算机信息系统罪定罪处罚。如果对军事通信造成破坏，例如对军事通信计算机信息系统功能进行删除、修改、增加、干扰，造成军事通信计算机信息系统不能正常运行，或者对军事通信计算机信息系统中存储、处理、传输的数据和应用程序进行删除、修改、增加的操作，或者故意制作、传播计算机病毒等破坏性程序，影响军事通信计算机信息系统正常运行的，就可能同时触犯这三个条文的规定，应当依照处罚较重的规定定罪处罚。

该解释第 6 条第 4 款规定："违反国家规定，擅自设置、使用无线电台、站，或者擅自占用频率，经责令停止使用后拒不停止使用，干扰无线电通讯正常进行，构成犯罪的，依照刑法第二百八十八条的规定定罪处罚；造成军事通信中断或者严重障碍，同时构成刑法第二百八十八条、第三百六十九条第一款规定的犯罪的，依照处罚较重的规定定罪处罚。"这解决的是本法第 288 条扰乱无线电通讯管理秩序犯罪与第 369 条破坏、过失损坏军事通信犯罪之间发生竞合时的情形。实践中，违反国家规定，擅自设置、使用无线电台(站)，或者擅自占用频率，经责令停止使用后拒不停止使用，干扰无线电通讯正常进行，造成严重后果的，符合本法第 288 条的规定，应当依照扰乱无线电通讯管理秩序罪追究刑事责任。但是，如果明知是军用频率而擅自占用，造成军事通信中断或者严重障碍的，那么，就可能同时构成本法第 288 条、第 369 条规定的犯罪，就应当依照处罚较重的规定定罪处罚。

第三百七十条　（故意提供不合格武器装备、军事设施罪、过失提供不合格武器装备、军事设施罪）

明知是不合格的武器装备、军事设施而提供给武装部队的，处五年以下有期徒刑或者拘役；情节严重的，处五年以上十年以下有期徒刑；情节特别严重的，处十年以上有期徒刑、无期徒刑或者死刑。

过失犯前款罪，造成严重后果的，处三年以下有期徒刑或者拘役；造成特别严重后果的，处三年以上七年以下有期徒刑。

单位犯第一款罪的，对单位判处罚金，并对其直接负责的主管人员和其他直接责任人员，依照第一款的规定处罚。

【释解】

本条是关于故意提供不合格武器装备、军事设施罪、过失提供不合格武器装备、军事设施罪的规定。

一、故意提供不合格武器装备、军事设施罪

（一）概念及其构成

故意提供不合格武器装备、军事设施罪，是指明知是不合格的武器装备、军事设施而故意提供给武装部队的行为。

1．客体要件

本罪侵犯的客体是国家的武器装备、军事设施的管理制度以及国家安全。我国有关军事法规对武器装备、军事设施的生产、销售有严格的规定，并建立了一整套相应的制度，任何不按规定要求的标准提供不合格的武器装备、军事设施的，都是对这一制度的侵犯。与此同时，武器装备、军事设施的用途在于对敌作战，保卫国家安全，但不合格的武器装备、军事设施被提供给武装部队，轻者造成人身伤亡，重者危及国防利益，因此，军事设施、武器装备不合格，提供给武装部队，其危害是极其严重的。

本罪的犯罪对象是不合格的武器装备、军事设施。武器装备，是指武装部队直接用于实施和保障作战行动的武器、武器系统和军事技术器材，包括冷兵器、枪械、火炮、火箭、导弹、弹药、爆破器材、坦克及其他装甲战斗车辆、作战飞机、战斗舰艇、鱼雷、水雷、生物武器、化学武器、核武器；通讯指挥器材、侦察器材、军事测绘器材、气象保障器材、雷达、电子对抗装备、情报处理设备、军用电子计算机、野战工程机械、渡河器材、伪装器材、“三防”装备、辅助飞机、勤务舰船、军事车辆，等等。军事设施，是指国家直接用于军事目的的建筑、场地和设备，指挥机关、地面和地下的指挥工程、作战工程；军用机场、港口、码头；军用国库、仓库；营区、训练场、试验场；军用通信、侦察、导航、观测台站和测量寻航、助航标志；军用公路、铁路专用线、军用通信、输电线路、军用输油、输水管道；国务院和中央军委规定的其他军事设施。所谓不合格的武器装备和军事设施，是指武器装备、军事设施不符合安全使用的标准。具体标准由国务院和中央军委作出规定。

2. 客观要件

本罪在客观方面表现为明知为不合格的武器装备、军事设施提供给武装部队的行为。首先，要有提供的行为。所谓提供，是指在科研、设计、勘察、测量、建设、施工、制造、修筑、修理、验收、采购、销售以及到部队使用全过程中某一环节出于故意而导致了不合格武器装备、军事设施的交付使用。既可以是有偿的，如被征购，又可以是无偿的，如被征用，方式如何并不影响本罪成立。其次，所提供的必须是不合格的武器装备或军事设施。所谓不合格，是指所提供的不符合规定的质量标准，如使用不合格的原料生产、制造武器装备或军事设施；提供的武器装备、军事设施包括外形、内部结构、坚固耐用程度等不符合各项技术、数量指标。最后，必须是向武装部队提供。虽有提供行为但不是提供给武装部队，也不能构成本罪。所谓武装部队，是指中国人民解放军部队、武装警察部队、预备役部队以及民兵组织。

对于明知是不合格的武器装备、军事设施提供给武装部队的，不要求必然引起严重后果，只要行为人实施了这一行为，即构成犯罪。

3. 主体要件

本罪的主体为特殊主体，即只有武器装备、军事设施的生产者和销售者才能构成本罪。国家对武器装备、军事设施的生产和销售有严格的规定，并非任何个人与企业都可以任意成为武器装备、军事设施的生产者和销售者。根据本条第3款规定，单位亦可成为本罪主体。

当生产、修理、施工、销售、采购等单位明知是不合格的武器装备、军事设施仍向武装部队提供就构成单位犯罪。

4. 主观要件

本罪在主观方面表现为故意。故意的心理，表现为对不合格的武器装备、军事设施是明知的，但知其不合格仍然作为合格产品提供给武装部队。不知是不合格的武器装备、军事设施而提供给武装部队的，不构成本罪。本条第2款规定的过失提供不合格武器装备、军用设施罪，只能由自然人构成，而不能由单位构成。

（二）认定

认定本罪应注意区分故意提供不合格武器装备罪与生产、销售伪劣产品罪的界限。

生产、销售伪劣产品罪，是指产品的生产者、销售者违反国家对产品质量的监督管理制度，故意在产品中掺杂、掺假，以假充真、以次充好或者以不合格产品冒充合格产品，销售金额在5万元以上的行为。两罪在交付不合格产品、犯罪主体、主观方面相同或者近似，其主要区别在于：一是犯罪对象不同。前者的犯罪对象是武器装备；后者的犯罪对象是武器装备以外的产品。二是犯罪客体不同。前者侵犯的直接客体是武器装备质量管理秩序；后者侵犯的直接客体是产品质量管理和工商管理秩序。

（三）刑事责任

犯本罪的，处五年以下有期徒刑或者拘役；情节严重的，处五年以上十年以下有期徒刑；情节特别严重的，处十年以上有期徒刑、无期徒刑或者死刑。

“情节严重”，主要是指为谋取私利而提供不合格武器装备、军事设施的；提供重要的武器装备和军事设施不合格的；战时提供不合格武器装备、军事设施的；因提供不合格武器装备、军事设施影响部队完成重要任务或者造成严重后果的等情形。

“情节特别严重”，是指战时提供重要的武器装备和军事设施不合格的；因提供不合格武器装备、军事设施致使战斗、战役遭受重大损失的；严重影响部队完成重要任务或者造成特别严重后果的等情形。

单位犯本罪的，对单位判处罚金，并对其直接负责的主管人员和其他直接责任人员，依照上述规定处罚。

二、过失提供不合格武器装备、军事设施罪

（一）概念及其构成

过失提供不合格武器装备、军事设施罪，是指过失将不合格的武器装备、军事设施提供给武装部队，造成严重后果的行为。

1. 客体要件

本罪侵犯的客体是国家的武器装备、军事设施的管理制度以及国家安全。我国有关军事法规对武器装备、军事设施的生产、销售有严格的规定，并建立了一整套相应的制度，任何不按规定要求的标准提供不合格的武器装备、军事设施的，都是对这一制度的侵犯。与此同时，武器装备、军事设施的用途在于对敌作战，保卫国家安全，但不合格的武器装备、军事设施被提供给武装部队，轻者造成人身伤亡，重者危及国防利益。

本罪的犯罪对象是不合格的武器装备、军事设施。不合格的武器装备和军事设施，是指武器装备、军事设施不符合安全使用的标准。具体标准由国务院和中央军委作出规定。

2. 客观要件

本罪在客观方面表现为将不合格的武器装备、军事设施提供给武装部队造成严重后果的行为。所谓提供，包括为武装部队从事生产、制造、修筑、装配、修理等过程。提供不合格的武器装备、军事设施给武装部队的行为表现与上罪同，不再赘述。

过失提供不合格的武器装备、军事设施的，必须造成严重后果，才构成本罪，这是与故意提供不合格武器装备、军事设施罪的区别，仅有提供不合格武器装备、军事设施给武装部队的行为，但并非引起后果或者尚未造成严重后果的，一般不构成犯罪。所谓严重后果，是指造成装备、设施严重毁损，经济损失严重的；酿成人员伤亡的责任事故的；严重影响部队完成任务的等。

3. 主体要件

本罪的主体为特殊主体，即只有武器装备、军事设施的生产者

和销售者才能构成本罪。国家对武器装备、军事设施的生产和销售有严格的规定，并非任何个人与企业都可以任意成为武器装备、军事设施的生产者和销售者。

4. 主观要件

本罪在主观方面表现为过失。主观上为过失，即对于提供给武装部队的武器装备及军事设施，不知道是不合格的，对于过失犯罪，只有造成严重后果才构成犯罪。

（二）认定

认定本罪时应注意划清过失提供不合格武器装备、军事设施罪与故意提供不合格武器装备、军事设施罪的界限。两罪的区别在于：

1. 过失提供不合格武器装备、军事设施罪的行为人，对自己行为可能发生危害国防安全的结果，应当预见而疏忽大意没有预见，或者虽然预见却轻信能够避免；故意提供不合格武器装备、军事设施罪的行为人，明知自己的行为会发生危害国防安全的结果，却希望或者放任这种危害结果的发生。

2. 本罪只有自然人才能构成；后罪则既可以是自然人，也可以是单位。

3. 本罪在客观方面必须以其行为造成严重后果为构成必要；而后者则没有这一限制。

（三）处罚

犯本罪的，处三年以下有期徒刑或者拘役；造成特别严重后果的，处三年以上七年以下有期徒刑。造成特别严重后果，是指造成多人重伤、死亡的；严重影响部队完成重要作战任务的；造成重大经济损失的；直接造成战斗、战役失利，我军损失惨重的，等等。

第三百七十一条 （聚众冲击军事禁区罪、聚众扰乱军事管理区秩序罪）

聚众冲击军事禁区，严重扰乱军事禁区秩序的，对首要分子，处

五年以上十年以下有期徒刑；对其他积极参加的，处五年以下有期徒刑、拘役、管制或者剥夺政治权利。

聚众扰乱军事管理区秩序，情节严重，致使军事管理区工作无法进行，造成严重损失的，对首要分子，处三年以上七年以下有期徒刑；对其他积极参加的，处三年以下有期徒刑、拘役、管制或者剥夺政治权利。

[相关规定] **《中华人民共和国军事设施保护法》** （1990年2月23日第七届全国人民代表大会常务委员会第十二次会议通过）（节录）

第三十三条 扰乱军事禁区、军事管理区的管理秩序，情节严重的，对首要分子和直接责任人员比照刑法第一百五十八条的规定追究刑事责任；情节轻微，尚不够刑事处罚的，比照治安管理处罚条例第十九条的规定处罚。①

【释解】

本条是关于聚众冲击军事禁区罪、聚众扰乱军事管理区秩序罪的规定。

一、聚众冲击军事禁区罪

（一）概念及其构成

聚众冲击军事禁区罪，是指非军职人员违反法律规定，聚众冲击军事禁区，严重扰乱军事禁区秩序的行为。

1. 客体要件

本罪侵害的客体是复杂客体，不仅侵犯了军事设施的保密制度，也侵犯了军事禁区的秩序。军事禁区，是指最重要的或者具有重大危险因素的军事设施规定的保护区域。军事禁区数量虽少，但都是

① 本条所称刑法条文是指原刑法条文。

国家最重要的或具有重大危险因素的军事设施，是我国完整的军事设施体系的重要部分，一旦毁坏，将对国家安全和人民生命财产造成严重损失。军事禁区，是国家根据军事设施的性质、作用、安全保密的需要和使用效能的特殊要求，在依法划定的一定范围的陆域、水域和空域采取特殊措施重点保护的区域。它们由国务院和中央军事委员会确定，或者由军区根据国务院和中央军事委员会的规定确定。这些设施，为保卫祖国，抵抗侵略，维护国家安全利益和领土主权完整奠定了物质基础，也为人民军队完成作战、战备、训练、执勤、科研等任务创造了必要条件，而且也是社会主义现代化建设的重要保证。我国国防法和军事设施保护法规定，公民和组织都有保护军事设施、遵守保密规定的义务，不得破坏、危害军事设施和泄露国防方面的国家秘密。聚众冲击军事禁区，严重扰乱军事禁区秩序的行为，直接违反国防法律规定的公民国防义务，危害军事设施的安全和使用效能，危害军事秘密的安全，危害国防利益。本罪的犯罪对象是军事禁区，包括禁区内的军事设施、各种建筑、自然环境、周围设置的障碍物等。

2．客观要件

本罪在客观方面表现为聚众冲击军事禁区、扰乱军事禁区正常秩序的行为。军事设施保护法第15条规定："禁止陆地、水域军事禁区管理单位以外的人员、车辆、船舶进入禁区，禁止对禁区进行摄影、摄像、录音、勘察、测量、描绘和记述……"第33条规定："扰乱军事禁区的管理秩序，情节严重的，对首要分子和直接责任人员比照刑法第一百五十八条的规定追究刑事责任；情节轻微，尚不够刑事处罚的，比照治安管理处罚条例第十九条的规定处罚。"等等。这些都是军事禁区正常秩序的合法保障。具体地说，扰乱军事禁区秩序的行为主要是：扰乱军事禁区的正常活动秩序，情节严重，致使军事禁区内的工作、生产、科研等活动无法进行，给军事利益造成重大损害的行为。扰乱军事禁区秩序的行为是聚众进行的，其形式多种多样，如擅自进入军事禁区强占或封锁军事禁区，围攻甚至殴打军事人员等等。所谓聚众，是指在首要分子煽动、策划下，纠集多人共同进行扰乱活动。冲击，是指未经允许，采用各种非法手段执意进入军事禁区所辖区域。

只有严重扰乱军事禁区秩序的行为才构成犯罪，严重扰乱一般是指使军事禁区的公共财物遭受严重损失的；军事活动和科研受到妨害而无法进行的；军事禁区受到破坏，导致严重经济损失，等等。

聚众冲击军事禁区罪中，阻碍军人依法执行职务的，这种行为属于牵连犯，应按照处理牵连犯的原则，从一重处罚，不实行数罪并罚。

3. 主体要件

本罪的主体是一般主体，即达到刑事责任年龄且具有刑事责任能力的自然人，但真正能成为本罪主体的，必须是聚众扰乱的首要分子和其他积极参加者。所谓首要分子，是指在聚众扰乱活动中起组织、策划、指挥作用的行为人。所谓其他积极参加者，是指除首要分子以外的积极实施扰乱活动的人。一般的参加者只是扰乱活动的一般违法行为的主体，对其只能依《治安管理处罚条例》进行处理。

4. 主观要件

本罪在主观方面表现为故意，即明知是军事禁区，仍然聚众冲击，对其危害国防利益的后果持希望或者放任态度。过失不构成本罪。这种犯罪，行为人往往基于某种个人目的来故意实施，如泄私愤、为达到某种要求而通过聚众扰乱秩序来施加压力等等。

(二) 认定

1. 区分本罪与非罪的界限

根据本条规定，扰乱军事禁区秩序情节严重的，才构成犯罪。因此，情节是否严重，就成为区分扰乱军事禁区秩序罪与非罪的标准。情节轻微，尚不够刑事处罚的，比照《治安管理处罚条例》第19条处罚。

2. 区分本罪与聚众扰乱社会秩序罪的界限

主要区别在于：聚众扰乱社会秩序罪侵犯的客体是特定的党政机关、企业、事业单位与人民团体的工作、生产、营业、教学和科研秩序，而聚众冲击军事禁区罪则是军事禁区的管理秩序。

3. 聚众冲击军事禁区罪与聚众冲击国家机关罪的界限

聚众冲击国家机关罪，是指聚众冲击国家机关，致使国家机关工作无法进行，造成严重损失的行为。两罪在犯罪主体、主观方面、客观方面相同或者近似，其主要区别在于：一是侵犯的客体不同，前者侵犯的直接客体是军事禁区秩序；后者侵犯的直接客体是国家机关工作秩序。二是犯罪对象不同。前者的犯罪对象是军事禁区，后者的犯罪对象是除军事机关外的其他国家机关工作区。

（三）处罚

犯本罪的，对首要分子，处五年以上十年以下有期徒刑；其他积极参加的，处五年以下有期徒刑、拘役、管制或者剥夺政治权利。

本罪只追究聚众冲击军事禁区的首要分子和积极参加者的刑事责任，而不追究一般参与者。“首要分子”，是指在聚众冲击军事禁区犯罪活动中，起组织、策划、指挥作用的犯罪分子；“积极参加的”，是指主动参加冲击军事禁区犯罪活动的，在实施犯罪中起了重要作用或者有其他犯罪行为的等。

对聚众冲击军事禁区的首要分子，在判处主刑的同时，一般也应附加剥夺政治权利。

二、聚众扰乱军事管理区秩序罪

（一）概念及其构成

聚众扰乱军事管理区秩序罪，是指聚众扰乱军事管理区秩序，情节严重，致使军事管理区工作无法进行，造成严重损害的行为。

1. 客体要件

本罪侵害的客体是复杂客体，不仅侵犯了军事设施的保密制度，也侵犯了军事管理区的秩序。“军事管理区”，是指由国家根据军事设施的性质、作用、安全保密的需要和使用效能的要求而划定的采取比较严格保护措施的一定区域。由国务院和中央军事委员会确定，或者由军区根据国务院和中央军事委员会的规定确定。聚众扰乱军事管理区秩序的行为，违反国防法和军事设施保护法规定的公民国防义务，直接危害军事设施的安全和使用效能，威胁军事秘密的安全，危害国防利益。本罪的犯罪对象是军事管理区，包括管理区内的军事设施、各种建筑和山、水、林木等。

2. 客观要件

本罪在客观方面表现为聚众扰乱军事管理区正常秩序，情节严重，致使军事管理区工作无法进行，造成严重损失的行为。军事设施保护法第15条规定："禁止陆地、水域军事禁区管理单位以外的人员、车辆、船舶进入禁区，禁止对禁区进行摄影、摄像、录音、勘察测量、描绘和记述……"第19条规定："军事管理区管理单位以外的人员、车辆、船舶进入军事管理区，必须经过军事管理区管理单位许可。"第33条规定，扰乱军事管理区的管理秩序，情节严重的，对首要分子和直接责任人员比照刑法第158条的规定追究刑事责任；情节轻微，尚不够刑事处罚的，比照治安管理处罚条例第19条的规定处罚，等等。这些都是军事管理区正常秩序的合法保障。

具体地说，扰乱军事管理区秩序的行为主要是聚众进行的，所谓聚众，是指聚集、纠合3人以上（包括3人）进行扰乱。所谓扰乱，是指冲击、哄闹军事管理区域，使用区域出现混乱不安的局面，致使工作无法正常进行。其方式多种多样，有的在军事管理区域内的机关、单位的办公室、会议室、实验室、生产车间、训练基地等哄闹骚扰；有的殴打、辱骂军事管理人员；有的封锁要道、路口；有的强行截断电源、水源等等。

本罪不仅要有聚众扰乱的行为，而且还必须属于情节严重并致军事管理区工作无法进行，造成严重损失的才能构成本罪。所谓致使军事管理区工作无法进行，主要是指造成军事指挥机关无法指挥，军事单位的人员、车辆、舰艇无法通过，飞机无法升降，作战、训练、戒严、战备、教学、科研、生产、抗洪、抢险、救灾等军事管理区的工作无法开展。

根据司法实践的经验，情节严重，主要是指战时聚众扰乱军事管理区秩序的；长时间或者多次实施扰乱行为的；使用暴力或者采取其他恶劣手段的；纠集人数多、规模较大的等。"造成严重损失"，主要是指导致军事秘密泄露的；致人伤亡的；造成严重经济损失或者严重政治影响的等等。

3．主体要件

本罪的主体是一般主体。达到刑事责任年龄、具有刑事责任能力的自然人均可构成本罪。本罪属必要共犯，能构成本罪主体的只能是聚众扰乱军事管理区秩序的首要分子和其他积极参加者，其他人员即使参加了聚众扰乱，亦不以本罪论处，但不排除可以给予其他处罚，如罚款、行政拘留、劳动教养等。

4．主观要件

本罪在主观方面表现为故意。行为人明知是军事管理区，仍然聚众扰乱军事管理区秩序，对其所造成的危害国防利益的后果持希望或者放任态度。过失不构成本罪。这种犯罪，行为人往往基于某种个人目的来故意实施，如泄私愤、为达到某种要求而通过聚众扰乱秩序来施加压力等等。

（二）认定

1．区分聚众扰乱军事管理区秩序罪与非罪的界限

本罪以聚众扰乱军事管理区秩序"情节严重"，"致使军事管理区工作无法进行"，"造成严重损失"作为犯罪构成要件。认定时，这三个条件必须同时具备，缺一不可。否则，不构成犯罪。情节轻微，尚不够刑事处罚的，比照《治安管理处罚条例》第19条处罚。

2．区分本罪与聚众扰乱社会秩序罪的界限

聚众扰乱社会秩序罪，是指聚众扰乱社会秩序，情节严重，致使工作、生产、营业和教学、科研无法进行，造成严重损失的行为。两罪在犯罪主体、主观方面、客观方面相同或者近似，其主要区别在于：一是犯罪客体不同。前者侵犯的直接客体是军事管理区秩序；后者侵犯的直接客体是社会管理秩序。二是犯罪对象不同。前者的

犯罪对象是军事管理区；后者的犯罪对象是非军事管理区。

（三）处罚

犯本罪的，对首要分子，处三年以上七年以下有期徒刑；其他积极参加的，处三年以下有期徒刑、拘役、管制或者剥夺政治权利。

本罪只追究聚众扰乱军事管理区秩序的首要分子和积极参加者的刑事责任，而不追究一般参与者。“首要分子”，是指在聚众扰乱军事管理区秩序犯罪活动中起组织、策划、指挥作用的犯罪分子；“积极参加的”，是指主动参加扰乱军事管理区秩序犯罪活动的，在实施犯罪中起了重要作用或者有其他犯罪行为的等。

对聚众扰乱军事管理区秩序的首要分子，在判处主刑的同时，一般也应附加剥夺政治权利。

第三百七十二条　（冒充军人招摇撞骗罪）

冒充军人招摇撞骗的，处三年以下有期徒刑、拘役，管制或者剥夺政治权利；情节严重的，处三年以上十年以下有期徒刑。

［相关规定］　**《中华人民共和国国防法》**　（1997年3月14日第八届全国人民代表大会第五次会议通过）（节录）

第二十五条　国家禁止任何组织或者个人非法建立武装组织，禁止非法武装活动，禁止冒充现役军人或者武装力量组织。

第九条　国家和社会对在国防活动中作出贡献的组织和个人，采取各种形式给予表彰和奖励。

违反本法和有关法律，拒绝履行国防义务或者危害国防利益的，依法追究法律责任。

【释解】

本条是关于冒充军人招摇撞骗罪的规定。

一、概念及其构成

冒充军人招摇撞骗罪，是指行为人为谋取非法利益，假冒军人的身份或职称，进行诈骗，损害武装部队的威信及其正常活动的行为。

（一）客体要件

本罪侵犯的客体是军队的威信及其正常活动。这是本罪同侵犯财产权利的诈骗罪的主要区别之一。近年来，假冒军人的违法犯罪活动屡有发生，且有发展趋势。一些不法分子利用人民群众对军队的信任和人民军队享有的崇高声誉，冒充军队单位和现役军人招摇撞骗，攫取非法利益，从事违法犯罪活动。他们有的打着部队旗号摆摊设点、行医售药、兜售伪劣商品；有的假冒、盗用军办企业的名义，进行经济诈骗活动。这些不法活动，不仅严重危害人民生命财产安全、侵害了群众的利益，扰乱了社会管理秩序和国家经济秩序，而且严重损害军队声誉和军人形象，干扰了军队的正常工作，影响了军政、军民关系。

我国国防法第25条规定："国家禁止任何组织或者个人非法建立武装组织，禁止非法武装活动，禁止冒充现役军人或者武装力量组织。"尽管行为人的撞骗行为也可能骗取财物，但由于行为人采用的是冒充军人的手段，致使人民群众以为这些不法行为是军人所为，因而直接破坏了国家机关的威信及其正常的活动。这也是本罪特殊的、实质的危害所在。

（二）客观要件

本罪在客观方面表现为行为人假冒军人的身份或职称，进行诈骗的行为。

1. 行为人必须具有冒充军人的身份或者职称的行为

如果行为人冒充的是非军人的身份，如冒充党团员、高干子弟、烈士子弟、私营或集体企业单位的管理人员、采购员等，进行招摇撞骗活动的，不能构成本罪。达到犯罪程度的，可能构成诈骗罪或其他犯罪。所谓冒充军人，既可以是冒充士兵，也可以是冒充军官；

既可以是冒充中国人民解放军部队的军人，又可以是冒充中国人民武装警察部队中的军人。就具体方式而言，有的是非军人冒充军人，或者身着军服，或者携带、使用军官证、士兵证、文职干部证；或者自称是某军事机关、部队、院校、医院或者科研单位的军官、士兵、学员等。有的本身是军人，但假冒不属于自己身份的其他军人身份，如士兵冒充军官身份去招摇撞骗的，也可构成本罪。

2. 行为人必须具有招摇撞骗的行为

即行为人要以假冒军人身份或职称，招摇炫耀，利用人民群众对军人的信任，实施了骗取非法利益的行为。所谓招摇撞骗，在这里是指隐瞒自己的真实身份，打着军人的招牌、名义，在社会上进行各种欺骗活动。如打着军人招牌与他人开办企业、签订合同、招兵、招工、招干等诈骗他人钱财；冒充军人骗取组织、单位信任，捞取政治资本，如荣誉、职务等；冒充军人身份骗取他人爱情，与之结婚甚或玩弄妇女；等等。一般都具有连续性、多次性的特点，如果行为人只有一次这种行为的，原则上不宜以犯罪论处。

上述两种要素必须同时具备并存有机的联系，才符合招摇撞骗的客观要求。如果行为人出于虚荣心仅仅冒充军人的身份或职称，但并未借此实施骗取非法利益的行为不构成本罪；如果行为人既有冒充军人的行为，又有骗取非法利益的行为，但骗取非法利益的行为未以冒充军人为手段的，即两种行为之间不存在有机联系的，也不构成冒充军人招摇撞骗罪，其骗取非法利益的行为可能构成其他犯罪。

（三）主体要件

本罪的主体为一般主体，即任何达到刑事责任年龄、具备刑事责任能力的自然人都可以成为本罪的主体。行为人冒充的对象仅为中国人民解放军和中国人民武装警察部队的现役军人，不包括执行军事任务的预备役人员和其他人员。但对军人冒充不属于自身身份的军人，如士兵冒充军官，级别较低的军官冒充级别较高的军官等，能否构成本罪则有不同看法。一种认为军人不能构成本罪，一种认为军人同样可以构成本罪。我们认为，这里的冒充军人关键在于以不属于自己的军人身份出现，这样，军人冒充其他身份的军人，亦可构成本罪。

（四）主观要件

本罪在主观方面表现为故意，其犯罪目的是为了谋取非法利益。这里所说的非法利益，不单指物质利益，也包括各种非物质利益，例如，为了骗取某种政治待遇或者荣誉待遇，甚至是为了骗取“爱情”，玩弄异性等。但本罪的主观恶性一般限制在“骗”的范围内，如果行为人主观上具有抢劫、强奸的故意，冒充军人只是一种给受害人心理上造成威胁，使之不敢反抗的手段，那就是一种更为严重的犯罪了，应分别以抢劫罪、强奸罪等论处。如果不具有谋取非法利益的目的，例如，行为人冒充军人只是出于虚荣心的，单纯为了达到与他人结婚的目的而冒充军人的，为了顺利住宿或购买车船票而冒充军人的，都不构成本罪。

二、认定

（一）区分罪与非罪的界限

构成本罪，行为人既要有冒充军人的行为，又要有招摇撞骗的活动。如果行为人仅仅为了满足自己的虚荣心而冒充军人，没有进行招摇撞骗的活动，则不构成犯罪。如果行为人进行了招摇撞骗的活动，但不是冒充军人名义实施的，则不构成本罪；构成其他罪的，按其他罪处理。

（二）冒充军人招摇撞骗罪与招摇撞骗罪的界限

招摇撞骗罪，是指冒充国家机关工作人员招摇撞骗的行为。本法对这两个罪的规定存在法条竞合关系。其主要区别在于：一是侵犯的客体不同，前者侵犯的直接客体主要是军队的声誉及其正常活动；后者侵犯的直接客体主要是国家机关的声誉及其正常活动。二是犯罪对象不同。前者的犯罪对象是现役军人；后者的犯罪对象是除现役军人之外的国家机关工作人员。

（三）区分冒充军人招摇撞骗罪与诈骗罪的界限

这两种犯罪都表现为欺骗行为，而且冒充军人招摇撞骗罪也可以如诈骗罪那样骗取财物，因而容易混淆。这两种犯罪的区别主要表现在：

1. 侵害的客体不同

冒充军人招摇撞骗罪侵犯的客体主要是武装力量的威信及其正常活动；而诈骗罪侵犯的客体仅限于公私财产权利。

2. 行为手段不同

冒充军人招摇撞骗罪的手段只限于冒充军人的身份或职称进行诈骗；诈骗罪的手段并无此限制，而可以利用任何虚构事实、隐瞒真相的手段和方式进行。

3. 犯罪的主观目的有所不同

诈骗罪的犯罪目的，是希望非法占有公私财物；而冒充军人招摇撞骗罪的犯罪目的，是追求非法利益，其内容较诈骗罪的目的广泛一些，它可以包括非法占有公私财物，也可以包括其他非法利益。

4. 构成犯罪有无数额限制的不同

法律要求，只有诈骗数额较大以上的公私财物的，才可构成诈骗罪；而对冒充军人招摇撞骗罪的构成并无数额较大的要求，这是因为，这种犯罪未必一定表现为诈骗财物，而有可能是骗取其他非法利益，其严重的社会危害性，首先和集中地表现为由特定的犯罪手段所决定的对武装力量的威信和正常活动的破坏。

尽管冒充军人招摇撞骗罪与诈骗罪有上述区别，但在行为人冒充军人的身份或职称去骗取财物的情况下，一个行为同时触犯了两个罪名，属于想象竞合犯。处理想象竞合犯的案件应当按照从一重罪处断的原则。结合这两个罪名的法定刑及这种犯罪的实际情况，一般认为，应该区分为骗取财物是否属于数额巨大两种情况分别对待，并都贯彻从一重罪处断的原则：（1）在骗取财物未达数额巨大的情况下，诈骗罪在犯罪构成上有数额较大的条件限制，法定最高刑是五年以下有期徒刑；而冒充军人招摇撞骗罪在构成上无数额较大的限制，其法定最高刑是十年有期徒刑。显而易见，后者重于前者，因此这时应以冒充军人招摇撞骗罪定罪，如果达到数额巨大的情况，诈骗罪则是五年以上十年以下有期徒刑，如果是情节特别严重的，最高可达无期徒刑，显然诈骗罪重于冒充军人招摇撞骗罪。因此，在冒充军人骗取财物数额巨大的情况下，这种犯罪行为已不再能为冒充军人招摇撞骗罪所包括，而应适用数罪从一重罪处断的原则，以诈骗罪定罪量刑。

（四）区分冒充军人招摇撞骗罪与敲诈勒索罪的界限

某些犯罪分子往往冒充军人采用恫吓的方式，敲诈他人钱财，这种犯罪往往和本罪很相像。但两者是有区别的：

1．冒充军人招摇撞骗罪是以“骗”为特征的，被害人在受骗后往往是“自愿”交出财物或出让其他合法权益；而敲诈勒索罪，虽然也有“诈”的成分，但却是以“恫吓”被害人为特征，即对财物的持有者施以恫吓，造成其精神上的恐惧，出于无奈，被迫交出财物或出让其他合法权益。这是两者最主要的区别。

2．本罪侵犯的客体是国防利益，是武装力量的威信及其正常的活动，其直接侵犯的不仅可能是财产权，也可能是公共利益和公民的其他合法权益；而敲诈勒索罪侵犯的客体只能是公私财产所有权。

（五）区分一罪与数罪

1．行为人如果是在冒充军人招摇撞骗的犯罪活动中，某次未冒充军人而骗取了财物的，应视为普通诈骗行为，达到犯罪程度的，应定为诈骗罪，并与冒充军人招摇撞骗罪实行数罪并罚。

2．实施冒充军人招摇撞骗罪，往往牵连触犯了伪造公文、证件罪的罪名，就同时牵连触犯了伪造公文、证件罪和冒充军人招摇撞骗罪两个罪名等。这种情况下，应当按照处理牵连犯的原则，从一重罪处断。

三、处罚

犯本罪的，处三年以下有期徒刑、拘役、管制或者剥夺政治权利；情节严重的，处三年以上十年以下有期徒刑。

冒充军人招摇撞骗“情节严重的”，在最高人民法院作出司法解释之前，根据司法实践的经验，一般是指战时冒充军人招摇撞骗的；因冒充军人招摇撞骗引起军政、军民、军警纠纷的；造成严重经济损失或者恶劣社会影响、损害军队声誉的；造成其他严重后果的等。

对冒充军人招摇撞骗情节严重的，在判处主刑的同时，一般应附加剥夺政治权利。

第三百七十三条　（煽动军人逃离部队罪、雇用逃离部队军人罪）

煽动军人逃离部队或者明知是逃离部队的军人而雇用，情节严重的，处三年以下有期徒刑、拘役或者管制。

［相关规定］　**《中华人民共和国兵役法》**（1998年12月29日第九届全国人民代表大会常务委员会第六次会议通过）（节录）

第六十二条第二款　明知是逃离部队的军人而雇用的，由县级人民政府责令改正，并处以罚款；构成犯罪的，依法追究刑事责任。

【释解】

本条是关于煽动军人逃离部队罪、雇用逃离部队军人罪的规定。

一、煽动军人逃离部队罪

（一）概念及其构成

煽动军人逃离部队罪，是指非军职人员唆使、鼓动服役的军职人员脱离部队，情节严重的行为。

1. 客体要件

本罪侵犯的客体是部队兵员管理秩序。建立正常的兵员管理秩序，保证部队满员，是完成作战、训练、战备、值勤等任务的需要。煽动现役军人逃离部队情节严重的行为，违反了国防法规定的公民和组织应当支持国防建设的义务，严重妨害了部队兵员管理秩序，削弱了部队战斗力，影响了部队完成各项任务，危害了国防利益。本罪的犯罪对象是现役军人。

2. 客观要件

本罪在客观方面表现为煽动军人逃离部队，情节严重的行为。

煽动军人逃离部队，是指用语言、文字，如面谈、发表演说、寄送宣传材料、散发标语传单，鼓动正在服役的军人不经领导批准，擅自离开部队，或者经批准，但逾期不归。煽动，是指采用语言、文字、图像等方式对军人进行鼓动、唆使、挑拨、劝说、请求、宣传、利诱、意图使其按自己的意图去实施所煽动的行为。既可以是口头的，如当面劝说、电话鼓动或者进行演讲、报告、呼喊口号，散布具有恐怖性的政治、军事、自然灾害谣言等，又可以是书面的，如利用书信、电报、电传甚或是书写、印刷、张贴、散发传单、刊物、书画、大小字报等，还可以是其他诸如电视、录像、投影、电影、影碟、计算机等现代化科学技术手段等。至于煽动的内容则是使军人逃离部队。所谓部队，既包括人民解放军部队与人民武装警察部队，又包括战时的预备役部队以及民兵组织。所谓使军人逃离部队，是指使被煽动之人未经批准擅自离开自己所在的部队，不要再继续服役，或者虽经批准，离队后拒不归队，逃避兵役义务，包括不经请假就私自离开部队，工作调动中离开原单位后不到新单位报到，病愈出院、完成出差任务、休假期满后不回部队等。

煽动军人逃离部队的行为，必须情节严重，才构成犯罪。“情节严重”，司法实践中，主要是指战时煽动军人逃离部队的；煽动指挥人员、作战部队人员或者负有其他重要职责的人员逃离部队的；多次煽动或者煽动多人逃离部队的；因煽动军人逃离部队影响部队完成重要任务的；煽动军人逃离部队后予以窝藏的；煽动军人逃离部队进行其他违法活动的等情形。

3. 主体要件

本罪的主体为一般主体。凡达到刑事责任年龄、具备刑事责任能力的自然人均构成本罪。

4. 主观要件

本罪在主观方面表现为故意，即明知军人逃离部队是违反军纪军法的行为，仍然煽动其逃离部队的。过失不能构成本罪。其动机可多种多样，有的是怕被煽动人受苦、打仗身亡；有的是想为被煽动人找工作，让其多赚些钱；有的是对部队不满，意在瓦解其士气等等，但无论动机如何，都不会影响本罪成立。

（二）认定

1. 划清罪与非罪的界限

本罪以煽动军人逃离部队"情节严重"作为犯罪构成要件。如果行为人实施了煽动军人逃离部队的行为，但不属于情节严重的，或者军人家属、亲友确有困难，而写信劝说现役军人早日退出现役的，都不构成犯罪。

2. 一罪与数罪的界限

行为人煽动军人逃离部队后，又组织逃离部队军人实施其他犯罪活动的，应当分别定罪处刑，实行数罪并罚。如果行为人煽动军人逃离部队是为了实施武装叛乱、暴乱或者投敌叛变、叛逃行为，这属于吸收犯，应按照重罪吸收轻罪的原则，以武装叛乱、暴乱罪或者投敌叛变罪、叛逃罪定罪，从重处罚，不实行数罪并罚。

（三）处罚

犯本罪的，处三年以下有期徒刑、拘役或者管制。

二、雇用逃离部队军人罪

（一）概念及其构成

雇用逃离部队军人罪，是指非军职人员明知对方是逃离部队的军人而将其接收、聘用，情节严重的行为。

1. 客体要件

本罪侵犯的客体是部队兵员管理秩序。建立正常的兵员管理秩序，是部队完成作战、训练、战备、值勤等各项任务的需要和保证。近几年来，有的个人和单位置国法军纪于不顾，煽动、唆使军人逃离部队。更为严重的是，有的行为人对部队要求协助逃兵返回的要求和劝告置若罔闻，以暴力、威胁方法阻碍部队人员将逃兵带回，更有甚者，将逃兵予以安置、聘请、收留或另作安排，严重影响部队的管理秩序，有的造成极为恶劣的影响。雇用逃离部队军人的行为，违反《国防法》规定的公民应当支持国防建设的义务，严重妨害了部队兵员管理秩序，削弱了部队战斗力，危害了国防安全。

本罪的犯罪对象必须是逃离部队的军人，否则也不能构成其罪。军人，既包括解放军部队、武装警察部队的军人，又包括战时预备役部队及民兵组织的军人。所谓逃离部队的军人，是指未经批准擅自离开自己服役的解放军部队、武装警察部队以及执行军事任务的预备役部队和民兵组织或者虽经批准而逾期不归的军人。既包括逃离部队，情节严重已经构成犯罪的军人，又包括逃离部队不构成犯罪的军人。

2. 客观要件

本罪在客观方面表现为雇用逃离部队的军人，情节严重的行为。所谓雇用，是指以货币、物品或者其他物质利益有偿聘请他人为自己提供劳务的行为，简言之即为有偿地使用他人的劳动力。其既可以是长期的，又可以是短期的；既可以是在战时，又可以是在平时，但这都不会影响本罪成立。雇用逃离部队军人的行为，必须达到“情节严重”，才构成犯罪。所谓情节严重，主要是指战时雇用逃离部队军人的；雇用多名逃避部队军人的；长期或者多次雇用逃离部队军人的；雇用逃离部队的指挥人员或者其他负有重要职责的军人的；因雇用逃离部队军人经教育后拒不改正的；因雇用逃离部队军人影响部队完成重要任务的；雇用逃离部队军人进行其他违法活动的等情形。

雇用逃离部队军人实施其他犯罪活动的性质。行为人雇用逃离部队军人后，又组织逃离部队军人实施其他犯罪活动的，应当分别定罪处刑，实行数罪并罚。如果行为人雇用逃离部队军人是为了实施其他犯罪活动，则应按照重罪吸收轻罪的原则定罪，从重处罚，不实行数罪并罚。

3．主体要件

本罪的主体为非军人。凡达到刑事责任年龄，具备刑事责任能力的自然人均构成本罪。

4．主观要件

本罪在主观方面表现为故意，即明知是逃离部队的军人而仍决意雇用。如果不知是军人或者虽然知道是军人但不知道是逃离部队的军人，如误认为是退役、转业军人或被开除军籍的军人等，就不能构成本罪。至于其动机，有的是为了企业或个人利益，有的是想让被雇佣人多赚些钱，有的则是为了窝藏等。

（二）认定

1．区分罪与非罪的界限

本罪以明知是逃离部队的军人而雇用和情节严重作为犯罪构成要件。如果行为人不知道雇用的是逃离部队的军人，或者明知雇用的是逃离部队的军人，但不属于情节严重的，都不构成犯罪。

2．区分本罪与窝藏罪的界限

（1）犯罪的客观方面不同。本罪只是有偿地使用逃离部队的军人为劳动力；而后者则是为犯罪分子提供藏身之处，使之不被司法机关发现或者为其提供财物、衣服、食品、交通工具、指示方向等帮助罪犯逃避搜捕、潜往他处隐藏，这种提供资助通常是无偿的。

（2）犯罪的对象不同。本罪对象既可以是逃离部队情节严重已构成犯罪的军人，又包括逃离部队但尚不构成犯罪的军人；而后者则必为已经构成犯罪的人，既包括已经构成犯罪的军人，也包括其他犯罪的人。构成犯罪的军人，既可以是构成逃离部队罪的军人，也包括犯有其他罪行的军人，但不能是没有构成犯罪包括虽有逃离部队行为但不属于犯罪的军人。如果是出于窝藏故意而雇用构成逃离部队罪的军人，则同时触犯窝藏罪，此时应当择一重罪处罚。

（三）处罚

根据本条规定，犯本罪的，处三年以下有期徒刑、拘役或者管制。

第三百七十四条　（接送不合格兵员罪）

在征兵工作中徇私舞弊，接送不合格兵员，情节严重的，处三年以下有期徒刑或者拘役；造成特别严重后果的，处三年以上七年以下有期徒刑。

[相关规定]　**《中华人民共和国兵役法》**　（1998年12月29日第九届全国人民代表大会常务委员会第六次会议通过）（节录）

第六十五条　国家工作人员和军人在兵役工作中，有下列行为之一，构成犯罪的，依法追究刑事责任；尚不构成犯罪的，给予行政处分：

（一）收受贿赂的；

（二）滥用职权或者玩忽职守的；

（三）徇私舞弊，接送不合格兵员的。

[相关规定]　**《中华人民共和国国防法》**　（1997年3月14日第八届全国人民代表大会第五次会议通过）（节录）

第五十条　依照法律服兵役和参加民兵组织是中华人民共和国公民的光荣义务。

各级兵役机关和基层人民武装机构应当依法办理兵役工作，按照国务院和中央军事委员会的命令完成征兵任务，保证兵员质量。其他有关国家机关、社会团体和企业事业单位应当依法完成民兵和预备役工作，协助兵役机关完成征兵任务。

第九条　国家和社会对在国防活动中作出贡献的组织和个人，采取各种形式给予表彰和奖励。

违反本法和有关法律，拒绝履行国防义务或者危害国防利益的，依法追究法律责任。

【释解】

本条是关于接送不合格兵员罪的规定。

一、概念及其构成

接送不合格兵员罪，是指征兵工作人员在征兵工作中徇私舞弊，将不符合条件的应征公民接送进部队，情节严重的行为。

（一）客体要件

本罪侵犯的客体是国家征兵工作的正常活动。国家根据兵役法的规定，征集应征公民到军队服役，并就征集对象的政治、身体、文化、年龄等条件和征兵工作程序作了明确规定，这是保证兵员质量，提高部队战斗力的需要。国防法规定："各级兵役机关和基层人民武装机构应当依法办理兵役工作，按照国务院和中央军事委员会的命令完成征兵任务，保证兵员质量。其他有关国家机关、社会团体和企业事业单位应当依法完成民兵和预备役工作，协助兵役机关完成征兵任务。"徇私舞弊行为使国家法律、法令的顺利实施受到严重干扰，损害了武装力量的威信，使征兵工作受到重大损失；尤其是征兵工作人员的徇私舞弊行为必然会严重损害国家和人民利益或者侵犯公民人身权利、民主权利和其他合法权益，在群众中造成恶劣影响，影响国家机关的正常活动。

（二）客观要件

本罪在客观方面表现为在征兵工作中徇私舞弊，接送不合格兵员，情节严重的行为。所谓征兵即兵员征集，是指按照兵役法的规定，征集应征公民到军队服兵役。就主体而言，既包括中华人民共和国解放军部队的征兵，又包括中华人民共和国武装警察部队的征兵，但不包括预备役部队及民兵组织的征集。就过程而言，征兵则泛指兵役登记、检查身份、政治审查、接送兵员等各个环节。在上述任何中的一个环节，如果徇私舞弊而接送不合格兵员的，都可构成本罪。

所谓徇私舞弊，是指谋求私利、因徇私情，在征兵工作中故意弄虚作假，使不合格的应征人员被征集成为军人。其具体形式多种多样，如把不合格的人予以兵役登记，在体检表上填写虚假的内容，隐瞒真实年龄和文化程度，伪造、变造、涂改入伍登记表，明知是不合格兵员仍然予以接收等等。

所谓接送不合格兵员，是指向部队输送或部队接收不合格兵员。不合格兵员，顾名思义，是指不符合法律规定的应征条件的兵员，有的是身体具有严重生理缺陷、残疾或患有严重疾病，致使身体达不到应征入伍的要求；有的是被依法剥夺政治权利或被判处刑罚的刑满释放人员，致使政治条件不符合要求；有的是年龄或文化程度不符合规定，在我国，根据兵役法第12条和第49条规定，在平时：(1)每年12月31日以前年满18周岁的男性公民，应当被征服现役；(2)当年未被征集的，在22周岁以前，仍可以被征集服现役；(3)根据军队需要，可按前两项条件征集女性公民服现役；(4)根据军队需要和自愿的原则，可以征集当年12月31日以前未满18周岁的男女公民服现役。战时遇有特殊情况，国务院和中央军委可以决定征召36岁至45岁的男性公民服现役。兵员的文化程度，城镇公民必须是高中毕业以上，农村公民必须是初中毕业以上。凡是不符合上述年龄、文化程度条件，即属年龄、文化程度不符合规定。

在征兵过程中出现的徇私舞弊现象多种多样，如为了谋求私利，使符合条件的应征公民没能入伍，使不符合条件的公民入伍；制造虚假情况或隐瞒事实真相；冒名顶替；超征、少征；应免征、缓征、不征的没免征、缓征、不征，不应免征、缓征、不征的却免征、缓征或不征；非法收受被征兵对象及其家属的款物等。接送不合格兵员，是对应征公民或征集对象的现实表现、个人经历和家庭状况、身体状况等，未严格进行审核或检查，而导致不符合政治、体格条件的兵员征入部队的情况。

接送不合格兵员的行为，必须达到情节严重才构成本罪。情节严重，是指以下几种情形；(1)徇私舞弊，谋取应征人员及其亲属的金钱、财物，数额较大的；(2)因谋取私利，而造成多个不合格兵员入伍的；（3）徇私舞弊，情节恶劣，使征集的不合格兵员在部队造成不良影响的；（4）在征兵过程中，徇私舞弊，屡教不改的；（5）战时因渎职行为而征集不合格兵员，影响部队军事行动的，等等。“造成特别严重后果的”，是指因违法渎职造成大量不合格兵员进入部队的；征集的不合格兵员在部队违法犯罪或酿成重大恶性案件或政治事故的；征集的不合格兵员严重影响部队建设或作战训练等重大任务完成的等等。

（三）主体要件

本罪主体是特殊主体，即必须是具有在征兵工作中负有征兵职责的征兵工作人员，既包括地方武装部负责征兵工作的人员，也包括征兵部队派出的武装部队工作人员。

（四）主观要件

本罪在主观方面表现为故意，即行为人明知自己的徇私舞弊行为是违反有关法律规定的，明知自己行为可能产生的后果，而对这种后果的发生持希望或者放任的态度。至于行为人的犯罪动机可能是多种多样的，有的是为了贪图钱财等不法利益，有的是因碍于亲朋好友情面而徇私舞弊，有的是出于报复或嫉妒心理而徇私舞弊等。动机如何对本罪构成没有影响，可以在量刑时作为因素之一予以考虑。

二、认定

（一）区分接送不合格兵员罪与非罪的界限

这里主要应注意接送不合格兵员罪与征兵工作人员工作失误的界限。如果行为人主观上不是明知，而是由于其业务知识、经验不足，或者是调查研究不够充分，工作作风不够深入，思想方法简单片面造成认识偏颇而发生的错误行为，即使造成一定危害后果的，一般也不构成犯罪，如果情节严重或者造成重大后果而构成其他犯罪的，应以其他相应犯罪论处。

（二）一罪与数罪的界限

1．在征兵过程中，如果行为人的行贿或者受贿行为构成犯罪，而接送不合格兵员的行为尚未达到情节严重的程度，应按行贿罪或者受贿罪定罪处罚；如果行贿或者受贿行为不构成犯罪，但接送不合作兵员情节严重，构成犯罪的，则应以接送不合格兵员罪定罪，从重处罚。如果两种行为都构成犯罪，则应按照牵连犯的处罚原则，择一重罪处罚，不实行数罪并罚。

2. 行为人在实施本罪的徇私舞弊行为中，可能伪造、变造、买卖公文、证件、印章，此时又会触犯他罪，对之应当按照牵连犯的处罚原则，择一重罪而从重论处。

三、处罚

犯本罪的，处三年以下有期徒刑、拘役或者管制；造成特别严重后果的，处三年以上七年以下有期徒刑。

第三百七十五条 （伪造、变造、买卖武装部队公文、证件、印章，盗窃、抢夺武装部队公文、证件、印章罪、非法生产、买卖军用标志罪）

伪造、变造、买卖或者盗窃、抢夺武装部队公文、证件、印章的，处三年以下有期徒刑、拘役、管制或者剥夺政治权利；情节严重的，处三年以上十年以下有期徒刑。

非法生产、买卖武装部队制式服装、车辆号牌等专用标志，情节严重的，处三年以下有期徒刑、拘役或者管制，并处或者单处罚金。

单位犯第二款罪的，对单位判处罚金，并对其直接负责的主管人员和其他直接责任人员，依照该款的规定处罚。

［相关规定］**《最高人民法院关于审理非法生产、买卖武装部队车辆号牌等刑事案件具体应用法律若干问题的解释》**（2002年4月8日最高人民法院审判委员会第1220次会议通过 2002年4月10日最高人民法院公告公布 自2002年4月17日起施行 法释〔2002〕9号）

为依法惩治非法生产、买卖武装部队车辆号牌等犯罪活动，根据刑法的有关规定，现就审理这类刑事案件具体应用法律的若干问题解释如下：

第一条　伪造、变造、买卖或者盗窃、抢夺武装部队车辆行驶证、车辆驾驶证、车辆监理印章，具有下列情形之一的，根据刑法第三百七十五条第一款的规定，以伪造、变造、买卖武装部队证件、印章或者盗窃、抢夺武装部队证件、印章罪定罪处罚：

（一）伪造、变造、买卖或者盗窃、抢夺武装部队车辆监理印章的；

（二）伪造、变造、买卖或者盗窃、抢夺武装部队车辆行驶证、车辆驾驶证三本以上的。

具有下列情形之一的，属于刑法第三百七十五条第一款规定的“情节严重”：

（一）伪造、变造、买卖或者盗窃、抢夺武装部队车辆监理印章三枚以上的；

（二）伪造、变造、买卖或者盗窃、抢夺武装部队车辆行驶证、车辆驾驶证十本以上的；

（三）具有其他严重情节的。

第二条　非法生产、买卖武装部队车辆号牌等专用标志，具有下列情形之一的，属于刑法第三百七十五条第二款规定的“情节严重”：

（一）非法生产、买卖武装部队军以上领导机关专用车辆号牌的；

（二）非法生产、买卖武装部队其他车辆号牌三副以上的；

（三）具有其他严重情节的。

伪造、变造武装部队车辆号牌或者买卖伪造、变造的武装部队车辆号牌，情节严重的，依照刑法第三百七十五条第二款的规定定罪处罚。

第三条　使用伪造、变造、盗窃的武装部队车辆号牌，不缴或者少缴应纳的车辆购置税、车辆使用税等税款，偷税数额占应纳税额的百分之十以上，且偷税数额在一万元以上的，依照刑法第二百零一条第一款的规定定罪处罚。

使用伪造、变造、盗窃的武装部队车辆号牌，骗免养路费、通行费等各种规费，数额较大的，依照刑法第二百六十六条的规定定罪处罚。

第四条 冒充军人使用伪造、变造、盗窃的武装部队车辆号牌，造成恶劣影响的，依照刑法第三百七十二条的规定定罪处罚。

第五条 单位犯刑法第三百七十五条第二款规定之罪的，依照本解释第二条的规定执行。

【释解】

本条是关于伪造、变造、买卖武装部队公文、证件、印章，盗窃、抢夺武装部队公文、证件、印章罪、非法生产、买卖军用标志罪的规定。

一、伪造、变造、买卖武装部队公文、证件、印章罪

（一）概念及其构成

伪造、变造、买卖武装部队公文、证件、印章罪，是指伪造、变造、买卖武装部队的公文、证件、印章的行为。

1. 客体要件

本罪侵犯的客体是武装部队的正常管理活动和信誉。武装部队制作的公文、使用的印章和证件，是其在社会的一定领域、一定方面实行管理活动的重要凭证和手段。任何伪造、变造、买卖武装部队的公文、证件、印章的行为，都会影响到它们的正常管理活动，损害他们的名誉，从而危害国防利益。

本罪侵犯的对象是公文、证件、印章，且仅限于武装部队的公文、证件和印章。所谓武装部队，是指中国人民解放军的现役部队、武装警察部队及预备役部队，但不包括民兵组织。所谓公文，一般是指以武装部队的军事组织机构名义制作的，用以联系事务、指导工作、处理问题的书面文件，如文件、公函、指示、命令、通告、通知、决议、决定、规定、报告、批复、信函、电文、介绍信、公告、通报、议案、请示、会议纪要等，其形成于武装部队执行职务或履行日常管理工作职责的过程中，与职务活动、管理工作紧密相连。某些以负责人名义代表单位签发的文件，也属于公文。公文的文字可以是中文，也可以是外文；可以是印刷的，也可以是书写的，都具有公文的法律效力。所谓证件，一般是指有权制作的武装部队的军事组织机构单位颁发的，用以证明身份和权利义务关系或其他有关事实的凭证，如军官证、士兵证、文职干部证、出入证、军人通行证、军人驾驶证、介绍信、军事企业营业执照、转业证、退伍证、军队院校学员的学员证、学生证、学历、学位证书等。所谓印章，一般是指武装部队的军事组织、机构单位刻制的以文字与图记表明主体同一性的公章或专用章，是行使职权的符号和标记，公文在加盖公章后始能生效，如证件专用章、财务专用章等。机关、单位的领导、首长的个人私章、签名，如果能够起到武装部队机关、单位印章的证明作用，亦应视为本罪的印章。

2. 客观要件

本罪在客观方面表现为行为人具有伪造、变造、买卖武装部队的公文、证件、印章的行为。所谓伪造，是指无权制作者制造假的武装部队公文、证件、印章。摹仿有权签发公文、电函的负责人的手迹，制作假军用公文、电函的，也以伪造公文论。所谓变造是指对原来有效的公文、证件、印章用涂改、擦消、填充内容等手段非法改换其真实内容的行为。行为人如果伪造、变造、买卖武装部队公文、证件、印章后，以此冒充军人招摇撞骗或者进行其他诈骗犯罪的，属手段牵连，对之应当择一重罪一般是后者而从重论处，但构成犯罪却不能构成他罪的，则应依本罪治罪科刑。

本罪是选择性罪名，犯罪的行为方式有三种，犯罪对象是三种。一个犯罪分子可能实施其中一种，也可能结合实行其中的几种。例如，盗窃军用公文以后进行变造、伪造公章并进而用以制造假证件、假印章的等。行为人只要实施了其中的一种行为方式，侵犯了一种以上的犯罪对象，即构成本罪，但在确定具体罪名时，还应根据实施犯罪的具体行为方式和犯罪对象来定。如果行为人只是伪造了武装部队的公文，就定伪造武装部队公文罪；如果既伪造又变造了武装部队的证件，就定伪造、变造武装部队证件罪，但不实行并罚。《最高人民法院关于审理非法生产、买卖武装部队车辆号牌等刑事案件具体应用法律若干问题的解释》第1条规定："伪造、变造、买卖或者盗窃、抢夺武装部队车辆行驶证、车辆驾驶证、车辆监理印章，具有下列情形之一的，根据刑法第三百七十五条第一款的规定，以伪造、变造、买卖武装部队证件、印章或者盗窃、抢夺武装部队证件、印章罪定罪处罚：（一）伪造、变造、买卖或者盗窃、抢夺武装部队车辆监理印章的；（二）伪造、变造、买卖或者盗窃、抢夺武装部队车辆行驶证、车辆驾驶证三本以上的。具有下列情形之一的，属于刑法第三百七十五条第一款规定的'情节严重'：（一）伪造、变造、买卖或者盗窃、抢夺武装部队车辆监理印章三枚以上的；（二）伪造、变造、买卖或者盗窃、抢夺武装部队车辆行驶证、车辆驾驶证十本以上的；（三）具有其他严重情节的。"

3. 主体要件

本罪主体是一般主体，即凡是达到法定刑事责任年龄、具有刑事责任能力的自然人均可构成本罪。

4. 主观要件

本罪在主观方面只能出于直接故意，过失不构成本罪。如行为人盗窃某甲的手提包，意图偷钱财，没想到包中装有某武装部队的公文及甲的证件。对此，行为人只构成盗窃罪，不构成本罪。

（二）处罚

犯本罪的，处三年以下有期徒刑、拘役、管制或者剥夺政治权利；情节严重的，处三年以上十年以下有期徒刑。所谓情节严重，指多次或大量伪造、变造、买卖公文、证件、印章的；因妨害公文、证件、印章的犯罪行为而严重损害武装部队的名誉或给其造成重大损失的等。

二、盗窃、抢夺武装部队公文、证件、印章罪

（一）概念及其构成

盗窃、抢夺武装部队公文、证件、印章罪，是指盗窃或者抢夺武装部队公文、证件、印章的行为。

1．客体要件

本罪侵犯的客体是武装部队公文、证件、印章管理秩序。武装部队的公文、证件、印章，是代表武装部队执行公务、履行职责等活动和表明其成员身份的依据和凭证。盗窃、抢夺武装部队公文、证件、印章的行为，严重扰乱武装部队执行公务、履行职责的活动，危害国防利益。

本罪的犯罪对象是武装部队的公文、证件、印章。所谓武装部队，是指中国人民解放军现役部队、预备役部队及中国人民武装警察部队，但不包括民兵组织。所谓武装部队的公文，是指以武装部队的机关、单位名义制作的以联系事情、指导工作、处理问题、下达命令的书面文件，如文件、公函、指示、命令、通告、通知、决议、决定、规定、报告、批复、信函、电文、介绍信、公告、通报、议案、请示、会议纪要等，其形成于武装部队执行职务或履行日常管理工作职责的过程中，与职务活动、管理工作紧密相连。此外，某些以武装部队的证件，是指有权的武装部队单位颁发的，用以证明身份、权利义务关系或者其他事项的凭证，如军官证、士兵证、文职干部证、出入证、军人通行证、军人驾驶证、介绍信、军事企业营业执照、转业证、退伍证、军队院校学员的学员证、学生证，学历、学位证书等。所谓武装部队的印章，是指刻有武装部队的机关、单位如军队司、政、后、院校、医院等名称的公章和具有某种特殊用途的专用章，如证件专用章、财务专用章等。机关、单位的领导、首长的个人私章、签名，如果能够起到武装部队机关、单位印章的证明作用，亦应视为本罪的印章。

2．客观要件

本罪在客观方面表现为盗窃或抢夺武装部队公文、证件或印章的行为。所谓盗窃，即秘密窃取，是指行为人采取自认为不被公文、证件、印章的保管者、使用人、所有人发觉的方法暗中将公文、证件、印章取走的行为。盗窃的必须是武装部队的公文、证件或印章，才能构成本罪。如果所盗窃的不是公文、证件、印章或者虽是公文、证件、印章但不属于武装部队的公文、证件或印章，亦不能构成本罪。构成犯罪的，应当以他罪如盗窃罪，盗窃国家机关公文、证件、印章罪等治罪。所谓抢夺，即公然夺取，是指当着公文、证件、印章所有人、保管者、使用者的面而公然夺取公文、证件、印章的行为。既可以是乘人不备，又可以是在他人有备的情况下公然夺取，如在保管人患病、中轻度醉酒减弱防护能力但神智清醒的情况下公然夺取等。公然夺取必须针对武装部队的公文、证件、印章而实施。不然，虽有抢夺行为，但不是抢夺公文、证件及印章或虽是公文、证件或印章但不是武装部队的公文、证件或印章，也不能构成本罪。构成犯罪的，应是构成他罪，如抢夺罪、抢夺国家机关公文、证件、印章罪等。

本罪是选择性罪名，犯罪的行为方式有两种，犯罪对象是三种。行为人只要实施了其中的一种行为方式，侵犯了一种以上的犯罪对象，即构成本罪。但在确定具体罪名时，还应根据实施犯罪的具体行为方式和犯罪对象来定。如果行为人只是盗窃了武装部队的公文，就定盗窃武装部队公文罪；如果既盗窃了又抢夺了武装部队的证件，就定盗窃、抢夺武装部队证件罪，不实行并罚。

行为人盗窃、抢夺武装部队公文、证件、印章是为了进行其他犯罪活动，则应当按照处理牵连犯的原则，从一重处罚。如果盗窃、抢夺武装部队公文、证件、印章的行为和进行其他犯罪的行为的法定刑相同时，可选择以犯罪目的条款定罪。

《最高人民法院关于审理非法生产、买卖武装部队车辆号牌等刑事案件具体应用法律若干问题的解释》第 1 条规定："伪造、变造、买卖或者盗窃、抢夺武装部队车辆行驶证、车辆驾驶证、车辆监理印章，具有下列情形之一的，根据刑法第三百七十五条第一款的规定，以伪造、变造、买卖武装部队证件、印章或者盗窃、抢夺武装部队证件、印章罪定罪处罚：(一) 伪造、变造、买卖或者盗窃、抢夺武装部队车辆监理印章的；(二) 伪造、变造、买卖或者盗窃、抢夺武装部队车辆行驶证、车辆驾驶证三本以上的。具有下列情形之一的，属于刑法第三百七十五条第一款规定的'情节严重'：(一) 伪造、变造、买卖或者盗窃、抢夺武装部队车辆监理印章三枚以上的；(二) 伪造、变造、买卖或者盗窃、抢夺武装部队车辆行驶证、车辆驾驶证十本以上的；(三) 具有其他严重情节的。"

3. 主体要件

本罪的主体为一般主体，即年满 16 周岁、具有刑事责任能力的自然人，均可构成本罪，既可以是军人，又可以是非军人。

4. 主观要件

本罪在主观方面必须出于故意，即明知是武装部队的公文、证件及印章而仍决意盗窃或抢夺。过失不能构成本罪。如果不知是公文、证件、印章而盗窃或抢夺的，不能构成本罪，但可构成他罪，如盗窃罪、抢夺罪等。至于其动机可多种多样，或为了招摇撞骗，或为了出卖谋利，或为了自用等等。不论动机如何，均不影响本罪成立。

(二) 认定

认定本罪时应注意区分盗窃、抢夺武装部队公文、证件、印章罪与盗窃、抢夺国家机关公文、证件、印章罪的界限。盗窃、抢夺国家机关公文、证件、印章罪，是指盗窃、抢夺国家机关公文、证件、印章的行为。两罪的犯罪主体、主观方面、客观方面相同或者近似，其主要区别在于：一是犯罪客体不同，前者的侵犯的直接客体是武装部队公文、证件、印章管理秩序；后者侵犯的直接客体是国家机关公文、证件、印章管理秩序。二是犯罪对象不同，前者的犯罪对象是部队的公文、证件、印章；后者的犯罪对象，则是国家机关（军事机关除外）的公文、证件、印章。

（三）处罚

依照本条第 1 款的规定，犯盗窃、抢夺武装部队公文、证件、印章罪的，处三年以下有期徒刑、拘役、管制或者剥夺政治权利；情节严重的，处三年以上十年以下有期徒刑。

盗窃、抢夺武装部队公文、证件、印章"情节严重"，是指战时盗窃、抢夺武装部队公文、证件、印章的；盗窃、抢夺武装部队重要公文、证件、印章的；盗窃、抢夺武装部队公文、证件、印章数量较大的；盗窃、抢夺武装部队的公文、证件、印章成为他人犯罪条件的；因盗窃、抢夺武装部队公文、证件、印章严重损害武装部队声誉的；引起军政、军民、警民纠纷的；造成重大经济损失或者其他严重后果的等情形。

三、非法生产、买卖军用标志罪

（一）概念及其构成

非法生产、买卖军用标志罪，是指非法生产、买卖武装部队制式服装、车辆号牌等专用标志，情节严重的行为。

1. 客体要件

本罪侵犯的是武装部队的正常管理活动和信誉。武装部队的制式服装、车辆号牌等专用标志，是武装部队实行管理活动的重要凭证和手段。任何非法生产、买卖制式服装、车辆号牌的行为，都会损害武装部队的名誉，破坏政党的管理活动。本罪的犯罪对象是军用标志。军用标志，是指由武装部队订购、监制，专供武装部队使用的标志，包括武装部队人员统一穿着的服装，车辆统一悬挂的号牌，以及其他表明武装部队性质和人员身份的军旗、军徽、胸徽、帽徽、肩章、袖标、领花、专业符号等。它是武装部队同其他组织相区别的外部标志。所谓武装部队的专用标志，是指武装部队依法授权、订购，专供武装部队使用的各种标志，其为武装部队所持有，能体现佩带专用标志者的身份、属性，具体包括制式服装、车辆号牌以及其他专用标志。所谓制式服装，在本罪是指由武装部队依法订购、监制，专供武装部队官兵使用的各式服装。就主体而言，既包括解放军部队的军官服、士兵服、文职干部服，又包括武装警察部队的警察服、士兵服、文职干部服，还包括上述部队院校的学员服；既包括陆海、空军队的各式服装，又包括其他军种如二炮等部队的各式服装。就用途及季节而言，则包括夏常服、冬常服、礼服、迷彩服、作训服等。制式服装，不仅指衣裤，而且还包括其他附件，如军帽、军用腰带等。所谓车辆号牌，在这里是指由军队车辆最高主管部门依法订购、监制的专供武装部队使用的车辆号码、牌照。所谓其他专用标志，则是指除制式服装、车辆号牌以外的由武装部队订购、监制生产，专供武装部队使用的其他标志，如军旗、军徽、帽徽、肩章、军衔、领花、领章等。

2. 客观方面

本罪在客观方面表现为非法生产、买卖武装部队制式服装、车辆号牌等专用标志，情节严重的行为。“非法生产、买卖”，是指违反有关法律、法规，未经主管部门准许，擅自制作、销售、购买，包括指定生产的工厂不按规定擅自超额生产、销售和其他单位、人员私自仿制、销售、购买。按照法律规定，行为人只要实施了生产或者买卖军用标志其中一种行为，就构成本罪；实施两种行为的，仍为一罪，不实行并罚。

非法生产、买卖军用标志的行为，必须情节严重，才构成犯罪。根据《最高人民法院关于审理非法生产、买卖武装部队车辆号牌等刑事案件具体应用法律若干问题的解释》的规定，非法生产、买卖武装部队车辆号牌等专用标志，具有下列情形之一的，属于本条第2款规定的“情节严重”：（1）非法生产、买卖武装部队军以上领导机关专用车辆号牌的；（2）非法生产、买卖武装部队其他车辆号牌三副以上的；（3）具有其他严重情节的。伪造、变造武装部队车辆号牌或者买卖伪造、变造的武装部队车辆号牌，情节严重的，依照本条第2款的规定定罪处罚。

3. 主体要件

本罪主体为一般主体。凡达到刑事责任年龄、具备刑事责任能力的自然人均可构成本罪，单位亦可成为本罪主体。

4. 主观要件

本罪在主观方面必须出于故意，即明知是军用标志而仍决意生产或买卖。其动机多种多样，有的是为了自用，有的是为了炫耀，有的是为了进行其他违法活动等等，但动机如何不会影响本罪成立。

（二）认定

1. 区分罪与非罪的界限。本罪以非法生产、买卖军用标志“情节严重”作为犯罪构成要件。如果行为人实施了非法生产、买卖军用标志的行为，尚未达到情节严重的程度，则不构成犯罪。

2. 行为人为冒充军人招摇撞骗，非法生产、制作、购买军用标志，属于牵连犯，应选择冒充军人招摇撞骗这一重罪定罪处罚。如果行为人非法生产、制作、购买军用标志除了供自己冒充军人进行招摇撞骗活动外，还具有其他严重情节的，应分别定非法生产、买卖军用标志罪和冒充军人招摇撞骗罪，实行数罪并罚。

（三）处罚

犯本罪的，处三年以下有期徒刑、拘役或者管制，并处或者单处罚金。单位犯本罪的，对单位判处罚金，并对其主要负责的主管人员和其他直接责任人员，依上述规定处罚。

第三百七十六条 （战时拒绝、逃避征召、军事训练罪、战时拒绝、逃避服役罪）

预备役人员战时拒绝、逃避征召或者军事训练，情节严重的，处三年以下有期徒刑或者拘役。

公民战时拒绝、逃避服役，情节严重的，处二年以下有期徒刑或者拘役。

［相关规定］　**《中华人民共和国兵役法》**　（1998年12月29日第九届全国人民代表大会常务委员会第六次会议通过）（节录）

第六十一条　有服兵役义务的公民有下列行为之一的，由县级人民政府责令限期改正；逾期不改的，由县级人民政府强制其履行兵役义务，并可以处以罚款。

（一）拒绝、逃避兵役登记和体格检查的；

（二）应征公民拒绝、逃避征集的；

（三）预备役人员拒绝、逃避参加军事训练和执行军事勤务的。

有前款第（二）项行为，拒不改正的，在两年内不得被录取为国家公务员、国有企业职工，不得出国或者升学。

战时有第一款第（二）、（三）项行为，构成犯罪的，依法追究刑事责任。

［相关规定］　**《中华人民共和国预备役军官法》**　（1995年5月10日第八届全国人民代表大会常务委员会第十三次会议通过）（节录）

第五十三条　预备役军官拒绝或者逃避登记、军事训练，经教育拒不改正的，由当地人民政府强制其履行兵役义务。

在战时，预备役军官拒绝、逃避征召或者军事训练，情节严重的，依法追究刑事责任。

【释解】

本条是关于战时拒绝、逃避征召、军事训练罪、战时拒绝、逃避服役罪的规定。

一、战时拒绝、逃避、征召、军事训练罪

（一）概念及其构成

战时拒绝、逃避征召、军事训练罪，是指在战时，预备役人员拒绝、逃避征召或者拒绝、逃避军事训练，情节严重的行为。

1. 客体要件

本罪侵犯的直接客体是兵役管理活动。根据兵役法的规定，我国公民不分民族、种族、职业、家庭出身、宗教信仰和教育程度，都有服兵役的义务，并实行以义务兵役制为主体的、义务兵与志愿兵相结合、民兵与预备役相结合的兵役制度，它不仅有利于部队兵员保持年轻力壮和加强后备力量的储备，而且也有利于在现代化条件下开展人民战争和提高战时快速动员的能力。预备役人员作为人民解放军的重要组成部分，不仅应恪尽军人职责，积极参加军事训练，更应适应战时需要，积极应召，投入军事训练，以转为现役军人，担负作战任务。如果预备役人员战时拒绝、逃避征召或军事训练，不仅侵犯了部队的作战计划和行动，危害了国家的军事利益，而且严重侵犯国家的兵役管理活动。

2. 客观要件

本罪在客观方面表现为在战时拒绝、逃避征召或拒绝、逃避军事训练，情节严重的行为，具体表现在：

（1）这种行为必须发生在战时，若在平时则不构成本罪。所谓“战时”，即战争时期。根据我国宪法规定，决定战时与否的职权，由全国人民代表大会常务委员会行使；决定武装力量是否处于战时状态的职权，由中华人民共和国中央军事委员会行使。本法第451条规定，战时，是指国家宣布进入战争状态，部队受领作战任务或者遭敌突然袭击时。部队执行戒严任务或者处置突发性暴力事件时，以战时论。

（2）必须具有拒绝、逃避征召或拒绝、逃避军事训练的行为。对预备役人员的征召和军事训练是按照国家规定，公民必须履行的兵役义务。它是提高军队应战能力，提高后备兵员军政素质，实施快速动员的重要保证。预备役人员应尽力履行这种义务，特别是在战时，更不应以任何借口拒绝或逃避，否则就可能构成本罪。“征召”，是指兵役机关依法向预备役人员发出通知，要求其按规定时间和地点报到，准备转服现役的活动。“军事训练”，是指军事理论教育和作战能力训练的活动。“拒绝征召、军事训练”，是指接到征召、军事训练通知后，拒不报到或者拒不参加军事训练。“逃避征召、军事训练”，是指以谎报年龄、自伤身体、假装病残、外出藏匿、找人顶替等方法躲避征召、军事训练。按照法律规定，行为人只要实施了战时拒绝、逃避征召或者军事训练其中一种行为，就构成本罪；实施了两种行为的，仍为一罪，不实行并罚。

(3) 拒绝、逃避征召或军事训练的行为必须是“情节严重”的才能构成本罪。可见，情节严重与否，是划分本罪与非罪的标准。所谓“情节严重”，是指多次拒绝、逃避征召或军事训练；组织、煽动他人拒绝、逃避征召或军事训练；以暴力、威胁的方法拒绝征召、携带武器逃避军事训练等等。

3. 主体要件

本罪的主体只能是预备役人员，非预备役人员不构成本罪。根据兵役法规定的精神，“预备役人员”是指军队外服兵役的人员，包括编入民兵组织或者经过登记服预备役的人员，他们积极履行兵役法所规定的兵役义务，是国家储备的后备兵源，是战时动员的主要对象。预备役人员，分为预备役军官和预备役士兵。预备役军官包括退出现役转为预备役的军官、服军官预备役的退出现役的士兵、高等院校毕业生、专职人武干部、民兵干部、非军事部门的干部和专业技术人员；预备役士兵包括编入基干民兵组织的人员，经过预备役登记的28岁以下退出现役的士兵和经过预备役登记的28岁以下的专业技术人员，编入普通民兵组织的人员和经过预备役登记的29岁至35岁退出现役的士兵，以及其他符合服士兵预备役条件的男性公民。

4. 主观要件

本罪的主观方面表现为故意，即明知在战时，且为国家的征召或者军事训练而仍故意拒绝或逃避。如果他人把征召说成是某种另外的活动，欺骗行为人致使其相信而事先逃避的，则行为人的逃避行为则不构成犯罪。其目的一般是为了逃避服役，犯罪动机则多为贪生怕死、怕苦怕累。

（二）认定

1. 区分战时拒绝、逃避征召或者军事训练罪与非罪的界限

拒绝、逃避征召或者军事训练只有情节严重的才能构成本罪，所以“情节严重”与否是划分本罪与非罪的最主要的标准。此外，还应注意战时与平时的界限，若是平时拒绝、逃避征召或者军事训练的，则不能以本罪论处。

2. 区分战时拒绝、逃避征召或者军事训练罪与逃离部队罪的界限

根据兵役法规定，犯本罪应比照逃离部队罪追究刑事责任，二者在客体要件和主观要件完全相同。其主要区别在于：

（1）犯罪的主体不同。前者只能是预备役人员，即编入民兵组织或者经过登记服预备役的人员；后者是军人。

（2）客观要件也不相同。前者表现为战时拒绝、逃避征召或拒绝、逃避军事训练的行为；而后者表现为逃离部队的行为，不分战时和平时，但战时从重处罚。

（三）处罚

犯本罪的，处三年以下有期徒刑或者拘役。

二、战时拒绝、逃避服役罪

（一）概念及其构成

战时拒绝、逃避服役罪，是指公民战时拒绝、逃避服役，情节严重的行为。

1. 客体要件

本罪侵犯的直接客体是兵役管理活动。我国宪法规定，依法服兵役，是每个公民的光荣义务。根据兵役法的规定，我国公民不分民族、种族、职业、家庭出身、宗教信仰和教育程度，都有服兵役的义务，应征公民服兵役，是兵役制度的重要组成部分。如果公民拒绝、逃避服兵役，是对兵役管理制度的侵犯。

2. 客观要件

本罪表现为在战时拒绝、逃避服兵役，情节严重的行为。具体可从以下几方面理解：

（1）这种行为必须发生在战时，若在平时则不构成本罪。所谓“战时”，即战争时期。根据我国宪法规定，决定战时与否的职权，由全国人民代表大会常务委员会行使；决定武装力量是否处于战时状态的职权，由中华人民共和国中央军事委员会行使。本法第451条规定，战时，是指国家宣布进入战争状态、部队受领作战任务或者遭敌突然袭击时。部队执行戒严任务或者处置突发性暴力事件时，以战时论。

（2）必须具有拒绝、逃避服兵役的行为。拒绝服役，是指拒不接受服兵役，包括拒不服兵役和抗拒服兵役。逃避服役，是指以某种行为或虚假理由躲避服兵役，手段多样，如自伤身体；雇用或让他人冒名顶替；装病、装残及伪装其他身体不合格条件等。

（3）必须是情节严重的才能构成本罪。情节严重与否，是划分本罪与非罪的标准。所谓“情节严重”，是指多次拒绝、逃避服兵役；组织、煽动他人拒绝、逃避兵役；以暴力、威胁的方法拒绝服兵役等等。

3. 主体要件

本罪的主体为一般主体。凡达到刑事责任年龄、具备刑事责任能力的自然人，均可成为本罪主体。本罪主体一般是年满18周岁的公民。

4. 主观要件

本罪的主观方面表现为故意，其目的一般是为了逃避服役，犯罪动机则多为贪生怕死、怕苦怕累。

（二）认定

认定本罪时应注意区分战时拒绝、逃避服兵役罪与非罪的界限。只有情节严重的才能构成本罪，所以“情节严重”与否是划分本罪与非罪的最主要的标准。此外，还应注意战时与平时的界限，若是平时拒绝、逃避服兵役的，则不能以本罪论处。

（三）处罚

犯本罪的，处二年以下有期徒刑或者拘役。

第三百七十七条 （战时故意提供虚假敌情罪）

战时故意向武装部队提供虚假敌情，造成严重后果的，处三年以上十年以下有期徒刑；造成特别严重后果的，处十年以上有期徒刑或者无期徒刑。

【释解】

本条是关于战时故意提供虚假敌情罪的规定。

一、概念及其构成

战时故意提供虚假敌情罪，是指战时非军职人员故意向武装部队提供不真实的敌方军事情况因而对作战造成严重后果的行为。

（一）客体要件

本罪侵犯的客体是我军的作战利益。我军的作战利益，是我军实现其职能的保障，是国家利益的重要方面，关系着国家主权、领土完整和人民的安危。战役、战斗的胜败，取决于指挥员全面掌握敌我双方真实情况基础上的决断。及时准确地掌握敌方兵力部署、武器装备等情况和有关动态，对于我方全面了解和正确估计敌我力量对比，调整作战部署，制定作战方案，以求克敌制胜，具有重要意义。若虚报敌情，武装部队就难以制订出符合客观实际的战略部署和行动方案，就会给部队招致危险，其后果不堪设想。

（二）客观要件

本罪在客观方面表现为战时故意向武装部队提供虚假敌情，对作战利益造成重大危害的行为。例如，因谎报军情扰乱了作战部署，贻误了战机，影响了作战任务的完成，或给敌人造成可乘之机，使部队遭受较大损失等。

1. 提供虚假敌情的行为必须发生在战时，才能构成本罪

这就是说，战时乃是构成本罪在时间上的必备要件。不在战时而在平时，即使有向武装部队提供虚假敌情的行为，也不能以本罪论处。所谓战时，是指国家宣布战争状态、部队受领作战任务或者遭受突然袭击时部队执行戒严任务或者处置突发性暴力事件时，以战时论。

2. 提供虚假敌情的行为

所谓提供，是指采取各种方法将虚假的敌情告知武装部队，以让其知道，既包括书面的，又包括口头的；既可以当面提供，又可以通过书信、电话、电报或由第三人代为转告而不当面提供；既可以是主动提供，也可以是武装部队向其询问时而予以提供。不论方式如何，只要提供的属虚假敌情，即可构成本罪。所谓敌情，是指与我为敌的一方的一切有关信息情报，主要是军事情报，但不限于军事情报。凡属于与敌人军事行动相关，能影响我军对敌方军事行动的正确判断，可能产生错误认识或采取错误行动的各种情况，如敌军的车辆调度、物资采供、新闻管制、装备情况、所处地理位置等有关军事、政治、经济、地理、科学技术方面的情况，都属于敌情的范畴。所谓虚假敌情，是指不符合真实情况的敌方情况。有的是无中生有，编造或谎报根本不存在的敌情而加以提供；有的是故意改变敌情内容，或严重歪曲或夸大、隐瞒敌方的情况。前者如将敌军没有退却而谎称退却，没有设置雷区、雷阵而谎称其有等；后者则如将雷区位置变更地点，看见敌军通过，知道其向东而谎称向西；故意夸大敌军人数、武器装备等。

3. 造成严重后果，是构成本罪的必要条件

造成严重后果，是指因提供虚假敌情而扰乱了部队的作战部署，干扰了部队的军事行动，破坏了指挥人员的作战计划和安排等。

（三）主体要件

本罪的主体为一般主体，即任何达到刑事责任年龄、具备刑事

责任能力的自然人均可成为本罪主体。

（四）主观要件

本罪在主观方面表现为故意。其犯罪动机有多种，如为邀功请赏而编造情报；因贪生怕死而夸大敌人的实力，为泄私愤等。

二、认定

1. 本罪与非罪的界限

本罪以“战时”“故意”向武装部队提供虚假敌情“造成严重后果”作为犯罪构成要件。如果行为人是平时向武装部队提供虚假敌情，或者是过失提供虚假敌情，或者是战时故意提供虚假敌情尚未造成严重后果的，均不构成犯罪，但可酌情给予行政处罚。

2. 行为人如果参与间谍组织、投敌叛变后或者实施武装叛乱、武装暴乱行为，意在危害我国国家安全而故意向武装部队提供虚假情况的，则属牵连犯罪，对之应当择一重罪治罪科刑，而不实行数罪并罚。

三、刑事责任

犯本罪的，处三年以上十年以下有期徒刑；造成特别严重后果的，处十年以上有期徒刑或者无期徒刑。

造成特别严重后果，一般是指因故意提供虚假敌情导致作战部署作重大调整的；造成我方人员重大伤亡的；造成特别重要的或者多件重要的武器装备、军用物资和多处重要军事设施毁损的；致使战斗、战役失利的等情形。

第三百七十八条　（战时造谣扰乱军心罪）

战时造谣惑众，扰乱军心的，处三年以下有期徒刑、拘役或者管制；情节严重的，处三年以上十年以下有期徒刑。

【释解】

本条是关于战时造谣扰乱军心罪的规定。

一、概念及其构成

战时造谣扰乱军心罪，是指非军职人员在战时情况下，制造谣言，迷惑群众，动摇军心的行为。

（一）客体要件

本罪侵犯的客体是战时宣传舆论秩序。战时激发官兵的斗志，保持部队高昂的士气，是夺取作战胜利的重要条件，也是我军政治工作的重要任务。战时造谣惑众、扰乱军心的行为，背离国防法规定的公民国防义务和我国政治工作基本原则，挫伤军队士气，严重妨害作战，危害国防利益。本罪的犯罪对象是军人。

（二）客观要件

本罪在客观方面表现为行为人在战时情况下，造谣惑众、动摇军心的行为。

所谓造谣惑众，是指编造、捏撰根本不存在的事实或者故意歪曲夸大事实真相而在军中散布的行为。所谓扰乱军心，是指使军人受到迷惑、蒙骗，不知事实真相而产生怯战、厌战、恐怖情绪，搅乱军人心理，使其心神不宁，斗志涣散，严重影响部队命令、行动的执行，如夸大敌方兵力或武器装备性能；编造敌军增援事实；捏造我方失利、伤亡惨重及军需物资困难；散布我方部队不协调行动或拒不执行命令的谣言；极力夸大敌方武器的战斗力、杀伤力，贬低我方武器性能；吹捧敌方领袖，贬抑我军首长；渲染战争残酷；等等，从而使军心动摇。至于其方式，有的是自己捏造后并加散布；有的是明知为谣言而仍加扩散；有的是利用传话、喊话、口号、演讲、报告、电视、电影、录像等公然散布谣言；有的则是采用书信、传单、标语、书籍、抄本等散布谣言；如此等等，只要其内容属于捏造，并在战时针对了不特定的军人予以扩散，足以扰乱军心的，即可构成本罪。扰乱军心，这里既为结果，又为目的。行为人意图扰乱军心实施战时造谣惑众的行为，即可构成本罪。虽有行为，但不足以扰乱军心的，则亦不能构成本罪，如只是捏造某战士的母亲病危，虽然对该战士的心理可能造成影响，但不会危及军心的稳定，就不能以本罪论处。

行为人基于间谍、投敌叛变、武装叛乱、武装暴乱、煽动军人逃离部队等犯罪的故意，而捏造谣言，蛊惑、扰乱军心的，应依牵连犯按一重罪治罪科刑。

（三）主体要件

本罪主体为一般主体，即凡达到刑事责任年龄、具备刑事责任能力的自然人均可成为本罪主体。

（四）主观要件

本罪在主观方面是直接故意，即行为人明知自己说的都是假的，会扰乱军心、瓦解斗志，仍加以宣扬、扩散。其动机，有的是怯战、厌战，通过造谣惑众，达到躲避战斗的目的；有的是因受批评、处分，或未能评功受奖，通过造谣惑众，达到泄愤、报复。

二、认定

（一）本罪与非罪的界限

关键在于把握以下几点：

1．是否实施了捏造事实的行为。如果没有捏造事实，而是散布有关我方不利的真实情况，即使扰乱了军心，也不能以本罪论处。如果所散布的是有关军事机密，如我军的伤亡人数、战役失利等情况，构成犯罪，应以故意（过失）泄露国家秘密罪，军人则以故意（过失）泄露军事秘密罪论处。

2．是否针对军人散布，虽有捏造事实行为，但是仅在几个亲朋好友之间扩散，为显示自己消息灵通，实际也没宣扬、传播到军队的，则不应以本罪论处。

3．是否是在战时捏造并扩散。不在战时而在平时，虽然捏造了一些事实，如编造军队首长偏私爱私，在转业安置、入党提干、提职调资等方面违法乱纪，造成人心浮动、军心不稳的，由于其与作战利益无关，亦不能以本罪论处。

4. 所造谣言内容是否足以扰乱军心。

（二）本罪与战时故意提供虚假敌情罪的界限

两者在主观上都出于故意，在客观方面都有在战时向他人提供虚假事实的行为，区别在于：

1. 所涉及的内容不完全相同

本罪所捏造的事实既可以是有关敌人的情况，又可以是有关我方的情况；而后者行为只能是敌方的虚假情况。

2. 所扩散的对象不同

本罪所针对的对象是不特定的军人；而后者一般则是向特定的武装部队机关、首长或专门收集情报的人员予以提供。

3. 对结果的要求不同

本罪属行为犯，行为人一实施造谣惑众行为，只要足以扰乱军心，即可构成本罪且为既遂；而后者为结果犯，只有提供虚假敌情的行为，造成了严重的实际后果才可构成其罪。行为人捏造虚假敌情既向武装部队提供，又向不特定人加以扩散而扰乱军心的，宜以牵连犯从一重罪论处，而不实行两罪并罚。

三、处罚

犯本罪的，处三年以下有期徒刑、拘役或者管制；情节严重的，处三年以上十年以下有期徒刑。

第三百七十九条　（战时窝藏逃离部队军人罪）

战时明知是逃离部队的军人而为其提供隐蔽处所、财物，情节严重的，处三年以下有期徒刑或者拘役。

【释解】

本条是关于战时窝藏逃离部队军人罪的规定。

一、概念及其构成

战时窝藏逃离部队军人罪，是指战时明知是逃离部队的军人而为其提供隐蔽处所、财物，情节严重的行为。

（一）客体要件

本罪侵犯的客体是战时部队兵员管理秩序。战时严格部队的兵员管理，是完成各项任务、夺取作战胜利的需要。战时窝藏逃离部队军人情节严重的行为，违反《国防法》规定的公民应当支持国防建设的义务，严重妨害部队兵员管理秩序，削弱部队战斗力，危害国防利益。

（二）客观要件

本罪在客观方面表现为对逃离部队的军人故意提供隐蔽处所、财物，情节严重的行为。

所谓窝藏，是指帮助逃离部队的军人进行隐藏，以使其逃避法律制裁或处罚，不仅包括提供场所让其藏匿、隐藏，也包括为其指示地点帮助其隐藏，还包括为其提供财物资助以使其进一步逃跑或隐藏，其目的都是为了使逃离部队的人逃避有关部门的追查、寻找，进而逃避有关制裁。

逃离部队的军人，是指现役军人逃离部队的行为已经触犯刑律，足以构成犯罪，情节严重的情况，既可以是逃离部队构成犯罪的军人，又可以是逃离部队尚未构成逃离部队罪亦没有其他罪行的军人。前者既包括逃离部队构成逃离部队罪的军人，又包括逃离部队犯有他罪的军人。窝藏逃离部队构成犯罪包括逃离部队罪或者他罪的军人，其又触犯窝藏罪，对之应当按想象竞合择一重罪从重处罚。所谓逃离部队的军人，是指不经请假而擅自离开自己所在解放军现役部队、武装警察部队以及执行军事任务的预备役部队或民兵组织的军人，虽经批准探亲、休假、住院、出差、学习但逾期不归的军人，以及虽在休假、学习、出差期间而遇到国家发布动员命令后不立即归队的军人等。对擅离部队或者逾假不归的军人，情节尚不严重，或者未造成任何危害后果的，尽管为其提供了隐蔽场所或资助少量钱物的，亦不应按犯罪论处。

窝藏逃离部队的军人必须发生在战时，才可构成本罪。不在战时而在平时，即使有窝藏行为，亦不能以本罪论处，但这不排除可以构成他罪如窝藏罪。何谓战时，具体可参见战时故意提供虚假敌情罪。

以战时窝藏逃离部队的军人须达到情节严重的才能构成其罪。情节严重，是指资助部队指挥人员或者其他负有重要职责的人员，如机要、保密人员；资助人数多的；资助时间长，次数多，数额大，屡教不改的；提供虚假情况，或为逃兵通风报信，使其逃脱的；拒绝认错，态度恶劣，且不改悔，以致贻误寻找时机，导致逃兵被俘、死亡等严重后果的，等等。只有在战时窝藏逃离部队的军人的才构成犯罪，平时不构成本罪。

（三）主体要件

本罪主体为一般主体。凡达到刑事责任年龄、具备刑事责任能力的自然人均可构成本罪。

（四）主观要件

本罪在主观方面是故意，即行为人明知是逃离部队的军人而为其提供隐蔽处所、财物。如果不知是逃离部队的军人，以为是其他犯罪分子而予以包庇的，不构成本罪，应以包庇罪论处。如确属不知情而对逃离部队的军人而予以收留、资助的不以本罪论。

二、认定

（一）区分本罪与雇用逃离部队军人罪的界限

二者对象相同，行为亦有某些相似，如都可能提供住食场所、财物等，因此，容易发生混淆，但两者还是有着本质的区别：

1. 主观故意内容不同

本罪意图在于使其受到窝藏，即逃避部队及其他有关部门的查找；而后者则是为了使用逃离部队的军人的劳动力。其客观上虽有提供财物、住所的行为，但其目的在于使他为自己服务。因此，在有关部门向其查寻时一般不会为其说谎；而本罪行为人则通常会表现为积极给被窝藏人遮蔽。

2. 客观行为不同

本罪为其提供隐蔽场所、财物一般是无偿的，并不想要对方提供劳动力加以偿还，在行为上，一般表现为暗地里隐藏、帮助其逃跑；而后者则表现为有偿聘请他人为自己服务，其不一定为其提供住宿场所。

3. 对时间的要求不同

本罪必发生在战时；而后罪则无这一要求，既可以发生于战时，又可以发生在平时。有时候，行为人如果出于窝藏的故意，为其提供住处、财物，并让被窝藏之人提供一些劳动，形式似乎是雇用，实为窝藏，这时就应以本罪论处，而不是构成后罪。

（二）本罪与窝藏罪的区别

1. 主观要件不同

本罪在主观方面表现为明知是军人且为逃离部队的军人而仍决意窝藏；而后者则为明知是犯罪者而决意窝藏。

2. 犯罪对象不同

本罪行为的对象是逃离部队的军人。军人既可以是不构成任何犯罪的军人，又可以是构成犯罪包括逃离部队罪或他罪的军人；而后者则不一定是军人，既可以是军人，也可以是非军人，但必须是犯罪人。

3. 时间要求不同

本罪必以发生在战时为构成必要；而后者则无这一要求。

4. 客观要件不同

本罪属情节犯，行为必须达到情节严重的程度才有构成其罪；而后者则为行为犯，一般情况下，只要实施了窝藏行为，除非情节显著轻微危害不大的，都要以犯罪论处。情节严重则是其罪的一个加重处罚情节。

5．客体不同

本罪所侵害的客体是部队的作战秩序及其兵役制度，进而指向国家的国防利益；而后者则是通过妨害司法机关的正常活动进而破坏社会管理秩序。当然，行为人在战时所窝藏的逃离部队的军人如果构成了犯罪，包括其逃离行为已构成逃离部队罪或具有其他罪行，这时又牵连触犯窝藏罪，对之应当择一重罪即后者从重处罚。

三、处罚

犯本罪的，处三年以下有期徒刑或者拘役。

第三百八十条　（战时拒绝、故意延误军事订货罪）

战时拒绝或者故意延误军事订货，情节严重的，对单位判处罚金，并对其直接负责的主管人员和其他直接责任人员，处五年以下有期徒刑或者拘役；造成严重后果的，处五年以上有期徒刑。

［相关规定］　**《中华人民共和国国防法》**　（1997 年 3 月 14 日第八届全国人民代表大会第五次会议通过）（节录）

第三十四条　国家根据国防建设的需要和社会主义市场经济的要求，实行国家军事订货制度，保障武器装备和其他军用物资的采购供应。

第五十一条　企业事业单位应当按照国家的要求承担国防科研生产任务，接受国家军事订货，提供符合质量标准的武器装备或者军用物资。

企业事业单位应当按照国家规定，在交通建设中贯彻国防要求。车站、港口、机场、道路等交通设施的管理单位应当为现役军人和军用车辆、船舶的通行提供优先服务，按照规定给予优待。

第九条 国家和社会对在国防活动中作出贡献的组织和个人，采取各种形式给予表彰和奖励。

【释解】

本条是关于战时拒绝、故意延误军事订货罪的规定。

一、概念及其构成

战时拒绝、故意延误军事订货罪，是指战时有关生产、销售单位无正当理由拒绝、故意延误军事订货，情节严重的行为。

（一）客体要件

本罪侵犯的客体是军事订货秩序。军事订货是军事部门根据国防需要，向军工部门或者其他经济部门订购武器装备和军用物资的活动。军事订货是保证部队武器装备和军用物资的供应，满足国防需要的主要手段。《中华人民共和国国防法》第51条第1款规定："企业事业单位应当按照国家的要求承担国防科研生产任务，接受国家军事订货，提供符合质量标准的武器装备或者军用物资。"但是，随着新时期军事战略方针的确定，军品质量与其生产任务订货量少，成本高，利润低的矛盾日益突出。有些单位和个人出于经济利益考虑，对军品生产任务索价过高，达不到要求的拒绝接受订货；有的对已经签订合同的军品生产任务，百般拖延交货日期，有的已经严重贻误部队的使用，对国防利益造成潜在的威胁。

（二）客观要件

本罪在客观方面表现为战时拒绝或故意延误军事订货，情节严重的行为。所谓军事订货，是指部队根据国防安全利益的需要，依照有关法律规定，与行为人意欲达成或者已经达成的生产、供给某种国防建设物品合同的行为。这一军事订货的行为，其对象就是本罪主体应当从事生产、供给的对象，也称军事订货。军事订货，既包括军事卫星、航空器、坦克、火炮、汽车、装甲车等武器装备的订货，又包括供应军队作战、训练、施工、科研、后勤、医疗保障等军用物资的订货，还包括用于军事目的诸如各种建筑物、场地、设备等军事设施的订货等。总之，一切用于军事需要生产、制造、承建、修配、运输、贮存的物品，包括动产与不动产，都可属于军事订货的范畴。

军事订货是国防经济中体现商品经济和期货特点的一种军品交换方式。军事订货与其他民品订货一样，具有先成交后生产的特点，一般适用于大批量或价值量高的军品。采取订货方式，买方可以取得稳定的货源，卖方有可靠的销路，有利于加强军品生产、流通和军工企业经营的市场性、经济性、计划性。军事订货是事先通过签订合同或协议达成的交易，这种合同或协议的内容一般包括军品数量、质量、完成时限、交货与付款方式、价格等，具有约束买卖双方权利和义务的法律效力。

所谓拒绝，是指拒不接受部队向其要求的军事订货，即不愿意从事军事订货的科研、设计、生产、供给、修配、运输、承建等活动。所谓延误，是指虽然接受了军事订货，但却延期耽误，不按时交货，表现为消极的不作为。当然，构成本罪的拒绝、延误行为必须是无正当理由。行为人如果具有正当理由而拒绝或者延误订货的，自然不能构成本罪。所谓正当理由，是指客观存在的自己不具备完成军事订货条件的各种理由，如技术过不了关，人手确实不够，遇有自然灾害，发生意外事故致使停工停产等。如果具有完成生产订货的各种条件，却以时间紧、原料、资金、设备、人力不足，技术达不到要求等为借口而拒绝或消极怠工，故意制造事故而延误订货的，即应视为本罪的拒绝和延误。方式多种多样，有的是拒绝、延误生产、制作、加工、组装各种军事订货；有的是拒绝、延误组织供应、提供军事订货；还有的拒绝、延误修配、维修、运输、贮存、承建、设计、研究军事订货等等。

拒绝、延误军事订货的行为发生在战时才能构成本罪。若在平时不是战时，即使有拒绝、延误军事订货的行为，也不能构成本罪。这是本罪在时间方面的必备要件，不可缺少。何谓战时，具体可参见战时故意提供虚假敌情罪，这里不再赘述。

根据本条规定，只有情节严重的拒绝、延误军事订货的行为才能构成本罪，尚未达到情节严重，即使具有拒绝、延误军事订货的行为也不能以本罪论处。所谓情节严重，主要是指多次拒绝或延误的；拒绝、延误大量军事订货的；因其行为造成诸如贻误战机，影响重大军事任务完成，致使战斗、战役失利，造成较大伤亡等后果的；等等。

（三）主体要件

本罪主体仅限于单位。承担刑事责任的是负有军事订货义务的生产、销售单位及其直接负责的主管人员和其他直接责任人员。

（四）主观要件

本罪在主观方面表现为故意。如果不是出于故意，而是客观上无法完成订货，没有条件完成军事订货，或是由于不可抗力及一些特殊困难，延误订货的，不构成犯罪。

二、认定

认定本罪时应注意区分罪与非罪的界限。

本罪以“战时”拒绝或者“故意”延误军事订货“情节严重”作为犯罪构成要件。如果科研、生产、销售单位因不具备完成军事订货任务的条件而拒绝军事订货；平时拒绝、故意延误军事订货；过失延误军事订货；或者虽然是战时拒绝、故意延误军事订货，但尚未达到情节严重的程度，均不构成犯罪。

三、处罚

犯本罪的，对单位判处罚金，并对其直接负责的主管人员和其他直接责任人员，处五年以下有期徒刑或者拘役；造成严重后果的，处五年以上有期徒刑。

“造成严重后果”，一般是指因拒绝、故意延误军事订货、致使战斗、战役失利的；严重影响部队重大军事行动的；造成人员重大伤亡或者重要武器装备、军用物资、军事设施毁损的等情形。

第三百八十一条　（战时拒绝军事征用罪）

战时拒绝军事征用，情节严重的，处三年以下有期徒刑或者拘役。

[相关规定]　**《中华人民共和国国防法》**　（1997 年 3 月 14 日第八届全国人民代表大会第五次会议通过）（节录）

第四十八条　国家根据动员需要，可以依法征用组织和个人的设备设施、交通工具和其他物资。

县级以上人民政府对被征用者因征用所造成的直接经济损失，按照国家有关规定给予适当补偿。

第九条　国家和社会对在国防活动中作出贡献的组织和个人，采取各种形式给予表彰和奖励。

违反本法和有关法律，拒绝履行国防义务或者危害国防利益的，依法追究法律责任。

【释解】

本条是关于战时拒绝军事征用罪的规定。

一、概念及其构成

战时拒绝军事征用罪，是指在战时情况下，公民对国家、政府和武装力量征用其所属的房屋、车辆、场地等作战所需的物资，能够提供而拒绝提供，情节严重的行为。

（一）客体要件

本罪侵犯的客体是军事征用管理制度。在战争期间，国家和武装部队根据需要，对单位和公民个人的房屋、场所、设施、运输工具、工程机械等实施紧急征用，是补充战时迅速组建扩建部队，提高部队的机动和运输等后勤保障能力，保证战争胜利的必要条件。在现代战争中，武装部队进行作战和实施扩编所需要的物资保障能力要求高，世界各国普遍采取征用措施，并对调用征购军用物资和设施的范围、对象、时机、权限、惩处等，在法律上作出明确规定。《中华人民共和国国防法》第 48 条规定：“国家根据动员需要，可以依法征用组织和个人的设备设施、交通工具和其他物资。”国务院、中央军委 1995 年 2 月 24 日颁布的《国防交通条例》第 51 条规定：“扰乱、妨碍军事运输和国防交通保障”“构成犯罪的，依法追究刑事责任。”

（二）客观要件

本罪在客观方面表现为战时拒绝征用，情节严重的行为。所谓军事征用，是指在战争或类似战争等紧急情况下，出于军事需要而依法有偿使用武装部队以外的其他任何单位包括机关、团体、党派、企事业单位以及个人的财物及其劳动力，包括房屋、场所、机器、设施、交通工具、粮草、药品、衣服等一切急需物品以及公民个人的劳动力。一般情况下，由执行作战任务或者其他类似任务的武装部队的指挥人员决定。县级以上人民政府，根据有关法律、法规，亦可决定进行军事征用。军事征用属于有偿征用，但这不是说在执行军事征用的当时就要给予补偿。当场无法给予补偿的，执行军事征用的单位应当给被征用人当场开具征用证明，在以后有可能时再行补偿。补偿的数额则仅限于由于军事征用造成被征用人的直接经济损失。所谓拒绝，是指拒不接受军事征用，既可以是对有关单位的征用通知置之不理，依然我行我素，经教育仍不加以改正，又可以表现为以暴力、威胁方法拒绝征用。方式如何，并不影响本罪成立，只是本罪量刑时应当考虑的情节。

拒绝军事征用的行为必须发生在战时，才能构成本罪。依照本法第 451 条的规定，战时，是指国家宣布进入战争状态、部队受领作战任务或者遭敌突然袭击时。部队执行戒严任务或者处置突发性暴力事件时，以战时论。虽有拒绝军事征用行为，但不是发生在战时，亦不可能以本罪论处。

根据本条规定，只有战时拒绝军事征用且情节严重的，才可构成本罪。虽在战时拒绝了军事征用，但不属于情节严重，亦不能以本罪论处。所谓情节严重，主要是指多次拒绝征用的；煽动多人拒绝征用重要急需要物品的；因其行为贻误战机的；造成作战失利的；影响军事任务完成的；造成严重伤亡后果的；等等。

（三）主体要件

本罪主体为一般主体。凡达到刑事责任年龄、具备刑事责任能力的自然人均可构成本罪。

（四）主观要件

本罪在主观方面表现为故意。动机不影响定罪。过失不构成本罪。

二、认定

认定本罪时，应注意区分本罪与战时掠夺居民财物罪的界限。前者是因军事需要而由县级以上人民政府或者是遇有紧急情况的武装部队的指挥人员依法作出的有偿使用公民、单位的财物，与后者出于非法占有的目的而由军人擅自进行的抢劫、掠夺战区无辜居民财物的行为有着本质的不同。前者依法作出，后者擅自进行；前者有偿使用，后者无偿占有；前者出于国家的军事需要，为了国家的国防利益，后者则是出于个人非法占有的目的，为了满足私欲；前者包括一切财产，既可以是动产，也可以是不动产，后者一般仅限于动产；前者既可在后方，又可在前方，后者则必发生在前方即军事行动区等。

三、处罚

犯本罪的，处三年以下有期徒刑或者拘役。

第八章　贪污贿赂罪

【本章概要】

本章从第 382 条至第 396 条，共 15 条，规定贪污贿赂罪。

一、贪污贿赂罪的概念和特征

贪污贿赂罪，是指行为人贪污、挪用、私分公共财物，索取、收受贿赂，破坏公务行为的廉洁性，或者以国家工作人员、国有单位为对象进行贿赂，收买公务行为的一类犯罪的总称。

1979 年刑法将贪污罪规定在侵犯财产罪中，而将贿赂罪纳入渎职罪中。但是，贪污贿赂罪的本质在于以公权谋私利，进行权钱交易，其社会危害性不仅表现在侵犯了公共财产所有权，而且严重破坏了公务行为的廉洁性，损害了国家工作人员人民公仆的形象，玷污了党和政府的声誉，因而具有贪利性犯罪和渎职性犯罪的双重特点，简单地将贪污贿赂罪纳入侵犯财产罪或渎职罪，都不能完整、准确地反映这类犯罪的本质和特征。特别是由于近年来，随着腐败现象的蔓延，作为腐败现象最典型表现的贪污贿赂犯罪不断增多，严重侵蚀了党和国家的健康肌体，严重威胁到国家政权存在的基础。为准确地反映贪污贿赂罪的本质和特征，加强与这类犯罪作斗争，本法将贪污贿赂罪单独规定为一类犯罪。

贪污贿赂罪的基本特征是：

(一)本章犯罪侵犯的客体主要是国家工作人员公务行为的廉洁性，多数犯罪同时也侵犯了公共财产或国有资产的所有权

少数犯罪如贿赂罪则属于典型的权钱交易型犯罪，行为人在中饱私囊、亵渎公务行为廉洁性的同时，也间接侵犯了公共财产或他

人财产所有权。本章犯罪的本质就在于以公权牟取私利，具有渎职性犯罪与贪利性犯罪的双重特点。

(二)本章犯罪在客观方面一般表现为国家工作人员利用职务上的便利，贪污、挪用、私分公共财物或国有资产、收受或者索取贿赂，牟取非法利益，亵渎公务行为的廉洁性

少数犯罪如行贿罪、介绍贿赂罪，虽非国家工作人员利用职务之便实施，但是以国家工作人员的公务行为为收买对象，与国家工作人员实施的受贿罪具有对合性或关联性。本章犯罪在行为形态上多数由作为构成，如贪污罪、挪用公款罪、贿赂罪、私分国有资产罪等，个别犯罪如隐瞒境外存款罪则由不作为构成，另有个别犯罪如巨额财产来源不明罪则属于持有型犯罪，行为形态介于作为和不作为之间，属于第三行为形态。

(三）本章多数犯罪如贪污罪、挪用公款罪、受贿罪、巨额财产来源不明罪、隐瞒境外存款罪的主体是特殊主体，即必须是国家工作人员

少数犯罪如行贿罪和介绍贿赂罪的主体则是一般主体。本章犯罪中，大多数犯罪只能由自然人实施，但少数犯罪如单位受贿罪、单位行贿罪、私分国有资产罪、私分罚没财物罪则只能由单位实施，行贿罪则既可以由自然人实施，也可以由单位实施。

(四）本章犯罪在主观方面只能由直接故意构成

行为人一般具有明确的犯罪目的，如贪污罪的犯罪目的是非法占有公共财物，贿赂罪中受贿罪的犯罪目的是收受或索取贿赂，行贿罪的犯罪目的是牟取不正当利益。间接故意和过失都不能构成犯罪。

二、本章所定各罪

1. 贪污罪，是指国家工作人员利用职务上的便利，侵吞、窃取、骗取或者以其他手段非法占有公共财物的行为（第 382 条)。侵犯的是复杂客体，即国家工作人员职务行为的廉洁性和公共财产权。特殊主体，主要是国家工作人员即本法第 93 条规定的人员：(1) 国家

机关中从事公务的人员；包括中国共产党的各级机关、中国人民政治协商会议的各级机关中从事公务的人员。(2) 国有公司、企业、事业单位、人民团体中从事公务的人员。国有公司是指公司财产属于国家所有的公司以及国家控股的股份有限公司。国有企业是指财产属于国家所有的从事生产、经营活动的企业。国有事业单位是指国家投资兴办管理的科研、教育、文化、卫生、体育、新闻、广播、出版等单位。人民团体是指各民主党派、各级工会、共青团、妇联等群众性组织。(3) 国家机关、国有公司、企业、事业单位委派到非国有公司、企业、事业单位、社会团体中从事公务的人员。只要他们在国有公司、企业、事业单位、社会团体中从事公务的人员。只要他们在其中从事公务，不论被委派前是否具有国家工作人员的身份，都以国家工作人员论。社会团体是指各种依法成立的学会、协会、基金会等社会团体。(4) 其他依照法律从事公务的人员。从事公务，是指在国家机关、公司、企业事业单位、人民团体、社会团体中履行组织、领导、监督、管理等职责的人员。中国共产党的基层组织的组成人员的职务活动也属于从事公务活动。在上属单位中直接从事生产劳动或者服务性的劳动的人员，如国家机关中的工勤人员、工厂的工人、商店的售货员、宾馆的服务员、部队战士、司机、收款员、售票员、购销员等，不属于从事公务的人员。此外，(5) 贪污罪的主体还包括本法第 382 条第 2 款规定的“受国家机关、国有公司、企业、事业单位、人民团体委托管理、经营国有财产的人员”，他们虽然不属于国家工作人员，但也可构成贪污罪。所谓受委托管理、经营国有财产，是指受托以承包、租赁方式管理、经营国有财产。其他人员不能构成贪污罪，但是其他人员与上述国家工作人员以及第 382 条规定的“受委托管理、经营国有财产的人员勾结，伙同贪污的，以贪污罪的共犯论处。客观方面表现为利用职务上的便利，侵吞、窃取、骗取或者以其他手段非法占有公共财物的行为。所谓利用职务之便，是指利用职务范围内的权力和地位形成的有利条件，具体表现为主管、保管、出纳、经手等便利条件。利用因工作关系、熟悉作案环境、凭工作人员身份便于接近作案目标等与职务无关的便利条件，不属于利用职务之便。所谓侵吞，是指行为人利用职务上的便利，将自己控制之下的公共财物非法据为己有，如将自己保管、使用的公共财物加以扣留，应交而隐匿不交，应支付而不支付，收款不入账或非法转卖或者私自赠予他人，非法占有或私自用掉其所追缴的赃款赃物和罚没款物，甚至于将自己控制下的国家机关、国有公司、企事业单位等用于行贿的款物非法据为己有，等等。所谓窃取，是指行为人利用职务之便，将自己合法主管、管理、经手的公共财物，以秘密窃取的方法据为已有的行为，即通常所说的监守自盗。如银行的业务人员窃取自己经管的国有财产。所谓骗取，是指行为人利用职务上的便利，以虚构事实或隐瞒真相的欺骗手段，非法占有公共财物的行为，如涂改单据、账目，谎报开支，冒领旅差费、医疗费、工资、补贴等；谎报亏损，非法占有公款；虚构或隐瞒事实，冒领款物，等等。所谓其他手段，是指侵吞、窃取、骗取以外的其他利用职务上的便利，非法占有公共财物的行为。刑法第 394 条规定，国家工作人员在国内公务活动或者对外交往中接受礼物，依照国家规定应当交公而不交公，数额较大的，以贪污罪定罪处罚。这是国家工作人员利用职务之便，侵吞公共财物的一种特殊形式。贪污的对象是公共财产。所谓公共财产是指刑法第 91 条规定的下列财产：（1）国有财产；（2）劳动群众集体所有的财产；（3）用于扶贫和其他公益事业的社会捐助或者专项基金的财产。（4）在国家机关、国有公司、企业、集体企业和人民团体管理、使用或者运输中的私人财产，以公共财产论。主观方面是故意，并且具有非法占有公共财物的目的。对犯贪污罪的，根据贪污数额和情节轻重，分别依照下列规定处罚：（1）个人贪污数额在 10 万元以上的，处十年以上有期徒刑或者无期徒刑，可以并处没收财产；情节特别严重的，处死刑，并处没收财产。（2）个人贪污数额在 5 万元以上不满 10 万元的，处五年以上有期徒刑，可以并处没收财产；情节特别严重的，处无期徒刑，并处没收财产。（3）个人贪污数额在5000元以上不满5万元的，处一年以上七年以下有期徒刑；情节严重的，处七年以上十年以下有期徒刑。个人贪污数额在5000元以上不满1万元，犯罪后有悔改表现，积极退赃的，可以减轻处罚或者免予刑事处罚，由其所在单位或者上级主管机关给予行政处分。(4) 个人贪污数额不满5000元，情节较重的，处二年以下有期徒刑或者拘役；情节较轻的，由其所在单位或者上级主管机关酌情给予行政处分。对多次贪污未处理的，按照累计贪污数额处罚。所谓多次贪污未经处理，是指两次以上（含两次）的贪污行为，既没有受过刑事处罚，也没有受过行政处理。累计贪污数额时，应依刑法有关追诉时效的规定执行，在追诉时效期限内的贪污数额应累计计算，已过追诉时效期限的贪污数额不予计算。在审判实践中，对被贪污的公款在贪污后至案发前所生利息，不作为贪污的犯罪数额计算。但该利息是贪污给被害单位造成实际经济损失的一部分，应作为被告人的非法所得，连同其贪污的公款一并依法追缴。

2. 挪用公款罪，是指国家工作人员利用职务上的便利，挪用公款归个人使用，进行非法活动的，或者挪用公款数额较大、进行营利活动的，或者挪用公款数额较大、超过3个月未还的行为（第384条）。本罪侵犯的是复杂客体，即国家工作人员职务行为的廉洁性、国家财经管理制定以及公款使用权。特殊主体，即国家工作人员。客观方面表现为利用职务之便，有下列挪用公款行为之一：(1) 挪用公款归个人使用，进行走私、赌博、嫖娼等非法活动的。挪用公款用于归还个人贷款或者私人借款，如果该贷款、借款是用于非法活动的，应视为挪用公款进行非法活动。(2) 挪用公款数额较大，归个人进行营利活动的。所谓进行营利活动，通常是指进行经商、办企业等经营性活动。挪用公款为个人进行营利活动做准备，如用作私有公司、企业的资信证明，以取得工商登记等，属于挪用公款用于营利活动。以获取利息、股息为目的，个人挪用公款存入银行、用于集资、购买股票、国债等，属于挪用公款进行营利活动。所获取的利息、股息应作为违法所得，连同被告人挪用的公款一并依法追缴，但不作为挪用公款的犯罪数额计算。挪用公款用于归还个人贷款或者私人借款，如果该贷款、借款是用于营利活动的，应视为挪用公款进行营利活动。至于经营性活动是否获利，不影响本罪的成立。(3）挪用公款归个人使用，数额较大，超过3个月未还的；所谓“未还”，是挪用公款后被司法机关、主管部门或者有关单位发现前未还。挪用公款归个人使用，包括挪用者本人使用或者给其他人使用。对私利以个人名义将挪用的公款给企业、事业单位、机关、团体使用的，应视为挪用公款归个人使用。“私利”包括获取物质利益和就业、升学、调动工作、晋升等非物质利益。为本人或者其他个人获取以上利益，不论是否已实际获取，都属于“为私利”。挪用人违反财经管理制度，未经合法审批手续，将公款擅自借给其他单位使用，应认定为“以个人名义”。公司、企业或者部门负责人，为私利擅自批准将公款给他人使用，属于挪用公款的行为。主观方面是故意，并以归个人使用为目的。犯挪用公款罪的，处五年以下有期徒刑或者拘役；情节严重的，处五年以上有期徒刑。挪用公款数额巨大不退还的，处十年以上有期徒刑或者无期徒刑。在审判实践中，所谓情节严重，在挪用公款归个人使用或者进行营利活动的场合，一般指挪用公款10万元以上的；在进行非法活动或者挪用救灾、抢险等特定款物的场合，一般指挪用5万元以上的。所谓挪用公款数额巨大不退还的，是指行为人挪用公款10万元以上归个人使用，因客观原因导致在一审宣判前不能退还的情况，如大部分款项借给他人而无法追回，挪用公款进行营利活动造成重大亏损而无法返还等。不包括客观上有能力退还而主观上不想还的情况。行为人有能力退还而不退还的，以贪污罪论处。行为人挪用公款后因挥霍公款或者使用公款进行违法犯罪活动致使公款不能退还的，应以贪污罪论处；携带公款潜逃的也应以贪污罪论处。挪用用于救灾、抢险、防汛、优抚、扶贫、移民、救济款物归个人使用的，从重处罚。行为人在案发前已部分或者全部归还本息的，可以分别情节，从轻或者减轻处罚，情节较轻的，可以免除处罚。

3. 受贿罪，是指国家工作人员利用职务上的便利，索取他人财物，或者非法收受他人财物，为他人谋取利益的行为（第385条）。客体是国家工作人员职务行为廉洁性。特殊主体，即刑法第93条规定的国家工作人员。客观方面表现为利用职务上的便利，索取他人财物或者非法收受他人财物，为他人谋取利益的行为。利用职务上的便利，是指利用本人职务范围内的权力，即自己职务上主管、分管、负责某项公共事务的职权所形成的便利条件；本罪的行为对象是他人财物，也包括财产性利益，如债权的设立、债务的免除以及其他财产性利益，但不包括诸如提升职务、迁移户口、升学就业、提供女色等非财产性利益。受贿有两种基本形式：一是利用职务之便，索取他人财物。即通常所说的索贿。索贿不是一个独立的罪名。以索贿形式受贿的，不论是否“为他人谋取利益”均可构成受贿罪。二是利用职务之便，非法收受他人财产财物，即在行贿人主动行贿的情况下，行为人非法地收受他人财物的情况。非法收受他人财物的，必须同时具备“为他人谋取利益”的条件，才能构成受贿罪。但是为他人谋取的利益是否正当，为他人谋取的利益是否实现，不影响受贿罪的成立。主观方面具有受贿的故意。刑法特别规定的以受贿论处的两种情况：（1）在经济往来中的受贿罪。根据刑法第385条第2款的规定：“国家工作人员在经济往来中，违反国家规定，收受各种名义的回扣、手续费，归个人所有的，以受贿论处”。所谓“经济往来”，是指国家工作人员参与的国家经济管理活动和因职务关系而参与的购销商品或者提供、接受服务等交易活动。例如建筑工作立项、承包、发包；为国家、国家机关、国有单位订货、采购商品等等。所谓违反国家规定，收受各种名义的回扣、手续费，是指国家有关规定禁止国家工作人员在因职务关系参与的经济往来中收受各种名义的回扣、手续费归个人所有，因此收受回扣手续费归个人所有的，就属于违法国家规定。所谓归个人所有，是指个人账外暗中据为己有。如果国家工作人员收受了回扣、手续费之后，入账上交本单位，而没有归个人所有的，不构成犯罪。斡旋受贿以受贿论处。刑法第 388 条规定:“国家工作人员利用本人职权或者地位形成的便利条件，通过其他国家工作人员职务上的行为，为请托人谋取不正当利益,索取请托人财物或者收受请托人财物的,以受贿论处。”斡旋受贿与一般的受贿不同，行为人不是直接利用本人的职权，为请托人谋取利益，而是利用本人职权或地位形成的便利条件，通过其他国家工作人员职务上的行为，为请托人谋取不正当利益。所谓利用本人职权或地位形成的便利条件，是指利用本人的职权或者地位形成的对其他国家工作人员的制约关系，通常表现为上下级之间的领导与被领导的纵向制约关系，或者表现为不同单位的国家工作人员之间在执行职务过程中所存在的横向制约关系。斡旋受贿行为以受贿论处，无论是索取财物还是收受财物，都必须以为请托人谋取不正当利益为条件。没有为请托人谋取利益或者为请托人谋取的利益不是不正当利益的，不构成犯罪。对犯受贿罪的，根据受贿所得数额及情节，依照贪污罪的法定刑处罚。

4. 单位受贿罪，是指国家机关、国有公司、企业、事业单位、人民团体，索取、非法收受他人财物，为他人谋取利益，情节严重的行为（第 387 条）。犯单位受贿罪的，对单位判处罚金，并对直接负责的主管人员和其他直接责任人员,处五年以下有期徒刑或者拘役。

5. 行贿罪，是指为谋取不正当利益，给予国家工作人员以财物的行为（第 389 条）。客体是国家机关、国有公司、企业、事业单位、人民团体的正常活动。主体是自然人一般主体。客观方面表现为给予国家工作人员以财物的行为。在经济往来中，违反国家规定，给予国家工作人员以财物，数额较大的，或者违反国家规定，给予国家工作人员以各种名义的回扣、手续费的，以行贿论。所谓违反国家规定，主要表现为在账外暗中给予财物或者回扣、手续费等。主观方面是故意，并且具有谋取不正当利益的目的。对犯行贿罪的，处五年以下有期徒刑或者拘役；因行贿谋取不正当利益，情节严重的，或者使国家利益遭受重大损失的，处五年以上十年以下有期徒刑；情节特别严重的，处 10 年以上有期徒刑或者无期徒刑，可以并处没收财产。行贿人在被追诉前主动交待行贿行为的，可以减轻处罚或者免除处罚。

6. 对单位行贿罪，是指为谋取不正当利益，给予国家机关、国有公司、企业、事业单位、人民团体以财物的，或者在经济往来中，违反国家规定，给予上述单位各种名义的回扣、手续费的行为（第391条）。犯对单位行贿罪的，处三年以下有期徒刑或者拘役。单位犯本罪的，对单位判处罚金，并对直接负责的主管人员和其他直接责任人员，依照上述规定处罚。

7. 介绍贿赂罪，是指向国家工作人员介绍贿赂，情节严重的行为（第392条）。主体是自然人。客观方面有介绍贿赂的行为，即主要表现为在行贿人和受贿人之间实施沟通、撮合，促使行贿与受贿得以实现的行为。主观方面是故意。犯介绍贿赂罪的，处三年以下有期徒刑或者拘役。介绍贿赂人在被追诉前主动交待介绍贿赂行为的，可以减轻处罚或者免除处罚。

8. 单位行贿罪，是指公司、企业、事业单位、机关、团体为谋取不正当利益而行贿，或者违反国家规定，给予国家工作人员以回扣、手续费，情节严重的行为（第393条）。犯单位行贿罪的，对单位判处罚金，并对其直接负责的主管人员和其他直接责任人员，处五年以下有期徒刑或者拘役。

9. 巨额财产来源不明罪，是指国家工作人员的财产或者支出明显超过合法收入，差额巨大，而本人又不能说明其来源合法的行为（第395条第1款）。犯巨额财产来源不明罪的，处五年以下有期徒刑或者拘役，财产的差额部分予以追缴。

10. 隐瞒境外存款罪，是指国家工作人员在境外存款，数额较大、隐瞒不报的行为（第395条第2款）。犯隐瞒境外存款罪的，处二年以下有期徒刑或者拘役。

11. 私分国有资产罪，是指国家机关、国有公司、企业、事业单位、人民团体，违反国家规定，以单位名义将国有资产集体私分给个人，数额较大的行为（第396条第1款）。犯私分国有资产罪的，对单位的直接负责的主管人员和其他直接责任人员，处三年以下有期徒刑或者拘役；并处或者单处罚金；数额巨大的，处三年以上七年以下有期徒刑，并处罚金。

12．私分罚没财物罪，是指司法机关、行政执法机关违反国家规定，将应当上缴国家的罚没财物，以单位名义集体私分给个人的行为（第396条第2款）。犯私分罚没财物罪的，对单位的直接负责的主管人员和其他直接责任人员，处三年以下有期徒刑或者拘役；并处或者单处罚金；数额巨大的，处三年以上七年以下有期徒刑，并处罚金。

第三百八十二条　（贪污罪）

国家工作人员利用职务上的便利，侵吞、窃取、骗取或者以其他手段非法占有公共财物的，是贪污罪。

受国家机关、国有公司、企业、事业单位、人民团体委托管理、经营国有财产的人员，利用职务上的便利，侵吞、窃取、骗取或者以其他手段非法占有国有财物的，以贪污论。

与前两款所列人员勾结，伙同贪污的，以共犯论处。

［相关规定］　**《最高人民法院关于贪污、挪用公款所生利息应否计入贪污、挪用公款犯罪数额问题的批复》**　（1993年12月15日法复〔1993〕11号）

四川省高级人民法院：

你院川高法明传〔93〕112号《关于贪污挪用银行库存款其所生利息是否计入贪污挪用公款犯罪数额的请示》收悉。经研究，答复如下：

贪污、挪用公款（包括银行库存款）后至案发前，被贪污、挪用的公款所生利息，不应作为贪污、挪用公款的犯罪数额计算。但该利息是贪污、挪用公款行为给被害单位造成实际经济损失的一部分，应作为被告人的非法所得，连同其贪污、挪用的公款一并依法追缴。

［相关规定］　**《最高人民检察院关于人民检察院直接受理立案侦查案件立案标准的规定（试行）》**　（1999年9月16日最高人民检察院发布）（节录）

根据《中华人民共和国刑法》、《中华人民共和国刑事诉讼法》和其他法律的有关规定，对人民检察院直接受理立案侦查案件的立案标准规定如下：

一、贪污贿赂犯罪案件

（一）贪污案（第382条、第383条、第183条第2款、第271条第2款、第394条）

贪污罪是指国家工作人员利用职务上的便利，侵吞、窃取、骗取或者以其他手段非法占有公共财物的行为。

“利用职务上的便利”是指利用职务上主管、管理、经手公共财物的权力及方便条件。

受国家机关、国有公司、企业、事业单位、人民团体委托管理、经营国有财产的人员，利用职务上的便利，侵吞、窃取、骗取或者以其他手段非法占有国有财物的，以贪污罪追究其刑事责任。

“受委托管理、经营国有财产”是指因承包、租赁、聘用等而管理、经营国有财产。

国有保险公司的工作人员和国有保险公司委派到非国有保险公司从事公务的人员利用职务上的便利，故意编造未曾发生的保险事故进行虚假理赔，骗取保险金归自己所有的，以贪污罪追究刑事责任。

国有公司、企业或者其他国有单位中从事公务的人员和国有公司、企业或者其他国有单位委派到非国有公司、企业以及其他非国有单位从事公务的人员，利用职务上的便利，将本单位财物非法占为己有的，以贪污罪追究刑事责任。

国家工作人员在国内公务活动或者对外交往中接受礼物，依照国家规定应当交公而不交公，数额较大的，以贪污罪追究刑事责任。

涉嫌下列情形之一的，应予立案：

1. 个人贪污数额在 5 千元以上的；

2. 个人贪污数额不满 5 千元，但具有贪污救灾、抢险、防汛、防疫、优抚、扶贫、移民、救济款物及募捐款物、赃款赃物、罚没款物、暂扣款物，以及贪污手段恶劣、毁灭证据、转移赃物等情节的。

［相关规定］　**《最高人民法院关于审理贪污、职务侵占案件如何认定共同犯罪几个问题的解释》**　（2000 年 7 月 8 日起施行　法释〔2000〕15 号）

为依法审理贪污或者职务侵占犯罪案件，现就这类案件如何认定共同犯罪问题解释如下：

第一条　行为人与国家工作人员勾结，利用国家工作人员的职务便利，共同侵吞、窃取、骗取或者以其他手段非法占有公共财物的，以贪污罪共犯论处。

第二条　行为人与公司、企业或者其他单位的人员勾结，利用公司、企业或者其他单位人员的职务便利，共同将该单位财物非法占为己有，数额较大的，以职务侵占罪共犯论处。

第三条　公司、企业或者其他单位中，不具有国家工作人员身份的人与国家工作人员勾结，分别利用各自的职务便利，共同将本单位财物非法占为己有的，按照主犯的犯罪性质定罪。

［相关规定］ **《最高人民法院、最高人民检察院关于办理妨害预防、控制突发传染病疫情等灾害的刑事案件具体应用法律若干问题的解释》** （2003 年 5 月 15 日起施行 法释〔2003〕8 号）（节录）

第十四条 贪污、侵占用于预防、控制突发传染病疫情等灾害的款物或者挪用归个人使用，构成犯罪的，分别依照刑法第三百八十二条、第三百八十三条、第二百七十一条、第三百八十四条、第二百七十二条的规定，以贪污罪、侵占罪、挪用公款罪、挪用资金罪定罪，依法从重处罚。

挪用用于预防、控制突发传染病疫情等灾害的救灾、优抚、救济等款物，构成犯罪的，对直接责任人员，依照刑法第二百七十三条的规定，以挪用特定款物罪定罪处罚。

［相关规定］ **《全国法院审理经济犯罪案件工作座谈会纪要》** （2003 年 11 月 13 日 法〔2003〕167 号）（略）

【释解】

本条是关于贪污罪的规定。

一、概念及其构成

贪污罪，是指国家工作人员，利用职务上的便利，侵吞、窃取、骗取或者以其他手段非法占有公共财物的行为。

（一）客体要件

本罪侵犯的客体是复杂客体，既侵犯了公共财物的所有权，又侵犯了国家机关、国有企业事业单位的正常活动以及职务的廉洁性，但主要是侵犯了职务的廉洁性。在国有公司、企业中，具有国家工作人员身份的人，侵吞本公司、企业的财物，当然属于侵犯了公共财物的所有权。在中外合资和中外合作企业、股份制公司、企业中，中方和国有资产大都占控股地位或主导地位，其财产仍可视为公共财产，即使不占主导地位和控股地位，其中一部分财产仍属公共财产，因此，具有国家工作人员身份的人，利用职务的便利，侵吞上述公司、企业的财物，仍属于侵犯公共财物的所有权。

本罪的犯罪对象是公共财物或非国有单位财物，其中，当然的国家工作人员而为的贪污罪的对象，是公共财物；拟定的国家工作人员中的受国家机关、国有公司、企业、事业单位、人民团体委托管理、经营国有财产的人员而为的贪污罪的对象，是公共（国有）财物；在国有单位从事公务的人员而为的贪污罪的对象，是国有财产；受国有单位委派到非国有单位从事公务的人员而为的贪污罪的对象，是国有或非国有单位财物；勾结、伙同国家工作人员或受国家机关、国有公司、企业、事业单位和人民团体委托管理、经营国有财产的人员而为的贪污罪的对象，既可以是公共财物，也可以是国有财产。因此，一般来说，贪污罪的对象是公共财物或非国有单位财物。所以，作为贪污罪客体物质表现的对象有：一是公共财物；二是国有财物；三是非国有单位的财物。

根据本法第91条规定，公共财物分为两类：其一，当然的公共财物。包括：国有财产、劳动群众集体所有的财产以及用于扶贫和其他公益事业的社会捐助或者专项基金的财产。其中，国有财产，是指国家机关、国有公司、企业、事业单位和人民团体所拥有的财产；劳动群众集体所有的财产，是指集体经营组织所拥有的所有权属于该组织全体成员共同所有的财产；扶贫和其他公益事业的社会捐助或者专项基金的财产，是指通过捐助或专项基金手段募集的用于扶贫或其他公益事业的慈善性质的款物。其二，拟定的公共财物，即国有公司、企业、集体企业和人民团体管理、使用或运输中的私人财产。其中，根据本法第92条的规定，私人财产包括：公民的合法收入、储蓄、房屋和其他生活资料；依法归个人、家庭所有的生产资料；个体户和私营企业的合法财产；依法归个人所有的股份、股票、债券和其他财产。拟定的公共财产的所有权虽然实际上属于公民个人，但是由于它们处于国有公司、企业、集体企业和人民团体管理、使用或运输中，对其应以公共财产论。

另外，依本法第171条第2款的规定，非国有单位的财物，是指非国有公司、企事业单位和社会团体所有的财物。

（二）客观要件

本罪的客观方面表现为利用职务之便，侵吞、窃取、骗取或者以其他手段非法占有公共财物的行为。这是贪污罪区别于盗窃、诈骗、抢夺等侵犯财产罪的重要特征。

所谓利用职务上的便利，是指行为人利用其职责范围内主管、经手、管理公共财产的职权所形成的便利条件，假借执行职务的形式非法占有公共财物，而不是因工作关系或主体身份所带来的某些方便条件，如因工作关系而熟悉作案环境，凭借工作人员身份进出某些机关、单位的方便等。所谓主管，是指具有调拨、转移、使用或者以其他方式支配公共财产的职权，例如厂长、经理等具有的一定范围内支配企业内部公共财产的权力；所谓经手，是指具有领取、支出等经办公共财物流转事务的权限；所谓管理，是指具有监守或保管公共财物的职权，例如会计员、出纳员、保管员等具有监守和保管公共财物的职权。行为人如果利用职务上主管、经手、管理公共财物的便利，而攫取公共财物的，就可构成贪污罪。

贪污手段多种多样，但归纳起来不外乎是采取侵吞、窃取、骗取或者其他手段非法占有公共财物。

侵吞财物，是指行为人将自己管理或经手的公共财物非法转归自己或他人所有的行为。概括起来侵吞的方法主要有三种：一是将自己管理或经手的公共财物加以隐匿、扣留，应上交的不上交，应支付的不支付，应入账的不入账。二是将自己管理、使用或经手的公共财物非法转卖或擅自赠送他人。三是将追缴的赃款赃物或罚没款物私自用掉或非法据为私有。

窃取财物，是指行为人利用职务之便，采取秘密窃取的方式，将自己管理的公共财物非法占有的行为，也就是通常所说的“监守自盗”。如果出纳员仅是利用对本单位情况熟悉的条件，盗窃由其他出纳员经管的财物，则构成盗窃罪。

骗取财物，是指行为人利用职务之便，采取虚构事实或隐瞒真相的方法，非法占有公共财物的行为。例如出差人员用涂改或伪造单据的方法虚报或谎报支出冒领公款，工程负责人多报工时或伪造工资表冒领工资，收购人员谎报收购物资等级从中骗取公款等。

其他方法，是指除了侵吞、盗窃、骗取之外，其他非法占有公共财物的方法，主要包括：

（1）内外勾结，“迂回贪污”。即国家工作人中利用职务上的便利，内外勾结，将自己管理、经营的公共（国有）财物以“合法”形式，转给与其勾结的外部人员，然后再迂回取回，据为己有。

（2）公款私存、私贷坐吃利息。

（3）利用回扣非法占有公款。即行为人在为本单位购买货物时，将卖方以购货款中抽出一部分作为回扣的款项占为己有的行为。

（4）利用合同非法占有公款。即行为人在为本单位购买货物、推销产品等经济活动中，在与他人签订合同时，双方恶意串通，提高合同标的价格，然后将抬高的差价私分等。

（5）间接贪污。如国家工作人员利用职务之便，使用单位雇请的工人为自己干活等。

（6）占有应交单位的劳务收入。

（7）利用新技术手段进行贪污。即行为人利用职务便利，运用新的科技手段进行贪污的行为。主要有：银行工作人员利用微机侵吞公款、套取利息，证券从业人员利用技术手段侵吞股金、红利等。

（三）主体要件

本罪的主体是特殊主体，即必须是国家工作人员。根据本法第93条的规定，所谓国家工作人员，是指国家机关中从事公务的人员。国有公司、企业、事业单位、人民团体中从事公务的人员和国家机关、国有公司、企业、事业单位委派到非国有公司、企业、事业单位、社会团体从事公务的人员，以及其他依照法律从事公务的人员，以国家工作人员论。此外，根据本条第2款的规定，受国家机关、国有公司、企业、事业单位、人民团体委托管理、经营国有财产的人员，也可以成为本罪的主体。不具有上述特殊身份的一般公民与上述人员勾结，伙同贪污的，以贪污罪的共犯论处。

这里，“其他依照法律从事公务的人员”应当具有两个特征：一是在特定条件下行使国家管理职能；二是依照法律规定从事公务。具体包括：(1)依法履行职责的各级人民代表大会代表；(2)依法履行审判职责的人民陪审员；(3)协助乡镇人民政府、街道办事处从事行政管理工作的村民委员会、居民委员会等农村和城市基层组织人员；(4)其他由法律授权从事公务的人员。

从事公务，是指代表国家机关、国有公司、企业、事业单位、人民团体等履行组织、领导、监督、管理等职责。公务主要表现为与职权相联系的公共事务以及监督、管理国有财产的职务活动。如国家机关工作人员依法履行职责，国有公司的董事、经理、监事、会计、出纳人员等管理、监督国有财产等活动，属于从事公务。那些不具备职权内容的劳务活动、技术服务工作，如售货员、售票员等所从事的工作，一般不认为是公务。

总之，行为人在具有依法从事公务的前提下，在与其职务身份相对应的单位履行职责时，才有成为贪污罪主体的可能，而无论其是属于当然的国家工作人员还是属于拟定的国家工作人员。此外，据本条第3款规定，勾结、伙同国家工作人员贪污的，以贪污共犯论处。

（四）主观要件

本罪在主观方面必须出自直接故意，并具有非法占有公共财物的目的。过失不构成本罪。其故意的具体内容表现为行为人明知自己利用职务之便所实施的行为会发生非法占有公共（国有）财物或非国有单位财物的结果，并且希望这种结果的发生。犯罪的目的，是非法占有公共（国有）财物或非国有单位财物，而非法占有公共（国有）财物或非国有单位财物的目的，既可以是行为人企图将公共

(国有)财物或非国有单位财物永久地占为己有，也可以是行为人希望将公共（国有）财物或非国有单位财物非法获取后转送他人。另外，贪污罪不以特定的犯罪动机为其主观方面的必备要素，只要行为人故意实施了利用职务之便非法占有公共（国有）财物或非国有单位财物的行为，无论出于何种动机，均可构成贪污罪。

以上四个要件必须同时具备，才有可能构成贪污罪。如果贪污数额较小，情节轻微的，一般也不以贪污罪论处，而给以党纪、政纪处分。根据本法第383条之规定，贪污公共财物数额不满5千元，但情节较重，而且符合上述四个要件，构成贪污罪。

二、认定

（一）本罪与非罪的界限

贪污罪作为一般贪污行为的特殊形式，除具有一般贪污违法行为的共性外，还具有自身的特性。构成贪污罪的贪污行为，还具有贪污数额和情节上的要求。因此，认定贪污罪与一般贪污违法行为时，应把握以下方面：

1. 要看行为人贪污的数额是否达到5千元

其中，贪污的数额按累计方法计算。对于行为人贪污的数额达到5千元的，无论其情节如何，均构成贪污罪；而对于贪污的数额尚未达到5千元的，一般应视为一般贪污违法行为。

2. 要看行为人的贪污情节

其中，贪污情节主要针对贪污数额不满5千元的贪污行为。如果贪污数额不满5千元，贪污情节较轻时，对该贪污行为就应认定为一般贪污违法行为；如果贪污数额不满5千元，但贪污情节较重时，对该贪污行为就应认定为贪污罪。其中，贪污情节是否属于较重或较轻范围，一般应从以下方面进行综合分析、界定：一看行为人的一贯表现；二看行为人贪污行为的动机和目的；三看行为人所贪污的公共（国有）财物或非国有单位财物的性质、用途；四看行为人贪污的手段；五看贪污行为所造成的后果；六看行为人的悔罪表现。根据1999年9月16日最高人民检察院发布施行的《关于人民检察院直接受理立案侦查案件立案标准的规定》（试行）的规定，个人贪污数额不满5千元，但具有贪污救灾、抢险、防汛、防疫、优抚、扶贫、移民、救济款物及募捐款物、赃款赃物、罚没款物、暂扣款物，以及贪污手段恶劣、毁灭证据、转移赃物等情节的。

（二）贪污罪既遂和未遂的认定

所谓贪污罪的既遂，是指行为人所故意实施的非法占有公共（国有）财物或非国有单位财物行为，已具备了贪污罪构成的全部要件，同时产生了危害结果。因此，认定贪污罪既遂与否，应把握以下两点：

1. 看行为人的贪污行为，是否符合贪污罪构成要件的特征

其中，衡量非法占有的标准，是行为人是否实际控制了公共（国有）财物或非国有单位的财物。如果已实际控制了，即为既遂。行为人控制公共财物后，是否将财物据为已有，不影响贪污既遂的认定。

2. 看行为人的贪污行为，是否造成了客观的危害结果

其中，衡量造成了客观危害结果的标准：一是贪污数额实际上已达到5千元；二是贪污数额虽然实际上尚未达到5千元，但客观上存在贪污情节较重的事实。

对于符合上述两方面的贪污行为，就可以认定为贪污罪既遂。

所谓贪污罪未遂，是指行为人已经着手实行贪污犯罪，由于犯罪分子意志以外的原因而未得逞。其特征是：(1)行为人已着手实施贪污行为；(2)行为人还没有取得对公共（国有）财物或非国有单位财物的实际控制权或所有权；(3)没有取得对公共（国有）财物或非国有单位财物实际控制权的原因，是由于行为人意志以外的原因。对于行为人利用职务上的便利，实施了虚假平账等贪污行为，但公共财物尚未实际转移，或者尚未被行为人控制就被查获的，应当认定为贪污未遂。

因此，正确认定贪污罪未遂时，除掌握其特点外，还应注意以下问题：

1. 认定行为人还没有取得对公共（国有）财物或非国有单位财物的实际控制权或所有权的标准，是看公共（国有）财物是否已经被行为人非法占有或者已经被行为人非法取得。也就是说，行为人是否实现了其贪污犯罪的故意内容或达到了其主观上的预期希望或形成了客观行为与主观故意的相互一致。

2. 对于一般的贪污未遂行为，如果属于犯罪情节轻微不需要判处刑罚的或具备其他免予刑事处罚条件的，一般不以贪污罪论处。

3. 对于符合下列情形的贪污未遂行为，仍应以贪污罪论处：

（1）贪污数额巨大；

（2）为首组织策划共同贪污的；

（3）毁灭罪证逃避侦查的；

（4）为掩盖贪污罪行，而嫁祸于人的；

（5）企图贪污特定款物造成恶劣影响的；

（6）有证据证实其犯罪而拒不供认的；

（7）打击报复报案人或举报人的；

（8）其他贪污情节严重的行为。

（三）共同贪污犯罪的认定

所谓共同贪污犯罪，是指二人以上共同实施的贪污犯罪行为。它有以下特点：一是贪污行为人必须是二个人（含二人）以上；二是行为人共同实施了非法占有公共（国有）财物或非国有单位财物的行为；三是行为人之间具有共同贪污的故意；四是各共同贪污犯罪人在共同故意支配下，彼此联系，互为条件；五是共同贪污行为造成了总和犯罪结果。即贪污总额是每个共犯共同故意造成的统一结果。

认定共同贪污犯罪时，除掌握其特点外，还应注意以下问题：

1. 贪污共犯中，必须包括具有国家工作人员身份的人员。就贪污共犯的组成而言，包括以下情形：一是国家工作人员之间组成的贪污共犯；二是受国家机关、国有公司、企业、事业单位和人民团体委托管理、经营国有财产的人员之间组成的贪污共犯；三是上述两种人员之间组成的贪污共犯；四是与上述一、二类人员勾结、伙同贪污的人员；五是受国有单位委派的非国有单位从事公务的人员之间组成的贪污罪共犯；六是受国有单位委派的非国有单位从事公务的人员与该非国有单位中人员组成的贪污共犯。

2. 共同贪污犯罪行为所侵害的对象，是公共财物或非国有单位的财物。

3. 共同贪污属于贪污情节较重范畴。

4. 根据《最高人民法院关于审理贪污、职务侵占案件如何认定共同犯罪几个问题的解释》的规定，行为人与国家工作人员勾结，利用国家工作人员的职务便利，共同侵吞、窃取、骗取或者以其他手段非法占有公共财物的，以贪污罪共犯论处。公司、企业或者其他单位中，不具有国家工作人员身份的人与国家工作人员勾结，分别利用各自的职务便利，共同将本单位财物非法占为己有的，按照主犯的犯罪性质定罪。司法实践中，如果根据案件的实际情况，各共同犯罪人在共同犯罪中的地位、作用相当，难以区分主从犯的，可以贪污罪定罪处罚。

（四）经济承包活动中贪污罪的认定

经济承包是我国当前经济生活中的一种重要经营方式。就其类型而言，包括两种：一是经营权型承包，即发包方由经营管理为主变为监督管理为主，而承包方受发包方的委托直接对承包对象进行经营管理。它的特点是，承包对象的所有权与使用权发生了分离，即发包方仍对承包对象享有所有权，而承包对象的使用权则归承包方享有。二是劳务型承包，即发包方与承包方围绕着劳动报酬规定各自的权利和义务，以承包方实现所承包的最终生产、经营成果指标作为分配的依据，承包方并因而相应地享有较大的生产经营自主权和承担较大的生产经营责任。它的特点是：承包方接触、使用生产资料的过程，是一种生产过程，而非管理、经营活动。同时，承包方对接触、使用的生产资料并不具有管理、处分权。因此，根据本法第 271 条第 2 款和本条第 2 款规定，只有经营权型承包中的承包人，才有利用职务的便利，实施侵吞侵占、窃取、骗取或以其他手段非法占有发包方财物的可能，才有成为贪污罪主体的可能。所以，在认定经济承包活动中的贪污罪时，首先要确定该类承包是否属于经营权型的承包。然后把握以下方面：

1. 正确认定承包人是否具备贪污罪的主体资格

一般要从以下方面着手：

(1) 考察发包方的经济性质

据国家统计局和国家工商行政管理局1995年颁布的《关于经济类型划分的暂行规定》规定，目前我国的经济类型包括：国有经济、集体经济、个体经济、联营经济、股份制经济、外商投资经济和港澳台投资经济七种。就发包权而言，法律并未限定。因此，作为上述七种经济类型的对应单位、组织，都可以成为发包方。

承包人作为受托人的一种特殊形式，根据本法第271条第2款和本条第2款规定，如果变成贪污罪的主体，必须同时具备下列条件：一是接受国有经济性质的单位、组织的委托或委派后，直接从事承包活动或在被承包单位中从事公务；二是承包的内容或职责，是负责国有财产的经营活动。

所以，就发包方而言，其必须是国有经济性质的单位、组织或非国有单位，包括国有公司、企业和事业单位、人民团体中的经济实体，以及非国有公司、企业和事业单位。只有当发包方是国家机关、国有公司、企业、事业单位、人民团体或非国有单位时，承包人才有成为贪污罪主体的可能；因此，发包方经济性质如何，并不影响承包人成为贪污罪主体。

(2) 考察承包人所承包的对象

承包人要具备贪污罪的主体资格，其所承包的对象必须是具体的经济实体。它可以是某个独立完整的国有或非国有公司、企业，也可以是国有或非国有公司、企业、事业单位或团体中的某一个经济实体部门；它既可以是承包时已经存在的经济组织，也可以是承包时尚不存在，但发包方提供了生产资料、资金和其他经营条件，而后由承包人据此去创建的经济组织。

（3）考察是真承包，还是假承包

认定是真承包，还是假承包的关键，是看发包方是否向承包方提供依法成立的经济实体或合法的生产资料、资金和其他经营条件。具体来说，对于承包时已存在的承包对象而言，其是否属于依法成立的经济实体；对于承包时尚未存在的承包对象而言，发包方是否向承包人提供了合法的生产资料、资金和其他经营条件。

（4）考察承包权的取得方式

综上所述，据本法第 271 条第 2 款和本条第 2 款规定，承包人是否具备贪污罪的主体资格，关键是看其承包权的取得方式，进而确定承包人是否属于国家工作人员范畴。下列承包人应视为国家工作人员，能成为贪污罪的主体：一是受国家机关、国有公司、企事业单位、人民团体委托管理、经营国有财产的承包人；二是在国有公司、企业或其他国有单位中从事业务，且直接承包该公司、企业或单位中经济实体的承包人；三是受国有公司、企业或其他国有单位委派，而承包非国有公司、企业或单位中经济实体的承包人。

2. 正确认定承包人所侵犯的财产是否是国有财产或被承包的非国有单位的财产

根据本法第 271 条第 2 款和本条第 2 款规定，承包人成为拟定的国家工作人员，真正成为贪污罪的主体，必须具备两个条件：一是接受国家机关、国有公司、企业、事业单位和人民团体的有关承包问题的委托或委派；二是所委托的事项仅限于国有财产或被承包的非国有单位的财产的经营活动。因此，承包人的承包责任在于经营国有财产或被承包的非国有单位的财产。所以，如果承包人虽接受非国有单位或私人委托或委派，但是，由于委托或委派方属非国有单位范畴，并且其所从事的不是经营国有财产事宜或承包经营的非国有财产，这时承包人就不能成为贪污罪的主体。

另外，由于被承包的经济实体，承包后的生产资料、流动资金、经营利润等，在所有权的归属上具有复杂性。因此，并非所有承包人非法占有承包体财产的行为，都一律构成贪污罪。认定的标准，是看承包后承包体的财产是否仍属于国有财产或被承包的非国有单位财产范畴。如果属于，则可认定为贪污罪；如果不属于，一般就不应认定为贪污罪。

司法实践中，通常将承包体内的下列财物，视为国有财产或非国有单位的财产：

（1）属于国家机关、国有公司、企业、事业单位和人民团体或非国有单位投入的生产资料和资金；

（2）承包人应交给发包方的定额利益和超利分成部分；

（3）应上交国家的现金和按规定应缴纳的能源、交通基金、教育基金以及依法提留的公积金、公益金；

（4）按合同规定应付给职工的工资和奖金；

（5）承包方承包经营的各类物资和购销货款；

（6）承包方在外贸活动中，按照国际惯例收取的回扣或在对外交往中接受的依照国家规定应当交公的礼品等。

此外，下列财产不属于国有财产或非国有单位的财产范围：

（1）承包人投入的生产资料、资金，但承包人属于国有单位时除外；

（2）承包人应得的利润和超利分成部分等，但承包人属于国有单位时除外。

此外，对于承包经营经营中的利润是否属于国有财产或被承包的非国有单位的财产范围问题，必须以承包合同为根据，按照预先约定的分配方式进行具体分析，分别对待：

（1）承包利润的整体，一般应视为非国有财产。因为即便承包人将应交发包人的利润占为己有，按承包协议规定，发包方始终都有索要该项利润的权利。因此，应将这种利润分配纠纷，视为债权纠纷（民事纠纷）；

（2）对于按承包协议规定，承包人应交而少交给发包方的利润，应视为国有财产或被承包的非国有单位的财产；

（3）利润中的奖金份额，应视为国有财产或被承包的非国有单位的财产；

（4）合法余留的利润，应视为非国有财产或被承包的非国有单位的财产。

（五）股份制企业中贪污罪的认定

所谓股份制企业，是指全部注册资本由全体股东共同出资，并以股份形式投资开办的企业。据《中华人民共和国公司法》、《中华人民共和国全民所有制工业企业法》、《中华人民共和国中外合资经营企业法》、《中华人民共和国中外合作经营企业法》和《中华人民共和国外资企业法》以及《中华人民共和国私营企业暂行条例》规定，股份制企业包括两类：一是有限责任公司，即由两个以上股东共同出资，股东以其所认缴的出资额对公司承担有限责任的企业法人。它又可分为：国有有限责任公司即国有独资公司、非国有有限责任公司以及国家机关、国有公司、企业、事业单位和人民团体同其他非国有经济组织，共同出资创办的有限责任公司。其中，非国有有限责任公司又包括:劳动群众集体投资创立的有限责任公司、非国有企业之间共同投资创立的联营性质的有限责任公司、外商投资创立的有限责任公司和港澳台商投资创立的有限责任公司。二是股份有限公司，即全部注册资本由等额股份构成，并通过发行股票募集资本的企业法人。因此，股份制企业的资本，既可以具有国有财产属性，也可以具有非国有财产属性。所以说，股份制企业属于公司范畴。根据本法第 271 条规定，在股份制企业中存在贪污犯罪的可能。

认定股份制企业中的贪污罪时，除应掌握贪污罪构成要件的特有属性之外，还应注意以下问题：

1. 考察股份制企业的财产，是否属于国有财产或非国有单位的财产范畴

据本法第 271 条第 2 款和本条第 2 款规定，股份制企业人员构成贪污罪的一个重要条件，就是实施了非法占有该企业中国有财产

或非国有单位的财产的行为。具体来说：

（1）纯属国家持股的股份制企业即国有独资公司，其财产具有国有财产的性质，可以成为贪污罪的客体。

（2）纯属个人或非国有公司、企业持股的股份制企业，其财产虽不具有国有财产的性质，但是，如果是国有单位委派到其中从事公务的人员，利用职务之便实施了侵占该公司财产时，该公司的财产就能成为贪污罪的客体。

（3）混合股份制企业，其财产既包括国有资产股，也包括非国有资产股，并为股东共同所有。其中的国有公司、企业、事业单位或人民团体，同样也只能作为一个股东出现，与其他股东是平等的权利、义务关系。因此，该类企业中的财产，一般虽不具有国有财产属性，但作为非国有单位财产，如果是国家工作人员利用职务之便非法侵占时，该财产也能成为贪污罪的客体。同时，对于下列情形的混合股份制企业中的财产，则应视为国有财产：一是国家机关、国有公司、企业、事业单位和人民团体出资的实物；二是国有公司、企业向国外市场发行股票、募集股本，与外方共同合资形成的股份制企业的财产；三是外方的资本和实物折算股份，中方以配套资金和土地等生产资料和实物折算股份组成的股份制企业的财产。其中，中方所折算股份的所有权性质必须具有国有财产属性。

2. 考察股份制企业中管理、经营国有财产的人员，是否具有国家工作人员身份，是否能够成为贪污罪的主体

据本法第 271 条和本条第 2 款规定，股份制企业人员构成贪污罪，不仅实施了非法占有股份制企业中具有国有财产属性的财产或非国有单位财产的行为，而且还必须具有拟定的国家工作人员身份，即该人员必须是受国家机关、国有公司、企业、事业单位、人民团体委托管理、经营国有财产的人员或受国有公司、企业和其他国有单位委派到非国有公司、企业和其他单位中从事公务的人员。

正确认定股份制企业中管理、经营国有财产的人员，是否具有国家工作人员身份时，应注意以下问题：

（1）该人员是否是在股份制企业中，直接从事管理、经营公司、企业财产的人员。如果是，则具有贪污罪的主体资格；如果不是，一般不具有贪污罪的主体资格。

（2）该人员是否属于接受国家机关、国有公司、企业、事业单位和人民团体委托或受国有公司、企业和其他国有单位的委派，在股份制企业中负责管理、经营企业财产或从事业务的人员。如果属于，则具有贪污罪的主体资格；如果不属于，则不具有贪污罪的主体资格。

因此，股份制企业的贪污罪主体范围：一是国家工作人员，即在国有公司、企业直接从事经营、管理国有财产的人员；二是受国家机关、国有公司、企业、事业单位和人民团体委托或委派，在混合股股份制企业中从事企业财产管理、经营的人员或依法从事公务的人员。

（3）该人员在客观上是否实施了利用职务上的便利，侵吞、窃取、骗取或其他手段非法占有公共（国有）财物或非国有单位财物的行为。具体来说，在国有公司、企业或国有单位中从事业务的人员，是否属于利用职务之便实施了侵占该国有单位财物的行为；受国有公司、企业或其他国有单位委派到非国有公司、企业以及其他单位从事公务的人员，是否属于利用职务之便实施了侵占该非国有单位财物的行为。因此，如果实施了，即构成贪污罪；如果未实施，则不构成贪污罪。

综上所述，对股份制企业财产性质的认定，是认定股份制企业中贪污罪的前提条件；对股份制企业人员身份的认定，是认定股份制企业中贪污罪的基础；对股份制企业中行为人客观行为表现的认定，是认定股份制企业中贪污罪的根本。

（六）“三资企业”中贪污罪的认定

所谓“三资企业”，是指中外合作经营企业、中外合资经营企业和外资企业的统称。它是股份制企业的一种特殊形式。

根据《中华人民共和国中外合资经营企业法》（2001 年 3 月 15

日）、《中华人民共和国中外合作经营企业法》（2000 年 10 月 31 日）和《中华人民共和国外资企业法》（2000 年 10 月 31 日）规定，所谓中外合资经营企业，是外国的经济组织或个人与我国的经济组织在平等互利的基础上，共同筹集资金、技术和设备，报经我国政府批准，并在我国开办的具有中国法人资格的实体。所谓中外合作经营企业，是由外国企业和其他经济组织或者个人同中国的企业或者其他经济组织，按照平等互利原则，依法用书面合同规定合作条件，并经国家批准的在中国境内共同设立的，负有限责任的经济组织。因此，就中方合资（作）者而言，有国有公司、企业或事业单位和人民团体中的经济组织的可能。所以，根据本法第 271 条和本条规定，在中外合资（作）经营企业中，存在着贪污犯罪的可能。所谓外资企业，又称外国独资企业，是指外国的公司、企业以及其他经济组织，在我国设立的私人企业。因此，在该企业中，不存在贪污犯罪问题。总之，认定“三资企业”中的贪污罪问题，仅限于中外合资（作）经营企业中的贪污犯罪问题。

正确认定中外合资（作）经营企业中的贪污罪，除把握贪污罪构成要件特征之外，还应注意以下方面：

首先，要认定中外合资（作）经营企业中从事经营管理的人员，是否取得国家工作人员身份，具有贪污罪的主体资格。从目前我国中外合资（作）经营企业的实际情况看，既有外方与我国国有公司企业或经济组织合资（作）经营的，也有外方与我国非国有公司、企业或经济组织合资（作）经营的。其人员包括两类：一类是董事会成员。他们直接参与企业的决策和经营管理活动；另一类是董事会之外的其他工作人员。因此，中外合资（作）经营企业中从事经营管理的人员，能否成为贪污罪的主体，不能一概而论。据刑法第 271 条和第 382 条第 2 款规定，中外合资（作）经营企业中的经营、管理人员，如果取得国家工作人员资格，必须符合两个条件：一是接受国家机关、国有公司、企业、事业单位和人民团体委托或委派从事公务活动；二是所从事的、委托的公务活动，仅限于管理、经营国有财产。所以，中外合资（作）经营企业的组织性质决定，其中方人员都可能成为贪污罪的主体。但是，由于外方人员不具备上述条件，因此，他们不能成为贪污罪的主体。所以，中外合资（作）经营企业中的贪污罪主体，只能由中方人员构成。其中包括：一是受国家机关、国有公司、企业、事业单位和人民团体委托管理、经营该企业中国有财产的人员；二是国有公司、企业或其他国有单位委派到该企业依法从事公务的人员。

其次，上述中方人员在中外合资（作）企业中，利用职务之便实施了侵占该企业中财物的行为。即侵占行为的实现，是中方人员凭借其在该企业中的职务之便或从事公务之便的条件，完成或实现的。因此，对于没有或没有利用职务之便与从事公务之便的中方人员，即使其实施了侵占该企业财物的行为，也不构成贪污罪。

因此，认定“三资”企业中的贪污罪的标准：一看该“三资”企业是否属于中外合资（作）经营企业范畴；二看“三资”企业的贪污行为，是否由中方人员所为；三看该中方人员是否属于拟定的国家工作人员范畴；四看该中方人员所实施的侵占“三资”企业财物的行为，是否属于利用职务或从事公务之便。

（七）经济联合体中贪污罪的认定

所谓经济联合体，是两个以上经济实体在联合经营的基础上而形成的新的经济实体。由于经济联合体可以是不同经济性质经济实体的联合，故联合体内财物所有权具有复杂性，既可以是国有财产与非国有财产的融合，也可以是国有财产或非国有财产之间的融合。因此，在认定经济联合体中的贪污罪时，应注意以下问题：

第一，要搞清经济联合体的联合形式。就目前而言，经济联合体的联合形式包括三种：一是国有公司、企业之间通过联合经营而形成的经济联合体；二是非国有公司、企业之间通过联合经营而形成的经济联合体；三是国有公司、企业与非国有公司、企业之间，通过联合经营而形成的经济联合体。

第二，要搞清经济联合体财产的性质。就国有公司、企业之间的联合体而言，由于联合各方的财产均属于国有财产范畴，因此，它们联合经营后而形成的联合体的财产性质，并未发生改变。因此，这种联合体的财产，能够成为贪污罪的客体；就非国有公司、企业之间的联合体而言，虽然联合各方的财产均属于非国有财产，但在一定条件下，联合体的财产也能成为贪污罪的客体；就国有公司、企业与非国有公司、企业之间的联合体而言，其财产既包括国有财产，也包括非国有财产。但据本法第 91 条第 2 款规定，该联合体财产中的非国有财产，应视为国有财产。因此，这种联合体的财产，能够成为贪污罪的客体。

第三，要搞清经济联合体中的人员，能否成为贪污罪主体。根据本法第 271 条和本条第 2 款规定，国有公司、企业之间的联合体和国有公司、企业与非国有公司、企业之间的联合体中的人员，属于拟定的国家工作人员范围，可以成为贪污罪的主体，但是，非国有公司、企业之间的联合体中的人员，不属于国家工作人员范畴，所以一般不能成为贪污罪的主体。但是，受国有公司、企业或其他国有单位委派到该联合体中从事公务的人员除外。

（八）科技人员兼职活动中贪污罪的认定

首先，要认定从事兼职活动的科技人员是否具备国家工作人员身份。就我国目前而言，科技人员可分为五类：一是直接在国家机关、国有公司、企业、事业单位和人民团体中从事科研活动，并且其劳资、人事关系就在上述单位内的科技人员。由于这类人员本身就具有国家工作人员身份，因此，能够成为贪污罪的主体；二是直接在非国有企业、公司、事业单位和人民团体中从事科研活动，并且其劳资、人事关系就在上述单位或人才交流中心、街道内的科技人员。由于这类人员本身不具有国家工作人员身份，因此，不能成为贪污罪主体；三是受国家机关、国有企业、公司、事业单位和人民团体聘用，在上述单位中直接从事科研活动，但其劳资、人事关系不在上述单位内的科技人员。无论其本身是否具备国家工作人员身份，都可视为拟定的国家工作人员，能成为贪污罪的主体；四是受非国有公司、企业、事业单位委托，在上述单位直接从事科研活动，但劳资、人事关系不在上述单位内的科技人员。即使其本身具有国家工作人员身份，也不属于本法第93条第2款所规定的拟定国家工作人员范畴。所以，这类科技人员不能成为贪污罪的主体；五是受国有公司、企业或其他国有单位委派到非国有单位从事科研活动的人员。由于这类科技人员具有拟定的国家工作人员属性，所以可以成为贪污罪的主体。总之，只要科技人员具有国家工作人员身份，无论其直接从事科研活动的单位的经济性质如何，他都可能成为贪污罪的主体。

其次，要看科研人员兼职所在单位，是否属于国有经济性质的单位或非国有单位范畴。如果属于，则该科技人员就有成为贪污罪主体的可能。因此，科技人员为某一自然人提供科技服务时，不存在贪污问题。但为单位提供科研服务时，就有成为贪污罪主体的可能。其中，单位既包括国有单位，也包括非国有单位。

第三，要看兼职活动是否基于在国家机关从事科研公务的要求或国家机关、国有公司、企业、事业单位和人民团体的委托、委派。如果是基于，那么，该科技人员就有了成为贪污罪主体的可能。

第四，要注意区分科技人员在兼职活动中，暂时使用、占有、控制兼职单位的科研器材的行为与贪污罪的界限。

第五，要注意把兼职人员利用职务上的便利侵吞公共（国有）财物或非国有单位财物的行为，与未依照财经制度的有关规定擅自提取合理报酬的错误行为区别开。

第六，要注意把兼职人员将本单位非保密性质的一般性技术成果进行改进、革新以后擅自转让给兼职单位或个人，从中获取技术转让费的行为，与利用职务上的便利，骗取、窃取、侵吞本单位职务技术成果，出卖牟利的贪污犯罪区别开来。根据最高人民检察院、国家科学技术委员会《关于办理科技活动中经济犯罪案件的意见》（1994年6月17日）规定，具有国家工作人员身份的科技人员，利用职务上的便利非法占有职务技术成果或职务技术成果的转让收益的，以贪污论处。

（九）有奖销售、储蓄活动中贪污罪的认定

首先，要正确认定有奖销售、储蓄活动单位的经济性质。如果该单位属于国有经济性质的单位（主要是指国有公司、企业），那么，直接参与有奖销售、储蓄活动的人员，就可能具有贪污罪的主体资格；该单位的财产以及按规定支付给中奖者的奖品、奖金，就可能成为贪污罪的客体。如果该单位属于非国有经济性质的单位，那么，其财产以及按规定应支付给中奖者的奖品、奖金，一般就不能成为贪污罪的客体。但是，受国有单位委派到该单位直接参与有奖销售、储蓄活动的人员，利用职务之便实施了侵占该单位财物的行为时，该非国有单位的财物，就能成为贪污罪的客体。

其次，要搞清行为人非法占有的奖品、奖金的所有权归属。如果该奖品、奖金归国有单位组织所有，行为人利用职务之便，采取侵吞、窃取、骗取或其他手段非法占有的，则构成贪污罪；如果该奖品、奖金归非国有单位组织所有时，要具体分析。即只有当行为人具有国家工作人员身份，并且利用职务上的便利，侵占该奖品、奖金，数额较大的，才能构成贪污罪。

第三，要认定非法占有奖品、奖金的行为人，是否具备国家工作人员身份。如果具备，那么该行为人就具有贪污罪的主体资格；如果不具有，该行为人即便实施了非法占有行为，也不具有贪污罪的主体资格。

第四，要认定行为人在实施非法占有奖品、奖金的行为时，是否属于利用职务或从事公务之便。否则，即使非法占有了，也不构成贪污罪。

（十）保险、邮政部门贪污罪的认定

首先，本法第183条规定："保险公司的工作人员利用职务上的便利，故意编造未曾发生的保险事故进行虚假理赔，骗取保险金归自己所有的，依照本法第271条的规定定罪处罚。国有保险公司工作人员和国有保险公司委派到非国有保险公司从事公务的人员有前款行为的，依照本条、第383条的规定定罪处罚。”因此，对骗取保险金的行为人是否按照贪污罪处理，根据本条规定，关键是看行为人是否具有国家工作人员身份和依法从事公务的特性，以及行为是否是在利用职务之便的前提下实施的骗取保险金的行为。如果是，就构成贪污罪，否则构成侵占罪。

其次，根据本法第271条和本条以及最高人民法院《关于邮政工作人员窃取汇款通知单伪造取款凭证的行为应如何定罪问题的答复》（1996年4月2日）规定，对邮政人员利用职务上的便利，私扣自己保管、投递中的汇款单，采取伪造取款证件的方法骗取汇款的行为，应以贪污罪定罪处罚。

（十一）公务活动中接受礼物行为的认定

中共中央办公厅、国务院办公厅《关于对党和国家机关工作人员在国内外交往中收受礼品实行登记制度的规定》（1995年4月30日）规定：党和国家机关工作人员在国内外交往中，不得收受可能影响公正执行公务的礼品馈赠，因各种原因未能拒收的礼品，必须登记上交。须登记的礼品，自收受礼品之日起一个月内由本人如实填写礼品登记表，并将登记表交所在机关指定的受礼登记的部门。

（十二）区分贪污罪与盗窃罪、诈骗罪、侵占罪的界限

侵吞、窃取、骗取是贪污罪的三种基本行为形态，这使贪污罪与盗窃罪、诈骗罪、侵占罪在行为形态上具有相似性。两者的主要区别是：

1. 犯罪主体不同

前者是特殊主体，只有国家工作人员以及受国家机关、国有公司、企业、事业单位、人民团体委托管理、经营国有资产的人员才能实施；而后者的主体是一般主体，任何达到刑事责任年龄、有刑事责任能力的人都可以实施。

2. 犯罪客观方面不同

前者是行为人利用本人职务上的便利，以侵吞、窃取、骗取或者其他手段非法占有公共财物；后者则是单纯以盗窃、骗取、侵占

的方法非法占有公私财物，犯罪手段与行为人的职务、职权或地位及其便利条件无关。是否利用职务上的便利，侵吞、窃取、骗取公共财物，是区分贪污罪与盗窃罪、诈骗罪、侵占罪的关键。

3. 犯罪客体和犯罪对象不同

前者侵犯的是复杂客体，行为同时侵犯了公务行为的廉洁性和公共财产所有权，犯罪对象仅限于公共财物；而后者则仅侵犯了公私财产所有权，犯罪对象是公私财物。

（十三）区分贪污罪与职务侵占罪的界限

两者都表现为利用职务上的便利，以侵吞、窃取、骗取或者其他手段非法占有财物。其主要区别是：

1. 犯罪主体不同

前者的主体是国家工作人员以及受国家机关、国有公司、企业、事业单位、人民团体委托管理、经营国有资产的人员；后者的主体是公司、企业或者其他单位中除国家工作人员以外的其他工作人员。

2. 犯罪客体和犯罪对象不同

前者侵犯的是公务行为的廉洁性和公共财产所有权，犯罪对象仅限于公共财物；后者侵犯的客体是公司、企业或者其他单位的财产所有权，犯罪对象是公司、企业或者其他单位的财产，其中既包括国有、集体性质的公司、企业或者其他单位的公共财产，也包括私营公司、企业或者其他单位的私人财产。

第三百八十三条　（贪污罪的处罚）

对犯贪污罪的，根据情节轻重，分别依照下列规定处罚：

（一）个人贪污数额在十万元以上的，处十年以上有期徒刑或者无期徒刑，可以并处没收财产；情节特别严重的，处死刑，并处没收财产；

（二）个人贪污数额在五万元以上不满十万元的，处五年以上有期徒刑，可以并处没收财产；情节特别严重的，处无期徒刑，并处

没收财产；

（三）个人贪污数额在五千元以上不满五万元的，处一年以上七年以下有期徒刑；情节严重的，处七年以上十年以下有期徒刑；个人贪污数额在五千元以上不满一万元，犯罪后有悔改表现、积极退赃的，可以减轻处罚或者免予刑事处罚，由其所在单位或者上级主管机关给予行政处分。

（四）个人贪污数额不满五千元，情节较重的，处二年以下有期徒刑或者拘役；情节较轻的，由其所在单位或者上级主管机关酌情给予行政处分。

对多次贪污未经处理的，按照累计贪污数额处罚。

[相关规定] **《最高人民法院、最高人民检察院关于办理妨害预防、控制突发传染病疫情等灾害的刑事案件具体应用法律若干问题的解释》** （2003年5月15日起施行 法释〔2003〕8号）（节录）

第十四条 贪污、侵占用于预防、控制突发传染病疫情等灾害的款物或者挪用归个人使用，构成犯罪的，分别依照刑法第三百八十二条、第三百八十三条、第二百七十一条、第三百八十四条、第二百七十二条的规定，以贪污罪、侵占罪、挪用公款罪、挪用资金罪定罪，依法从重处罚。

挪用用于预防、控制突发传染病疫情等灾害的救灾、优抚、救济等款物，构成犯罪的，对直接责任人员，依照刑法第二百七十三条的规定，以挪用特定款物罪定罪处罚。

【释解】

本条是关于贪污罪的处罚的规定。

根据本条的规定，对犯贪污罪的，根据情节轻重，分别依照下列规定处罚：

1. 个人贪污数额在10万元以上的，处十年以上有期徒刑或者无期徒刑，可以并处没收财产；情节特别严重的，处死刑，并处没收财产。所谓“个人贪污数额”，在单独犯罪中是指个人实际贪污的数额；在共同犯罪中，对组织、领导贪污犯罪集团的首要分子而言，是指贪污犯罪集团的贪污总数额，对其他共同贪污犯罪的分子而言，则是指某个人实际参与贪污的数额。所谓“情节特别严重”，一般是指重大贪污犯罪集团的首要分子、贪污犯罪给国家和人民利益造成特别重大的损失、后果特别严重的，或者贪污后订立攻守同盟、毁灭罪证、打击报复证人、拒不退赃，情节特别恶劣的，等等。只有在同时具备个人贪污数额在10万元以上和情节特别严重两方面条件的情况下，才能判处死刑，并处没收财产。只具备其中一项的，不能处死刑。

2. 个人贪污数额在5万元以上不满10万元的，处五年以上有期徒刑，可以并处没收财产；情节特别严重的，处无期徒刑，并处没收财产。

3. 个人贪污数额在5000元以上不满5万元的，处一年以上七年以下有期徒刑；情节严重的，处七年以上十年以下有期徒刑。个人贪污数额在5000元以上不满1万元，犯罪后有悔改表现、积极退赃的，可以减轻处罚或者免予刑事处罚，由其所在单位或者上级主管机关给予行政处分。据此，如果个人贪污数额为1万元以上的，即使行为人犯罪后有悔改表现、积极退赃，也不得减轻处罚或者免除处罚（具有其他法定减轻或者免除处罚情节的除外）。

4. 个人贪污数额不满5000元，情节较重的，处二年以下有期徒刑或者拘役；情节较轻的，由其所在单位或者上级主管机关酌情给予行政处分。

对多次贪污未经处理的，按照累计贪污数额处罚。“多次贪污未经处理”，是指两次以上的贪污行为，既没有受过刑事处罚，也没有受过行政处理。累计贪污数额应按本法有关追诉时效的规定执行。在追诉时效期限内的贪污数额应累计计算，已过追诉时效期限的贪污数额不予计算。

本条第3款规定："与前两款所列人员勾结，伙同贪污的，以共犯论处。"根据共犯理论，对2人以上共同贪污的，按照个人所得数额及其在犯罪中的作用，分别处罚。对贪污集团的首要分子，按照集团贪污的总数额处罚。对其他共同贪污犯罪中的主犯，情节严重的，按照共同贪污的总数额处罚。对于共同贪污尚未分赃的案件，处罚时应根据犯罪分子在共同贪污犯罪中的地位、作用，并参照贪污总数额和共犯成员间的平均数额，确定犯罪分子个人应承担的刑事责任。对于共同贪污个人所得数额虽未达到5000元，但共同贪污数额超过5000元的，主要责任者都应给予处罚，其中情节较轻的，由其所在单位或者上级主管机关酌情给予行政处分。

司法机关在对贪污犯罪分子判处主刑时，还应当依法并处没收财产，或者判令退赔。处理案件时，还要积极追赃，不使贪污犯罪分子在经济上占到便宜。追缴的公共财物，应退回原单位；依法不应退回原单位的，上缴国库。

第三百八十四条 （挪用公款罪）

国家工作人员利用职务上的便利，挪用公款归个人使用，进行非法活动的，或者挪用公款数额较大、进行营利活动的，或者挪用公款数额较大、超过三个月未还的，是挪用公款罪，处五年以下有期徒刑或者拘役；情节严重的，处五年以上有期徒刑。挪用公款数额巨大不退还的，处十年以上有期徒刑或者无期徒刑。

挪用用于救灾、抢险、防汛、优抚、扶贫、移民、救济款物归个人使用的，从重处罚。

［相关规定］ **《全国人民代表大会常务委员会关于〈中华人民共和国刑法〉第三百八十四条第一款的解释》** （2002年4月28日第九届全国人民代表大会常务委员会第二十七次会议通过）

全国人民代表大会常务委员会讨论了刑法第三百八十四条第一款规定的国家工作人员利用职务上的便利，挪用公款“归个人使用”的含义问题，解释如下：

有下列情形之一的，属于挪用公款“归个人使用”：

（一）将公款供本人、亲友或者其他自然人使用的；

（二）以个人名义将公款供其他单位使用的；

（三）个人决定以单位名义将公款供其他单位使用，谋取个人利益的。

现予公告。

［相关规定］　**《最高人民法院关于审理挪用公款案件具体应用法律若干问题的解释》**　（1998年4月29日　法释〔1998〕9号）

为依法惩处挪用公款犯罪，根据刑法的有关规定，现对办理挪用公款案件具体应用法律的若干问题解释如下：

第一条　刑法第三百八十四条规定的“挪用公款归个人使用”，包括挪用者本人使用或者给他人使用。

挪用公款给私有公司、私有企业使用的，属于挪用公款归个人使用。

第二条　对挪用公款罪，应区分三种不同情况予以认定：

（一）挪用公款归个人使用，数额较大、超过三个月未还的，构成挪用公款罪。

挪用正在生息或者需要支付利息的公款归个人使用，数额较大，超过三个月但在案发前全部归还本金的，可以从轻处罚或者免除处罚。给国家、集体造成的利息损失应予追缴。挪用公款数额巨大，超过三个月，案发前全部归还的，可以酌情从轻处罚。

（二）挪用公款数额较大，归个人进行营利活动的，构成挪用公款罪，不受挪用时间和是否归还的限制。在案发前部分或者全部归还本息的，可以从轻处罚；情节轻微的，可以免除处罚。

挪用公款存入银行、用于集资、购买股票、国债等，属于挪用公款进行营利活动。所获取的利息、收益等违法所得，应当追缴，但不计入挪用公款的数额。

（三）挪用公款归个人使用，进行赌博、走私等非法活动的，构成挪用公款罪，不受“数额较大”和挪用时间的限制。

挪用公款给他人使用，不知道使用人用公款进行营利活动或者用于非法活动，数额较大、超过三个月未还的，构成挪用公款罪；明知使用人用于营利活动或者非法活动的，应当认定为挪用人挪用公款进行营利活动或者非法活动。

第三条　挪用公款归个人使用，“数额较大、进行营利活动的”，或者“数额较大、超过三个月未还的”，以挪用公款一万元至三万元为“数额较大”的起点，以挪用公款十五万元至二十万元为“数额巨大”的起点。挪用公款“情节严重”，是指挪用公款数额巨大，或者数额虽未达到巨大，但挪用公款手段恶劣；多次挪用公款；因挪用公款严重影响生产、经营，造成严重损失等情形。

“挪用公款归个人使用，进行非法活动的”，以挪用公款五千元至一万元为追究刑事责任的数额起点。挪用公款五万元至十万元以上的，属于挪用公款归个人使用，进行非法活动“情节严重”的情形之一。挪用公款归个人使用，进行非法活动，情节严重的其他情形，按照本条第一款的规定执行。

各高级人民法院可以根据本地实际情况，按照本解释规定的数额幅度，确定本地区执行的具体数额标准，并报最高人民法院备案。

挪用救灾、抢险、防汛、优抚、扶贫、移民、救济款物归个人使用的数额标准，参照挪用公款归个人使用进行非法活动的数额标准。

第四条　多次挪用公款不还，挪用公款数额累计计算；多次挪用公款，并以后次挪用的公款归还前次挪用的公款，挪用公款数额以案发时未还的实际数额认定。

第五条　“挪用公款数额巨大不退还的”，是指挪用公款数额巨大，因客观原因在一审宣判前不能退还的。

第六条　携带挪用的公款潜逃的，依照刑法第三百八十二条、第三百八十三条的规定定罪处罚。

第七条　因挪用公款索取、收受贿赂构成犯罪的，依照数罪并罚的规定处罚。

挪用公款进行非法活动构成其他犯罪的，依照数罪并罚的规定处罚。

第八条　挪用公款给他人使用，使用人与挪用人共谋，指使或者参与策划取得挪用款的，以挪用公款罪的共犯定罪处罚。

[相关规定]　**《最高人民检察院关于挪用国库券如何定性问题的批复》**　(1997年10月13日　高检发释字〔1997〕5号)

宁夏回族自治区人民检察院：

你院宁检发字〔1997〕43号《关于国库券等有价证券是否可以成为挪用公款罪所侵犯的对象以及以国库券抵押贷款的行为如何定性等问题的请示》收悉。关于挪用国库券如何定性的问题，经研究，批复如下：

国家工作人员利用职务上的便利，挪用公有或本单位的国库券的行为以挪用公款论；符合刑法第三百八十四条、第二百七十二条第2款规定的情形构成犯罪的，按挪用公款罪追究刑事责任。

[相关规定]　**《最高人民检察院关于人民检察院直接受理立案侦查案件立案标准的规定（试行）》**　(1999年9月16日最高人民检察院发布)（节录）

（二）挪用公款案（第384条，第185条第2款，第272条第2款）

挪用公款罪是指国家工作人员利用职务上的便利，挪用公款归个人使用，进行非法活动的，或者挪用公款数额较大、进行营利活动的，或者挪用公款数额较大、超过三个月未还的行为。

国有金融机构工作人员和国有金融机构委派到非国有金融机构从事公务的人员，利用职务上的便利，挪用本单位或者客户资金的，以挪用公款罪追究刑事责任。

国有公司、企业或者其他国有单位中从事公务的人员和国有公司、企业或者其他国有单位委派到非国有公司、企业以及其他单位从事公务的人员，利用职务上的便利，挪用本单位资金归个人使用或者借贷给他人，数额较大，超过三个月未还的，或者虽未超过三个月，但数额较大，进行营利活动的，或者进行非法活动的，以挪用公款罪追究刑事责任。

涉嫌下列情形之一的，应予立案：

1．挪用公款归个人使用，数额在5千元至1万元以上，进行非法活动的；

2．挪用公款数额在1万元至3万元以上，归个人进行营利活动的；

3．挪用公款归个人使用，数额在1万元至3万元以上，超过3个月未还的。

各省级人民检察院可以根据本地实际情况，在上述数额幅度内，确定本地区执行的具体数额标准，并报最高人民检察院备案。

"挪用公款归个人使用"，既包括挪用者本人使用，也包括给他人使用。

多次挪用公款不还的，挪用公款数额累计计算；多次挪用公款并以后次挪用的公款归还前次挪用的公款，挪用公款数额以案发时未还的数额认定。

挪用公款给其他个人使用的案件，使用人与挪用人共谋，指使或者参与策划取得挪用款的，对使用人以挪用公款罪的共犯追究刑事责任。

〔相关规定〕 **《最高人民检察院关于国家工作人员挪用非特定公物能否定罪的请示的批复》** （2000年3月15日起施行）

山东省人民检察院：

你院鲁检发研字〔1999〕第3号《关于国家工作人员挪用非特定公物能否定罪的请示》收悉。经研究认为，刑法第384条规定的挪用公款罪中未包括挪用非特定公物归个人使用的行为，对该行为不以挪用公款罪论处。如构成其他犯罪的，依照刑法的相关规定定罪处罚。

此复

〔相关规定〕 **《最高人民检察院关于挪用公款给私有公司、私有企业使用行为的法律适用问题的批复》** （2000年3月14日起施行 高检发研字〔2000〕7号）

河南省人民检察院：

你院《关于挪用公款给私有公司、私营企业使用的行为是否构成犯罪及适用法律问题的请示》（豫检研〔1999〕12号）收悉。经研究认为，挪用公款给私有公司、私有企业使用的行为，无论发生在刑法修订前后，均可构成挪用公款罪。至于具体行为的法律适用问题，应根据行为发生的时间，依照刑法及1989年11月6日最高人民法院、最高人民检察院《关于执行〈关于惩治贪污罪贿赂罪的补充规定〉若干问题的解答》和1998年5月9日最高人民法院《关于审理挪用公款案件具体应用法律若干问题的解释》的有关规定办理。

此复

〔相关规定〕 **《最高人民法院关于如何认定挪用公款归个人使用有关问题的解释》** （2001年10月26日起施行 法释〔2001〕29号）

为依法惩处挪用公款犯罪活动，根据刑法的有关规定，现就如何认定挪用公款归个人使用的有关问题解释如下：

第一条 国家工作人员利用职务上的便利，以个人名义将公款借给其他自然人或者不具有法人资格的私营独资企业、私营合伙企业等使用的，属于挪用公款归个人使用；

第二条 国家工作人员利用职务上的便利，为谋取个人利益，以个人名义将公款借给其他单位使用的，属于挪用公款归个人使用；

第三条 本解释施行后，我院此前发布的司法解释的有关内容与本解释不一致的，不再适用。

［相关规定］ **《最高人民检察院关于挪用失业保险基金和下岗职工基本生活保障资金的行为适用法律问题的批复》** （2003年1月30日）

辽宁省人民检察院：

你院辽检发研字（2002）9号《关于挪用职工失业保险金和下岗职工生活保障金是否属于挪用特定款物的请示》收悉。经研究，批复如下：

挪用失业保险基金和下岗职工基本生活保障资金属于挪用救济款物。挪用失业保险基金和下岗职工基本生活保障资金，情节严重，致使国家和人民群众利益遭受重大损害的，对直接责任人员，应当依照刑法第二百七十三条的规定，以挪用特定款物罪追究刑事责任；国家工作人员利用职务上的便利，挪用失业保险基金和下岗职工基本生活保障资金归个人使用，构成犯罪的，应当依照刑法第三百八十四条的规定，以挪用公款罪追究刑事责任。

此复

［相关规定］ **《最高人民法院、最高人民检察院关于办理妨害预防、控制突发传染病疫情等灾害的刑事案件具体应用法律若干问题的解释》** （2003年5月15日起施行 法释〔2003〕8号）（节录）

第十四条　贪污、侵占用于预防、控制突发传染病疫情等灾害的款物或者挪用归个人使用，构成犯罪的，分别依照刑法第三百八十二条、第三百八十三条、第二百七十一条、第三百八十四条、第二百七十二条的规定，以贪污罪、侵占罪、挪用公款罪、挪用资金罪定罪，依法从重处罚。

挪用用于预防、控制突发传染病疫情等灾害的救灾、优抚、救济等款物，构成犯罪的，对直接责任人员，依照刑法第二百七十三条的规定，以挪用特定款物罪定罪处罚。

［相关规定］　**《最高人民法院关于挪用公款犯罪如何计算追诉期限问题的批复》**　（2003年10月10日起施行　法释〔2003〕16号）

天津市高级人民法院：

你院津高法〔2002〕4号《关于挪用公款犯罪如何计算追诉期限问题的请示》收悉。经研究，答复如下：

根据刑法第八十九条、第三百八十四条的规定，挪用公款归个人使用，进行非法活动的，或者挪用公款数额较大、进行营利活动的，犯罪的追诉期限从挪用行为实施完毕之日起计算；挪用公款数额较大、超过三个月未还的，犯罪的追诉期限从挪用公款罪成立之日起计算。挪用公款行为有连续状态的，犯罪的追诉期限应当从最后一次挪用行为实施完毕之日或者犯罪成立之日起计算。

此复

［相关规定］　**《全国法院审理经济犯罪案件工作座谈会纪要》**（2003年11月13日　法〔2003〕167号）（略）

【释解】

本条是关于挪用公款罪的规定。

一、概念及其构成

挪用公款罪，是指国家工作人员，利用职务上的便利，挪用公款归个人使用，进行非法活动的，或者挪用公款数额较大、进行营利活动的，或者挪用数额较大、超过3个月未还的行为。

（一）客体要件

本罪侵犯的客体，主要是公共财产的所有权，同时在一定程度上也侵犯了国家的财经管理制度。挪用公款罪侵犯的直接客体是公款的使用权，同时行为人挪用公款后必然占有，有的还因此获得收益。而所有权包括占有、使用、收益、处分四种相互联系又具有相对独立性的权能，因此对所有权权能的侵犯也必然是对所有权的侵犯。所有权被侵犯并不意味着所有权转移。根据我国《民法通则》的规定，取得所有权必须依照法律规定，因此，从这一法律意义上讲，任何财产犯罪实际上都不可能真正取得所有权，挪用公款罪与贪污罪一样都侵犯了财产所有权，不同之处只是在于所有权被侵犯的程度不同而已。同时，正因为挪用公款罪直接侵犯了公款的使用权，而这是违反国家财经管理制度中的公款使用制度的，因而它又侵犯了国家财经管理制度。但是，由于挪用公款侵犯的主要客体是国家公共财产所有权，挪用公款罪所侵犯的客体包括：一是国有财产的所有权；二是劳动群众集体财产的所有权；三是用于扶贫和其他公益事业的社会捐助或专项基金的财产的所有权；四是在国家机关、国有公司、企业、集体企业和人民团体管理、使用或运输中的私人财产的所有权；五是非国有公司、企业以及其他非国有单位资金的所有权；六是非国有金融机构中客户资金的所有权。其中，挪用公款罪的犯罪对象，既包括当然的公共资金款项，也包括拟定的公共资金款项。

本罪侵犯的对象主要是公款。公款既包括国家、集体所有的货币资金，也包括由国家管理、使用、运输、汇兑与储存过程中的私人所有的货币。在国有企业、公司中，具有国家工作人员身份的人挪用本企业、公司的财物，属于侵犯了公共财物的所有权。在中外合资、合作、股份制公司、企业中，具有国家工作人员身份的人挪用上述公司、企业的资金，也应属于侵犯公共财物所有权。根据本法第384条的规定，挪用用于救灾、抢险、防汛、优抚、扶贫、移民、救济款物归个人使用的，要按挪用公款罪从重处罚，因此这些特定的公款、公物可以成为本罪的对象。挪用公物归个人使用，一般应由主管部门按政纪处理，情节严重，需要追究刑事责任的，可以折价按挪用公款罪处罚。因而一般的公物也可以成为本罪的对象。

广义的公款，是指公共款项、国有款项和特定款物以及非国有单位（金融机构）和客户资金的统称，既具有当然的公共财产特性，也具有拟定的公共财产的特性。其中，公共款项，就是为公共所有的资金款项；国有款项，是指为国家所有的资金款项；特定款物，是指专门用于救灾、抢险、防汛、优抚、扶贫、移民、救济款物。它既可以为国家所有，也可以为劳动群众集体组织所有，还可以为社会公益组织所有；非国有单位资金，是指非国有公司、企业和其他非国有单位所有的资金；客户资金，是指金融机构客户所有的资金。因此，广义的公款不仅包括公共资金款项和国有资金款项，而且还包括特定财物和非国有单位、客户资金。所谓狭义的公款，专指公共所有的资金款项。包括国有的资金款项、劳动群众集体所有的资金款项或用于扶贫和其他公益事业的社会捐助、专项基金。该类公款只具有当然的公共财产特性。

根据《最高人民检察院关于国家工作人员挪用非特定公物能否定罪的请示的批复》的规定，本条规定的挪用公款罪中未包括挪用非特定公物归个人使用的行为，对该行为不以挪用公款罪论处。如构成其他犯罪的，依照刑法的相关规定定罪处罚。

（二）客观要件

本罪的客观方面表现为行为人实施了利用职务上的便利，挪用公款归个人使用，进行非法活动，或者挪用数额较大的公款进行营利活动，或者挪用数额较大的公款超过3个月未还的行为。其中包含三个要件：（1）行为人实施了挪用公款的行为，即行为人未经合法批准而擅自将公款移作他用。(2) 行为人挪用公款的行为是利用其主管、管理、经手公款的职务上的便利实施的。(3) 行为人挪用的公款是归个人使用的，所谓“归个人使用”，既包括由挪用者本人使用，也包括由挪用者交给、借给他人使用。根据本条之规定，挪用公款归个人使用具体可包括以下三种情况：

一是挪用公款归个人使用进行非法活动。这里所说的非法活动，是指挪用公款供个人或他人进行走私、赌博等违法犯罪活动。对这种情况的定罪，没有要求挪用公款的数额要达到较大，也没有规定挪用达到多长时间，根据《最高人民法院关于审理挪用公款案件具体应用法律若干问题的解释》的规定，挪用公款归个人使用，进行非法活动的，以 5000 元至 1 万元为起点。如果挪用公款未达到以上标准的，一般可不认为构成犯罪。

挪用公款归还个人欠款的，应当根据产生欠款的原因，分别认定属于挪用公款的何种情形。归还个人进行非法活动或者进行营利活动产生的欠款，应当认定为挪用公款进行非法活动或者进行营利活动。

二是挪用公款归个人进行营利活动，并且数额较大的。这是指挪用数额较大的公款作为挪用人或者他人进行营利活动的资本，如挪用人本人或者他人将挪用的公款用于生产、经营、买房出租，作为个人参与企业经营活动的入股资金，存入银行或者借给他人而个人取利等。如果行为人挪用公款后，为私利以个人名义将挪用的公款借给企业事业单位、机关、团体使用的，不管这些单位是否将其挪用的公款用于营利活动，都应视为挪用公款归个人使用进行营利活动，而不能认为属于挪归公用。这里的“数额较大”以挪用公款 1 万元至 3 万元为起点，以挪用公款 15 万至 20 万元为“数额巨大”的数额起点。对于这种挪用公款数额较大的公款归个人进行营利活动的，法律既没有要求挪用公款要达到多长时间，也不要求行为人营利的目的要真正达到。但如果行为人在案发前已部分或者全部归还本息的，可以分别情节，从轻处罚，情节轻微的，可以免除处罚。

申报注册资本是为进行生产经营活动作准备，属于成立公司、企业进行营利活动的组成部分。因此，挪用公款归个人用于公司、企业注册资本验资证明的，应当认定为挪用公款进行营利活动。

三是挪用公款归个人用于上述非法活动、营利活动以外的用途，并且数额较大，超过3个月未还的。如挪用公款用于建造私房、购置家具和其他生活用品、办理婚丧、支付医疗费或者偿还家庭、个人债务等。这种情况既要求挪用公款要达到一定数额，也要求挪用公款要达到一定时间。这里的“数额较大”也是以1万元至3万元为起点，以15万元至20万元为“数额巨大”的数额起点。“未还”是指案发前（被司法机关、主管部门或者有关单位发现前）未还。如果挪用公款数额较大，超过3个月，在案发前已全部归还本金的，可以从轻处罚或减轻处罚。给国家、集体造成的利益损失应予追缴。挪用公款数额巨大，超过3个月，虽在案发前已全部归还本息的，从轻处罚。在实践中，也有这样的情况，行为人多次挪用公款，用后次挪用的公款归还前次挪用的公款，而每次挪用的间隔时间都不超过3个月，对此，应从第一次挪用公款的时间算起。连续累计至挪用行为终止。在追究行为人的刑事责任时，挪用公款的数额按最后未归还的金额认定。

挪用公款后尚未投入实际使用的，只要同时具备“数额较大”和“超过三个月未还”的构成要件，应当认定为挪用公款罪，但可以酌情从轻处罚。

根据《最高人民检察院关于挪用公款给私有公司、私有企业使用行为的法律适用问题的批复》的规定，挪用公款给私有公司、私有企业使用的行为，无论发生在刑法修订前后，均可构成挪用公款罪。至于具体行为的法律适用问题，应根据行为发生的时间，依照刑法及1989年11月6日《最高人民法院、最高人民检察院关于执行〈关于惩治贪污罪贿赂罪的补充规定〉若干问题的解答》和1998年5月9日最高人民法院《关于审理挪用公款案件具体应用法律若干问题的解释》的有关规定办理。

根据《最高人民法院关于如何认定挪用公款归个人使用有关问题的解释》的规定，国家工作人员利用职务上的便利，以个人名义将公款借给其他自然人或者不具有法人资格的私营独资企业、私营合伙企业等使用的，属于挪用公款归个人使用；国家工作人员利用职务上的便利，为谋取个人利益，以个人名义将公款借给其他单位使用的，属于挪用公款归个人使用。根据全国人大常委会《关于〈中华人民共和国刑法〉第三百八十四条第一款的解释》的规定，“以个人名义将公款供其他单位使用的”、“个人决定以单位名义将公款供其他单位使用，谋取个人利益的”，属于挪用公款“归个人使用”。在司法实践中，对于将公款供其他单位使用的，认定是否属于“以个人名义”，不能只看形式，要从实质上把握。对于行为人逃避财务监管，或者与使用人约定以个人名义进行，或者借款、还款都以个人名义进行，将公款给其他单位使用的，应认定为“以个人名义”。“个人决定”既包括行为人在职权范围内决定，也包括超越职权范围决定。“谋取个人利益”，既包括行为人与使用人事先约定谋取个人利益实际尚未获取的情况，也包括虽未事先约定但实际已获取了个人利益的情况。其中的“个人利益”，既包括不正当利益，也包括正当利益；既包括财产性利益，也包括非财产性利益，但这种非财产性利益应当是具体的实际利益，如升学、就业等。

（三）主体要件

本罪的主体是特殊主体，即国家工作人员，这里所说的国家工作人员与前述贪污罪中国家工作人员的内涵、外延基本相同。同样具有特定性和公务（职务）性。构成挪用公款罪的国家工作人员包括：在国家机关中从事公务的国家工作人员；在国有公司、企事业单位和人民团体中从事公务的人员；受国有单位委派到非国有单位中从事公务的人员；其他依照法律从事公务的人员。

（四）主观要件

本罪在主观方面是直接故意，行为人明知是公款而故意挪作他用，其犯罪目的是非法取得公款的使用权，但其主观特征，只是暂时非法取得公款的使用权，打算以后予以归还。至于行为人挪用公款的动机则可能是多种多样的，有的是为了营利，有的出于一时的家庭困难，有的为了赞助他人，有的为了从事违法犯罪活动。动机如何不影响本罪成立。具体言之，挪用公款罪在主观方面有以下特点：

1. 挪用公款具有非法性

即行为人未经批准或许可（包括直接明示的许可或间接明示的默许），违反规章制度私自动用公款。其中，规章制度具有广泛性。因此，挪用的非法性具有两层含义：一是故意违反有关公款管理的规章制度；二是故意违反有关公款使用的规章制度，未经合法批准、许可。

2. 挪用的本意，是指公款私用、移用、占用、借用

行为目的是为了使用，而非占有公款。其中，行为的目的包括：(1) 挪用公款归个人使用；(2) 挪用公款进行非法活动；(3) 挪用公款进行营利活动。

3. 挪用并不侵吞公款，而是准备归还，具有“擅自借用”的特性

即便挪用后而不能归还，也不是出于行为人的主观故意占有，而是出于行为人意志之外的客观原因造成的。

因此，司法实践中，在认定挪用公款罪的主观方面时，可把握以下几点：是否明知是公款；是否故意非法使用；是否只是想暂时挪用；是否准备以后归还。当挪用人与使用人不一致时，如果挪用人不知使用人利用公款进行非法活动时，只能根据挪用人的明知内容，按照挪用公款进行营利或挪用公款归个人使用处罚。如果挪用人知道使用人用公款进行非法活动的，则按挪用公款进行非法活动处罚；如果挪用人开始作案后，主观故意由暂时挪用发展为非法永久占为己有时，无论行为人主观上是否真的具有非法永久占有公款的目的，也无论这种占有是否已客观存在，只要超过 3 个月未还的，就按挪用公款罪论处，而不按贪污罪或侵占罪处罚。因此，挪用公

款罪与贪污罪、侵占罪在行为人犯意发展过程中是不同的：挪用公款罪开始为使用公款，后来可能发展为占有；而贪污罪、侵占罪却始终贯穿占有公款的目的。

二、认定

（一）区分挪用公款罪与非罪的界限

首先，并非所有的挪用公款行为都构成犯罪。因此，认定挪用公款罪与非罪界限的关键，是看该挪用公款行为，是否属于法定的挪用公款罪范围。具体来说，是看该行为是否属于下列法定的挪用公款而构成犯罪的行为范围,除此范围之外的其他挪用公款行为,应视为挪用公款的一般违法行为。下列挪用公款行为属于构成挪用公款罪的行为：

1. 国有公司、企业、事业单位和人民团体工作人员和国有公司、企业、事业单位和人民团体委派到非国有公司、企业、事业单位和人民团体中从事公务的人员，利用职务上的便利，挪用本单位资金归个人使用，进行非法活动；或者挪用本单位资金数额较大、进行营利活动的；或者挪用本单位资金数额较大、超过3个月未还的行为。

2. 国有公司、企业或其他国有单位中从事公务的人员和国有公司、企业或其他国有单位委派到非国有公司、企业以及其他单位从事公务的人员，利用职务上的便利，挪用本单位资金归个人使用或者借贷给他人，数额较大、超过3个月未还的；或者虽未超过3个月，但数额较大、进行营利活动的；或者进行非法活动的行为。

3. 国家工作人员利用职务上的便利，挪用公款归个人使用，进行非法活动的；或者挪用公款数额较大、进行营利活动的；或者挪用公款数额较大、超过3个月未还的行为。

4. 国家工作人员利用职务上的便利，挪用用于救灾、抢险、防汛、优抚、扶贫、移民、救济款物归个人使用的行为。

其次，在认定某一挪用公款行为，是否构成挪用公款罪时，要把握以下几点：

1. 考察行为人是否属于具有刑事责任能力、达到刑事责任年龄，且具有本法第93条所规定的国家工作人员身份的人员范围。如果缺少上述三个条件之一，该行为人也不能成为挪用公款罪的主体。至于国家工作人员的范围，要严格依照法律规定确认。

2. 考察行为人是否实施了挪用公款行为，挪用公款的行为是否属于依法从事公务过程中实施的。

3. 考察挪用公款的行为，是否具有“三性”。即从事非法活动性、进行营利活动性和超过3个月未还性。

4. 考察所挪用的款项是否属于公款范围。这里的公款作广义解释，既包括货币，也包括有价证券和特定款物。

5. 对于营利型、未退还型的挪用行为而言，还要考察被挪用的公款数额是否属于数额较大，即1万元至3万元范围。其中，公款数额不包括挪用时至案发前所生的利息；营利的多少并不影响对营利目的的认定；案发后行为人是否积极退还公款，并不影响对挪用公款罪的认定，但退赃行为可作为量刑情节考虑。

6. 对于非法活动型挪用公款行为而言，没有数额、时间上的限制。同时，非法活动泛指一切违反法律、法规、规定、命令和规章的活动，不管该非法活动是否完成，只要行为人把所挪用的公款用于从事非法活动时，即视为非法活动型挪用公款行为。

7. 挪用公款罪的挪用人与使用人，有时一致，有时不一致。但并不影响对挪用人犯罪的认定。

总之，在认定挪用公款罪与非罪时，一看该行为是否属于法定挪用公款罪范围；二看该行为是否符合挪用公款罪的构成要件。

（二）挪用公款罪未遂的认定

挪用公款罪作为结果犯，同样存在未遂问题。

根据本法第23条规定，挪用公款罪的未遂问题，包括两种情形：

一是由于行为人意志以外的原因，虽其已着手实施挪用公款犯罪行为，但尚未能将公款挪出。对此，一般不作为犯罪处理。

二是行为人已将公款挪出，但因其意志以外的原因而尚未使用。

这种挪而未用的行为，实际上已经侵害公款的所有权，因此，应比照挪用公款罪既遂从轻或减轻处罚。

（三）拆借资金与挪用公款的界限

拆借资金与挪用公款，作为两种对公款的处置方式，在认定两者的界限时，应把握以下几点：

1. 概念上的区别

前者是指银行或企业之间相互融通短期资金的一种借贷的行为方式，是一种合法行为；而后者是将原定用于某方面的公款移作他用的行为，它侵犯了公共财产的占有、使用和收益权。

2. 行为方式上的区别

前者是建立在双方自愿的基础上，是经有权出借的人同意，并通过合法手续，如拆借协议、贷款合同，这是民事法律关系上的债权关系；而后者是行为人利用其职务上的便利，私自将公款挪用，使国家或集体对公款失去控制，具有行为上的隐蔽性和手段上的违法性。

3. 从社会危害性上看

前者是一种融通资金的行为，它为解决公司、企业生产、流通资金暂时短缺起积极作用，如违反有关规定则是一种违规违纪行为；而后者侵犯了公共财产所有权中的占有权、使用权和收益权，干扰和破坏了经济体制改革和社会主义市场经济建设的健康发展。

4. 对那些以拆借资金为名，逃避信贷规模控制和监督制度的非法拆借行为，情节严重的，对负有直接责任的单位主管人员和经办人员，应以挪用公款罪论处。

5. 认定拆借行为是否合法，是否构成挪用公款罪，既要根据国家有关拆借行为的金融法律、法规、规定，也要根据本法第 185 条、第 272 条和本条规定进行确定。其中，《中华人民共和国商业银行法》（1995 年 5 月 10 日）第 46 条规定：“同业拆借，应当遵守中国人民银行规定的期限，拆借的期限最长不得超过四个月。禁止利用拆入资金发放固定资产贷款或者用于投资。拆出资金限于交足存款准备金,留足备付金和归还中国人民银行到期贷款之后的闲置资金。拆入资金用于弥补票据结算，联行汇差头寸的不足和解决临时性周转资金的需要。”这一规定，是认定银行间拆借资金是否合法的最直接根据。

（四）挪用公款与借贷公款的界限

借贷公款是一种合法的借贷行为。单位与单位之间，个人与单位之间，只要办理了必要的借款手续（借款合同），符合法律、法规政策规定，都可以相互借用款项。其特点在于：一是合法，二是自愿，三是用途合法。这三点，正是挪用公款所不具有的，但其却具有未经合法批准，擅自动用公款的特征。故挪用者与公款所有者之间不存在合法的借贷关系。

所谓借贷公款行为，是指单位负责人或经管财务人员，批准、决定将公款借贷给个人使用的行为。借贷，实际上就是放贷，是一种金融信贷行为。根据我国财经金融管理规定，非金融部门未经国家批准是不能进行信贷活动的。借贷行为违反了财经管理制度，是一种违反财经法规的行为，因而具有行政违法性。但是，我国并未设立借贷公款罪，借贷行为是否具有刑事违法性，法律没有规定。所以，将借贷行为归为“挪用”，是没有法律依据的。

借贷行为和挪用行为，都是与职务相关的行为。因此，两者有诸多共同之处，如主体都具有经管公共财产的职务身份，形式都是将公款转给个人使用，具体对象都是公款，行为都具有违法性。这是两者容易混淆的原因之一。然而，借贷行为与“挪用”毕竟不同，它有许多自身的特征：第一，主体的法人性。借贷行为人一般是单位的负责人或其他主管财务人员。这些人，对内有经营决策权、公共财产支配权，对外有代表单位进行民事活动的资格。如果不是以单位的名义，而是个人擅自决定将公款借贷给个人，自然是个人行为。第二，形式的合作性，借贷都要经过一定的程序（如一般经过批准或由领导决定，有的经集体研究），办理一定的手续（如订立借贷合同，由借款人出具借据或收据），通过财务入账，形式上是合法的。而“挪用”，是未经领导批准擅自动用公款的行为，一般不需办理何种手续，一经挪用，就不具备合法性。第三，动机的公利性。借贷，一般是出于为单位谋利，如有的是出于为单位创收，有的是出于把单位的“死钱”变成“活钱”，搞活经济。而挪用是出于谋私利，即通过取得公款的使用权而从中取得经济上的利益或其他好处。

确定借贷行为是不是“挪用”，只有在两者构成要件完全重合的情况下才能认定。通过上述对借贷行为特征的分析可以看出，两者在主体、客体方面是重合的，在客观方面和主观方面是交叉的。客观方面，借贷行为如果是法人行为，则与“挪用”发生分离，如果是个人行为，则与“挪用”发生重合。主观方面，如果是出于公利，则与“挪用”发生分离，如果是出于私利，则与“挪用”发生重合。两者重合的统一，就是认定借贷行为转化为“挪用”的标准，即是说，借贷行为人只有以个人的名义，出于为私利而为的才能以“挪用”论处，如果是以单位的名义，出于为公利而为的，就不能以“挪用”论处。

对以下几种具体借贷行为的定性与处理：

1. 对以下几种借贷行为应以“挪用”论处：行为人利用职权自批自借，或互批互借，或假名、冒名借贷，或由他人借款后又转归自己使用。因为在这种情况下，借贷行为具备“挪用”的主客观构成要件。

2. 对以下几种借贷行为，不能以“挪用”论处，应根据实际情况，区别对待：

第一，对及时收回本息，未给单位造成损失的，一般可作违反财经纪律处理。因为这种情况下，行为的社会危害性小，情节显著轻微，不宜以犯罪论处。

第二，不能及时收回本息，虽采取了积极追讨措施，但仍造成重大损失的，对直接负责的主管人员，应按玩忽职守罪论处。因为其主观上对造成的危害结果具有过失心理态度。

第三，在办理借贷过程中，收受对方财物，数额较大的，应以受贿罪论处，因为这也是一种权钱交易的行为。

第四，明知对方借款是用于走私等犯罪活动而予以借贷的，应以走私等犯罪共犯论处，因为这是一种资助犯罪的行为。

第五，内外勾结诈骗公款的，应以共犯论处。其中，主犯系内部人员的，应以共同贪污罪论处，主犯系外部人员的，则以共同诈骗罪论处。行为的性质是由主犯行为决定。

（五）挪用公款进行担保案件的认定

所谓挪用公款进行担保案件，是指国家工作人员利用职务上的便利，挪用公款，并将该项公款用于担保的行为。司法实践中，在认定此案件时，应把握以下问题：

1. 要搞清担保的性质

根据《中华人民共和国担保法》第 2 条规定，所谓担保，是指在借贷、买卖、货物运输、加工承揽等经济活动中，债权人保障其债权实现的行为方式。担保的方式包括：(1) 保证，是指保证人和债权人约定，当债务人不履行债务时，保证人按照约定履行债务或者承担责任的行为；(2) 抵押，是指债务人或者第三人不转移抵押物的占有，将该财产作为债权的担保；(3) 质押，一是指动产质押，即债务人或第三人将其动产移交债权人占有，将该动产作为债权的担保，二是权利质押，即将汇票、支票、本票、债券、存款单、仓单、提单或者依法可以转让的股份、股票或者依法可以转让的商标专用权、专利权、著作权中的财产权或者依法可以质押的其他权利，作为债权的担保；(4) 留置，是指债权人依法按照合同约定占有债务人的动产作为债权的担保；(5) 定金，是指当事人可以约定一方向另一方给付定金作为债权的担保。

2. 认定行为人是否具有国家工作人员身份

3. 认定行为人主观上是否具有挪用公款的直接故意，并且以将所挪用的公款用于担保为犯罪目的

4. 认定行为人在客观上是否实施了挪用公款行为，同时是否将挪用的公款用于了担保

可见，认定此类案件行为人的客观行为表现时，既要考虑其挪用公款的客观行为，也要考虑其将所挪用的公款用于担保活动的行为。

5. 认定行为人将其所挪用的公款用于担保活动的行为的性质

（1）根据担保方式的不同，被挪用人公款可能用于下列担保活动：用于保证形式担保的；用于抵押形式担保的；用于质押形式担保的；用于留置形式担保的；用于定金形式担保的。

另外，根据被挪用公款使用人的不同，该担保活动又分为挪用人本人作为担保人或他人作为担保人。具体来说：

就用于保证形式担保而言，挪用人可以所挪用的公款取得保证人资格，当债务人不履行债务时，保证人（挪用人）即按约定以所挪用的公款代债务人履行债务；挪用人也可以将所挪用的公款借给他人（无论有偿还是无偿），由他人利用该公款进行债务担保。

就用于抵押形式的担保而言，作为抵押物的被挪用的公款形式，仅限于用于救灾、抢险、防汛、优抚、扶贫、移民和救济物品。因为，抵押物只限于有形物品。同时，如果债务人不履行债务时，债权人有权依法以该特定物品折价或者拍卖、变卖该特定物品的价款优先受偿。

就用于质押形式的担保而言，作为质押物的被挪用公款，既包括货币、有价证券，也包括特定款物。此时，债务人不履行债务时，债权人有权依法优先受偿。

就用于留置形式的担保而言，作为留置物的被挪用公款，仅限于特定物品，而不包括货币。此时，当债务人不履行债务时，债权人有权将留置的特定物品折价、拍卖、变卖，优先受偿。

就用于定金形式的担保而言，作为定金的被挪用的公款，仅限于货币。但债务人不履行债务时，无权要求返还定金。

（2）确定担保是否合法。严格意义说，以所挪用的公款设立的担保，都属于违法的担保。但是，也不能一概而论。确定担保是否合法，关键要依照《中华人民共和国担保法》的规定界定。具体来说：

当债权人明知是挪用的公款，而仍与债务人（包括挪用人本人或他人）签订担保合同时，这时的担保行为，应视为非法。

对于此情形的挪用人（即债务人）而言，其挪用公款的行为，应视为“利用职务上的便利，挪用公款归个人使用，进行非法活动”的挪用公款罪范畴。

当债权人不知是挪用的公款，而与债务人（包括挪用人本人或他人）签订担保合同时，这时的担保合同，可视为无效的合同，但不属于非法范畴。

对于此情形的挪用人而言，其挪用公款的行为应区别对待。当挪用公款数额较大，且在担保过程中获取利益时，则视为“数额较大，进行营利活动”的挪用公款行为；当挪用公款数额较大，且在担保过程中未获取利益时，如果超过3个月未还，则视为“超过3个月未还”的挪用公款行为。

综上所述，对于挪用公款用于担保的条件，要依照本条规定的挪用公款罪定罪量刑。认定的关键：一看用所挪用的公款进行的担保是否合法；二看挪用人在担保过程中是否获取利益。

（六）擅自以单位名义为私人经济担保而遭受损失案件的认定

根据《中华人民共和国担保法》及本法规定，认定此类案件应注意以下问题：

1. 对此类问题的行为人，若在客观方面表现为有占用公款的故意和目的，而造成单位较大经济损失的。这类情况的行为人，明知到期不还贷款，银行定要划扣单位的公款，仍执意占用公款不还，存在着利用贷款担保这一民事法律关系，达到占用公款搞经营活动的目的，在客观上已构成了占用公款的事实，应定为挪用公款罪。

2. 对此类问题的行为人，若在主观方面表现为过失，造成单位重大经济损失的，是玩忽职守罪的一种表现。

3. 对此类问题的行为人，若在主观方面表现为间接故意，使单位遭受经济损失的。行为人虽然没有直接将公款挪给个人使用的故意，但明知提供贷款担保，很有可能发生连带还款的后果，仍擅自以单位的名义提供担保，放任了单位遭受损失的结果的发生，此类行为应定为挪用公款的行为。

4. 对擅自以单位名义为单位经济往来关系密切的私营企业经济担保，造成单位损失的。像这类情况，如果被担保私营企业的经营状况与担保单位的经济效益有着相互直接的影响，被担保的又是该企业正常的经济活动，只是由于难以预见的原因，被担保企业不能履行义务，使担保单位承担连带责任的，如果未造成重大损失，就不应以犯罪论处，如果是损失重大，则应以玩忽职守罪论处。

（七）挪用公款私自存入银行取息案件的认定

所谓挪用公款私自存入银行取息案件，是指国家工作人员利用职务之便，挪用公款后，再将被挪用的公款以个人名义存入银行，进而获取利息的行为。司法实践中，认定此类案件时，应注意以下问题：

1. 行为人是否具有国家工作人员身份。

2. 行为人在主观上是否具有挪用公款后，再利用该公款获取利息的犯罪目的。至于行为人是否获取了利息，并不影响对该行为的认定。

3. 此类案件应按“数额较大，进行营利活动”型挪用公款罪处罚。

（八）挪用公款用于归还个人贷款或借款案件

所谓挪用公款用于归还个人贷款或借款案件，是指国家工作人员利用职务之便挪用公款，然后再将所挪用的公款用于归还本人的贷款或借款的行为。

根据本法第 195 条、第 272 条和本条规定，对此类案件的认定，应注意以下问题：

1. 行为人是否具有国家工作人员身份。

2. 行为人主观上是否具有挪用公款的直接故意，并且是否具有用挪用的公款归还本人的贷款或借款的目的。

3. 对于行为人原来贷款或借款的合法性，进行认定后，再确定挪用公款行为的类型。具体来说：

（1）如果原来的借贷关系属于非法，那么行为人用所挪用公款归还贷款、借款的行为，则认定为“挪用公款归个人使用，进行非法活动”的挪用公款行为。

（2）如果原来的借贷关系合法，则区别对待。对于贷款、借款用于营利活动的，则认定为“挪用公款数额较大，进行营利活动”的挪用公款行为。对于贷款、借款并未用于营利活动的，如果超过 3 个月未还，则认定为“挪用公款数额较大，超过 3 个月未还”的挪用公款行为；如果不属于“数额较大”或未超过 3 个月，则认定为挪用公款一般违法行为。

（九）挪用特定款物案件的认定

根据本条规定，所谓挪用特定款物案件，是指国家工作人员利用职务之便，挪用特定款物归个人使用，进行非法活动的，或者挪用特定款物数额较大、进行营利活动的，或者挪用特定款物数额较大、超过 3 个月未还的行为。该类案件属于挪用公款案件的特殊形式，其特点在于挪用的对象是公款中的特定款物。其中，特定款物包括：救灾、抢险、防汛、优抚、扶贫、移民和救济款物。

1. 行为人必须是达到刑事责任年龄、具备刑事责任能力、具有国家工作人员身份的自然人。

2. 行为人在主观上必须具有挪用特定款物的故意，即行为人明知是用于特定方面的特定款物，而将其挪作他用，并且以利用特定款物的使用价值，而进行非法活动、营利活动或其他活动为犯罪目的。

3. 行为人在客观上实施了下列行为：利用职务上的便利，挪用特定款物归个人使用，进行非法活动。利用职务上的便利，挪用特定款物数额较大、进行营利活动。利用职务上的便利，挪用特定款物数额较大、超过 3 个月未还。这时，被挪用的特定款物被用于除非法活动、营利活动以外的其他方面。

（十）挪用股票、国库券、债券等有价证券案件的认定

随着我国证券交易的发展，各地出现了一些证券交易所和代理证券业务的银行、信用社的工作人员，利用职务上的便利，擅自挪用本单位资金或客户资金，为本人或他人进行证券交易而从中牟利的行为。根据本法第185条、第272条和本条规定，对这类构成犯罪的行为，应以挪用公款罪定罪量刑。理由是：其一，证券公司、银行、信用社等金融机构的工作人员，有成为国家工作人员的可能；其二，股票、国库券、债券等有价证券，可以成为挪用公款罪的犯罪对象。原因是，股票、债券、国库券等有价证券直接代表一定数额的货币，是货币财产的书面形式，在一定条件下可以据之提取或换取现金。

但是，在司法实践中，认定挪用股票、国库券、债券等有价证券的案件时，应注意以下问题：

1. 考察证券从业人员作为挪用公款罪的行为主体时，是否具有国家工作人员身份

据本法第93条规定，国家工作人员包括：当然的国家工作人员，即在国家机关中从事公务的人员，如证监会工作人员。拟定的国家工作人员，即在国有公司、企业、事业单位、人民团体中从事公务的人员，国家机关、国有公司、企业、事业单位委派到非国有公司、企业、事业单位、社会团体从事公务的人员，以及其他依照法律从事公务的人员。因此，下列证券从业人员可以成为挪用公款罪的主体：

（1）国家证券管理机关工作人员，如证监会中的工作人员和中国人民银行工作人员。

（2）国有证券公司、中央银行（中国人民银行）的工作人员。

（3）受国家证券管理机关（证券委、证监会）委派到非国有证券公司、银行、信用社中从事公务的人员。

（4）在证券业中其他依法从事公务的人员。

因此，司法实践中认定证券从业人员是否具有挪用公款罪主体

资格时，一看其是否具有职务身份；二看其是否属于依法从事公务。

2. 考察被挪用股票、债券、国库券等有价证券的所有权性质

根据本法第 91 条规定，公共财产包括：国有财产、劳动群众集体所有制财产、用于扶贫和其他公益事业的社会捐助或专项基金的财产，以及在国家机关、国有公司、企业、集体企业和人民团体管理、使用或运输中的私人财产。因此，下列有价证券应视为公共财产：

（1）国有的股票、国库券、债券等有价证券；

（2）劳动群众集体所有的股票、国库券、债券等有价证券；

（3）用于扶贫和其他公益事业的社会捐助的股票、债券、国库券等有价证券。

（4）在国有证券公司、银行、信用社等部门中管理、使用和运输中的私人所有的股票、债券、国库券等有价证券。

因此，客户在非国有证券公司、银行、信用社中的股票、债券、国库券等有价证券，属于私人财产范畴。如果其被挪用，则不能成为挪用公款罪的犯罪对象，而是成为挪用资金罪的犯罪对象。所以，只有国家工作人员利用职务上的便利，挪用具有公共财产性质的股票、债券、国库券等有价证券时，才有构成挪用公款罪的可能。

①不记名、不挂失的有价证券，不论能否随即兑现，均按票面数额和案发时应得的利息一并计算。股票应按照被盗当日证券交易所公布的该种股票成交的平均价格计算。

②记名的有价证券，如果是票面价值已定并能随即兑现的，应按票面数额（有利息的应包括案发时应得的利息）计算。如果是票面价值未定，但能随即兑现的，则以实际兑现的财物价值计算。

（十一）证券从业人员挪用公款案件的认定

根据刑法第 185 条、第 272 条和本条规定，司法实践中，认定证券从业人员挪用公款案件时，应注意以下问题：

1. 证券从业人员是否具有国家工作人员身份，即是否属于刑法第 93 条所规定的国家工作人员范围。如属于，则应认定；如不属于，

则不宜认定。

2. 认定公款的范围，以及所挪用的公款是否属于本法第91条所规定的公共财产。如果属于，则认定；如果不属于，则不宜认定。

3. 挪用行为的类型

（1）挪用客户资金，即证券从业人员利用职务之便，挪用客户存入营业部的资金，买卖证券以赚取差价。

（2）挪用客户的证券，即证券从业人员利用职务之便，或填委托单，或把客户的资金账号、证券种类及数量等提供给不法分子，与不法分子勾结，盗用客户名义，在证券价格上扬时，将客户已购进的证券抛出，等证券价格下跌时，再买进同样的证券还给客户，从中获取差价。

（3）挪用公司资金，这种情况也称为“空手道”、“拉白板”等，即证券从业人员利用职务之便，在无资金的情况下，不通过委托代理，不经过验资直接低价买进证券，成交后不办理交割，等证券价格上涨后再抛出去，成交后与买进的证券同时办理交割，以获取差价。

（4）伙同他人搞透支交易。

因此，一般来说，证券从业人员的挪用行为，都可认定为“营利型”挪用公款行为，故其以1万元至3万元为“数额较大”起点。

4. 挪用行为的特点

证券从业人员实施挪用行为时，必然利用其职务之便。由于股票交易中的多程序、多环节、非某一具体工作人员职务所能管辖，单独利用自己的职权是无法完成个人证券交易的，要完成交易需要同事帮忙。在这种共同负有经手保管职责的前提下，有关人员利用岗位职责，并通过同事帮忙，非法占用公司资金（股民融资）、客户账户证券牟利，应视为利用职务上的便利，也即利用其主管、管理经手公共财物的职权或职务所形成的便利条件。只要达到定罪数额，就应以挪用公款罪处罚。

证券从业人员进行营利活动的手段都是挪用公司的资金进行炒

股，即挪用的是客户的资金、证券或伙同他人透支炒股，其挪用对象的实质都是公司的资金。

（十二）承包人挪用公款案件的认定

根据本法第 185 条、第 272 条和本条规定，认定承包人在承包经营过程中的挪用公款行为，是否构成挪用公款罪，应注意以下问题：

1．确认承包人是否具备国家工作人员身份。

2．正确认定承包人在合同期内挪用资金行为的性质。

（1）对于经营性承包的承包人，应视为集体经济组织的主管人员或管理财物的人员，可作为挪用公款罪的主体。所谓经营性承包，是指个人以经营管理经验、技术或投入一定的资金，在承包期内，享有经营、人才、资金流向等自主权，按规定上缴一定的利润，并获取报酬的承包。

（2）对于风险性承包的承包人，应区别对待。所谓风险性承包，是指个人以高于或与注册资金、流动资金相等的财产作为风险抵押担保，除按合同规定上缴一定的利润外，享有经营的各种权能，盈亏自负，一旦亏损交不出应付资金或注册流动资金到期不能回归，则以担保物作为抵押的承包。区别对待是指：

对于经国家工商行政管理部门认定名为集体实为个人的经营体，承包人对企业注册流动资金实际上是以财产抵押担保为条件的非法借贷行为，应视为无效合同予以返还，该承包人不能成为挪用公款罪的主体。

对于企业内部员工进行承包，企业性质尚未发生变化的，承包人尽管将自己的财产作为抵押担保而获得了企业资金所有权的各项权能，但企业资金的公款性质仍未改变，因此，承包人可能成为挪用公款罪的主体。

总之，承包人利用经营权挪用公款供个人使用，能否认定挪用公款罪？应坚持具体情况具体分析：一是要看其承包的经济实体是否属于国有性质；二是看挪用的是否为公共财物。如果是属于上述两种情况的，承包人擅自挪用企业财物归个人使用，符合挪用公款罪的，就应定为挪用公款罪。反之，就不能认定挪用公款罪。

(十三)经领导同意或集体研究决定将公款借给个人使用案件的认定

经领导同意或者集体研究决定，将公款借给个人或者个体工商户合伙经商，单位从中分利或提成。对于这种情况，因为用公款为单位谋利益，一般不按挪用公款处理为宜。如果批准挪用的主管负责人或者直接责任人借机中饱私囊或索取财物的，则应按贪污或者受贿罪论处。如果这种表现形式，给集体造成重大经济损失的（如造成大量公款无法追回的），可以按玩忽职守罪论处。

如果批准挪用公款负责人与实际挪用人有共同挪用公款的故意，或者批准人、挪用人与使用人相互勾结挪用公款，均应作为挪用公款罪的共犯论处。

(十四)收款人未按时将收到货款交回单位是否构成挪用公款罪的认定

根据本法第 185 条、第 272 条和本条规定，认定此问题时，应注意以下方面：

1. 收款人是否具有国家工作人员身份。

2. 收款人所收回的货款是否属于公共财产。

3. 收款人是否将货款归个人使用，包括进行非法活动、进行营利活动或超过 3 个月未还。如果收款人未将货款归个人使用（进行非法活动、营利），且未超过 3 个月时，不应认定为犯罪；如果超过 3 个月，且收回的货款属于数额较大（即达 5 千元至 1 万元）时，则可以挪用公款罪论处。

(十五) 挪用公款共犯的认定

1. 内部人员之间相互勾结的挪用公款中共犯的区分

(1) 要从挪用公款共同犯罪故意的起因进行区分。即谁先提出挪用公款共同犯罪或拍板的，应认定其为主犯；其他积极响应，参与策划，提出补充意见或修改性意见的人员，应认定为从犯；其他在主观上没有挪用犯意，而是由于某种原因被迫接受挪用犯罪意图的，应认定为胁从犯。

（2）要从是否组织、领导、指挥、策划挪用公款共同犯罪或在挪用公款共同犯罪中所起的作用上划分。即凡是在挪用公款共同犯罪中，组织、领导、指挥、策划挪用公款共同犯罪的，或在实施挪用公款共同犯罪的过程中，起主要作用的，就应认定为主犯；而在挪用公款共同犯罪中起次要或者辅助作用的，就认定为从犯；被迫参与挪用公款共同犯罪活动的，应认定为胁从犯。

（3）要从获利、分赃情况上进行区分。即一般来说，分得赃款比较多，获利较大的应定为主犯；分得赃款较少、获利较小的，应定为从犯；分得赃款最少、获利最小的，应定为胁从犯。

2. 内部人员与外部人员勾结的挪用公款中共犯的区分

（1）从挪用公款共同犯罪故意的起因上进行区分。即如内部人员勾结外部人员将挪用的公款交与外部人员使用从而获利的，应认定内部人员为主犯，外部人员为从犯；如外部人员提出共同犯罪的，就应看他们在具体实施犯罪中所起的作用，参考分赃、获利情况。

（2）从是否组织、领导、指挥、策划挪用公款共同犯罪，或在挪用公款共同犯罪中起主要作用上区分。

（3）根据获利、分赃的情况进行区分。

其次，应当根据挪用公款共同犯罪中各共犯事前有无约定和是否分赃获利，对其应承担的数额分别加以认定。

（1）在挪用公款共同作案之前，各共犯协商过获利后如何分赃的，按事先约定，按比例承担共同挪用数额，已经归还的，予以收缴按照事先约定分得的非法所得。未归还的，根据事前约定，各共犯按比例承担共同挪用公款的数额，并负责退还或退赔，收缴其非法所得。

（2）在挪用公款共同作案之前，各共犯协商过获利后如何分配，而实际上没有获利的。在案发时，共同挪用的公款已经归还的，根据事先约定，按比例承担挪用公款的数额，并负责退还或退赔。

（3）在挪用公款共同作案之前，各共犯没有协商获利后如何分赃，而在获利后已经分赃的。在案发时，共同挪用的公款已经归还的，按各共犯实际分得的非法所得，按比例承担，其非法所得予以没收。在案发时未归还的，根据各共犯实际分得的非法所得，按比例承担共同挪用的公款数额，并负责退还或退赔，没收其非法所得。

（4）在挪用公款共同作案之前，各共犯没有协商获利后如何分配，而在获利后没有来得及分配，就被有关部门或政法机关查获控制的。按照主犯、从犯、胁从犯各自承担刑事责任的大小，依不同比例确定各共犯承担的数额。公款未受损失的，没收其非法所得，公款受到损失的则按比例退还或赔偿。

（5）在挪用公款共同作案之前，各共犯没有协商获利后如何分配，事后也没有获利的。按照主犯、从犯、胁从犯各自承担刑事责任的大小，依照不同比例确定各共犯承担的数额，案发时未归还的，按不同比例退还或退赔。

（十六）挪用公款的数额计算

多次挪用公款不还，挪用公款数额累计计算；多次挪用公款，并以后次挪用的公款归还前次挪用的公款，挪用公款数额以案发时未还的实际数额认定。

"挪用公款数额巨大不退还的"，是指挪用公款数额巨大，因客观原因在一审宣判前不能退还的。

携带挪用的公款潜逃的，依照本法第 382 条、第 383 条的规定定罪处罚。

因挪用公款索取、收受贿赂构成犯罪的，依照数罪并罚的规定处罚。

挪用公款进行非法活动，构成其他犯罪的，依照数罪并罚的规定处罚。

挪用公款给他人使用，使用人与挪用人共谋，指使或者参与策划取得挪用款的，以挪用公款罪的共犯定罪处罚。

（十七）区分本罪与他罪的界限

1. 挪用公款罪与挪用特定款物罪

(1) 侵犯的具体客体对象不同

挪用公款罪侵犯的是公款的使用权，侵犯的对象主要是一般的公款，也包括其他的公物及特定款物；挪用特定款物罪侵犯的是国家财经管理中七种特定款物的专用制度,侵犯的对象限于特定款物。

(2) 客观方面表现不同

挪用公款罪表现为挪用公款归个人使用的行为；挪用特定款物罪表现为把特定款物挪作其他公用事项，并且情节严重，致使国家和人民群众利益遭受重大损失的行为。

(3) 犯罪主体不同

挪用公款罪的主体是国家工作人员；挪用特定款物罪的主体一般是国家工作人员，主要是掌握国家救灾、救济等款物的财会人员或有权调拨特定款物的人员，即直接责任人员。

(4) 主观方面不同

挪用公款罪的挪用是为了个人使用或者借给他人使用；挪用特定款物罪的挪用则是为了单位另行使用。

2. 挪用公款罪与贪污罪的界限

两者在客观上都侵犯了公共财物的所有权；两者的主体完全相同；两者在客观上均是利用职务之便；主观上两者都是出于直接故意。但是，作为两种不同犯罪形式，两者又有如下区别：

(1) 对犯罪客体侵犯程度与犯罪对象的范围不同

前者只侵犯公共财物所有权中的占有、使用、收益三种权能，而后者侵犯了包括占有、使用、收益、处分权能的公共财产所有权的四种权能；就犯罪对象而言，前者为公款和特定公物，后者为公共财产。

(2) 犯罪的行为方式不同

前者是使用公款，后者是占有财物。

(3) 犯罪的目的不同

前者只是暂时使用，后者为永久占有。

（4）犯罪的危害程度不同

挪用公款的数额并不等于对所有者造成的实际损失额，公款的本息要全部归还或追缴；而贪污数额就是对所有者的财产造成的实际损失数额。

（5）构成犯罪的时限要求不同

前者挪用公款数额较大归个人进行非营利性的合法使用的，必须非法控制公款超过3个月未还才构成犯罪；而贪污罪只要非法占有了公物即构成犯罪。

（6）在特定情况下的法律后果不同

如挪用公款未超过1万元归个人进行非营利性的合法使用时，超过3个月后在案发前全部归还本息的，可不认为犯罪；而贪污行为一经实施，即使在案发前全部退赃也不影响其犯罪的构成。

（7）量刑程度不同

后者要比前者处罚重。

挪用公款罪与贪污罪的主要区别在于行为人主观上是否具有非法占有公款的目的。挪用公款是否转化为贪污，应当按照主客观相一致的原则，具体判断和认定行为人主观上是否具有非法占有公款的目的。在司法实践中，具有以下情形之一的，可以认定行为人具有非法占有公款的目的：

（1）根据《最高人民法院关于审理挪用公款案件具体应用法律若干问题的解释》第六条的规定，行为人“携带挪用的公款潜逃的”，对其携带挪用的公款部分，以贪污罪定罪处罚。

（2）行为人挪用公款后采取虚假发票平帐、销毁有关帐目等手段，使所挪用的公款已难以在单位财务帐目上反映出来，且没有归还行为的，应当以贪污罪定罪处罚。

（3）行为人截取单位收入不入帐，非法占有，使所占有的公款难以在单位财务帐目上反映出来，且没有归还行为的，应当以贪污罪定罪处罚。

(4)有证据证明行为人有能力归还所挪用的公款而拒不归还，并隐瞒挪用的公款去向的，应当以贪污罪定罪处罚。

3. 区分挪用资金罪与挪用公款罪的界限

挪用资金罪与挪用公款罪在客观行为表现和主观方面有相同之处。但两者的区别在于：

（1）犯罪主体不同

前者是公司、企业或其他单位的工作人员；后者是依法从事公务的国家工作人员。对于国有公司、企业或其他单位的工作人员，或者国有单位委派到非国有单位依法从事公务的人员，利用职务上的便利，挪用本单位资金或者借贷给他人的行为，应按挪用公款罪论处。

（2）犯罪客体不同

前者侵犯的客体，是公司、企业或其他单位的财务管理制度及财产所有权；后者侵犯的客体，是国家机关、企事业单位和人民团体以及接受委派的国家工作人员所在的非国有单位的财务管理制度和资金所有权。可见，前者所侵害客体的范围，比后者广。

（3）犯罪的对象不同

前者的犯罪对象，是公司、企业所有公共财产属性的公款。它既包括资金、有价证券，也包括特定款物；后者既包括当然的公共财产，也包括拟定的公共财产以及接受委派的国家工作人员所在的非国有单位的资金。

（4）刑罚不同

前者比后者刑罚轻。

4. 挪用公款罪与侵占罪的界限

两者在客观行为表现上都具有利用职务之便的特性。但也有以下区别：

（1）犯罪主体不同

前者是国家工作人员，后者是非国有公司、企业或其他单位的人员。

（2）犯罪的目的不同

前者是将公款挪用归个人使用，后者是将管理、经营的本单位财物占为己有。

(3) 犯罪的客体不同

前者侵犯的是公款的所有权中的使用权、收益权，后者侵犯的是本单位财物的所有权中的占有权、处分权。

(4) 客观行为表现也不完全相同

前者客观上实施了挪用公款的行为，后者实施了将本单位财物非法占为己有的行为。

5. 区分挪用公款罪与玩忽职守罪的界限

两罪的区别在于，所挪用的公款是否经领导批准或同意。具体来说：

(1) 如果批准者与挪用者事先有共同挪用的故意或批准后参与共同使用公款的，应以挪用公款共同犯罪论处。

(2) 如果挪用人以迂回申请、隐瞒款项真实用途、导致大量公款不能收回造成重大损失的，对挪用者以挪用公款罪论处；对因被骗而批准或同意的领导或直接负责的主管人员，则以玩忽职守罪论处。

三、处罚

犯本罪的，处五年以下有期徒刑或者拘役；情节严重的，处五年以上有期徒刑。挪用公款数额巨大不退还的，处十年以上有期徒刑或者无期徒刑。挪用用于救灾、抢险、防汛、优抚、扶贫、移民、救济款物归个人使用的，从重处罚。

根据最高人民法院发布的《关于审理挪用公款案件具体应用法律若干问题的解释》的规定，对挪用公款案量刑时应注意以下问题：

1. “挪用公款归个人使用”，包括挪用者本人使用或者给他人使用。

挪用公款给私有公司、私有企业使用的，属于挪用公款归个人使用。

2. 挪用正在生息或者需要支付利息的公款归个人使用，数额较

大，超过3个月但在案发前全部归还本金的，可以从轻处罚或者
除处罚。给国家、集体造成的利息损失应予追缴。挪用公款数额巨大，超过3个月，案发前全部归还的，可以酌情从轻处罚。

3. 挪用公款数额较大，归个人进行营利活动的，构成挪用公款罪，不受挪用时间和是否归还的限制。在案发前部分或者全部归还本息的，可以从轻处罚；情节轻微的，可以免除处罚。

挪用公款存入银行、用于集资、购买股票、国债等，属于挪用公款进行营利活动。所获取的利息、收益等违法所得，应当追缴，但不计入挪用公款的数额。

4. 挪用公款归个人使用，进行赌博、走私等非法活动的，构成挪用公款罪，不受“数额较大”和挪用时间的限制。

5. 挪用公款归个人使用，“数额较大、进行营利活动的”，或者“数额较大、超过3个月未还的”，以挪用公款1万元至3万元为“数额较大”的起点，以挪用公款15万元至20万元为“数额巨大”的起点。挪用公款“情节严重”，是指挪用公款数额巨大，或者数额虽未达到巨大，但挪用公款手段恶劣；多次挪用公款；因挪用公款严重影响生产、经营，造成严重损失等情形。

“挪用公款归个人使用，进行非法活动的”，以挪用公款5000元至1万元为追究刑事责任的数额起点。挪用公款5万元至10万元以上的，属于挪用公款归个人使用，进行非法活动，“情节严重”的情形之一。挪用公款归个人使用，进行非法活动，情节严重的其他情形，按照上述规定执行。

各高级人民法院可以根据本地实际情况，按照上述规定的数额幅度，确定本地区执行的具体数额标准，并报最高人民法院备案。

挪用救灾、抢险、防汛、优抚、扶贫、移民、救济款物归个人使用的数额标准，参照挪用公款归个人使用进行非法活动的数额标准。

6. 缓刑问题。据最高人民法院《关于对贪污、受贿、挪用公款犯罪分子依法正确适用缓刑的若干规定》（1996年6月26日）规定，

子可不适用缓刑：

家、集体和人民利益遭受重大损失的；

悔改表现的；

手段等情节恶劣，或将赃款用于走私、赌博等

(4) 属　罪中情节严重的主犯，或有数罪的；

(5) 曾因经济违法犯罪行为受过行政处分或刑事处罚的；

(6) 犯罪涉及的财物属于特定款物，情节严重的。

第三百八十五条　（受贿罪）

国家工作人员利用职务上的便利，索取他人财物的，或者非法收受他人财物，为他人谋取利益的，是受贿罪。

国家工作人员在经济往来中，违反国家规定，收受各种名义的回扣、手续费，归个人所有的，以受贿论处。

［相关规定］　《**中华人民共和国建筑法**》　(1997年11月1日第八届全国人民代表大会常务委员会第二十八次会议通过)(节录)

第十七条　发包单位及其工作人员在建筑工程发包中不得收受贿赂、回扣或者索取其他好处。

承包单位及其工作人员不得利用向发包单位及其工作人员行贿、提供回扣或者给予其他好处等不正当手段承揽工程。

第六十八条　在工程发包与承包中索贿、受贿、行贿，构成犯罪的，依法追究刑事责任；不构成犯罪的，分别处以罚款，没收贿赂的财物，对直接负责的主管人员和其他直接责任人员给予处分。

对在工程承包中行贿的承包单位，除依照前款规定处罚外，可以责令停业整顿，降低资质等级或者吊销资质证书。

［相关规定］　**《中华人民共和国法官法》**　（2001年6月30日第九届全国人民代表大会常务委员会第二十二次会议修正）（节录）

第三十二条　法官不得有下列行为：

（一）散布有损国家声誉的言论，参加非法组织，参加旨在反对国家的集会、游行、示威等活动，参加罢工；

（二）贪污受贿；

（三）徇私枉法；

（四）刑讯逼供；

（五）隐瞒证据或者伪造证据；

（六）泄露国家秘密或者审判工作秘密；

（七）滥用职权，侵犯自然人、法人或者其他组织的合法权益；

（八）玩忽职守，造成错案或者给当事人造成严重损失；

（九）拖延办案，贻误工作；

（十）利用职权为自己或者他人谋取私利；

（十一）从事营利性的经营活动；

（十二）私自会见当事人及其代理人，接受当事人及其代理人的请客送礼；

（十三）其他违法乱纪的行为。

第三十三条　法官有本法第三十二条所列行为之一的，应当给予处分；构成犯罪的，依法追究刑事责任。

［相关规定］　**《中华人民共和国检察官法》**　（2001年6月30日第九届全国人民代表大会常务委员会第二十二次会议修正）（节录）

第三十五条　检察官不得有下列行为：

（一）散布有损国家声誉的言论，参加非法组织，参加旨在反对国家的集会、游行、示威等活动，参加罢工；

（二）贪污受贿；

（三）徇私枉法；

（四）刑讯逼供；

（五）隐瞒证据或者伪造证据；

（六）泄露国家秘密或者检察工作秘密；

（七）滥用职权，侵犯自然人、法人或者其他组织的合法权益；

（八）玩忽职守，造成错案或者给当事人造成严重损失；

（九）拖延办案，贻误工作；

（十）利用职权为自己或者他人谋取私利；

（十一）从事营利性的经营活动；

（十二）私自会见当事人及其代理人，接受当事人及其代理人的请客送礼；

（十三）其他违法乱纪的行为。

第三十六条 检察官有本法第三十五条所列行为之一的，应当给予处分；构成犯罪的，依法追究刑事责任。

[相关规定] **《中华人民共和国税收征收管理法》** （2001 年 4 月 28 日第九届全国人民代表大会常务委员会第二十一次会议修正）（节录）

第八十一条 税务人员利用职务上的便利，收受或者索取纳税人、扣缴义务人财物或者谋取其他不正当利益，构成犯罪的，依法追究刑事责任；尚不构成犯罪的，依法给予行政处分。

[相关规定] **《中华人民共和国对外贸易法》** （1994 年 5 月 12 日第八届全国人民代表大会常务委员会第七次会议通过 2004 年 4 月 6 日第十届全国人民代表大会常务委员会第八次会议修订）（节录）

第六十五条 依照本法负责对外贸易管理工作的部门的工作人员玩忽职守、徇私舞弊或者滥用职权，构成犯罪的，依法追究刑事责任；尚不构成犯罪的，依法给予行政处分。

依照本法负责对外贸易管理工作的部门的工作人员利用职务上的便利，索取他人财物，或者非法收受他人财物为他人谋取利益，构成犯罪的，依法追究刑事责任；尚不构成犯罪的，依法给予行政处分。

[相关规定]　**《最高人民法院、最高人民检察院、公安部、国家工商行政管理局关于依法查处盗窃、抢劫机动车案件的规定》**（1998年5月8日公通字〔1998〕31号发布）（节录）

八、公安、工商行政管理人员利用职务上的便利，索取或者非法收受他人财物，为赃车入户、过户、验证构成犯罪的，依照《刑法》第三百八十五条、第三百八十六条的规定处罚。

[相关规定]　**《最高人民检察院关于人民检察院直接受理立案侦查案件立案标准的规定（试行）》**　（1999年9月16日最高人民检察院发布）（节录）

（三）受贿案（第385条、第386条、第388条、第163条第3款、第184条第2款）

受贿罪是指国家工作人员利用职务上的便利，索取他人财物的，或者非法收受他人财物，为他人谋取利益的行为。

"利用职务上的便利"，是指利用本人职务范围内的权力，即自己职务上主管、负责或者承办某项公共事务的职权及其所形成的便利条件。

索取他人财物的，不论是否"为他人谋取利益"，均可构成受贿罪。非法收受他人财物的，必须同时具备"为他人谋取利益"的条件，才能构成受贿罪。但是为他人谋取的利益是否正当，为他人谋取的利益是否实现，不影响受贿罪的认定。

国家工作人员在经济往来中，违反国家规定，收受各种名义的回扣、手续费，归个人所有的，以受贿罪追究刑事责任。

国有公司、企业中从事公务的人员和国有公司、企业委派到非国有公司、企业从事公务的人员利用职务上的便利，索取他人财物或者非法收受他人财物，为他人谋取利益，或者在经济往来中，违反国家规定，收受各种名义的回扣、手续费，归个人所有的，以受贿罪追究刑事责任。

国有金融机构工作人员和国有金融机构委派到非国有金融机构从事公务的人员在金融业务活动中索取他人财物或者非法收受他人财务，为他人谋取利益的，或者违反国家规定，收受各种名义的回扣、手续费归个人所有的，以受贿罪追究刑事责任。

国家工作人员利用本人职权或者地位形成的便利条件，通过其他国家工作人员职务上的行为，为请托人谋取不正当利益，索取请托人财物或者收受请托人财物的，以受贿罪追究刑事责任。

涉嫌下列情形之一的，应予立案：

1. 个人受贿数额在5千元以上的；

2. 个人受贿数额不满5千元，但具有下列情形之一的：

（1）因受贿行为而使国家或者社会利益遭受重大损失的；

（2）故意刁难、要挟有关单位、个人，造成恶劣影响的；

（3）强行索取财物的。

［相关规定］　**《最高人民法院关于国家工作人员利用职务上的便利为他人谋取利益离退休后收受财物行为如何处理问题的批复》**（2000年7月21日起施行　法释〔2000〕21号）

江苏省高级人民法院：

你院苏高法〔1999〕65号《关于国家工作人员在职时为他人谋利，离退休后收受财物是否构成受贿罪的请示》收悉。经研究，答复如下：

国家工作人员利用职务上的便利为请托人谋取利益，并与请托人事先约定，在其离退休后收受请托人财物，构成犯罪的，以受贿罪定罪处罚。

此复

［相关规定］　**《最高人民法院、最高人民检察院关于办理受贿刑事案件适用法律若干问题的意见》**　（2007 年 7 月 8 日　法发〔2007〕22 号）

为依法惩治受贿犯罪活动，根据刑法有关规定，现就办理受贿刑事案件具体适用法律若干问题，提出以下意见：

一、关于以交易形式收受贿赂问题

国家工作人员利用职务上的便利为请托人谋取利益，以下列交易形式收受请托人财物的，以受贿论处：

（1）以明显低于市场的价格向请托人购买房屋、汽车等物品的；

（2）以明显高于市场的价格向请托人出售房屋、汽车等物品的；

（3）以其他交易形式非法收受请托人财物的。

受贿数额按照交易时当地市场价格与实际支付价格的差额计算。

前款所列市场价格包括商品经营者事先设定的不针对特定人的最低优惠价格。根据商品经营者事先设定的各种优惠交易条件，以优惠价格购买商品的，不属于受贿。

二、关于收受干股问题

干股是指未出资而获得的股份。国家工作人员利用职务上的便利为请托人谋取利益，收受请托人提供的干股的，以受贿论处。进行了股权转让登记，或者相关证据证明股份发生了实际转让的，受贿数额按转让行为时股份价值计算，所分红利按受贿孳息处理。股份未实际转让，以股份分红名义获取利益的，实际获利数额应当认定为受贿数额。

三、关于以开办公司等合作投资名义收受贿赂问题

国家工作人员利用职务上的便利为请托人谋取利益，由请托人出资,“合作”开办公司或者进行其他“合作”投资的，以受贿论处。受贿数额为请托人给国家工作人员的出资额。

国家工作人员利用职务上的便利为请托人谋取利益，以合作开办公司或者其他合作投资的名义获取“利润”,没有实际出资和参与管理、经营的，以受贿论处。

四、关于以委托请托人投资证券、期货或者其他委托理财的名义收受贿赂问题

国家工作人员利用职务上的便利为请托人谋取利益，以委托请托人投资证券、期货或者其他委托理财的名义，未实际出资而获取“收益”，或者虽然实际出资，但获取“收益”明显高于出资应得收益的，以受贿论处。受贿数额，前一情形，以“收益”额计算；后一情形，以“收益”额与出资应得收益额的差额计算。

五、关于以赌博形式收受贿赂的认定问题

根据《最高人民法院、最高人民检察院关于办理赌博刑事案件具体应用法律若干问题的解释》第七条规定，国家工作人员利用职务上的便利为请托人谋取利益,通过赌博方式收受请托人财物的,构成受贿。

实践中应注意区分贿赂与赌博活动、娱乐活动的界限。具体认定时，主要应当结合以下因素进行判断：(1) 赌博的背景、场合、时间、次数；（2）赌资来源；（3）其他赌博参与者有无事先通谋；(4) 输赢钱物的具体情况和金额大小。

六、关于特定关系人“挂名”领取薪酬问题

国家工作人员利用职务上的便利为请托人谋取利益，要求或者接受请托人以给特定关系人安排工作为名，使特定关系人不实际工作却获取所谓薪酬的，以受贿论处。

七、关于由特定关系人收受贿赂问题

国家工作人员利用职务上的便利为请托人谋取利益，授意请托人以本意见所列形式，将有关财物给予特定关系人的，以受贿论处。

特定关系人与国家工作人员通谋，共同实施前款行为的，对特定关系人以受贿罪的共犯论处。特定关系人以外的其他人与国家工作人员通谋，由国家工作人员利用职务上的便利为请托人谋取利益，收受请托人财物后双方共同占有的，以受贿罪的共犯论处。

八、关于收受贿赂物品未办理权属变更问题

国家工作人员利用职务上的便利为请托人谋取利益，收受请托人房屋、汽车等物品，未变更权属登记或者借用他人名义办理权属变更登记的，不影响受贿的认定。

认定以房屋、汽车等物品为对象的受贿，应注意与借用的区分。具体认定时，除双方交代或者书面协议之外，主要应当结合以下因素进行判断：(1) 有无借用的合理事由；(2) 是否实际使用；(3) 借用时间的长短；(4) 有无归还的条件；(5) 有无归还的意思表示及行为。

九、关于收受财物后退还或者上交问题

国家工作人员收受请托人财物后及时退还或者上交的，不是受贿。

国家工作人员受贿后，因自身或者与其受贿有关联的人、事被查处，为掩饰犯罪而退还或者上交的，不影响认定受贿罪。

十、关于在职时为请托人谋利，离职后收受财物问题

国家工作人员利用职务上的便利为请托人谋取利益之前或者之后，约定在其离职后收受请托人财物，并在离职后收受的，以受贿论处。

国家工作人员利用职务上的便利为请托人谋取利益，离职前后连续收受请托人财物的，离职前后收受部分均应计入受贿数额。

十一、关于“特定关系人”的范围

本意见所称“特定关系人”，是指与国家工作人员有近亲属、情妇（夫）以及其他共同利益关系的人。

十二、关于正确贯彻宽严相济刑事政策的问题

依照本意见办理受贿刑事案件，要根据刑法关于受贿罪的有关规定和受贿罪权钱交易的本质特征，准确区分罪与非罪、此罪与彼罪的界限，惩处少数，教育多数。在从严惩处受贿犯罪的同时，对于具有自首、立功等情节的，依法从轻、减轻或者免除处罚。

【释解】

本条是关于受贿罪的规定。

一、概念及其构成

受贿罪，是指国家工作人员，利用职务上的便利，索取他人财物，或者非法收受他人财物并为他人谋取利益的行为。

（一）客体要件

本罪侵犯的客体是复杂客体。其中，次要客体是国家工作人员职务行为的廉洁性；主要客体是国家机关、国有公司、企事业单位、人民团体的正常管理活动。

本罪的犯罪对象是财物，但不应狭隘地理解为现金、具体物品，而应看其是否含有财产或其他利益成分。这种利益既可以当即实现，也可以在将来实现。因此，作为受贿罪犯罪对象的财物，必须是具有物质性利益的，并以客观形态存在的一切财物，包括：货币、有价证券、商品等。另外，对受贿人而言，其所追逐的利益的着眼点，既可以是该财物的价值，也可以是该财物的使用价值。所以，受贿罪中的贿赂——财物，从一定意义上说，属于商品范畴。

（二）客观要件

本罪在客观方面表现为行为人具有利用职务上的便利，向他人索取财物，或者收受他人财物并为他人谋取利益的行为。

利用职务之便是受贿罪客观方面的一个重要构成要件，利用职务之便可以分为以下两种情况：

1. 利用职务上的便利，即利用职权

“职权”是指国家机关及其公职人员依法作出一定行为的资格，是权力的特殊表现形式，具体是指利用本人职务范围内的权力，也即利用本人在职务上直接处理某项事务的权利。利用职权为他人谋取利益而收受他人财物，是典型的受贿行为。在司法实践中，大量受贿罪是利用职权的便利条件构成的。例如，负责掌管物资调拨、分配、销售、采购的人，利用其调拨权、分配权、销售采购权，满足行贿人的愿望，而收受财物。

这里的“利用职务上的便利”，既包括利用本人职务上主管、负责、承办某项公共事务的职权，也包括利用职务上有隶属、制约关系的其他国家工作人员的职权。担任单位领导职务的国家工作人员通过不属自己主管的下级部门的国家工作人员的职务为他人谋取利益的，应当认定为“利用职务上的便利”为他人谋取利益。

2．利用与职务有关的便利条件

利用与职务有关的便利，即不是直接利用职权，而是利用本人的职权或地位形成的便利条件，而本人从中向请托人索取或者非法收受财物的行为。实践中，利用第三者职务上的便利，主要有以下三种情况：一是亲属关系，二是私人关系，三是职务关系。至于前两种情况，利用的主要是血缘与感情的关系，与本人职务无关。对于单纯利用亲友关系，为请托人办事，从中收受财物的，不应以受贿论处。在第三种情况下，则与本人职务有一定关联。受贿人利用第三者的职务之便受贿，必须具备以下两个条件，其一，利用第三者的职务之便，必须以自己的职务为基础或者利用了与本人职务活动有紧密联系的身份便利。其二，是受贿人从中周旋使他人获得利益。根据司法实践，利用与职务有关的便利条件，一般发生在职务上存在制约或者相互影响关系的场合。

这里的“利用本人职权或者地位形成的便利条件”，是指行为人与被其利用的国家工作人员之间在职务上虽然没有隶属、制约关系，但是行为人利用了本人职权或者地位产生的影响和一定的工作联系，如单位内不同部门的国家工作人员之间、上下级单位没有职务上隶属、制约关系的国家工作人员之间、有工作联系的不同单位的国家工作人员之间等。

从受贿罪的客观行为来看，有两种具体表现形式：

（1）行为人利用职务上的便利，向他人索取财物。索贿是受贿人以公开或暗示的方法，主动向行贿人索取贿赂，有的甚至是公然以要挟的方式，迫使当事人行贿。鉴于索贿情况突出，主观恶性更严重，情节更恶劣，社会危害性相对于收受贿赂更为严重。因此，本法明确规定，索贿的从重处罚。因被勒索给予国家工作人员以财物，没有获得不正当利益的，不是行贿。索取他人财物的，不论是否为他人谋取利益，均可构成受贿罪。

（2）行为人利用职务上的便利，收受他人贿赂而为他人谋取利益的行为。收受贿赂，一般是行贿人以各种方式主动进行收买腐蚀，受贿人一般是被动接受他人财物或者是接受他人允诺给予财物，而为行贿人谋取利益。

传统观点认为，为他人谋取利益是受贿罪的客观要件，如果国家工作人员收受财物但事实上并没有为他人谋取利益的，则不成立受贿罪。同时认为，为他人谋取的利益是否已经实现，不影响受贿罪的成立。《最高人民法院、最高人民检察院关于执行〈关于惩治贪污罪贿赂罪的补充规定〉若干问题的解答》也指出："非法收受他人财物，同时具有'为他人谋取利益'的，才能构成受贿罪。为他人谋取的利益是否正当，为他人谋取的利益是否实现，不影响受贿罪的成立。"据此，为他人谋取利益，是指客观上有为他人谋取利益的行为，而不要求实际上使他人取得了利益。我们将这种观点称为旧客观说。旧客观说存在许多问题，如与受贿罪的本质不相符合，与认定受贿既遂的标准不相符合，与罪刑相适应原则不相符合，于是有人提出，"为他人谋取利益"不是客观要件，而是主观要件（主观要件说）。但这种观点对刑法规定进行了扭曲解释，也容易不当地缩小受贿罪的处罚范围。因此，我们认为，"为他人谋取利益"仍然是受贿罪的客观要件，其内容是许诺为他人谋取利益。国家工作人员在非法收受他人财物之前或者之后许诺为他人谋取利益，就在客观上形成了以权换利的约定，同时使人们产生以下认识：国家工作人员的职务行为是可以收买的，只要给予财物，就可以使国家工作人员为自己谋取各种利益，这本身就使职务行为的不可收买性受到了侵犯。这样理解，也符合本法的规定：为他人谋取利益的许诺本身是一种行为，故符合本法将其规定为客观要件的表述；为他人谋取利益只要求是一种许诺，不要求有谋取利益的实际行为与结果；为他人谋取利益只是一种许诺，故只要收受了财物就是受贿既遂，而不是待实际上为他人谋取利益之后才是既遂。

为他人谋取利益的许诺本身是一种行为，许诺既可以是明示的，也可以是暗示的。当他人主动行贿并提出为其谋取利益的要求后，国家工作人员虽没明确答复办理，但只要不予拒绝，就应当认为是一种暗示的许诺。许诺既可以直接对行贿人许诺，也可以通过第三者对行贿人许诺；许诺既可以是真实的，也可以是虚假的。虚假许诺，是指国家工作人员具有为他人谋取利益的职权或者职务条件，在他人有求于自己的职务行为时，并不打算为他人谋取利益，却又承诺为他人谋取利益。但虚假承诺构成受贿罪是有条件的：其一，一般只能在收受财物后作虚假承诺；其二，许诺的内容与国家工作人员的职务有关联；其三，因为许诺而在客观上形成了为他人谋取利益的约定。

受贿行为所索取、收受的是财物，该财物称为“贿赂”。贿赂的本质在于，它是与国家工作人员的职务有关的、作为不正当报酬的利益。贿赂与国家工作人员的职务具有关联性，职务是国家工作人员基于其地位应当作为公务处理的一切事务，其范围由法律、法规或职务的内容决定。职务行为既可能是作为，也可能是不作为。贿赂与职务行为的关联性，是指因为行为人具有某种职务，才可能向他人索取贿赂，他人才向其提供贿赂。不仅如此，贿赂还是作为职务行为的不正当报酬的利益，它与职务行为之间存在对价关系，即贿赂是对国家工作人员职务行为的不正当报酬。不正当报酬不要求国家工作人员的职务行为本身是不正当的，而是指国家工作人员实施职务行为时不应当索取或者收受利益却索取、收受了这种利益。贿赂还必须是一种能够满足人的某种需要的利益。

本法将贿赂的内容限定为财物。财物是指具有价值的可以管理的有体物、无体物以及财产性利益。能够转移占有的有体物与无体物，属于财物自不待言，但财产性利益也应包括在内，因为财产性利益可以通过金钱估价，而且许多财产性利益的价值超出了一般物品的经济价值，没有理由将财产性利益排除在财物之外。受贿罪是以权换利的肮脏交易，将能够转移占有与使用的财产性利益解释为财物，完全符合受贿罪的本质。至于非财产性利益，则不属于财物，虽然从受贿罪的实质以及国外的刑法立法与司法实践上看，贿赂可能包括非物质性利益，但我国一贯实行惩办与宽大相结合的刑事政策，这就决定了要将受贿的认定控制在适当的范围内。将非财产性利益视为贿赂，则扩大了受贿罪的处罚范围。因此，在目前还不适宜将非财产性利益作为贿赂。

根据《最高人民法院关于国家工作人员利用职务上的便利为他人谋取利益离退休后收受财物行为如何处理问题的批复》的规定，国家工作人员利用职务上的便利为请托人谋取利益，并与请托人事先约定，在其离退休后收受请托人财物，构成犯罪的，以受贿罪定罪处罚。

根据最高人民检察院发布施行的《关于人民检察院直接受理立案侦查案件立案标准的规定》（试行）的规定，涉嫌下列情形之一的，应予立案：

1. 个人受贿数额在5千元以上的；

2. 个人受贿数额不满5千元，但具有下列情形之一的：

（1）因受贿行为而使国家或者社会利益遭受重大损失的；

（2）故意刁难、要挟有关单位、个人，造成恶劣影响的；

（3）强行索取财物的。

（三）主体要件

本罪的主体是特殊主体，即国家工作人员。根据本法第93条规定，国家工作人员包括当然的国家工作人员，即在国家机关中从事公务的人员；拟定的国家工作人员，即国有公司、企事业单位、人民团体中从事公务的人员和国家机关、国有公司、企事业单位委派到非国有公司、企事业单位、社会团体从事公务的人员，以及其他依照法律从事公务的人员。

本条第 2 款是对国家工作人员在经济往来中违反国家规定收受各种名义的回扣、手续费归个人所有的、以受贿论处的规定。这种发生在经济往来活动中的受贿，理论界称之为经济受贿。本款所称“违反国家规定”是指违反全国人大及其常委会制定的法律和决定，国务院制定的行政法规和行政措施、发布的决定和命令中关于在经济往来中禁止收受回扣和各种名义的手续费的规定。前者如《中华人民共和国反不正当竞争法》，后者如国务院办公厅 1986 年 6 月 5 日发出的《关于严禁在社会经济活动中牟取非法利益的通知》。其主要内容包括：在经济交往、商品交易中，如果需要给买方优惠，可以采取明示方式给对方价格折扣，不能采取回扣或者各种名义的手续费的方式，经营者给予对方折扣的，必须如实入账。所谓折扣，即商品购销中的让利，是指经营者在销售商品时，以明示并如实入账的方式给予对方的价格优惠，包括支付价款时对价款总额按一定比例予以退还的形式。所谓明示和入账，是指根据合同约定的金额和支付方式，在依法设立的反映其生产经营活动或者行政事业经营收入的财务账上按照财务会计制度规定明确如实记载。回扣是指经营者销售商品在账外暗中以现金、实物或者其他方式退给对方单位或者个人的一定比例的商品价款。所谓账外暗中，是指未在依法设立的反映其生产经营活动或者行政事业经费收支的财务账上按照财物会计制度规定明确如实记载，包括不记入财务账、转入其他财务账或者做假账等。在经济交往中，在账外暗中给予对方单位或者个人回扣的，以行贿论；对方单位或者个人在暗中收受回扣的，以受贿论。“手续费”，是指在经济活动中，除回扣以外，违反国家规定支付给有关公务人员的各种名义的钱或物，如佣金、信息费、顾问费、劳务费、辛苦费、好处费。根据这些规定，收受回扣或者各种名义的手续费归个人所有的，应以受贿论处。

（四）主观要件

本罪在主观方面是由故意构成，只有行为人是出于故意所实施的受贿犯罪行为才构成受贿罪，过失行为不构成本罪。如果国家工作人员为他人谋利益，而无受贿意图，后者以“酬谢”名义将财物送至其家中，而前者并不知情，不能以受贿论处。在实践中，行为人往往以各种巧妙手法掩盖其真实的犯罪目的，因而必须深入地加以分析判断。如在实践中，有的国家工作人员利用职务上的便利，为他人谋利益，收受财物，只象征性地付少量现金，实际上是掩盖受贿行为的一种手段，对之应当以受贿论处。对于这种案件受贿金额的计算，应当以行贿人购买物品实际支付的金额扣除受贿人已付的现金额来计算。

二、认定

（一）离（退）休国家工作人员受贿案件的认定

本法第388条规定：“国家工作人员利用本人职权或者地位形成的便利条件，通过其他国家工作人员职务上的行为，为请托人谋取不正当利益，索取请托人财物或者收受请托人财物的，以受贿论处。”因此，这一规定包含了离（退）休国家工作人员可以成为受贿罪主体的内容。理由是：一是地位的形成，通常是职权孕育的结果，两者互相依存；二是地位形成，往往与行为人拥有职权时间的长短、高低成正比；三是在一般情况下，职位的丧失并不直接影响行为人地位便利条件的消失。所以说，当国家工作人员离（退）休后，虽职权丧失了，但因原有职权而形成的地位便利条件，不会即刻消失。这就为该类人员变成受贿罪主体提供了可能的条件。

参照《最高人民法院关于国家工作人员利用职务上的便利为他人谋取利益离退休后收受财物行为如何处理问题的批复》规定的精神，国家工作人员利用职务上的便利为请托人谋取利益，并与请托人事先约定，在其离职后收受请托人财物，构成犯罪的，以受贿罪定罪处罚。

司法实践中处理此类案件时，要严格把握、注意以下问题：

1. 已离、退休的国家工作人员，只有利用本人原有职权或地位形成的便利，通过在职的国家工作人员职务上的行为，为请托人谋取利益，而本人从中向请托人索取或非法收受财物的行为，才能以受贿罪论处。因此，已离（退）休国家工作人员构成受贿罪的受贿行为，必须符合下列条件：

（1）利用了本人原有职权或地位形成的便利条件。

（2）这种便利条件，必须是通过在职的国家工作人员具体完成的。这种便利条件与在职的国家工作人员的便利条件，是相互包容的、依存的。

（3）为请托人谋取利益。至于该利益是正当的，还是不正当的，以及是否真正谋取到了利益，均不影响受贿行为的成立。

（4）本人从中向请托人索取或非法收受财物。其中，所索取或非法收受财物的价值或使用价值，必须达到 5 千元起点。至于本人从中索取或非法收受到的财物，是否真正归本人所有了，并不影响受贿行为的成立。

2. 为请托人谋取利益如系行为人不违背原职务的行为，则不论何种原因受贿未遂，均不宜追究离（退）休人员的受贿责任；为请托人谋取利益如系行为人违背原职务之行为，则不论何种原因受贿未遂，也应追究离（退）休人员的受贿责任。

3. 请托人给予行为人的贿赂，应当是离（退）休人员所要求互相约定的财物。如有不同，行为人收受后，或请托人未按约定的期限给付行为人贿赂的，均不影响受贿罪的成立。

4. 行为人在职期间为请托人谋取利益，但未向请托人要求或约定贿赂，而请托人在行为人离（退）休后出于感谢给予财物的，一般该离（退）休人员不构成受贿罪。但是，如果行为人违背原职务为请托人谋取利益，且明知请托人是因此而给予数额较大财物的，则不因为行为人的离、退休，而影响其构成受贿罪。

5. 对于离、退休人员被重新聘用，并依法从事公务中而为的受贿行为，应按受贿罪论处。

6. 对于在职时受贿，而离职后为请托人谋利，或者在职时为请托人谋利，而离职后索取、接受财物的，应按受贿罪论处。

（二）国家工作人员任职前受贿条件的认定

根据本法第163条、本条、第386条和第388条规定，受贿罪的主体必须是国家工作人员。因此，对于国家工作人员取得国家工作人员身份或取得现有职权之前而为的受贿行为，要严格把握。具体来说：

1. 要严格把握任职前与任职后的界限

即要以行为人受聘用、委托或被任命之日起为标准区分，即行为人受聘用、委托或被任命之日以前而为的受贿行为，属于任职前的受贿行为；而行为人受聘用、委托或被任命之日（包括当日）以后而为的受贿行为，属于任职后的受贿行为。

2. 是否依法追究行为人任职前而为的受贿行为，要严格把握，区别对待

关键是看受贿行为与行为人任职之间是否存在内在的联系。如果存在，则应认定为受贿罪；如果不存在，则不宜按受贿罪论处。具体来说：

（1）行为人与请托人之间有许诺，但行为人收受贿赂后，在任职后并没有履行职前许诺的，则不构成受贿罪，但可以构成敲诈勒索罪或诈骗罪；但是，如果行为人收受贿赂后，在任职后履行了职前许诺即为请托人谋取其欲谋取的利益，则应以受贿罪论处。

（2）行为人与请托人之间有了承诺，但当行为人任职后没有按照职前承诺的内容为请托人谋取其欲谋取的利益，而为请托人谋取了其他利益的，则不影响行为人受贿罪的成立。

（3）行为人与请托人之间的承诺，行为人任职后应主动履行承诺，但因客观原因未能使为请托人谋取的利益实现的，亦不影响行为人受贿罪的成立。

（三）国家工作人员亲属受贿案件的认定

根据本法第163条、本条、第386条和第388条规定，受贿罪

的主体只能是国家工作人员。但是，在特殊情况下，国家工作人员的亲属，可以成为受贿罪的共犯，而无论该亲属本身是否具有国家工作人员身份。

在认定此类案件时，应注意以下问题：

1. 国家工作人员亲属受贿案件包括三种情形：

（1）共同故意受贿。即国家工作人员利用职务之便为他人谋取利益时，自己不索取或非法收受贿赂但明知其亲属会从中索取、收受贿赂的行为。它又可分为：①直接故意的共同受贿，即国家工作人员利用职务之便为他人谋取利益时，自己不直接索取或收受贿赂，但希望其亲属从中索取、收受贿赂的行为。②间接故意的共同受贿，即国家工作人员利用职务之便为他人谋取利益时，自己不直接索取或收受贿赂，但却放任或默认其亲属从中收受、索取贿赂的行为。

（2）过失受贿。即国家工作人员利用职务之便为他人谋取利益，本人没有索取、收受贿赂，但对自己的行为可能导致其亲属从中索取、收受贿赂的结果，应当预见没有预见或轻信可以避免，但最终结果是其亲属客观上实施了索取、收受贿赂的行为。

（3）亲属利用国家工作人员的地位和影响，直接为他人谋取利益而受贿。

2. 要针对国家工作人员亲属受贿案件的不同类型，具体分析、认定。

（1）就共同受贿而言，应注意以下问题：

首先，要认定国家工作人员与其亲属之间是否具有共同受贿的故意。如果有，则认定为共同受贿行为，如果没有，则不宜认定为共同故意犯罪。具体来说：从利用职权者作案的连续性上看，国家工作人员与其亲属收受贿赂连续作案多起，就不应只看他直接收受了多少，知道亲属收了哪一宗、哪一件，而应从他与其亲属连续多次共同实施的受贿行为中，来确定他主观上具有受贿的故意。这不仅表现了各共同犯罪人的犯罪行为在横向上的联系，而且反映了其犯罪行为在比例上的连贯性，即以犯罪的连续为其特征。在处理这类连续受贿的共犯案件时，只查明前面的一次或几次为利用职权者明知，就应认为被告主观上具有共同犯罪的故意；至于亲属多次收受同一行贿人的财物，其中一些未有证据证明利用职权者知道的，亦应视为是利用职权者对亲属收受贿赂的默许，并作为共同受贿犯罪事实的组成部分予以认定。

从利用职权者为行贿人谋取利益的态度的变化看，有的利用职权者受贿前对行贿人的要求，态度是冷淡的，既不拒绝也不承诺，往往使行贿的一方感到有利可图而下“赌注”。利用职权者则在本人或亲属收受了贿赂之后，变消极为积极，四处活动，甚至铤而走险，采取非法手段，千方百计地满足行贿人的要求。对此，我们就不能单纯凭利用职权者“不知内情”的自我表白和其亲属“未曾告知”的供词，否定利用职权者存在受贿的主观故意，而应当根据利用职权者态度的前后变化及其行为表现，结合其他证据进行分析，予以认定。

从利用职权者对待亲属收受他人贿赂的态度看，国家工作人员主观上有贪图财物的共同故意，在行动上就往往表现为：或者是赤裸裸的怂恿，或者是心照不宣的默许。其中尤以后一种情况最为常见。如有见到行贿人送“货”上门时有意回避，让其亲属收受，过后佯装不知；有的口头说要付物款，实则不了了之；有的虽对亲属批评几句，但实际却照样批条子，共享贿赂物等等。对此也应视为受贿故意的客观表现形式。

从利用职权者对亲属所收受的财物享用情况看，一般地说，如果共同生活，家庭经济没分开，收受的财物又纳入家庭所有或家庭消费的范围，那么，利用职权者作为家庭主要成员就应当是知道的。当然，还必须具体分析，区别对待。如果亲属收受的贿赂是实物，应视为利用职权者有受贿的故意；如果亲属收受的贿赂是金钱，且数额较大，同时，又加以花费了的，必定使家庭生活和家庭消费发生明显变化，利用职权者对此应有所察觉，并知道其原因；如果亲属收受贿赂是偶尔的一宗，且贿赂物又是贵重的细小的物品，收受之后又直接收藏而未使用过，且没有其他证据证明利用职权者是明知的，则只能由收受的亲属负责。要是片面地强调利用职权者必须对亲属收受的每一宗、每一件都一清二楚，才能认定其主观上有犯罪故意，或者片面地强调利用职权者知道亲属收受多少，就认定多少，那就会忽视这一类案件的特点，就会割裂共同受贿的整体，造成利用职权者逃脱法律惩罚的严重后果。因为这类案件的显著特点，就是利用职权者并不一定出面收受贿赂，而大部分是由其亲属收受，以掩盖本身受贿而采取的犯罪形式。在司法实践中，利用职权者为了逃避罪责，往往诡称不知，而将责任"推"到亲属身上；收受贿赂的亲属为了使利用职权者免受法律追究，往往谎称没有告诉，而把责任"包"起来。因此，单纯依靠亲属供认"告诉与没告诉"，利用职权者供认"知与不知"，来认定其是否存在共同故意，这是不现实的。而且，采取"谁收受谁负责"的做法，就会割断利用职权者为他人谋取利益的行为与其亲属受贿的行为之间的联系，利用职权者必然会在"枉法没贪赃"，亲属会在"贪赃没枉法"的掩护下逃脱法网，不利于打击此类犯罪。

其次，关于此类案件的刑事责任问题，应将在受贿共犯中把利用职权的国家工作人员认定为主犯，而将经手接受贿赂的亲属认定为从犯，是恰当的。其理由是：

认定利用职权者是共同受贿案件中的主犯，这是由受贿罪侵犯客体的性质决定的。共同受贿人的犯罪活动是和利用职权一方的职务联系在一起的，行贿人所以行贿，是因为利用职权者担任某种职务或掌握某种权力，能够为行贿人谋取某种利益；受贿人所以受贿，是因为利用职权者满足了行贿人的某种要求而得到了报偿。实质上，就是受贿人（利用职权者）与行贿人"以权换利"的肮脏的交易。从另一角度看，也正是利用职权者以本身拥有职务这种特殊的身份进行犯罪，才妨害国家机关的正常活动，降低国家机关的威信，甚至有时还直接或间接使国家和集体蒙受重大损失。可见，由于侵犯客体的特定性，决定了利用职权者在由此造成的社会危害结果中起主要作用。

利用职权者为他人谋取利益，是其亲属实施索贿和受贿的先决条件。虽然亲属收受贿赂在共同犯罪中起了一定的作用，是构成受贿罪不可缺少的行为之一，但这是与利用职权者为他人谋利益的决定作用分不开的。

这是由犯罪人的犯意的危险性决定的。利用职权者作为国家工作人员，本应廉洁奉公、勤勤恳恳为人民服务，但他却以执行职务为名义实施犯罪，从中谋取私利，同时，明知自己的行为及亲属的行为会产生妨害国家机关正常活动这一危害社会的结果，但仍然明知故犯。可见，其犯意的危险比参与受贿的亲属大。一般说来，他的犯意的产生和是否犯罪的选择往往在共同犯罪中起到关键作用，因此，按共犯中的主犯追究刑事责任，是完全应该的。

（2）就过失受贿而言，过失受贿的构成有主客观两方面的理论依据。

从客观行为看，国家工作人员与其亲属的行为互相联系，不可分割，构成了犯罪行为的整体。

从主观方面看，国家工作人员为他人谋取非法利益时，对危害结果的发生已经预见，或者应当预见，应当负过失犯罪的刑事责任。

构成过失受贿是要受一定条件限制的。其一，国家工作人员为行贿人谋取的是非法利益；其二，国家工作人员对其亲属索取、收受财物的行为至少是应当预见；其三，亲属索取、收受的财物数额较大，给国家造成严重的经济损失；或者受贿数额虽小，但给国家造成恶劣的政治影响。只有同时符合上述三个条件的，才可以构成过失受贿。

（3）就亲属利用国家工作人员的地位和影响，为他人谋利并直接索取、收受贿赂的案件而言，由于该国家工作人员本人并未实施利用职务之便为他人谋取利益，并从中索取、收受贿赂的行为，无论其主观上是否知道其亲属收受、索取贿赂事实，均不应以受贿罪对其定罪量刑。

综上所述，对于国家工作人员亲属受贿条件，只要该国家工作人员利用职务之便实施了为他人谋取利益的行为，就有成为受贿罪共犯的可能。

（四）科技人员受贿案件的认定

所谓科技人员受贿案件，是指科技人员在科研活动中，索取或非法收受他人财物的行为。

根据本法第163条、本条、第386条和第388条以及《最高人民法院、最高人民检察院关于执行〈惩治贪污罪贿赂罪的补充规定〉》（1989年11月6日）和《最高人民检察院、国家科学技术委员会关于在科技活动中经济犯罪案件的意见》（1994年6月17日）的规定，司法实践中，在认定科技人员受贿案件时，应注意以下问题：

1. 从技术活动的性质来认定科技人员是否具备国家工作人员身份

科技人员参与经济建设，从事技术咨询、技术开发、技术转让、技术服务、技术承包等技术活动，从性质看，不外两种：一种是承担本单位的技术合同任务，执行本岗位职责所进行的，这是一种受委托进行的公务活动；一种是在国家法律和政策允许的前提下，科技人员业余从事的第二职业，它不是公务活动。因此，凡依法受公共组织委托从事具有公务性质的科技活动，以及在科技活动中具有行政、管理职责的科技人员才可成为受贿罪主体。凡从事不具公务性质的科技活动或业余兼职从事科技活动的科技人员则不能构成贿赂犯罪的主体。

2. 正确认定科技人员受贿行为的类型

从一定意义上说，科技人员只有接受国家机关、国有公司、企业、事业单位、人民团体的委托之后，才具有国家工作人员身份。因此，其利用职务之便为他人谋取利益，索取、非法收受他人财物的贿赂行为，主要包括以下情形：

一是科技人员利用关键技术向对方索要财物应如何看待。科技人员根据本单位的指派、委托从事技术活动，他就有义务根据合同的规定提供技术咨询、技术服务，答疑解惑，尽职尽责。科技人员违背其所承担的职责，利用手中关键技术，刁难对方，索、拿、卡、要，对其中索要财物数额较大、情节严重的，应以受贿论。

二是科技人员在技术咨询等活动中，提供了合同约定以外的技术服务或劳务，收取相应报酬，如何处理。技术也是商品，根据商品经济等价交换的原则，只要提供了技术或劳务，就应获得相应的报酬。由于技术合同本身的局限性，经济生活的千变万化，执行合同过程中可能出现合同约定以外的需要解决的技术问题，或者在执行合同中，双方合作很好，对方单位请科技人员解决其科技生产活动中其他技术问题。因此，只要科技人员提供的额外技术服务不严重侵犯其所在单位技术利益或违反国家保密法规，对其所得收入应予肯定。但是，如果科技人员利用职务之便索取或收受合理报酬之外的利益时，就有构成受贿罪的可能。

三是科技人员的技术活动为对方单位经济发展作出了重大贡献，对方单位出于感激或长期合作的愿望，以“奖金”等名义在合同约定之外给予科技人员一定数量财物，是否应以犯罪论。对科技人员在经济发展、改革开放中做出重大贡献，没有利用职务便利或关键技术索要财物，而是被动地收受对方主动给予的财物，对此，单位有规定的，可按单位规定处理；单位没有规定的，可本着公平合理的原则，兼顾集体与个人的利益，妥善处理，但不应以犯罪论处。因此，只要科技人员提供的额外技术服务不严重侵犯其所在单位技术利益或违反国家保密法规，对其所得收入应予肯定。但是，如果科技人员利用职务之便索取或收受合理报酬之外的利益时，就有构成受贿罪的可能。

3. 正确认定科技人员的受贿行为，是否是在利用职务之便的条件下完成的

“利用职务上的便利”是指利用本人职务范围内的权力或者虽然不是直接利用本人职务范围内的权力，但利用了本人的职权或地位形成的便利条件。具体讲，利用职务上的便利包括直接利用本人主

管、经管、负责某项工作的便利，这种权力既可以是领导权、指挥权、也可以是经办权；间接利用本人职务上的便利，即利用能够影响、制约、控制其他国家工作人员职务上的便利。“利用工作上的便利”与“利用职务上的便利”是两个既有区别有联系的概念，前者的外延要比后者广，后者包含于前者中。对单纯利用职务便利之外的工作关系为他人谋取利益，从而索取、收受财物的，因不符合受贿罪的构成要件，不能以受贿论。

严格区分是利用职务上的便利还是利用工作便利，对司法实践中科技人员行为的性质认定有至关重要的现实意义。如果科技人员在经济往来中，利用职务上的便利，与他人勾结，以次充好，以假充真，以少报多，以多报少，抬高或降低物资价格、提高工程造价、降低工程质量等手段为他人谋取利益，使国家或集体利益受到损失，而以“酬谢费”、“服务费”、“顾问费”等名义索取、收受财物的，均应以受贿论处。科技人员如果不是利用职务上的便利，而是利用其在科研、生产过程形成的社会关系，为他人推销产品、购买物资、联系业务，索取、收受财物的，不应以受贿论。违反其他法律规定的，可按有关规定处理。

科技人员在技术咨询、技术服务等活动中，因有权为对方单位选定施工单位，为工程项目定价、产品定级，从而个人有利用职务上的便利为他人谋取利益的可能性，同时又确实为有关当事人提供了技术咨询、技术服务。对科技人员在上述活动中索取、收受了一定财物的，由于技术咨询与利用职务上的便利交织在一起，往往难以区分罪与非罪。对此应实事求是，具体案件具体分析。如果明显是利用提供工作承包、加大工程造价等便利和手段为他人谋取利益，从而索取、收受财物的，应以受贿论。如工程设计人员为甲方设计桥梁，受甲方委托选定乙方为施工单位，并与乙方签订技术咨询合同，收取咨询费；同时，他又向乙索要“工程转让费”。该工程技术人员根据合同向乙方收取咨询费，无可非议；但向乙方索要“工程转让费”，则应以受贿论。对既有技术咨询费成分，又难以排除不是利用职务上的便利索取、收受贿赂的，一般不应以受贿论。如在上例中，若该工程设计人员是在无义务为乙方提供技术咨询的情况下向乙方提供了技术咨询，同时，又是利用职权把工程交给乙方承建，那么该工程设计人员向乙方索要财物就很难说是索取贿赂。当然，如果收受财物的价值数额巨大，与所提供的技术服务的一般收费标准明显不相称，就考虑有受贿的可能。

4．对既有行政职务上又具有技术职称的人员，如果根本没有或无能力为他人提供技术服务的，却在履行行政职务时，以提供技术劳务为名，索取对方财物或收取对方财物为其谋利的，应以受贿罪论处。

5．正确认定业余兼职的含义及科技人员在业余兼职中收取报酬与受贿犯罪的界限。

首先应从兼职科技人员能否成为受贿罪主体问题，即兼职人员的主体资格进行识别和考察：

（1）兼职科技人员职务是否通过协议形式合法取得。只有通过下列三种形式取得的职务才能符合主体资格：主管部门或本单位的任命或委派；受兼职单位的聘用；单位与单位之间协议委派或委托。只有通过合法形式取得的职务，兼职科技人员才能具备受贿罪主体资格。

（2）兼职科技人员是否是受委托从事公务人员。依照法律从事公务或者受委托从事公务人员，不论原来身份如何，一旦受委托，便在被委托范围内与委托人有同等的法律地位。委托应符合以下条件：委托者必须具备委托的资格和权限；委托的内容是从事公务性的活动，必须符合法律政策的规定；委托必须符合法定程序，可以是书面的，也可以是口头的。兼职科技人员具备上述条件，才能认定为受委托从事公务人员，成为受贿罪主体。

（3）兼职科技人员是否具备职务身份。兼职科技人员成为受贿罪主体还应当从“利用职务上的便利”的职务身份进行考察分析。兼职科技人员在兼职活动中的职务身份有三种情况：一是在原单位担任的职务身份；二是兼职单位的职务身份；三是在兼职单位从事一般脑力劳动的无职务身份。前两种情况是“受委托从事公务人员”，职务身份明确。第三种情况应视为是在某单位从事一般公务的人员。因为在科技活动中，科技人员往往临时性或单一性为某单位提供与职务无关的科技咨询或科技项目攻关等有偿服务，尽管这种服务也属受委托，实质上是一种商品交换性质的关系，是职务之外的劳动，与其职务身份无关，也不属于“从事公务”，只是一种劳务关系。因此，兼职科技人员不具备职务身份的，不能成为受贿罪主体。

另外，兼职科技人员职务身份即使符合受贿罪主体资格，在确定罪与非罪时，还要严格区分是利用职务技术成果还是非职务技术成果，不能一概定罪。

6. 在对科技人员受贿罪进行处罚时，应注意以下问题：

严格依法办案。对科技人员的犯罪，在适用法律上不应有“自治权”、“空白区”，更不能搞“网开一面”，要切实贯彻法律面前人人平等这一宪法原则和刑法原则。

既要坚决打击，又要慎重稳妥。在查处科技人员收受贿赂犯罪案件时，务必坚持慎重稳妥的原则。由于形势的变化，对于法律规定不明确的，要充分调查研究，善于运用国家政策来指导执法。罪与非罪一时难以分清的，不急于用刑事法律去调整。对于那些贿赂案案发后制造所谓“技术服务”、“技术咨询”、“提供信息”的，决不能姑息迁就，查清真相后要依法惩处。

追求打击与服务双重效果的统一。一方面要依法办案，不留“真空”，另一方面也要结合办案帮助有关部门健全预防此类犯罪的机制，为科技人员投入市场经济大潮贡献才智提供一个良好的法制环境，把打击与服务溶为一体。

（五）受贿案件客观行为表现的认定

根据本法第163条、本条、第386条和第388条规定，受贿罪的客观行为包括索取贿赂、非法收受贿赂和经济受贿三种类型。它们的具体形态包括以下八种：

1．承诺与拒绝

这是指犯罪分子收受财物前未曾进行任何有关索取，而仅限于对他人所求的承诺，提供便利或拒绝的意思表示的行为方式。这种方式或者是基于受贿者与对方的关系考虑，或者出于对人之常理的推测，还可能是有意掩人耳目以避开索取和故意之嫌。

2．授意

这是一种通过间接的、暗示的途径进行意思表示的方式，也有别于直接和明示的索取，在语言、态度和行为上都表现出相当的处理技巧，具有使对方心领神会、心照不宣而又不存在任何捕捉法律证据可能的效果。

3．钓鱼

受贿者并不必袒露其索取的真实意思，也不是通过授意的技巧性处理，而且从不表示放弃承办之意，但或者向对方陈述有所难度，或者一味拖延，并将拖延控制在使对方无可非议然而又足以使对方隐约感受其用意的水平。

4．勾结与互贿

与前几种情形不同的是，这种行为是由双方针对本不属于其中任何一方的他方财物标的共同故意促成，他们或者用以次充好、以假冒真、以少报多（或相反）、抬高工程造价等手段损公肥私，或者打着开展正常工作、行使正当职权的招牌，掩盖其背后进行的肮脏的权钱交易。经过这种行为的处理，一个处于最低分数限的考生可以出人意料地被录取，一个规定刑期在3至5年之间的罪犯被执行最低刑期也是意料之中的事。

5．既成

这种情况中受贿者未作出过任何意思表示，甚至事前根本未想索贿，也不知对方送贿之事，事后得知才见财眼开，并未表示反对，或经礼节性推让后认可，或态度变得积极起来，从而构成事实上的受贿罪。

6．贿局

罪犯通过制造某种局面或场面，然后依靠合乎常理的自然力量完成受贿行为，如通过制造一种竞争或压力气氛迫使欲晋升调岗者、需庇护减轻逃脱罪责者、工程承揽者、合同签约者、其他目的者或接受工作检查指导的下级“自愿、主动”送贿，或通过逢年过节、大事小情、婚丧嫁娶、甚至抱病休养住院或打麻将等娱乐场面广收财贿。

7. 隐身

受贿者利用社会不良风气和人们扭曲的攀权结贵心理，本人并不出面，反而表现出“两袖清风”的廉洁自律“风范”，实际上是将“利用职务便利”与“非法收受财物”两项动作在时空上加以分离，后续部分由其家属或第三者完成，前后呼应，配合默契。与此相似的行为方式还包括，一些领导干部采取“造福”子女亲系的世袭性受贿手段，安排这些人经商或从事某种位权职业，以求达到更加大范围、更具永久性的索取目的。至于1985年7月18日“两高”《关于当前办理经济案件中具体应用法律的若干问题的解答（试行）》所述及的国家机关、团体、企业事业单位和集体经济组织收受贿赂而“单位主管人员和直接责任人员借机中饱私囊”的行为，亦属于此列。

8. 购买

进行贿赂犯罪的双方为共同逃避法律，采取合法的花钱购物、购股或购券形式，但实际上所付货款远不及物品本身价值，所购股票或债券纯系“准内幕交易”。此外，还包括依内部价格购买紧俏品行为和依最低标准为子女缴费进入重点学校的行为。

（六）受贿罪与正常馈赠的认定

怎样界定受贿与正常馈赠的界限，除正确把握受贿罪构成要件之外，还应注意以下问题：

1. 从双方的关系看，双方是同学、同乡、亲友及其他私人关系，还是有利害关系的当事人与主管人的关系。正常馈赠一般发生在有密切关系的个人之间，这种密切关系往往由来已久，且在馈赠发生之后仍保持和发展这种关系；而贿赂则是发生在有利害关系的当事人与主管人之间，双方的利害关系是由于国家工作人员的特定身份而临时产生，且随贿赂目的得逞后而逐渐淡化。

2. 从行为的动机来看，正常馈赠是行为人基于亲情、友情而无偿将财物送与他人；而贿赂则是行贿人为使他人利用职务之便为自己谋取利益而将财物给予他人。

3. 从行为的方式来看，正常馈赠一般是公开进行，为他人知悉；而贿赂则总是秘密进行，行为的双方都采取各种手段掩盖、隐匿、毁灭可能被查获的罪证。

4. 从行为的时间上看，馈赠发生的时间一般确定；而贿赂则必然发生在行贿人有求受贿人利用职务为其谋取利益之时。

5. 从行为的标的物来看，正常馈赠的财物一般为私人财物；而用以贿赂的财物，既可能是国家、集体的，也可能是私人的且标的物价值一般较大。

（七）受贿罪与受礼的认定

1. 正确掌握界定受贿罪与受礼的方法

(1) 分解比较法。是指将受礼与受贿主客两方面的要素分解后，运用比较分析的方法进行研究，从中找出它们之间的差异性，即区分它们之间的界限。

第一，从主体关系上进行比较分析。①受礼与受贿主体关系的性质不同。受礼主体双方的关系是私人感情关系。一般来说，受礼双方是亲朋好友或其他特殊亲密的私人关系。但是，在实践中如何界定亲朋好友的范围却是一个比较复杂的问题。对亲属范围的界限问题，首先要确定界定的原则。一要考虑到我国的传统；二是参照其他法律的有关规定；三是有利于同贿赂犯罪作斗争的需要。根据上述原则，亲朋好友范畴不是广泛意义上的概念，而应是具有特定法律意义内涵的概念。因此，既不宜界定过宽，也不宜界定过窄。亲属的范围可界定为：直系血亲（包括拟制血亲）、三代以内旁系血亲；直系姻亲、三代以内旁系姻亲。对好友和有特殊感情关系的范围界定相对要复杂一些，标准不好把握。总的原则是从严掌握。可以认定的标准为，一是群众公认标准。即在一定群体范围人们认为他们是好友。二是自我证明评价标准，即由双方或其中一方主体提供事实证据予以证明，然后审查决定。好友包括在同乡、同学、同事中关系比较好、感情比较深的人，还包括同外界有关人员中感情比较深的人。有特殊感情的私人关系中包括感情比较深的教师、领导等。受贿主体双方的关系是利害关系，其实质是权钱交换关系。②受礼与受贿主体关系产生的基础不同。受礼主体双方关系产生的基础是血缘关系、婚姻关系和私人感情关系。受贿主体双方关系产生的基础是受贿人特定的身份而享有特定权力。③受礼与受贿主体关系维系的时间不同。一般来说，受礼主体双方关系维系的时间比较长，具有长期性的特征，并且有的在受礼者具有特定的身份之前就建立了这种私人关系。受贿主体双方关系维持的时间比较短，具有临时性的特征，往往是办完了事这种关系也就结束了。

第二，从主观上进行比较分析。①受礼与受贿的动机、目的不同。受礼对方的动机目的是基于亲友情义或主要是因为亲友情，而将财物无偿送与他人，并不要求得到回报。而受贿的对方是以利用他人职权为自己谋取利益或请托解决某一问题为目的，而将财物给予他人，送财物是要求得到报偿的。②受礼与受贿人对送财物的意义认识不同。受礼者知道送财物是出于亲朋好友之间特殊的私人感情，其目的是互相帮助、解决困难，或是进一步加深这种感情。受贿者知道或应当知道送财物是出于某种利害关系，或谋取某种利益的要求。

第三，从客观方面进行比较分析。①受礼与受贿的行为方式不同。受礼一般是公开进行的，而受贿则总是在秘密状态下进行的。②受礼与受贿的时间契机不同。受礼的对方一般是以逢年过节、生病住院、婚丧嫁娶、子女当兵、升学等家庭有关的重要问题为契机。而受贿的对方一般是在谋取利益前夕，谋取利益的过程中，或取得利益之后不久等。③受礼与受贿的财物数额大小不同。一般来说，礼品的数额比较小。④受礼与受贿者为对方谋取利益的方式不同。一般情况下送礼者不要求受礼者为其谋取特定的利益。但在特殊情况下，送礼者也要求受礼者为其谋取特定的利益。但所不同的是，送礼与谋取之间没有必然的逻辑联系，即送礼与否其数额大小都不会影响受礼者为送礼者谋取利益。受贿者为对方谋取利益的方式，则是以收受财物及其数额的大小，作为为其谋利益的必要条件。

（2）综合分析法。是指把受礼与受贿的要素综合起来进行分析研究，作出判断。

第一，利用职权为亲朋好友谋取了利益（包括合法利益与非法利益）而收受了财物的，既不能仅仅从主体双方关系的特殊性上来理解，也不简单地从法条的形式规定上来理解，而应把两者结合起来进行分析研究，根据不同的情况作出不同的判断。第一，对直系血亲、三代以内旁系血亲、直系姻亲、三代以内旁系姻亲所给予的财物适用排除原则。即对利用职权为直系血亲、三代以内旁系血亲、直系姻亲、三代以内旁系姻亲谋取合法利益，而收受财物的，一律认定为受礼，而不认定为是受贿；利用职权为其谋取非法利益而收受财物的，应认为是受贿，而不是受礼。

第二，利用职权为他人谋取利益而收受了数额较小的财物的，应认为是受礼；如果利用职权为他人谋取非法利益而收受了财物，尽管数额较小，也应认定为受贿。

2. 在司法实践中区分受礼与受贿的几个具体问题

第一，关于亲属转送财物的问题。所谓亲属转送财物是指，受托人利用职权为请托人谋取利益，请托人不是直接将财物送给受托人，而是通过受托人的亲属将财物转送给受托人。如果明知是转送的财物，则认定为受贿。如果不知是转托的财物，则不宜认为是接受请托人的贿赂，而宜认定为是接受亲属的礼物。

第二，关于寻找适宜的契机以送礼之名行贿赂之实的问题，可以有条件地认定为贿赂。这些条件可以是：①给予财物的主体，应是亲朋好友及有特殊亲密关系以外的其他人。亲朋好友及有特殊亲密关系的人，在某种契机上给予财物，应是属于正常的送礼。②应该是为他人谋取了非法利益。谋取了合法利益而在某种契机上给予财物一般认定为受礼比较适宜。③给予财物应是在为他人谋取利益的过程中。④应是给予了数额比较大的财物。给予财物数额比较少的不宜认定为受贿。寻找契机以送礼之名行贿赂之实的，必须同时具备上述四个条件，才可认定受贿。其他情况认定为受礼比较适宜。

第三，关于领导收受下属和下级机关给予的财物问题。

对这个问题的理解是：①属于正常的礼尚往来问题。领导同下属和下级机关的领导之间也有常人之间的私人感情，他们之间的礼尚往来，有相当一部分是属于受礼性质的。②领导利用职权为下属或下级机关谋取了特定的利益的问题。谋取了特定的合法利益，而收受的财物数额又比较小的，可以认为是受礼。如果谋取了非法利益而收受财物的，应认定为受贿；如果谋取合法利益而收受财物的数额比较大的，主要可分为两种情况来研究：一是寻找过年过节等契机给予财物的，一般不宜认定为受贿，而应认定为受礼。二是给予财物是在谋取利益的过程中，应认为是受贿。

（八）受贿罪既遂与未遂的认定

根据本法第20条至第24条规定，我们认为，区分受贿罪既遂与未遂的标准应从贿赂是否到手为界。其理由是：

首先，受贿犯罪可分承诺受贿、接受贿赂、行为人谋取了某种利益三个阶段。承诺属犯意表示，为行贿人谋取利益是受贿的交换条件，惟有接受并拿到贿赂，才是受贿人追求的直接结果。因此，受贿人收受了贿赂，即意味着实现了犯罪的目的，从而构成犯罪既遂。

其次，根据本法规定，受贿罪犯罪构成只需要一个行为一种故意则为齐备，即有利用职务之便收受贿赂的行为和相应的故意。至于行为人为他人谋取利益是否成功，不影响法定的构成要件，因而也不影响受贿既遂的成立。

第三，以贿赂是否到手作为区分受贿罪既遂与未遂的标准，同样适用于索取贿赂的情况。索贿而未得到贿赂，仍然说明行为人没有达到犯罪的目的，符合本法关于未遂的法定要件。那种认为一经实施索贿行为就构成受贿既遂的观点，是缺乏理论依据的。

（九）以借贷为名行贿受贿案件的认定

所谓借贷形式的行贿受贿是指行贿人为了达到某种目的，借民间借贷形式进行贿赂，国家工作人员利用职务上的便利，以借为名索取、收受他人财物，并为他人谋利益的行为。其特点是，表现为公开性、长效性。公开性，表现为行贿人与受贿人之间不再以秘密形式交付收受财物，往往开门见山，公开交易。长效性，表现为行受贿双方互相利用，已不再是一已、一时之利行贿受贿，而是谋求彼此之间的长期、稳定的权钱交易关系。根据本法第163条、本条、第386条和第388条规定，认定此类案件时，应注意以下问题：

1. 从审查双方主体之间的真实关系，看行贿受贿的客观基础

正常的民间借贷关系没有职务上的内在必然联系，双方主体之间除了情感上的依托关系外并不存在某种依赖关系，一般来讲双方结识时间长、交往多，互相了解、信任，关系融洽，有正当的书面手续。而借贷形式的行贿受贿则围绕着行贿人谋取的利益与受贿人利用职务便利而进行的权钱交易，这样双方主体之间必然存在某种特殊联系，这种联系，以职权为媒介表现为仅仅在工作关系上有一面之交，缺乏借贷关系赖以存在的信任基础，又没有任何借贷手续。这种既无信任基础，又无借贷手续的不正常现象正是行贿受贿的典型表现。因此，只要我们认真审查分析双方主体间的真实关系，仍然可以摸到定性的脉络，找到行贿受贿的客观基础。

2. 从审查借贷关系产生的时间、原因是否自然，看与行贿之间的内在联系

借贷关系的成立没有时间上的限制，原因是真实自然的，它的形成完全取决于当事人之间的借贷契机，契机是以真实、合理、可信的事由而产生的，没有时间上的特定性。原因往往表现在一方经济拮据需借钱，另一方经济宽裕，有能力出借。而借贷形式的行贿则不同。它具有时间上的限制性和原因上的虚假性。利用借贷关系行贿所产生的时间是以行贿人为实现某种目的为中心，或在其前，或

在其后，而行贿方利益的实现也必然要见之于客观，在原因上又往往会出现反常现象，行贿方无钱出借却要四处奔波筹措资金出借，受贿方经济宽裕无需借钱却堂皇之"借钱"，借来的钱不用于生活急需，而是将"借款"存入银行或用于高消费又无偿还能力，这就给我们展示了一条明晰的犯罪因果链，使我们在行贿人谋取利益的时间与"借贷"关系成立的时间比较中，对产生借贷关系事由和原因的分析中，找出行贿受贿之间的内在联系。

3. 从审查借贷双方的意愿上，看行贿的本质

民法上的借贷关系是一方当事人自愿将自己所有的金钱出借给对方当事人，对方当事人经过一定时间归还本金并支付一定数额利息或作礼仪性酬谢的民事法律行为。这种关系的确定完全出于双方当事人的自愿，是一种互助互济的行为，不附加与借贷无关的其他条件，一般借贷数额不大，时间较短，如果是大数额借款，洽谈时一定会明确还款时间，对拖欠时间较长，或逾期不归还的，出借人也会主动催还。而借贷形式的行贿受贿双方存在着直接的依附于受贿人的职权而违心"出借"，时间无限期，数额较大，受贿人一权在握，以"借入"为名收受贿赂，并为"出借"者谋取利益，这种非自愿的"借贷"关系从本质上区别于民法意义上的借贷关系。

4. 从审查借贷关系的产生是否给第三人带来损失，看行贿受贿的必然结果

合法的借贷关系是一种民事法律行为，它以不损害他人利益为前提条件，事实上，正常的民事借贷关系不存在损害第三人利益的情况，而借贷形式的行贿受贿是通过"出借人"的出借（行贿）和"借入人"的借款（受贿）来实现不可告人的目的，这种行为的实现必然会给第三人带来损害，或者使企业经济利益受损或者扰乱国家的经济秩序，这些损失是因受贿人接受贿赂造成的，因而损失的产生与这种"借贷"有着直接的因果关系，也是行贿受贿的必然结果。

综上所述，对以下"借贷"应以受贿论处：①借款方式是利用职务便利，为出借人谋取利益的国家工作人员或者其他从事公务的

人员；②借款人经济条件好，无需借款，虚构借款事由的；③借款金额大，时间超过一定期限或不确定期限的；④借款不留凭证的；⑤借款后有能力、有机会偿还而不予偿还的；⑥借款人借款后又收受出借人贿赂钱财的。

（十）关于以交易形式收受贿赂问题①

对于以交易形式收受贿赂行为的具体处理，《最高人民法院、最高人民检察院关于办理受贿刑事案件适用法律若干问题的意见》主要明确了以下三点：

1．以交易形式收受财物行为的定性

以交易形式收受贿赂，如以低于市场价格购买或者以高于市场价格出售的方式买卖房屋、汽车等物品等，较之于直接收受财物的传统意义上的受贿，虽然因支付了一定费用而在手法上有所不同，但性质上并无不同，都属于权钱交易，故应以受贿论处。

2．受贿数额的认定基准

起草过程中有意见主张以“成本价”或者“象征性价格”作为计算基准。经研究，“成本价”或者“象征性价格”，不当地抬高了此类受贿罪的定罪门槛，对于房屋等商品，成本价和市场价相差非常悬殊，依此标准，很大一部分的受贿罪将不能得到依法追究，相比之下，市场价格更具实践合理性，也更具包容性，市场价格波动较大的，可以通过专业机构对一个特定时点物品价格进行评估，得出一个相对确定、合理的价格，故《最高人民法院、最高人民检察院关于办理受贿刑事案件适用法律若干问题的意见》规定，“受贿数额按照交易时当地市场价格与实际支付价格的差额计算。”

3．度的把握

鉴于此类交易行为的对象多为房屋、汽车等大宗贵重物品，稍微降低几个百分点，数额即可能达到数万元甚至数十万元，如简单规定以低于市场的价格购买或者高于市场的价格出售房屋、汽车等

① 以下参见刘为波：《关于办理受贿案适用法律若干问题的意见之解读》，载《人民法院报》2007年7月17日。

物品，达到受贿犯罪的定罪数额起点的，都以受贿犯罪处理，打击面可能失之过宽，故《最高人民法院、最高人民检察院关于办理受贿刑事案件适用法律若干问题的意见》规定了“明显”低于或者高于市场价格的限制性条件。

（十一）关于收受干股问题

非法收受干股应以受贿处理，司法实践中的意见基本一致，对此，《全国法院审理经济犯罪案件工作座谈会纪要》也有类似规定。争议的焦点集中在以下三个方面：

1. 收受干股是否应当以登记为成立要件

经研究，在该问题上，刑事犯罪行为和民商事法律行为的认定上应当有所区分，前者强调客观事实，后者侧重法律形式的齐备。同时为避免冤及无辜，在事实转让的认定中，《最高人民法院、最高人民检察院关于办理受贿刑事案件适用法律若干问题的意见》强调，必须具有“相关的证据证明”。

2. 收受有资本依托的干股，是否应当将红利计入受贿数额

《最高人民法院、最高人民检察院关于办理受贿刑事案件适用法律若干问题的意见》规定，进行了股权转让登记，或者相关证据证明股份发生了实际转让的，“受贿数额按转让行为时股份价值计算，所分红利按受贿孳息处理。”《最高人民法院、最高人民检察院关于办理受贿刑事案件适用法律若干问题的意见》之所以持反对立场，主要考虑是：将收受股份和收受红利割裂开来作独立理解，忽视了股份不同于其他物品的特殊性及红利对于股份的依附性，有重复评价之嫌。

3. 收受无资本依托的干股，按照红利计算是否合理

有意见指出，收受有资本依托的干股，按行为时股本金计算，如收受无资本依托的干股，按红利计算，有双重标准之嫌。经研究，持该观点的人没有注意到两种干股之间的实质差别。前者干股是具有价值的实质性的财物；后者则属于无价值的名义上的干股。故收受无资本依托的干股的，应按“红利”计算受贿数额。

（十二）关于以开办公司等合作投资名义收受贿赂问题

国家工作人员利用职务上的便利为请托人谋取利益，以合作开办公司或者进行其他合作投资的名义收受请托人财物，是近几年来出现的新情况，主要有两种：

一是由请托人出资，国家工作人员“合作”开办公司或者进行其他“合作”投资。这类似于前述收受干股问题，与直接收受贿赂财物没有本质区别，应以受贿处理。

二是以合作开办公司或者进行其他合作投资的名义，既没有实际出资也不参与管理、经营而获取所谓“利润”。此种情形，行为人没有获取所谓“利润”的任何正当理由，属于打着合作开办公司或者其他合作投资的名义，行受贿之实的变相受贿行为。故《最高人民法院、最高人民检察院关于办理受贿刑事案件适用法律若干问题的意见》规定也以受贿论处。

应当注意到，本规定与《最高人民法院、最高人民检察院关于办理受贿刑事案件适用法律若干问题的意见》第1条规定在表述上差异：第1条规定的是以交易“形式”；本条规定的是以合作开办公司或者进行其他合作投资的“名义”。这意味着，对于以交易形式收受贿赂的认定中，并不排除存在真实交易的成分，这也是第1条规定计算受贿数额时应将已支付价格扣除、按市场价格与实际支付价格的差额计算的理由所在。而根据本条规定，国家工作人员真实投资即使未实际参与管理、经营活动，也将被排除受贿罪的认定。

（十三）关于以委托请托人投资证券、期货或者其他委托理财的名义收受贿赂问题

实践中国家工作人员借委托他人投资证券、期货或者其他委托理财的名义收受他人财物，主要有三种情形：一是国家工作人员利用职务上的便利为他人谋取利益，未实际出资，借委托他人投资证券、期货或者其他委托理财的名义变相收受他人财物的；二是国家工作人员虽然实际出资，但是在他人未将出资实际用于投资活动的情况下，收受他人以“赢利”名义给付的财物的；三是他人虽然将

出资实际用于投资活动，但所获“收益”与实际赢利明显不符的。

对于第一种情形，既然没有出资，也就谈不上委托理财，更谈不上理财“收益”，应当以受贿处理。对于第三种情形，虽然存在真实委托理财的成分，但其性质与以交易形式收受贿赂相同，属于变相受贿，故《最高人民法院、最高人民检察院关于办理受贿刑事案件适用法律若干问题的意见》将两者均规定为受贿。适用本规定时，应当注意坚持主客观相一致的刑事司法原则，现实生活中投资收益及其比例均具有不确定性，尤其是在具有高风险、高回报特点的证券、期货领域，所以，成立受贿，需以国家工作人员对于所获‘收益’高于出资应得收益具有主观明知为条件。规定之强调“明显”二字，意义即在于此。

第二种情形是《最高人民法院、最高人民检察院关于办理受贿刑事案件适用法律若干问题的意见》制定过程中争议较大的一个问题，多数意见认为对于此种情形的处理需持谨慎态度。理由是：第一，委托理财操作上较为复杂，做法不尽一致，在有实际投资的情况下，不易判断也不宜区分钱款的出资者归属；第二，收益回报不必须以实际用于投资为条件，约定高回报额虽然不受法律保护，但这种违规做法实践中的确存在。考虑到实际情况的复杂性，为避免客观归罪，《最高人民法院、最高人民检察院关于办理受贿刑事案件适用法律若干问题的意见》对此情形未作专门规定。

（十四）关于以赌博形式收受贿赂的认定问题

国家工作人员利用赌博活动收受钱物有两种情况：一是收受他人提供的赌资；二是通过与他人赌博的形式收受他人钱物。前者属于典型的收受贿赂，对于后者，《最高人民法院、最高人民检察院关于办理赌博刑事案件具体应用法律若干问题的解释》中明确规定该种行为应以受贿定性处理，亦无分歧。实践中反映较为普遍、亟须解决的问题是，此类行为的查证和具体认定。为此，《最高人民法院、最高人民检察院关于办理受贿刑事案件适用法律若干问题的意见》第 5 条列举了 4 个方面可以区分贿赂与赌博、娱乐活动的界限的参考因素，即，(1) 赌博的背景、场合、时间、次数；(2) 赌资来源；(3) 其他赌博参与者有无事先通谋；(4) 输赢钱物的具体情况和金额大小。应当注意到，这些因素本身不一定具有独立的判断意义，这里更多的是提供一个查证方向和认定思路。

（十五）关于特定关系人“挂名”领取薪酬问题

有意见认为，国家工作人员要求或者接受他人给特定关系人安排工作的情况较为复杂，且与直接接受财物有区别，能否定为受贿，应区分情况分别定性处理：(1) 如果特定关系人是“挂名”领取薪酬的，应当认定国家工作人员受贿。受贿数额为特定关系人实际领取的薪酬数额。(2) 如果特定关系人虽然参与工作但领取的薪酬明显高于该职位正常薪酬水平的，应当认定国家工作人员受贿。受贿数额为特定关系人实际领取的薪酬与正常薪酬的差额。(3) 如果特定关系人是正常工作和领取薪酬的，对国家工作人员要求或者同意受益人给特定关系人安排工作的行为一般不宜认定为受贿。

对于上述第一、三种情形，《最高人民法院、最高人民检察院关于办理受贿刑事案件适用法律若干问题的意见》的研究起草过程中意见分歧不大，争议较大的是对于第二种情形的处理。一种意见主张此种情形应以受贿处理，认为在特定关系人实际从事工作的情况下，特定关系人的薪酬是否明显超出其应得利益，对国家工作人员的行为性质也会产生影响，这与以交易形式收受贿赂问题性质上一样。经研究，特定关系人虽然参与工作但领取的薪酬明显高于该职位正常薪酬水平的，其性质属于变相受贿，但考虑到当前一些企业，尤其是私营企业薪酬发放不规范，认定薪酬是否明显不成比例，实践中存在一定难度。故《最高人民法院、最高人民检察院关于办理受贿刑事案件适用法律若干问题的意见》第 6 条仅明确第一、三种情形的处理意见。

（十六）关于由特定关系人收受贿赂问题

《最高人民法院、最高人民检察院关于办理受贿刑事案件适用法律若干问题的意见》主要解决了以下两个问题：

第一，由特定关系人收受财物行为的定性。由特定关系人收受财物，虽然表面上国家工作人员本人没有获得财物，但请托人的行贿指向是明确的，最后送给特定关系人完全是基于国家工作人员的意思，而特定关系人之所以获利，完全源于国家工作人员与他人之间的权钱交易和国家工作人员对交易对象的处分，故应视同为国家工作人员本人收受了财物。同时，考虑到此种受贿是通过交易等非直接收受财物形式实施的，不排除存在一些无受贿主观故意的情形，而且此种受贿国家工作人员本人确实没有收受好处，不宜将所有第三人收受财物的行为一概归之于国家工作人员本人。故此，《最高人民法院、最高人民检察院关于办理受贿刑事案件适用法律若干问题的意见》第 7 条第 1 款规定，国家工作人员利用职务上的便利为请托人谋取利益，“授意”请托人以本意见所列形式，将有关财物给予“特定关系人”的，以受贿论处。

第二，第三人共同犯罪的具体认定。准确理解《最高人民法院、最高人民检察院关于办理受贿刑事案件适用法律若干问题的意见》规定，应注意把握以下两点：(1) 关于通谋。通谋是特定关系人和非特定关系第三人成立受贿共犯均具备的主观要件。所谓通谋，是指共同谋划。之所以在这里规定较一般共同犯罪更为严格的主观条件，主要是考虑到受贿行为具有为他人谋利和非法收受他人财物的复合性，强调通谋，意义在于突出为他人谋利方面的意思联络。(2) 关于共同占有。区分特定关系人与非特定关系第三人，并规定后者需以“共同占有”为条件，主要是出于主客观相一致原则与刑事打击面的考虑，鉴于特定关系人与国家工作人员已有共同利益关系，故不再要求“共同占有”要件。

（十七）关于收受贿赂物品未办理权属变更问题

对于收受房屋、汽车等是否要求以办理权属变更手续为认定构成受贿的条件问题，有意见认为，根据物权法的有关规定，房屋、汽车等所有权的转移应当以办理权属变更手续为准。因此，未办理权属变更手续的一般不宜认定为受贿，如定受贿也只能认定为未遂。

与前述收受干股部分陈明的理由相同，收受房屋、汽车等不必须以办理权属变更手续为其成立要件，是否在法律上取得对房屋、汽车等的所有权，并不能对事实上占有房屋、汽车等的认定构成障碍。反之，即便行贿人以受贿人的名义办理了产权证书，但未及交付的，应当视情况分别认定为受贿未遂或者不构成受贿。故《最高人民法院、最高人民检察院关于办理受贿刑事案件适用法律若干问题的意见》规定，"国家工作人员利用职务上的便利为请托人谋取利益，收受请托人房屋、汽车等物品，未变更权属登记或者借用他人名义办理权属变更登记的，不影响受贿的认定。"

（十八）关于收受财物后退还或者上交问题

实践中，国家工作人员收受他人财物后，在案发前退还或上交所收的情况复杂，需要区分不同情况，分别定性处理：第一，国家工作人员收下他人财物后，及时退还或者上交的，这种情况因其主观上没有受贿故意，不是受贿。第二，国家工作人员受贿后，因自身或与其受贿有关联的人、事被查处，为掩饰犯罪退还或者上交的，法律上受贿罪已经实施完毕，而且主观上也没有悔罪的意思，依法依理均应定罪处罚。

需要强调说明的是，第一种情形中所谓的"及时"，是基于受贿故意而言的，所以，"及时"不仅限于当时当刻，如果主观上有归还或者上交的意思，但因为客观方面的原因未能立即归还或者上交，在客观障碍消除后立即归还或者上交的，同样，应当理解为"及时"。

（十九）关于在职时为请托人谋利，离职后收受财物问题

根据《最高人民法院关于国家工作人员利用职务上的便利为他人谋取利益离退休后收受财物行为如何处理问题的批复》（以下简称《批复》）规定，国家工作人员利用职务上的便利为请托人谋取利益，与请托人事先约定，在其离退休后收受请托人财物，应认定为受贿。实践中反映，《批复》所规定的"事先约定"要件，主要依靠行、受贿双方的口供，只要双方或者一方否认，就很难认定，并由此建议取消《批复》中关于"事先约定"的要件。经研究，《批复》的立场

应予坚持。如果没有“事先约定”的限制要件，很有可能造成客观归罪，将离职后不再具有国家工作人员身份的人收受他人财物的行为一概作为受贿罪追究，与受贿罪的构成要件不符。

同时，有必要对该《批复》精神进一步具体化，以满足办案实践的需要。经总结实践中遇到的案例，认定下列两种情形成立受贿是妥当的，即：(1) 对于离职前仍然具有国家工作人员身份的“事后”收受的；(2) 国家工作人员利用职务上的便利为他人谋取利益，离职前后连续多次收受他人财物的。因为，第一种情形中，形式上是约定于事后，但实质上是约定于事中，犯意产生时仍具有国家工作人员身份，故符合受贿罪的一般构成；第二种情形中，作为一个受贿的连续行为，将基于同一事由于离职后继续收受的财物计入受贿数额，符合连续犯的一般理论。

(二十) 关于“特定关系人”的范围

该问题在《最高人民法院、最高人民检察院关于办理受贿刑事案件适用法律若干问题的意见》制定过程中争议较多，主要集中在以下两个方面：

第一，是否有必要对第三人范围加以限定。《最高人民法院、最高人民检察院关于办理受贿刑事案件适用法律若干问题的意见》多处涉及行、受贿双方之外的第三人问题，是否有必要对第三人范围加以限定？反对意见认为，对第三人范围作限制性解释，将有可能不当地缩小受贿罪的打击范围，而且要作出准确的限制非常困难。经研究，第三人范围有必要加以限定。首先，如将第三人解释为包括受贿人和行贿人之外的所有其他人，会将一些纯粹的同事之间、朋友之间的帮忙行为入罪，从而不当地扩大打击面。其次，作为受贿行为，其本质是权钱交易、以权易钱，对于国家工作人员为他人谋利但将利益归之于第三人，其本人没有实际拿到好处的，一概作为受贿处理，有违情理。所以，将第三人限定为有一定利益关系的人是必要的。

第二，如何理解特定关系人。《最高人民法院、最高人民检察院关于办理受贿刑事案件适用法律若干问题的意见》规定，本意见所称“特定关系人”，是指“与国家工作人员有近亲属、情妇（夫）以及其他共同利益关系的人”。据此，认定是否属于“特定关系人”，关键在于该第三人是否与国家工作人员有共同利益关系。对于共同利益关系的理解，应注意把握两点：一是共同利益关系主要是指经济利益关系，纯粹的同学、同事、朋友关系不属于共同利益关系；二是共同利益关系不限于共同财产关系。

（二十一）区分受贿罪与非国家工作人员受贿罪

受贿罪与商业受贿罪，在客观行为表现、犯罪对象和主观方面有相同之处。但两者亦有以下不同：

1. 犯罪主体不同

非国家工作人员受贿罪是从受贿罪中分离出来的一种新的罪种，它具有自己独特的犯罪构成标准。其受贿犯罪主体范围是指：(1) 公司工作人员；(2) 公司以外企业或者其他单位的工作人员。就是说，除了公司、企业管理人员之外，还有利用职务之便的工人。而受贿罪的主体主要有：(1) 国家机关工作人员；(2) 在国家各类事业机构中的工作人员；(3) 国有公司、企业中的管理人员；(4) 在公司、企业中由政府主管部门任命或委派的管理人员；(5) 国有公司、企业委派到股份、合营公司、企业中行使管理职能的人员；(6) 其他依法从事公务的人员。

2. 犯罪客体不同

非国家工作人员受贿罪侵犯的客体是公司、企业的正常管理活动和公司、企业的利益。而受贿罪所侵犯的客体是国家机关的正常管理活动，包括国家机关、国有公司、企业事业单位的正常管理活动和国家公务人员的廉洁性。

3. 定罪量刑幅度不同

非国家工作人员受贿罪的处罚要比受贿罪轻些。

（二十二）受贿罪与贪污罪的界限

受贿罪与贪污罪的相同点是，犯罪主体都是国家工作人员，主观方面都是直接故意，客观方面都是利用职务上的便利。但是，两者又有如下区别：

1. 侵犯客体不同

受贿罪侵犯的直接客体是国家机关的正常活动，贪污罪侵犯的直接客体是公共财产的所有权。

2. 侵犯对象不同

受贿罪侵犯的对象是公私财物，贪污罪侵犯的对象是公共财物。

3. 客观方面的犯罪手段不同

受贿罪是采取为他人谋利益的手段，非法索取、收受他人财物；贪污罪是采取侵吞、窃取、骗取等手段，非法占有自己主管、经营、经手的公共财物。

4. 主观方面的犯罪目的不同

受贿罪是为了取得他人或单位的公共财物，贪污罪是为了非法占有公共财物。

（二十三）区分受贿罪与敲诈勒索罪的界限

敲诈勒索罪，是指以非法占有为目的，采用威胁、要挟等手段，强行勒索公私财物的行为。受贿罪与敲诈勒索罪在主观方面都是故意，有时主体都是国家工作人员，在客观方面敲诈勒索罪的索取财物手段与受贿罪的索取财物手段相类似，因此，有时不好区分二者的界限。这两种犯罪除了犯罪客体不同和犯罪主体有不同之处以外，在客观方面也是不同的。虽然同有一个“索”字，但其性质、特点都有区别。敲诈勒索罪的勒索是采用暴力、威胁或其他加害行为或者以其他要挟的方法，强行迫使他人不得不交出公私财物。受贿罪的索取财物行为，一般只是提出索取财物的意向或要求，并不采取暴力、威胁等强行勒索手段，有时也可能出现一些刁难、要挟的情形，但它毕竟与敲诈勒索罪的强行勒索、要挟行为的性质不同。

（二十四）受贿罪与诈骗罪的界限

受贿罪与诈骗罪都有非法占有公私财物的特点，但也有以下不同：

1. 犯罪主体不同

前者是特殊主体，而后者则是一般主体。

2. 犯罪客体不同

前者为复杂客体,其中主要客体是国家机关的正常管理活动;后者则是公私财产所有权。

3. 客观行为表现不同

前者是行为人利用职务之便，索取他人财物或非法收受他人财物；而后者则是以虚构事实、隐瞒真相，骗取公私财物；

（二十五）受贿罪与徇私枉法罪的界限

受贿罪与徇私枉法罪都有“徇私”情形。但两者也有以下区别：

1. 犯罪主体的范围不同

前者是国家工作人员，而后者则是国家工作人员中的司法工作人员。

2. 客体不同

前者破坏了国家正常管理秩序和廉政制度，后者侵犯了国家的司法制度。

3. 徇私的目的不同

前者是为行贿人谋取利益，后者则是徇私枉法、徇情枉法。

4. 客观行为表现和量刑根据也是不同的

另外，徇私枉法罪的主体，在一定情形下也可以转化为受贿罪的主体。

第三百八十六条 （受贿罪的处罚）

对犯受贿罪的，根据受贿所得数额及情节，依照本法第三百八十三条的规定处罚。索贿的从重处罚。

【释解】

本条是关于受贿罪的处罚的规定。

受贿罪的量刑问题与贪污罪基本相同。以受贿数额和受贿情节为标准，具体确定行为人的刑罚。

根据本条规定，对犯受贿罪的，根据本法第383条规定的贪污罪的量刑标准处罚，即个人受贿的法定刑根据受贿数额与情节分为四个量刑档次：

1. 个人受贿数额在10万元以上的，处十年以上有期徒刑或者无期徒刑，可以并处没收财产；情节特别严重的，处死刑，并处没收财产。

2. 个人受贿数额在5万元以上不满10万元的，处五年以上有期徒刑，可以并处没收财产；情节特别严重的，处无期徒刑，并处没收财产；

3. 个人受贿数额在5千元以上不满5万元的，处一年以上七年以下有期徒刑；情节严重的，处七年以上十年以下有期徒刑；个人受贿数额在5千元以上不满1万元，犯罪后有悔改表现、积极退赃的，可以减轻处罚或者免予刑事处罚，由其所在单位或者上级主管机关给予行政处分。

4. 个人受贿数额不满5千元，情节较重的，处二年以下有期徒刑或者拘役；情节较轻的，由其所在单位或者上级主管机关酌情给予行政处分。情节较重，是指犯罪手段狡猾恶劣；行为人既贪赃又枉法；受贿行为给国家造成严重损失；或者是累犯、共犯中的主犯；受贿后又参与、支持其他犯罪活动；订立攻守同盟，销毁罪证，拒不坦白退赃；在对外活动中，向外商索贿受贿等。情节较轻，一般是指为他人谋取的利益没有违反有关规定；行为没有给国家或集体造成严重损失；案发后坦白交待事实经过，并退了赃款；或者有自首、立功表现等。

5. 对多次受贿未经处理的，按照累计受贿数额处罚。

鉴于索贿是国家工作人员在职务活动中主动向对方索取财物的行为，行为人乘人有求于己，把人民赋予的职权当作掠财的砝码，利用职务上的便利故意刁难，不给钱不办事，迫使他人不得不给付财物，暴露出寡廉鲜耻、贪得无厌、不择手段的丑恶嘴脸。这种行为比被动地收受贿赂具有更大的主观恶性和社会危害性，严重损害了党和政府的形象和声誉，人民群众极为痛恨，必须予以严惩。因此，本条还专门规定，索贿的从重处罚。所谓从重处罚，即根据其索贿所取得的财物的数额、情节、给国家利益造成的损失在各相应档次的量刑幅度内从重处罚。

实践中适用本条应当注意的是，对受贿罪定罪量刑时，不能死抠受贿数额，必须根据受贿行为的不同情节，作出正确的裁决。在确定是否“情节严重”、“情节特别严重”时，应考虑下列几个方面的情况：（1）受贿主体情况；（2）受贿的手段；（3）受贿的次数；（4）受贿犯罪造成的后果；（5）受贿的对象；（6）受贿罪共犯中是主犯、从犯还是胁从犯；（7）受贿人的主观恶性和犯罪后的表现等等。

第三百八十七条 （单位受贿罪）

国家机关、国有公司、企业、事业单位、人民团体，索取、非法收受他人财物，为他人谋取利益，情节严重的，对单位判处罚金，并对其直接负责的主管人员和其他直接责任人员，处五年以下有期徒刑或者拘役。

前款所列单位，在经济往来中，在账外暗中收受各种名义的回扣、手续费的，以受贿论，依照前款的规定处罚。

［相关规定］ **《最高人民检察院关于人民检察院直接受理立案侦查案件立案标准的规定（试行）》** （1999年9月16日最高人民检察院发布）（节录）

（四）单位受贿案（第387条）

单位受贿罪是指国家机关、国有公司、企业、事业单位、人民团体，索取、非法收受他人财物，为他人谋取利益，情节严重的行为。

索取他人财物或者非法收受他人财物，必须同时具备为他人谋取利益的条件，且是情节严重的行为，才能构成单位受贿罪。

国家机关、国有公司、企业、事业单位、人民团体，在经济往来中，在账外暗中收受各种名义的回扣、手续费的，以单位受贿罪追究刑事责任。

涉嫌下列情形之一的，应予立案：

1. 单位受贿数额在10万元以上的；

2. 单位受贿数额不满10万元，但具有下列情形之一的：

(1) 故意刁难、要挟有关单位、个人，造成恶劣影响的；

(2) 强行索取财物的；

(3) 致使国家或者社会利益遭受重大损失的。

【释解】

本条是关于单位受贿罪的规定。

一、概念及其构成

单位受贿罪，是指国家机关、国有公司、企业、事业单位、人民团体，索取、非法收受他人财物，为他人谋取利益，情节严重的行为。

(一) 客体要件

本罪侵犯的客体，是国有单位正常管理活动和声誉。

本罪的对象是财物、回扣、手续费。其所有权人既可以是单位，也可以是自然人；其主要包括有价值或使用价值的商品、物品、有价证券、货币等。

(二) 客观要件

本罪在客观表现上有两项内容：

1. 索取、收受他人的财物，为他人谋取利益，情节严重的行为

例如商业银行利用发放贷款的职务便利，向申请贷款的单位或

个人索要好处费、回扣等。索取，是指主动向他人索要；收受是指非主动地接受；为他人谋取利益既包括非法利益，也包括正当利益。至于是否实现了为他人谋取利益，并不影响本罪成立。所谓情节严重，主要是指索取、收受他人大量财物或者索取、收受他人财物，为他人谋取利益，给国家利益造成重大损害的。根据1999年9月16日最高人民检察院发布施行的《关于人民检察院直接受理立案侦查案件立案标准的规定》（试行）的规定，涉嫌下列情形之一的，应予立案：(1) 单位受贿数额在10万元以上的；(2) 单位受贿数额不满10万元，但具有下列情形之一的：①故意刁难、要挟有关单位、个人，造成恶劣影响的；②强行索取财物的；③致使国家或者社会利益遭受重大损失的。这些行为是通过单位直接负责的主管人员和其他直接责任人员实施的，但是他们是在单位的意志支配下，以单位名义，为单位利益而实施的，因此，这种行为实质上是单位受贿行为。

2. 在经济往来中，在账外暗中收受各种名义的回扣、手续费的行为

如果国家机关、国家公司、企业、事业单位、人民团体实施了索取、收受他人财物、为他人谋取利益的行为但索取、收受的财物不足定罪标准，并且没有其他严重情节，则应按一般单位受贿行为对待，不宜按犯罪处理。另外，对于实施了索取、收受他人财物的行为，但没有为他人谋取利益的，也不宜按犯罪论处。对于收受回扣和手续费在账上记载的，也不宜以犯罪论处。

（三）主体要件

本罪的主体是国有单位，包括：国家机关、国有公司、企业、事业单位、人民团体。集体经济组织、中外合资企业、中外合作企业、外商独资企业和私营企业，不能成为单位受贿罪的主体。这是因为，我国是以公有制为基础的社会主义国家，由于国家机关、国有公司、企业、事业单位、人民团体的性质和在社会主义政治、经济体制中的地位，他们违背自己的职责，索取或收受他人财物，并利用国家给予的权力为他人谋取利益，就会损害国家法律的尊严，破坏社会

主义经济秩序，并使国家机关正常的职能活动受到严重侵犯，败坏了国家机关、国有公司、企业、事业单位、人民团体的声誉，并会给国家利益造成严重损失，因此应当追究刑事责任。

（四）主观要件

本罪在主观方面表现为直接故意，即国有公司、企业、事业单位、机关、团体具有索取或者收受贿赂，为他人谋取利益的动机、目的。单位受贿罪的这种故意，是经单位决策机构的授权或同意，由其直接负责的主管人员和其他责任人员故意收受或索取贿赂的行为表现出来的，是法人整体意志的体现。

二、认定

认定本罪时应正确区分单位受贿罪与受贿罪的界限。单位受贿罪也是通过直接负责的主管人员和其他直接责任人员来实施的，很容易与受贿罪相混淆。两者的区别主要有二：

1. 单位受贿罪是在单位意志支配下，以单位名义实施的；受贿罪则是国家工作人员在自己个人意志支配下，为谋取私利而进行的。

2. 单位受贿罪中的收受的他人财物，要归单位整体所有，即直接责任人员的行为为单位带来了非法利益；而受贿罪是收受的财物则被受贿人个人非法占有。司法实践中，单位的意志是由主要领导决定形成的，只要该领导者决定后实施的受贿行为是以单位名义进行的，并且非法利益也归单位，就应认定为单位受贿罪。如果是单位成员（主要是领导）假借单位名义索取、收受他人财物，但把财物占为己有的，则应按个人受贿罪处理。

三、处罚

犯本罪的，对单位判处罚金，对单位直接负责的主管人员和其他直接责任人员，处五年以下有期徒刑或拘役。

另外，单位受贿罪中自然人罪名的确定依单位受贿罪罪名确定。

第三百八十八条 （间接受贿的处理）

国家工作人员利用本人职权或者地位形成的便利条件，通过其他国家工作人员职务上的行为，为请托人谋取不正当利益，索取请托人财物或者收受请托人财物的，以受贿论处。

【释解】

本条是关于间接受贿的处理的规定。

司法实践中，一些国家工作人员除了直接利用自己职务范围内的权力，索取他人财物，或者收受他人财物，为他人谋取利益外，还利用自己的职权或地位所形成的影响，对其他国家工作人员的职权所形成的相互联系、制约关系，编织关系网，以权换权，通过其他国家工作人员职务上的行为，为请托人谋取不正当利益，索取请托财物或收受请托人财物，最终实现以权换钱的目的，曲线受贿。虽然一个国家工作人员的职权范围是有限的，但是其所产生的辐射效应则是十分广泛的。因此，通过其他国家工作人员职务上的行为为他人谋取利益，从中索取或者收受贿赂的情况比直接利用自己职务范围内的权力而索贿、受贿更为普遍。因此，本条规定，国家工作人员不是直接利用本人职权，而是利用本人职权或地位形成的便利条件，通过其他国家工作人员职务上的行为为请托人谋取利益，而本人从中向请托人索取或者非法收受财物的，应以受贿论处。

这种形式的受贿在客观上表现为利用本人职权或者地位形成的便利条件，通过其他国家工作人员职务上的行为，为请托人谋取不正当利益，索取请托人财物或者收受请托人财物。这一特征包括以下几个方面的内容：

1. 行为人利用了本人职权或者地位形成的便利条件

这是指行为人利用自己的职权或地位所形成的对其他国家机关

工作人员的制约关系，包括纵向制约关系和横向制约
指上下级之间的领导隶属关系，表现为凭借本人在职
位和人员的一般领导、监督、管理的地位，指使、指
人员，为请托人办事，而本人从中索取或收受贿赂。横向制约关系，是指在不同的部门、单位之间，国家工作人员存在着职务上的制约关系，一方可以凭借自己的职权或地位，左右或影响另一方，使其利用职权为他人办事。这种情况多见于工商、税务、公安、司法、纪检监察、物资、计划、银行、劳动人事、房管、电力等部门的某些实权人物。其次，通过其他国家工作人员职务上的行为，为请托人谋取了不正当利益。这就是说，行为人通过自己职责范围内的作为与不作为，是不可能实现请托人的要求的，只能通过对请托人的请托事项有主管、经管职责的部门的国家工作人员才能为请托人谋取利益。

2. 根据本条规定，必须是为请托人谋取不正当利益，才能构成犯罪

不正当利益是指根据法律、法规及有关政策规定不应得到的利益。例如对不符合招生录取、晋升、农转非条件和资格的人违法予以录取、晋升、农转非。再次，行为人向请托人索取或者收受财物。

根据本条的规定，国家工作人员利用本人职权或者地位形成的便利条件，通过其他国家机关工作人员职务上的行为，为请托人谋取不正当利益，索取请托人财物或者收受请托人财物的，以受贿论处。

第三百八十九条　（行贿罪）

为谋取不正当利益，给予国家工作人员以财物的，是行贿罪。

在经济往来中，违反国家规定，给予国家工作人员以财物，数额较大的，或者违反国家规定，给予国家工作人员以各种名义的回扣、手续费，以行贿论处。

因被勒索给予国家工作人员以财物；没有获得不正当利益的，不

是行贿。

[相关规定] **《中华人民共和国律师法》** （2007年10月28日第十届全国人民代表大会常务委员会第三十次会议修正）（节录）

第四十条 律师在执业活动中不得有下列行为：

（一）私自接受委托、收取费用，接受委托人的财物或者其他利益；

（二）利用提供法律服务的便利牟取当事人争议的权益；

（三）接受对方当事人的财物或者其他利益，与对方当事人或者第三人恶意串通，侵害委托人的权益；

（四）违反规定会见法官、检察官、仲裁员以及其他有关工作人员；

（五）向法官、检察官、仲裁员以及其他有关工作人员行贿，介绍贿赂或者指使、诱导当事人行贿，或者以其他不正当方式影响法官、检察官、仲裁员以及其他有关工作人员依法办理案件；

（六）故意提供虚假证据或者威胁、利诱他人提供虚假证据，妨碍对方当事人合法取得证据；

（七）煽动、教唆当事人采取扰乱公共秩序、危害公共安全等非法手段解决争议；

（八）扰乱法庭、仲裁庭秩序，干扰诉讼、仲裁活动的正常进行。

第四十九条 律师有下列行为之一的，由设区的市级或者直辖市的区人民政府司法行政部门给予停止执业六个月以上一年以下的处罚，可以处五万元以下的罚款；有违法所得的，没收违法所得；情节严重的，由省、自治区、直辖市人民政府司法行政部门吊销其律师执业证书；构成犯罪的，依法追究刑事责任：

（一）违反规定会见法官、检察官、仲裁员以及其他有关工作人员，或者以其他不正当方式影响依法办理案件的；

（二）向法官、检察官、仲裁员以及其他有关工作人员行贿，介绍贿赂或者指使、诱导当事人行贿的；

（三）向司法行政部门提供虚假材料或者有其他弄虚作假行为的；

（四）故意提供虚假证据或者威胁、利诱他人提供虚假证据，妨碍对方当事人合法取得证据的；

（五）接受对方当事人财物或者其他利益，与对方当事人或者第三人恶意串通，侵害委托人权益的；

（六）扰乱法庭、仲裁庭秩序，干扰诉讼、仲裁活动的正常进行的；

（七）煽动、教唆当事人采取扰乱公共秩序、危害公共安全等非法手段解决争议的；

（八）发表危害国家安全、恶意诽谤他人、严重扰乱法庭秩序的言论的；

（九）泄露国家秘密的。

律师因故意犯罪受到刑事处罚的，由省、自治区、直辖市人民政府司法行政部门吊销其律师执业证书。

［相关规定］　**《国务院办公厅关于继续整顿和规范药品生产经营秩序加强药品管理工作的通知》**　（1996年4月16日　国办发〔1996〕14号）（节录）

二、严肃查处药品购销活动中的回扣问题

当前，在药品购销活动中，存在着相当普遍的给予和收受回扣的违法行为，或以折扣、让利等各种名义搞回扣，造成国家税收流失和企业的不平等竞争，推动药品价格上涨，加重了企业和患者的负担，扰乱了社会和经济秩序，腐蚀了一批工作人员，并使制售假劣药品的违法犯罪活动有可乘之机，必须下大力气严肃查处。国务院有关部门要密切配合，统一行动，采取有效措施，对回扣违法行为依法认真查处，坚决刹住这股歪风，并针对产生回扣风的深层次原因，从根本上进行综合治理。

各级卫生行政部门、药品生产经营行业主管部门要结合队伍建设和职业道德教育，抓紧组织对本行业药品购销活动中的回扣问题，进行全面的自查自纠，并进一步建立健全有关规章制度，严格管理，堵塞漏洞。对自查出来的回扣款项，要按照有关规定，上交财政部门。

国务院决定对药品购销活动中的回扣违法行为进行一次专项检查，并责成国家工商行政管理局会同卫生部、国家医药管理局、国家中医药管理局、国务院纠正行业不正之风办公室等部门和单位，按照共同研究的工作方案，组织实施。要组成联合检查组，对药品生产、经营企业和医疗机构的药品购销情况进行抽查，重点查处典型案件。对检查出来的单位或个人除没收收受的回扣款等非法所得外，并以行贿、受贿论处；构成犯罪的，由司法机关依法追究当事人的刑事责任。对顶风作案、情节严重的单位和个人，要严肃处理，并通过新闻媒介公开曝光，以起到震慑和教育作用。

[相关规定] **《最高人民检察院关于人民检察院直接受理立案侦查案件立案标准的规定（试行）》** （1999 年 9 月 16 日最高人民检察院发布）（节录）

（五）行贿案（第 389 条、第 390 条）

行贿罪是指为谋取不正当利益，给予国家工作人员以财物的行为。

在经济往来中，违反国家规定，给予国家工作人员以财物，数额较大的，或者违反国家规定，给予国家工作人员以各种名义的回扣、手续费的，以行贿罪追究刑事责任。

涉嫌下列情形之一的，应予立案：

1. 行贿数额在 1 万元以上的；

2. 行贿数额不满 1 万元，但具有下列情形之一的：

（1）为谋取非法利益而行贿的；

（2）向3人以上行贿的；

（3）向党政领导、司法工作人员、行政执法人员行贿的；

（4）致使国家或者社会利益遭受重大损失的。

因被勒索给予国家工作人员以财物，已获得不正当利益的，以行贿罪追究刑事责任。

［相关规定］　**《最高人民法院、最高人民检察院关于在办理受贿犯罪大要案的同时要严肃查处严重行贿犯罪分子的通知》**（1999年3月4日　高检会〔1999〕1号）

各省、自治区、直辖市高级人民法院、人民检察院，解放军军事法院、军事检察院：

近一时期，各级人民法院、人民检察院依法严肃惩处了一批严重受贿犯罪分子，取得了良好的社会效果。但是还有一些大肆拉拢、腐蚀国家工作人员的行贿犯罪分子却没有受到应有的法律追究，他们继续进行行贿犯罪，严重危害了党和国家的廉政建设。为依法严肃惩处严重行贿犯罪，特作如下通知：

一、要充分认识严肃惩处行贿犯罪，对于全面落实党中央反腐败工作部署，把反腐败斗争引向深入，从源头上遏制和预防受贿犯罪的重要意义。各级人民法院、人民检察院要把严肃惩处行贿犯罪作为反腐败斗争中的一项重要和紧迫的工作，在继续严肃惩处受贿犯罪分子的同时，对严重行贿犯罪分子，必须依法严肃惩处，坚决打击。

二、对于为谋取不正当利益而行贿，构成行贿罪、向单位行贿罪、单位行贿罪的，必须依法追究刑事责任。“谋取不正当利益”是指谋取违反法律、法规、国家政策和国务院各部门规章规定的利益，以及要求国家工作人员或者有关单位提供违反法律、法规、国家政策和国务院各部门规章规定的帮助或者方便条件。

对于向国家工作人员介绍贿赂，构成犯罪的案件，也要依法查处。

三、当前要特别注意依法严肃惩处下列严重行贿犯罪行为：

1. 行贿数额巨大，多次行贿或者向多人行贿的；

2. 向党政干部和司法工作人员行贿的；

3. 为进行走私、偷税、骗税、逃汇、非法买卖外汇等违法犯罪活动，向海关、工商、税务、外汇管理等行政执法机关工作人员行贿的；

4. 为非法办理金融、证券业务，向银行等金融机构、证券管理机构工作人员行贿，致使国家利益遭受重大损失的；

5. 为非法获取工程、项目的开发、承包、经营权，向有关主管部门及其主管领导行贿，致使公共财产、国家和人民利益遭受重大损失的；

6. 为制售假冒伪劣产品，向有关国家机关、国有单位及国家工作人员行贿，造成严重后果的；

7. 其他情节严重的行贿犯罪行为。

四、在查处严重行贿、介绍贿赂犯罪案件中，既要坚持从严惩处的方针，又要注意体现政策。行贿人、介绍贿赂人具有刑法第三百九十条第二款、第三百九十二条第二款规定的在被追诉前主动交代行贿、介绍贿赂犯罪情节的，依法分别可以减轻或者免除处罚；行贿人、介绍贿赂人在被追诉后如实交待行贿、介绍贿赂行为的，也可以酌情从轻处罚。

五、在依法严肃查处严重行贿、介绍贿赂犯罪案件中，要讲究斗争策略，注意工作方法。要把查处受贿犯罪大案要案同查处严重行贿、介绍贿赂犯罪案件有机地结合起来，通过打击行贿、介绍贿赂犯罪，促进受贿犯罪大案要案的查处工作，推进查办贪污贿赂案件工作的全面、深入开展。

六、各级人民法院、人民检察院要结合办理贿赂犯罪案件情况，认真总结经验、教训，找出存在的问题，提出切实可行的解决办法，以改变对严重行贿犯罪打击不力的状况。工作中遇到什么情况和问题，要及时报告最高人民法院、最高人民检察院。

以上通知，请认真遵照执行。

【释解】

本条是关于行贿罪的规定。

一、概念及其构成

行贿罪，是指行为人为了谋取不正当利益而给予国家工作人员财物的行为。

（一）客体要件

本罪的客体是复杂客体。其中，主要客体是国家工作人员职务的廉洁性；次要客体是国家经济管理的正常活动。

另外，行贿罪的犯罪对象是财物。这里所说的财物，与受贿罪中的财物相同。

（二）客观要件

本罪的客观方面表现为为谋取不正当利益，给予国家工作人员以财物，或者在经济往来中，给予国家工作人员以各种名义的回扣、手续费的行为。上述行为须达到一定界限才能构成犯罪。

根据 1999 年 9 月 16 日最高人民检察院发布施行的《关于人民检察院直接受理立案侦查案件立案标准的规定》（试行）的规定，涉嫌下列情形之一的，应予立案：

1. 行贿数额在 1 万元以上的；

2. 行贿数额不满 1 万元，但具有下列情形之一的：

（1）为谋取非法利益而行贿的；

（2）向 3 人以上行贿的；

（3）向党政领导、司法工作人员、行政执法人员行贿的；

（4）致使国家或者社会利益遭受重大损失的。

因被勒索给予国家工作人员以财物，已获得不正当利益的，以行贿罪追究刑事责任。

（三）主体要件

本罪的主体是一般主体。

（四）主观要件

本罪在主观方面表现为直接故意，即明知自己的行为是收买国家工作人员以及其他依法从事公务的人员利用职务上的便利为自己谋取不正当的利益而实施这种行为，意图谋取不正当利益。

行贿的目的，在于使国家工作人员或其他从事公务的人员利用其职务上的便利为自己谋取不正当利益。不正当利益是针对正当利益而言的，是指根据法律、行政法规及有关政策规定不应当得到的利益，包括非法利益。例如：行贿人为了走私而行贿于海关人员；为了生产、销售伪劣产品而行贿于工商人员、技术监督人员；明知自己或者他人不符合升学、招工、提职、农转非的条件而行贿于有关人员；为了减、免税而行贿于税务人员等。为谋取不正当利益是构成行贿罪的必要条件。给予国家工作人员财物的情况比较复杂，有的人根据法律、政策符合条件，有资格，也应当得到某种正当利益，如招工、晋升、分房、办理某种手续等，但由于社会上存在着不正之风，一些人不给钱不办事，问题长期得不到解决，不得已送钱送物。这种情况的出现，主要责任在受贿方。对方有这种行为的可以批评教育，但这一行为不构成行贿罪。这样规定，有利于区分罪与非罪的界限，避免打击面过宽。行贿者是否获得不正当利益不影响本罪的成立。为谋取不正当利益是构成行贿罪的必要条件，行为人若不是为了不正当利益而行贿，则不构成行贿罪。

二、认定

本条第 2 款是对以行贿论处的行为的规定。鉴于在经济交往中，一些单位或个人不顾国家规定，采取对参与经济活动的国家工作人员给予财物或者违反国家规定给予这些人员以各种名义的回扣、手续费的手段，为这些国家工作人员或者其他从事公务的人员利用职务之便大开方便之门，实行不公平的竞争，达到谋取不正当利益的目的，这种行为同第 1 款规定的行为具有同样严重的社会危害性，因此，本条第2款规定，在经济往来中，违反国家规定，给予国家工作人员以各种名义的回扣、手续费的，以行贿论处。即这种行为也构成行贿罪。

为了区分罪与非罪的界限，本条第3款专门强调：因被勒索给予国家工作人员以财物，没有获得不正当利益的，不是行贿。这就是说，如果同时具备被勒索给予财物和没有得到不正当利益两个条件，不能以行贿论处。如果行为人系由于被勒索而给予财物的，但是行为人谋取了不正当利益的，仍应以行贿论处。

行贿与非行贿行为，特别是亲友之间互相馈赠礼物的行为应加以区分。为谋取正当利益而送钱送物的，不构成行贿罪；但是接受财物的国家工作人员仍可以构成受贿罪，立法上体现了国家对公务人员的从严要求。从这个意义来说，并非任何时候行贿、受贿都同时构成犯罪，双方并非必要共犯。

三、处罚

犯行贿罪的，处五年以上有期徒刑或者拘役；因行贿谋取不正当利益，情节严重的，或者使国家利益遭受重大损失的，处五年以上十年以下有期徒刑；情节特别严重的，处十年以上有期徒刑或者无期徒刑，可以并处没收财产。

第三百九十条　（行贿罪的处罚）

对犯行贿罪的，处五年以下有期徒刑或者拘役；因行贿谋取不正当利益，情节严重的，或者使国家利益遭受重大损失的，处五年以上十年以下有期徒刑；情节特别严重的，处十年以上有期徒刑或者无期徒刑，可以并处没收财产。

行贿人在被追诉前主动交待行贿行为的，可以减轻处罚或者免除处罚。

【释解】

本条是关于行贿罪的处罚的规定。

根据本条规定，对行贿罪的处罚有以下情形：

1．对一般行贿罪，处五年以下有期徒刑或拘役；

2．因行贿谋取不正当利益，情节严重的，或者使国家利益遭受重大损失的，处五年以上十年以下有期徒刑；

3．情节特别严重的，处十年以上有期徒刑或者无期徒刑，可以并处没收财产。

关于“情节严重”、“情节特别严重”的标准，法律未作具体规定。从司法实践的情况来看，应该从行贿数额、手段、次数、人数、后果、犯罪后的表现等方面进行考察。一般是指为谋取个人非法利益，一贯行贿，屡教不改的；为推销伪劣产品而行贿造成严重后果的；为签订假合同，骗取财物而行贿的；为骗取国家出口退税而行贿的；行贿手段或结果又牵连其他多种罪行的；用国家文物行贿或者用优抚、救济、扶贫、教育等专项特定款物行贿以及用党费、团费行贿的；行贿数额巨大或特别巨大，致使国家利益遭受重大或者特别重大损失的；在司法机关追诉时，拒不交待罪行，伪造、隐匿、毁灭证据，与受贿人订立攻守同盟的等等。

行贿人在被追诉前主动交待行贿行为的，可以减轻处罚或者免除处罚。这是对行贿人自首的特别规定。关于自首，本法第67条规定“对于自首的犯罪分子，可以从轻或者减轻处罚。其中，犯罪较轻的，可以免除处罚”。鉴于贿赂犯罪具有很大的隐蔽性，取证难度较大而行贿与受贿又是对应的，密切联系在一起的，行贿人主动交待行贿行为实际上是对于受贿人的揭发检举，属于立功表现，因此，为了分化瓦解犯罪分子，严厉打击受贿犯罪，落实惩办与宽大相结合的政策，本条第2款规定，行贿人在被追诉前主动交待贿赂行为的，可以减轻或者免除处罚。这是对行贿人自首的特别规定，是对我国自首制度的重要补充。

第三百九十一条　（对单位行贿罪）

为谋取不正当利益，给予国家机关、国有公司、企业、事业单位、人民团体以财物的，或者在经济往来中，违反国家规定，给予各种名义的回扣、手续费的，处三年以下有期徒刑或者拘役。

单位犯前款罪的，对单位判处罚金，并对其直接负责的主管人员和其他直接责任人员，依照前款的规定处罚。

［相关规定］　**《最高人民检察院关于人民检察院直接受理立案侦查案件立案标准的规定（试行）》**　（1999年9月16日最高人民检察院发布）（节录）

（六）对单位行贿案（第391条）

对单位行贿罪是指为谋取不正当利益，给予国家机关、国有公司、企业、事业单位、人民团体以财物，或者在经济往来中，违反国家规定，给予上述单位各种名义的回扣、手续费的行为。

涉嫌下列情形之一的，应予立案：

1. 个人行贿数额在10万元以上、单位行贿数额在20万元以上的；

2. 个人行贿数额不满10万元、单位行贿数额在10万元以上不满20万元，但具有下列情形之一的：

（1）为谋取非法利益而行贿的；

（2）向3个以上单位行贿的；

（3）向党政机关、司法机关、行政执法机关行贿的；

（4）致使国家或者社会利益遭受重大损失的。

【释解】

本条是关于对单位行贿罪的规定。

一、概念及其构成

对单位行贿罪，指为谋取不正当利益，给予国家机关、国有公司、企业、事业单位、人民团体以财物，或者在经济往来中违反国家规定，给予各种名义的回扣、手续费的行为。

（一）客体要件

本罪的客体是复杂客体。其中，主要客体是国家工作人员职务的廉洁性；次要客体是国家经济管理的正常活动。

另外，行贿罪的犯罪对象是财物。这里所说的财物，与受贿罪中的财物是相同的。

（二）客观要件

本罪在客观方面表现为行为人向国家机关、国有公司、企业、事业单位、人民团体行贿的行为。至于行贿人所要谋取的不正当利益是否客观实现，不影响本罪的构成。表现为二种形式，一是为谋取不正当利益，而给予国家机关、国有公司、企业、事业单位、人民团体财物；二是在经济往来中，违反国家规定，给予国家机关、国有公司、企业、事业单位、人民团体各种名义的回扣、手续费。

根据 1999 年 9 月 16 日最高人民检察院发布施行的《关于人民检察院直接受理立案侦查案件立案标准的规定》（试行）的规定，涉嫌下列情形之一的，应予立案：

1. 个人行贿数额在 10 万元以上、单位行贿数额在 20 万元以上的；

2. 个人行贿数额不满 10 万元、单位行贿数额在 10 万元以上不满 20 万元，但具有下列情形之一的：

（1）为谋取非法利益而行贿的；

（2）向 3 个以上单位行贿的；

（3）向党政机关、司法机关、行政执法机关行贿的；

（4）致使国家或者社会利益遭受重大损失的。

（三）主体要件

本罪的主体是一般主体。自然人和单位均能构成本罪。

（四）主观要件

本罪的主观方面表现为直接故意，且一般具有谋取不正当利益的目的。

二、处罚

犯本罪的，处三年以下有期徒刑或拘役。

单位犯本罪的，对单位判处罚金，对其直接负责的主管人员和其他直接责任人员，依上述规定处罚。

第三百九十二条　（介绍贿赂罪）

向国家工作人员介绍贿赂，情节严重的，处三年以下有期徒刑或者拘役。

介绍贿赂人在被追诉前主动交待介绍贿赂行为的，可以减轻处罚或者免除处罚。

［相关规定］　**《最高人民检察院关于人民检察院直接受理立案侦查案件立案标准的规定（试行）》**　（1999 年 9 月 16 日最高人民检察院发布）（节录）

（七）介绍贿赂案（第 392 条）

介绍贿赂罪是指向国家工作人员介绍贿赂，情节严重的行为。

“介绍贿赂”是指在行贿人与受贿人之间沟通关系、最后条件，使贿赂行为得以实现的行为。

涉嫌下列情形之一的，应予立案：

1. 介绍个人向国家工作人员行贿，数额在 2 万元以上的；介绍单位向国家工作人员行贿，数额在 20 万元以上的；

2. 介绍贿赂数额不满上述标准，但具有下列情形之一的：

（1）为使行贿人获取非法利益而介绍贿赂的；

（2）3 次以上或者为 3 人以上介绍贿赂的；

（3）向党政领导、司法工作人员、行政执法人员介绍贿赂的；

（4）致使国家或者社会利益遭受重大损失的。

【释解】

本条是关于介绍贿赂罪的规定。

一、概念及其构成

介绍贿赂罪，是指向国家工作人员介绍贿赂，情节严重的行为。

（一）客体要件

本罪侵犯的客体是国家机关管理活动和国家工作人员职务的廉洁性。

（二）客观要件

本罪在客观方面表现为行为人在行贿人和受贿人之间实施沟通、撮合，促使行贿与受贿得以实现的行为，即为行贿受贿双方“穿针引线”，促使双方相识相通，代为联络，甚至传递贿赂物品，帮助双方完成行贿受贿的行为。介绍贿赂行为，只有情节严重的才构成犯罪。如果只是口头表明引见，并没有具体实施撮合行为，或者已经使行贿、受贿双方见面，由于某种原因，贿赂行为未进行的，均不能构成介绍贿赂罪。

根据1999年9月16日最高人民检察院发布施行的《关于人民检察院直接受理立案侦查案件立案标准的规定》（试行）的规定，涉嫌下列情形之一的，应予立案：

1. 介绍个人向国家工作人员行贿，数额在2万元以上的；介绍单位向国家工作人员行贿，数额在20万元以上的；

2. 介绍贿赂数额不满上述标准，但具有下列情形之一的：

（1）为使行贿人获取非法利益而介绍贿赂的；

（2）3次以上或者为3人以上介绍贿赂的；

（3）向党政领导、司法工作人员、行政执法人员介绍贿赂的；

（4）致使国家或者社会利益遭受重大损失的。

（三）主体要件

本罪主体为一般主体。

（四）主观要件

本罪在主观方面表现为直接故意，即行为人明知自己撮合的是行贿、受贿行为而有意为之。一般都具有从中谋取私利的目的。对于出自亲友关系，或者其他非物质利益的考虑，自愿介绍贿赂的，一般不影响本罪的成立。其中情节较轻，危害后果不严重的，也可以不按犯罪论处。

二、认定

认定本罪时应区分介绍贿赂罪与行贿、受贿共犯的界限。介绍贿赂人不同于行贿或受贿一方的帮助犯，他必须与贿赂行为的双方都有联系，是根据行贿、受贿双方的意图办事，在行贿人和受贿人之间进行联系，如果行为人只与其中一方有联系，为一方出谋划策，则构成一方的共犯。另外，介绍贿赂的行为人是在他人有了行贿或受贿故意的情况下，才从中沟通撮合的。如果他人本无行贿或受贿的意思，只是在行为人的极力怂恿、劝说、诱导等行为之下才产生行贿、受贿意图，便不是介绍贿赂的性质，而是教唆犯。如果在教唆后，又实施介绍贿赂行为的，应按他所教唆的犯罪（行贿罪或受贿罪）的共犯定罪，从重处罚。

三、处罚

犯本罪的，处三年以下有期徒刑或拘役。

本条第 2 款规定，介绍贿赂人在被追诉前主动交待介绍贿赂行为的，可以减轻处罚或者免除处罚。这是对介绍贿赂人自首的，可以减轻或者免除处罚的规定。介绍贿赂人作为行贿、受贿双方之间牵线搭桥的人对整个贿赂犯罪的过程了解得十分清楚，在被追诉前主动交待介绍贿赂犯罪行为，实际上也是检举、揭发了行贿、受贿双方的犯罪行为，对于司法机关收集证据查明贿赂犯罪事实，惩处贿赂犯罪行为有着重要的作用，体现了惩罚与宽大相结合的原则。

第三百九十三条 （单位行贿罪）

单位为谋取不正当利益而行贿，或者违反国家规定，给予国家工作人员以回扣、手续费，情节严重的，对单位判处罚金，并对其直接负责的主管人员和其他直接责任人员，处五年以下有期徒刑或者拘役。因行贿取得的违法所得归个人所有的，依照本法第三百八十九条、第三百九十条的规定定罪处罚。

[相关规定] 《最高人民检察院关于人民检察院直接受理立案侦查案件立案标准的规定（试行）》 （1999年9月16日最高人民检察院发布）（节录）

（八）单位行贿案（第393条）

单位行贿罪是指公司、企业、事业单位、机关、团体为谋取不正当利益而行贿，或者违反国家规定，给予国家工作人员以回扣、手续费，情节严重的行为。

涉嫌下列情形之一的，应予立案：

1. 单位行贿数额在20万元以上的；

2. 单位为谋取不正当利益而行贿，数额在10万元以上不满20万元，但具有下列情形之一的：

（1）为谋取非法利益而行贿的；

（2）向3人以上行贿的；

（3）向党政领导、司法工作人员、行政执法人员行贿的；

（4）致使国家或者社会利益遭受重大损失的。

因行贿取得的违法所得归个人所有的，依照本规定关于个人行贿的规定立案，追究其刑事责任。

【释解】

本条是关于单位行贿罪的规定。

一、概念及其构成

单位行贿罪，是指单位为谋取不正当利益而行贿，或者违反国家规定，给予国家工作人员以回扣、手续费，情节严重的行为。

（一）客体要件

本罪侵犯的客体，主要是国家机关、公司、企业、事业单位和团体的正常管理活动和职能活动及声誉。

该罪的犯罪对象是财物。该财物一般是公司、企业、事业单位、机关、团体的财物，而非某个人的财物。同时，也包括一些具有财产性质的利益，如国内外旅游等。

（二）客观要件

本罪在客观方面表现为公司、企业、事业单位、机关、团体，为了谋取不正当利益，给予国家工作人员以财物，数额较大的，或者违反国家规定，给予上述人员以“回扣”、“手续费”，情节严重的行为。

根据1999年9月16日最高人民检察院发布施行的《关于人民检察院直接受理立案侦查案件立案标准的规定》（试行）的规定，涉嫌下列情形之一的，应予立案：

1. 单位行贿数额在20万元以上的；

2. 单位为谋取不正当利益而行贿，数额在10万元以上不满20万元，但具有下列情形之一的：

（1）为谋取非法利益而行贿的；

（2）向3人以上行贿的；

（3）向党政领导、司法工作人员、行政执法人员行贿的；

（4）致使国家或者社会利益遭受重大损失的。

因行贿取得的违法所得归个人所有的，依照本规定关于个人行贿的规定立案，追究其刑事责任。

（三）主体要件

单位行贿罪的主体是单位，所谓“单位”，包括公司、企业、事业单位、机关、团体。与单位受贿罪不同，并不仅仅局限于国有公司、企业、事业单位、机关、团体，还包括集体所有制企业、中外合作企业、有限公司、外资公司、私营公司等等。

（四）主观要件

本罪在主观方面表现为直接故意。

二、认定

适用本条时要注意如果单位没有行贿的故意，而是因被勒索被迫给予国家机关、国有公司、企业、事业单位中从事公务的人员和国家机关、国有公司、企业、事业单位委派到非国有公司、企业、事业单位、社会团体中从事公务的人员以财物的，不能认定为单位行贿。另外，在追究单位行贿罪的刑事责任时，应注意对因行贿而进行违法犯罪活动进而构成其他犯罪的，依照数罪并罚的规定处理。

三、处罚

犯本罪的，对单位判处罚金；对单位直接负责的主管人员和其他直接责任人员，处五年以下有期徒刑或拘役。因行贿取得的违法所得归个人所有的，依照本法第 389 条、第 390 条规定的行贿罪定罪量刑。

单位行贿是由单位集体研究决定或者由其负责人决定以单位名义实施，获取的不正当利益也归单位所有。如果在单位行贿犯罪中，直接负责的主管人员和其他直接责任人员将单位行贿所取得的非法利益中饱私囊，归个人所有的，根据本条规定，应对直接负责的主管人员和其他直接责任人员按照第 389 条、第 390 条规定的个人行贿罪处罚，即犯行贿罪的，处五年以下有期徒刑或者拘役；因行贿谋取不正当利益，情节严重的，或者使国家利益遭受重大损失的，处五年以上十年以下有期徒刑；情节特别严重的，处十年以上有期徒刑或者无期徒刑，可以并处没收财产。

第三百九十四条　（国家工作人员接受礼物拒不交公的定罪处罚）

国家工作人员在国内公务活动或者对外交往中接受礼物，依照国家规定应当交公而不交公，数额较大的，依照本法第三百八十二条、第三百八十三条的规定定罪处罚。

[相关规定]　**《国家行政机关及其工作人员在国内公务活动中不得赠送和接受礼品的规定》**　（1988年12月1日国务院发布）

第一条　为了严肃政纪，保持国家行政机关及其工作人员廉洁，制定本规定。

第二条　国家行政机关及其工作人员在国内公务活动中，不得赠送和接受礼品。

第三条　国家行政机关及其工作人员不得假借名义或者以变相形式赠送和接受礼品：

（一）以鉴定会、评比会、业务会、订货会、展销会、招待会、茶话会、新闻发布会、座谈会、研讨会以及其他会议的形式；

（二）以祝贺春节、元旦、国庆节、中秋节和其他节假日的名义；

（三）以试用、借用、品尝、鉴定的名义；

（四）以祝寿、生日、婚丧嫁娶的名义；

（五）以其他形式和名义。

第四条　本规定所称的礼品，是指礼品、礼金、礼券以及以低价收款的物品。

第五条　国家行政机关违反本规定第二、三条的规定，对负直接责任的机关有关领导人和直接责任者，根据数额多少，情节轻重，分别给予警告直至撤职处分。

第六条　国家行政机关工作人员，违反本规定第二、三条的规定，接受礼品的，根据数额多少，情节轻重，分别给予警告直至撤职处分。

各级国家行政机关的领导人违反前两款规定的，从重处分。

第七条 国家行政机关及其工作人员违反本规定第二、三条的规定，接受礼品的数额较少，情节轻微，经批评教育表示悔改的，可以免予行政处分。

第八条 国家行政机关及其工作人员为谋取不正当利益而赠送、接受或者索取礼品的，按照国家有关惩治行贿、受贿的法律、法规处理。

第九条 对接收的礼品必须在一个月内交出并上交国库。所收礼品不按期交出的按贪污论处。

［相关规定］ **《中共中央办公厅、国务院办公厅关于严禁党政机关及其工作人员在公务活动中接受和赠送礼金、有价证券的通知》**
（1993年4月27日 中办发〔1993〕5号）

各省、自治区、直辖市党委和人民政府，各大军区党委，中央和国家机关各部委，军委各总部、各军兵种党委，各人民团体：

党中央、国务院对党政机关及其工作人员在公务活动中不得接受和赠送礼品问题曾多次作过规定。但是，一些地区、部门和单位违反规定的现象仍时有发生。特别严重的是，一些企业在开展业务、举办新闻发布会和纪念庆典等活动中，不顾党中央、国务院的明令禁止，以各种名义和形式向党政机关及其工作人员赠送礼金和代币购物券、礼仪储蓄单、债券、股票及其他有价证券。在党政机关工作人员中，接受礼金和有价证券的现象有蔓延的趋势。接受和赠送礼金、有价证券，腐蚀性很大，不仅违反了国家金融管理制度和财经纪律，而且诱发行贿受贿、搞权钱交易、不给好处不办事等腐败行为，败坏党风、政风，损害党和政府的形象，影响改革开放和经济建设的健康发展。广大群众对此反映强烈，如不及时加以坚决制止，将贻害无穷。为此，经党中央、国务院领导同志同意，特作如下通知：

一、各级党政机关及其工作人员（包括离休、退休干部和受党政机关委托、聘任从事公务的人员），特别是领导机关和领导干部，在公务活动包括礼仪庆典、新闻发布会和经济活动中，不得以任何名义和变相形式接受礼金和有价证券。凡违反规定接受礼金和有价证券者，要坚决追究，根据数额多少和情节轻重，给予党纪、政纪处分。对索要或暗示对方赠送礼金和有价证券的，要从重处分。触犯刑律的，要依法惩处。

二、各地区、各部门、各单位（包括企业、事业单位）不得以业务会、招待会、定货展销会、新闻发布会等各种会议和礼仪、庆典、纪念、商务等各种活动及其他的形式或名义，向党政机关及其工作人员赠送礼金和有价证券。凡违反规定的，要追究有关领导的责任。

三、各级党政机关及其工作人员在涉外活动（包括与华侨和港澳台同胞交往活动）中，由于难以谢绝而接受的礼金和有价证券，必须在一个月内全部交出并上缴国库，凡不按期交出的，以贪污论处。

四、各地区、各部门、各单位对上述规定必须坚决贯彻执行。各级领导干部要切实负起责任，严于律己，带头贯彻执行，并对本地区、本部门、本单位的工作人员加强教育管理，对执行本通知的情况加强监督检查，绝不允许敷衍塞责。各级财政部门要加强财务管理，严格把好礼金和有价证券的开支关。各级审计机关要把赠送礼金和有价证券问题作为审计监督的一项经常性内容，严格执行财经纪律。银行要加强现金管理，严防套取现金；各储蓄机构一律不准接受国内任何单位和个人用公款办理礼仪储蓄的业务。各级党的纪律检查机关和行政监察机关，要认真受理群众举报，严肃查处党政机关及其工作人员在公务活动中接受和赠送礼金、有价证券的案件，对于情节严重、影响恶劣的典型案件，要公开处理，以儆效尤。

五、各地区、各部门、各单位过去制定的有关规定，凡与本通知精神不一致的，一律以本通知为准。

［相关规定］　**《国务院关于在对外公务活动中赠送和接受礼品的规定》**　（1993年12月5日）

第一条　为了加强对国家行政机关工作人员在对外公务活动中赠送和接受礼品的管理，严肃外事纪律，保持清廉，制定本规定。

第二条　本规定所称的礼品，是指礼物、礼金、有价证券。

第三条　根据国际惯例和对外工作需要，必要时可以对外赠送礼物。礼物的金额标准另行规定。

第四条　对外赠送礼物必须贯彻节约、从简的原则。礼物应当以具有民族特色的纪念品、传统手工艺品和实用物品为主。

第五条　对来访的外宾，不主动赠送礼物。外宾向我方赠送礼物的，可以适当回赠礼物。

第六条　对外赠送礼物或者回赠礼物，必须经国务院所属部门或者省、自治区、直辖市人民政府批准，或者由其授权的机关批准。审批时，应当从严掌握。

第七条　在对外公务活动中接受的礼物，应当妥善处理。价值按我国市价折合人民币二百元以上的，自接受之日起（在国外接受礼物的，自回国之日起）一个月内填写礼品申报单并将应上缴的礼物上缴礼品管理部门或者受礼人所在单位；不满二百元的，归受礼人本人或者受礼人所在单位。

在对外公务活动中，对方赠送礼金、有价证券时，应当予以谢绝；确实难以谢绝的，所收礼金、有价证券必须一律上缴国库。

第八条　在对外公务活动中，不得私相授受礼品，不得以明示或者暗示的方式索取礼品。

第九条　国务院机关事务管理局负责保管、处理国务院各部门上缴的礼品。

县级以上地方各级人民政府指定专门单位负责保管、处理该级人民政府各部门上缴的礼品。

第十条 礼品管理部门及有关部门对于收缴的礼品，应当登记造册，妥善保管，及时处理。礼品保管部门应当每年向受礼单位通报礼品处理情况。受礼单位应当将礼品处理情况告知受礼人。

第十一条 国家行政监察机关按照有关规定负责对对外赠送和接受礼品的情况进行监督、检查。

第十二条 国家行政机关工作人员违反本规定的，对负直接责任的机关有关领导人和直接责任人，给予行政处分；构成犯罪的，由司法机关依法追究刑事责任。

对国家行政机关工作人员的行政处分，按照干部管理权限和规定程序办理。

第十三条 国家行政机关工作人员在公务活动中向华侨和香港、澳门、台湾地区的居民赠送礼品和接受其礼品，依照本规定执行。

第十四条 本规定由国务院办公厅负责解释。

第十五条 本规定自发布之日起施行。

【释解】

本条是关于国家工作人员接受礼物拒不交公的定罪处罚的规定。

本条是贪污罪的补充。犯罪对象是应当交公的礼物。条件是违反国家规定应当交公而不交公，且数额较大。

行为人在客观方面表现为在国内公务活动或者对外交往中接受礼物，依照国家规定，应当交公而不交公。所谓“国内公务活动”，是指在检查指导工作、调查研究、参加各种会议包括招待会、座谈会、研讨会、新闻发布会、鉴定会、评比会、业务会、订货会、展销会等各种业务活动。所谓“礼物”的范围是广义的，包括物品、礼金、礼券以及低价收受的物品。所谓“依照国家有关规定，应当交公而不交公”的，是指违反国家有关法律、行政法规、政策文件中关于在国内外公务活动中接受礼物应当交公的规定。如 1988 年 12 月 1 日发布《国家行政机关及其工作人员在国内公务活动中不得赠送和接受礼品的规定》中规定，国家行政机关及其工作人员在国内公务活动不得赠送和接受礼品，对接收的礼品必须在一个月内交出并上交国库。所收礼品不按期交出，按贪污论处。国务院 1980 年 11 月 7 日发布的《关于在对外活动中不赠礼、不受礼的决定》中规定，在对外交往中，由于难以谢绝而接受的礼品，一律交公，不得自行处理。1995 年 4 月 30 日发布《关于对党和国家机关工作人员在国内外交往中收受礼品实行登记制度的规定》规定，县处级以上领导干部收受礼品，必须登记。

“数额较大”的标准，可参照贪污罪的数额，即以 5000 元作为“数额较大”的起点，凡应当交公而不交公的礼物达到 5000 元，即可按贪污罪定罪量刑。

第三百九十五条　（巨额财产来源不明罪、隐瞒境外存款罪）

国家工作人员的财产或者支出明显超过合法收入，差额巨大的，可以责令说明来源。本人不能说明其来源是合法的，差额部分以非法所得论，处五年以下有期徒刑或者拘役，财产的差额部分予以追缴。

国家工作人员在境外的存款，应当依照国家规定申报。数额较大、隐瞒不报的，处二年以下有期徒刑或者拘役；情节较轻的，由其所在单位或者上级主管机关酌情给予行政处分。

[相关规定]　**《中共中央办公厅、国务院办公厅关于党政机关县（处）级以上领导干部收入申报的规定》**　（1995 年 4 月 30 日　中办发〔1995〕8 号）

第一条　为保持党政机关领导干部廉洁从政，密切党和政府同人民群众的关系，加强党风廉政建设，制定本规定。

第二条　各级党的机关、人大机关、行政机关、政协机关、审判机关、检察机关的县（处）级以上（含县、处级，下同）领导干部须依照本规定申报收入。

社会团体、事业单位的县（处）级以上领导干部，以及国有大、中型企业的负责人，适用本规定。

第三条　申报人必须申报下列各项收入：

1. 工资；

2. 各类奖金、津贴、补贴及福利费等；

3. 从事咨询、讲学、写作、审稿、书画等劳务所得；

4. 事业单位的领导干部、企业单位的负责人承包经营、承租经营所得。

第四条　申报人于每年7月1日至20日申报本年度上半年的收入；次年1月1日至20日申报前一年度下半年的收入。因特殊情况不能按时申报的，经接受申报部门批准，可以适当延长申报时限。

第五条　各单位组织人事部门负责接受本单位申报人的收入申报，并须按照干部管理权限将申报材料报送相应的上级组织人事部门备案。

第六条　申报人不申报或者不如实申报收入的，由所在党组织、行政部门或者纪检监察机关责令其申报、改正，并视情节轻重给予批评教育或者党纪政纪处分。

第七条　各级纪检监察机关负责对本规定执行情况进行监督检查。

第八条　本规定由中央纪律检查委员会、监察部负责解释。

第九条　本规定自发布之日起施行。

［相关规定］　**《最高人民检察院关于认真查办巨额财产来源不明犯罪案件的通知》**　（1993年10月22日　高检发研字〔1993〕6号）

各省、自治区、直辖市人民检察院，军事检察院：

全国人大常委会《关于惩治贪污罪贿赂罪的补充规定》（以下简称《补充规定》）第十一条第一款规定："国家工作人员的财产或者支出明显超过合法收入，差额巨大的，可以责令说明来源。本人不能说明其来源是合法的，差额部分以非法所得论，处五年以下有期徒刑或者拘役，并处或者单处没收其财产的差额部分。"为全面贯彻执行《补充规定》，深入开展反腐败斗争，现就查办巨额财产来源不明犯罪案件的有关问题通知如下：

一、认真查办巨额财产来源不明犯罪案件，是反腐败斗争的需要，是检察机关的重要任务。发现国家工作人员的财产或者支出明显超过合法收入，差额在五万元以上，本人不能说明其来源是合法的，检察机关应当依法立案侦查，追究刑事责任。

二、对巨额财产来源不明犯罪案件的立案侦查，一律层报省级人民检察院批准，其中对差额在十万元以上的巨额财产来源不明犯罪案件，报最高人民检察院备案。

三、各地在查办巨额财产来源不明犯罪案件中，注意总结经验，执行本通知遇到的问题及时层报最高人民检察院。

[相关规定] **《最高人民检察院关于人民检察院直接受理立案侦查案件立案标准的规定（试行）》** （1999 年 9 月 16 日最高人民检察院发布）（节录）

（九）巨额财产来源不明案（第 395 条第 1 款）

巨额财产来源不明罪是指国家工作人员的财产或者支出明显超出合法收入，差额巨大，而本人又不能说明其来源是合法的行为。

涉嫌巨额财产来源不明，数额在 30 万元以上的，应予立案。

（十）隐瞒境外存款案（第 395 条第 2 款）

隐瞒境外存款罪是指国家工作人员违反国家规定，故意隐瞒不报在境外的存款，数额较大的行为。

涉嫌隐瞒境外存款，折合人民币数额在30万元以上的，应予立案。

[相关规定] 《全国法院审理经济犯罪案件工作座谈会纪要》（2003年11月13日 法〔2003〕167号）（略）

【释解】

本条是关于巨额财产来源不明罪、隐瞒境外存款罪的规定。

一、巨额财产来源不明罪

（一）概念及其构成

巨额财产来源不明罪，是指国家工作人员的财产或者支出明显超过合法收入，差额巨大，本人不能说明其来源是合法的行为。

1．客体要件

本罪侵犯的客体是复杂客体，即国家工作人员职务行为的廉洁制度和公私财物的所有权。本罪客体的复杂性是由巨额财产来源不明罪的刑法内涵的复杂性和特殊性所决定的。本法设立本罪的目的是严密法网，使司法机关易于证明犯罪而使腐败官员难以逃避裁判，也即按通常的司法程序，在官员贪污受贿难以证实的情况下，把举证责任部分转移而设立本罪。因此，首先，从设立该罪的目的就可以看出，巨额财产来源不明罪侵犯的首要客体是国家工作人员职务行为的廉洁性。其次，既然是巨额财产来源不明，本罪也就必然地侵害了社会主义的财产关系，侵犯了国有财产、集体财产和公民个人的财产所有权。

2．客观要件

本罪在客观方面表现为国家工作人员的财产或支出明显超过合法收入，且差额巨大，本人不能说明其合法来源。

首先，行为人拥有的财产或者支出明显超过合法收入，而且差额巨大。这里所说的财产，是指行为人实际拥有的财产，包括住房、交通工具、存款等，名义上是属于别人实质是行为人的财产，应当属于行为人拥有的财产。这里的支出，是指行为人已经对外支付的款物，包括赠与他人的款物。合法收入，是指按法律规定应属于行为人合法占有的财产，如工资、奖金、继承的遗产、接受馈赠、捐助等。根据1999年9月16日最高人民检察院发布施行的《关于人民检察院直接受理立案侦查案件立案标准的规定》（试行）的规定，巨额财产来源不明，数额在30万元以上的，应予立案。

其次，行为人不能说明其拥有的财产或支出与合法收入之间巨大差额的来源及其合法性。"行为人不能说明"，包括以下情况：(1) 行为人拒不说明财产来源；(2) 行为人无法说明财产的具体来源；(3) 行为人所说的财产来源经司法机关查证并不属实；(4) 行为人所说的财产来源因线索不具体等原因，司法机关无法查实，但能排除存在来源合法的可能性和合理性的。

本罪的行为状态，表现为国家工作人员对数额巨大的不合法财产的占有和支配。

3. 主体要件

本罪的主体是特殊主体，即国家工作人员。非国家工作人员不能成为本罪主体。国家工作人员，包括：在国家机关、国有公司、企业、事业单位、人民团体中从事公务的人员和国家机关、国有公司、企业、事业单位委派到非国有公司、企业、事业单位、社会团体从事公务的人员，以及其他依照法律从事公务的人员。

4. 主观要件

本罪在主观上是故意，即行为人明知财产不合法而故意占有，案发后又故意拒不说明财产的真正来源，或者有意编造财产来源的合法途径。

（二）认定

1. 如何计算非法所得的数额的问题

国家工作人员的合法收入是计算非法所得的基础。国家工作人员的合法收入，应当包括国家工作人员的工资、奖金、国家发放的各种补贴、本人的其他劳动收入、亲友的馈赠和依法继承的财产。“非法所得”，一般是指行为人的全部财产与能够认定的所有支出的总和减去能够证实的有真实来源的所得。在具体计算时，应注意以下问题：（1）应把国家工作人员个人财产和与其共同生活的家庭成员的财产、支出等一并计算，而且一并减去他们所有的合法收入以及确属与其共同生活的家庭成员个人的非法收入。（2）行为人所有的财产包括房产、家具、生活用品、学习用品及股票、债券、存款等动产和不动产；行为人的支出包括合法支出和不合法的支出，包括日常生活、工作、学习费用、罚款及向他人行贿的财物等；行为人的合法收入包括工资、奖金、稿酬、继承等法律和政策允许的各种收入。（3）为了便于计算犯罪数额，对于行为人的财产和合法收入，一般可以从行为人有比较确定的收入和财产时开始计算。

如果行为人能够说明财产的来源是合法的，并经查证属实的，应作为本人的合法收入；如果行为人不能说明财产的来源是合法的，则应减去其合法收入的差额部分，即视为非法所得，其行为构成巨额财产来源不明罪。

2. 巨额财产来源不明罪与贪污罪、受贿罪的界限

巨额财产来源不明罪与贪污罪和受贿罪有着密切的联系，很多巨额财产来源不明就是没有被查明证实的贪污罪和受贿罪。但巨额财产来源不明罪作为一个独立的罪名有着自己的犯罪构成。首先，贪污罪和受贿罪的犯罪主体的范围要比巨额财产来源不明罪大一些，除国家机关工作人员，还包括国有公司、企业、事业单位其他经手管理公共财产的人员和其他依法从事公务的人员。在犯罪的客观方面，巨额财产来源不明罪只要求行为人拥有超过合法收入的巨额财产，而且行为人不能说明、司法机关又不能查明其来源的即可。也就是说，行为人拥有的来源不明的巨额财产既可能是来自于贪污、受贿，也可能是来自于走私、贩毒、盗窃、诈骗等等行为，这些都不影响构成巨额财产来源不明罪。

（三）处罚

根据本条第1款的规定，犯本罪的，处五年以下有期徒刑或者拘役，财产的差额部分予以追缴。

司法机关在查处贪污、受贿、走私等刑事犯罪案件过程中，发现被告人的财产或者支出明显超过合法收入，且本人不能说明其来源合法，差额达到巨大标准的，应以巨额财产来源不明罪予以认定，按数罪并罚原则处罚；差额未达到巨大标准的，不以巨额财产来源不明罪认定，但其差额部分仍属非法所得，应依法予以追缴。

二、隐瞒境外存款罪

（一）概念及其构成

隐瞒境外存款罪，是指国家工作人员对自己数额较大的境外存款，应当依照国家规定申报而隐瞒不报的行为。

1. 客体要件

本罪侵犯的客体是复杂客体，即国家的廉政制度和国家的外汇管理制度。我国宪法明确规定，一切国家机关和国家工作人员必须努力为人民服务。因此，国家工作人员应当是遵纪守法、廉洁奉公的楷模。国家工作人员在境外的存款，应当依照国家规定申报。某些国家工作人员置宪法和法律规定于不顾，在涉外公务活动中，不惜损害国家的利益，以权谋私，进行钱权交易，大肆进行贪污、受贿等违法犯罪活动，将在国内外贪污、受贿等非法所得的赃款存入境外，隐瞒不报，破坏了国家廉政制度，同时也侵犯国家对外汇的管理，使国家损失了这部分应得的外汇收入。本罪的犯罪对象是“境外存款”。所谓境外存款，是指在我国国（边）境以外的国家和地区（包括香港、澳门、台湾地区）存入金融机构的外币、外币有价证券、支付凭证、贵重金属及其制品等。因此，这里讲的“存款”，是指外汇，而不是指人民币，因为人民币不能在外国自由兑换。

存款的来源，不论国家工作人员在境外的工作报酬、继承遗产或接受赠与，还是违法犯罪所得；也不论是本人亲自存在境外，还是托人辗转存于境外，都是境外存款，均为本罪的犯罪对象。

2. 客观要件

本罪在客观方面表现为国家工作人员在境外依照国家规定应当申报而隐瞒不报，且数额较大的行为。依照国家规定申报在境外的存款，是国家工作人员应当履行的义务，以便国家对其在境外的收入进行监督。因此，本罪必须以违反国家规定的国家工作人员申报境外存款的特定义务为前提；如果没有向国家申报境外存款的义务，则不构成犯罪。

根据1999年9月16日最高人民检察院发布施行的《关于人民检察院直接受理立案侦查案件立案标准的规定》（试行）的规定，隐瞒境外存款折合人民币数额在30万元以上的，应予立案。

3．主体要件

本罪的主体是特殊主体，即只能由国家工作人员构成。非国家工作人员的一般公民，没有特定的申报财产义务，也没有申报境外存款的义务。所以，即使是集体经济组织工作人员、其他依法从事公务的人员以及其他经手、管理公共财物的人员在境外存有巨款，因其没有申报的义务，均不构成隐瞒境外存款不申报罪。

4．主观要件

本罪在主观上是故意，即行为人明知自己的境外存款应当申报而故意隐瞒不报。隐瞒境外存款不报罪是故意犯罪，这种故意表现为先有在境外存款的行为，并且明知国家的申报规定，然后有意隐瞒拒不申报。不是出于故意隐瞒，而是对国家的申报规定不明知，在主观无过错的情况下没有申报的，或者由于客观上的原因未及时申报的，都不能构成此罪。隐瞒不报境外存款的动机是多种多样的，有的是为了掩盖非法收入，有的是出于对国家的不信任，但无论是何种动机，都不影响本罪的成立。

（二）处罚

根据本条第2款的规定，犯本罪的，处二年以下有期徒刑或者拘役；情节较轻的，由其所在单位或者上级主管机关酌情给予行政处分。

第三百九十六条　（私分国有资产罪、私分罚没财物罪）

国家机关、国有公司、企业、事业单位、人民团体，违反国家规定，以单位名义将国有资产集体私分给个人，数额较大的，对其直接负责的主管人员和其他直接责任人员，处三年以下有期徒刑或者拘役，并处或者单处罚金；数额巨大的，处三年以上七年以下有期徒刑，并处罚金。

司法机关、行政执法机关违反国家规定，将应当上缴国家的罚没财物，以单位名义集体私分给个人的，依照前款的规定处罚。

［相关规定］　**《中华人民共和国行政处罚法》**　（1996年3月17日第八届全国人民代表大会第四次会议通过）（节录）

第五十三条　除依法应当予以销毁的物品外，依法没收的非法财物必须按照国家规定公开拍卖或者按照国家有关规定处理。

罚款、没收违法所得或者没收非法财物拍卖的款项，必须全部上缴国库，任何行政机关或者个人不得以任何形式截留、私分或者变相私分；财政部门不得以任何形式向作出行政处罚决定的行政机关返还罚款、没收的违法所得或者返还没收非法财物的拍卖款项。

第五十八条　行政机关将罚款、没收的违法所得或者财物截留、私分或者变相私分的，由财政部门或者有关部门予以追缴，对直接负责的主管人员和其他直接责任人员依法给予行政处分；情节严重构成犯罪的，依法追究刑事责任。

［相关规定］　**《中华人民共和国刑事诉讼法》**　（1996年3月17日第八届全国人民代表大会第四次会议修正）（节录）

第一百九十八条　公安机关、人民检察院和人民法院对于扣押、冻结犯罪嫌疑人、被告人的财物及其孳息，应当妥善保管，以供核查。任何单位和个人不得挪用或者自行处理。对被害人的合法财产，应当及时返还。对违禁品或者不宜长期保存的物品，应当依照国家有关规定处理。

对作为证据使用的实物应当随案移送，对不宜移送的，应当将其清单、照片或者其他证明文件随案移送。

人民法院作出的判决生效以后，对被扣押、冻结的赃款赃物及其孳息，除依法返还被害人的以外，一律没收，上缴国库。

司法工作人员贪污、挪用或者私自处理被扣押、冻结的赃款赃物及其孳息的，依法追究刑事责任；不构成犯罪的，给予处分。

[相关规定]　**《最高人民检察院关于人民检察院直接受理立案侦查案件立案标准的规定（试行）》**　（1999年9月16日最高人民检察院发布）（节录）

（十一）私分国有资产案（第396条第1款）

私分国有资产罪是指国家机关、国有公司、企业、事业单位、人民团体，违反国家规定，以单位名义将国有资产集体私分给个人，数额较大的行为。

涉嫌私分国有资产，累计数额在10万元以上的，应予立案。

（十二）私分罚没财物案（第396条第2款）

私分罚没财物罪是指司法机关、行政执法机关违反国家规定，将应当上缴国家的罚没财物，以单位名义集体私分给个人的行为。

涉嫌私分罚没财物，累计数额在10万元以上，应予立案。

【释解】

本条是关于私分国有资产罪、私分罚没财物罪的规定。

一、私分国有资产罪

（一）概念及其构成

私分国有资产罪，是指国家机关、国有公司、企业、事业单位、人民团体，违反国家规定，以单位名义将国有资产集体私分给个人，数额较大的行为。

1．客体要件

本罪所侵犯的直接客体是国有资产的管理制度及其所有权。

国有资产，是指依法经由上述国家机关、国有公司、企业、事业单位、人民团体管理、使用或者运输中的国有资产，例如税务机关掌握着的纳税人依法上交国家的税款等等。国家对单位的财经分配，有一整套宏观管理制度。例如对所有权与经营权相分离的国有企业，凡实行承包经营者，国家均试行资金分账制度：将该企业掌握的资金分为国家资金和企业资金。其中，凡国家资金，不得用作企业职工集体福利基金或用作职工奖励奖金等。否则，即属违背国家对国有资产管理的不法行为，其中集体私分国有资产者，更进一步地侵犯了国有资产的所有权，数额较大者，即构成本罪。

2．客观要件

在客观方面，本罪行为法人实施了违反国家规定，以单位名义将国有资产集体私分给个人，数额较大的行为。

所谓违反国家规定，指违反了国家对此类单位的国有资产分配管理规定。例如违背了国家关于国有资金与企业资金的分账比例管理制度，擅自将国有资金转为企业资金，进而私分国有资产者。

所谓以单位名义，是指由单位领导班子集体决策或者由单位负责人决定并由直接责任人员经手实施，公开或半公开地以单位"分红"、单位"发奖金"、单位下发的节日"慰问费"等名义所进行的活动。

集体私分给个人，是指行为法人以单位的名义，将国有资产按人头分配给本单位全部或部分职工。这里所谓个人，指的是该单位的职工。

本罪是实害犯。按照本条第1款的规定，仅有上述行为，还不足以构成认定本罪的客观基础，还必须集体私分中有资产给个人"数额较大"者，本罪客观要件才齐备。应当注意的是，对这里所谓"数额较大"，原则上应理解为集体私分国有资产的总额"较大"，而非指每一个人所分数额较大。换言之，由于单位职工众多，因而按人头私分的结果，每一个人所分数额即便并不大，但私分总额大者，仍应成立这里的“数额较大”。

根据 1999 年 9 月 16 日最高人民检察院发布施行的《关于人民检察院直接受理立案侦查案件立案标准的规定》（试行）的规定，涉嫌私分国有资产，累计数额在 10 万元以上的，应予立案。

3．主体要件

本罪主体是国家机关、国有公司、企业、事业单位、人民团体。本罪是单位犯罪，但根据法律规定只处罚私分国有资产的直接负责的主管人员和其他直接责任人员。

4．主观要件

本罪在主观方面是直接故意犯罪。行为人须有明知是国有资产而故意违反国家规定，将其集体私分给个人的确定故意。如疏忽大意地误将国有资产当作企业资金加以集体私分者，不能成立本罪，情节严重者，可按有关渎职犯罪处理。

（二）认定

1．区分国有资产与公共财产

国有资产都是公共财产；但公共财产并不一定是国有资产。按照本法第 91 条所作的立法解释，公共财产除国有资产外，还包括“劳动群众集体所有的财产”、“用于扶贫和其他公益事业的社会捐助或者专项基金的财产”以及“以公共财产论”的“在国家机关、国有公司、企业、集体企业和人民团体管理、使用或者运输中的私人财产”。这当中，显然，后三项均非国有资产。实践中，要注意严格把握其性质上的区别：凡私分后三类财产者，不能按本罪处理，应根据其所分财产性质的不同，准确“对号入座”、正确定性处理。

2．本罪的犯罪对象是国有资产而非国有资金

本罪的行为对象不一定是钱款。国有资产除国有资金外，还包括国有的生产资料、生产资料乃至属于国有的产品、商品等，基于此，本罪私分的对象既可以是国有的钱、股份、其他有价证券；也

可以是国有的其他固定资产，例如私分归单位管理、使用但属于国有的计算机、照相机等。

3. 区分本罪与单位个别负责人或经手人贪污国有资产的行为

本罪行为属“集体私分”，在单位内部带有普遍性和公开性。而贪污行为则带有个中性和隐秘性。

（三）处罚

根据本条之规定，单位犯本罪的，对其直接负责的主管人员和其他直接责任人员，处三年以下有期徒刑或者拘役，并处或者单处罚金；数额巨大的，处三年以上七年以下有期徒刑，并处罚金。

二、私分罚没收财物罪

（一）概念及其构成

私分罚没财物罪，是指司法机关、行政执法机关违反国家规定，将应当上缴国家的罚没财物，以单位名义集体私分给个人，数额较大的行为。

1. 客体要件

本罪侵犯的客体是职责的廉洁性和国家财产所有权。国家司法机关、行政执法机关截留私分罚没财物，是对其公职行为廉洁性的严重侵犯，同时也侵犯国家对国有资产的所有权关系。

罚没财物，包括：(1) 司法机关、行政执法机关追缴、没收的违法犯罪所得的赃款、赃物及其犯罪工具等。例如贪污赃款、走私的影碟机、犯罪用的汽车、赌资等。(2) 行政执法机关依据有关法律、法规，对公民、法人组织的行政罚款。例如环保部门对污染环境、限期不改的企业施以行政罚款；交管部门对违背交通法规、违章驶车的车主所施以的交通行政罚款；等等。(3) 法律、法规授权的机构依据有关法律、法规，对违背有关行政法律秩序的公民、法人组织的罚款。例如国家文物管理部门授权文物所在地的文物管理机构，对参观文物时毁坏文物者所处以的罚款。

此类罚没财物，依据我国财政部1993年《关于对行政收费、罚没收入实行预算管理的规定》，均应当折价上缴国家财政，拒不上缴而擅自留作单位自用者，属行政违法行为；拒不上缴而又集体加以私分者，构成本罪行为。由于本罪行为既违犯了上述国家对罚没财物的管理制度，又侵犯了国家对罚没财物的所有权，因而本罪所侵犯的直接客体是国家对罚没财物的管理制度及其国有财产的所有权。

2．客观要件

本罪在客观方面表现为行为人违反国家规定，将应当上交国家的罚没财物以单位名义集体私分的行为。

私分的标的，既可以是应当上缴国家的罚没的款项，也可以是应当上缴的罚没的物品。私分的方式既可以是按人头均分；也可以是依其职位、职称、工作业绩、岗位的不同有所侧重的私分；私分的次数，既可以是一次性地集体私分，也可以是持续性地集体私分，例如海关对罚没的摄像机，采取随罚随分的方式，持续性地私分给其职工。

根据1999年9月16日最高人民检察院发布施行的《关于人民检察院直接受理立案侦查案件立案标准的规定》(试行）的规定，涉嫌集体私分罚没财物，累计数额在10万元以上的，应予立案。

3．主体要件

本罪主体是单位，即司法机关、行政执法机关。司法机关即法院、检察院、公安机关、国家安全机关等。行政执法机关即海关、工商管理机关、税务机关、卫生检查机关、商检部门、环境保护部门等。自然人不能构成本罪，但本罪处罚的则是单位的直接负责的主管人员和其他直接责任人员。

由法律、法规授权的机构依据有关法律、法规对违背有关行政法律秩序的公民、法人组织施以行政罚款者，由于其既非司法机关、又非行政执法机关，因而此类机构如有集体私分罚没财物行为者，原则上不能构成本罪，可给予有关行政违法处理。

本罪的犯罪主体既可以是法人单位、也可以是非法人单位。虽然司法机关、行政执法机关本身一般均为依法设立的法人机构，但其派出机构往往没有独立法人资格，但由于其符合刑法上的“单位”的条件，且也属于司法机关或行政执法机关，因而此类机构自身原则上应当能够成立本罪犯罪主体，例如公安派出所、各级林业管理部门的派出管理机构等。

4. 主观要件

本罪在主观方面表现为故意，即上述单位明知罚没财物应依照有关国家规定，上缴国库，但仍以单位名义集体私分给个人的行为。

（二）认定

1. 对不法将罚没财物“使用权”转付给个人的定性处理

有的司法机关、行政执法机关将罚没的计算机、摩托、汽车等交付个人使用，既未正式过户给个人，也未称正式分配给个人。对此，从学理上看，我们认为宜于具体情况具体分析处理。(1) 凡属大面积地或持续而长期地将此罚没财物私分个人长期使用，且任随个人处置或带回家私用者，此类情况，其虽无所有权之名，但已有所有权之实，对此单位，可以考虑以本罪论罪；(2) 凡属偶尔私分部分罚没财物给部分职工使用，或虽然是大面积地调拨私人使用，但主要作为公家配发给个人的办公用品使用者，不宜按本罪定性处理，而宜按一般行政违法处理。

2. 要注意将单位的集体私分罚没财物行为，与个别负责人或个别经手人私下贪污罚没财物的行为区别开来，对于后者，应按贪污罪处罚。

（三）处罚

犯本罪的，对单位直接负责的主管人员和其他直接责任人员，处三年以下有期徒刑，并处或者单处罚金；数额巨大的，处三年以上七年以下有期徒刑，并处罚金。

第九章　渎职罪

【本章概要】

本章从第 397 条至 419 条，共 24 条，规定渎职罪。

渎职罪，是指国家工作人员利用职权或玩忽职守，妨害国家机关的正常活动，致使国家和人民利益遭受重大损失的行为。

一、渎职罪的特征

（一）本类罪侵犯的客体是国家机关的正常管理活动。所谓国家机关的正常管理活动，是指国家机关实现其基本职能的正常工作活动。在我国，国家机关的一切权力来源于人民，一切国家机关工作人员都是人民的公仆。国家机关工作人员在从事公务、履行管理职能的过程中，都必须恪尽职守，遵纪守法，廉洁奉公，切实维护国家和人民的利益，全心全意为人民服务。这样才能使国家机关的管理活动合法、公正和高效地进行。而如果国家机关工作人员滥用人民赋予的权力，徇私舞弊，贪赃枉法，玩忽职守，则必然干扰国家机关的正常管理秩序，阻碍党和国家各项路线、方针、政策和法律、法规的正确实施，妨害国家机关实现其基本职能，有的还会给国家和人民利益直接造成重大损失，从而大大降低国家机关的威信，严重损害人民群众对国家机关的管理活动的合法性、公正性和有效性的信赖。因此，为了保证国家机关的管理活动合法、公正、高效地进行，促进依法治国，实现社会公正，必须与各种形式的渎职犯罪进行坚决的斗争。

（二）本类罪在客观方面表现为国家机关工作人员滥用职权、玩忽职守或者徇私舞弊，不履行或者不正确履行应当履行的职责，严重妨害国家机关的正常管理活动，损害公民对国家机关管理活动的合法性、公正性和有效性的信赖，致使国家和人民利益遭受重大损失的行为。

（三）本类罪的主体是国家机关工作人员。国家机关工作人员是指在各级各类国家机关中从事公务的人员，包括在各级国家权力机关、行政机关、司法机关、军事机关中从事公务的人员，以及中国共产党和中国人民政治协商会议的各级机关中从事公务的人员。国家机关工作人员的范围不同于国家工作人员，不包括国有公司、企业事业单位或者人民团体中从事公务的人员和国家机关、国有公司、企业事业单位委派到非国有公司、企业事业单位、社会团体从事公务的人员以及其他依照法律从事公务的人员。根据《全国人民代表大会常务委员会关于〈中华人民共和国刑法〉第九章渎职罪主体适用问题的解释》的规定，在依照法律、法规规定行使国家行政管理职权的组织中从事公务的人员，或者在受国家机关委托代表国家机关行使职权的组织中从事公务的人员，或者虽未列入国家机关人员编制但在国家机关中从事公务的人员，在代表国家机关行使职权时，有渎职行为，构成犯罪的，依照刑法关于渎职罪的规定追究刑事责任。

（四）本类罪在主观方面一般出于故意，如滥用职权罪、徇私枉法罪、枉法裁判罪、私放在押人员罪等，少数犯罪也可以出于过失，如玩忽职守罪、国家机关工作人员签订、履行合同失职罪等。

二、本章所定各罪

1. 滥用职权罪，是指国家机关工作人员滥用职权，致使公共财产、国家和人民利益遭受重大损失的行为（第397条）。客观方面表现为滥用职权，致使公共财产和人民利益遭受重大损失的行为。所谓滥用职权，是指超越职权的范围或者违背法律授权的宗旨、违反职权行使程序行使职权，通常表现为擅自处理，决定其无权处理、决定的事项；或者自以为是、蛮横无理、随心所欲地作出处理决定。主观方面是过失，即行为人应当预见自己滥用职权的行为可能致使公共财产、国家和人民利益遭受重大损失，或者已经预见而轻信能够避免，以致这种重大损失发生在严重不负责的心理态度。行为人滥用职权行为本身往往是故意的，但对损害结果，则是过失。犯滥用职权罪的，处三年以下有期徒刑或者拘役；情节特别严重的，处三年以上七年以下有期徒刑。犯滥用职权罪且徇私舞弊的，处五年以下有期徒刑或者拘役；情节特别严重的，处五年以上十年以下有期徒刑。

2. 玩忽职守罪，是国家机关工作人员指严重不负责任，不履行或者不正确履行职责，致使公共财产、国家和人民的利益遭受重大损失的行为（第 397 条）。犯玩忽职守罪的，处三年以下有期徒刑或者拘役；情节特别严重的，处三年以上七年以下有期徒刑。犯玩忽职守罪且徇私舞弊的，处五年以下有期徒刑或者拘役；情节特别严重的，处五年以上十年以下有期徒刑。

3. 故意泄露国家秘密罪，是指国家机关工作人员违反保守国家秘密法的规定，故意泄露国家秘密，情节严重的行为（第 398 条）。主体一般是国家机关工作人员。但根据本法第 398 条第 2 款规定，非国家机关工作人员也可构成本罪。客观方面表现为违反保守国家秘密法的规定，泄露国家秘密的行为。所谓泄露，就是行为人把自己掌握或知道的国家秘密泄露给不应知悉的人。泄露的方式多种多样，不论何种方式，均不影响本罪的成立。主观方面是故意。构成本罪，必须是泄露国家秘密情节严重的。所谓情节严重，一般指泄露属于绝密、机密的国家秘密的；或者泄露国家秘密造成严重后果的。国家机关工作人员犯故意泄露国家秘密罪的，处三年以下有期徒刑或者拘役；情节特别严重的，处三年以上七年以下有期徒刑。对非国家机关工作人员犯本罪的，依照上述规定酌情处罚。

4. 过失泄露国家秘密罪，是指国家机关工作人员违反保守秘密法的规定，过失泄露国家秘密，情节严重的行为（第 398 条）。国家机关工作人员犯过失泄露国家秘密罪的，处三年以下有期徒刑或者拘役；情节特别严重的，处三年以上七年以下有期徒刑。对非国家机关工作人员犯本罪的依照上述规定酌情处罚。

5. 徇私枉法罪，是指司法工作人员徇私枉法、徇情枉法，在刑事诉讼中，对明知是无罪的人而使他受追诉、对明知是有罪的人而故意包庇使他不受追诉，或者在刑事审判活动中故意违背事实和法律作枉法裁判的行为（第399条）。主体只能司法工作人员。所谓司法工作人员，根据本法第94条规定，是指负有侦查、检察、审判、监管职责的工作人员。在审判实践中，司法机关专业技术人员在办案中故意提供虚假材料和意见，或者故意作虚假鉴定，严重影响刑事诉讼活动的，也可构成本罪。客观方面表现为利用司法职务之便，进行以下枉法追诉或者枉法裁判的行为：（1）对明知是无罪的人而使他受追诉，即对没有实施危害社会行为，或者根据本法第13条规定，情节显著轻微危害不大，不认为犯罪以及其他依照本法规定不负刑事责任的人，采取伪造、隐匿、毁灭证据或者其他隐瞒事实、违背法律的手段，以追究刑事责任为目的进行侦查（含采取强制性措施）、起诉、审判等追诉活动。（2）对明知有罪的人而故意包庇不使他受追诉。这是指对有确凿事实证明其实施犯罪的人，采取伪造、隐匿、毁灭证据或者其他隐瞒事实、违背法律的手段，故意包庇使其不受侦查（含采取强制措施）、起诉或者审判；故意包庇不使其受追诉的犯罪事实，既可以是全部的犯罪事实，也可以是部分犯罪事实或情节。另外，故意违背事实真相，违法变更强制措施，或者虽然采取强制措施，但实际放任不管，致使人犯逃避刑事追诉的，亦属枉法包庇的情形。（3）在刑事审判活动中故意违背事实和法律枉法裁判，这是指枉法进行裁定、裁决，将有罪判无罪、无罪判有罪或者重罪轻判、轻罪重判。主观方面是故意，即明知案件的事实真相，出于屈从私利、私情的动机，而有意枉法追诉、包庇、裁判。徇私、徇情的动机是各种各样的，有的是贪图钱财、女色；有的是袒护、包庇亲友、同事或者泄愤报复。犯徇私枉法罪的，处五年以下有期徒刑或者拘役；情节严重的，处五年以上十年以下有期徒刑；情节特别严重的，处十年以上有期徒刑。

6. 民事、行政枉法裁判罪，是指审判人员在民事、行政审判活动中故意违背事实和法律作枉法裁判，情节严重的行为（第 399 条第 2 款）。本罪为特殊主体，只能是在民事、行政诉讼活动中负有审判职责的人员。客观方面表现为，在民事、行政审判活动中作出违背事实和法律的判决、裁定的行为。所谓民事、行政审判活动，是指非刑事诉讼的审判活动，包括民事案件、行政案件、经济纠纷案件、海商、海事案件的司法审判活动。所谓违背事实和法律的判决、裁定，是指不依据已有的证据查清、认定案件的事实或者不依据已查清的案件事实正确地适用法律，作出颠倒、歪曲事实的认定和颠倒是非、歪曲法律的判决、裁定。通常表现为有意偏袒一方当事人的责任等等。对于有充分的事由和证据应予立案而有意裁定不予立案的，也属于枉法裁判的一种形式。主观方面是故意，即明知案件的事实或应当适用的法律,而故意违背事实和法律作出裁定或判决。依据本法第 399 条第 2 款的规定，在民事、行政审判活动中枉法裁判的行为必须情节严重，才能构成犯罪。所谓情节严重，主要指从行为人的动机、手段及所造成的后果等方面综合考虑，其社会危害性比较严重，应予刑罚处罚。如出于贪赃、贪图女色动机的；使用了伪造、毁灭、隐匿证据手段的；严重损害一方当事人合法权益的；造成恶劣的社会影响的；严重损害国家和人民利益的等等。犯枉法裁判罪的，处五年以下有期徒刑或者拘役；情节特别严重的，处五年以上十年以下有期徒刑。

7. 执行判决、裁定失职罪，是指司法工作人员在执行判决、裁定活动中，严重不负责任，不依法采取诉讼保全措施、不履行法定执行职责，致使当事人或者其他人的利益遭受重大损失的行为（第 399 条第 3 款）。犯本罪的，处五年以下有期徒刑或者拘役；致使当事人或者其他人的利益遭受特别重大损失的，处五年以上十年以下有期徒刑。

8. 执行判决、裁定滥用职权罪，是指司法工作人员在执行判决、裁定活动中，滥用职权，违法采取诉讼保全措施、强制执行措施，致使当事人或者其他人的利益遭受重大影响的行为（第 399 条第 3 款）。犯本罪的，处五年以下有期徒刑或者拘役；致使当事人或者其他人的利益遭受特别重大损失的，处五年以上十年以下有期徒刑。

9. 枉法仲裁罪，是指依法承担仲裁职责的人员，在仲裁活动中故意违背事实和法律作枉法裁决，情节严重的行为（第 399 条之一）。犯本罪的，处三年以下有期徒刑或者拘役；情节特别严重的，处三年以上七年以下有期徒刑。

10. 私放在押人员罪，是指司法工作人员利用职务上的便利，非法私自将被关押的犯罪嫌疑人、被告人或罪犯放走，使其逃离监管的行为（第 400 条第 1 款）。犯私放在押人员罪的，处五年以下有期徒刑或者拘役；情节严重的，处五年以上十年以下有期徒刑；情节特别严重的，处十年以上有期徒刑。

11. 失职致使在押人员脱逃罪，是指司法工作人员由于严重不负责任，致使在押的犯罪嫌疑人、被告人或者罪犯脱逃，造成严重后果的行为（第 400 条第 2 款）。犯失职致使在押人员脱逃罪的，处三年以下有期徒刑或者拘役；造成特别严重后果的，处三年以上十年以下有期徒刑。

12. 徇私舞弊减刑、假释、暂予监外执行罪，是指司法工作人员对不符合减刑、假释、暂予监外执行条件的罪犯，予以减刑、假释或者暂予监外执行的行为（第 401 条）。犯徇私舞弊减刑、假释、暂予监外执行罪的，处三年以下有期徒刑或者拘役；情节严重的，处三年以上七年以下有期徒刑。

13. 徇私舞弊不移交刑事案件罪，是指行政执法人员徇私舞弊，对依法应当移交司法机关追究刑事责任的案件不移交，情节严重的行为（第 402 条）。本罪为特殊主体，限于行政执法人员，即在国家公安、工商、税务、海关、检疫等行政机关中依法行使行政职权的国家机关工作人员。客观方面表现为利用行政执法的职权舞弊枉法，对依法应当移交司法机关追究刑事责任的不移交的行为。这是指行政执法人员在履行职责、查处行政违法活动的过程中，发现所查处的违法行为已构成犯罪，依法应当移送司法机关追究刑事责任却违背职责不予移送，而非法以其他方式处置。如：私自予以掩饰、隐瞒，不追究任何责任；或者把犯罪行为当作违法行为处理结案，以行政处罚代替刑事处罚。主观方面是故意，即在行政执法过程中，明知其执法对象的行为已构成犯罪，应依法将案件移交司法机关追究刑事责任，却有意不予移交。动机是徇私利、私情。依据本法第402条规定，不移交刑事案件的行为必须情节严重才能构成犯罪。所谓情节严重，一般指不移交重大犯罪案件或者多起案件的；因受贿而不移交的；以罚代刑造成恶劣社会影响的；经责令、建议移交而拒不移交的；主管领导指使下级不移交，以罚代刑，放纵罪犯的，等等。犯徇私舞弊不移交刑事案件罪的，处三年以下有期徒刑或者拘役；造成严重后果的，处三年以上七年以下有期徒刑。

14. 滥用管理公司、证券职权罪，是指国家有关主管部门的国家机关工作人员，徇私舞弊，滥用职权，对不符合法律规定的公司设立、登记申请或者股票债券发行上市申请，予以批准或者登记，致使公共财产、国家和人民利益遭受重大损失的行为（第403条）。犯本罪的，处五年以下有期徒刑或者拘役。

15. 徇私舞弊不征、少征税款罪，是指税务机关工作人员为徇私情私利，对纳税人应当依法缴纳的税款故意不征或者少征，致使国家税收遭受重大损失的行为（第404条）。犯徇私舞弊不征、少征税款罪的，处五年以下有期徒刑或者拘役。

16. 徇私舞弊发售发票、抵扣税款、出口退税罪，是指税务机关的工作人员违反法律、行政法规的规定，在办理发售发票、抵扣税款、出口退税工作中，为徇私情私利，对明知不符合条件的单位或者个人发售发票、抵扣税款、出口退税，致使国家利益遭受重大损失的行为（第405条第1款）。犯徇私舞弊发售发票、抵扣税款、出口退税罪的，处五年以下有期徒刑或者拘役；致使国家利益遭受特别重大损失的，处五年以上有期徒刑。

17. 违法提供出口退税凭证罪，是指国家机关工作人员违反国家规定，在提供出口货物报关单、出口收汇核销单等出口退税凭证的工作中，徇私舞弊，致使国家利益遭受特别重大损失的行为（第405条第2款）。犯违法提供出口退税凭证罪的，处五年以下有期徒刑或者拘役；致使国家利益遭受特别重大损失的，处五年以上有期徒刑。

18. 国家机关工作人员签订、履行合同失职被骗罪，是指国家机关工作人员在签订、履行合同过程中，因严重不负责任被诈骗，致使国家利益遭受重大损失的行为(第406条)。客观方面表现为在签订履行合同过程中，因严重不负责任被诈骗，致使国家利益遭受重大损失。包括以下要素：(1) 行为发生于在签订、履行合同的过程中。(2) 因严重不负责任被诈骗。所谓严重不负责任，就其客观表现而言，往往违反经贸活动的规章制度、惯例以及国家机关的工作程序、工作纪律等，如不认真审查对方当事人的合同主体资格、资信情况、履约能力，盲目签订、履行合同，或者应当公证、鉴证的不予公证、鉴证；应当经集体研究或者上级审批的，擅自越权，签订或者履行合同；或者违反规定为他人签订合同提供担保等。(3) 致使国家利益遭受重大损失。这主要是指被诈骗大量的预付款、购货款或者货物，造成直接经济损失在10万元以上。主观方面是过失。犯国家机关工作人员签订、履行合同失职罪的，处三年以下有期徒刑或者拘役；致使国家利益遭受特别巨大损失的，处三年以上七年以下有期徒刑。

19. 违法发放林木采伐许可证罪，是指林业主管部门的工作人员违反森林法的规定，超过批准的年采伐限额发放林木采伐许可证或者违反规定滥发林木采伐许可证，情节严重，致使森林遭受严重破坏的行为（第407条）。犯违法发放林木采伐许可证罪的，处三年以下有期徒刑或者拘役。

20. 环境监管失职罪，是指负有环境保护监督管理职责的国家机关工作人员严重不负责任，导致发生重大环境污染事故，致使公私财产遭受重大损失或者造成人身伤亡的严重后果的行为（第408

条）。犯环境监管失职罪的，处三年以下有期徒刑或者拘役。

21. 传染病防治失职罪，是指从事传染病防治的政府卫生行政部门的工作人员严重不负责任，导致传染病传播或者流行，情节严重的行为（第409条）。本罪主体为负有传染病防治职责的人员；本罪在客观方面表现为违背法律规定的防治传染病的工作职责，具有渎职性。本罪的客体为国家有关部门的防治传染病的职能。犯传染病防治失职罪的，处三年以下有期徒刑或者拘役。

22. 非法批准征用、占用土地罪，是指国家机关工作人员徇私舞弊，违反土地管理法规，无权或者超越自己的职责权限批准征用、占用土地，情节严重的行为（第410条）。犯非法批准征用、占用土地罪的，处三年以下有期徒刑或者拘役；致使国家或者集体利益遭受特别重大损失的，处三年以上七年以下有期徒刑。

23. 非法低价出让国有土地使用权罪，是指国家机关工作人员徇私舞弊，违反土地管理法规，非法低价出让国有土地使用权，情节严重的行为（第410条）。犯非法低价出让国有土地使用权罪的，处三年以下有期徒刑或者拘役；致使国家或者集体利益遭受特别重大损失的，处三年以上七年以下有期徒刑。

24. 放纵走私罪，是指海关工作人员为贪图钱财、袒护亲友或者其他私情私利，明知是走私行为而予以放纵，使之不受追究，情节严重的行为（第411条）。犯放纵走私罪的，处五年以下有期徒刑或者拘役；情节特别严重的，处五年以上有期徒刑。

25. 商检徇私舞弊罪，是指国家商检部门、商检机构的工作人员徇私舞弊，故意伪造商品检验结果的行为（第412条第1款）。犯商检徇私舞弊罪的，处五年以下有期徒刑或者拘役；造成严重后果的，处五年以上十年以下有期徒刑。

26. 商检失职罪，是指国家商检部门、商检机构的工作人员严重不负责任，对应当检验的物品不检验，或者延误检验出证、错误出证，致使国家和人民利益遭受重大损失的行为（第412条第2款）。犯商检失职罪的，处三年以下有期徒刑或者拘役。

27. 动植物检疫徇私舞弊罪，是指动植物检疫机关的检疫人员利用职权徇私舞弊，故意伪造检疫结果的行为（第413条第1款）。犯动植物检疫徇私舞弊罪的，处五年以下有期徒刑或者拘役；造成严重后果的，处五年以上十年以下有期徒刑。

28. 动植物检疫失职罪，是指动植物检疫机关的检疫人员严重不负责任，对应当检疫的物品不检疫、或者延误检疫出证、错误出证，致使国家利益遭受重大损失的行为（第413条第2款）。犯动植物检疫失职罪的，处三年以下有期徒刑或者拘役。

29. 放纵制售伪劣商品犯罪行为罪，是指对生产、销售伪劣商品犯罪行为负有追究责任的国家机关工作人员，徇私舞弊，不履行法律规定的追究职责，情节严重的行为（第414条）。犯放纵制售伪劣商品犯罪行为罪的，处五年以下有期徒刑或者拘役。

30. 办理偷越国（边）境人员出入境证件罪，是指负责办理护照、签证以及其他出入境证件的国家机关工作人员，对明知是企图偷越国（边）境的人员予以办理出入境证件的行为（第415条）。犯办理偷越国（边）境人员出入境证件罪的，处三年以下有期徒刑或者拘役；情节严重的，处三年以上七年以下有期徒刑。

31. 放行偷越国（边）境人员罪，是指边防、海关等国家机关工作人员，对明知是偷越国（边）境的人员，予以放行的行为（第415条）。犯放行偷越国（边）境人员罪的，处三年以下有期徒刑或者拘役；情节严重的，处三年以上七年以下有期徒刑。

32. 不解救被拐卖、绑架妇女、儿童罪，是指对被拐卖的妇女、儿童负有解救职责的国家机关工作人员，接到被拐卖妇女、儿童及其家属的解救要求或者接到其他人的举报，而对被拐卖、绑架的妇女、儿童不进行解救，造成严重后果的行为（第416条第1款）。犯不解救被拐卖、绑架妇女、儿童罪的，处五年以下有期徒刑或者拘役。

33. 阻碍解救被拐卖、绑架妇女、儿童罪，是指对被拐卖、绑架的妇女、儿童负有解救职责的国家机关工作人员，利用职务阻碍解救的行为（第416条第2款）。犯本罪的，处二年以上七年以下有期徒刑；情节较轻的，处二年以下有期徒刑或者拘役。

34. 帮助犯罪分子逃避处罚罪，是指负有查禁犯罪活动职责的国家机关工作人员，向犯罪分子通风报信、提供便利，帮助犯罪分子逃避处罚的行为（第417条）。犯帮助犯罪分子逃避处罚罪的，处三年以下有期徒刑或者拘役；情节严重的，处三年以上十年以下有期徒刑。

35. 招收公务员、学生徇私舞弊罪，是指国家机关工作人员在招收公务员、学生工作中徇私舞弊，情节严重的行为（第418条）。犯招收公务员、学生徇私舞弊罪的，处三年以下有期徒刑或者拘役。

36. 失职造成珍贵文物损毁、流失罪，是指国家机关工作人员严重不负责任，造成珍贵文物损毁或者流失，后果严重的行为（第419条）。犯失职造成珍贵文物损毁、流失罪的，处三年以下有期徒刑或者拘役。

第三百九十七条　（滥用职权罪、玩忽职守罪）

国家机关工作人员滥用职权或者玩忽职守，致使公共财产、国家和人民利益遭受重大损失的，处三年以下有期徒刑或者拘役；情节特别严重的，处三年以上七年以下有期徒刑。本法另有规定的，依照规定。

国家机关工作人员徇私舞弊，犯前款罪的，处五年以下有期徒刑或者拘役；情节特别严重的，处五年以上十年以下有期徒刑。本法另有规定的，依照规定。

［相关规定］　**《全国人民代表大会常务委员会关于〈中华人民共和国刑法〉第九章渎职罪主体适用问题的解释》**　（2002年12月28日第九届全国人民代表大会常务委员会第三十一次会议通过）

全国人大常委会根据司法实践中遇到的情况，讨论了刑法第九章渎职罪主体的适用问题，解释如下：

在依照法律、法规规定行使国家行政管理职权的组织中从事公务的人员，或者在受国家机关委托代表国家机关行使职权的组织中从事公务的人员，或者虽未列入国家机关人员编制但在国家机关中从事公务的人员，在代表国家机关行使职权时，有渎职行为，构成犯罪的，依照刑法关于渎职罪的规定追究刑事责任。

［相关规定］ **《全国人民代表大会常务委员会关于惩治骗购外汇、逃汇和非法买卖外汇犯罪的决定》** （1998年12月29日第九届全国人民代表大会常务委员会第六次会议通过）（节录）

六、海关、外汇管理部门的工作人员严重不负责任，造成大量外汇被骗购或者逃汇，致使国家利益遭受重大损失的，依照刑法第三百九十七条的规定定罪处罚。

［相关规定］ **《中华人民共和国行政处罚法》** （1996年3月17日第八届全国人民代表大会第四次会议通过）（节录）

第六十二条 执法人员玩忽职守，对应当予以制止和处罚的违法行为不予制止、处罚，致使公民、法人或者其他组织的合法权益、公共利益和社会秩序遭受损害的，对直接负责的主管人员和其他直接责任人员依法给予行政处分；情节严重构成犯罪的，依法追究刑事责任。

［相关规定］ **《中华人民共和国反不正当竞争法》** （1993年9月2日第八届全国人民代表大会常务委员会第三次会议通过）（节录）

第三十一条 监督检查不正当竞争行为的国家机关工作人员滥用职权、玩忽职守，构成犯罪的，依法追究刑事责任；不构成犯罪的，给予行政处分。

［相关规定］　**《中华人民共和国民用航空法》**　（1995年10月30日第八届全国人民代表大会常务委员会第十六次会议通过）（节录）

第一百九十九条　航空人员玩忽职守，或者违反规章制度，导致发生重大飞行事故，造成严重后果的，分别依照、比照刑法第一百八十七条或者第一百一十四条的规定追究刑事责任。①

［相关规定］　**《中华人民共和国食品卫生法》**　（1995年10月30日第八届全国人民代表大会常务委员会第十六次会议通过）（节录）

第五十一条　卫生行政部门违反本法规定，对不符合条件的生产经营者发放卫生许可证的，对直接责任人员给予行政处分；收受贿赂，构成犯罪的，依法追究刑事责任。

第五十二条　食品卫生监督管理人员滥用职权、玩忽职守、营私舞弊，造成重大事故，构成犯罪的，依法追究刑事责任；不构成犯罪的，依法给予行政处分。

［相关规定］　**《中华人民共和国档案法》**　（1996年7月5日第八届全国人民代表大会常务委员会第二十次会议修正）（节录）

第二十四条　有下列行为之一的，由县级以上人民政府档案行政管理部门、有关主管部门对直接负责的主管人员或者其他直接责任人员依法给予行政处分；构成犯罪的，依法追究刑事责任：

……

（八）档案工作人员玩忽职守，造成档案损失的。

---

① 本条所称刑法条文是指原刑法条文。

……

［相关规定］ **《中华人民共和国老年人权益保障法》** （1996年8月29日第八届全国人民代表大会常务委员会第二十一次会议通过）（节录）

第四十四条 不履行保护老年人合法权益职责的部门或者组织，其上级主管部门应当给予批评教育，责令改正。

国家工作人员违法失职，致使老年人合法权益受到损害的，由其所在组织或者上级机关责令改正，或者给予行政处分；构成犯罪的，依法追究刑事责任。

［相关规定］ **《中华人民共和国煤炭法》** （1996年8月29日第八届全国人民代表大会常务委员会第二十一次会议通过）（节录）

第七十七条 对不符合本法规定条件的煤矿企业颁发煤炭生产许可证或者对不符合本法规定条件设立煤炭经营企业予以批准的，由其上级主管机关或者监察机关责令改正，并给予直接负责的主管人员和其他直接责任人员行政处分；构成犯罪的，由司法机关依法追究刑事责任。

第八十条 煤炭管理部门和有关部门的工作人员玩忽职守、徇私舞弊、滥用职权的，依法给予行政处分；构成犯罪的，由司法机关依法追究刑事责任。

［相关规定］ **《中华人民共和国矿产资源法》** （1996年8月29日第八届全国人民代表大会常务委员会第二十一次会议修正）（节录）

第四十七条 负责矿产资源勘查、开采监督管理工作的国家工作人员和其他有关国家工作人员徇私舞弊、滥用职权或者玩忽职守，违反本法规定批准勘查、开采矿产资源和颁发勘查许可证、采矿许可证，或者对违法采矿行为不依法予以制止、处罚，构成犯罪的，依法追究刑事责任；不构成犯罪的，给予行政处分。违法颁发的勘查许可证、采矿许可证，上级人民政府地质矿产主管部门有权予以撤销。

[相关规定]　**《中华人民共和国环境噪声污染防治法》**　(1996年10月29日第八届全国人民代表大会常务委员会第二十二次会议通过)(节录)

第六十二条　环境噪声污染防治监督管理人员滥用职权、玩忽职守、徇私舞弊的，由其所在单位或者上级主管机关给予行政处分；构成犯罪的，依法追究刑事责任。

[相关规定]　**《中华人民共和国人民防空法》**　(1996年10月29日第八届全国人民代表大会常务委员会第二十二次会议通过)(节录)

第五十一条　人民防空主管部门的工作人员玩忽职守、滥用职权、徇私舞弊或者有其他违法、失职行为构成犯罪的，依法追究刑事责任；尚不构成犯罪的，依法给予行政处分。

[相关规定]　**《中华人民共和国安全生产法》**　(2002年6月29日第九届全国人民代表大会常务委员会第二十八次会议通过)(节录)

第七十七条　负有安全生产监督管理职责的部门的工作人员，有下列行为之一的，给予降级或者撤职的行政处分；构成犯罪的，依照刑法有关规定追究刑事责任：

(一)对不符合法定安全生产条件的涉及安全生产的事项予以批准或者验收通过的；

(二)发现未依法取得批准、验收的单位擅自从事有关活动或者接到举报后不予取缔或者不依法予以处理的；

（三）对已经依法取得批准的单位不履行监督管理职责，发现其不再具备安全生产条件而不撤销原批准或者发现安全生产违法行为不予查处的。

第九十一条 生产经营单位主要负责人在本单位发生重大生产安全事故时，不立即组织抢救或者在事故调查处理期间擅离职守或者逃匿的，给予降职、撤职的处分，对逃匿的处十五日以下拘留；构成犯罪的，依照刑法有关规定追究刑事责任。

生产经营单位主要负责人对生产安全事故隐瞒不报、谎报或者拖延不报的，依照前款规定处罚。

第九十二条 有关地方人民政府、负有安全生产监督管理职责的部门，对生产安全事故隐瞒不报、谎报或者拖延不报的，对直接负责的主管人员和其他直接责任人员依法给予行政处分；构成犯罪的，依照刑法有关规定追究刑事责任。

[相关规定] 《**中华人民共和国保险法**》（2002 年 10 月 28 日第九届全国人民代表大会常务委员会第三十次会议修正）（节录）

第一百五十二条 对不符合本法规定条件的设立保险公司的申请予以批准，或者对不符合保险代理人、保险经纪人条件的申请予以批准，或者有滥用职权、玩忽职守的其他行为，构成犯罪的，依法追究刑事责任；尚不构成犯罪的，依法给予行政处分。

第一百五十一条 违反本法规定，给他人造成损害的，应当依法承担民事责任。

[相关规定] 《**中华人民共和国草原法**》（1985 年 6 月 18 日第六届全国人民代表大会常务委员会第十一次会议通过 2002 年 12 月 28 日第九届全国人民代表大会常务委员会第三十一次会议修订）（节录）

第六十一条　草原行政主管部门工作人员及其他国家机关有关工作人员玩忽职守、滥用职权，不依法履行监督管理职责，或者发现违法行为不予查处，造成严重后果，构成犯罪的，依法追究刑事责任；尚不够刑事处罚的，依法给予行政处分。

第五十六条　国务院草原行政主管部门和草原面积较大的省、自治区的县级以上地方人民政府草原行政主管部门设立草原监督管理机构，负责草原法律、法规执行情况的监督检查，对违反草原法律、法规的行为进行查处。

草原行政主管部门和草原监督管理机构应当加强执法队伍建设，提高草原监督检查人员的政治、业务素质。草原监督检查人员应当忠于职守，秉公执法。

第五十七条　草原监督检查人员履行监督检查职责时，有权采取下列措施：

（一）要求被检查单位或者个人提供有关草原权属的文件和资料，进行查阅或者复制；

（二）要求被检查单位或者个人对草原权属等问题作出说明；

（三）进入违法现场进行拍照、摄像和勘测；

（四）责令被检查单位或者个人停止违反草原法律、法规的行为，履行法定义务。

第五十八条　国务院草原行政主管部门和省、自治区、直辖市人民政府草原行政主管部门，应当加强对草原监督检查人员的培训和考核。

第五十九条　有关单位和个人对草原监督检查人员的监督检查工作应当给予支持、配合，不得拒绝或者阻碍草原监督检查人员依法执行职务。

草原监督检查人员在履行监督检查职责时，应当向被检查单位和个人出示执法证件。

第六十条　对违反草原法律、法规的行为，应当依法作出行政处理，有关草原行政主管部门不作出行政处理决定的，上级草原行政主管部门有权责令有关草原行政主管部门作出行政处理决定或者直接作出行政处理决定。

[相关规定] **《中华人民共和国放射性污染防治法》**(2003年6月28日第十届全国人民代表大会常务委员会第三次会议通过)(节录)

第四十八条 放射性污染防治监督管理人员违反法律规定，利用职务上的便利收受他人财物、谋取其他利益，或者玩忽职守，有下列行为之一的，依法给予行政处分；构成犯罪的，依法追究刑事责任：

（一）对不符合法定条件的单位颁发许可证和办理批准文件的；

（二）不依法履行监督管理职责的；

（三）发现违法行为不予查处的。

[相关规定] **《中华人民共和国港口法》** (2003年6月28日第十届全国人民代表大会常务委员会第三次会议通过)(节录)

第五十六条 交通主管部门、港口行政管理部门、海事管理机构等不依法履行职责，有下列行为之一的，对直接负责的主管人员和其他直接责任人员依法给予行政处分；构成犯罪的，依法追究刑事责任：

（一）违法批准建设港口设施使用港口岸线、违法批准建设港口危险货物作业场所或者实施卫生除害处理的专用场所，或者违法批准船舶载运危险货物进出港口、违法批准在港口内进行危险货物的装卸、过驳作业的；

（二）对不符合法定条件的申请人给予港口经营许可或者港口理货业务经营许可的；

（三）发现取得经营许可的港口经营人、港口理货业务经营人不再具备法定许可条件而不及时吊销许可证的；

（四）不依法履行监督检查职责，对违反港口规划建设港口、码头或者其他港口设施的行为，未经依法许可从事港口经营、港口理货业务的行为，不遵守安全生产管理规定的行为，危及港口作业安全的行为，以及其他违反本法规定的行为，不依法予以查处的。

［相关规定］　**《中华人民共和国居民身份证法》**　（2003 年 6 月 28 日第十届全国人民代表大会常务委员会第三次会议通过）（节录）

第十九条　人民警察有下列行为之一的，根据情节轻重，依法给予行政处分；构成犯罪的，依法追究刑事责任：

（一）利用制作、发放、查验居民身份证的便利，收受他人财物或者谋取其他利益的；

（二）非法变更公民身份号码，或者在居民身份证上登载本法第三条第一款规定项目以外的信息或者故意登载虚假信息的；

（三）无正当理由不在法定期限内发放居民身份证的；

（四）违反规定查验、扣押居民身份证，侵害公民合法权益的；

（五）泄露因制作、发放、查验、扣押居民身份证而知悉的公民个人信息，侵害公民合法权益的。

［相关规定］　**《中华人民共和国行政许可法》**　（2004 年 7 月 1 日）（节录）

第七十四条　行政机关实施行政许可，有下列情形之一的，由其上级行政机关或者监察机关责令改正，对直接负责的主管人员和其他直接责任人员依法给予行政处分；构成犯罪的，依法追究刑事责任：

（一）对不符合法定条件的申请人准予行政许可或者超越法定职权作出准予行政许可决定的；

（二）对符合法定条件的申请人不予行政许可或者不在法定期限内作出准予行政许可决定的；

（三）依法应当根据招标、拍卖结果或者考试成绩择优作出准予行政许可决定，未经招标、拍卖或者考试，或者不根据招标、拍卖结果或者考试成绩择优作出准予行政许可决定的。

第七十七条 行政机关不依法履行监督职责或者监督不力，造成严重后果的，由其上级行政机关或者监察机关责令改正，对直接负责的主管人员和其他直接责任人员依法给予行政处分；构成犯罪的，依法追究刑事责任。

［相关规定］ **《中华人民共和国公务员法》** （2005 年 4 月 27 日第十届全国人民代表大会常务委员会第十五次会议通过）（节录）

第一百零四条 公务员主管部门的工作人员，违反本法规定，滥用职权、玩忽职守、徇私舞弊，构成犯罪的，依法追究刑事责任；尚不构成犯罪的，给予处分。

［相关规定］ **《中华人民共和国反垄断法》** （2007 年 8 月 30 日第十届全国人民代表大会常务委员会第二十九次会议通过）（节录）

第五十四条 反垄断执法机构工作人员滥用职权、玩忽职守、徇私舞弊或者泄露执法过程中知悉的商业秘密，构成犯罪的，依法追究刑事责任；尚不构成犯罪的，依法给予处分。

［相关规定］ **《企业国有资产产权登记管理办法》** （1996 年 1 月 25 日国务院发布）（节录）

第十五条 国有资产管理部门工作人员在办理产权登记中玩忽职守、徇私舞弊、滥用职权、谋取私利，构成犯罪的，依法追究刑事责任；尚不构成犯罪的，依法给予行政处分。

［相关规定］ **《食盐专营办法》** （1996 年 5 月 27 日国务院发布）（节录）

第二十六条　盐业主管机构的工作人员玩忽职守、徇私舞弊，构成犯罪的，依法追究刑事责任；尚不构成犯罪的，依法给予行政处分。

［相关规定］　**《电影管理条例》**　（1996年6月19日国务院发布）（节录）

第六十一条　国务院广播电影电视行政部门和县级以上地方各级人民政府管理电影的行政部门的工作人员和其他有关行政管理人员，在电影管理工作中滥用职权、玩忽职守、徇私舞弊，构成犯罪的，依法追究刑事责任；尚不构成犯罪的，依法给予行政处分。

［相关规定］　**《中华人民共和国野生植物保护条例》**　（1996年9月30日国务院发布）（节录）

第二十九条　野生植物行政主管部门的工作人员滥用职权、玩忽职守、徇私舞弊，构成犯罪的，依法追究刑事责任；尚不构成犯罪的，依法给予行政处分。

［相关规定］　**《禁止使用童工规定》**　（2002年10月1日）（节录）

第十二条　国家行政机关工作人员有下列行为之一的，依法给予记大过或者降级的行政处分；情节严重的，依法给予撤职或者开除的行政处分；构成犯罪的，依照刑法关于滥用职权罪、玩忽职守罪或者其他罪的规定，依法追究刑事责任：

（一）劳动保障等有关部门工作人员在禁止使用童工的监督检查工作中发现使用童工的情况，不予制止、纠正、查处的；

（二）公安机关的人民警察违反规定发放身份证或者在身份证上登录虚假出生年月的；

（三）工商行政管理部门工作人员发现申请人是不满16周岁的

未成年人，仍然为其从事个体经营发放营业执照的。

[相关规定]　**《使用有毒物品作业场所劳动保护条例》**　（2002年5月12日）（节录）

第五十七条　卫生行政部门的工作人员有下列行为之一，导致职业中毒事故发生的，依照刑法关于滥用职权罪、玩忽职守罪或者其他罪的规定，依法追究刑事责任；造成职业中毒危害但尚未导致职业中毒事故发生，不够刑事处罚的，根据不同情节，依法给予降级、撤职或者开除的行政处分：

（一）对不符合本条例规定条件的涉及使用有毒物品作业事项，予以批准的；

（二）发现用人单位擅自从事使用有毒物品作业，不予取缔的；

（三）对依法取得批准的用人单位不履行监督检查职责，发现其不再具备本条例规定的条件而不撤销原批准或者发现违反本条例的其他行为不予查处的；

（四）发现用人单位存在职业中毒危害，可能造成职业中毒事故，不及时依法采取控制措施的。

[相关规定]　**《退耕还林条例》**　（2002年12月14日　2003年1月20日起施行）（节录）

第五十八条　国家机关工作人员在退耕还林活动中违反本条例的规定，有下列行为之一的，由其所在单位或者上一级主管部门责令限期改正，退还分摊的和多收取的费用，对直接负责的主管人员和其他直接责任人员，依照刑法关于滥用职权罪、玩忽职守罪或者其他罪的规定，依法追究刑事责任；尚不够刑事处罚的，依法给予行政处分：

（一）未及时处理有关破坏退耕还林活动的检举、控告的；

（二）向供应补助粮食的企业和退耕还林者分摊粮食调运费用

的；

（三）不及时向持有验收合格证明的退耕还林者发放补助粮食和生活补助费的；

（四）在退耕还林合同生效时，对自行采购种苗的退耕还林者未一次付清种苗造林补助费的；

（五）集中采购种苗的，在退耕还林验收合格后，未与退耕还林者结算种苗造林补助费的；

（六）集中采购的种苗不合格的；

（七）集中采购种苗的，向退耕还林者强行收取超出国家规定种苗造林补助费标准的种苗费的；

（八）为退耕还林者指定种苗供应商的；

（九）批准粮食企业向退耕还林者供应不符合国家质量标准的补助粮食或者将补助粮食折算成现金、代金券支付的；

（十）其他不依照本条例规定履行职责的。

[相关规定]　**《特种设备安全监察条例》**　（2003年3月11日中华人民共和国国务院发布　2003年6月1日起施行）（节录）

第八十六条　特种设备安全监督管理部门及其特种设备安全监察人员，有下列违法行为之一的，对直接负责的主管人员和其他直接责任人员，依法给予降级或者撤职的行政处分；触犯刑律的，依照刑法关于受贿罪、滥用职权罪、玩忽职守罪或者其他罪的规定，依法追究刑事责任：

（一）不按照本条例规定的条件和安全技术规范要求，实施许可、核准、登记的；

（二）发现未经许可、核准、登记擅自从事特种设备的生产、使用或者检验检测活动不予取缔或者不依法予以处理的；

（三）发现特种设备生产、使用单位不再具备本条例规定的条件而不撤销其原许可，或者发现特种设备生产、使用违法行为不予查处的；

（四）发现特种设备检验检测机构不再具备本条例规定的条件而不撤销其原核准，或者对其出具虚假的检验检测结果、鉴定结论或者检验检测结果、鉴定结论严重失实的行为不予查处的；

（五）对依照本条例规定在其他地方取得许可的特种设备生产单位重复进行许可，或者对依照本条例规定在其他地方检验检测合格的特种设备，重复进行检验检测的；

（六）发现有违反本条例和安全技术规范的行为或者在用的特种设备存在严重事故隐患，不立即处理的；

（七）发现重大的违法行为或者严重事故隐患，未及时向上级特种设备安全监督管理部门报告，或者接到报告的特种设备安全监督管理部门不立即处理的。

[相关规定] **《最高人民法院、最高人民检察院、公安部、国家工商行政管理局关于依法查处盗窃、抢劫机动车案件的规定》**（1998年5月8日公通字〔1998〕31号发布）（节录）

九、公安、工商行政管理人员或者其他国家机关工作人员滥用职权或者玩忽职守、徇私舞弊，致使赃车入户、过户、验证的，给予行政处分；致使公共财产、国家和人民利益遭受重大损失的，依照《刑法》第三百九十七条的规定处罚。

[相关规定] **《最高人民检察院关于镇财政所所长是否适用国家机关工作人员的批复》**（2000年5月4日 高检发研字〔2000〕9号）

上海市人民检察院：

你院沪检发〔2000〕30号文收悉。经研究，批复如下：

对于属行政执法事业单位的镇财政所中按国家机关在编干部管理的工作人员，在履行政府行政公务活动中，滥用职权或玩忽职守构成犯罪的，应以国家机关工作人员论。

[相关规定]　**《最高人民检察院关于合同制民警能否成为玩忽职守罪主体问题的批复》**（2000 **年** 10 **月** 9 **日　高检发研字**〔2000〕20 **号**）

辽宁省人民检察院：

你院辽检发诉字〔1999〕76 号《关于犯罪嫌疑人李海玩忽职守一案的请示》收悉。经研究，批复如下：

根据刑法第九十三条第二款的规定，合同制民警在依法执行公务期间，属其他依照法律从事公务的人员，应以国家机关工作人员论。对合同制民警在依法执行公务活动中的玩忽职守行为，符合刑法第三百九十七条规定的玩忽职守罪构成条件的，依法以玩忽职守罪追究刑事责任。

此复

[相关规定]　**《最高人民检察院关于企业事业单位的公安机构在机构改革过程中其工作人员能否构成渎职侵权犯罪主体问题的批复》**　（2002 年 5 月 16 日起施行）

陕西省人民检察院：

你院陕检发研〔2001〕159 号《关于对企业事业单位的公安机构在机构改革过程中其工作人员能否构成渎职侵权犯罪主体问题的请示》收悉。经研究，批复如下：

企业事业单位的公安机构在机构改革过程中虽尚未列入公安机关建制，其工作人员在行使侦查职责时，实施渎职侵权行为的，可以成为渎职侵权犯罪的主体。

此复

［相关规定］ **《最高人民法院、最高人民检察院关于办理妨害预防、控制突发传染病疫情等灾害的刑事案件具体应用法律若干问题的解释》** （2003 年 5 月 15 日起施行 法释〔2003〕8 号）（节录）

第十五条 在预防、控制突发传染病疫情等灾害的工作中，负有组织、协调、指挥、灾害调查、控制、医疗救治、信息传递、交通运输、物资保障等职责的国家机关工作人员，滥用职权或者玩忽职守，致使公共财产、国家和人民利益遭受重大损失的，依照刑法第三百九十七条的规定，以滥用职权罪或者玩忽职守罪定罪处罚。

［相关规定］ **《全国法院审理经济犯罪案件工作座谈会纪要》**（2003 年 11 月 13 日 法〔2003〕167 号）（节录）

一、关于贪污贿赂犯罪和渎职犯罪的主体

（一）国家机关工作人员的认定

刑法中所称的国家机关工作人员，是指在国家机关中从事公务的人员，包括在各级国家权力机关、行政机关、司法机关和军事机关中从事公务的人员。

根据有关立法解释的规定，在依照法律、法规规定行使国家行政管理职权的组织中从事公务的人员，或者在受国家机关委托代表国家行使职权的组织中从事公务的人员，或者虽未列入国家机关人员编制但在国家机关中从事公务的人员，视为国家机关工作人员。在乡（镇）以上中国共产党机关、人民政协机关中从事公务的人员，司法实践中也应当视为国家机关工作人员。

（二）国家机关、国有公司、企业、事业单位委派到非国有公司、企业、事业单位、社会团体从事公务的人员的认定

所谓委派，即委任、派遣，其形式多种多样，如任命、指派、提名、批准等。不论被委派的人身份如何，只要是接受国家机关、国

有公司、企业、事业单位委派，代表国家机关、国有公司、企业、事业单位在非国有公司、企业、事业单位、社会团体中从事组织、领导、监督、管理等工作，都可以认定为国家机关、国有公司、企业、事业单位委派到非国有公司、企业、事业单位、社会团体从事公务的人员。如国家机关、国有公司、企业、事业单位委派在国有控股或者参股的股份有限公司从事组织、领导、监督、管理等工作的人员，应当以国家工作人员论。国有公司、企业改制为股份有限公司后，原国有公司、企业的工作人员和股份有限公司新任命的人员中，除代表国有投资主体行使监督、管理职权的人外，不以国家工作人员论。

（三）"其他依照法律从事公务的人员"的认定

刑法第九十三条第二款规定的"其他依照法律从事公务的人员"应当具有两个特征：一是在特定条件下行使国家管理职能；二是依照法律规定从事公务。具体包括：（1）依法履行职责的各级人民代表大会代表；（2）依法履行审判职责的人民陪审员；（3）协助乡镇人民政府、街道办事处从事行政管理工作的村民委员会、居民委员会等农村和城市基层组织人员；（4）其他由法律授权从事公务的人员。

（四）关于"从事公务"的理解

从事公务，是指代表国家机关、国有公司、企业、事业单位、人民团体等履行组织、领导、监督、管理等职责。公务主要表现为与职权相联系的公共事务以及监督、管理国有财产的职务活动。如国家机关工作人员依法履行职责，国有公司的董事、经理、监事、会计、出纳人员等管理、监督国有财产等活动，属于从事公务。那些不具备职权内容的劳务活动、技术服务工作，如售货员、售票员等所从事的工作，一般不认为是公务。

六、关于渎职罪

（一）渎职犯罪行为造成的公共财产重大损失的认定

根据刑法规定，玩忽职守、滥用职权等渎职犯罪是以致使公共财产、国家和人民利益遭受重大损失为构成要件的。其中，公共财产的重大损失，通常是指渎职行为已经造成的重大经济损失。在司法实践中，有以下情形之一的，虽然公共财产作为债权存在，但已无法实现债权的，可以认定为行为人的渎职行为造成了经济损失：(1) 债务人已经法定程序被宣告破产；(2) 债务人潜逃，去向不明；(3) 因行为人责任，致使超过诉讼时效；(4) 有证据证明债权无法实现的其他情况。

（二）玩忽职守罪的追诉时效

玩忽职守行为造成的重大损失当时没有发生，而是玩忽职守行为之后一定时间发生的，应从危害结果发生之日起计算玩忽职守罪的追诉期限。

（三）国有公司、企业人员渎职犯罪的法律适用

对于1999年12月24日《中华人民共和国刑法修正案》实施以前发生的国有公司、企业人员渎职行为（不包括徇私舞弊行为），尚未处理或者正在处理的，不能按照刑法修正案追究刑事责任。

（四）关于“徇私”的理解

徇私舞弊型渎职犯罪的“徇私”应理解为徇个人私情、私利。国家机关工作人员为了本单位的利益，实施滥用职权、玩忽职守行为，构成犯罪的，依照刑法第三百九十七条第一款的规定定罪处罚。

［相关规定］ **《最高人民检察院关于渎职侵权犯罪案件立案标准的规定》** （2006年7月26日 高检发释字〔2006〕2号）（节录）

一、渎职犯罪案件

（一）滥用职权案（第三百九十七条）

滥用职权罪是指国家机关工作人员超越职权，违法决定、处理其无权决定、处理的事项，或者违反规定处理公务，致使公共财产、国家和人民利益遭受重大损失的行为。

涉嫌下列情形之一的，应予立案：

1. 造成死亡1人以上，或者重伤2人以上，或者重伤1人、轻伤3人以上，或者轻伤5人以上的；

2. 导致10人以上严重中毒的；

3. 造成个人财产直接经济损失10万元以上，或者直接经济损失不满10万元，但间接经济损失50万元以上的；

4. 造成公共财产或者法人、其他组织财产直接经济损失20万元以上，或者直接经济损失不满20万元，但间接经济损失100万元以上的；

5. 虽未达到3.4两项数额标准，但3.4两项合计直接经济损失20万元以上，或者合计直接经济损失不满20万元，但合计间接经济损失100万元以上的；

6. 造成公司、企业等单位停业、停产6个月以上，或者破产的；

7. 弄虚作假，不报、缓报、谎报或者授意、指使、强令他人不报、缓报、谎报情况，导致重特大事故危害结果继续、扩大，或者致使抢救、调查、处理工作延误的；

8. 严重损害国家声誉，或者造成恶劣社会影响的；

9. 其他致使公共财产、国家和人民利益遭受重大损失的情形。

国家机关工作人员滥用职权，符合刑法第九章所规定的特殊渎职罪构成要件的，按照该特殊规定追究刑事责任；主体不符合刑法第九章所规定的特殊渎职罪的主体要件，但滥用职权涉嫌前款第1项至第9项规定情形之一的，按照刑法第397条的规定以滥用职权罪追究刑事责任。

（二）玩忽职守案（第三百九十七条）

玩忽职守罪是指国家机关工作人员严重不负责任，不履行或者不认真履行职责，致使公共财产、国家和人民利益遭受重大损失的行为。

涉嫌下列情形之一的，应予立案：

1. 造成死亡1人以上，或者重伤3人以上，或者重伤2人、轻伤4人以上，或者重伤1人、轻伤7人以上，或者轻伤10人以上的；

2. 导致20人以上严重中毒的；

3. 造成个人财产直接经济损失15万元以上，或者直接经济损失不满15万元，但间接经济损失75万元以上的；

4. 造成公共财产或者法人、其他组织财产直接经济损失30万元以上，或者直接经济损失不满30万元，但间接经济损失150万元以上的；

5. 虽未达到3.4两项数额标准，但3.4两项合计直接经济损失30万元以上，或者合计直接经济损失不满30万元，但合计间接经济损失150万元以上的；

6. 造成公司、企业等单位停业、停产1年以上，或者破产的；

7. 海关、外汇管理部门的工作人员严重不负责任，造成100万美元以上外汇被骗购或者逃汇1000万美元以上的；

8. 严重损害国家声誉，或者造成恶劣社会影响的；

9. 其他致使公共财产、国家和人民利益遭受重大损失的情形。

国家机关工作人员玩忽职守，符合刑法第九章所规定的特殊渎职罪构成要件的，按照该特殊规定追究刑事责任；主体不符合刑法第九章所规定的特殊渎职罪的主体要件，但玩忽职守涉嫌前款第1项至第9项规定情形之一的，按照刑法第397条的规定以玩忽职守罪追究刑事责任。

［相关规定］ **《最高人民法院、最高人民检察院关于办理盗窃油气、破坏油气设备等刑事案件具体应用法律若干问题的解释》**（2006年11月20日最高人民法院审判委员会第1406次会议、2006年12月11日最高人民检察院第十届检察委员会第66次会议通过 2007年1月15日最高人民法院、最高人民检察院公告公布 自2007年1月19日起施行 法释〔2007〕3号）（节录）

第七条 国家机关工作人员滥用职权或者玩忽职守，实施下列行为之一，致使公共财产、国家和人民利益遭受重大损失的，依照刑法第三百九十七条的规定，以滥用职权罪或者玩忽职守罪定罪处罚：

（一）超越职权范围，批准发放石油、天然气勘查、开采、加工、经营等许可证的；

（二）违反国家规定，给不符合法定条件的单位、个人发放石油、天然气勘查、开采、加工、经营等许可证的；

（三）违反《石油天然气管道保护条例》等国家规定，在油气设备安全保护范围内批准建设项目的；

（四）对发现或者经举报查实的未经依法批准、许可擅自从事石油、天然气勘查、开采、加工、经营等违法活动不予查封、取缔的。

［相关规定］　**《最高人民法院、最高人民检察院关于办理危害矿山生产安全刑事案件具体应用法律若干问题的解释》**　（2007年2月26日最高人民法院审判委员会第1419次会议、2007年2月27日最高人民检察院第十届检察委员会第72次会议通过　2007年2月28日最高人民法院、最高人民检察院公告公布　自2007年3月1日起施行　法释〔2007〕5号）（节录）

第九条　国家机关工作人员滥用职权或者玩忽职守，危害矿山生产安全，具有下列情形之一，致使公共财产、国家和人民利益遭受重大损失的，依照刑法第三百九十七条的规定定罪处罚：

（一）对不符合矿山法定安全生产条件的事项予以批准或者验收通过的；

（二）对于未依法取得批准、验收的矿山生产经营单位擅自从事生产经营活动不依法予以处理的；

（三）对于已经依法取得批准的矿山生产经营单位不再具备安全生产条件而不撤销原批准或者发现违反安全生产法律法规的行为不予查处的；

（四）强令审核、验收部门及其工作人员实施本条第（一）项行为，或者实施其他阻碍下级部门及其工作人员依法履行矿山安全生产监督管理职责行为的；

（五）在矿山生产安全事故发生后，负有报告职责的国家机关工作人员不报或者谎报事故情况，贻误事故抢救的；

（六）其他滥用职权或者玩忽职守的行为。

第十一条 国家工作人员违反规定投资入股矿山生产经营，构成本解释涉及的有关犯罪的，作为从重情节依法处罚。

［相关规定］ **《最高人民法院最高人民检察院关于办理与盗窃、抢劫、诈骗、抢夺机动车相关刑事案件具体应用法律若干问题的解释》** （2006 年 12 月 25 日最高人民法院审判委员会第 1411 次会议、2007 年 2 月 14 日最高人民检察院第十届检察委员会第 71 次会议通过 2007 年 5 月 9 日最高人民法院、最高人民检察院公告公布 自 2007 年 5 月 11 日起施行 法释〔2007〕11 号）（节录）

第三条 国家机关工作人员滥用职权，有下列情形之一，致使盗窃、抢劫、诈骗、抢夺的机动车被办理登记手续，数量达到三辆以上或者价值总额达到三十万元以上的，依照刑法第三百九十七条第一款的规定，以滥用职权罪定罪，处三年以下有期徒刑或者拘役：

（一）明知是登记手续不全或者不符合规定的机动车而办理登记手续的；

（二）指使他人为明知是登记手续不全或者不符合规定的机动车办理登记手续的；

（三）违规或者指使他人违规更改、调换车辆档案的；

（四）其他滥用职权的行为。

国家机关工作人员疏于审查或者审查不严，致使盗窃、抢劫、诈骗、抢夺的机动车被办理登记手续，数量达到五辆以上或者价值总额达到五十万元以上的，依照刑法第三百九十七条第一款的规定，以玩忽职守罪定罪，处三年以下有期徒刑或者拘役。

国家机关工作人员实施前两款规定的行为，致使盗窃、抢劫、诈骗、抢夺的机动车被办理登记手续，分别达到前两款规定数量、数额标准五倍以上的，或者明知是盗窃、抢劫、诈骗、抢夺的机动车而办理登记手续的，属于刑法第三百九十七条第一款规定的“情节特别严重”，处三年以上七年以下有期徒刑。

国家机关工作人员徇私舞弊，实施上述行为，构成犯罪的，依照刑法第三百九十七条第二款的规定定罪处罚。

第四条　实施本解释第一条、第二条、第三条第一款或者第三款规定的行为，事前与盗窃、抢劫、诈骗、抢夺机动车的犯罪分子通谋的，以盗窃罪、抢劫罪、诈骗罪、抢夺罪的共犯论处。

第五条　对跨地区实施的涉及同一机动车的盗窃、抢劫、诈骗、抢夺以及掩饰、隐瞒犯罪所得、犯罪所得收益行为，有关公安机关可以依照法律和有关规定一并立案侦查，需要提请批准逮捕、移送审查起诉、提起公诉的，由该公安机关所在地的同级人民检察院、人民法院受理。

第六条　行为人实施本解释第一条、第三条第三款规定的行为，涉及的机动车有下列情形之一的，应当认定行为人主观上属于上述条款所称“明知”：

（一）没有合法有效的来历凭证；

（二）发动机号、车辆识别代号有明显更改痕迹，没有合法证明的。

［相关规定］　**《最高人民检察院关于对林业主管部门工作人员在发放林木采伐许可证之外滥用职权玩忽职守致使森林遭受严重破坏的行为适用法律问题的批复》**（2007年5月14日最高人民检察院第十届检察委员会第七十七次会议通过　高检发释字〔2007〕1号）

福建省人民检察院：

你院《关于林业主管部门工作人员滥用职权、玩忽职守造成森林资源损毁立案标准问题的请示》（闽检〔2007〕14号）收悉。经研究，批复如下：

林业主管部门工作人员违法发放林木采伐许可证，致使森林遭受严重破坏的，依照刑法第四百零七条的规定，以违法发放林木采伐许可证罪追究刑事责任；以其他方式滥用职权或者玩忽职守，致使森林遭受严重破坏的，依照刑法第三百九十七条的规定，以滥用职权罪或者玩忽职守罪追究刑事责任，立案标准依照《最高人民检察院关于渎职侵权犯罪案件立案标准的规定》第一部分渎职犯罪案件第十八条第三款的规定执行。

此复。

【释解】

本条是关于滥用职权罪、玩忽职守罪的规定。

一、滥用职权罪

（一）概念及其构成

滥用职权罪，是指国家机关工作人员故意逾越职权或者不履行职责，致使公共财产、国家和人民利益遭受重大损失的行为。

1. 客体要件

本罪侵犯的客体是国家机关的正常活动。由于国家机关工作人员故意逾越职权，致使国家机关的某项具体工作遭到破坏，给国家、集体和人民利益造成严重损害，从而危害了国家机关的正常活动。本罪侵犯的对象可以是公共财产或者公民的人身及其财产。

2. 客观要件

本罪在客观方面表现为滥用职权，致使公共财产、国家和人民利益遭受重大损失的行为。滥用职权，是指不法行使职务上的权限的行为，即就形式上属于国家机关工作人员一般职务权限的事项，以不当目的或者以不法方法，实施违反职务行为宗旨的活动。首先，滥用职权应是滥用国家机关工作人员的一般职务权限，如果行为人实施的行为与其一般的职务权限没有任何关系，则不属于滥用职权。其次，行为人或者是以不当目的实施职务行为或者是以不法方法实施职务行为；在出于不当目的实施职务行为的情况下，即使从行为的方法上看没有超越职权，也属于滥用职权。最后，滥用职权的行为违反了职务行为的宗旨，或者说与其职务行为的宗旨相悖。滥用职权的行为主要表现为以下几种情况：一是超越职权，擅自决定或处理没有具体决定、处理权限的事项；二是玩弄职权，随心所欲地对事项作出决定或者处理；三是故意不履行应当履行的职责，或者说任意放弃职责；四是以权谋私、假公济私，不正确地履行职责。

滥用职权的行为，必须致使公共财产、国家和人民利益造成重大损失的结果时，才构成犯罪。所谓重大损失，是指给国家和人民造成的重大物质性损失和非物质性损失。物质性损失一般是指人身伤亡和公私财物的重大损失，是确认滥用职权犯罪行为的重要依据；非物质性损失是指严重损害国家机关的正常活动和声誉等。认定是否重大损失，应根据司法实践和有关规定，对所造成的物质性和非物质性损失的实际情况，并按直接责任人员的职权范围全面分析，以确定应承担责任的大小。

根据《最高人民检察院关于渎职侵权犯罪案件立案标准的规定》的规定，涉嫌下列情形之一的，应予立案：

(1) 造成死亡1人以上，或者重伤2人以上，或者重伤1人、轻伤3人以上，或者轻伤5人以上的；

(2) 导致10人以上严重中毒的；

(3) 造成个人财产直接经济损失10万元以上，或者直接经济损失不满10万元，但间接经济损失50万元以上的；

(4) 造成公共财产或者法人、其他组织财产直接经济损失20万元以上，或者直接经济损失不满20万元，但间接经济损失100万元以上的；

（5）虽未达到3、4两项数额标准，但3、4两项合计直接经济损失20万元以上，或者合计直接经济损失不满20万元，但合计间接经济损失100万元以上的；

（6）造成公司、企业等单位停业、停产6个月以上，或者破产的；

（7）弄虚作假，不报、缓报、谎报或者授意、指使、强令他人不报、缓报、谎报情况，导致重特大事故危害结果继续、扩大，或者致使抢救、调查、处理工作延误的；

（8）严重损害国家声誉，或者造成恶劣社会影响的；

（9）其他致使公共财产、国家和人民利益遭受重大损失的情形。

国家机关工作人员滥用职权，符合刑法第九章所规定的特殊渎职罪构成要件的，按照该特殊规定追究刑事责任；主体不符合刑法第九章所规定的特殊渎职罪的主体要件，但滥用职权涉嫌前款第1项至第9项规定情形之一的，按照刑法第397条的规定以滥用职权罪追究刑事责任。

公共财产的重大损失，通常是指渎职行为已经造成的重大经济损失。在司法实践中，有以下情形之一的，虽然公共财产作为债权存在，但已无法实现债权的，可以认定为行为人的渎职行为造成了经济损失：（1）债务人已经法定程序被宣告破产；（2）债务人潜逃，去向不明；（3）因行为人责任，致使超过诉讼时效；（4）有证据证明债权无法实现的其他情况。

滥用职权行为与造成的重大损失结果之间，必须具有刑法上的因果关系。滥用职权行为与造成的严重危害结果之间的因果关系错综复杂，有直接原因，也有间接原因；有主要原因，也有次要原因；有领导者的责任，也有直接责任人员的过失行为。构成本罪，应当追究刑事责任的，则是指滥用职权行为与造成的严重危害结果之间有必然因果联系的行为。否则，一般不构成滥用职权罪，而是属于一般工作上的错误问题的，应由行政主管部门处理。

3. 主体要件

本罪主体是国家机关工作人员。国家机关是指国家权力机关、国家行政机关和国家司法机关，因此，国家机关工作人员，是指在各级人大及其常委会、各级人民政府和各级人民法院和人民检察院中依法从事公务的人员。根据《全国人民代表大会常务委员会关于〈中华人民共和国刑法〉第九章渎职罪主体适用问题的解释》的规定，在依照法律、法规规定行使国家行政管理职权的组织中从事公务的人员，或者在受国家机关委托代表国家机关行使职权的组织中从事公务的人员，或者虽未列入国家机关人员编制但在国家机关中从事公务的人员，在代表国家机关行使职权时，有渎职行为，构成犯罪的，依照刑法关于渎职罪的规定追究刑事责任。

4. 主观要件

本罪在主观方面表现为故意，行为人明知自己滥用职权的行为会发生致使公共财产、国家和人民利益遭受重大损失的结果，并且希望或者放任这种结果发生。从司法实践来看，对危害结果持间接故意的情况比较多见。至于行为人是为了自己的利益滥用职权，还是为了他人利益滥用职权，则不影响本罪的成立。

（二）认定

1. 根据本条规定，成立滥用职权罪，首先必须有滥用职权的行为，如果行为人没有滥用职权，完全是在具体的职权范围内处理事项，则不能认定为滥用职权罪。但另一方面，不能为了给行为人开脱罪责，而扩大行为人的具体的职权范围；也不能以属于官僚主义为由开脱行为人的罪责，官僚主义不是法律用语，但官僚主义行为中包括了滥用职权的行为，因而包括了犯罪行为。成立滥用职权罪，其次要求行为造成重大损失，对于没有造成重大损失的滥用职权行为，不能认定为滥用职权罪。但另一方面，对作为本罪构成要件的“重大损失”，不能单纯理解为有形的损失，而应包括无形的损失。

2. 本条关于滥用职权罪的规定属于普通法条，此外，本法还规定了其他一些特殊的滥用职权的犯罪即特别法条。国家机关工作人员滥用职权的行为触犯特别法条时，也可能同时触犯本条的普通法条。在这种情况下，应按照特别法条优于普通法条的原则认定犯罪，即认定为特别法条规定的犯罪，而不认定为本罪。例如，林业主管部门的工作人员违反森林法的规定，超过批准的年采伐限额发放林木采伐许可证或者违反规定滥发林木采伐许可证，情节严重，致使森林遭受严重破坏的行为，是滥用职权的行为，但由于本法第407条将其规定为独立犯罪，故对该行为适用本法第407条，不能认定为滥用职权罪。

3．行为人接受他人的贿赂后又滥用职权给他人谋取利益并致使公共财产、国家和人民的利益遭受重大损失的，则同时触犯本罪与受贿罪。这时，滥用职权为他人谋取利益的行为只不过是受贿得以实现的条件，因此，只要能构成受贿罪，滥用职权的行为不再具有独立的意义，对之应以受贿罪从重论处。如果收受的贿赂不大不能构成受贿罪的，则应依本罪治罪，而不能不以犯罪论处，从而轻纵犯罪。

4．行为人利用职权侵吞、骗取公共财物，从本质上讲亦具有滥用职权的性质，如果因其贪污行为又致使其他公共财产、国家和人民利益遭受重大损失的，则同时触犯本罪与贪污罪，属想象竞合，对之宜择一重罪以后者等处罚。

（三）处罚

犯本罪的，处三年以下有期徒刑或者拘役；情节特别严重的，处三年以上七年以下有期徒刑。本法另有规定的，依照规定。

根据本条第2款规定，徇私舞弊犯本罪的，处五年以下有期徒刑或者拘役；情节特别严重的，处五年以上十年以下有期徒刑。本法另有规定的，依照规定。

二、玩忽职守罪

（一）概念及其构成

玩忽职守罪，是指国家机关工作人员严重不负责任，不履行或不正确地履行自己的工作职责，致使公共财产、国家和人民利益遭受重大损失的行为。

1. 客体要件

本罪侵犯的客体是国家机关的正常活动。由于国家机关工作人员对本职工作严重不负责，不遵纪守法，违反规章制度，玩忽职守，不履行应尽的职责义务，致使国家机关的某项具体工作遭到破坏，给国家、集体和人民利益造成严重损害，从而危害了国家机关的正常活动。本罪侵犯的对象可以是公共财产或者公民的人身及其财产。

2. 客观要件

本罪在客观方面表现为国家机关工作人员违反工作纪律、规章制度，擅离职守，不尽职责义务，或者不正确履行职责义务，致使公共财产、国家和人民利益遭受重大损失的行为。

(1)必须有违反国家工作纪律和规章制度，玩忽职守的行为，包括作为和不作为。所谓玩忽职守的作为，是指国家工作人员不正确履行职责义务的行为。有的工作马马虎虎，草率从事，敷衍塞责，违令抗命，极不负责任。有的阳奉阴违，弄虚作假，欺上瞒下，胡作非为等。所谓玩忽职守的不作为，是指国家工作人员不尽职责义务的行为，即对于自己应当履行的，而且也有条件履行的职责，不尽自己应尽的职责义务。有的擅离职守，撒手不管；有的虽然未离职守，但却不尽职责，该管不管，该作不作，听之任之等。

由于各个机关、单位都有自己的活动原则、组织纪律和规章制度，以及工作人员的职责和权利、义务，这些都是必须遵守的工作纪律和规章制度。有关的国家机关工作人员只有违反了这些工作纪律和规章制度，才能成为玩忽职守的行为。因此，玩忽职守的行为方式多样，涉及面广，在不同的领域、不同的部门，有不同的规定。例如：在粮食保护、防火护林、商品检验、食品卫生、文物保护、防止伤亡事故及金融管理等方面，对玩忽职守行为以及依法应予追究的情况，本节和有关单行法规都有明确具体的规定。因此在处理某个具体玩忽职守案件时，必须严格按照本节和有关法律规定，对照实际情况，实事求是地进行分析，这是认定构成各个方面玩忽职守罪的具体依据。

（2）必须具有因玩忽职守，致使公共财产、国家和人民利益造成重大损失的结果。所谓重大损失，是指给国家和人民造成的重大物质性损失和非物质性损失。物质性损失一般是指人身伤亡和公私财物的重大损失，是确认玩忽职守犯罪行为的重要依据；非物质性损失是指严重损害国家机关的正常活动和声誉等。认定是否重大损失，应根据司法实践和有关规定，对所造成的物质性和非物质性损失的实际情况，并按直接责任人员的职权范围全面分析，以确定应承担责任的大小。

根据《最高人民检察院关于渎职侵权犯罪案件立案标准的规定》的规定，涉嫌下列情形之一的，应予立案：

①造成死亡1人以上，或者重伤3人以上，或者重伤2人、轻伤4人以上，或者重伤1人、轻伤7人以上，或者轻伤10人以上的；

②导致20人以上严重中毒的；

③造成个人财产直接经济损失15万元以上，或者直接经济损失不满15万元，但间接经济损失75万元以上的；

④造成公共财产或者法人、其他组织财产直接经济损失30万元以上，或者直接经济损失不满30万元，但间接经济损失150万元以上的；

⑤虽未达到3、4两项数额标准，但3、4两项合计直接经济损失30万元以上，或者合计直接经济损失不满30万元，但合计间接经济损失150万元以上的；

⑥造成公司、企业等单位停业、停产1年以上，或者破产的；

⑦海关、外汇管理部门的工作人员严重不负责任，造成100万美元以上外汇被骗购或者逃汇1000万美元以上的；

⑧严重损害国家声誉，或者造成恶劣社会影响的；

⑨其他致使公共财产、国家和人民利益遭受重大损失的情形。

国家机关工作人员玩忽职守，符合刑法第九章所规定的特殊渎职罪构成要件的，按照该特殊规定追究刑事责任；主体不符合刑法第九章所规定的特殊渎职罪的主体要件，但玩忽职守涉嫌前款第1

项至第 9 项规定情形之一的，按照刑法第 397 条的规定以玩忽职守罪追究刑事责任。

公共财产的重大损失，通常是指渎职行为已经造成的重大经济损失。在司法实践中，有以下情形之一的，虽然公共财产作为债权存在，但已无法实现债权的，可以认定为行为人的渎职行为造成了经济损失：①债务人已经法定程序被宣告破产；②债务人潜逃，去向不明；③因行为人责任，致使超过诉讼时效；④有证据证明债权无法实现的其他情况。

（3）玩忽职守行为与造成的重大损失结果之间，必须具有刑法上的因果关系，这是确定刑事责任的客观基础。玩忽职守行为与造成的严重危害结果之间的因果关系错综复杂，有直接原因，也有间接原因；有主要原因，也有次要原因；有领导者的责任，也有直接责任人员的过失行为。构成本罪，应当追究刑事责任的，则是指玩忽职守行为与造成的严重危害结果之间有必然因果联系的行为，否则，一般不构成玩忽职守罪，而是属于一般工作上的错误问题，应由行政主管部门处理。

3．主体要件

本罪的主体是国家机关工作人员。国家机关是指国家权力机关、国家行政机关和国家司法机关，因此，国家机关工作人员，是指在各级人大及其常委会、各级人民政府、各级人民法院和人民检察院中依法从事公务的人员。

4．主观要件

本罪在主观方面由过失构成，故意不构成本罪，也就是说，行为人对于其行为所造成重大损失结果，在主观上并不是出于故意而是由于过失造成的。也就是他应当知道自己擅离职守或者在职守中马虎从事对待自己的职责，可能会发生一定的社会危害结果，但是他疏忽大意而没有预见，或者是虽然已经预见到可能会发生，但他凭借着自己的知识或者经验而轻信可以避免，以致发生了造成严重损失的危害结果。行为人主观上的过失是针对造成重大损失的结果而言，但并不排斥行为人对违反工作纪律和规章制度或对自己的作为和不作为行为则可能是故意的情形。如果行为人在主观上对于危害结果的发生不是出于过失，而是出于故意，不仅预见到，而且希望或者放任它的发生，那就不属于玩忽职守的犯罪行为，而构成其他的故意犯罪。

（二）认定

1. 在处理玩忽职守案件中，要注意把握玩忽职守罪与工作失误的界限

因工作失误往往也会给国家和人民的利益造成重大损失，在这一点上与本罪相同之处。但两者有严格的区别：

（1）客观行为特征不同。工作失误，行为人是认真履行自己的职责义务；而玩忽职守罪则表现为行为人不履行或不正确履行自己的职责义务。

（2）导致发生危害结果的原因不同。工作失误，是由于制度不完善，一些具体政策界限不清，管理上存在弊端，以及由于国家工作人员文化水平不高，业务素质较差，缺乏工作经验，因而计划不周，措施不当，方法不对，以致在积极工作中发生错误，造成国家和人民利益遭受重大损失。而玩忽职守罪，则是违反工作纪律和规章，严重官僚主义，对工作极端不负责任等行为造成国家和人民利益遭受重大损失。在当前经济改革，对外开放，对内搞活的实践过程中，出现一些失误，造成某些严重的损失是难免的，这主要是总结经验教训的问题，必须与玩忽职守罪严格区别开来。但对于那些在国家法律政策不允许的情况下，借口改革，盲目决策，管理混乱，给国家和人民的利益造成重大损失的，绝不能以工作失误来蒙混过关，逃避罪责。

2. 区分滥用职权与玩忽职守的界限

滥用职权是行为人意识到自己在行使权力，不该用而用，该用而不用，因而超越职权而滥用职权的行为；而玩忽职守则为行为人意识到自己是履行职责，由于各种原因而不履行职责或不认真履行职责。

因此，完全的擅离职守不会理解为滥用职权。只有在履行职责的过程中，滥用职权才会与玩忽职守发生竞合，不易区分，关键还是要看行为人的主观态度，即滥用职权者认识到自己是在滥用职权，明知不该用，该用而不用，因此，对危害结果则是采取放任的间接故意；而后者则意识到自己在履行职责，该履行而不履行或不认真地履行，其对危害结果，则是出于过失。有时候，玩忽职守与滥用职权的行为结伴而行，这时要认定其性质，则更要看行为人对危害结果的认识程度，如出于间接故意，则属滥用职权，否则则为玩忽职守。

（三）处罚

犯本罪的，处三年以下有期徒刑或者拘役；情节特别严重的，处三年以上七年以下有期徒刑。本法另有规定的，依照规定。

根据本条第2款规定，徇私舞弊犯本罪的，处五年以下有期徒刑或者拘役；情节特别严重的，处五年以上十年以下有期徒刑。本法另有规定的，依照规定。

玩忽职守行为造成的重大损失当时没有发生，而是玩忽职守行为之后一定时间发生的，应从危害结果发生之日起计算玩忽职守罪的追诉期限。

三、矿山安全生产管理中的渎职犯罪

据统计，2006年1月至12月20日，全国检察机关派员参与行政机关对重大安全生产责任事故调查1383件，通过调查发现并立案查办涉嫌读职等职务犯罪案件629人。因此，遏制矿山事故，保障矿山生产安全，必须进一步加大力度、突出重点，依法惩治重大安全生产责任事故涉及的职务犯罪。

（一）《最高人民法院、最高人民检察院关于办理危害矿山生产安全刑事案件具体应用法律若干问题的解释》第9条明确了国家机关工作人员危害矿山生产安全的滥用职权或者玩忽职守行为

一是对不符合矿山法定安全生产条件的事项予以批准或者验收通过的。如对不符合国家规定的资质条件、开采方案、技术条件、法定安全生产条件的事项予以批准或者验收通过。二是对于未依法取

得批准、验收的矿山生产经营单位擅自从事生产经营活动不依法予以处理的。如未依法取得五证之一以及持有无效证件，不依法责令停止生产、强制关闭、吊销许可证及营业执照或者提请政府及有关主管部门责令关闭、吊销许可证及营业执照等。三是对于已经依法取得批准的矿山生产经营单位不再具备安全生产条件而不撤销原批准或者发现违反安全生产法律法规的行为不予查处的。如，地方人民政府和有关主管部门拖延、擅自变更或者拒不执行关闭矿山决定的；地方人民政府和有关主管部门对煤矿安全监察部门提出的关闭矿山、吊销许可意见，没有法定理由，不依法决定关闭和吊销许可，搁置不理的。四是强令审核、验收部门及其工作人员对不符合矿山法定安全生产条件的事项予以批准或者验收通过，或者实施其他阻碍下级部门及其工作人员依法履行矿山安全生产监督管理职责行为的；五是在矿山生产安全事故发生后，负有报告职责的国家机关工作人员不报或者谎报事故情况，贻误事故抢救的；六是其他危害矿山生产安全的滥用职权或者玩忽职守的行为。

（二）明确了国家工作人员犯罪从重处罚的原则

实践中，少数国家工作人员违反规定投资人股矿山企业，成为矿山企业的实际控制人、投资人，构成重大责任事故罪或重大劳动安全事故罪等犯罪，或因入股投资矿山企业而在矿山企业的监督管理、重大安全生产事故处理等问题上滥用职权、玩忽职守，包庇、纵容矿山企业的非法采矿行为，甚至为投资入股矿山企业而贪污受贿构成犯罪。针对这种日益严重的现实状况，考虑到国家工作人员因其身份的特殊性有着更高更明确的职务要求，其违反规定投资入股矿山企业并构成有关犯罪的，社会危害性较一般主体的社会危害性更大，根据罪责刑相适应原则和本法第 61 条的规定，应从重处罚。同时，考虑到《最高人民法院、最高人民检察院关于办理危害矿山生产安全刑事案件具体应用法律若干问题的解释》主要围绕矿山生产安全，对国家工作人员从重处罚的犯罪应有所限制，因而《最高人民法院、最高人民检察院关于办理危害矿山生产安全刑事案件具体应用法律若干问题的解释》第11条规定，国家工作人员违反规定投资入股矿山生产经营，构成本解释涉及的有关犯罪的，作为从重情节依法处罚。

四、机动车登记渎职行为的认定与处罚

《最高人民法院、最高人民检察院关于办理与盗窃、抢劫、诈骗、抢夺机动车相关刑事案件具体应用法律若干问题的解释》第3条第1款规定："国家机关工作人员滥用职权，有下列情形之一，致使盗窃、抢劫、诈骗、抢夺的机动车被办理登记手续，数量达到三辆以上或者价值总额达到三十万元以上的，依照刑法第三百九十七条第一款的规定，以滥用职权罪定罪，处三年以下有期徒刑或者拘役：（一）明知是登记手续不全或者不符合规定的机动车而办理登记手续的；（二）指使他人为明知是登记手续不全或者不符合规定的机动车办理登记手续的；（三）违规或者指使他人违规更改、调换车辆档案的；（四）其他滥用职权的行为。"该款解释了车管所等国家机关工作人员实施的滥用职权犯罪。这些人员主观方面属于故意，起码是间接故意。这些人员有下列情形之一，致使盗窃、抢劫、诈骗、抢夺的机动车被办理登记手续，数量达到3辆以上或者价值总额达到30万元以上的，就应当依照刑法本条第1款的规定，以滥用职权罪定罪，处三年以下有期徒刑或者拘役：（1）明知是登记手续不全或者不符合规定的机动车而办理登记手续的；（2）指使他人为明知是登记手续不全或者不符合规定的机动车办理登记手续的；（3）违规或者指使他人违规更改、调换车辆档案的；（4）其他滥用职权的行为。

《最高人民法院、最高人民检察院关于办理与盗窃、抢劫、诈骗、抢夺机动车相关刑事案件具体应用法律若干问题的解释》第3条第2款规定："国家机关工作人员疏于审查或者审查不严，致使盗窃、抢劫、诈骗、抢夺的机动车被办理登记手续，数量达到五辆以上或者价值总额达到五十万元以上的，依照刑法第三百九十七条第一款的规定，以玩忽职守罪定罪，处三年以下有期徒刑或者拘役。"该款规定了车管所等国家机关工作人员的玩忽职守犯罪。这些人员主观方面是过失，其疏于审查或者审查不严，致使盗窃、抢劫、诈骗、抢夺的机动车被办理登记手续，数量达到5辆以上或者价值总额达到50万元以上的，就应当依照刑法本条第1款的规定，以玩忽职守罪定罪，处三年以下有期徒刑或者拘役。

《最高人民法院、最高人民检察院关于办理与盗窃、抢劫、诈骗、抢夺机动车相关刑事案件具体应用法律若干问题的解释》第3条第3款规定："国家机关工作人员实施前两款规定的行为，致使盗窃、抢劫、诈骗、抢夺的机动车被办理登记手续，分别达到前两款规定数量、数额标准五倍以上的，或者明知是盗窃、抢劫、诈骗、抢夺的机动车而办理登记手续的，属于刑法第三百九十七条第一款规定的'情节特别严重'，处三年以上七年以下有期徒刑。"该款规定了车管所等国家机关工作人员滥用职权或者玩忽职守犯罪"情节特别严重"的认定和处罚标准。这些人员实施前两款规定的行为，致使盗窃、抢劫、诈骗、抢夺的机动车被办理登记手续，分别达到前两款规定数量、数额标准5倍以上的，属于本条第1款规定的"情节特别严重"，处三年以上七年以下有期徒刑。

需要注意的是，第3款中规定车管所等国家机关工作人员"明知是盗窃、抢劫、诈骗、抢夺的机动车而办理登记手续的"，直接就属于本条第1款规定的滥用职权罪的"情节特别严重"，应当处三年以上七年以下有期徒刑。这种情形是车管所等国家机关工作人员与盗抢机动车的犯罪分子没有通谋的情况下的定罪处罚问题。如果事前与盗抢机动车的犯罪分子通谋的，就应当按照盗抢犯罪的共犯论处。

第三百九十八条 （故意泄露国家秘密罪、过失泄露国家秘密罪）

国家机关工作人员违反保守国家秘密法的规定，故意或者过失泄露国家秘密，情节严重的，处三年以下有期徒刑或者拘役；情节

特别严重的，处三年以上七年以下有期徒刑。

非国家机关工作人员犯前款罪的，依照前款的规定酌情处罚。

［相关规定］　**《中华人民共和国保守国家秘密法》**　（见第111条相关规定）

［相关规定］　**《中华人民共和国法官法》**　（2001年6月30日第九届全国人民代表大会常务委员会第二十二次会议修正）（节录）

第三十二条　法官不得有下列行为：

（一）散布有损国家声誉的言论，参加非法组织，参加旨在反对国家的集会、游行、示威等活动，参加罢工；

（二）贪污受贿；

（三）徇私枉法；

（四）刑讯逼供；

（五）隐瞒证据或者伪造证据；

（六）泄露国家秘密或者审判工作秘密；

（七）滥用职权，侵犯自然人、法人或者其他组织的合法权益；

（八）玩忽职守，造成错案或者给当事人造成严重损失；

（九）拖延办案，贻误工作；

（十）利用职权为自己或者他人谋取私利；

（十一）从事营利性的经营活动；

（十二）私自会见当事人及其代理人，接受当事人及其代理人的请客送礼；

（十三）其他违法乱纪的行为。

第三十三条　法官有本法第三十二条所列行为之一的，应当给予处分；构成犯罪的，依法追究刑事责任。

[相关规定] **《中华人民共和国检察官法》**（2001 年 6 月 30 日第九届全国人民代表大会常务委员会第二十二次会议修正）（节录）

第三十五条 检察官不得有下列行为：

（一）散布有损国家声誉的言论，参加非法组织，参加旨在反对国家的集会、游行、示威等活动，参加罢工；

（二）贪污受贿；

（三）徇私枉法；

（四）刑讯逼供；

（五）隐瞒证据或者伪造证据；

（六）泄露国家秘密或者检察工作秘密；

（七）滥用职权，侵犯自然人、法人或者其他组织的合法权益；

（八）玩忽职守，造成错案或者给当事人造成严重损失；

（九）拖延办案，贻误工作；

（十）利用职权为自己或者他人谋取私利；

（十一）从事营利性的经营活动；

（十二）私自会见当事人及其代理人，接受当事人及其代理人的请客送礼；

（十三）其他违法乱纪的行为。

第三十六条 检察官有本法第三十五条所列行为之一的，应当给予处分；构成犯罪的，依法追究刑事责任。

[相关规定] **《中华人民共和国中国人民银行法》**（2003 年 12 月 27 日第十届全国人民代表大会常务委员会第六次会议通过修正）（节录）

第五十条 中国人民银行的工作人员泄露国家秘密或者所知悉的商业秘密，构成犯罪的，依法追究刑事责任；尚不构成犯罪的，依法给予行政处分。

[相关规定] **《中华人民共和国地图编制出版管理条例》**（1995年7月10日国务院发布）（节录）

第三条 编制出版地图，必须遵守保密法律、法规。

公开地图不得表示任何国家秘密和内部事项。

第二十条 保密地图和内部地图不得以任何形式公开出版、发行或者展示。

第二十八条 违反本条例规定，公开地图泄露国家秘密，或者产生危害国家主权或者安全、损害国家利益的其他后果的，对负有直接责任的主管人员和其他直接责任人员依法给予行政处分；构成犯罪的，依法追究刑事责任。

[相关规定] **《国家秘密技术出口审查规定》**（1998年10月30日科学技术部、国家保密局发布）（节录）

第二条 本规定所称的国家秘密技术，是指经科学技术部、国家保密局审查、确认并在特定范围内发布的《国家秘密技术项目通告》中的项目。

依照《科学技术保密规定》，由产生单位确定为国家秘密技术，并在上报、审查过程中的项目，适用本规定。

第五条 国家秘密技术出口保密审查、审批机构及权限：

（一）绝密级国家秘密技术禁止出口。

（二）机密级国家秘密技术，由申请单位按行政隶属关系经省、自治区、直辖市、计划单列市或国务院各部委、直属机构的科技保密管理机构审查同意后，报科学技术部审批。

（三）秘密级国家秘密技术，由申请单位按行政隶属关系上报省、自治区、直辖市、计划单列市或国务院各部委、直属机构的科技保密管理机构审批，报科学技术部备案。

第十四条 违反本规定，未经批准、许可出口国家秘密技术，或擅自超出批准、许可范围，或在申请出口时弄虚作假，致使国家秘密泄露的，依法追究有关责任人的法律责任。

[相关规定]　**《科学技术保密规定》**　（1995年1月6日国家科委、国家保密局发布）（节录）

第七条　关系国家的安全和利益，一旦泄露会造成下列后果之一的科学技术，应当列入国家科学技术秘密范围：

（一）削弱国家的防御和治安能力；

（二）影响我国技术在国际上的先进程度；

（三）失去我国技术的独有性；

（四）影响技术的国际竞争能力；

（五）损害国家声誉、权益和对外关系。

第二十一条　在对外科学技术交流合作中，确需对外提供国家科学技术秘密的，应当按照国家有关规定办理审批手续。

因工作确需携运国家科学技术秘密资料、物品出境，应当按照国家有关规定进行保密审查，并办理出境手续。

第二十二条　接待境外人员参观国家科学技术秘密事项，应当由接待单位按照行政隶属关系报省、自治区、直辖市的科技主管部门或者中央国家机关各部门的科技主管机构审查批准。

第二十九条　绝密级国家秘密技术在保密期限内不得申请专利或者保密专利。

机密级、秘密级国家秘密技术在保密期限内可申请保密专利，但机密级的应当报国家科委批准，秘密级的应当报省、自治区、直辖市的科技主管部门或者中央国家机关各部门的科技主管机构批准。

机密级、秘密级国家秘密技术申请专利或者由保密专利转为专利的，应当按照本规定第十四条的规定先行办理解密手续。

第三十条　各级机关、单位对于为科学技术保密工作做出贡献、成绩显著的集体和个人，应当给予奖励；对于违反国家保密法规的行为，应当给予批评教育；对于情节严重，给国家安全和利益造成损害的，应当依照有关法律、法规给予有关责任人员以行政处分，触犯刑律的，交由司法机关追究其刑事责任。

［相关规定］　**《最高人民法院、最高人民检察院关于办理组织和利用邪教组织犯罪案件具体应用法律若干问题的解释（二）》**（2001年6月11日起施行）（节录）

第八条　邪教组织人员为境外窃取、刺探、收买、非法提供国家秘密、情报的，以窃取、刺探、收买方法非法获取国家秘密的，非法持有国家绝密、机密文件、资料、物品拒不说明来源与用途的，或者泄露国家秘密情节严重的，分别依照刑法第一百一十一条为境外窃取、刺探、收买、非法提供国家秘密、情报罪，第二百八十二条第一款非法获取国家秘密罪，第二百八十二条第二款非法持有国家绝密、机密文件、资料、物品罪，第三百九十八条故意泄露国家秘密罪、过失泄露国家秘密罪的规定定罪处罚。

［相关规定］　**《最高人民检察院关于渎职侵权犯罪案件立案标准的规定》**（2006年7月26日　高检发释字〔2006〕2号）（节录）

一、渎职犯罪案件

（三）故意泄露国家秘密案（第三百九十八条）

故意泄露国家秘密罪是指国家机关工作人员或者非国家机关工作人员违反保守国家秘密法，故意使国家秘密被不应知悉者知悉，或者故意使国家秘密超出了限定的接触范围，情节严重的行为。

涉嫌下列情形之一的，应予立案：

1. 泄露绝密级国家秘密1项（件）以上的；
2. 泄露机密级国家秘密2项（件）以上的；
3. 泄露秘密级国家秘密3项（件）以上的；

4. 向非境外机构、组织、人员泄露国家秘密，造成或者可能造成危害社会稳定、经济发展、国防安全或者其他严重危害后果的；

5. 通过口头、书面或者网络等方式向公众散布、传播国家秘密的；

6. 利用职权指使或者强迫他人违反国家保守秘密法的规定泄露国家秘密的；

7. 以牟取私利为目的泄露国家秘密的；

8. 其他情节严重的情形。

（四）过失泄露国家秘密案（第三百九十八条）

过失泄露国家秘密罪是指国家机关工作人员或者非国家机关工作人员违反保守国家秘密法，过失泄露国家秘密，或者遗失国家秘密载体，致使国家秘密被不应知悉者知悉或者超出了限定的接触范围，情节严重的行为。

涉嫌下列情形之一的，应予立案：

1. 泄露绝密级国家秘密1项（件）以上的；

2. 泄露机密级国家秘密3项（件）以上的；

3. 泄露秘密级国家秘密4项（件）以上的；

4. 违反保密规定，将涉及国家秘密的计算机或者计算机信息系统与互联网相连接，泄露国家秘密的；

5. 泄露国家秘密或者遗失国家秘密载体，隐瞒不报、不如实提供有关情况或者不采取补救措施的；

6. 其他情节严重的情形。

【释解】

本条是关于故意泄露国家秘密罪、过失泄露国家秘密罪的规定。

一、故意泄露国家秘密罪

（一）概念及其构成

故意泄露国家秘密罪，是指国家机关工作人员违反国家保密法的规定，故意泄露国家秘密，情节严重的行为。

1. 客体要件

本罪侵犯的客体是国家的保密制度。国家秘密，是关系到国家安全和利益，依照法律规定的程序确定，在一定时间内只限于一定范围的人员知晓的事项。保守国家秘密是一切国家机关、武装力量、政党、社会团体、企业事业单位和每个公民对国家应尽的义务，它是一项维护国家安全和利益、保卫和促进社会主义建设事业发展的重要工作。任何泄露国家机密的行为，都会给国家的安全和人民的利益造成严重危害。因此，我们必须坚决同一切泄露国家秘密的行为作斗争。

本罪的犯罪对象是国家秘密。国家秘密，根据保守国家秘密法第8条，主要包括：(1) 国家事务的重大决策中的秘密事项；(2) 国防建设和武装力量活动中的秘密事项；(3) 外交和外事活动中的秘密事项以及对外承担保密义务的事项；(4) 国民经济和社会发展中的秘密事项；(5) 科学技术中的秘密事项；(6) 维护国家安全活动和追查刑事犯罪中的秘密事项；(7) 其他经国家保密工作部门确定应当保守的国家秘密事项。另外，政党的秘密事项符合国家秘密性质的，也属于国家秘密。至于具体的保密范围，则由各机关、各单位根据上述规定具体划定，并且根据该法第9条规定的秘密程度分类。

依照保守国家秘密法第9条的规定，国家秘密的密级分为“绝密”、“机密”、“秘密”三级。“绝密”是最重要的国家秘密，泄露会使国家的安全和利益遭受特别严重的损害；机密是重要的国家秘密，泄露会使国家的安全和利益遭受严重的损害；“秘密”是一般的国家秘密，泄露会使国家的安全和利益遭受损害。作为本罪的对象的秘密，则只要是国家的秘密级的秘密即可。

2. 客观要件

本罪在客观方面，行为人必须具有违反国家保密法的规定，故意泄露国家秘密，情节严重的行为。所谓国家保密法，主要是1988

年9月5日全国人大常委会通过，并于1989年5月1日起施行的《中华人民共和国保守国家秘密法》，以及1990年5月25日颁布并实施的《中华人民共和国保守国家秘密法实施办法》。各个有关的国家机关，依据国家保密法所规定的保密范围、保密制度和职责、要求，结合本部门、本单位的实际情况所作的具体保密规定，都是国家保密法的具体实施规定，违反了这些具体实施规定的，必然违反保密法规，所以在审判实践中都认为属于违反国家保密法的行为。

所谓泄露，就是行为人把自己掌管的或者知道的国家秘密让不应该知道的人知道。泄露行为的方式可以是多种多样的。可以是口头泄露，也可以是书面泄露；可以是用交实物的方法泄露，也可以是用密写、影印、拍摄、复制等方法泄露。泄露的不同方式，不影响泄露国家秘密罪的成立。但是，如果是敌人或者他人以盗窃、侦察、破译、遥测等方式获取了秘密，因而造成的泄露，而本人没有违反保密法规定，不属于泄露国家秘密罪的行为，不能据此而追究主管、经管该项秘密的人员或其他有关人员的泄密责任。

按照本条规定，泄露国家秘密，必须是情节严重的，才构成犯罪。

根据《最高人民检察院关于渎职侵权犯罪案件立案标准的规定》的规定，涉嫌下列情形之一的，应予立案：

（1）泄露绝密级国家秘密1项（件）以上的；

（2）泄露机密级国家秘密2项（件）以上的；

（3）泄露秘密级国家秘密3项（件）以上的；

（4）向非境外机构、组织、人员泄露国家秘密，造成或者可能造成危害社会稳定、经济发展、国防安全或者其他严重危害后果的；

（5）通过口头、书面或者网络等方式向公众散布、传播国家秘密的；

（6）利用职权指使或者强迫他人违反国家保守秘密法的规定泄露国家秘密的；

（7）以牟取私利为目的泄露国家秘密的；

(8) 其他情节严重的情形。

3. 主体要件

本罪的主体一般情况下为特殊主体，只有国家机关工作人员才能构成本罪。因为通常情况只有国家机关工作人员才能掌握、了解国家秘密。非国家机关工作人员也可构成本罪，但性质上不属于渎职罪，为方便起见本法在条文中作统一规定予以定罪处罚。

4. 主观要件

本罪在主观方面表现为故意，过失不能构成本罪。其动机则多种多样，如为了显示自己消息灵通而加以炫耀；为了贪图私利而加以出售；因贪恋女色或碍于情面而泄露；被威胁利诱而提供等等。

(二) 认定

1. 本罪与非罪的界限

构成本罪，不仅要有泄露国家秘密的行为，而且必须达到情节严重的程度。如果不属情节严重，即使具有泄露行为亦不可能以本罪论处。情节严重与否，则应从泄露国家秘密的密级程度，泄露的次数、时间、后果、目的、动机以及行为人泄露后的前后表现、态度等全面地进行分析，综合地加以判断。根据保守国家秘密法实施办法第30条规定，对泄露国家秘密尚不够刑事处罚，有下列情节之一的，应当从重给予行政处分：(1) 泄露国家秘密又造成损害后果的；(2) 以谋取私利为目的泄露国家秘密的；(3) 泄露国家秘密危害不大但次数较多或数量较大的；(4) 利用职权强制他人违反保密规定的；等等。其第32条规定，泄露秘密级的国家秘密，情节轻微的，可以酌情免予或者从轻给予行政处分；泄露机密级国家秘密，情节轻微的，可酌情从轻给予行政处分，也可以免予行政处分；泄露绝密级国家秘密，情节特别轻微的，可以酌情从轻给予行政处分。这样，情节是否严重可以比照上述标准加以认定，如泄露国家秘密造成严重后果的；利用先进手段大量泄露国家秘密的；多次泄露国家秘密危害较大的等等，就可以认定构成本罪的情节严重从而以本罪治罪。

2．行为人非法获取国家秘密后又故意加以泄露的，不实行数罪并罚，对之应依照其中的一罪从重处罚

由于非法获取国家秘密属于行为犯，不以情节严重为必要，因此，宜以非法获取国家秘密罪从重论处。

3．区分本罪与为境外窃取、刺探、收买、非法提供国家秘密或情报罪的界限

（1）犯罪客体不同。本罪侵犯的是国家秘密制度，后罪是危害国家安全的犯罪。

（2）犯罪对象不同。后者的服务对象是境外机构、组织、人员，带有很强烈的政治含义。而泄露国家秘密罪的获密对象是“不该知道的人”，不限于境外机构、组织、人员。

4．区分本罪与故意泄露军事秘密罪的界限

故意泄露军事秘密罪是指违反保守国家秘密法规，故意泄露国家军事秘密，情节严重的行为。保守国家秘密的法规，主要是指保守国家秘密法中有关保守国家军事秘密的规定。1978 年 1 月中央军委颁发的《中国人民解放军保守国家军事机密条例》、1980 年国防科委颁发的《国防尖端技术保密规定》等。只有违反了这些法规的行为，才可能构成泄露国家军事秘密罪。

故意泄露军事秘密罪与本罪的主要区别是：

（1）犯罪主体不同。故意泄露军事秘密罪的主体限于军人，而泄露国家秘密罪的主体包括达到刑事责任年龄、具有刑事责任能力的所有自然人。

（2）犯罪客体不同。故意泄露军事秘密罪侵害的客体是国家的国防安全和军事利益，这是本罪与故意泄露军事秘密罪的主要区别所在。

（3）犯罪客观方面表现不同。故意泄露军事秘密罪的行为发生在战时，法律明文规定了独立的法定刑，提高了量刑幅度。而泄露国家秘密罪中，战时仅可作为衡量情节严重与否的一个因素。

军人泄露军事秘密的，应以特别法条规定的故意泄露军事秘密

罪治罪。非军人泄露军事秘密，构成犯罪的，仍是本罪，而不是后罪。

（三）处罚

犯本罪的，处三年以下有期徒刑或者拘役；情节特别严重的，处三年以上七年以下有期徒刑。

非国家机关工作人员犯本罪的，依照上述规定酌情处罚。

根据《最高人民法院、最高人民检察院关于办理组织和利用邪教组织犯罪案件具体应用法律若干问题的解释（二）》的规定，邪教组织人员为境外窃取、刺探、收买、非法提供国家秘密、情报的，以窃取、刺探、收买方法非法获取国家秘密的，非法持有国家绝密、机密文件、资料、物品拒不说明来源与用途的，或者泄露国家秘密情节严重的，分别依照本法第111条为境外窃取、刺探、收买、非法提供国家秘密、情报罪，第282条第1款非法获取国家秘密罪，第282条第2款非法持有国家绝密、机密文件、资料、物品罪，第398条故意泄露国家秘密罪、过失泄露国家秘密罪的规定定罪处罚。

二、过失泄露国家秘密罪

（一）概念及其构成

过失泄露国家秘密罪，是指国家机关工作人员违反保守国家秘密法的规定，过失泄露国家秘密，情节严重的行为。

1. 客体要件

本罪所侵害的客体是国家保密制度。我国宪法规定，保守国家秘密，是每个公民应尽的义务。因此，一切公民，特别是国家工作人员，必须严格遵守国家的保密制度。所谓国家保密制度，是指有关保守国家秘密的法律、法规、规章、办法、措施所规定的国家秘密事项、保密范围以及有关制度的总称。犯罪对象是国家秘密。关于国家秘密的范围、密级，请参见关于故意泄露国家秘密罪的释解。

2. 客观要件

本罪在客观方面表现为违反国家保密法的规定，过失泄露国家秘密，情节严重的行为。所谓违反国家保密法的规定，主要是指违反全国人大常委会于1988年9月5日通过并于1989年5月1日施行的保守国家秘密法及国务院1990年4月25日颁布的保守国家秘密法实施办法等有关规定。如果没有违反国家有关保密法规，而是让应当知道的人知悉或依法公开，自然不可能以过失泄露国家秘密罪论处。所谓过失泄露，是指过失地使国家秘密让不该知道的人知道，既包括使国家秘密被不应知悉的人知悉，又包括使国家秘密超过了限定的接触范围，而不能证明未被不应知悉者知悉。对于后者，如果能够证明接触者并不知悉国家秘密的内容，则不能以本罪治罪。至于过失泄露的具体方式可多种多样，既可以是口头过失泄露，又可以是书面过失泄露；既可以当众过失泄露，又可以单个过失泄露甚至不当面过失泄露；既可以交付原物的方式过失泄露，又可以采用密写、影印、拍摄、复印等方式过失泄露；等等，不论其方式如何，只要让不该知道的人知道或者接触了国家秘密，即可构成本罪。

根据《最高人民检察院关于渎职侵权犯罪案件立案标准的规定》的规定，涉嫌下列情形之一的，应予立案：

（1）泄露绝密级国家秘密1项（件）以上的；

（2）泄露机密级国家秘密3项（件）以上的；

（3）泄露秘密级国家秘密4项（件）以上的；

（4）违反保密规定，将涉及国家秘密的计算机或者计算机信息系统与互联网相连接，泄露国家秘密的；

（5）泄露国家秘密或者遗失国家秘密载体，隐瞒不报、不如实提供有关情况或者不采取补救措施的；

（6）其他情节严重的情形。

3．主体要件

本罪的主体一般情况下为特殊主体，只有国家机关工作人员才能构成本罪。因为通常情况只有国家机关工作人员才能掌握、了解国家秘密。根据本条第2款的规定，非国家机关工作人员，亦可构成本罪，而成为本罪主体。

4．主观要件

本罪在主观方面表现为过失，如果出于故意，则不是构成本罪，而是构成故意泄露国家秘密罪。过失，一般是因为疏忽大意、工作马虎、玩忽职守、违反保守国家秘密的有关规章制度等造成，如将保密文件不按规定放置而让他人看见，不认真保管致使丢失等，但也不排除出于过于自信的过失。

（二）认定

1. 行为人非法获取国家秘密后又加以过失泄露的，不实行数罪并罚，对之应依照其中的一罪从重处罚。由于非法获取国家秘密属于行为犯，不以情节严重为必要，因此，宜以非法获取国家秘密罪从重论处。

2. 军人过失泄露军事秘密的，应以特别法条规定的军人过失泄露军事秘密罪治罪。非军人过失泄露军事秘密，构成犯罪的，仍是本罪，而不是后罪。

（三）处罚

犯本罪的，处三年以下有期徒刑或者拘役；情节特别严重的，处三年以上七年以下有期徒刑。

根据本条第2款规定，非国家机关工作人员犯前款罪的，依照上述规定酌情处罚。

第三百九十九条　（徇私枉法罪、民事、行政枉法裁判罪、执行判决、裁定失职罪、执行判决、裁定滥用职权罪）

司法工作人员徇私枉法、徇情枉法，对明知是无罪的人而使他受追诉、对明知是有罪的人而故意包庇不使他受追诉，或者在刑事审判活动中故意违背事实和法律作枉法裁判的，处五年以下有期徒刑或者拘役；情节严重的，处五年以上十年以下有期徒刑；情节特别严重的，处十年以上有期徒刑。

在民事、行政审判活动中故意违背事实和法律作枉法裁判，情节严重的，处五年以下有期徒刑或者拘役；情节特别严重的，处五年以上十年以下有期徒刑。

在执行判决、裁定活动中，严重不负责任或者滥用职权，不依法采取诉讼保全措施、不履行法定执行职责，或者违法采取诉讼保全措施、强制执行措施，致使当事人或者其他人的利益遭受重大损失的，处五年以下有期徒刑或者拘役；致使当事人或者其他人的利益遭受特别重大损失的，处五年以上十年以下有期徒刑。

司法工作人员收受贿赂，有前三款行为的，同时又构成本法第三百八十五条规定之罪的，依照处罚较重的规定定罪处罚。①

［相关规定］ **《中华人民共和国法官法》**（2001年6月30日第九届全国人民代表大会常务委员会第二十二次会议修正）（节录）

第三十二条 法官不得有下列行为：

（一）散布有损国家声誉的言论，参加非法组织，参加旨在反对国家的集会、游行、示威等活动，参加罢工；

（二）贪污受贿；

（三）徇私枉法；

（四）刑讯逼供；

（五）隐瞒证据或者伪造证据；

（六）泄露国家秘密或者审判工作秘密；

（七）滥用职权，侵犯自然人、法人或者其他组织的合法权益；

（八）玩忽职守，造成错案或者给当事人造成严重损失；

（九）拖延办案，贻误工作；

（十）利用职权为自己或者他人谋取私利；

（十一）从事营利性的经营活动；

---

① 本条经《中华人民共和国刑法修正案（四）》（2002年12月28日）修正。原条文是："司法工作人员徇私枉法、徇情枉法，对明知是无罪的人而使他受追诉，对明知是有罪的人而故意包庇不使他受追诉，或者在刑事审判活动中故意违背事实和法律作枉法裁判的，处五年以下有期徒刑或者拘役；情节严重的，处五年以上十年以下有期徒刑；情节特别严重的，处十年以上有期徒刑。

在民事、行政审判活动中故意违背事实和法律作枉法裁判，情节严重的，处五年以下有期徒刑或者拘役；情节特别严重的，处五年以上十年以下有期徒刑。

司法工作人员贪赃枉法，有前两款行为的，同时又构成本法第三百八十五条规定之罪的，依照处罚较重的规定定罪处罚。"

（十二）私自会见当事人及其代理人，接受当事人及其代理人的请客送礼；

（十三）其他违法乱纪的行为。

第三十三条 法官有本法第三十二条所列行为之一的，应当给予处分；构成犯罪的，依法追究刑事责任。

［相关规定］ **《中华人民共和国检察官法》** （2001年6月30日第九届全国人民代表大会常务委员会第二十二次会议修正）（节录）

第三十五条 检察官不得有下列行为：

（一）散布有损国家声誉的言论，参加非法组织，参加旨在反对国家的集会、游行、示威等活动，参加罢工；

（二）贪污受贿；

（三）徇私枉法；

（四）刑讯逼供；

（五）隐瞒证据或者伪造证据；

（六）泄露国家秘密或者检察工作秘密；

（七）滥用职权，侵犯自然人、法人或者其他组织的合法权益；

（八）玩忽职守，造成错案或者给当事人造成严重损失；

（九）拖延办案，贻误工作；

（十）利用职权为自己或者他人谋取私利；

（十一）从事营利性的经营活动；

（十二）私自会见当事人及其代理人，接受当事人及其代理人的请客送礼；

（十三）其他违法乱纪的行为。

第三十六条 检察官有本法第三十五条所列行为之一的，应当给予处分；构成犯罪的，依法追究刑事责任。

［相关规定］　**《最高人民检察院关于渎职侵权犯罪案件立案标准的规定》**　（2006年7月26日　高检发释字〔2006〕2号）（节录）

一、渎职犯罪案件

（五）徇私枉法案（第三百九十九条第一款）

徇私枉法罪是指司法工作人员徇私枉法、徇情枉法，对明知是无罪的人而使他受追诉、对明知是有罪的人而故意包庇不使他受追诉，或者在刑事审判活动中故意违背事实和法律作枉法裁判的行为。

涉嫌下列情形之一的，应予立案：

1. 对明知是没有犯罪事实或者其他依法不应当追究刑事责任的人，采取伪造、隐匿、毁灭证据或者其他隐瞒事实、违反法律的手段，以追究刑事责任为目的立案、侦查、起诉、审判的；

2. 对明知是有犯罪事实需要追究刑事责任的人，采取伪造、隐匿、毁灭证据或者其他隐瞒事实、违反法律的手段，故意包庇使其不受立案、侦查、起诉、审判的；

3. 采取伪造、隐匿、毁灭证据或者其他隐瞒事实、违反法律的手段，故意使罪重的人受较轻的追诉，或者使罪轻的人受较重的追诉的；

4. 在立案后，采取伪造、隐匿、毁灭证据或者其他隐瞒事实、违反法律的手段，应当采取强制措施而不采取强制措施，或者虽然采取强制措施，但中断侦查或者超过法定期限不采取任何措施，实际放任不管，以及违法撤销、变更强制措施，致使犯罪嫌疑人、被告人实际脱离司法机关侦控的；

5. 在刑事审判活动中故意违背事实和法律，作出枉法判决、裁定，即有罪判无罪、无罪判有罪，或者重罪轻判、轻罪重判的；

6. 其他徇私枉法应予追究刑事责任的情形。

（六）民事、行政枉法裁判案（第三百九十九条第二款）

民事、行政枉法裁判罪是指司法工作人员在民事、行政审判活动中，故意违背事实和法律作枉法裁判，情节严重的行为。

涉嫌下列情形之一的，应予立案：

1. 枉法裁判，致使当事人或者其近亲属自杀、自残造成重伤、死亡，或者精神失常的；

2. 枉法裁判，造成个人财产直接经济损失10万元以上，或者直接经济损失不满10万元，但间接经济损失50万元以上的；

3. 枉法裁判，造成法人或者其他组织财产直接经济损失20万元以上，或者直接经济损失不满20万元，但间接经济损失100万元以上的；

4. 伪造、变造有关材料、证据，制造假案枉法裁判的；

5. 串通当事人制造伪证，毁灭证据或者篡改庭审笔录而枉法裁判的；

6. 徇私情、私利，明知是伪造、变造的证据予以采信，或者故意对应当采信的证据不予采信，或者故意违反法定程序，或者故意错误适用法律而枉法裁判的；

7. 其他情节严重的情形。

（七）执行判决、裁定失职案（第三百九十九条第三款）

执行判决、裁定失职罪是指司法工作人员在执行判决、裁定活动中，严重不负责任，不依法采取诉讼保全措施、不履行法定执行职责，或者违法采取保全措施、强制执行措施，致使当事人或者其他人的利益遭受重大损失的行为。

涉嫌下列情形之一的，应予立案：

1. 致使当事人或者其近亲属自杀、自残造成重伤、死亡，或者精神失常的；

2. 造成个人财产直接经济损失15万元以上，或者直接经济损失不满15万元，但间接经济损失75万元以上的；

3. 造成法人或者其他组织财产直接经济损失30万元以上，或者直接经济损失不满30万元，但间接经济损失150万元以上的；

4. 造成公司、企业等单位停业、停产1年以上，或者破产的；

5. 其他致使当事人或者其他人的利益遭受重大损失的情形。

（八）执行判决、裁定滥用职权案（第三百九十九条第三款）

执行判决、裁定滥用职权罪是指司法工作人员在执行判决、裁定活动中，滥用职权，不依法采取诉讼保全措施、不履行法定执行职责，或者违法采取保全措施、强制执行措施，致使当事人或者其他人的利益遭受重大损失的行为。

涉嫌下列情形之一的，应予立案：

1. 致使当事人或者其近亲属自杀、自残造成重伤、死亡，或者精神失常的；

2. 造成个人财产直接经济损失10万元以上，或者直接经济损失不满10万元，但间接经济损失50万元以上的；

3. 造成法人或者其他组织财产直接经济损失20万元以上，或者直接经济损失不满20万元，但间接经济损失100万元以上的；

4. 造成公司、企业等单位停业、停产6个月以上，或者破产的；

5. 其他致使当事人或者其他人的利益遭受重大损失的情形。

【释解】

本条是关于徇私枉法罪、民事、行政枉法裁判罪、执行判决、裁定失职罪、执行判决、裁定滥用职权罪的规定。

一、徇私枉法罪

（一）概念及其构成

徇私枉法罪，是指司法工作人员徇私枉法、徇情枉法，对明知是无罪的人而使他受追诉，对明知是有罪的人而故意包庇不使他受追诉或者在刑事审判活动中故意违背事实和法律作枉法裁判的行为。

1. 客体要件

本罪侵犯的客体是国家司法机关的正常活动。司法机关是人民民主专政的重要工具，是国家机构的重要组成部分，具有保护人民、打击敌人，制裁犯罪，保护社会主义四化建设的职能。司法工作人员，手中握有执法权，依法享有侦查、预审、逮捕、起诉、审判的权力。这就需要他们在执法时，刚正不阿，忠于国家和人民的利益，忠于法律制度，忠于事实真相，严格依法办事，力求做到事实清楚，证据确凿，定性准确，程序合法，不枉不纵。如果他们滥用职权徇私枉法，就会破坏国家司法机关的正常活动，损害它在人民群众中的威信，破坏社会主义法制。

所谓司法机关，是指行使国家赋予审判和法律监督权力的机关，在我国，是人民法院、人民检察院和公安机关的总称。人民法院是国家的审判机关，依法行使审判权；人民检察院是国家的法律监督机关，依法行使检察权；公安机关是执行机关，负责部分刑事案件的侦查、拘留、预审。公、检、法三机关实行分工负责、互相配合、互相制约。

2. 客观要件

本罪在客观方面表现为在刑事诉讼中徇私、徇情枉法的行为。所谓徇私、徇情枉法，是指出于个人目的，为了私利私情，而故意歪曲事实，违背法律作错误裁判。根据本条规定，徇私徇情可以表现为下列几种基本形式，即：

一是对明知是无罪的人使他受追诉。所谓无罪的人，既包括根本上无违法犯罪事实的人，又包括虽有违法行为，但依法不构成犯罪的人，还包括虽然构成犯罪但根据《刑事诉讼法》第 15 条的规定依法不应追究，如犯罪已过追诉时效期限的，经特赦令免除刑罚的，依照刑法告诉才处理的犯罪没有告诉或者撤回告诉等的人。所谓使他受追诉，是指对无罪人本不应该进行侦查、起诉、审判等刑事诉讼活动，但为了徇私徇情，追究其刑事责任而对无罪的人立案侦查、起诉或审判。

二是对明知是有罪的人而故意包庇不使他受追诉。所谓有罪的人，是指构成犯罪且应当依法追究其刑事责任的人。所谓故意包庇使其不受追诉，是指故意包庇使其不受侦查（含采用强制性措施）、起诉或者审判。故意包庇不使他受追诉的犯罪事实，既可以是全部的犯罪事实，也可以是部分的犯罪事实和情节。此外，故意违背事实真相，违法变更强制措施，或者虽然采取强制措施，但实际放任不管，致使人犯罪嫌疑人逃避刑事追诉的，以及司法机关专业技术人员在办案中故意提供虚假材料和意见，或者故意作虚假鉴定，严重影响刑事追诉活动的等等，都应以本罪的徇私枉法行为论。

三是在刑事审判活动中故意违背事实和法律作枉法裁判。其与前两种情况有所不同，上面两者可以发生在刑事诉讼的立案、侦查、起诉、审判的过程中，侦查人员、检察人员、审判人员都可以成为行为的主体而构成本罪；而这种情况则仅发生在刑事审判过程中，只有刑事审判人员才能实施这种行为而构成本罪。所谓枉法裁判，则是指有罪判无罪，多罪判少罪，无罪判有罪，少罪判多罪或者重罪轻判，轻罪重判等。

根据《最高人民检察院关于渎职侵权犯罪案件立案标准的规定》的规定，涉嫌下列情形之一的，应予立案：

（1）对明知是没有犯罪事实或者其他依法不应当追究刑事责任的人，采取伪造、隐匿、毁灭证据或者其他隐瞒事实、违反法律的手段，以追究刑事责任为目的立案、侦查、起诉、审判的；

（2）对明知是有犯罪事实需要追究刑事责任的人，采取伪造、隐匿、毁灭证据或者其他隐瞒事实、违反法律的手段，故意包庇使其不受立案、侦查、起诉、审判的；

（3）采取伪造、隐匿、毁灭证据或者其他隐瞒事实、违反法律的手段，故意使罪重的人受较轻的追诉，或者使罪轻的人受较重的追诉的；

（4）在立案后，采取伪造、隐匿、毁灭证据或者其他隐瞒事实、违反法律的手段，应当采取强制措施而不采取强制措施，或者虽然采取强制措施，但中断侦查或者超过法定期限不采取任何措施，实际放任不管，以及违法撤销、变更强制措施，致使犯罪嫌疑人、被告人实际脱离司法机关侦控的；

（5）在刑事审判活动中故意违背事实和法律，作出枉法判决、裁定，即有罪判无罪、无罪判有罪，或者重罪轻判、轻罪重判的；

（6）其他徇私枉法应予追究刑事责任的情形。

3．主体要件

本罪的主体是特殊主体，即司法工作人员。根据本法第94条规定："司法工作人员是指有侦查、检察、审判、监管职责的人员。"本罪的主体主要是司法工作人员中从事侦查、检察、审判工作的人员，包括公安、国安、监狱、军队保卫部门、人民检察院中的侦查人员；人民检察院包括铁路运输检察院、林业检察院等专门检察院的检察人员；人民法院的审判人员。非上述机关人员或者虽为上述机关中的工作人员但不负有侦查、检察、审判、监管职责如工会、党委、司法行政等人员，一般也不能成为本罪主体，构成本罪的，必是共同犯罪。侦查人员，即对刑事案件行使侦查权的专门机关的工作人员，如公安机关和人民检察院负责侦查工作的人员，其职权是搜集证据，揭露和证实犯罪，查缉犯罪嫌疑人，并实施必要的强制措施。检察人员，主要是指检察员或负有检察职责的人员。他们的职责是对检察院直接受理和公安机关移送的刑事案件进行侦查、补充侦查、审查起诉、提起公诉和出庭支持公诉等，根据宪法和法律的规定，对公安机关的侦查、人民法院的审判活动以及案件判决、裁定的执行和监狱、看守所、劳改等是否合法，实行监督。审判人员，是指在法院行使审判权的工作人员。只有上述人员，才有可能在立案、侦查、预审、起诉、审判活动中徇私枉法、徇情枉法。

4．主观要件

本罪在主观方面表现为故意，过失不构成本罪。犯罪的目的是放纵罪犯，或者冤枉好人，动机是徇私、徇情，具体表现多种多样：有的是图谋私利，贪赃受贿；有的是报复陷害他人；有的是徇私情，袒护、包庇亲友；有的是横行霸道，逞威逞能等。

（二）认定

1. 司法工作人员如果不是出于徇私、徇情动机，造成错押、错捕当事人的，一般不构成本罪，但应根据不同情节，区别对待

对于出于严重官僚主义，极端不负责，草率从事，造成严重后果的，可按玩忽职守罪论处；对于情节严重，造成一定后果，可由所在单位酌情给予行政处分；对于因缺乏经验，思想方法主观片面，或因任务紧，案件多而粗枝大叶，调查研究不深入细致，事实证据不清，或因政策水平低，缺乏专业能力等原因而造成的，则应作为一般工作错误，给予批评教育，使其总结经验教训，提高政策水平和业务能力，改进工作；必要时，予以纪律处分。

2. 本罪的既遂与未遂

本罪属于行为犯，即司法工作人员只要对明知是无罪的人实施了足以使他受到追诉的行为，或者对明知是有罪的人实施了足以使其不受到追诉的行为，或者实施了违背事实和法律的裁判，完成了全部法定行为，无论上述行为是否达到目的，均为本罪既遂。若司法工作人员在实施徇私枉法、徇情枉法行为过程中，由于意志以外的原因，如被他人发现检举，或犯罪嫌疑人、被告人自首，或行为人工作发生变动而未能继续完成法定行为，其已经实施的行为又不足以达到徇私枉法、徇情枉法的目的，为本罪未遂。

3. 区分徇私枉法罪与诬告陷害罪的界限

其区别在于：

（1）犯罪的主体不同。本罪的主体一般是司法工作人员；而诬告陷害罪的主体是一般主体。

（2）犯罪的客体不同。本罪所侵犯的客体是司法机关的正常活动；而诬告陷害罪虽然也妨害司法机关的正常工作，但主要侵犯的是他人的人身权利。

（3）犯罪的客观不同。本罪在客观上表现为利用职权使无罪的人受追诉，使有罪的人不受追诉，其行为一定与职务活动有关；而犯诬告陷害罪的行为人在客观上主要表现为捏造他人犯罪的事实加以告发。它与行为人是否担任职务或担任何种职务无关，如果司法

工作人员不是利用职务之便，而是捏造犯罪事实，诬告陷害他人，则不能构成徇私枉法罪，而只能以诬告陷害罪论处。

4. 区分徇私枉法罪与包庇罪的界限

（1）犯罪主体不同。本罪的主体，只能是司法工作人员，是特殊主体；而包庇罪是一般主体，即只要达到刑事责任年龄、具有刑事责任能力的人，都可以构成。

（2）犯罪手段不同。包庇罪通过作假证明、帮助毁灭罪迹、隐藏或毁灭罪证等手段，实现包庇行为，不要求利用职务之便进行包庇；而本罪的包庇手段，必须是利用职务之便，通过办案活动，实现包庇罪犯的目的。

（3）犯罪发生的时间不同。犯包庇罪的人实施包庇行为，可以在犯罪分子犯罪后的任何阶段实施，既可能在侦查、预审、起诉、审判阶段实施，也可能在判决之后实施；而犯徇私枉法罪的人的包庇行为，一般发生在判决之前。如果司法工作人员在判决生效之后，实施舞弊行为，放走罪犯，使其逃脱惩罚的，则构成私放在押人员罪，而不能以本罪论处。

5. 区分徇私枉法罪与伪证罪的界限

（1）主体要件不同。本罪的主体只能是司法工作人员；而伪证罪的主体是在侦查、审判过程中出现的四种诉讼参与人，即证人、鉴定人、记录人和翻译人。

（2）客观要件不同。本罪在客观上须有利用职务上的便利，实施徇私、徇情枉法的行为；而伪证罪除鉴定人、翻译人、记录人具有一定的身份，并有可能利用职务之便作伪证外，证人只是具有证人的身份，了解案件情况的人，不要求身份条件和具有利用职务之便的行为。本罪的犯罪手段广泛，除在制造伪证、隐匿、销毁证明材料上与伪证罪相同外，还可以在起诉、审判过程中曲解或滥用法律条文，玩弄或违反诉讼程序，使无罪的人受追诉、使有罪的人不受追诉；而伪证罪的行为人只能在侦查、审判过程中作虚假证明、作不符合事实的记录、作违背事实的鉴定、作不符合原意的翻译。

（3）犯罪侵犯的客体不同。本罪侵犯的客体是司法机关的正常活动；而伪证罪侵犯的客体主要是公民的人身权利。

（三）处罚

犯本罪的，处五年以下有期徒刑或者拘役；情节严重的，处五年以上十年以下有期徒刑；情节特别严重的，处十年以上有期徒刑。

“情节严重”，一般是指犯罪动机、手段恶劣，造成了严重政治影响和其他严重危害后果等。“情节特别严重”，主要是指犯罪动机、手段十分恶劣，因被冤枉追诉、判刑致使被害人的人身、精神受到严重损害或者死亡，因包庇重大案犯，使其逍遥法外并继续为非作歹，引起社会公愤等情况。

依本条第 4 款的规定，司法工作人员收受贿赂，犯本罪，同时又构成受贿罪的，依照处罚较重的规定定罪处罚。

二、民事、行政枉法裁判罪

（一）概念及其构成

民事、行政枉法裁判罪，是指司法工作人员在民事、行政审判活动中故意违背事实和法律作枉法裁判，情节严重的行为。

1. 客体要件

本罪所侵害的客体是国家审判机关的正常活动。

2. 客观要件

本罪在客观方面表现为于民事、行政审判活动中违背事实和法律作枉法裁判，情节严重的行为。违背事实和法律作枉法裁判的行为的具体方式多种多样，有的是故意伪造、搜集证据材料；有的是引诱、贿买甚至胁迫他人提供伪证；有的是篡改、毁灭证据材料；有的是故意歪曲理解法律甚至无视法律规定；有的是违反诉讼程序，压制甚或剥夺当事人的诉讼权利的“民事审判”；等等。枉法裁判行为必须发生在民事、行政审判活动中。这里是广义的概念，凡依据民事诉讼法进行的审判，均为民事审判。枉法裁判的行为必须达到情节严重才能构成本罪。虽有枉法裁判的行为，但尚未达到情节严重，仅属违法违纪行为，应以行政纪律手段处理。

根据《最高人民检察院关于渎职侵权犯罪案件立案标准的规定》的规定，涉嫌下列情形之一的，应予立案：

（1）枉法裁判，致使当事人或者其近亲属自杀、自残造成重伤、死亡，或者精神失常的；

（2）枉法裁判，造成个人财产直接经济损失10万元以上，或者直接经济损失不满10万元，但间接经济损失50万元以上的；

（3）枉法裁判，造成法人或者其他组织财产直接经济损失20万元以上，或者直接经济损失不满20万元，但间接经济损失100万元以上的；

（4）伪造、变造有关材料、证据，制造假案枉法裁判的；

（5）串通当事人制造伪证，毁灭证据或者篡改庭审笔录而枉法裁判的；

（6）徇私情、私利，明知是伪造、变造的证据予以采信，或者故意对应当采信的证据不予采信，或者故意违反法定程序，或者故意错误适用法律而枉法裁判的；

（7）其他情节严重的情形。

3．主体要件

本罪的主体为特殊主体，即仅限于司法工作人员。实际能构成本罪的主要是那些从事民事、行政审判工作的审判人员，因为只有他们才能利用职权而枉法裁判，具体包括各级人民法院院长、副院长、审判委员会委员、庭长、副庭长、审判员及助理审判员等。

4．主观要件

本罪在主观方面必须出于故意，即明知自己的行为违背了事实和法律属枉法裁判但仍然决意为之。过失不能构成本罪。如果由于过失致使国家和人民利益及公共财产遭受重大损失，构成犯罪的，应定玩忽职守罪。

（二）认定

1．本罪与徇私枉法罪的界限

本罪发生在民事、行政审判活动中，而后者发生在刑事审判活动中。

2. 行为人贪赃枉法而实施本罪行为或者为达到枉法裁判的目的进行暴力取证、指使贿买证人提供伪证的，又会触犯他罪如暴力取证罪、妨害作证罪等，这时属于牵连犯罪，应以构成的重罪从重处罚，不实行并罚。

（三）处罚

犯本罪的，处五年以下有期徒刑或者拘役；情节特别严重的，处五年以上十年以下有期徒刑。这里的情节特别严重，一般是指犯罪动机、手段十分恶劣，因枉法裁判而使国家、企业、公民的合法权益受到巨大损害等情况。

依照本条第4款的规定，司法工作人员收受贿赂，犯枉法裁判罪，同时又构成受贿罪的，依照处罚较重的规定定罪处罚。

三、执行判决、裁定失职罪

（一）概念及其构成

本罪是《中华人民共和国刑法修正案（四）》新增的罪名。所谓执行判决、裁定失职罪，是指司法工作人员在执行判决、裁定活动中，严重不负责任，不依法采取诉讼保全措施、不履行法定执行职责，致使当事人或者其他人的利益遭受重大损失的行为。它具有如下特征：

1. 客体要件

本罪所侵害的客体为司法机关正常的执行活动。

2. 客观要件

本罪在客观方面表现为在执行判决、裁定的活动中，严重不负责任，不依法采取诉讼保全措施、不履行法定执行职责，致使当事人或者其他人的利益遭受重大损失的行为。

所谓严重不负责任，是指在执行判决、裁定的工作中不履行自己职责的行为。所谓不履行职责，既包括擅离职守的不履行，即违反有关规章制度的规定，在执行职务的过程中，擅自离开自己的工作岗位，因而根本不履行自己的职责，又包括虽在工作岗位但没有实施法定的执行判决、裁定的职责，即有职而不守，如不执行上级的指示、命令或规定，拒绝履行自己的职责，或者应当履行却放任不管，置之不理而放弃职责，或者发现问题，不及时采取措施而不尽职责，等等，都是不履行职责的表现。其与擅离职守的玩忽职守行为的区别在于后者是离职而不守，而其则不离职即见职、有职而不守。既包括不履行全部执行职责，又包括不履行部分执行职责。

所谓不依法采取诉讼保全措施，是指对于人民法院作出的诉讼保全裁定不依法采取查封、扣押、冻结等措施，以阻却一方当事人的行为或者其他致使判决不能执行或者难以执行的原因的实现。

所谓不履行法定的执行职责，是指在执行判决、裁定的活动中，不依法采取法定的执行方法以保证判决、裁定确定的内容得以实现，如应当依法采取查询、冻结、划拨被执行人的存款或者扣留、提取被执行人的收入的而不采取有关措施的，应当依法查封、扣押、冻结、拍卖被执行人的财产而不查封、扣押、冻结、拍卖的，应当搜查债务人隐匿的财产而不采取搜查措施的，应当强制被执行人交付判决、裁定等法律文书指定的财物、票证，或者迁出房屋或退出土地，或完成法律文书指定的行为而不采取措施加以强制的，等等。

严重不负法定责任的行为必须对当事人或者其他人的利益造成了重大损失的，才能构成本罪。虽有不依法采取诉讼保全措施、不履行法定执行职责的玩忽职守的行为，但没有因此造成当事人或其他人的利益的损失，或者虽然因此造成了当事人或其他人的利益的一定损失但不是重大损失，或者当事人或其他人的利益虽然遭受了重大损失但不是因为行为人的严重不负责任的行为而致的，都不能构成本罪。

根据《最高人民检察院关于渎职侵权犯罪案件立案标准的规定》的规定，涉嫌下列情形之一的，应予立案：

(1) 致使当事人或者其近亲属自杀、自残造成重伤、死亡，或者精神失常的；

(2) 造成个人财产直接经济损失 15 万元以上，或者直接经济损失不满 15 万元，但间接经济损失 75 万元以上的；

（3）造成法人或者其他组织财产直接经济损失 30 万元以上，或者直接经济损失不满 30 万元，但间接经济损失 150 万元以上的；

（4）造成公司、企业等单位停业、停产 1 年以上，或者破产的；

（5）其他致使当事人或者其他人的利益遭受重大损失的情形。

3. 主体要件

本罪的主体为特殊主体，即只有司法工作人员才能成为本罪主体而构成本罪。根据本法第 94 条的规定，司法工作人员，是指具有侦查、检察、审判、监管职能的工作人员。

4. 主观要件

本罪在主观方面必须出于过失，即应当预见自己在执行判决、裁定中的不依法采取诉讼保全措施、不依法履行法定职责的严重不负责任的行为，可能发生危害当事人或者其他人利益的后果，但因疏忽大意而没有预见，或者虽然已经预见但却轻信可以避免，因而发生了危害后果，造成当事人或者其他人利益遭受了重大损失。

（二）处罚

根据本条第 3 款的规定，处五年以下有期徒刑或者拘役；致使当事人或者其他人的利益遭受特别重大损失的，处五年以上十年以下有期徒刑。

司法工作人员收受贿赂，犯本罪的，同时又构成受贿罪的，依照处罚较重的规定定罪处罚。

四、执行判决、裁定滥用职权罪

（一）概念及其构成

本罪是《中华人民共和国刑法修正案（四）》新增的罪名。所谓执行判决、裁定滥用职权罪，是指司法工作人员在执行判决、裁定活动中，滥用职权，违法采取诉讼保全措施、强制执行措施，致使当事人或者其他人的利益遭受重大损失的行为。

1. 客体要件

本罪所侵害的客体为司法机关正常的执行活动。

2. 客观要件

本罪在客观方面表现为在执行判决、裁定的活动中，滥用职权，违法采取诉讼保全措施、强制执行措施，致使当事人或者其他人的利益遭受重大损失的行为。

所谓滥用职权，是指胡乱地、过度地使用自己的职权。前者即胡乱地使用自己的职权，是指不正当地甚至违法地使用自己的职权，如应该这样做却那样做，应当那样做却又这样做，应当不做而却做等。后者即过度地使用职权，则是指超越自己的职权范围实施不应当实施的行为。

根据《最高人民检察院关于渎职侵权犯罪案件立案标准的规定》的规定，涉嫌下列情形之一的，应予立案：

（1）致使当事人或者其近亲属自杀、自残造成重伤、死亡，或者精神失常的；

（2）造成个人财产直接经济损失 10 万元以上，或者直接经济损失不满 10 万元，但间接经济损失 50 万元以上的；

（3）造成法人或者其他组织财产直接经济损失 20 万元以上，或者直接经济损失不满 20 万元，但间接经济损失 100 万元以上的；

（4）造成公司、企业等单位停业、停产 6 个月以上，或者破产的；

（5）其他致使当事人或者其他人的利益遭受重大损失的情形。

3．主体要件

本罪的主体为特殊主体，只有司法工作人员才能成为本罪。

4．主观要件

本罪在主观方面必须出于故意且为间接故意，即明知自己在执行判决、裁定活动中滥用职权的行为，会发生致使当事人或者其他人的利益损失这一危害社会的结果，而仍然置之不顾，放任其发生。

（二）处罚

根据本条第 3 款的规定，犯本罪的，处五年以下有期徒刑或者拘役；致使当事人或者其他人的利益遭受特别重大损失的，处五年以上十年以下有期徒刑。

司法工作人员收受贿赂，犯本罪的，同时又构成受贿罪的，依照处罚较重的规定定罪处罚。

第三百九十九条之一[①] （枉法仲裁罪）

依法承担仲裁职责的人员，在仲裁活动中故意违背事实和法律作枉法裁决，情节严重的，处三年以下有期徒刑或者拘役；情节特别严重的，处三年以上七年以下有期徒刑。

【释解】

本条是关于枉法仲裁罪的规定。

一、概念及其构成

枉法仲裁罪，是指依法承担仲裁职责的人员在仲裁活动中故意违背事实和法律作枉法裁决，情节严重的行为。本罪是《中华人民共和国刑法修正案（六）》新增加的一类犯罪。

（一）客体要件

本罪所侵害的客体是仲裁机构的正常活动。

（二）客观要件

本罪在客观方面表现为在仲裁活动中违背事实和法律作枉法裁决，情节严重的行为。违背事实和法律作枉法裁决的行为的具体方式多种多样，有的是故意伪造、搜集证据材料；有的是引诱、贿买甚至胁迫他人提供伪证；有的是篡改、毁灭证据材料；有的是故意歪曲理解法律甚至无视法律。枉法裁决行为必须发生在仲裁活动中。枉法裁决的行为必须达到情节严重才能构成本罪。虽有枉法裁决的行为，但尚未达到情节严重，仅属违法违纪行为，应以行政纪律手段处理。

（三）主体要件

本罪的主体为特殊主体，即仅限于依法承担仲裁职责的人员。

---

① 本条是《中华人民共和国刑法修正案（六）》（2006年6月29日）新增。

（四）主观要件

本罪在主观方面必须出于故意，即明知自己的行为违背了事实和法律属枉法裁决但仍然决意为之。过失不能构成本罪。如果由于过失致使国家和人民利益及公共财产遭受重大损失，构成犯罪的，应定玩忽职守罪。

二、处罚

犯本罪的，处三年以下有期徒刑或者拘役；情节特别严重的，处三年以上七年以下有期徒刑。这里的情节特别严重，一般是指犯罪动机、手段十分恶劣，因枉法裁判而使国家、企业、公民的合法权益受到巨大损害等情况。

第四百条　（私放在押人员罪、失职致使在押人员脱逃罪）

司法工作人员私放在押的犯罪嫌疑人、被告人或者罪犯的，处五年以下有期徒刑或者拘役；情节严重的，处五年以上十年以下有期徒刑；情节特别严重的，处十年以上有期徒刑。

司法工作人员由于严重不负责任，致使在押的犯罪嫌疑人、被告人或者罪犯脱逃，造成严重后果的，处三年以下有期徒刑或者拘役；造成特别严重后果的，处三年以上十年以下有期徒刑。

［相关规定］　**《中华人民共和国监狱法》**　（1994年12月29日第八届全国人民代表大会常务委员会第十一次会议通过）（节录）

第十四条　监狱的人民警察不得有下列行为：

（一）索要、收受、侵占罪犯及其亲属的财物；

（二）私放罪犯或者玩忽职守造成罪犯脱逃；

（三）刑讯逼供或者体罚、虐待罪犯；

（四）侮辱罪犯的人格；

（五）殴打或者纵容他人殴打罪犯；

（六）为谋取私利，利用罪犯提供劳务；

（七）违反规定，私自为罪犯传递信件或者物品；

（八）非法将监管罪犯的职权交予他人行使；

（九）其他违法行为。

监狱的人民警察有前款所列行为，构成犯罪的，依法追究刑事责任；尚未构成犯罪的，应当予以行政处分。

［相关规定］ **《最高人民法院关于未被公安机关正式录用的人员、狱医能否构成失职致使在押人员脱逃罪主体问题的批复》** （2000年9月22日起施行 法释〔2000〕28号）

吉林省高级人民法院：

你院吉高法〔1999〕158号《关于未被正式录用的司法工作人员受委托执行职务的是否符合犯罪主体要件问题的请示》收悉。经研究，答复如下：

对于未被公安机关正式录用，受委托履行监管职责的人员，由于严重不负责任，致使在押人员脱逃，造成严重后果的，应当依照刑法第四百条第二款的规定定罪处罚。

不负监管职责的狱医，不构成失职致使在押人员脱逃罪的主体。但是受委派承担了监管职责的狱医，由于严重不负责任，致使在押人员脱逃，造成严重后果的，应当依照刑法第四百条第二款的规定定罪处罚。

此复

［相关规定］ **《最高人民法院关于工人等非监管机关在编监管人员私放在押人员行为和失职致使在押人员脱逃行为适用法律问题的解释》** （2001年3月2日起施行 高检发释字〔2001〕2号）

为依法办理私放在押人员犯罪案件和失职致使在押人员脱逃犯罪案件，对工人等非监管机关在编监管人员私放在押人员行为和失职致使在押人员脱逃行为如何适用法律问题解释如下：

工人等非监管机关在编监管人员在被监管机关聘用受委托履行监管职责的过程中私放在押人员的，应当依照刑法第四百条第一款的规定，以私放在押人员罪追究刑事责任；由于严重不负责任，致使在押人员脱逃，造成严重后果的，应当依照刑法第四百条第二款的规定，以失职致使在押人员脱逃罪追究刑事责任。

［相关规定］　**《最高人民检察院关于渎职侵权犯罪案件立案标准的规定》**　（2006年7月26日　高检发释字〔2006〕2号）（节录）

一、渎职犯罪案件

（九）私放在押人员案（第四百条第一款）

私放在押人员罪是指司法工作人员私放在押（包括在羁押场所和押解途中）的犯罪嫌疑人、被告人或者罪犯的行为。

涉嫌下列情形之一的，应予立案：

1. 私自将在押的犯罪嫌疑人、被告人、罪犯放走，或者授意、指使、强迫他人将在押的犯罪嫌疑人、被告人、罪犯放走的；

2. 伪造、变造有关法律文书、证明材料，以使在押的犯罪嫌疑人、被告人、罪犯逃跑或者被释放的；

3. 为私放在押的犯罪嫌疑人、被告人、罪犯，故意向其通风报信、提供条件，致使该在押的犯罪嫌疑人、被告人、罪犯脱逃的；

4. 其他私放在押的犯罪嫌疑人、被告人、罪犯应予追究刑事责任的情形。

（十）失职致使在押人员脱逃案（第四百条第二款）

失职致使在押人员脱逃罪是指司法工作人员由于严重不负责任，不履行或者不认真履行职责，致使在押（包括在羁押场所和押解途中）的犯罪嫌疑人、被告人、罪犯脱逃，造成严重后果的行为。

涉嫌下列情形之一的，应予立案：

1. 致使依法可能判处或者已经判处10年以上有期徒刑、无期徒刑、死刑的犯罪嫌疑人、被告人、罪犯脱逃的；

2. 致使犯罪嫌疑人、被告人、罪犯脱逃3人次以上的；

3. 犯罪嫌疑人、被告人、罪犯脱逃以后，打击报复报案人、控告人、举报人、被害人、证人和司法工作人员等，或者继续犯罪的；

4. 其他致使在押的犯罪嫌疑人、被告人、罪犯脱逃，造成严重后果的情形。

【释解】

本条是关于私放在押人员罪、失职致使在押人员脱逃罪的规定。

一、私放在押人员罪

（一）概念及其构成

私放在押人员罪，是指国家司法工作人员，利用职务上的便利，私自将在押的犯罪嫌疑人、被告人或者罪犯非法释放的行为。

1. 客体要件

本罪侵犯的客体是国家监管机关的监管制度，即看守所、拘留所、少年犯管教所、拘役所、劳改队、监狱等监管机关的监管制度。凡经公安机关、检察院、人民法院拘留、逮捕、判刑的犯罪嫌疑人、被告或者罪犯，一般来说，都是因他们实施了或可能实施危害社会的行为，需要受到刑罚的犯罪分子。监管机关关押罪犯的目的，是为了惩罚和改造他们，使他们成为自食其力的新人，消除其继续犯罪的条件。私放罪犯，使其逃脱关押，不仅使其有继续犯罪的可能，而且破坏监管机关的监管制度。

本罪的对象，是被关押的犯罪嫌疑人、被告人和罪犯，包括已决犯和未决犯。所谓犯罪嫌疑人，是指在人民检察院向人民法院提起公诉以前，正处于侦查、起诉阶段的涉嫌犯罪的人；所谓被告人，是指人民检察院将犯罪嫌疑人起诉到人民法院以后，或者自诉人提出自诉，要求人民法院通过审判追究刑事责任的人。所谓罪犯，是指由人民法院生效裁判宣告为有罪的人。已被判刑劳改的罪犯，一般都是罪行较重或十分严重，有人身危险性，需要与社会隔离的人。对他们实行关押，不仅是因为他们罪行较重，而且为了防止他们继续危害社会。如果把那些有危险性罪犯非法释放，无异于“放虎归山”，为他们继续犯罪创造条件。被逮捕关押的犯罪嫌疑人、被告人，对他们能否看管好，关系到案件的审判能否正常进行，特别是抓获共同犯罪案件的成员，关系到整个案件能否顺利破获。因此，非法放走犯罪嫌疑人、被告人，将会给审判工作带来很大的危害。由此可见，把私放犯罪嫌疑人、被告人、罪犯作为犯罪来惩办，是十分必要的。

2. 客观要件

本罪在客观方面表现为私自将被关押的犯罪嫌疑人、被告人、罪犯非法释放的行为。

本条规定未说明实施本罪必须是利用职务上的便利，但是，由于本罪属于渎职类犯罪，所以它必然是利用职务上的便利来实施，如果没有利用职务之便或者依法释放罪犯的，均不构成本罪。所谓利用职务上的便利，是指行为人利用自己看管、管教、押解、提审等便利条件。所谓私放，是指没有经过合法手续，而私自释放犯罪嫌疑人、被告人、罪犯，使其逃避关押。

私放犯罪嫌疑人、被告人、罪犯可由作为和不作为构成。其行为方式有的是滥用职权，篡改刑期，使犯罪嫌疑人、被告人、罪犯“合法”逃避关押；有的虽未篡改刑期，但假借事由，将刑期未满的犯罪嫌疑人、被告人、罪犯擅自作为刑满释放；有的则把依法逮捕的罪犯有意当作错捕释放；也有的利用提审、押解罪犯的机会私放犯罪嫌疑人、被告人、罪犯而谎称罪犯脱逃；或者为罪犯逃离关押场所创造条件等。私放犯罪嫌疑人、被告人、罪犯采取何种方式，在什么场合，是在关押场所，还是在押解途中，都不影响定罪。但私放犯罪嫌疑人、被告人、罪犯的手段是否恶劣及其危害后果的大小，是量刑考虑的轻重情节。

根据《最高人民检察院关于渎职侵权犯罪案件立案标准的规定》的规定，涉嫌下列情形之一的，应予立案：

（1）私自将在押的犯罪嫌疑人、被告人、罪犯放走，或者授意、指使、强迫他人将在押的犯罪嫌疑人、被告人、罪犯放走的；

（2）伪造、变造有关法律文书、证明材料，以使在押的犯罪嫌疑人、被告人、罪犯逃跑或者被释放的；

（3）为私放在押的犯罪嫌疑人、被告人、罪犯，故意向其通风报信、提供条件，致使该在押的犯罪嫌疑人、被告人、罪犯脱逃的；

（4）其他私放在押的犯罪嫌疑人、被告人、罪犯应予追究刑事责任的情形。

3．主体要件

本罪的主体是司法工作人员，主要是负有监管职责的司法工作人员。其中包括在看守所、拘留所、少年犯管教所、拘役所、劳改队、监狱工作的管教人员和看守人员，以及执行逮捕和押解罪犯的人员。

根据《最高人民检察院关于工人等非监管机关在编监管人员私放在押人员行为和失职致使在押人员脱逃行为适用法律问题的解释》的规定，工人等非监管机关在编监管人员在被监管机关聘用受委托履行监管职责的过程中私放在押人员的，应当依照本法第400条第1款的规定，以私放在押人员罪追究刑事责任；由于严重不负责任，致使在押人员脱逃，造成严重后果的，应当依照本法第400条第2款的规定，以失职致使在押人员脱逃罪追究刑事责任。

4．主观要件

本罪在主观方面表现为故意。即明知是犯罪嫌疑人、被告人、罪犯，而故意将其非法释放。犯罪的动机是多种多样的，有的是由贪赃受贿，有的是出于包庇同伙，有的是徇私情等。犯罪动机不影响本罪的成立。

（二）认定

1．区分私放在押人员罪与非罪的界限

在监管工作中，因警惕性不高、警戒不严、管理松懈而致犯罪嫌疑人、被告人、罪犯脱逃的，或者由于工作粗枝大叶、疏忽大意而错放嫌疑人、被告人、罪犯，这种情况一般属于职务上的过错，不构成犯罪，但是如果情节严重的，也可以玩忽职守罪论处。

2. 区分私放在押人员罪的既遂与未遂的界限

犯罪嫌疑人、被告人、罪犯已经脱离了监管人或押解人监管的为既遂。私放犯罪嫌疑人、被告人、罪犯的目的是为了使犯罪嫌疑人、被告人、罪犯摆脱司法机关和监管人员的控制，逃避法律制裁。因此，私放犯罪嫌疑人、被告人、罪犯既遂与否，应以犯罪嫌疑人、被告人、罪犯是否逃脱了监管机关和监管人员的控制为标准。如果是在监狱被私放的犯罪嫌疑人、被告人、罪犯，虽已逃出监房，但在监狱的看管范围内被抓获的，属于未遂；或者虽已逃出狱外，但被及时发觉，当场抓获的，亦属未遂。如果已逃离监管机关和监管人员的控制范围，应属既遂；在押解途中，犯罪嫌疑人、被告人、罪犯被私放后，如果当场被其他人员发现，立即被追捕归案的，则应视为未遂；被私放的犯罪嫌疑人、被告人、罪犯，如果当场逃离，摆脱了其他押解人员的控制，即属既遂；被私放的犯罪嫌疑人、被告人、罪犯，在逃出监管机关和监管人员的控制范围以后，经过司法机关侦查，通缉追捕归案的，仍应视为既遂。

3. 区分私放在押人员罪与徇私枉法罪的界限

私放在押人员罪的目的是使犯罪嫌疑人、被告人、罪犯摆脱监管机关和监管人员的控制，最终逃避法律制裁，这与徇私枉法罪中明知是有罪的人而故意包庇不使他受追诉，或者故意做枉法裁判，把有罪判为无罪，故意使罪犯逍遥法外，在实质上都是为了包庇罪犯。它们都侵犯了司法机关的正常活动；在客观上又都利用了职务上的便利条件，主体主要都是司法工作人员。两者的区别在于：一是在客观方面表现不同。犯本罪的司法工作人员主要是利用监管或押解罪犯的职务之便，非法将罪犯私自放走；而徇私枉法罪的行为在客观上则是利用立案、侦查、预审、起诉和审判 的合法权利，徇私枉法，对明知是有罪的人，作出不予立案、起诉的决定或者无罪判决、裁定，包庇罪犯。二是主体要件的职责权限不同。本罪的主体主要是对罪犯负有监管、押解职责的司法工作人员；而徇私枉法罪的主体，则主要是对刑事案件有立案、侦查、预审、起诉或审判权的司法工作人员。

4. 私放犯罪嫌疑人、被告人的，如果经法院后来判决宣告无罪的，行为人仍构成本罪，而不能因宣判无罪就免除行为人的刑事责任。但由于被私放的人毕竟无罪，因此，可对其酌情从轻、减轻甚至免除处罚。

5. 行为人收受贿赂而私放在押的犯罪嫌疑人、被告人或者罪犯的，则同时触犯本罪与受贿罪，属牵连犯罪，应依处罚较重的罪处罚。

（三）处罚

犯本罪的，处五年以下有期徒刑或者拘役；情节严重的，处五年以上十年以下有期徒刑，情节特别严重的，处十年以上有期徒刑。情节严重，是指私放重要的犯罪嫌疑人、被告人或者罪犯；私放多名犯罪嫌疑人、被告人或者罪犯；犯罪嫌疑人、被告人或者罪犯被非法释放后继续犯罪或造成其他严重后果的等等。

二、失职致使在押人员脱逃罪

（一）概念及其构成

失职致使在押人员脱逃罪，是指司法工作人员由于严重不负责任，致使在押的犯罪嫌疑人、被告人或者罪犯脱逃，造成严重后果的行为。

1. 客体要件

本罪所侵害的客体是司法机关的正常活动，主要指向监管机关的正常秩序。

2. 客观要件

本罪在客观方面表现为司法工作人员玩忽职守，严重不负监管职责，致使在押的犯罪嫌疑人、被告人或者罪犯脱逃，造成严重后果的行为。所谓脱逃，是指在押的犯罪嫌疑人、被告人或者罪犯从羁押场所如看守所、拘役所、监狱、未成年犯管教所等或者押解途中或者审判场所逃走，从而脱离司法机关及其工作人员的监管。虽然在押但不是在押的犯罪嫌疑人、被告人或者罪犯，而是其他人员如被行政、司法拘留的人员、劳动教养人员逃离羁押，不能构成本罪，构成犯罪的，亦应以他罪如玩忽职守罪论处。所谓严重不负责任，是指在羁押场所、押解途中未按规定采取有关看守、监管措施；擅离看守、监管岗位；发现犯罪嫌疑人、被告人或者罪犯有脱逃迹象，不及时采取有效的防范措施；在犯罪嫌疑人、被告人或者罪犯脱逃时，不及时组织、进行追捕等。在押犯罪嫌疑人、被告人或者罪犯的脱逃是由于行为人的玩忽职守、严重不负责任而造成。如果没有玩忽职守、严重不负责任的行为或者虽有玩忽职守、严重不负责任的行为但与在押人员的脱逃没有刑法上的因果关系，也不能以本罪论处。

本罪属结果犯，只有造成严重后果时才构成犯罪，所谓造成严重后果，一般是指致使重要的犯罪嫌疑人、被告人或者罪犯脱逃；致使多名犯罪嫌疑人、被告人或者罪犯脱逃；由于犯罪嫌疑人、被告人的脱逃致使案件的侦查、起诉、审判受到严重影响；犯罪嫌疑人、被告人或者罪犯脱逃后打击报复控告人、举报人、证人和司法工作人员，继续犯罪，危害社会等等。

根据《最高人民检察院关于渎职侵权犯罪案件立案标准的规定》的规定，涉嫌下列情形之一的，应予立案：

(1) 致使依法可能判处或者已经判处 10 年以上有期徒刑、无期徒刑、死刑的犯罪嫌疑人、被告人、罪犯脱逃的；

(2) 致使犯罪嫌疑人、被告人、罪犯脱逃 3 人次以上的；

(3) 犯罪嫌疑人、被告人、罪犯脱逃以后，打击报复报案人、控告人、举报人、被害人、证人和司法工作人员等，或者继续犯罪的；

(4) 其他致使在押的犯罪嫌疑人、被告人、罪犯脱逃，造成严重后果的情形。

3. 主体要件

本罪的主体为特殊主体，同私放在押人员罪一样，只有司法工作人员才能构成本罪。

根据《最高人民法院关于未被公安机关正式录用的人员、狱医能否构成失职致使在押人员脱逃罪主体问题的批复》的规定，对于未被公安机关正式录用，受委托履行监管职责的人员，由于严重不负责任，致使在押人员脱逃，造成严重后果的，应当依照本条第2款的规定定罪处罚。不负监管职责的狱医，不构成失职致使在押人员脱逃罪的主体。但是受委派承担了监管职责的狱医，由于严重不负责任，致使在押人员脱逃，造成严重后果的，应当依照本条第2款的规定定罪处罚。

根据《最高人民检察院关于工人等非监管机关在编监管人员私放在押人员行为和失职致使在押人员脱逃行为适用法律问题的解释》的规定，工人等非监管机关在编监管人员在被监管机关聘用受委托履行监管职责的过程中私放在押人员的，应当依照本法第400条第1款的规定，以私放在押人员罪追究刑事责任；由于严重不负责任，致使在押人员脱逃，造成严重后果的，应当依照本法第400条第2款的规定，以失职致使在押人员脱逃罪追究刑事责任。

4. 主观要件

本罪在主观方面必须出于过失，但这是针对在押人员脱逃这一后果而言的，对于其玩忽职守的行为，则表现为明知故犯。故意不能构成本罪。构成犯罪的，应属私放在押人员罪。

（二）认定

1. 本罪属于玩忽职守罪的特别规定，凡司法工作人员玩忽职守，致使在押人员脱逃，构成犯罪的，都应以特别法条即本罪治罪量刑。

2. 本罪与私放在押人员罪的界限

本罪在主观上必出于过失，而后者则出于故意。如果明知某在押人员企图逃跑，但却放任不管，属于故意，此时应以后者即私放在押人员罪定罪。如果不知道其想逃跑，或者知道其想脱逃但根据环境条件，在押人员的自身能力因素轻易相信其逃跑不了，结果致使逃跑，构成犯罪的，则应以本罪定罪。

（三）处罚

犯本罪的，处三年以下有期徒刑或者拘役；造成特别严重后果的，处三年以上十年以下有期徒刑。所谓造成特别严重后果，是指造成多名重要犯罪嫌疑人、被告人或者罪犯脱逃；犯罪嫌疑人、被告人或者罪犯脱逃后继续犯罪，给社会造成特别严重的危害等等。

第四百零一条　（徇私舞弊减刑、假释、暂予监外执行罪）

司法工作人员徇私舞弊，对不符合减刑、假释、暂予监外执行条件的罪犯，予以减刑、假释或者暂予监外执行的，处三年以下有期徒刑或者拘役，情节严重的，处三年以上七年以下有期徒刑。

［相关规定］　**《最高人民检察院关于渎职侵权犯罪案件立案标准的规定》**　（2006年7月26日　高检发释字〔2006〕2号）（节录）

一、渎职犯罪案件

（十一）徇私舞弊减刑、假释、暂予监外执行案（第四百零一条）

徇私舞弊减刑、假释、暂予监外执行罪是指司法工作人员徇私舞弊，对不符合减刑、假释、暂予监外执行条件的罪犯予以减刑、假释、暂予监外执行的行为。

涉嫌下列情形之一的，应予立案：

1. 刑罚执行机关的工作人员对不符合减刑、假释、暂予监外执行条件的罪犯，捏造事实，伪造材料，违法报请减刑、假释、暂予监外执行的；

2. 审判人员对不符合减刑、假释、暂予监外执行条件的罪犯，徇私舞弊，违法裁定减刑、假释或者违法决定暂予监外执行的；

3. 监狱管理机关、公安机关的工作人员对不符合暂予监外执行条件的罪犯，徇私舞弊，违法批准暂予监外执行的；

4. 不具有报请、裁定、决定或者批准减刑、假释、暂予监外执行权的司法工作人员利用职务上的便利，伪造有关材料，导致不符合减刑、假释、暂予监外执行条件的罪犯被减刑、假释、暂予监外执行的；

5. 其他徇私舞弊减刑、假释、暂予监外执行应予追究刑事责任的情形。

【释解】

本条是关于徇私舞弊减刑、假释、暂予监外执行罪的规定。

徇私舞弊减刑、假释、暂予监外执行罪，是指司法工作人员徇私舞弊，对不符合减刑、假释、暂予监外执行条件的罪犯，予以减刑、假释或者暂予监外执行的行为。

一、概念及其构成

（一）客体要件

本罪侵犯的客体，是国家司法机关的正常活动。徇私舞弊行为使国家法律、法规的顺利实施受到严重干扰，损害了国家司法机关的威信；尤其是司法工作人员徇私舞弊行为必然会严重损害国家和人民利益或者侵犯公民人身权利、民主权利和其他合法权益，在群众中造成恶劣影响，影响国家机关的正常活动。

（二）客观要件

本罪在客观方面表现为徇私舞弊，对不符合减刑、假释、暂予监外执行条件的罪犯，予以减刑、假释或者监外执行的行为。

司法工作人员徇私舞弊行为首先必须是利用职务之便进行的。所谓利用职务之便，是指利用职权或者与职务有关的便利条件。职权是指本人职务范围内的权利；与职务有关的便利条件是指虽然不是直接利用职权，但是利用了本人的职权或地位形成的便利条件。

所谓减刑，是指对被判处管制、拘役、有期徒刑、无期徒刑、死刑缓期二年执行的犯罪分子，在执行刑罚的过程中，如果认真遵守监规，接受教育改造，确有悔改或立功表现等法定事由，而由人民法院依法适当减轻原判刑罚的一种刑罚制度。所谓假释，是指对被判处有期徒刑或者无期徒刑的犯罪分子，经过法定期限后，如果认真遵守监规，接受教育改造，确有悔改表现，不致再危害社会，由人民法院依法裁定有条件地提前释放的刑罚制度。所谓暂予监外执行，是指对被判处有期徒刑或者拘役的罪犯，由于出现具有严重疾病需要保外就医等法律规定的某种特殊情况，不适宜在监狱执行刑罚所暂时采取的一种不予关押而在监狱外执行的变通方法。

本法第78条规定："被判处管制、拘役、有期徒刑、无期徒刑的犯罪分子，在执行期间，如果认真遵守监规，接受教育改造，确有悔改表现的，或者立功表现的，可以减刑；有下列重大立功表现之一的，应当减刑；（一）阻止他人重大犯罪活动的；（二）检举监狱内外重大犯罪活动的，经查证属实的；（三）有发明创造或者重大技术革新的；（四）在日常生产、生活中舍己救人的；（五）在抗御自然灾害或者排除重大事故中，有突出表现的；（六）对国家和社会有其他重大贡献的。"本法第50条规定："判处死刑缓期执行的，在死刑缓期执行期间，如果没有故意犯罪，二年期满以后，减为无期徒刑；如果确有重大立功表现，二年期满以后，减为十五年以上二十年以下有期徒刑。如果故意犯罪，查证属实的，经最高人民法院核准，执行死刑。"本法第82条规定："被判处有期徒刑的犯罪分子，执行原判刑期二分之一以上，被判处无期徒刑的犯罪分子，实际执行十年以上，如果认真遵守监规，接受教育改造，确有悔改表现，假释后不致再危害社会的，可以假释。如果有特殊情况，经最高人民法院核准，可以不受上述执行刑期的限制。但是对累犯以及因杀人、爆炸、抢劫、强奸、绑架等暴力性犯罪被判处十年以上有期徒刑、无期徒刑的犯罪分子，不得假释。”根据刑事诉讼法第 214 条规定，“对于被判处有期徒刑或者拘役的罪犯，有下列情形之一的，可以暂予监外执行：（一）有严重疾病需要保外就医的；（二）怀孕或者正在哺乳自己婴儿的妇女。但对于适用保外就医可能有社会危害性的罪犯，或者自伤自残的罪犯，不得保外就医。对于罪犯确有严重疾病，必须保外就医，由省级人民政府指定的医院开具证明文件，依照法律规定的程序审批。……对于被判处有期徒刑、拘役，生活不能自理，适用暂予监外执行不致危害社会的罪犯，可以暂予监外执行。”

如果罪犯不符合上述规定的条件，行为人徇私舞弊，为其减刑、假释或决定暂予监外执行，即可构成本罪。根据本罪主体性质的不同，其行为方式具体可分为两种情况：一是监狱、未成年犯管教所等执行机关的工作人员明知罪犯不符合减刑、假释或者暂予监外执行的条件，捏造事实，伪造证据，如伪造悔改或立功表现、病历诊断证明、实际执行的刑期等，制作、报请内容虚假的有关减刑、假释、暂予监外执行的材料；二是有权决定减刑、假释、暂予监外执行的司法工作人员明知罪犯不符合减刑、假释或者暂予监外执行的条件，而非法作出减刑、假释裁定或者暂予监外执行的决定。

根据《最高人民检察院关于渎职侵权犯罪案件立案标准的规定》的规定，涉嫌下列情形之一的，应予立案：

（1）刑罚执行机关的工作人员对不符合减刑、假释、暂予监外执行条件的罪犯，捏造事实，伪造材料，违法报请减刑、假释、暂予监外执行的；

（2）审判人员对不符合减刑、假释、暂予监外执行条件的罪犯，徇私舞弊，违法裁定减刑、假释或者违法决定暂予监外执行的；

（3）监狱管理机关、公安机关的工作人员对不符合暂予监外执行条件的罪犯，徇私舞弊，违法批准暂予监外执行的；

（4）不具有报请、裁定、决定或者批准减刑、假释、暂予监外执行权的司法工作人员利用职务上的便利，伪造有关材料，导致不符合减刑、假释、暂予监外执行条件的罪犯被减刑、假释、暂予监外执行的；

（5）其他徇私舞弊减刑、假释、暂予监外执行应予追究刑事责任的情形。（三）主体要件

本罪的主体，是特殊主体，即必须具有司法职权的国家司法工作人员。实际能构成其罪的，则为那些具有报请或者决定减刑、假释、暂予监外执行职权的司法工作人员。非上述人员包括非司法工作人员以及虽为司法工作人员但没有报请或决定减刑、假释、暂予监外执行的职权，都不能单独构成本罪。与司法工作人员伙同进行本罪行为的，以共犯追究刑事责任。

（四）主观要件

本罪在主观方面，必须是出于故意，即行为人明知自己的徇私舞弊行为是违反有关法律规定的，明知自己行为可能产生的后果，而对这种后果的发生持希望或者放任的态度。过失不构成本罪。至于行为人的犯罪动机可能是多种多样的，有的是为了贪图钱财等不法利益，有的是因碍于亲朋好友情面而徇私舞弊，有的是出于报复或嫉妒心理而徇私舞弊等。动机如何对本罪构成没有影响，可以在量刑时作为因素之一予以考虑。

二、认定

1. 行为人贪赃枉法，在收受贿赂后非法为罪犯减刑、假释或暂予监外执行的，属牵连犯，应择一重罪从重论处。

2. 区分本罪与非罪的界限

这里主要应注意区分本罪与国家工作人员工作失误的界限。如果行为人主观上不是明知，而是由于其业务知识、经验不足，或者是调查研究不够充分，工作作风不够深入，思想方法简单片面造成认识偏颇而发生的错误行为，即使实施将不符合条件的罪犯予以减刑、假释、暂予监外执行的行为，一般也不构成犯罪，如果情节严重或者造成重大后果而构成其他犯罪的，应以其他相应犯罪论处。

3. 区分本罪与徇私枉法罪的界限

两罪在客体、主体、主观方面都具有相同之处，主要区别是：

（1）犯罪对象不同。本罪的对象是已决罪犯；徇私枉法罪的对象可以是任何人。

（2）客观行为不同。本罪是对不符合减刑、假释、暂予监外执行条件的罪犯，予以减刑、假释或者暂予监外执行的行为；后罪则表现为对明知是无罪的人而使他受追诉，对明知是有罪的人而故意包庇不使他受追诉，或者在刑事审判活动中故意违背事实和法律作枉法裁判的行为。

三、处罚

犯本罪的，处三年以下有期徒刑或者拘役；情节严重的，处三年以上七年以下有期徒刑。情节严重，一般是指：违法对严重的罪犯减刑、假释或者暂予监外执行的；被违法减刑、假释、暂予监外执行的罪犯继续犯罪，危害社会的；违法减刑、假释或者暂予监外执行造成恶劣的社会影响的；收受罪犯及其家属的财物而违法办理减刑、假释或者暂予监外执行的，等等。

第四百零二条 （徇私舞弊不移交刑事案件罪）

行政执法人员徇私舞弊，对依法应当移交司法机关追究刑事责任的不移交，情节严重的，处三年以下有期徒刑或者拘役；造成严重后果的，处三年以上七年以下有期徒刑。

[相关规定] **《中华人民共和国行政处罚法》** （1996年3月17日第八届全国人民代表大会第四次会议通过）（节录）

第七条 公民、法人或者其他组织因违法受到行政处罚，其违法行为对他人造成损害的，应当依法承担民事责任。

违法行为构成犯罪，应当依法追究刑事责任，不得以行政处罚代替刑事处罚。

第二十二条 违法行为构成犯罪的，行政机关必须将案件移送司法机关，依法追究刑事责任。

第六十一条　行政机关为牟取本单位私利，对应当依法移交司法机关追究刑事责任的不移交，以行政处罚代替刑罚，由上级行政机关或者有关部门责令纠正；拒不纠正的，对直接负责的主管人员给予行政处分；徇私舞弊、包庇纵容违法行为的，比照刑法第一百八十八条的规定追究刑事责任。

［相关规定］　**《中华人民共和国行政监察法》**（1997年5月9日第八届全国人民代表大会常务委员会第二十五次会议通过）（节录）

第四十三条　监察机关在办理监察事项中，发现所调查的事项不属于监察机关职责范围内的，应当移送有处理权的单位处理；涉嫌犯罪的，应当移送司法机关依法处理。

接受移送的单位或者机关应当将处理结果告知监察机关。

第四十六条　监察人员滥用职权、徇私舞弊、玩忽职守、泄露秘密的，依法给予行政处分；构成犯罪的，依法追究刑事责任。

［相关规定］　**《行政执法机关移送涉嫌犯罪案件的规定》**　（2001年7月9日国务院发布）（略）

［相关规定］　**《最高人民检察院关于渎职侵权犯罪案件立案标准的规定》**　（2006年7月26日　高检发释字〔2006〕2号）（节录）

一、渎职犯罪案件

（十二）徇私舞弊不移交刑事案件案（第四百零二条）

徇私舞弊不移交刑事案件罪是指工商行政管理、税务、监察等行政执法人员，徇私舞弊，对依法应当移交司法机关追究刑事责任的案件不移交，情节严重的行为。

涉嫌下列情形之一的，应予立案：

1. 对依法可能判处3年以上有期徒刑、无期徒刑、死刑的犯罪案件不移交的；

2. 不移交刑事案件涉及3人次以上的；

3. 司法机关提出意见后，无正当理由仍然不予移交的；

4. 以罚代刑，放纵犯罪嫌疑人，致使犯罪嫌疑人继续进行违法犯罪活动的；

5. 行政执法部门主管领导阻止移交的；

6. 隐瞒、毁灭证据，伪造材料，改变刑事案件性质的；

7. 直接负责的主管人员和其他直接责任人员为牟取本单位私利而不移交刑事案件，情节严重的；

8. 其他情节严重的情形。

【释解】

本条是关于徇私舞弊不移交刑事案件罪的规定。

一、概念及其构成

徇私舞弊不移交刑事案件罪，是指行政执法人员徇私舞弊，对依法应当移交司法机关追究刑事责任的不移交，情节严重的行为。

（一）客体要件

本罪侵犯的客体是行政执法机关的正常执法活动。行政执法机关担负着执行法律、法规，管理国家，维护国家安全、社会秩序、经济秩序的职责，享有法律授予的行政处罚权、行政裁决权。如公安、工商、税务、海关、劳动、交通、环境保护、卫生、检疫、质量监督、计量等等部门。这些行政执法机关的执法人员，是否依法行政，严格执法，直接关系到行政机关的形象，关系到国家和人民的利益。若行政执法人员违背职责，徇私舞弊，枉法行政，对依法应当移交司法机关追究刑事责任的案件不移交，必将给国家和人民利益造成重大损失，破坏国家机关的管理活动。因此，必须对严重徇私舞弊的行政执法人员依法予以刑事制裁。

（二）客观要件

本罪在客观方面，表现为对依法应当移交司法机关追究刑事责任的不移交，情节严重的行为。

行政执法人员徇私舞弊行为首先必须是利用职务之便进行的。所谓利用职务之便，是指利用职权或者与职务有关的便利条件。职权是指本人职务范围内的权利；与职务有关的便利条件是指虽然不是直接利用职权，但是利用了本人的职权或地位形成的便利条件。

依法应当移交司法机关追究刑事责任的不移交，是指行政执法人员在履行职责的过程中，明知违法行为已经构成犯罪，应当移送司法机关追究刑事责任而不移送，予以隐瞒、掩饰；或者大事减小，以行政处罚代替刑事处罚。

不移交行为只有情节严重的，才能构成犯罪。

根据《最高人民检察院关于渎职侵权犯罪案件立案标准的规定》的规定，涉嫌下列情形之一的，应予立案：

（1）对依法可能判处3年以上有期徒刑、无期徒刑、死刑的犯罪案件不移交的；

（2）不移交刑事案件涉及3人次以上的；

（3）司法机关提出意见后，无正当理由仍然不予移交的；

（4）以罚代刑，放纵犯罪嫌疑人，致使犯罪嫌疑人继续进行违法犯罪活动的；

（5）行政执法部门主管领导阻止移交的；

（6）隐瞒、毁灭证据，伪造材料，改变刑事案件性质的；

（7）直接负责的主管人员和其他直接责任人员为牟取本单位私利而不移交刑事案件，情节严重的；

（8）其他情节严重的情形。

（三）主体要件

本罪的犯罪主体为特殊主体，即是行政执法人员，具体是指在国家公安、工商、税务、海关、检疫等行政机关中依法行使行政职权的公务人员。大体包括以下几类：(1) 国务院及国管局组成部门中拥有执法权的人员；(2) 国务院直属机构以及国务院各部委管理的国家局中拥有执法权的人员；(3) 地方各级人民政府及其职能部门中享有执法权的人员；(4) 地方人民政府的派出机关中享有执法权的人员；(5) 依照法律、法规的授权决定而设立的、具有行政主体资格的专门机关中享有执法权的人员；(6) 依法设定的各种公务组织中享有行政执法权的人员。

（四）主观要件

本罪在主观方面，必须是出于故意，即行为人明知应当移交司法机关追究刑事责任而故意不移交，明知自己行为可能产生的后果，而对这种后果的发生持希望或者放任的态度。至于行为人的犯罪动机可能是多种多样的，有的是为了贪图钱财等不法利益，有的是因碍于亲朋好友情面而徇私舞弊，有的是出于报复或嫉妒心理而徇私舞弊等。动机如何对本罪构成没有影响，可以在量刑时作为因素之一予以考虑。

二、认定

（一）区分本罪与非罪的界限

区分本罪与国家工作人员工作失误的界限。如果行为人主观上不是明知，而是由于其业务知识、经验不足，或者是调查研究不够充分，工作作风不够深入，思想方法简单片面造成认识偏颇而发生的错误行为，即使造成一定危害后果的，一般也不构成犯罪，如果情节严重或者造成重大后果而构成其他犯罪的，应以其他相应犯罪论处。

（二）区分本罪与徇私枉法罪的界限

两罪都是特殊主体，都表现为徇私枉法，都侵犯了国家机关的正常活动。但两罪之间的区别是明显的：

1. 主体不同

本罪的主体是行政执法人员；后罪的主体是司法工作人员。

2. 客观行为不同

本罪是利用行政执法的职权，对依法应当移交司法机关追究刑事责任的不移交的行为；后罪则表现为利用司法职权，违背事实和法律，作刑事枉法追诉或者枉法裁判的行为。

3. 犯罪客体不同

本罪侵犯的直接客体是行政机关的行政管理、行政执法活动；后罪侵犯的直接客体是司法机关的正常活动。

（三）区分本罪与包庇罪的界限

其区别在于：

1. 犯罪主体不同

本罪的犯罪主体是特殊主体，即必须是行政执法人员才能构成；包庇罪由一般主体即可构成。

2. 客观方面不同

本罪必须是利用职务之便或违背职责实施的行为才构成；而包庇罪不必利用职务之便即可构成。

三、处罚

犯本罪的，处三年以下有期徒刑或者拘役；造成严重后果的，处三年以上七年以下有期徒刑。

第四百零三条　（滥用管理公司、证券职权罪）

国家有关主管部门的国家机关工作人员，徇私舞弊，滥用职权，对不符合法律规定条件的公司设立、登记申请或者股票、债券发行、上市申请，予以批准或者登记，致使公共财产、国家和人民利益遭受重大损失的，处五年以下有期徒刑或者拘役。

上级部门强令登记机关及其工作人员实施前款行为的，对其直接负责的主管人员，依照前款的规定处罚。

［相关规定］　**《中华人民共和国保险法》**（2002 年 10 月 28 日第九届全国人民代表大会常务委员会第三十次会议修正）（节录）

第一百五十二条 对不符合本法规定条件的设立保险公司的申请予以批准，或者对不符合保险代理人、保险经纪人条件的申请予以批准，或者有滥用职权、玩忽职守的其他行为，构成犯罪的，依法追究刑事责任；尚不构成犯罪的，依法给予行政处分。

[相关规定] **《中华人民共和国证券投资基金法》** （2003年10月28日第十届全国人民代表大会常务委员会第五次会议通过）（节录）

第九十八条 证券监督管理机构工作人员玩忽职守、滥用职权、徇私舞弊或者利用职务上的便利索取或者收受他人财物的，依法给予行政处分；构成犯罪的，依法追究刑事责任。

[相关规定] **《中华人民共和国公司法》** （2005年10月27日第十届全国人民代表大会常务委员会第十八次会议修订）（节录）

第二百零九条 公司登记机关对不符合本法规定条件的登记申请予以登记，或者对符合本法规定条件的登记申请不予登记的，对直接负责的主管人员和其他直接责任人员，依法给予行政处分。

第二百一十条 公司登记机关的上级部门强令公司登记机关对不符合本法规定条件的登记申请予以登记，或者对符合本法规定条件的登记申请不予登记的，或者对违法登记进行包庇的，对直接负责的主管人员和其他直接责任人员依法给予行政处分。

[相关规定] **《中华人民共和国证券法》** （2005年10月27日第十届全国人民代表大会常务委员会第十八次会议修订）（节录）

第二百二十七条 国务院证券监督管理机构或者国务院授权的部门有下列情形之一的，对直接负责的主管人员和其他直接责任人员，依法给予行政处分：

（一）对不符合本法规定的发行证券、设立证券公司等申请予以核准、批准的；

（二）违反规定采取本法第一百八十条规定的现场检查、调查取证、查询、冻结或者查封等措施的；

（三）违反规定对有关机构和人员实施行政处罚的；

（四）其他不依法履行职责的行为。

第二百三十一条　违反本法规定，构成犯罪的，依法追究刑事责任。

［相关规定］　**《中华人民共和国公司登记管理条例》**　（2005年12月18日《国务院关于修改〈中华人民共和国公司登记管理条例〉的决定》修订）（略）

［相关规定］　**《最高人民检察院关于渎职侵权犯罪案件立案标准的规定》**　（2006年7月26日　高检发释字〔2006〕2号）（节录）

一、渎职犯罪案件

（十三）滥用管理公司、证券职权案（第四百零三条）

滥用管理公司、证券职权罪是指工商行政管理、证券管理等国家有关主管部门的工作人员徇私舞弊，滥用职权，对不符合法律规定条件的公司设立、登记申请或者股票、债券发行、上市申请予以批准或者登记，致使公共财产、国家和人民利益遭受重大损失的行为，以及上级部门、当地政府强令登记机关及其工作人员实施上述行为的行为。

涉嫌下列情形之一的，应予立案：

1. 造成直接经济损失50万元以上的；

2. 工商管理部门的工作人员对不符合法律规定条件的公司设立、登记申请，违法予以批准、登记，严重扰乱市场秩序的；

3. 金融证券管理机构工作人员对不符合法律规定条件的股票、债券发行、上市申请，违法予以批准，严重损害公众利益，或者严重扰乱金融秩序的；

4. 工商管理部门、金融证券管理机构的工作人员对不符合法律规定条件的公司设立、登记申请或者股票、债券发行、上市申请违法予以批准或者登记，致使犯罪行为得逞的；

5. 上级部门、当地政府直接负责的主管人员强令登记机关及其工作人员，对不符合法律规定条件的公司设立、登记申请或者股票、债券发行、上市申请予以批准或者登记，致使公共财产、国家或者人民利益遭受重大损失的；

6. 其他致使公共财产、国家和人民利益遭受重大损失的情形。

【释解】

本条是关于滥用管理公司、证券职权罪的规定。

一、概念及其构成

滥用管理公司、证券职权罪，是指国家有关主管部门的国家机关工作人员，徇私舞弊，滥用职权，对不符合法律规定条件的公司设立、登记申请或者股票、债券发行、上市申请，予以批准或者登记，致使公共财产、国家和人民利益遭受重大损失的行为。

（一）客体要件

本罪侵犯的客体是公司设立审批、登记机关和股票、债券发行、上市审批机关的正常活动。我国公司法、公司登记管理条例、证券法、《企业债券管理条例》等法律、法规，对公司的设立条件和申请登记程序、股票、债券发行、上市的条件和审批程序，都做出了明确具体的规定，并通过法律授权给国家有关行业主管部门、工商行政管理部门、证券管理部门对公司设立、登记申请或者股票、债券发行、上市申请依法进行审查、批准或者登记。负有审批或登记职责的上述国家机关工作人员，只有严格依法办事，按照法定条件进行审批或登记，才能保障国家对公司的正常监管活动，维护社会经济秩序，促进经济建设的顺利发展。若徇私舞弊，滥用职权，非法批准公司设立、登记，股票、债券发行、上市申请，必将破坏国家对公司的正常监管活动，致使公共财产、国家和人民利益遭受重大损失。因此，刑法规定，对上述有关主管部门的国家机关工作人员的这种渎职行为而造成严重后果的，必须依法予以刑事制裁。

（二）客观要件

本罪在客观方面表现为国家有关主管部门国家机关工作人员徇私舞弊、滥用职权，对不符合法律规定条件的公司设立、登记申请或者股票、债券发行、上市申请，予以批准或者登记，致使公共财产、国家和人民利益遭受重大损失的行为。

我国公司法、证券法对于公司的设立、登记以及股票、债券的发行、上市都规定了极为严格的条件。根据我国公司法第 23 条之规定，设立有限责任公司，应当具备下列条件：①股东符合法定人数；②股东出资达到法定资本最低限额；③股东共同制定公司章程；④有公司名称，建立符合有限责任公司要求的组织机构；⑤有公司住所。公司法第 77 条规定，设立股份有限公司，应当具备以下条件：①发起人符合法定人数；②发起人认缴和募集的股本达到法定资本最低限额；③股份发起人筹办事项符合法律规定；④发起人制订公司章程，采用募集方式设立的经创立大会通过；⑤有公司名称，建立符合股份有限公司要求的组织机构；⑥有公司住所。证券法第 50 条规定，股份有限公司申请其股票上市必须符合下列条件：①股票经国务院证券监督管理机构核准已公开发行；②公司股本总额不少于人民币 3000 万元；③公开发行的股份达到公司股份总数的 25％以上；公司股本总额超过人民币 4 亿元的，公开发行股份的比例为 10％以上；④公司最近 3 年无重大违法行为，财务会计报告无虚假记载。证券法第 16 条规定，公开发行公司债券，应当符合下列条件：①股份有限公司的净资产不低于人民币 3000 万元，有限责任公司的净资产不低于人民币 6000 万元；②累计债券余额不超过公司净资产的 40％；③最近 3 年平均可分配利润足以支付公司债券 1 年的利息；④筹集的资金投向符合国家产业政策；⑤债券的利率不超过国务院限定的利率水平；⑥国务院规定的其他条件。证券法第18条还规定，有下列情形之一的，不得再次公开发行公司债券：①前一次公开发行的公司债券尚未募足；②对已公开发行的公司债券或者其他债务有违约或者延迟支付本息的事实，仍处于继续状态；③违反本法规定，改变公开发行公司债券所募资金的用途。证券法第13条规定，公司公开发行新股，应当符合下列条件：①具备健全且运行良好的组织机构；②具有持续盈利能力，财务状况良好；③最近三年财务会计文件无虚假记载，无其他重大违法行为；④经国务院批准的国务院证券监督管理机构规定的其他条件。公司设立、登记申请以及股票、债券发行、上市申请如果不符合上述法律规定的条件，即不得批准或登记。否则，如果徇私舞弊，滥用职权，予以批准或登记，即可构成本罪。

行为人对不符合法律规定条件的公司设立、登记申请或者股票、债券发行、上市申请，予以批准或者登记的行为，必须因此行为致使公共财产、国家和人民利益遭受重大损失。否则，即使实施了对不符合法律规定条件的公司设立、登记申请或者股票、债券发行、上市申请予以批准或者登记的行为，但如没有给公共财产、国家和人民利益造成损失，或者虽有损失但不是重大损失，亦不能构成本罪。是否造成公共财产、国家和人民利益重大损失，是本罪与非罪的一个重要界限。所谓重大损失，主要是指造成巨大直接经济损失的；造成恶劣的政治影响的等情况。

根据《最高人民检察院关于渎职侵权犯罪案件立案标准的规定》的规定，涉嫌下列情形之一的，应予立案：

1. 造成直接经济损失50万元以上的；

2. 工商管理部门的工作人员对不符合法律规定条件的公司设立、登记申请，违法予以批准、登记，严重扰乱市场秩序的；

3. 金融证券管理机构工作人员对不符合法律规定条件的股票、债券发行、上市申请，违法予以批准，严重损害公众利益，或者严重扰乱金融秩序的；

4. 工商管理部门、金融证券管理机构的工作人员对不符合法律规定条件的公司设立、登记申请或者股票、债券发行、上市申请违法予以批准或者登记，致使犯罪行为得逞的；

5. 上级部门、当地政府直接负责的主管人员强令登记机关及其工作人员，对不符合法律规定条件的公司设立、登记申请或者股票、债券发行、上市申请予以批准或者登记，致使公共财产、国家或者人民利益遭受重大损失的；

6. 其他致使公共财产、国家和人民利益遭受重大损失的情形。

公共财产的重大损失，通常是指渎职行为已经造成的重大经济损失。在司法实践中，有以下情形之一的，虽然公共财产作为债权存在，但已无法实现债权的，可以认定为行为人的渎职行为造成了经济损失：(1) 债务人已经法定程序被宣告破产；(2) 债务人潜逃，去向不明；(3) 因行为人责任，致使超过诉讼时效；(4) 有证据证明债权无法实现的其他情况。

(三) 主体要件

本罪的主体是国家有关主管部门的国家机关工作人员，本条所称“有关主管部门”是指负责对公司设立、登记申请或者股票、债券发行、上市申请的条件是否符合法律规定予以审核、批准或者登记的国家机关。国家有关主管部门的国家工作人员，根据我国《公司法》的规定，包括以下几类人员：(1) 法律、行政法规规定的审批有限责任公司设立的国家机关的国家工作人员；(2) 审批股份有限公司设立的国务院授权的部门或者省级人民政府中的国家工作人员；(3) 审批以募股方式设立股份有限公司的国务院证券管理部门中的国家工作人员；(4) 公司设立的登记机关的国家工作人员，一般是指工商行政管理机关中的国家工作人员；(5) 审批股票发行的国务院授权部门或者省级人民政府，或者国务院证券管理部门中的国家工作人员；(6) 审批股票上市的国务院或者证券管理部门中的国家工作人员；(7) 审批债券发行的国务院证券管理部门中的国家工作人员。

本条第 2 款所称上级部门，是广义的，它既包括登记机关，即工商行政管理机关的上级领导管理部门，也包括工商行政管理机关以外的对工商行政管理机关负有领导责任的部门。同时这里所说的上级部门，不仅仅是指上级部门的负责人，也包括在上级部门工作的具体工作人员。

（四）主观要件

本罪在主观方面，必须是出于故意，即行为人对公司的设立、登记申请或者股票、债券发行、上市申请不符合法定条件是明知的，对非法批准、登记可能会造成公共财产、国家和人民利益遭受重大损失的结果持放任态度。至于行为人的犯罪动机可能是多种多样的，有的是为了贪图钱财等不法利益，有的是因碍于亲朋好友情面而徇私舞弊，有的是出于报复或嫉妒心理而徇私舞弊等。动机如何对本罪构成没有影响，可以在量刑时作为因素之一予以考虑。

二、认定

1. 行为人收受贿赂后实施本罪行为的，属牵连犯罪，按其处罚原则应择一重罪处罚，不必实行数罪并罚。

2. 本罪是徇私舞弊、滥用职权的特别规定，构成犯罪，一般情况下应依特别法条即本罪定罪。

3. 徇私舞弊、滥用职权行为与造成的重大损失结果之间，必须具有刑法上的因果关系，这是确定刑事责任的客观基础。徇私舞弊，滥用职权行为与造成的严重危害结果之间的因果关系错综复杂，有直接原因，也有间接原因；有主要原因，也有次要原因；有领导者的责任，也有直接责任人员的过失行为。构成本罪，应当追究刑事责任的，则是指玩忽职守行为与造成的严重危害结果之间有必然因果联系的行为，一般不构成本罪，而是属于一般工作上的错误问题，应由行政主管部门处理。

三、处罚

犯本罪的，处五年以下有期徒刑或者拘役。

上级部门强令登记机关及其工作人员实施本条所定行为的，对其直接负责的主管人员，依照上述的规定处罚。

所谓上级部门，其不仅包括上级工商行政管理机关及其他主管部门，而且亦包括上级工商行政管理机关及其他主管部门以外的对工商行政管理股票、债券发行、上市负有领导责任的人员，如政府中的主管领导等。上级部门直接负责的主管人员，不仅包括上级部门的负责人，而且亦包括上级部门中的具体工作人员。至于强令，则是指上级部门明知公司设立、登记申请或股票、债券发行、上市申请不符合法律规定的条件而却指使、命令、要求登记机关及其工作人员非法予以批准或登记。

第四百零四条　（徇私舞弊不征、少征税款罪）

税务机关的工作人员徇私舞弊，不征或者少征应征税款，致使国家税收遭受重大损失的，处五年以下有期徒刑或者拘役；造成特别重大损失的，处五年以上有期徒刑。

［相关规定］　**《中华人民共和国税收征收管理法》**　（2001年4月28日第九届全国人民代表大会常务委员会第二十一次会议修订）（节录）

第八十二条　税务人员徇私舞弊或者玩忽职守，不征或者少征应征税款，致使国家税收遭受重大损失，构成犯罪的，依法追究刑事责任；尚不构成犯罪的，依法给予行政处分。

税务人员滥用职权，故意刁难纳税人、扣缴义务人的，调离税收工作岗位，并依法给予行政处分。

税务人员对控告、检举税收违法违纪行为的纳税人、扣缴义务人以及其他检举人进行打击报复的，依法给予行政处分；构成犯罪的，依法追究刑事责任。

税务人员违反法律、行政法规的规定，故意高估或者低估农业税计税产量，致使多征或者少征税款，侵犯农民合法权益或者损害国家利益，构成犯罪的，依法追究刑事责任；尚不构成犯罪的，依法给予行政处分。

［相关规定］　**《最高人民检察院关于渎职侵权犯罪案件立案标准的规定》**　（2006年7月26日　高检发释字〔2006〕2号）（节录）

一、渎职犯罪案件

（十四）徇私舞弊不征、少征税款案（第四百零四条）

徇私舞弊不征、少征税款罪是指税务机关工作人员徇私舞弊，不征、少征应征税款，致使国家税收遭受重大损失的行为。

涉嫌下列情形之一的，应予立案：

1. 徇私舞弊不征、少征应征税款，致使国家税收损失累计达10万元以上的；

2. 上级主管部门工作人员指使税务机关工作人员徇私舞弊不征、少征应征税款，致使国家税收损失累计达10万元以上的；

3. 徇私舞弊不征、少征应征税款不满10万元，但具有索取或者收受贿赂或者其他恶劣情节的；

4. 其他致使国家税收遭受重大损失的情形。

【释解】

本条是关于徇私舞弊不征、少征税款罪的规定。

一、概念及其构成

徇私舞弊不征、少征税款罪，是指税务机关的工作人员徇私舞弊，不征或者少征应征税款，致使国家税收遭受重大损失的行为。

（一）客体要件

本罪侵害的客体是国家的税收征收管理制度和国家税收机关的正常管理活动。税收是国家财政收入的主要来源。依法保障国家的税收，对于增加国家的综合国力具有重要的意义。全国人大常委会相继通过了税收征收管理法等一系列涉税法律、法规，为依法打击涉税犯罪，保障国家的财政收入提供了必要的法律武器。徇私舞弊不征、少征税款，不仅会使国家的财政收入受到损失，侵犯国家的税收管理制度，而且会侵犯税务机关工作人员职务行为的廉洁性，侵犯国家税收机关的正常管理活动。

（二）客观要件

本罪在客观方面表现为徇私舞弊，不征或者少征应征税款，致使国家税收遭受重大损失的行为。

税务工作人员徇私舞弊行为首先必须是利用职务之便进行的。所谓利用职务之便，是指利用职权或者与职务有关的便利条件。职权是指本人职务范围内的权利；与职务有关的便利条件是指虽然不是直接利用职权，但是利用了本人的职权或地位形成的便利条件。

其次必须有不征、少征应征税款的行为。所谓应征税款，是指税务机关根据法律、行政法规规定的税种税率应当向纳税人征收的税款。所谓不征，是指税务机关工作人员明知纳税人应当缴纳税款，但是不向其征收，或者违反法律、行政法规规定，擅自决定纳税人免缴税款。所谓少征，是指税务机关的工作人员向纳税人实际征收的税款少于应征税款，或者明知不具备减税条件，弄虚作假擅自决定减税的。

徇私舞弊，不征或者少征应征税款的行为表现在税收征管的各个环节中。如税务登记、账簿、凭证管理、纳税申报、税款征收（包括税款的缴纳、退还、补缴和追征、税收减免、应纳税额的核定、纳税担保）以及税务检查。税务工作人员只要在上述各个环节中违背事实和法律、法规，滥用征管职权，搞虚假税务登记，涂改账簿，伪造纳税凭证、擅自减少应纳税数额等，都是徇私舞弊行为。

第三，不征、少征应征税款的行为必须致使国家税收遭受重大的损失。即税务机关工作人员虽然有徇私舞弊，不征或者少征应征税款的行为，但并未因此而使国家税收遭受重大损失，便不构成犯罪，致使国家税收遭受重大损失，应该是指行为人徇私舞弊，不征或少征的税款，由于主客观原因，国家无法再实际予以征收。如果行为人不征或少征的应征税款，税务机关发现以后，依法征收并如数收归国库，那么则不能认为行为人不征或少征的应征税款已致使国家税收遭受重大损失，从而不认为成立犯罪。

根据《最高人民检察院关于渎职侵权犯罪案件立案标准的规定》的规定，涉嫌下列情形之一的，应予立案：

1. 徇私舞弊不征、少征应征税款，致使国家税收损失累计达10万元以上的；

2. 上级主管部门工作人员指使税务机关工作人员徇私舞弊不征、少征应征税款，致使国家税收损失累计达10万元以上的；

3. 徇私舞弊不征、少征应征税款不满10万元，但具有索取或者收受贿赂或者其他恶劣情节的；

4. 其他致使国家税收遭受重大损失的情形。

（三）主体要件

本罪的主体要件是特殊主体，是履行征收税款职责的国家工作人员，即税务机关的工作人员。税务机关的工作人员，也就是指在各级税务局、税务分局和税务所中代表国家依法负有向纳税人或纳税单位征收税款义务并行使征收税款职权的人员。

（四）主观要件

本罪的主观方面表现为故意。即税务机关的工作人员，明知自己不征或者少征税款的行为，破坏了有关税收管理法规，会给国家税收造成严重损失，仍然希望或放任这种危害结果的发生。

过失不构成犯罪，如果税务工作人员在税收征管中玩忽职守，严重不负责任，过失地给国家税收造成重大损失的，应按本法第397条的玩忽职守罪追究刑事责任。至于行为人的犯罪动机可能是多种多样的，有的是为了贪图钱财等不法利益，有的是因碍于亲朋好友情面而徇私舞弊，有的是出于报复或嫉妒心理而徇私舞弊等。动机如何对本罪构成没有影响，可以在量刑时作为因素之一予以考虑。

二、认定

1. 区分本罪与偷税罪的界限

偷税罪，是指纳税人采取伪造、变造、隐匿、擅自销毁账簿、记账凭证，在账簿上多列支出或者不列、少列收入，经税务机关通知申报而拒不申报或者进行虚假的纳税申报的手段，不缴或者少缴应缴税款，偷税数额达到一定程度或因偷税被税务机关给予二次行政处罚又偷税的行为。一般而言，它与本罪在犯罪主体、犯罪的客观表现、犯罪的主观方面等内容上，都有着很大的区别。但当出现偷税罪的共犯时，则有可能造成相互混淆的现象。税务机关的工作人员，如果与偷税人相互勾结，故意不履行其依法征税的职责，不征或少征应征税款的，应该将其作为偷税罪的共犯来论处。但如果行为人知道了某人在偷税，出于某种私利，而佯装不知，对偷税犯罪行为采取放任的态度，并因此不征或少征应征税款，致使国家税收遭受重大损失的，只能认定构成本罪。

2. 因收受他人贿赂而不征或者少征税款，属牵连犯，应根据行为人的犯罪事实、情节，择一重罪从重论处。

3. 如果税务人员与偷税、逃避欠税的犯罪分子相勾结，而不征或少征应征税款，应当按照刑法共同犯罪的规定处罚。

三、处罚

犯本罪的，处五年以下有期徒刑或者拘役；造成特别重大损失的，处五年以上有期徒刑。造成特别重大损失，是指造成国家税收流失数额特别巨大，后果特别严重的情形。

第四百零五条　（徇私舞弊发售发票、抵扣税款、出口退税罪、违法提供出口退税凭证罪）

税务机关的工作人员违反法律、行政法规的规定，在办理发售发票、抵扣税款、出口退税工作中，徇私舞弊，致使国家利益遭受重大损失的，处五年以下有期徒刑或者拘役；致使国家利益遭受特别重大损失的，处五年以上有期徒刑。

其他国家机关工作人员违反国家规定，在提供出口货物报关单、

出口收汇核销单等出口退税凭证的工作中，徇私舞弊，致使国家利益遭受重大损失的，依照前款的规定处罚。

［相关规定］　**《最高人民检察院关于渎职侵权犯罪案件立案标准的规定》**　（2006年7月26日　高检发释字〔2006〕2号）（节录）

一、渎职犯罪案件

（十五）徇私舞弊发售发票、抵扣税款、出口退税案（第四百零五条第一款）

徇私舞弊发售发票、抵扣税款、出口退税罪是指税务机关工作人员违反法律、行政法规的规定，在办理发售发票、抵扣税款、出口退税工作中徇私舞弊，致使国家利益遭受重大损失的行为。

涉嫌下列情形之一的，应予立案：

1. 徇私舞弊，致使国家税收损失累计达10万元以上的；

2. 徇私舞弊，致使国家税收损失累计不满10万元，但发售增值税专用发票25份以上或者其他发票50份以上或者增值税专用发票与其他发票合计50份以上，或者具有索取、收受贿赂或者其他恶劣情节的；

3. 其他致使国家利益遭受重大损失的情形。

（十六）违法提供出口退税凭证案（第四百零五条第二款）

违法提供出口退税凭证罪是指海关、外汇管理等国家机关工作人员违反国家规定，在提供出口货物报关单、出口收汇核销单等出口退税凭证的工作中徇私舞弊，致使国家利益遭受重大损失的行为。

涉嫌下列情形之一的，应予立案：

1. 徇私舞弊，致使国家税收损失累计达10万元以上的；

2. 徇私舞弊，致使国家税收损失累计不满10万元，但具有索取、收受贿赂或者其他恶劣情节的；

3. 其他致使国家利益遭受重大损失的情形。

【释解】

本条是关于徇私舞弊发售发票、抵扣税款、出口退税罪、违法提供出口退税凭证罪的规定。

一、徇私舞弊发售发票、抵扣税款、出口退税罪

（一）概念及其构成

徇私舞弊发售发票、抵扣税款、出口退税罪，是指税务机关的工作人员违反法律、法规的规定，在发售发票、抵扣税款、出口退税工作中徇私舞弊，致使国家利益遭受重大损失的行为。

1. 客体要件

本罪所侵犯的客体是税务机关的正常工作秩序。徇私舞弊行为使国家税收法律、法规的顺利实施受到严重干扰，损害了国家税务机关的威信。

本条所称发票，是指在购销商品、提供或者接受服务以及从事其他经营活动中，开具、收取的收付款凭证。发售发票，是指主管税务机关根据已依法办理税务登记的单位或个人提出的领购发票申请向其出售发票的活动。抵扣税款，是指凭发票抵扣税款制度，发票上所注明的税款是惟一可以抵扣的税款。增值税专用发票就是以商品和劳动增值额为征税对象，并具有抵扣税款功能的专门用于增值税的收付款凭证。此外，具有同增值税专用发票相同功能，可以抵扣税款的普通发票有农业产品收购发票、废旧物品收购发票、运输发票等。出口退税，是指税务机关依法向出口商品的生产或经营单位退还该商品在生产、流通环节已征收的增值税和消费税。国家制定这一税收政策的目的，是为了鼓励出口贸易，增强我国出口产品在国际市场上的竞争力。

2. 客观要件

本罪在客观方面表现为违反法律、行政法规的规定，在发售发票、抵扣税款、出口退税工作中徇私舞弊，致使国家利益遭受重大损失的行为。

我国对发票实行严格的管理制度，在一系列的法律、行政法规中都有规定，税务机关都有一整套的工作纪律和规章制度，以及工作人员的职责和权利、义务，只有违反了法律、行政法规、工作纪律和规章制度的行为，才能成为徇私舞弊行为。“违反法律行政法规规定”是指违反税收征收管理法、发票管理办法、增值税暂行条例等法律、行政法规关于发票发售、税款抵扣和出口退税制度的规定。

税务工作人员在发售发票、抵扣税款、出口退税工作中，违反法律、行政法规的规定，向不该领取发票的人发售了发票，或向可以领取的人多发售了发票，或使犯罪分子非法抵扣、骗取出口退税的行为得逞，致使国家税款大量流失。

具体表现为以下几种行为：

（1）在发售发票过程中的徇私舞弊，主要是指，给不具备申购发票条件的单位和个人发售发票，或者领购发票的单位和个人虽具备规定的条件，但未按规定的数量向其发售发票等。

根据有关规定，申请购买发票人应当办理了税务登记，申购的种类应当与所经营的业务范围相一致，如从事个体饭店、饮食店、餐馆等经营的，就应申购个体饮食行业统一发票；从事建筑安装经营的，就应申购建筑安装专用发票；进行出租住宅经营的，就应申购住宅租金专用发票等。如果没有办理税务登记或不符合其他条件，如所申购的发票种类与自己的经营活动不相一致，税务机关就不应给申购人发售发票，否则即属违法行为，如属徇私舞弊、滥用职权，就可构成本罪而应依本罪定罪。购买人申购，经主管税务机关批准购买的，应当发给申购人发票领购簿。申购人再凭此簿向主管税务机关进行购买，有关工作人员应当依领购簿核准的种类、数量及其购买方式等予以发售，不得擅自为之。临时到本省、自治区、直辖市以外从事经营活动的，应凭所在地税务机关的证明，向经营地的税务机关申购经营地的发票。经营地的税务机关可以要求申购人提供保证人或者根据所领购发票的票面限额以及数量缴纳不超过 1 万元的保证金。临时在本省、自治区、直辖市以内跨市、县从事经营活动需要领购发票的，其具体办法则由省、自治区、直辖市税务机关自行确定。

（2）在抵扣税款工作中的徇私舞弊，指由于税务机关的工作人员不认真负责，致使不应抵扣的国家税款被非法抵扣等。

为了加强税收管理，尽量防止税收流失，以保障国家财政收入，国家对某些税种或纳税人实行在购进货物或接受服务时就予以纳税的纳税办法。代扣代缴人代扣税款后，应当向扣税对象即购进货物时就已纳税的纳税人开具批发扣税的专用发票。专用发票设有扣税专栏，列明销售总额、适用税率和代扣税额等内容。其中一联交给扣税的对象作为完税凭证；一联作为单位记账凭证和汇总缴纳税款的依据；一联则转给税务机关作为掌握分户扣税情况和查账的根据。此种扣税发票，包括增值税专用发票，都应视为税收票证。扣税的对象即在购货时就已纳税的人对已扣缴的税款，可以凭此种抵扣税款的发票，从每月应纳税收款总额中抵扣。

根据我国有关法律、法规的规定，增值税专用发票作为抵扣税款凭证必须符合下列条件：①购货方必须是享有税款抵扣权的增值税一般纳税人；②开具的增值税专用发票必须真实、正确、完整、有效。如有下列情形之一，不得作为进项税额的抵扣凭证：字迹不清、涂改以及项目填写不齐全的；票物不符、票面金额与实际收取的金额不符或者票面各项内容有误的；单联开具或上下联金额、增值税额等内容不一致的；发票联或抵扣联未加盖财务专用章的；只取得发票联或抵扣联的；未按规定时限开具专用发票的；伪造的专用发票。下列项目的进项税额不得从销项税额中抵扣：购进固定资产；用于非应税项目的购进货物或者应税劳务；用于免税项目的购进货物或者应税劳务；用于集体福利或个人消费的购进货物或者应税劳务；非正常损失的购进货物；等等。

税务机关中主管抵扣税款的工作人员，应当认真履行自己的职责，就纳税人提供的证明真伪，抵扣税款的数额，是否属于应当抵扣的税种、货物内容进行仔细详尽的审查。不应当抵扣的税款而抵扣，以及应少抵扣的而多抵扣，从而致使税收遭受重大损失的，就应依本罪定罪科刑。

(3) 在出口退税工作中的徇私舞弊，指由于税务机关的工作人员的疏忽，致使骗取出口退税行为得逞的行为。

退还出口货物的增值税、消费税应当符合下列条件：(1) 退税的主体仅限于具有出口经营权的企业以及其他特准退税企业。后者包括对外承包工程公司，对外承接修理修配业务的企业，外轮供应公司、远洋运输供应公司，利用国际金融组织或外国政府贷款采取国际招标方式销售机电产品、建筑材料而中标的企业，在国内采购货物而运往境外作为国外投资的企业等。非上述单位，就不能申请退税，否则即属违法，骗取出口退税的，则可构成骗取出口退税罪。(2) 必须是依法可以作为退税对象的货物才能予以退税，否则，即使是上述企业也不能申请退税，税务机关也不得批准退税。(3) 所退还的税收应是退税主体已经缴纳的增值税、消费税等税收，非上述税种不能成为出口退税的退税项目。

主管出口退税的税务机关在接到上述有关必备的出口退税的证明文件及资料后，应当认真审查核实，看申请退税人是否属于退税主体，即是否属于法律规定的可以退税的企业；货物，是否已经报关并且在财务上做了销售处理；所提供的证明材料是否完整、真实、可靠；企业应退税款数额的计算是否正确等等。如果徇私舞弊，滥用职权，不正确履行职责，造成国家税收重大流失的，就应当依本罪定罪。

徇私舞弊发售发票、抵扣税款、出口退税行为，只有使国家利益遭受重大损失才有可能构成本罪。如果仅有徇私舞弊的行为，但没有造成国家利益的实际损失，或者虽然造成了损失，但没有达到重大损失的程度，也只是一般的违法行为，而不能以本罪论处。何谓国家利益损失更大，其标准应是多方面的，如严重影响税收秩序，致使税务机关的正常活动处于极为混乱的状态中，造成恶劣的影响等等。

根据《最高人民检察院关于渎职侵权犯罪案件立案标准的规定》的规定，涉嫌下列情形之一的，应予立案：

（1）徇私舞弊不征、少征应征税款，致使国家税收损失累计达10万元以上的；

（2）上级主管部门工作人员指使税务机关工作人员徇私舞弊不征、少征应征税款，致使国家税收损失累计达10万元以上的；

（3）徇私舞弊不征、少征应征税款不满10万元，但具有索取或者收受贿赂或者其他恶劣情节的；

（4）其他致使国家税收遭受重大损失的情形。

3．主体要件

本罪的主体是特殊主体，只有税务机关的工作人员才能成为本罪的主体，其他自然人均不能成为本罪的主体，单位也不能构成本罪的主体。

4．主观要件

本罪在主观方面表现为故意，即行为人明知自己在办理发售发票、抵扣税款、出口退税工作中的徇私舞弊行为是违反有关法律规定的，明知自己行为可能致使国家利益遭受损失，而对这种后果的发生持希望或者放任的态度。至于行为人的犯罪动机可能是多种多样的，动机如何对本罪构成没有影响，可以在量刑时作为因素之一予以考虑。

如果是税务机关的工作人员在发售发票、抵扣税款、出口退税工作中由于疏忽大意，严重不负责，致使国家利益遭受损失的，应按照本法第397条规定的玩忽职守罪追究刑事责任。如税务工作人员事先与偷税、非法购买增值税专用发票、骗取出口退税分子通谋，应按照共同犯罪定罪处罚。

（二）认定

1．区分罪与非罪的界限

认定徇私舞弊发售发票、抵扣税款、出口退税罪与非罪的界限，除认真把握法律对本罪主体、主观方面、客观方面的规定外，还要注意查明是否致使国家利益遭受重大损失。只有致使国家利益遭受重大损失的行为，才构成本罪。对于虽违法办理了发售发票、抵扣税款、出口退税，但被及时发现，没有造成损失的，不以犯罪论处，而应由有关主管部门依法追究其行政责任。

2. 区分本罪与诈骗罪、骗取国家出口退税款罪、偷税罪、非法出售增值税专用发票罪等犯罪的界限

行为人在办理发售发票抵扣税款、出口退税工作中的徇私舞弊行为，往往会在实际上为他人实施诈骗、骗取国家出口退税款、偷税、非法出售增值税专用发票等犯罪起到帮助作用，因此，必须注意划清本罪与这些犯罪的界限。其关键在于查明行为人主观上是否与这些犯罪分子具有共同的犯罪故意。如果查明行为人主观上与诈骗、骗取国家出口退税款等犯罪分子具有共同犯罪的故意而相互勾结，那么，其在客观上所实施的非法办理出售发票、抵扣税款、出口退税行为就属于诈骗、骗取国家出口退税款等犯罪的帮助犯，应当以这些犯罪的共犯定罪处罚，而不再按本罪处罚。

3. 区分本罪与徇私舞弊不征、少征税款罪的界限

徇私舞弊发售发票、抵扣税款、出口退税罪与徇私舞弊不征、少征税款罪相比，在主体、客观方面均有相同或相似之处，但在客观及主观方面上则有明显的差别。两者在客观方面的区别主要表现为：其一，两者虽都发生在税收征管领域，但发生的具体阶段不同。徇私舞弊不征、少征税款罪往往直接发生在税务机关的工作人员在征收税收的过程中，或者应当履行征收税收职责而故意不履行。徇私舞弊发售发票则往往发生在征收税收之前，徇私舞弊出口退税又往往发生在征收税收之后。只有抵扣税款的行为可以发生在征收过程中。其二，行为的具体方式不同，徇私舞弊不征、少征税款罪的舞弊方式往往表现为不作为，即行为人为徇私情私利而故意不履行其应当履行的职责，也可以表现为不正确履行其职责。徇私舞弊发售发票、抵扣税款、出口退税罪则往往表现为作为，即行为人为徇私

情私利，故意通过其积极的行为去违法发售发票、抵扣税款或办理出口退税。

（三）处罚

根据本条第1款的规定，构成本罪的，处五年以下有期徒刑或者拘役；致使国家利益遭受特别重大损失的，处五年以上有期徒刑。这里的特别重大损失，是指抵扣的税款、出口退税数额特别巨大，使国家税款流失数额特别巨大等。

二、违法提供出口退税凭证罪

（一）概念及其构成

违法提供出口退税凭证罪是指税务机关以外的其他国家机关的工作人员违反国家规定，在提供出口货物报关单、出口收汇核销单等出口退税凭证的工作中，徇私舞弊，致使国家利益遭受重大损失的行为。

1. 客体要件

本罪侵犯的客体是国家的税收管理制度和国家机关的正常管理活动。为了鼓励企业出口创汇，参与国际竞争，从1985年开始，我国按照国际惯例，逐步实行出口退税制度，即在企业产品出口后，根据增值税专用发票、出口货物报关单和出口收汇单证等，将其所缴纳的税款再退还给该企业。一些不法企业和个人利用该项税收优惠政策，大肆骗取出口退税活动，导致国家税款的大量流失。为了实现其骗取出口退税的目的，他们千方百计地采取多种手段，获取用于退税的出口货物报关单、出口收汇核销单等凭证。而有些国家机关工作人员徇私舞弊，为他人非法提供这些出口退税凭证，严重干扰了国家对出口退税的管理制度，同时也使国家的税收利益受到危害。

2. 客观要件

本罪的客观方面表现为行为人违反国家规定，在提供出口货物报关单、出口收汇核销单等出口退税凭证的工作中，徇私舞弊，致使国家利益遭受重大损失的行为。根据我国海关总署《出口退税报关单管理办法》的规定，出口退税报关单，系海关总署统一印制并注明“出口退税专用”字样的，由出口企业按规定办理申领手续，认真填写，海关凭以受理报关，经严格审核后盖上海关检讫章将报关单封入关封，交出口企业送交退税地税务机关的一种出口退税凭证。海关受理报关时，对出口企业采取以少报多，以次（废）充好，以低税率产品冒充高税率产品等企图骗取出口退税行为的，在现场发现部分由海关依法处理。根据中国人民银行、国家外汇管理局、对外经济贸易部、海关总署、中国银行联合发布的《出口收汇核销管理办法》的规定，出口收汇核销单，系指由国家外汇管理局制发，出口单位和受托行及解付行填写，海关凭以受理报关，外汇管理部门凭以核销收汇的有顺序编号的凭证。出口企业办理出口退税应提交这一核销单。有关国家机关工作人员在办理上述出口退税凭证工作中，违反国家的上述规定，图私利、徇私情，采取欺骗手段，弄虚作假，提供虚假的出口退税凭证，致使国家利益遭受重大损失的，即构成本罪的客观行为条件。

根据本条规定，违反国家规定，在提供出口货物报关单、出口收汇核算单等出口退税凭证的工作中，徇私舞弊，只有致使国家利益遭受重大损失的，才构成本罪；否则，不构成犯罪，可作为一般徇私舞弊行为，由主管部门予以处理。所谓致使国家利益遭受重大损失，是指致使犯罪分子骗取国家出口退税款的行为得逞，国库税款损失重大等。

根据《最高人民检察院关于渎职侵权犯罪案件立案标准的规定》的规定，涉嫌下列情形之一的，应予立案：

（1）徇私舞弊，致使国家税收损失累计达10万元以上的；

（2）徇私舞弊，致使国家税收损失累计不满10万元，但具有索取、收受贿赂或者其他恶劣情节的；

（3 其他致使国家利益遭受重大损失的情形。

公共财产的重大损失，通常是指渎职行为已经造成的重大经济损失。在司法实践中，有以下情形之一的，虽然公共财产作为债权存在，但已无法实现债权的，可以认定为行为人的渎职行为造成了经济损失：（1）债务人已经法定程序被宣告破产；（2）债务人潜逃，去向不明；（3）因行为人责任，致使超过诉讼时效；（4）有证据证明债权无法实现的其他情况。

3．主体要件

本罪的主体是特殊主体，即税务机关的工作人员以外的其他国家机关工作人员，主要是指承担着提供出口货物报关单和出口收汇核算单等出口退税凭证职责的海关工作人员等国家机关工作人员。凡是办理出口退税凭证工作的国家机关工作人员，都可以成为本罪的主体。

4．主观要件

本罪在主观方面只能依故意构成，即行为人明知自己在提供出口货物报关单、出口收汇核销单等出口退税凭证的工作中的徇私舞弊行为是违反国家有关规定的，明知自己的行为可能致使国家利益遭受重大损失，而对此后果持希望或放任的态度。

（二）认定

1．区分本罪与徇私舞弊发售发票、抵扣税款、出口退税罪的界限

两者的区别主要有以下几个方面：

（1）主体不同。违法提供出口退税凭证罪的主体是税务机关以外的其他国家机关工作人员，主要是海关等国家机关的工作人员。徇私舞弊发售发票、抵扣税款、出口退税罪的主体仅限于税务机关工作人员。

（2）客观方面不同。违法提供出口退税凭证罪的客观方面主要表现为行为人为徇私情私利，违反国家规定，非法提供出口货物报关单、出口收汇核销单等出口退税凭证，致使国家利益遭受重大损失的行为。徇私舞弊发售发票、抵扣税款、出口退税罪的客观方面包括三种形式，即徇私办理发售发票、徇私办理抵扣税款、徇私办理出口退税。违法提供出口退税凭证罪的客观方面与徇私舞弊发售

发票、抵扣税款罪相比，比较容易区分，在此不再赘述。违法提供出口退税凭证罪与徇私舞弊出口退税罪相比，其区别主要表现为：一是行为发生的阶段不同。违法提供出口退税凭证的行为一般发生在办理出口退税前；徇私办理出口退税往往发生在办理出口退税过程中，并以伪造或非法提供的出口退税凭证为前提。二是行为发生的部门不同。违法提供出口退税凭证罪发生在税务机关以外的其他国家机关；徇私舞弊出口退税则发生在税务机关在办理出口退税的工作之中。三是行为的方式不同。前者是徇私提供出口退税凭证；后者是徇私办理出口退税。

2. 区分本罪与骗取出口退税罪的界限

骗取出口退税罪是指以假报出口或者其他欺骗手段，骗取国家出口退税款，数额较大的行为。它与本罪的区别主要有：

（1）犯罪主体不同。骗取出口退税罪的主体是一般主体。违法提供出口退税凭证罪的主体则为税务机关以外的其他国家机关工作人员。

（2）客观方面不同。骗取出口退税罪的客观方面表现为假报出口或者以少报多、以劣报优或以其他欺骗手段，骗取国家出口退税款。违法提供出口退税凭证罪的客观方面表现为行为人徇私舞弊，非法提供出口货物报关单、出口收汇核销单等出口退税凭证。

（3）侵犯的客体不同。骗取出口退税罪侵犯的客体是国家的税收管理秩序。违法提供出口退税凭证罪侵犯的客体不仅是国家的税收管理秩序，同时还侵犯了国家机关的正常管理活动。

（三）处罚

构成本罪的，处五年以下有期徒刑或者拘役；致使国家利益遭受特别重大损失的，处五年以上有期徒刑。这里的特别重大损失，是指致使犯罪分子骗取国家出口退税款的行为得逞，国库税款损失巨大等。

第四百零六条　（国家机关工作人员签订、履行合同失职被骗罪）

国家机关工作人员在签订、履行合同过程中，因严重不负责任被诈骗，致使国家利益遭受重大损失的，处三年以下有期徒刑或者拘役；致使国家利益遭受特别重大损失的，处三年以上七年以下有期徒刑。

［相关规定］　**《最高人民检察院关于渎职侵权犯罪案件立案标准的规定》**　（2006年7月26日　高检发释字〔2006〕2号）（节录）

一、渎职犯罪案件

（十七）国家机关工作人员签订、履行合同失职被骗案（第四百零六条）

国家机关工作人员签订、履行合同失职被骗罪是指国家机关工作人员在签订、履行合同过程中，因严重不负责任，不履行或者不认真履行职责被诈骗，致使国家利益遭受重大损失的行为。

涉嫌下列情形之一的，应予立案：

1. 造成直接经济损失30万元以上，或者直接经济损失不满30万元，但间接经济损失150万元以上的；

2. 其他致使国家利益遭受重大损失的情形。

［相关规定］　**《全国法院审理经济犯罪案件工作座谈会纪要》**（2003年11月13日　法〔2003〕167号）（节录）

六、关于渎职罪

（一）渎职犯罪行为造成的公共财产重大损失的认定

根据刑法规定，玩忽职守、滥用职权等渎职犯罪是以致使公共财产、国家和人民利益遭受重大损失为构成要件的。其中，公共财产的重大损失，通常是指渎职行为已经造成的重大经济损失。在司法实践中，有以下情形之一的，虽然公共财产作为债权存在，但已无法实现债权的，可以认定为行为人的渎职行为造成了经济损失：(1) 债务人已经法定程序被宣告破产；(2) 债务人潜逃，去向不明；(3) 因行为人责任，致使超过诉讼时效；(4) 有证据证明债权无法实现的其他情况。

【释解】

本条是关于国家机关工作人员签订、履行合同失职被骗罪的规定。

一、概念及其构成

国家机关工作人员签订、履行合同失职被骗罪，是指国家机关工作人员在签订、履行合同过程中，因严重不负责任被诈骗，致使国家利益遭受重大损失的行为。

（一）客体要件

本罪侵犯的客体是国家机关的正常活动。由于国家工作人员对本职工作严重不负责，不遵纪守法，违反规章制度，不履行应尽的职责义务，致使国家经济利益受到重大损失，给国家、集体和人民利益造成严重损害，从而危害了国家机关的正常活动。

（二）客观要件

本罪在客观方面表现为国家机关工作人员在签订、履行合同过程中，因严重不负责任被诈骗，致使国家利益遭受重大损失的行为。

1. 必须有在签订、履行合同的过程中违反有关工作纪律和规章制度，严重不负责任的行为，包括作为和不作为

所谓的作为，是指国家机关工作人员在签订、履行合同的过程中不正确履行职责义务的行为。有的工作马马虎虎，草率从事，敷衍塞责，对于自己应当履行的，而且也有条件履行的职责，都不尽自己应尽的职责义务。

本条规定的犯罪行为发生在签订、履行合同的过程中。所谓签

订，是指当事人双方就合同的主要条款经过协商，达成一致。所谓履行，是指合同当事人对于合同中所规定的事项全部并适当地完成。所谓严重不负责任，一般有如下一些表现：粗枝大叶，盲目轻信，不认真审查对方当事人的合同主体资格、资信情况；不认真审查对方的履约能力和货源情况；应当公证或者鉴证的不予公证或鉴证；贪图个人私利，关心的不是产品的质量和价格，而是个人能否得到回扣，从中捞取多少，得到好处后，在质量上舍优取劣，在价格上舍低就高，在路途上舍近求远，在供货来源上舍公取私；销售商品时对并非滞销甚至是紧俏的商品，让价出售或赊销，以权谋私，导致被骗；无视规章制度和工作纪律，擅自越权，签订或者履行合同；急于推销产品，上当受骗；不辨真假，盲目吸收投资，同假外商签订引资合作等协议；违反规定为他人签订合同提供担保，导致发生纠纷时承担担保责任，等等。

2．必须具有因严重不负责被诈骗，致使国家利益造成重大损失的结果

所谓重大损失，是指给国家和人民造成的重大物质性损失和非物质性损失。物质性损失一般是指人身伤亡和公私财物的重大损失，就本罪而言，一般是指重大的经济损失，非物质性损失是指严重损害国家机关的正常活动和声誉等。认定是否重大损失，应根据司法实践和有关规定，对所造成的物质性和非物质性损失的实际情况，并按直接责任人员的职权范围全面分析，以确定应承担责任的大小。

根据《最高人民检察院关于渎职侵权犯罪案件立案标准的规定》的规定，涉嫌下列情形之一的，应予立案：

(1)造成直接经济损失30万元以上，或者直接经济损失不满30万元，但间接经济损失150万元以上的；

(2)其他致使国家利益遭受重大损失的情形。(3)严重不负责任行为与造成的重大损失结果之间，必须具有刑法上的因果关系

这是确定刑事责任的客观基础。严重不负责任行为与造成的严重危害结果之间的因果关系错综复杂，有直接原因，也有间接原因；

有主要原因，也有次要原因；有领导者的责任，也有直接责任人员的过失行为。构成本罪，应当追究刑事责任的，则是指严重不负责任行为与造成的严重危害结果之间有必然因果联系的行为。

（三）主体要件

本罪主体为特殊主体，即是国家机关工作人员。根据本法的规定，国家机关工作人员是指在国家各级人大及其常委会、国家各级人民政府及各级人民法院、人民检察院中从事公务的人员。

（四）主观要件

本罪在主观方面只能由过失构成，故意不构成本罪。也就是说，行为人对于其行为所造成重大损失结果，在主观上并不是出于故意而是由于过失造成的，他应当知道自己在签订、履行合同过程中的严重不负责任的行为，可能会发生一定的社会危害结果，但是他因疏忽大意而没有预见，或者是虽然已经预见到可能会发生，但他凭借着自己的知识或者经验而轻信可以避免，以致发生了造成严重损失的危害结果。行为人主观上的过失是针对造成重大损失的结果而言，但并不排斥行为人对自己严重不负责任的行为可能是故意的情形。如果行为人在主观上对于危害结果的发生不是出于过失，而是出于故意，不仅预见到，而且希望或者放任它的发生，那就不属于本罪所定的犯罪行为，而构成其他的故意犯罪。

二、认定

（一）本罪与非罪的界限

主要是区分本罪与工作失误的界限。因工作失误往往也会给国家和人民的利益造成重大损失，在这一点上与本罪相同之处。但两者有严格的区别：

1．客观行为特征不同

工作失误，行为人是认真履行自己的职责义务；而国家机关工作人员签订、履行合同失职罪则表现为行为人不履行或不正确履行自己的职责义务。

2．导致发生危害结果的原因不同

工作失误，是由于制度不完善，一些具体政策界限不清，管理上存在弊端，以及由于国家工作人员文化水平不高，业务素质较差，缺乏工作经验，因而计划不周，措施不当，方法不对，以致在积极工作中发生错误，造成国家利益遭受重大损失。而国家机关工作人员签订、履行合同失职罪，则是违反工作纪律和规章，严重官僚主义，对工作极端不负责任等行为造成国家和人民利益遭受重大损失。在当前经济改革、对外开放，对内搞活的实践过程中，出现一些失误，造成某些严重的损失是难免的，这主要是总结经验教训的问题，必须与国家机关工作人员签订、履行合同失职罪严格区别开来。但对于那些在国家法律政策不允许的情况下，借口改革，盲目决策，管理混乱，给国家和人民的利益造成重大损失的，绝不能以工作失误来蒙混过关，逃避罪责。

（二）区分本罪与签订、履行合同失职被骗罪的界限

关键在于主体不同。本罪主体仅限于国家机关工作人员；而后罪主体则为国有公司、企业、事业单位中的直接负责的主管人员。对于一些合同如涉外技术转让合同、国有土地转让合同等必须经过国家有关机关审查批准。国有公司、企业、事业单位在签订、履行这些合同过程中如果玩忽职守，而有关主管机关的工作人员在审批过程中亦玩忽职守，严重不负责任，致使国家利益遭受重大损失的，则国有公司、企业、事业单位的主管人员与主管机关的工作人员对此都应承担玩忽职守、严重不负责任行为的刑事责任。但定罪则应根据主体身份的不同特征分别以本罪与签订、履行合同失职被骗罪论处。

（三）认定本罪要注意与对方的行为结合起来加以认定

只有对方出于非法占有的目的，采取虚构事实或隐瞒事实真相的手段实施了诈骗，且构成合同诈骗犯罪的情况下，本罪才能构成。如果对方不是出于非法占有的目的，即使有虚构事实或隐瞒真相的手段，后亦因自己的行为造成了国家利益重大损失，但由于对方行为不属诈骗，因而也不能以本罪论处。因此，本罪的成立要以对方实施合同诈骗的犯罪成立为前提。当然，对方诈骗犯罪成立，并不

意味着本罪一定成立，如认真履行了自己的职责，却被对方诈骗，或者对方虽然诈骗得逞，后又追回了一些损失并未造成重大损失的，就不应以本罪定罪。

三、处罚

犯本罪的，处三年以下有期徒刑或者拘役；致使国家利益遭受特别重大损失的，处三年以上七年以下有期徒刑。

第四百零七条 （违法发放林木采伐许可证罪）

林业主管部门的工作人员违反森林法的规定，超过批准的年采伐限额发放林木采伐许可证或者违反规定滥发林木采伐许可证，情节严重，致使森林遭受严重破坏的，处三年以下有期徒刑或者拘役。

［相关规定］ **《中华人民共和国森林法》** （1998年4月29日第九届全国人民代表大会常务委员会第二次会议修正）（节录）

第三十三条 审核发放采伐许可证的部门，不得超过批准的年采伐限额发放采伐许可证。

第四十一条 违反本法规定，超过批准的年采伐限额发放林木采伐许可证或者超越职权发放林木采伐许可证、木材运输证件、批准出口文件、允许进出口证明书的，由上一级人民政府林业主管部门责令纠正，对直接负责的主管人员和其他直接责任人员依法给予行政处分；有关人民政府林业主管部门未予纠正的，国务院林业主管部门可以直接处理；构成犯罪的，依法追究刑事责任。

［相关规定］ **《最高人民检察院关于渎职侵权犯罪案件立案标准的规定》** （2006年7月26日 高检发释字〔2006〕2号）（节录）

一、渎职犯罪案件

（十八）违法发放林木采伐许可证案（第四百零七条）

违法发放林木采伐许可证罪是指林业主管部门的工作人员违反森林法的规定，超过批准的年采伐限额发放林木采伐许可证或者违反规定滥发林木采伐许可证，情节严重，致使森林遭受严重破坏的行为。

涉嫌下列情形之一的，应予立案：

1. 发放林木采伐许可证允许采伐数量累计超过批准的年采伐限额，导致林木被超限额采伐10立方米以上的；

2. 滥发林木采伐许可证，导致林木被滥伐20立方米以上，或者导致幼树被滥伐1000株以上的；

3. 滥发林木采伐许可证，导致防护林、特种用途林被滥伐5立方米以上，或者幼树被滥伐200株以上的；

4. 滥发林木采伐许可证，导致珍贵树木或者国家重点保护的其他树木被滥伐的；

5. 滥发林木采伐许可证，导致国家禁止采伐的林木被采伐的；

6. 其他情节严重，致使森林遭受严重破坏的情形。

林业主管部门工作人员之外的国家机关工作人员，违反森林法的规定，滥用职权或者玩忽职守，致使林木被滥伐40立方米以上或者幼树被滥伐2000株以上，或者致使防护林、特种用途林被滥伐10立方米以上或者幼树被滥伐400株以上，或者致使珍贵树木被采伐、毁坏4立方米或者4株以上，或者致使国家重点保护的其他植物被采伐、毁坏后果严重的，或者致使国家严禁采伐的林木被采伐、毁坏情节恶劣的，按照刑法第397条的规定以滥用职权罪或者玩忽职守罪追究刑事责任。

［相关规定］　**《最高人民法院关于审理破坏森林资源刑事案件具体应用法律若干问题的解释》**　（2000年12月11日施行　法释〔2000〕36号）（节录）

第十二条 林业主管部门的工作人员违反森林法的规定，超过批准的年采伐限额发放林木采伐许可证或者违反规定滥发林木采伐许可证，具有下列情形之一的，属于刑法第四百零七条规定的“情节严重，致使森林遭受严重破坏”，以违法发放林木采伐许可证罪定罪处罚：

(一)发放林木采伐许可证允许采伐数量累计超过批准的年采伐限额，导致林木被采伐数量在十立方米以上的；

(二)滥发林木采伐许可证，导致林木被滥伐二十立方米以上的；

（三）滥发林木采伐许可证，导致珍贵树木被滥伐的；

（四）批准采伐国家禁止采伐的林木，情节恶劣的；

（五）其他情节严重的情形。

【释解】

本条是关于违法发放林木采伐许可证罪的规定。

一、概念及其构成

违法发放林木采伐许可证罪，是指林业主管部门的工作人员违反森林法的规定，超过批准的年采伐限额发放采伐许可证或者违反规定滥发林木采伐许可证，情节严重，致使森林遭受严重破坏的行为。

（一）客体要件

本罪侵害的客体是国家的林业管理制度，具体地是指国家审核发放林木采伐许可证部门对许可证的正常管理活动。

森林作为一种重要环境资源，它是构成人类生存环境的基本要素，既有经济效益，也有生态效益。林木是国家进行四化建设和人民生活不可缺少的重要自然资源，它为国家提供各种林产品，还是造纸业、建筑业的主要原材料，具有很高的经济价值。同时，森林在自然界的物质循环能量转化过程中起着主要的作用，它能吸收二氧化碳，释放氧气和贮存水分，可以调节气候，净化空气，蓄水保土，防止水土流失和旱涝灾害；防风固沙、减少土地沙漠化；降低噪音、美化环境，为各种野生动物提供休养生息的场所。可见，森林与国计民生、工农业生产等有着十分密切的关系。

鉴于森林的作用与地位，国家对森林的采伐实行限量采伐的保护性措施，以保护森林的再生能力。采伐林木必须严格按照国家审批限额予以采伐，同时必须申请采伐许可证并对之实行统一管理。而长期以来由于对森林资源的经济效益和环境效益缺乏全面的认识，片面注意经济效益而出现滥伐森林的现象，并且日趋严重。更有甚者，有的单位或个人擅自倒卖、伪造林木采伐许可证，破坏国家对森林的限额采伐。本法规定本罪具有特殊意义，对于适用法律武器特别是刑罚手段打击超发、滥发林木采伐许可证的违法犯罪行为不仅必要，也有利于我国对森林资源采伐的统一管理。

（二）客观要件

本罪在客观方面表现为违法森林法的规定超过批准的年采伐限额发放林木许可证或者违反规定滥发林木采伐许可证，情节严重的行为。

第一，行为人必须有违反森林法规定的行为。违反森林法的规定，主要是指违反我国森林法及其实施细则中有关森林年采伐限额的制定和审批、采伐森林和林木的范围与方式、林木采伐许可证的申请与核发职权等方面的规定。

第二，行为必须具有超过批准的年采伐限额发放林木采伐许可证或者违反规定滥发林木采伐许可证的行为。

年采伐限额，是指国家根据合理经营、永续利用的原则对森林和林木实行的每年限制采伐的控制指标。根据森林法实施细则原第16条规定，全民所有的森林和林木以国营林业局、国有林场、农场、厂矿为单位，集体所有的森林和林木以县为单位，根据合理经营、永续利用，用材林的消耗量低于生长量的原则，提出年森林采伐限额指标，逐级上报，由省、自治区、直辖市林业主管部门汇总、平衡，经同级人民政府审核后，报国务院批准。除了用材来的成熟林和过熟林蓄积量超过用材林的总蓄积量的三分之二的个别省和自治区以外，其他省、自治区、直辖市都必须按用材林的消耗量低于生长量的原则，核定年森林采伐量。该细则第18条还规定，凡采伐全民所有制单位经营、集体所有制单位所有的森林和林木以及农民村民自留山的林木，都必须纳入国家的年度木材生产计划，但采伐农村居民自留山的薪炭林除外。

林木采伐许可证，是指国家林业行政主管部门，根据需要采伐林木的单位或个人的申请，经审查核实后而签发的允许采伐林木的证明，主要包括准许采伐的树种、数量（蓄积）、面积、方式、时间、地点以及完成更新造林的期限等内容，是单位、个人采伐林木的法律凭证。凡采伐林木都必须申请林木采伐许可证，但农村居民采伐自留地和房前屋后个人所有的零星林木以及采伐竹子和不是以生产竹材为主要目的竹林除外。遇有紧急抢险情况，必须就地采伐林木的，也可以免除申请林木采伐许可证，但事后组织抢险的单位和部门应当将采伐情况报当地县级以上林业主管部门备案。林木采伐许可证的审核签发，对铁路、公路的防护林和城镇林木的更新采伐，由有关主管部门进行；农村集体经济组织采伐林木，由县级林业主管部门进行；农村居民采伐自留山和个人承包集体的林木，由县级林业主管部门或者委托的乡、镇人民政府进行。县属国营林场的机关、团体、学校，由所在地的县林业主管部门核发；省、自治区、直辖市和设区的市、自治州所属的国营林业局、国有林场、其他国有企业、事业单位和部队，由所在地的省、自治区、直辖市林业主管部门或其授权的单位核发采伐许可证；林业部直属的国营林业局，由林业部或者授权的单位核发。国有林业企业事业单位申请采伐许可证时，必须提出伐区调查设计文件和上年度更新验收证明。其他单位申请采伐许可证时，必须提出有关采伐的目的、地点、林种、林况、面积、蓄积、方式和更新措施等内容的文件，部队还应提交师级以上领导机关同意采伐的文件。个人则必须提交包括采伐的地点、面积、树种、株数、蓄积、更新时间等内容的文件。

超过批准的采伐限额发放林木采伐许可证，是指明知国家批准的林木年采伐限额已经届满，仍然继续发放采伐许可证。违反规定滥发林木采伐许可证，是指超越自己的职权或者明知他人采伐许可证申请的内容不符合法律规定仍然予以批准而发给采伐许可证。

第三，滥用职权，滥发采伐许可证的行为，必须情节严重，致使森林遭受严重破坏的，才构成本罪。

根据《最高人民检察院关于渎职侵权犯罪案件立案标准的规定》的规定，涉嫌下列情形之一的，应予立案：

1. 发放林木采伐许可证允许采伐数量累计超过批准的年采伐限额，导致林木被超限额采伐10立方米以上的；

2. 滥发林木采伐许可证，导致林木被滥伐20立方米以上，或者导致幼树被滥伐1000株以上的；

3. 滥发林木采伐许可证，导致防护林、特种用途林被滥伐5立方米以上，或者幼树被滥伐200株以上的；

4. 滥发林木采伐许可证，导致珍贵树木或者国家重点保护的其他树木被滥伐的；

5. 滥发林木采伐许可证，导致国家禁止采伐的林木被采伐的；

6. 其他情节严重，致使森林遭受严重破坏的情形。

林业主管部门工作人员之外的国家机关工作人员，违反森林法的规定，滥用职权或者玩忽职守，致使林木被滥伐40立方米以上或者幼树被滥伐2000株以上，或者致使防护林、特种用途林被滥伐10立方米以上或者幼树被滥伐400株以上，或者致使珍贵树木被采伐、毁坏4立方米或者4株以上，或者致使国家重点保护的其他植物被采伐、毁坏后果严重的，或者致使国家严禁采伐的林木被采伐、毁坏情节恶劣的，按照刑法第397条的规定以滥用职权罪或者玩忽职守罪追究刑事责任。

《最高人民法院关于审理破坏森林资源刑事案件具体应用法律若干问题的解释》第12条规定：“林业主管部门的工作人员违反森林法的规定，超过批准的年采伐限额发放林木采伐许可证或者违反规定滥发林木采伐许可证，具有下列情形之一的，属于刑法第四百零七条规定的‘情节严重，致使森林遭受严重破坏’，以违法发放林木采伐许可证罪定罪处罚：(一) 发放林木采伐许可证允许采伐数量累计超过批准的年采伐限额，导致林木被采伐数量在十立方米以上的；(二) 滥发林木采伐许可证，导致林木被滥伐二十立方米以上的；(三) 滥发林木采伐许可证，导致珍贵树木被滥伐的；(四) 批准采伐国家禁止采伐的林木，情节恶劣的；(五) 其他情节严重的情形。”

（三）主体要件

本罪的主体是特殊主体，即是林业主管部门的工作人员，其他部门的工作人员不能构成本罪。林业主管部门是从中央到地方各级人民政府中的林业管理部门，如林业部等。

（四）主观要件

本罪在主观方面表现为过失，故意不构成本罪，也就是说，行为人对于其行为所造成的重大损失结果，在主观上并不是出于故意而是由于过失造成的。也就是他应当知道自己超发、滥发林木采伐许可证，可能会发生一定的社会危害结果，但是他疏忽大意而没有预见，或者是虽然已经预见到可能会发生，但他凭借着自己的知识或者经验而轻信可以避免，以致发生了造成严重损失的危害结果。行为人主观上的过失是针对造成重大损失的结果而言，但并不排斥行为人对违反森林法规定或对超发、滥发林木采伐许可证则可能是故意的情形。如果行为人在主观上对于危害结果的发生不是出于过失，而是出于故意，不仅预见到，而且希望或者放任它的发生，那就不属于玩忽职守的犯罪行为，而构成其他的故意犯罪。

二、认定

行为人收受贿赂后违法实施本罪行为，情节严重，造成森林遭受严重破坏的，同时触犯受贿罪与本罪，为牵连犯罪，应择一重罪从重处罚。

三、处罚

犯本罪的，处三年以下有期徒刑或者拘役。

第四百零八条　（环境监管失职罪）

负有环境保护监督管理职责的国家机关工作人员严重不负责任，导致发生重大环境污染事故，致使公私财产遭受重大损失或者造成人身伤亡的严重后果的，处三年以下有期徒刑或者拘役。

［相关规定］　**《中华人民共和国环境保护法》**　（1989年12月26日第七届全国人民代表大会常务委员会第十一次会议通过）（节录）

第七条　国务院环境保护行政主管部门，对全国环境保护工作实施统一监督管理。

县级以上地方人民政府环境保护行政主管部门，对本辖区的环境保护工作实施统一监督管理。

国家海洋行政主管部门、港务监督、渔政渔港监督、军队环境保护部门和各级公安、交通、铁道、民航管理部门，依照有关法律的规定对环境污染防治实施监督管理。

县级以上人民政府的土地、矿产、林业、农业、水利行政主管部门，依照有关法律的规定对资源的保护实施监督管理。

第四十五条　环境保护监督管理人员滥用职权、玩忽职守、徇私舞弊的，由其所在单位或者上级主管机关给予行政处分；构成犯罪的，依法追究刑事责任。

［相关规定］　**《中华人民共和国海洋环境保护法》**　（1999年12月25日第九届全国人民代表大会常务委员会第十三次会议修订）（节录）

第五条　国务院环境保护部门主管全国海洋环境保护工作。

国家海洋管理部门负责组织海洋环境的调查、监测、监视，开展科学研究，并主管防止海洋石油勘探开发和海洋倾废污染损害的环境保护工作。

中华人民共和国港务监督负责船舶排污的监督和调查处理，以及港区水域的监视，并主管防止船舶污染损害的环境保护工作。

国家渔政渔港监督管理机构负责渔港船舶排污的监督和渔业港区水域的监视。

军队环境保护部门负责军用船舶排污的监督和军港水域的监视。

沿海省、自治区、直辖市环境保护部门负责组织协调、监督检查本行政区域的海洋环境保护工作，并主管防止海岸工程和陆源污染物污染损害的环境保护工作。

第四十四条 凡违反本法，污染损害海洋环境，造成公私财产重大损失或者致人伤亡的，对直接责任人员可以由司法机关依法追究刑事责任。

［相关规定］ **《中华人民共和国大气污染防治法》**（2000年4月29日第九届全国人民代表大会常务委员会第十五次会议修正）（节录）

第三条 国家采取措施，有计划地控制或者逐步削减各地方主要大气污染物的排放总量。

地方各级人民政府对本辖区的大气环境质量负责，制定规划，采取措施，使本辖区的大气环境质量达到规定的标准。

第六十五条 环境保护监督管理人员滥用职权、玩忽职守的，给予行政处分；构成犯罪的，依法追究刑事责任。

［相关规定］ **《中华人民共和国固体废物污染环境防治法》**（1995年10月30日第八届全国人民代表大会常务委员会第十六次会议通过）（节录）

第十条 国务院环境保护行政主管部门对全国固体废物污染环

境的防治工作实施统一监督管理。国务院有关部门在各自的职责范围内负责固体废物污染环境防治的监督管理工作。

县级以上地方人民政府环境保护行政主管部门对本行政区域内固体废物污染环境的防治工作实施统一监督管理。县级以上地方人民政府有关部门在各自的职责范围内负责固体废物污染环境防治的监督管理工作。

国务院建设行政主管部门和县级以上地方人民政府环境卫生行政主管部门负责城市生活垃圾清扫、收集、贮存、运输和处置的监督管理工作。

第七十三条　固体废物污染环境防治监督管理人员滥用职权、玩忽职守、徇私舞弊，构成犯罪的，依法追究刑事责任；尚不构成犯罪的，依法给予行政处分。

［相关规定］　**《中华人民共和国水污染防治法》**　（1996 年 5 月 15 日第八届全国人民代表大会常务委员会第十九次会议修正）（节录）

第四条　各级人民政府的环境保护部门是对水污染防治实施统一监督管理的机关。

各级交通部门的航政机关是对船舶污染实施监督管理的机关。

各级人民政府的水利管理部门、卫生行政部门、地质矿产部门、市政管理部门、重要江河的水源保护机构，结合各自的职责，协同环境保护部门对水污染防治实施监督管理。

第五十八条　环境保护监督管理人员和其他有关国家工作人员滥用职权、玩忽职守、徇私舞弊的，由其所在单位或者上级主管机关给予行政处分；构成犯罪的，依法追究刑事责任。

［相关规定］　**《最高人民检察院关于渎职侵权犯罪案件立案标准的规定》**　（2006 年 7 月 26 日　高检发释字〔2006〕2 号）（节

录）

一、渎职犯罪案件

（十九）环境监管失职案（第四百零八条）

环境监管失职罪是指负有环境保护监督管理职责的国家机关工作人员严重不负责任，不履行或者不认真履行环境保护监管职责导致发生重大环境污染事故，致使公私财产遭受重大损失或者造成人身伤亡的严重后果的行为。

涉嫌下列情形之一的，应予立案：

1. 造成死亡1人以上，或者重伤3人以上，或者重伤2人、轻伤4人以上，或者重伤1人、轻伤7人以上，或者轻伤10人以上的；

2. 导致30人以上严重中毒的；

3. 造成个人财产直接经济损失15万元以上，或者直接经济损失不满15万元，但间接经济损失75万元以上的；

4. 造成公共财产、法人或者其他组织财产直接经济损失30万元以上，或者直接经济损失不满30万元，但间接经济损失150万元以上的；

5. 虽未达到3.4两项数额标准，但3.4两项合计直接经济损失30万元以上，或者合计直接经济损失不满30万元，但合计间接经济损失150万元以上的；

6. 造成基本农田或者防护林地、特种用途林地10亩以上，或者基本农田以外的耕地50亩以上，或者其他土地70亩以上被严重毁坏的；

7. 造成生活饮用水地表水源和地下水源严重污染的；

8. 其他致使公私财产遭受重大损失或者造成人身伤亡严重后果的情形。

［相关规定］ **《最高人民法院关于审理环境污染刑事案件具体应用法律若干问题的解释》** （2006年6月26日最高人民法院审判

委员会第1391次会议通过 2006年7月21日最高人民法院公告公布 自2006年7月28日起施行 法释〔2006〕4号）（节录）

第一条 具有下列情形之一的，属于刑法第三百三十八条、第三百三十九条和第四百零八条规定的“公私财产遭受重大损失”：

（一）致使公私财产损失三十万元以上的；

（二）致使基本农田、防护林地、特种用途林地五亩以上，其他农用地十亩以上，其他土地二十亩以上基本功能丧失或者遭受永久性破坏的；

（三）致使森林或者其他林木死亡五十立方米以上，或者幼树死亡二千五百株以上的。

第二条 具有下列情形之一的，属于刑法第三百三十八条、第三百三十九条和第四百零八条规定的“人身伤亡的严重后果”或者“严重危害人体健康”：

（一）致使一人以上死亡、三人以上重伤、十人以上轻伤，或者一人以上重伤并且五人以上轻伤的；

（二）致使传染病发生、流行或者人员中毒达到《国家突发公共卫生事件应急预案》中突发公共卫生事件分级Ⅲ级情形，严重危害人体健康的；

（三）其他致使“人身伤亡的严重后果”或者“严重危害人体健康”的情形。

第四条 本解释所称“公私财产损失”，包括污染环境行为直接造成的财产损毁、减少的实际价值，为防止污染扩大以及消除污染而采取的必要的、合理的措施而发生的费用。

第五条 单位犯刑法第三百三十八条、第三百三十九条规定之罪的，定罪量刑标准依照刑法和本解释的有关规定执行。

【释解】

本条是关于环境监管失职罪的规定。

一、概念及其构成

环境监管失职罪，是指负有环境保护监督管理职责的国家机关工作人员严重不负责任，导致发生重大环境污染事故，致使公私财产遭受重大损失或者造成人身伤亡的严重后果的行为。

（一）客体要件

本罪侵犯的客体是国家对保护环境防治污染的管理制度。环境是人类自身赖以生存和发展的基础。保护环境是一切单位和每个公民应尽的义务，更是环境保护部门及其工作人员的职责。环境保护部门的工作人员，因严重不负责任，造成重大环境污染事故，导致公私财物重大损失或者人员伤亡的，是一种严重的渎职行为，直接危害了环境保护部门的正常管理活动，因此，必须依法予以刑事制裁。

（二）客观要件

本罪在客观方面表现为严重不负责任，导致发生重大环境污染事故，致使公私财产遭受重大损失或者造成人身伤亡的严重后果的行为。

第一，必须有严重不负责任的行为。严重不负责任，是指行为人有我国环境保护法、水污染防治法、大气污染防治法、海洋环境保护法、固体废物污染防治法等法律及其他有关法规所规定的关于环境保护部门监管工作人员不履行职责，工作极不负责的行为。实践中，严重不负责任的表现多种多样，如对建设项目任务书中的环境影响报告不作认真审查，或者防治污染的设施不进行审查验收即批准投入生产、使用；对不符合环境保护条件的企业、事业单位，发现污染隐患，不采取预防措施，不依法责令其整顿，以防止污染事故发生；对造成环境严重污染的企业、事业单位应当提出限期治理意见而不提出治理意见；或者虽然提出意见，令其整顿，但不认真检查、监督是否整顿治理以及是否符合条件；应当现场检查排污单位的排污情况而不作现场检查，发现环境受到严重污染应当报告当地政府的却不报告或者虽作报告但不及时；等等。

第二，严重不负责任的行为必须导致重大环境污染事故的发生，致使公私财产遭受重大损失或者造成人身伤亡的严重后果，才能构成本罪。

所谓环境污染，是指由于有关单位违反法律、法规规定，肆意、擅自向土地、水体、大气排放、倾倒或者处置有放射性的废物、含传染病病原体的废物、有毒物质或其他危险废物，致使土地、水体、大气等环境的物理、化学、生物或者放射性等方面特性的改变，致使影响环境的有效利用，危害人体健康或者破坏生态环境，造成环境恶化的现象。所谓环境污染事故，则是因为环境污染致使在利用这些环境的过程中造成人身伤亡、公私财产遭受损失后果。

关于“公私财产遭受重大损失”、“人身伤亡后果”的认定，《最高人民法院关于审理环境污染刑事案件具体应用法律若干问题的解释》已作规定，参见第338条释解。

根据《最高人民检察院关于渎职侵权犯罪案件立案标准的规定》的规定，涉嫌下列情形之一的，应予立案：

(1) 造成死亡1人以上，或者重伤3人以上，或者重伤2人、轻伤4人以上，或者重伤1人、轻伤7人以上，或者轻伤10人以上的；

(2) 导致30人以上严重中毒的；

(3) 造成个人财产直接经济损失15万元以上，或者直接经济损失不满15万元，但间接经济损失75万元以上的；

(4) 造成公共财产、法人或者其他组织财产直接经济损失30万元以上，或者直接经济损失不满30万元，但间接经济损失150万元以上的；

(5) 虽未达到3.4两项数额标准，但3.4两项合计直接经济损失30万元以上，或者合计直接经济损失不满30万元，但合计间接经济损失150万元以上的；

(6) 造成基本农田或者防护林地、特种用途林地10亩以上，或者基本农田以外的耕地50亩以上，或者其他土地70亩以上被严重毁坏的；

（7）造成生活饮用水地表水源和地下水源严重污染的；

（8）其他致使公私财产遭受重大损失或者造成人身伤亡严重后果的情形。

第三，严重不负责任行为与造成的重大损失结果之间，必须具有刑法上的因果关系。这是确定刑事责任的客观基础。严重不负责任行为与造成的严重危害结果之间的因果关系错综复杂，构成本罪，应当追究刑事责任的，则是指严重不负责任行为与造成的严重危害结果之间有必然因果联系的行为。

（三）主体要件

本罪主体为特殊主体，即是负有环境保护监督管理职责的国家机关工作人员。具体是指在国务院环境保护行政主管部门、县级以上地方人民政府环境保护行政主管部门从事环境保护工作的人员，以及在国家海洋行政主管部门、港务监督、渔政渔港监督、军队环境保护部门和各级公安、交通、铁路、民航管理部门中，依照有关法律的规定对环境污染防治实施监督管理的人员。此外，县级以上人民政府的土地、矿产、林业、农业、水利行政主管部门中，依照有关法律的规定对资源的保护实施监督管理的人员，也可以构成本罪的主体。负有环境保护监督管理职责的国家机关，既包括对环境保护工作实施统一监督管理工作的各级环境行政主管部门，也包括环境保护的协管部门，即依照有关法律规定对环境污染防治实施监督管理的其他部门，例如：国家海洋行政主管部门负责组织海洋环境的调查、监测、监视，开展科学研究，并主管海洋石油勘探开发和防止海洋倾倒废物污染损害的环保工作；港务监督部门负责船舶排污的监督及调查处理、港区水域的监视；军队环保部门负责军用船舶排污的监督和军港水域的监视；各级交通部门的航政机关负责对船舶污染实行监督管理；各级公安、交通、铁道、渔业管理部门根据各自的职责对机动车、船舶污染大气实施监督管理；县级以上地方人民政府的土地、矿产、林业、农业、水利行政主管部门，分别依照土地管理法、矿产资源法、森林法、野生动物保护法、草原法、渔业法、水法的规定对有关资源的保护实施监督管理。

由此可见，本罪主体范围十分广泛，并不局限于某一特定部门，凡对环境保护负有监督管理职责的工作人员，无论在政府的何种部门工作，都可以构成本罪。

（四）主观要件

本罪在主观方面必须出于过失，即针对发生重大环境污染事故，致使公私财产遭受重大损失或者造成人身伤亡的严重后果而言，是应当预见却由于疏忽大意而没有预见或者虽然预见但却轻信能够避免以致发生了这种严重后果。

二、处罚

犯本罪的，处三年以下有期徒刑或者拘役。

第四百零九条 （传染病防治失职罪）

从事传染病防治的政府卫生行政部门的工作人员严重不负责任，导致传染病传播或者流行，情节严重的，处三年以下有期徒刑或者拘役。

[相关规定] **《中华人民共和国传染病防治法》** （1989年2月21日第七届全国人民代表大会常务委员会第六次会议通过）（节录）

第三十八条 从事实验、保藏、携带、运输传染病菌种、毒种的人员，违反国务院卫生行政部门的有关规定，造成传染病菌种、毒种扩散，后果严重的，依照刑法第一百一十五条的规定追究刑事责任；情节轻微的，给予行政处分。

第三十九条 从事传染病的医疗保健、卫生防疫、监督管理的人员和政府有关主管人员玩忽职守，造成传染病传播或者流行的，给予行政处分；情节严重、构成犯罪的，依照刑法第一百八十七条的规定追究刑事责任。

［相关规定］　**《最高人民法院、最高人民检察院关于办理妨害预防、控制突发传染病疫情等灾害的刑事案件具体应用法律若干问题的解释》**　（2003年5月15日起施行　法释〔2003〕8号）

为依法惩治妨害预防、控制突发传染病疫情等灾害的犯罪活动，保障预防、控制突发传染病疫情等灾害工作的顺利进行，切实维护人民群众的身体健康和生命安全，根据《中华人民共和国刑法》等有关法律规定，现就办理相关刑事案件具体应用法律的若干问题解释如下：

第一条　故意传播突发传染病病原体，危害公共安全的，依照刑法第一百一十四条、第一百一十五条第一款的规定，按照以危险方法危害公共安全罪定罪处罚。

患有突发传染病或者疑似突发传染病而拒绝接受检疫、强制隔离或者治疗，过失造成传染病传播，情节严重，危害公共安全的，依照刑法第一百一十五条第二款的规定，按照过失以危险方法危害公共安全罪定罪处罚。

第二条　在预防、控制突发传染病疫情等灾害期间，生产、销售伪劣的防治、防护产品、物资，或者生产、销售用于防治传染病的假药、劣药，构成犯罪的，分别依照刑法第一百四十条、第一百四十一条、第一百四十二条的规定，以生产、销售伪劣产品罪，生产、销售假药罪或者生产、销售劣药罪定罪，依法从重处罚。

第三条　在预防、控制突发传染病疫情等灾害期间，生产用于防治传染病的不符合保障人体健康的国家标准、行业标准的医疗器械、医用卫生材料，或者销售明知是用于防治传染病的不符合保障人体健康的国家标准、行业标准的医疗器械、医用卫生材料，不具有防护、救治功能，足以严重危害人体健康的，依照刑法第一百四十五条的规定，以生产、销售不符合标准的医用器材罪定罪，依法从重处罚。

医疗机构或者个人，知道或者应当知道系前款规定的不符合保障人体健康的国家标准、行业标准的医疗器械、医用卫生材料而购买并有偿使用的，以销售不符合标准的医用器材罪定罪，依法从重处罚。

第四条 国有公司、企业、事业单位的工作人员，在预防、控制突发传染病疫情等灾害的工作中，由于严重不负责任或者滥用职权，造成国有公司、企业破产或者严重损失，致使国家利益遭受重大损失的，依照刑法第一百六十八条的规定，以国有公司、企业、事业单位人员失职罪或者国有公司、企业、事业单位人员滥用职权罪定罪处罚。

第五条 广告主、广告经营者、广告发布者违反国家规定，假借预防、控制突发传染病疫情等灾害的名义，利用广告对所推销的商品或者服务作虚假宣传，致使多人上当受骗，违法所得数额较大或者有其他严重情节的，依照刑法第二百二十二条的规定，以虚假广告罪定罪处罚。

第六条 违反国家在预防、控制突发传染病疫情等灾害期间有关市场经营、价格管理等规定，哄抬物价、牟取暴利，严重扰乱市场秩序，违法所得数额较大或者有其他严重情节的，依照刑法第二百二十五条第（四）项的规定，以非法经营罪定罪，依法从重处罚。

第七条 在预防、控制突发传染病疫情等灾害期间，假借研制、生产或者销售用于预防、控制突发传染病疫情等灾害用品的名义，诈骗公私财物数额较大的，依照刑法有关诈骗罪的规定定罪，依法从重处罚。

第八条 以暴力、威胁方法阻碍国家机关工作人员、红十字会工作人员依法履行为防治突发传染病疫情等灾害而采取的防疫、检疫、强制隔离、隔离治疗等预防、控制措施的，依照刑法第二百七十七条第一款、第三款的规定，以妨害公务罪定罪处罚。

第九条 在预防、控制突发传染病疫情等灾害期间，聚众“打砸抢”，致人伤残、死亡的，依照刑法第二百八十九条、第二百三十四条、第二百三十二条的规定，以故意伤害罪或者故意杀人罪定罪，依法从重处罚。对毁坏或者抢走公私财物的首要分子，依照刑法第二百八十九条、第二百六十三条的规定，以抢劫罪定罪，依法从重处罚。

第十条 编造与突发传染病疫情等灾害有关的恐怖信息，或者明知是编造的此类恐怖信息而故意传播，严重扰乱社会秩序的，依照刑法第二百九十一条之一的规定，以编造、故意传播虚假恐怖信息罪定罪处罚。

利用突发传染病疫情等灾害，制造、传播谣言，煽动分裂国家、破坏国家统一，或者煽动颠覆国家政权、推翻社会主义制度的，依照刑法第一百零三条第二款、第一百零五条第二款的规定，以煽动分裂国家罪或者煽动颠覆国家政权罪定罪处罚。

第十一条 在预防、控制突发传染病疫情等灾害期间，强拿硬要或者任意损毁、占用公私财物情节严重，或者在公共场所起哄闹事，造成公共场所秩序严重混乱的，依照刑法第二百九十三条的规定，以寻衅滋事罪定罪，依法从重处罚。

第十二条 未取得医师执业资格非法行医，具有造成突发传染病病人、病原携带者、疑似突发传染病病人贻误诊治或者造成交叉感染等严重情节的，依照刑法第三百三十六条第一款的规定，以非法行医罪定罪，依法从重处罚。

第十三条 违反传染病防治法等国家有关规定，向土地、水体、大气排放、倾倒或者处置含传染病病原体的废物、有毒物质或者其他危险废物，造成突发传染病传播等重大环境污染事故，致使公私财产遭受重大损失或者人身伤亡的严重后果的，依照刑法第三百三十八条的规定，以重大环境污染事故罪定罪处罚。

第十四条 贪污、侵占用于预防、控制突发传染病疫情等灾害的款物或者挪用归个人使用，构成犯罪的，分别依照刑法第三百八十二条、第三百八十三条、第二百七十一条、第三百八十四条、第二百七十二条的规定，以贪污罪、侵占罪、挪用公款罪、挪用资金罪定罪，依法从重处罚。

挪用用于预防、控制突发传染病疫情等灾害的救灾、优抚、救济等款物，构成犯罪的，对直接责任人员，依照刑法第二百七十三条的规定，以挪用特定款物罪定罪处罚。

第十五条 在预防、控制突发传染病疫情等灾害的工作中，负有组织、协调、指挥、灾害调查、控制、医疗救治、信息传递、交通运输、物资保障等职责的国家机关工作人员，滥用职权或者玩忽职守，致使公共财产、国家和人民利益遭受重大损失的，依照刑法第三百九十七条的规定，以滥用职权罪或者玩忽职守罪定罪处罚。

第十六条 在预防、控制突发传染病疫情等灾害期间，从事传染病防治的政府卫生行政部门的工作人员，或者在受政府卫生行政部门委托代表政府卫生行政部门行使职权的组织中从事公务的人员，或者虽未列入政府卫生行政部门人员编制但在政府卫生行政部门从事公务的人员，在代表政府卫生行政部门行使职权时，严重不负责任，导致传染病传播或者流行，情节严重的，依照刑法第四百零九条的规定，以传染病防治失职罪定罪处罚。

在国家对突发传染病疫情等灾害采取预防、控制措施后，具有下列情形之一的，属于刑法第四百零九条规定的“情节严重”：

（一）对发生突发传染病疫情等灾害的地区或者突发传染病病人、病原携带者、疑似突发传染病病人，未按照预防、控制突发传染病疫情等灾害工作规范的要求做好防疫、检疫、隔离、防护、救治等工作，或者采取的预防、控制措施不当，造成传染范围扩大或者疫情、灾情加重的；

（二）隐瞒、缓报、谎报或者授意、指使、强令他人隐瞒、缓报、谎报疫情、灾情，造成传染范围扩大或者疫情、灾情加重的；

（三）拒不执行突发传染病疫情等灾害应急处理指挥机构的决定、命令，造成传染范围扩大或者疫情、灾情加重的；

（四）具有其他严重情节的。

第十七条 人民法院、人民检察院办理有关妨害预防、控制突发传染病疫情等灾害的刑事案件，对于有自首、立功等悔罪表现的，依法从轻、减轻、免除处罚或者依法作出不起诉决定。

第十八条　本解释所称“突发传染病疫情等灾害”，是指突然发生，造成或者可能造成社会公众健康严重损害的重大传染病疫情、群体性不明原因疾病以及其他严重影响公众健康的灾害。

[相关规定]　**《最高人民检察院关于渎职侵权犯罪案件立案标准的规定》**　（2006年7月26日　高检发释字〔2006〕2号）（节录）

一、渎职犯罪案件

（二十）传染病防治失职案（第四百零九条）

传染病防治失职罪是指从事传染病防治的政府卫生行政部门的工作人员严重不负责任，不履行或者不认真履行传染病防治监管职责，导致传染病传播或者流行，情节严重的行为。

涉嫌下列情形之一的，应予立案：

1. 导致甲类传染病传播的；

2. 导致乙类、丙类传染病流行的；

3. 因传染病传播或者流行，造成人员重伤或者死亡的；

4. 因传染病传播或者流行，严重影响正常的生产、生活秩序的；

5. 在国家对突发传染病疫情等灾害采取预防、控制措施后，对发生突发传染病疫情等灾害的地区或者突发传染病病人、病原携带者、疑似突发传染病病人，未按照预防、控制突发传染病疫情等灾害工作规范的要求做好防疫、检疫、隔离、防护、救治等工作，或者采取的预防、控制措施不当，造成传染范围扩大或者疫情、灾情加重的；

6. 在国家对突发传染病疫情等灾害采取预防、控制措施后，隐瞒、缓报、谎报或者授意、指使、强令他人隐瞒、缓报、谎报疫情、灾情，造成传染范围扩大或者疫情、灾情加重的；

7. 在国家对突发传染病疫情等灾害采取预防、控制措施后，拒不执行突发传染病疫情等灾害应急处理指挥机构的决定、命令，造成传染范围扩大或者疫情、灾情加重的；

8. 其他情节严重的情形。

【释解】

本条是关于传染病防治失职罪的规定。

一、概念及其构成

传染病防治失职罪，是指从事传染病防治的政府卫生行政部门的工作人员严重不负责任，导致传染病传播或者流行，情节严重的行为。

（一）客体要件

本罪侵犯的客体是国家对传染病防治的管理制度。传染病，是指由于致病性微生物，如细菌、病毒、立克次体、寄生虫等侵入，发生使人体健康受到某种损害以及危及生命的一种疾病，可以通过不同方式直接或间接地传播，造成人群中传染病的发生或者流行。我国根据各种传染病的传染性强弱、传播途径难易、传播速度的快慢、人群易感范围等因素将传染病分为三类：甲类传染病属于传染性强、传播途径容易实现、传播速度快、人群普遍易感的烈性传染病，包括鼠疫、霍乱。这是国际检疫传染病，一经发现，必须立即向世界卫生组织通报。乙类传染病是与甲类传染病比较，其传染性、传播途径、速度、易感人群较次的一类，包括病毒性肝炎、细菌性和阿米巴性痢疾、伤寒和副伤寒、艾滋病、淋病、梅毒、脊髓灰质炎、麻疹、百日咳、白喉、流行性脑脊髓膜炎、猩红热病、流行性出血热、狂犬病、钩端螺旋体病、布鲁氏菌病、炭疽、流行性和地方性斑疹伤寒、流行性乙型脑炎、黑热病、疟疾、登革热。丙类传染病是根据其可能发生和流行的范围，通过确定疾病监测区和实验室进行监测管理的传染病，包括肺结核、血吸虫病、丝虫病、麻风病、流行性感冒、流行性腮腺炎、风疹、新生儿破伤风、急性出血性结膜炎，除霍乱、痢疾、伤寒和副伤寒以外的感染性腹泻病。国务院可以根据情况，增加或者减少乙类、丙类传染病病种，并予公布。

传染病是危害严重的流行性疾病。传染病的传播或者流行，不仅严重危害人民的身体健康，而且会严重影响传染病流行区人民的正常生产和生活。从事传染病防治的政府卫生行政部门工作人员，严重不负责任，而导致发生传染病传播或者流行，就直接破坏了传染病防治的管理制度。

（二）客观要件

本罪在客观方面表现为从事传染病防治工作的政府卫生行政部门工作人员严重不负责任，导致传染病传播或者流行，情节严重的行为。

严重不负责任，是指从事传染病防治的政府卫生行政部门工作人员不履行法律和其职务要求的防治传染病的职责或者在履行职务中敷衍塞责、草率应付，极端不负责任，没有切实履行起应当履行、能够履行的义务。其具体表现形式是多种多样的，如，发现重大疫情应当报告而不报告或不立即报告；发现有传染病传播或流行的可能，应当采取措施而不采取措施；对传染病病人应当采取隔离治疗措施而未采取措施；应当对传染病的预防、治疗、监测、控制和疫情的管理措施进行监督、检查而不作监督、检查或者虽作监督、检查却不认真负责；发现有关单位与个人不符合传染病防治法的规定，应当责令其改进而不责令改进或者责令改进但不作检查或不作认真的检查；等等。

导致传染病传播或者流行，是指致使传染病通过一定的途径播散给其他健康的人，致使一个地区某种传染病发病率显著超过该病历年的一般发病率水平。严重不负责任的行为必须达到情节严重，虽然因其行为造成了传染病传播或流行，但不属于情节严重，也不能构成本罪。

根据《最高人民检察院关于渎职侵权犯罪案件立案标准的规

定》的规定，涉嫌下列情形之一的，应予立案：

1. 导致甲类传染病传播的；

2. 导致乙类、丙类传染病流行的；

3. 因传染病传播或者流行，造成人员重伤或者死亡的；

4. 因传染病传播或者流行，严重影响正常的生产、生活秩序的；

5. 在国家对突发传染病疫情等灾害采取预防、控制措施后，对发生突发传染病疫情等灾害的地区或者突发传染病病人、病原携带者、疑似突发传染病病人，未按照预防、控制突发传染病疫情等灾害工作规范的要求做好防疫、检疫、隔离、防护、救治等工作，或者采取的预防、控制措施不当，造成传染范围扩大或者疫情、灾情加重的；

6. 在国家对突发传染病疫情等灾害采取预防、控制措施后，隐瞒、缓报、谎报或者授意、指使、强令他人隐瞒、缓报、谎报疫情、灾情，造成传染范围扩大或者疫情、灾情加重的；

7. 在国家对突发传染病疫情等灾害采取预防、控制措施后，拒不执行突发传染病疫情等灾害应急处理指挥机构的决定、命令，造成传染范围扩大或者疫情、灾情加重的；

8. 其他情节严重的情形。

《最高人民法院、最高人民检察院关于办理妨害预防、控制突发传染病疫情等灾害的刑事案件具体应用法律若干问题的解释》第4条和《最高人民法院、最高人民检察院关于办理妨害预防、控制突发传染病疫情等灾害的刑事案件具体应用法律若干问题的解释》第15条，分别就国有公司、企业、事业单位的工作人员和负有组织、协调、指挥、灾害调查、控制、医疗救治、信息传递、交通运输、物资保障等职责的国家机关工作人员，在预防、控制突发传染病疫情等灾害的工作中，由于严重不负责任或者滥用职权，致使国家利益遭受重大损失行为的法律适用问题作了明确规定。

《最高人民法院、最高人民检察院关于办理妨害预防、控制突发传染病疫情等灾害的刑事案件具体应用法律若干问题的解释》重点规定了刑法第 409 条传染病防治失职罪的适用问题。

1.《最高人民法院、最高人民检察院关于办理妨害预防、控制突发传染病疫情等灾害的刑事案件具体应用法律若干问题的解释》第 16 条第 1 款的规定，解决了传染病防治失职罪的犯罪主体适用范围问题。条文的内容按照全国人大常委会《关于〈中华人民共和国刑法〉第九章渎职罪主体适用问题的解释》的规定拟就。

2. 该条第 2 款规定了传染病防治失职行为“情节严重”的四种情形：（1）对发生突发传染病疫情等灾害的地区或者突发传染病病人、病原携带者、疑似突发传染病病人，未按照预防、控制突发传染病疫情等灾害工作规范的要求做好防疫、检疫、隔离、防护、救治等工作，或者采取的预防、控制措施不当，造成传染范围扩大或者疫情、灾情加重的；（2）隐瞒、缓报、谎报或者授意、指使、强令他人隐瞒、缓报、谎报疫情、灾情，造成传染范围扩大或者疫情、灾情加重的；（3）拒不执行突发传染病疫情等灾害应急处理指挥机构的决定、命令，造成传染范围扩大或者疫情、灾情加重的；（4）具有其他严重情节的。

3. 第 2 款的规定同时还明确了政策界限，即对于在国家对突发传染病疫情等灾害采取预防、控制措施后，具有上述四种情形之一的，才可以追究卫生行政部门工作人员渎职行为的刑事责任，以避免因国家应对突发事件工作机制不完善而不当追究有关工作人员刑事责任的问题，防止可能出现的消极影响。

（三）主体要件

本罪的主体为特殊主体，即从事传染病防治的政府卫生行政部门工作人员。

从事传染病防治的政府卫生行政部门工作人员，是指各级政府卫生行政主管部门主管传染病防治工作的人员。各级政府领导传染病防治工作，制定传染病防治计划并组织实施。具体职责是：组织开展预防传染病的卫生健康教育；组织力量消灭病媒昆虫、动物等；有计划地建设改造公共卫生设施，创造改善公共卫生的条件；遇有传染病暴发、流行，要组织力量补救，决定紧急措施的实施等。

（四）主观要件

本罪在主观方面，只能由过失构成，故意不构成本罪。也就是他应当知道自己严重不负责任的行为，可能会导致传染病传播或者流行，但是他疏忽大意而没有预见，或者是虽然已经预见到可能会发生，但他凭借着自己的知识或者经验而轻信可以避免，以致发生了造成严重损失的危害结果。行为人主观上的过失是针对造成重大损失的结果而言，但并不排斥行为人对其严重不负责任行为则可能是故意的情形。如果行为人在主观上对于危害结果的发生不是出于过失，而是出于故意，不仅预见到，而且希望或者放任它的发生，那就不属于本罪的犯罪行为，而构成其他的故意犯罪。

二、认定

认定本罪时，应区分本罪与工作失误的界限。因工作失误往往也会给国家和人民的利益造成重大损失，在这一点上与本罪相同之处。但两者有严格的区别：

1. 客观行为特征不同

工作失误，行为人是认真履行自己的职责义务；而本罪则表现为行为人不履行或不正确履行自己的职责义务。

2. 导致发生危害结果的原因不同

工作失误，是由于制度不完善，一些具体政策界限不清，管理上存在弊端，以及由于国家工作人员文化水平不高，业务素质较差，缺乏工作经验，因而计划不周，措施不当，方法不对，以致在积极工作中发生错误，造成国家和人民利益遭受重大损失。而本罪，则是违反工作纪律和规章，严重官僚主义，对工作极端不负责任等行为造成严重后果的。

三、处罚

犯本罪的，处三年以下有期徒刑或者拘役。

第四百一十条 （非法批准征用、占用土地罪、非法低价出让国有土地使用权罪）

国家机关工作人员徇私舞弊，违反土地管理法规，滥用职权，非法批准征用、占用土地，或者非法低价出让国有土地使用权，情节严重的，处三年以下有期徒刑或者拘役；致使国家或者集体利益遭受特别重大损失的，处三年以上七年以下有期徒刑。

[相关规定] **《中华人民共和国土地管理法》** （1998年8月29日第九届全国人民代表大会常务委员会第四次会议修订）（节录）

第七十三条 买卖或者以其他形式非法转让土地的，由县级以上人民政府土地行政主管部门没收违法所得；对违反土地利用总体规划擅自将农用地改为建设用地的，限期拆除在非法转让的土地上新建的建筑物和其他设施，恢复土地原状，对符合土地利用总体规划的，没收在非法转让的土地上新建的建筑物和其他设施；可以并处罚款；对直接负责的主管人员和其他直接责任人员，依法给予行政处分；构成犯罪的，依法追究刑事责任。

第七十八条 无权批准征用、使用土地的单位或者个人非法批准占用土地的，超越批准权限非法批准占用土地的，不按照土地利用总体规划确定的用途批准用地的，或者违反法律规定的程序批准占用、征用土地的，其批准文件无效，对非法批准征用、使用土地的直接负责的主管人员和其他直接责任人员，依法给予行政处分；构成犯罪的，依法追究刑事责任。非法批准、使用的土地应当收回，有关当事人拒不归还的，以非法占用土地论处。

非法批准征用、使用土地，对当事人造成损失的，依法应当承担赔偿责任。

［相关规定］ **《中华人民共和国草原法》** （1985 年 6 月 18 日第六届全国人民代表大会常务委员会第十一次会议通过　2002 年 12 月 28 日第九届全国人民代表大会常务委员会第三十一次会议修订）（节录）

第六十三条　无权批准征用、使用草原的单位或者个人非法批准征用、使用草原的，超越批准权限非法批准征用、使用草原的，或者违反法律规定的程序批准征用、使用草原，构成犯罪的，依法追究刑事责任；尚不够刑事处罚的，依法给予行政处分。非法批准征用、使用草原的文件无效。非法批准征用、使用的草原应当收回，当事人拒不归还的，以非法使用草原论处。非法批准征用、使用草原，给当事人造成损失的，依法承担赔偿责任。

［相关规定］ **《全国人民代表大会常务委员会关于〈中华人民共和国刑法〉第二百二十八条、第三百四十二条、第四百一十条的解释》** （2001 年 8 月 31 日第九届全国人民代表大会常务委员会第二十三次会议通过）

全国人民代表大会常务委员会讨论了刑法第二百二十八条、第三百四十二条、第四百一十条规定的"违反土地管理法规"和第四百一十条规定的"非法批准征用、占用土地"的含义问题，解释如下：

刑法第二百二十八条、第三百四十二条、第四百一十条规定的"违反土地管理法规"，是指违反土地管理法、森林法、草原法等法律以及有关行政法规中关于土地管理的规定。

刑法第四百一十条规定的"非法批准征用、占用土地"，是指非法批准征用、占用耕地、林地等农用地以及其他土地。

现予公告。

［相关规定］ **《最高人民法院关于审理破坏土地资源刑事案件具体应用法律若干问题的解释》** （2000 年 6 月 22 日起施行 法释〔2000〕14 号）（节录）

第四条 国家机关工作人员徇私舞弊，违反土地管理法规，滥用职权，非法批准征用、占用土地，具有下列情形之一的，属于非法批准征用、占用土地“情节严重”，依照刑法第四百一十条的规定，以非法批准征用、占用土地罪定罪处罚：

（一）非法批准征用、占用基本农田十亩以上的；

（二）非法批准征用、占用基本农田以外的耕地三十亩以上的；

（三）非法批准征用、占用其他土地五十亩以上的；

（四）虽未达到上述数量标准，但非法批准征用、占用土地造成直接经济损失三十万元以上；造成耕地大量毁坏等恶劣情节的。

第五条 实施第四条规定的行为，具有下列情形之一的，属于非法批准征用、占用土地“致使国家或者集体利益遭受特别重大损失”：

（一）非法批准征用、占用基本农田二十亩以上的；

（二）非法批准征用、占用基本农田以外的耕地六十亩以上的；

（三）非法批准征用、占用其他土地一百亩以上的；

（四）非法批准征用、占用土地，造成基本农田五亩以上，其他耕地十亩以上严重毁坏的；

（五）非法批准征用、占用土地造成直接经济损失五十万元以上等恶劣情节的。

第六条 国家机关工作人员徇私舞弊，违反土地管理法规，非法低价出让国有土地使用权，具有下列情形之一的，属于“情节严重”，依照刑法第四百一十条的规定，以非法低价出让国有土地使用权罪定罪处罚：

（一）出让国有土地使用权面积在三十亩以上，并且出让价额低于国家规定的最低价额标准的百分之六十的；

（二）造成国有土地资产流失价额在三十万元以上的。

第七条　实施第六条规定的行为，具有下列情形之一的，属于非法低价出让国有土地使用权，“致使国家和集体利益遭受特别重大损失”：

（一）非法低价出让国有土地使用权面积在六十亩以上，并且出让价额低于国家规定的最低价额标准的百分之四十的；

（二）造成国有土地资产流失价额在五十万元以上的。

第九条　多次实施本解释规定的行为依法应当追诉的，或者一年内多次实施本解释规定的行为未经处理的，按照累计的数量、数额处罚。

［相关规定］　**《最高人民法院关于审理破坏林地资源刑事案件具体应用法律若干问题的解释》**　（2005年12月19日最高人民法院审判委员会第1374次会议通过　2005年12月26日最高人民法院公告公布　自2005年12月30日起施行　法释〔2005〕15号）（节录）

第二条　国家机关工作人员徇私舞弊，违反土地管理法规，滥用职权，非法批准征用、占用林地，具有下列情形之一的，属于刑法第四百一十条规定的“情节严重”，应当以非法批准征用、占用土地罪判处三年以下有期徒刑或者拘役：

（一）非法批准征用、占用防护林地、特种用途林地数量分别或者合计达到十亩以上；

（二）非法批准征用、占用其他林地数量达到二十亩以上；

（三）非法批准征用、占用林地造成直接经济损失数额达到三十万元以上，或者造成本条第（一）项规定的林地数量分别或者合计达到五亩以上或者本条第（二）项规定的林地数量达到十亩以上毁坏。

第三条　实施本解释第二条规定的行为，具有下列情形之一的，属于刑法第四百一十条规定的“致使国家或者集体利益遭受特别重大损失”，应当以非法批准征用、占用土地罪判处三年以上七年以下有期徒刑：

（一）非法批准征用、占用防护林地、特种用途林地数量分别或者合计达到二十亩以上；

（二）非法批准征用、占用其他林地数量达到四十亩以上；

（三）非法批准征用、占用林地造成直接经济损失数额达到六十万元以上，或者造成本条第（一）项规定的林地数量分别或者合计达到十亩以上或者本条第（二）项规定的林地数量达到二十亩以上毁坏。

第四条　国家机关工作人员徇私舞弊，违反土地管理法规，非法低价出让国有林地使用权，具有下列情形之一的，属于刑法第四百一十条规定的“情节严重”，应当以非法低价出让国有土地使用权罪判处三年以下有期徒刑或者拘役：

（一）林地数量合计达到三十亩以上，并且出让价额低于国家规定的最低价额标准的百分之六十；

（二）造成国有资产流失价额达到三十万元以上。

第五条　实施本解释第四条规定的行为，造成国有资产流失价额达到六十万元以上的，属于刑法第四百一十条规定的“致使国家和集体利益遭受特别重大损失”，应当以非法低价出让国有土地使用权罪判处三年以上七年以下有期徒刑。

第六条　单位实施破坏林地资源犯罪的，依照本解释规定的相关定罪量刑标准执行。

第七条　多次实施本解释规定的行为依法应当追诉且未经处理的，应当按照累计的数量、数额处罚。

[相关规定]　**《最高人民检察院关于渎职侵权犯罪案件立案标准的规定》**　（2006年7月26日　高检发释字〔2006〕2号）（节

录）

一、渎职犯罪案件

（二十一）非法批准征用、占用土地案（第四百一十条）

非法批准征用、占用土地罪是指国家机关工作人员徇私舞弊，违反土地管理法、森林法、草原法等法律以及有关行政法规中关于土地管理的规定，滥用职权，非法批准征用、占用耕地、林地等农用地以及其他土地，情节严重的行为。

涉嫌下列情形之一的，应予立案：

1. 非法批准征用、占用基本农田10亩以上的；

2. 非法批准征用、占用基本农田以外的耕地30亩以上的；

3. 非法批准征用、占用其他土地50亩以上的；

4. 虽未达到上述数量标准，但造成有关单位、个人直接经济损失30万元以上，或者造成耕地大量毁坏或者植被遭到严重破坏的；

5. 非法批准征用、占用土地，影响群众生产、生活，引起纠纷，造成恶劣影响或者其他严重后果的；

6. 非法批准征用、占用防护林地、特种用途林地分别或者合计10亩以上的；

7. 非法批准征用、占用其他林地20亩以上的；

8. 非法批准征用、占用林地造成直接经济损失30万元以上，或者造成防护林地、特种用途林地分别或者合计5亩以上或者其他林地10亩以上毁坏的；

9. 其他情节严重的情形。

（二十二）非法低价出让国有土地使用权案（第四百一十条）

非法低价出让国有土地使用权罪是指国家机关工作人员徇私舞弊，违反土地管理法、森林法、草原法等法律以及有关行政法规中关于土地管理的规定，滥用职权，非法低价出让国有土地使用权，情节严重的行为。

涉嫌下列情形之一的，应予立案：

1. 非法低价出让国有土地30亩以上，并且出让价额低于国家规定的最低价额标准的百分之六十的；

2. 造成国有土地资产流失价额30万元以上的；

3. 非法低价出让国有土地使用权，影响群众生产、生活，引起纠纷，造成恶劣影响或者其他严重后果的；

4. 非法低价出让林地合计30亩以上，并且出让价额低于国家规定的最低价额标准的百分之六十的；

5. 造成国有资产流失30万元以上的；

6. 其他情节严重的情形。

【释解】

本条是关于非法批准征用、占用土地罪、非法低价出让国有土地使用权罪的规定。

一、非法批准征用、占用土地罪

（一）概念及其构成

非法批准征用、占用土地罪，是指国家机关工作人员徇私舞弊，违反土地管理法规，滥用职权，非法批准征用、占用耕地、林地等农用地以及其他土地，情节严重的行为。

1. 客体要件

本罪侵犯的客体，是国家土地管理、城市规划等机关的正常活动以及其他有关国家机关的正常管理活动。徇私舞弊行为使国家土地管理法律、法规的顺利实施受到严重干扰，损害了国家土地管理、城市规划机关的威信，损害了国家和人民利益。

本罪的犯罪对象是土地。土地是我们赖以生存的自然资源，国有土地是社会主义全民所有的公共财产的重要组成部分，违法批准征用、占用土地的行为，造成国家土地资源的浪费，可耕地面积减少，使国家土地使用收益大量流失。

2. 客观要件

本罪在客观方面表现为徇私舞弊，违反土地管理法规，滥用职权，非法批准征用、占用土地，情节严重的行为。

《全国人民代表大会常务委员会关于〈中华人民共和国刑法〉第二百二十八条、第三百四十二条、第四百一十条的解释》的规定，"非法批准征用、占用土地"，是指非法批准征用、占用耕地、林地等农用地以及其他土地。

所谓征用土地，是指国家为了进行经济、文化、国防建设以及兴办社会公共事业的需要，依照有关法律规定的条件及程序，将属于集体所有的土地收归国有的一种措施。所谓占用土地，是指对土地事实上的控制、管理与使用。为了使得有限的土地资源能有效正确地利用，国家通过法律对土地征用、占用等作了一系列的规定，征用土地是国家为了社会公共利益的需要，将集体所有土地转变为国有土地的强制手段。要实行征用土地，必须具备以下几个条件。首先，征地是一种政府行为，是政府的专有权力，其他任何单位和个人都没有征地权；第二，必须依法取得批准；第三，必须依法对被征地单位进行补偿，造成劳动力剩余的必须予以安置；第四，被征地单位必须服从，不得阻挠征地；第五，征地行为必须向社会公开，接受社会的公开监督。

为了有效控制征用土地的数量和防止侵害被征用地单位的利益，土地管理法从法律上加强了征用土地的审批，上收了征地审批权。实行征用土地由国务院和省级人民政府两级审批。分别规定如下：

国务院的批准权：(1) 基本农田，即依照土地利用总体规划和《基本农田保护条例》划入基本农田保护区，禁止占用的耕地。将所有占用基本农田都由国务院批准，主要是为了切实加强对基本农田的保护，禁止一般性项目和城市、村庄、集镇建设占用基本农田。对于一些国家重点建设项目，确实无法避开而必须占用基本农田的，必须经过严格的审批，并按规定重新补划基本农田。这是严格管理基本农田的主要措施。(2) 基本农田以外的耕地超过 35 公顷的。比原规定占用耕地 1000 亩（66.7 公顷）的批准权缩小了一半。这里不包括同时征用基本农田的行为。(3) 其他土地超过 70 公顷的包括了耕地之外的所有土地，同时也包括征用耕地 35 公顷以下其他土地的总面积超过 70 公顷，都必须报国务院批准。其他都为省级人民政府的审批权。

根据中央确定的土地要实行集中统一管理的原则，土地管理法对农用地转为建设用地实际两级审批的原则，即国务院和省级人民政府，但考虑到我国的实际情况，将乡村企业、农村公共设施、公益事业和农民宅基地等占用农用地的，授权地（市）级人民政府审批。现将有关审批权限分别予以讲述。

（1）国务院批准的建设项目占用农用地的，包括：按照国家基本建设程序规定，由国务院及国务院有关部门批准可行性研究报告的项目，并且是在城市建设用地区之外需要单独选址的项目。包括国务院和国务院有关部门批准的能源、交通、水利、矿山等项目，也包括了中央军委批准建设的军事项目用地。(2) 省、自治区、直辖市人民政府批准可行性研究报告的铁路、公路、各种管线及大型的能源、交通、水利等基本设施需要在城市建设用地区外单独选址的项目用地。(3) 城市建设用地区内统一征地的，包括直辖市，省、自治区人民政府政府所在地城市、城区人口在 100 万以上的其他城市，以及国务院指定的其他城市的城市扩张用地。这里要说明的是这些城市只有城市本身扩张用地城市报国务院审批，而市辖县的县城扩张则由省级政府批准，市内农村集体建设用地扩张由地（市）办理农用地转用。但对一些市设的开发区、卫星城将按城市区扩张同样对待，需报国务院批准。

省级人民政府的批准权限：（1）除了报国务院审批之外的其他城市的市区扩张占用农用地的。（2）县和县级市所在的城镇及其他镇建设扩张占用农用地的。（3）地、市以下政府批准可行性研究或建设项目需要占用农用地的。

省级人民政府批准或省级人民政府可以授权设区的市、自治州批准的权限：（1）乡镇土地利用总体规划确定的村庄、集镇建设用地区内的农民宅基地、乡村企业、乡村公共设施、公益设施建设占用农用地的。(2) 农村道路、水利及其他建设可以使用农村集体所有农用地的。

非法征用、占用土地的行为只有情节严重才构成本罪。所谓情节严重，主要是指多次实施本罪行为的；造成大量土地被非法征用、占用的；导致耕地大量荒芜或者毁坏的；因严重徇私而非法批准征用、占用土地的；造成恶劣影响的；等等。

根据《最高人民检察院关于渎职侵权犯罪案件立案标准的规定》的规定，涉嫌下列情形之一的，应予立案：

(1) 非法批准征用、占用基本农田10亩以上的；

(2) 非法批准征用、占用基本农田以外的耕地30亩以上的；

(3) 非法批准征用、占用其他土地50亩以上的；

(4) 虽未达到上述数量标准，但造成有关单位、个人直接经济损失30万元以上，或者造成耕地大量毁坏或者植被遭到严重破坏的；

(5) 非法批准征用、占用土地，影响群众生产、生活，引起纠纷，造成恶劣影响或者其他严重后果的；

(6) 非法批准征用、占用防护林地、特种用途林地分别或者合计10亩以上的；

(7) 非法批准征用、占用其他林地20亩以上的；

(8) 非法批准征用、占用林地造成直接经济损失30万元以上，或者造成防护林地、特种用途林地分别或者合计5亩以上或者其他林地10亩以上毁坏的；

(9) 其他情节严重的情形。

《最高人民法院关于审理破坏土地资源刑事案件具体应用法律若干问题的解释》第4条规定："国家机关工作人员徇私舞弊，违反土地管理法规，滥用职权，非法批准征用、占用土地，具有下列情形之一的，属于非法批准征用、占用土地"情节严重"，依照刑法第四百一十条的规定，以非法批准征用、占用土地罪定罪处罚：(一)

非法批准征用、占用基本农田十亩以上的；（二）非法批准征用、占用基本农田以外的耕地三十亩以上的；（三）非法批准征用、占用其他土地五十亩以上的；（四）虽未达到上述数量标准，但非法批准征用、占用土地造成直接经济损失三十万元以上；造成耕地大量毁坏等恶劣情节的。"

《最高人民法院关于审理破坏林地资源刑事案件具体应用法律若干问题的解释》的规定，国家机关工作人员徇私舞弊，违反土地管理法规，滥用职权，非法批准征用、占用林地，具有下列情形之一的，属于刑法第410条规定的"情节严重"，应当以非法批准征用、占用土地罪判处三年以下有期徒刑或者拘役：(1)非法批准征用、占用防护林地、特种用途林地数量分别或者合计达到10亩以上；(2)非法批准征用、占用其他林地数量达到20亩以上；(3)非法批准征用、占用林地造成直接经济损失数额达到30万元以上，或者造成本条第(1)项规定的林地数量分别或者合计达到5亩以上或者本条第(2)项规定的林地数量达到10亩以上毁坏。实施本解释第2条规定的行为，具有下列情形之一的，属于刑法第410条规定的"致使国家或者集体利益遭受特别重大损失"，应当以非法批准征用、占用土地罪判处三年以上七年以下有期徒刑：(1)非法批准征用、占用防护林地、特种用途林地数量分别或者合计达到20亩以上；(2)非法批准征用、占用其他林地数量达到40亩以上；(3)非法批准征用、占用林地造成直接经济损失数额达到60万元以上，或者造成本条第(1)项规定的林地数量分别或者合计达到10亩以上或者本条第(2)项规定的林地数量达到20亩以上毁坏。

对于非法批准征用、占用林地的行为，《最高人民法院关于审理破坏林地资源刑事案件具体应用法律若干问题的解释》第2条和第3条通过分别就刑法第410条规定的"情节严重"和"致使国家或者集体利益遭受特别重大损失"作出解释性的具体规定，明确了这一犯罪的定罪量刑标准。在具体适用时，应当注意以下几点：

一是非法批准征用、占用其他林地的定罪量刑标准与《最高人民法院关于审理破坏土地资源刑事案件具体应用法律若干问题的解释》的相关规定不同。《最高人民法院关于审理破坏林地资源刑事案件具体应用法律若干问题的解释》第2条第（2）项和第3条第（2）项分别规定，非法批准征用、占用其他林地数量达到20亩以上和40亩以上，而《最高人民法院关于审理破坏林地资源刑事案件具体应用法律若干问题的解释》的相关规定为30亩以上和60亩以上。这是因为，《最高人民法院关于审理破坏林地资源刑事案件具体应用法律若干问题的解释》把防护林地和特种用途林地与基本农田相对应，把其他林地与基本农田以外的耕地相对应。防护林地、特种用途林地与其他林地之间保持两倍的比例关系，不同量刑档次的数量标准亦保持为两倍的比例关系。其实，《最高人民法院关于审理破坏林地资源刑事案件具体应用法律若干问题的解释》的第1条、第2条和第3条规定中，基本农田与耕地之间以及不同量刑档次的数量标准之间也是同样的比例关系。就《最高人民法院关于审理破坏林地资源刑事案件具体应用法律若干问题的解释》的具体内容而言，这样规定才能不失平衡，体现了相对的科学性、合理性和一致性。

二是将造成非法批准征用、占用林地并毁坏作为成立这种犯罪的定罪量刑标准之一，并明确具体化。《最高人民法院关于审理破坏林地资源刑事案件具体应用法律若干问题的解释》第2条第（3）项和第3条第（3）项分别规定，造成非法批准征用、占用的防护林地、特种用途林地毁坏的数量分别或者合计达到5亩以上和10亩以上，造成非法批准征用、占用其他林地毁坏的数量达到10亩以上和20亩以上。这样明确规定，使刑法第410条规定的“情节严重”和“致使国家或者集体利益遭受特别重大损失”在破坏林地资源犯罪方面更加具体化，有利于司法实践中的操作。

三是《最高人民法院关于审理破坏林地资源刑事案件具体应用法律若干问题的解释》对非法批准征用、占用林地造成直接经济损失数额的定罪量刑标准分别规定为30万元以上和60万元以上，这也与《最高人民法院关于审理破坏林地资源刑事案件具体应用法律若干问题的解释》的相关规定有所不同。根据有关部门提供的资料，一般林地的市场最低价格为2万元（无林地）到2.5万元（有林地），与一般土地的市场最低价格2万元差异不大。而20亩和40亩林地与非法批准征用、占用林地造成直接经济损失30万元和60万元的数额更为接近、合理。

3. 主体要件

本罪主体是特殊主体，即国家机关工作人员，主要是指在各级政府中的主管人员，土地管理、城市规划等部门的工作人员。

4. 主观要件

本罪在主观方面必须是出于故意，即行为人明知自己的徇私舞弊行为是违反有关法律规定的，明知自己行为可能产生的后果，而对这种后果的发生持希望或者放任的态度。行为人的犯罪动机是徇私，有的是为了贪图钱财等不法利益，有的是因碍于亲朋好友情面而徇私舞弊，有的是出于报复或嫉妒心理而徇私舞弊等。

（二）认定

1. 本罪在主观方面必须出于故意，并且具有徇私的目的

如果行为人玩忽职守，严重不负责任，过失致使土地被非法征用、占用，并给公共财产、国家和人民的利益造成重大损失，符合玩忽职守罪的构成要件的，应当以玩忽职守罪定罪。如果没有徇私目的，而滥用职权，非法批准征用、占有土地的，则只有造成公共财产、国家和人民利益遭受重大损失的，才可构成犯罪，但不是构成本罪，而是滥用职权罪。

2. 行为人在实施本罪行为中如果收受贿赂或者出于非法占有的目的共同贪污有关费用如土地征用、占用费用的，又可能触犯他罪如受贿罪、贪污罪，属牵连犯，应择一重罪处罚。

（三）处罚

犯本罪的，处三年以下有期徒刑或者拘役；致使国家或者集体利益遭受特别重大损失的，处三年以上七年以下有期徒刑。

致使国家或者集体利益遭受特别重大损失是本罪的加重情节。

《最高人民法院关于审理破坏土地资源刑事案件具体应用法律若干问题的解释》第5条规定："实施第四条规定的行为，具有下列情形之一的，属于非法批准征用、占用土地"致使国家或者集体利益遭受特别重大损失"：（一）非法批准征用、占用基本农田二十亩以上的；（二）非法批准征用、占用基本农田以外的耕地六十亩以上的；（三）非法批准征用、占用其他土地一百亩以上的；（四）非法批准征用、占用土地，造成基本农田五亩以上，其他耕地十亩以上严重毁坏的；（五）非法批准征用、占用土地造成直接经济损失五十万元以上等恶劣情节的。"

二、非法低价出让国有土地使用权罪

（一）概念及其构成

非法低价出让国有土地使用权罪，是指国家机关工作人员徇私舞弊，违反土地管理法规，滥用职权，非法低价出让国有土地使用权，情节严重的行为。

1. 客体要件

本罪侵犯的客体是国家对国有土地使用管理的正常活动。我国土地管理法、土地管理法实施条例、《城镇国有土地使用权出让和转让暂行条例》等法律、法规，对出让国有土地使用权的批准权限、程序和要求等都作了明确具体的规定，这对于合理开发、利用、经营土地，加强土地管理，促进城市建设和经济发展有着十分重要的作用。国家机关工作人员徇私舞弊，违反土地管理法规，滥用职权，非法低价出让国有土地使用权，就直接侵犯了国家对国有土地的使用管理制度，破坏了国有土地使用管理的正常活动。

2. 客观要件

本罪在客观方面表现为违反土地管理法规，徇私舞弊、滥用职权，非法低价出让国有土地使用权，情节严重的行为。

出让，是指不以谋利为目的而卖出所享有的土地使用权。所谓土地使用权，是指对土地的占有、使用、收益的权利。

违反土地管理法规，主要是指违反土地管理法、《协议出让国有土地使用权最低价确定办法》等有关出让国有土地使用权的规定，如越权审批出让或者出让给不符合条件的单位与个人。

低价出让，是指以低于国有土地使用权最低价的价格出让国有土地使用权。国家土地管理局 1995 年 6 月 28 日《协议出让国有土地使用权最低价确定办法》就明确规定，协议出让最低价由省、自治区、直辖市人民政府土地管理部门会同有关部门拟定，报同级人民政府批准后下达市、县人民政府土地管理部门执行。协议出让最低价应当根据商业、住宅、工业等不同土地用途和土地级别的基准地价的一定比例确定，具体适用比例由省、自治区、直辖市确定。但直辖市、计划单列市及省、自治区人民政府所在地的城市的具体适用比例，须报国家土地管理局核准。基准地价按《城镇土地估价规程》确定。基准地价调整时，协议出让最低价应当作相应调整。国家支持或者重点扶持发展的产业及国家鼓励建设的项目用地，可以按行业或项目分类确定不同的协议出让最低价。确定协议出让最低价应当综合考虑征地拆迁费用、土地开发费用、银行利息及土地纯收益等基本因素。以协议方式出让国有土地使用权的出让金不得低于协议出让最低价。

非法低价出让国有土地使用权的行为必须情节严重才能构成本罪。虽有非法低价出让行为，但情节尚不属于严重，也不能以本罪论处。所谓情节严重，主要是指多次实施本罪行为，屡教不改的；大量非法低价出让国有土地使用权的；非法低价出让国有土地使用权造成国家利益重大损失的；因严重徇私而非法低价出让国有土地使用权的；因其行为造成恶劣影响的；等等。

根据《最高人民检察院关于渎职侵权犯罪案件立案标准的规定》的规定，涉嫌下列情形之一的，应予立案：

（1）非法低价出让国有土地 30 亩以上，并且出让价额低于国家规定的最低价额标准的百分之六十的；

（2）造成国有土地资产流失价额 30 万元以上的；

（3）非法低价出让国有土地使用权，影响群众生产、生活，引起纠纷，造成恶劣影响或者其他严重后果的；

（4）非法低价出让林地合计30亩以上，并且出让价额低于国家规定的最低价额标准的百分之六十的；

（5）造成国有资产流失30万元以上的；

（6）其他情节严重的情形。

《最高人民法院关于审理破坏土地资源刑事案件具体应用法律若干问题的解释》第6条规定："国家机关工作人员徇私舞弊，违反土地管理法规，非法低价出让国有土地使用权，具有下列情形之一的，属于'情节严重'，依照刑法第四百一十条的规定，以非法低价出让国有土地使用权罪定罪处罚：（一）出让国有土地使用权面积在三十亩以上，并且出让价额低于国家规定的最低价额标准的百分之六十的；（二）造成国有土地资产流失价额在三十万元以上的。"

《最高人民法院关于审理破坏林地资源刑事案件具体应用法律若干问题的解释》的规定，国家机关工作人员徇私舞弊，违反土地管理法规，非法低价出让国有林地使用权，具有下列情形之一的，属于刑法第410条规定的"情节严重"，应当以非法低价出让国有土地使用权罪判处3年以下有期徒刑或者拘役：（1）林地数量合计达到30亩以上，并且出让价额低于国家规定的最低价额标准的60%；（2）造成国有资产流失价额达到30万元以上。实施本解释第4条规定的行为，造成国有资产流失价额达到60万元以上的，属于刑法第410条规定的"致使国家和集体利益遭受特别重大损失"，应当以非法低价出让国有土地使用权罪判处3年以上7年以下有期徒刑。

3. 主体要件

本罪的主体为国家机关工作人员。任何国家机关工作人员，只要违法低价出让国有土地使用权，情节达到了严重的程度，即可构成本罪。非国家机关工作人员则不能构成本罪。

4. 主观要件

本罪在主观方面必须出于故意，并且具有徇私的目的。即明知自己违反土地管理法规，在低价出让国有土地使用权，但为了徇私而仍决意为之。过失不能构成本罪。对工作严重不负责任，玩忽职守，过失低价出让国有土地的，即使构成犯罪，也不是本罪，而是玩忽职守罪。虽然出于故意，但不是为了徇私，也不能以本罪论处，构成犯罪的，应是滥用职权罪。

（二）认定

1. 行为人收受他人贿赂而徇私舞弊，滥用职权，非法低价出让国有土地使用权的，又会牵连触犯受贿罪，对之应择重罪从重论处。

2. 行为人出于牟利目的，违反土地管理法规，非法转让、倒卖土地使用权包括国有土地使用权的，不是构成本罪，对之应以非法转让、倒卖土地使用权罪定罪。

（三）处罚

犯本罪的，处三年以下有期徒刑或者拘役；致使国家或集体利益遭受特别重大损失的，处三年以上七年以下有期徒刑。

《最高人民法院关于审理破坏土地资源刑事案件具体应用法律若干问题的解释》第7条规定："实施第六条规定的行为，具有下列情形之一的，属于非法低价出让国有土地使用权，'致使国家和集体利益遭受特别重大损失'：（一）非法低价出让国有土地使用权面积在六十亩以上，并且出让价额低于国家规定的最低价额标准的百分之四十的；（二）造成国有土地资产流失价额在五十万元以上的。"

第四百一十一条 （放纵走私罪）

海关工作人员徇私舞弊，放纵走私，情节严重的，处五年以下有期徒刑或者拘役；情节特别严重的，处五年以上有期徒刑。

［相关规定］ **《中华人民共和国海关法》** （2000年7月8日第九届全国人民代表大会常务委员会第十六次会议修正）（节录）

第七十二条 海关工作人员必须秉公执法，廉洁自律，忠于职守，文明服务，不得有下列行为：

（一）包庇、纵容走私或者与他人串通进行走私；

（二）非法限制他人人身自由，非法检查他人身体、住所或者场所，非法检查、扣留进出境运输工具、货物、物品；

（三）利用职权为自己或者他人谋取私利；

（四）索取、收受贿赂；

（五）泄露国家秘密、商业秘密和海关工作秘密；

（六）滥用职权，故意刁难，拖延监管、查验；

（七）购买、私分、占用没收的走私货物、物品；

（八）参与或者变相参与营利性经营活动；

（九）违反法定程序或者超越权限执行职务；

（十）其他违法行为。

第九十六条　海关工作人员有本法第七十二条所列行为之一的，依法给予行政处分；有违法所得的，依法没收违法所得；构成犯罪的，依法追究刑事责任。

［相关规定］　**《中华人民共和国海关法行政处罚实施细则》**（1993 年 4 月 1 日海关总署修订发布）（节录）

第三十二条　海关工作人员滥用职权、故意刁难、拖延监管、查验的，依照国务院关于国家机关工作人员奖惩规定给予行政处分；徇私舞弊、玩忽职守或者放纵走私的，根据情节轻重，依照国务院关于国家机关工作人员奖惩规定给予行政处分或者依照法律规定追究刑事责任。

［相关规定］　**《最高人民检察院关于渎职侵权犯罪案件立案标准的规定》**　（2006 年 7 月 26 日　高检发释字〔2006〕2 号）（节录）

一、渎职犯罪案件

（二十三）放纵走私案（第四百一十一条）

放纵走私罪是指海关工作人员徇私舞弊，放纵走私，情节严重的行为。

涉嫌下列情形之一的，应予立案：

1. 放纵走私犯罪的；

2. 因放纵走私致使国家应收税额损失累计达10万元以上的；

3. 放纵走私行为3起次以上的；

4. 放纵走私行为，具有索取或者收受贿赂情节的；

5. 其他情节严重的情形。

【释解】

本条是关于放纵走私罪的规定。

一、概念及其构成

放纵走私罪，是指海关工作人员徇私舞弊，违反法律规定，明知是走私行为而予以放纵，使之不受查究，情节严重的行为。

（一）客体要件

本罪侵犯的客体是国家的海关监管制度。海关是国家的进出境监督管理机关。它依照我国海关法和其他法律、法规，主要从事监管进出境的运输工具、货物、行李物品、邮递物品和其他物品，征收关税和其他税、费，查缉走私等海关业务。加强海关的管理，对维护国家的主权和利益，促进对外经济贸易和科技文化交往，保障社会主义现代化建设，具有重要作用。海关工作人员徇私舞弊，放纵走私，不仅纵容走私违法犯罪行为，破坏了海关监督秩序，使国家海关法律、法规的顺利实施受到严重干扰，还损害了国家机关特别是海关的威信。海关法规定，海关工作人员放纵走私的，根据情节轻重，给予行政处分或者依法追究刑事责任。

（二）客观要件

本罪在客观方面表现为海关工作人员，徇私舞弊，放纵走私，情节严重的行为。

海关工作人员徇私舞弊行为，首先必须是利用职务之便进行的。所谓利用职务之便，是指利用职权或者与职务有关的便利条件。职权是指本人职务范围内的权利；与职务有关的便利条件是指虽然不是直接利用职权，但是利用了本人的职权或地位形成的便利条件。

放纵走私，是指海关工作人员为贪图财物、袒护亲友或者其他私情私利，对明知是走私行为而予以放纵的行为。情节严重的行为，主要表现为海关工作人员，出于徇私情、图私利的动机，有法不依，有章不循，利用职权，对具有走私行为和走私犯罪的人故意包庇、放纵，对应该查处的不予查处、应该处罚的不予处罚、应该依法移交司法机关追究刑事责任的不移交的行为。徇私舞弊的方法，通常表现为搜集、制造提供假证据材料，篡改、毁灭证实真相的证据材料，歪曲事实，或者通风报信、私放、窝藏走私分子或者私放走私货物进出国（边）境等方法，纵容走私违法犯罪活动。需要注意的是，海关工作人员徇私舞弊，放纵走私的行为，一般只能发生在侦查或者查处阶段。

海关工作人员徇私舞弊、放纵走私的行为只有在情节严重时才构成犯罪，所谓情节严重，是指：多次放纵走私；放纵多名走私行为人；放纵走私犯罪分子；放纵走私行为造成严重后果的。

根据《最高人民检察院关于渎职侵权犯罪案件立案标准的规定》的规定，涉嫌下列情形之一的，应予立案：

（1）放纵走私犯罪的；

（2）因放纵走私致使国家应收税额损失累计达10万元以上的；

（3）放纵走私行为3起次以上的；

（4）放纵走私行为，具有索取或者收受贿赂情节的；

（5）其他情节严重的情形。

（三）主体要件

本罪主体为特殊主体，即海关工作人员。

（四）主观要件

本罪在主观方面必须是出于故意，即行为人明知自己的徇私舞弊行为是违反有关法律规定的，明知自己行为可能产生的后果，而对这种后果的发生持希望或者放任的态度。过失不构成本罪。至于行为人的犯罪动机是徇私，有的是为了贪图钱财等不法利益，有的是因碍于亲朋好友情面而徇私舞弊，有的是出于报复或嫉妒心理而徇私舞弊等。

二、认定

1. 区分本罪与非罪的界限

如果行为人主观上不是明知，而是由于其业务知识、经验不足，或者是调查研究不够充分，工作作风不够深入，思想方法简单等造成认识偏颇而发生的错误行为，即使造成一定危害后果的，一般也不构成犯罪,如果情节严重或者造成重大后果而构成其他犯罪的,应以其他相应犯罪论处。

2. 本罪在主观方面必须出于故意且具有徇私目的

如果出于过失，玩忽职守而致走私行为得以放纵，或者没有徇私目的，而滥用职权放纵走私的，则只有给公共财产、国家和人民利益造成重大损失时才能构成犯罪，但也不是本罪，而是构成玩忽职守罪、滥用职权罪等。

3. 行为人如与走私犯罪分子相互勾结，利用职权为走私犯罪分子提供方便，构成犯罪的，则应以走私罪的共犯论处

4. 区分本罪与徇私舞弊不移交刑事案件罪的界限

但却存在以下明显的区别：

（1）主体不同。本罪主体仅限于海关工作人员；而后者则为行政执法人员，包括前者在内但比前者广泛得多。

（2）客观方面不同。本罪表现为徇私舞弊，放纵走私，情节严重的行为；而后者则表现为徇私舞弊，对依法应当移交司法机关追究刑事责任的不移交，情节严重的行为。显然，本罪一般是纯正的不作为，即对走私行为完全不采取措施，予以放纵；后者则对走私行为作了处罚，只不过是应当移交司法机关而未移交。

（3）对象不同。本罪对象为走私分子，既可以是具有走私行为但不构成走私犯罪的一般违法分子，又可以是走私犯罪分子；而后者则必须是走私犯罪分子，否则，即不可能构成其罪。

三、处罚

犯本罪的，处五年以下有期徒刑或者拘役；情节特别严重的，处五年以上有期徒刑。

情节特别严重，是指放纵重大的走私犯罪分子；放纵走私给国家造成特别巨大的经济损失等。

第四百一十二条 （商检徇私舞弊罪、商检失职罪）

国家商检部门、商检机构的工作人员徇私舞弊，伪造检验结果的，处五年以下有期徒刑或者拘役；造成严重后果的，处五年以上十年以下有期徒刑。

前款所列人员严重不负责任，对应当检验的物品不检验，或者延误检验出证、错误出证，致使国家利益遭受重大损失的，处三年以下有期徒刑或者拘役。

［相关规定］ **《中华人民共和国进出口商品检验法》**（2002年4月28日第九届全国人民代表大会常务委员会第二十七次会议修正）（节录）

第三十八条 国家商检部门、商检机构的工作人员滥用职权，故意刁难的，徇私舞弊，伪造检验结果的，或者玩忽职守，延误检验出证的，依法给予行政处分；构成犯罪的，依法追究刑事责任。

［相关规定］ **《中华人民共和国进出口商品检验法实施条例》**（1992年10月23日国家进出口商品检验局发布）（节录）

第五十八条 国家商检局、商检机构的工作人员滥用职权、徇私舞弊、伪造检验结果或者玩忽职守，延误检验出证的，由其所在单位或者上级机构给予行政处分；情节严重，构成犯罪的，依法追究刑事责任。

国家商检局、商检机构指定或者认可的检验机构的检验人员以及认可的检验人员，有前款违法行为的，依照前款规定处罚。

［相关规定］ **《最高人民检察院关于渎职侵权犯罪案件立案标准的规定》** （2006年7月26日 高检发释字〔2006〕2号）（节录）

一、渎职犯罪案件

（二十四）商检徇私舞弊案（第四百一十二条第一款）

商检徇私舞弊罪是指出入境检验检疫机关、检验检疫机构工作人员徇私舞弊，伪造检验结果的行为。

涉嫌下列情形之一的，应予立案：

1. 采取伪造、变造的手段对报检的商品的单证、印章、标志、封识、质量认证标志等作虚假的证明或者出具不真实的证明结论的；

2. 将送检的合格商品检验为不合格，或者将不合格商品检验为合格的；

3. 对明知是不合格的商品，不检验而出具合格检验结果的；

4. 其他伪造检验结果应予追究刑事责任的情形。

（二十五）商检失职案（第四百一十二条第二款）

商检失职罪是指出入境检验检疫机关、检验检疫机构工作人员严重不负责任，对应当检验的物品不检验，或者延误检验出证、错误出证，致使国家利益遭受重大损失的行为。

涉嫌下列情形之一的，应予立案：

1. 致使不合格的食品、药品、医疗器械等商品出入境，严重危害生命健康的；

2. 造成个人财产直接经济损失15万元以上，或者直接经济损失不满15万元，但间接经济损失75万元以上的；

3. 造成公共财产、法人或者其他组织财产直接经济损失30万元以上，或者直接经济损失不满30万元，但间接经济损失150万元以上的；

4. 未经检验，出具合格检验结果，致使国家禁止进口的固体废物、液态废物和气态废物等进入境内的；

5. 不检验或者延误检验出证、错误出证，引起国际经济贸易纠纷，严重影响国家对外经贸关系，或者严重损害国家声誉的；

6. 其他致使国家利益遭受重大损失的情形。

【释解】

本条是关于商检徇私舞弊罪、商检失职罪的规定。

一、商检徇私舞弊罪

（一）概念及其构成

商检徇私舞弊罪，是指国家商检部门、商检机构的工作人员徇私舞弊，故意伪造检验结果的行为。

1. 客体要件

本罪侵犯的客体是国家进出口商品检验部门、机构的正常活动及国家其他有关机关的正常活动。进出口商检验制度既是一种国际惯例，同时对于保证进出口商品的质量，维护对外贸易有关各方的合法权益，促进对外经济贸易关系的顺利发展具有重要作用。从事进出口商品检验工作的人员责任重大，如果徇私舞弊，致使不合格的商品进口或出口，或者合格的商品不能进口或出口，都会损害我国的经济利益，破坏对外经贸关系，甚至影响我国的国际声誉。

2. 客观要件

本罪在客观方面表现为国家商检部门、商检机构的工作人员徇私舞弊，故意伪造检验结果的行为。

徇私舞弊，伪造检验结果，是指行为人明知商检制度和我国进出口商品检验法等法律、法规有关商品检验的规定，却为图私利、徇私情，有法不依，有章不循，滥用职权，违背事实，作黑白颠倒的商检结果或者出具虚假的商品检验证单的行为。行为的表现形式多种多样，如对不合格的商品作检验合格的结果，对合格的商品作检验不合格的结果；为出具检验证书更换检验标的物；或者直接篡改检验证书；等等。本罪是行为犯，只要行为人实施了伪造检验结果的行为，就已经侵犯了国家的进出口商检制度，构成犯罪既遂。造成严重后果，只是加重法定刑的问题。

根据《最高人民检察院关于渎职侵权犯罪案件立案标准的规定》的规定，涉嫌下列情形之一的，应予立案：

（1）采取伪造、变造的手段对报检的商品的单证、印章、标志、封识、质量认证标志等作虚假的证明或者出具不真实的证明结论的；

（2）将送检的合格商品检验为不合格，或者将不合格商品检验为合格的；

（3）对明知是不合格的商品，不检验而出具合格检验结果的；

（4）其他伪造检验结果应予追究刑事责任的情形。

3. 主体要件

本罪的主体为特殊主体，即国家商检部门、商检机构的工作人员。所谓国家商检部门，是指国务院商品检验部门，即国家进出口商品检验局。所谓商检机构，是指国家商检部门设在各地的进出口商品检验机构，即各省、市、自治区进出口商品检验局。应当注意的是，在国家商检部门或商检机构指定的检验机构中工作的人员，如果有徇私舞弊，伪造检验结果的行为，也应以本罪论处。所谓国家商检部门或商检机构指定的检验机构，是指国家商检局指定的关于专门从事进出口商品检验的法人机构，如中国进出口商品检验总公司及其分公司，以及由于某些商品具有特殊性，一般检验机构很难从事这项检验工作，国家指定的专门负责对特殊进出口商品进行检验的有关机构，如进出口药品的检验由卫生部指定的药品检验部门办理；进出口食品的卫生检验和检疫由食品卫生检验机构办理；计量器具的检验由计量部门办理；进出口锅炉及压力容器的检验由劳动和社会保障部锅炉压力容器安全监察部门办理；船舶、主要船用设备及材料、集装箱的船舶规范检验由交通部船舶规范检验机构办理等等。

4．主观要件

本罪在主观方面只能由故意构成，过失不构成本罪。虽为故意但不徇私，而滥用职权伪造、出具虚假商检结果的，如果造成公共财产、国家和人民利益重大损失，则应以滥用职权罪定罪。至于其动机，有的是为了帮助亲朋好友，有的是泄愤报复，有的是讨好上级，有的是为了女色等等。动机如何，不会影响本罪成立。

（二）认定

1．行为人收受贿赂后又实施本罪行为的，同时触犯本罪与受贿罪，属牵连犯，应择一重罪从重论处。

2．行为人如果与走私犯罪分子共谋，为其伪造检验结果，帮助进行走私的，则又触犯走私罪，对之应择重罪以走私罪的共犯论处。当然，即使不构成走私罪，亦可构成本罪。

（三）处罚

犯本罪的，犯五年以下有期徒刑或者拘役，造成严重后果的，处五年以上十年以下有期徒刑。

严重后果，是指导致依法不应进出口的商品进出口，依法应当进出口的商品不能进出口等等。

二、商检失职罪

（一）概念及其构成

商检失职罪，是指国家商检部门、商检机构的工作人员玩忽职守，严重不负责任，对应当检验的物品不检验，或者延误检验出证，错误出证，导致国家利益遭受重大损失的行为。

本罪的主体要件和客体要件均同于上罪，请参阅上罪。

1. 主观要件

本罪在主观方面只能由过失构成，故意不构成本罪。

2. 客观要件

本罪在客观方面表现为国家商检部门、商检机构的工作人员玩忽职守，严重不负责任，对应当检验的物品不检验，或者延误检验出证，错误出证，导致国家利益遭受重大损失的行为。

所谓玩忽职守，严重不负责任，是指不履行职守或者不正确、不认真履行自己的职守。在本罪具体表现为三种情况：

（1）对应当检验的物品不检验。根据商品检验法第5条规定，对于《商检机构实施检验的进出口商品种类表》中所列的商品（除经收货人、发货人申请，国家商检部门审查批准可以免检的外），以及其他法律、行政法规规定必须经商检机构检验的进出口商品，必须经商检机构或者国家商检部门、商检机构指定的检验机构检验。应当检验而不检验，并出于过失致使国家利益遭受重大损失的，则即构成本罪。应当检验而不检验，既包括根本不作检验，又包括虽然检验但只对部分物品及内容进行检验，即不对应当检验的进出口商品就其品种、质量、规格、数量、重量、包装以及是否符合安全、卫生要求等作全面的检验。

（2）延误检验出证。其是指虽然对应当检验的进出口商品进行了检验，但由于工作拖拉而致商品检验出具结果超出了法定的商品检验出证的期限。此时，只要超出了时间，不论其检验结果是否出错，都可构成本罪客观行为。根据《商品检验法》规定，对进口商品，应当在对外贸易合同约定的索赔期限内检验完毕，并出具检验结果证明；对出口商品，则要求在不延误装运的期限内检验完毕，并出具检验结果证明。

（3）错误出证。是指对应检商品进行检验后所出具的检验结果证明内容错误，与被检商品的客观情况不相符合，如把合格检验为不合格，不合格又检验成合格等。既可以是检验的全部内容不符合事实，也可以是其中的部分内容，如规格、数量、包装等部分内容不符合事实。

本罪属结果犯，只有使国家利益遭受重大损失的，才构成犯罪。所谓致使国家利益遭受重大损失，一般是指大批出口商品被退回，或者给予外商巨额经济赔偿；大批合同订单被取消；或者进口不合格商品不能使用、销售；严重损害了对外贸易关系；使国家的声誉受到严重影响等等。

根据《最高人民检察院关于渎职侵权犯罪案件立案标准的规定》的规定，涉嫌下列情形之一的，应予立案：

（1）致使不合格的食品、药品、医疗器械等商品出入境，严重危害生命健康的；

（2）造成个人财产直接经济损失15万元以上，或者直接经济损失不满15万元，但间接经济损失75万元以上的；

（3）造成公共财产、法人或者其他组织财产直接经济损失30万元以上，或者直接经济损失不满30万元，但间接经济损失150万元以上的；

（4）未经检验，出具合格检验结果，致使国家禁止进口的固体废物、液态废物和气态废物等进入境内的；

（5）不检验或者延误检验出证、错误出证，引起国际经济贸易纠纷，严重影响国家对外经贸关系，或者严重损害国家声誉的；

（6）其他致使国家利益遭受重大损失的情形。

（二）认定

认定本罪时，应区分本罪与商检徇私舞弊罪的界限。二者的区别在于主观方面不同。本罪出于过失，而前者则是出于故意。同属应当检验进出口商品而不检验的行为，如果行为人明知不合格或者可能不合格而放任国家利益遭受损失的，则属明知，如果为了徇私，对之就应以后罪即商检徇私舞弊罪治罪。反之出于过失，即虽知道被检商品有可能不合格并因此可能造成国家利益遭受重大损失，但根据进出口双方的品质、信誉等各种因素，轻信能够避免，结果发生了严重后果的，此时，则就应以本罪论处。

（三）处罚

犯本罪的，处三年以下有期徒刑或者拘役。

第四百一十三条　（动植物检疫徇私舞弊罪、动植物检疫失职罪）

动植物检疫机关的检疫人员徇私舞弊，伪造检疫结果的，处五年以下有期徒刑或者拘役；造成严重后果的，处五年以上十年以下有期徒刑。

前款所列人员严重不负责任，对应当检疫的检疫物不检疫，或者延误检疫出证、错误出证，致使国家利益遭受重大损失的，处三年以下有期徒刑或者拘役。

[相关规定]　**《中华人民共和国进出境动植物检疫法》**　（1991年10月30日第七届全国人民代表大会常务委员会第二十二次会议通过）（节录）

第四十五条　动植物检疫机关检疫人员滥用职权，徇私舞弊，伪造检疫结果，或者玩忽职守，延误检疫出证，构成犯罪的，依法追究刑事责任；不构成犯罪的，给予行政处分。

[相关规定]　**《中华人民共和国动物防疫法》**　（1997年7月3日第八届全国人民代表大会常务委员会第二十六次会议通过　2007年8月30日第十届全国人民代表大会常务委员会第二十九次会议修订）（节录）

第六十八条　地方各级人民政府及其工作人员未依照本法规定履行职责的，对直接负责的主管人员和其他直接责任人员依法给予处分。

第六十九条　县级以上人民政府兽医主管部门及其工作人员违反本法规定，有下列行为之一的，由本级人民政府责令改正，通报批评；对直接负责的主管人员和其他直接责任人员依法给予处分：

（一）未及时采取预防、控制、扑灭等措施的；

（二）对不符合条件的颁发动物防疫条件合格证、动物诊疗许可证，或者对符合条件的拒不颁发动物防疫条件合格证、动物诊疗许可证的；

（三）其他未依照本法规定履行职责的行为。

第七十条　动物卫生监督机构及其工作人员违反本法规定，有下列行为之一的，由本级人民政府或者兽医主管部门责令改正，通报批评；对直接负责的主管人员和其他直接责任人员依法给予处分：

（一）对未经现场检疫或者检疫不合格的动物、动物产品出具检疫证明、加施检疫标志，或者对检疫合格的动物、动物产品拒不出具检疫证明、加施检疫标志的；

（二）对附有检疫证明、检疫标志的动物、动物产品重复检疫的；

（三）从事与动物防疫有关的经营性活动，或者在国务院财政部门、物价主管部门规定外加收费用、重复收费的；

（四）其他未依照本法规定履行职责的行为。

第七十一条　动物疫病预防控制机构及其工作人员违反本法规定，有下列行为之一的，由本级人民政府或者兽医主管部门责令改正，通报批评；对直接负责的主管人员和其他直接责任人员依法给予处分：

（一）未履行动物疫病监测、检测职责或者伪造监测、检测结果的；

（二）发生动物疫情时未及时进行诊断、调查的；

（三）其他未依照本法规定履行职责的行为。

第七十二条　地方各级人民政府、有关部门及其工作人员瞒报、谎报、迟报、漏报或者授意他人瞒报、谎报、迟报动物疫情，或者阻碍他人报告动物疫情的，由上级人民政府或者有关部门责令改正，通报批评；对直接负责的主管人员和其他直接责任人员依法给予处分。

第八十四条 违反本法规定，构成犯罪的，依法追究刑事责任。

违反本法规定，导致动物疫病传播、流行等，给他人人身、财产造成损害的，依法承担民事责任。

［相关规定］ **《最高人民检察院关于渎职侵权犯罪案件立案标准的规定》** （2006年7月26日 高检发释字〔2006〕2号）（节录）

一、渎职犯罪案件

（二十六）动植物检疫徇私舞弊案（第四百一十三条第一款）

动植物检疫徇私舞弊罪是指出入境检验检疫机关、检验检疫机构工作人员徇私舞弊，伪造检疫结果的行为。

涉嫌下列情形之一的，应予立案：

1. 采取伪造、变造的手段对检疫的单证、印章、标志、封识等作虚假的证明或者出具不真实的结论的；

2. 将送检的合格动植物检疫为不合格，或者将不合格动植物检疫为合格的；

3. 对明知是不合格的动植物，不检疫而出具合格检疫结果的；

4. 其他伪造检疫结果应予追究刑事责任的情形。

（二十七）动植物检疫失职案（第四百一十三条第二款）

动植物检疫失职罪是指出入境检验检疫机关、检验检疫机构工作人员严重不负责任，对应当检疫的检疫物不检疫，或者延误检疫出证、错误出证，致使国家利益遭受重大损失的行为。

涉嫌下列情形之一的，应予立案：

1. 导致疫情发生，造成人员重伤或者死亡的；

2. 导致重大疫情发生、传播或者流行的；

3. 造成个人财产直接经济损失15万元以上，或者直接经济损失不满15万元，但间接经济损失75万元以上的；

4. 造成公共财产或者法人、其他组织财产直接经济损失30万元以上，或者直接经济损失不满30万元，但间接经济损失150万元以上的；

5. 不检疫或者延误检疫出证、错误出证，引起国际经济贸易纠纷，严重影响国家对外经贸关系，或者严重损害国家声誉的；

6. 其他致使国家利益遭受重大损失的情形。

【释解】

本条是关于动植物检疫徇私舞弊罪、动植物检疫失职罪的规定。

一、动植物检疫徇私舞弊罪

（一）概念及其构成

动植物检疫徇私舞弊罪，是指动植物检疫机关的检疫人员徇私舞弊，伪造检疫结果的行为。

1. 客体要件

本罪侵犯的客体是国家动植物检疫机关的正常活动。徇私舞弊行为使国家动植物检疫法律、法规的顺利实施受到严重干扰，损害了国家动植物检疫机关的威信，影响国家动植物检疫机关的正常活动。

进出口动植物检疫工作对于防止动植物传染病，促进对外经济贸易的发展，具有十分重要的意义。动植物检疫人员如果徇私舞弊，把不住动植物检疫的国门，将会给农、林、牧、渔等生产带来灾难性后果，甚至危害人类健康，破坏正常的对外贸易关系，损害国家的声誉。

2. 客观要件

本罪在客观方面表现为检疫人员徇私舞弊，伪造检疫结果的行为。

根据进出境动植物检疫法及其实施条例规定，进出境的动植物、动植物产品和其他检疫物，装载动植物、动植物物品和其他检疫物的容器、包装铺垫材料以及来自动植物检疫区的运输工具、进境拆解的废旧船舶，有关法律、行政法规、国际条约规定或者贸易合同约定应当实施进出境动植物检疫的其他货物物品应当依法进行检疫。

伪造检疫结果，是指滥用职权，出具虚假的、不符合应检物品实际情况的检疫结果，如根本不对应检动植物等检疫物进行检疫而放任危害结果就出具检疫结果；明知为不合格的检疫物品为了徇私仍然签发、出具检疫合格的单证或在海关报关单上加盖检疫合格印章，为检疫合格的检疫物品出具不合格的检疫证明等。其具体表现在所出具的检疫放行通知单、动物过境许可证、动物检疫证书、植物检疫证书、动物健康证书、兽医卫生证书、熏蒸消毒证书等由检疫机关出具的有关动植物及其产品及其他检疫物健康或者卫生情况检疫证书中。应当指出，伪造检疫结果，既包括伪造、出具被检疫内容全部虚假的结果，又包括伪造、出具被检疫的内容部分不符合事实的结果。

构成本罪，不要求造成严重后果；造成严重后果，是本罪的加重情节。

根据《最高人民检察院关于渎职侵权犯罪案件立案标准的规定》的规定，涉嫌下列情形之一的，应予立案：

（1）采取伪造、变造的手段对检疫的单证、印章、标志、封识等作虚假的证明或者出具不真实的结论的；

（2）将送检的合格动植物检疫为不合格，或者将不合格动植物检疫为合格的；

（3）对明知是不合格的动植物，不检疫而出具合格检疫结果的；

（4）其他伪造检疫结果应予追究刑事责任的情形。

3．主体要件

本罪的主体是特殊主体，即动植物检疫机关的检疫人员。动植物检疫机关，包括国家动植物检疫机关及其在对外开放的口岸和进出境动植物检疫业务集中的地点设立的口岸动植物检疫机关。

4. 主观要件

本罪在主观方面必须是出于故意，即行为人明知自己的徇私舞弊行为是违反有关法律规定的，明知自己行为可能产生的后果，而对这种后果的发生持希望或者放任的态度。行为人的犯罪动机是徇私，有的是为了贪图钱财等不法利益，有的是因碍于亲朋好友情面而徇私舞弊，有的是出于报复或嫉妒心理而徇私舞弊等。

（二）认定

1. 行为人与走私动植物、动植物制品的犯罪分子相互勾结，伪造检疫结果帮助走私的，应以牵连犯择一重罪的处罚原则以走私珍贵动物、珍贵动物制品罪，走私珍稀植物、珍稀植物制品罪等论处。

2. 检疫机关的非检疫人员如果徇私舞弊、滥用职权指使他人伪造检疫结果的，则可构成本罪的共犯。

（三）处罚

犯本罪的，处五年以下有期徒刑或者拘役；造成严重后果的，处五年以上十年以下有期徒刑。

造成严重后果，一般是指致使动植物病虫害传出、传入国境，或者致使合格的动植物、动植物产品等不能出口或进口等。

二、动植物检疫失职罪

（一）概念及其构成

动植物检疫失职罪，是指动植物检疫机关的检疫人员严重不负责任，对应当检疫的物品不检疫，或者延误检疫出证、错误出证，致使国家遭受重大损失的行为。

本罪的主体要件和客体要件同于上罪，请参看上罪。

本罪在客观方面表现为动植物检疫机关的检疫人员严重不负责任，对应当检疫的物品不检疫，或者延误检疫出证、错误出证，致使国家利益遭受重大损失的行为。

严重不负责任，是一种严重违背职责义务的行为。我国进出境动植物检疫法对检疫机关及其工作人员规定了一系列的职责，如对进出境的动植物、动植物产品和其他检疫物，装载动植物、动植物产品和其他检疫物的装载容器、包装物，以及来自动植物疫区的运输工具，应依照该法规定实施检疫；对输入、输出动植物、动植物产品和其他检疫物，由口岸动植物检疫机关实施检疫，经检疫合格的，检疫机关应签发检疫单证或检疫证书，经检疫不合格的，应签发《检疫处理通知单》；输入、输出的动植物、动植物产品和其他检疫物，需调离海关监管区检疫的，检疫机关应签发《检疫调离通知单》，等等。动植物检疫机关的检疫人员不履行或不忠实履行所规定的这些职责，严重不负责任，对应当检疫的物品不检疫，或者不按照规定的地点和期限检疫出证，或者出具与实际情况不相符合的检疫单证，致使国家利益遭受重大损失的，符合本罪的客观特征。就方式而言，可分为3种情况：（1）对应当检疫的检疫物不检疫，既包括对全部应当检疫的检疫物未进行检验，又包括只对其中部分应当检疫的检疫物进行检疫，对其他应当检疫的检疫物不进行检疫，如只检疫动植物本身，不检疫其装载工具、包装物等。（2）延误检疫出证。虽然对应当检疫的检疫品进行了检疫，但却未按规定的检疫时间出具检疫结果证明，即超过了检疫期限。超过了检疫期限，不论其所出具的检疫结果是否错误，如果给国家利益造成重大损失的，都可构成本罪。（3）错误出证，即对检疫物在检疫后出具了不符合检疫物实际情况的虚假的检疫结果证明，如将不合格检疫为合格，将合格检疫成不合格等。只要具有上述3种严重不负责任行为的方式之一即可构成本罪。

本罪属结果犯，只有使国家利益遭受重大损失时才构成犯罪。所谓致使国家利益遭受重大损失，一般是指致使国家遭受重大经济损失；引起动植物疫情，或者有引起动植物疫情严重后果的；严重影响国家的对外贸易关系，损害国家的声誉等等。

根据《最高人民检察院关于渎职侵权犯罪案件立案标准的规定》的规定，涉嫌下列情形之一的，应予立案：

（1）导致疫情发生，造成人员重伤或者死亡的；

（2）导致重大疫情发生、传播或者流行的；

（3）造成个人财产直接经济损失15万元以上，或者直接经济损失不满15万元，但间接经济损失75万元以上的；

（4）造成公共财产或者法人、其他组织财产直接经济损失30万元以上，或者直接经济损失不满30万元，但间接经济损失150万元以上的；

（5）不检疫或者延误检疫出证、错误出证，引起国际经济贸易纠纷，严重影响国家对外经贸关系，或者严重损害国家声誉的；

（6）其他致使国家利益遭受重大损失的情形。

（二）处罚

犯本罪的，处三年以下有期徒刑或者拘役。

第四百一十四条　（放纵制售伪劣商品犯罪行为罪）

对生产、销售伪劣商品犯罪行为负有追究责任的国家机关工作人员，徇私舞弊，不履行法律规定的追究职责，情节严重的，处五年以下有期徒刑或者拘役。

［相关规定］　《**中华人民共和国消费者权益保护法**》（1993年10月31日第八届全国人民代表大会常务委员会第四次会议通过）（节录）

第五十三条　国家机关工作人员玩忽职守或者包庇经营者侵害消费者合法权益的行为的，由其所在单位或者上级机关给予行政处分；情节严重，构成犯罪的，依法追究刑事责任。

［相关规定］　《**中华人民共和国产品质量法**》　2000年7月8日第九届全国人民代表大会常务委员会第十六次会议修正）（节录）

第八条 国务院产品质量监督部门主管全国产品质量监督工作。国务院有关部门在各自的职责范围内负责产品质量监督工作。

县级以上地方产品质量监督部门主管本行政区域内的产品质量监督工作。县级以上地方人民政府有关部门在各自的职责范围内负责产品质量监督工作。

法律对产品质量的监督部门另有规定的，依照有关法律的规定执行。

第六十五条 各级人民政府工作人员和其他国家机关工作人员有下列情形之一的，依法给予行政处分；构成犯罪的，依法追究刑事责任：

（一）包庇、放纵产品生产、销售中违反本法规定行为的；

（二）向从事违反本法规定的生产、销售活动的当事人通风报信，帮助其逃避查处的；

（三）阻挠、干预产品质量监督部门或者工商行政管理部门依法对产品生产、销售中违反本法规定的行为进行查处，造成严重后果的。

［相关规定］ **《最高人民法院关于办理生产、销售伪劣商品刑事案件具体应用法律若干问题的解释》**（2001年4月10日起施行 法释〔2001〕10号）（节录）

第八条 国家机关工作人员徇私舞弊，对生产、销售伪劣商品犯罪不履行法律规定的查处职责，具有下列情形之一的，属于刑法第四百一十四条规定的“情节严重”：

（一）放纵生产、销售假药或者有毒、有害食品犯罪行为的；

（二）放纵依法可能判处二年有期徒刑以上刑罚的生产、销售、伪劣商品犯罪行为的；

（三）对三个以上有生产、销售伪劣商品犯罪行为的单位或者个人不履行追究职责的；

（四）致使国家和人民利益遭受重大损失或者造成恶劣影响的。

［相关规定］　**《最高人民检察院关于渎职侵权犯罪案件立案标准的规定》**　（2006 年 7 月 26 日　高检发释字〔2006〕2 号）（节录）

一、渎职犯罪案件

（二十八）放纵制售伪劣商品犯罪行为案（第四百一十四条）

放纵制售伪劣商品犯罪行为罪是指对生产、销售伪劣商品犯罪行为负有追究责任的国家机关工作人员徇私舞弊，不履行法律规定的追究职责，情节严重的行为。

涉嫌下列情形之一的，应予立案：

1. 放纵生产、销售假药或者有毒、有害食品犯罪行为的；

2. 放纵生产、销售伪劣农药、兽药、化肥、种子犯罪行为的；

3. 放纵依法可能判处 3 年有期徒刑以上刑罚的生产、销售伪劣商品犯罪行为的；

4. 对生产、销售伪劣商品犯罪行为不履行追究职责，致使生产、销售伪劣商品犯罪行为得以继续的；

5. 3 次以上不履行追究职责，或者对 3 个以上有生产、销售伪劣商品犯罪行为的单位或者个人不履行追究职责的；

6. 其他情节严重的情形。

【释解】

本条是关于放纵制售伪劣商品犯罪行为罪的规定。

一、概念及其构成

放纵制售伪劣商品犯罪行为罪，是指对生产、销售伪劣商品犯罪行为负有追究责任的国家机关工作人员，徇私舞弊，不履行法律规定的追究职责，情节严重的行为。

（一）客体要件

本罪侵犯的客体是国家对产品质量的监督管理制度。生产、销售伪劣商品的犯罪活动，已成为建立社会主义市场经济体制新形势下危害国计民生的一个突出问题，因而国家十分重视对生产、销售的商品质量的监督管理。如在产品质量法中，具体确定了产品质量监督管理的机构、职责和制度，规定了产品质量责任，并列举了构成犯罪的生产、销售伪劣商品的种种行为。这些规定对于加强产品质量的监督管理，明确产品质量责任，惩治生产、销售伪劣商品的行为，保护用户和消费者的合法权益，保障人体健康以及人身、财产安全，维护社会经济秩序，有着十分重要的意义。国家机关工作人员，徇私舞弊，不履行法律规定的追究职责，必然妨害有关法律、法规的贯彻实施，破坏国家对产品质量的监督管理制度，严重妨害监督管理活动。

（二）客观要件

本罪在客观方面表现为徇私舞弊，对生产、销售伪劣商品犯罪的行为不履行法律规定的追究责任，情节严重的行为。构成本罪表现为不作为。

徇私舞弊，一般是为了满足私情私利，在从事公务追究活动中，故意违背事实和法律，不履行法律规定的追究职责，弄虚作假，应为而不为的行为。不履行法律规定的追究职责的行为方式多种多样，如该调查不调查，该查封、扣押伪劣商品的不予查封、扣押，该处罚的不处罚等。本罪在客观方面表现为纯正的不作为。如果对生产、销售伪劣商品犯罪行为实施了追究，但如果具有其他行为，如徇私舞弊，对依法应当移交司法机关追究刑事责任的不移交；公安人员该移送起诉的不移送起诉；检察人员该起诉的不起诉；等等，构成犯罪的，应是构成他罪，如徇私舞弊不移交刑事案件罪、徇私枉法罪等。

构成本罪，必须是不履行法律规定的追究生产、销售伪劣商品犯罪行为达到情节严重的程度。情节严重，一般是指多次不追究生产、销售伪劣商品犯罪的企业事业单位或者个人；或者对多个有生产、销售伪劣商品犯罪行为的单位或者个人不予追究；或者不追究性质严重的生产、销售伪劣商品的企业事业单位或者个人；或者因不追究行为造成严重的后果或者恶劣的影响。

根据《最高人民检察院关于渎职侵权犯罪案件立案标准的规定》的规定，涉嫌下列情形之一的，应予立案：

（1）放纵生产、销售假药或者有毒、有害食品犯罪行为的；

（2）放纵生产、销售伪劣农药、兽药、化肥、种子犯罪行为的；

（3）放纵依法可能判处3年有期徒刑以上刑罚的生产、销售伪劣商品犯罪行为的；

（4）对生产、销售伪劣商品犯罪行为不履行追究职责，致使生产、销售伪劣商品犯罪行为得以继续的；

（5）3次以上不履行追究职责，或者对3个以上有生产、销售伪劣商品犯罪行为的单位或者个人不履行追究职责的；

（6）其他情节严重的情形。

根据《最高人民法院、最高人民检察院关于办理生产、销售伪劣商品刑事案件具体应用法律若干问题的解释》的规定，国家机关工作人员徇私舞弊，对生产、销售伪劣商品犯罪不履行法律规定的查处职责，具有下列情形之一的，属于本条规定的“情节严重”：（1）放纵生产、销售假药或者有毒、有害食品犯罪行为的；（2）放纵依法可能判处二年有期徒刑以上刑罚的生产、销售、伪劣商品犯罪行为的；（3）对三个以上有生产、销售伪劣商品犯罪行为的单位或者个人不履行追究职责的；（4）致使国家和人民利益遭受重大损失或者造成恶劣影响的。

（三）主体要件

本罪的主体为特殊主体，即负有追究责任的国家机关工作人员。主要是指负有法律规定的查处生产、销售伪劣商品的违法犯罪行为的义务的国家工作人员，包括各级政府中主管查禁生产、销售伪劣商品的人员；有查禁职责的公、检、法机关中的司法人员；以及行业主管部门如技术监督部门和工商行政管理部门中的人员。

（四）主观要件

本罪在主观方面是故意。即明知是有生产、销售伪劣商品犯罪行为的犯罪分子而不予追究刑事责任。如果不知是犯罪分子，而不予追究刑事责任，不构成本罪。本罪的动机是徇私。

二、处罚

犯本罪的，处五年以下有期徒刑或者拘役。

第四百一十五条 （办理偷越国（边）境人员出入境证件罪、放行偷越国（边）境人员罪）

负责办理护照、签证以及其他出入境证件的国家机关工作人员，对明知是企图偷越国（边）境的人员，予以办理出入境证件的，或者边防、海关等国家机关工作人员，对明知是偷越国（边）境的人员，予以放行的，处三年以下有期徒刑或者拘役；情节严重的，处三年以上七年以下有期徒刑。

［相关规定］ **《中华人民共和国公民出境入境管理法》** （1985年11月22日第六届全国人民代表大会常务委员会第十三次会议通过）（节录）

第十六条 执行本法的国家工作人员，利用职权索取、收受贿赂的，依照《中华人民共和国刑法》和全国人民代表大会常务委员会《关于严惩严重破坏经济的罪犯的决定》处罚；有其他违法失职行为，情节严重，构成犯罪的，依照《中华人民共和国刑法》有关规定追究刑事责任。

［相关规定］ **《中华人民共和国公民出境入境管理法实施细则》** （1994年7月15日公安部、外交部、交通部修订发布）（节录）

第二十六条　公安机关的工作人员在执行《中华人民共和国公民出境入境管理法》和本实施细则时，如有利用职权索取、收受贿赂或者有其他违法失职行为，情节轻微的，由主管部门酌情予以行政处分；情节严重，构成犯罪的，依照《中华人民共和国刑法》和《全国人民代表大会常务委员会关于严惩组织、运送他人偷越国（边）境犯罪的补充规定》的有关条款的规定追究刑事责任。

［相关规定］　**《最高人民检察院关于渎职侵权犯罪案件立案标准的规定》**　（2006年7月26日　高检发释字〔2006〕2号）（节录）

一、渎职犯罪案件

（二十九）办理偷越国（边）境人员出入境证件案（第四百一十五条）

办理偷越国（边）境人员出入境证件罪是指负责办理护照、签证以及其他出入境证件的国家机关工作人员，对明知是企图偷越国（边）境的人员，予以办理出入境证件的行为。

负责办理护照、签证以及其他出入境证件的国家机关工作人员涉嫌在办理护照、签证以及其他出入境证件的过程中，对明知是企图偷越国（边）境的人员而予以办理出入境证件的，应予立案。

（三十）放行偷越国（边）境人员案（第四百一十五条）

放行偷越国（边）境人员罪是指边防、海关等国家机关工作人员，对明知是偷越国（边）境的人员予以放行的行为。

边防、海关等国家机关工作人员涉嫌在履行职务过程中，对明知是偷越国（边）境的人员而予以放行的，应予立案。

【释解】

本条是关于办理偷越国（边）境人员出入境证件罪、放行偷越国（边）境人员罪的规定。

一、办理偷越国（边）境人员出入境证件罪

（一）概念及其构成

非法办理偷越国（边）境人员出入境证件罪，是指负责办理护照、签证以及其他出入境证件的国家机关工作人员，对明知是企图偷越国（边）境的人员予以办理出入境证件的行为。

1. 客体要件

本罪侵犯的客体是国家的出入境管理制度。国家对出入境的人员实行严格的管理制度，对维护国家的主权、安全和社会秩序，保护公民出入境的正当权益，促进国际交往，有着十分重要的意义。《中华人民共和国公民出境入境管理法》和《中华人民共和国外国人入境出境管理法》明确规定了我国的出入境管理制度和出入境管理人员的职责。出入境管理人员违反职责，对明知是企图偷越国（边）境的人员，予以办理出入境证件的，就直接侵害了国家的出入国（边）境管理制度，会给国家安全和社会管理秩序造成严重的损害。因此，对这种渎职行为必须予以刑事制裁。

2. 客观要件

本罪在客观方面表现为在办理护照、签证以及其他出入境证件的过程中，对明知是企图偷越国（边）境的人员，予以办理出入境证件的行为。越境，指越过国（边）境。其中，国境是我国和邻国的国境线；边境是指我国实行有效管理的区域即大陆与属于我国领土但未对其实施有效管理的澳门、台湾地区以及大陆与香港地区的分界线。越境必须持有有效的护照、签证或其他诸如边境公务通行证、过境通行证、港澳同胞回乡证等出入境证件。如果没有上述证件或虽有上述证件但为伪造或变造或者超过有效期限的出入境证件而越境的，则都是偷越国（边）境。如果对企图偷越境人员办理出入境证件，即可构成本罪。所谓办理，在本罪中是指对于不符合条件的企图偷越境人员利用职务，非法签发护照、签证等有效证件的行为。所谓护照，是指一国主管机关发给本国公民出国旅行、在外居留、经商等，以证明其国籍和身份的证件，包括外交护照、公务

护照和普通护照。所谓签证，是指国内或国外主管机关在本国公民或外国公民所持有的护照或者其他旅行证件上签证、盖章，表示准许其出入国（边）境的行为。除护照、签证外，还有其他可以凭其出入国（边）境的证件，如边防证、海员证、过境通行证、港澳同胞回乡证等。构成本罪，须利用职务上的便利。所谓利用职务，是指利用自己职务范围内的权力，以及地位形成的便利条件。如果没有利用职务，就不可能构成本罪，构成犯罪的，应以他罪如伪造国家机关证件罪等论处。

根据《最高人民检察院关于渎职侵权犯罪案件立案标准的规定》的规定，涉嫌下列情形之一的，应予立案：

（1）致使不合格的食品、药品、医疗器械等商品出入境，严重危害生命健康的；

（2）造成个人财产直接经济损失 15 万元以上，或者直接经济损失不满 15 万元，但间接经济损失 75 万元以上的；

（3）造成公共财产、法人或者其他组织财产直接经济损失 30 万元以上，或者直接经济损失不满 30 万元，但间接经济损失 150 万元以上的；

（4）未经检验，出具合格检验结果，致使国家禁止进口的固体废物、液态废物和气态废物等进入境内的；

（5）不检验或者延误检验出证、错误出证，引起国际经济贸易纠纷，严重影响国家对外经贸关系，或者严重损害国家声誉的；

（6）其他致使国家利益遭受重大损失的情形。

3．主体要件

本罪的主体要件为特殊主体，只能由负责办理护照、签证以及其他出入境证件的国家机关工作人员构成，如外交、外事、公安等有关的人员。根据我国出入境管理有关法律、法规的规定，负责办理护照、签证以及其他出入境证件的国家机关是公安部、公安部授权的地方公安机关和外交部、外交部授权的地方外事部门。公安机关和外事部门在国内办理签证、证件的分工，原则上是外交和公务护照的签证由外交部和地方外事部门办理；普通护照的签证由公安机关办理。因而，能够成为办理偷越国（边）境人员出入境证件罪的犯罪主体的，就只能是上述国家机关中负责办理护照、签证等出入境证件的国家机关工作入境检查工作的国家机关工作人员。

4. 主观要件

本罪在主观方面是故意犯罪，即明知他人是企图偷越国（边）境的人员而故意给其办理出入境证件，构成本罪须以明知为要件，如果工作不负责任、疏忽大意、审查不严等原因而错误地为企图偷越国（边）境人员办理了出入境证件，则不构成本罪。但对于严重不负责任，草率从事，造成严重后果的，应当按玩忽职守罪论处。对“明知”的认定，不能仅凭犯罪嫌疑人、被告人的口供，而应根据案件的整个过程、情节予以全面的分析，只要能证明行为人知道或者应当知道对方是企图偷越国（边）境的人员仍予以办理出入境证件的，应可以认定为“明知”。本罪不要求必须以营利为目的。其动机是各种各样，有的可能是出于私利，有的是出于亲友情面等。过失不构成本罪，如后果严重的，可以玩忽职守罪论处。

（二）认定

1. 按照《最高人民法院关于严厉打击偷渡犯罪活动的通知》的规定，行为人收受他人贿赂，为企图偷越国（边）境的人员办理出入境证件或者予以放行的行为，既触犯受贿罪，又触犯了本罪，实行数罪并罚，并从重处罚。

2. 本罪为行为犯，行为人只要为企图偷越国边境的人员办理了护照、签证等出入国边境证件的行为，不论其是否造成他人偷越国（边）境的结果，除情节显著轻微，危害不大，不认为是犯罪的以外，都构成本罪。

（三）处罚

犯本罪的，处三年以下有期徒刑或者拘役；情节严重的，处三年以上七年以下有期徒刑。

情节严重，是指行为人多次或者给多次企图偷越国（边）境人员办理出入境证件的；给犯有其他罪行的企图偷越国（边）境人员办理出入境证件的；为索贿或者受贿办理出入境证件等。

二、放行偷越国（边）境人员罪

（一）概念及其构成

放行偷越国（边）境人员罪，是指边防、海关等国家工作人员，对明知是偷越国（边）境的人员，予以放行的行为。

1. 客体要件

本罪侵犯的客体是国家的海关或边防的正常活动。根据我国有关法律规定，海关是进境出境的监督管理机关，海关人员有权查阅进境出境人员的证件。人员出境入境时，应向边防检查站出示证件，边防检查站人员对未持有护照等出入境证件、持无效出入境证件、持伪造、涂改、冒用的出入境证件或拒绝交付出入境证件的人员有权不予放行，这是边防、海关等国家机关工作人员的权力，也是其必须履行的职责。如果海关、边防等国家机关工作人员不认真履行职责，对明知是偷越国（边）境的人员私自放行，则构成了犯罪。

2. 客观要件

本罪在客观方面表现为利用职务之便，非法放行他人偷越国（边）境的行为。所谓利用职务之便，是指利用主管、经管、经手办理护照、签证或负责审查、核对护照、签证等出入境证件的职务之便。如果国家工作人员没有利用职务之便，而以其他方法帮助他人偷越国（边）境的，应按偷越国（边）境罪的共犯论处。所谓非法放行他人偷越国（边）境，是指违反规定，为企图偷越国（边）境人员签发护照、签证等有效出入境证件，或者不履行检查出入境的职责，对偷越国（边）境人员予以放进或放出的行为。

如果上述国家工作人员与组织、运送他人偷越国（边）境的犯罪分子相勾结，实施上述非法放行偷越国（边）境的行为，则应属于组织他人偷越国（边）境罪和运送他人偷越国（边）境罪的共犯，因此，应依照组织他人偷越国（边）境罪和运送他人偷越国（边）境罪定罪处罚。

根据《最高人民检察院关于渎职侵权犯罪案件立案标准的规定》的规定，边防、海关等国家机关工作人员涉嫌在履行职务过程中，对明知是偷越国（边）境的人员而予以放行的，应予立案。

3．主体要件

本罪的主体要件为特殊主体，即海关、边防等国家机关工作人员。

4．主观要件

本罪在主观方面是故意犯罪，即明知是偷越国（边）境的人员，而故意予以放行。本罪不要求必须以营利为目的。其动机是各种各样，有的可能是出于私利，有的是出于亲友情面等。过失不构成本罪，如后果严重的，可以玩忽职守罪论处。

按照最高人民法院1993年9月24日下发的《关于严厉打击偷渡犯罪活动的通知》的规定，行为人收受他人贿赂，为企图偷越国（边）境的人员办理出入境证件或者予以放行的行为，既触犯受贿罪，又触犯了本罪，实行数罪并罚，并从重处罚。

（二）处罚

犯本罪的，处三年以下有期徒刑或者拘役；情节严重的，处三年以上七年以下有期徒刑。

情节严重，是指行为人多次放行偷越国（边）境人员的；放行偷越国（边）境人员多的；因受贿或者索贿而放行他人出入境的等等。

第四百一十六条 （不解救被拐卖、绑架妇女、儿童罪、阻碍解救被拐卖、绑架妇女、儿童罪）

对被拐卖、绑架的妇女、儿童负有解救职责的国家机关工作人员，接到被拐卖、绑架的妇女、儿童及其家属的解救要求或者接到其他人的举报，而对被拐卖、绑架的妇女、儿童不进行解救，造成严重后果的，处五年以下有期徒刑或者拘役。

负有解救职责的国家机关工作人员利用职务阻碍解救的，处二年以上七年以下有期徒刑；情节较轻的，处二年以下有期徒刑或者拘役。

［相关规定］　**《最高人民检察院关于渎职侵权犯罪案件立案标准的规定》**　（2006年7月26日　高检发释字〔2006〕2号）（节录）

一、渎职犯罪案件

（三十一）不解救被拐卖、绑架妇女、儿童案（第四百一十六条第一款）

不解救被拐卖、绑架妇女、儿童罪是指对被拐卖、绑架的妇女、儿童负有解救职责的公安、司法等国家机关工作人员接到被拐卖、绑架的妇女、儿童及其家属的解救要求或者接到其他人的举报，而对被拐卖、绑架的妇女、儿童不进行解救，造成严重后果的行为。

涉嫌下列情形之一的，应予立案：

1．导致被拐卖、绑架的妇女、儿童或者其家属重伤、死亡或者精神失常的；

2．导致被拐卖、绑架的妇女、儿童被转移、隐匿、转卖，不能及时进行解救的；

3．对被拐卖、绑架的妇女、儿童不进行解救3人次以上的；

4．对被拐卖、绑架的妇女、儿童不进行解救，造成恶劣社会影响的；

5．其他造成严重后果的情形。

（三十二）阻碍解救被拐卖、绑架妇女、儿童案（第四百一十六条第二款）

阻碍解救被拐卖、绑架妇女、儿童罪是指对被拐卖、绑架的妇女、儿童负有解救职责的公安、司法等国家机关工作人员利用职务阻碍解救被拐卖、绑架的妇女、儿童的行为。

涉嫌下列情形之一的，应予立案：

1. 利用职权，禁止、阻止或者妨碍有关部门、人员解救被拐卖、绑架的妇女、儿童的；

2. 利用职务上的便利，向拐卖、绑架者或者收买者通风报信，妨碍解救工作正常进行的；

3. 其他利用职务阻碍解救被拐卖、绑架的妇女、儿童应予追究刑事责任的情形。

【释解】

本条是关于不解救被拐卖、绑架妇女、儿童罪、阻碍解救被拐卖、绑架妇女、儿童罪的规定。

一、不解救被拐卖、绑架妇女、儿童罪

（一）概念及其构成

不解救被拐卖、绑架妇女、儿童罪，是指对被拐卖、绑架的妇女、儿童负有解救职责的国家机关工作人员，接到被拐卖、绑架的妇女、儿童及其家属的解救要求或者接到其他人的举报，而对被拐卖、绑架的妇女、儿童不进行解救，造成严重后果的行为。

1. 客体要件

本罪侵犯的客体是国家机关工作人员解救妇女、儿童的职务活动和国家机关的信誉。负有解救职责的国家机关工作人员本应认真负责地履行自己解救被拐卖、绑架的妇女、儿童的职责，如果其拒不履行其职责，不但使国家工作人员解救妇女、儿童的职务活动不能进行或难以进行，还会使被拐卖、绑架的妇女、儿童及其亲属和群众对国家机关不信任和不满，损害国家机关的信誉。

被拐卖的妇女与儿童，是指为拐卖妇女、儿童的犯罪分子所控制、出卖的妇女与儿童，包括出于出卖目的，而为犯罪分子所绑架的妇女、儿童及所偷盗的婴幼儿。被拐卖的妇女与儿童如已被他人收买的，也应属于被拐卖的妇女与儿童，从而可以成为本罪对象。被

绑架的妇女与儿童，是指实施绑架的犯罪分子所控制的妇女与儿童，如出于勒索财物的目的而绑架的妇女、儿童以及除出卖目的之外的其他目的而进行绑架并把被绑架人作为人质的妇女与儿童。不属上述的妇女与儿童，即使为犯罪分子所控制如进行非法剥夺人身自由、强奸、强制猥亵妇女、猥亵儿童、暴力干涉婚姻自由等所暂时或较长时间控制的妇女及儿童，也不可能成为本罪对象。对于后者这种妇女与儿童，置之不顾，不进行解救的，不可能构成本罪。

2．客观要件

本罪在客观方面表现为对被拐卖、绑架的妇女、儿童负有解救职责的国家机关工作人员接到被拐卖、绑架的妇女、儿童及其家属的解救要求或者接到其他人的举报，而不进行解救，造成严重后果的行为。行为人负有解救被拐卖、绑架的妇女、儿童的职责，并接到"解救要求"或"举报"。这是履行解救义务的前提条件。必须具有不进行解救的行为，即行为人接到解救要求或者举报后，不履行解救职责。所谓不进行解救，是指接到解救要求或者举报后，不采取任何解救措施，或者推诿、拖延解救工作。这是一种不作为的犯罪。如不向主管负责解救的部门汇报情况；不制定解救方案、计划；不安排布置解救行动等。必须是因为不解救而造成严重后果。虽有不解救的行为，但未造成严重后果的，不构成本罪。

所谓造成严重后果，主要是指造成被拐卖、绑架的妇女、儿童或者其亲属重伤、死亡等后果以及引起其他犯罪案件发生，等等。

根据《最高人民检察院关于渎职侵权犯罪案件立案标准的规定》的规定，边防、海关等国家机关工作人员涉嫌在履行职务过程中，对明知是偷越国（边）境的人员而予以放行的，应予立案。

3．主体要件

本罪的主体是特殊主体，即负有解救被拐卖、绑架的妇女、儿童职责的国家机关工作人员。国家机关工作人员的范围是非常宽泛的，但只有那些负有特定的解救职责的国家机关工作人员，才可能成为本罪的主体。虽然本人是国家机关工作人员，但其如果不负有特定的解救职责，便不能构成本罪。这里的“解救职责”，是指在职务范围内或责任范围内具有“解救”的内容。在我国，负有解救被拐卖、绑架的妇女、儿童职责的国家机关工作人员一般包括各级人民政府中主管解救工作的工作人员、公安机关的工作人员以及其他负有会同公安机关解救职责的国家机关工作人员，如法院、检察、司法、民政甚至妇联部门等的工作人员。非国家机关工作人员或者虽为国家机关工作人员但不负有解救职责的，不能构成本罪。

4. 主观要件

本罪在主观方面表现为故意，过失不构成本罪。即明知是被拐卖、绑架的妇女、儿童需要进行解救而不进行解救。对于因不解救而造成严重的后果而言，则可能属于过失，也可以是间接故意。至于其动机可多种多样，有的是怕麻烦，有的是怕报复，有的是为了私情等，其动机如何，则不影响本罪成立。

（二）处罚

犯本罪的，处五年以下有期徒刑或者拘役。

二、阻碍解救被拐卖、绑架妇女、儿童罪

（一）概念及其构成

阻碍解救被拐卖、绑架妇女、儿童罪，是指负有解救职责的国家机关工作人员利用职务阻碍解救被拐卖、绑架的妇女、儿童的行为。

1. 客体要件

本罪所侵害的客体为复杂客体，其既侵犯了国家机关及其工作人员的信誉，而且还侵犯了被拐卖、绑架妇女、儿童的人身权利。其侵害的对象由其所侵害的客体的多重性所决定，亦具有多重性，一般包括依法正在执行解救公务活动的国家机关工作人员，协助执行解救活动的非国家机关工作人员和被拐卖、绑架的妇女或儿童。

2. 客观要件

本罪在客观方面表现为利用职务阻碍解救被拐卖、被绑架的妇女、儿童的行为。所谓利用职务，是指负有解救职责的国家机关工作人员利用职权范围主管、负责解救被拐卖、绑架的妇女、儿童工作的便利，而不是利用国家机关工作人员身份的便利阻碍解救工作。所谓解救职责是指法律、法规所赋予的把被拐卖、绑架的妇女、儿童从人贩子、收买人或绑架人手中解脱出来、安置或者送返被害人等解救工作的职责。我国目前履行这些职责的机关、组织主要为公安机关、民政、妇联。故主管解救工作的也主要是这些机关和组织的工作人员。

对“解救被拐卖、绑架的妇女、儿童”中的“解救”应作广义的理解。它既包括负有解救职责的国家机关工作人员依法履行职责，以使被拐卖、绑架、收买的妇女、儿童摆脱他人非法控制，解除其与买主非法形成的各种社会关系的公务行为，也应包括被收买的妇女、儿童及其亲友要求解救的行为，或普通公民进行的解救行为。

“阻碍解救”中“阻碍”的行为多种多样，如向犯罪分子通风报信，泄露解救的执行人员、时间、步骤等消息；在他人要求解除收买人与被收买人之间非法形成的婚姻、收养关系时，宣布这种关系“合法”予以维护；对要求解救的被收买、绑架的妇女、儿童及其亲属进行威胁、蒙骗，令其不得报案，要求解救；责令被拐卖、绑架的妇女、儿童与买主共同生活；向上级部门或要求提供协助的其他执行解救公务的国家工作人员提供虚假的情况或拒绝提供或隐瞒情况；利用自己知道内情的便利为他人如何阻碍解救出谋划策等。

本罪客观行为可以表现为作为，也可以表现为不作为。

本罪不要求有具体的危害后果，只要负有解救职责的国家机关工作人员利用职务实施了阻碍解救的行为，无论是否得逞，是否造成严重后果，均构成本罪。

根据《最高人民检察院关于渎职侵权犯罪案件立案标准的规定》的规定，涉嫌下列情形之一的，应予立案：

（1）利用职权，禁止、阻止或者妨碍有关部门、人员解救被拐卖、绑架的妇女、儿童的；

（2）利用职务上的便利，向拐卖、绑架者或者收买者通风报信，妨碍解救工作正常进行的；

（3）其他利用职务阻碍解救被拐卖、绑架的妇女、儿童应予追究刑事责任的情形。

3. 主体要件

本罪的主体是特殊主体，即负有解救被拐卖、绑架的妇女、儿童职责的国家机关工作人员。国家机关工作人员的范围是非常宽泛的，但只有那些负有特定的解救职责的国家机关工作人员，才可能成为本罪的主体。虽然本人是国家机关工作人员，并且实施了阻碍解救的行为，但其如果不负有特定的解救职责，便不能构成本罪。这里的"解救职责"，是指在职务范围内或责任范围内具有"解救"的内容。根据有关法律规定，各级人民政府对被拐卖、绑架的妇女、儿童有解救职责，解救职责由公安机关会同有关部门执行。具体指各级人民政府、公安、检察、法院、民政、妇联等部门中主管、分管和直接参与解救工作的国家工作人员。上述人员负有把被拐卖、绑架的妇女、儿童从人贩子、收买人或者绑架人手中解脱出来，以及安置送返被害人等解救工作职责。

4. 主观要件

本罪在主观方面表现为故意且必须是直接故意。行为人既认识到自己的行为是在阻碍解救被拐卖、绑架的妇女、儿童，也希望发生被拐卖、绑架的妇女、儿童未获解救的结果。如只是认识到自己行为可能阻碍解救被拐卖的妇女、儿童，但主观上并不希望发生这种结果的，不构成本罪，导致严重后果的，以玩忽职守罪论处。

（二）认定

1. 区分本罪与妨害公务罪的界限

（1）侵犯的客体不同。尽管二者都可能同为侵犯国家工作人员解救妇女、儿童的公务活动，然而前罪还侵犯国家机关的声誉。

（2）客观方面不同。妨害公务罪只能是以暴力、威胁的方法阻碍国家工作人员的解救公务，而本罪阻碍的方法多种多样，但都只能是利用职务阻碍，且被阻碍的解救活动。被妨害的公务必须是国家工作人员执行的解救公务；而本罪既可以是阻碍解救妇女、儿童的公务，又可以是其他公民的非公务的解救活动。

(3) 主观方面不同。妨害公务罪行为人主观上只须明知阻碍的是国家工作人员执行公务即可，不需明知何种公务、何类国家工作人员执行公务。而本罪行为人主观上是明知自己阻碍的是解救妇女、儿童的公务活动。

(4) 主体的区别。妨害公务罪是一般主体，而本罪主体为特殊主体，仅限于负有解救职责的国家工作人员。

2. 区分本罪与聚众阻碍解救被收买的妇女、儿童罪的界限

(1) 侵犯客体不同。本罪除侵犯国家工作人员解救妇女、儿童的公务活动外，还侵犯国家机关的声誉，而聚众阻碍解救被收买的妇女、儿童罪不侵犯国家机关的声誉。

(2) 客观方面不同。本罪客观行为多种多样，且限定为利用职务实施，阻碍的解救活动可以是公务也可以是非公务；而聚众阻碍解救被收买的妇女儿童罪行为形式只限定为以“聚众”的形式，且阻碍的仅限于解救被收买的妇女、儿童的公务行为。

(3) 主体上不同。本罪主体仅限于负有解救职责的国家机关工作人员，而聚众阻碍解救被收买的妇女、儿童罪的主体为实施阻碍行为的首要分子，可以是国家机关工作人员，也可以是非国家机关工作人员。

(4) 主观方面不同。本罪主观故意的内容是意图阻碍解救被拐卖、绑架的妇女、儿童的公务活动和非公务活动，而聚众阻碍解救被收买的妇女、儿童罪的故意内容是意图阻碍解救被收买的妇女、儿童的公务活动。

3. 区分本罪与不解救被拐卖、绑架妇女、儿童罪的界限

二者侵犯的客体和主体要件相同，区别是：

(1) 在客观方面，本罪行为既可以是作为，也可以是不作为，但主要表现为作为形式，且构成该罪不以发生严重后果为条件。但拒不解救妇女、儿童罪行为只能是不作为，且构成要以发生严重后果

为条件。

（2）主观上的区别。本罪行为人主观上必须是直接故意，不管是明知自己行为必然会发生还是可能会发生阻碍解救活动的结果，但意志因素上均是希望发生阻碍解救活动的后果，拒不解救妇女、儿童罪主观上只能是不希望发生阻碍解救妇女、儿童的活动，或对不履行解救职责所导致的严重后果没预见到必然发生，或不期望其发生。

（三）处罚

犯本罪的，处二年以上七年以下有期徒刑；情节较轻的，处二年以下有期徒刑或者拘役。

情节较轻，主要是指未造成被拐卖、绑架的妇女、儿童及其亲属的伤害、死亡后果；或者事后积极采取措施挽救；悔罪态度很好等。

第四百一十七条 （帮助犯罪分子逃避处罚罪）

有查禁犯罪活动职责的国家机关工作人员，向犯罪分子通风报信、提供便利，帮助犯罪分子逃避处罚的，处三年以下有期徒刑或者拘役；情节严重的，处三年以上十年以下有期徒刑。

［相关规定］ **《最高人民法院、最高人民检察院、公安部、国家工商行政管理局关于依法查处盗窃、抢劫机动车案件的规定》**（1998年5月8日公通字〔1998〕31号发布）（节录）

十、公安人员对盗窃、抢劫的机动车辆，非法提供机动车牌证或者为其取得机动车牌证提供便利，帮助犯罪分子逃避处罚的，依照《刑法》第四百一十七条规定处罚。

［相关规定］　**《最高人民检察院关于渎职侵权犯罪案件立案标准的规定》**　（2006年7月26日　高检发释字〔2006〕2号）（节录）

一、渎职犯罪案件

（三十三）帮助犯罪分子逃避处罚案（第四百一十七条）

帮助犯罪分子逃避处罚罪是指有查禁犯罪活动职责的司法及公安、国家安全、海关、税务等国家机关工作人员，向犯罪分子通风报信、提供便利，帮助犯罪分子逃避处罚的行为。

涉嫌下列情形之一的，应予立案：

1. 向犯罪分子泄漏有关部门查禁犯罪活动的部署、人员、措施、时间、地点等情况的；

2. 向犯罪分子提供钱物、交通工具、通讯设备、隐藏处所等便利条件的；

3. 向犯罪分子泄漏案情的；

4. 帮助、示意犯罪分子隐匿、毁灭、伪造证据，或者串供、翻供的；

5. 其他帮助犯罪分子逃避处罚应予追究刑事责任的情形。

【释解】

本条是关于帮助犯罪分子逃避处罚罪的规定。

一、概念及其构成

帮助犯罪分子逃避处罚罪，是指有查禁犯罪活动职责的国家机关工作人员，向犯罪分子通风报信、提供便利，帮助犯罪分子逃避处罚的行为。

（一）客体要件

本罪侵犯的客体是国家机关的威信和正常活动。

本罪的犯罪对象必须是犯罪分子，其中包括犯罪之后，潜逃在外，尚未抓获的犯罪分子，也包括尚未被司法机关发觉的犯罪分子。

（二）客观要件

本罪在客观方面表现为有查禁犯罪活动职责的国家机关工作人员，向犯罪分子通风报信、提供便利，帮助犯罪分子逃避处罚的行为。

通风报信、提供便利的行为可能发生在犯罪分子被发现后，也可能发生在犯罪分子被发现前。所谓通风报信，是指向犯罪分子泄露、提供有关查禁犯罪活动的情况、信息，如查禁的时间、地点、人员、方案、计划、部署等。其既可以当面口述，又可以通过电话、电报、传真、书信等方式告知，还可以通过第三人转告。所谓提供便利条件，是指向犯罪分子提供住处等隐藏处所；提供钱、物、交通工具、证件资助其逃跑；或者指点迷津，协助其串供、隐匿、毁灭、伪造、篡改证据；等等。无论其提供便利的方式如何，其目的则只有一个，即帮助犯罪分子逃避制裁，即免受刑事追究或者其他处罚如行政处罚。

行为人实施上述行为必须是利用其查禁犯罪活动的职责便利，不论行为的结果如何，只要行为人利用其查禁犯罪活动的职责便利条件，实施了向犯罪分子通风报信、提供便利，帮助犯罪分子逃避处罚的行为，即构成犯罪。情节是否严重，只是量刑轻重问题。

根据《最高人民检察院关于渎职侵权犯罪案件立案标准的规定》的规定，涉嫌下列情形之一的，应予立案：

（1）向犯罪分子泄漏有关部门查禁犯罪活动的部署、人员、措施、时间、地点等情况的；

（2）向犯罪分子提供钱物、交通工具、通讯设备、隐藏处所等便利条件的；

（3）向犯罪分子泄漏案情的；

（4）帮助、示意犯罪分子隐匿、毁灭、伪造证据，或者串供、翻供的；

（5）其他帮助犯罪分子逃避处罚应予追究刑事责任的情形。

（三）主体要件

本罪的主体为特殊主体，只能是负有查禁犯罪活动职能的国家机关工作人员，非上述人员不能构成本罪主体。有查禁犯罪活动职责的国家机关工作人员，主要指司法机关（包括公安机关、国家安全机关、人民检察院、人民法院）的工作人员，此外，各级党委、政府机关中主管查禁犯罪活动的人员也包括在内。

（四）主观要件

本罪在主观方面表现为故意，即要求行为人必须出于故意才能构成。行为人明知其为犯罪分子处于查禁之列，仍然向其通风报信、提供便利，目的在于使犯罪分子逃避处罚。至于行为人主观上出于何种动机，是出于恻隐之心还是基于亲朋关系等，在此不问。如果不知是犯罪分子，无意透露消息提供便利的，不构成本罪。但是一旦发现是犯罪分子仍然为其通风报信、提供便利，帮助其逃避处罚的，则应以本罪论处。

二、认定

1. 行为人向犯罪分子通风报信，其中内容如属国家秘密，则又触犯故意泄露国家秘密罪，属牵连犯罪，对之应当择一重罪从重处罚。

2. 行为人如果与犯罪分子事先通谋，出于共同故意而在事后帮助的，又会触犯所实施的犯罪，这时属牵连犯罪，对之应择一重罪从重处罚，即所实施的共同犯罪比本罪处罚重，如走私犯罪，对之则应以共犯论处，反之就应以本罪治罪。

三、处罚

犯本罪的，处三年以下有期徒刑或者拘役；情节严重的，处三年以上十年以下有期徒刑。

情节严重，是指向性质严重的犯罪分子或者犯罪集团通风报信、提供便利的；多次向犯罪分子通风报信的，或者因向犯罪分子通风报信、提供便利，造成严重后果的等。

第四百一十八条　（招收公务员、学生徇私舞弊罪）

国家机关工作人员在招收公务员、学生工作中徇私舞弊，情节严重的，处三年以下有期徒刑或者拘役。

［相关规定］ **《最高人民检察院关于渎职侵权犯罪案件立案标准的规定》** （2006年7月26日 高检发释字〔2006〕2号）（节录）

一、渎职犯罪案件

（三十四）招收公务员、学生徇私舞弊案（第四百一十八条）

招收公务员、学生徇私舞弊罪是指国家机关工作人员在招收公务员、省级以上教育行政部门组织招收的学生工作中徇私舞弊，情节严重的行为。

涉嫌下列情形之一的，应予立案：

1. 徇私舞弊，利用职务便利，伪造、变造人事、户口档案、考试成绩或者其他影响招收工作的有关资料，或者明知是伪造、变造的上述材料而予以认可的；

2. 徇私舞弊，利用职务便利，帮助5名以上考生作弊的；

3. 徇私舞弊招收不合格的公务员、学生3人次以上的；

4. 因徇私舞弊招收不合格的公务员、学生，导致被排挤的合格人员或者其近亲属自杀、自残造成重伤、死亡，或者精神失常的；

5. 因徇私舞弊招收公务员、学生，导致该项招收工作重新进行的；

6. 其他情节严重的情形。

【释解】

本条是关于招收公务员、学生徇私舞弊罪的规定。

一、概念及其构成

招收公务员、学生徇私舞弊罪，是指国家机关工作人员在招收公务员、学生工作中徇私舞弊，情节严重的行为。

（一）客体要件

本罪侵犯的客体是国家机关的正常活动和招收工作制度。招收工作关系到招收对象的前途和命运，是一项政策性很强的工作，在招考工作中的徇私舞弊，严重破坏了国家对招收公务员、学生招考制度，妨害了国家对人才的选拔、培养，危害了国家机关的管理活动。因此，对招收公务员、学生工作中的徇私舞弊情节严重的行为予以刑罚制裁，对严肃招考和维护国家人才、干部选拔培养制度，以及反腐倡廉、净化社会风气，促进社会主义精神文明建设都具有十分重要的意义。

（二）客观要件

本罪在客观方面表现为利用职务之便或者不依法履行职责，在招收公务员、学生工作中徇私舞弊，情节严重的行为。

所谓公务员，严格来讲是指各级行政机关中除工勤人员以外的依法从事公务的人员。但在本罪中宜作广义理解，其应是指各种国家机关包括党的机关、权力机关、行政机关、检察机关、审判机关、政治协商会议机关等中除工勤人员以外的依法从事公务的人员。所谓学生，包括大、中、小各级各类学校的学生，如研究生、大学生、中学生、小学生等。既包括普通高等、中等院校的学生，又包括成人高等、中等院校的学生。后者既包括脱产进修的成人学生，又包括不脱产而在职自修为主的学生如函授生。无论是哪类学生，都必须是需经过考试和按规定条件录取的学生。所谓招收，是指通过考试按照国家规定的条件予以录用、录取。既包括向社会公开招考，亦包括在某一范围内进行招收，但不包括某一单位的内部考试以录用人员。所谓徇私舞弊，是指出于个人目的，将不符合招收条件的人员予以录用或录取。其方式可多种多样，有的是篡改年龄如加大年龄或者降低年龄；有的篡改考试成绩；有的是隐瞒不良表现如违法犯罪行为；有的是伪造体检表、个人履历表及立功受奖记录；有的是篡改档案材料；有的是故意排挤符合条件的候选人以便让不符合条件的人补缺；如此等等，但无论其方式如何，其目的都是为将不符合条件的情况隐瞒或者伪装为符合条件，以违反规定予以录用、录取。徇私舞弊情节是否严重，是划分本罪与非罪的显著特征。

构成本罪的情节严重为要件。所谓情节严重，主要是指由于徇私舞弊，给国家招考声誉造成极坏的影响，或者严重扰乱了招考工作的正常秩序，造成人力、财力的重大损失；严重危害考生个人身心健康，给考生或者其家庭造成重大损失；多次实施徇私舞弊行为；等等。

根据《最高人民检察院关于渎职侵权犯罪案件立案标准的规定》的规定，涉嫌下列情形之一的，应予立案：

（1）徇私舞弊，利用职务便利，伪造、变造人事、户口档案、考试成绩或者其他影响招收工作的有关资料，或者明知是伪造、变造的上述材料而予以认可的；

（2）徇私舞弊，利用职务便利，帮助5名以上考生作弊的；

（3）徇私舞弊招收不合格的公务员、学生3人次以上的；

（4）因徇私舞弊招收不合格的公务员、学生，导致被排挤的合格人员或者其近亲属自杀、自残造成重伤、死亡，或者精神失常的；

（5）因徇私舞弊招收公务员、学生，导致该项招收工作重新进行的；

（6）其他情节严重的情形。

（三）主体要件

本罪的主体是特殊主体，即是负有招收公务员、学生职责的国家机关工作人员。负有特定招收公务员、学生职责的国家机关工作人员，主要是负责招收公务员、招生的国家机关工作人员，如各级人民政府中的人事部门、教育行政管理部门的工作人员。其他国家机关如果向社会公开招考公务人员，其工作人员如果徇私舞弊，情节严重的，亦可构成本罪，其他人员不能成为本罪主体。

（四）主观要件

本罪在主观方面，必须是出于故意，即行为人明知自己的徇私舞弊行为是违反有关法律规定的，明知自己行为可能产生的后果，而对这种后果的发生持希望或者放任的态度。行为人的犯罪动机是徇私，有的是为了贪图钱财等不法利益，有的是因碍于亲朋好友情面而徇私舞弊，有的是出于报复或嫉妒心理而徇私舞弊等。

二、处罚

犯本罪的，处三年以下有期徒刑或者拘役。

第四百一十九条　（失职造成珍贵文物损毁、流失罪）

国家机关工作人员严重不负责任，造成珍贵文物损毁或者流失，后果严重的，处三年以下有期徒刑或者拘役。

［相关规定］　**《中华人民共和国文物保护法》**（2002年10月28日第九届全国人民代表大会常务委员会第三十次会议通过）（节录）

第六十四条　违反本法规定，有下列行为之一，构成犯罪的，依法追究刑事责任：

（一）盗掘古文化遗址、古墓葬的；

（二）故意或者过失损毁国家保护的珍贵文物的；

（三）擅自将国有馆藏文物出售或者私自送给非国有单位或者个人的；

（四）将国家禁止出境的珍贵文物私自出售或者送给外国人的；

（五）以牟利为目的倒卖国家禁止经营的文物的；

（六）走私文物的；

（七）盗窃、哄抢、私分或者非法侵占国有文物的；

（八）应当追究刑事责任的其他妨害文物管理行为。

第六十五条　违反本法规定，造成文物灭失、损毁的，依法承担民事责任。

违反本法规定，构成违反治安管理行为的，由公安机关依法给予治安管理处罚。

违反本法规定，构成走私行为，尚不构成犯罪的，由海关依照有关法律、行政法规的规定给予处罚。

［相关规定］　《最高人民检察院关于渎职侵权犯罪案件立案标准的规定》　（2006年7月26日　高检发释字〔2006〕2号）（节录）

一、渎职犯罪案件

（三十五）失职造成珍贵文物损毁、流失案（第四百一十九条）

失职造成珍贵文物损毁、流失罪是指文物行政部门、公安机关、工商行政管理部门、海关、城乡建设规划部门等国家机关工作人员严重不负责任，造成珍贵文物损毁或者流失，后果严重的行为。

涉嫌下列情形之一的，应予立案：

1. 导致国家一、二、三级珍贵文物损毁或者流失的；

2. 导致全国重点文物保护单位或者省、自治区、直辖市级文物保护单位损毁的；

3. 其他后果严重的情形。

【释解】

本条是关于失职造成珍贵文物损毁、流失罪的规定。

一、概念及其构成

失职造成珍贵文物损毁、流失罪，是指国家机关工作人员严重不负责任，造成珍贵文物损毁或者流失，后果严重的行为。

（一）客体要件

本罪侵犯的客体是国家机关的正常活动。由于国家工作人员对本职工作严重不负责，不遵纪守法，违反规章制度，不履行应尽的职责义务，致使国家机关的文物保护工作遭到破坏，给国家、集体和人民利益造成严重损害，从而危害了国家机关的正常活动。

犯罪对象为珍贵文物，毁损一般的文物，不构成本罪。所谓珍贵文物，是指具有重要历史、艺术、科学价值的文物，主要包括国家规定的一、二级文物，三级文物要确定为珍贵文物的，应经国家文物鉴定委员会确认。其中，一级文物是指具有特别重要价值的代表性文物；二级文物是指具有重要价值的文物；三级文物为具有一定价值的文物。至于文物，按照文物保护法第2条的规定，则是指：(1) 具有历史、艺术科学价值的古文化遗址、古墓葬、古建筑、古窟寺和石刻；(2) 与重大历史事件、革命运动和著名人物有关的，具有重要纪念意义、教育意义和史料价值的建筑物、遗址和纪念物；(3) 历史各时代的珍贵艺术品、工艺美术品；(4) 重要的革命文献资料以及具有历史、艺术和科学价值的手稿、古旧图书资料等；(5) 反映历史上各时代、各民族社会制度、社会生产、社会生活的代表性实物。古脊椎动物化石和古人类化石同文物一样受国家保护。

（二）客观要件

本罪在客观方面表现为国家机关工作人员违反工作纪律、规章制度，擅离职守不尽职责义务，或者不正确履行职责义务，造成珍贵文物损毁或者流失，后果严重的行为。

严重不负责任，是指不履行法律规定和其职务要求的文物保护、管理职责，或者在履行职务中敷衍塞责，草率应付，不尽职责。其具体表现形式是多种多样的，例如对馆藏珍贵文物不按《文物馆藏品管理办法》的规定建立固定、专用的库房，设专人管理；库房设备和措施不符合防火、防盗、防潮、防虫、防尘、防光、防震、防空气污染的要求；珍贵文物出库归库手续不健全；安全检查制度形同虚设；发现不安全因素，不及时采取措施纠正；发生火灾、文物失窃等案件不及时报告当地公安部门、文物行政管理部门和国家文物局等等。具体表现如何，不影响本罪的成立。所谓损毁，即损坏和毁灭，既包括使珍贵文物部分破损，使其丧失部分价值，即造成原有价值的减少，例如，使能作为珍贵文物的手稿大面积污损，致其字迹难以辨认，又包括使珍贵文物完全毁灭，从而丧失其全部价值，如珍贵书画被烧毁，珍贵陶器、瓷器被砸碎等。所谓流失，是指被盗、遗失而下落不明或者流落至国外、境外。

本罪是结果犯，严重不负责任的行为必须后果严重，才构成犯罪。所谓后果严重是指造成较多的珍贵文物损毁、流失的；致使珍贵文物流失国外的；造成特别珍贵文物损毁、流失的；由于珍贵文物被毁，给历史、艺术、科学研究造成了严重的影响，社会影响极坏，流失的文件已无法追回，等等。

根据《最高人民检察院关于渎职侵权犯罪案件立案标准的规定》的规定，涉嫌下列情形之一的，应予立案：

（1）导致国家一、二、三级珍贵文物损毁或者流失的；

（2）导致全国重点文物保护单位或者省、自治区、直辖市级文物保护单位损毁的；

（3）其他后果严重的情形。

（三）主体要件

本罪主体是特殊主体，即国家机关工作人员。本条所称“国家机关工作人员”是指负有管理、保护文物职责的国家机关工作人员，包括博物馆（院）、纪念馆、图书馆的工作人员、文化行政部门中主管文物保护工作的人员等，并非指所有的国家工作人员。

（四）主观要件

本罪的主观方面只能由过失构成，故意不构成本罪，也就是说，行为人对于其行为所造成重大损失结果，在主观上并不是出于故意而是由于过失造成的。也就是他应当知道自己严重不负责任的行为，可能会造成珍贵文物损毁或者流失，但是他由于疏忽大意而没有预见，或者是虽然已经预见到可能会发生，但他凭借着自己的知识或者经验而轻信可以避免，以致发生了造成严重损失的危害结果。行为人主观上的过失是针对造成重大损失的结果而言，但并不排斥行为人对违反工作纪律和规章制度或对自己的作为和不作为行为则可能是故意的情形。如果行为人在主观上对于危害结果的发生不是出于过失，而是出于故意，不仅预见到，而且希望或者放任它的发生，那就不构成本罪，而构成其他的故意犯罪。

二、处罚

犯本罪的，处三年以下有期徒刑或者拘役。

第十章　军人违反职责罪

【本章概要】

本章从第420条至451条，共32条，规定军人违反职责罪。

本章由1981年6月10日第五届全国人民代表大会常务委员会第十九次会议通过的《中华人民共和国惩治军人违反职责罪暂行条例》(1982年1月1日施行)修改而成。本章的设立适应了我军现代化建设和反击侵略战争的需要，体现了我军的人民军队的宗旨、性质和任务的要求，吸取了我军在几十多年革命斗争中积累的军纪军法建设和同违反军纪军法行为作斗争的宝贵经验。

一、军人违反职责罪的概念和特征

本法第420条规定："军人违反职责，危害国家军事利益，依照法律应当受刑罚处罚的行为，是军人违反职责罪。"这一规定表明本章的各种军人违反职责的犯罪，在构成要件上具有以下特征：

1. 犯罪主体是军人

根据本法第450条的规定，军人违反职责罪的犯罪主体包括中国人民解放军和中国人民武装警察部队的现役军官（警官）、文职干部、士兵和具有军籍的学员，以及执行军事任务的预备役人员和其他人员。现役军官（警官）、文职干部、士兵和具有军籍的学员都属于军队和武警部队的在编人员。根据兵役法第5条的规定，预备役人员是指编入民兵组织或者经过登记服预备役的地方人员。其他人员是指在军队（含武警部队，下同）机关、部队、院校、医院、基地、仓库等队列单位和事业单位工作的正式职员、工人，临时征用或者受委托执行军事任务的地方人员等。执行军事任务是指担任与军事活动有直接关系的具体工作，如参战、参训、随同部队执行任务、保障部队正常工作等。军人违反职责罪的犯罪主体中有的是正在部队服役的现役军人，有的是与部队有正式劳动关系并长期在部队服务的职工，也有的虽是地方人员身份，但是正在执行军事任务，所以他们都负有与军事有关的职责，属于军职人员，简称军人。军人违反职责罪的主体相对于刑法其他犯罪的主体来说，属于特殊主体。但是在军人违反职责罪的主体中也有一般和特殊之分。一般主体是指军队中的所有军人，特殊主体包括军队中的指挥人员、各级首长、值班和值勤人员、医务人员、现役军人等。军人违反职责罪中的某些犯罪只能由特殊主体构成，而其他犯罪则可以由所有军人构成。

2. 客观方面表现为违反军人职责的行为

军人职责是每一名军人根据国家的法律、法规，军队的条令、条例和自己的职务所必须承担的责任和应当履行的义务。分为共同职责、一般职责和专业职责。如《中国人民解放军内务条令》（以下简称《内务条令》）规定，军人必须以宣誓的方式对自己肩负的神圣职责和光荣使命作出承诺和保证，其誓言包括“服从命令，严守纪律”、“英勇战斗，不怕牺牲”、“忠于职守”、“坚决完成任务”、“绝不背叛祖国，绝不叛离军队”等。《内务条令》和《保密条例》都规定了军人必须严守保密纪律，遵守保密守则，保守军事秘密，这些都属于军人的共同职责。此外，还分别规定了士兵、军官、首长和主管人员的一般职责。同时，《内务条令》和其他一些专业条令、条例和规章制度对担任专门工作的军人规定了专业职责，如《司令部条例》、《政治工作条例》和《后勤条例》分别规定了有关人员的职责，《内务条令》规定了值班、值勤人员的职责，各种战斗条令规定了参战人员的职责，飞行条令规定了飞行员的职责，舰艇条令规定了舰长的职责等。军人违反职责罪在客观方面的行为必须是违反上述军人职责的行为，即违职行为。如果行为人所实施的行为没有违反军人职责，即使对国防利益和军事利益造成危害，也不能构成军人违反职责罪，这是军人违反职责罪与刑法其他犯罪的本质区别。

3. 侵犯的客体是国家的军事利益

国家军事利益是指与军事活动有直接关系的国家利益。维护国家军事利益是维护国家主权、领土完整与安全，防备和抵抗武装侵略，制止武装颠覆和分裂，巩固政权的需要。国家军事利益体现在国防和武装力量的建设、战争的准备与实施等一系列的军事活动之中，如作战行动、设防部署、战备值勤、演习训练、设施建设、武装装备管理、物资保障、军事科研、军工生产、部队管理等。军人违反职责的行为，必然造成危害国家军事利益的后果。因此，危害国家军事利益也是军人违反职责罪的一个重要特征。这种危害既可以表现为已造成了一定的损害结果，如作战失利、武器装备和军事设施毁损、人员伤亡等，也可以表现为足以造成这些损害结果，如违抗命令、谎报军情、临阵脱逃、泄露军事秘密等都可能导致作战失利的结果。

二、本章所定各罪

1. 战时违抗命令罪，是指战时故意违背并抗拒执行上级的命令，对作战造成危害的行为。(第 421 条)

2. 隐瞒、谎报军情罪，是指故意将应向上级报告的军情隐而不报，或者将编造、篡改的军情向上级报告，对作战造成危害的行为。(第 422 条)

3. 拒传、假传 军令罪，是指拒绝传递或者假传军令，对作战造成危害的行为。(第 422 条)

4. 投降罪，是指在战场上贪生怕死，自动放下武器，向敌人投降的行为。(第 423 条)

5. 战时临阵脱逃罪，是指战时面临战斗任务而脱离岗位逃避参加战斗的行为。(第 424 条)

6. 擅离、玩忽军事职守罪，是指指挥人员或者值班、值勤人员，擅离职守或者玩忽职守，造成严重后果的行为。(第 425 条)

7. 阻碍执行军事职务罪，是指以暴力、威胁方法阻碍指挥人员或者值班、值勤人员执行职务的行为。（第426条）

8. 指使部属违反职责罪，是指滥用职权，指使部属进行违反职责的活动，造成严重后果的行为。（第427条）

9. 违令作战消极罪，是指指挥人员违抗命令，临阵畏缩，作战消极，造成严重后果的行为。（第428条）

10. 拒不救援友邻部队罪，是指指挥人员在战场上明知友邻部队处境危急请求救援，能救援而不救援，致使友邻部队遭受重大损失的行为。（第429条）

11. 军人叛逃罪，是指军人在履行公务期间，擅离岗位，叛逃境外或者在境外叛逃，危害国家军事利益的行为。（第430条）

12. 非法获取军事秘密罪，是指以窃取、刺探、收买的方法，非法获取军事秘密的行为。（第431条第1款）

13. 为境外窃取、刺探、收买、非法提供军事秘密罪，是指为境外的机构、组织、人员窃取、刺探、收买、非法提供军事秘密的行为。（第431条第2款）

14. 故意泄露军事秘密罪，是指违反国家秘密法规，故意泄露军事秘密，情节严重的行为。（第432条）

15. 过失泄露军事秘密罪，是指违反国家秘密法规，过失泄露军事秘密，情节严重的行为。（第432条）

16. 战时造谣惑众罪，是指战时军人造谣惑众，动摇军心的行为。（第433条）

17. 战时自伤罪，是指战时自伤身体，逃避军事义务的行为。（第434条）

18. 逃离部队罪，是指违反兵役法规，逃离部队，情节严重的行为。（第435条）

19. 武器装备肇事罪，是指违反武器装备使用规定，情节严重，因而发生责任事故，过失致人重伤、死亡或者造成其他严重后果的行为。（第436条）

20. 擅自改变武器装备编配用途罪，是指违反武器装备管理规定，擅自改变武器装备的编配用途，造成严重后果的行为。（第 437 条）

21. 盗窃、抢夺武器装备、军用物资罪，是指以非法占有为目的，秘密窃取或者公然夺取部队武器装备或者军用物资的行为。（第 438 条）

22. 非法出卖、转让武器装备罪，是指非法将部队的武器装备出卖或者转让他人的行为。（第 439 条）

23. 遗弃武器装备罪，是指违抗命令，遗弃武器装备的行为。（第 440 条）

24. 遗失武器装备罪，是指遗失武器装备，不及时报告或者有其他严重情节的行为。（第 441 条）

25. 擅自出卖、转让军队房地产罪，是指违反军队房地产管理规定，擅自出卖、转让军队房地产，情节严重的行为。（第 442 条）

26. 虐待部属罪，是指滥用职权，虐待部属，情节恶劣，因而致人重伤或者造成其他严重后果的行为。（第 443 条）

27. 遗弃伤病军人罪，是指在战场上故意遗弃伤病军人，情节恶劣的行为。（第 444 条）

28. 战时拒不救治伤病军人罪，是指战时在救护治疗职位上，有条件救治而拒不救治危重伤病军人的行为。（第 445 条）

29. 战时残害居民、掠夺居民财物罪，是指战时在军事行动地区，残害无辜居民，或者掠夺无辜居民财物的行为。（第 446 条）

30. 私放俘虏罪，是指私自将俘虏放走的行为。（第 447 条）

31. 虐待俘虏罪，是指虐待俘虏，情节恶劣的行为。（第 448 条）

第四百二十条　（军人违反职责罪的概念）

军人违反职责，危害国家军事利益，依照法律应当受刑罚处罚

的行为，是军人违反职责罪。

［相关立法说明］ **《关于〈中华人民共和国刑法（修订草案）〉修改意见的汇报》** （全国人大常委会副委员长 王汉斌）（节录）

九、关于军人违反职责罪

经同军委法制局研究并经军委同意，将军人违反职责罪作为刑法的一章。军委法制局还将提请八届全国人大常委会审议的《中华人民共和国惩治军人违反职责犯罪条例（草案）》改为刑法分则的一章。这次修改基本采用军委法制局修改的条文，只对有些条文的表述和顺序作了一些修改和调整。

［相关立法说明］ **《关于〈中华人民共和国刑法（修订草案）〉的说明》** （1997年3月6日在第八届全国人民代表大会第五次会议上 全国人民代表大会常务委员会副委员长 王汉斌）（节录）

十四、关于军人违反职责罪

1979年制定刑法时，即提出刑法应当规定军职罪，当时因为来不及研究清楚，决定另行起草军职罪暂行条例。1980年制订军职罪暂行条例时，明确说明："在国家刑法的结构中"，军职罪"应属于刑法分则中的一章"，并且说明军职罪暂行条例"经人大常委会审定后，先在军内公布试行。待取得比较成熟的经验，再建议按立法程序修改补入刑法。"这次修订刑法，经同军委法制局研究并经军委同意，将中央军委已提请八届全国人大常委会审议的《中华人民共和国惩治军人违反职责犯罪条例（草案）》，改为刑法分则的一章。这样修订后，国家将制定一部统一的、完整的刑法典，对社会主义法制建设具有重大的意义。

【释解】

本条是关于军人违反职责罪的概念的规定。

一、概念及其特征

军人违反职责罪，是指军人违反职责，危害国家军事利益，依照法律应当受到刑罚处罚的行为。

（一）客体要件

本类罪侵犯的客体，是国家的军事利益。所谓国家军事利益，是指国防建设、作战能力、军事秘密、军队武器装备、军事设施、部队管理、军事科学研究等一切有关国家的武装建设和武装斗争等事项的利益。

国家军事利益是与军事活动有直接关系的国家利益。维护国家军事利益是维护国家主权、统一和领土完整与安全，防备和抵抗武装侵略，制止武装颠覆和分裂，巩固政权的需要。国家军事利益体现在武装力量建设、战争的准备与实施等一系列国防和军事活动之中，如作战行动、设防部署、战备值班、演习训练、设施建设、武器装备管理、物资保障、军事科研、军工生产、部队管理等。军人违反职责的行为，必然造成危害国家军事利益的后果。因此，危害国家军事利益也是军人违反职责罪的一个重要特征。这种危害既可以表现为已造成了一定的损害结果，如作战失利、武器装备毁损、人员伤亡等，也可以表现为足以造成这些损害结果，如违抗命令、谎报军情、临阵脱逃、泄露军事秘密等都可能导致作战失利的结果。

（二）客观要件

在客观方面，本类罪表现为违反军人职责，危害国家军事利益，依照法律应受到刑罚处罚的行为。军人职责就是军人依照职务、岗位和承担的任务而应尽的责任和义务。违反军人职责包括全部不履行职责，部分不履行职责，以及超越职责实施违法行为。兵役法第7条规定："现役军人必须遵守军队的条令和条例，忠于职守，随时为保卫祖国而战斗。”军人的一般职责和具体职责，则是由中央军委和中国人民解放军各总部、各军兵种所发布的各种条令和条例，如《内务条令》、《纪律条令》、《政治工作条例》、《战斗条令》、《舰艇条令》、《飞行条令》、《保守国家军事秘密条例》、《车辆管理条例》等所明确规定的。它规定了军人的一般职责，军队首长的一般职责和各军兵种的各级指挥人员、战斗人员、值班人员、值勤人员和其他军职人员，在担任不同的职务、执行不同的任务中的具体职责。《内务条令》第2条规定，军人必须以宣誓的方式对自己肩负的神圣职责和光荣使命作出承诺和保证，其誓言是：“服从中国共产党的领导，全心全意为人民服务，服从命令，严守纪律，英勇战斗，不怕牺牲，忠于职守，努力工作，苦练杀敌本领，坚决完成任务，在任何情况下决不背叛祖国，绝不叛离军队。”《内务条令》和《中国人民解放军保密条例》都规定了军人必须严守保密纪律，遵守保密守则，保守军事秘密。这些都是对第一名军人的要求，所以属于军人的共同职责。《内务条令》第三章第一、二、三节分别规定了士兵、军官和首长的一般职责。同时，《内务条令》和其他一些专业条令、条例和规章制度对担任专门工作的军人规定了特殊职责。如《内务条令》第三章第四节规定了上至团长下至通信员共31种主管人员的职责，第十章第二节规定了值班人员的职责，第十一章规定了各类警卫人员的职责；中国人民解放军的《司令部条例》、《政治工作条例》和《后勤条例》分别规定了有关人员的职责；各种战斗条令规定了参战人员的职责，飞行条令规定了飞行员的职责，舰艇条令规定了舰长的职责等。违反军人职责的行为是多种多样的。有故意行为，如投降敌人、违抗命令、临阵脱逃、谎报军情等；也有过失行为，如玩忽职守、武器装备肇事等。有作为的行为，如盗窃、抢夺武器装备、军用物资等；也有不作为的行为，如隐瞒军情、拒不救治伤病军人等。有战时才能发生的行为，如作战消极、拒不求援友邻部队等；也有平时和战时都能发生的行为，如泄露军事秘密等。不论是哪一种具体行为，都是危害国家军事利益的行为，但是，并不是所有危害国家军事利益的行为均构成军人违反职责罪，只有在“依照法律应当受刑罚处罚”时，才构成犯罪，即军人违反职责而危害国家军事利益的行为，必须是中华人民共和国法律有明文规定，应当受到刑罚处罚的行为，否则行为人不承担刑事责任，这里的法律，是指我国刑法和战时国家制定的特殊军事刑律，不包括其他军事法规、法令。因党纪、政纪、军纪处分不属于刑事立法的范畴，因此修改刑法时，删去了“但是情节显著轻微，危害不大的，不认为是犯罪，按军纪处理”的规定。

军人违反职责的时间是军人违反职责罪客观要件的选择要件之一。它在本类罪中表述为战时、战斗中。以“战时”作为犯罪的构成要件之一，不具备这一要件时，不构成犯罪。属这种情况的罪名有自伤身体、造谣惑众、违抗命令等犯罪。

军人违反职责的地点也是军人违反职责罪客观要件的选择性要件之一。它在本类罪中表述为在战场上、在军事行动地区等。这些地点不仅包括我方武装力量在国（境）内的战场、军事行动地区，而且包括我方武装力量在国（境）外的上述地点。以上述地点作为犯罪构成要件的罪名包括：遗弃伤员罪、投降敌人罪、掠夺无辜居民罪、残害无辜居民财物罪。

军人违反职责的方法也是军人违反职责罪客观要件的选择性要件之一。例如，阻碍执行职务罪，以“暴力、威胁”方法为构成要件。不采用上述方法，即使客观上阻碍执行职务，也不成构成本罪。

军人违反职责的危害结果是军人违反职责罪客观要件的一个重要方面，对于定罪量刑具有重要意义。有些罪在罪状中明确规定，以造成重要后果作为构成犯罪的必要条件。例如，武器装备肇事罪、擅离职守罪、玩忽职守罪、虐待迫害部属罪、造谣惑众罪、违抗命令罪、谎报军情罪、假传军令罪等。“致人死亡”、“致人重伤死亡”、“对作战造成危害”等，都是危害后果的具体表现。它们有的作为构成犯罪要件的一部分，如武器装备肇事罪；有的只是作为适用较重法定刑的条件，如虐待迫害部属罪。

（三）主体要件

本类罪的主体为特殊主体，只有军人才能成为军人违反职责的主体。根据本法第450条的规定，军人是指中国人民解放军的现役军官、文职干部、士兵及具有军籍的学员和中国人民武装警察部队的现役警官、文职干部、士兵及具有军籍的学员以及执行军事任务的预备役人员和其他人员。

根据《中国人民解放军军官服役条例》第2条的规定，现役军官和警官是指被任命为排级以上职务或者初级以上专业技术职务，并被授予相应军衔、警衔的现役军人。

根据《中国人民解放军文职干部暂行条例》第2条的规定，文职干部是指在军队和武警部队编制定额内不授予军衔的干部。目前的文职干部都是由现役军官改任的，所以这些文职干部也属于现役军人。

根据《中国人民解放军现役士兵服役条例》第2条的规定，现役士兵是指在军队和武警部队服现役的义务兵和志愿兵，通常是指班长以下的人员。具有军籍的学员是指在军事院校、文艺团体、体工队等单位学习、训练，并履行了入伍手续的人员。以上人员都属于现役军人。

根据兵役法第5条的规定，预备役人员是指编入民兵组织或者经过登记服预备役的地方人员，按其所担任的预备役职务分为预备役军官和预备役士兵。根据《预备役军官法》第2条的规定，预备役军官是指被确定为人民解放军预备役排级以上职务等级或者初级以上专业技术职务等级，被授予相应的预备役军官军衔，并经兵役机关登记的预备役人员。包括退出现役转入预备役的军官，确定服军官预备役的退出现役的士兵，确定服军官预备役的高等院校毕业学生，确定服军官预备役的专职人民武装干部和民兵干部，确定服军官预备役的非军事部门的干部和专业技术人员。预备役士兵是指退出现役并被确定服士兵预备役的士兵和按照兵役法第13条的规定经过兵役登记而未被征集服现役的人员。包括按照兵役法第38条的规定编入民兵组织的人员，在不建立民兵组织的单位，经过预备役登记的35岁以下的退出现役的士兵，经过预备役登记的28岁以下的专业技术人员，其他符合士兵预备役条件的男性公民。其他人员是指在军队（含武警部队，下同）机关、部队、院校、医院、基地、仓库等队列单位和事业单位工作的正式职责、工人，临时征用或者受委托执行军事任务的地方人员等。执行军事任务是指担任与军事活动有直接关系的具体工作，如参战、参训、随同部队执行任务、保障部队正常工作等。预备役人员和其他人员在执行军事任务时，履行的是军人职责，其违反职责的行为危害的是国家军事利益，所以也将他们增列为军人违反职责罪的犯罪主体。军人违反职责罪的犯罪主体中有的是正在部队服役的现役军人，有的是与部队有正式劳动关系并长期在部队服务的职工，也有的虽是地方人员身份，但是正在执行军事任务，所以他们都负有与军事有关的职责，属于军职人员，简称军人，这和人们一般所称的“军人”有所区别。

军人违反职责罪的犯罪主体相对于本法其他犯罪的主体来说，属于特殊主体。但是在军人违反职责罪的犯罪主体中也有一般和特殊之分。其一般主体是指军队中的所有军人，即本法第450条所列的人员；特殊主体包括军队中的指挥人员、各级首长、值班和值勤人员、医务人员、现役军人等。军人违反职责罪中的某些犯罪只能由特殊主体构成，而其他犯罪则可以由一般主体构成。

军人违反职责罪的犯罪主体由于具有特殊身份，所以其主体资格是有时间性的。其中现役军人自兵役机关批准征集其服现役或者办理其他入伍手续之日起，直至部队批准其退出现役或者被除名、开除军籍之日止，具有军人违反职责罪的主体资格。军队管理的离休、退休人员虽然其人事行政关系仍在部队，犯罪案件由军队司法机关管辖，但因其已退出现役，不再履行军人职责，因而不能成为军人违反职责罪的犯罪主体。正在服刑的犯罪军人和被劳动教养的军人虽然暂时被撤销职务，不能履行由职务而产生的具体职责，但其仍具有军籍，仍须履行军人的共同职责，所以仍属于军人违反职责罪的犯罪主体。比如他们泄露军事秘密或者盗窃武器装备的，仍须适用本章的有关规定定罪处刑，而不能适用本法分则其他章的规定。预备役人员和其他人员一般是从其开始执行军事任务起至完成军事任务止，具有军人违反职责罪的主体资格，因此在其未执行军事任务时，不具有军人违反职责罪的主体资格。军人违反职责罪的主体资格应以犯罪行为人实施犯罪时的身份而定。即使其事后身份有所变化，如现役军人退出现役，预备役人员退出预备役或者完成军事任务，只要所犯罪行未超过追诉时效，仍应以军人违反职责罪追究其刑事责任。

（四）主观要件

在主观方面，本类犯罪多数出于故意，少数是过失。其犯罪的动机、目的则是多种多样的：有的是贪财图利；有的是贪生怕死；有的是发泄不满；有的是泄愤报复或者追求其他个人目的，等等。只有少数的犯罪，如武器装备肇事罪、遗失军事秘密罪、擅离职守罪和玩忽职守罪等犯罪，是因过失而发生的犯罪。

某些罪以特定目的为构成要件。如自伤身体罪，必须是以逃避军事义务为目的。此外，本章还对某些故意犯罪中的动机作了描述，如临阵脱逃罪是出于畏惧战斗的动机，投降敌人罪是出于贪生怕死的动机。

二、认定

在认定军人违反职责罪时，要注意严格区分罪与非罪的界限。

军职罪与非罪界限，两者之间容易混淆的，主要是违反军纪行为与违反军法犯罪行为的界限。因为这两种行为相互联系，十分密切，稍不注意，就会区别不清，或者是把犯罪错定为违纪，或者是相反，把违纪误定为犯罪，造成错判。区分犯罪与违纪行为时应当注意：

1. 要以本章的规定为依据。凡是违反军人职责的行为，危害国家军事利益，依照法律应当受到刑罚处罚的行为，是军人违反职责犯罪。那么，其他的一般违反《内务条令》、《纪律条令》等条令、条例的行为，自然是违反军纪的行为，更不能按犯罪行为论处。

2. 严格按照本章规定的具体军职罪的罪状，根据违反军人职责行为的事实、情节、性质和后果，从犯罪构成的条件上加以区分，以确认行为的主观恶性是否恶劣，客观行为的时间、地点、侵害的对象和手段等事实情节是轻是重，性质是否严重，对国家利益造成的危害是大是小，从而分析判断行为是否构成犯罪。只有这样，才能划清违纪与犯罪、轻罪与重罪的界限。

总之，区别的关键在于根据行为的具体事实、情节和危害结果，按照规定的罪状和主要特征，加以分析判定。如本章对有些罪规定只要实施了危害国家军事利益的行为，就认为是犯罪；有些罪则要求行为必须是造成严重后果的，才构成犯罪；有些罪则规定必须是情节严重或者情节恶劣的，才构成犯罪；有些罪不仅规定要情节严重或者情节恶劣，还必须同时造成严重后果的，才构成犯罪；有些罪则规定只要行为是在战时的特定时间、特定场所、特定地区所实施的，就构成犯罪；还有些罪则要求必须是特定的人员、特定的手段所实施的行为，才构成犯罪，否则就不认为是犯罪，等等。例如，武器装备肇事罪，本章规定必须是“情节严重，因而发生重大责任事故，致人重伤、死亡或者造成其他严重后果的”才构成犯罪。这就是说，只追究那些致人重伤、死亡或者造成其他严重后果的危害重大的肇事者的刑事责任；对于一般的肇事行为，包括入伍不久、没有熟练掌握武器装备的性能而发生事故的行为，都不能以犯罪论处。又如，阻碍执行职务罪，按照本章第426条的规定，只有使用暴力、威胁的方法，阻碍指挥人员或者值班、值勤人员执行职务的，才构成犯罪；一般的不服从管理教育、不服从指挥和顶撞领导的，不属犯罪行为，只能视为违纪行为；等等。

三、处罚

军人违反职责罪的主体是军人。由于中国人民解放军在国家政权机构中所处的特殊地位和重要作用，军职罪在适用刑罚惩罚方面，从军队的性质和任务的实际出发，确立了一些不同的原则。军事审判机关处理军职罪案件必须认真贯彻执行这些原则。

（一）军法从严的原则

军人违反职责罪侵犯的客体是国家的军事利益。军事利益关系国家和人民切身利益，在战时更关系着国家安危和社会主义祖国存亡的根本利益。而这类犯罪的主体又是军人。军人是国家政权保卫者，负有捍卫国家军事利益的职责和义务。军人违反自己的职责，从军队的内部破坏国家的军事利益，性质就更为严重，其社会危害性也很大。从这种实际情况出发，为了维护国家的军事利益，本章充分体现了从严的原则。从本章和本法分则的规定来比较，军人与公民犯了同种性质的罪，本章处刑为重。这一原则主要体现在两个方面：一是某些行为由普通公民甚至国家机关工作人员来实施可能不构成犯罪，但由军人实施则可能构成犯罪。如投降敌人、违抗上级命令、临阵脱逃、指使部属进行违反职责的活动、见危不救、自伤身体、虐待部属等。二是某些犯罪普通公民实施处罚较轻，军人实施则处罚较重。如国家机关工作人员叛逃的，法定最高刑是十年有期徒刑，而军人叛逃的，法定最高刑是死刑；普通公民以暴力、威胁方法阻碍国家机关工作人员依法执行职务的，法定最高刑是三年有期徒刑，而军人以暴力、威胁方法阻碍指挥人员或者值班、值勤人员执行职务的，法定最高刑是死刑；国家机关工作人员故意或者过失泄露国家秘密的，法定最高刑是七年有期徒刑，而军人故意或者过失泄露军事秘密的，平时可判处十年有期徒刑，战时可判处无期徒刑。

（二）战时从严的原则

军人在战时犯违反军人职责罪，对国家军事利益的危害，比平时严重得多，对军心的稳定、部队的巩固和战斗力的提高，破坏作用很大。为了保证战斗的正常进行和取得胜利，本章规定对战时犯军职罪的处罚从严，是非常必要的。本章除了对以“战时”、“临阵”、“战场上”和“军事行动地区”为构成要件的军职罪，直接规定了较重的刑罚以外，对平时、战时均能构成的一些军职罪，明确规定“战时从重处罚”。例如：阻碍执行职务罪，作了“战时从重处罚”的规定。本章规定的“战时从重处罚”，是指在本章规定的量刑幅度之内的从重处罚，也就是要比平时的处刑更重一些，但不超过最高的法定刑；至于上述还有“情节特别严重的，可以判处死刑”等特别规定的，则可以超过法定的最高刑，这是属于法定的加重处罚。

（三）宽严相济的原则

遵循刑法总则的指导思想和基本原则，本章充分体现了惩办与宽大相结合的政策，贯彻了宽严相济的原则。

军法从严、战时从严，是本章贯彻从严的一方面的重要内容。而且，本章把惩办重点放在对国防能力和军事利益危害重大的犯罪行为上，也是从严惩少数，教育改造多数，区别对待出发，贯彻从严的一方面的重要内容。侵犯国家军事利益的犯罪行为，特别是危害重大的犯罪行为，是对国家和人民的根本利益危害极为严重的犯罪。因此，本章对那些为境外机构、组织、人员窃取、刺探、收买、非法提供军事秘密，以暴力或者威胁的方法阻碍指挥人员或假传军令，在战场上贪生怕死投降敌人、为敌人效劳，畏惧战斗临阵脱逃，违抗作战命令和在军事行动地区掠夺、残害无辜居民等犯罪，都规定了较重的刑罚，直至判处死刑。对担任特殊职务或者工作的军人违反职责的从严惩处。特殊人员主要包括各级首长、指挥人员、值班和值勤人员、医务人员、现役军人和其他担负特殊职责的人员。某些行为一般军人实施了不一定构成犯罪，而具有特殊职责的军人实施了就可能构成犯罪，也就是这些犯罪由特殊主体构成。如一般军人临阵畏缩，作战消极的，或者对处于危难中的友邻部队见危不救的，不构成军人违反职责罪，只能按违反军纪处理；而指挥人员则可能分别构成违令作战消极罪或者拒不救援友邻部队罪。在司法上，这一原则表现为从严定罪、从重处刑，就是说具有特殊职责的军人与一般军人实施了同样的行为，一般军人可能不构成犯罪或者虽构成犯罪但处刑较轻，而具有特殊职责的军人则可能构成犯罪或者处刑较重。如同样情节的逃离部队，士兵可能不属情节严重，因而不构成犯罪，而军官则可能属情节严重，构成犯罪，同样情节的临阵脱逃，军官就要比士兵处刑重。

但是，本章在贯彻从严的一方面的同时，也充分贯彻了从宽的另一方面。对于违反军纪和职务上一般违法的行为，都未列入，本章对那些不属于危害重大的犯罪，都规定了较轻的刑罚。最常见的枪支走火致人死亡问题。如果适用本法233条的规定以过失致人死亡罪论处，一般应判处三年以上七年以下有期徒刑。但从军队的实际情况考虑，军人整天接触武器装备，本身就有较大的危险，容易发生伤亡事故。预防这类问题，主要应通过加强管理教育和训练，即使追究刑事责任，也不宜判刑过重。所以在军人违反职责罪中规定了武器装备肇事罪，其中致人死亡的处刑一般是三年以下有期徒刑或者拘役，比过失致人死亡罪的实际处刑要轻。本章还对战时被判处三年以下有期徒刑而宣告缓刑的犯罪军人，规定在缓刑考验期限内“允许其戴罪立功，确有立功表现时，可以撤销原判刑罚，不以犯罪论处”，等等。这些从宽的规定，缩小了打击面，最大限度地调动了一切可以调动的积极因素，是巩固部队、提高部队战斗力、保障部队作战、训练任务顺利完成，维护国家军事利益所必需的。

第四百二十一条 （战时违抗命令罪）

战时违抗命令，对作战造成危害的，处三年以上十年以下有期徒刑；致使战斗、战役遭受重大损失的，处十年以上有期徒刑、无期徒刑或者死刑。

【释解】

本条是关于战时违抗命令罪的规定。

一、概念及其构成

违抗作战命令罪，是指军人在战时对上级的命令、指示等故意违抗拒不执行，对作战造成危害的行为。

（一）客体要件

本罪侵犯的客体是作战指挥秩序。作战指挥秩序要求全体参战人员必须服从命令，听从指挥，坚决做到有令必行，有禁必止。我军是高度集中统一的武装集团，一切行动听指挥，坚决执行命令，是我军克敌制胜、完成各项任务的重要保证。尤其是在现代战争条件下诸兵种协同作战，参战人员众多，武器装备繁杂，战机千变万化，更要求每一名参战人员务必严格执行命令。为此，《内务条令》第12条专门把“服从命令”、“坚决完成任务”规定为军人誓言的重要内容；第59条规定“部属、下级必须服从首长、上级”；第60条规定“部属对命令必须坚决执行”。战时违抗命令的行为，使得首长的指挥意图无法实现，导致作战指挥失灵，妨害部队的统一行为，将给作战造成严重危害。

（二）客观要件

本罪在客观方面表现为行为人战时违抗作战命令，并对作战造成危害的行为。鉴于平时违抗命令与战时违抗命令的危害程度有重大区别，而且平时违抗命令所造成的实际危害后果容易被预见的控制，因此不宜将平时违抗命令的行为与战时违抗命令的行为同等看待，都追究刑事责任。因此，本条规定违抗命令的行为只要发生在战时即可构成犯罪。在和平时期违抗上级某项命令，一般按军纪处理，不构成本罪。

作战命令，是指上级在职权范围内对下级、部属下达的必须执行的关于作战的命令、指示等。如兵力集结时间、地点、火力配属，攻击方案，战斗梯队安排，撤出战斗等有关作战准备、作战实施的具体问题。如果首长违背自己的职责，滥用权力，以“命令”的方式向部属提出不正当的要求，部属在根据《内务条令》的规定按级或者越级提出意见的同时，没有按照其要求去做，不是违抗命令。

违抗命令的行为在客观上是公然违背并抗拒执行命令，包括拒绝接受命令，在执行命令中拒绝按照命令的具体要求去行动等。其具体表现形式因命令的实际内容而有所不同，可分为不作为和作为两类。不作为的违抗命令在实践中较为常见，如不服从调遣，拒不接受上级部属的任务，该发起进攻而拒不前进，该撤出阵地而拒不撤退等。作为的违抗命令也可能发生，如执行潜伏任务时擅自主动攻击敌人，进攻敌人时擅自改变攻击目标等。这些违抗命令的行为虽然表现形式各不相同，但在本质上都是没有执行命令。

战时违抗命令，只有对作战造成危害时才构成犯罪。对作战造成危害主要是指：造成战斗、战役失利；干扰了作战部署，贻误了战机或动摇了首长的战斗决心；暴露了我军作战意图，给敌人可乘之机，造成部队较大损失等。战时违抗命令的行为不论是作为违纪还是犯罪，都是具有社会危害性的。这种社会危害性直接表现为对作战造成危害，因为战时的命令反映了作战的客观需要，违抗命令必然妨害命令的贯彻实施，最终危害作战，所以对作战造成危害是战时违抗命令行为的必然结果。只是这种危害的具体表现形式因案而异，有的大，有的小，有的是现实的、具体的，也有的是潜在的、抽象的。不可能存在战时违抗命令而对作战没有造成危害的情况，否则也就完全没有理由把战时违抗命令的行为作为违纪行为严令禁止。在少数情况下，可能出现因执行上级命令而对作战利益造成危害后果的情况，对此，应由发布命令承担责任，执行命令者不构成犯罪。

（三）主体要件

本罪主体为特殊主体，即是与作战命令发布者有隶属关系的下级军职人员。也就是说命令发布者为上级，命令承受者为下级。这种上下级关系的确立，主要是通过正式的任职、授权命令，特殊情况下，还可以根据某些条令、条例确定。如《中国人民解放军现役军官服役条例》第12条规定："在执行作战、抢险救灾等紧急任务时，上级首长有权暂时免去违抗命令、不履行职责或不称职的所属军官的职务，并可以临时指派其他军人代理"。经正式任职的上级和执行紧急任务时的军官"代理"人，有权在其职责范围内发布作战命令，因此，在违抗命令的行为人与该命令的发布人之间，行政职务上必须有隶属关系，行为人有义务执行该命令。这种隶属关系既可以是直接的隶属关系，即违抗命令的行为人是下达命令的首长的直接部属，也可以是越级的隶属关系，即违抗命令的行为人是下达命令的首长的下级部属。

（四）主观要件

本罪在主观方面表现为故意，即明知是上级关于作战问题的命令，却故意予以违抗。其动机，有的是贪生怕死，有的是为了保存自己的实力，还有的是对上级不满，以违抗命令发泄私愤，也有的是基于狭隘的杀敌复仇心理，不顾全大局、轻举妄动等。不论具体动机如何，都不影响本罪的成立。战场情况是复杂多变的，如果军人在执行命令中，发现情况发生变化，或者命令的内容与客观实际不符，原封不动地执行该命令会造成严重后果，而又来不及或者无法请示报告时，根据《内务条令》的规定，部属根据首长和上级总的意图，以高度负责的精神，从当时当地的实际情况出发，积极主动地果断行事，坚决完成任务，事后迅速向首长报告。这种情况虽然部属没有执行原命令，但不能认定其有违抗命令的主观故意。

二、认定

（一）区分罪与非罪的界限

不是故意违抗作战命令，而是由于客观条件限制行为人不能完成战斗任务的，或是执行错误命令而导致战斗失利的，或者违抗的是上级与作战无关的指示的，不构成违抗作战命令罪。

（二）区分违抗作战命令罪与阻碍执行职务罪的界限

违抗作战命令的行为，有时与阻碍指挥人员执行职务的行为容易混淆，两者的区别是：

1. 前者侵害的对象是上级首长或者指挥人员的命令、指示，后者侵害的对象则是指挥人员或值班、值勤人员本身。

2. 前者一般由不作为的行为构成，后者则是一种积极作为的犯罪行为。

3．前者只要有不执行命令的消极行为，并且对作战造成危害的，即构成犯罪，后者则要求行为人在客观方面采取了暴力、威胁手段。

4．前者只能发生在战时，后者既可发生在战时，又可以发生在平时。

（三）区分本罪与战时临阵脱逃罪的界限

从广义上讲，军人在接受作战任务后临阵脱逃的，本身就是一种严重的违抗作战命令行为。但在定罪时，要严格把握两者的界限。区别主要有以下几点：

1．战时违抗命令罪侵害的是作战指挥秩序，而战时临阵脱逃罪侵害的是军人参战秩序。

2．战时违抗命令罪在客观方面表现为违背并抗拒执行命令，其行为一般发生在接受上级命令时，行为人公然抗拒执行上级的命令，但并不需要采取脱离岗位的方式，而战时临阵脱逃罪表现为脱离岗位逃避参加作战，其行为一般发生在已受领了具体的作战任务后，而且必须表现为脱离岗位。

3．犯罪的目的不同，战时违抗命令罪是为了达到不执行命令的目的，而战时临阵脱逃罪是为了达到不参加作战的目的。

在具体案件中，战时违抗命令的行为与战时临阵脱逃的行为可能出现犯罪竞合的现象，即以临阵脱逃的方式抗拒执行上级的命令。虽然战时违抗命令罪与战时临阵脱逃罪的法定最高刑都是死刑，但战时违抗命令罪的法定最低刑是3年有期徒刑，比战时临阵脱逃罪的法定最低刑要重，所以应按战时违抗命令罪论处。

（四）区分本罪与投降罪的界限

战时违抗命令罪与投降罪都是发生在战时的故意犯罪，而且投降敌人的行为在某种意义上也带有违抗命令的因素，在定罪上可能发生混淆。其区别主要以下几点：

1．犯罪客体不同

战时违抗命令罪所侵害的是作战指挥秩序，而投降罪侵害的是国防安全秩序和军人参战秩序。

2．犯罪的客观方面不同

战时违抗命令罪表现为违背并抗拒执行上级的命令，但并不一定必须在面临敌人时，而投降罪表现为自动放下武器，向敌人投降，所以必须是在面临敌人时。

3．犯罪的主观方面不同

这两种犯罪虽然都是故意犯罪，但行为人的主观目的不同，战时违抗命令罪是为了不执行上级命令，而投降罪是为了保全性命。

在具体案件中，战时违抗命令罪与投降罪可能出现犯罪竞合的现象，即行为人是在拒不执行命令的同时向敌人投降。对这种情况一般应按处理想象竞合犯的原则，以较重的罪名，即战时违抗命令罪论处。

（五）区分本罪与擅离、玩忽军事职守罪的界限

战时违抗命令罪和擅离、玩忽军事职守罪在行为的客观表现上有时很相似，侵害的直接客体也有相同之处，在定罪上可能发生混淆。其主要区别有以下几点：

1．战时违抗命令罪所侵害的直接客体是作战指挥秩序，而擅离、玩忽军事职守罪侵害的是指挥和值班、值勤秩序。

2．在犯罪的客观方面，战时违抗命令罪以违背并抗拒执行上级命令为特征，而且这种行为只能发生在战时，但并不要求必须造成严重后果，属于行为犯，而擅离、玩忽军事职守罪则以擅自离开正在履行职责的岗位，或者在履行职责的岗位上不履行职责及不正确履行职责为特征，这种行为并不一定发生在战时，但必须造成了严重后果，属于结果犯。

3．犯罪主体上，战时违抗命令罪是军人违反职责罪中的一般主体，即所有军人，而擅离、玩忽军事职守罪是军人违反职责罪中的一种特殊主体，即指挥人员和值班、值勤人员。

4．战时违抗命令罪是出于故意，而擅离、玩忽军事职守罪是出于过失。

三、处罚

犯本罪的，处三年以上十年以下有期徒刑；致使战斗、战役遭受重大损失的，处十年以上有期徒刑、无期徒刑或者死刑。

第四百二十二条 （隐瞒、谎报军情罪、拒传、假传军令罪）

故意隐瞒、谎报军情或者拒传、假传军令，对作战造成危害的，处三年以上十年以下有期徒刑；致使战斗、战役遭受重大损失的，处十年以上有期徒刑、无期徒刑或者死刑。

【释解】

本条是关于隐瞒、谎报军情罪、拒传、假传军令罪的规定。

一、隐瞒、谎报军情罪

（一）概念及其构成

隐瞒、谎报军情罪，是指军人故意掩盖真实的军事情况不报告或者报告不真实的军事情况因而对作战造成危害的行为。

1. 客体要件

本罪侵犯的客体是军情报告秩序。在战争中，要争取作战的胜利，必须依靠正确的指挥，而正确的指挥有赖于全面准确及时地掌握军情。我军合成战斗的基本原则明确要求我军各级领导机关和指挥员，必须弄清敌军情况，了解我军和友军情况，熟悉战斗环境，从中找出在当时情势下敌我双方战斗行动的规律性，据以确定有效的战法，制定出符合客观实际的作战计划，及时调整作战部署，正确指挥作战行动，组织部队夺取作战的胜利。我军是高度集中统一的武装集团，为了保证上级领导机关和指挥员实施不间断的指挥，我军条例条令规定了严格的情况汇报制度。如《内务条令》第141条规定，下级应当主动向上级报告情况，连向营、营向团（旅）应当逐日报告一日工作情况，发生事故、案件和遇到特殊情况立即报告，执行重要任务时要随时报告任务进展和完成情况等。因此，下级和部属向上级和首长报告情况是法定的义务和军人的职责。隐瞒或者谎报军情的行为，严重扰乱了军情报告秩序，使得上级领导机关和指挥员无法了解真实的情况，导致决策失误，指挥不当，将给作战造成严重危害。

2. 客观要件

本罪在客观方面表现为隐瞒、谎报军情，对作战利益造成重大危害的行为。军情是指与军事特别是与作战有关的情况，如敌军的兵力、装备、部署、活动等情况，我军及友军的兵力、装备、部署、作战准备、战斗进展、战果战绩等情况，战区的地形、地貌、水文、气象等自然情况，以及与军事有关的政治、经济、科技等方面的情况等。军事情报机关搜集的情报，不论其内容与军事活动有无直接关系，都属军情。所谓隐瞒军情是指将按规定应该向上级报告的军情隐而不报，掩盖事实真相。所谓谎报军情是指违背客观事实，将编造或者篡改的军情向上级报告，欺骗上级。隐瞒军情和谎报军情既可以单独实施，也可以结合在一起实施，即隐瞒真实军情的同时谎报虚假的军情。隐瞒军情和谎报军情的行为结合在一起实施时，作为选择性罪名，不进行数罪并罚，只定一个隐瞒、谎报军情罪。隐瞒、谎报军情必须是对作战造成危害，才构成犯罪。例如，因隐瞒、谎报军情扰乱了作战部署，贻误了战机，影响了作战任务的完成，或给敌人造成可乘之机，使部队遭受较大损失等。如果没有对作战造成危害的，可按军纪处理。

3. 主体要件

本罪的主体为所有参战的军人，但主要是担负报告各种军事情况任务的通信、侦察、机要、监听、破译等人员。这些人员担负着向上级报告军情的特殊职责。其他军人在特殊情况下，也可成为本罪的犯罪主体。如担负警戒任务的哨兵，发现敌情故意隐情不报或者作虚假的报告，即属隐瞒、谎报军情。

4. 主观要件

本罪在主观方面表现为故意。即行为人明知自己隐瞒、谎报军情的行为将会对作战造成危害结果，却希望或者放任这种危害结果的发生。其犯罪动机有多种，如为邀功请赏而编造情报；因贪生怕死而夸大敌人的实力等。如果行为人是为了准确核实情况而没有及时报告，或者因情况紧急来不及进一步核实情况，造成误报或者错报，都不应认定行为人有隐瞒、谎报军情的主观故意。行为人因过失而谎报军情的，如果对作战危害十分严重，可按第425条擅离、玩忽军事职守罪论处。

（二）认定

1．区分隐瞒、谎报军情罪与拒传、假传军令罪的界限

本罪和拒传、假传军令罪侵犯的客体相同，主观上也均由故意构成，而且并列规定在同一条款内，因此要特别注意区别。它们的区别在于：

（1）主体要件不同。隐瞒、谎报军情罪的主体一般是担负侦察、通信、译电等任务的军职人员，但也包括其他执行作战任务的军人。拒传、假传军令罪的主体要件只能是负有传达命令任务或发布命令职权的参战军职人员。

（2）客观方面不同。隐瞒军情罪表现为故意将真实的军事情况掩盖起来，不报告给上级，从而造成危害的。谎报军情罪主要表现为编造虚假军事情报，从而使上级领导机关难以准确判断敌情，给作战利益带来损害；假传军令罪主要表现为发布或传达虚拟的或不真实的命令，给作战利益造成危害的。

2．区分谎报军情罪与战时造谣惑众罪的界限

战时造谣惑众罪是指战时制造谣言，致使军心不稳的行为。两者的主要区别是：

（1）主体不同。谎报军情罪的行为人，一般是负有传递、报告各种军职情况等特定职责的人。而战时造谣惑众罪则是任何参战人员均可构成。

（2）客观要件不同。谎报军情罪是对作战利益造成重大危害的

谎报军情行为，战时造谣惑众罪则表现为在战时造谣惑众，致使军心动摇的行为，主要指散布在装备、士气、战绩、伤亡情况等方面吹嘘敌人、贬损我军的各种谣言。

3. 区分隐瞒军情罪与遗失武器装备罪的界限

隐瞒军情罪与遗失武器装备罪都有隐情不报的行为特征，而且遗失武器装备本身也属于军情，特别是遗失了重要武器装备，如将遗失武器装备的情况隐瞒，将可能造成隐瞒军情罪与遗失武器装备罪在定罪上发生混淆。这两种犯罪的主要区别有以下几点：

(1) 隐瞒军情罪以隐瞒军情为主要特征，而遗失武器装备罪以遗失武器装备为主要特征，不及时报告仅是遗失武器装备是否构成犯罪的限制性条件，不能单独成为遗失武器装备罪在客观方面的主要特征。

(2) 隐瞒军情的行为人并不一定就是军情本身的当事人，而在遗失武器装备罪中，不及时报告的行为人就是遗失武器装备的行为人。

(3) 隐瞒军情罪是故意犯罪，而遗失武器装备罪是过失犯罪。

在司法实践中，对于遗失武器装备后不及时报告的，一般不能以隐瞒军情罪论处，除非已对作战造成了严重的危害，如果继续以遗失武器装备罪论处，将造成明显的罚不当罪，才可考虑对其不及时报告的行为以隐瞒军情罪追究刑事责任。

(三) 处罚

犯本罪的，处三年以上十年以下有期徒刑；致使战斗、战役遭受重大损失的，处十年以上有期徒刑、无期徒刑或者死刑。

所谓致使战斗、战役遭受重大损失，在司法实践中，主要是指造成我军人员重大伤亡，武器装备、军事设施和军用物资严重损失，直至战斗、战役失利，等等。

二、拒传、假传军令罪

(一) 概念及其构成

拒传军令罪，是指军人在战时明知是与作战有关的命令、指示等而故意拒绝传递的行为。假传军令罪，是指军人战时伪造、篡改军事命令并予以传达或发布，对作战造成危害的行为。

1. 客体要件

本罪侵犯的客体是作战指挥秩序。军令是部队执行军事任务的依据，保证准确、及时地传递军令，是争取作战胜利的必要条件。拒传、假传军令的行为，严重妨害了各级首长对部队的指挥，破坏作战指挥秩序，将对作战造成严重危害。

2. 客观要件

拒传、假传军令罪在客观方面表现为拒传或者假传军令，对作战造成危害的行为。军令是指与部队军事行动有关的命令，如人员配备，部队设防，担负的战备任务，进入或者解除等级战备，受领作战任务，部队开进、集结，兵力部署，火力配置，战斗编成，协同计划，保障方案等命令。拒传军令是指有条件传递军令而拒绝传递军令。如果确因受客观条件的限制，如联络中断等，无法及时传递军令，不能认为是拒传军令。假传军令是指故意传递虚假的军令。假传的军令既可以是无中生有凭空编造的，也可以是篡改真实的军令；既可以是行为人自己编造或者篡改的，也可以是行为人明知别人编造或者篡改后自己仍然予以传递的。拒传军令是不作为的行为方式，假传军令是作为的行为方式。

拒传军令和假传军令既可以单独实施，也可以结合在一起实施，即拒绝传递真实军令的同时反而故意传递虚假的军令，作为选择性罪名，不进行数罪并罚，只定一个拒传、假传军令罪。

无论是拒传军令还是假传军令的行为，必须是对作战造成危害的，才构成犯罪。如干扰作战部署，贻误战机，影响作战任务的完成；或使敌人有可乘之机，致使部队遭受不应有的伤亡等。对我军作战利益所造成危害的大小是定罪量刑时应考虑的重要情节。行为人虽然拒传、假传军令，但未造成危害结果的，依法不应追究其刑事责任，可按违反军纪处理。“致使 战斗或战役遭受重大损失”包括：造成人员伤亡较大；重要武器装备损失较多；致使关键性战斗失利或影响战役全局利益的等。

3．主体要件

本罪的主体为特殊主体，即军人。但在司法实践中，犯拒传军令罪的，主要是负有传递军令职责的军人，如通信、机要人员等，其他军人由于职责上没有传递军令的义务，所以一般不能构成拒传军令罪。假传军令罪由于在客观方面任何人都可能虚构军令并加以传递，所以其犯罪主体并不限于特定的人员，除了与拒传军令罪相同的负有传递军令职责的军人外，其他军人也可以成为假传军令罪的犯罪主体。

4．主观要件

本罪在主观方面表现为故意。即行为人明知自己拒传、虚传军令的行为将会对作战造成危害结果，却希望或者放任这种危害结果的发生。行为人拒不传递军令时，是否希望阻止有关部队和人员执行该命令，或者传递虚假的作战命令是否希望接受假命令的人执行，都不影响对其拒传、假传军令的主观故意的认定，因此本罪可以由间接故意构成。过失不构成拒传命令罪和假传命令罪。本罪的犯罪动机多种多样。对于因过失而错传命令，一般不追究其刑事责任。如对作战危害十分严重，需要追究刑事责任的，可按玩忽军事职守罪惩处。

（二）认定

1．区分本罪与战时违抗命令罪的界限

其区别在于：

（1）客观表现不同。假传军令罪是行为人传达或发布经过伪造或篡改的命令，只能表现为积极的行为，违抗作战命令罪则是拒不执行上级的作战命令，一般表现为不作为；拒传军令罪，也表现为不作为，即拒绝达军事命令。但拒传军令罪的行为人拒绝的是对军事命令的传达，而违抗作战命令罪拒绝的是对军事命令的执行。

（2）主体要件不同。本罪的主体是负有传达命令职责和发布命令职权的军职人员，而违抗作战令罪的主体，是接受命令的下级部属人员。

2. 区分假传军令罪与战时造谣惑众罪的界限

这两种犯罪都有编造事实，致使军心混乱的情况，二者的区别在于：

（1）在主观方面，战时造谣惑众罪往往是行为人在作战能力和作战结果上，夸大敌人贬低自己，目的在于动摇军心；假传军令罪则是编发虚假命令，其目的在于破坏作战部署，但从后果看，当然有涣散部队斗志的情况发生。

（2）主体方面，构成战时造谣惑众罪的主体，可以是任何参战人员的军职人员，而假传军令罪的主体一般是参战人员中负有传达命令职责和发布命令职权的人，是军人中的特殊主体。

（三）处罚

犯本罪的，处三年以上十年以下有期徒刑；致使战斗战役遭受重大损失的，处十年以上有期徒刑、无期徒刑或者死刑。

致使战斗、战役遭受重大损失的，是指造成我军人员重大伤亡，武器装备、军事设施和军用物资严重损失，直至战斗、战役失利等。

第四百二十三条 （投降罪）

在战场上贪生怕死，自动放下武器投降敌人的，处三年以上十年以下有期徒刑；情节严重的，处十年以上有期徒刑或者无期徒刑。

投降后为敌人效劳的，处十年以上有期徒刑、无期徒刑或者死刑。

【释解】

本条是关于投降罪的规定。

一、概念及其构成

投降罪，是指军人在战场上，因贪生怕死、畏惧战斗，而自动放下武器，投降敌人的行为。

1. 客体要件

本罪侵犯的客体是军人参战秩序和国防安全秩序。我军是我国人民民主专政政权的坚强柱石，每一名军人都肩负着保卫祖国的神圣使命。我国宪法第29条规定，中华人民共和国武装力量的任务是“巩固国防，抵抗侵略，保卫祖国，保卫人民的和平劳动”等。国防法第56条规定：“现役军人必须忠于祖国，履行职责，英勇战斗，不怕牺牲，捍卫祖国的安全、荣誉和利益。”《内务条令》第12条规定，军人要宣誓做到“英勇战斗，不怕牺牲”，“在任何情况下，绝不背叛祖国，绝不叛离军队”。可见，军人在战场上参加作战，理当英勇杀敌，不怕牺牲，这是军人职责对参战人员的最基本要求。投降敌人的行为不仅违背了军人职责的最基本要求，破坏了参战秩序，而且更严重的是屈服于敌人意味着军人背弃了自己的政治使命，违背了自己所担负的国防义务，将最终对国防安全造成危害。所以，投降罪侵犯的是双重客体。

2. 客观要件

本罪在客观方面表现为在战场上自动放下武器向敌人投降的行为。投降敌人的行为只能发生在战场上，即在敌我双方进行作战活动的区域，包括陆域、海域和空域，实践中较多的是发生在敌众我寡、敌强我弱、被敌人包围或者追击的情况下。“在战场上”与“战时”有所区别，前者则强调的是敌我双方直接交战，彼此互有具体的作战行动，而后者仅说明是在战争时期，敌我双方不一定发生了直接的作战行动。

自动放下武器是投降罪的客观方面的主要行为特征，对其含义应作广义的理解。即行为人当时能够使用武器杀伤敌人，保护自己，却有意不使用武器，放弃抵抗。一般情况下，凡可以使用武器进行抵抗而不抵抗的，无论是自动抛弃了武器，还是武器仍然持在手中，甚至将武器砸毁等，都属于“自动放下武器”的范畴。实践中，行为人对自动放下武器投降敌人的行为，往往有多种辩解。如有的谎称枪炮损坏，弹药耗尽；有的假装重伤；还有的采取停火谈判等手段，掩盖其投降敌人的犯罪行为。对于在战场上因患病、受伤，丧失继续战斗能力，以及在战斗中被敌人打散或包围、被叛徒出卖或误入敌人阵地等而被俘的，不构成本罪。对于因听从上级命令放下武器投降敌人的，也不宜以投降罪论处。

投降敌人，主要是指向战争或者武装冲突中的敌对一方屈服。根据本法第451条的规定，部队执行戒严任务或者处置突发性暴力事件时，应以战时论。所以在这种情况下向暴力侵害者投降，也应视为向敌人投降。如在执行戒严任务时遭到武装暴徒的袭击，或者哨兵在哨位上遭到身份不明的武装人员的袭击，为了保全性命而向对方缴械，均应视为投降行为。

本条没有要求必须造成一定后果才构成本罪。情节严重是本罪的加重情节，所谓情节严重，主要指首长带领部属集体投敌的；因投敌导致阵地丢失、人员伤亡、重要武器装备受损、战斗失利等危害结果的；携带秘密文件或从事机要的军职人员投降敌人的；在投降敌人过程中，用暴力、威胁手段反抗阻挠、干预其投降的其他人员的；对投降敌人的犯罪事实矢口否认、态度恶劣的等。行为人虽然投降敌人，但投敌后只要不为敌人效劳，不构成新的犯罪的，依法不处死刑，这充分体现了对因贪生怕死投降敌人的人着重在于教育、挽救的宽严相济的刑事政策。

3. 主体要件

本罪的主体为特殊主体，本罪主体必须是参战的军职人员，并是具有使用武器打击敌人的行为能力的人。

4. 主观要件

本罪在主观方面表现为故意，即行为人明知自己放弃抵抗、向敌人投降的行为将会造成危害作战和国防安全的结果，却希望或者放任这种危害结果发生。在战场上敌我双方你死我活，投降敌人往往是由于迫于敌人的武装压力，为保全自己的性命，而背弃军人的政治使命，屈服于敌人，所以投降的动机是贪生怕死，在能够继续打击敌人的情况下，自动放下武器，投降敌人或束手就擒。过失不构成本罪。

二、认定

（一）区分投降敌人和被敌俘虏的界限

一般情况下，投降敌人是主动的，被敌俘虏则完全是被迫的；投降敌人前具有自动放下武器的情节，而被敌俘虏时已不具备使用武器进行抵抗的条件。如因弹药耗尽、武器毁损、严重伤病、极度疲惫而无法使用武器进行抵抗被敌人俘获的；或者遭到敌人突然袭击，措手不及未能使用武器进行抵抗而被敌人抓获的，都属于被敌俘虏，对此不应认定为投降敌人。即使被俘后叛变，积极为敌人效劳的，也不应以本罪论处，而应适用本法第108条以投敌叛变罪论处。

（二）区分投降罪与战时临阵脱逃罪的界限

投降罪是通过放下武器，屈服于敌人的方法达到保全性命的目的，而战时临阵脱逃罪是通过脱离战斗岗位、逃避参加作战的方法达到保全性命的目的。在具体案件中，投降罪与战时临阵脱逃罪可能会出现犯罪竞合现象，如部队正在阵地上与敌人作战，行为人贪生怕死，扔下武器逃离阵地，向敌人投降。对这种情况，一般应以投降罪论处，因为行为人临阵脱逃的目的是为了向敌人投降，而且如果没有其他严重情节，以投降罪论处也符合对想象竞合犯以较重的罪名论处的原则。但是如果由于行为人临阵脱逃投降敌人的行为致使战斗、战役遭受重大损失的，因战时临阵脱逃罪对这种情节的法定最高刑要重于投降罪的法定最高刑（投降后为敌人效劳属特定情节，其法定刑另当别论），则应以战时临阵脱逃罪论处，否则将违背对想象竞合犯以重罪论处的原则，造成罚不当罪。

（三）区分投降罪与投敌叛变罪的界限

二者的主要区别是：

1. 投降罪只能发生在战场上，特别是敌我双方短兵相接、面临战斗的情况下，行为人必须自动放下武器，而投敌叛变罪主要发生在平时，即使发生在战时，一般也不是在面临战斗的情况下，如部队正在休整、待机或者转移途中，没有遭遇敌人的时候，所以行为人不存在放下武器的行为。

2. 在犯罪的主体上，投降罪的犯罪主体只能是参加作战的军人，而投敌叛变罪的犯罪主体既可以是军人，也可以是普通公民。

3. 在犯罪的主观方面，投降罪的行为人迫于敌人的武装压力，贪生怕死，背弃自己的政治命令，屈服于敌人，而投敌叛变罪的行为人则是出于信仰动摇、政治变节而投靠敌人。如果行为人蓄谋叛变投敌，在战场上积极寻找机会，直接投靠敌人的，不宜定投降罪，应以投敌叛变罪论处。

三、处罚

犯本罪的，处三年以上十年以下有期徒刑；情节严重的，处十年以上有期徒刑或者无期徒刑。

依照本条第2款的规定，投降后为敌人效劳的，处十年以上有期徒刑、无期徒刑或者死刑。

所谓投降后为敌人效劳，在司法实践中一般是指主动向敌人提供我军重要军事秘密，积极为敌人出谋划策，煽动、勾引我军被俘人员叛变投敌，接受敌人派遣任务，主动要求参加敌军与我作战等情形。但投降后被迫为敌人服劳役的，如挖工事、搬弹药等，不宜认定为敌人效劳。

第四百二十四条 （战时临阵脱逃罪）

战时临阵脱逃的，处三年以下有期徒刑；情节严重的，处三年以上十年以下有期徒刑；致使战斗、战役遭受重大损失的，处十年以上有期徒刑、无期徒刑或者死刑。

【释解】

本条是关于战时临阵脱逃罪的规定。

一、概念及其构成

战时临阵脱逃罪，是指军人在战斗中或者在接受作战任务后，因贪生怕死、畏惧战斗，擅自逃离战斗岗位的行为。

（一）客体要件

本罪侵犯的客体是军人参战秩序。我军是我国人民民主专政政权的坚强柱石，每一名军人都肩负着保卫祖国的神圣使命。我国宪法第29条规定，中华人民共和国武装力量的任务是“巩固国防，抵抗侵略，保卫祖国，保卫人民的和平劳动”等。国防法第56条规定：“现役军人必须忠于祖国，履行职责，英勇战斗，不怕牺牲，捍卫祖国的安全、荣誉和利益。”《内务条令》第12条规定，军人要宣誓做到“英勇战斗，不怕牺牲”。军人战时临阵脱逃的行为，不仅直接造成了部队减员，严重扰乱军人参战秩序，而且动摇军心，涣散斗志，削弱部队战斗力，影响部队完成作战任务，将对作战造成多方面的严重危害。

（二）客观要件

本罪在客观方面表现为行为人临阵擅自逃离战斗岗位的行为。临阵是指两种情况：一种是在战场上或战斗中；另一种情况是指部队虽然尚未进入战斗，但已受领战斗任务、正待命出击的场合下。临阵的地区范围既包括陆地战区，也包括海上、空中战区。军人只有在战斗中或待命出击情况下逃离部队，才存在临阵脱逃问题；如果在平时逃离部队，情节严重，需追究刑事责任的，则应按本章第435条规定的逃离部队罪处理。

擅自逃离战斗岗位，是指行为人在没有得到指挥人员的命令或许可的情况下，擅自离开作战岗位的。无论行为人是完全离开部队或只是躲避在无危险之处，无论行为人是永远逃避兵役或只是临时逃避战斗，无论行为人在战斗岗位外逗留多长时间，均不影响本罪客观方面的成立。

临阵脱逃的表现方式是多种多样的，概括起来有作为与不作为两种形式。作为形式的临阵脱逃，是指行为人采取积极的方式实施逃避参加作战的行为，如正在与敌人作战时擅自撤出战斗，遇到敌人的攻击时逃离阵地等。不作为形式的临阵脱逃是指行为人采取消极的方式实施逃避参加作战的行为，如有意不随部队进入阵地，在执行作战任务时有意掉队等。不论临阵脱逃的具体表现形式如何，最终都是逃避参加作战，这是战时临阵脱逃罪的本质特征。临阵脱逃只是行为人为了逃避参加作战而离开岗位，通常并没有彻底地逃离部队。

（三）主体要件

本罪的犯罪主体是所有军人，即本法第450条所规定的所有人员。从司法实践看，犯战时临阵脱逃罪的，既有士兵又有军官，既有战斗人员又有非战斗人员，既有单独一人实施的，又有纠集数人甚至率领建制部队共同实施的。

（四）主观要件

本罪在主观方面表现为故意且为直接故意，即行为人明知自己逃避参加战斗将会对作战造成危害结果，却希望或者放任这种危害结果的发生。临阵脱逃的动机，较多是贪生怕死、畏惧战斗，也有的是不顾大局保存实力。行为人只要不是出于积极的战术目的，如在攻防作战中有组织地退却，诱敌深入，或者在遭遇战中为完成其他任务不与敌人恋战，而有意回避作战等，都应认定有临阵脱逃的主观故意。

二、认定

（一）区分本罪与逃离部队罪的界限

两罪在客观方面都表现为违反军人职责，逃离部队工作、战斗岗位的行为，所不同的是：

1. 战时临阵脱逃罪的行为人在主观方面，是畏惧战斗、贪生怕死；逃离部队罪的在主观上是为了逃避兵役义务或其他个人目的。

2. 战时临阵脱逃罪发生的时间、地点，只能在战时、战场上、战斗中或临战状态下；逃离部队罪则主要发生在平时，战时构成逃离部队罪的，也只是针对犯罪所处的时间而言。

3. 战时临阵脱逃罪只要行为人在战场上、战斗中或临战状态下，实施逃离战斗岗位的行为，即构成犯罪；逃离部队罪的一般是在行为人逃离部队的事实发生以后，且达到“情节严重”的程度才构成犯罪。

（二）区分本罪与擅离军事职守罪的界限

二者的主要区别在于：

1. 战时临阵脱逃罪是战时犯罪，行为人有逃避参加作战的行为，但并不要求造成具体的危害后果，而擅离军事职守罪平时、战时都可以构成，战时犯罪则是加重处罚的条件，行为是不履行指挥人员和值班、值勤人员的特定职责，而且必须造成严重后果。

2. 战时临阵脱逃罪的主体是所有军人，属于军人违反职责罪的一般主体，而擅离军事职守罪的主体是指挥人员和值班、值勤人员，属于军人违反职责罪中的特殊主体。

3. 战时临阵脱逃罪是故意犯罪，而擅离军事职守罪是过失犯罪。

（三）区分本罪与违令作战消极罪的界限

战时临阵脱逃罪与违令作战消极罪侵害的客体都是军人参战秩序，犯罪动机上可能都是出于贪生怕死，畏惧战斗，而且都是在面临作战任务的情况下，客观环境很相似，在定罪上可能发生混淆。其主要区别有以下几点：

1. 战时临阵脱逃罪表现为行为人已脱离岗位，没有继续参加作战，而违令作战消极罪表现为行为人虽仍在作战岗位上，但临阵畏缩，行动消极，以致造成了严重后果。如在我方阵地遭到敌人攻击时，行为人躲在掩体内不敢积极还击，或者在进攻敌人阵地时怕敌人反扑不敢大胆逼近敌人等，都不属临阵脱逃的行为，而是作战消极的行为。

2. 战时临阵脱逃罪的主体是所有军人，属于军人违反职责的一般主体，而违令作战消极罪的主体是指挥人员，属于军人违反职责罪的特殊主体。

3. 战时临阵脱逃罪是故意犯罪，而违令作战消极罪是过失犯罪。

（四）区分本罪与战时违抗命令罪的界限

这两种犯罪都发生在战时，而且都有不执行命令的行为，容易发生混淆，其主要区别在于客观方面的行为特征有所不同。前者一般发生在已受领了具体的作战任务后，其不执行命令的行为必须表现为脱离岗位；而后者一般发生在接受上级命令时，行为人公然抗拒执行上级的命令，但其行为并不需要采取脱离岗位的方式。在具体案件中出现这两种犯罪竞合时，如在遭到敌人进攻时违反上级坚守阵地的命令逃离阵地等，应按处理想象竞合犯的原则，以较重的罪名战时违抗命令罪定罪处罚。

（五）区分本罪与投降罪的界限

这两种犯罪都可能出于贪生怕死的动机，而且都发生在战时，客观上又都存在脱离战斗、放弃抵抗的因素。其主要区别在于前者是通过脱离战斗岗位逃避参加作战的方法达到保全性命的目的；而后者是通过放下武器，屈服于敌人的方法达到保全性命的目的。如果在具体案件中出现犯罪竞合现象，如正在作战时行为人扔下武器逃往敌人的阵地，一般应以投降罪论处，但如果致使战斗、战役遭受重大损失的，则应以战时临阵脱逃罪论处。

（六）区分本罪与投敌叛变罪的界限

两罪在客观上都表现为脱离革命队伍这一现实，区别点主要在于主观故意不同。战时临阵脱逃罪的主观方面是畏惧战斗、贪生怕死，投敌叛变罪则是为了投靠敌人、进行危害国家安全活动。如果行为人临阵脱逃是为了投奔敌人营垒，进行危害国家安全活动的，则应以本法第108条规定的投敌叛变罪论处。

三、处罚

犯本罪的，处三年以下有期徒刑；情节严重的，处三年以上十年以下有期徒刑。致使战斗、战役遭受重大损失的，处十年以上有期徒刑、无期徒刑或者死刑。情节严重，是指：（1）携带武器装备或者军事秘密脱逃的；（2）煽动他人或组织他人脱逃的；（3）在战斗最激烈、最关键时刻，在重要岗位上脱逃的；（4）滥用红十字会旗帜或徽章以及以私自佩带红十字徽章和袖章的；（5）舰艇、飞行人员放弃舰艇、飞机脱逃的；（6）对处在危难情况下的军人和友邻部队，可以救援却脱逃的；（8）采用暴力、威胁手段达到脱逃目的等。致使战斗、战役遭受重大损失，是本罪的加重处罚情节，一般是指由于行为人犯本罪，使部队遭受重大伤亡，战时遭受严重失利，或者严重影响了本次战役全局等。

第四百二十五条　（擅离、玩忽军事职守罪）

指挥人员和值班、值勤人员擅离职守或者玩忽职守，造成严重后果的，处三年以下有期徒刑或者拘役；造成特别严重后果的，处三年以上七年以下有期徒刑。

战时犯前款罪的，处五年以上有期徒刑。

【释解】

本条是关于擅离、玩忽军事职守罪的规定。

一、概念及其构成

擅离、玩忽军事职守罪，是指指挥人员或者值班、值勤人员，擅离职守或者玩忽职守，造成严重后果的行为。

（一）客体要件

本罪侵犯的客体是指挥和值班、值勤秩序。我军是高度集中统一的武装集团，不论是在战争年代还是在和平时期，只有每一名军人都忠于职守，严格执行我军的条令条例，维护良好的作战、训练、工作和生活秩序，才能保证部队圆满完成上级赋予的各项任务。军队的指挥工作和值班、值勤制度是保持军队高度集中统一，维护部队正常秩序，保障部队自身安全，充分发挥军队职能作用的必要条件。指挥人员和值班、值勤人员疏于职守，将直接破坏指挥和值班、值勤秩序，以致出现政令、军令不通，制度难以落实，部队松松垮垮，事故、案件不断的严重局面，将对国防和军队建设造成严重的危害。

（二）客观要件

本罪在客观方面表现为擅离职守或者玩忽职守，造成严重后果的行为。

擅离职守是指行为人擅自离开正在履行职责的岗位。玩忽职守是指行为人在履行职责的岗位上，严重不负责任，不履行或者不正确履行职责。从广义上看，玩忽职守不仅包括擅离职守，而且也包括了滥用职权的行为，因为滥用职权也属于不正确履行职责，所以对符合擅离、玩忽军事职守罪其他构成要件的滥用职权行为，可直接以擅离、玩忽军事职守罪论处，不必适用本法第 397 条定滥用职权罪。如在飞行训练中，飞行指挥员随意改变训练计划，造成飞行事故的行为，即属于这种情况。

擅离职守或者玩忽职守的行为只有造成了严重后果，才能构成擅离、玩忽军事职守罪。这些严重后果通常是指贻误战机的，影响部队完成重要任务的，造成人员重伤死亡的，造成武器装备、军事设施、军用物资或者其他财产严重毁损的，发生其他严重责任事故的等。这些严重后果的发生应和指挥人员和值班、值勤人员违反其指挥和值班、值勤的特殊职责具有内在的因果关系。换言之，这些危害后果本应是指挥人员和值班、值勤人员正确履行职责可以避免的。如担任弹药库警戒勤务的哨兵，其职责就是保证弹药库的安全。如果其不认真履行哨兵职责，导致弹药库遭到破坏，则属于哨兵擅离职守或者玩忽职守造成了严重后果。如果所造成的严重后果并不是指挥人员和值班、值勤人员正确履行其特殊职责所应当避免的，则不能以擅离、玩忽军事职守罪论处。本罪为选择性罪名，行为人只要实施了擅离军事职守或者玩忽军事职守其中一种行为就构成本罪；实施两种行为的，仍为一罪，不实行并罚。

（三）主体要件

本罪的主体为特殊主体，是军队中的指挥人员和值班、值勤人员，这三类人员具有特殊的身份，担负着特定的职责，因而是军人违反职责罪的特殊主体。指挥人员是指在部队中对作战、训练、施工、抢险救灾等活动及日常行政管理实施组织领导的人员，通常是各级首长或者部门主管人员。值班人员是指在规定时间内轮流担任某项工作的人员，如作战值班人员、通讯值班人员、节假日值班人员等。值勤人员指正在执行轮流担任某项勤务的人员，如在边防、海防担任守卫、巡逻勤务的人员，在机关、部队和重要目标担任警戒勤务的人员，在城市担任维护军容风纪和协助地方维护社会治安勤务的人员等。

（四）主观要件

本罪在主观方面由过失构成。擅离职守的行为人对违反指挥和值班、值勤规章制度，擅离岗位的行为都是明知的，但对可能造成的危害后果却抱有侥幸心理，以为不会发生，所以属于过于轻信的过失犯罪。而玩忽职守则是因疏忽大意没有预见可能造成的危害后果，或者虽然已经预见但轻信能够避免，主观上存在疏忽大意或者过于轻信两种过失心理状态。

二、认定

（一）区分擅离军事职守罪与逃离部队罪的界限

擅离军事职守罪与逃离部队罪都有擅自离职的表现，在定罪上可能发生混淆。其主要区别有以下几点：

1. 擅离军事职守罪侵害的是军队的指挥和值班、值勤秩序，行为人所违反的是指挥和值班、值勤人员的特殊职责要求，而逃离部队罪侵害的是兵役秩序，行为人所违反的是现役军人依法服兵役的职责要求。

2. 擅离军事职守罪只能发生在指挥和值班、值勤过程中，行为人离开了特定的岗位，而且造成了严重后果，但并不要求行为人离开了部队，而逃避部队罪可以发生在任何时候，行为人必须离开部队，但并不要求客观上造成了严重后果。

3. 擅离军事职守罪的主体是指挥人员和值班、值勤人员，而逃离部队罪的主体是任何现役军人。

4. 擅离军事职守罪是过失犯罪，而逃离部队罪是故意犯罪。行为人在担负指挥工作或者在值班、值勤时逃离部队的，从形式上看只实施了一个逃离部队的行为，实际上他是先实施了擅离职守的行为，而后又实施了逃离部队的行为。因此，其前后两个行为如果分别构成擅离军事职守罪和逃离部队罪的，则应实行数罪并罚。

（二）区分擅离军事职守罪与战时临阵脱逃罪的界限

两罪的区别主要表现在：

这两种犯罪在脱离岗位不履行职责上有相似之处，但构成要件有所不同。后者没有犯罪主体的限制，而前者限定为指挥人员和值班、值勤人员；后者限定为战时，前者平时也可以构成，战时则是加重处罚的条件；后者不要求造成具体的危害后果，前者必须造成严重后果；后者是故意犯罪，前者是过失犯罪。如果在具体案件中出现犯罪竞合现象，如指挥人员或者值班、值勤人员面临战斗任务时而逃离岗位，应按处理想象竞合犯的原则，以较重的罪名战时临阵脱逃罪定罪处罚。

三、处罚

依照本条的规定，平时犯擅离、玩忽军事职守罪的，处三年以下有期徒刑或者拘役；造成特别严重后果的，处三年以上七年以下有期徒刑；战时犯本罪的，处五年以上有期徒刑。所谓造成特别严重后果，司法实践中，主要是指贻误重要战机，严重影响部队完成重要任务，造成部队人员重大伤亡，武器装备、军事设施、军用物资或者其他财产严重毁损，发生其他重要损害。

第四百二十六条 （阻碍执行军事职务罪）

以暴力、威胁方法，阻碍指挥人员或者值班、值勤人员执行职务的，处五年以下有期徒刑或者拘役；情节严重的，处五年以上有

期徒刑；致人重伤、死亡的，或者有其他特别严重情节的，处无期徒刑或者死刑。战时从重处罚。

【释解】

本条是关于阻碍执行军事职务罪的规定。

一、概念及其构成

阻碍执行军事职务罪，是指军人以暴力、威胁方法，阻挠军队指挥人员、值班人员、值勤人员执行职务的行为。

（一）客体要件

本罪侵犯的客体是指挥和值班、值勤秩序。我军是高度集中统一的武装集团，军队的指挥工作和值班、值勤制度对于军队保持高度的集中统一，维护正常的内部秩序，保证自身安全，充分发挥职能作用，具有重要的意义。指挥人员和值班、值勤人员在执行职务时，担负着特殊的职责，责任重大。如果他们正常履行职责的活动受到严重干扰，将导致部队指挥失控，内部秩序混乱，难以完成作战、战备、训练及其他各项任务。因此，对指挥人员和值班、值勤人员履行职责的活动必须给予特殊的法律保护。如《内务条令》第195条规定了警卫人员要“提高警惕，认真履行职责，确保首长、机关、部队和装备、物资、重要军事设施的安全，防止遭受袭击和破坏”。同时在第199条还明文规定“卫兵不容侵犯。一切人员必须执行卫兵按照卫兵勤务规定所提出的要求”。以暴力、威胁方法阻碍指挥人员或者值班、值勤人员执行职务的行为，严重破坏了指挥和值班、值勤秩序，导致指挥人员和值班、值勤人员无法正常履行职责，将造成严重的危害后果，必须给予严厉的法律制裁。

（二）客观要件

本罪在客观方面表现为行为人采用暴力或者威胁手段，阻碍军队指挥人员、值班、值勤人员执行职务的行为。本罪侵害的对象是正在执行职务的部队指挥人员或者值班、值勤人员。如正在哨位上执勤的哨兵，指挥部队作战、训练、施工等活动的军人等。如果军人没有在履行指挥或者值班、值勤职责，仅是在正常进行个人的日常工作，不能作为本罪的侵害对象。暴力，是指行为人对指挥、值班、值勤人员的身体实施打击或者强制。例如拳打脚踢，或者用枪械、匕首、铁器、棍棒殴打，或者用绳索、铁丝、皮带捆绑，或者私关禁闭、非法拘禁等。实施暴力的结果，不仅使指挥、值班、值勤人员无法履行职务，而且有的还造成上述人员伤亡的后果。威胁，是指行为人以暴力相挟，实行精神强制、心理压制，使指挥、值班、值勤人员产生心理恐惧，不能或者无法履行职责、执行任务。

本罪属于行为犯。只要行为实施了以暴力、威胁或其他方法阻碍执行职务的行为，就构成犯罪。如果行为人仅以打击报复、揭发隐私等非暴力方法对被害人进行要挟，因其不足以对指挥人员和值班、值勤人员执行职务造成强制性的阻碍，则不属于本罪的威胁方法。行为人对指挥人员或者值班、值勤人员使用暴力、威胁方法，阻碍其执行职务，包括强制指挥人员和值班、值勤人员停止或者放弃执行职务、变更执行职务的内容等。

（三）主体要件

本罪的主体为特殊主体，即是军人，包括现役军人、文职人员、武装警察官兵和执行军事任务的预备役人员和其他人员。

（四）主观要件

本罪在主观方面表现为故意，即行为人明知对方系正在执行军事任务的指挥、值班、值勤人员，却故意以暴力、威胁方法加以阻挠，以致对方停止、放弃、变更执行职务，或者无法正常执行职务。行为人阻碍军队指挥、值班、值勤人员执行职务的动机是多种多样的，有的是不服从管理，有的是逞能，有的是无端滋事，有的是出于嫉妒，有的是为报复，还有的是为了发泄私愤等。如果行为人不知对方是正在执行职务的军队指挥、值班、值勤人员，因其他原因以暴力殴打或以言语威胁的，则不构成本罪。

二、认定

（一）区分本罪与非罪的界限

判定一种阻碍执行职务的行为是否构成犯罪，从以下几个方面判断：

1．行为人主观上有无故意阻挠军队指挥、值班、值勤人员执行职务的目的。如果属于对指挥、值班、值勤人员发牢骚、讲怪话、态度生硬，或者仅有一般嘲讽、辱骂，甚至轻微的顶撞行为，行为人并不希望对方停止、变更、放弃执行职务结果发生的，不应以犯罪论处。

2．客观上行为人是否实施了暴力、威胁手段，是否因此发生了指挥、值班、值勤人员停止、放弃、变更执行职务或无法执行职务的后果。如果行为人虽然实施了某种阻挠行为，但只是影响了指挥、值班、值勤人员正常执行职务，或者对方虽然出现了停止、放弃、变更执行职务或者无法执行职务的结果，但与行为人的行为并无必然的因果关系，也不应以犯罪论处。

3．行为人的阻碍行为对国家军事利益侵害的轻重程度。如果行为人阻碍指挥、值班、值勤人员执行职务的情节、后果、危害均不严重，就应按军纪处理。反之，如果因行为人的阻碍行为，致使国家的军事利益遭受损害的，表明其行为的情节、后果、危害达到应追究刑事责任的程度，就应以犯罪论处。

（二）区分本罪与阻碍军人执行职务罪的界限

两者的区别主要表现在：

1．阻碍执行军事职务罪侵害的是指挥和值班、值勤秩序，而阻碍军人执行职务罪侵害的是军人依法执行职务的秩序。

2．阻碍执行军事职务罪的犯罪对象限定为指挥人员或者值班、值勤人员，而阻碍军人执行职务罪的犯罪对象是所有军人，其中包括了指挥人员或者值班、值勤人员。

3．阻碍执行军事职务罪的犯罪主体是所有军人，而阻碍军人执行职务罪的犯罪主体是所有达到刑事责任年龄、具有刑事责任能力的公民，包括了所有军人。因此，当军人阻碍其他军人依法执行职务时，如果被阻碍执行职务的是指挥人员或者值班、值勤人员，则应以阻碍执行军事职务罪论处;如果被阻碍执行职责的是其他军人，则应以阻碍军人执行职务罪论处。

（三）犯本罪致人重伤、死亡的定罪量刑

本罪致人重伤、死亡的定罪，在行为人以故意伤害他人的暴力方法阻碍指挥人员或者值班、值勤人员执行职务时，可能会造成被害人重伤或者死亡的后果。在这种情况下，行为人虽然对造成他人伤害的结果主观上也是故意实施的，客观上也实施了故意伤害的行为,但这种伤害行为已与阻碍执行职务的行为发生犯罪竞合关系。鉴于本法对阻碍执行军事职务罪有特别规定，其中对致人重伤或者死亡的法定刑重于本法第234条故意伤害罪致人重伤、死亡的法定刑，而且本法第234条还明确规定“本法另有规定的，依照规定”，所以应一律以阻碍执行军事职务罪论处，不能再定故意伤害罪。

（四）区分本罪与妨害公务罪的界限

两罪在主观心理状态方面是相同的，都是基于故意；在客观方面都是以暴力和威胁方法为犯罪手段,实施了阻碍执行职务的行为。其区别是：

1. 主体要件不同

阻碍执行军事职务罪的主体要件为特殊主体,即只能是军人;妨害公务罪的主体，是一般主体，即可以是任何达到法定刑事责任年龄、具有刑事责任能力的人。

2. 侵害的客体不同

阻碍执行军事职务罪侵害的客体是军职任务的正常执行活动，侵害的对象是军队的指挥人员、值班人员、值勤人员；妨害公务罪侵害的客体是社会管理秩序，侵害的对象是国家机关工作人员。这是认定和区分两罪的关键所在。例如军人以暴力、威胁方法阻碍国家工作人员执行职务的，以妨害公务罪论处。

（五）区分本罪与聚众扰乱社会秩序罪的界限

阻碍执行军事职务罪与聚众扰乱社会秩序罪行为人的主观心

态、客观表现方式方面存在相似之处，但也有明显的区别：

1．侵害的客体不同

阻碍执行军事职务罪侵害的客体是军队任务的正常执行活动，是军事利益，聚众扰乱社会秩序罪则是社会秩序。

2．侵害的对象不同

阻碍执行军事职务罪侵害的对象，必须是军队的指挥、值班、值勤人员，聚众扰乱社会秩序罪则是针对特定的机关、单位等。

3．主体要件不同

阻碍执行军事职务罪的主体要件只能是军人，聚众扰乱社会秩序罪的主体要件则是军内外人员均可构成。

4．犯罪手段不尽相同

阻碍执行军事职务罪的行为人是使用暴力、威胁方法，聚众扰乱社会秩序罪的犯罪手段则是多种多样的，如暴力袭击、强行侵占、冲击、哄闹等。

5．犯罪结果不同

阻碍执行军事职务罪不一定造成具体的危害结果，而聚众扰乱社会秩序罪必须是情节严重，使国家、军队、社会遭受严重损失的，才构成犯罪。

三、处罚

犯本罪的，处五年以下有期徒刑或者拘役；情节严重的，处五年以上有期徒刑；致人重伤、死亡的，或者有其他特别严重情节的，处无期徒刑或者死刑。战时从重处罚。

情节严重，是指聚众阻碍执行职务的首要分子，使用武器装备阻碍执行职务的，在紧要关头或者危急时刻阻碍执行职务的，阻碍担负重要职责的指挥人员或者值班、值勤人员执行职务的，阻碍执行职务造成严重后果的等。有其他特别严重情节的，是指聚众使用武器装备阻碍执行职务的，在紧要关头或者危急时刻阻碍担负重要职责的指挥人员或者值班、值勤人员执行职务的，阻碍执行职务造成特别严重后果的等。

第四百二十七条 （指使部属违反职责罪）

滥用职权，指使部属进行违反职责的活动，造成严重后果的，处五年以下有期徒刑或者拘役；情节特别严重的，处五年以上十年以下有期徒刑。

【释解】

本条是关于指使部属违反职责罪的规定。

一、概念及其构成

指使部属违反职责罪，是指滥用职权，指使部属进行违反职责的活动，造成严重后果的行为。

（一）客体要件

本罪侵害的客体是正当行使指挥权的秩序。一切行动听指挥，坚决服从命令是对每一名军人的最基本要求。我军是全心全意为人民服务的人民军队，人民军队的性质和宗旨决定了军人坚决执行命令，是建立在政治觉悟和对首长及上级政治上高度信任的基础上的，是我军官兵一致原则的具体体现。各级首长和指挥人员只有本着对党和人民负责的精神，正确行使指挥部队和部属的职权，才能从根本上保证部属服从命令听从指挥。如果滥用职权，指使部属进行违反职责的活动，不仅违背了我军的性质和宗旨，而且必然破坏了正当行使指挥权的秩序，使得部属无法坚决执行命令，严重危害部队的高度集中统一。

（二）客观要件

本罪在客观方面表现为滥用职权，指使部属进行违反职责的活动，造成严重后果的行为。

滥用职权即超越条例条令所规定的职责范围和权限，不正当地运用职务上的权力。军队条例条令对各级首长和指挥人员都规定了具体的职责范围和权限，不按照这些规定办事，将职权用在有损于国家和军队利益的地方，就是滥用职权。指使部属进行违反职责的活动，是指指使部属实施违反军人的共同职责、一般职责和专业职责的行为。这些违反职责的行为从其危害程度看，包括违反军纪的行为和一般违法行为，但不包括犯罪行为。因为指使部属进行犯罪活动虽然也属于进行违反职责的活动，但这种情况已构成共同犯罪，应按本法关于共同犯罪的规定进行定罪量刑，不能再按指使部属进行违反职责的活动看待。指使部属进行违反职责的活动分两种情况，一种是指使部属所实施的行为违背了部属所担负的职责，另一种是不正当地让部属履行职责。

造成严重后果是构成本罪的必要条件，通常包括造成人员重伤死亡的，造成重要武器装备、军事设施、军用物资严重毁损及其他严重责任事故的，影响部队完成重要任务的，引起严重事端的等。

（三）主体要件

本罪的犯罪主体是特殊主体，是军队中的各级首长和其他有权指挥他人的人员。根据《内务条令》的规定，军人在行政职务上有隶属关系时，行政职务高的是首长，行政职务低的是部属；首长有权对部属下达命令，部属必须服从首长。因此，本罪的犯罪主体与侵害的对象之间必须有指挥与被指挥的隶属关系。这种隶属关系不仅限于军官和士兵之间的，而且也包括上级军官与下级军官之间的，甚至还包括士兵与士兵之间的。

（四）主观要件

本罪在主观方面是过失的，即行为人应当预见自己滥用职权、指使部属进行违反职责的活动，可能会造成严重后果，但因为疏忽大意而没有预见，或者已经预见而轻信能够避免，以致发生这种严重后果。

二、认定

（一）区分本罪与滥用职权罪的界限

本法对指使部属违反职责罪和第397条滥用职权罪的规定存在

部分的法规竞合关系，即本法第 397 条对国家机关工作人员犯滥用职权罪的规定可以包括一部分指使部属违反职责罪。对这种情况，根据刑法理论对法规竞合问题的处理原则，即特别法优先于普通法、法律有特别规定的优先于一般规定适用，当军队的各级首长和指挥人员滥用职权、指使部属进行违反职责的活动，造成严重后果时，应优先适用本章的规定，以指使部属违反职责罪论处。

（二）区分本罪与重大责任事故罪的界限

二者的区别之处在于：

1. 指使部属违反职责罪所侵害的是军队中正当行使指挥权的秩序，而重大责任事故罪所侵害的是工矿企业的安全生产秩序。

2. 在犯罪的客观方面，指使部属违反职责罪表现范围比较广泛，并未局限在违反哪一方面的职责，而重大责任事故罪表现范围相对较窄，限定在生产作业过程中。

3. 指使部属违反职责罪的主体是军队中各级首长和指挥人员，而重大责任事故罪的主体是企业的生产管理人员。

另外，为了体现军法从严的原则，指使部属违反职责罪的法定刑要比重大责任事故罪的法定刑要重。在具体案件中，这两种犯罪可能发生犯罪竞合现象，即军队工矿企业事业单位的管理人员在生产过程中，指使部属实施违反职责的行为，如军械修理所的所长在维修火炮过程中，指使维修人员不按操作程序进行检修，以致发生严重事故的。对这种情况，应按处理想象竞合犯的原则，以指使部属违反职责罪论处。

三、处罚

犯本罪的，处五年以下有期徒刑或者拘役；情节特别严重的，处五年以上十年以下有期徒刑。

情节特别严重，是指调动建制部队，牵涉面较广；因其指派部属外出而影响部队完成重要或紧急任务的，以及由此引发严重事端的等。

第四百二十八条　（违令作战消极罪）

指挥人员违抗命令，临阵畏缩，作战消极，造成严重后果的，处五年以下有期徒刑；致使战斗、战役遭受重大损失或者有其他特别严重情节的，处五年以上有期徒刑。

【释解】

本条是关于违令作战消极罪的规定。

一、概念及其构成

违令作战消极罪，是指指挥人员违抗命令，临阵畏缩，作战消极，造成严重后果的行为。

（一）客体要件

本罪侵害的客体是军人参战秩序。我军是我国人民民主专政政权的坚强柱石，每一名军人都肩负着保卫祖国的神圣使命。我国国防法第56条规定："现役军人必须忠于祖国，履行职责，英勇战斗，不怕牺牲，捍卫祖国的安全、荣誉和利益。"《内务条令》第12条规定，军人要宣誓做到"英勇战斗，不怕牺牲"。《中国人民解放军合成军队战斗概则》第6条明确规定："不论进攻或防御，勇敢战斗，不怕牺牲，都是达成战斗目的的精神因素，借口保存自己而不积极、不坚决地消灭敌人是绝对不允许的。"《中国人民解放军步兵战斗条令》第6条也规定："为了消灭敌人，分队必须发扬勇敢战斗、不怕牺牲的精神，运用技术、战术去战胜敌人，绝不允许借口保存自己而消极避战"。这些要求是每一名军人参加作战时都应该做到的，由此构成了军人参战的秩序。军人在战时临阵畏缩、作战消极的行为，直接违背了军人参战的职责要求，挫伤部队士气，涣散斗志，扰乱了军人参战的秩序，影响部队完成作战任务，将给作战造成严重危害。

（二）客观要件

本罪在客观方面表现为行为人违抗命令、临阵畏缩、作战消极，造成严重后果的行为。在和平时期违抗上级某项命令的，一般按军纪处理，不构成本罪。作战命令，是指上级关于作战的命令、指示等，如兵力集结时间、地点、火力配属，攻击方案，战斗梯队安排，撤出战斗等有关作战准备、作战实施的具体问题。违抗命令的形式通常有：拒不执行命令、拖延或迟缓地执行命令、故意执行与命令相反的内容等。临阵是指两种情况：一种是在战场上或战斗中；另一种情况是指部队虽然尚未进入战斗，但已受领战斗任务，正待命出击的场合下。临阵的地区范围既包括陆地战区，也包括海上、空中战区。畏缩是指贪生怕死，畏缩不前；作战消极是指行为人应尽全力而不尽全力，不图进取，消极怠战。对这类行为，情节严重的构成犯罪的，应当追究刑事责任。

造成严重后果，是指没有按照上级要求完成作战任务；妨碍了作战部队之间的协同；因临阵畏缩、作战不力而贻误战机或造成人员严重伤亡、阵地失守、前线崩溃等。是否造成严重后果，是构成本罪与否的认定标准。如果行为人主观上积极努力，创造条件争取完成任务，但由于客观条件的限制，无法达到预期目的，以致造成严重后果的，不能认定行为人有作战消极的行为。

（三）主体要件

本罪的主体为特殊主体，根据本条的规定，只有指挥人员才能成为本罪的主体。指挥人员是在部队对作战、训练、施工、抢险、救灾等活动及日常行政管理实施组织领导的人员。

（四）主观要件

本罪在主观方面是直接故意，即行为人明知是在战场上或战斗中已受领战斗任务、待命出击的情况下，因畏惧战斗、贪生怕死，故意畏缩、作战消极。

二、认定

（一）区分本罪与战时违抗命令罪的界限

这两种犯罪中虽然都有违抗命令的构成要件，但其含义有所不同。在战时违抗命令罪中，违抗命令的行为本身就是犯罪客观方面的主要内容，是需要追究刑事责任的基本依据，不需要再有其他具体的危害行为；而在违令作战消极罪中，犯罪客观方面的主要内容是临阵畏缩，作战消极，并造成严重后果，违抗命令仅仅是限制条件，说明行为人违反并抗拒执行上级命令，但其严重程度尚未达到战时违抗命令罪那样。因此，在违令作战消极罪中，仅凭其违抗命令的行为本身是不能追究刑事责任的。当然，如果行为人在作战消极罪中违抗命令的行为本身性质恶劣，危害严重，符合战时违抗命令罪的构成条件的，应按处理想象竞合犯的原则，以战时违抗命令罪定罪处罚。

（二）区分本罪与玩忽军事职守罪的界限

这两种犯罪主观上都是出于过失，客观上都造成了严重的后果，又都可能发生在战时或战场上，而且作战消极的行为广义上也是一种不尽职的行为，因此很容易混淆。其区别在于，前者侧重于指挥人员在指挥部队（分队）执行作战任务时，态度不坚决，措施不得力，以致整个部队（分队）行动迟缓、消极怠战，造成严重后果，指挥人员对此应负的领导责任；而后者侧重于指挥人员由于个人在指挥岗位上玩忽职守，以致造成严重后果，指挥人员对此应负的直接责任。

（三）区分本罪与战时临阵脱逃罪的界限

犯这两种罪可能出于完全相同的犯罪动机，如贪生怕死，畏惧战斗，而且实施犯罪的时间、地点及客观环境很相似，其区别除了犯罪主体不完全相同外，主要在于行为人是否脱离了战斗岗位。临阵脱逃的行为人已脱离战斗岗位，没有继续参加战斗；作战消极的行为人仍在战斗岗位上，只是作战不积极。如阵地遭敌攻击时躲在掩体内不敢积极还击，追击敌人时怕敌人反扑不敢大胆逼近敌人等，都不应认定为临阵脱逃。

三、处罚

依照本条的规定，犯本罪的，处五年以下有期徒刑；致使战斗、战役遭受重大损失的，或者有其他特别严重情节的，处五年以上有期徒刑。

致使战斗、战役遭受重大损失，司法实践中，主要是指造成我军人员重大伤亡，武器装备、军事设施或者军用物资严重损失，直至战斗、战役失利等；其他特别严重情节，主要是指造成特别严重后果的，执行重要作战任务行动消极的，在紧要关头或者危急时刻作战消极的，煽动、串通其他部队和人员消极怠战的，等等。

第四百二十九条　（拒不救援友邻部队罪）

在战场上明知友邻部队处境危急请求救援，能救援而不救援，致使友邻部队遭受重大损失的，对指挥人员，处五年以下有期徒刑。

【释解】

本条是关于拒不救援友邻部队罪的规定。

一、概念及其构成

拒不救援友邻部队罪，是指在战场上明知友邻部队处境危急请求救援，能救援而不救援，致使友邻部队遭受重大损失的行为。

（一）客体要件

本罪侵害的客体是战场上的友邻关系。我军是高度集中统一的武装集团，各部队在战场上虽然所执行的任务有所不同，但根本目标是一致的，应该在上级的统一指挥下，团结协作，积极配合，密切协同，互相支援，共同完成作战任务。《中国人民解放军合成军队战斗概则》第10条明确要求各参战部队要“在统一的意图和计划下，按目的（任务）、时间、地点协调一致地行动和相互支援”，“进攻时，各部队应主动配合发展顺利且有决定意义方向上的部队行为；防御时，各部队应给主要防御方向和处境困难的部队以积极支援”，“应充分发挥战斗的积极性和主动性，在上级总的意图下，独立自主地完成任务，并主动地配合和支援友邻的战斗”。拒不救援友邻部队的行为不顾大局，使友邻部队遭受不应有的损失，破坏了我军在战场上的友邻关系，妨碍实现上级总的作战意图，将对作战造成严重危害。

（二）客观要件

本罪在客观方面表现为行为人在战场上明知友邻部队处境危急请求救援，能救援而不救援，致使友邻部队遭受重大损失的行为。

拒不救援友邻部队的行为只能发生在战场上，即敌我双方进行作战活动的区域，包括陆域、海域和空域。友邻部队是指由于驻地、配置地域或者执行任务而相邻的没有隶属关系的部队及其分队。处境危急是指被敌人包围、追击或者阵地将被攻陷等紧急情况。请求救援是处境危急的部队为寻求外界援助而发出的各种信息。这种求援信息既可以是发给特定的对象的，也可以是发给不特定的对象的，如舰艇或者飞机在海上遇险时所发出的海上遇险求救信号。行为人在战场上一旦收到友邻部队的求援信息，如果能够救援，就产生了救援的义务。能救援而不救援是本罪在客观方面的主要特征，其含义是指根据当时自己部队及其分队所处的环境、作战能力及所担负的任务，完全有条件救援，却没有救援。致使友邻部队遭受重大损失是构成本罪的必要条件，如阵地失陷，进攻受挫，人员重大伤亡，武器装备、军事设施或者军用物资严重毁损等。如果虽发现友邻部队处境有危险，但友邻部队没有请求救援，行为人此时没有及时组织救援的，不能认为是能救援而不救援。

（三）主体要件

本罪的主体是指挥人员。指挥人员是指在部队中对作战、训练、施工、抢险、救灾等活动及日常行政管理实施组织领导的人员。在本罪中指挥人员则是对作战负有决策职责的领导成员。

（四）主观要件

本罪在主观方面表现为故意。即明知友邻部队处境危急请求救援能救援而不予救援。其动机，有的是贪生怕死，有的是为了保存自己的实力，还有的是对上级不满，以违抗命令发泄私愤，也有的是基于狭隘的杀敌复仇心理，不顾全大局、轻举妄动等。

二、认定

认定本罪时，要区分本罪与玩忽军事职守罪的界限。这两种犯罪客观上都可能因未尽职责而造成严重后果，其区别在于前者所未尽的职责是指挥人员基于部队友邻关系而产生的，而后者所未尽的职责是指挥人员自身职务所要求的。指挥人员对所属部队处境危急不积极组织支援构成犯罪的，应以玩忽军事职守罪论处；对友邻部队见危不救构成犯罪的，应以拒不救援友邻部队罪论处。在主观方面，前者是故意犯罪，后者是过失犯罪。

三、处罚

依照本条的规定，犯拒不救援友邻部队罪的，处五年以下有期徒刑。

第四百三十条 （军人叛逃罪）

在履行公务期间，擅离岗位，叛逃境外或者在境外叛逃，危害国家军事利益的，处五年以下有期徒刑或者拘役；情节严重的，处五年以上有期徒刑。

驾驶航空器、舰船叛逃的，或者有其他特别严重情节的，处十年以上有期徒刑、无期徒刑或者死刑。

【释解】

本条是关于军人叛逃罪的规定。

一、概念及其构成

军人叛逃罪，是指军职人员在履行公务期间，擅离岗位，叛逃境外或者在境外叛逃，危害国家军事利益的行为。

（一）客体要件

本罪侵害的客体是国家军事利益和国（边）境秩序。

军人不同于普通公民，保卫社会主义祖国的安宁和维护祖国的尊严，是军人神圣的职责。国防法第56条规定："现役军人必须忠于祖国，履行职责，英勇战斗，不怕牺牲，捍卫祖国的安全、荣誉和利益。"我军《军人誓词》也明确要求军人"在任何情况下决不背叛祖国"。显然，军人叛逃的犯罪行为严重违背了军人的职责，危害了国家和国防的安全，必须依法惩处。

（二）客观要件

本罪在客观方面表现为在履行公务期间，擅离岗位，叛逃境外或者在境外叛逃的危害国家军事利益的行为。

叛逃境外，是指行为人以背叛祖国为目的，从境内叛逃至境外的行为。既包括通过合法手续出境而叛逃的，也包括采取非法手段出境而叛逃的情形。叛逃至外国驻华使馆、领馆的，应以叛逃境外论。在境外叛逃，是指行为人以背叛祖国为目的，因履行公务出境后擅自离队或者与派出单位和有关部门脱离关系，并滞留境外不归而叛逃。叛逃行为必须发生在履行公务期间，并且必须危害了国家军事利益才构成本罪。如果行为人是因私合法出境后与派出单位和有关部门脱离关系，并滞留境外不归的，属于出走，不应认定在境外叛逃，但其如在境外有投敌叛变的行为，则可以投敌叛变罪论处。

（三）主体要件

本罪主体是军人。即中国人民解放军的现役军官、文职干部、士兵及具有军籍的学员和中国人民武装警察部队的现役警官、文职干部、士兵及具有军籍的学员以及执行军事任务的预备役人员和其他人员。

（四）主观要件

本罪在主观方面表现为故意。即行为人明知自己的行为是叛逃行为，将对国家安全造成危害结果，却希望或者放任这一危害结果的发生。主观上，必须具有背叛祖国的目的。行为人是否具有背叛国家的目的，应以其出逃的原因以及在境外的行为来分析认定。凡因反对四项基本原则而出逃的，因触犯我国法律，为逃避制裁而出逃的，以及出逃后公开发表叛国言论的，投靠境外的反动机构、组织的，参与危害国家安全活动的，申请政治避难的等，都应认定有背叛国家的目的。行为人因贪图享受、求学、婚嫁和其他一些个人原因出逃，在境外没有实施上述背叛国家言行的，不应认定其有背叛国家的目的。

二、认定

（一）本罪与本法第109条叛逃罪的法规竞合问题

本法对军人叛逃罪和第109条的叛逃罪的规定存在部分法规竞合关系，即本法第109条对国家机关工作人员犯叛逃罪的规定可以包括一部分军人叛逃罪。当军人叛逃时，应优先适用本章的规定，以军人叛逃罪论处。

（二）区分本罪与逃离部队罪的界限

军人叛逃罪与逃离部队罪都有离队不归的行为，在定罪上可能发生混淆。其主要区别有以下几点：

1. 军人叛逃罪侵害的是国防安全秩序，而逃离部队罪侵害的是兵役秩序。

2. 军人叛逃罪的行为人必须逃亡到境外，而逃离部队罪的行为人并不要求逃往境外。

3. 主观方面，军人叛逃罪的行为人在主观上具有背叛国家的目的，而逃离部队罪的行为人在主观上仅有逃避服兵役的目的。

军人叛逃到境外的行为本身必然包含了逃离部队、逃避服兵役的行为，因此在适用法律上，应根据重罪吸收轻罪的原则，以军人叛逃罪论处，不能再定逃离部队罪实行数罪并罚。

（三）区分本罪与本法投敌叛变罪的界限

军人叛逃罪与投敌叛变罪都有叛变的行为，在定罪上可能发生混淆。其主要区别有以下几点：

1. 军人叛逃罪侵害的是国防安全秩序，而投敌叛变罪所侵害的是国家安全秩序。

2. 军人叛逃罪表现为出逃到境外，叛逃后并不一定投靠具体的机构、组织，即使投靠也不是投靠敌对的机构、组织，而投敌叛变罪则不一定逃到境外，但必须有具体的投靠对象，而且这些投靠对象必须是敌对的国家、集团、机构、组织等。

三、处罚

犯本罪的，处五年以下有期徒刑或者拘役，情节严重的，处五年以上有期徒刑。驾驶航空器、舰船叛逃的，或者有其他特别严重情节的，处十年以上有期徒刑、无期徒刑或者死刑。

情节严重通常是指，国（边）境值勤人员利用职务之便外逃的；组织他人外逃的；携带武器外逃的；行凶殴打或以暴力威胁国（边）境执勤人员外逃的等。战争正在进行期间越境外逃；乘执行战斗任务之机外逃等。其他特别严重情节，是指胁迫他人叛逃的；策动多人或者策动军队中、高级指挥人员和其他负有重要职责（如机要人员）的人员叛逃的；携带重要或者大量军事秘密叛逃的；叛逃后为敌人效劳，进行严重危害国防安全活动的，等等。构成本罪的行为人逃往的国家或者地区应属于非敌对性质的，如果逃往敌对国家或地区的，应当依照本法第109条的投敌叛变罪论处；如果是擅离部队或者逾假不归，情节严重的，可按擅离军事职守罪、逃离部队罪等论处。

第四百三十一条　（非法获取军事秘密罪、为境外窃取、刺探、收买、非法提供军事秘密罪）

以窃取、刺探、收买方法，非法获取军事秘密的，处五年以下有期徒刑；情节严重的，处五年以上十年以下有期徒刑；情节特别严重的，处十年以上有期徒刑。

为境外的机构、组织、人员窃取、刺探、收买、非法提供军事秘密的，处十年以上有期徒刑、无期徒刑或者死刑。

【释解】

本条是关于非法获取军事秘密罪、为境外窃取、刺探、收买、非法提供军事秘密罪的规定。

一、非法获取军事秘密罪

（一）概念及其构成

非法获取军事秘密罪，是指违反保守国家军事秘密法规，利用职务之便或以非法手段，非法获取有关国家军事秘密的情况、文件、资料和实物等行为。

1. 客体要件

本罪侵害的客体是军事秘密的安全。军事秘密关系国防和军队的安全与利益，必须严加保守。保守国家秘密法第27条规定："国家秘密应当根据需要限于一定范围的人员接触。绝密级的国家秘密，经过批准的人员才能接触。"《中国人民解放军保密条例》第34条规定，"盗窃、毁坏、出卖军事秘密的"，"依照《中国人民解放军纪律条令》的有关规定，对主管人员给予处分；构成犯罪的，依法追究刑事责任"。任何采取非法手段获取军事秘密的行为，都将造成军事秘密的泄露和扩散，严重危害国防和军队的安全和利益。为了加强对军事秘密的全面保护，防止无关人员采取非法手段知悉军事秘密，故将以窃取、刺探、收买的方法，非法获取军事秘密的行为，单独规定为非法获取军事秘密罪。本法第282条已规定了非法获取国家秘密罪，但鉴于非法获取军事秘密罪侵害的客体是军事秘密的安全，犯罪主体又是军人，为了加强对军事秘密的特别保护，所以又专门规定了非法获取军事秘密罪。

本罪的对象是国家军事秘密。军事秘密，是指在一定时间内只限一定范围的人员知悉，不能对外公开并直接关系到国防和军队安全与利益的事项。包括以下内容：国防和武装力量建设规划及其实施情况；军事部署，作战和其他重要军事行动的计划及其实施情况；

战备演习、军事训练计划及其实施情况；军事情报及其来源，通信、电子对抗和其他特种技术的手段、能力，机要密码及有关资料；武装力量的组织编制，部队的任务、实力、素质、状态等基本情况；军以下部队及特殊单位的番号；国防动员计划及其实施情况；武器装备的研制、生产、配备情况和补充、维修能力，特种军事装备的战术技术性能；军事学术、国防科学技术研究的重要项目、成果及其应用，军事物资的筹措、生产、供应和储备等情况；军事设施及军事设施保护情况；军援、军贸和其他对外军事交往活动中的有关情况等。军事秘密是国家秘密的重要组成部分，按其重要程度分为绝密、机密和秘密三级。绝密级军事秘密是指军事秘密中特别重要的部分，一旦泄露将给国防安全和军队利益造成特别严重的危害，属于特别重要的军事秘密；机密级军事秘密是指军事秘密中重要的部分，一旦泄露将给国防安全和军队利益造成严重的危害，属于重要的军事秘密；秘密级军事秘密是指军事秘密中的一般部分，一旦泄露将给国防安全和军队利益造成危害，属于一般的军事秘密。

2. 客观要件

本罪在客观方面表现为行为人必须具有以窃取、刺探、收买方法非法获取军事秘密行为。所谓窃取，是指行为人采取自认为不会被立即发觉的秘密方法，获取盗窃军事秘密的行为；所谓刺探，是指行为人搜集、侦察、探听军事秘密的行为；所谓收买是指军职人员以金钱或财物为交换形式，从他人那里获取军事秘密的行为。按照本条规定，只要具备三种行为中的一种，即构成本罪。

3. 主体要件

本罪的主体为军人。行为人的职级区别、职务分工等，不影响主体要件的成立，按照本法的规定，军人包括中国人民解放军的现役军官、文职干部、士兵及具有军籍的学员和中国人民武装警察部队的现役警官、文职干部、士兵及具有军籍的学员以及执行军事任务的预备役人员和其他人员。

4. 主观要件

本罪在主观方面表现为故意。即行为人明知采取窃取、刺探、收买的方法非法获取军事秘密，将会对军事秘密的安全造成危害结果，却希望或者放任这种危害结果的发生。过失一般不能构成本罪。行为人实施犯罪的目的，不影响本罪构成。无论其出于危害国家安全的目的还是为了牟取个人私利或出于其他个人目的，只要其实施了窃取、刺探、收买等非法获取军事秘密的行为，即构成本罪。

（二）认定

1. 非法获取军事秘密罪与非法获取国家秘密罪的法条竞合问题

本法对这两种犯罪的规定存在法条竞合关系。对军人非法获取军事秘密的，应优先适用本章的规定，以非法获取军事秘密罪论处。

2. 非法获取军事秘密后又将军事秘密故意泄露的定罪

非法获取军事秘密后又将军事秘密故意泄露的定罪问题，应根据情况区别对待。平时故意泄露军事秘密的，因平时故意泄露军事秘密的法定刑比非法获取军事秘密罪的法定刑轻，所以应定非法获取军事秘密罪，而将故意泄露军事秘密的行为作为非法获取军事秘密罪的从重处罚情节，在量刑时予以考虑。如果是在战时将非法获取的军事秘密又故意泄露的，因战时故意泄露军事秘密的法定刑比非法获取军事秘密罪的法定刑重，所以应定故意泄露军事秘密罪，而将非法获取军事秘密的行为作为从重处罚的情节。

3. 以盗窃武器装备、军用物资的方式非法获取军事秘密的定罪

军队的许多武器装备、军用物资本身就包含需要保密的内容，如性能、构造、成分等，是军事秘密的载体。为了非法获取军事秘密而盗窃武器装备、军用物资的，其行为同时触犯非法获取军事秘密罪和盗窃武器装备、军用物资罪，属于想象竞合犯，应当根据具体案情，选择适用处罚较重的法律规定定罪。

（三）处罚

犯本罪的，处五年以下有期徒刑；情节严重的，处五年以上十年以下有期徒刑；情节特别严重的，处十年以上有期徒刑。

情节严重，是指担负军队重要职责的人员利用职权或者其他特殊便利条件非法获取军事秘密的；获取的手段恶劣；获取了重要的或大量军事秘密；从作战、机要、保密、军务等重要部门非法获取的。情节特别严重，如获取大量的或者重要的军事秘密，造成重大损失的。

二、为境外窃取、刺探、收买、非法提供军事秘密罪

（一）概念及其构成

为境外窃取、刺探、收买、非法提供军事秘密罪，是指违反保守国家军事秘密法规，以非法手段，窃取、刺探、收买、非法提供有关国家军事秘密的情报、文件、资料和实物的行为。

1. 客体要件

本罪侵害的客体是军事秘密的安全和国防安全。军事秘密是国家秘密中的重要组成部分。在当前西方敌对势力加紧对我国进行颠覆、渗透活动，国际政治、经济、科技、军事竞争日趋激烈的形势下，境外势力每时每刻都企图获取我军事秘密。加强对军事秘密的保护，严防军事秘密被境外的机构、组织、人员知悉，不仅是确保军事秘密安全的需要，而且事关国防安全。军事秘密一旦被境外的机构、组织、人员知悉，除了军事秘密的安全将直接受到威胁外，还将对国防安全造成严重危害。所以本罪侵害的是双重客体。本法第111条已规定了为境外窃取、刺探、收买、非法提供国家秘密、情报罪，但鉴于为境外窃取、刺探、收买、非法提供军事秘密罪侵害的客体是军事秘密的安全和国防安全，犯罪主体又是军人，为了加强对军事秘密和国防安全的特别保护，所以又专门规定了为境外窃取、刺探、收买、非法提供军事秘密罪。

2. 客观要件

本罪在客观方面表现为行为人窃取、刺探、收买、非法提供军事秘密的行为。窃取军事秘密，是指行为人采取自认为不会被人发觉的秘密方法，暗中盗窃军事秘密的行为；刺探军事秘密，是指行为人在境外、机构、组织人员的诱使、指派下，为他们搜集、侦察、

探听军事秘密的行为；提供军事秘密，是指行为人通过口头、文字等各种方式，将自己所掌握的军事秘密传递给境外机构、组织、人员的行为。所谓境外机构、组织、人员，是指一切搜集我国情报的具有外国国籍的人。无论该外国人职业、地位、身份如何，只要行为人实施了为其窃取、刺探、收买、非法提供军事秘密的行为，即构成本罪。收买军事秘密，是指军职人员以金钱或财物为交换形式，从他人那里获取军事秘密的行为。"非法提供"，是指在对外交往与活动中，违反保守国家秘密法第21条的规定，未经事先批准，而向境外机构、组织人员提供军事秘密事项。根据保守国家秘密法第21条的规定，在对外交往与合作中，对方以正当理由和途径要求提供国家秘密的，根据平等互利的原则，按照国家主管部门的规定，呈报有相应权限的机关批准，并通过一定形式要求对方承担保密义务后，可以提供给对方。因此，凡违反上述规定，事先未经依法批准而擅自将军事秘密提供给境外的机构、组织、人员的，均属非法提供。根据本条规定，行为人只要具有上列四种行为中的一种，即构成本罪，而不必同时具备窃取、刺探、收买、非法提供这三种行为。本罪属于选择性罪名，各犯罪手段可单独构成犯罪，但实施两种以上犯罪手段的，如窃取并非法提供的，不实行数罪并罚，只定一个为境外窃取、非法提供军事秘密罪。

3．主体要件

本罪的主体是特殊主体，即军人。他们为自身职责的性质决定，不论其是否利用职务便利，也不论其窃取、刺探、收买、提供的是重要的还是一般的军事秘密，是文件、材料、实物，还是有关军事秘密的情报、资料，均构成本罪。但情节显著轻微，危害不大的，可不认为是犯罪。

4．主观要件

本罪在主观方面是故意，即行为人明知为境外的机构、组织、人员窃取、刺探、收买、非法提供军事秘密，会造成危害军事秘密安全和国家安全的结果，却希望或者放任这种危害结果的发生。行为人的犯罪动机不论是为了危害国防安全还是为了达到其他个人目的，都不影响本罪主观故意的成立。但行为人主观上应该对自己的行为是在为境外的机构、组织、人员窃取、刺探、收买军事秘密，或者是在向境外的机构、组织、人员非法提供军事秘密有所认识。

（二）认定

1．本罪与为境外窃取、刺探、收买、非法提供国家秘密、情报罪的法规竞合

本法对为境外窃取、刺探、收买、非法提供军事秘密罪和本法为境外窃取、刺探、收买、非法提供国家秘密、情报罪的规定存在完全的法规竞合关系，即本法第111条对为境外窃取、刺探、收买、非法提供国家秘密、情报罪的规定，可以完全包括对为境外窃取、刺探、收买、非法提供军事秘密罪的规定。当军人为境外窃取、刺探、收买、非法提供军事秘密罪时，应优先适用本章的规定，以为境外窃取、刺探、收买、非法提供军事秘密罪论处。

2．本罪与非法获取军事秘密罪、故意泄露军事秘密罪的关系

从这三种犯罪构成要件的相互关系看，非法获取军事秘密罪和故意泄露军事秘密罪的构成要件是为境外窃取、刺探、收买、非法提供军事秘密罪构成要件的基础。在此基础上，为了严惩为境外的机构、组织、人员窃取、刺探、收买、非法提供军事秘密的行为，本法又将这一条件作为主观构成要件，另行规定了一个新罪，即为境外窃取、刺探、收买、非法提供军事秘密罪。从犯罪手段上看，窃取、刺探、收买的构成要件在为境外窃取、刺探、收买、非法提供军事秘密罪和非法获取军事秘密罪中是完全相同的；故意将军事秘密泄露给境外的机构、组织、人员的行为，从表现看，是泄露军事秘密，但实质上是将军事秘密非法提供给境外的机构、组织、人员。因此，凡为境外的机构、组织、人员窃取、刺探、收买军事秘密的，或者故意将军事秘密泄露给境外的机构、组织、人员的，均应根据本条第2款的规定，以为境外窃取、刺探、收买、非法提供军事秘密罪论处，不能定非法获取军事秘密罪和故意泄露军事秘密罪。

3. 本罪与资敌罪、间谍罪的界限

区别主要表现在犯罪的主观方面、犯罪的内容和范围、服务的对象和社会危害性等方面。犯间谍罪、资敌罪的行为人，为敌人服务的内容、范围并不限于军事秘密。并且是在明知服务对象是“敌人”的前提下故意直接为其服务的，其主观恶性较之本罪为大。从后果上看，本罪的行为结果可能导致军事秘密落入敌人之手，也可能落入一般外国机构、组织和人员之手；而间谍罪、资敌罪则只能使军事秘密落入敌人手中，或者以其他方式帮助敌人反对人民民主专政政权和社会主义制度。两者的社会危害性也有一定区别。

（三）处罚

犯本罪的，处十年以上有期徒刑、无期徒刑或者死刑。

第四百三十二条 （故意泄露军事秘密罪、过失泄露军事秘密罪）

违反保守国家秘密法规，故意或者过失泄露军事秘密，情节严重的，处五年以下有期徒刑或者拘役；情节特别严重的，处五年以上十年以下有期徒刑。

战时犯前款罪的，处五年以上十年以下有期徒刑；情节特别严重的，处十年以上有期徒刑或者无期徒刑。

[相关规定] **《中华人民共和国军事设施保护法》** （1990年2月23日第七届全国人民代表大会常务委员会第十二次会议通过）（节录）

第三十五条 现役军人、军内在编职工有下列行为之一的，依照惩治军人违反职责罪暂行条例的有关规定追究刑事责任；情节轻微，尚不够刑事处罚的，给予军纪处分：

（一）破坏军事设施的；

（二）盗窃军事设施的装备、物资、器材的；

（三）泄露军事设施秘密的；

（四）擅离职守或者玩忽职守，致使军事设施遭受破坏或者造成其他后果的。

（四）擅离职守或者玩忽职守，致使军事设施遭受破坏或者造成其他后果的。

［相关规定］　**《中国人民解放军保密条例》**　（1986年11月27日中央军委颁发）（节录）

第二条　凡关系国防和军队的安全与利益，在一定时间内只一定范围的人员知悉的事项，是军事秘密。军事秘密是国家秘密重要组成部分，保守军事秘密是全军所有人员的职责和义务。

第五条　军事秘密的基本范围：

1．国防和军队建设中各项工作的规划及其实施情况。

2．作战部署，部队调动、输送及各项勤务保障事项。

3．秘密情报及其来源、手段、能力，秘密通信的密码、资料，电子对抗及其他特种技术的手段、能力等情况。

4．军事禁区、设防地域和重要军事设施。

5．战备演习、部队训练情况，院校不宜公开的专业和技术、研究成果。

【释解】

本条是关于故意泄露军事秘密罪、过失泄露军事秘密罪的规定。

一、故意泄露军事秘密罪

（一）概念及其构成

故意泄露军事秘密罪，是指违反保守国家秘密法规，故意泄露军事秘密，情节严重的行为。

1．客体要件

本罪侵犯的客体是军事秘密的安全。我军《内务条令》和《保密条例》都规定了军人必须遵守的保密守则，如“不该说的秘密不说”，“不该带的秘密不带”，“不在私人书信中涉及秘密”，“不用普遍邮电传递秘密”和“不在非保密场所阅办、谈论秘密”等。故意泄露军事秘密的行为，严重违反了保密规定，使军事秘密被无关人员知悉，危及军事秘密的安全，对国防和军队安全与利益将造成严重危害。本法第398条虽然已规定了故意泄露国家秘密罪，但鉴于故意泄露军事秘密罪侵害的客体是军事秘密的安全，犯罪主体又是军人，为了加强对军事秘密的特别保护，所以又专门规定了故意泄露军事秘密罪。

2. 客观要件

本罪在客观方面表现为违反保守国家秘密法规，故意泄露军事秘密的行为。违反保守国家秘密法规，是指违反国家颁布的保守国家秘密法及其施行办法，中央军委制定颁发的《中国人民解放军保密条例》，解放军各总部和各军、兵种制定的保密规章等。根据这些保密法规，我军建立了一套完整的保密制度。严格遵守保密规章制度，就可以杜绝泄露事件的发生，保障军事秘密的安全；相反，违反了保密法规，就可能造成军事秘密被泄露的严重后果。因此，故意泄露军事秘密的行为都是和违反保密法规联系在一起的，只有违反了保密法规，才可能出现故意泄露军事秘密的结果。故意泄露军事秘密的行为表现方式是多种多样的，从最简单的口头陈述泄密，到高技术条件下的计算机网络泄密，不论哪种形式，只要故意使军事秘密被不应知悉者知悉的，或者使军事秘密超出了限定的接触范围而不能证明未被不应知悉者知悉，均属故意泄露军事秘密的行为。在故意泄露军事秘密时，泄密行为往往是由行为人直接实施的，如将军事秘密的内容亲口告诉他人，将涉及军事秘密的文件交给他人阅看等，这些泄露军事秘密的行为有的是将军事秘密的内容告知他人，有的则是将军事秘密的载体，如文件、照片、图纸、磁带、磁盘等实物交付给他人。

按照本条规定，故意泄露军事秘密的行为，除需具备以上构成要件外，还必须达到情节严重的程度才构成犯罪。所谓情节严重，一般包括：机要、保密人员或者其他负有特殊保密义务的人员泄密的；出于恶劣的个人动机或者为达到非法目的泄密的；出卖军事秘密的；战时泄密的；执行特殊任务时泄密的；泄露重要或者大量军事秘密的，利用职权强迫他人违反保密规定造成泄密的；因泄露军事秘密造成严重后果的，泄密后隐情不报或者未及时采取补救措施的等。

3. 主体要件

本罪的犯罪主体是所有军人，即本法第450条所规定的人员。既包括对军事秘密负有特殊保密义务的军人，如机要、通信、保密人员等，也包括所有了解军事秘密的普通军人，而且不论他们是通过职务活动了解的军事秘密，还是通过其他渠道了解的军事秘密。

4. 主观要件

本罪在主观方面是故意的，即行为人明知自己的行为违反保密法规，会造成泄露军事秘密的危害结果，却希望或者放任这种危害结果的发生。故意泄露军事秘密的动机多种多样，有的是为了炫耀自己，也有的是为了谋取非法利益，还有的是为了讨好他人，不论犯罪动机如何，都不影响构成泄露军事秘密的主观故意。

（二）认定

1. 区分故意或者过失泄露军事秘密的界限

本法虽然将故意泄露军事秘密罪和过失泄露军事秘密罪规定在同一条文中，而且规定了相同的法定刑，但在具体适用时应注意加以区别。因为行为人在实施犯罪行为时，其主观方面是故意还是过失，对其应负的刑事责任有重大影响。对于泄露军事秘密的行为，在认定情节是否严重时，故意泄露军事秘密的应从严，过失泄露军事秘密的应从宽；在决定刑罚时，故意泄露军事秘密的应从重，过失泄露军事秘密的应从轻。

2. 本罪与故意泄露国家秘密罪的法规竞合

本法对故意泄露军事秘密罪和第398条故意泄露国家秘密罪的

规定存在完全的法规竞合关系，即本法第 398 条对故意泄露国家秘密罪的规定可以完全包括对故意泄露军事秘密罪的规定。对这种情况，当军人故意泄露军事秘密时，应优先适用本法第 432 条的规定，以故意泄露军事秘密罪论处。

（三）处罚

犯本罪的，处五年以下有期徒刑或者拘役；情节特别严重的，处五年以上十年以下有期徒刑。依照本条第 2 款的规定，战时犯故意泄露军事秘密罪的，处五年以上十年以下有期徒刑；情节特别严重的，处十年以上有期徒刑或者无期徒刑。

情节特别严重，是指机要、保密人员或者其他负有特殊保密职责的人员泄露大量或者重要军事秘密的，出卖大量或者重要军事秘密的，泄露特别重要军事秘密的，因泄露军事秘密而造成特别严重后果的等。

二、过失泄露军事秘密罪

过失泄露军事秘密罪，是指违反保守国家秘密法规，过失泄露军事秘密，情节严重的行为。

1. 客体要件

本罪侵犯的客体是军事秘密的安全。

2. 客观要件

本罪在客观方面表现为违反保守国家秘密法规，过失泄露军事秘密的行为。其表现方式是多种多样的，从最简单的口头陈述泄密，到高技术条件下的计算机网络泄密，不论哪种形式，只要能让无关人员知悉军事秘密的内容，均属泄露军事秘密的行为。在过失泄露军事秘密时，泄密行为既可以由行为人直接实施，如误用明码电报拍发秘密电文；也可以不由行为人直接实施，而是由他人直接实施，如行为人违反保密法规将秘密文件带到公共场所被盗或者丢失。在这种情况下，行为人违反保密规定的行为与泄密结果存在着刑法上的因果关系，所以应属过失泄露军事秘密的行为。

3. 主体要件

本罪的犯罪主体是所有军人。既包括对军事秘密负有特殊保密义务的军人，如机要、通信、保密人员等，也包括所有了解军事秘密的普通军人，而且不论他们是通过职务活动了解的军事秘密，还是通过其他渠道了解的军事秘密。

4. 主观要件

本罪在主观方面由过失构成。过失泄露军事秘密是行为人应当预见自己的行为违反保密法规，会造成军事秘密泄露的危害结果，因疏忽大意而没有预见，或者虽已预见却轻信能够避免，以致将军事秘密泄露。

按照本条规定，过失泄露军事秘密的行为，除需具备以上构成要件外，还必须达到情节严重的程度才构成犯罪。所谓情节严重，一般包括：机要、保密人员或者其他负有特殊保密义务的人员泄密的，战时泄密的，执行特殊任务时泄密的，泄露重要或者大量军事秘密的，因泄密造成严重后果的，泄密后隐情不报或者未及时采取补救措施的等。

（二）认定

1. 本罪与非罪的界限

关键在于违反保守国家秘密法规，过失泄露军事秘密的行为情节是否严重。对于情节不严重的过失泄露军事秘密的行为，应当按违反军纪处理。

2. 过失泄露军事秘密罪与过失泄露国家秘密罪的法条竞合

本法对这两类犯罪的规定存在法条竞合关系，对军人过失泄露军事秘密构成犯罪的，应优先适用本章的规定，以过失泄露军事秘密罪论处。

3. 过失泄露军事秘密罪与擅离、玩忽军事职守罪的界限

这两种犯罪主观上都是过失，客观上又都可能造成泄密的严重后果，其区别在于，前者所违反的是保守军事秘密的规章制度，违背的是军人保守军事秘密的一般职责；而后者所违反的是指挥和值班、值勤的规章制度，违背的是指挥人员和值班、值勤人员的特殊

职责。如保密室的值勤人员擅离职守、玩忽职守导致保密室被盗的，应定擅离、玩忽军事职守罪；而作战指挥人员使用电话了解部队情况时，忘记加密而造成泄密的，则应以过失泄露军事秘密罪论处。

（三）处罚

犯本罪的，处五年以下有期徒刑或者拘役；情节特别严重的，处五年以上十年以下有期徒刑。

依照本条第2款的规定，战时犯过失泄露军事秘密罪的，处五年以上十年以下有期徒刑；情节特别严重的，处十年以上有期徒刑或者无期徒刑。

第四百三十三条　（战时造谣惑众罪）

战时造谣惑众，动摇军心的，处三年以下有期徒刑；情节严重的，处三年以上十年以下有期徒刑。

勾结敌人造谣惑众，动摇军心的，处十年以上有期徒刑或者无期徒刑；情节特别严重的，可以判处死刑。

【释解】

本条是关于战时造谣惑众罪的规定。

一、概念及特征

战时造谣惑众罪，是指军职人员在战时情况下，制造谣言，迷惑群众，动摇军心的行为。

1. 客体要件

本罪侵害的客体是战时宣传舆论秩序。我军是人民的军队，重视思想政治建设是我军的优良传统，也是我军区别于其他军队的优势所在。在战场上适时做好战斗动员和宣传鼓动工作，对于激励官兵的战斗意志，鼓舞部队士气，稳定军心，具有重要的作用。《中国人民解放军合成军队战斗概则》把进行战斗动员和战场宣传鼓动作为战时政治工作的主要内容之一，要求讲清我军作战的正义性，战争形势和战场情势，战斗任务和完成战斗任务的意义、要求、有利条件和困难，以及克服困难战胜敌人的办法，以提高官兵执行战斗任务的自觉性，树立敢打必胜的信心，统一作战思想，激励战斗意志，使部队保持良好的精神状态。军人战时造谣惑众的行为，造成官兵思想混乱，情绪动荡，士气低落，斗志涣散，破坏了战时宣传舆论秩序，最终将导致军心动摇，对作战造成严重危害。

2. 客观要件

本罪在客观方面表现为行为人在战时情况下，造谣惑众、动摇军心的行为。造谣惑众、动摇军心是指行为人自己编造虚假的情况，在部队中散布，煽动怯战、厌战或者恐怖情绪，蛊惑官兵，造成部队情绪恐慌，士气不振，军心涣散。如果是行为人将道听途说的内容不负责任地又向他人散布，不能认定为造谣。行为人所散布的内容必须是虚假的，而且是与作战有直接关系的，如夸大敌人的兵力和装备优势，虚构敌方的战绩和对我方不利的战况等。如果行为人所散布的内容确属实情，即使对我军不利，也不宜认定为造谣。如涉及泄露军事秘密,可依法以故意或者过失泄露军事秘密罪论处。动摇军心是造谣惑众的内容已经或者可能造成的危害后果。只要行为人制造并散布的谣言足以动摇军心，不论是否已经产生了动摇军心的实际后果，如引起部队混乱、指挥失控，人员逃亡等，均应属于造谣惑众，动摇军心。行为人散布谣言的方式，可以是在公开场合散布，也可以是私下传播；可以是口头散布，也可以通过文字、图像或其他途径散布。只要是将谣言让他人知道，均属于散布谣言。

3. 主体要件

本罪主体为特殊主体，即主体是所有参加作战的军人。

4. 主观要件

本罪在主观方面表现为直接故意。即行为人明知自己说的都是假的，会扰乱军心、瓦解斗志，仍加以宣扬、扩散。其动机，有的是怯战、厌战，通过造谣惑众，达到躲避战斗的目的；有的是因受批评、处分，或未能评功受奖，通过造谣惑众，达到泄愤、报复。如果行为人是基于危害国家安全目的，或勾结敌人造谣惑众的，则不构成本罪。

二、认定

（一）本罪与非罪的界限

军职人员在战时情况下，制造谣言，迷惑群众，动摇军心的，才构成犯罪。而对那些在战时因对上级的命令、指示理解不同，而随意发表一些错误言论，或者遇到任务较重、伤亡较大、未顺利完成任务而埋怨上级和责怪友邻部队的，不能当成造谣惑众的行为加以追究。对行为人仅一般的传播战况不真实的消息，或将他人的谎言蜚语加以传播、渲染，尚未造成动摇军心后果的，不应视为犯罪。

（二）本罪与谎报军情罪的界限

这两种犯罪都有虚构事实并加以扩散的情节，而且其虚构的内容可能很相似。但前者是将编造的谣言在公众中散布，散布的对象包括下级、同级和上级，但不是在履行职责；而后者是将编造的情况按隶属关系和职责要求向上级报告，其表现形式是在履行职责。

（三）本罪与假传军令罪的界限

前者的行为人也可能编造有关作战命令的谣言。这种情况与假传军令罪的区别，在于传递虚假军令的方式和接受虚假军令的对象不同。前者不是将虚假军令直接传播给执行人，而是在公众中传播，对象是不特定的；后者则是将虚假的命令传递给依照职责应执行该命令的人，假传的方式往往是正常下达命令的方式，对象是特定的。

（四）战时造谣惑众罪与战时造谣扰乱军心罪的法条竞合

本法对这两类犯罪的规定存在法条竞合关系，对军人战时造谣惑众、扰乱军心构成犯罪的，应优先适用本章的规定，以战时造谣惑众罪论处。

三、处罚

依照本条第 1 款的规定，犯本罪的，处三年以下有期徒刑；情节严重的，处三年以上十年以下有期徒刑。

依照本条第 2 款的规定，勾结敌人造谣惑众动摇军心的，处十年以上有期徒刑或者无期徒刑；情节特别严重的，可以判处死刑。

第四百三十四条　（战时自伤罪）

战时自伤身体，逃避军事义务的，处三年以下有期徒刑；情节严重的，处三年以上七年以下有期徒刑。

【释解】

本条是关于战时自伤罪的规定。

一、概念及其构成

战时自伤罪，是指军职人员在战时为了逃避履行军事义务而伤害自己身体的行为。

（一）客体要件

本罪侵犯的客体是部队的作战利益和军人战时履行军事义务的秩序。我军担负着巩固国防、抵抗侵略，保卫祖国，保卫人民和平劳动的光荣使命。在战时切实履行自己的军事义务，是每一名军人的神圣职责，也是对全体军人的共同要求。战时自伤身体的行为不仅使行为人丧失了履行军事义务的条件，逃避了军事义务；而且侵害了全体军人战时履行军事义务的秩序，影响部队的士气，削弱部队的战斗力，直接危及军队的作战利益。

（二）客观要件

本罪在客观方面表现为战时自伤身体的行为。自伤身体指有意识地伤害自己的身体。伤害的部位、程度和方法，法律没有限制规定，因此，对自伤行为应作广义的理解。不论是伤害身体的哪一个部位，是造成轻伤还是重伤，是利用枪击、刀砍还是其他方法，是行为人自行伤害自己的身体，还是利用他人的故意或过失行为伤害自己的身体，均属自伤身体的行为。自伤身体的行为必须发生在战时。

对于全局性战争，战时自国家发布战争动员起，至宣布战争结束止；对于局部性战争，战时自部队接受作战任务进行战斗动员起，至部队完成作战任务撤离战区战争结束止。

（三）主体要件

本罪的主体为特殊主体，即本法第 450 条所称的军人。

（四）主观要件

本罪在主观方面表现为故意，并具有逃避军事义务的目的。军事义务的范围很广，凡要求行为人实施的同战争有关的行动，均属军事义务。如临战准备、作战行动、战场勤务和其他各种作战保障活动等。履行军事义务是军人职责的具体体现，逃避军事义务则违背了军人的职责。

逃避军事义务，具有特定的范围。一般都是指逃避作战或者作战保障行为等，既包括作战义务，也包括战前应急训练、战场救护、火线运输保障等。逃避军事义务一词的限制，使本罪有了明确的犯意表示，不至于同因走火而过失误使自己身体的行为相混淆。

因此，如果行为人的自伤行为不是为了逃避军事义务，而是为了骗取荣誉或者其他目的，则不构成战时自伤罪。

二、认定

（一）本罪与非罪的界限

一是切实查明行为人是自伤还是误伤。误伤是行为人因过失而伤害自己的身体，这与战时自伤罪是故意伤害自己身体的主观特征不符，因此不能以战时自伤罪追究刑事责任。但在司法实践中，实施自伤的行为人为了逃避法律制裁，往往都把自己的行为说成误伤。对此，应认真分析行为人致伤前的表现，致伤的时间和环境，致伤的工具、部位和伤情，致伤后的言行等全案事实和情节，准确认定其性质。二是行为人是否具有逃避军事义务的目的。如果行为人自伤身体的目的不是为了逃避军事义务，而是为了骗取荣誉或掩盖失误，则不构成战时自伤罪。如有一名哨兵在站岗时睡觉，致使由其警卫的雷达被敌人破坏。该哨兵为了掩盖过错，减轻责任，向自己腿上连开两枪，谎称自己也被敌人打伤。这个士兵虽然实施了自伤行为，但因其不是为了逃避军事义务，而是为了掩盖过错，所以不能以战时自伤罪论处。

（二）本罪与军人违反职责罪中其他犯罪的竞合

行为人在实施投降、战时违抗命令、战时临阵脱逃、违令作战消极等犯罪时，可能会采取自伤身体的方法来达到犯罪目的，如行为人在被敌人包围的情况下自伤身体，以此来放弃抵抗，向敌人投降，或者行为人在部队向敌人发起冲击时自伤身体，以此来逃避随部队进攻敌人等。在这种情况下，行为人的自伤行为与其欲实施的其他犯罪行为发生竞合。对此应按照处理想象竞合犯的原则，以较重的罪名论处，不再定战时自伤罪，但应将自伤行为作为其他犯罪从重处罚的情节。

三、处罚

犯本罪的，处三年以下有期徒刑；情节严重的，处三年以上七年以下有期徒刑。

情节严重，一般是指军官自伤的，在紧要关头或在重要岗位上自伤的，以及因自伤身体造成严重后果的等。

第四百三十五条　（逃离部队罪）

违反兵役法规，逃离部队，情节严重的，处三年以下有期徒刑或者拘役。

战时犯前款罪的，处三年以上七年以下有期徒刑。

［相关规定］　**《中华人民共和国兵役法》**　（1998年12月29日第九届全国人民代表大会常务委员会第六次会议通过）（节录）

第六十二条第一款　现役军人以逃避服兵役为目的，拒绝履行职责或者逃离部队的，按照中央军事委员会的规定给予行政处分；战时逃离部队，构成犯罪的，依法追究刑事责任。

［相关规定］ **《最高人民法院、最高人民检察院关于对军人非战时逃离部队的行为能否定罪处罚问题的批复》**（2000年12月8日起施行 法释〔2000〕39号）

中国人民解放军军事法院、军事检察院：

〔1999〕军法呈字第19号《关于军人非战时逃离部队情节严重的，能否适用刑法定罪处罚问题的请示》收悉。经研究，答复如下：

军人违反兵役法规，在非战时逃离部队，情节严重的，应当依照刑法第四百三十五条第一款的规定定罪处罚。

此复

【释解】

本条是关于逃离部队罪的规定。

一、概念及其构成

逃离部队罪，是指违反兵役法规，逃离部队，情节严重的行为。

（一）客体要件

本罪侵犯的客体是国家的兵役制度。我国宪法规定，保卫祖国，抵抗侵略，是每一个公民的崇高职责。依照法律服兵役，是公民的光荣义务。兵役法对公民如何履行服兵役的义务作了详细、具体的规定，明确要求现役军人必须遵守军队的条令条例，忠于职守，随时为保卫祖国而战斗。依照法律服兵役者，必须严格遵守兵役法规，履行军人职责，不得逃离部队。否则，将严重侵害国家法律规定的兵役制度，损害国防利益。

（二）客观要件

本罪在客观方面表现为行为人违反兵役法规，实施了逃离部队，情节严重的行为。

违反兵役法规是指违反我国宪法、国防法和兵役法及其他军事法规要求现役军人必须切实履行兵役义务的规定。

逃离部队是指为逃避服役而脱离部队。逃离部队的行为有两种基本方式，一种是作为的方式，即行为人原在部队，未经批准就擅自离开部队；另一种是不作为的方式，即行为人经批准已离开部队，但逾期拒不归队，如有的行为人请假探家期满后不归队，有的生病住院痊愈出院后不归队，有的工作调动或者学员分配离开原单位后拒不到新单位报到等。

逃离部队的行为，必须达到情节严重的程度，才构成本罪。所谓情节严重，一般是指指挥人员或者其他担负重要职责的人员逃离部队的，策动多人或者胁迫他人逃离部队的；在部队执行重要任务期间逃离部队的；因逃离部队受纪律处分仍不悔改再次逃离部队的；逃离部队持续时间较长，经教育拒不归队的；逃离部队后在社会上从事违法活动的；逃离部队后私自出境的等。

根据《最高人民法院、最高人民检察院关于对军人非战时逃离部队的行为能否定罪处罚问题的批复》的规定，军人违反兵役法规，在非战时逃离部队，情节严重的，应当依照本条第 1 款的规定定罪处罚。

（三）主体要件

本罪的主体为特殊主体，即中国人民解放军的现役军官、文职干部、士兵及具有军籍的学员和中国人民武装警察部队的现役军官、文职干部、士兵及具有军籍的学员以及执行军事任务的预备役人员和其他人员。军人一经退出现役，即和其他非军人一样，不构成该罪的主体。鉴于本法第 376 条第 1 款已专门规定了预备役人员战时拒绝、逃避征召或者军事训练的犯罪，因此预备役人员在平时执行军事任务期间擅自离队，拒绝执行军事任务的，不宜再以本罪追究刑事责任；战时擅自离队，拒绝执行军事任务的，可直接依据本法第 376 条第 1 款的规定追究刑事责任，所以预备役人员不能成为本罪的犯罪主体。

（四）主观要件

本罪的主观方面表现为故意，且只能由直接故意构成。即行为人明知自己的行为会侵害到国家的兵役制度，并希望这种结果的发生。它是行为人在蔑视国家兵役制度的主观意识支配下，故意逃避兵役义务的行为。行为人逃离部队的主观目的有多种多样。有的是想借此摆脱军营紧张艰苦的生活，有的是因个人的某些目的未达到而以逃离部队的方式来发泄不满，有的是受到批评、对得分不满而以逃离部队相对抗；有的是为达到经商赚钱或寻求腐化等个人目的而逃离部队等。不管行为人出于何种动机目的，其侵害国家兵役制度的直接故意都是显而易见的。

二、认定

（一）本罪与非罪的界限

区别的关键在于逃离部队的行为情节是否严重。对于情节不严重的逃离部队的行为，应当按违反军纪处理。

（二）军人逃离部队又实施其他犯罪行为的定罪

对军人逃离部队时或者逃离部队后又实施其他犯罪行为的定罪问题，应分别情况区别对待。如果军人逃离部队的行为本身已情节严重，构成逃离部队罪的，应与其又实施的其他犯罪行为进行数罪并罚；如果军人逃离部队的行为本身没有严重的情节，可将逃离部队作为其他犯罪行为从重处罚的情节，不再定逃离部队罪。

（三）本罪与投敌叛变罪的界限

两罪的区别在于：

1. 主体要件不同

本罪的主体为特殊主体，只能是军人；而投敌叛变罪的主体为一般主体，既可以是中国军人也可以是其他中国公民。

2. 客观表现不同

投敌叛变罪要求行为人必须是以危害国家安全为目的，实施了投敌叛变的行为，而不管行为人是被勾引、策动、收买，还是被捕被俘后经不起考验；而逃离部队罪只表现为逃离部队，并无投敌叛变的行为。如果军人逃离部队以后，又以危害国家安全为目的投敌叛变的，这就不仅触犯逃离部队罪，而且触犯投敌叛变罪，一般应择一个重罪即投敌叛变罪判刑。

（四）本罪与战时临阵脱逃罪的界限

犯这两种罪可能出于相似的犯罪动机，如害怕打仗，客观上又都可能在一定程度上脱离部队，其区别在于犯罪时是否面临战斗任务。前者主要指平时，即使发生在战时，也都没有面临具体、明确的战斗任务，如部队正在向战区开进或者在战区休整待命等；而后者必须是面临具体、明确的战斗任务，因此只有发生在战时和战场上。

（五）本罪与擅离军事职守罪的界限

这两种犯罪都有擅自离职的表现。其主要区别除了前者是故意犯罪，后者是过失犯罪外，逃离部队罪的犯罪主体是所有现役军人，其行为所违反的是现役军人依法服兵役的职责要求，行为人必须已离开部队；客观上并不要求已造成严重后果；而擅离军事职守罪的犯罪主体限定为指挥人员和值班、值勤人员；其行为发生在担任指挥和值班、值勤任务时，所违反的是指挥和值班、值勤人员的特殊职责要求；行为人只需离开特定的岗位，不要求必须离开部队；必须已造成严重后果。

（六）本罪与军人叛逃罪的界限

这两种犯罪都有离队不归的行为。其主要区别在于前者以逃避服役为目的，并不要求逃至境外；后者则以背叛祖国为目的，而且必须逃至境外。军人叛逃的行为本身必然包含了逃离部队的行为。因此，在适用法律上，应根据重罪吸收轻罪的原则，以军人叛逃罪论处，不能再定逃离部队罪实行并罚。

三、处罚

犯本罪的，处三年以下有期徒刑或者拘役。战时犯本罪的，处三年以上七年以下有期徒刑。

第四百三十六条　（武器装备肇事罪）

违反武器装备使用规定，情节严重，因而发生责任事故，致人重伤、死亡或者造成其他严重后果的，处三年以下有期徒刑或者拘役；后果特别严重的，处三年以上七年以下有期徒刑。

【释解】

本条是关于武器装备肇事罪的规定。

一、概念及其构成

武器装备肇事罪，是指违反武器装备使用规定，情节严重，因而发生责任事故，致人重伤、死亡或者造成其他严重后果的行为。

（一）客体要件

本罪侵犯的客体是武器装备的使用秩序。武器装备是我军巩固国防、抵抗侵略、保卫祖国、保卫人民和平劳动的主要工具，是军队战斗力的主要物质基础。为了使武器装备正常地发挥效能，必须建立相应的武器装备制度。武器装备肇事的犯罪行为，造成人员伤亡、武器装备的毁损或者其他严重后果，破坏了武器装备的使用秩序，直接侵害了武器装备的使用制度，妨碍了武器装备正常地发挥效能。

本罪侵犯的对象，是各种武器装备。武器装备是指部队用于实施和保障作战行动的武器、武器系统和军事技术装备，通常包括冷兵器、枪械、火炮、火箭、导弹、弹药、爆破器材、坦克及其他装甲车辆、作战飞机、战斗舰艇、鱼雷、水雷、生物武器、化学武器、核武器；通信指挥器材、侦察探测器材、军用测绘器材、气象保障器材、雷达、电子对抗装备、情报处理设备、军用电子计算机、野战工程机械、渡河器材、伪装器材、“三防”装备、辅助飞机、军用车辆等。

（二）客观要件

本罪在客观方面表现为违反武器装备使用规定，情节严重，因而发生责任事故，致人重伤、死亡或者造成其他严重后果的行为。使用规定泛指中央军委、各总部、各军兵种根据各种武器装备的用途和技术性能而制定和颁发的，关于武器装备的管理和日常维护保养、保管、检查及使用的规定，以及各种武器装备的操作规程和安全规范等。这些规定是保障武器装备经常处于良好的技术状态，正确地使用武器装备，防止发生事故的重要规章制度。武器装备肇事罪中的违章行为不是情节一般的违章行为，而是情节严重的违章行为。这是指故意违反武器装备的使用规定，或者在使用过程中严重不负责任。违章行为的表现方式是多种多样的，如有的明知违章冒险蛮干，有的不懂装懂擅自动用，有的有章不循自行其事。概括起来有积极的作为和消极的不作为两种形式，前者如随意摆弄武器装备，后者如对武器装备不维护、不保管，听任其损坏等。

情节严重是构成本罪的必要条件。情节严重，一般是指行为人没有使用武器装备的任务，却违反规定，擅自动用装备而发生责任事故的；平时经常用武器装备开玩笑、耍威风，严重不负责任，且屡次不听劝阻和批评的；肇事后不积极抢救人员、装备，挽回损失或自首投案，而是无动于衷，推卸责任，嫁祸于人，伪造现场，欺骗他人等。根据本条的立法精神，对下述情况可给予从轻或减免处罚：由于操作技术不熟练，处置武器装备情况经验不多，在正常使用武器装备时不慎 肇事的；肇事的主要责任在领导或他人，本人应负次要责任的；肇事后积极抢救遇害人员，努力挽回损失并有投案自首情节的；进行武器装备的试验、技术故障、革新时违反有关规章制度而发生的责任事故。

违章行为一旦造成责任事故，致人重伤、死亡或者造成其他严重后果，即构成武器装备肇事罪。责任事故是指因行为人违反规章制度的失职行为而造成严重后果的事故。其后果是致人重伤、死亡或者其他严重后果。从司法实践看，其他严重后果泛指因武器装备肇事而引起爆炸、火灾、大面积污染或者其他重大损失等。

（三）主体要件

本罪的主体为特殊主体，即只有军人才能成为本罪主体。

（四）主观要件

本罪在主观方面表现为过失。这一过失是针对发生责任事故，造成严重后果而言的，即行为人应当预见发生责任事故，造成严重后果，但因疏忽大意而没有预见，或者虽已预见但轻信能够避免。而对违章行为，行为人往往是故意实施。在司法实践中，多数情况是行为人明知违章，却轻信不会发生责任事故，结果实施了违章行为，造成严重后果，构成武器装备肇事罪。

二、认定

（一）区分本罪与自然事故、技术事故的界限

自然事故属于意外事故，它是由不能预见或不能控制的自然条件发生变化而引起的；技术事故是由于技术条件限制或者武器装备条件不良造成的。这两种事故都不属于责任事故，因而不具备武器装备肇事罪的犯罪构成要件。

（二）区分本罪与危害公共安全罪中的过失犯罪的界限

危害公共安全罪的过失犯罪，如：失火罪、过失爆炸罪、过失破坏易燃易爆设备、交通工具、交通设备罪、交通肇事罪、重大责任事故罪及危险物品肇事罪等，与武器装备肇事罪有许多相似之处。武器装备肇事罪与这些犯罪除了在主体要件、客体要件上的区别外，还需注意区别以下两点：

1．看犯罪对象是否属于武器装备

只有犯罪对象属于武器装备，才能构成武器装备肇事罪；如不属于武器装备，则应根据不同的犯罪构成要件确定相应的罪名。

2．看是否因违反了武器装备的使用规定

如是，就应定武器装备肇事罪；如果主要是因违反了其他维护公共安全的法规和规章制度，就应根据不同的犯罪构成要件确定相应的罪名。

（三）武器装备肇事致人重伤、死亡的定罪

枪支走火致人伤亡从广义上说，属于过失致人死亡或者重伤，根据本法第233条和第235条对过失致人死亡和过失致人重伤罪所规定的“本法另有规定的，依照规定”，武器装备肇事致人重伤、死亡的，应以武器装备肇事罪论处。

（四）区分本罪与擅自改变武器装备编配用途罪的界限

武器装备肇事罪与擅自改变武器装备编配用途罪都与武器装备有关，行为人主观上都是过失，客观上也可能造成相似的严重后果，而且武器装备的使用和管理规定经常混在一起，使用中有管理要求，管理中有使用规定，因此在定罪时容易发生混淆。其主要区别有以下两点：

1. 发生犯罪的时机不同

武器装备肇事罪一般发生在武器装备的日常维护保养和操作使用过程中，而擅自改变武器装备编配用途罪则主要是发生在武器装备的申请、补充、调整、动用、封存、保管、转级、退役、报废和技术革新等管理工作过程中。

2. 行为人的身份不同

武器装备肇事罪的行为人主要是武器装备的操作使用人员，而擅自改变武器装备编配用途罪的行为人主要是武器装备的各类管理人员和指挥人员。但是武器装备的操作使用人员违反武器装备的管理规定，擅自改变武器装备的编配用途，造成严重后果的，也应以擅自改变武器装备编配用途罪论处，而不宜定武器装备肇事罪。

三、处罚

犯本罪的，处三年以下有期徒刑或者拘役；后果特别严重的，处三年以上七年以下有期徒刑。

后果特别严重，是指造成多人重伤死亡的，毁损特别重要武器装备，严重毁损大量重要武器装备，致使国家财产遭受重大损失等。

第四百三十七条　（擅自改变武器装备编配用途罪）

违反武器装备管理规定，擅自改变武器装备的编配用途，造成严重后果的，处三年以下有期徒刑或者拘役；造成特别严重后果的，处三年以上七年以下有期徒刑。

【释解】

本条是关于擅自改变武器装备编配用途罪的规定。

一、概念及其构成

擅自改变武器装备编配用途罪，是指违反武器装备管理规定，擅自改变武器装备的编配用途，造成严重后果的行为。

（一）客体要件

本罪侵犯的客体是武器装备的管理秩序。所谓武器装备，是指用于杀伤敌人和破坏敌人作战设施的武器和军事技术设备，如枪、炮、弹药、战车、飞机、舰艇、化学武器、核武器和侦察、通讯、工程、防化、防空技术设备等。武器装备的完好程度直接关系到部队战斗力的强弱，因此，为了保证武器装备时刻处于良好的战备状态，军队通过制定、施行大量的、适用于各类、各种武器装备的管理规定，建立了一套行之有效的武器装备管理制度。部队的武器装备必须按照使用权限和编配用途进行严格管理，才能确保正常使用，使武器装备既充分发挥效能，又经常处于良好的技术状态，为部队随时完成各项任务提供有力保障。擅自改变武器装备编配用途的行为使武器装备管理失控，严重影响正常使用，甚至造成武器装备的毁损、丢失或者其他严重后果，造成武器装备的管理秩序混乱，危害武器装备的安全。

（二）客观要件

本罪在客观方面表现为违反武器装备管理规定，擅自改变武器装备的编配用途，因而造成严重后果的行为。

首先，行为人实施了违反武器装备管理规定的行为，这是构成本罪的前提条件。武器装备的管理规定是相对于武器装备的操作规程、安全规范等使用规定而言的，主要是指涉及武器装备的动用权限、编配用途、使用范围等管理内容的规定。

其次，违反武器装备管理规定的行为必须是擅自改变武器装备的编配用途，主要指在管理、使用、操作武器装备的过程中，故意违反规定或操作规程，不按上级下发的编配范围、用途、管理权限、使用程序等规定，擅自改变武器装备固定的使用方法，如将坦克吊车用作给地方建筑队施工，将军用直升机用作商业宣传广告等。

最后，造成严重后果，致人重伤、死亡，造成爆炸、火灾、大面积污染、重要武器装备不能使用以及公共财物的重大损失等。造成严重后果，是指挪用重要武器装备的；因挪用行为造成武器装备严重毁损、被盗、丢失的；挪用的武器装备被他人用来实施犯罪活动的；因挪用武器装备而贻误战机，严重影响部队执行战备、作战任务的；因挪用武器装备导致人员重伤、死亡等严重后果；因挪用武器装备行为严重败坏军队形象，毁坏军队声誉等。

（三）主体要件

本罪的主体为特殊主体。即本罪适用于中国人民解放军的现役军官、文职干部、士兵及具有军籍的学员和中国人民武装警察部队的现役警官、文职干部、士兵及具有军籍的学员以及执行军事任务的预备役人员和其他人员。

（四）主观要件

即行为人应当预见自己的行为违反了武器装备管理规定，会造成严重后果，由于疏忽大意而没有预见，或者已预见又轻信能够避免，以致发生严重后果。如果行为人对违反武器装备管理规定，擅自改变武器装备编配用途的行为可能造成的严重后果采取希望或者放任的态度，则应根据不同的犯罪构成要件以故意犯罪论处。

二、认定

（一）区分本罪与武器装备肇事罪的界限

武器装备肇事罪主要是在武器装备的操作使用过程中发生的，行为人主要是武器装备的操作使用人员；而擅自改变武器装备编配用途罪则主要是在武器装备的管理过程中发生的，行为人主要是武器装备的管理人员而不是操作使用人员。如果武器装备的操作使用人员违反武器装备的管理规定，擅自改变武器装备的编配用途，造成严重后果的，也应以擅自改变武器装备编配用途罪论处，而不宜定为武器装备肇事罪。

（二）使用武器装备实施其他犯罪的定罪

擅自改变武器装备的编配用途，使用武器装备去实施其他犯罪的，如使用装备枪支杀人，动用舰艇、军用飞机走私等，如果没有造成上述严重后果的，一般应将其擅自改变武器装备编配用途的行为作为实施其他犯罪的一个情节从重处罚。但是在使用武器装备实施其他犯罪过程中，造成重要武器装备严重毁损，人员重伤死亡及其他严重责任事故，或者影响部队完成重要任务等严重后果的，则应实行数罪并罚。

（三）区分本罪与非法出租、出借枪支罪的界限

擅自改变武器装备编配用途罪非法出租、出借枪支罪，客观方面都有改变武器装备（枪支）原有用途的行为，其区别主要有以下几方面：

1. 擅自改变武器装备编配用途罪所侵害的是武器装备的管理秩序，而非法出租、出借枪支罪所侵害的是公共安全秩序。

2. 擅自改变武器装备编配用途罪的行为范围比较广泛，包括了以出租、出借的方式擅自改变枪支的编配用途，其行为必须造成了严重后果，属于结果犯，而非法出租、出借枪支罪的行为仅限于出租、出借枪支，且并不要求已造成严重后果属于行为犯。

3. 擅自改变武器装备编配用途罪属于过失犯罪，而非法出租、出借枪支罪属于故意犯罪。

在具体案件中，擅自改变武器装备编配用途罪和非法出租、出

借枪支罪可能出现犯罪竞合的现象，即军人违反武器装备管理规定，以出租、出借的方式擅自改变枪支的编配用途。由于这两种犯罪的法定刑相同，犯罪构成要件又互有交叉，鉴于行为人是军人，故可适用军人违反职责罪的规定，以擅自改变武器装备编配用途罪论处。

（四）本罪与玩忽军事职守罪的法规竞合

本法对擅自改变武器装备编配用途罪和对玩忽军事职守罪的规定存在部分法规竞合关系，即对玩忽军事职守罪的规定可以包括对擅自改变武器装备编配用途罪中某些行为的规定。当指挥人员玩忽职守的行为表现为不正确履行职责，擅自改变武器装备的编配用途时，如果是平时，以擅自改变武器装备编配用途罪论处。如果是战时，以玩忽军事职守罪论处。因为战时犯玩忽军事职守罪的法定刑要重于擅自改变武器装备编配用途罪的法定刑，如果仍适用对擅自改变武器装备编配用途罪的规定，将可能造成罚不当罪的结果。

（五）区分本罪与指使部属违反职责罪的界限

擅自改变武器装备编配用途罪与指使部属违反职责罪在主观上都是过失犯罪，而且都造成了严重后果，其主要区别有以下几点：

1. 擅自改变武器装备编配用途罪仅表现为违反武器装备的管理规定，擅自改变武器装备的编配用途，其内容比较单一，范围比较狭窄，而指使部属违反职责罪表现为滥用职权，指使部属进行违反职责的活动，其内容比较复杂，范围比较广。

2. 擅自改变武器装备编配用途罪是一般主体，而指使部属违反职责罪是特殊主体。

在具体案件中，擅自改变武器装备编配用途罪与指使部属违反职责罪可能发生犯罪竞合的现象，即指使部属所进行的违反职责活动就是违反武器装备的编配用途来使用武器装备，如有一个部队的领导，擅自让一架正在执行飞行训练任务的直升机临时去为地方一个商场的开业庆典撒广告传单，结果直升机在现场盘旋时，不慎撞在一座大楼顶上的电视天线上，造成机毁人亡的严重后果。对这种情况应按处理想象竞合犯的原则，以较重的罪名指使部属违反职责罪论处。

三、处罚

犯本罪的，处三年以下有期拘役；造成特别严重后果的，处三年以七年以下有期徒刑。

造成特别严重后果，是指挪用武器装备从事违法犯罪活动；多次挪用造成大量人员伤亡、装备严重受损等严重后果；因挪用行为导致作战失利，严重影响部队完成重要军事行动任务等。

第四百三十八条　（盗窃、抢夺武器装备、军事物资罪）

盗窃、抢夺武器装备或者军用物资的，处五年以下有期徒刑或者拘役；情节严重的，处五年以上十年以下有期徒刑；情节特别严重的，处十年以上有期徒刑、无期徒刑或者死刑。

盗窃、抢夺枪支、弹药、爆炸物的，依照本法第一百二十七条的规定处罚。

[相关规定]　**《中华人民共和国军事设施保护法》**（1990年2月23日第七届全国人民代表大会常务委员会第十二次会议通过）（节录）

第三十五条　现役军人、军内在编职工有下列行为之一的，依照惩治军人违反职责罪暂行条例的有关规定追究刑事责任；情节轻微，尚不够刑事处罚的，给予军纪处分：

（一）破坏军事设施的；

（二）盗窃军事设施的装备、物资、器材的；

（三）泄露军事设施秘密的；

（四）擅离职守或者玩忽职守，致使军事设施遭受破坏或者造成其他后果的。

（四）擅离职守或者玩忽职守，致使军事设施遭受破坏或者造成其他后果的。

【释解】

本条是关于盗窃、抢夺武器装备、军事物资罪的规定。

一、概念及其构成

盗窃、抢夺武器装备、军事物资罪，是指采取盗窃或者抢夺的方法，非法占有武器装备或者军事物资的行为。

（一）客体要件

本罪侵犯的客体是部队武器装备、军用物资的所有权。部队的武器装备和军用物资是战斗力的主要物质基础，保证其不受非法侵占，是巩固部队战斗力的客观需要。盗窃、抢夺武器装备、军事物资的行为，直接造成部队武器装备和军用物资损失，将给部队建设带来严重危害。

（二）客观要件

本罪的客观方面表现为盗窃、抢夺武器装备、军事物资的行为。盗窃，是指采取秘密窃取的方法非法占有武器装备、军用物资的行为。抢夺，是指采取乘人不备、公然夺取的方法非法占有武器装备、军用物资的行为。盗窃、抢夺的对象是部队在编的、正在使用的和储存备用的武器装备或者军用物资，不包括已确定退役报废的武器装备、军用物资，因为退役报废的武器装备、军用物资已不能直接形成部队的战斗力。武器装备，是指直接用于实施和保障作战行动的武器、武器系统和军事技术器材。武器又称兵器，是直接用于杀伤敌人有生力量和破坏敌人作战设施的器械。通常包括：冷兵器、枪械、火炮、火箭、导弹、弹药、爆破器材、坦克和其他装甲战斗车辆、作战飞机、战斗舰艇、鱼雷、水雷、核武器等。武器系统通常包括：杀伤手段、投掷或运载工具、指挥器材。军事技术器材通常包括：通信指挥器材、侦察探测器材、雷达、电子对抗装备、情报处理设备、军用电子计算机、野战工程机械、渡河器材、气象保障器材、军用车辆、伪装器材等。

军用物资是指除武器装备以外，供军事上使用的其他物资，如被装、粮秣、油料、建材、药材等。武器装备的重要零件、部件应以武器装备论。用于实施和保障作战行动的军事动物，如军马、军驼、军犬、军鸽等，应视为武器装备。盗窃、抢夺武器装备、军事物资不受部队隶属关系的限制，即这个部队的人盗窃、抢夺那个部队的武器装备、军用物资，现役军人盗窃、抢夺预备役部队的武器装备、军用物资，均属盗窃、抢夺部队的武器装备、军用物资。正在生产过程中，尚未交付部队的产品和物资，不能视为部队的武器装备、军用物资。

盗窃、抢夺军用物资构成犯罪的数额标准，可以参照本法第 264 条和第 267 条对盗窃罪、抢夺罪的数额标准从严认定。

本罪为选择性罪名，行为人只要具有盗窃、抢夺武器装备、军用物资其中一种行为就构成本罪；具有两种行为的，仍为一罪，不实行并罚。

（三）主体犯罪

本罪的犯罪主体是所有军人，即本法第 450 所规定的人员。

（四）主观要件

本罪在主观方面表现为故意。行为人明知自己的盗窃、抢夺行为为将侵害部队武器装备、军用物资的所有权，危害国家军事利益，却希望这种危害结果发生。从司法实践看，实施本罪的行为人都企图实际占有武器装备或者军用物资，因此其主观上都具有非法占有武器装备或者军用物资的目的，属于直接故意犯罪。

二、认定

（一）盗窃、抢夺武器装备的零部件、备附件等的处理

对此有几种不同意见：一是从武器装备的概念和性能来划分，凡盗窃、抢夺完整的武器装备而不是零部件，从而影响发挥武器装备效能的，就构成盗窃、抢夺武器装备罪，反之则构成盗窃、抢夺军用物资罪；二是从犯罪对象所处的位置来划分，主张盗窃、抢夺存放在仓库的零部件，构成盗窃、抢夺军用物资罪；盗窃、抢夺武器

装备上的零部件的，构成盗窃、抢夺武器装备罪。由于这类案件较难区别，所以必须坚持具体情况具体分析的方法，从案件的基本事实和基本证据出发，把握案件的性质。首先，对于盗窃、抢夺使用中的武器装备重要零部件，致使其丧失战斗效能的，应按破坏武器装备罪论处。其次，从武器装备上盗窃、抢夺不重要的附件、器材的，可按盗窃、抢夺军用物资罪处罚。如果盗窃、抢夺贮存于仓库中的武器装备重要零部件的，也应以盗窃、抢夺军用物资罪论处。

（二）本罪与盗窃罪和抢夺罪的法规竞合

本法对盗窃、抢夺武器装备、军用物资罪和盗窃罪、抢夺罪的规定存在完全的法规竞合关系，即本法第 264 条关于盗窃罪和第 267 条关于抢夺罪的规定可以完全包括对盗窃、抢夺武器装备、军用物资罪的规定。当军人盗窃、抢夺武器装备、军用物资时，应优先适用本法第 438 条的规定，以盗窃、抢夺武器装备、军用物资罪论处。

（三）采取破坏性方法盗窃武器装备、军用物资的定罪

在具体案件中，采取破坏性方法盗窃武器装备、军用物资的，可能出现与破坏武器装备、军事设施犯罪竞合的现象。如行为人为了盗窃武器装备上的重要零部件而将整件武器装备毁坏，为了从输油管线中盗取油料而将输油设备损坏等。鉴于这两种犯罪总的法定刑虽然相同，但在三个档次的法定刑幅度上，盗窃武器装备、军用物资罪有两个档次的法定刑幅度重于破坏武器装备、军事设施罪，而且行为人的目的也是为了盗窃，所以以盗窃武器装备、军用物资罪论处为妥，行为人所采取的破坏性方法及其所造成的损失可作为从重处罚的情节。

（四）军人携带配发给个人使用的武器装备逃离部队的定罪

对军人携带配发给个人使用的武器装备逃离部队的，过去一般是作为逃离部队行为的一个严重情节，只定逃离部队罪。这样定罪忽略了军人携带武器装备特别是枪支、弹药、爆炸物逃离部队的严重危害性。配发给军人个人使用的武器装备，所有权属于部队，个

人无权据为己有。军人携带配发给个人使用的武器装备逃离部队，不仅逃避服兵役，而且将部队的武器装备带走，侵害了部队对武器装备的所有权，是一种特殊方式的盗窃行为。因此对军人携带配发给个人使用的武器装备逃离部队的，除了根据其逃离部队的情节决定是否构成逃离部队罪外，还应依照本法第 438 条定盗窃武器装备罪。

三、处罚

依照本条第 1 款的规定，犯本罪的，处五年以下有期徒刑或者拘役；情节严重的，处五年以上十年以下有期徒刑；情节特别严重的，处十年以上有期徒刑、无期徒刑或者死刑。

情节严重，主要是指盗窃、抢夺重要或者多件武器装备的，盗窃、抢夺军用物资数额巨大的，战时盗窃、抢夺武器装备、军用物资罪的，严重影响部队完成任务的，采取破坏性方法盗窃造成部队严重损失的，等等。

情节特别严重，主要是指盗窃、抢夺多件重要武器装备或者大量武器装备的，盗窃、抢夺军用物资罪数额特别巨大的，严重影响部队完成重要任务的，采取破坏性方法盗窃造成部队特别严重损失的，等等。

本条第 2 款规定了军人盗窃、抢夺部队的枪支、弹药、爆炸物的，依照本法第 127 条处罚。为了保障公共安全，本法第 127 条规定了盗窃、抢夺枪支、弹药、爆炸物罪，并对盗窃、抢夺军警人员的枪支、弹药、爆炸物作了加重处罚的规定，规定了比盗窃、抢夺武器装备、军用物资罪更重的法定刑。部队的武器装备、军用物资种类繁多，其中包括枪支、弹药、爆炸物。军人盗窃或者抢夺部队的枪支、弹药、爆炸物的，因本法第 438 条相对于第一百二十七条来说属于特别法，应优先适用，所以仍应定盗窃或者抢夺武器装备、军用物资罪，但鉴于本罪的法定刑比第 127 条第 2 款的规定要轻，根据罪刑相适应的原则，应以本法第 127 条第 2 款的法定刑处罚。

第四百三十九条　（非法出卖、转让武器装备罪）

非法出卖、转让军队武器装备的，处三年以上十年以下有期徒刑；出卖、转让大量武器装备或者有其他特别严重情节的，处十年以上有期徒刑、无期徒刑或者死刑。

【释解】

本条是关于非法出卖、转让武器装备罪的规定。

一、概念及其构成

非法出卖、转让武器装备罪，是指非法出卖、转让军队武器装备的行为。

（一）客体要件

本罪侵犯的客体是武器装备的管理、使用制度。所谓武器装备，是指用于杀伤敌人和破坏敌人作战设施的武器和军事技术设备，如枪、炮、弹药、战车、飞机、舰艇、化学武器、核武器和侦察、通讯、工程、防化、防空技术设备等。武器装备的完好程度直接关系到邻队战斗力的强弱。

武器装备是部队战斗力的主要物质基础，加强武器装备的管理，制止各种危害武器装备管理秩序的违法犯罪行为，保证武器装备随时在编在位，是巩固部队战斗力的客观需要。近年来，中央军委和解放军各总部颁布施行了一系列涉及武器装备管理的法规、规章，对武器装备的管理提出了更高的要求。非法将武器装备出卖或者转让的行为，造成部队武器装备的短缺，破坏了部队武器装备的管理秩序，削弱了部队的战斗力，还可能给公共安全带来严重危害。

《中国人民解放军武器装备管理工作条例》明确规定："未经总参谋部批准，严禁任何单位或者个人擅自馈赠、出售、交换武器装备"，"触犯刑律，构成犯罪的，依法追究刑事责任"。

（二）客观要件

本罪在客观方面表现为违反武器装备规定，非法出卖、转让军队武器装备的行为。根据有关武器装备管理法规的规定，部队的武器装备由于使用、储存年久、性能下降，型号技术落后，或者因其他原因不宜继续装备部队的，可以作退役或者报废处理。退役、报废的武器装备根据不同情况，分别作储存备用、教学、训练、装备民兵、拆件留用、拨作非军事使用或者作废旧物资等处置。未经总参谋部批准，严禁任何单位或者个人擅自馈赠、出售、交换武器装备。非法，是指未经军队有权机关批准，擅自出卖、转让行为人依法配置、掌管和使用的军用武器装备。出卖，是指以牟利为目的出售军用武器装备的行为。转让，是指私下将武器装备赠与他人或者以此换取其他物品。根据武器装备管理法规的规定，武器装备依其质量状况，分为新品、曾用品、待修品和废品四个等级。非法出卖、转让的武器装备应是部队在编的、正在使用的以及储存备用的武器装备，从武器装备的等级看，不包括已确定退役报废的武器装备，因为退役报废的武器装备已不能直接形成部队的战斗力。行为人非法出卖、转让武器装备的行为改变了武器装备的所有权。如果行为人是将武器装备暂时出借、出租给他人，并没有改变其所有权，不能认为是转让武器装备。非法出卖、转让的武器装备应是行为人合法管理或者执掌的。如果是将抢劫、盗窃、骗取、抢夺的武器装备出卖或者转让的，应按本法各章有关条文对这类犯罪规定的加重情节论处，而不再以此条文定罪量刑。

非法出卖、转让军队武器装备的，只要发生该行为，无论是否造成盈利的后果，均构成本罪，也不论非法出卖、转让武器装备数额是否巨大，情节是否恶劣，均符合本罪的构成要件。但对于出卖、转让大量武器装备或有其他特别严重情节的，加重处罚。

（三）主体要件

本罪的主体为特殊主体。即本罪适用于中国人民解放军的现役军官、文职干部、士兵及具有军籍的学员和中国人民武装警察部队的现役警官、文职干部、士兵及具有军籍的学员以及执行军事任务的预备役人员和其他人员。

（四）主观要件

本罪在主观方面表现为故意。即明知自己非法出卖、转让武器装备的行为，将会造成破坏部队武器装备管理秩序、削弱部队战斗力的危害结果，却希望或者放任这种危害结果的发生。如果行为人明知他人将使用其出卖、转让的武器装备实施更严重的犯罪，则应对行为人以他人所实施的犯罪共犯论处，不再单独定非法出卖、转让武器装备罪。

二、认定

（一）非法出卖武器装备罪与非法买卖枪支、弹药、爆炸物罪的法条竞合

本法对这两种犯罪的规定存在法条竞合关系。军人非法出卖部队武器装备的，应优先适用本章的规定，以非法出卖武器装备罪论处。

（二）将盗窃、抢夺的武器装备又出卖、转让的定罪

盗窃、抢夺武器装备后又将其出卖、转让的，应根据重罪吸收轻罪的原则，以非法出卖，转让武器装备罪论处，而将盗窃、抢夺的行为作为从重处罚的情节。但如果盗窃、抢夺的是枪支、弹药、爆炸物，则应以盗窃、抢夺武器装备、军用物资罪定罪，依照本法第127条第2款的规定处罚，而将出卖、转让的行为作为从重处罚的情节。

三、处罚

依照本条的规定，犯非法出卖、转让武器装备罪的，处三年以上十年以下有期徒刑；出卖、转让大量武器装备的，或者有其他特别严重情节的，处十年以上有期徒刑、无期徒刑或者死刑。其他特别严重情节，主要是指出卖、转让重要武器装备的，战时出卖、转让武器装备的，致使武器装备流散社会造成严重后果的，严重影响部队完成重要任务的，出卖、转让给境外的机构、组织、人员的，等等。

第四百四十条 （遗弃武器装备罪）

违抗命令，遗弃武器装备的，处五年以下有期徒刑或者拘役；遗弃重要或者大量武器装备的，或者有其他严重情节的，处五年以上有期徒刑。

【释解】

本条是关于遗弃武器装备罪的规定。

一、概念及其构成

遗弃武器装备罪，是指军职人员违抗命令，遗弃武器装备的行为。

（一）客体要件

本罪的侵犯客体是武器装备的管理、使用制度。所谓武器装备，是指用于杀伤敌人和破坏敌人作战设施的武器和军事技术设备，如枪、炮、弹药、战车、飞机、舰艇、化学武器、核武器和侦察、通讯、工程、防化、防空技术设备等。武器装备的完好程度直接关系到部队战斗力的强弱，因此，为了保证武器装备时刻处于良好的战备状态，军队通过制定、施行大量的、适用于各类、各种武器装备的管理使用规定，建立了一套行之有效的武器装备管理使用制度。本罪侵犯的正是这一制度。

（二）客观要件

本罪在客观方面表现为违抗命令，遗弃武器装备的行为。违抗命令，是指下级部属违背上级首长的作战命令、指示。遗弃武器装备，不是指一般地将武器装备丢失，而是指负有履行保管武器装备的义务，有能力承担保管武器装备的能力而拒不履行保管义务，侵犯国家对于武器装备的管理规定。遗弃武器装备，既可以是作为犯罪，也可以是不作为犯罪，即行为人可能以不管不问的手段对武器装备不履行应尽的保管义务。遗弃，是指故意抛弃的行为。遗弃的场所法律没有限制，一般是在战场、军事行动地区和野外训练场等。遗弃的对象是行为人依法持有或有权管理的、能够供部队使用的武器装备，包括暂时损坏但能够修复的武器装备。在战场上，行为人自行将战损无法及时修复的武器装备丢弃，不属于遗弃武器装备。将盗窃、抢夺的武器装备又遗弃的，应作为盗窃、抢夺武器装备罪的从重处罚情节。在战场或战斗中，根据作战的需要或上级首长的命令丢弃一些武器装备的行为，以减轻部队不必要的负担，便于部队机动作战、轻装行进，不属于遗弃武器装备的行为，不能按本罪论处。

（三）主体要件

本罪的主体为特殊主体。即本罪适用于中国人民解放军的现役军官、文职干部、士兵及具有军籍的学员和中国人民武装警察部队的现役警官、文职干部、士兵及具有军籍的学员以及执行军事任务的预备役人员和其他人员。

（四）主观要件

本罪在主观方面是故意，即行为人明知自己遗弃部队武器装备的行为会破坏部队武器装备的管理秩序，削弱部队战斗力，危害国家军事利益，却希望或者放任这种危害结果的发生。根据作战的需要，有组织、有计划地丢弃一些武器装备，以达到轻装或者迷惑敌人等战术目的，或者因战事紧急，来不及妥善处理武器装备，不得已而丢弃的，以及在紧急情况下为了避免造成更大的危害结果而采取的舰艇人员弃舰求生、飞行员弃机跳伞等行为的，不能认为行为人有遗弃武器装备的主观故意。

二、认定

（一）遗弃武器装备兼犯其他罪行的定罪

行为人在犯战时临阵脱逃、逃离部队等罪时，有时会同时遗弃武器装备，如行为人丢掉枪支逃离阵地等。在这种情况下，行为人实际上分别实施了遗弃武器装备的行为和临阵脱逃、逃离部队的行为，其行为符合不同的犯罪构成要件，应实行数罪并罚。

（二）遗弃武器装备罪与战时违抗命令罪的界限

在战时违抗命令罪中，违抗命令的行为本身就是犯罪客观方面的主要内容，是需要追究刑事责任的基本依据，不需要再有其他具体的危害行为；而在遗弃武器装备罪中，犯罪客观方面的行为主要表现为遗弃武器装备，违抗命令仅仅是限制条件，说明行为人违反并抗拒执行上级命令，但尚未达到战时违抗命令罪那样的严重程度。因此，在遗弃武器装备罪中，仅凭其违抗命令的行为本身是不能追究刑事责任的。当然，如果行为人在遗弃武器装备罪中违抗命令的行为本身性质恶劣，危害严重，符合战时违抗命令罪的构成条件的，应按处理想象竞合犯的原则，以战时违抗命令罪论处。

（三）本罪与破坏武器装备罪的界限

1．遗弃武器装备的行为表现为消极地将武器装备丢弃不管，而破坏武器装备的行为表现为采取各种方法，积极地将武器装备毁坏。

2．遗弃武器装备罪的主体只能是军人，而破坏武器装备罪的主体既可以是军人，也可以是非军人。

在具体案件中，如果行为人所采取的遗弃武器装备的方法必然造成武器装备毁坏或者灭失的结果，如飞行员无重大危险而弃机跳伞，或者故意将武器装备投入深海等，则应属于破坏武器装备的行为。

三、处罚

犯本罪的，处五年以下有期徒刑或者拘役；遗弃重要或者大量武器装备的，或者有其他严重情节的，处五年以上有期徒刑。

重要武器装备，是指部队的主要武器装备和其他在作战中有重要作用的武器装备。根据军队有关武器装备管理规定，主要武器装备指的是各种导弹、飞机、作战舰艇、登陆舰和1000吨以上辅助船、坦克、装甲车辆、85毫米以上口径的地面火炮、岸炮、高炮、雷达、声纳、指挥仪、15瓦以上电台和电子对抗装备、舟桥、60千瓦以上的工程机械、汽车、陆军船艇等。

其他严重情节，是指军队指挥人员带头遗弃的；煽动他人遗弃的；遗弃的武器装备被敌人或者犯罪分子利用；因遗弃武器装备的行为严重影响部队军事行动的，等等。

第四百四十一条　（遗失武器装备罪）

遗失武器装备，不及时报告或者有其他严重情节的，处三年以下有期徒刑或者拘役。

【释解】

本条是关于遗失武器装备罪的规定。

一、概念及其构成

遗失武器装备罪，是指军职人员遗失武器装备，不及时报告或者有其他严重情节的行为。

（一）客体要件

本罪侵犯的客体是武器装备的使用制度。武器装备是我军巩固国防、抵抗侵略、保卫祖国、保卫人民和平劳动的主要工具，是军队战斗力的主要物质基础。为了使武器装备正常地发挥效能，必须建立相应的武器装备制度。遗失武器装备的犯罪行为，破坏了武器装备的使用秩序，直接侵害了武器装备的使用制度，妨碍了武器装备正常地发挥效能。

本罪侵犯的对象，是各种武器装备。武器装备是指部队用于实施和保障作战行动的武器、武器系统和军事技术装备，通常包括冷兵器、枪械、火炮、火箭、导弹、弹药、爆破器材、坦克及其他装甲战斗车辆、作战飞机、战斗舰艇、鱼雷、水雷、生物武器、化学武器、核武器；通信指挥器材、侦察探测器材、军用测绘器材、气象保障器材、雷达、电子对抗装备、情报处理设备、军用电子计算机、野战工程机械、渡河器材、伪装器材、三防装备、辅助飞机、勤务舰艇、军用车辆等。

（二）客观要件

本罪在客观方面表现为遗失武器装备，不及时报告或者有其他严重情节的行为。

遗失，是指在武器装备的操作、使用、维护、保养运送等过程中，因疏忽大意或者过于轻信而造成武器装备丢失。遗失的武器装备是行为人依法持有或者有权管理的武器装备，包括暂时损坏但能够修复的武器装备。将盗窃、抢夺武器装备又遗失的，可将其遗失武器装备的行为作为盗窃、抢夺武器装备罪的从重处罚情节。

不及时报告，是指根据军队有关规定，丢失武器装备后在一定期限内不如实向上级报告，或者因其谎报行为致使上级领导误信武器装备没有丢失，而丧失追查、寻找的机会。

如果丢失武器装备后，及时作了报告，且没有其他严重情节，则不构成犯罪。虽然作了及时报告，但有其他严重情节的也构成犯罪。严重情节，是指遗失后不仅不如实报告，而且还唆使他人欺骗、隐瞒真情，威胁他人不许向上级反映真实情况；采用卑劣手段，编造假情况欺骗组织或者嫁祸于人的；因丢失武器装备而严重影响部队完成战备、作战、训练任务的；因丢失武器装备造成社会治安严重隐患的等。"其他严重情节"，是指遗失的武器装备被敌人或境外的机构、组织和人员利用，造成恶劣影响的；遗失的武器装备因未能及时报告而流散社会或被违法犯罪分子利用作案，造成严重后果的；丢失的武器装备数量多、价值高，或因其丢失而泄露军事秘密造成严重后果的等等。

（三）主体要件

本罪主体为特殊主体，即军人。

（四）主观要件

本罪在主观方面表现为过失。这一过失是针对遗失武器装备的后果而言的，即行为人应当预见武器装备的遗失，但因疏忽大意而没有预见，或者虽已预见但轻信能够避免。而对不及时报告的行为，行为人往往是故意实施。

二、认定

（一）本罪与非罪的界限

行为人遗失武器装备后是否要以本罪追究刑事责任，取决于是否具备“不及时报告”或者“其他严重情节”两个限制性条件。只有具备了这两个限制性条件之一，才构成遗失武器装备罪，否则应以违纪处理。

（二）本罪与丢失枪支罪的法规竞合

本法对这两种犯罪的规定存在部分法规竞合关系，即丢失枪支的行为包括了一部分遗失武器装备的行为。当军人丢失枪支时，根据特别法优先适用于普通法，特别规定优先适用于一般规定的原则，应适用军人违反职责罪的有关规定，以遗失武器装备罪论处。

三、处罚

犯本罪的，处三年以下有期徒刑或者拘役。

第四百四十二条　（擅自出卖、转让军队房地产罪）

违反规定，擅自出卖、转让军队房地产，情节严重的，对直接责任人员，处三年以下有期徒刑或者拘役；情节特别严重的，处三年以上十年以下有期徒刑。

【释解】

本条是关于擅自出卖、转让军队房地产罪的规定。

一、概念及其构成

擅自出卖、转让军队房地产罪，是指违反规定，擅自出卖、转让军队房地产，情节严重的行为。

（一）客体要件

本罪侵犯的客体是房地产管理制度。军队房地产是国家财产的重要组成部分，也是国有资产不可缺少的有机整体。军队房地产权属由国家依法授予中央军委、总部所持有，任何人员、组织和部队不得擅自出卖、转让。近年来，由于一些单位和个人为了牟取本单位或者个人私利，擅自出卖、转让军队房地产，侵害了国防资产的产权，破坏了军队房地产集中统一的管理秩序，导致军事设施被毁坏，军事秘密被泄露，国防资产流失等严重后果，对国防和军队建设造成严重危害。军委总部先后颁布的一系列房地产管理法规，三令五申要严厉制止擅自处理军队房地产的行为。如《中国人民解放军房地产管理条例》第 34 条规定："对于因管理不善、失职造成军队房地产严重损失的，根据情节轻重给予有关人员行政处分、经济处分；构成犯罪的，依法追究刑事责任。"《关于擅自处理军队房地产问题的处罚暂行规定》第 4 条明确指出："对于利用军队房地产做交易、送人情等严重违法乱纪的，除限期收回房地产外，对决策人和直接责任者给予行政严重警告处分，没收其非法收入；构成犯罪的，依法追究其刑事责任。"为了加强军队房地产的管理，保障军队房地产管理法规的施行，必须打击严重破坏军队房地产管理秩序的犯罪行为。

本罪的犯罪对象是军队房地产。所谓军队房地产，是指由军队管理、使用的土地、房屋及附属设施、设备，以及林木等。

（二）客观要件

本罪在客观方面表现为违反规定，擅自出卖、转让房地产，情节严重的行为。军队房地产是指由军队管理、使用的房屋及其附属设施、设备和土地、林木等。违反规定是指违反《内务条令》、《中国人民解放军房地产管理条例》及其他有关军队房地产管理和使用的规定。这些条令、条例规定了军队房地产管理、使用的基本原则和具体制度，其中包括处理军队房地产的审批权限及其程序。未经有权机关依法审批，任何单位和个人都不得随意处理军队房地产，违者即属于擅自处理军队房地产。出卖和转让军队房地产是两种主要的处理军队房地产的方式，未经批准，将本单位的房地产出卖或者转让给军队其他单位，因房地产的产权关系仍在军队内部，所以也不属于出卖或者转让军队房地产。出卖或者转让都是改变军队房地产的产权关系，如果仅是临时出租或出借给他人使用，到期收回，不改变产权关系的，不属于出卖或者转让。出卖，是指以牟利为目的出售军队房地产的行为转让，是指私下将房地产赠与他人或者以此换取其他物品。

擅自出卖、转让军队房地产行为，只有情节严重的，才能构成犯罪。情节严重是指出卖、转让军队房地产数量较大的，出卖、转让重要房地产的，出卖、转让给境外的机构、组织、人员的，因出卖、转让军队房地产造成严重后果的，严重影响部队正常训练、工作和生活的，以及事后弄虚作假欺骗上级的等。

（三）主体要件

本罪的主体是特殊主体，是军队各单位的主管人员和负有房地产管理职责的人员，属于军人违反职责罪中的特殊主体。本条虽然没有对犯罪主体作明文限定，只规定追究直接责任人员的刑事责任，但由于房地产的不动产属性，决定了出卖、转让军队房地产的行为只能由对房地产负有管理职权的人员实施。

（四）主观要件

本罪在主观方面表现为故意，即对于违反规定，擅自出卖、转让房地产的行为，行为人是故意实施的。明知军队房地产出卖、转让必须经过合法批准，未经批准，擅自出卖、转让，即是故意。

二、认定

认定本罪时，应注意区分本罪与非法转让、倒卖土地使用权罪和非法低价出让国有土地使用权罪的界限。这三种犯罪的对象都涉及到房地产，在定罪上可能发生混淆，应注意正确区分其界限。其主要区别是：

1. 犯罪侵害的客体不同

擅自出卖、转让军队房地产罪侵害的是军队房地产的管理秩序，非法转让、倒卖土地使用权罪侵害的是国有土地管理秩序，非法低价出让国有土地使用权罪侵害的是国有土地管理秩序。

2. 犯罪的客观方面不同

擅自出卖、转让军队房地产罪的对象是军队的房地产，表现为出卖、转让军队房地产的产权关系，非法转让、倒卖土地使用权罪的对象是一般土地，表现为转让、倒卖这些土地的使用权，非法低价出让国有土地使用权罪的对象是国有土地，表现为将这些国有土地非法低价出让。

3. 犯罪主体不同

擅自出卖、转让军队房地产罪的主体是军人，非法转让、倒卖土地使用权罪的主体是一般公民，而非法低价出让国有土地使用权罪的主体是国家机关工作人员。

三、处罚

犯本罪的，处三年以下有期徒刑或者拘役；情节特别严重的，处三年以上十年以下有期徒刑。

所谓情节特别严重，是指出卖、转让的数量巨大，出卖、转让特别重要的房地产，因出卖、转让军队房地产而造成特别严重后果的等。

第四百四十三条 （虐待部属罪）

滥用职权，虐待部属，情节恶劣，致人重伤或者造成其他严重后果的，处五年以下有期徒刑或者拘役；致人死亡的，处五年以上有期徒刑。

【释解】

本条是关于虐待部属罪的规定。

一、概念及其构成

虐待部属罪，是指处于领导岗位的军职人员滥用职权，对部属进行精神上的折磨或肉体上的摧残，情节恶劣，致人重伤或者造成其他严重后果的行为。

（一）客体要件

本罪侵犯的客体是我军官兵一致、平等相待的军人之间的相互关系。官兵一致是我军政治工作三大原则之一，尊干爱兵是我军光荣传统的重要组成部分。虐待部属的行为违反了我军的宗旨，严重破坏了官兵关系和上下级关系，侵害部属的人身权利，损害部队的内部团结。所以，本罪侵犯的是双重客体。

（二）客观要件

本罪在客观方面表现为军职人员滥用职权，对部属进行虐待，情节恶劣，因而致人重伤或造成其他严重后果的行为。

滥用职权是指超越职责范围，不正当地使用职权。虐待的方式多种式样，如经常殴打、冻饿、体罚、恫吓、人格侮辱、有病不予治疗、随意克扣薪金或津贴等。对部属管理上的简单粗暴或者在训练、施工及其他体力活动上提出过高要求，也不应以虐待行为对待。致人重伤或者造成其他严重后果是构成本罪的必要条件，而致人死亡则是本罪加重处罚的条件。一般的辱骂、斥责及管理教育方法简单生硬，没有致部属重伤或者造成其他严重后果的，不属于情节恶劣的虐待部属行为，不构成本罪，即使个别部属心胸狭窄，因而自杀或自伤身体、逃离部队等，也不应追究刑事责任。

致人重伤或者死亡指因虐待行为直接导致被害人伤亡，如殴打致伤致死，有病不让治疗致使病情恶化而死亡。判断受虐待部属伤情轻重，一般依照本法规定和司法部、最高人民法院、最高人民检察院、公安部拟定的《人体重伤鉴定标准》的有关规定，结合案件情况进行综合评价。虐待部属造成其他严重后果的情况，是指受虐待的部属因不堪忍受而自杀的，被害人身心健康受到摧残，甚至患精神病的；因虐待部属，造成部队开小差、行政管理工作混乱，影响部队正常训练、工作的；战时虐待部属，因而致使部队战斗力下降，造成战斗失利的；因虐待部属造成恶劣影响，败坏我军声誉的等。行为人虐待部属的时间较长、方法多样，也不构成数罪，不适用数罪并罚，可作为犯罪情节在量刑上予以适当考虑。

（三）主体要件

本罪的主体为特殊主体，指处于领导岗位的军职人员，亦即行为人与被害人之间存着职务上的隶属关系，前者是后者的领导。隶属关系是根据有任免权限首长的命令建立的领导与被领导关系。它不是简单的上下级关系。确定隶属关系应以《中国人民解放军现役军官服役条例》所规定的任免权限为准。隶属关系必须是同一编制序列中的领导与被领导关系。行为人与被害人之间是否构成隶属关系，是本罪成立与否的决定条件。在职务上不构成隶属关系时，一军人对另一军人的迫害行为，如果构成犯罪，应依照本法有关条款予以惩罚，不应以虐待部属罪论处。

（四）主观要件

本罪在主观方面表现为故意。即有意识地使被害人在相当长的时间里遭受肉体上或精神上的痛苦。但行为人对虐待所造成的后果则是过失。对可能造成的致人重伤、死亡等严重后果，却不是抱着希望或者放任的态度，否则就构成故意伤害等罪。

二、认定

（一）区分本罪与军人构成的刑法上的故意伤害罪的界限

两者的主要区别：

1. 主体要件和犯罪对象不同

本罪的主体是特殊主体，即必须是与被害人构成隶属关系的首长，犯罪对象则仅限于与行为人构成隶属关系的部属。故意伤害罪为一般主体，军职人员和一般公民均可构成，而且不要求行为人与被害人之间有特定关系。

2. 犯罪的客观表现不同

本罪是一般表现为经常打骂、冻饿等等方法对被害人进行肉体或者精神的摧残、折磨，其结果不仅可能引起伤害，还可能引起其他严重后果，而故意伤害罪一般表现为以暴力或其他手段直接伤害他人的身体，其结果是造成被害人身体的组织完整性或者各种器官的正常功能遭到破坏。因此，如果部队的领导人员对自己的部属不是采取上述虐待的手段，而是以伤害他人身体为目的采用枪击、刀刺等暴力手段，直接造成他人身体伤害的，应依照本法关于故意伤害罪的规定定罪判刑，不能定虐待部属罪。

（二）区分本罪与非法拘禁罪的界限

非法拘禁罪是指以拘留、禁闭或其他强制方法，非法剥夺他人人身自由的行为，属于侵犯人身权利罪范围。军职人员虐待、迫害自己的部属，手段多种多样，禁闭也是其中的手段之一。因此，在虐待部属过程中，间或有非法拘禁行为的，仍应以虐待部属罪论处，不定非法拘禁罪。但是，如果不是出于虐待部属的目的，也没有经常虐待、迫害部属的事实，而是由于其他原因或个人目的非法拘禁自己的部属，构成犯罪的，应当以非法拘禁罪论处。

（三）区分本罪与侮辱罪的界限

1. 虐待部属罪侵害的客体是官兵一致的上下级关系和部属的人身权利，而侮辱罪侵害的客体是公民的人格和名誉权。

2. 虐待部属罪的虐待行为是直接折磨、摧残部属的肉体和精神，并因此而致人重伤或者造成其他严重后果，而侮辱罪的侮辱行为是直接损害部属的人格和名誉，但并不要求必须造成严重后果。

3. 虐待部属罪的行为人是有权指挥他人的人，他与被害人之间有隶属关系，属于军人违反职责罪中的特殊主体，而侮辱罪的行为人与被害人之间没有特殊关系，属于一般主体。

4. 虐待部属罪是过失犯罪，而侮辱罪是故意犯罪。对这类案件在定罪时，如果符合虐待部属罪的构成要件的，应定虐待部属罪，而将侮辱行为作为从重处罚的情节；如果不符合虐待部属罪的构成要件而符合侮辱罪的构成要件的，则应定侮辱罪，而将虐待行为作为从重处罚的情节。单纯侮辱部属人格和名誉的行为，只能定侮辱罪而不能定虐待部属罪。

三、处罚

犯本罪的，处五年以下有期徒刑或者拘役；致人死亡的，处五年以上有期徒刑。

第四百四十四条 （遗弃伤病军人罪）

在战场上故意遗弃伤病军人，情节恶劣的，对直接责任人员，处五年以下有期徒刑。

【释解】

本条是关于遗弃伤病军人罪的规定。

一、概念及其构成

遗弃伤病军人罪，是指军职人员在战场上故意将我方伤病军人弃置不顾，情节恶劣的行为。

（一）客体要件

本罪侵犯的客体是我军的战场救护秩序。我军的性质决定了军人不论职务高低，在政治上一律平等，相互间是同志关系，彼此应互相关心和爱护。在战场上实行救护制度，尽最大可能抢救每一个伤病军人是这一要求的具体体现。《中国人民解放军合成军队战场勤务条令》专门规定了“伤员救护”一节，其中第127条明确规定伤员救护“除充分发挥卫生人员的作用外，应广泛开展自救互救，搞好火线抢救，并及时联系前线或组织后送，使伤员得到早期治疗”。《中国人民解放军合成军队战斗概则》第107条也规定，卫生勤务部门要“严密组织卫生防疫和防护，合理组织与使用卫勤力量，迅速对伤病员进行医疗和后送，保持部队战斗力。”在战场上遗弃伤病军人的行为，违背战场救护的要求，会直接破坏战场救护秩序，伤害广大官兵的感情，削弱他们的战斗意志，损害部队的战斗力，最终妨害我军的作战利益。

（二）客观要件

本罪在客观方面表现为在战场上将我方伤病军人弃置不顾，情节恶劣的行为。遗弃的对象必须是我方的伤病军人。如果是受伤的俘虏，则不构成遗弃伤病军人罪。伤病军人不仅包括伤员，还应包括因作战而患病的病员。遗弃是指对有条件抢救的伤病军人弃置不顾不予抢救，一般表现为不作为的形式。在紧急情况下，对确实无条件把战场上的伤病军人抢救下来的，或者虽已抢救下来但由于客观条件的限制未予及时救的，不应视为遗弃。遗弃行为必须发生在战场上。战场泛指两军交战的区域，在现代战争条件下，战场的范围很广，包括陆地、水域、空中。

战场上的情况错综复杂，遗弃伤病军人的行为，只有情节恶劣的，才构成犯罪。情节恶劣是指遗弃伤病军人的主观动机恶劣的，遗弃伤员多人或多次的，遗弃重要伤病军人的，遗弃伤病军人造成严重后果或恶劣影响的等。

（三）主体要件

本罪的主体为特殊主体，且为军人之中的直接责任人员，包括各级指挥人员、救护人员及其他实施遗弃行为的军人。

（四）主观要件

本罪在主观方面表现为故意。即行为人明知自己遗弃伤病军人的行为将会造成伤病军人失去救护机会的危害结果，却希望或者放任这种危害结果发生。遗弃伤病军人的动机多数情况下是出于害怕危险、嫌麻烦，个别的也有为泄私愤、图报复的，这些动机都反映了行为人在主观上具有危害社会的意图。如果是在紧急情况下，为了执行重要的作战任务而无法救护伤病军人，或者客观条件下允许收拢、转移伤病军人，不得已而放弃的，由于行为人主观上不具有危害社会的意图，所以不应认为有遗弃伤病军人的主观故意。

二、认定

认定本罪时，应注意是区分本罪与玩忽军事职守罪的界限。战场指挥人员犯遗弃伤病军人罪和玩忽职守罪，在客观方面有相似之处。区分其界限，主要看行为人主观上是否明知存在伤病军人。如果行为人明知存在伤病军人，且有条件抢救，却不履行职责组织抢救伤病军人，弃伤病军人于不顾，情节恶劣的，应以遗弃伤病军人罪论处；如果行为人不认真履行职责，没有查明是否存在伤病军人，以致伤病军人被弃置，造成严重后果的，应以玩忽军事职守罪论处。

三、处罚

犯本罪的，处五年以下有期徒刑。

第四百四十五条　（战时拒不救治伤病军人罪）

战时在救护治疗职位上，有条件救治而拒不救治危重伤病军人的，处五年以下有期徒刑或者拘役；造成伤病军人重残、死亡或者有其他严重情节的，处五年以上十年以下有期徒刑。

【释解】

本条是关于战时拒不救治伤病军人罪的规定。

一、概念及其构成

战时拒不救治伤病军人罪，是指负有救护治疗责任的军职人员战时在救护治疗职位上，有条件救治而拒不救治危重伤病军人的行为。

（一）客体要件

本罪侵犯的客体是我军的战场救护秩序。在战场上实行救护制度，尽最大可能抢救每一个伤病员是医务人员的神圣职责。在战时有条件救治而拒不救治危害伤病军人的行为，违背战场救护的要求，会直接破坏战场救护秩序，伤害广大官兵的感情，削弱他们的战斗意志，损害部队的战斗力。在战时情况下，这类行为性质更为恶劣，后果更为严重。《中国人民解放军医院工作暂行规则》等法规、规章，明确规定对“拒绝诊治按军队的有关规定就诊或转诊的军队伤病员、拒绝对危急重症伤病员进行必要的抢救处理”的军队医务人员，“违反本规则，触犯刑律构成犯罪者，应依法追究刑事责任”。

（二）客观要件

本罪在客观方面表现为战时在救治治疗职位上有条件救治而拒不救治危重伤病军人的行为。拒不救治的对象必须是我方的伤病军人。如果是受伤的俘虏，则不构成本罪。伤病军人不仅包括狭义的伤员，还应包括因作战而患病的病员。拒不救治是指对有条件救治的伤员弃置不顾不予抢救，一般表现为不作为的形式。拒不救治表现为拒绝提供必要的抢救、治疗，以控制、缓解伤情、病情，挽救伤病军人的生命或者避免造成终生严重残疾。拒不救治的行为可以发生在医疗救护的各个环节上，如值班护士拒不接诊，医生拒不检诊和进行抢救，检验人员拒不进行检验等。有条件救治是构成本罪的前提条件，只有客观上具备救治的条件，才能证明行为人拒不救治伤病军人存在主观上的罪过。是否具备救治伤病军人的条件，应根据伤病军人的伤情、病情，结合救护人员的技术水平、医疗单位的医疗条件及当时的客观环境，综合认定。在紧急情况下，对确实无条件救治的，或者由于客观条件的限制未予及时救治的，不应视为拒不救治。拒不救治行为必须发生在战时，即国家宣布进入战争状态，部队受领作战任务或者遭敌突然袭击时，部队执行戒严任务或者处置突发性暴力事件时。在救护治疗岗位上，是指军队医务人员在执行战场救护任务过程，正在本职工作岗位上执行任务或者临时执行救护治疗任务。危重，是指伤病军人的伤势或者病情严重而处于危险的情形，且不及时救治，将导致其死亡的后果发生。

（三）主体要件

本罪的主体为军队医务人员，一般是负有救护治疗职责的军职人员。本条对本罪的犯罪主体并没有直接作出明文规定，但规定了“在救护治疗职位上”。这一规定包含两方面的含义，一是从身份上看，行为人应是医务工作人员，包括临时被委派从事医务工作的人员；二是从时间上看，这些医务工作人员正在岗位上履行救护治疗职责，如正在上班、值班或者被指派从事临时抢救任务等。如果行为人不是医务工作人员，或者不是正在履行救护治疗职责，而是在下班以后、休假之中或者从事其他工作时，则不能成为本罪的犯罪主体。

（四）主观要件

本罪在主观方面表现故意。即明知存在危重伤病军人，且有条件救治，却弃置不顾。

二、认定

（一）区分本罪与遗弃伤病军人罪的界限

战时拒不救治伤病军人罪与遗弃伤病军人罪都侵害了战时救护秩序，犯罪的对象都是我军的伤病军人，主观上又都是故意犯罪，犯罪主体也有相同之处，在定罪上界限不易划清。其主要区别在于犯罪的客观方面表现有所不同。遗弃伤病军人罪是将伤病军人丢弃，使其不仅得不到救护治疗，而且还面临脱离部队的更大危险。而战时拒不救治伤病军人罪则仅是使伤病军人在医疗救护单位得不到救治，不存在伤病军人脱离部队和医疗救护单位的危险。

（二）区分本罪与医疗事故罪的界限

1. 在犯罪的主观方面，罪过的表现形式不同。战时拒不救治伤病军人罪在主观上是故意犯罪，行为人对可能造成的危害后果主观上抱着希望或者放任的态度，而医疗事故罪在主观上是过失犯罪，行为人对可能造成的危害后果主观上出于疏忽或者轻信的态度。

2. 在犯罪的客观方面，战时拒不救治伤病军人罪表现为不作为的行为犯，客观上并不要求造成致伤病军人伤残或者死亡等严重后果，犯罪对象是军人，而医疗事故罪则属于结果犯，必须造成伤病人员死亡或者身体健康严重损害的后果，犯罪行为即可以是不作为的，也可以是作为，犯罪对象可以是军人，也可以是非军人。

三、处罚

犯本罪的，处五年以下有期徒刑或者拘役；造成伤病军人重残、死亡或者有其他严重情节的，处五年以上十年以下有期徒刑。

重残，一般是指二等以上的残废。其他严重情节是指拒不救治，如遗弃伤病军人的主观动机恶劣的，拒不救治伤病军人多人或多次的，拒不救治重要伤病军人的，拒不救治伤病军人造成严重后果或恶劣影响的等。

第四百四十六条　（战时残害居民、掠夺居民财物罪）

战时在军事行动地区，残害无辜居民或者掠夺无辜居民财物的，处五年以下有期徒刑；情节严重的，处五年以上十年以下有期徒刑；情节特别严重的，处十年以上有期徒刑、无期徒刑或者死刑。

【释解】

本条是关于战时残害居民、掠夺居民财物罪的规定。

一、概念及其构成

战时残害居民、掠夺居民财物罪，是指战时在军事行动地区，残害无辜居民或者掠夺无辜居民财物的行为。

（一）客体要件

本罪侵犯的客体是战时群众工作秩序。我军历来有严格的群众纪律，任何时候都要保护群众的正当利益。残害无辜居民、掠夺无辜居民财物的行为严重违反战时群众纪律，败坏我军的声誉，损害我国与战区群众的关系，破坏战时群众工作秩序，增加我军作战的困难，将对作战造成严重危害。

（二）客观要件

本罪在客观方面表现为行为人战时在军事行动地区，实施了残害无辜居民、掠夺无辜居民财物的行为。这种行为不仅为国内刑事法律所禁止，也为国际法所禁止。例如我国全国人大常委会 1956 年 11 月 5 日批准承认的 1949 年《关于保护平民的日内瓦公约》就有禁止性规定。掠夺，主要是指以暴力、胁迫等方式，抢劫、抢夺无辜居民财物的行为。

战时在军事行动地区，通常又简称为“战区”。它既包括我军作战区域，也包括我军宣布的戒严区域，有时不受中华人民共和国国（边）境的限制。如抗美援朝、对越自卫还击作战中，我军的军事行动地区就涉及到国外。军人在非军事行动地区实施掠夺、残害平民百姓等行为的，则按本法分则其他章节条款惩处。本罪的犯罪对象是无辜居民的财产，包括金钱和财物；残害的对象是无辜居民。在战场上掠夺阵亡烈士、伤员和敌人的财物的，不构成本罪。

无辜居民，是指对我军无任何敌对行动的战区居民群众。在以往的司法实践中，在我军刚解放、进驻、攻陷、控制的一些区域里，由于受敌人的反动欺骗宣传，有相当一部分群众对我军性质、作战目的、行动意义不甚了解甚至曲解，对我军怀有敌视心理，有的还对我军有辱骂、指责行为，但只要他们没有具体实施反抗行为的，都应当把他们视为无辜居民，而不得加以伤害。对那些与敌方通风报信、泄露我军行动秘密、用武力骚扰我军行动，围攻、暗杀、绑架我方人员，煽动当地群众、居民反抗我军的首要分子等，应按“敌人或敌对分子”看待，不能划入“无辜居民”的范围之内。

（三）主体要件

本罪的主体为特殊主体，为军人，且是参加军事行动的军职人员。

（四）主观要件

本罪在主观方面表现为故意且是直接故意。即行为人明知残害无辜居民、掠夺无辜群众的行为，侵害了无辜居民的人身、财产权利，违反了我国法律、军纪，危害了我军作战利益，却故意加以实施。那些确实出自于军事行动需要而取用、毁坏军事行动地区群众财产的行为，不应认为具有主观上的罪过，不构成本罪。

二、认定

（一）区分本罪与非罪的界限

一般情况下，军职人员在军事行动地区，残害无辜居民、掠夺无辜居民财产的，就具备了本罪的基本特征，构成了本罪。但是，情节显著轻微、危害不大的行为，不认为是犯罪，按军纪处理。

（二）区分本罪与抢劫罪、抢夺罪的界限

1．主体要求不同

本罪的主体为特殊主体，只能是参加军事行为的军职人员；而抢劫罪、抢夺罪的主体，为一般主体，可以是任何达到法定刑事责任年龄、具有刑事责任能力的人。

2．犯罪行为发生地点不同

本罪只能发生在军事行动地区，而抢劫罪、抢夺罪没有地区限制，可以发生在任何地区。

3．侵害对象不同

本罪侵害的对象，是军事行动地区无辜居民群众的财产；抢劫罪、抢夺罪侵害的对象，可以是任何地区的公私财产。如果军职人员在非战区抢劫或者抢夺公私财物，构成犯罪的，则应当按照本法的规定，以抢劫罪或者抢夺罪论处。

三、处罚

犯本罪的，处五年以下有期徒刑；情节严重的，处五年以上十年以下有期徒刑；情节特别严重的，处十年以上有期徒刑、无期徒刑或者死刑。情节严重，主要是指聚众残害无辜居民、掠夺无辜居民财物的首要分子，残害无辜居民多人的，掠夺无辜居民财物数额巨大的，残害无辜居民手段恶劣的，严重影响我军军事行动的，造成其他严重后果的，等等。情节特别严重，主要是指残害大批无辜居民的，残害无辜居民手段特别恶劣的，掠夺无辜居民财物数额特别巨大的，严重影响我军重要军事行动的，造成其他特别严重后果的，等等。

第四百四十七条　（私放俘虏罪）

私放俘虏的，处五年以下有期徒刑；私放重要俘虏、私放俘虏多人或者有其他严重情节的，处五年以上有期徒刑。

【释解】

本条是关于私放俘虏罪的规定。

一、概念及其构成

私放俘虏罪，是指军职人员违反战场纪律，对被俘的敌方人员擅自放走的行为。

（一）客体要件

本罪侵犯的客体是我军的俘虏管理制度。《中国人民解放军合成战场勤务条令》第148条规定："不准擅自私放俘虏"。私放俘虏的行为直接侵害了我军的俘虏管理制度，削弱了我军俘虏政策的威力，损害了我军的声誉，不利于消灭敌人有生力量，不利于及时获取敌方情况，使敌人的反动宣传有机可乘，导致敌人顽抗到底，增加了我军夺取胜利的困难。

（二）客观要件

本罪在客观方面表现为私放俘虏的行为。本罪的犯罪对象必须是俘虏，即在战争或武装冲突部队被抓获的敌方的人员。如果仅为敌方的普通百姓，则不属本罪的犯罪对象。我军对俘虏的处理，要经过甄别、审讯、教育后，区别对待，其中俘虏的敌军士兵和下级军官经批准后可以释放。私放俘虏，是指未经批准，擅自将俘虏放走，使其脱离我方的控制。这种行为既可以是公开进行的，也可以是暗中进行的。私放俘虏的行为既可以发生在战时；也可以发生在战后，所以本罪没有限定为战时犯罪。

（三）主体要件

本罪主体为特殊主体。主要是对俘虏有管理责任的军职人员，也可以是其他军职人员。

（四）主观要件

本罪在主观方面表现为故意。即行为人明知自己的行为会造成俘虏逃走的危害结果，却希望或者放任这种危害结果的发生。私放俘虏的动机多种多样、不论出于何种动机，均构成私放俘虏罪。

二、认定

认定本罪时应注意区分本罪与私放在押人员罪的界限。

俘虏也属于在押人员，而且这两种犯罪在客观方面的行为表现是相同的，其主要区别有以下几点：

1. 犯罪侵害的客体不同

私放俘虏罪侵害的是俘虏管理秩序，而私放在押人员罪侵害的客体是司法监管秩序。

2. 犯罪的对象不同

私放俘虏罪所私放的是战时被我方俘获的敌方武装人员，及其他为武装部队服务的人员，而私放在押人员罪私放的是刑事案件的犯罪嫌疑人、被告人或者罪犯。

3. 犯罪的主体不同

私放俘虏罪的主体是军人，而私放在押人员罪的主体是司法工作人员。当俘虏因其战争罪行被审判而进入刑事诉讼程序时，其具有双重身份，私放这样的俘虏应按处理想象竞合犯的原则，以较重的罪名论处。鉴于这两种犯罪的法定最高刑虽一样，但法定最低刑私放俘虏罪比私放在押人员罪要重，而且私放俘虏罪只设了两个量刑幅度，而私放在押人员罪却设了三个量刑幅度，实际处刑结果要比私放俘虏罪轻，所以应当按私放俘虏罪论处。

三、处罚

犯本罪的，处五年以下有期徒刑；私放重要俘虏、私放俘虏多人或者有其他严重情节的，处五年以上有期徒刑。

重要俘虏是指：(1) 俘虏中的敌方中、高级军官；(2) 掌握重要情报的敌方机要、保密、警卫人员；(3) 为侦察敌情而专门抓获的俘虏；(4) 掌握我军重要情况的俘虏人员等。

其他严重情节，是指因收受贿赂或贪图女色私放俘虏的；因私放俘虏暴露我方重要情况的；为俘虏提供逃跑条件或者财力、物力予以资助的。

第四百四十八条 （虐待俘虏罪）

虐待俘虏，情节恶劣的，处三年以下有期徒刑。

【释解】

本条是关于虐待俘虏罪的规定。

一、概念及其构成

虐待俘虏罪，是指军职人员对被我军俘获不再进行反抗的敌方人员，实施虐待，情节恶劣的行为。

（一）客体要件

本罪侵犯的客体是我军的俘虏管理制度。我军对放下武器的敌军官兵，实行宽待政策，给予人道待遇，不杀不辱，不没收私人财物，受伤给予治疗，妥善处理死亡俘虏的遗体和遗物。这是我军瓦解敌军的政治工作原则的具体体现。我军不仅在战场上历来奉行宽待俘虏的政策，而且我国还于1956年11月5日批准加入《关于战俘待遇的日内瓦公约》。虐待俘虏的行为直接侵害了我军的俘虏管理制度，削弱了我军俘虏政策的威力，损害了我军的声誉，使敌人的反动宣传有机可乘，导致敌人顽抗到底，增加了我军夺取胜利的困难。

（二）客观要件

本罪在客观方面表现为虐待俘虏，情节恶劣的行为。虐待的对象必须是俘虏，即在战争或武装冲突中被我方俘获的敌方武装人员及其他武装部队服务的人员。如果仅为敌方的普通百姓，则不属本罪的犯罪对象。虐待行为一般表现为侮辱人格，不人道的生活待遇，打骂、体罚、折磨及施以其他酷刑，强迫从事危险性和屈辱性的工作，摧残其身体等。随意杀死俘虏的行为属于严重侵害俘虏人身权利的犯罪，已超出虐待行为的本意，不应再以本罪论处。虐待俘虏的行为既可以发生在战时，也可以发生在战后，所以本罪没有限定为战时犯罪。

只有情节恶劣的虐待俘虏行为才构成犯罪，如一贯虐待俘虏屡教不改的，虐待俘虏的手段特别残酷的，因虐待等行为导致俘虏自杀、凶杀、逃跑、闹事等严重后果或造成恶劣政治影响的，因虐待导致俘虏伤残和死亡的等。

（三）主体要件

本罪的主体为特殊主体，且主要是对俘虏有管理责任的军职人员，也可以是其他军职人员。

（四）主观要件

本罪在主观方面表现为故意。即行为人明知自己虐待俘虏的行为破坏了俘虏管理秩序，将会对我军作战造成危害，却希望或者放任这种危害结果发生。过失不构成本罪。虐待俘虏的动机多为义愤、敌意和报复心理，不论出于何种动机，情节恶劣的均构成虐待俘虏罪。

二、认定

认定本罪时，应注意区分本罪与虐待被监管人罪的界限。俘虏也属于被监管的人员，而且这两种犯罪在客观方面的行为表现是相同的，在定罪上可能发生混淆。其主要区别有以下几点：

1. 在犯罪侵害的客体上，虐待俘虏罪侵害的是俘虏管理秩序，而虐待被监管人罪侵害的客体是司法监管秩序。

2. 在犯罪的客观方面，这两种犯罪的对象不同，虐待俘虏罪所虐待的是战时被我方俘获的敌方武装人员及其为武装部队服务的人员，而虐待被监管人罪所虐待的是刑事案件的犯罪嫌疑人、被告人或者罪犯。

3. 在犯罪的主体上，虐待俘虏罪的主体是军人，而虐待被监管人罪的主体是司法工作人员。当俘虏因其战争罪行被审判而进入刑事诉讼程序时，其具有双重身份，虐待这样的俘虏应按处理想象竞合犯的原则，以较重的罪名虐待被监管人罪论处。

三、处罚

犯本罪的，处三年以下有期徒刑。

第四百四十九条 （战时缓刑）

在战时，对被判处三年以下有期徒刑没有现实危险宣告缓刑的犯罪军人，允许其戴罪立功，确有立功表现时，可以撤销原判刑罚，不以犯罪论处。

【释解】

本条是关于战时缓刑的规定。

根据本条规定，对于被判处三年以下有期徒刑没有现实危险宣告缓刑的犯罪军人，允许其戴罪立功，确有立功表现时，可以撤销原判刑罚不以犯罪论处。这也是缓刑的一种。

本法第72条规定："对于被判处拘役、三年以下有期徒刑的犯罪分子，根据犯罪分子的犯罪情节和悔罪表现，适用缓刑确实不致再危害社会的，可以宣告缓刑。"因此，宣告缓刑的条件是：(1)被判处拘役、三年以下有期徒刑。这说明罪行比较轻微，判重刑的罪犯，不能适用缓刑；(2)犯罪分子确有悔改表现，不关押也不至于再危害社会。以上二条件缺一不可。对于军人犯罪，符合判处缓刑条件的，也可以判处缓刑。实行缓刑的目的，在于体现我国惩办与宽大的基本刑事政策，虽然根据某人的犯罪事实和情节，应当判处剥夺自由的刑罚，但是，根据他们的悔改表现，不关押而放在社会上也不致危害社会的，通过对其实行缓刑，予以考察，促其改过自新，不再执行原刑罚。

但是战时缓刑和缓刑又有明显的不同。

1. 适用对象不同

适用缓刑的是被判处拘役、三年以下有期徒刑的犯罪分子；而适用本条规定的，是被判处三年以下有期徒刑缓期执行的犯罪军人。被宣告缓刑的其他犯罪人员或者被判处死刑的犯罪军人，以及曾经被宣告缓刑，现缓刑考验期已满的军人，均不得依据战时缓刑的规定，撤销原判刑罚，不以犯罪论处。

2. 适用条件不同

根据本法第76条规定，如果没有特别情形，缓刑考验期满，犯罪分子的刑罚就不再执行。而本条规定，犯罪分子在缓刑考验期内，允许其戴罪立功，确有立功表现时，可以撤销原判刑罚，不以犯罪论处。也就是说犯罪军人戴罪立功时，不仅是原判刑罚不再执行，而且是撤销原判刑罚，不以犯罪论处，但前提条件是戴罪立功，确有立功表现。何为立功表现，具体可参照我国刑法及司法解释有关减刑立功表现的规定。立功表现必须发生在战时。这是本条规定战时缓刑的基本出发点。所谓战时，是战争时期的简称。对于全局性战争，战时自国家发布战争动员令起，至宣布战争结束止；对于局部性战争，战时自部队接受作战任务进行战斗动员起，至部队完成作战任务撤离战区或者战争结束止。

对于在战时宣告缓刑的犯罪军人，在战时状态结束和缓刑考验期满前，确有立功表现的，可以根据战时缓刑的规定，撤销原判刑罚，不以犯罪论处。一旦撤销原判刑罚，不以犯罪论处，应视为原判刑罚已不存在，该军人就是没有犯罪前科、没有受过刑事处罚的人。这一点与我国刑法的缓刑制度有显著不同。在我国刑法中，宣告缓刑的判决、裁定生效后，除非在认定事实或者适用法律上确有错误，是不能撤销原判刑罚的。

第四百五十条　（军人的界定）

本章适用于中国人民解放军的现役军官、文职干部、士兵及具有军籍的学员和中国人民武装警察部队的现役警官、文职干部、士兵及具有军籍的学员以及执行军事任务的预备役人员和其他人员。

【释解】

本条是关于军人的界定的规定。

1984 年 5 月 31 日第六届全国人民代表大会通过的《中华人民共和国兵役法》规定，中华人民共和国的武装力量，由中国人民解放军、中国人民武装警察部队和民兵组成。中国人民警察部队是武装力量内担负国内安全保卫任务的武装组织。其基本任务是维护国家主权、安全和尊严维护社会治安和国家的重要目标，保卫人民生命财产的安全。中国人民武装警察部队执行兵役法、执行军内的条令条例，他们在履行职责时，应当受到旨在维护国家军事利益的刑法本章的管辖。

兵役分为现役和预备役。在中国人民解放军服现役的称现役军人；编入民兵组织或者经过登记服预备役的称预备役人员。现役军人必须遵守军队的条令和条例，忠于职守，随时为保卫祖国而战斗，预备役人员必须按照规定参加军事训练，随时准备参军备战，保卫祖国。

现役军人是指正在中国人民解放军部队服兵役的中国公民。1988 年 9 月 5 日第七届全国人民代表大会常务委员会通过的《中国人民解放军现役军官服役条例》中规定：人民解放军现役军官是被任命为排级以上职务或者初级以上专业技术职务，并被授予相应军衔的现役军人。军官按照职务性质可分为军事军官、政治军官、后勤军官和专业技术军官。

中华人民共和国解放军文职干部，是军队编制定额内不授予军衔的干部，是军队建设的重要力量，是国家干部队伍的组成部分。科学研究、工程技术、医疗卫生、教学、新闻、出版、文化艺术、体育等单位的部分专业技术干部职务，以及为机关、院校、医院等单位内部服务的部分行政事务、生活保联干部职务，属于文职干部。师以下作战部队、试验训练部队和保障部队，原则上不编制文职干部，文职干部实行任命和聘任相结合的制度，按编制员额和编制职务等级配备。文职干部和现役军官之间，文职干部之间，依隶属关系和所任职务，构成上下级或同级关系。根据工作需要，文职干部可改任现役军人，在军内交流。文职干部一般从以下渠道选拔：军队院校毕业学员；地方高等院校、中等专业学校毕业生；现役军官、地方专业技术干部。

中华人民共和国公民，不分民族、种族、职业、家庭出身、宗教信仰和教育程度，都有义务服兵役。除了有严重生理缺陷或者严重残疾不适合服兵役的人员不服兵役，依照法律被剥夺政治权利的人，不得服兵役外，每年 12 月 31 日以前年满 18 周岁的男性公民，应当被征集服现役。当年未被征集的，在 22 岁以前，仍可以被征集服现役。根据军队需要，也可征集女性公民服现役。

每年 12 月 31 日以前年满 18 岁的男性公民，都应当在当年 9 月 30 日以前，按照县、自治县、市、市辖区的兵役机关的安排，进行兵役登记。经兵役登记和初步审查合格的，为应征公民。应征公民符合服现役条件，并经县、自治县、市、市辖区的兵役机关批准的，被征集服现役。未被征集服现役的，服士兵预备役。士兵预备役分为第一类和第二类。第一类士兵预备役包括下列人员：（1）编入基干民兵组织的人员；（2）在不建立民兵组织的单位，经过预备役登记的 28 岁以下的退出现役的士兵；（3）经过预备役登记的 28 岁以下的专业技术人员。第二类士兵预备役包括下列人员：（1）编入普通民兵组织的人员；（2）在不建立民兵组织的单位，经过预备役登记的 29 岁至 35 岁的退出现役的士兵，以及其他符合士兵预备役条件的男性公民。第一类预备役士兵，29 岁转入第二类预备役；第二类预备役士兵，35 岁退出预备役。

现役军官由下列人员补充：（1）军事院校毕业的学员；（2）在中央军委批准开办的培训军官的机构受训后，经考核适合担任军官职务的士兵；（3）高等院校、中等专业学校毕业的适合担任军官职务的学生；（4）军队的文职干部和个别接受的非军事部门的专业技术人员。在战时，现役军官还由下列人员补充：（1）可以直接任命为军官的士兵；（2）征召的预备役军官和适合服役的非军事部门的干部。预备役军官包括下列人员：（1）退出现役转入预备役的军官；（2）确定服军官预备役的退出现役的士兵；（3）确定服军官预备役的高等院校毕业学生；（4）确定服军官预备役的专职人员武装干部和民兵干部；（4）确定服军官预备役的非军事部门的干部和专业技术人员。

根据军队建设的需要，军事院校可以从去年学员中招收学员。招收学员的年龄，不受征集服现役年龄的限制。学员完成学业考试合格的，由院校发给毕业证书，按照规定任命为现役军官或者文职干部。

执行军事任务的其他人员包括民兵。民兵是不脱离生产的群众武装组织，是国家三结合武装力量体制的组成部分，是常备军的助手和后备力量。平时其成员各司本职，接受必要的军事训练，战时就地配合军队作战，担任战争勤务，开展游击战争，维护社会治安，必要时随军远征。因此，执行军事任务的民兵也应受刑法本章的管辖。

第四百五十一条　（战时的概念）

本章所称战时，是指国家宣布进入战争状态、部队受领作战任务或者遭敌突然袭击时。

部队执行戒严任务或者处置突发性暴力事件时，以战时论。

【释解】

本条是关于战时的概念的规定。

由于军人违反职责犯罪大多发生于战时，且“军法从严、战时从严”的刑事处罚原则，决定了从立法上明确界定“战时”具有十分重要的意义。战时军人违反职责犯罪的，从重处罚；但是犯战时才构成的罪除外。可见，战时从严是本章所遵循的一项基本原则。

根据第1款规定，“战时”这一概念包括两种情况：一是指全局性战争，即国家发布战争动员令以后直至宣布战争结束为战时；二是指局部战争，即在部队接受作战任务进行战斗动员后直至实际战斗结束为战时。

本条第2款规定，部队执行戒严或任务或处置突发性暴力事件时，以战时论。所谓戒严，是指一个国家针对国内出现的危险局势，在正常法律手段难以维持社会秩序和国家安全的情况下，由政府所采取的一种军事对抗措施。根据《中华人民共和国戒严法》第2条的规定，在发生严重危及国家的统一、安全或者社会公共安全的动乱、暴乱或者严重骚乱，不采取非常措施不足以维护社会秩序、保护人民的生命和财产安全的紧急状态时，国家可以决定实行戒严。

所谓突发性暴力事件，是指突然发生的、在一定范围内以暴力为手段的事件。《中华人民共和国戒严法》第31条作出了在一些特定情况下，人民解放军可以依法参与处置突发性暴力事件的规定。

附　　则

第四百五十二条　（刑法的生效与失效）

本法自 1997 年 10 月 1 日起施行。

列于本法附件一的全国人民代表大会常务委员会制定的条例、补充规定和决定，已纳入本法或者已不适用，自本法施行之日起，予以废止。

列于本法附件二的全国人民代表大会常务委员会制定的补充规定和决定予以保留。其中，有关行政处罚和行政措施的规定继续有效；有关刑事责任的规定已纳入本法，自本法施行之日起，适用本法规定。

附件一

全国人民代表大会常务委员会制定的下列条例、补充规定和决定，已纳入本法或者已不适用，自本法施行之日起，予以废止：

1. 中华人民共和国惩治军人违反职责罪暂行条例
2. 关天严惩严重破坏经济的罪犯的决定
3. 关于严惩严重危害社会治安的犯罪分子的决定
4. 关于惩治走私罪的补充规定
5. 关于惩治贪污罪贿赂罪的补充规定
6. 关于惩治泄露国家秘密犯罪的补充规定
7. 关于惩治捕杀国家重点保护的珍贵、濒危野生动物犯罪的补充规定
8. 关于惩治侮辱中华人民共和国国旗国徽罪的决定
9. 关于惩治盗掘古文化遗址古墓葬犯罪的补充规定

10. 关于惩治劫持航空器犯罪分子的决定
11. 关于惩治假冒注册商标犯罪的补充规定
12. 关于惩治生产、销售伪劣商品犯罪的决定
13. 关于惩治侵犯著作权的犯罪的决定
14. 关于惩治违反公司法的犯罪的决定
15. 关于处理逃跑或者重新犯罪的劳改犯和劳教人员的决定

附件二

全国人民代表大会常务委员会制定的下列补充规定和决定予以保留，其中，有关行政处罚和行政措施的规定继续有效；有关刑事责任的规定已纳入本法，自本法施行之日起，适用本法规定：

1. 关于禁毒的决定
2. 关于惩治走私、制作、贩卖、传播淫秽物品的犯罪分子的决定
3. 关于严惩拐卖、绑架妇女、儿童的犯罪分子的决定
4. 关于严禁卖淫嫖娼的决定
5. 关于惩治偷税、抗税犯罪的补充规定
6. 关于严惩组织、运送他人偷越国（边）境犯罪的补充规定
7. 关于惩治破坏金融秩序犯罪的决定
8. 关于惩治虚开、伪造和非法出售增值税专用发票犯罪的决定

[相关规定] **《最高人民法院关于适用刑法时间效力规定若干问题的解释》** （1997年10月1日起施行 法释〔1997〕5号）

为正确适用刑法，现就人民法院1997年10月1日以后审理的刑事案件，具体适用修订前的刑法或者修订后的刑法的有关问题规定如下：

第一条 对于行为人1997年9月30日以前实施的犯罪行为，在人民检察院、公安机关、国家安全机关立案侦查或者在人民法院受理案件以后，行为人逃避侦查或者审判，超过追诉期限或者被害

人在追诉期限内提出控告，人民法院、人民检察院、公安机关应当立案而不予立案，超过追诉期限的，是否追究行为人的刑事责任，适用修订前的刑法第七十七条的规定。

第二条 犯罪分子1997年9月30日以前犯罪，不具有法定减轻处罚情节，但是根据案件的具体情况需要在法定刑以下判处刑罚的，适用修订前的刑法第五十九条第二款的规定。

第三条 前罪判处的刑罚已经执行完毕或者赦免，在1997年9月30日以前又犯应当判处有期徒刑以上刑罚之罪，是否构成累犯，适用修订前的刑法第六十一条的规定；1997年10月1日以后又犯应当判处有期徒刑以上刑罚之罪的，是否构成累犯，适用刑法第六十五条的规定。

第四条 1997年9月30日以前被采取强制措施的犯罪嫌疑人、被告人或者1997年9月30日以前犯罪，1997年10月1日以后仍在服刑的罪犯，如实供述司法机关还未掌握的本人其他罪行的，适用刑法第六十七条第二款的规定。

第五条 1997年9月30日以前犯罪的犯罪分子，有揭发他人犯罪行为，或者提供重要线索，从而得以侦破其他案件等立功表现的，适用刑法第六十八条的规定。

第六条 1997年9月30日以前犯罪被宣告缓刑的犯罪分子，在1997年10月1日以后的缓刑考验期间又犯新罪、被发现漏罪或者违反法律、行政法规或者国务院公安部门有关缓刑的监督管理规定，情节严重的，适用刑法第七十七条的规定，撤销缓刑。

第七条 1997年9月30日以前犯罪，1997年10月1日以后仍在服刑的犯罪分子，因特殊情况，需要不受执行刑期限制假释的，适用刑法第八十一条第一款的规定，报经最高人民法院核准。

第八条 1997年9月30日以前犯罪，1997年10月1日以后仍在服刑的累犯以及因杀人、爆炸、抢劫、强奸、绑架等暴力性犯罪被判处十年以上有期徒刑、无期徒刑的犯罪分子，适用修订前的刑法第七十三条的规定，可以假释。

第九条 1997年9月30日以前被假释的犯罪分子，在1997年10月1日以后的假释考验期内，又犯新罪、被发现漏罪或者违反法律、行政法规或者国务院公安部门有关假释的监督管理规定的，适用刑法第八十六条的规定，撤销假释。

第十条 按照审判监督程序重新审判的案件，适用行为时的法律。

［相关规定］ **《最高人民法院、最高人民检察院关于适用刑事司法解释时间效力问题的规定》** （2001年12月17日起施行 高检发释字〔2001〕5号）

为正确适用司法解释办理案件，现对适用刑事司法解释时间效力问题提出如下意见：

一、司法解释是最高人民法院对审判工作中具体应用法律问题和最高人民检察院对检察工作中具体应用法律问题所作的具有法律效力的解释，自发布或者规定之日起施行，效力适用于法律的施行期间。

二、对于司法解释实施前发生的行为，行为时没有相关司法解释，司法解释施行后尚未处理或者正在处理的案件，依照司法解释的规定办理。

三、对于新的司法解释实施前发生的行为，行为时已有相关司法解释，依照行为时的司法解释办理，但适用新的司法解释对犯罪嫌疑人、被告人有利的，适用新的司法解释。

四、对于在司法解释施行前已办结的案件，按照当时的法律和司法解释，认定事实和适用法律没有错误的，不再变动。

【释解】

本条是关于刑法的生效与失效的规定。

刑法的时间效力，是指刑法在时间上的适用范围，即刑法的生效时间、失效时间以及对刑法生效前的行为是否适用即是否具有溯及力。

本条第1款主要规定的是刑法的生效时间。关于刑法的生效时间，通常有两种规定：一是从公布之日起施行；二是在公布一段时间后再施行。我国刑法颁布前后的单行刑事法规的生效时间，绝大多数都是采取第一种办法。例如，1990年12月28日全国人大常委会《关于禁毒的决定》第16条规定："本决定自公布之日起施行。"我国刑法典以及少数单行刑事法规的生效时间，采取了第二种办法。《中华人民共和国刑法》原第9条规定："本法自一九八〇年一月一日起生效。"而该法于1979年7月1日经第五届全国人民代表大会第二次会议通过，同年7月6日公布。我国现行刑法规定："本法自1997年10月1日起施行"，但本法却是于1997年3月14日由第八届全国人民代表大会第五次会议通过的。刑法如此规定，有利于法制宣传、教育，为更好地实施刑法打下一个良好的基础。

刑法的失效时间，是指刑法效力的终止时间。通常有两种情况：一是由立法机关明确宣布废止，即新法公布后，在新法中或者其他法令中明确宣布，与新法相抵触的旧法即行废止或者失效。1979年11月29日全国人大常委会《关于中华人民共和国建国以来制定的法律、法令效力问题的决议》规定，建国以来制定、批准的法律、法令，除了同五届人大以来全国人大及其常委会制定的宪法、法律相抵触的以外，继续有效。本法更是明文规定：列入本法附件一的全国人民代表大会制定的条例、补充规定和决定，已经纳入本法或者已不适用，自本法施行之日起，予以废止。由于其内容有的已为刑法所包括，有的与刑法的规定相抵触，因此它们均已失效，对于刑法生效后所发生的行为，不得再引用它们作为法律根据。二是自然失效，即由于新法代替旧法，旧法自动失效；或者由于立法时规定的特殊条件已经消失，该法律当然失效。例如，1997年3月14日第八届全国人民代表大会第五次会议通过的《中华人民共和国刑法》，实质上是一部新的刑法典，取代了1979年颁布的《中华人民共和国刑法》，因此1979年7月1日通过、1980年1月1日起施行的《中华人民共和国刑法》自然失效。

后 记

市场经济就是法制经济。在社会主义市场经济体制初步建立并逐步发展的今天，法制的作用越来越重要。中央领导数次举办的法律讲座；国务院各部委、地方各级政府及全民的普法热潮；涉诉纠纷的成倍增长；等等；无疑都昭示着这一点。

为了使广大读者对社会主义市场经济法律体系有一个全面的、深入的了解，我们组织理论界、实务界的有关专家、学者、法官、律师、行政管理和执法人员等共同撰写了这套《社会主义市场经济法律新释新解丛书》。这套丛书对已施行一段时间的法律（以调整市场经济关系为主的法律）及配套法规、规章结合在一起进行解释，既凝结了理论界多年来研究中较为一致的观点，又反映出实务界多年来实践中的具体解决方法，使本套丛书兼具理论与实务的两重特色。

本套丛书的编者主要来自：最高人民法院、最高人民检察院、全国人大常委会办公厅和法工委、中国人民银行、中国社会科学院、中国人民大学、中国政法大学、北京大学、中南政法财经政法大学及有关地方法院、律师事务所。本书的编写得到了北京市高级人民法院、浙江省人民检察院、湖北省公安厅、中国政法大学的大力支持。

《刑法（分则）及配套规定新释新解》是本丛书之一。《中华人民共和国刑法》修订公布已经多年了。在这期间，全国人大常委会适时修订了该法；国务院、公安部等为实施该法发布了一系列的行政法规和行政规章；最高人民法院、最高人民检察院也发布了一些司法解释。为了准确理解刑法及其配套规定的相互关系及立法原意，本书将刑法及其配套规定放在一起，一并解释，以便读者全面了解其概貌及具体内容，从而正确理解和适用法律。

参加本书编撰工作的，除主编、副主编外，还有（排名不分先后）：彭国海、孙德姣、杨中义、李佳武、韩高鸿、高瀚达、高爱军、汤广雄、刘尚芳、斯道金、杨治美、周宪义、曾光清、朱安华、崔国风、喻文敏、贺道琳、钟云、王武、马发浩、周光学、蔡锦莉、刘荆华、雷显平、吴爱明、何振君、舒艳、汪平、陈俊科、王满赋、张启友、孙明海、杨金新、孔自虎、陈希凤、张凤松、方运恺、彭承鸿、罗华、韦泽平、李池华、朱中凯、龚正仕、万旭林、王汉极、黄远汉、杨攀胜、丁从刚、谢桂然、葛京建、刘献岑、刘文山、张英杰、陈党伟、刘振清、卢建军、王章燕、郝建波、朱焕淑、郑宗兰、贺述蓉、肖有芳、刘秀娥、田翠寰、肖克山、曹泰忠、刘先祜、盛延林、刘逢谷、胡象成、邹功柏、尹永鑫、朱正泰、赖生松、王庆云、郑照铭、朱兆宗、吴惠元、万开桢、魏邦全、郭绪清、刘伟波、肖静山、倪丁熙、何宗地、周福宏、孙瑚仁、赵乃翠、周德致、尹冈荫、何祖清、郑凤平、李光逊、宋公金、程法华、许金林、黎玉彰、张德林、刘祖狄、余国发、张光祥、刘淑德、陈比德、涂积康、黄泰厚、李功钰、欧熙万、吴知生、高亮亮、朱其里、陈友宽、胡克义、孙明初、罗平文、陈绪明、胡荣、李作璋、朱传春、李先振、杨高华、许长明、孙统国、刘金发、刘开君、李金水、邓龙、韩良武、刘祥波、洪世富、王邦芬、吴本雄、刘德秀、倪良清、甘潮祥、高昌筠、夏秀华、吴国国、汪建芳、高元成、周立新、王延龄、黄伯明、陈才瑞、鲍家斌、余海顺、万海川、侯洁秋、顾理林、陈长熙、刘惠堡、王敬惠、肖谦芳、赵以华、曾鄂茂、戴芳英、李明珍、张延衡、胡国清、李毕举、吴贤田、陈兆林、黄金华、肖勋华、何勤国、蔡厚涛、周文才、向红洲、李宏国、王爱国、黄念伟、邓小义、彭昌该、陈传青、张社兵、丁洋昌、胡鸿玲、唐灯霞、唐明琼、曾爱英、熊修芳、赵晓芬、孙立玲、刘烨、蔡小俐、吴玲钰、王洪娟、王丽、郑春义、曾从新、唐义涛、金江兵、刘后全、魏同军、刘先涛、代惊科、关金军、张祖卫。

《社会主义市场经济法律新释新解丛书》编委会

二〇〇八年一月